Werner D. Fröhlich

Wörterbuch Psychologie

Deutscher Taschenbuch Verlag

Dieses Wörterbuch basiert auf dem Klassiker unter den psychologischen Wörterbüchern ›A Dictionary of Psychology‹, erschienen bei Penguin Books Ltd., Harmondsworth, Middlesex, England, von James Drever (1873–1951; Prof. in Edinburgh). Schon bei der Übertragung ins Deutsche, verstärkt bei den vielen Neuauflagen, mußte hinzugefügt und geändert werden, so daß nichts mehr von diesen Ursprüngen erhalten ist. Geblieben ist der Dank von Autor und Verlag an James Drever, dessen methodische Arbeit zum Vorbild wurde.

Originalausgabe
1. Auflage Oktober 1968
23., aktualisierte, überarbeitete und erweiterte Auflage September 2000
© Deutscher Taschenbuch Verlag GmbH & Co. KG,
München
www.dtv.de
Das Werk ist urheberrechtlich geschützt.
Sämtliche, auch auszugsweise Verwertungen bleiben vorbehalten.
Umschlagkonzept: Balk & Brumshagen
Gesamtherstellung: C. H. Beck'sche Buchdruckerei,
Nördlingen
Gedruckt auf säurefreiem, chlorfrei gebleichtem Papier
Printed in Germany · ISBN 3-423-32514-3

Inhalt

Vorwort zur 23. aktualisierten, überarbeiteten und erweiterten
Auflage   7

Einführung   9

Stichwörter   33

Anhang
  Englisch-deutsches Stichwortverzeichnis   485
  Bibliographie   569

Vorwort zur 23. aktualisierten, überarbeiteten und erweiterten Auflage

Das ›Wörterbuch Psychologie‹ hatte kürzlich seinen 30. Geburtstag. Es hat sich als einführende Verständnishilfe sowohl für Studierende der Psychologie und verwandter Wissenschaftsgebiete als auch für alle Leser bewährt, die sich für Erkenntnisse der wissenschaftlichen Psychologie und deren Fachsprache interessieren. Um den jeweils neuesten Sachstand so rasch und umfassend wie möglich zu berücksichtigen, wird das Wörterbuch in regelmäßigen Abständen revidiert. In der 21. Auflage ging es um die Anpassung der klinisch relevanten Stichwörter an die Empfehlungen des Diagnostischen und Statistischen Manuals Psychischer Störungen von 1995/96 (DSM-IV). Die über 300 Erweiterungen und Bearbeitungen der vorliegenden 23. Auflage entsprechen der wachsenden Vielfalt von Konzepten und Erklärungsansätzen in der Psychologie und ihren Nachbarwissenschaften. Bibliographie, Textverweisungen und englisch-deutsches Stichwortverzeichnis wurden entsprechend neu eingerichtet. Ich bedanke mich bei den Verfassern kritischer Leserzuschriften und bei meinen Kolleginnen und Kollegen für Ergänzungs- und Verbesserungsvorschläge. Bei der Vorbereitung der 23. Auflage waren die Hinweise von H. W. Gödert, A. Henneberger, H. G. Rill, I. Schinzel, G. Vossel und H. Zimmer eine entscheidende Hilfe, bei den Literaturrecherchen unterstützten mich U. Schack, P. Glaubitz und I. Lindner. Die Zeichnungen wurden nach Entwürfen des Verfassers von E. Worgull (Frankenthal), F. Urich, K. F. Schäfer (dtv, München), A. Münch (Mainz) und Isabel Vils (Kandersteg) hergestellt. Mein besonderer Dank gebührt, wie immer, den Mitgliedern des dtv-Lektorats für die verständnisvolle Zusammenarbeit.

Kandersteg/Schweiz, März 2000   Werner D. Fröhlich

Einführung[*]

Psychologie als Wissenschaft vom menschlichen Erleben, Verhalten und Handeln erlangte erst gegen Ende des 19. Jh. in der Familie der übrigen Wissenschaften ihre Eigenständigkeit. Um ihren Entwicklungsgang und die gegenwärtige, überaus komplexe Struktur der Psychologie zu verstehen, muß man berücksichtigen, daß die Fortschritte in benachbarten Wissenschaften von Anfang an einen anregenden, teilweise prägenden Einfluß ausübten. »Die Fächer, in die das menschliche Denken eingeteilt ist, sind nicht so wasserdicht, daß ein grundsätzlicher Fortschritt in einem davon für die übrigen eine gleichgültige Angelegenheit wäre.« (SIR ARTHUR EDDINGTON, ›Philosophie der Naturwissenschaft‹). Man muß aber auch daran denken, daß die Anfänge des psychologischen Denkens, die in die Antike zurückreichen, das Ergebnis subjektiver Einsichten und philosophisch-theologischer Deutungen der menschlichen Natur und Erkenntnisfähigkeit waren. Schöpferische Einfälle, Intuition und die Ergebnisse spekulativer Erklärungsversuche wurden dabei in vorläufige begriffliche Beschreibungs- und Erklärungssysteme überführt. Im Zeitalter der empirisch-rationalen Wissenschaften des 19. Jh. erfuhren sie eine erste Überprüfung durch systematische Beobachtung und Experimente. Mit dem Anwachsen des Beobachtungs- und Untersuchungsmaterials war die Notwendigkeit verbunden, Begriffe und Beobachtungen systematisch miteinander zu verknüpfen und das Netz der *Konstrukte* zu verfeinern. Globale begrifflich-theoretische Erklärungssysteme wurden mehr und mehr durch eine große Menge empirisch gesicherter »*Theorien* mittlerer Reichweite« (R. K. MERTON) ersetzt, die das Denken und den Begriffsapparat in der gegenwärtigen Psychologie prägen.

Die Anfänge psychologischen Denkens

Die Anfänge psychologischen Denkens finden sich in den Mythen, Religionen und Philosophien vorchristlicher Hochkulturen. Für das Verständnis der Ursprünge der wissenschaftlichen Psychologie ist die Gedankenwelt der großen griechischen Philosophen ausschlaggebend. Reflexionen über das Universum und den Kosmos, die Entstehung und wahre Natur der Dinge, wie man sie in der Zeit vor und um DEMOKRIT (um 460 v. Chr. – um 380 v. Chr.) anstellte, enthielten erste spekulative Ansätze zur Erklärung von Erkennen und Denkendes Erkennen, die Entstehung der Lebewesenarten u. ä. In seinen ethischen und staatsphilosophischen Schriften kommt PLATO

---

[*] Im Text erscheinende kursiv gedruckte Fachausdrücke sind im Wörterbuch erklärt.

Einführung

(427 v. Chr. – 347 v. Chr.), Schüler von SOKRATES, zu Aussagen über die drei wesentlichen Eigenschaften der menschlichen Seele: das Begehren des Körpers, den Mut und die Vernunft. Durch die Vernunft, das Logistikon, sei die Seele mit den überdauernden Wertideen verbunden und vermöge es, die restlichen Seelenbereiche zu zügeln, wie ein Wagenlenker die Pferde. Während die Vernunft mit der Seele überdauert und damit Unsterblichkeit besitzt, ist der Körper von vergänglicher Natur. Damit ist zum ersten Mal das *Leib-Seele-Problem* angesprochen. Es geht um die Frage, welche Beziehung zwischen dem (beseelten, d. h. belebten) Körper oder Leib (griech. soma, lat. corpus) und der (den Körper lenkenden und ihn belebenden) Seele (griech. psyché, lat. anima; im Sinne von Bewußtsein, Geist oder Vernunft, lat. mens, engl. mind) herrscht. Die Platonische Lehre von der Zweiheit und Gegensätzlichkeit begründet den psychophysischen *Dualismus*.

Einen ersten, für die damalige Zeit ungewöhnlichen Deutungsversuch der einzelnen Seeleneigenschaften legte ARISTOTELES (384 v. Chr.–322 v. Chr.) in seiner Schrift ›Über die Seele‹ (peri psychès) vor. Im Unterschied zu PLATO und in deutlicher Abhebung von dessen Ideenlehre wird die Seele als das den Körper und seine Vorgänge gestaltende und belebende Prinzip (*Entelechie*) angesehen. Als höchste seelische Fähigkeit, die Pflanzen und Tieren nicht zukomme, sieht ARISTOTELES das auf Körperfunktionen und Wahrnehmen aufbauende Erkennen und Denken an. Der schöpferische Geist als Inbegriff von Gestalt und Energie ist die unsterbliche Instanz des Vorstellens, Urteilens und Wollens. Die Aristotelischen Schriften wirken auch heute noch erstaunlich aktuell, und ihre Inhalte haben viele späteren Interpretationen beeinflußt. In ihnen finden sich u. a. die Wurzeln einer monistischen Auffassung vom Organismus, der Einheit von Leib und Seele.

Die Welt der »inneren Erfahrungen« als Erkenntnisquelle ist das große Thema, mit dem sich PLOTIN (um 205–270) und AURELIUS AUGUSTINUS (354–430) befaßten und das die mittelalterliche Philosophie und Theologie beherrschen sollte. ALBERTUS MAGNUS (ALBERT VON BOLLSTÄDT; um 1200–1280) und sein Schüler THOMAS VON AQUINO (um 1225–1274), beide Dominikaner, beriefen sich auf die durch jüdische, arabische und christliche Denker in Spanien wiederentdeckten und durchgearbeiteten Schriften von ARISTOTELES und trugen zur hochentwickelten Begrifflichkeit der scholastischen Anthropologie bei, deren Spuren bis in die Gegenwart reichen.

Den Übergang zur neuzeitlichen Entwicklung und Orientierung der Wissenschaften repräsentiert wie kein anderer der französische Philosoph und Mathematiker RENÉ DESCARTES (RENATUS CARTESIUS; 1596–1650). In seinem Werk wird erstmalig das Bewußtsein als Grundqualität des Erlebens zum zentralen Forschungsgegenstand. Ausgehend von einer grundsätzlichen Skepsis gegenüber überlieferten Annahmen findet DESCARTES den Ausgangspunkt jeder Reflexion in der intuitiv gewonnenen Einsicht »cogito

Einführung

ergo sum«, d.h. beim Denken erfahre ich mit Gewißheit und unmittelbar, daß ich es bin, der denkt, daß ich existiere. Denken ist für DESCARTES eine der Eigenschaften des Bewußtseins, der Seele und kann (wie Wahrnehmen, Erinnern und Wollen) als »innere Erfahrung« erfaßt werden. Tiere dagegen haben kein Bewußtsein, daher auch keine Seele. Sie agieren nicht wie der Mensch aufgrund angeborener Ideen, Dispositionen und Gedächtnisinhalte, sondern rein mechanisch auf Außenreize hin. Sie haben – dies ist DES-CARTES' Begriffsprägung – Reflexe und verhalten sich nach rein mechanischen Gesetzen, die auch die physikalische Welt regieren. Bei DESCARTES werden übrigens die Vorgänge des bewußten Erlebens erstmals *explicite* auf das Gehirn als Träger aller psychischen Vorgänge überhaupt bezogen.

Die englischen Philosophen des sog. *Empirismus* wenden sich vor allem gegen einen Gedanken, der sich auch bei DESCARTES wiederfindet und der sich auf sog. *Dispositionen* bezieht. Nach DESCARTES sind dem Menschen bestimmte Ideen und Einsichten bzw. Wahrheiten angeboren, die als aktivierbare Möglichkeiten in seinem Bewußtsein wirken, auch wenn sie nicht immer klar und distinkt hervortreten. Immerhin vermitteln sie – so DESCARTES – die Qualitäten des Erlebens, die man als Bekannt- oder Gewißheit beschreiben kann. JOHN LOCKE (1632–1704) dagegen vertrat in seinem ›Essay Concerning Human Understanding‹ den Standpunkt, daß alles Wissen aus der Erfahrung stamme. Der menschliche *Verstand (mind)* sei zunächst eine Art unbeschriebenes Blatt *(tabula rasa)*. Wie bereits THOMAS HOBBES (1588–1679) angenommen hatte, sollen Bewußtseins- oder Erfahrungsinhalte allein auf Sinnesgegebenheiten (Empfindungen; *sensations*) zurückgehen. Durch wiederholtes Auftreten oder raum-zeitliche Nachbarschaft *(contiguity)* werden Eindrücke miteinander verknüpft *(Assoziation)* und ermöglichen so komplexere geistige Prozesse wie z. B. Erinnern, Denken und Vorstellen. JOHN LOCKE war darüber hinaus von der Meinung ausgegangen, daß es sog. primäre Qualitäten gebe, die den außen liegenden Dingen zugehören (z.B. Ausdehnung) und daß die sog. sekundären Qualitäten (z.B. Geruch, Farbe) durch den Betrachter aus dessen Erfahrungen hinzugefügt werden. GEORGE BERKELEY (1685–1753) machte in seinem ›Treatise Concerning the Principles of Human Knowledge‹ (1710) die Erfahrung zur einzigen Erkenntnisquelle. In metaphysischer Wendung wird das (Vorhanden-)Sein dem Wahrgenommenwerden gleichgesetzt *(esse est percipi)*. Damit wird der Geist oder das Bewußtsein zur einzigen Realität. Diese Anschauung konnte sich begreiflicherweise nicht durchsetzen, denn dann wären keine Anhaltspunkte für Wissenschaften vorhanden, die sich wie die Physik mit den Gegenständen oder Phänomenen der Außenwelt beschäftigen. Da für BERKELEY das Wahrnehmen die Haupteigenschaft des Verstandes war, beschäftigte er sich insbesondere mit dem Sehen und beschrieb in seiner ›New Theory of Vision‹ als erster die Bedingungen des räumlichen

Einführung

Sehens, darunter *Akkommodation* und *Konvergenz* und die Bedeutung von Umgebungshinweisen, die auf Tiefe hinweisen, z. B. Überlagerung (Superposition), Dunstperspektive und Schattenbildung. DAVID HUME (1711–1776) ging in seinen Überlegungen (›Treatise on Human Nature‹) noch einen Schritt weiter. Der »Verstand« (*mind;* im Engl. Synonym für *Geist, Seele*) sei nichts Existierendes, also auch nichts von Substanz. Es handle sich vielmehr nur um eine umfassende Bezeichnung für veränderliche (fließende) Bewußtseinsinhalte (Ideen), Gedächtnis- und Vorstellungsinhalte und Gefühle. Allgemeine Vorstellungen (z. B. die der Dreieckigkeit) oder Gesetze über Naturvorgänge seien nichts anderes als Aggregate oder Zusammenstellungen unserer eigenen Erfahrungen und somit nichts Endgültiges.

Die Auffassungen der empirischen Philosophen bildeten die Grundlagen der *Assoziationspsychologie,* zu deren wichtigsten Vertretern JAMES MILL (1773–1836) gehörte. In seiner ›Analysis of the Phenomena of the Human Mind‹ vertrat er den Standpunkt, daß jedes Wissen auf Sinneseindrücken und Ideen aufbaut; die Sinneseindrücke oder Empfindungen sind zuerst da, aus ihnen entwickeln sich oder werden abgeleitet die immer komplexer werdenden Wahrnehmungsinhalte, Ideen u. ä. Mill zielt auf die Bedeutung der kleinsten analytischen Erfahrungseinheiten ab, wenn er fragt: »Wieviele Ideen müssen zusammengefaßt (assoziiert) werden, um die komplexe Idee des Hauses zu ergeben?« JOHN STUART MILL (1806–1873) nuancierte und kritisierte die Auffassung seines Vaters. Er ließ es dahingestellt, ob Elemente komplexe Ideen ergeben oder nicht; jedenfalls erschien ihm das Ergebnis, z. B. die komplexe Idee »Haus«, so andersartig als die Zusammensetzung aus Ziegeln, Holz, Fenstern, Möbeln etc., »Haus« habe eine andere Qualität, die man aus der Aufzählung der kombinierten Elemente nicht erfassen könne. Damit hat JOHN STUART MILL eine Grundannahme der *Gestaltpsychologie* vorweggenommen, die dem aristotelischen Satz »Das Ganze ist mehr (d. h. etwas qualitativ Anderes) als die Summe seiner Teile« entspricht.

In unserem kleinen Abriß der Problemgeschichte der wissenschaftlichen Psychologie müssen wir nun wieder um etwa 180 Jahre zurückgehen, um einen Philosophen zu finden, der zur Entwicklung der Bewußtseins- und Motivationspsychologie Wesentliches beigetragen hatte. Es handelt sich um GOTTFRIED WILHELM LEIBNIZ (1646–1716), dessen Weltbild nach dem Vorbild seines Seelenbildes entworfen zu sein scheint. Seine Grundannahme ist metaphysisch. Das Erleben des einzelnen Menschen ist nichts anderes als die konzentrierte und daher nicht besonders klare und ausdifferenzierte Darstellung der umgebenden Welt, die Seele ist eine unter vielen gleichartigen, unstofflichen, ausdehnungslosen und ewig fortdauernden Welteinheiten, die er Monaden nennt. Sie ist jedoch – wie wir heute sagen würden – kein unveränderliches, sondern ein aus sich selbst heraus veränderliches

Einführung

System. Sie kann durch Perzeption (d.h. hier eher Vorstellung als Wahrnehmung) die umgebende Welt in sich zur Darstellung bringen; außerdem habe sie ein systemimmanentes, d.h. ihr eigenes Bestreben (Appetitus), mehr und mehr Perzeptionen zu gewinnen. Seelen oder Monaden verändern sich nach LEIBNIZ nicht durch Kommunikation, sondern durch ihre Fähigkeiten zur Perzeption und zum »Appetit«, sowie durch den Umstand, daß sie dabei den Kosmos in sich zur Darstellung bringen. Diese Fähigkeiten haben sie durch göttlichen Schöpfungsakt verliehen bekommen, der auch ihre Harmonie untereinander vorsieht (die sog. prästabilierte Harmonie der Monaden). Weit wichtiger als die Monadenlehre sind jedoch die subtilen Beschreibungen, in denen sich LEIBNIZ mit der Frage nach den Bewußtseinsinhalten und -bewegungen auseinandersetzt. Das Erleben weise sowohl unklare Perzeptionen als auch recht klare und deutlich bewußte Vorstellungen, Apperzeptionen, auf. Wir verdanken LEIBNIZ die Anregung zur Beschäftigung mit *Bewußtseinsgraden* und *Aufmerksamkeit*. Das Erkennen, die Apperzeption, kommt nach LEIBNIZ auf zwei unterschiedlichen Wegen zustande: Perzeptionen können zu Apperzeptionen werden, wenn geistige Konzentration (Anspannung, Aufmerksamkeit) im Spiele ist; Perzeptionen können aber auch dann zu Apperzeptionen werden, wenn sich z.B. dumpfe Anmutungen allmählich verdichten, weil größere Mengen von gleichartigen oder gleichförmigen Perzeptionen – wie wir heute sagen würden – durch Reizsummation an Intensität gewinnen.

CHRISTIAN WOLFF (1679–1754) war es vorbehalten, die Vorstellungen seines metaphysisch orientierten Vorbildes Leibniz mit jenen des anderen großen Aufklärungsphilosophen DESCARTES in Verbindung zu bringen. In seinen beiden Werken ›Psychologia empirica‹ (1732) und ›Psychologia rationalis‹ (1734) führte Wolff u.a. die Begriffe Psychologie, Aufmerksamkeit und Bewußtsein in die deutsche Sprache ein. Im Zeitalter der großen Erkenntnislehren von KANT und der umfassenden Bemühungen HEGELS um eine Objektivierung des Geistes führte die neu propagierte Psychologie ein eher kümmerliches Dasein zwischen romantisierenden Beiträgen zur Auslotung der »Seelentiefe«, Spekulationen über Zusammenhänge zwischen Physiolognomie und Charakter und allerlei subjektiven Reflexionen über das Wesen von Denken, Fühlen und Wollen, bis 1824 das vielbeachtete Werk JOHANN FRIEDRICH HERBARTS (1776–1841) ›Psychologie als Wissenschaft, neu gegründet auf Erfahrung, Metaphysik und Mathematik‹ erschien. HERBART propagierte im Zeitalter NEWTONS eine Psychologie als Erfahrungswissenschaft nach dem Vorbild der Naturwissenschaften, und GUSTAV THEODOR FECHNER (1801–1887), Mitbegründer der *Psychophysik,* ging daran, in mathematisch formulierten Gesetzen darzulegen, innerhalb welcher Intensitätsgrenzen der Mensch Reizunterschiede bemerken kann. Er vertrat den Standpunkt, das Leib-Seele-Problem ließe sich am besten durch die

Einführung

Annahme eines psychophysischen Dualismus lösen: Seelisches-Geistiges und Körperliches sind in dieser bis heute vertretenen Sichtweise Erscheinungsformen einer einzigen, nicht weiter reduzierbaren Einheit. Daraus folgt, daß leibliche und seelische Vorgänge entweder parallel ablaufen oder in einer neuen Einheit konvergieren müssen. WILHELM WUNDT (1832–1920), Gründer des ersten Instituts für experimentelle Psychologie an der Universität Leipzig (1879), vertrat den daraus abgeleiteten Standpunkt, körperliche Vorgänge seien die äußere Erscheinungsweise von Prozessen, die in einem Organismus ablaufen, der in erster Linie seelisch-geistiger Natur sei und daß daher dort alles zusammenlaufen müßte – eine Position, die als *spiritualistischer Monismus* bezeichnet wird.

Das *Leib-Seele-Problem* ist heute kein beherrschendes Thema der Psychologie. Zwar ist man auch in unseren Tagen weit davon entfernt, es gelöst zu haben. Aber heute zielt die Frage nicht nach einer umfassenden Aussage über die Art und Form der Beziehungen zwischen Leib und Seele oder körperlichen und geistigen bzw. verstandesmäßigen Prozessen, sondern vielmehr nach den Ebenen, die man berücksichtigen muß, um bewußtes Erleben und seine Vermittlung durch weitgehend dem Bewußtsein entzogene Prozesse einschließlich der Vorgänge im Zentral-Nerven-System beschreiben und erklären zu können. Welche Wege dabei eingeschlagen werden, zeigt der Bedeutungswandel, den der Begriff *Bewußtsein* im Lauf der letzten hundert Jahre durchlaufen hat. Im Grunde teilen gegenwärtig die meisten Forscher den von FECHNER vertretenen Standpunkt des psychophysischen Parallelismus, eine monistische Position. Die Erkenntnislage der Neurophysiologie legt es nahe, im Sinne der *Emergenzlehre* von der Annahme auszugehen, *Bewußtsein* (Seelisches) sei eine aus den komplizierten materiellen Vernetzungen und Regelvorgängen des Zentral-Nerven-Systems hervorgegangene immaterielle, qualitativ neue Eigenschaft.

Einige Entdeckungen, die zur neueren Psychologie entscheidend beitrugen

Wie bereits oben erwähnt, gilt WILHELM WUNDT, Mediziner und Philosoph, als Gründer der modernen Psychologie. Mit der Eröffnung des ersten Universitätsinstituts trennte sich die Psychologie als Erfahrungswissenschaft von der Philosophie. Gründung und Trennung fallen in eine Zeit, die durch enorme Fortschritte der Naturwissenschaften gekennzeichnet ist; gleichzeitig werden aber auch verstärkte philosophische Bemühungen erkennbar, sich mit den Grundlagen naturwissenschaftlicher Erkenntnisgewinnung und Theorienbildung sachkundig und zugleich kritisch auseinanderzusetzen. Unter diesen Einflüssen wurde der Bereich der psychologischen Forschung neu, und zwar empirisch und rational definiert, wobei nur bestimmte

Einführung

Aspekte des zu philosophisch-theologischen Zeiten umfassenderen Gegenstandsbereichs als einer wissenschaftlichen Analyse zugänglich eingestuft werden konnten. Bis zum heutigen Tag lassen sich Spuren teils glückhafter, teils verwirrender und teils recht zweifelhafter Bemühungen erkennen, an diese ansehnliche Vergangenheit und allzu kurze Geschichte der Psychologie (frei nach EBBINGHAUS) direkt anzuschließen oder die Wissenselemente sinnvoll miteinander zu verknüpfen.

In den ersten dreißig Jahren unseres Jahrhunderts treten einander nicht immer wohlgesonnene »Schulen« der Psychologie auf den Plan. Ihre Mitglieder gingen von ganz bestimmten Fragestellungen aus und versuchten von dort her, den ihrer Meinung nach relevanten Punkt zu gewinnen, um das psychologische Denken aus den Angeln zu heben. Den Tendenzen, sich und seiner Schule alleinseligmachende Wirkungen zuzuschreiben, versuchte KARL BÜHLER mit seinem 1927 erschienenen Werk ›Die Krise der Psychologie‹ entgegenzuwirken. Nach BÜHLER sollte man drei legitime und koexistierende, gleichrangige Aspekte der Forschung unterscheiden: die Erforschung des »Erlebens« (Bewußtseins), des »Verhaltens« (engl. behaviour, amerikan. behavior) und der »Werke« (Leistungen). Der Besprechung einzelner »Schulen« werden zunächst einige Entdeckungen aus verschiedenen Wissenschaftsbereichen vorangestellt, die auf die Schulenbildung einen zumindest indirekten Einfluß ausübten.

Der philosophisch-theologisch geprägten Denktradition entsprechend sah man bis in die Mitte des 19. Jh. keine Möglichkeiten, menschliches und tierisches Verhalten direkt miteinander zu vergleichen oder auf gleichartige Regulationsprinzipien zurückzuführen. 1859 erschien CHARLES DARWINS (1809–1882) Buch ›Von der Entstehung der Arten‹. DARWIN und seine Schüler stellten die Hypothese auf, daß es im Hinblick auf das äußere Erscheinungsbild zwischen den Tierarten bis hinauf zu den Primaten (einschl. dem Menschen) einen kontinuierlichen Übergang gibt und daß die umgebende Natur eine der Quellen von Entwicklungen und Veränderungen sei *(Evolutionstheorie)*. Biologen und Psychologen legten diese Lehre recht eigenwillig und ein wenig naiv aus. Wenn man das Erscheinungsbild des Menschen von niedrigeren Lebewesen herleiten kann, so könnte man dies doch auch für die Entwicklung der »geistigen« Fähigkeiten tun. Dreht man dann schließlich noch die Reihenfolge der Argumentation um, so findet man sich in der Lage, beim Tier »Intelligenz« und »Denkleistungen« zu suchen und zu finden, die man so beschreibt, als kämen sie von Menschen. Es entstanden hübsche Anekdoten über »intelligente« und »denkende« Tiere, insbesondere Haustiere. Gegen eine solche Naivität wandte sich der bedeutende Biologe und Verhaltensforscher CONWY LLOYD MORGAN (1852–1936). Er formulierte unter dem *Parsimonieprinzip* den *Kanon der Einfachheit:* Tiere sollen möglichst in ihrer natürlichen Umgebung beobachtet werden; das

15

Einführung

beobachtete Verhalten sollte nicht voreilig auf höhere Funktionen bezogen werden, wenn es auch durch einfachere bzw. niedrigere Funktionen hinreichend erklärt werden kann. Die Beachtung des Prinzips der Einfachheit (auch *Parsimonieprinzip)* legitimierte die Existenzberechtigung einer neuen bedeutenden Grenzwissenschaft zwischen Zoologie und Psychologie, der *vergleichenden Verhaltensforschung.* SIR FRANCIS GALTON (1822–1911), Psychologe und Vererbungsforscher, zeigte sich von den Hypothesen seines Cousins DARWIN tief beeindruckt und wollte dessen Lehre u.a. anhand von Untersuchungen zur Vererbung genialer Begabungen unter Beweis stellen. Für diesen Zweck mußte eine neuartige Darstellungsmethode für Beziehungen zwischen Meßwerten entwickelt werden, die an den gleichen Personen erhoben worden waren. GALTON und seine Schüler (darunter KARL PEARSON und CHARLES SPEARMAN) führten die *Korrelationsrechnung* in die Psychologie ein und entwickelten bis heute gültige Verfahren.

Der von den Philosophen des *Empirismus* behauptete Ursprung allen Wissens in der Wahrnehmungserfahrung und in assoziativen Verknüpfungen von Vorstellungen hatte für die Psychologie zweierlei Folgen. Erstens entwickelte sich die Sinnesphysiologie und Sinnespsychologie als Forschungsgebiet in enormem Maße. Zweitens kam es zur Gründung der *Psychophysik* durch ERNST HEINRICH WEBER (1795–1878), GUSTAV THEODOR FECHNER u.a. Mit bis heute angewandten Methoden wurden systematische Aussagen über die Beziehungen zwischen Reizintensität und Empfindungsstärke ausgearbeitet. Durch *Schwellenuntersuchungen* wurden erstmals regelhafte Beziehungen zwischen den physikalischen Eigenschaften der dinglichen Umwelt und den psychischen Vorgängen deutlich.

Die Entwicklung der Messung individueller Differenzen *(Tests)* steht in einem engen Zusammenhang mit der Psychophysik und der durch GALTON eingeleiteten korrelativen Betrachtungsweise. ALFRED BINET (1857–1911) entwickelte in Frankreich den ersten Test zur differentiellen Intelligenzdiagnose. JAMES MCKEEN CATTELL (1860–1944) führte diese Methoden in den USA ein, wo sie durch die bahnbrechenden Arbeiten von EDWARD LEE THORNDIKE (1874–1949) zu den heute üblichen Testbatterien fortentwickelt werden konnten.

Auch HERMANN EBBINGHAUS (1850–1909), der Begründer der psychologischen Gedächtnisforschung, arbeitete zunächst über Intelligenzunterschiede, und zwar im Rahmen einer Untersuchung an Schulkindern in Breslau. Von EBBINGHAUS stammen neuartige Aufgabenarten (z.B. Figuren- und Wort-Ergänzungstests), die bis heute in keiner Testbatterie fehlen. Sein Hauptwerk ›Über das Gedächtnis‹ (1885) löste größte Bewunderung, aber auch einigen Widerspruch aus. Zunächst gelang es EBBINGHAUS, mittels der von ihm erdachten quantitativen Methode der Gedächtnisprüfung – heute noch von größter Bedeutung in der Lern- und Gedächtnisforschung – den Beweis zu erbringen, daß man Prozesse »geistiger« Natur wie Erinnern bzw. Vergessen exakt experimentell erforschen kann. Diese Möglichkeit war von JOHANN FRIEDRICH HERBART, einem der Wegbereiter für die quantitative Betrachtungsweise in der Psychologie, grundsätzlich verneint worden, eine Verneinung, der sich seine späteren Anhänger innerhalb der Pädagogik verpflichtet fühlten. Lebhafte Kritik äußerte der Philosoph WILHELM DILTHEY (1833–1911) vor allem in Hinblick auf das Material der EBBINGHAUSschen Gedächtnisprüfung, die sog. »sinnlosen« (besser: sinnarmen) Silben. EBBINGHAUS ging es darum, Gesetzmäßigkeiten des Gedächtnisses naturwissenschaftlich exakt darzustellen, um einen Beitrag zur »erklärenden Psychologie« zu leisten. DILTHEY dagegen lehnte jede »zergliedernde« Methode ab und empfahl, zu einer phänomenologisch-hermeneutisch orientierten »beschreibenden Psychologie« zurückzukehren. Der entscheidende Ausgangspunkt für die beschreibende Psychologie sei der Aufweis erlebnisbezogener Zusammenhänge und deren Struktur.

Die Wege zu einer *Physiologischen Psychologie* bzw. *Psychophysiologie* wurden durch die Beiträge des russischen Physiologen und Nobelpreisträgers IWAN PETROWITSCH PAWLOW (1849–1936) geebnet. In der gegenwärtigen Grundlagenforschung sind Kenntnisse über zentralnervöse Prozesse der *Aktivation* (MORUZZI, MAGOUN; LINDSLEY), über die neuralen Grundlagen der *Selektivität* der Wahrnehmung (HERNANDEZ-PEON), über die Prinzipien der *synaptischen Übertragung* (SIR JOHN ECCLES) und über *adaptive Regulationsmechanismen des neuro-humoralen Systems* unter *Streß* (SELYE) ebenso selbstverständlich wie PAWLOWs Entdeckung der erfahrungsbedingten Ankopplung von Reflexreaktionen an ursprünglich neutrale Umgebungsreize durch *Konditionierung.* Biologen und Psychologen verdanken dieser großen Forscherpersönlichkeit erste Einblicke in die zentralnervösen Grundlagen der Regelung von Organismus-Umwelt-Beziehungen und in die enorme Lern- und Anpassungsfähigkeit höherer Organismen auf Grund der *Plastizität* des Nervensystems und der Überlagerung einfacher Regulationsprozesse im sog. »ersten Signalsystem« durch sprach-symbolische Prozesse des sog. »zweiten Signalsystems«. Auf den Pawlowschen Modellvorstellungen beruhen allgemeinpsychologische Lerntheorien und ihre klinische Anwendung *(Verhaltenstherapie).* Mit seiner ersten Beschreibung der *Orientierungsreaktion* legte PAWLOW außerdem den Grundstein für einen neuen Zugang zu wahrnehmungspsychologischen Arbeiten (SOKOLOV) und zur modernen Aufmerksamkeits- und Neugierforschung (BERLYNE).

Der Katalog von Ideen, Einsichten und Entdeckungen – so unvollständig und skizzenhaft er hier auch ausfallen mußte – beleuchtet mit einiger Deutlichkeit die Szene, die zu Beginn unseres Jahrhunderts bis in die 30er Jahre zur Gründung von Schulen der Psychologie führte. Auf eine Eigentümlichkeit sei besonders hingewiesen: Als Gründer der Psychologie als selbständi-

Einführung

ge Erfahrungswissenschaft gilt in Zentraleuropa WUNDT; für das Verständnis der Verhältnisse in den USA muß auf den Einfluß WILLIAM JAMES' hingewiesen werden. Beide waren Gelehrte von überwältigendem Rang, die sich vor ihrer Beschäftigung mit psychologischen Fragen als gelernte Mediziner der Sinnesphysiologie zugewandt hatten. Bei WUNDT läßt sich deutlich erkennen, daß er die Psychologie und ihre Methoden als Ergänzung und Erklärung physiologischer Grundsachverhalte ansah. Ähnliches gilt für JAMES. Andere Schulen, z. B. die *Gestaltpsychologen,* wandten sich Erlebnis- und Verhaltensweisen zu, die einer psychophysiologischen Betrachtung aus damaliger Sicht nicht oder nur unzureichend zugänglich waren. Die gegenseitige Durchdringung von Psychologie und Humanphysiologie sollte erst in unserer Zeit einen neuen Höhepunkt erfahren.

Das Zeitalter der Psychologischen Schulen

Der Anfang: Wilhelm Wundts Leipziger Schule. Der Gegenstand der Psychologie war für WUNDT das Erleben, die adäquate Methode die der Introspektion (Selbstbeobachtung) als objektive, analytische Weise der Erfassung eigener Bewußtseinselemente. In dieser Anschauung finden sich Überlegungen der Assoziationspsychologen und -philosophen, die Methoden umfassen neben der Selbstbeobachtung Messungen im Sinne der klassischen Psychophysik sowie physiologischer Kennwerte. WUNDT versuchte neben der Analyse der Bewußtseinselemente auch die Gesetze ihrer Verknüpfung, ihre »schöpferische Synthese« zu erfassen und als Gesetze des Denkens bzw. des Bewußtseins darzustellen. Die Hauptergebnisse seines Forschens wurden in dem dreibändigen Werk ›Grundzüge der physiologischen Psychologie‹ (1873 ff.) niedergelegt. In seinen späteren Schriften unternahm WUNDT den Versuch einer umfassenden »Völkerpsychologie« auf eher spekulativer Basis (10 Bde. 1900 ff.). Er kennzeichnete dadurch die Mittelstellung der Psychologie zwischen den *biologischen* und den *Sozialwissenschaften.*

1896 erschien E. B. TITCHENERS (1867–1927) ›Textbook of Psychology‹, das für die Weiterentwicklung in den englischsprachigen Ländern von entscheidender Bedeutung ist. Wie viele andere war TITCHENER nach Leipzig gekommen, um bei WUNDT etwas über die neubegründete Wissenschaft zu erfahren. Er übertrug die Wundtsche Psychologie nicht nur in die englische Sprache, sondern erörterte methodische Probleme teilweise in zwingenderer Form, als man dies bei WUNDT selbst findet. Gerade in dieser stringenten Form der Darlegung wird der schwache Punkt der Wundt-Titchenerschen Methode deutlich: *Introspektion* und *Retrospektion*, die Hauptmethoden in diesem Ansatz zu einer Psychologie der *Bewußtseinsinhalte*, müssen geübt

Einführung

sein; man muß es erst einmal lernen, sich selbst zu beobachten und darüber zu berichten. Damit wäre die Forschung nur bei Erwachsenen möglich, die über eine vollausgebildete Sprach- und Sprechfähigkeit verfügen, Untersuchungen an Kindern, geistig Behinderten und Tieren wären grundsätzlich ausgeschlossen. TITCHENERs deus ex machina ist seine Vorstellung von der »Introspektion durch Analogie«, d. h. der beobachtende Psychologe möge sich in die Lage des Beobachteten versetzen und so interpretieren, was der andere denkt und fühlt. An dieser Stelle setzt später die Kritik des *Behaviorismus* an.

Funktionalismus: William James und die Chicagoer Schule. WILLIAM JAMES (1842–1910) hat für die US-amerikanische Psychologie mindestens die Bedeutung, die WUNDT für die zentraleuropäische aufweist. Während man jedoch Wundt und die Vertreter seiner Lehrmeinung eher als *Strukturalisten* bezeichnet, gelten JAMES und seine Nachfolger (JOHN DEWEY, 1859–1952, JAMES R. ANGELL, 1869–1949, und HARVEY CARR, 1873–1954) als *Funktionalisten.* In seinen ›Principles of Psychology‹ (1890) setzt sich JAMES mit der Assoziationspsychologie auseinander und propagiert als Ziel der Psychologie an Stelle der Elementenanalyse die Untersuchung des Bewußtseins als fortlaufenden Prozeß (Bewußtseinsstrom). Gewohnheiten, Wissen und Wahrnehmung stellen sich nach JAMES als Ergebnisse einer dauernden Auseinandersetzung mit der Umwelt heraus. Also muß das Bewußtsein ununterbrochen Umweltanpassungen vollbringen; dies ist nach JAMES die Hauptfunktion des Bewußtseins. DEWEY macht dies noch deutlicher, wenn er den Gegenstandsbereich der Psychologie definiert als Untersuchungen am Organismus, wie er als Ganzes in seiner Umwelt agiert. Der Einfluß dieser Schule wird in der Wahrnehmungs- und Lernforschung sowie in der Sozialpsychologie der 50er-Jahre besonders deutlich.

Behaviorismus: John B. Watsons Kreuzzug gegen das Subjektive in der Psychologie. WATSON (1878–1958) studierte in Chicago und lernte es dort, einen funktionalistischen Standpunkt einzunehmen. Da er sich zunächst für Untersuchungen des tierischen Verhaltens interessierte, suchte er nach solchen Methoden, die nicht auf Erleben bzw. Bewußtsein gründen. 1913 veröffentlichte er in der ›Psychological Review‹ seinen kompromißlosen und glänzend formulierten Beitrag: ›Psychology as the Behaviorist Views it‹. 1914 folgte das Buch ›Behavior, an Introduction to Comparative Psychology‹ und 1919 ›Psychology from the Standpoint of a Behaviorist‹, 1925 dann eine eher populärwissenschaftliche Darstellung unter dem Titel ›Behaviorism‹. WATSONs Ausgangspunkt war die Frage, wie man tierisches und menschliches Verhalten wissenschaftlich einwandfrei miteinander vergleichen könnte. Introspektion und analogisierende Introspektion kommen dafür nicht in Frage. WATSON empfahl, sich auf dem Weg zu einer objektiven Psychologie von allen Überbleibseln des »Mentalismus«, d. h. der Bewußt-

19

Einführung

seinspsychologie radikal zu trennen; alle Aussagen über Empfindungen, Affektzustände und über Vorstellung und Phantasie hätten – weil sie introspektiv, d. h. durch subjektive Aussagen gewonnen wurden – immer nur zu neuen Widersprüchen geführt. Die Hinweise, daß man erst nach einem ausführlichen Training ein guter Selbstbeobachter werden könnte, hielt WATSON nicht nur für völlig haltlos, sondern auch für den Ausdruck einer Tendenz, eigene Methodenfehler dadurch zu bemänteln, daß man sie auf die Fehlbarkeit der Beobachter schiebt.

Was bleibt, ist eine »desinfizierte« Psychologie, die objektive Verhaltenswissenschaft sein und alle Fesseln der mentalistischen Tradition abstreifen soll. Das Ergebnis der Reinigung: Eine Psychologie, die Reaktionen in Abhängigkeit von Reizen zunächst nach dem Modell des Kniesehnenreflexes darstellt, um dann allmählich zu komplexeren Reiz-Reaktions-Verbindungen fortzuschreiten. Zulässige Methoden sah WATSON in der Beobachtung von außen mit oder ohne apparative Kontrolle, in der Anwendung einer sehr allgemeinen, von PAWLOW abweichenden Modellvorstellung des Konditionierens, in psychometrischen Tests und in verbalen Stellungnahmen. Darunter versteht WATSON Mitteilungen an den Beobachter, die frei sind von allen Elementen einer gefühlsbetonten, subjektiven Erlebnisbeschreibung; zulässig wäre z. B. die Mitteilung »Jetzt sehe ich einen hellen und einen dunkleren Lichtfleck«, denn es handelt sich um einen objektiven Hinweis darauf, daß der Beobachter einen Unterschied zwischen zwei Lichtflecken erkannt hat. Verbale Stellungnahmen sind immer dann zulässig, wenn Beobachter und Beobachteter nicht ein und dieselbe Person sind und wenn das Beobachtungsdatum durch den Beobachter, nicht aber durch einen sich selbst Beobachtenden weiterbehandelt wird. Auch von Gefühlen darf bei WATSON geredet werden. Nur sieht er sie anders an als ein »Mentalist«. Gefühle sind nach WATSON nichts anderes als komplexe Verhaltensmuster *(behavioral patterns)*, die durch Konditionierung in der frühen Kindheit erworben, also gelernt wurden. Denken ist nach WATSON nichts anderes als eine Sprechgewohnheit *(laryngeal habit)*, d. h. die beim (sprachlichen) Denken auftretenden registrierbaren Gesichts- und Halsmuskelbewegungen »sind« Denken in einem objektiv-wissenschaftlichen Sinn. WATSON ist bezüglich der Weiterentwicklung der (d. h. seiner) Psychologie voller Optimismus. Was man bisher erschließen konnte, hat nur dann Bestand, wenn es schrittweise durch Beobachtungen von außen verifiziert werden kann; ansonsten sei es zu verwerfen.

WATSON, den Kritiker aus Zentraleuropa als Unglück in der Psychologieentwicklung ansahen, während ihm die meisten Zeitgenossen im eigenen Land zumindest respektvolle Aufmerksamkeit entgegenbrachten, hatte einen ungeheuren Einfluß auf den weiteren Gang der Entwicklung der Psychologie, die sich von einer weitgehend auf spekulativen Auslegungen des

Einführung

menschlichen Erlebens gründenden zu einer am Vorbild der Verhaltensforschung orientierten Erfahrungswissenschaft wandeln sollte, die ihre Gesetze und Regeln in erster Linie aus den Beziehungen zwischen beobachtbaren Reizen und Verhaltensreaktionen herleitet. WATSONS Nachfolger und Anhänger, darunter die Mehrzahl der modernen Lerntheoretiker wie CLARK B. HULL, KENNETH W. SPENCE, EDWARD C. TOLMAN und BURRHUS F. SKINNER, erarbeiteten unter teilweiser Vernachlässigung der von WATSON verordneten Einschränkungen neuartige Verhaltensmodelle, *Lerntheorien*, die aus dem gegenwärtigen Panorama der Psychologie nicht wegzudenken sind. WATSONS empirische Arbeiten über das Furchtverhalten von Kindern und die Möglichkeiten seiner Löschung haben weltweite Bedeutung im Zusammenhang mit der Verhaltenstherapie gewonnen. WATSONS Hang zur Entmystifikation vieler philosophischer Setzungen in der Psychologie hat eine Sondierung notwendiger und nicht notwendiger Voraussetzungen für die Wissenschaft vom Verhalten und Erleben zur Folge gehabt. Und wie bei vielen dogmatischen Programmen liegt ein wesentlicher Effekt darin, sich den Grundsätzen nicht ohne weiteres zu unterwerfen, sondern sie als Anregungen zur Entwicklung von Verbesserungen oder gar von Gegenpositionen zu sehen.

Denken und Bewußtsein: Oswald Külpe und die Würzburger Schule. Man kann WATSON das Verdienst einräumen, der Psychologie zur Konzentration auf den Verhaltensaspekt verholfen und sich dabei am Vorbild der Naturwissenschaft orientiert zu haben. Für die Erforschung des Denkens, der Sprache und der Willensphänomene hat die Würzburger Richtung, gestützt auf die Vorarbeiten aus der sog. *Aktpsychologie* der Jahrhundertwende, eine vergleichbare Pionierfunktion. FRANZ BRENTANO (1838–1917) legte 1874 seine umfassende zweibändige Systematik einer ›Psychologie vom empirischen Standpunkt‹ vor, ein Werk, das auch heute noch zu den lesenswerten historischen Quellen der Psychologie zählt. Grundlagen der BRENTANOschen Analyse sind die im Erleben aufweisbaren Beziehungen zwischen den Akten (Wahrnehmen, Beurteilen und Fühlen) und den Inhalten oder Gegenständen, auf die sich die Akte beziehen – ein Gedanke übrigens, der auch den Funktionalisten der Chicagoer Schule nicht fernliegt. O. KÜLPE (1862–1915) und mit ihm K. BÜHLER (1879–1963), A. MESSER (1867–1937), K. MARBE (1869–1953) sowie N. K. ACH (1871–1946) und K. DUNCKER (1903–1940) gelten als die wichtigsten Vertreter der Würzburger Schule. Im Denken, so fanden diese Forscher, regieren nicht nur anschauliche Vorgänge, sondern auch unanschauliche, nämlich *Bewußtseinslagen, Gedanken* und bestimmte, auf ein Ziel gerichtete Willensimpulse oder Einstellungen, die ACH *determinierende Tendenzen* nannte. Die von dieser Forschergruppe bevorzugte Methode ist die des »Ausfrageexperimentes«, eine in Analogie zum Experiment möglichst unter kontrollierten Bedingungen ablaufende Selbstbe-

Einführung

schreibung oder -beobachtung, die dem Versuchsleiter mitgeteilt wird. Hinzu treten Elemente der sog. »phänomenologischen Reduktion«, wie sie der Philosoph EDMUND HUSSERL (1859–1938), ein Schüler BRENTANOS, als Grundmethode der Analyse des Bewußtseinsfeldes und seiner Strukturmerkmale entwickelte.

Eine gewisse Sonderstellung nimmt KARL BÜHLER ein. Nach seiner ›Krise der Psychologie‹, einer klärenden Abhandlung über die Voraussetzungen der Assoziations-, Verhaltens- und Werkpsychologie, wandte er sich vor allem der Ausdrucks- und Sprachtheorie zu. Außerdem stand er in engem Kontakt zu den Gestaltpsychologen. Sein Werk im Rahmen der Würzburger Schule und seine späteren Arbeiten können als ein umfassender Versuch bezeichnet werden, die von DESCARTES ausgehende Bewußtseinspsychologie und die von den empirischen Strukturalisten und Funktionalisten ausgehenden Ansätze abwägend aufeinander bezogen zu haben.

Gestaltpsychologie: MAX WERTHEIMER (1880–1943), WOLFGANG KÖHLER (1887–1967) und KURT KOFFKA (1886–1941) begründeten diese einflußreiche Richtung. Antike Vorstellungen von »Ganzheit« und »Gestalt« *(morphé)*, phänomenologische Überlegungen (Aktpsychologie, Bewußtseinspsychologie) und physiologische Erklärungsversuche wurden zum Generalangriff auf etablierte Vorstellungen der Assoziations-, Elementen-, Reflex- und behavioristischen Psychologie vereinigt. Ausgangspunkt war die Schrift ›Über Gestaltqualitäten‹ (1890) des Grazer Philosophen CHRISTIAN VON EHRENFELS. Übersummenhafte Gebilde (z.B. Melodien) lassen sich transponieren, ohne daß sie dabei ihre grundlegende Eigenschaft, nämlich die Gestaltqualität, verlieren. WERTHEIMER beobachtete, daß bei sukzessiver Darbietung einer senkrechten und einer waagrechten Linie dann, wenn sie sich im rechten Winkel berühren, der Eindruck einer umklappenden Senkrechten entsteht – also eine *Scheinbewegung*. Nicht die einzelnen Elemente, sondern das Ganze ist Bezugssystem der Wahrnehmung. Aus zahllosen Beobachtungen wurde der Schluß gezogen, daß Konfigurationen immer hinsichtlich ihrer ausgezeichneten Eigenschaften (Gestaltmerkmale, *Gestaltgesetze*) und nicht nach ihren elementaren Einzelheiten beurteilt werden. Die klassische Annahme der Psychophysik und Elementenpsychologie über die Entsprechung von Reizelement und Empfindungselement *(Konstanzannahme)* war damit weitgehend relativiert. Da erfahrene Relationen zwischen Reizen oder Gegenständen (z.B. in kleinere und größere) auch auf neue Situationen übertragbar sind *(Transposition)* bzw. da in Beziehungen zueinander gesetzte stationäre Reize Scheinbewegungen auslösen können *(Phi-Phänomen; figurale Nachwirkung)*, wurde *Isomorphie* (Gleichförmigkeit) von Wahrnehmungserfahrung und Erregungsdynamik in der Großhirnrinde angenommen. Diese Auffassung und die Annahme, das Nervensystem weise freie Ordnungstendenzen auf, die durch Konfigurationen

Einführung

aktiviert würden, gilt zwar heute als überholt, war aber für die damalige Zeit bahnbrechend. Neben den gestalthaften Zügen des Wahrnehmens entdeckte man ähnliche Tendenzen in Gedächtnis und Denken; KÖHLER meinte durch seine Schimpansenversuche gezeigt zu haben, daß Problemlösen auf Einsicht durch Umgestaltung der wahrgenommenen Feldbedingungen beruht. Lerntheorie und pädagogische Forschung bekamen eine Fülle von Anregungen zur Entwicklung eigendynamischer, nichtmechanistischer Modelle. WERTHEIMER, KÖHLER und KOFFKA mußten ihre Wirkungsstätten in Deutschland wie viele ihrer hervorragenden Zeitgenossen zu Beginn der Nazi-Ära verlassen und fanden in den USA ihre zweite Heimat. FELIX KRUEGER (1874–1948) und seine Schüler (z.B. ALBERT WELLEK, 1904–1972) und Mitarbeiter (z.B. FRIEDRICH SANDER, 1889–1971, der letzte Assistent von WILHELM WUNDT) gingen bei ihren Überlegungen einen anderen, stärker an Philosophie und Metaphysik orientierten Weg. Gestalt galt ihnen als Sonderfall von Ganzheitlichkeit des menschlichen Erlebens und Denkens überhaupt; die Frage nach der Quelle der Einheit von Wahrnehmen, Fühlen, Denken und Persönlichkeit wird im Sinne DILTHEYS beantwortet: die sog. Struktur sei das (transphänomenale) Bezugssystem. Zwar wurden empirische Befunde berücksichtigt, doch stand eine Philosophie des menschlichen Seins als übergeordneter Gesichtspunkt zur Diskussion, wobei eine gewisse Nähe zu dem Ausdrucks- und Charakterphilosophen LUDWIG KLAGES (1872–1956) und anderen Adepten einer »verstehenden« bzw. »geisteswissenschaftlichen Psychologie« sowie zu den Werken an psychologischen Fragen interessierter Philosophen (z.B. MAX SCHELER) nicht zu übersehen ist.

Feldtheorie: KURT LEWIN (1890–1947), ein Schüler WILLIAM STERNS, vereinigte die Gedankengänge der Gestaltpsychologie KOFFKAS und KÖHLERS mit Überlegungen der Persönlichkeits- und Sozialpsychologie zu einem Aussagesystem, das sich an der mathematischen Topologie orientiert. Das Verhalten des Individuums ist bestimmt durch die jeweilige Anordnung und Stärke von Kräften (Vektoren). Kräfte lassen sich im Lebensraum anordnen; dieser ist einschließlich der Erwartungen, Bedürfnisse und Handlungsvornahmen des Individuums das Feld von Wahrnehmen, Denken und Handeln. Jede Analyse des Verhaltens muß demnach mit der Analyse der *Situation* beginnen und die Merkmale der Feldgegebenheiten auf das Erleben beziehen. Aus diesem für die damalige Zeit völlig neuartigen Bezugssystem gingen wesentliche Anstöße für die Motivations-, Persönlichkeits- und Sozialpsychologie hervor, so z.B. Gruppendynamik und Umweltpsychologie. LEWIN folgte bereits Ende der 20er Jahre einer Einladung in die USA, wurde Mitbegründer der weltberühmten New School of Social Research in New York und konnte seine Arbeiten überaus erfolgreich an seiner neuen Wirkungsstätte fortsetzen. Sein enormer Einfluß auf die Psychologie läßt sich

Einführung

zum einen daran erkennen, daß die Mehrzahl der prominenten Sozialpsychologen zu seinen Schülern zählte, zum anderen daran, daß die Palette bahnbrechender Arbeiten von der Entwicklungs- und Persönlichkeitspsychologie, von der Gruppendynamik und Aggressionsforschung, von der Motivationsforschung bis in Detailgebiete der Arbeitspsychologie reichten. Viele seiner Arbeiten gelangten erst auf dem Umweg ihrer englischsprachigen Übersetzung nach Deutschland zurück. Eine seiner wichtigsten Arbeiten, die ›Grundzüge der topologischen Psychologie‹, wurde erst 1969 in Rückübersetzung wieder aufgelegt, und erst 1982 kam es zu einer deutschsprachigen Gesamtausgabe. In allen Beiträgen LEWINS erkennt man den klaren, originellen und unspekulativen Forscher, dem seine Schüler in den USA in einer Schrift des Gedenkens posthum den Ehrentitel eines »praktischen Theoretikers« verliehen.

William Sterns personalistische Psychologie der unitas multiplex: WILLIAM STERN (1871–1938) gilt als der Gründer der Persönlichkeitspsychologie. Er lehrte von 1916–1933 an der Universität Hamburg. Zu seinen Schülern zählt neben KURT LEWIN auch HEINZ WERNER (1890–1964), dem wir eine erste systematische Entwicklungspsychologie auf der Basis der vergleichenden Forschung verdanken. STERN mußte wie LEWIN und WERNER seine Heimat verlassen und vollendete seine ›Allgemeine Psychologie‹ in den Niederlanden. Stern sah die menschliche Welt als die der Personen an, die neutrale Einheiten in der Vielfalt darstellen. Am Kreuzungspunkt von Psychischem und Physischem steht immer die Person, ist STERNS Ausgangsposition. In seiner Konzeption wird ein entscheidender Versuch unternommen, verstehende und erklärende Gesichtspunkte zu vereinigen; die naturwissenschaftliche und die von DILTHEY proklamierte geisteswissenschaftliche Psychologie stellen für STERN keinen Widerspruch oder Gegensatz dar, da sie sich auf ein und denselben Gegenstand, den ganzen Menschen, beziehen. In der Persönlichkeit konvergieren die Einflüsse der Umwelt und der Anlagen, daher ist sie eine unitas multiplex, eine Einheit aus vielerlei Elementen. Die Kontinuität des Erlebens vollzieht sich in der Persönlichkeit mit ihren konstanten und zielgerichteten Teilbereichen, den Eigenschaften. Diese werden in zwei Kategorien unterteilt, nämlich in *Richtungsdispositionen* und instrumentell verstandene Rüstungsdispositionen. Die Lehre von den Eigenschaften wurde insbesondere durch G. W. ALLPORT, einen weiteren Schüler Sterns, in den Vereinigten Staaten weiterentwickelt. Sterns Werk ›Differentielle Psychologie‹ und seine entwicklungspsychologischen Schriften gehören zu den einflußreichsten Quellen der Psychologie der zwanziger und dreißiger Jahre.

Psychoanalyse: Sigmund Freuds Revolution der Praxis. Die Hauptprobleme der beginnenden Psychologie – Untersuchungen des Wahrnehmens, Denkens, Lernens – konnten den Wiener Nervenarzt FREUD (1856–1939) nicht

24

Einführung

besonders interessieren, denn es ging ihm um die praktische Frage nach der Ursache solcher Verhaltensstörungen, die offenbar keinerlei Grundlage im Körperlichen haben. Wie kann man gesteigerte Anfälligkeit für Konflikte, unbegründet erscheinende Ängste, Schlaflosigkeit, Funktionsstörungen bei voller Funktionsfähigkeit der Körperorgane u. ä. nicht nur erklären, sondern auch heilen? Zunächst versuchte es Freud mit der damals gerade in Mode gekommenen Hypnose. Es zeigte sich aber, daß man nicht alle Patienten in einen hypnotischen Zustand versetzen kann, der so tief ist, daß alle Schranken fallen und der Patient von den Ursachen seiner Störung zu reden bereit ist. Außerdem wies sich das Wissen von den subjektiven Störungsursachen nicht als wirksames Heilmittel aus. Freies Assoziieren und die Deutung von Trauminhalten dagegen erwiesen sich als gute Methoden, die Konflikte aufzudecken, die den Störungen zugrunde lagen, ins Unbewußte verlagert zu sein schienen und dort weiterwirkten. Freud gewann u. a. die Einsicht, daß das sog. »rationale Verhalten« des Menschen z. T. durch unbewußte Eindrücke und Konfliktverarbeitung beeinflußt ist und daher eine höchstpersönliche Weise der Umweltorientierung darstellt. Er betonte die Rolle frühkindlicher Eindrücke und den Einfluß der durch kulturelle Normen geprägten Erziehung. Bei der Analyse des Zusammenhangs zwischen Trieben, Erleben und Verhalten stieß Freud auf die zentrale Bedeutung der Sexualität und hob diese aus dem Bezirk eines kulturbedingten Tabus heraus. Ein Jahr vor seinem Tod mußte Freud als Opfer des nationalsozialistischen Rassenwahns seine Heimatstadt Wien verlassen, um nach England zu emigrieren. Seine Lehren wurden in England und in den USA aufgenommen und weitergeführt. In Deutschland und Österreich setzte erst nach Kriegsende eine zunächst zögernde, dann verstärkte Rezeption seiner Gedanken ein. Die Psychoanalyse gilt in Medizin und Psychologie als eine der einflußreichsten Hilfsvorstellungen zur Erklärung von Erlebnis- und Verhaltensstörungen. Ihre Modellvorstellungen fanden Eingang in die empirische Entwicklungs-, Persönlichkeits- und Sozialpsychologie. Ähnliches gilt für die Weiterentwicklungen der sog. Neoanalyse und für die von Freud abweichenden Ansätze von ALFRED ADLER (1870–1937) und CARL GUSTAV JUNG (1875–1961). Bei einer Bewertung muß man bedenken, daß Freud mit den Erkenntnismitteln und Methoden seiner Zeit den Versuch unternahm, bislang unerklärbare Phänomene kausalgenetisch unter dem Dach vorläufiger, wenn auch verführerisch weit gespannter Annahmen zu analysieren. Die von FREUD ausgehenden Ansätze, z. B. über *Abwehrmechanismen* oder die Signalfunktion der *Angst,* regten systematische Untersuchungen an und führten zu neuen, von den ursprünglichen Freudschen Hypothesen z. T. erheblich abweichenden Erkenntnissen. Die Erkenntnisse und Hypothesen FREUDS sowie die Art ihrer Publikation lassen sich nur im Kontext der damaligen Zeit und Forschungslage gerecht beurteilen. Es wäre ein Ding der

Einführung

Unmöglichkeit, heute die »reine Lehre« FREUDS als umfassende Grundlage der allgemeinen oder klinischen Psychologie und medizinischen Neurosenlehre heranzuziehen. Trotz aller Erkenntnisfortschritte in Psychologie und Medizin, beide Forschungswissenschaften mit dem Anspruch der beständigen Überprüfung und Revision ihres Erkenntnisstandes, ist der anregende Einfluß der Freudschen Ideen bis in unsere Tage unübersehbar.

Zur gegenwärtigen Psychologie

Die Überwindung der durch Schulen auferlegten Schranken vollzog sich zunächst unauffällig und relativ undramatisch. Das Schwergewicht psychologischer Forschung und Praxis lag seit Ende der 30er-Jahre in den angloamerikanischen Ländern. Dort besteht kein großer Hang zu Auseinandersetzungen über Lehr- oder Schulmeinungen. Die zahlreichen Aufgaben und Probleme, mit denen Psychologen in den verschiedenen Tätigkeitsfeldern konfrontiert wurden, trugen dazu bei, enge und einseitige Positionen aufzugeben und die Kriterien der Brauchbarkeit und Praktikabilität, der Bewährung, Einfachheit und Überprüfbarkeit von Methoden, Modellen und Theorien in den Vordergrund zu stellen. Damit verbunden war eine Neuorientierung, die für den relativ großen Bestand an faktischem Wissen, empirisch-rationalen Modellen, experimentellen Methoden und statistischen Auswertungsverfahren maßgeblich ist. Die Suche nach einer relativ kleinen Zahl von Theorien ging dabei über in die Suche nach den schon eingangs erwähnten »Theorien mittlerer Reichweite«, nach überprüfbaren Modellen, die sich für die Erfassung, Erklärung und Vorhersage bestimmter Phänomenklassen und Zusammenhänge eigneten. Das Land, von dem die ersten Anstöße zu einer experimentellen Psychologie ausgingen, nämlich Deutschland, blieb zunächst von dieser Entwicklung ausgeschlossen. Um so größer wurde der Nachholbedarf, als das Naziregime, politischer Terror, Krieg und wissenschaftliche Isolierung nach 12 Jahren zu Ende gingen. Eine Folge von langjähriger Isolierung und Nachholbedarf ist die Tatsache, daß die deutsche Version der Fachsprache reich ist an Anglizismen und Ungereimtheiten, die aus eiligen Übersetzungs- und Rückübersetzungsversuchen herrühren.

Neben den Wandlungen in den angewandten Teilgebieten – insbesondere in Klinischer Psychologie, Pädagogischer Psychologie und Sozialpsychologie – haben sich in den vergangenen dreißig Jahren zwei Entwicklungen bemerkbar gemacht, die einer Neuorientierung der psychologischen Grundlagenforschung im Sinne eines *Paradigmenwechsels* gleichkommen. Zum einen durchdringen psychologische Forschung, *Neurowissenschaften, Hirnforschung* und *Endokrinologie* einander in zunehmendem Maße. Zum anderen

Einführung

hat sich mit der *Kognitiven Psychologie* seit Ende der 60er Jahre eine Richtung etabliert, deren Ansprüche weit über eine Renaissance der Beschäftigung mit Gedächtnis-, Denk- und Sprachpsychologie hinausgehen. Mit der Einbeziehung von CHOMSKYs Vorstellungen über eine *generative Transformationsgrammatik*, den mannigfachen Berührungspunkten mit *Informatik* und *Künstliche-Intelligenz-Forschung*, neurowissenschaftlichen *Netzwerktheorien* und Fortschritten der *Emotionsforschung* mit ihren Weiterungen in der Diskussion der sog.»emotionalen Intelligenz« kam es zu einer interdisziplinären Öffnung und Diversifikation der Psychologie wie nie zuvor. Der ausgeprägte Hang zu Mikrotheorien mit eigenständigem Vokabular, wie man ihn besonders in der *Kognitiven Psychologie* beobachten kann, geht nicht selten einher mit einem spürbaren Verzicht der Beachtung des *Prinzips der Einfachheit*, des *Parsimonie-Prinzips*. Beispiele finden sich z.B. im Begriffsapparat der *Psycholinguistik* und *Gedächtnisforschung*.

Zweifellos ist der Gegenstandsbereich der Psychologie heute umfangreicher als zur Zeit der psychologischen Schulen und der WATSONschen Verkündigung einer reinen Verhaltensanalyse. Sie befaßt sich mit der Frage, *wie* und *warum* der Mensch bestimmte Gegenstände oder Situationen so und nicht anders wahrnimmt, über sie denkt, sie einschätzt, in ihrer Gegenwart oder bei ihrer Vorstellung fühlt, sich bestimmte Ziele setzt, plant, handelt, sich dabei an weiter zurückliegenden Erfahrungen orientiert oder aber völlig Neuartiges zuwege bringt. Die entsprechenden Vorgänge und Zustände nennt man *Wahrnehmen* bzw. *Erkennen, Bewertung, Einstellung, Emotion* bzw. *Gefühl, Motivation* bzw. *Motiv, Verhalten* bzw. *Handeln, Erinnern* bzw. *Gedächtnis* und *Lernen* sowie *Denken* bzw. *schöpferisches Denken* bzw. *Kreativität*. Alle diese Grundbegriffe der Psychologie sind nicht bloße Beschreibungen, sondern sie umfassen in der Regel theoretisch fundierte Erklärungsansätze, deren Gültigkeit fortlaufenden Überprüfungen unterzogen werden muß. Derartig umfassende Begriffe nennt man in der Wissenschaftssprache *Konstruktionen* oder *Konstrukte*.

Die psychologische Forschung orientiert sich einerseits an dem sozialen, andererseits an dem biologisch-physiologischen Bezugssystem des Erlebens und Verhaltens. Im ersten Fall handelt es sich um den Anteil, den andere Menschen, ihre Gegenwart, ihre Normen und Werte an der Entwicklung und am konkreten Handeln des Individuums oder von Gruppen haben. Im zweiten geht es um die psychophysiologische Natur des Erlebens und Verhaltens, d.h. ihre Einbettung in Organismusprozesse und ihre Regulation durch das Nervensystem. Damit wird die Grenzstellung der Psychologie zwischen den Sozialwissenschaften und biologisch-medizinischen Wissenschaftsbereichen deutlich.

Wie jeder Erfahrungswissenschaftler ist auch der Psychologe gehalten, den Anspruch der von ihm verwendeten Methoden und Erklärungsansätze auf

Einführung

Allgemeingültigkeit beständig kritisch zu überprüfen. Für die Systematisierung des Erkenntnisstandes und seiner Überprüfung gelten die allgemeinen Regeln der naturwissenschaftlichen Erkenntnislehre und Wissenschaftstheorie. Die wichtigsten Methoden der psychologischen Forschung sind *Beobachtung, Beschreibung* und *Messung* im Vorfeld von *Experimenten, Feldexperimenten* und (in seltenen Fällen) *Felduntersuchungen.* Systematische Erkenntnisse über Beobachtung und Messung fließen in die *Eignungs-, Intelligenz-* und *Persönlichkeits-Tests* sowie in *Fragebogen-* und *projektive Verfahren* der psychologischen *Diagnostik* ein. In der auf den Einzelfall gerichteten *beratenden* und *klinischen Psychologie* ist der Methodenkanon um die Verfahren der *Anamnese, Exploration,* angewandten *Gesprächsführung* und *Intervention* (Psycho- und Verhaltenstherapie) erweitert.

Psychologische Grundlagenforschung und Anwendung durchdringen einander. Beispiele sind die engen Verknüpfungen zwischen *Allgemeiner Psychologie, Arbeitspsychologie, Ergonomie, Sicherheits- und Unfallforschung,* die Verwertung *lerntheoretischer* Erkenntnisse bei der Entwicklung neuer Formen der *Psychotherapie,* die Bedeutung persönlichkeitspsychologischer Befunde für die Prävention von Schädigungen und Störungen oder die Rolle sozialpsychologischer Erkenntnisse bei der Gestaltung von Beratungssituationen, bei der Entwicklung von Organisations- und Führungsstrukturen in Betrieben.

Wie wird man Psychologe?

Psychologie ist eine selbständige empirisch-rationale Wissenschaft, die mit biologisch-medizinischen und sozialwissenschaftlichen Nachbardisziplinen zusammenarbeitet. Zwar weist ihre Begrifflichkeit bis heute Spuren der philosophisch-anthropologischen Vergangenheit auf, aber ihre Arbeitsweise ist vorwiegend am Vorbild empirisch-experimenteller Naturwissenschaften orientiert. Gegenstand der Psychologie ist das Erleben, Verhalten und Handeln des Menschen. Einerseits ist der Mensch ein Lebewesen, dessen Nervensystem und Verhalten im Vergleich zu höheren Tieren den höchsten und komplexesten Organisationsgrad besitzt. Andererseits ist das menschliche Denken und Handeln auf das soziale Umfeld bezogen. Psychologie ist daher eine Forschungswissenschaft, die Erkenntnisse aus den biologisch-medizinischen Wissenschaften genauso zu berücksichtigen hat wie jene aus benachbarten empirischen Sozialwissenschaften. Die heutige Psychologie kennt keine unabänderlichen, ewigen Wahrheiten, denn ihre Erkenntnisse gründen auf Untersuchung, Analyse und Bewährung.

Wer zu allgemeinen Reflexionen über das »Wesen«, über die »wahre Natur« des Menschen neigt, eigene Lebenserfahrungen in Ratschläge umzusetzen

Einführung

weiß, wer über eine gewisse, von Bekannten und Freunden geschätzte Fähigkeit verfügt, geduldig zuzuhören, wer sich rühmen kann, mit seinem »psychologischen Blick« die Motive anderer erfassen oder etwas über den »Charakter« einzelner oder ganzer Menschengruppen zum besten geben zu können, mag sich damit im Bekanntenkreis getrost den Ruf eines »guten Psychologen« einhandeln. Aber die Allerweltsneigung zum Psychologisieren im Alltag ist ganz sicher keine geeignete Voraussetzung dafür, das Befinden anderer, ihre Gefühle, Gedanken und Verhaltensweisen angemessen erfassen und verstehen zu können, um ihnen bei der Lösung von Problemen nach bestem Wissen und Gewissen verantwortungsvoll beizustehen. Die Ausübung des *Berufs* eines Psychologen ist an den erfolgreichen Abschluß eines in der Regel mindestens acht Semester umfassenden Studiums im Hauptfach Psychologie an einer Universität oder Hochschule gebunden. Der akademische Abschluß und Nachweis der allgemeinen Berufsbefähigung besteht in Deutschland aus der *Diplomprüfung.* Der gesetzlich geschützte akademische Titel lautet *Diplom-Psychologe/Diplom-Psychologin.* In anderen Ländern wird die Berufsbefähigung durch den Erwerb einer Lizenz (z.B. in Frankreich und in der Schweiz) bzw. durch ein Magisterexamen (M.A.) im Hauptfach Psychologie (z.B. in England und USA) nachgewiesen. Eine Promotion im Hauptfach Psychologie ist in fast allen Ländern an das Vorliegen eines der o.g. Abschlüsse gebunden. Über die Anerkennung von Studienabschlüssen im Ausland entscheiden die Kultus- bzw. Wissenschaftsministerien der Länder nach den Richtlinien einer Dienststelle, die der Ständigen Konferenz der Kultusminister mit Sitz in Bonn zugeordnet ist.

Das Studium der Psychologie mit Diplomabschluß hat zwei viersemestrige Abschnitte. Im ersten findet die Grundausbildung statt in den Fächern *Allgemeine Psychologie I* (Wahrnehmen, Denken, Sprache) und *II* (Lernen, Gedächtnis, Motivation, Emotion), *Persönlichkeits-* bzw. *Differentielle Psychologie, Entwicklungspsychologie, Sozialpsychologie, Methodenlehre* einschl. *Statistik* und *Biopsychologie bzw. Physiologische Psychologie,* ersatzweise *Biologie* und/oder *Physiologie* in den für Psychologen relevanten Ausschnitten. Das Grundstudium wird mit der *Diplom-Vorprüfung* abgeschlossen. Der zweite Studienabschnitt umfaßt gemäß geltender Rahmenprüfungsordnung die Anwendungsfächer *Arbeits-, Betriebs-* und *Organisationspsychologie* (ABO), *Pädagogische Psychologie* und *Klinische Psychologie,* die Methodenfächer *Diagnostik und Intervention, Evaluation und Forschungsmethodik,* dazu ein *Wahlpflichtfach* zur *forschungsorientierten Vertiefung* und ein *nichtpsychologisches Wahlpflichtfach* (z.B. Psychopathologie); letzteres wird durch örtliche Prüfungsordnungen geregelt. Hinzu kommt eine *Diplom-Arbeit,* d.h. eine selbständig erstellte wissenschaftliche Arbeit in einem umschriebenen Untersuchungsbereich. Vor Eintritt in die

29

Einführung

Diplom-Prüfung müssen *Außenpraktika* in verschiedenen Tätigkeitsbereichen unter Aufsicht von Diplom-Psychologen nachgewiesen werden. Studierende, die eine weitere Qualifikation durch Promotion erwerben wollen, können sich nach Abschluß der Diplom-Prüfung um ein Thema bewerben. In der Regel handelt es sich dabei um den Grad eines Doktors der Philosophie (Dr. phil.) oder der Naturwissenschaften (Dr. rer.nat.); die Promotion ist an die Vorlage einer umfassenden wissenschaftlichen Untersuchung (Doktorarbeit), an das Studium von Nebenfächern (durch örtliche Promotionsordnungen geregelt) und an das Bestehen von mündlichen Prüfungen gebunden. An manchen Ausbildungsstätten werden eigene Studiengänge für Doktoranden, sog. Graduiertenkollegs, angeboten.

Darüber hinaus gibt es Fortbildungs- und Spezialisierungsmöglichkeiten in den verschiedenen Anwendungsbereichen (z.B. ABO und Klinische Psychologie).

In Deutschland nimmt der *Berufsverband Deutscher Psychologen* (BDP) die Interessen diplomierter Psychologen wahr und erteilt Auskünfte. Die in Forschung und Lehre tätigen Psychologen gehören in der Regel der *Deutschen Gesellschaft für Psychologie* (DGfP) an, welche mit dem BDP kooperiert. Entsprechende Organisationen gibt es in allen Ländern, in denen Psychologen ausgebildet werden und in verschiedenen Berufsfeldern tätig sind. Die internationalen Beziehungen pflegt die *International Union of Psychological Science.*

Wo arbeiten Psychologen?

Neben der Tätigkeit in Lehre und Forschung an den Universitäten und Hochschulen arbeiten Diplom-Psychologen in verschiedenen Tätigkeitsfeldern, z.B. in *Arbeits-, Betriebs- und Organisationspsychologie* (Fragen der Arbeitsplatzgestaltung, Belastungs- und Unfallforschung, Personalauswahl, -förderung und -führung, Organisationsentwicklung, Kommunikations-, Markt- und Wirtschaftspsychologie), in der *Forensischen Psychologie* (z.B. Gutachtertätigkeit über Glaubwürdigkeit von Zeugen, Schuldfähigkeit, Familienrechtsangelegenheiten und Sorgerecht; Gefangenen- und Gefängnispsychologie; Rehabilitation von Straffälligen), in der *Klinischen Psychologie* (Tätigkeit in Kliniken und Rehabilitationseinrichtungen, in Beratungsstellen für Kinder, Jugendliche, Erwachsene und Familien, in freier Praxis bzw. Praxisgemeinschaft), in der *Pädagogischen Psychologie* (Schulpsychologische und Bildungs-Beratung, Berufsberatung, Erwachsenenbildung) oder in der *Verkehrspsychologie* (Fahrtauglichkeits- und Unfallursachenuntersuchungen). Fast alle diese Tätigkeiten sind eine Kombination von Beratung und Forschungstätigkeit. Dies gilt auch für alle nicht im einzelnen aufge-

Einführung

führten interdisziplinären Forschungsprojekte, die zum Teil an Universitäten, zum Teil in speziellen Forschungseinrichtungen (z. B. Max-Planck-Institute), in Forschungslabors der Industrie oder unter anderer Trägerschaft ausgeführt werden.

Wie kann man sich über neuere psychologische Erkenntnisse informieren?

Zu den einzelnen Teilgebieten der Psychologie erscheinen jährlich zahlreiche einführende Texte und Monographien, auf die in der Bibliographie, ebenso wie auf Einzelbeiträge, nur auszugsweise hingewiesen werden kann. Die wichtigsten Ergebnisse der Psychologie werden in periodisch wiederkehrenden Sachstandsberichten zusammengefaßt (z. B. in der ›*Annual Review of Psychology*‹). Aktuelle Informationen bieten ›*Psychological Abstracts*‹ und ›*Current Contents*‹. Übersichtliche Literaturzusammenstellungen finden sich in Lehrbüchern, Handbüchern und in einer mehrbändigen ›Enzyklopädie der Psychologie‹ sowie in Monographien zu Spezialthemen. Die internationalen Gremien der wissenschaftlichen Psychologie haben sich, wie in vielen anderen Wissenschaften, auf das Englische als Geschäftssprache geeinigt. Ein Großteil der neueren Informationsquellen liegt daher in englischer Sprache vor. Übersetzungen ins Deutsche sind, abgesehen von herstellungsbedingten Zeitverzögerungen, nicht selten dem Original an Qualität und Verständlichkeit unterlegen. Ich habe deshalb in vielen Fällen auf die englischsprachigen Originalia hingewiesen.

A

AAM →*Auslöser.*
AAS →*Adaptationssyndrom.*
Abasie *(abasia).* Gehunfähigkeit, die auf keinen diagnostizierbaren körperlichen Ursachen beruht, daher als psychisch bedingt angesehen wird.
ABB →*Arbeitsanalyse, -beschreibung.*
Abbau *(deterioration).* Sinken der körperl. und intellektuellen Leistungsfähigkeit als Folge des Alterns oder schwerer Erkrankungen.
Abbau-Index, Zerfall-Index *(deterioration index).* Maß für den Abbau der Intelligenz, das auf Vergleich der Testleistungen in altersabhängigen und -unabhängigen Untertests beruht.
Abbildung *(mapping, to map out, depiction).*
[1] *Geometrische Optik, Darstellende Geometrie:* Herstellung eines Bildes durch (a) Projektion des von der Objektoberfläche ausgehenden Lichtes auf eine Fläche (z. B. Spiegelung, Netzhautbild, Foto) oder durch (b) die mehr oder weniger Punkt-für-Punkt-getreue Wiedergabe des Objektumrisses in einem Flächen-Koordinaten-System (z. B. Auf- und Grundriß).
[2] *Mathematik:* Operationen der Zuordnung von Elementen einer Menge (Objekt- oder Urmenge) zu Elementen einer anderen (Bildmenge), z. B. die A. von Größenverhältnissen auf einer entsprechenden Skala. Auch für die Zuordnung innerhalb derselben Menge gebraucht, z. B. die Zusammenfassung von Meßdaten in Klassen.
[3] Der engl. Begriff →*mapping* hat in der *Kognitionspsychologie* eine abweichende Bedeutung; er bezieht sich auf die Einprägung und Wiederverwendung von Reiz- bzw. Reizmerkmalbeziehungen im Sinne von Such- und Entscheidungsstrategien.
Abbildungs-Retina-Bewegungs-System →*Bewegungssehen.*
Aberglaube, abergläubisches Verhalten *(superstition; superstitious behavior).* Bezeichnung für die Annahme nicht existenter bzw. den allgemeinen Erkenntnissen oder Überzeugungen widersprechender Zusammenhänge. SKINNER bezeichnet mit A. ein Verhalten, das durch wiederholte Verstärkung bestimmter Bewegungen geprägt ist, keinerlei instrumentelle Bedeutung für die Erlangung der Verstärkung besitzt und dennoch schwer gelöscht werden kann. Verstärkt man z. B. durch Futtergaben eine Taube wiederholt dann, wenn sie sich die Flügelfedern putzt, so führt sie nach einiger Zeit dieselben Bewegungen mit Blick auf den Futternapf aus, als erwarte sie, auf diese Weise Futter zu erlangen. Auf derartigen Verstärkungsstrategien baut die von Skinner sog. →*Verhaltensformung* auf.
Aberration *(aberration).*
[1] Stärkere Brechung von Lichtstrahlen am Rande einer Linse im Vergleich zum Zentrum; führt zu Brennpunktverschiebungen.
[2] *Chromatische A. (chromatic aberration):* Kurzwelliges Licht bildet im Vergleich zu langwelligem bei Durchgang durch Sammellinsen (z. B. im menschl. Auge) den Brennpunkt weiter vorn. Dadurch entstehen je nach Abstand Farbstreuungen.

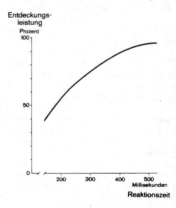

Abgleich- oder Tradeoff-Funktion der idealisierten Beziehung zwischen Entdeckungsleistung und Reaktionszeit. Rasche Reaktionen entsprechen unterdurchschnittlichen, langsame überdurchschnittlichen Trefferzahlen.

abgeleiteter Score

[3] A. *der Chromosomen, Chromosomenanomalie:* Durch Genüberschuß oder -verlust bedingte somatische und psychische Störungen.

[4] A. *der Netzhautbilder:* Auch bei optimaler *Akkommodation* kann bei Krümmungsunregelmäßigkeiten der Hornhaut oder bei Veränderungen des Augendurchmessers (Kurz- und Weitsichtigkeit) kein scharfes Netzhautbild entstehen. Innerhalb bestimmter Grenzen wird die Unschärfe durch *Kontrastwirkungen* kompensiert.

abgeleiteter Score →*Score.*

Abgleichfunktion, Tradeoff-Funktion *(tradeoff function).* Bezeichnung für Beziehungen zwischen zwei oder mehreren Variablen, deren Ausprägungsgrad einem gegenseitigen Ausgleich unterliegt. Vergleicht man z. B. unter komplexen Signalbedingungen, welche eine Entscheidung erforderlich machen, *Reaktionszeiten* und *Entdeckungsleistungen* (Trefferzahlen), so erhält man als Ergebnis eine A. (vgl. Abb.), welche anzeigt, daß kurze Reaktionszeiten auf Kosten der Genauigkeit und genaue Reaktionen auf Kosten längerer Entscheidungszeiten zustande kommen.

Abhängigkeit *(dependency).*

[1] *Klinische Psychologie, Psychiatrie:* (a) Fortgesetzter gewohnheitsmäßiger Konsum bestimmter Genußmittel →*Alkoholismus*), Medikamente oder Drogen (→*Drogenabhängigkeit*) aufgrund eines unwiderstehlichen körperlichen und/oder psychischen Bedürfnisses. Der Begriff A. ersetzt in dieser allgemeinen Bedeutung, die aus dem englischen Sprachgebrauch übernommen wurde, den älteren, diskriminierend wirkenden Begriff →*Sucht [1 a].* (b) In engerer Bedeutung gewohnheitsmäßiger Konsum von Genußmitteln oder Drogen aufgrund eines psychischen Bedürfnisses, im Unterschied zur →*Sucht [1 b]* als einem durch fortgesetzten Konsum entstandenen körperlichen Bedürfnis.

[2] *Sozialpsychologie, Klinische Psychologie:* (a) Zwischenmenschliche Beziehung, die durch die Erwartung geprägt ist, auf die Anwesenheit oder Hilfe anderer angewiesen zu sein, um die eigene soziale Stellung zu wahren oder in Sicherheit leben zu können. Syn.: *soziale Abhängigkeit (social dependency).* (b) Als *dependente Persönlichkeitsstörung (dependent personality disorder)* Bezeichnung für die häufig bei →*Angst* oder →*affektiven Stö-*

rungen in Verbindung mit Zweifel an der eigenen Leistungsfähigkeit und Mißerfolgserwartungen auftretende Unfähigkeit, selbständig zu entscheiden und daher alles dem Partner oder anderen Personen zu überlassen.

[3] *Logik, Statistik:* (a) A. ist dann gegeben, wenn eine Erscheinung nur in Gegenwart oder Gefolge einer oder mehrerer anderer auftritt *(kausale A.,* →*Kausalität),* (b) wenn die Ausprägungsgrade eines variablen Merkmals (z. B. Leistungen als *abhängige* →*Variablen*) unter definierten Variationen oder Variationskombinationen der Bedingungen *(unabhängige* →*Variablen*) beobachtet werden, (c) wenn wechselseitige Beziehungen zwischen einzelnen variablen Merkmalen bestehen *(wechselseitige A., Interdependenz, Interaktion)* oder (d) wenn eine Stichprobe im Hinblick auf das Vorhandensein bestimmter Merkmale gezogen wird *(abhängige* →*Stichprobe;* Gegensatz: *Zufallsstichprobe).*

Ablehnungsbereich →*Assimilations-Kontrast-Theorie.*

Ablösung *(detachment).* Bezeichnung für die im Verlauf der individuellen Entwicklung schrittweise vollzogenen Lösung von Bindungen an die elterliche Autorität bzw. an die Denk- und Verhaltensnormen älterer Menschen. A. zeigt sich besonders deutlich in der →*Adoleszenz* in Form mehr oder weniger offener Anzeichen kritischer Distanz. A. gilt als entscheidende Voraussetzung für die soziale Reife und Persönlichkeitsentwicklung, selbständig in der Erwachsenenwelt bestehen und wirken zu können. In der Deutung FREUDS ist die A. im Verlauf der Entwicklung, aber auch bei der Auflösung der sog. →*Übertragung,* für die unabhängige, von infantilen Triebbefriedigungsansprüchen weitgehend freie Entfaltung selbständiger Erlebnis- und Verhaltensweisen des gesunden Erwachsenen maßgeblich; im weiteren Sinne ist A. aus dieser Sichtweise die entscheidende Voraussetzung für die gesellschaftliche und kulturelle Entwicklung.

→*Bindung,* →*Jugendalter,* →*Übertragung.*

Abney-Brücke-Effekt/Phänomen →*Bezold-Brücke-Phänomen.*

Abney-Effekt *(Abney's effect).*

[1] Wird ein größerer Gesichtsfeldausschnitt plötzlich homogen erleuchtet, scheint sich das Licht von einem intensiv leuchtenden Zentrum allmählich zu den Rändern auszubreiten; erlischt das Licht, scheint es sich in ein län-

Abstraktion

ger nachleuchtendes Zentrum zurückzuziehen (→ *Gamma-Phänomen*). Grund: Raschere und länger anhaltende Erregung fovealer Rezeptoren im Vergleich zu peripheren; retinale Summations- und Hemmungsvorgänge.

[2] *Abney-Phänomen (Abney's phenomenon)* oder *Bezold-Abney-Phänomen (Bezold-Abneyphenomenon)*: Sonderfall des *Bezold-Brücke-Phänomens*. Verkleinerungen des gereizten Netzhautareals bzw. des Blickwinkels wirken bei fovealem *Farbensehen* wie Aufhellungen, d. h. Gelb und Blau dominieren, während Rot- und Grüntöne gelblich, Blaugrün und Violett dagegen bläulich erscheinen. Erklärt wird dies durch von der Leuchtdichte abhängige Summierungsvorgänge in fovealen Rezeptoren.
Abney-Phänomen →*Abney-Effekt;* →*Bezold-Brücke-Phänomen.*

abnorm, abnormal *(abnormal).*
[1] *Allgemein:* Bezeichnung für Erscheinungen, die von einer Norm deutlich abweichen. Was Norm einer bestimmten Klasse von Erscheinungen ist, wird entweder statistisch (z. B. durch den Durchschnittswert), durch Regelungen (z. B. technische Normen), durch sozialen Konsens oder durch Gewohnheit und Vertrautheit bestimmt.
[2] *Klinische Psychologie, Psychopathologie, Psychiatrie:* (a) Als *abnormes Erleben* bzw. *abnormes Verhalten* werden Erlebnis- und Verhaltensweisen bezeichnet, die hinsichtlich ihrer Qualität und/oder Intensität von normalen, d. h. durch sozial-kulturellen Konsens festgelegten und/oder für den Außenstehenden unmittelbar verstehbaren Erlebnis- und Verhaltensäußerungen deutlich abweichen. Heute werden diese durchgängig unter dem Begriff der →*Störung* zusammengefaßt. Für die systematische Beschäftigung mit abnormen Erlebnis- und Verhaltensweisen des Menschen, die als Teilgebiet der →*Klinischen Psychologie* gilt, wurde im Englischen der Begriff *Abnormal Psychology* (etwa gleichbedeutend mit →*Psychopathologie*) eingeführt. (b) Die Bezeichnung *abnorme Persönlichkeit (abnormal personality; psychopathic personality)* wurde von K. Schneider als Oberbegriff für Persönlichkeitsstörungen vom Typus der →*Psychopathie* (»Charakterstörung«) eingeführt. Die abnorme Persönlichkeit zeichnet sich durch eine mehr oder weniger dramatische Exzentrizität des Verhaltens aus, durch welche die Betroffenen und/oder ihre Umgebung lei-

den. Zu ihren Äußerungsformen zählen z. B. überhöhte Affektlabilität, Antriebslosigkeit, Empfindsamkeit, Geltungsbedürfnis, Selbstunsicherheit, Niedergeschlagenheit. Im *DSM-IV* sind diese Störungen unter dem Oberbegriff →*Persönlichkeitsstörung* subsumiert.
A-B-Null-Klassifikation/System →*Blutgruppen.*

Abreaktion *(abreaction).* Psychoanalytische Bezeichnung für Entladungen aufgestauter Affekte, hervorgerufen durch unwissentliche Reproduktion unverarbeiteter Erlebnisinhalte.

Absetzphänomen →*Rebound-Phänomen.*

absolut *(absolute).* Unabhängig, Gegensatz *relativ.* (a) *Absolutes Gehör (absolute pitch):* Fähigkeit, die Höhe eines Tones ohne Vergleichston auf der Tonskala zu lokalisieren und/oder bei Nennung der Tonhöhenbezeichnung den Ton treffsicher zu singen. (b) *Absolutes Urteil,* Gegensatz *Vergleichsurteil:* Einschätzung von Gegenständen oder Ereignissen ohne vergleichenden Bezug zu anderen. (c) *Absolute Schwelle:* Reizintensität, die für das Wahrnehmen (Erkennen) unbedingt erforderlich ist (→*Psychophysik;* →*Schwelle*). (d) *Absoluter Betrag/ Wert:* In *Mathematik* und *Statistik* die Verrechnung von Zahlenwerten ohne Berücksichtigung ihres Vorzeichens, gekennzeichnet durch senkrechte Striche. Ist $X_1 = -5$ und $X_2 = 5$, so lautet die algebraische Summe $\Sigma\ X_i = (-5) + (+5) = 0$, die Absolutwerte $\Sigma |X_i|$ dagegen 10.

Abstraktion *(abstraction).*
[1] A. ist ein Denkvorgang, in dessen Verlauf sich durch »Abziehen« der Vielfalt von Einzelanschauungen, -vorstellungen und -perspektiven das Allgemeine, Notwendige und/oder Wesentliche herausschält. In der A. werden einige wenige prototypische Eigenschaften einer Vielzahl von Einzelgegenständen oder -vorgängen hervorgehoben, unter denen diese subsumiert werden können und die sich daher als semantische Grundlage für die Klassifikation, Bewertung und sprachlich-symbolische Kennzeichnung eignen. Aus Experimenten zur Bildung von *Begriffen* geht hervor, daß A. für deren allgemeine Gültigkeit *(Generalisierung)* und Anwendbarkeit *(Universalität)* unerläßlich ist (→*Denken*). *Abstrakte, symbolische Operationen* repräsentieren in der Entwicklung des *Denkens* die höchste Stufe; die Fähigkeit zur A. ist eine wesentliche Voraussetzung von →*Intelligenz.*

35

Abstraktionsexperiment

[2] Abstrakt *(abstract)* sind Eigenschaften von Gegenständen oder Vorgängen dann, wenn sie durch Zuordnung zu allgemeinen, unanschaulichen Denk- oder Urteilskategorien zustandekommen oder durch induktive Denkoperationen gewonnen sind, in deren Verlauf sie eine von der sinnlichen, der *konkreten* Erfahrung abgehobene Selbständigkeit erlangen und in sprachlich symbolischer Form gedacht und ausgesagt werden können, z. B. als Art- oder Gattungsbegriffe. Begriffe sind zwar ihrer symbolischen Natur entsprechend stets abstrakt. Aber sie können sowohl abstrakt (z. B. ein konkretes Verhalten als Ausdruck einer abstrakten Eigenschaft wie Menschenfreundlichkeit ansehen) als auch konkret (z. B. den Begriff Eßgeschirr mit der Vorstellung des eigenen Tafelporzellans verbinden) oder aber in beiderlei Hinsicht gebraucht werden (z. B. sich einmal unter dem Begriff Dreieck ein bestimmtes geometrisch-optisches Gebilde mit drei Ecken vorzustellen, ein anderes Mal den abstrakten Gattungsnamen Dreieck mit den ebenso abstrakten Lehrsätzen des Pythagoras in Verbindung bringen zu können).

Abstraktionsexperiment →*Abstraktion.*

Absuche *(search).* Bezeichnung für Prozesse der Informationsverarbeitung und -nutzung, die der Entscheidung dienen, ob (a) ein soeben dargebotener Reiz mit einem derjenigen übereinstimmt, die kurz vorher dargeboten worden waren *(Gedächtnis-Absuche; memory search)* bzw. ob (b) einer von mehreren dargebotenen Reizen mit demjenigen übereinstimmt, der kurz vorher zu erkennen war *(Absuche des Wahrnehmungsfeldes; visual search).* Aus seinen ersten Untersuchungen zur (Kurzzeit-) Gedächtnisabsuche schließt STERNBERG, daß die Hinzufügung eines Reizes zum Ausgangsmaterial (max. 6 Reize) die Entscheidungszeit um ca. 40 msec verlängert; entsprechendes gilt auch für die Absuche des Wahrnehmungsfeldes. Verfügt der Beobachter dagegen über Such- und Entscheidungsstrategien, so ist der Zeitaufwand aufgrund von *Mapping-Prozessen* geringer.

LIT. STERNBERG (1975); SHIFFRIN, SCHNEIDER (1977); SCHNEIDER, SHIFFRIN (1977).

Abulie *(abulia).* Die meist krankheitsbedingte Unfähigkeit zu Willenshandlungen. Manchmal auch Bezeichnung für einen Zustand aktueller, relativer *Antriebsschwäche.*

Abwehr *(defense).*

[1] *A.-Reaktion, Defensivreaktion (defense reaction):* Verhaltensweise, die darauf abzielt, den Einfluß von Gefahren- oder Bedrohungsquellen zu lindern, z. B. ihre Wirkung durch protektive Maßnahmen einzudämmen, sich durch Flucht zu entziehen oder sie aktiv zu bekämpfen.

[2] *A.- oder Defensiv-Reflex, DR (defense reflex):* Von PAWLOW eingeführte Bezeichnung für die unmittelbare Reaktion höherer Tiere und des Menschen auf intensive Reize. Im Unterschied zur →*Orientierungsreaktion* geht der DR neben der Anbahnung von Schutz- und Abwendungsbewegungen mit Erhöhungen der *Herzfrequenz* (HR-Akzeleration; →*Herz*) einher; bei wiederholter Darbietung des Reizes überwiegen die Anzeichen anhaltender Sensitivierung gegenüber jenen der →*Habituation.*

[3] *Psychische A. (psychical defense; psychological defense):* Von FREUD eingeführte Bezeichnung für unbewußte psychische Prozesse, die sich in vielerlei Erlebnis- und Verhaltensweisen, auch in Fehlleistungen und Träumen äußern können und auf eine Erleichterung im Umgang mit subjektiv bedrohlichen Situationen im Vorfeld konfliktreicher bewußter Auseinandersetzungen hindeuten. Das Konzept der psychischen A. beruht auf der von FREUD und HARTMANN formulierten zentralen Annahme der Psychoanalyse, das »Ich« verfüge über »hypothetische mentale Apparate«, die unbewußte Reaktionsprozesse einleiten, wenn »innere Gefahren« die Schwelle des Bewußtseins erreichen und damit Konflikte auslösen könnten. Das »Ich« als Regelungsinstanz zwischen Realitäts- und Triebansprüchen schütze sich vor den inneren Gefahren nicht konfliktfrei bewältigbarer Realitätsanforderungen, übermächtiger Triebansprüche und/oder Zensurforderungen des »Überich« durch die unbewußte Mobilisierung die Bedrohung verdeckender oder ihr ausweichender Gefühle, Gedanken und/oder Verhaltensweisen. Ineffektive A.-Mobilisierungen und die damit frei werdenden bzw. zusätzlich geschaffenen Konflikte gelten u. a. als Ursachen von →*Neurosen.*

[4] *Immun-A.:* →*Immunsystem.*

Abwehrmechanismen *(defense mechanisms; ego defenses; defense strategies).*

[1] Muster von Gefühlen, Vorstellungen und Verhaltenstendenzen, die mit dem Innewerden

Abwehrmechanismen

psychischer Bedrohung automatisch auftreten und die Person vor Angst, vor dem Bewußtwerden innerer oder äußerer Gefahren, vor Belastungen und/oder Konflikten bewahren bzw. den Umgang mit ihnen erleichtern, ohne sich dessen notwendigerweise bewußt zu werden und tatsächlich eine Neuanpassung oder Situationsbewältigung zu erreichen. Der Begriff A. wurde von ANNA FREUD in Anlehnung an S. FREUD eingeführt, um unbewußte Strategien der psychischen →*Abwehr* zu kennzeichnen, die sich im Verlauf der persönlichen Entwicklung herausbilden, verfestigen und schließlich zum individuellen Repertoire des Erwachsenen im Umgang mit unangenehmen bedrohlichen Erfahrungen werden. A. werden heute auch unabhängig von der psychoanalytischen Bedeutung zur Beschreibung der o. g. Klasse von Gefühls-, Vorstellungs- und Verhaltensmustern und zur Kennzeichnung von Coping-Stilen (→*Bewältigung*) verwendet. In der Fachliteratur werden heute über 30 verschiedene A. unterschieden. Allerdings fehlen allgemeingültige Beschreibungsgrundsätze und Regeln zur objektiven Erfassung einzelner A. und ihres individuellen Ausprägungs- und Wirkungsgrades. Ausnahmen sind z. B. Schemata zur Einschätzung des Ausprägungsgrades und entwicklungsbedingter Veränderungen der A. *»Leugnung der Realität«,»Projektion«* und *»Identifikation«* mit Hilfe projektiver Verfahren, experimentell fundierte Versuche, einzelne A. über →*kognitive Stile, Wahrnehmungsstrategien* oder *Bewältigungsstile* zu erfassen sowie der Vorschlag des DSM-IV, die verschiedenen Arten und Formen unterschiedlichen Anpassungsweisen zuzuordnen.

[2] *Arten und Formen von A.:* DMS-IV (Anhang B) ordnet einzelne A. und Coping-Stile sieben Funktionsniveaus zu, die nach dem Grad des durch A. erreichten Anpassungseffekts geordnet sind. (a) A. des *hochadaptiven Niveaus* hinterlassen Befriedigung, erlauben bewußte Auseinandersetzungen mit eigenen Gefühlen, Gedanken und deren Konsequenzen; sie tragen mit Erfolg zum Gleichgewicht zwischen konkurrierenden Motiven, d. h. zur Konfliktvermeidung bei. Zu ihnen zählen *Affiliation (affiliation),* auf Hilfesuche anderer reagieren, andere an eigenen Problemen teilhaben lassen, ohne sie dafür verantwortlich zu machen; *Altruismus (altruism),* sich der Er-

füllung von Bedürfnissen anderer mit Selbstverständlichkeit, d. h ohne Gefühle der Selbstaufopferung widmen; *Antizipation (anticipation),* emotionalen Vorgriffen auf künftige Ereignisse wird mit realistischen Alternativen oder Reaktionen begegnet; *Humor (humor),* Betonung amüsanter oder ironischer Aspekte von Konflikten bzw. Belastungen; *Selbstbehauptung (self assertion),* direkter ungezwungener Ausdruck eigener Gefühle und Gedanken; *Selbstbeobachtung (self observation),* Überdenken und angemessenes Reagieren auf eigene Gedanken, Gefühle, Motive oder Handlungen; *Sublimierung* oder *Sublimation (sublimation),* Überführung unangemessener Gfühle in sozial akzeptiertes Verhalten; *Unterdrückung (suppression),* über störende Probleme, Gefühle, Wünsche oder Erfahrungen nicht weiter nachdenken. (b) Das *Niveau der psychischen Hemmungen (Kompromißbildungen)* umfaßt A., die dazu geeignet sind, dem Bewußtsein potentiell bedrohliche Gedanken, Gefühle, Erinnerungen oder Wünsche fernzuhalten. Zu ihnen zählen *Affektisolierung* bzw. *Isolierung (isolation of affect),* die Ausklammerung von Gefühlskomponenten im aktuellen Erlebnisbezug; *Dissoziation (dissociation),* Auseinanderfallen der integrierten Funktionen von Bewußtsein, Gedächtnis, Selbst- und Umweltwahrnehmung bzw. der sensomotorischen Verhaltenskontrolle; *Intellektualisierung (intellectualization),* übertriebene Bevorzugung abstrakter Denkweisen zur Vermeidung von Gefühlen; *Reaktionsbildung (reaction formation; reaction),* das Ersetzen eigener Gefühle, Beweggründe oder Gedanken durch solche mit entgegengesetzter Bedeutung; *Ungeschehenmachen (undo; undoing),* sich in Verhaltensweisen ergeben, die auf symbolische Weise zum Ausdruck bringen, man wolle unangenehme oder negative Gefühle, Gedanken oder Handlungen ausgleichen; *Verdrängung (repression),* störende Wünsche, Gedanken, Gefühle oder Erfahrungen nicht vergegenwärtigen bzw. erinnern; *Verschiebung (displacement),* Verlagerung von Gefühlen oder Reaktionen auf bedrohliche Objekte oder Ereignisse auf andere, ähnliche bzw. weniger bedrohliche. (c) Auf dem *Niveau mit leichter Vorstellungsverzerrung* operieren *Ab-* oder *Entwertung (devaluation),* Konflikten oder Belastungen wird durch die Selbst- oder Fremdzuschreibung negativer Eigenschaften

Abweichung

begegnet; *Idealisierung (idealization),* übertriebene Hervorkehrung positiver Eigenschaften in bezug auf die eigene Person oder andere; *Omnipotenz (omnipotence),* Fühlen und Handeln, als ob man über besondere Kräfte verfügt bzw. anderen überlegen ist. (d) Das *Verleugnungs-Niveau* ist durch die Tendenz bestimmt, Unangenehmes bzw. Inakzeptables durch Fehldeutungen aus dem Bewußtsein zu halten. Typische A. sind *Projektion (projection),* sich in Unterstellungen äußernde Übertragung eigener tabuisierter Gefühle und Triebimpulse auf andere; *Rationalisierung (rationalization),* positive Darstellung bzw. Rechtfertigung des eigenen oder des Verhaltens anderer durch in sich geschlossene, jedoch unkorrekte Erklärungen; *Verleugnung (denial; negation),* Nichtanerkennen bestimmter Aspekte der Realität, die für andere ganz offensichtlich sind, Syn.: *Leugnung der Realität.* (e) A. auf dem *Niveau mit schweren Vorstellungsverzerrungen* äußern sich in grob fehlerhaften Selbst- und Fremdeinschätzungen. Die entsprechenden A. sind *Autistisches Fantasieren (autistic fantasies),* Tagträumen anstelle konkreter sozialer Kontakte, Handlungen oder Problemlösungsversuche; *Projektive Identifikation (projective identification),* eigene Gefühle werden nicht abgelehnt, sondern als Reaktionen auf projizierte Gefühle umgedeutet; *Spaltung* oder *Spalten des Selbstbildes und des Bildes von anderen (splitting),* sich selbst oder andere als durchgängig oder alternierend »gut« oder »schlecht« ansehen, ohne positive oder negative Eigenschaften im einzelnen in ein Persönlichkeitsbild integrieren zu können. (f) *Handlungsniveau: Apathischer Rückzug (apathic withdrawal); Ausagieren (acting out),* impulsives Handeln ohne Rücksicht auf mögliche negative Folgen; *Hilfe-zurückweisendes Klagen (help rejecting complaining),* andere um Hilfe bitten, um feindselige Gefühle oder Vorwürfe zu verbergen, aber Ratschläge oder Hilfsangebote zurückweisen; *Passive Aggression (passive aggression; covert aggression),* indirekte Äußerungen der Aggressivität gegen andere, ohne aggressive Handlungen auszuführen. (g) Das *Niveau der Abwehr-Dysregulation* schließlich ist erreicht, wenn die defensive Regulation versagt und es dabei zu einem deutlichen Bruch mit der Realität kommt. Kennzeichnend sind *Psychotische Leugnung (psychotic denial), Psychotische*

Verzerrung (psychotic distortion) und *Wahnhafte Projektion (delusional projection).* Anzumerken ist, daß die DSM-Systematik keine Angaben über die aus psychoanalytischer Sicht *entwicklungsbedingten A.* enthält, z.B. *Regression (regression),* das Zurückfallen in frühere Phasen der Entwicklung, wenn andere Verzichtsstrategien wie z.B. Verdrängung versagen; *Introjektion (introjection)* bzw. *Identifikation (identification)* als Inbegriff der Übernahme von Denk- und Verhaltensweisen anderer, die mit der Befriedigung von Bedürfnissen in Verbindung gebracht werden und *Somatisierung (somatization),* angesichts der tatsächlichen Anfälligkeit oder Betroffenheit übertriebene Beschäftigung mit Körpersymptomen. Auch bleiben →*Kompensation* und *Überkompensation (over-compensation),* von ADLER eingeführte Bezeichnungen für die Konzentration auf Ersatzbereiche zum Ausgleich körperlicher oder anderer Defizite, unberücksichtigt.

LIT. BREZNITZ (1983); CARPENTER (1992); CRAMER (1991); A. FREUD (1936); HENTSCHEL, SMITH, EHLERS, DRAGUNS (1993); SJÖBÄCK (1973)

Abweichung *(deviation).* Qualitative oder quantitative A. von einer Norm.
[1] *Psychopathologie:* (a) *Deviantes Verhalten (deviant behavior):* Sexuell abnormes Verhalten, z.B. Perversionen (→*Sexualstörung);* (b) *Devianz (deviance):* Den sozialen Normen widersprechende Einstellungen und Handlungsweisen (z.B. kriminelle Neigungen).
[2] *Statistische Streuungsmaße:* (a) *Standard-A. (standard deviation):* In der Statistik am häufigsten gebrauchte Streuungsdarstellung, die sich bei normalverteilten Stichprobendaten als Schätzung des Populationsparameters eignet. Definiert ist s *(Standard-A.)* als Quadratwurzel aus der mittleren Quadratsumme der Abweichungen aller Meßwerte vom Mittelwert unter einer Normalverteilung oder

$$s = \sqrt{\frac{\sum_{i=1}^{N}(X_i - M)^2}{N}}$$

(b) *Mittlere A., mittlere Variation (mean deviation, mean variation):* Weniger gebräuchliches, für Parameterschätzungen ungeeignetes

Streuungsmaß aus der gemittelten Summe aller absoluten Abweichungen vom Mittelwert oder

$$mV = \frac{\sum\limits_{i=1}^{N} |X_i - M|}{N}$$

(c) *Mittlerer Quartilabstand oder mittlere Quartilabweichung (quartile deviation, semiinterquartile range)*: Aus den gleichen Gründen wie (b) selten gebrauchtes A.-maß, das sich auf die Prozenthäufigkeiten bezieht. Definiert ist der *M. Q.* als die halbierte Differenz zwischen den Maßzahlen der Fälle im 75- und 25-Prozentrang, d.h. der Bereich, in dem die mittleren 50 % einer Datenverteilung angetroffen werden.
[3] *Wahrnehmung*: Durch optische Ablenkung bedingte Unschärfe (z. B. Doppelbilder).
Acetonämie →*Diabetes.*
Ac(z)etylcholin, ACh *(acetylcholine)*. Wichtiges Hormon des Nervengewebes mit →*Transmitter*-Wirkung. Neben seiner Funktion in den postganglionären Fasern des *Parasympathikus*, in umschriebenen postganglionären Fasern des *Sympathikus* und in den präganglionären Bereichen beider Systeme des autonomen Nervensystems wirkt ACh im ZNS und findet sich sowohl in kortikalen als auch in Stammhirn-Bereichen. Der Abbau erfolgt durch *Cholinesterase*, der ein eigener Hemmmechanismus zugehört.
Achromasie *(achromasia)* →*Farbblindheit,* →*Achromatopsie.*
Achromat(e) *(achromate)*. Linsensystem, das Farbenlängenabweichungen korrigiert (→*Aberration, chromatische*).
achromatisch *(achromatic)*. Farblos, unbunt. Achromat. »Farben« sind neben Schwarz und Weiß alle Grautöne.
Achromatopsie *(achromatopsia)*. Totale →*Farbblindheit,* Syn. *Monochromatopsie.* Es werden nur Helligkeitsunterschiede (Graustufen), jedoch keine Farben gesehen.
ACTH →*Adrenocorticotropes Hormon.*
Adaptation *(adaptation)*. Aus Biologie und Physiologie stammende Bezeichnung für alle Zustandsänderungen des Organismus und seiner Teilsysteme, die der Anpassung bzw. Umstellung auf Umgebungsveränderungen mit dem Zweck der Aufrechterhaltung, Wiederherstellung oder Verbesserung der Funktions- und Lebensfähigkeit dienen. Die Grund-lage des allgemeinen A.-Prinzips stammt aus der *Evolutionstheorie* Darwins. Wir behandeln an Beispielen eine Reihe von A.-Vorgängen und wählen den Gesichtspunkt der steigenden Komplexität.
[1] Einfachste A. liegt im Falle der *Taxien* und *Tropismen* vor. Sie regeln z. B. bei Pflanzen die lichtabhängigen Vorgänge der Wachstumsrichtung und die licht- und temperaturabhängigen Vorgänge der Blütenöffnung und -schließung. Sie unterscheiden sich von anderen adaptiven Vorgängen durch ihre Unabhängigkeit vom Vorhandensein eines Nervensystems.
[2] *Sensorische A. (sensory adaptation)* nennt man Prozesse, die die Erregbarkeit der Rezeptoren auf veränderte Umgebungsbedingungen umstellen, so daß eine maximale Wahrnehmungsdifferenzierung in den Grenzen der absoluten Schwellen wieder hergestellt ist. Die Regulation erfolgt über mehr oder weniger komplizierte Feedbackmechanismen unter Beteiligung adaptiver Reflexe und von Stoffwechselprozessen in den Rezeptorzellen. Betrachtet man lediglich Vorgänge in den Rezeptoren der *Retina* bei der *Dunkel-A. (dark adaptation, darkness adaptation)*, so vollzieht sich die Anpassung an Helligkeitswerte im unteren Grenzbereich von ca. 10 bis 10^{-6} Millilambert in den Rezeptoren selbst durch Veränderung des Stellwerts für ihre Sensibilität; ist die Umgebungshelligkeit sehr gering, arbeitet nur mehr das Stäbchensystem. Die Rezeptorenumstellung vollzieht sich in wenigen Minuten, eine vollständige Dunkel-A. benötigt dagegen bis zu 30 Minuten. Bei der *Helligkeits-A. (brightness adaptation)* ist die Empfindlichkeit für Helligkeitsnuancen verringert, die Auflösung nach Farben und Formen (Zapfensystem) dagegen verbessert. Zwischen der Registrierung von Helligkeitsveränderungen und der Umstellung liegt eine Zeitspanne, die auf die Komplexität der beteiligten Teilprozesse hinweist. Bei der Dunkel-A. kommt es vorübergehend zu stark verminderten Sehleistungen, bei der Helligkeits-A. zu Blendung und ggf. Schmerz. Betrachtet man das gesamte System, das an diesen Vorgängen beteiligt ist, so muß man zumindest die *Pupillenreaktion* mit in Betracht ziehen. Ihre Grundlage ist ein adaptiver Reflex mit einem komplizierten Rückmeldesystem. Syn. →*Rezeptoradaptation.*

Adaptationsniveau

[3] *Homöostatische A. (homeostatic adaptation; anabolistic adaptation):* (a) Die Anpassung lebenserhaltender Vorgänge (z. B. Regulation der Körpertemperatur) an veränderte Umweltbedingungen durch komplexe Reflexvorgänge nach dem Prinzip des Fließgleichgewichts unter Beteiligung von Meß- oder Tastfühlern in verschiedenen Körperregionen. b) Die Rückkehr des Aktivationszustandes auf den Ausgangswert, wenn derselbe Reiz wiederholt auftritt, ohne irgendwelche Konsequenzen nach sich zu ziehen (Habituation im →*Orientierungsreaktion*). Auf die Komplexität des Regelmechanismus verweisen paradoxale Anstiege der Aktivation, wenn eine Reizung abrupt unterbrochen wird (→Rebound-Phänomen; →*Gegenprozesse*).

[4] *Senso-motorische A. (sensory motor adaptation):* Anpassung der Koordination von Wahrnehmung und Motorik an veränderte Orientierungsbedingungen, z. B. in Zuständen der Schwerelosigkeit, bei Veränderungen der Körperlage (z. B. in Feldabhängigkeitsexperimenten) sowie des Wahrnehmungsfeldes (Umkehrbrillenversuch).

[5] *Phyletische A. (phyletic adaptation, phylogenetic adaptation):* Funktionelle Umbildungen, die der Anpassung an neue Lebensbedingungen dienen, im Verlauf der stammesgeschichtlichen (phylogenetischen) Entwicklung herausgeformt wurden und anschließend in das Repertoire der Erbfaktoren gelangten. Hierzu zählen Tarnungen (z. B. Mimesen und Mimikry) und morphologische Veränderungen, wie z. B. bei der Entwicklung der Greifhand.

[6] *A. unbedingter und bedinger Reflexe:* Im Anschluß an die Entdeckung des klassischen *Konditionierens* definierte Pawlow Anpassung als feste Verbindung der physiologischen Elemente eines komplizierten Systems untereinander und ihres ganzen Komplexes mit der Umwelt. Hier wird die Vorstellung vom Gleichgewicht auf die Relationen des Organismussystems zur Umwelt in den Grenzen der Lehre von der niedrigeren und höheren Nerventätigkeit übertragen und zum Hauptgegenstand der physiologischen Forschung erhoben.

[7] *A. als Entwicklungsprinzip:* PIAGET diskutiert die menschliche Entwicklung unter zwei Annahmen, die für ihn biologische Grundprinzipien darstellen. Die erste Annahme bezieht sich auf die *Organisation.* Sie integriert sowohl körperliche als auch kognitive Funktionen in sog. *Schemata.* Das zweite Grundprinzip ist die *biologische A.,* die gleichzeitig als dynamische Disposition zur Bildung und Erweiterung kognitiver Schemata (→*Akkommodation,* →*Assimilation*) aufgefaßt ist.

[8] *A. und Bewertung (adaptation and appraisal):* Untersuchungen zum Verhalten in Angst- und Streß-Situationen zeigen, daß adaptive Organismusreaktionen durch Bewertungen der eigenen Reaktionen und ihrer Konsequenzen ergänzt werden, die ebenfalls adaptive Züge tragen. LAZARUS spricht von den »*valuative qualities*« der A. und sieht in ihnen eine Ergänzung der Reflexmechanismen, die als Bewertungsweisen und Verhaltensmechanismen zur Regulation des *Gleichgewichts* zwischen Erleben, Verhalten und Umwelterfordernissen beitragen. Ähnliche Überlegungen finden sich in der Bedeutungsanalyse von →*Abwehrmechanismen,* →*kognitiven Stilen* und anderen Arten der →*Bewältigung.*

[9] *Soziale A. (social adjustment):* Von H. SPENCER vertretene Auffassung, alle Prozesse der Orientierung des Verhaltens an sozial bedeutsamen Umweltgegebenheiten und -veränderungen seien adaptiv, und das ganze Leben stelle sich als fortlaufender Anpassungsprozeß dar. →*Anpassung, soziale,* →*Sozialisation.*

Adaptationsniveau, AL *(adaptation level).* Von H. Helson in die *Psychophysik* eingeführte Bezeichnung für das innere, durch aktuelle und ältere Reizerfahrungen geprägte *Bezugssystem,* das ein Beobachter seinen Wahrnehmungsurteilen über Reizintensitäten oder -größen zugrunde legt und das durch neue Erfahrungen beständigen Veränderungen ausgesetzt ist. Das AL ist definiert als diejenige Reizintensität oder -größe, welche auf einer – in der Regel neunstufigen – Beurteilungsskala zw. den Polen sehr intensiv und sehr schwach als mittelstark oder mittelgroß eingestuft wird, d. h. denjenigen Punkt des Reizkontinuums markiert, an dem sich Stärker- und Schwächer- bzw. Größer- und Kleiner-Urteile scheiden. Das Bezugssystem, innerhalb dessen das AL entsteht bzw. sich wandelt, ist nach HELSON durch drei Reizklassen bestimmt.

(a) Die *fokalen Reize (focal stimuli)* stehen im Zentrum der Aufmerksamkeit; auf sie beziehen sich die abzugebenden Wahrnehmungsurteile. Liegen nur fokale Reize vor, so ergibt sich das AL näherungsweise als geometr. Mittel der bisher dargebotenen Reize mit variabler Intensität, d. h. als n-te Wurzel aus dem Produkt der n Reizintensitäten.

(b) *Hintergrundreize (background stimuli)* bilden die nähere Umgebung des fokalen Reizes, von denen er sich abhebt und in bezug auf die er beurteilt wird, ohne daß die Hintergrundreize selbst Gegenstand der Beurteilung zu sein brauchen. So beurteilt man z. B. die relative Körpergröße eines Menschen in bezug auf den Hintergrund der umstehenden Personen. Unter experimentellen Bedingungen sind Hintergrundreize *Anker-* oder *Standardreize* für die Abgabe von Wahrnehmungsurteilen, deren Intensität das AL deutl. mitbestimmen.

(c) *Restreize (residual stimuli)* nennt HELSON schließlich alle nicht auf unmittelbarer Anschauung begründeten Beurteilungsmaßstäbe, die der Beobachter aus der Welt seiner persönlichen Erfahrungen in die Beurteilungssituation einbringt. Auch ohne das Vorhandensein von Hintergrundreizen beurteilen wir einen Gegenstand als groß oder klein, weil wir mit dem entsprechenden Gegenstandsbereich bereits Erfahrung haben. Unter Berücksichtigung aller drei Reizklassen ergibt sich nach HELSON das AL (bei Gewichtseinschätzungen und ähnlichen relativ einfachen Reizmaterialien) näherungsweise aus der Beziehung

log AL = g_1 log F + g_2 log B + g_3 log R

g_1, g_2 und g_3 sind empirisch zu bestimmende Gewichtszahlen für die einzelnen Reizkategorien, F steht für das geometrische Mittel aus den fokalen Reizen, B für Hintergrundreize (z. B. Ankerreizgröße) und R für den (experimentell in der Regel nicht erfaßbaren) Anteil von Residualreizen bei der Bildung des AL. Die AL-Theorie HELSONS erfuhr eine Reihe von Revisionen und Präzisierungen. Sie stellt einen wesentlichen Beitrag zur quantitativen Bestimmung des Bezugssystems dar, innerhalb dessen der Mensch in verschiedensten Zusammenhängen Wahrnehmungsurteile abgibt, und zeigt die Gesetzmäßigkeiten der Veränderungen von Bezugssystemen unter dem Einfluß neuer Erfahrungen auf.
→*Ankerreiz;* →*Bezugssystem;* →*Psychophysik.*

LIT. ANDERSON (1975); APPLEY (1971); HELSON (1964); RESTLE (1975); SARRIS (1975).

Adaptationssyndrom, allgemeines; AAS *(general adaptation syndrome; GAS).*

[1] Nach SELYE das in Phasen gegliederte Muster physiologischer und neuro-hormonaler Veränderungen im Säugerorganismus, das die generelle und daher ursachen-unspezifische Grundlage der somatischen Abwehrreaktionen auf die langfristige Einwirkung sog. *Stressoren* (extreme Hitze oder Kälte; schwere Schocks; Vergiftungen oder Verwundungen im Grenzbereich zur Letalität; extremste Muskelarbeit bis zur Erschöpfung) darstellt. Wesentliche Elemente des unter extremen Bedingungen beobachteten Geschehens, so z. B. die Alarmreaktion, werden von SELYE als allgemeine Anzeichen jedweder Adaptation angesehen. (a) *Allgemeine Alarmreaktion (general alarm reaction):* Die lokale Einwirkung löst neben spezifischen Reaktionen über den *Hypothalamus* ein mit der *Notfallsreaktion* vergleichbares, biphasisches und allgemeines Geschehen aus. In der sog. *Schockphase (shock phase)* bewirkt der im Hypothalamus erzeugte *Freisetzungsfaktor (CRF; corticotropin releasing factor)* die erhöhte Produktion des adrenocorticotropen Hormons (ACTH) im Hypophysenvorderlappen. Die passive Schockphase geht damit über in die aktive *Gegenschock-Phase (countershock phase).* ACTH bewirkt in den Nebennierenrinden eine vermehrte Synthetisierung und Ausschüttung von Kortikoiden. Typische Symptome der Alarmreaktion sind Blutdruckveränderungen, Blutzuckerausschüttung, Abbau von Lymphgewebe (Thymusschrumpfung), Gewebeveränderungen im Magen-Darm-Trakt usw. (b) *Widerstandsphase (stage of resistance):* Der Organismus erreicht eine den gegebenen Umständen maximale Adaptation; die Alarmsymptome verschwinden; lokalisierte Adaptationsvorgänge laufen an. Bleibt der störende Einfluß aufrecht und/oder treten neue belastende Ereignisse auf, so erfolgt ein Wiedereintritt in die Alarmphase. Das führt ggf. zur (c) *Erschöpfungsphase (stage of exhaustion),* d. h. zum Zusammenbruch des Widerstandes, zu schweren Krankheitssymptomen und ggf. Exitus. Die drei Phasen müssen nicht immer in dieser Reihenfolge auftreten, sie können – mit Ausnahme der ersten Teilphase – übersprungen werden.

adaptive Erkrankung

[2] Der Erklärung des AAS liegt ein komplizierter neurohormonaler Feedbackmechanismus zugrunde, dessen Einbettung im ZNS noch nicht vollständig erforscht ist. Als gesichert kann gelten, daß eine Erhöhung des Glukokortisongehalts im Blut die Sekretion von ACTH blockiert. Ist die Produktion von Glukokortisonen in den Nebennierenrinden reduziert, so hat dies eine Überproduktion von ACTH zur Folge. Dem Hypothalamusgewebe kommt eine wesentliche Steuerungsfunktion zu. Ein Überschuß an Glukokortikoiden führt auf Dauer zu schweren Symptomen (z. B. erhöhte Krampfpotentiale im Gehirn, Psychosen).

[3] Bei der Generalisierung der Initialphase des AAS auf alle Arten von Umweltveränderungen oder inneren Zuständen (z. B. Emotionen) spielt das ACTH die entscheidende Rolle. In Experimenten wurde z. B. nachgewiesen, daß ACTH-Injektionen die Löschung von konditionierten Vermeidungsreaktionen behindern, daß die Koppelung zwischen Reaktionen und Verstärkung allgemein beeinträchtigt wird und daß die aktivationsbedingte Desynchronisation im EEG übermäßig lange Zeit fortdauert, so daß die →*Orientierungsreaktion* verspätet habituiert. Damit sind einige enge Verbindungen des ACTH mit der Kontrolle und Organisation des Verhaltens beschrieben, die es nahelegen, die AAS-Initialphase in Verbindung mit der allgemeinen und ebenfalls unspezifischen Aktivation des ZNS zu bringen. →*Adrenocorticotropes Hormon,* →*Aktivation,* →*Emotion,* →*Streß.*

adaptive Erkrankung →*Notfall-Reaktion,* →*Streß.*

Adaptometer. Jedes Instrument, das der Messung des Grades der Adaptation von Sinnesorganen dient. Bes. bekannt ist das *Nagelsche Adaptometer,* mit dessen Hilfe die →*Schwellen* der Lichtempfindlichkeit (Helligkeit) nach verschiedenen Abschnitten der Dunkeladaptation gemessen werden können.

Addison-Krankheit *(Addison disease).* Durch Ausfall der Produktion von Nebennierenrinden-Hormonen (Mineral- und Glukokortikoide, Androgene) bedingte Erkrankung, z. B. infolge einer die Nebennierenrinden-Zellen angreifenden Autoimmunstörung (→*Immunsystem*). Symptome sind, neben einer charakteristischen Bronzefärbung der Haut, Blutdruckanstieg, Herzrhythmusstörungen, Ge-

wichtsabnahme, Muskelschwund, Lähmungserscheinungen, Verdauungsbeschwerden, Apathie, Ermüdungs-, Schwäche-, Übelkeits- und Verwirrtheitszustände sowie Potenzstörungen.

additive Farbenmischung →*Farbenmischung.*

Aderhaut →*Auge,* →*Chorioidea.*

Adipositas →*Eßstörungen.*

Adoleszenz *(adolescence).* Bezeichnung für eine Entwicklungsphase, welche den Übergang in das →*Jugendalter* kennzeichnet und mit bzw. nach der *Pubertät* einsetzt. A. gehört zu dem Prozeß des Erwachsenwerdens und geht mit mehr oder weniger dramatischen Veränderungen sozialer Einstellungen und Verhaltensweisen einher, die vor allem durch eine zunehmende →*Ablösung* von der elterlichen Autorität, einen zunehmenden Selbständigkeits- und Freiheitsdrang und wachsendes Selbstbewußtsein gekennzeichnet sind. A. wird gelegentlich auch als Phase der Beruhigung nach der sog. Pubertätskrise interpretiert. Für den Verlauf der weiteren Persönlichkeits- und sozialen Entwicklung entscheidend ist der mit der A. verbundene Aufbau eines mit der Erwachsenenwelt vereinbaren *Selbstkonzepts.*

LIT. EWERT (1983).

Adrenalin, Epinephrin, Suprarenin *(adrenaline, epinephrine).* →*Hormon* des Nebennierenmarks, chem. ein →*Katecholamin* ($C_9H_{13}NO_3$). Beim Menschen wird A. stets gemeinsam mit →*Noradrenalin* freigesetzt. *Adrenocorticotropes Hormon* besitzt dabei einen steuernden Einfluß. A. hat gemeinsam mit Noradrenalin gefäßverengende Wirkung und beschleunigt die Herzvolumenleistung, so daß sich der Blutdruck erhöht. Darmmuskulatur und Schweißsekretion werden gehemmt, die Atemfrequenz erhöht, die Pupillen verengt. Muskel- und Leberglykogen werden abgebaut, so daß sich der Blutzuckerspiegel erhöht (Nachweis im Urin); gleichzeitig wird die Glykogenproduktion verstärkt. Die Wirkung wird insgesamt als leistungssteigernd beschrieben; die Vermittlung dieses Effekts geschieht über die *formatio reticularis.* Verstärkte Ausschüttung von A. wird bei Zuständen der Übererregung oder Überbeanspruchung (psychischer *Streß*) beobachtet. Weitgehend ungesichert ist die Identifikation von emotionalen Zuständen wie Angst mit A.-

affektiv

Wirkung. Als nachgewiesen dagegen kann gelten, daß Tiere, deren Überlebenschancen weitgehend auf Flucht basieren, ein Überwiegen der A.-Funktion gegenüber Noradrenalin aufweisen. →*ARAS*.

adrenocorticotropes Hormon, ACTH, Corticotropin *(adrenocorticotropic hormone)*. Im Vorderlappen der Hypophyse produziertes →*Hormon*, dessen Ausschüttung durch einen komplizierten Regelmechanismus in Gang kommt und das auf die *Nebennierenrinde* wirkt. Dort kommt es unter Einwirkung von ACTH zur Ausschüttung von →*Kortikoiden*. Der ACTH-Mechanismus reagiert auf Veränderungen des Kortikoid- und Adrenalingehaltes des Blutes und wird durch den Hypothalamus gesteuert. Unter →*Streß* kommt es zur erhöhten ACTH-Produktion im Zusammenwirken mit Sympathikus-, Hypothalamus- und Hypophysen-Vorderlappen-Aktivitäten.

Affekt *(affect)*. Der A.-Begriff mit seinen Bedeutungsvarianten geht auf die Überführung der in der griechischen Philosophie geprägten Wortbedeutung von *páthos* (Gemütsbewegung, Leidenschaft) in das Lateinische *afficere*, *affectum* (hinzutun, einwirken, anregen) bzw. *affectus* (Begierde, Leidenschaft) zurück. In den meisten philosophisch-anthropologischen Ansätzen gelten A. wie z. B. Zorn, Haß, Schmerz, Furcht, Freude oder Lust als kürzer oder länger anhaltende Zustände, die der Gelassenheit entgegenstehen und Vernunft und Freiheit des Handelns beeinflussen bzw. beeinträchtigen. In der Psychologie hat der A.-Begriff drei unterschiedliche Grundbedeutungen.

[1] Von mehr oder weniger komplexen *Gefühlen* (einschl. *Stimmung*) ausgehender psychischer und physischer Erregungseffekt. In seiner klassischen A.-Theorie unterscheidet WUNDT einzelne Affekte (a) nach der *Qualität* der in sie einfließenden Gefühle (Lust/Unlust, Erregung/Hemmung und Spannung/Lösung), (b) nach deren *Intensität* (stark/schwach), (c) deren *Dauer* bzw. *Verlaufsform* (plötzlich auftretende, intermittierende bzw. langsam ansteigende A.) sowie (d) deren *physiologischer Wirkung* (z. B. Anspannung = *sthenischer A.;* Erschlaffung = *asthenischer A.*) einschließlich der daraus resultierenden Ausdruckserscheinungen.

[2] (a) Zeitlich begrenzter, mehr oder weniger spannungsreicher, aus Einzelgefühlen zusammengesetzter Zustand des »Affiziertseins« durch äußere Eindrücke oder Vorstellungen (*Stimmung* ausgeschlossen), der sich im Selbstbezug entfaltet und von mehr oder weniger ausgeprägten Ausdruckserscheinungen begleitet ist. (b) Im Glossar des *DSM* gelten A. als von außen beobachtbare Verhaltensmuster, die Ausdruck eines zeitlich begrenzten subjektiven Gefühlszustandes sind (z. B. Freude, Ärger, Trauer, Wut) und sich in deutlichen Veränderungen des *Gesichtsausdrucks* (Mimik) sowie der *Stimmführung* und *Bewegungsweise* (Gestik, Körperbewegungen) zeigen. A. unterliegen neben ihrer Situationsabhängigkeit erheblichen inter- und intraindividuellen Variationen sowie kulturellen Einflüssen. Tiefgreifende und andauernde Gefühlszustände zählen nicht zu den A.; sie werden als *Stimmung* bezeichnet (→*Affektive Störung*). Schwach ausgeprägte Ausdrucksmerkmale gelten als Hinweis auf *eingeschränkte* bzw. *abgestumpfte A.* (→*Anhedonie*), fehlende weisen auf *flache A.* hin. Ein A. ist *inadäquat*, wenn zwischen dem Inhalt einer Gefühlsaussage und der Ausdrucksform ein krasser Widerspruch besteht (z. B. von großer Heiterkeit begleiteter Bericht über furchteinflößende Erfahrungen); als Hinweis auf *A.-Labilität* gilt der wiederholte abrupte Wechsel zwischen Ausdrucksmerkmalen unterschiedlicher bzw. entgegengesetzter Affekte.

[3] Durch äußere Eindrücke, Vorstellungen oder →*Affektstau* bedingter heftiger, kurzzeitiger Gefühlsausbruch, der mit deutlich spürbaren und von außen sichtbaren Anzeichen der Erregung, nicht selten mit herabgesetzter Verhaltenskontrolle einhergeht (z. B. »Freudentaumel«, »blinder Zorn«).
→*Emotion*.

Affektfixierung *(fixation of affect)*. *Psychoanalyse:* Festhalten an emotionalen Bindungen und/oder Interessen an Gegenständen oder Personen, die normalerweise im Verlauf der persönlichen Entwicklung zurücktreten oder von anderen emotionalen Bindungen abgelöst werden.

affektiv. Allgemeine Bezeichnung für den gefühlsmäßigen (oder emotionalen) Aspekt der Erfahrung bzw. des Erlebens. Tritt meist im Zusammenhang mit anderen Bezeichnungen auf, z. B. *affektiver Zustand* (Bezeichnung für besondere Erregung), *affektive Tönung* des Erlebens (besondere Hervorhebung gefühls-

43

affektive Episode

mäßiger bzw. emotionaler Momente im Erleben bzw. Erkennen), *affektive Assoziation* (Vorstellungen werden aufgrund eines ihnen gemeinsam zugeordneten Gefühls miteinander verknüpft). In der Fachsprache wird affektiv oftmals durch das Wort →*emotional* ersetzt. Die Verwendung schwankt zwischen der auf *Selbstbeobachtung* begründeten Bedeutung und derjenigen, die sich aufgrund eindeutiger physiologischer oder psychologischer Indikatoren (Maße der Affektivität oder Emotionalität) ergibt.

affektive Episode →*Affektive Störung.*

affektiver Stupor →*Stupor.*

Affektive Störung *(mood disorder),* Syn.: *Affektstörung,*
[1] Länger anhaltende, das gesamte Erleben tönende Störung der Stimmungslage, die sich in wiederkehrenden Episoden äußert. DSM faßt unter A. S. einige der in der klassischen psychiatrischen Tradition beschriebenen →*Psychosen* aus dem manisch-depressiven und depressiven Formenkreis zusammen. Zur Differenzierung verschiedener Arten und Formen der A. S. werden Eigenart und Verlaufsmuster *affektiver Episoden* herangezogen. Diese sind nur dann Kennzeichen von A. S., wenn sie nicht auf einer *schizoaffektiven Störung* beruhen bzw. nicht von →*Schizophrenie,* einer *schizophreniformen Störung, wahnhaften Störung* oder einer »Nicht näher bezeichneten psychotischen Störung« überlagert sind.
[2] *Affektive Episoden* (nach DSM-IV): (a) *Manische Episoden:* Mindestens eine Woche anhaltende glücklich-gehobene, gelegentlich auch reizbare Stimmungslage, die mit mindestens drei der folgenden Symptome einhergeht: Überhöhte Selbstachtung oder »Grandiosität«; vermindertes Schlafbedürfnis; »Sprachdruck« (übersteigertes Redebedürfnis); Ideenflucht, Verwirrtheit; gesteigerte zielgerichtete Aktivitäten und/oder exzessiver Hang zu Vergnügungen mit potentiell unangenehmen Konsequenzen. (b) *Major Depressive Episoden:* Mindestens zwei Wochen anhaltende Verstimmung, Verlust von Interesse und Freude an fast allen Aktivitäten (bei Kindern und Jugendlichen auch Gereiztheit) zusammen mit mindestens vier der folgenden Symptome: Appetitlosigkeit und Gewichtsabnahme; Schlafstörungen *(Insomnie; Hypersomnie);* Rückgang psychomotorischer Aktivitäten, verminderter Antrieb; Gefühle der Wertlosigkeit und Schuld; Denk-, Konzentrations- und Entscheidungsschwierigkeiten; wiederkehrende Gedanken an Tod und Selbstmord, ggf. Suizidversuche. (c) *Gemischte Episoden:* Mindestens eine Woche lang rasch wechselnde Stimmungen, die von Symptomen manischer als auch major-depressiver Episoden begleitet sind. (d) *Hypomanische Episoden:* Über mehrere Tage, mindestens vier, anhaltende abnorm gehobene, überschwengliche oder gereizte Stimmung. A. S. mit ihren typischen Episoden können kurzfristig, periodisch (z. B. in Abhängigkeit von der Jahreszeit) oder chronisch auftreten; zwischen den einzelnen Episoden sind Erleben und Verhalten weitgehend ungestört.
[3] *Arten und Formen der A. S.:* (a) *Depressive Störungen. Major Depression (major depression):* Mehrere, mindestens zwei Wochen anhaltende *major depressive Episoden,* depressive Stimmung oder Interesselosigkeit, zusammen mit mindestens vier zusätzlichen Symptomen der →*Depression.* Der sog. *Melancholische Typus (melancholic features)* gehört zu den schwersten Erscheinungsformen der *Major Depression.* Symptome sind Verlust der Freude an nahezu allen Aktivitäten, Fortfall emotionaler Reaktionen auf positive Ereignisse zusammen mit mindestens drei der folgenden Merkmale: Deutlich erkennbare depressive Stimmung; frühes Erwachen, morgens ausgeprägteste Deprimiertheit; auffällige psychomotorische Verlangsamung oder →*Agitiertheit;* ausgeprägter Appetits- und Gewichtsverlust und/oder exzessive unbegründete Schuldgefühle. Eine *Dysthyme Störung (dysthymic disorder),* früher auch als *depressive Neurose (dysthymia)* bezeichnet, liegt vor, wenn eine depressive Verstimmung vorherrscht, die mehr als die Hälfte der Zeit ihres Bestehens von depressiven Symptomen begleitet ist, die nicht den Ausprägungsgrad einer *Major Depression* erreichen. (b) Als *»nicht näher bezeichnete depressive Störungen« (depressive disorders not otherwise specified)* gelten Störungen mit unspezifischen depressiven Merkmalen. Alle depressiven Störungen dieser Gruppen zeigen während ihres Verlaufs nur Symptome der gleichen Art; sie gelten daher auch als *monopolare* bzw. *unipolare Störung (unipolar disorder).* (c) *Bipolare Störungen (bipolar disorders)* zeigen sich

im Wechsel von manischen und depressiven Episoden. Man nennt sie Bipolare Störung der Form 1, wenn eine oder mehrere manische oder *gemischte Episoden* auftreten, ggf. begleitet von *major-depressiven Episoden*. *Bipolare Störungen der Form 2* sind durch eine oder mehrere *major-depressive Episoden* charakterisiert, sofern diese von mindestens einer *hypomanischen Episode begleitet sind*. Eine *Zyklothyme Störung (cyclothymic disorder)* liegt vor, wenn mehrere *hypomanische Episoden,* die nicht die Kriterien von manischen Episoden erreichen, zusammen mit mehreren schwach ausgeprägten *depressiven Episoden* mindestens zwei Jahre lang auftreten. Eine *»Nicht näher bezeichnete bipolare Störung« (bipolar disorder not otherwise specified)* wird diagnostiziert, wenn nicht alle o.g. diagnostischen Kriterien erfüllt sind bzw. widersprüchliche Informationen vorliegen. (d) In die Kategorie *»Andere affektive Störungen«* fallen durch *»Körperlichen Zustand bedingte A.S.« (mood disorders due to a general medical condition),* d.h. auffällige, länger anhaltende Stimmungsschwankungen infolge physiologischer Veränderungen. Als *Substanzinduzierte affektive Störungen (substance induced mood disorders)* gelten durch Drogen- oder Arzneieinnahme, Substanzmißbrauch oder Toxin-Aussetzung hervorgerufene A. S. *»Nicht näher bezeichnete affektive Störungen« (mood disorders not otherwise specified)* sind A. S., bei denen die o.g. Kriterien spezifischer A. S. nicht erfüllt sind bzw. eine Entscheidung zwischen *depressiver* und *bipolarer* Störung schwerfällt (z.B. in Fällen akuten *Agitierens*). Nähere Erklärungen, Therapie und ausführliche Literaturangaben →Depression, →depressiv, →Manie, →manisch-depressive Störung.
LIT. PAYKEL (1982); ZERSSEN, MÖLLER (1988).

Affektivität *(affectivity).* Individuelle Neigung zu Gefühlsäußerungen, individuelle Gefühlsansprechbarkeit.

Affektlahmheit →*Anhedonie.*

Affekt-modulierter Schreckreflex →*Schreckreaktion.*

Affektpsychose →*Affektive Störung.*

Affektsperre *(affective block). Klinische Psychologie, Psychiatrie:* Fortfall von Affektäußerungen trotz starker affektiver Spannungen ohne Vorliegen einer behindernden Barriere (→*Affektstau*). Oftmals Symptom von →*Schizophrenie* oder →*Zwangsneurose.*

Affektstau, -stauung *(affective accumulation). Klinische Psychologie, Psychiatrie:* Emotionale Spannung, die über längere Zeit besteht und deren Lösung behindert ist. Daher löst der A. heftige Unlustgefühle aus und entlädt sich ggf. auf geringfügige Anlässe hin in einem heftigen *Gefühlsausbruch (affective discharge)* mit krisenhaften Folgen (sog. *Affektkrise*).

Affektsyndrom *(affective syndrome). Klinische Psychologie, Psychiatrie:* Das Vorherrschen von Affektstörungen in einem Symptommuster, z.B. im Zusammenhang mit körperlichen Erkrankungen oder Intoxikationen.
→*Affektive Störung,* →*Drogenabhängigkeit.*

Affektverlagerung →*Transposition.*

Affektverschiebung *(displacement of affect). Psychoanalyse:* Verlagerung emotionaler Bindungen von bestimmten Objekten auf andere, durch den Vergleich von Wach- und Traumerlebnissen aufdeckbar.

afferent. Neuro-physiologische Bezeichnung für solche Nerven oder neurale Verbindungen *(Afferenzen),* die einen nervösen Impuls vom Sinnesorgan (→*Rezeptor*) nach innen, *zentripetal,* also zu dem entsprechenden *Zentrum* weiterleiten. Gleichbedeutend mit →*sensorisch;* Gegensatz von →*efferent* bzw. motorisch.

Afferenzkopie → *Bewegungssehen.*

Ageusie *(ageusia, ageusis).* Störung der Geschmacksempfindungen.

Agglutinationsreaktion →*Blutgruppen.*

Aggression *(aggression).*
[1] Feindseliges, sich in mehr oder weniger absichtsvollen verbalen oder tätlichen Angriffen gegen Personen oder Gegenstände äußerndes Verhalten. In der Humanpsychologie wird *Aggressivität (aggressiveness)* im Sinne einer Einstellung bzw. als generelle Persönlichkeitseigenschaft diskutiert, d.h. als relativ überdauernde Neigung einer Person, sich in feindselig-ablehnenden bzw. oppositionellen Einstellungen und/oder Handlungen zu ergehen. Die Äußerungsweisen der A. reichen von schlagen, treten und beißen, von drangsalierenden Schlägereien in Schulhöfen *(bullying)* bis hin zu Maulheldentum, zu →*Mobbing* oder →*Sadismus* und zu herabsetzenden üblen

45

agitierte Depression

Nachreden. Die auslösenden Ursachen für A. werden in eigener Furcht, in dem Wunsch, andere in Furcht zu versetzen oder sie in die Flucht zu schlagen oder aber darin gesehen, eigenen Interessen und Ideen zum Durchbruch zu verhelfen.

[2] Der Erklärung von A. dienen verschiedene Hilfsvorstellungen, darunter die (a) *Trieb-* oder *Instinkttheorie,* die sich sowohl auf psychoanalytische Überlegungen FREUDS und ADLERS als auch auf die LORENZsche Lehre vom Instinktverhalten und dessen Auslösung durch Schlüsselreize stützt, die (b) *Frustrations-Aggressions-Hypothese* von DOLLARD und MILLER, derzufolge A. aus erfahrenen Zurückweisungen entspringt, was für den Fall von A. innerhalb von Gruppen auch für den von LEWIN erstmals beschriebenen Zusammenhang zwischen autoritärem Führungsstil und gesteigerter A. in Abwesenheit des »großen Bruders« angewendet werden kann, und die (c) *Theorie des sozialen Lernens* von BANDURA, in der A. auf die verstärkte Nachahmung aggressiver Vorbilder zurückgeführt wird. Einen Sonderfall stellt die von MILGRAM beobachtete Tendenz des Menschen dar, sich Anordnungen und Ermunterungen von vermeintlichen Autoritäten zu fügen, wenn es um die Einschätzung der Folgen und um die ungehemmte Fortsetzung eines »angeordneten« sadistisch-aggressiven Verhaltens geht. Die meisten Autoren sehen in der menschlichen A. den Ausdruck eines gelernten Umgangs mit eigenen (ggf. partiell triebgebundenen) Verhaltenstendenzen. Dies gilt auch für die vergleichende Verhaltensforschung. Dort steht A. für das Angriffs- und Kampfverhalten von Tieren gegenüber Artgenossen. Beobachtungen belegen, daß aggressives Verhalten höchst selten spontan aufgrund »angestauter Instinktenergie« auftritt, sondern als gelerntes instrumentelles Verhalten der Verteidigung des Jagdterritoriums oder der eigenen Nachkommenschaft dient. Tiere verfügen über angeborene Hemmungsprogramme, die durch Unterwerfungsgesten des Gegners ausgelöst werden und Tötungen innerhalb der eigenen Art weitgehend verhindern. LORENZ vertrat aus diesem Grunde die Auffassung, daß erst der Gebrauch von Waffen im Verlauf der Menschheitsentwicklung aggressives Verhalten in Tötung übergehen ließ.

LIT. BERKOWITZ (1962); DOLLARD, MILLER (1950); GEEN (1990); LORENZ (1974); MILGRAM (1963); A. MUMMENDEY (1983); SELG, MEES, BERG (1988).

agitierte Depression →*Agitiertheit,* →*Depression.*

Agitiertheit *(agitation; psychomotor agitation; psychomotor excitation),* Syn.: *psychomotorische Erregung.*

Klinische Psychologie, Psychiatrie:
[1] Ruheloses, von Gefühlen der inneren Anspannung begleitetes Getriebensein, das in wiederholte unproduktive Tätigkeiten (z. B. Hin- und Herlaufen, beständig die Hände reiben oder an den Kleidern zerren, lautes Schreien und Jammern) einmündet.
[2] Als *agitierte Depression (agitated depression; excited depression)* bezeichnet man ein Zustandsbild, das durch traurige, angsterfüllte Verstimmung, Anzeichen hochgradiger psychomotorischer Unruhe und die Tendenz charakterisiert ist, über die eigene Lage klagend zu berichten.
→*Depression.*

Agnosie *(agnosia).* Zentralnervös bedingte, weder auf Funktionsstörungen der betreffenden Sinnesorgane, noch auf →*Aphasie* oder auf →*Demenz* zurückführbare Störungen der Bedeutungserfassung komplexer Reize in einem bestimmten Sinnesbereich. (a) *Auditive A., Seelentaubheit, Worttaubheit (auditive agnosia):* Infolge Hirnläsion im hinteren Schläfenlappenbereich können Melodien oder Worte nicht erkannt, nur Einzeltöne bzw. Geräusche erkannt werden. (b) *Taktile A., sibilitätsstörung (tactile agnosia; finger agnosia):* Betastete Gegenstände können wegen Hirnverletzung oder Läsion im halsnahen Wirbelsäulenbereich ohne Sichtkontrolle oder andere Hinweise nicht erkannt werden. Zu den Sensibilitätsstörungen zählt auch die *Autotopagnosie (autotopagnosia),* eine durch parietale Hirnläsionen verursachte Unfähigkeit, Hautberührungen lokalisieren zu können. (c) *Visuelle A., Seelenblindheit (visual agnosia; ideational agnosia):* Aufgrund von okzipitalen Hirnläsionen können bei erhaltener Fähigkeit der Auffassung von Einzelreizen komplexe Reizqualitäten und ihre Bedeutung nicht erfaßt werden, z.B. die Bedeutung von Symbolen oder Gesichtern *(→Prosopagnosie).*

Agoraphobie *(agoraphobia).* Wörtl. aus dem Gr. »Angst vor dem (Markt-)Platz«. Angst vor bzw. das Vermeiden von Plätzen und Situationen, aus denen zu entkommen schwierig oder peinlich erscheint oder in denen keine Hilfe erwartet wird, falls man dort in *Panik* gerät.

Agrammatismus *(agrammatism).* Sprachbzw. Sprechstörung, die sich in der Unfähigkeit der richtigen Wortwahl und -aussprache bzw. in Häufungen grammatikalischer Fehler äußert. Der A. ist eine Sonderform der →*Aphasie* bzw. der →*Dyslogie.*

Agraphie *(agraphia).* Schreibunfähigkeit als Folge einer Gehirnverletzung (→*Aphasie*).

Agrypnie →*Schlafstörung.*

AHA →*Psychophysiologie.*

Aha-Erlebnis *(aha experience).* Von K. Bühler eingeführte allgemeine und umfassende Bezeichnung für die plötzlich auftretende Einsicht in eine wahrgenommene oder vorgestellte Situation, die durch den Einfall einer Problemlösung bzw. durch die →*Einsicht* in die zu einem Ganzen (Gestalt) verbundenen Einzelheiten gekennzeichnet ist.

Ähnlichkeit →*Gestaltgesetze.*

Ähnlichkeitshemmung →*Hemmung, retroaktive.*

AI →*Intelligenz, künstliche.*

AIDS (a*cquired* i*mmune* d*eficiency* s*yndrome;* a*cquired* i*mmuno*d*eficiency* s*yndrome).* Folgen eines erworbenen Defekts des →*Immunsystems,* der durch Infektion mit lympho- und neurotropen Viren vom Typus *HIV* (h*uman* i*mmunodeficiency* v*irus)* und verwandter Retroviren (RNA-Viren mit potentiell onkogener Wirkung) hervorgerufen wird und seit 1981 als eigenständiges Syndrom beschrieben ist. Die Infektion erfolgt durch Übertragung erregerhaltiger Körperflüssigkeit (Blut oder Blutbestandteilen) infizierter Personen, z. B. durch Schleimhautläsionen während des Geschlechtsverkehrs, offene Wunden, bei Injektionen oder Transfusionen; sie wird im Mutterleib auf den Foetus übertragen. Die mittlere Inkubationszeit liegt zwischen sechs Monaten und acht bis zehn Jahren, die Wahrscheinlichkeit des Ausbrechens von A. bei etwa 95%. A. endet in der Mehrzahl der Fälle tödlich; unter den Todesursachen finden sich häufig Infektionen mit »opportunistischen« Erregern oder Parasiten, die aufgrund des Immundefekts therapeutisch unbeherrschbar sind. HIV können durch die körpereigene Abwehr nicht erfolgreich bekämpft werden, führen (vermutlich durch reduzierte T-Zellen-Aktivität und Über-

produktion unspezifischer Immunglobuline) zu einer progressiven Schwächung der zellulären Immunität, gelangen (wahrscheinlich über befallene HIV-resistente Makrophagenzellen) in das Zentralnervensystem und lösen dort aufgrund fortdauernder antigener Reizung zelluläre Entzündungsprozesse aus. Häufige *Körpersymptome,* die oftmals erst mit dem Nachweis einer Retroviren-Positivität als AIDS-spezifische Symptome erkannt werden, sind z. B. Fieberschübe, Durchfall, Appetitlosigkeit, Gewichtsverlust, Haarausfall und/oder Hautveränderungen, anhaltende Lymphknotenschwellungen an unterschiedlichen Körperstellen, erhöhte Anfälligkeit für ansonsten therapeutisch beherrschbare Lungen- und andere Infekte, entzündliche Prozesse in subkortikalen Hirnbereichen in Verbindung mit Aufmerksamkeits-, Antriebs- und Stimmungsstörungen sowie Sarkom- und Malignombildungen (krebsartige Erkrankungen). *Psychische Symptome* entstehen zum einen als Reaktion auf die Nachricht, an AIDS erkrankt zu sein; dazu zählen vor allem eine aus der Auseinandersetzung mit dem eigenen Schicksal entspringende Deprimiertheit, emotionale Unansprechbarkeit und Lethargie, in Extremfällen mit dem Erscheinungsbild reaktiver Psychosen vergleichbar. Zum anderen treten im fortgeschrittenen Stadium aufgrund zentralnervöser Veränderungen Aufmerksamkeits-, Antriebsund Stimmungsstörungen auf, die mit Persönlichkeitsstörungen, akuten somatisch bedingten Störungen bzw. leichteren Formen der →*Demenz* vergleichbar sind. Von Ärzten, Psychologen und Angehörigen sozialer Berufe gemeinsam erarbeitete *Interventionsprogramme* der AIDS-Hilfe (Einzel- und Gruppenbehandlungen, ambulant oder in Wohngemeinschaften) dienen der Linderung sozialer Isolierung, persönlicher Schwierigkeiten und der Angst vor dem voraussehbaren Ende. Maßnahmen der *AIDS-Prävention* konzentrieren sich zum einen auf die Gesamtbevölkerung, um durch Aufklärungskampagnen in den Massenmedien und obligatorische AIDS-Aufklärungsveranstaltungen an Schulen unter Einbeziehung der Eltern über Ansteckungsgefahren zu informieren, den Gebrauch von Kondomen beim Geschlechtsverkehr zu propagieren und irrige Vorstellungen über die Übertragungswege abzubauen. Zum anderen richten sie sich an Risikogruppen, um z. B.

Akinese

Drogenabhängige über die Gefahren einer Infektion durch verunreinigte Injektionsspritzen aufzuklären und Hygienemaßnahmen zu empfehlen.
→*Prävention*.

Akinese *(akinesis)*. Bewegungsunfähigkeit ohne das Vorhandensein von Lähmungen; eine Funktionsstörung.

akinetischer Mutismus →*Mutismus*.

akinetischer Stupor →*Stupor*.

Akkommodation *(accommodation)*. Allgemeine Bezeichnung für die Eigenschaft eines Systems, durch Nacheinstellungen eine verbesserte Anpassung und Leistungsfähigkeit zu erreichen.
[1] Anpassung des Auges auf verschiedene Entfernungsbereiche zum Zwecke des scharfen Sehens. Dabei erhöht der komplizierte *Akkommodations-Mechanismus (accommodation mechanism)* die optische Brechkraft der Linse bei nahen und vermindert sie bei entfernt liegenden Bezugspunkten. Bei der *Nah-Akkommodation* wird der *Ziliarmuskel* zusammengezogen und der *Zonularing* entspannt; die Wölbung der Linse nimmt zu und damit auch die Brechkraft. Der Brechquotient erhöht sich dabei durch Verlagerungen der brechenden Elemente im Linseninneren. Neben Ziliarmuskel und Zonularing spielen die *Eigenelastizität* der Linse und die *Pupillenöffnung* eine erhebliche Rolle *(→Auge)*. A. erfolgt unwillkürlich und wird über Rückmeldungen über die Abbildungsschärfe zentral angesteuert. Der A.-Bereich liegt bei Kindern zwischen einem *Nahpunkt* ca. 7 cm vor dem Auge (14 Dioptrien) und einem *Fernpunkt* bei Unendlich (0 Dioptrien); mit fortschreitendem Alter wandert der Nahpunkt gegen Unendlich. Der altersbedingte A.-Mangel wird als *Altersweitsichtigkeit* oder *Presbyopie* bezeichnet. Die Nah-A. erfolgt sehr rasch, die Fern-A. dauert dagegen ca. 1 sec. Auch die A.-Geschwindigkeit nimmt mit zunehmendem Alter ab.
[2] bei PIAGET gehört der (kognitive) A.-Prozeß zu den adaptiven Grundeinrichtungen, die zur Erklärung der Denk- und Intelligenzentwicklung herangezogen werden müssen. Er versteht unter A. Veränderungen der Organisationsstruktur des Handelns und Denkens *(→Schema; →Struktur)* in Richtung auf eine Angleichung an die Anforderungen der Umwelt. Als Auslöser der A. gelten Störungen

des »inneren Gleichgewichts«, die durch Unvereinbarkeit bereits etablierter Ordnungsgesichtspunkte, Erfolglosigkeit von Assimilationsversuchen *(→Assimilation)* oder Einsichten hervorgerufen werden, daß Umweltforderungen mit dem vorhandenen Bestand an Handlungsmöglichkeiten nicht erfüllt werden können.

Akkulturation *(acculturation)* →*Sozialisation*.

Akromegalie. Übermäßiges Wachstum von Knochen und Bindegewebe, besonders im Bereich des Schädels, der Hände und Füße. Die Ursache ist eine Störung der *Hypophysen-Sekretion*. Zu unterscheiden von →*Gigantismus*.

Akt *(act)*.
[1] Syn. *Aktivität, Handlung*.
[2] Im Sinne der »*Aktpsychologie*« Brentanos jede bewußte Stellungnahme des »Ich« in bezug auf einen intendierten Gegenstand (Noesis).
[3] Syn. für eine Handlung am Ende einer Verhaltenssequenz (Instinkthandlung), die man als Kriterium für die Beendigung des entsprechenden Handlungsimpulses (z. B. Trieb) verwendet. So beendet ein *konsummatorischer Akt (consummatory act)* wie z. B. das Fressen oder die Kopulation den durch Beutefang- oder Geschlechtstrieb gesteuerten Ablauf.

Aktionspotential *(action potential)*, Syn.: *Erregungsimpuls*. Erreicht die →*Depolarisation* [3] einer Membran den kritischen Schwellenwert, so entsteht in erregbaren Nerven- und Muskelzellen ein A. Während des *Ruhepotentials* ist die Konzentration von Chlor- und Natriumionen außen größer als innen, während die Konzentration von Kalium innen größer ist. Während des A. vermindert sich die negative Ladung innerhalb der Membran kurzzeitig (von ca. − 60 mV auf + 20 mV). In der *aufsteigenden* Phase schlägt die Ladung innen auf positiv um, in der *absteigenden* Phase dagegen strömen Kaliumionen nach außen, bis das Ruhepotential wieder erreicht ist. Die Dauer des A. beträgt ca. 1/800 sec, die Leitungsgeschwindigkeit an der Faser ist abhängig vom Vorhandensein oder Nichtvorhandensein einer Myelinscheide. Myelinhaltige Fasern leiten schneller, die Erregungsleitung springt von Einschnürung zu Einschnürung (Ranviersche Ringe). Die Geschwindigkeit beträgt ca. 100 bis 120 m/sec. Die Stärke des A. gehorcht dem

Alles-oder-Nichts-Gesetz, ist also unabhängig von der Intensität des depolarisierenden Prozesses. Die Entstehung des A. dagegen ist von der Stärke und Ausbreitung der Depolarisation abhängig (zeitl. bzw. örtliche Summation). Zellen besitzen einen jeweils konstanten Ablauf von De- und Repolarisation.

Aktionsquotient *(activity quotient).* Bezeichnung für ein von BUSEMANN eingeführtes allgemeines Maß der »Aktivität« des Sprach- oder Sprechverhaltens, dargestellt durch das Verhältnis aktiver Elemente (z. B. Verben) zu den qualitativen (z. B. Adjektive).

Aktionsströme *(action currents).*
[1] Mit gesteigerter Aktivation einhergehende Veränderungen im bioelektrischen Bereich, z. B. *EEG,* →*Spitzenpotentiale.*
[2] Syn. von *Aktionspotential.*

Aktivation, Aktivierung *(activation).*
[1] Etwas in Tätigkeit setzen, in Gang bringen, anregen, wirksam machen. Gegensatz: Dämpfung *(attenuation),* Hemmung *(inhibition).* (a) In *Chemie* und *Physik* Prozesse, durch die Atome, Moleküle oder komplexere Systeme in einen Zustand versetzt werden, der Transformationen oder Bewegungen ermöglicht, z. B. die Aufbereitung von H-Molekülen zu radioaktiven Markern *(→Tomographie).* (b) In *Biologie* und *Physiologie* Veränderungen des molekularen, humoralen oder Organ-Zustands durch Prozesse, die von Körpersystemen ausgehen, d. h. die nur indirekt mit Außenreizen in Verbindung stehen und die in der Regel mit Erhöhungen der Reaktionsbereitschaft, zumindest aber mit Abweichungen von einem passiven Ruhezustand einhergehen. Beispiele sind die A. von Immunzellen durch Antigenkontakt *(→Immunsystem),* die rhythmische A. des Herzmuskels durch Schrittmacherzellen im Sinusknoten oder die A. des Kortex durch Weckimpulse aus tieferen Hirnbereichen. (c) Die Verwendung von A. in *Neurowissenschaften* und *Psychophysiologie* entspricht der zuletzt genannten Bedeutung. Unter *kortikaler A.* versteht man seit MORUZZI und MAGOUN (1951), den Entdeckern der Funktionen des *aufsteigenden Retikulärsystems,* einen zentralnervös vermittelten Zustand, der zwischen den Polen von Schläfrigkeit und Übererregtheit variiert und bei optimaler, der Aufgabe angemessener Ausprägung einen förderlichen Effekt auf die sensorische, kognitive und körperliche Leistungsfähigkeit ausübt. Kortikale

A. unterscheidet sich von *sensorischer* →*Erregung (sensory arousal)* durch ihren Bezug zu den Systemen der Wachheitskontrolle im Gehirn, die den *tonischen* Hintergrund für einzelne Aktivitäten in homöostatischer und gleichzeitig auch adaptiver Weise regeln. *Erregung* dagegen sollte zur Charakterisierung von Veränderungen verwendet werden, die durch Reize hervorgerufen sind. Zwischen A. und Leistungsniveau bestehen Beziehungen, die durch Aufgabenart, -komplexität, -schwierigkeit und Risikoeinsichten moduliert sind. Gewöhnlich werden Variationen der *A.-Intensität* auf einem eindimensionalen Kontinuum und die Beziehungen der A. zu bestimmten Leistungen in einer idealisierten umgekehrt U-förmigen Beziehung dargestellt, so, als wirke eine mittlere A. stets günstig, eine niedrige oder hohe A. dagegen stets ungünstig aus *(→Yerkes-Dodson-Gesetz).* Tatsächlich stehen hinter der A.-Regulation hochkomplexe von Natur aus ungerichtete Prozesse, die aber je nach der von ihnen angeregten Funktion eine gerichtete, d. h. erleichternde oder hemmende Wirkung ausüben; unter hoher A. fällt es z. B. schwer, sich etwas rasch einzuprägen, aber länger dauernde Lernprozesse und die resultierenden Behaltensleistungen werden unter den gleichen Bedingungen begünstigt. Der A.-Hintergrund unterliegt einerseits den Schwankungen des Schlaf-Wachheits-Zyklus *(→ Biorhythmus),* andererseits wird er durch intensive Reize, durch Situationen mit Aufforderungs- oder Forderungscharakter, durch Leistungsvorsätze, durch erfahrenen Streß, durch Bedürfnisse und Emotionen (z. B. Angst) beeinflußt.
[2] *A.-Theorien und Indikatoren:* Eine einheitliche allgemeinen Theorie der A. gibt es nicht. Dies wird verständlich, wenn man bedenkt, daß alle Grundlagen physiologischer und emotionaler Prozesse und der kognitiven und körperlichen Leistungsfähigkeit mit A. in Beziehung gebracht werden können, deren Bedingungen und Regulationsweisen ihrerseits aber wiederum den Kontrollmechanismen des allgemeinen Energieumsatzes und seiner Ressourcen unterliegen. Die klassische Theorie der *kortikalen A.* geht von der Beschreibung des *retikulären Aktivationssystems* (ARAS; RAS) durch MORUZZI und MAGOUN aus und wird ergänzt durch experimentelle

Aktivierung, soziale

Funktionsanalysen; Pionierarbeiten stammen von D. B. LINDSLEY und Mitarbeitern. Das A.-System umfaßt im engeren Sinne die Retikulärformation, Teile des Hypothalamus und Thalamus, das diffuse thalamische Projektionssystem zum Kortex (ARAS); im weiteren Sinne gehören u. a. auch Teile des limbischen Systems, extrapyramidale- und pyramidale Bahnen, thalamische Integrationsstationen für sensorische Impulse und des Kleinhirns, mit denen die o. g. Strukturen in enger Verbindung stehen, zu dem funktionalen Verbund der A.-Regulation. Das A.-System empfängt über Kollateralen sensorische Erregungssignale aus allen Sinnesgebieten und es erhält über absteigende Verbindungen Meldungen über den momentanen tonischen Zustand des sensorischen und motorischen Kortex. Letzteres kann dazu führen, daß bei mangelnden Umweltkontakten *(sensorische Deprivation)* »kortikale Beschäftigungslosigkeit« nach unten gemeldet wird, worauf über aufsteigende Verbindungen eine Nachregulation der Wachheit erfolgt, die mangels konkreten Anhaltspunkten (wenn es keine Umweltreize gibt) Halluzinationen auslösen kann. Das *A.-System* gilt als zentrale Schaltstelle im *Regelkreis* der Energetisierung bzw. Dämpfung sensorischer, kognitiver und motorischer Funktionen. Es übt seine Wirkung in Abstimmung mit autonomen Regulationen des Befindens und Verhaltens aus, was LINDSLEY zu dem Versuch einer *A.-Theorie* der →*Emotionen* veranlaßte. Unangenehme Gefühle der Anspannung gehen mit hoher, angenehme der Entspannung mit niedriger, wache Aufmerksamkeit und Gefühle der optimalen Reaktions- und Leistungsfähigkeit mit mittlerer A. einher. Die Parallelität ist deshalb problematisch, weil entsprechende EEG-Veränderungen auch während des Schlafes auftreten, die mit der Traumaktivität *(→REM)*, aber nicht mit der Empfänglichkeit gegenüber Umweltreizen, Befindlichkeit und Motorik in Verbindung stehen, weil die entsprechenden Systeme während des Schlafs »abgekoppelt« sind. Als *A.-Maße* haben sich im Zusammenhang mit Aufmerksamkeits- und Befindlichkeitsveränderungen zwischen Entspannung vs. Erregung bewährt: (a) *EEG-Desynchronisation* (hohe A.: hohe Frequenzen, geringe Amplituden), *Latenzen* und *Amplituden* →*ereignisbezogener Potentiale* (ERP) und *Gleichspannungsverände-*

rungen (→CNV; →Bereitschaftspotentiale) sowie Maße lokalisierter Hirndurchblutungsveränderungen *(→CBF)*; (b) *autonome Veränderungen* (hohe A.: erhöhte Herz-, Puls- und Atemtätigkeit; erhöhte EDA; Pupillendilatation) sowie (c) *humorale* Veränderungen (Hormone, Neurotransmitterproduktion bzw. Resorptionsbereitschaft im neuralen Gewebe). Zunächst hatte man angenommen, jede erhöhte A. habe eine generelle und sich allen Funktionssystemen mitteilende Antriebs- und Bereitschaftswirkung (vgl. z.B. DUFFY). Heute gilt sowohl für das kortikale als auch für das autonome und endokrine Regulationsgeschehen die Unterscheidung zwischen *allgemeiner* A. und *spezifischen lokalisierten* A.-Effekten, die in Anpassung an bestimmte Aufgaben und Situationen sowie nach Maßgabe individueller Reaktionsstereotypien auftreten und als *Fraktionierungen der Aktivierungsrichtung* angesehen werden können *(→Psychophysiologie)*. Da Anzeichen der kortikalen A. lediglich die Intensitätsdimension der Verhaltensregulation betreffen, die erst im spezifischen Situationszusammenhang nach zahlreichen Modulationen ihre psychologische Bedeutung zeigt, ist die Suche nach einer reinen *A.-Theorie* des Erlebens und Verhaltens ein sinnloses Unterfangen.
LIT. COLES U. A. (1986); DUFFY (1962); M. W. EYSENCK (1982); FAHRENBERG U. A. (1979); HUGDAHL (1995); KAHNEMANN (1973); LINDSLEY (1960); MALMO (1959); VOSSEL, ZIMMER (1998).

Aktivierung, soziale *(social facilitation).* Vermehrung und Verbesserung hochgradig automatisierter, gut eingeübter Aktivitäten durch die Gegenwart von Beobachtern (z. B. Zuschauer eines Sportwettbewerbs) oder durch vermutete Beobachtung. Untrainierte, bewußt kontrollierte Tätigkeiten werden unter den gleichen Bedingungen eher gehemmt bzw. qualitativ beeinträchtigt.
LIT. LÜCK (1969).

Aktivierungsreiz →*Prime.*

Aktivität *(activity).*
[1] Umfassende Bezeichnung für alle äußeren (z. B. Bewegungen, Handlungen; Tätigkeiten) oder inneren Verhaltensmanifestationen (z.B. kognitive Prozesse; Gehirntätigkeit; physiologische Vorgänge). Die nähere Kennzeichnung erfolgt durch Zusätze wie z.B. *soziale A. (social activity).* Darunter versteht man Initia-

tiven zur Aufnahme und Intensivierung sozialer Beziehungen.

[2] Einer der drei Faktoren, die nach OSGOOD u. a. den semantischen Raum der Konnotationen von Begriffen bestimmen (→ *Polaritätsprofil*).

Aktpsychologie →*Akt,* →*Intentionalismus.*

Aktualgenese *(microgenesis; percept genesis).* Von A. GEMELLI, F. SANDER und H. WERNER unabhängig voneinander eingeführte Bezeichnung für

[1] Prozesse des Wahrnehmens und Denkens, die sich durch einen schrittweisen Zuwachs an Klarheit, Differenziertheit und Sinnhaftigkeit auszeichnen und in deren Verlauf eidotrope und ontotrope, eher reiz- und eher persönlichkeitsbezogene Tendenzen interagieren. Die Standardmethoden bestehen in der schrittweise deutlicher oder komplexer werdenden Darbietung von Bildmaterial in Analogie zu Schwellenversuchen. Dabei lassen sich nach GEMELLI und SANDER Phasen der schlichten Wiedergabe, Hypothesenbildung, Hypothesenüberprüfung und »Endgestalt« beobachten. Bei der Verwendung unterschwelliger Reizintensitäten zeigen sich überdies Einflüsse der ohne Beteiligung des Bewußtseins im engeren Sinn ablaufenden Prozesse der Informationsverarbeitung.

[2] Prozesse der individuellen Stabilisierung von Wahrnehmungseindrücken *(Percept-Genese, percept genesis),* wie man sie in Nachbildversuchen und Experimenten mit unstimmigen Reizelementen beobachten kann. Die besonders von Kragh und Smith vertretene Auffassung, Stabilisierungsprozesse dieser Art reflektierten innerhalb gewisser Grenzen Merkmale der *Ontogenese* und der ontogenetisch fixierten Erfahrungsorganisation, geht im wesentlichen auf H. WERNER zurück.

[3] Ein Prinzip der Entwicklung, das *Phylogenese* und *Ontogenese* im aktuellen Bezug zur Umwelt ergänzt, jedoch insbesondere mit der Ontogenese bestimmte Strukturmerkmale gemeinsam hat, z. B. zunehmende Differenzierung und Integration der Teile. Auch diese Auffassung geht im wesentlichen auf H. WERNER zurück und gilt als theoretische Grundlegung von Annahmen der *Mikro-Makro-Korrespondenz,* d. h. der Übereinstimmung von Merkmalen kleinster und relativ umfassender Prozeßstrukturen in der Entwicklung.

LIT. FRÖHLICH u. a. (1984); GEMELLI (1928); GRAUMANN (1969); HENTSCHEL, SMITH (1980); KRAGH, SMITH (1970); SANDER (1962 A); WERNER (1940).

Aktualneurose *(actual neurosis).* Bezeichnung für eine Neurosenform, die sich im Zusammenhang mit Organismusstörungen (z. B. einer Krankheit) bzw. als unmittelbare Reaktion auf damit einhergehende emotionale Zustände (z. B. heftiges Herzklopfen, Schreck) erklären läßt. Gegensatz: *Psychoneurose* (→*Neurose*).

Akustik *(acoustics).* Physikalische Bezeichnung für die Lehre von den Schallereignissen.

Akzeleration *(acceleration).* Beschleunigungen des Wachstums und körperlicher Reifungsprozesse. (a) *Säkulare A.* nennt man die seit Mitte des 19. Jh. insbesondere in hochzivilisierten Industrieländern von Generation zu Generation nachgewiesenen Zunahmen von Körpergewicht und -größe und die damit verbundene Vorverlegung der Geschlechtsreife. Erklärt wird dies neben dem Hinweis auf veränderte Umwelt-, Lebens- und Arbeitsbedingungen durch Veränderungen der Ernährung; so wird z. B. angenommen, Nahrungsmittel, die reich an Kohlehydraten sind, wirkten sich auf die für Wachstums- und Reifungsvorgänge zuständigen Hypophysen- und Schilddrüsenfunktionen aus und führten so zu einer beschleunigten Ausschöpfung des genetischen Potentials für die körperliche Entwicklung. (b) *Individuelle A.* (Frühreife) bezieht sich auf individuelle Abweichungen von Wachstums- und Reifungsprozessen, gemessen an der Altersnorm der Durchschnittsbevölkerung.

In der Psychologie werden vor allem die Konsequenzen der A. thematisch. Beschleunigte Wachstums- und Reifungsprozesse können z. B. zu einer Disharmonie zwischen körperlicher und kognitiv-sozialer Entwicklung führen bzw. Anlaß für Fehleinschätzungen und damit Überforderungen werden.

akzidentielle Fehler *(accidental errors).* Bezeichnung für unkontrollierte Einflüsse, welche den Ausgang eines Experimentes beeinflussen können. Syn.: externer Fehler. Gegensatz: interner Fehler; Zufallsfehler. →*Experiment.*

Alalie *(alalia).* Wortstummheit (Mutismus), eine Form der →*Dyslalie.*

Albedo

Albedo *(albedo)*. Aus dem Lat. *albedus*, weiß. Die Helligkeit des von einer Oberfläche bestimmter Struktur/Farbe abgestrahlten Lichts. Syn. *Luminanz*. Das *Albedoverhältnis (albedo rate)* ist bestimmt aus dem Anteil des reflektierten Lichts *(Luminanz; Reflektanz)* am einfallenden Licht *(Illuminanz)* und wird als Proportion Luminanz/Illuminanz angeben. Werte nahe 0.85 erreichen weiße glatte, Werte nahe 0.15 schwarze rauhe Oberflächen. Bei einem Albedoverhältnis von 0 könnte man mangels Kontrast nichts erkennen; Werte von 1.00 sind aus Gründen der Absorptionseigenschaften des Materials von Oberflächen nicht erreichbar. →*Helligkeit.*

Aldosteron *(aldosterone)*. Körperhormon aus der Gruppe der *Kortikoide* mit primärer Wirkung auf Nierenfunktionen, Wasser-Salz-, Potassium- und Cholinhaushalt. Erhöhungen des A.-Spiegels, die häufig mit *Hypertonie*, Herzmuskelschwäche und Lebererkrankungen auftreten, können medikamentös eingedämmt werden, z. B. durch *Spironolacton*, eine synthetische Steroidverbindung mit steigerndem Effekt auf Natrium- und hemmendem auf Kalium-Ausscheidung.

Alexie *(alexia)*, auch **Wortblindheit.** Ausfall der früher vorhandenen Lesefähigkeit aufgrund von Verletzungen oder Funktionsstörungen der linken Parietal-(Scheitellappen-) Region der Großhirnrinde.

Alexithymie *(alexithymia)*. Bezeichnung für das bei psychosomatischen Patienten beobachtete Symptom, eigene Gefühlszustände nicht in Worte fassen zu können, obwohl die entsprechenden physiologischen Erregungsanzeichen spürbar vorhanden sind. Diesem Symptom entspricht ein phantasieloses, an konkreten Vorgängen orientiertes Denken *(→pensée opératoire)* und ein hohes Maß an Anschlußbedürfnis und sozialer Konformitätsneigung.

Algesie *(algesia)*. Fähigkeit, Schmerzen zu erfahren (und zu ertragen). Gegensatz von →*Analgesie.*

alghedonisch *(algedonic)*. Bezeichnung für die auf den polaren Begriffen Lust und Unlust (Schmerz) aufbauenden Gefühlstheorien.

Algolagnie *(algolagnia)*. Bezeichnung für durch Schmerz hervorgerufene Lustgefühle (sexueller Art), und zwar sowohl durch Erleiden als auch durch Zufügen von Schmerz *(→Masochismus, →Sadismus).*

Algophobie *(algophobia)*. Furcht vor körperlichen Schmerzen.

Algorithmus *(algorithm)*.
[1] *Mathematik, Kybernetik:* Verfahrensvorschrift zur Lösung von Aufgaben einer bestimmten Art. Daraus hergeleitet Bezeichnung für die Gesetzmäßigkeit, die der Funktion von Steuerungs- oder rückgekoppelten Kontrolleinrichtungen zugrunde liegt bzw. bei ihrer Programmierung herangezogen wurde.
[2] *Denk- und Gedächtnispsychologie:* Operationsweisen oder Vorschriften, welche Such-, Lösungs-, Entscheidungs- und/oder Handlungsstrategien zugrunde liegen, die bei der Lösung bestimmter Probleme wiederholt eingesetzt werden und deren Einzelschritte in gleicher Reihenfolge ablaufen.

Alice-im-Wunderland-Syndrom
→*Depersonalisation.*

Alienation.
[1] Statistik: Schrumpfung, meist angegeben in Form des sog. *Alienationskoeffizienten.* Er stellt ein Maß für die Unverbundenheit, also den Mangel an Korrelation, zwischen zwei Variablen dar. Er wird nach der Beziehung

$$\sqrt{1 - r^2}$$

berechnet. r ist in diesem Ausdruck die Produkt-Moment-Korrelation zwischen den beiden Variablen.
[2] Statistik: Allgemeiner Ausdruck für das Ausmaß des Einflusses des *Stichprobenfehlers* auf einen Korrelationskoeffizienten.
[3] Im englischen Sprachgebrauch Bezeichnung eines klinischen Symptoms, in dessen Verlauf bekannte Situationen oder Mitmenschen ihre Vertrautheit verlieren und fremdartig erscheinen.

Alienationskoeffizient →*Alienation.*

Alkoholdemenz →*Demenz.*

Alkoholismus *(alcoholism)*.
[1] (a) Im weiteren Sinn jeder gelegentliche, periodische (→*Dipsomanie*), fortdauernde, gewohnheitsmäßige oder durch psychophysische Abhängigkeit bedingte Alkoholkonsum, dessen Folgen ein sozial erträgliches Maß überschreiten; im engeren Sinn (b) chronischer Alkoholkonsum in Mengen, die Gesundheit, Arbeitsfähigkeit, soziale Stellung und Familienleben gefährden bzw. erheblich beeinträchtigen. (c) DSM-IV behandelt die mit A. zusammenhängenden Störungsbilder als Son-

derfälle substanzbezogener Veränderungen (vgl. 2). Mindestvoraussetzung für deren Diagnose ist das Auftreten von mindestens drei der folgenden Symptome innerhalb von 12 Monaten: Schulische bzw. Arbeitsleistungen werden durch Folgeerscheinungen des Alkoholkonsums (z. B. »Kater« o. a. Intoxikationsfolgen) beeinträchtigt; die Verantwortung für Kinder bzw. Haushalt wird vernachlässigt; Fernbleiben von Schule bzw. Arbeitsplatz; Eingehen erhöhter physischer Risiken (z. B. Autofahren) und/oder Gesetzeskonflikte.

[2] *Alkoholbedingte Störungen:* Jeder Alkoholgebrauch mit Störungsfolgen wird im DSM den *Substanzinduzierten Störungen (substance-related disorders)* zugeordnet und durch den Hinweis auf Alkohol spezifiziert. (a) Störungen, die auf *Alkoholgebrauch* zurückgehen *(alcohol use disorders)* sind *Alkoholabhängigkeit (alcohol dependence),* umgangssprachlich *»Trunksucht«,* und *Alkoholmißbrauch (alcohol abuse).* Abhängigkeit ist beschrieben als unangepaßter bzw. unangemessener Gebrauch von Alkohol, der zu klinisch auffälligen Beeinträchtigungen und Leiden führt und innerhalb der gleichen 12monatigen Periode mindestens drei der folgenden Symptome nach sich zieht: Toleranz (Einnahme von immer mehr Alkohol, um den gewünschten Effekt zu erzielen; verringerte Wirkung bei kontinuierlicher Einnahme der gleichen Menge); Entzugserscheinungen bzw. Alkoholgenuß, um diese einzudämmen; mehr und länger Alkohol konsumieren als gewollt; beständiger Wunsch bzw. erfolglose Bemühungen, den Konsum einzuschränken; großer Zeitaufwand, um Alkohol zu erwerben, ihn zu konsumieren bzw. sich von den Folgen zu erholen; Aufgeben anderer Aktivitäten (soziale, berufliche, Freizeitaktivitäten); fortgesetzter Konsum trotz des Wissens, daß vorhandene physische oder psychische Probleme durch Alkoholkonsum verursacht sind bzw. verstärkt werden. *Alkoholmißbrauch (alcohol abuse)* hat die gleichen Grundkriterien wie Abhängigkeit; aber die Differentialdiagnose ist hier an das Vorkommen von mindestens einem der folgenden Symptome gebunden: Wiederholter Substanzgebrauch in Verbindung mit der Vernachlässigung von schulischen, beruflichen oder Verpflichtungen im Haushalt; Eintreten in potentiell physisch gefährdende Situationen; wiederholte Gesetzeskonflikte und/oder

fortgesetzter Substanzgebrauch trotz anhaltender, wiederholter, durch Alkoholkonsum verstärkter zwischenmenschlicher Probleme. (b) Zu den *Alkoholinduzierten Störungen* (alcohol-induced disorders) gehören nach DSM *Alkoholintoxikation (Alkoholvergiftung; alcohol intoxication)* und *Alkoholentzug (alcohol withdrawal).* Symptome einer *Intoxikation* sind unangepaßtes Verhalten, →*Nystagmen,* unkoordiniertes Verhalten, Beeinträchtigungen der →*Aufmerksamkeit,* unkontrollierte Bewegungen, undeutliche Sprache, in Extremfällen Stupor oder Koma. Symptome des *Entzugs* sind einige Stunden oder Tage anhaltende autonome Hyperaktivität (Schwitzen, Pulsjagen), Agitieren, Handzittern, Schlaflosigkeit, Übelkeit und Erbrechen, Sinnestäuschungen bzw. Halluzinationen, Angst oder grand mal →*Anfälle.* (c) Zu den häufigsten körperlichen Folgen wiederholten Genusses von Alkohol in großen Mengen zählen Störungen des Eingeweidesystems (z. B. Gastritis, Magen- oder Zwölffingerdarmgeschwüre, in ca. 15% der Fälle Leberzirrhose und Pankreatitis), zentral- und peripher-nervös bedingte Störungen (z. B. Wahrnehmungsbeeinträchtigungen, kognitive Defizite, amnestische Symptome, degenerative Hirnveränderungen durch Vitaminmangel; Bluthochdruck, Herzstörungen, Muskelschwäche) sowie Schwächungen des Immunsystems. Zu den extremen Folgen zählen die alkoholinduzierten Formen von →*Delir,* →*Demenz,* →*Angst-* und →*Affektiven Störungen* sowie →*Schlaf-* und →*Sexualstörungen.*

[3] *A.-Epidemiologie* und *-Intervention:* A. ist in den westlichen Ländern weitestverbreitete Form der Abhängigkeit, u. a. wegen der leichten und legalen Beschaffbarkeit von Alkohol, seiner unmittelbaren subjektiven belastungslindernden Wirkung und der Einbettung des Trinkens in das Netz alltäglicher sozialer Gewohnheiten. Die Entstehung der A. verweist auf eine komplexe soziale, psychische und physiologische Bedingungsstruktur. Von den allgemeinen Konsumgewohnheiten ausgehend sind ca. 14% der männlichen und 5% der weiblichen Durchschnittsbevölkerung alkoholgefährdet. Ein hoher Prozentsatz gerät mit dem Gesetz in Konflikt und/oder wird behandlungsbedürftig. Interventionsstrategien zielen neben der Linderung alkoholbedingter körperlicher Ausfallerscheinungen auf die mit dem A. verknüpften psychischen Probleme

Allele

und auf eine Veränderung der Einstellung gegenüber Alkohol und Alkoholkonsum, um das Rückfallrisiko zu verringern. Eine besonders erfolgreiche Rolle spielt die internationale Selbsthilfeorganisation *Anonyme Alkoholiker, AA (alcoholics anonymous),* deren Ziel es ist, bei voller Wahrung der Anonymität und auf freiwilliger Basis durch gruppendynamische Prozesse Abstinenz zu erreichen. Einzelne Therapieansätze vgl. →*Antabus,* →*Drogenabhängigkeit (3).*
LIT. FEUERLEIN (1984); KRYSPIN-EXNER (1990); SCHMIDT (1988).

Allele *(allele).* Gene homologer Chromosomen, die sich auf das Erscheinungsbild der Mitglieder einer Lebewesenart *(Phänotypus)* unterschiedlich auswirken. In der Regel erweist sich im Rahmen der *Evolution* das Gen des Ursprungstieres über die durch *Mutationen* entstandenen A. als dominant.

Allergien *(allergies; allergic reactions).* Gegensatz: Anergien *(anergies).* Von der Norm abweichende, heftige spezifische Immunreaktionen auf bestimmte körperfremde Substanzen *(Allergene),* die ansonsten allgemein als neutral und unschädlich gelten. Nach einem ersten Kontakt durch Inhalation, Injektion, Hautberührung oder Nahrungsaufnahme kommt es zur Sensibilisierung, einer »stummen Phase«, die bei wiederholtem Kontakt unmittelbar in Überempfindlichkeitsreaktionen übergeht. A. beruhen mit großer Wahrscheinlichkeit auf einer angeborenen *Immunschwäche* (z. B. Neigung zur überschießenden Bildung des allergiespezifischen *Immunglobulins* IgE in Haut und Schleimhäuten) und werden häufig nach Viruserkrankungen, Veränderungen des biochemischen Körperhaushalts, Aktivitätshemmungen von *Supressorzellen,* nach Dauereinwirkungen allergener Substanzen in größeren Mengen und/oder nach entzündungs- oder chemisch bedingten Erhöhungen der Durchlässigkeit von Haut und Schleimhäuten virulent. Die Auftretenswahrscheinlichkeit und Schwere von A. wird durch *psychischen* →*Streß* drastisch erhöht. Häufige A.-Reaktionen sind: Reizungen der Bindehäute *(coniunctivitis),* der Nasen-, Rachen- und/oder Bronchialschleimhäute und der Schleimhäute im Magen-Darm-Trakt. Zu den typischen A.-Reaktionen gehört die plötzliche vermehrte Freisetzung von *Histamin* bei Zerstörung von *Leukozyten.* Charakteristisch sind abrupte Gefäßerweiterungen mit nachfolgendem Blutdruckabfall *(anaphylaktischer Schock),* das Auftreten quaddeliger Hautrötungen und -schwellungen *(atopische Ekzeme, Nesselsucht; Neurodermitis),* Überreizungen der Nasenschleimhaut *(Heuschnupfen)* und/oder Atembeschwerden *(Asthma). Lebensmittelallergien* gehen auf Eiweißmoleküle *(Glykoproteine)* in Nahrungsmitteln zurück; die A.-Reaktionen beruhen nicht selten auf fehlgeleiteten *angeborenen Immunreaktionen* in brachliegenden Teilen des Immunsystems. So ähneln beispielsweise in Äpfeln und Nüssen vorkommende Glykoproteine den Körperproteinen von Würmern, auf deren Befall das Immunsystem des Menschen ursprünglich reagierte. A. sind schwer behandelbar. Zu den aussichtsreichsten Verfahren gehört neben der Bekämpfung akuter Symptome durch *Antihistaminika* und anderen desensibilisierenden Maßnahmen die sog. *Hyposensibilisierung,* d. h. die regelmäßige, über längere Zeit fortdauernde Verabreichung des auslösenden Allergens in wachsenden Dosierungen, sowie andere desensibilisierende Maßnahmen.

Alles-oder-Nichts-Reaktion *(all-or-none-response, -reaction).*
[1] Erregbare Zellen entwickeln stets Aktionspotentiale gleicher Intensität stets sie feuern nicht. Die Herausbildung eines Aktionspotentials dagegen wird durch Verrechnung der über Synapsen vermittelten Potentialveränderungen (örtliche oder zeitliche Summation) vollzogen.
[2] Bezeichnung für eine Reaktion (z. B. Reflex), die entweder ausgelöst wird oder nicht und die im Falle der Auslösung keinerlei Abstufungen, also immer volle Intensität zeigt.

Allgemeine Psychologie *(general psychology).* Teilgebiet der Psychologie, das sich mit denjenigen Prinzipien des Erlebens und Verhaltens befaßt, die generelle und universelle Geltung besitzen und daher für alle Fälle anwendbar sind. Aufgrund systematischer Untersuchungen werden die Beziehungen zwischen inneren und äußeren Bedingungen des Verhaltens und Erlebens und ihrer Steuerung aufgesucht, als Regelhaftigkeiten oder Gesetze im Modell- bzw. Theoriebezug formuliert und in begrifflich-theoretische Zusammenhänge eingeordnet. Teilbereiche der A. P. sind *Wahrnehmungsforschung* und *Psycho-*

physik, Denk- und Sprachpsychologie, Gedächtnis- und Lernforschung sowie Emotions- und Motivationsforschung.

Allgemeine Systemtheorie →*System.*

Alogie *(alogia).* Unfähigkeit, korrekte Sätze zu bilden. Gilt als Symptom →*geistiger Behinderung,* motorischer →*Aphasie* und als Negativ-Symptom schwerer →*psychotischer Störungen* (→*Schizophrenie).*

Alpha-Blockierung *(alphablocking)* →*Elektroencephalogramm.*

Alpha-Index →*Elektroencephalogramm.*

Alpha-Koeffizient *(alpha coefficient).* Statistische Bezeichnung für ein von L. J. Cronbach entwickeltes Maß der *internen Konsistenz* (→*Konsistenz).*

Alpha-Phänomen →*Scheinbewegung.*

Alpha-Tests. Eine Reihe von Intelligenztests, die in der US-Armee im Ersten Weltkrieg zur Auswahl von Rekruten verwendet wurde, auch *Army-Alpha-Tests* genannt.

Alpha-Wellen *(alpha-waves)* →*Elektroencephalogramm.*

ALS →*Psychophysiologie.*

Alter *(age).*
[1] Die Zeit, welche seit der Geburt eines Lebewesens vergangen ist. Syn. *Lebensalter, chronologisches Alter (chronological age).* Altersangaben erfolgen in der *Entwicklungspsychologie* in Jahren und Monaten. Das Alter eines elf Jahre und sieben Monate alten Kindes wird als 11; 07 notiert.
[2] *Entwicklungsalter (developmental age)* bezeichnet das Verhältnis des individuellen Entwicklungsstandes in umschriebenen Körper- oder Leistungsmerkmalen zum Durchschnitt in der entsprechenden Population. Mit Hilfe des E.-A. lassen sich z. B. *Akzeleration, Frühreife* oder *Retardation* (Entwicklungsrückstand) beschreiben.
[3] *Intelligenzalter (mental age)* ist die von Binet eingeführte Bezeichnung für den individuellen Stand der intellektuellen Leistungsfähigkeit im Verhältnis zum Durchschnitt einer gleichaltrigen Bezugsgruppe. Dieser Kennwert ermöglicht die Feststellung von Vorsprüngen oder Rückständen des Individuums. Der von STERN eingeführte *Intelligenzquotient (IQ)* drückt das Verhältnis zwischen Intelligenzalter und Lebensalter aus. IQ = Intelligenzalter · 100 : Lebensalter. Werte unter 100 verweisen auf einen Rückstand, über 100 auf einen Vorsprung der intel-

lektuellen Leistungsfähigkeit gegenüber dem Lebensalter. In den heute üblichen *Intelligenztests* ist der IQ anders, nämlich als Abweichungsquotient definiert.
→*Intelligenztests.*

Alternsforschung, psychologische Gerontologie, gerontologische Psychologie *(psychology of aging; psychological gerontology).* Teilgebiet der Entwicklungs-, Persönlichkeits- und Sozialpsychologie, das sich mit alternsspezifischen Veränderungen des menschlichen Erlebens und Verhaltens beschäftigt. Altern gilt als Inbegriff regelhafter Veränderungen, die sich im reifen Organismus abspielen bzw. sich unter repräsentativen Umweltbedingungen einstellen, sobald man chronologisch altert. Untersuchungen der Lebensspanne *(life span)* machen deutlich, daß Altern nicht mit einem generellen Abbauprozeß gleichzusetzen ist, sondern vielmehr eine Verschiebung des Verhältnisses von Anstrengung *(loss)* und Erfolg *(gain)* bedeutet. Unter Berücksichtigung von biologisch-physiologischen Vorgängen, die mit altersspezifischen Veränderungen des Erlebens und Verhaltens einhergehen, werden Umweltfaktoren (z. B. soziale Kontakte; Pensionierung; Krankheiten, motivationale Veränderungen, Veränderungen im Erleben der sozialen Umwelt, Veränderungen in einzelnen Funktionsbereichen (z. B. Wahrnehmen, Gedächtnis, Lernen, Motorik), Veränderungen von Problem- und Konfliktlösungs-Strategien, von Einstellungen und Bewertungsmaßstäben, Veränderungen der Persönlichkeit (einschl. psychopathologischer Aspekte) und Interventionsstrategien behandelt. Darüber hinaus befaßt sich die Altersforschung mit institutionellen Problemen (z. B. Fragen der Organisation und Versorgung in Altersheimen) und der Wechselwirkung zwischen sozialen, institutionellem, ökologischen und medizinisch-funktionalen Aspekten; sie beteiligt sich in wachsendem Maße an der Entwicklung von prophylaktischen Maßnahmen.
LIT. BIRREN (ED.; 1959); BIRREN, SCHAIE (³1990); CHARLOTTE BÜHLER (1933); LEHR (⁸1996); LEHR, THOMAE (1965); RIEGEL, MEACHAM (1976); WELFORD (1958).

Altersdemenz →*Demenz.*

Alterssichtigkeit →*Presbyopie.*

Altersweitsichtigkeit →*Presbyopie.*

Altersschwerhörigkeit →*Presbyakusis.*

Altruismus *(altruism)*. Bezeichnung für eine durch Selbstlosigkeit und Hilfsbereitschaft ausgezeichnete Einstellung gegenüber Mitmenschen. In der Sozialpsychologie wird dies als →*Hilfeleistungs-Motiv* bzw. *Hilfeleistungsverhalten* diskutiert. Gegensatz: *Egoismus.*

Alzheimersche Krankheit *(Alzheimer's disease)*, Syn.: *präsenile Demenz.* Durch degenerative Veränderungen des Gehirns bedingte Störung, die bei 50–60jährigen mit ersten Anzeichen eines vorzeitigen Abbaus intellektueller Funktionen (→*Demenz*) einsetzt und in einen mehrjährigen irreversiblen Prozeß zunehmender Beeinträchtigungen einmündet. Die A.K. beginnt mit Störungen des Kurzzeitgedächtnisses. Später treten neben Störungen des Langzeitgedächtnisses fortschreitende Sprach- und Sprechschwierigkeiten, Unrast, Reizbarkeit, Aggressivität und/oder Stimmungslabilität hinzu; das Krankheitsbild endet nach Ablauf von einigen Jahren in totaler Desorientiertheit und Hilflosigkeit der Betroffenen. Zentrales differentialdiagnostisches Merkmal sind atrophische Veränderungen in fronto-temporalen und parieto-occipitalen Hirnrindenbereichen, die mit Hilfe der →*Tomographie* nachgewiesen werden können, sowie eine Reihe weiterer Veränderungen, darunter Schädigungen der präsynaptischen cholinergen Rezeptoren und anderer Neurotransmitterfunktionen. Die Auslöser dieser Veränderungen sind bis heute unbekannt.

Ambidexeralität →*Händigkeit.*

Ambiguität →*mehrdeutig.*

Ambivalenz. Emotionale Einstellung gegenüber einem Mitmenschen, die zwischen den Gefühlen von Liebe und Haß schwankt.

AMDP-System. Im Auftrag der Arbeitsgemeinschaft für **M**ethodik und **D**okumentation in der **P**sychiatrie entwickelter Ansatz zur Vereinheitlichung der Klassifikation, Differentialdiagnose und Dokumentation psychischer Störungen unter Einbeziehung biologischer, psychologischer, soziologischer und ökologischer Kennwerte.
LIT. AMDP (1981); BAUMANN, STIEGLITZ (1983).

Amentia. Ältere Bezeichnung für →*geistige* Behinderung; zu unterscheiden von Dementia (→*Demenz*).

Amimie *(amimia)*. Bezeichnung für einen Ausfall der Mimik (Gesichtsausdruck), durch den das Ausdrucksverstehen und damit die zwischenmenschliche Kommunikation behindert wird.

Amitose →*Zellteilung.*

Ammonshorn →*Hippocampus.*

Amnesie *(amnesia)*. Gedächtnisstörungen, die sich in einem vollständigen oder teilweisen Fortfall von Erinnerungen äußern. (a) *Partielle Amnesie (localized amnesia):* Gedächtnisausfälle in bezug auf umschriebene Zeitabschnitte, Situationen oder Erlebnisbereiche. (b) *Retrograde Amnesie:* Nicht oder nur partiell reversible Erinnerungslücken, die nach einem schweren Schädeltrauma mit Bewußtlosigkeit (z. B. schwerer Unfall; Elektroschocks) auftreten und sich auf die dem Trauma unmittelbar vorangehenden Ereignisse beziehen. (c) *Anterograde Amnesie:* Reversible Beeinträchtigung der Erinnerungsfähigkeit in bezug auf Ereignisse, die nach dem Erwachen aus einer schädeltraumatisch bedingten Bewußtlosigkeit eingetreten sind. (b) und (c) werden in der Gedächtnisforschung als Hinweise auf die Existenz eines Mechanismus angesehen, der sowohl für die Speicherung als auch für den Abruf von Erinnerungen zuständig ist.
→*Gedächtnis*

Amphetamine *(amphetamines)*. Zusammenfassende Bezeichnung für Medikamente mit stimulierender Wirkung auf das *Aktivationssystem* und auf die Herzfunktionen, chemisch dem *Adrenalin* nahe verwandt, jedoch in ihrer Wirkung auf die adrenergischen Fasern des Sympathikus länger anhaltend. A. wurden eine Zeitlang als Antidepressiva verwendet; ebenso galten sie als beliebte Dopingpräparate, da sowohl stimmungsanhebende als auch die sensorische und motorische Leistung betreffende Effekte auftreten. Sie erhielten auch den Namen *Weckamine.* Wegen relativ starker Nebenwirkungen und Abhängigkeitsgefahr nur mehr selten gebraucht.
→*Drogenabhängigkeit.*

Amusie *(amusia)*. Die Unfähigkeit, Töne zu erkennen (oder wiederzugeben).

Amygdala →*Gehirn.*

Anabolismus. Der Aufbauprozeß der komplexen organischen Substanzen im lebenden Gewebe (Stoffwechsel). →*Metabolismus.*

Anaglyph. Die Demonstration des Prinzips der retinalen *Disparation* mittels Bildern, die in zwei Farben hergestellt sind (meist blau und rot). Bei Betrachtung dieser Bilder durch eine

56

Farbbrille – das eine Glas ist rot, das andere blau – erscheint die Darstellung *stereoskopisch*, d. h. räumlich. *Anaglyptoskop* oder *Anaglyphoskop* ist die Bezeichnung für eine Versuchsanordnung, mit deren Hilfe man die Rolle des Schattens bei der Wahrnehmung der Perspektive demonstrieren kann. Dabei wird ein Gegenstand von einer der vermeintlichen Lichtquelle entgegengesetzten Seite her beleuchtet.

anagogisch. C. G. JUNGS Bezeichnung für die moralisch aufbauenden Tendenzen des Unbewußten.

anal. Den Bereich der Darmöffnung (Anus) betreffend.

Analerotik *(anal eroticism).* In der Psychoanalyse Bezeichnung für ein besonderes Interesse an der analen Region. Es handelt sich dabei um eine Phase der Sexualentwicklung, die der genitalen vorausgeht. Sie wird deshalb auch als prägenital bezeichnet.

Analgesie *(analgesia).* Das Löschen von Schmerzempfindungen. Als analgetisch oder *Analgetikum* bezeichnet man Maßnahmen und Substanzen, die der Schmerzmilderung oder -löschung dienen.
→*Hysterie.*

Analgetikum →*Analgesie.*

analog →*Daten* [7].

Analogie *(analogy).*
[1] Allgemeine Bezeichnung für die Ähnlichkeit oder Übereinstimmung zwischen *Systemen.*
[2] In der neueren Kybernetik unterscheidet man *strukturelle Analogie* als Bezeichnung für die Entsprechung von *Elementenbeziehungen* in verschiedenen Systemen von *funktionaler* Analogie als Bezeichnung für die Ersatzbarkeit eines Systems durch ein anderes, das die gleiche Aufgabe mit gleichem Effekt erfüllt, ohne daß gleiche Elemente oder Elementstrukturen gegeben sein müssen.
[3] In biologischer Bedeutung liegt Analogie zwischen zwei Lebewesenarten (und damit eine Grundlage der vergleichenden Betrachtung) dann vor, wenn sich biologische Systeme in ihrer Auseinandersetzung mit der Umwelt zu ähnlichen Formen entwickelt haben. Diese Auffassung entspricht am ehesten der von der funktionalen A. unter [2].
→*homolog.*

Analogiegesetz *(law of analogy).* Bezeichnung für eines der von Thorndike formulierten

zusätzlichen Lerngesetze. Es besagt, daß Mensch oder Tier in jeder neuartigen Situation so reagieren, wie sie es in jeder ähnlichen Situation getan hätten.

Analogietest *(analogies test).* Bezeichnung für eine Testart, wie sie in fast allen Intelligenztests vorkommt. Die Aufgaben *(Items)* eines solchen Tests sind von der Form: A verhält sich zu B wie C zu?

Analysator *(analyser; analyzer).* Syn.: *Detektor.*
[1] In der *Physik* optische Vorrichtung zur Bestimmung der Schwingungsebene von linear polarisiertem Licht.
[2] *Biologie, Sinnesphysiologie:* Von Pawlow eingeführte Bezeichnung für angenommene »besondere Apparate des Nervensystems«, die auf charakteristische, biologisch und/oder funktionell bedeutsame Reizmerkmale ansprechen und bei ihrem Auftreten zu raschem Erkennen, Reagieren und zur Herausbildung *konditionierter Reflexe* beitragen. A. bestehen, so PAWLOW, aus den peripheren Endigungen der Sinnesorgane, den von dort nach innen ziehenden zentripetalen Nerven (Afferenzen) und deren Projektionen in die Großhirnhemisphären. Erste Beschreibungen von A. wurden im Zusammenhang mit den Grundlagen des Formensehens von DEUTSCH und SUTHERLAND vorgelegt. Form-A. sind zweidimensionale Anordnungen von Sehkortexzellen, die mit einzelnen Retinazellen fest verbunden sind und in ihrem »gemeinsamen Endkanal« *(final common cable)* Erregungsmuster zeigen, die nach dem Prinzip eines Analog-Digital-Wandlers der Form des Reizes entsprechen. Die weiterreichende Annahme PAWLOWS, daß von Wahrnehmungsreizen ausgelöste neurale Signale auf ihrem Weg vom Sinnesorgan in das Großhirn automatisch einer umfassenden Merkmalsanalyse unterzogen werden, fand mit der Entdeckung →*rezeptiver Felder* ihre volle Bestätigung.
LIT. DEUTSCH (1955); PAWLOW (1956); SUTHERLAND (1969).

Analyse *(analysis).*
[1] Zerlegung einer Einheit in sie konstituierende Teile, z. B. einer Mischung in ihre Elemente, eines Vorgangs in einzelne Teilprozesse oder -handlungen. Gegensatz: *Synthese.*
[2] Als *Analysis* Theorie der reellen und komplexen Zahlen.
[3] Synonym von *Psychoanalyse.*

Analytische Psychologie

[4] Als *Analytik* Teilgebiet der formalen Logik.

Analytische Psychologie *(analytic psychology).*

[1] Bezeichnung für die von C. G. JUNG eingeführte, von FREUD abweichende psychoanalytische Richtung. →*Komplexe Psychologie.*

[2] Allgemeine und umfassende Bezeichnung für eine jede psychologische Forschungsrichtung, die analytisch orientiert ist (engl. *analytical psychology).* Syn. *zergliedernde Psychologie, Elementenpsychologie.*

Anamnese *(anamnesis).* Eigentlich: in das Gedächtnis zurückrufen; in der Klinischen Psychologie und Medizin Bezeichnung für die Krankengeschichte; das Ausfragen bezügl. der Geschichte der Symptome und begleitender Umstände, z. B. begleitender Erlebnisse.

Anankasmus *(anancastia).* Bezeichnung für die Tendenz zu zwanghaften Vorstellungen bzw. Zwangsneurosen. Das betroffene Individuum wird als *Anankast,* zwangsneurotische Züge im Verhalten und Erleben werden als *anankastisch (anancastic)* bezeichnet.

anaphylaktischer Schock →*Allergie.*

Anarthrie *(anarthria).* Artikulationsschwierigkeiten, die auf eine Läsion des sprachmotor. Zentrums zurückgehen.

Anästhesie *(anesthesia).* Unempfindlichkeit gegenüber Außenreizen aufgrund peripherer bzw. zentralnervöser Störungen bzw. durch lokal oder zentral wirksame Narkotika.

An-Aus-Reaktion *(on-off-effect).* Durch Rezeptorelemente, die während der gesamten Reizdauer verstärkt Potentiale abgeben, vermittelte Reaktionen des Rezeptorapparates. Die entspr. Rezeptoren werden *An-Aus-Rezeptoren (on-off-receptors)* genannt.

Androgynie *(androgyny).* Zusammengesetzt aus dem Gr. *andros* (Mann) und *gyne* (Frau).

[1] Das Nebeneinander männlicher und weiblicher Denk- und Verhaltensweisen sowie physischer Merkmale bei eindeutiger biologischer Geschlechtszugehörigkeit und entsprechendem Sexualverhalten. Zu unterscheiden von *Hermaphroditismus* (Zwittrigkeit; *hermaphrodite),* dem gleichzeitigen Vorhandensein männlicher und weiblicher biologischer Geschlechtsmerkmale.

[2] In den Sozialwissenschaften ist A. im weiteren Sinne ein Titel, unter dem über Fragen der *Geschlechtsidentität* bzw. *Geschlechterrolle* diskutiert wird. →*Sexualität.*

Anergien →*Immunsystem.*

anergischer Stupor →*Stupor.*

Anfall *(attack; fit; seizure).*

[1] Plötzlich auftretende, kurzzeitige, stark ausgeprägte Zustands- und/oder Verhaltensänderung, die Gesundheit und Wohlergehen unterbricht bzw. im Verlauf einer chronischen Störung wiederholt auftritt.

[2] *A.-Arten und -Formen* können in bezug auf unterschiedliche Ursachen klassifiziert werden, z. B.: (a) *Epileptischer A. (epileptic attack, epileptic seizure):* Durch allgemeine Steigerung der Hirnaktivität bedingter *großer epileptischer A. (grand mal)* mit Bewußtseinsverlust, rhythmischen Zuckungen (mit Verletzungsgefahr) und anschließendem längerem Schlaf, oder der *Herd-A. (epileptic fit; Jacksonian fit)* als ein durch Steigerung der Hirnaktivität in einem umschriebenen Hirnbereich ausgelöster *A.* mit krampfartigen Zuckungen in bestimmten Muskelpartien, veränderten Körpergefühlen (z. B. Bauchschmerzen), jedoch ohne Bewußtseinsverlust und nachfolgendem Schlaf. (b) *Paralytischer A. (paralytical attack):* Durch progressive Paralyse bedingter *A.* (c) *Apoplektiformer A. (apoplectiform attack):* A. mit reversiblen Lähmungsfolgen und/oder Sprachstörungen, ähnlich wie nach Schlaganfällen (Apoplexie); meist im Zusammenhang mit abklingenden entzündlichen Hirnerkrankungen, progressiver Paralyse oder als Symptom multipler Sklerose auftretend. (d) *Diakopischer A. (diacopic fit):* Durch Zwischen- und Stammhirnherde bedingte anfallsartige Atemstörungen (Apnoe) mit nachfolgender Bewußtlosigkeit. (e) *Diencephalautonomer A. (diencephalo-autonomic attack),* Syn.: *Vegetativer A.:* A. mit ausgeprägten vegetativen Symptomen (z. B. Veränderung der Hautdurchblutung, Schweißausbrüche, Übelkeit, Bauchschmerzen, Herzjagen). (f) *Sympathikotoner A. (sympathicotonic seizure),* Syn.: *Herzangst-Syndrom (heart anxiety syndrome; Soldier's heart):* Oftmals erstmalig nach großen psychischen Belastungen auftretende Herzsymptome und damit verbundene Angstgefühle. (g) *Synkopaler A. (faint; fainting),* Syn.: *vasomotorischer A. (vasomotoric attack):* Nach Dauerbelastung oder heftigen Schreckerlebnissen auftretende Beklemmungszustände mit Schweißausbrüchen und kurzzeitigen Bewußtseinstrübungen oder -verlusten. (h) *Psychogener A. (psychogenetic*

attack, psychogenetic hysteric attack), Syn.: *Großer hysterischer Anfall (→Hysterie):* Meist durch intensive Erlebnisse bedingter A., der ohne Bewußtseinsverlust und Verletzungsgefahr mit einer typischen bogenförmigen Beugung des Körpers nach vorn einhergeht.

angeborene auslösende Mechanismen →*Auslöser.*

Angewandte Psychologie *(applied psychology).* Sammelname für Tätigkeitsfelder der Psychologie, die in einem erkennbaren Anwendungsbezug stehen, d. h. psychologische Erkenntnisse für die Klärung von Fragen in konkretem Zusammenhang mit bestimmten Problembereichen aufbereiten. Dazu zählen z. B. Fragen des Arbeits- und Berufslebens, der Berufseignung, der Organisationsentwicklung in Industrie und Verwaltung, des Konsumentenverhaltens, der Gesundheitsversorgung und Rehabilitation, des Schulwesens, des Umgangs mit Straffälligen, der Zuverlässigkeit von Zeugenaussagen, des Pflegerechts in Scheidungsfällen, der Freizeitgestaltung, des Sports, künstlerischer Tätigkeiten, der Bedeutung und Wirkung von Medieninformationen, von Musik oder Umweltbedingungen. A.-P. umfaßt sowohl Forschungsaktivitäten (z. B. Sicherheits- und Unfallforschung; Untersuchungen über die Verbreitung bestimmter psychischer Störungen und entsprechender Risikofaktoren; Simulationsstudien zur physischen bzw. mentalen Beanspruchung usw.) als auch die Praxis der Beratung, Evaluation und Intervention. In allen Teilbereichen der A.-P. spielt die Psychologische *Diagnostik* mit ihren, nach den Regeln der modernen *Testtheorie* entwickelten Verfahren eine entscheidende Rolle. Schwerpunktbereiche der A. P., die bei der Ausbildung zum Psychologen besonders berücksichtigt werden, sind *Arbeits-, Betriebsund Organisationspsychologie (ABO), Klinische Psychologie* einschließlich *Psychotherapie,* Erziehungs- und Erwachsenenberatung im Rahmen der *Pädagogischen Psychologie.*
LIT. ANASTASI (1964); DORSCH (1963); WEBB (1962)

Angiogenese *(angiogenesis).* Neuentwicklung bzw. Wachstum von Blutgefäßen. Für die Balance zwischen Gefäßentwicklung und ihrer Hemmung sorgen körpereigene regulatorische Proteine. Fördernde Wirkung besitzt u. a. der sog. Gefäß-Wachstums-Faktor oder *Angiogenin,* hemmend wirkt u. a. →*Interferon*

β *(Endostatin).* Tumoren haben die außerordentliche Fähigkeit, das Gleichgewicht lokal zugunsten wachstumsfördernder Faktoren zu verschieben und die Blutversorgung auf sich zu lenken.

Angst *(anxiety).*
[1] Allgemeine umfassende Bezeichnung für emotionale Erregungszustände, die auf die Wahrnehmung von Hinweisen, auf mehr oder weniger konkrete bzw. realistische Erwartungen oder allgemeine Vorstellungen physischer Gefährdung oder psychischer Bedrohung zurückgehen. A.-Zustände äußern sich in Gefühlen der Spannung bzw. Betroffenheit und gehen mit ausgeprägten autonomen Veränderungen einher. Bezieht sich A. auf intensive, schmerzhafte Reize oder akute, lebensbedrohliche Gefahren, so dominieren körperliche Erregungsanzeichen, wie z. B. Zunahme der Herzfrequenz, Gefäßveränderungen, Pupillenerweiterung, Kälte- und Hitzeempfindungen, Zittern, Übelkeitsgefühle, ggf. Verlust der Schließmuskelkontrolle. Die Symptome gleichen angeborenen *Defensiv-* und *Schreckreaktionen.* Die Veränderungen der Motorik, z. B. Erstarren, Bewegungssturm, Einleitung massiver Abwehr- oder Fluchtbewegungen, gleichen dabei der von Cannon beschriebenen *Notfallsreaktion.* Bei den alltäglichen Ängsten und Befürchtungen dagegen dominieren *kognitive Bewertungsprozesse,* die sich auf die *Erwartung* einer möglichen Bedrohung oder Gefahr im Lichte der *Bewältigungschancen* beziehen. Befindlichkeits- und Erlebnisaussagen über A.-Zustände im Kontext von Leistungs- oder Prüfungssituationen (Prüfungsangst) beziehen sich sowohl auf von *besorgter Betroffenheit (worry)* getragene Denk- und Vorstellungsinhalte als auch auf die Wahrnehmung *emotionaler Erregungsveränderungen (emotionality),* d. h. auf subjektives Anspannungserleben und spezifische körperliche Reaktionen, z. B. Herzklopfen, Übelkeit u. ä. Eine wichtige Rolle bei der Interpretation der Angstfolgen spielen die Denk- und Vorstellungsinhalte, die sich einerseits auf konkrete, leistungsbezogene (z. B. Bedenken in bezug auf die blamablen Folgen eines möglichen Versagens), andererseits auf aufgabenirrelevante Themen beziehen (z. B. der Wunsch, weit weg zu sein); dominieren diese, so kann dies im Extremfall zu einem Aufmerksamkeitswechsel führen, in dessen Verlauf die An-

Angst

forderungen der Aufgabe aus dem Blick geraten. Die Dauer und Intensität von A.-Zuständen hängt in diesem Fall einerseits von der erlebten Art und Eindringlichkeit der Gefahren- bzw. Bedrohungshinweise ab, andererseits von individuellen Einstellungen, Erwartungen, Vorstellungen und Bewältigungsmöglichkeiten. A.-Zustände im Zusammenhang mit umschriebenen Objekt- oder Ereignisklassen werden auch als *Furcht* bezeichnet, während A. im engeren Sinne als Ausdruck der Bedrängnis und Besorgtheit in bezug auf die Ungewißheit bzw. Undurchschaubarkeit der eigenen Lage ohne konkreten Gegenstandsbezug gilt. Da aber A.- und Furchtzustände die gleichen Merkmale der Spannung, Betroffenheit und autonomen Erregung besitzen, werden sie in der neueren humanpsychologischen Forschung unter dem Oberbegriff der *Zustandsangst (state anxiety)* zusammengefaßt. Die erlebte Intensität der Zustandsangst ist Ausdruck der subjektiv evidenten Gefährlichkeit oder Bedrohlichkeit einer Situation; die A.-Intensität ändert sich im Lichte der jeweiligen *Bewertung* bzw. Neueinschätzung der Situation. Die individuelle Eigenart, bestimmte Objekt-, Ereignis- oder Situationsklassen als besonders gefährlich bzw. bedrohlich anzusehen und daher mit erhöhter Zustandsangst zu reagieren, sobald entsprechende Hinweise auftreten, wird umgangssprachlich als Furchtsamkeit bzw. Ängstlichkeit, in der Fachsprache als *Angstneigung (trait anxiety)* bezeichnet. Die mehr oder weniger spezifischen Angstneigungen gelten als *Persönlichkeitseigenschaften* und können mit Fragebogenverfahren erfaßt werden. Beziehungen zwischen der Neigung, in selbstwertbezogenen Situationen Bedrohliches zu sehen (z. B. in Erwartung prüfungsähnlicher Erfahrungen) und der Intensität manifester Zustandsangst lassen sich u. a. mit dem *State-Trait-Anxiety-Inventory (STAI)* auf der erlebnisdeskriptiven Ebene darstellen. Daneben existieren zahlreiche situationsspezifische Verfahren, z. B. zur Ermittlung der Prüfungsangst u. ä. (vgl. FRÖHLICH, 1983).

[2] *Angsttheorien:* Die verschiedenen psychologischen A.-Theorien unterscheiden sich hinsichtlich der Annahmen über die A.-Entstehung und A.-Wirkung, ihres Situationsbezugs und der Herleitung von Interventions- bzw. Therapiekonzepten beträchtlich voneinander.

(a) *Psychoanalytische A.-Theorie:* In seiner sog. ersten A.-Theorie sah FREUD A. als eine Reaktion des Organismus auf nicht verkraftbare Erregung, die durch Blockierung der Erreichung von Triebzielen (z. B. durch Vereitelung des Orgasmus) bzw. durch den seelischen Schmerz bei drohendem Verlust eines triebbesetzten Objekts (z. B. eines geliebten Menschen) ausgelöst wird; in seinem zweiten Erklärungsansatz sieht er in der A. ein allgemeines Signal für unbewußte Konflikte zwischen Triebansprüchen und moralischer Kontrolle. Als →*Angstneurose* bezeichnete FREUD intensive, quälende, unbeherrschbare, relativ überdauernde Formen der A., die mit manifesten oder symbolischen Tendenzen zu Flucht, Vermeidung und somatischen (autonomen) Veränderungen einhergehen. Deren Gegenstände (Objekte, Situationen sowie Erinnerungs- oder Vorstellungsinhalte) seien für die Betroffenen erkennbar, deren Gründe dagegen nicht. Freud empfahl zum Abbau von schwerwiegenden Ängsten die deutende Aufdeckung der zugrundeliegenden Konfliktstoffe durch →*Psychoanalyse.*

(b) *Lerntheoretische A.-Theorien:* Gegenstands- oder situationsbezogene A. galt für WATSON als Folge einer Koppelung der emotionalen Komponente angeborener Abwehr- oder Defensivreaktionen (z. B. Reaktion auf plötzlich auftretenden heftigen Lärm) an ursprünglich neutrale Reize (z. B. Anblick eines harmlosen Haustiers) durch *klassische Konditionierung* im Sinne PAWLOWS; die Übertragung der A. auf andere ähnliche Gegenstände (z. B. Tiere mit Fell, Gegenstände mit fellartiger Oberfläche) wird durch *Reizgeneralisierung* erklärt. In der von MOWRER u. a. auf der Grundlage von Tierversuchen konzipierten Zwei-Faktoren-Theorie der A. wird die Reproduktion der emotionalen Erregung (wie bei WATSON) auf klassische Konditionierung, die damit verbundene Tendenz zur vermeidenden Flucht dagegen auf *operante Konditionierung,* d. h. auf den verstärkenden Effekt einer durch erfolgreiche Flucht erreichten Erregungsminderung zurückgeführt. Die Übertragung der A. auf ähnliche Gegenstände oder Situationen gilt (wie bei WATSON) als Ausdruck der Reizgeneralisierung. Das Weiterbestehen der A. und der Fluchttendenzen (*Angst-* oder *Furchtkonservierung*) ist bedingt durch die Anzahl wiederholter A.-Erfahrungen sowie durch die ra-

Angst

sche Ausführung zur Gewohnheit gewordener automatisierter Vermeidungsreaktionen, deren Effekt (das Abklingen der Erregung mit Erreichen einer gefahrlosen Umgebung) wegen der großen Geschwindigkeit ihrer Ausführung nicht eintreten bzw. registriert werden kann. So besteht die A. weiter, obwohl die aktuelle Bedrohung fortgefallen ist. Wenn in aus Erfahrungen bekannten, A. auslösenden Situationen die Möglichkeit zur sofortigen Vermeidung blockiert ist, werden verschiedene Fluchtmöglichkeiten durchprobiert und erfolgreiche eingeprägt. Dies gilt als Hinweis dafür, daß aus der A. ein *Motiv* zur Einleitung von instrumentellen Vermeidungsreaktionen werden kann. Die von SPENCE und TAYLOR entwickelte *Triebtheorie der A.* geht von dem durch allgemeine Erregbarkeit und A.-Erfahrungen geprägten individuellen Grad der *A.-Neigung* als Komponente des allgemeinen *Triebniveaus* aus. Seiner Erfassung dient die Taylor-Manifest-Anxiety-Scale (TMAS; MAS). Menschen mit hoher A.-Neigung lernen einfache Reaktionen (z. B. die Ausführung des Lidschlags auf ein Lichtsignal, das einen unangenehmen, gegen das Auge gerichteten Luftstoß ankündigt) wesentlich rascher als Menschen mit geringer A.-Neigung. Bei schweren, komplexeren Aufgaben (z. B. Lernen von alternativen Reaktionen, einer Liste von Wortpaaren) dagegen sind Hochängstliche den Niedrigängstlichen unterlegen. Bei einfachen Aufgaben bewirkt ein erhöhtes Triebniveau die rasche Herausbildung einer Reaktionsgewohnheit (Habit); bei komplexen Aufgaben mit Reaktionsalternativen dagegen weckt ein hohes Triebniveau während des Lernens Tendenzen sowohl zur Ausführung richtiger als auch falscher Reaktionen, zwischen denen entschieden werden muß (Habitinterferenz). Aus den lerntheoretischen Ansätzen gingen zahlreiche Verfahren der verhaltensorientierten →*Psychotherapie* bzw. →*Verhaltenstherapie* hervor.

(c) *Kognitive A.-Theorien:* In den lerntheoretischen A.-Theorien werden A.-Entstehung und A.-Folgen aus Beziehungen zwischen Reizen und Reaktionen erschlossen; zwischen den Wirkungen physische Gefahren (z. B. schmerzhafte Ereignisse) und psychischer Bedrohung (z. B. Furcht vor Leistungsversagen oder Prüfungen) wird kein nennenswerter Unterschied gemacht. Für LAZARUS ist jede

emotionale Reaktion, so auch die A., die Folge einer →*Bewertung* der Situation und ihrer möglichen →*Bewältigung* durch Umdenken oder Handeln. In dem von SPIELBERGER entwickelten Prozeßmodell gehen aktuelle *A.-Zustände* ebenfalls von der Bewertung der Situation aus. Die Auftretenswahrscheinlichkeit und Intensität der A.-Zustände wird allerdings von der individuellen *A.-Neigung* moduliert, letzteres besonders dann, wenn die Bewertung den Eindruck einer Selbstwert-Bedrohung erweckt. Als geeignete Therapieformen gelten Maßnahmen zur Veränderung der Bewertungsmaßstäbe und -strategien (→*Angstbewältigung;* kognitive →*Verhaltensmodifikation*). Aus *entwicklungspsychologischer* Sicht stehen Grundformen der A. in engem Zusammenhang mit der Möglichkeit eines Kindes, neuartige Eindrücke in bereits bestehende kognitive Schemata einzupassen; besteht diese Möglichkeit nicht, resultiert Angst. BOWLBY diskutiert A. bei Kindern im Wechselspiel zwischen *Anschlußbedürfnis* und *Trennung.* Im Lauf der Entwicklung werden die grundlegenden Bedürfnisse nach Unversehrtheit und Sicherheit in immer differenziertere *kognitive Schemata* eingebettet. Diese tragen entscheidend dazu bei, auf welche Art in sozialen Situationen die Befriedigung der Grundbedürfnisse erreicht und wann dieses Ziel für unerreichbar gehalten und daher A. ausgelöst wird. Von besonderer Bedeutung für die Eindämmung von A. bei Kindern sind Verfahren, die auf dem *Modellernen (→Lernen)* beruhen.

(d) *Psychophysiologische und neuropsychologische Ansätze:* Ausgangspunkte sind die mit der A. auftretenden somatischen Veränderungen und ihre funktionelle Bedeutung. Zu den Veränderungen zählen zentralnervöse *Aktivierung* (EEG-Desynchronisation), vegetative (Sympathikus-)Veränderungen (Anstieg der Herzfrequenz, des systolischen Blutdrucks, der elektrodermalen Aktivität, insbes. erhöhte Hautleitfähigkeit und spontane Fluktuationen), Veränderungen des Neurotransmitter- und Neuromodulatoren-Systems (erhöhte Noradrenalin-, Serotonin- und Endorphine-Production, GABA-Reduktion), des Hormonsystems (Katecholamine-, Kortisol- und ACTH-Anstieg), biochemische Reaktionen (z. B. vermehrtes Auftreten freier Fettsäuren) sowie die Gesamterhöhung des Muskeltonus. Diese Erkenntnisse sind eine wesentliche Vor-

61

Angstbewältigung

aussetzung für die Entwicklung und Effektkontrolle sog. anxiolytischer (angstlösender) Pharmaka. Da Veränderungen dieser Art nicht nur bei A., sondern bei einer Reihe anderer Emotionen sowie Streß auftreten, sollte man sie in der Psychophysiologie des Menschen nur dann als angstspezifische Kennzeichen auffassen, wenn sie in Auseinandersetzungen mit gefährlichen bzw. bedrohlich erscheinenden Situationen und im Zusammenhang mit angstbezogenen Befindlichkeitsaussagen auftreten. Das von Gray vorgelegte neuropsychologische A.-Modell wurde auf der Grundlage von Untersuchungen an Tieren entwickelt. Es geht von der Annahme aus, das sog. *Verhaltens-Hemmungs-System (BIS; behavioral inhibition system)* mit seinen engen Verbindungen zu Strukturen des limbischen Systems, sensorischen Kortexfeldern, Hypothalamus und vegetativen Kernen der Medulla (→*Gehirn*) sei der entscheidende zentralnervöse Vermittler von Verhaltensunterbrechungen bzw. -hemmungen, Erregung und Aufmerksamkeitswechsel, die im Gefolge von Bestrafungssignalen, Signalen für das Nichteintreffen von erwarteten Belohnungen, von abrupt auftretenden neuartigen Reizen größerer Intensität und von angeborenen Furchtsignalen auftreten. Ergänzt werden diese Annahmen durch komplexe neurophysiologische Modelle, die aufgrund klinischer Erfahrungen mit Hirnverletzten bzw. Patienten mit zentralnervösen Funktionsstörungen entwickelt werden konnten (vgl. Strian, Ploog).
→*Angstneurose,* →*Angststörung,* →*Bewältigung,* →*Bewertung,* →*Emotion,* →*Motivation,* →*Streß.*
LIT. BARLOW (1988); BIRBAUMER (1977); BOWLBY (1973); BURROWS, ROTH, NOYES (1990); FREUD (1946 ff.); FRÖHLICH (1982; 1983); GRAY (1982); JANKE, NETTER (1986); KROHNE (1996); LAUX u. a. (1981); LIEBERT, MORRIS (1967); MARKS (1987); LAZARUS (1991); LAZARUS, AVERILL (1972); MARGRAF, SCHNEIDER (1990); MILTNER u. a. (1986); SARASON (1984); SPIELBERGER (1966; 1972); STRIAN (1983); STRIAN, PLOOG (1988).
Angstbewältigung *(anxiety coping; coping with anxiety).*
[1] Aus den kognitiven Emotionstheorien hergeleitete Bezeichnung für Veränderungen der Häufigkeit und/oder Intensität von Angstzuständen durch versachlichende, gewisse

Aspekte leugnende, unter dem Eindruck erfolgreicher Auseinandersetzungen oder deren Erwartung vollzogene Neu- oder Umbewertungen der ursprünglich angstauslösenden Situation (→*Bewältigung,* →*Bewertung,* →*Streß,* →*Verhaltensmodifikation).*
[2] Als *Angstbewältigungstraining (anxiety management training)* bezeichnet man in der →*Verhaltenstherapie* Verfahren zur Einübung von Entspannungstechniken, die bei Auftreten von Angstgefühlen eingesetzt werden können.
Angsthierarchie *(anxiety hierarchy). Psychotherapie, Verhaltenstherapie:* Aus Interview und Verhaltensanalyse stellt der Therapeut gemeinsam mit dem Patienten eine Liste von Reizen, Situationen oder symbolischen Darstellungen zusammen, deren Ordnung dem Grad angstauslösender Wirkung beim Patienten entspricht. Im Rahmen der nachfolgenden Desensibilisierungstherapie wird der Patient in abgestufter Reihenfolge, beginnend mit dem am wenigsten angstbezogenen Reiz, an die Gegenwart dieser Reize gewöhnt. Die Wirkung dieser Maßnahme beruht auf lerntheoretischen Prinzipien.
Angstneurose *(anxiety neurosis).*
[1] Im Rahmen der von FREUD geprägten klassischen Neurosenlehre eingeführte Bezeichnung für eine breite Klasse relativ häufig auftretender psychischer Störungen mit den allgemeinen Kennzeichen intensiver, quälender Angstzustände, heftiger somatischer Erregung mit fließenden Übergängen zwischen psychischen und somatischen Symptomen sowie unbeherrschbarer Tendenzen zu Flucht und Vermeidung, gelegentlich auch zur resignativen Hinnahme. Von A. Betroffene können zwar berichten, welche Objekte, Ereignisse, Situationen oder Vorstellungen für sie unerträglich beängstigend sind, sie können jedoch keine Gründe dafür angeben. Objekt- oder situationsbezogene neurotische Ängste werden im Rahmen der klassischen A.-Lehre als *Phobien,* neurotische Ängste, die sich in Selbstzweifel und Hoffnungslosigkeit äußern, je nach Thema als *Versagens-, Existenz-* oder *Schuldängste,* in bezug auf eine Vielzahl von Gegenständen, Situationen oder Vorstellungen wechselhaft auftretende heftige Angstgefühle als Ausdruck der *freiflottierenden Angst (free floating anxiety),* panikartige, bis zur Todesangst gesteigerte Angstattacken als *Angstanfälle (anxiety attacks; panic attacks)* bezeich-

net. Für Freud galten Neurosen (im Unterschied zu →*Psychosen* und organisch bedingten Störungen) als Ausdruck zwanghaft wiederkehrender unbewußter Konflikte; in der A. sah er den spezifischen Ausdruck von Konflikten zwischen Triebansprüchen und ihrer Zensur.

[2] Die *Therapie* von A. ist aus dieser Sichtweise an die Auflösung der Konflikte mit Hilfe aufdeckender deutender Verfahren der →*Psychoanalyse* gebunden. In den frühen lerntheoretischen Erklärungsansätzen wird die A. dagegen als Ausdruck der Konditionierung fehlangepaßter Reaktionen, in den nachfolgenden kognitiven Theorien als Übernahme einer fehlangepaßten Bewertungsweise angesehen, die durch die Lösch- bzw. Hemmungsstrategien der →*Verhaltenstherapie,* durch die Vermittlung von Techniken der →*Angstbewältigung* oder durch →*Verhaltensmodifikation* korrigiert werden kann. Damit wird gezeigt, daß ein ätiologisches (von den Ursachen hergeleitetes) Neurose- bzw. A.-Konzept mehrdeutig ist. Darüber hinaus gibt es erhebliche differentialdiagnostische Abgrenzungsschwierigkeiten zwischen A. und Störungen, die (z. B. bei ihrer Koppelung mit Zuständen deprimierter Hilflosigkeit) zum Formenkreis der sog. *Psychosen* oder aber (z. B. bei Herzbeschwerden ohne organischen Befund) zum Formenkreis sog. *psychosomatischer Erkrankungen* gehören. Im nosologischen (symptomorientierten) Klassifikations- und Diagnosesystem des *DSM III-R* wurde daher die Bedeutung des klassischen Begriffs A. erheblich modifiziert und durch →*Angststörung* ersetzt.
LIT. →*Angst.*

Angststörung *(anxiety disorder).* Ältere Bezeichnung: *Angstneurosen.* Klasse von klinisch auffälligen Angstzuständen und/oder vermeidenden Verhaltensweisen, die sich in bezug auf bestimmte Gegenstände, Situationen, Ereignisse und/oder deren Vorstellungen äußern. In die Klasse der A. fallen mit Blick auf nosologische Kriterien gemäß DSM-IV 11 unterscheidbare Störungsbilder: (a) →*Panikstörung,* (b) →*Agoraphobie ohne vorangehende Panikstörungen;* (c) *spezifische Phobie,* d. h. klinisch auffällige A. mit Vermeidungstendenzen bei Konfrontation mit einem bestimmten gefürchteten Gegenstand oder einer bestimmten Situation; (d) *soziale Phobie,* d. h. klinisch bedeutsame Angst mit Vermeidungs-

tendenzen in bestimmten sozialen oder Prüfungssituationen; (e) *Zwangsstörung (obsessive compulsive disorder),* d. h. zwanghafte Gedanken, die Angst oder Verzweiflung auslösen und/oder Zwangshandlungen, die der Neutralisierung der Angst dienen; (f) *posttraumatische Belastungsstörung (posttraumatic stress disorder),* d. h. Wiedererleben eines extrem traumatischen Ereignisses, begleitet von erhöhter Erregung und Vermeidung von Reizen, die mit dem Trauma verknüpft sind; *akute Belastungsstörung (acute stress disorder),* verbunden mit ähnlichen Symptomen wie (f), nur daß diese unmittelbar nach dem traumatischen Ereignis auftreten; (h) *durch körperlichen Zustand bedingte A.,* d. h. bekannte Angstsymptome treten als unmittelbare Konsequenz von körperlichen Zustandsveränderungen auf, z. B. von Herzbeschwerden oder Schmerz; (i) *substanzinduzierte A.,* d. h. bekannte Symptome der Angst treten als unmittelbare Folgen von Drogenmißbrauch auf (→*Alkoholismus,* →*Drogenabhängigkeit);* (j) *generalisierte A.* (→*A., generalisierte)* und (k) *nicht näher bezeichnete A.,* d. h. Störungen mit Angst und phobischer Vermeidung, die den Kriterien spezifischer A. nicht voll entsprechen bzw. über die widersprüchliche Informationen vorliegen. *Trennungs-A. (separation anxiety)* wird in der neusten Fassung des DSM der Kategorie »*Störungen, die gewöhnlich zuerst im Säuglingsalter, Kindesalter oder in der Adoleszenz diagnostiziert werden«* zugeordnet, *phobische Vermeidungen* des genitalen Kontakts mit Sexualpartnern den →*Sexuellen Störungen und Geschlechtsidentitätsstörungen.*

Angststörung, generalisierte *(generalized anxiety disorder).* Ausgeprägte Angst und Sorge, die in mehr als der Hälfte der Tage eines Zeitraums von mindestens 6 Monaten in bezug auf verschiedene Situationen (z. B. Schulleistungen; Arbeitsplatz) auftreten, wobei die Überzeugung vorherrscht, die Ereignisse nur unter erheblichen Schwierigkeiten in den Griff bekommen zu können. Hinzutreten müssen mindestens drei der folgenden Symptome: (a) Ruhelosigkeit, Gefühle erhöhter Spannung und Nervosität, (b) rasche Ermüdbarkeit, (c) Konzentrationsschwierigkeiten, (d) allgemeine Reizbarkeit, (e) erhöhter Muskeltonus und/oder (f) Schlafstörungen (Einschlaf- und Durchschlafschwierigkeiten;

Anhedonie

unruhiger, nicht erholsamer Schlaf). *Physiologische Begleiterscheinungen* sind nicht selten mit der erhöhten Muskelspannung auftretendes Zittern, Zucken, Schwächegefühle, Muskelschmerzen oder -entzündungen. Kalte, feuchte Hände, Mundtrockenheit, Schwitzen, Übelkeit, Durchfall, Harndruck, Schluckbeschwerden bzw. »Kloß im Hals«-Gefühle und stark ausgeprägte Orientierungsreaktionen sind weitere Symptome. Häufig treten gleichzeitig mit der g. A. Anzeichen *affektiver Störungen* (z. B. *Major Depression; dysthyme Störung*) auf; auch andere Angststörungen, insbes. *Panikstörung* und *soziale Phobie, substanzbezogene Störungen* oder *streßbezogene Zustände* wie Kopfschmerzen sind häufige Begleiter der g. A. Allgemein gilt, daß Intensität, Dauer und Häufigkeiten der g. A.-Symptome weder der Auftretenswahrscheinlichkeit der besorgniserregenden Situationen noch den tatsächlichen Auswirkungen der Ereignisse angemessen sind. Kinder machen sich vorwiegend Sorgen über ihre Kompetenzen bzw. die Qualität ihrer Leistungen. Bei Erwachsenen stehen alltägliche Lebensprobleme im Vordergrund, z. B. Verantwortung im Beruf, Finanzlage, Gesundheit der Familie, Unfälle, die den Kindern passieren könnten oder alltägliche Dinge wie Autoreparaturen oder irgendwohin zu spät zu kommen. Die Angstinhalte können wechseln. G. A. kommt bei Frauen etwa doppelt so häufig vor wie bei Männern. In 50% der Fälle beginnt sie bereits in Kindesalter oder Adoleszenz; bei den restlichen nach dem 20. Lebensjahr oder später.

Anhedonie *(anhedonism),* Syn.: *Affektverflachung, Lustlosigkeit, Stumpfheit (blunted affect).* Die Unfähigkeit, Freude zu empfinden, Unterhaltungen oder Zerstreuungen zu genießen; Sonderform der *Affektlahmheit (affective rigidity).* Tritt als lebenslange Folge einschneidender Lebensereignisse (z. B. Konzentrationslageraufenthalt, Verfolgungserfahrungen; →*Depression*) sowie als *Negativsymptom* der →*Schizophrenie* auf.

Anima. Seele; von C. G. JUNG gebrauchte Bezeichnung für den inneren Bereich der Persönlichkeit in Verbindung mit dem *Unbewußten.*

Animismus *(animism).* Die Überzeugung, daß die Dinge der Natur beseelt oder aber Wohnsitz von Geistern sind. Eine Frühform dieses Glaubens ist der *Animatismus,* der Leben in der unbelebten Natur annimmt.

animistische Projektion →*Projektion.*

Ankerreiz *(anchor stimulus).* Von HELSON eingeführte Bezeichnung für einen Reiz, der als Anhaltspunkt für die Beurteilung der Intensität oder Größe anderer verwendet wird, ohne notwendigerweise selbst Gegenstand einer aktuellen Einschätzung zu sein. Entsprechendes gilt z. B. für den *Standardreiz* bei der Ermittlung von Unterschiedsschwellen. Die besondere Bedeutung des A. zeigt sich in seiner Rolle als Hintergrundinformation bei der Bildung des *Adaptationsniveaus.* Soll man z. B. Gewichte zwischen 200 und 400 g mit Hilfe einer Rating-Skala zwischen schwer und leicht einordnen, so fallen die Urteile mittlerer Schwere auf ein Gewicht von ca. 250 g. Geschieht die Einordnung unter dem Eindruck eines A. von 900 g, so verlagert sich das mittlere Urteil auf Gewichte um 340 g; liegt der A. bei nur 90 g, so ist ein nachfolgendes Gewicht von ca. 180 g bereits mittelschwer. →*Adaptationsniveau.*

Anlagen *(dispositions)* →*Disposition.*

Annäherung *(approach).* Physische oder vorgestellte, mehr oder weniger affektive Bewegung in Richtung auf ein begehrtes Objekt oder Ziel. Gegensatz: *Vermeidung (avoidance).* Die mit größerer Zielnähe gesteigerte Geschwindigkeit oder Kraftaufwendung der A. bildet den *Annäherungsgradient (approach gradient).* Der *Vermeidungsgradient (avoidance gradient)* steht dagegen für die, mit zunehmender Annäherung an einen mit unangenehmen, schmerzhaften Erfahrungen verbundenen Umwelt- oder Vorstellungsbereich, verstärkt auftretenden Flucht- oder Abwehrreaktionen. Vergleicht man beide Gradienten, so besitzt der *Vermeidungsgradient* einen mit dem Bemerken oder Vorstellen von etwas, das vermieden werden sollte, einsetzenden steileren Verlauf. →*Konflikt.*

Annahmebereich →*Assimilations-Kontrast-Theorie.*

anoetisch *(anoetic).* Bezeichnung für eine primitive Stufe des Bewußtseins, innerhalb deren es keine objektivierbaren Beziehungen zur Umwelt gibt (manchmal auch *anoegenetisch,* engl. *anoegenetic).*

Anomalie *(anomaly).* Allgemeine und umfassende Bezeichnung für ein von einer Norm abweichendes Verhalten.

Anomaloskop →*Farbentüchtigkeit.*

Anomie *(anomia)*. Eine Form der *Aphasie,* bei der es zu Schwierigkeiten beim Erinnern von Dingnamen kommt.

Anonyme Alkoholiker →*Alkoholismus.*

Anopie *(anopia)*. Bezeichnung für Sehstörungen bzw. Blindheit durch Augenschäden, z.B. bei der *Anopsie.*

Anopsie *(anopsia)*. Bezeichnung für Sehstörungen, die durch Schielen o.ä. zustande kommen.

Anorexia nervosa →*Eßstörungen.*

Anorexie *(anorexia)*. Appetitlosigkeit. →*Eßstörungen.*

Anosognosie *(anosognosia)*. Unfähigkeit, schwerwiegende, unübersehbare neurologische Ausfälle zur Kenntnis zu nehmen. Tritt bei frontalen, rechtsseitig parietalen oder Läsionen im Bereich des *gyrus cinguli* auf. Betrifft besonders die nach Schlaganfällen auftretenden Verluste der motorischen Kontrolle, Empfindungen aus einer gelähmten Körperhälfte oder Ausfälle des Sehvermögens in Teilen des Gesichtsfeldes (→*Skotom*). Typisches Kennzeichen sind Feststellungen eines linksseitig Gelähmten, den linken Arm wegen großer Ermüdung nicht heben zu können oder auf die Aufforderung, die linke Hand zu reichen, die rechte Hand in der Überzeugung zu geben, es sei die linke.

ANOVA. Aus dem Englischen stammende Abkürzung für →*Varianzanalyse (analysis of variance)*.

Anpassung, soziale *(adjustment, social adjustment,* seltener: *social adaptation)*. Allgemeine und umfassende Bezeichnung für den Prozeß oder das Ergebnis eines Vorganges, der als Herstellung des Gleichgewichts zwischen Individuum und seiner sozialen und/oder physikalischen Umwelt gedeutet wird. Diese Auffassung kommt von Spencers darwinistischer Anschauung her, daß das Leben durch fortgesetzte Anpassung definiert sei. In diesen Vorgang gehen mit ein die Aspekte der Zielerreichung bzw. Wunscherfüllung des Individuums im sozialen Feld und des Zufriedenstellens der sozialen Umwelt durch ein flexibles Verhalten, das durch *Konformität* mit Zielen und Wünschen, Anschauungen und Normen der anderen den gleichgewichtstiftenden Ausgleich herstellt. In der neueren Sozialpsychologie und Soziologie wird der Begriff etwas enger gefaßt und bezieht sich auf einen durch ständig sich ändern-de Umweltveränderungen ausgelösten Orientierungs- und Neuorientierungsvorgang, an dessen Ende ein Verhalten steht, das es dem Individuum ermöglicht, seine eigenen Intentionen (Wünsche) zu verwirklichen, ohne dabei Schaden zu erleiden oder Mitmenschen zu schädigen.

LIT. CROW, CROW (1956); PARSONS, SHILS (1951).

An-Reaktion *(on-effect)*. Bei Auftreten eines Reizes, also bei Beginn einer Veränderung eines gegebenen Zustands des Rezeptorapparates, reagieren einige Rezeptorelemente (phasische Rezeptoren) mit gesteigerter Frequenz der Impulsabgabe. Man nennt sie deshalb auch *An-Rezeptoren (on-receptors)*.

Anschauung. Ein direktes, unreflektiertes Auffassen in der Sinneswahrnehmung (→*Bewußtheit*).

Anschlußverhalten →*Bindung.*

Ansporn *(incentive)*. Bezeichnung für einen Gegenstand oder eine äußere Bedingung von der angenommen wird, sie könne der Befriedigung eines Bedürfnisses oder eines Motives dienen und den Organismus veranlassen, Handlungen zur Erreichung des Gegenstandes oder zur Herstellung der betreffenden Bedingungen zu vollziehen. Zusätzlich wird angenommen, daß dadurch ein bereits vorhandener, jedoch latenter Triebzustand erweckt bzw. ein bereits vorhandener intensiviert wird. In Hulls System bezeichnet K die *Anspornkomponente.* →*Trieb.*

Anspornkomponente →*Ansporn.*

Anspruchsniveau *(level of aspiration, aspiration level, AL)*.

[1] Nach LEWIN und HOPPE der individuelle Leistungsanspruch in einer gegebenen Situation. Die Höhe des A. richtet sich einerseits nach dem angestrebten Leistungsziel und seiner Bedeutung, andererseits nach den Erfahrungen von Erfolg oder Mißerfolg in der konkreten Situation. Die Tendenz, einen möglichst hohen Leistungsstandard zu erreichen, wird auch als Ich-Niveau bezeichnet. Erfolg steigert in der Regel durch seine bestätigende und anspornende Wirkung das A., daneben aber auch die Entscheidungsgeschwindigkeit und die bevorzugte Wahl schwierigerer Aufgaben; Mißerfolg hat den gegenteiligen Effekt.

[2] Im Zusammenhang mit der Erforschung von *Leistungsmotivation* und verwandten Phä-

65

Anstrengung

nomenen (MCCLELLAND, HECKHAUSEN) ist das A. zentraler Indikator für den Gütemaßstab und orientiert sich nicht nur an Erfolg und Mißerfolg, sondern auch an sozialen Bedingungen (z. B. Verhaltenserwartungen, Prestigeverlust). Die Differenz zwischen A. und der zuletzt erreichten Leistungshöhe wird zum Maß für die momentan wirksame Leistungsmotivation selbst.
LIT. HECKHAUSEN (²1989); HOPPE (1930).
Anstrengung →*Aufmerksamkeit.*
Antabus *(antabuse).* Aus dem englischen **anti-abuse** hergeleitete Bezeichnung für *Disulfiram.* A. ist eine an sich körperunwirksame Substanz, die in Verbindung mit Alkoholkonsum zu einer Störung des Alkoholabbaus im Körper führt. Die damit einhergehende Anreicherung von Acetaldehyd im Blut hat deutlich spürbare Folgen, die sich z. B. in Übelkeit, heftigen Kopfschmerzen, Hitzegefühlen und Hautrötungen zeigen. *A.-Kuren* werden daher als →*Aversionstherapie* zur Verhinderung des Alkoholkonsums bzw. des Rückfalls bei →*Alkoholismus* angewandt.
antagonistisch *(antagonistic),* Subst. *Antagonist.* Allgemeine Bezeichnung von Funktionen bei Muskeln oder Reflexen, die einander in ihrer Aktion oder Wirkung aufheben bzw. gegeneinander wirken, z. B. Beuge- und Streckmuskeln an Armen und Beinen.
anterograde Amnesie →*Gedächtnis.*
Anthropoiden *(anthropoids).* Bezeichnung für alle Arten höher entwickelter Affen (Menschenaffen), die in der Entwicklungsreihe dem Menschen am nächsten sind.
Anthropologie *(anthropology).* Allgemeine und umfassende Bezeichnung für die Wissenschaft vom Menschen unter besonderer Berücksichtigung des (a) genetischen oder somatischen Aspektes *(Anthropometrie, Genetik),* des (b) *ethnologischen* oder *kulturellen* Aspektes *(Kultur-* oder *Sozialanthropologie)* oder (c) des *psychologischen* Aspektes *(Psychologische Anthropologie).* Während der Aspekt (a) zu den vergleichenden Teilgebieten der Medizin gezählt wird, sind (b) und (c) Grenzgebiete zwischen der *Ethnologie* (Völkerkunde) und den *Kultur-* und *Sozialwissenschaften,* also der *philosoph. Anthropologie* und der *Sozialpsychologie* und *Soziologie.*
Im deutschen Sprachgebrauch wird A. meist in der Bedeutung »*Philosophische Anthropologie*« gebraucht und bezeichnet zum Unter-

schied von der das Verhalten erforschenden, empirischen Psychologie die philosophische Reflexion über das »Wesen des Menschen«, sein »Erkennen« oder sein »Erleben«, sowie seine Entwicklung.
→*Sozialanthropologie.*
LIT. GEHLEN (1962); LANDMANN (1955); MÜHLMANN (1948); ROTHACKER (1948).
Anthropologische Psychologie →*Anthropologie.*
Anthropomorphismus *(anthropomorphism).* Die Verwendung menschlicher Eigenschaften zur Beschreibung des Verhaltens von Tieren oder vorgestellter Lebewesen (Götter).
Antibiotika *(antibiotics).* Das Wachstum von Mikroorganismen hemmende oder blockierende Stoffwechselprodukte von Bakterien oder Pilzen, die zur Bekämpfung von Infektionskrankheiten eingesetzt werden (z. B. Penicillin, Streptomycin).
Antidepressiva *(antidepressants, psychoenergizer).* Zusammenfassende Bezeichnung für *Psychopharmaka,* die auf Grund ihrer über Hormone bzw. biogene Amine vermittelten (a) angstvermindernden (anxiolytischen), antriebsfördernden oder -dämpfenden und/ oder (c) die Stimmungslage insgesamt beeinflussenden Wirkung bei der Therapie von *Depressionen* verschiedensten Ursprungs zur Anwendung kommen. Entsprechend ihrer Wirkung unterscheidet man die beiden Hauptgruppen der *Thymoleptika* und *Thymeretika.*
Antigen →*Immunsystem.*
antiinfektiöse Immunität →*Immunität.*
Antikörper →*Immunsystem.*
Antipsychiatrie →*Schizophrenie.*
Antisemitismus →*Autoritäre Persönlichkeit.*
antisoziale Persönlichkeit →*Psychopathie.*
antisoziale Persönlichkeitsstörung →*Persönlichkeitsstörung.*
antitoxische Immunität →*Immunität.*
Antizipation *(anticipation).* Die vorstellungsmäßige Vorwegnahme oder →*Erwartung* eines gewissen Denk- oder Handlungsziels bzw. eines Ereignisses. Ein auf ein bestimmtes Ziel gerichtetes Denken oder Erkennen bzw. zielorientiertes Vorgehen wird oftmals auch als →*prospektiv* bezeichnet.
Antizipatorische Reaktion, antizipierende Reaktion *(antedating reaction; anticipatory reaction; anticipatory response).*
[1] Verfrühte Ausführung von Reaktionen oder Verhaltensweisen aufgrund hochgradiger

Mechanisierung und/oder Erwartungsspannung. (a) Die Betätigung einer Reaktionstaste noch vor der Darbietung des imperativen Signals in Reaktionszeit-Experimenten oder das Losrennen eines Läufers vor dem Startschuß (Fehlstart). Syn.: *Antizipationsfehler (anticipatory error).* (b) In Konditionierungsversuchen während des Lernens allmählich rascher und vermehrt einsetzende konditionierte Reaktionen im Intervall zwischen der Darbietung des konditionellen (CS) und des unkonditionellen Reizes (UCS).

[2] Die im Vergleich zu einer gelernten Reihenfolge vorwegnehmende Ausführung einzelner Reaktionen, z.B. bei der Lernen von geordneten Wortpaaren auf die Darbietung des ersten Wortes aus dem n-ten Paar mit der Nennung des zweiten Wortes aus dem n + 1 Paar antworten.

[3] Die Annäherung an ein bekanntes, jedoch nicht sofort erreichbares Verhaltensziel in kleinen Verhaltensschritten, die von der Antizipation der Endhandlung motiviert sind, z.B. das Durchlaufen eines komplizierten Labyrinths in Erwartung, am Ende dafür belohnt zu werden. Syn.: *Antizipatorische Zielreaktion (anticipatory goal reaction).*

Antrieb *(drive, impulse).* Inbegriff dynamisierender oder das Handeln motivierender Impulse. In der Beschreibung des (offenen) Verhaltens manchmal gebraucht als zusammenfassende Bezeichnung für das im Verhalten gezeigte Niveau der Geschwindigkeit und Ausdauer, z.B. bei der Ausführung von Testaufgaben. In manchen Theoretischen Systemen wird der Begriff als generelle Voraussetzung für Lerngeschwindigkeit (HULL) oder für die effektive Anpassung an eine Situation verwendet, in der Leistungen gefordert werden. →*Bedürfnis,* →*Motivation.*

Antriebsschwäche →*Abulie.*

Antriebszustand →*Hypothetische Zustandsvariable.*

Antwort →*Reaktion.*

a-Paradigma →*Reaktionszeit.*

Apathie *(apathy).* Ein Zustand, der durch Indifferenz, durch Abwesenheit von Gefühlen, mangelnde Aktivität und Ansprechbarkeit gekennzeichnet ist. A. gilt als Symptom von *Depression* und *Schizophrenie.*

Aphasie *(aphasia).* Einschränkungen oder Verluste des Sprachverständnisses oder Sprechens, bedingt durch Hirnläsionen, insbeson-

dere in den kortikalen Sprachfeldern, zu denen die Brocaschen und Wernickeschen Regionen im Schläfenlappen zählen. Die etwa 20 Erscheinungsformen der A. können in zwei große Klassen eingeteilt werden. (a) *Sensorische* oder *Wernickesche A. (sensory aphasia; Wernicke's aphasia),* gekennzeichnet durch leeres, klar artikuliertes, aber grammatikalisch unkorrektes Reden, auch in Kombination mit Verständnis- und Nachsprechschwierigkeiten für Gesprochenes und/oder Gelesenes. (b) *Motorische A. (motor aphasia),* die Unfähigkeit, bei erhaltenem Sprachverständnis korrekt und artikuliert zu sprechen. Eine Sonderform ist die *Brocasche A. (Broca's aphasia),* für die abgehacktes, stammelndes Sprechen in einer Art Telegrammstil charakteristisch ist.

Aphrasie *(aphrasia).* Die allg. Unfähigkeit, zusammenhängende Sätze auszusprechen. Einzelne Wörter dagegen können störungsfrei hervorgebracht werden.

Aphrodisiaca *(aphrodisiacs).* Den Geschlechtstrieb steigernde Präparate.

Aphrodisie *(aphrodisia).* Gesteigerte sexuelle Erregbarkeit.

apoplektische Demenz →*Demenz.*

Apoplexie *(apoplexy).* Durch Gehirnblutung (Schlaganfall) ausgelöste Lähmung der Herdgegenseite des Körpers, oftmals mit nach dem Anfall einhergehender Bewußtlosigkeit und nach Abklingen der akuten Lähmungserscheinungen herabgesetzter motorischer Kontrolle der betroffenen Körperpartien verbunden.

Apperzeption. Bei LEIBNIZ ursprünglich als Bezeichnung für das klare und deutliche Erkennen verwendet, das durch ein Identifizieren gekennzeichnet ist. In der Psychologie der Pädagogik HERBARTS wird damit ein grundlegender Prozeß bezeichnet, der dem Erwerb von Wissen zugrunde liegt, wobei das bereits vorhandene Wissen – die *apperzeptive Masse* – eine Rolle spielt.

Apperzeptive Masse →*Herbartsche Psychologie.*

Appetenz *(appetence).* Bedürfnis, Verlangen nach etwas Bestimmtem. *A.-Verhalten (appetence/appetitive behavior)* ist durch →*Annäherung* an entsprechende Zielobjekte und -situationen und/oder durch die Suche nach entsprechenden Zielen gekennzeichnet. Gegensatz: *Aversion, Abneigung (aversion),* Ablehnung bestimmter Objekte oder Situationen, er-

Appetenzphase

kennbar an →*Vermeidung*, einem *Aversions-verhalten (aversive behavior)*, das wegführt bzw. die Kontaktwahrscheinlichkeit mindert.

Appetenzphase →*Instinkt.*

Appetit *(appetite)* →*Verlangen.*

applied semantics →*Semantik.*

Apraxie *(apraxia).* Unfähigkeit, Gegenstände ihrer Bedeutung gemäß verwenden zu können (Folge einer zerebralen Läsion).

Apriorismus →*Empirismus.*

Arousal →*Erregung;* →*Aktivation.*

AQ *(achievement quotient).* Allgemeine Bezeichnung der englisch-amerikanischen Fachsprache für verschiedene Arten von Leistungsquotienten (→*Leistung*).

Äquilibration →*Entwicklungstheorien.*

Arachnoides *(arachnoids).* Spinngewebehaut. Die mittlere der drei das Gehirn *(arachnoidea encephali)* und das Rückenmark *(arachnoidea spinalis)* umgebenden Häute.

Arachnophobie →*Phobie.*

ARAS, aufsteigendes retikuläres Aktivierungs-System *(ascending reticular activating system).* Nach LINDSLEY das Neuronengeflecht zwischen Medulla und Thalamus mit zum Kortex aufsteigenden Verbindungen und absteigenden Verbindungen, die Wirkungen auf das autonome Nervensystem und auf den Bewegungsapparat vermitteln. Die zentralen Anteile dieser Verschaltung liegen in der *formatio reticularis.* Das ARAS wird auch als *unspezifisches sensorisches Subsystem* bezeichnet, bei dessen Erregung →*Aktivation* entsteht; eine generelle Beteiligung bei der Entstehung von *Gefühlen* bzw. ihrer Wirkweise gilt als gesichert. *Funktion:* Treffen Reize ein Sinnesorgan, so gelangen über spezifische Bahnen Erregungen in den Kortex und über unspezifische Bahnen gleichzeitig in den Hirnstamm. Dieser sendet über das ARAS dem Kortex aktivierende Impulse zu, was einer allgemeinen und unspezifischen Aktivierung gleichkommt. Absteigende Bahnen vermitteln daraufhin z. B. die eine →*Orientierungsreaktion* bewirkenden Impulse. Durch absteigende Verbindungen in Richtung Stammhirn wird je nach Überwiegen erregender oder hemmender Impulse der weitere Aktivierungsvorgang *(Rückkoppelung)* ausgesteuert.

Arbeit *(work).*

[1] *Physik:* Das Produkt aus der an einem Körper oder Massenpunkt angreifenden Kraft (F) und dem unter ihrer Einwirkung von ihm zurückgelegten Weg (s) bei konstanter Krafteinwirkung und übereinstimmender Richtung von Kraft und Weg (A = F · s).

[2] *Biologisch-medizinische Humanwissenschaften:* Ursprünglich ausschließlich körperliche Tätigkeit (Körperarbeit), die mit erheblichem Kraftaufwand verbunden ist; heute alle Tätigkeiten, deren Ausführung den Organismus beansprucht und mit Energieverbrauch verbunden ist. In Arbeitsmedizin, -physiologie und biologisch-psychologischer Ergonomie wird die *Arbeitsleistung* im Bezugssystem von *Belastung* und *Beanspruchung (→Streß)* dargestellt. *Belastung* ergibt sich aus den vorgegebenen Anforderungen der Arbeitsaufgabe unter Berücksichtigung von Umfeld- bzw. Umgebungsbedingungen (z. B. Hitze, Vibration, Lärm). *Leistung* ist die Reaktion auf die Belastung; der ihr entsprechende Aufwand wird in physikalischen Leistungseinheiten (z. B. Watt) gemessen. Die bei der Leistung auftretende *Beanspruchung* variiert in Abhängigkeit von der individuellen *Leistungsfähigkeit* und dem *Wirkungsgrad (efficiency);* letzterer wird aus der Diskrepanz zwischen Energie- bzw. Kraftaufwand und erbrachter Arbeitsleistung erschlossen, die durch akute Reibungsverluste, allgemeine Verfassung und durch Tagesschwankungen (→*Biorhythmus*) mitbestimmt ist. Der Grad der physiologischen Beanspruchung kann z. B. aus Pulsfrequenz-, Blutdruck-, Sauerstoffverbrauchs-, Energieumsatz- und/oder Stoffwechselmaßen erschlossen werden; hinzu treten subjektive Indikatoren der *Arbeitsbelastung (job tension),* z. B. Aussagen über belastungsbedingte Empfindungen und Befindlichkeiten, im weiteren Sinne auch über Unzufriedenheit oder Resignation (→*Arbeitszufriedenheit*).

[3] *Sozialwissenschaften:* Zweckgerichtete, planvolle und organisierte Tätigkeit, die an materiellen (z. B. Herstellung von Produktionsgütern) oder immateriellen Zielen (z. B. Erreichen eines wissenschaftlichen Fortschritts) orientiert ist und zur Deckung des eigenen Bedarfs oder zum eigenen Gewinn bzw. dem anderer dient. A. kann zum einen dem individuellen Fortkommen, zum anderen dem Erreichen bestimmter allgemeiner wirtschaftlicher Ziele dienen. Die Ziele der A. und die Vorgehensweisen werden unter dem Oberbegriff *Arbeitsaufgabe (task; job;* →*Aufgabe)*

zusammengefaßt. In ihrem Rahmen entfaltet sich die *Arbeitshandlung (operational activity; occupational action)* als bewußte, zielgerichtete, an einem vorweggenommenen Ergebnis orientierte, gesteuerte Tätigkeit, die sich im sozialen Feld der *Arbeitsorganisation* abspielt, die gesamte Persönlichkeit betrifft, auf sie zurückwirkt und Konsequenzen auch im privaten Sozialbereich nach sich zieht.

→*Arbeitsanalyse,* →*Arbeits-, Betriebs- und Organisationspsychologie, Arbeitsstrukturierung,* →*Arbeitszufriedenheit.*

Arbeitsanalyse, -beschreibung *(job analysis; job description).*

[1] Zusammenfassende Bezeichnung für systematische Ansätze, die eine vom Arbeitsplatz abhängige Diagnostik der Arbeitstätigkeit ermöglichen. Mit entsprechenden Methoden werden dabei die für einen Arbeitsplatz charakteristischen instrumentellen kommunikativen, gruppendynamischen und organisatorischen Bedingungen sowie zusätzliche Belastungen erfaßt. Verfahren der A. liefern wesentliche Hinweise für die Ausbildung, für die Vermeidung von Arbeitsunzufriedenheit und ihre Folgen (z.B. Demotivierung, Fehlzeiten, Fluktuationen, Unfälle), für die Unfallverhütung sowie für die Planung und Evaluierung arbeitsorganisatorischer Maßnahmen und betrieblich-organisatorischer Innovationen.

[2] *Methoden der A.:* (a) Analyse der ergonomischen Rahmenbedingungen für die Arbeitstätigkeit (z.B. Sitzhöhe, Zugänglichkeit und Sichtbarkeit von Bedienungselementen, Fragen der Bedienungs-Kompatibilität, Beleuchtung, Klima, Lärmbelastung) und ihrer Übereinstimmung mit arbeitsrechtlichen Normen und Vorschriften. Syn.: *Arbeitsplatzanalyse (work layout analysis).*

(b) Systematische Erfassung der wesentlichen Merkmale konkreter Arbeitstätigkeiten und objektiver Gegebenheiten am Arbeitsplatz durch Beobachtung, strukturierte Interviews, Frage- oder Checklisten. In der Regel werden dabei Daten über die motorische Arbeitsausführung, über die Menge und Art aufzunehmender bzw. zu verarbeitender tätigkeitsrelevanter Informationen (z.B. Signalanzeigen), über die Art und Menge wirksamer Umgebungseinflüsse (z.B. Hitze, Lärm) und über arbeitsrelevante soziale Beziehungen (z.B.

Zurufe, Arbeitsbesprechungen) erhoben. Die Verfahren stützen sich auf Fremd- und/oder Selbstbeobachtung. Beispiele sind der *FAA* (Fragebogen zur Arbeitsanalyse), eine für deutsche Verhältnisse adaptierte Fassung des *PAQ (Position Analysis Questionnaire)* von McCormick u.a., der *ABB (Arbeitsbeschreibungsbogen)* von Neuberger und Allerbeck sowie eine Reihe sog. *Tätigkeitsbewertungssysteme (TBS).* Ein indirektes, nur teilweise strukturiertes Verfahren, das sich besonders für Ausbildungszwecke eignet, stellt die *CIT (Critical Incident Technique)* von FLANAGAN dar. Hier müssen geschulte Beobachter u.a. solche Ereignisse beschreiben und analysieren, die zu besonders guten bzw. schlechten Arbeitsergebnissen der Beobachteten führten.

(c) Systematische Erfassung der subjektiven Wirkung der Arbeitsbedingungen, erschlossen aus den Reaktionen von Stelleninhabern auf die Gegebenheiten des Arbeitsplatzes mit Hilfe standardisierter Inventare bzw. Fragebögen. Berücksichtigt werden als Charakteristika der eigenen Stellung neben der Einschätzung der objektiven Merkmale des Arbeitsplatzes die einzubringenden Fähigkeiten und ihre Umsetzung, die Möglichkeiten zu autonomen Vorgehensweisen, die Wirkweise von Rückmeldungen und sozialen Kontakten. Auf psychische Wirkungen verweisen Aussagen über den Sinngehalt der Arbeit, die Einschätzung der Verantwortung sowie der Art und des Umfangs, über die Ergebnisse der eigenen Arbeit informiert zu werden. In die Klasse der affektiven Reaktionen fallen Aussagen zur *Arbeitszufriedenheit* und *-motivation.* Als Hinweise auf den Grad der Verwirklichung des individuellen Bedürfnisses zur Selbstentfaltung (Wachstums- oder Entwicklungsbedürfnis) verweisen Aussagen über den Grad der Herausforderung durch bzw. des Interesses an der Arbeit. Die Anwendung des von HACKMANN und OLDHAM stammenden *JDS (Job Diagnostic Survey)* und verwandter Verfahren ermöglicht überdies durch Vergleiche zwischen dem empfundenen Anreizwert der innehabenden Stelle und den Erwartungen zur Selbstentfaltung Rückschlüsse auf das sog. *Motivationspotential,* das als wesentliche Voraussetzung der *Arbeitszufriedenheit* gilt. Vergleichbare Verfahren sind z.B. *VERA* (Verfahren zur Ermittlung von Regulationserfordernissen in der Arbeitstätigkeit) von Volpert u.a., *STA*

Arbeitsaufgabe

(Subjektive Tätigkeitsanalyse) von ULICH oder *TAI (Tätigkeits-Analyse-Inventar)* nach FRIELING u. a.

LIT. FLANAGAN (1954); FREI, ULICH (1981); FRIELING (1975); FRIELING u. a. (1984); HACKER (1998); HACKMAN, OLDHAM (1974); HOYOS (1978); McCORMICK u. a. (1972); NEUBERGER, ALLERBECK (1978); SCHMIDTKE (1981); ULICH (1981); VOLPERT u. a. (1983).

Arbeitsaufgabe →*Arbeit.*

Arbeitsaufgaben-Bereicherung →*Arbeitsstrukturierung.*

Arbeitsbelastung →*Arbeit.*

Arbeits-, Betriebs- und Organisationspsychologie, ABO *(industrial psychology; organizational psychology).* Zusammenfassende Bezeichnung für ein breites Anwendungsfeld der Psychologie, das neben *ABO* im engeren Sinne auch *Markt-, Werbungs-, Wirtschaftspsychologie, Unfallforschung* sowie *ABO*-relevante Aspekte der *Diagnostik* und *Intervention* umfaßt. *ABO* ist in Deutschland neben →*Klinischer* und →*Pädagogischer Psychologie* ein mit Vertiefungsmöglichkeiten angebotenes Ausbildungsfach der Diplomprüfungsordnung. Qualifizierende Fort- und Weiterbildungsangebote existieren sowohl an Universitäten als auch an Ausbildungsstätten des BDP (Berufsverband deutscher Psychologen). Die Gebiete der Arbeits- und Organisationspsychologie, früher im deutschen Sprachgebrauch unter der Bezeichnung Betriebspsychologie (vgl. MAYER, HERWIG) zusammengefaßt, hängen eng zusammen. Sie können als zwei Aspekte aufgefaßt werden, unter denen sich die wissenschaftliche Psychologie mit dem arbeitenden Menschen und der Arbeitswelt unter dem leitenden Gesichtspunkt der im Betriebsverfassungsgesetz (BVG § 90) ausgesprochenen Verpflichtung zur menschengerechten Gestaltung der Arbeit befaßt.

[1] **Arbeitspsychologie** *(industrial psychology; auch psychological ergonomics; engineering psychology).* Syn.: *Industriepsychologie.* Teilgebiet der *Arbeitswissenschaften,* im engeren Sinne der *Angewandten* bzw. *ABO-Psychologie,* das sich mit den psychologischen Grundlagen der menschlichen Arbeit innerhalb von Arbeitsorganisationen (z. B. Betrieben) befaßt. *Arbeit* gilt als Tätigkeit bzw. Handlung, die sich im Rahmen von *Arbeitsaufgaben* entfaltet und zu einem materiellen oder immateriellen *Arbeitser-*

gebnis führt. Die Forschungsansätze der A. greifen in hohem Maße auf Ergebnisse der experimentell orientierten *Allgemeinen* und *Differentiellen Psychologie* zurück, insbesondere der *Wahrnehmungs-, Kognitions-, Emotions-* und *Motivationsforschung.* Gegenstände der A. sind: (a) Psychologisch relevante Aspekte von Arbeitsaufgaben, -anforderungen und -leistungen (→*Arbeitsanalyse*) im Rahmen der gegebenen instrumentellen, situativen und sozialen Arbeitsbedingungen, der Arbeitssituation; (b) personenbezogene Bedingungen des Arbeitsverhaltens (Fähigkeiten, Fertigkeiten, Einstellungen); (c) zeitkonstante und zeitvariable Bedingungen der Leistung; (d) Probleme der mentalen und physischen Arbeitsbelastung bzw. -beanspruchung (→*Arbeit*) und Maßnahmen zur Aufrechterhaltung der Gesundheit; (e) Fragen der Arbeitsmotivation und →*Arbeitszufriedenheit*; (f) des Arbeitsschutzes und der Unfallverhütung, (g) der Optimierung des Verhältnisses von Arbeitsanforderungen und Leistungsentfaltung im Zusammenhang mit technischen Neuentwicklungen sowie (h) Fragen der Aus-, Fort- und Weiterbildung. Spezifische arbeitspsychologische Fragestellungen, insbesondere jene der Anpassung von Arbeitsplätzen an den Menschen, werden häufig behandelt im Zusammenwirken mit Vertretern der *Anthropotechnik* (medizinisch-biologische Wissenschaft von der der Leistungsfähigkeit des menschlichen Organismus entsprechenden Gestaltung von Arbeitsplätzen), der *Arbeitsmedizin* und -*physiologie,* der →*Ergonomie* und *Ingenieurpsychologie (human factors engineering; engineering psychology),* einer Nachfolgedisziplin der →*Psychotechnik.*

[2] **Organisationspsychologie** *(organizational psychology).* Als *Organisation (organization)* bezeichnet man soziale Gebilde, die relativ überdauernde Ziele verfolgen, eine formale Struktur von Stellen (Rollen) und Verfahrensregeln aufweisen und in deren Rahmen ihre Mitglieder tätig sind, um definierte Arbeitsziele zu erreichen. Im engeren Sinne handelt es sich um zeitlich stabile, gegenüber ihrer Umwelt offene, aus zweckrational und zielgerichtet agierenden Individuen und Gruppen zusammengesetzte, strukturierte soziale Systeme. Die in Organisationen existierenden expliziten und impliziten Regeln, Normen und

Symbole bestimmen die sog. *Organisationskultur (organizational culture)*. Ihre sozial-emotionale Wirkweise auf Menschen wird unter dem Begriff *Organisations-* bzw. *Betriebsklima (working condition; working climate)* zusammengefaßt. Die O. befaßt sich mit den organisatorischen Voraussetzungen der Arbeit, mit den Interaktionen von Menschen in verschiedenen Organisationsformen und -strukturen und mit der Wirkweise organisatorischer Gegebenheiten und Veränderungen auf arbeitende Menschen und den Ertrag ihrer Arbeit. Sie schöpft ihre Erkenntnisse aus den interaktiven Beziehungen zwischen Situationsmerkmalen und individuellen Erlebnissen bzw. Verhaltensweisen in enger Anlehnung an die Ergebnisse der *Persönlichkeits-* und *Sozialpsychologie.* Wichtige Aufgabenbereiche der O. sind z. B. (a) Anforderungs- und Situationsanalysen im Hinblick auf Handlungsmöglichkeiten, (b) Beziehungen zwischen Situation und individuellen Fähigkeiten, Fertigkeiten und Motiven (→*Arbeitsstrukturierung:* →*Arbeitszufriedenheit*), (c) die Entwicklung von organisatorischen Vorkehrungen gegen Überbelastungen und gesundheitliche Beeinträchtigungen, (d) Personalauslese, insbesondere von Führungskräften, (e) Vermittlung von Handlungs- und sozialen Kompetenzen in Ausbildung, Fortbildung und Weiterbildung auf der Grundlage von Bildungsbedarfsanalysen, (f) die Analyse von Kommunikationsstrukturen und gruppendynamischen Prozessen, (f) die Entwicklung von Programmen zur Intervention bei Gruppenkonflikten und Selbstsicherheitsproblemen, (f) Mitwirkung bei der Planung und Effektbeurteilung von →*Innovationen.*
LIT. DUNETTE (1976); GEBERT, ROSENSTIEL (1994); GREIF, HOLLING, NICHOLSON (1989); HACKER (1998); HOYOS u. a. (1980); KLEINBECK, RUTENFRANZ (1987); MAYER, HERWIG (1961); REICHEL u. a. (1985); ROTH (1989); SCHMIDTKE (1981); WEINERT (1998); WICKENS (1992).
Arbeitserweiterung →*Arbeitsstrukturierung.*
Arbeitsfeldvergrößerung →*Arbeitsstrukturierung.*
Arbeitsgedächtnis *(working memory).* Zentrale Annahme aus der kognitiv-psychologischen Gedächtnisforschung. Das A. vereinigt und integriert die Funktionen des *Kurzzeitgedächtnisses,* auch im Zugriff auf Inhalte des Langzeitgedächtnisses. Es hält neben Einzelinformationen auch Such- und Entscheidungsstrategien bzw. Lösungsalgorithmen bereit, die für die Erledigung einer Aufgabe erforderlich sind. Die *Kapazität* des A. ist im Sinne einer *Abgleichfunktion* zu verstehen. Verlangt eine Aufgabe den Einsatz komplexer Lösungsstrategien, ist die Menge der hintereinander verarbeitbaren Einzelinformationen wie bei der Überführung vom Kurz- und das Langzeitgedächtnis entsprechend eingeschränkt; sie wird jedoch größer, wenn einfache bzw. einige wenige Strategien/Algorithmen bereitzustellen sind. Im Modell von BADDELEY & HITCH (1974) werden die Funktionen des A. bei der Bewältigung von *Zweitaufgaben* angesprochen. Soll z. B. der Wahrheitsgehalt von Behauptungen (z. B. »Ein Kanarienvogel hat Flügel« oder »Ein Hund hat Federn«) überprüft und gleichzeitig eine Ziffernfolge aus mehr als 7 Elementen eingeprägt werden, so gelingt dies deshalb, weil das A. über mehrere Kodierungsmedien verfügt. Der sog. *artikulatorisch-phonologische Notizblock (atriculatory-phonological pad)* repräsentiert die Gedächtnisspanne für Zahlen, der *visuell-räumliche (visuo-spatial scratch pad)* die temporäre Speicherung und Verarbeitung von Vorstellungen im Zusammenhang mit der Erstaufgabe. Welcher der beiden Notizblöcke einen Kapazitätszuschlag erhält, regelt das für Planung und Aufmerksamkeitssteuerung zuständige *zentrale Management (central executer).*
LIT. BADDELEY (1976; 1997); BADDELEY, HITCH (1974).
Arbeitshandlung →*Arbeit.*
Arbeitshypothese →*Hypothese.*
Arbeitskurve *(work curve).* Graphische Darstellung der Leistungsverläufe bei geistigen oder manuellen Tätigkeiten über einen definierten Zeitraum.
Arbeitsplatzanalyse →*Arbeitsanalyse, –beschreibung.*
Arbeitsplatzbeschreibung *(job description).* Im Bereich der Arbeits- und Berufspsychologie angewandte Technik, die an einem Arbeitsplatz vorhandenen organisatorischen, gruppendynamischen, instrumentellen Bedingungen und Belastungen zu beschreiben.
Arbeitsstrukturierung *(structuralization of work; working structures),* Syn.: *Arbeitsgestaltung, Arbeitsorganisation (organization of*

Arbeitszufriedenheit

work). Arbeitsorganisatorische Maßnahmen der Veränderung des Arbeitsinhalts und -feldes, die eingesetzt werden, um Überbeanspruchungen oder Monotonie zu vermeiden und damit die *Arbeitszufriedenheit* zu fördern. Als Grundformen der A. gelten im Falle der Überbelastung *Arbeitsfeldverkleinerungen* (z. B. Auflösung in Teilaufgaben bzw. Umverteilung von Teilaufgaben innerhalb einer Arbeitsgruppe) und im Falle von monotoniebedingter Arbeitsunzufriedenheit *Arbeitsfeldvergrößerungen.* Zu den letzteren zählen: (a) *Arbeitserweiterung (job-enlargement),* d. h. eine quantitative Erweiterung des Tätigkeitsspielraums des einzelnen Arbeitenden durch die Übertragung einer Reihe gleichartiger Tätigkeitsschritte anstelle eines vereinzelten (z. B. bei Fließbandarbeit). (b) *Arbeitsaufgaben-Bereicherung (job-enrichment),* d. h. zusätzlich zur Arbeitserweiterung wird der Tätigkeitsspielraum des einzelnen Arbeitenden qualitativ erweitert, z. B. durch die Übertragung von Planungs- und Kontrollaufgaben innerhalb eines Fertigungsbereichs. (c) *Rotierender Arbeitswechsel (job-rotation),* d. h. die Arbeitenden wechseln in vorgegebenem oder selbstgewähltem Turnus ihre Tätigkeiten bzw. Tätigkeitsbereiche. (d) *Teilautonome Arbeitsgruppen (semiautonomous work groups),* d. h. kleinen Gruppen werden in Produktionsbereichen zusammenhängende Arbeitsaufgaben übertragen (z. B. die Endmontage von Automobilen), wobei die Gruppenmitglieder Arbeitsablauf, Verteilung der Teilaufgaben und (innerhalb gewisser Grenzen) auch die Arbeitsplatzgestaltung nach selbstgesetzten Regeln im Sinne von Gruppennormen bestimmen.
→*Qualitäts-Zirkel.*
LIT. ULICH, BAITSCH (1987).

Arbeitszufriedenheit *(job satisfaction).*
[1] Affektiv-emotionaler Zustand, der sich u. a. in hoher und stabiler *Arbeits-* bzw. *Leistungsmotivation,* guten Leistungen, einem stabilen Leistungsniveau, in der Vermeidung von Fehlzeiten und dem Wunsch nach Beibehaltung des Arbeitsplatzes äußert. Die aktuelle A. wird aus Stellungnahmen zur Arbeit, aus dem Grad der Bedürfnisbefriedigung, dem Erreichen bestimmter Ziele oder Werte und/ oder dem Eintreffen bestimmter Erwartungen über Arbeit und Arbeitssituation erschlossen. Dabei sind individuelle Fähigkeiten und Fertigkeiten, die Aussicht ihrer effektiven Umset-

zung, eine der Arbeitsleistung entsprechende Bezahlung, die Abwesenheit zusätzlicher physischer und psychischer Belastungen am Arbeitsplatz und im Privatleben mitbestimmend; auch Grad und Qualität der Informiertheit über Arbeitsziele und -abläufe, formelle und informelle Kommunikationsmöglichkeiten, Einvernehmen innerhalb der Gruppe, das allgemeine *Betriebs-* bzw. *Organisationsklima* und eine Reihe weiterer situativer bzw. persönlicher Faktoren tragen zum Grad und zur Qualität der A. bei. *Arbeitsunzufriedenheit (job dissatisfaction)* gilt als Ausdruck eines gestörten Gleichgewichts zwischen den Erwartungen bezüglich des Arbeitseinsatzes, der Arbeitsbedingungen, des wünschenswerten Ertrags und der damit verknüpften Bedürfnisbefriedigung (Soll-Zustand) und dem tatsächlichen Arbeitsertrag, den Bedingungen seines Zustandekommens und der damit erreichten Befriedigung materieller und immaterieller Bedürfnisse (Ist-Zustand). Besteht keine erfolgversprechende Aussicht auf die Wiederherstellung der Balance zwischen Ist- und Soll-Zustand, so äußert sich Unzufriedenheit nicht selten in Konflikten am Arbeitsplatz, erhöhten Unfallrisiken und -häufigkeiten, Fehlzeiten und Arbeitsplatzwechsel (Fluktuation). Maßnahmen zur Verbesserung der A. sind z. B. Veränderungen der →*Arbeitsstrukturierung,* die Einführung von →*Qualitäts-Zirkeln* und/oder verbesserte Informations- und Kommunikationsbedingungen. Standardisierte Verfahren zur Bestimmung der A. sind z. B. die SAZ *(Skala zur Messung der A.)* von FISCHER und LÜCK, von BRUGGEMANN entwickelte Kurzverfahren *(Arbeitszufriedenheits-Kurzfragebogen)* und der ABB *(Arbeitsbeschreibungsbogen)* von NEUBERGER und ALLERBECK.
[2] *Theorie der A.:* Eine Grundannahme der *Motivationsforschung (→Leistungsmotivation)* besagt, daß das Verhältnis zwischen Leistungszielen, *Anspruchsniveau* und Leistung unter Einbeziehung von *Kontrollerwartungen* und *-überzeugungen* für das aktuelle und künftige Handeln bestimmend ist. BRUGGEMANN wendet es in ihrer Analyse der Entstehung und Folgen der A. bzw. Arbeitsunzufriedenheit an. Stimmen Ist- (erlebte Merkmale der Arbeitssituation) und Soll-Werte (Erwartungen und Bedürfnisse der Arbeitenden) überein, so resultiert zunächst eine *stabilisie-*

72

rende Zufriedenheit; diese hat zwei mögliche Konsequenzen auf das *Anspruchsniveau,* die sich ihrerseits auf A. auswirken: wird das *Anspruchsniveau* erhöht, entsteht *Progressive A.* (d. h. Arbeitsziele werden erweitert und positive Erwartungen daran geknüpft); bleibt es unverändert, folgt *Stabilisierte A.* (d. h. Aufrechterhaltung der bisherigen Arbeitsziele und -situation bei gleichzeitiger Verlagerung des Interesses auf bisher zurückgestellte Bedürfnisse in anderen Lebensbereichen). Stimmen Ist- und Soll-Werte nicht überein, so kann die resultierende *diffuse Unzufriedenheit* zur Senkung oder Beibehaltung des *Anspruchsniveaus* führen. Mit einer Senkung geht oftmals *Resignative A.* (d. h. Verminderung der bisherigen Erwartungen; Angleichung des Soll-Werts an den ursprünglich nicht zufriedenstellenden Ist-Wert) einher. Bleibt das *Anspruchsniveau* konstant, so können *Pseudo-A.* (d. h. vermeintliche A., erreicht durch Problemverdrängung oder Wahrnehmungsverfälschungen), *Fixierte Arbeitsunzufriedenheit* (d. h. Ausbleiben weiterer aktiver Auseinandersetzungen, da diese als nutzloser Aufwand angesehen werden) oder *Konstruktive Arbeitsunzufriedenheit* (d. h. Suche nach neuen Ansätzen aus der neugewonnenen Überzeugung, es ließen sich dennoch konstruktive Veränderungsmöglichkeiten finden) die Folgen sein. Je nach Art der Folgen und ihrer Entstehung können nach BRUGGEMANN gezielte Maßnahmen zur Verbesserung der A. eingesetzt werden.
→*Arbeits-, Betriebs- und Organisationspsychologie.*
LIT. BRUGGEMANN (1974; 1976); BRUGGEMANN, GROSKURTH, ULICH (1975); FISCHER, LÜCK (1972), NEUBERGER 1980); NEUBERGER, ALLERBECK (1978); ROSENSTIEL (1975).

Archetypus *(archetype).* Jungs Bezeichnung für die Inhalte des *kollektiven Unbewußten.*

arcus senilis. Weißlichgelber, etwa 1 mm breiter Ring in der Hornhaut unweit des Hornhautrandes; bedingt durch Einlagerung von Lipiden bei alten Menschen. Gelegentlich auch in der Jugend bei Hypercholesterinaemie (Cholesterinüberschuß im Serum).

Army-Alpha-Tests →*Alpha-Tests.*

Arousal →*Erregung;* →*Aktivation.*

Artefakt *(artifact).* Bezeichnung für Ergebnisverfälschungen, die auf mangelhafter Anwendung statistischer Methoden oder auf Re-

aktionseinstellungen bzw. *Versuchsleiter-Effekten* beruhen. Im engeren Sinn als *statistisches A.* Bezeichnung für Parameterschätzungen aus unrepräsentativen Stichprobenwerten.

arteriosklerotische Demenz →*Demenz.*

Artikulation →*Phonation.*

Asomatognosie *(asomatognosia).* Störung der Körperwahrnehmung, die das Erkennen der Zugehörigkeit einzelner Körperteile zum eigenen Körper (z. B. gelähmter Gliedmaßen) beeinträchtigt bzw. unmöglich macht. Störungen dieser Art, die eine Körperhälfte einschließlich des entsprechenden Gesichtsfeldausschnitts betreffen, nennt man →*Neglect.*

Asphyxie *(asphyxia).* Durch Sauerstoffmangel hervorgerufene schwere Atemstörung bzw. -stillstand *(→Koma).*

Assay *(assay; assaying).* Aus dem Engl. stammende Bezeichnung für *Scheideverfahren* zur Herauslösung von Edelmetallen aus Gesteinsproben durch chemische Zusätze (z. B. Salpetersäure als »Scheidewasser« für Gold), die aus alchimistischer Tradition stammen. A. oder *Immunassay (immunoassay)* nennt man heute standardisierte serologische Verfahren zum *in-vitro*-Nachweis antigener Substanzen durch Antigen-Antikörper-Reaktionen, meist unter Verwendung von Markierungssubstanzen.

Assertives Training *(assertive training),* Syn.: *Selbstsicherheits-Training, Selbstbehauptungs-Training.* Auf den Grundsätzen der Gruppendynamik fußendes Verfahren zur Förderung von Selbstsicherheit, Selbstbehauptung und sozialer Kompetenz. Soziale Ängste und Gehemmtheit werden dabei durch Rollenspiele und Ermunterungen zu selbstsicherem und entschiedenem Auftreten seitens des Trainers bzw. der Gruppmitglieder untereinander, gestützt auf Gruppenkonsens, zu überwinden gelernt.

Assessment Center, AC *(assessment center).* Von H. A. MURRAY 1938 geprägte Bezeichnung für verhaltens- und situationsbezogene Auswahlverfahren zur Vorhersage der beruflichen Entwicklung und Bewährung von Führungskräften in Industrie, Verwaltung und Militär. Kleine Gruppen von Bewerbern (in der Regel 5–10) werden während eines Zeitraums von zwei bis drei Tagen durch Gespräche und Vorträge über die charakteristischen Arbeitsziele und -abläufe orientiert, durchlau-

Assimilation

fen, einzeln bzw. in Gruppen, eine Reihe von Tests (Intelligenz-, Leistungs- und Interessentests) sowie Interviews, führen Mitarbeitergespräche, werden mit simulierten betrieblichen Problemsituationen konfrontiert und übernehmen in Problemlösungsdiskussionen bestimmte Rollen. Ihre Leistungen und Verhaltensäußerungen werden durch anwesende vorher geschulte Angehörige der betreffenden Einrichtung, Psychologen und/oder andere Experten beurteilt. Das Verfahren zeichnet sich durch seine Verhaltensorientierung, Methodenvielfalt, Anforderungs- und Situationsbezogenheit sowie durch Mehrfachbeurteilung aus.

LIT. BYHAM (1970); JESERICH (1981); NEUBAUER (1980).

Assimilation *(assimilation)*. Allgemeine Bezeichnung für Prozesse, in deren Verlauf Ähnlichkeiten bzw. Stimmigkeiten durch Angleichung, Umwandlung oder Verschmelzung erzeugt werden.

[1] In der *Physiologie* des *Stoffwechsels* die Umwandlung körperfremder Substanzen in körpereigene bzw. die Umwandlung bestimmter Substanzen in Körperenergie.

[2] In der *Sinnesphysiologie* (a) komplexe Veränderungen in Rezeptorzellen, die z.B. dem →*Farbensehen* zugrunde liegen bzw. (b) die Verschmelzung früherer Wahrnehmungseindrücke mit neuen.

[3] In der *Genetik* die erbliche Fixierung einer durch Umweltdruck hervorgerufenen Modifikation des *Genotypus* bzw. einer *Mutation*, die ein Merkmal auch dann weiter hervortreten läßt, wenn die entsprechenden Umweltbedingungen fortgefallen sind.

[4] In der von HERBART begründeten Bedeutung die Aufnahme neuer Anschauungen, Wahrnehmungen oder Vorstellungen in die »apperzeptive Masse«, indem die neuen Bewußtseinselemente mit Hilfe der alten Elemente in den Bereich der bestehenden Vorstellungen eingeordnet werden.

[5] In der Entwicklungstheorie Piagets einer der beiden Aspekte adaptiver Grundprozesse *(→Akkommodation; →Schema; →Struktur)*, mit deren Hilfe Umweltgegebenheiten durch Handeln oder Denken eine Bedeutung erhalten, die mit der bisherigen Erfahrung in Einklang steht. (a) Unter *reproduktiver Assimilation (reproductive assimilation)* versteht Piaget die Grundlage für sich wiederholende

Greifbewegungen nach gleichen Objekten. (b) *Generalisierende Assimilation (generalized assimilation)* liegt vor, wenn die sensumotorische Sequenz des Greifens auf zahlreiche Gegenstände übertragen wird. (c) *Rekognitive Assimilation (recognitive assimilation)* äußert sich in Differenzierungen und Vereinfachungen der Greif- und Bewegungsfolgen.

[6] Bezeichnung für die Grundlage eines Verhaltens, das nach dem Grad der Ähnlichkeit mit früheren Erfahrungen auf neue Situationen übertragen wird *(→Analogiegesetz)*.

[7] In *Sozialpsychologie* und *Ethnologie* Bezeichnung für den Prozeß der Angleichung an die soziale Umgebung z.B. durch Übernahme der Normen und Werte einer Kultur.

Assimilations-Kontrast-Theorie
(assimilation-contrast theory). Bezeichnung für die von SHERIF und HOVLAND (1961) eingeführte Erklärung des Zustandekommens von zustimmenden bzw. ablehnenden Antworten auf Feststellungen von *Einstellungs-Skalen* und der einstellungsändernden Wirkung von entsprechenden Informationen. Die einzelnen Items einer Einstellungs-Skala lassen sich auf einem Kontinuum abbilden, das die Intensität der damit ausgedrückten Einstellung zum Ausdruck bringt. Fällt ein Item in den mit eigenen Überzeugungen übereinstimmenden Intensitätsbereich, den sog. *Annahmebereich (latitude of acceptance)*, so erfolgt Zustimmung aufgrund einer Assimilisationstendenz. Fällt ein Item in den *Ablehnungsbereich (latitude of rejection; latitude of non-commitment)*, so erfolgt aufgrund des Kontrasts zu der Ausgeprägtheit der eigenen Überzeugung keine Zustimmung. Steht eine Nachricht in krassestem Widerspruch zu eigenen Überzeugungen, so kann dies anstelle der erwarteten *Einstellungsänderung* auch zu einer Stärkung der bereits bestehenden Einstellung führen; man bezeichnet dies als *Bumerang-Effekt (boomerang effect)*. Je stärker eine Einstellung in persönliche Überzeugungen und Wertmaßstäbe eingebettet ist, desto markierter sind Annahme- und Ablehnungsbereiche und desto geringer ist die Wahrscheinlichkeit, die Einstellung durch neue Informationen zu ändern. Im gegenteiligen Fall zeigt sich ein relativ breiter *Indifferenzbereich (latitude of indifference)*, in dessen Rahmen entsprechende Items oder Nachrichten einstellungsmodifizierend wirken können.

→*Einstellung*, →*Einstellungsänderung*.

Assimilations-Täuschungen. Täuschungen, die auf den wahrnehmungsmäßigen oder vorstellungsmäßigen Kontext zurückgehen.

assimilierende Schemata →*Schema*.

Assoziation.

[1] Psychologische Bedeutung: Bezeichnung eines allgemeinen Prinzips, dem zufolge Vorstellungen, Gefühle und Bewegungen miteinander derart verknüpft sind, daß die Reihenfolge ihres Auftretens in der Vorstellung oder aber im Verlauf des handelnden Vollzugs des Individuums dadurch festgelegt zu sein scheint. Manchmal auch die Bezeichnung des Verknüpfungsprozesses selbst. Prinzip und Prozeß sind seit Aristoteles bekannt. Die Gesetze, nach denen sich solche Verknüpfungen herausbilden, heißen *Assoziationsgesetze*. Die *primären* Assoziationsgesetze beziehen sich auf *Nähe* (Kontiguität) und Ähnlichkeit, die *sekundären* auf den →*Primat* (Vorrangigkeit), die *Neuheit* oder Frische, die *Häufigkeit* des Auftretens der Elemente und die *Anschaulichkeit*. Rohracher hebt neben Gleichzeitigkeit (Nähe) und Reihenfolge (Sequenz) besonders die Komponente des sinnhaften Bezugs der einzelnen Elemente hervor. *Komplexe Assoziationen* entstehen nach Rohracher aus gestaltmäßiger oder sinnhafter Zusammengehörigkeit der Einzelheiten. Die sinnhafte Zusammengehörigkeit ergibt sich dann, wenn die Bedeutung der Einzelheiten die gegenseitige Beziehung herstellt.

[2] *Assoziations-Bahnen oder -Fasern (association fibres)*: Bezeichnung für intra- und subkortikale Verbindungen innerhalb einer Hemisphäre, Verbindungen zwischen Rückenmarksegmenten einer Hemisphäre.

[3] *Assoziations-Felder (association fields)*: Neben Projektions- und sensorischen und motorischen Feldern des Kortex gelegene Hirnabschnitte, die mit den ersteren in funktionaler Beziehung stehen und von denen früher angenommen wurde, daß die Markreifung erst im zweiten Lebensmonat abgeschlossen sei.

[4] *Assoziations-Tests:* Bezeichnung für eine Reihe von Verfahren, meist verbal, bei denen der Versuchsperson auf ein gebotenes Reizwort mit einem ihr einfallenden antworten soll. In diesem Fall spricht man von *freien Assoziationen (free associations* oder *chance test)*. Wird die Versuchsperson dagegen aufgefordert, mit einem Begriff gegenteiliger Be-

deutung oder aber mit einem Synonym zu antworten o. ä., so handelt es sich um *kontrollierte* oder *gelenkte Assoziationen*.

Assoziation, vermittelnde *(mediate association)*. Die Verbindung zwischen zwei Reizen oder Begriffen über einen beide Elemente aufeinander beziehenden Prozeß, z. B. den Bedeutungszusammenhang.

→*Vermittlungstheorie;* →*Verhalten, vermittelndes*.

Assoziationismus *(associationism)*. Eine jede psychologische Theorie, die Assoziationen als grundlegendes Prinzip für alle geistigen Leistungen annimmt, um damit selbst höhere geistige Leistungen, wie z. B. das produktive Denken, zu erklären, wird als A. bezeichnet. Dies gilt besonders für die sog. Englische Schule, die durch HARTLEY, die beiden MILLS, H. SPENCER u. a. repräsentiert wurde. Der Assoziationismus ist meist mit dem Sensualismus *(sensationalism)* eng verknüpft und steht im Gegensatz zu allen Theorien, die die Unabhängigkeit des Geistigen, insbesondere des schöpferischen Denkens, betonen (→*Feldtheorie*, →*Gestaltpsychologie)*.

Assoziationslehre →*Kontiguität*.

assoziativ. Bezeichnung für Lern- und Gedächtnisleistungen, bei denen die Herstellung von Verknüpfungen oder die Gedächtnishilfe vorwiegend auf Assoziationen zurückgeführt wird.

assoziative Konditionierung →*Konditionierung, assoziative*.

Assoziieren, freies *(free association)*. Bezeichnung für ein vorwiegend in der Klinischen Psychologie übliches Verfahren, bei dessen Anwendung der Klient auf ein Reiz- oder Stichwort hin – ohne viel zu überlegen – das ihm zunächst einfallende Wort äußert. Das Ergebnis heißt *freie Assoziation*. Das Verfahren wird auch synonym als *Assoziations-Test* oder (besser) als *Assoziationsversuch* bezeichnet.

Astasie *(astasia)*. Durch tremorähnliche, unruhige Bewegungen bedingte Unfähigkeit, in einer bestimmten Körperstellung ruhig zu verharren, zu stehen bzw. – bei der sog. *Astasie-Abasie (astasia-abasia)* – die Unfähigkeit, zu stehen und zu gehen. Dabei sind bei beiden keinerlei Lähmungen oder Störungen der neuralen Versorgung der Gliedmaßen nachzuweisen, so daß Abasie und Astasie als hysterisches oder neurotisches Symptom bewertet werden.

Asthenie

Asthenie *(asthenia).* Allgemeine Bezeichnung für den Mangel (oder die Störung) der Kräfte bzw. Stärke und Widerstandskraft im Bereich des Nervensystems (→*Neurasthenie)* oder des Psychischen (→*Psychasthenie).*

[1] *Asthenisch (asthenic)* bedeutet allgemein das Vorhandensein von depressiven Gefühlen oder Emotionen.

[2] In der Körperbau-Typologie KRETSCHMERS wird mit asthenisch ein zart gebauter Mensch mit relativ langen Gliedmaßen bezeichnet.

Asthenopie *(asthenopia).* Reversible Beeinträchtigung der Sehschärfe und/oder Farbtüchtigkeit *(Farbenasthenopie;* →*Farbenfehlsichtigkeit),* die bei Überbeanspruchung des Sehsystems, z. B. infolge einer unkorrigierten Sehschwäche, auftreten kann (→*Presbyopie).*

Asthma →*Allergie.*

Asymmetrie *(asymmetry).*

[1] Mangelnde Deckungsgleichheit der beiden durch die Ordinate über dem Mittelwert entstehenden Teile einer Verteilung *(Verteilungsschiefe).*

[2] Synonym von →*Lateralität.*

[3] Bezeichnung für eine soziale Beziehung, bei der Einflüsse und Handlungen nur von einer Seite ausgehen. Die Beziehung zwischen Eltern und Kleinkindern z. B. gilt als asymmetrisch, solange alle Anstöße von den Eltern allein ausgehen; mit zunehmender Interaktion über die Sprache wird die Beziehung symmetrisch.

asymmetrische Kontingenz →*Kontingenz.*

Atavismus *(atavism).*

[1] Wiederauftreten genetischer Merkmale, die in vorangehenden Generationen nicht mehr vorhanden waren. Gilt als Beleg dafür, daß das genetische Potential auch ohne phänotypische Manifestation erhalten bleibt.

[2] Frühkindliche Reflexe, die im höheren Lebensalter nicht mehr oder in abgewandelter Form auftreten (z. B. →*Babinski-Reflex).*

[3] Das Wiederhervorbrechen »primitiver« Verhaltensweisen bei Personen oder Gruppen.

Ataxie *(ataxia).* Deutlicher Verlust der Koordination bei der Willkürbewegung. Mit *statischer Ataxie* wird ein Zustand bezeichnet, in dem ein Individuum versucht, eine bestimmte Körperhaltung beizubehalten bzw. immer wieder einzunehmen.

ätherische Substanzen →*Geruchssinn.*

athletisch *(athletic).* In der Körperbautypologie KRETSCHMERS breitschultriger, fettarmer,

muskulöser Habitus mit kräftigem Knochenbau.

Ätiologie *(etiology).* In Medizin und Psychologie die systematische Analyse von Krankheits- bzw. Störungsursachen.

Atomismus *(atomism).* Allgemeine Bezeichnung für jede psychologische Theorie, in der behauptet wird, man könnte die bewußten Zustände und Vorgänge ohne Einbuße an Informationen in ihre *Elemente (Elementenpsychologie)* zerlegen, um sie zu analysieren. In spezieller Bedeutung wird diese Bezeichnung vorwiegend auf den *Assoziationismus, Sensualismus* und auf die extremen Formen des *Behaviorismus* bezogen. Der Atomismus steht in besonderem Gegensatz zu den Ansätzen der *Gestaltpsychologie* und *Gestalttheorie (Ganzheitspsychologie),* der *phänomenologischen Psychologie* (→*Phänomenologie)* und der *psychologischen Anthropologie.*

Atonie *(atonicity, atony).* Relativer oder absoluter Tonusausfall, Erschlaffung des Körpergewebes.
→*Tonus.*

Atrophie *(atrophy).* Rückbildung von Muskelgewebe oder anderen Gewebeteilen durch mangelnde Zellernährung oder mangelnde Funktion, z. B. Muskelschwund nach langer Bettlägerigkeit.

Atropin. Eine aus der Tollkirsche gewonnene Droge, die eine Erweiterung der Pupille herbeiführt. Sie bewirkt auch eine Entspannung der Eingeweidemuskulatur und hemmt die Drüsensekretion.

atopische Ekzeme →*Allergie.*

attitude →*Einstellung.*

Attrappenversuche →*Auslöser.*

Attribuierung, Kausalattribuierung *(attribution, causal attribution).* HEIDER bezeichnete mit A. den Prozeß, in dessen Verlauf jemand sein eigenes oder das Verhalten seiner Mitmenschen auf innere oder äußere Bedingungen bzw. Ursachen bezieht. Es wird angenommen, daß das künftige Verhalten davon mitbestimmt ist, welcher Art die Annahmen über die Verursachung des vorangegangenen Verhaltens waren. Die zusammengesetzte Bezeichnung *Kausalattribuierung* hebt den Aspekt des Zuschreibens von Ursachen hervor und kennzeichnet damit die subjektive Natur dieses hypothetischen Prozesses. Im Zusammenhang mit Leistungssituationen, in denen eine erhöhte Ichbeteiligung und kein vollstän-

diger Aufschluß über die Lösungswahrscheinlichkeit einer Aufgabe besteht, wird die Ursachenzuschreibung vorwiegend durch folgende Faktoren bestimmt: (a) Einschätzung der eigenen Fähigkeiten und Fertigkeiten, (b) Anstrengung, (c) Einschätzung der Aufgabenschwierigkeit und (d) Bezugnahme auf unkontrollierbare Einflüsse wie z. B. Glück oder Zufall. Es konnte gezeigt werden, daß der Bezug auf innere oder äußere Ursachen eine Vielzahl motivationaler Bedingungen des künftigen Verhaltens, wie z. B. Befürchtungen oder Hoffnungen näher erklärt.
LIT. WEINER (1974; 1975).

atypische Psychose →*Psychotische Störung.*

A-Typus →*Typus A-, B-Verhalten.*

Aubert-Fleischl-Paradoxon (*Aubert-Fleischl paradox*), auch Fleischlsches Paradoxon. Die Bewegung eines Reizes scheint sich verlangsamen, wenn man an Stelle des Hintergrunds den bewegten Reiz selbst fixiert.

Aubert-Foerstersches Phänomen →*Aubertsches Phänomen.*

Aubertsches Diaphragma. Eine Zwischenwand, die der Kontrolle der durchtretenden Lichtmenge dient. Eine quadratische Öffnung kann durch eine entsprechende Vorrichtung vergrößert und verkleinert werden. Die Größe der Öffnung entspricht dabei bestimmten Skalenwerten, mit deren Hilfe die durchtretende Lichtmenge genau bestimmt werden kann.

Aubertsches Phänomen.
[1] **A-Phänomen, A-Effekt** (*Aubert's phenomenon; Aubert-effect, A-effect*). Von AUBERT (1861) erstmals beschriebene Verlagerung der subjektiven Gravitations-Vertikalen in Richtung der Kopf- oder Körperneigung. Soll man mit seitlich geneigtem Kopf und/oder Körper in einem abgedunkelten Raum einen leuchtenden Stab in die Gravitations-Vertikale einstellen und beträgt die Eigenneigung über 50–60°, wird der Stab in Richtung der Kopf- oder Körperneigung verlagert. Die Abweichung von der Gravitations-Vertikalen kann bei extremer Körperneigung bis zu 50° betragen. Das *A.P.* tritt auch bei Lokalisierung einer Geräuschquelle unter den genannten Bedingungen auf. Bei geringer Kopf- oder Körperneigung kommt es zu einer Gegendrehung (→*E-Phänomen*).
[2] **Aubert-Foerstersches Phänomen** (*Aubert-Foerster-phenomenon, Aubert-Foerster-*

effect). Werden zwei verschieden große Gegenstände in unterschiedlicher Entfernung vom Beobachter so plaziert, daß sie den gleichen Abbildungswinkel einnehmen, erscheint der nähere Reiz ein größeres Areal einzunehmen als der gleichgroß wirkende weiter entfernte. Kleine Gegenstände werden somit in größerer Nähe eher bemerkt und können besser unterschieden werden als größere Gegenstände in größerer Entfernung, auch dann, wenn beide die gleiche Abbildungsgröße auf der Retina besitzen.
LIT. AUBERT (1861).

Audiometrie →*Hören.*

audition colorée. Das Auftreten von Farbempfindungen beim Anhören von Tönen oder Musik. Eine Form der →*Synästhesie.*

auditiv (*auditive*). Das Hören betreffend.

auditive Agnosie →*Agnosie.*

Auditives System →*Hören.*

Auffassung (*apprehension*). Gleichbedeutend mit: einer Sache gewahr werden im weitesten Sinne; eine erste Einsicht in einen Sachverhalt oder eine Situation gewinnen als Voraussetzung für ein volles verstehendes Erfassen des betreffenden Sachverhaltes oder der Situation. *Auffassungsbereich (apprehension span)* entspricht hier der Angabe der Anzahl von Gegenständen, die nach einer bestimmten Betrachtungszeit bemerkt werden und von denen berichtet wird.

Auffassungsbereich →*Auffassung.*

Aufforderungscharakter (*valence*) oder **Valenz.** Von K. LEWIN geprägte Bezeichnung für Wahrnehmungsgegenstände, die bestehende *Bedürfnisse* ansprechen und so zu bestimmten Verhaltensweisen anregen.

Aufgabe (*task*).
[1] Durch Aufforderungen, situative Sachzwänge der A.-Situation (task environment) und/oder Vorsätze ausgelöste gedankliche Beschäftigung oder Handlung zur Verwirklichung eines Ziels, das bestimmten *A.-Erfordernissen (task demands)* entspricht. A. und →*Problem* haben die nach Lösung drängende Ausgangslage und Ergebniserwartung gemeinsam, unterscheiden sich aber darin, daß bei einer A. die erforderlichen Schritte zu ihrer Erledigung bekannt sind, während die Wege zur Lösung eines Problems erst gefunden werden müssen.
[2] Die Bedingungen zur Übernahme einer Aufgabe und die dynamische Wirkung ihres

Aufmerksamkeit

→*Aufforderungscharakters* auf Art und Durchgängigkeit von Lösungsaktivitäten *(→ Leistungsmotiv)* wurden erstmals von KURT LEWIN in seiner →*Feldtheorie* dargestellt. Ihm verdanken wir auch die Anwendung psychologischer Erkenntnisse auf Probleme der Arbeitswelt. Übernahme und Erledigung von *Arbeits-A.* sind nach HELLPACH u. LANG (1922) mitbestimmt durch (a) Beteiligung an der Planung, (b) Möglichkeiten des Einbringens eigener Lösungsvorstellungen, (c) Mitverantwortung für die Konsequenzen der Entscheidung, (d) Überblicken des gesamten Arbeitsvorgangs und dessen Einteilung und durch (e) die Möglichkeit der wiederholten Überprüfung des Gelingens einzelner Arbeitsschritte und des Endprodukts.

[3] *A.-Analysen (task analysis)* sind Verfahren, die ähnlich wie jene der →*Arbeitsanalyse* der Überprüfung der personen- und bedingungsbezogenen Angemessenheit von A.-Abläufen dienen.

Aufmerksamkeit *(attention).*

[1] Zustand der gesteigerten Wachheit (Vigilanz) und Anspannung, der der selektiven Orientierung des Wahrnehmens, Denkens und Handelns zugrunde liegt. A. wird einerseits durch auffällige oder neuartige Umgebungsreize unwillkürlich geweckt, andererseits unter dem Einfluß von Hinweisen, Bedürfnissen, Interessen, Vorstellungen und Gedanken willkürlich und bewußt ausgelenkt, z. B. bei der Suche nach bestimmten Informationen oder Problemlösungs-Strategien. Die kurzfristige Zuwendung zu neuen Gegenständen geht in der Regel mit der Ablenkung von den bisher ausgeführten Tätigkeiten einher; man spricht von *Aufmerksamkeitswechsel (attention shift).* Die längerfristige Konzentration auf einen bestimmten Gegenstandsbereich wird als *Daueraufmerksamkeit (sustained attention; vigilance)* bezeichnet. Die Konzentration auf zwei gleichzeitig auszuführende Tätigkeiten gilt als Hinweis auf *verteilte Aufmerksamkeit (divided attention).* Bewußt ausgelenkte A.-Operationen im Zielbezug (sog. *kontrollierte Prozesse)* gehören zu den *instrumentellen A.-Funktionen;* sie unterliegen *Aufmerksamkeitsschwankungen* und *Kapazitätsbegrenzungen,* die sich im *Aufmerksamkeits-* und *Bewußtseinsumfang* sowie in den eingeschränkten Möglichkeiten zu beständigem Aufmerksamkeitswechsel, zur Aufmerksamkeitsverteilung und zur Daueraufmerksamkeit zeigen. Mit *vorbereitender A. (preparatory attention)* bezeichnet man Anzeichen der gesteigerten sensorischen Empfänglichkeit und Tätigkeitsbereitschaft in *Erwartung* bestimmter Ereignisse, die aus Erfahrung oder Interesse beachtenswert sind und auf die rasch eingegangen bzw. reagiert werden soll; sie entsprechen den in der *Einstellungs-Forschung* behandelten Erwartungsphänomenen im *antizipierten Zielbezug.* Mit *Aufmerksamkeits-Regulation* bzw. *-Steuerung (attention control)* werden neurophysiologische bzw. kognitive Prozesse bezeichnet, welche die Aufnahme, Verarbeitung und Nutzung bestimmter Informationen fördern, der Auswahl (Selektion) der individuell bedeutsamen Situationselemente bei gleichzeitiger Dämpfung irrelevanter Eindrücke Nachdruck verleihen, im erforderlichen Fall Aufmerksamkeitswechsel einleiten oder eine längerfristige Konzentration (Daueraufmerksamkeit) ermöglichen. A. erkennt man an der Zuwendung (Orientierung), an der Auswahl (Selektivität) der Gegenstände und der damit verbundenen *Unaufmerksamkeit (inattention)* gegenüber anderen sowie an Veränderungen des *Aktivationszustandes* und Anzeichen der *Anstrengung (effort).* Als psychophysiologisches Phänomen wird A. daher im Gefüge der *Orientierungs-, Selektivitäts-* und *Intensitätsdimension* beschrieben bzw. erklärt.

[2] (a) Die älteren *Theorien der A.* gehen von den Erlebnisbeschreibungen der klassischen Bewußtseins- und Willenspsychologie der Jahrhundertwende aus. A. ist für JAMES (1890) und WUNDT (1911) ein Zustand, der die gerichtete oder von Interessen geleitete Suche und Auswahl bedeutsamer Elemente im *Bewußtseinsfeld* oder *Bewußtseinsstrom* ermöglicht. A. gilt als Selektionsfunktion der Bewußtseinstätigkeit, die das Klarheitsrelief der Eindrücke in Analogie zum Wahrnehmungsfeld bestimmt. Im fokalen, d. h. zentralen Bereich erscheinen Einzelheiten klar und deutlich, so daß sie in ihrer gegenständlichen Bedeutung aufgefaßt werden können *(Apperception);* im peripheren Bereich dagegen gibt es ebenfalls mitbewußte, unklare Eindrücke *(Perceptionen).* Selektive A. bzw. Unaufmerksamkeit sind Voraussetzungen des geordneten Erkennens und Denkens, da Klarheit und Deutlichkeit notwendig sind und Aufmerksamkeit und Bewußtseins-

Aufmerksamkeit

umfang dem Erkennen deutliche Grenzen setzen.

(b) Die neuere Theorienbildung der *kognitiven Psychologie* geht auf BROADBENT (1958) zurück. In der *Filtertheorie (filter theory of attention)* ist der Ausgangspunkt die eingeschränkte Kapazität der (zentralen) *Informationsverarbeitung.* Die eingehenden sensorischen Daten gelangen zunächst in eine Pufferzone *(sensory buffer),* je nach Einstellung des Filters werden nur Daten aus einem bestimmten »Kanal« gleichzeitig durchgelassen (z. B. Reizdaten mit bestimmten Eigenschaften, Daten aus einem bestimmten Sinnesgebiet bzw. -organ, oder Daten, die in einem Bedeutungszusammenhang stehen). Die übrigen Daten bleiben in der Pufferzone oder werden – wie in der *Dämpfungs-Theorie (attenuation theory of attention)* angenommen – fragmentarisch mit verminderter Intensität weitergeleitet. A. bezeichnet die mehr oder weniger bewußte Einstellung des Filters für den Durchlaß von Daten bestimmter Art oder Herkunft. Filterumstellungen entsprechen dem Aufmerksamkeitswechsel.

(c) NEISSER (1976) und andere Vertreter der Informationsverarbeitungs-Psychologie sehen. i. U. zu BROADBENT die Selektivität als Kennzeichen zentraler Verarbeitungsprozesse. A. äußert sich in der bewußten Nutzung zusammenhängender *kognitiver Elemente* unter Zurückstellung anderer, die aus dem individuellen Bedeutungszusammenhang fallen.

(d) KAHNEMAN (1973) sieht A. in enger Beziehung zur Verfügbarkeit bewußt ausgelenkter *Anstrengung,* die eingesetzt wird, um Situationen durch den gezielten Einsatz von Such- und Entscheidungsstrategien interpretieren zu können.

(e) Die Arbeitsgruppen um POSNER und SHIFFRIN heben in ihrer Theorienbildung das Verhältnis zwischen bewußt *kontrollierten Prozessen* und anstrengungsfrei, *automatischen Prozessen* hervor, um die *Kapazität* der A. einzuschätzen.

(f) Im sog. *Kapazitäts-Ressourcen-Modell (capacity resources model of attention)* werden, neben den Grenzen für die Aufnahme und Verarbeitung sensorischer Daten, partielle Kapazitäten der Informationsverarbeitung und -nutzung angenommen. A. wird zu einem Prozeß der mehr oder minder bewußten *Ressourcenzuweisung (allocation of resources).* Die

Möglichkeit, zwei Aufgaben gleichzeitig erledigen zu können, steigt in dem Maße, wie verschiedenartig die jeweils aktivierten Teilsysteme mit eigenen Kapazitäts-Ressourcen sind. Müssen z. B. Lichtsignale motorisch beantwortet und gleichzeitig Durchsagen eingeprägt werden, so gelingt dies weit eher als dann, wenn beide Signale aus dem gleichen Sinneskanal (Sehen oder Hören) stammen und/oder in gleicher Weise verarbeitet werden müssen (z. B. motorisch reagieren oder einprägen).

(g) Eine erste *psychophysiologische Theorie* der A. stammt von THÉODULE RIBOT (1886). Der Zustand der konzentrierten A., eine Art »Monoideismus« (von einer einzigen Idee geleitet sein), ist für ihn das Produkt einer gelernten Steuerung psychomotorischer Prozesse, die u. a. die Blutversorgung der jeweils aktivierten Hirnbereiche verbessern. Von PAWLOW geht die bis heute diskutierte Auffassung aus, in der *Orientierungsreaktion* die Grundform der selektiven Orientierung und ihres von Interessen und Neugierde geleiteten Einsatzes zu sehen; komplexere Formen der instrumentellen und vorbereitenden A. können aus dieser Sicht als konditionierte Formen der ursprünglichen Zuwendungs- und Erkundungsreaktion angesehen werden. Die Beziehungen zwischen A. und *Aktivation* wurden von LINDSLEY systematisch untersucht und finden ihre Ergänzung in den Befunden der *kognitiven Psychophysiologie* (DONCHIN, 1983; RÖSLER, 1982). Dabei zeigen sich deutliche Beziehungen zwischen Anstrengungsaufwand und Ausgeprägtheit verarbeitungsspezifischer evozierter Potentiale sowie zwischen Signalreiz-Diskrimination, Latenzzeiten der evozierten Potentiale und *Reaktionszeiten* in Entsprechung zu den Kapazitäts-Ressourcen-Modellen. Die Beziehungen zwischen Anstrengungs-Steuerung und A. sind in einem neurophysiologischen Modell von PRIBRAM und MCGUINNESS (1975) angesprochen, demzufolge Übergänge zwischen Phasen der Informationsaufnahme und selektiver Informationsnutzung in einem *Anstrengungs-Kontroll-System* (zentriert im Hippocampusbereich) vermittelt werden. Da *emotionale Erregung* und *psychische Belastung* die Aufmerksamkeits-Regulation bzw. -steuerung beeinträchtigen, wird diesen Beziehungen in der neueren psychophysiologischen Forschung in Verbindung mit *Psychosomatik* und *Psy-*

79

Aufmerksamkeitsschwankungen

chopathologie nachgegangen (M. W. EYSENCK, 1982; MELDMAN, 1970).
→*Aktivation;* →*Aufmerksamkeitsumfang;* →*Bewußtsein;* →*Bewußtseinsumfang;* →*Einstellung;* →*Informationsverarbeitung;* →*kognitive Elemente;* →*kontrollierte Prozesse;* →*Orientierungsreaktion;* →*Yerkes-Dodson-Gesetz.*
LIT. BROADBENT (1958; 1971); DONCHIN (1984); M. W. EYSENCK (1982); FLORU (1969); FRÖHLICH (1978); JAMES (1890); KAHNEMAN (1973); LYNN (1966); MELDMAN (1970); NAVON, GOPHER (1979); RÖSLER (1982); PARSURAMAN, DAVIS (1984); PRIBRAM, MCGUINNESS (1975); POSNER (1978); RIBOT (1886); SHIFFRIN, SCHNEIDER (1977); SOKOLOW (1963); WUNDT (1911).

Aufmerksamkeitsschwankungen
(fluctuations of attention; attention fluctuations). Auf Beobachtungen von Urbantschitsch (1875) zurückgehende Bezeichnung für spontan auftretende, ggf. periodisch wiederkehrende Intensitäts- bzw. Klarheitsveränderungen von Wahrnehmungseindrücken bei fixierender Beobachtung eines physikalisch gleichbleibenden Reizes. Soll z. B. ein Beobachter auf das Ticken einer Taschenuhr achten, die unverändert in der gleichen Entfernung gehalten wird, so hat er nach einiger Zeit den Eindruck, das Ticken werde schwächer oder verschwinde zeitweilig ganz, um anschließend wiederzukehren usw. Man führte dieses Phänomen auf ein Nachlassen der *Vigilanz* zurück, das man sowohl bei monotoner Reizung als auch in reizarmen Umgebungen beobachten kann. Als Erklärung gilt heute die →*Habituation.*

Aufmerksamkeitsumfang *(attention span).* Von WUNDT eingeführte Bezeichnung für die Kapazität der Verarbeitung simultaner Informationselemente in Wahrnehmung und Vorstellung. Aus zahlreichen Untersuchungen geht hervor, daß ca. sieben Einzelheiten mit »einem Blick« erfaßt und auseinandergehalten werden können. Lassen sich Einzelheiten in Gruppen bestimmter Form (z. B. Gestalten) oder sinnhafte Einheiten (z. B. Buchstaben eines Wortes) zusammenfassen, bezieht sich der A. auf die Anzahl informationshaltiger Einheiten, die z. B. beim Lesen eines Textes größer als sieben ist. Zu unterscheiden von →*Bewußtseinsumfang.*
LIT. MILLER (1956).

Auge *(eye).* Lichtempfindliches Sehorgan bei Tier und Mensch, gekennzeichnet durch Sehfarbstoffe enthaltende Sinnesrezeptoren. Primitivste Formen: *Sehorganellen* bei Einzellern, *Flach-* oder *Plattenauge* bei Quallen, *Gruben-* oder *Napfauge* (z. B. der Schnecke) als erste Form einer (epidermalen) *Netzhaut*bildung; *Blasen-* oder *Lochaugen* weisen Vorformen einer *Linse* auf. Das komplizierte *Linsen-A.* findet sich bei manchen Kopffüßlern (z. B. größeren Tintenfischarten) mit lichtzugewandter, aus der Epidermis gebildeter *Reti-*

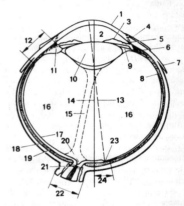

Vereinfachter Schnitt durch das menschliche Auge
1 Hornhaut (cornea), 2 vordere Augenkammer (anterior chamber), 3 Regenbogenhaut (iris), 4 Bindehaut (conjunctiva), 5 Schlemmscher Kanal (Schlemm's canal), 6 Ziliarmuskel (ciliary muscle), 7 Ansatz eines äußeren geraden Augenmuskels (insertion of tendon), 8 Ende der Retina (ora terminalis), 9 Zonulafasern (zonule), 10 Linse (lens), 11 Ziliarfortsatz (ciliary process), 12 Strahlenkörper, Ziliarkörper (ciliary body), 13 Sehachse (visual axis), 14 optische Achse (optic axis), 15 Cloquetscher Kanal (Cloquet's canal), 16 Glaskörper (vitreus), 17 Retina, Netzhaut (retina), 18 Lederhaut (sclera), 19 Aderhaut (chorioidea, choroid), 20 blinder Fleck (blind spot), 21 Lamina cribrosa, 22 Scheide und Austritt des nervus opticus (optical nerve sheath, optical nerve), 23 Fovea, 24 Macula lutea.

na; das *Linsen-A.* der *Wirbeltiere* (einschließlich Mensch) hat eine aus dem Zwischenhirn gebildete *Retina,* die lichtabgewandt (invers) liegt, d. h. die Sehzellen sind nach außen, aderhautwärts gerichtet. Bilder- und Entfernungssehen ist ab *Blasen-* oder *Lochauge* möglich. Das *Auflösungsvermögen* hängt von Dichte und Anzahl der Retina-Rezeptoren ab. Das menschliche Auge (vgl. Abb.) besitzt einige besondere Eigenschaften: (a) Das ankommende Licht wird an der *Hornhaut* und an der Linse gebrochen, so daß Bilder entstehen können; (b) die *Pupille* (Öffnung der Iris an der Linse) ist rund und kann die einfallende Lichtstärke bis zu $^1/_{16}$ reduzieren; (c) die *Linse* kann durch die Wirkung des *Ziliarapparates akkommodieren;* (d) die Brechkräfte von Linse und Hornhaut verhalten sich wie $^{21}/_{58}$ zu $^{13}/_{58}$; (e) Pupille und Brennweite des dioptrischen Apparates (Hornhaut, Linse) gewährleisten ein optimales Verhältnis von Sehfeld und Sehschärfe; (f) das große Auflösungsvermögen der Retina geht auf die ca. 125 Millionen Rezeptoren zurück, wobei sich Stäbchen und Zapfen wie 20 : 1 aufteilen. In der *fovea* (nur Zapfen, Stelle der größten Farbtüchtigkeit) können Punkte von 0,5 Winkelminuten Abstand (1/200º) voneinander unterschieden werden (bei Raubvögeln finden sich noch größere Auflösungswerte); die Sehfelder der beiden Augen *(binokulares Sehen)* überschneiden sich dergestalt, daß Entfernungs- und Bewegungssehen durch Reizung disparater Netzhautstellen möglich sind (Bereich des binokularen Sehens ca. 120º beim Menschen). Die Bewegung der beiden Augen erfolgt durch je 6 koordiniert arbeitende Muskeln.
→*Adaptation,* →*Akkommodation,* →*Analysator* [2], [3], →*Farbensehen,* →*Pupille,* →*Retina,* →*rezeptive Felder,* →*Sehen.*
LIT. GOLDSTEIN (1998); GREGORY (1972).

Auge-Kopf-Bewegungs-System →*Bewegungssehen.*

Augenbewegungen *(eye movements).* Die Augen bewegen sich ruckartig in die Position eines fixierten Objektes, verweilen dort ca. 0.1–0.3 sec und wechseln dann zu einer neuen Fixierungsposition über. Die kurze Dauer des Verweilens bestimmt die Leistungen des visuell-sensorischen Abbildspeichers, einer Vorstufe der Gedächtnisleistung. Die Willkürbewegungen der Augen nennt man *saccadische*

Bewegungen. Der Verlauf dieser Bewegungen läßt sich durch Augenbewegungskameras darstellen und zeigt die Bezogenheit der Fixierung und Fixierungsdauer auf bestimmte Merkmale des Reizes. Überlagert sind diese Bewegungen von einem feinen Tremor, sog. Mikrobewegungen.

Aura. Bezeichnung für die einem epileptischen Anfall vorausgehenden subjektiven Erlebnisse und Zustände (meist Angst, Halluzinationen u. ä.). →*Epilepsie.*

Ausbildung, Berufsausbildung *(training; vocational instruction).* Vermittlung von Basiswissen vor bzw. während des Einstiegs in eine Berufstätigkeit (z.B. Lehre; Berufsschule; Grundstudium). A. ist zu unterscheiden von (a) *Fortbildung (advanced training),* den Maßnahmen zur Aktualisierung von Kenntnissen im Basisberuf, z.B. die gezielte Einführung in neue Fertigungstechniken oder der Vertiefung von Wissen aus Angeboten der (b) *Weiterbildung (further vocational education),* einer das berufliche Basiswissen voraussetzenden Aufbaumaßnahme zur Vorbereitung auf eine (in der Regel höher qualifizierte) Spezialisierung.

Ausdruck *(expression).*
[1] Bezeichnung für Anzeichen, die mit psychischen Vorgängen oder Zuständen in Zusammenhang stehen oder Reaktionen, die als Anzeichen für das Vorhandensein bestimmter qualitativ unterscheidbarer Vorgänge und Zustände angesehen werden. Die menschlichen *Ausdruckserscheinungen* lassen sich nach Rohracher in fünf Klassen unterteilen: (a) *Physiognomik:* Ausdrucksmerkmale von Gestalt und Gesicht, (b) *Mimik:* Ausdrucksbewegungen im Gesicht, (c) *Gestik und Motorik:* Ausdrucksmerkmale der Bewegungen von Händen und des Körpers, (d) *Stimme und Sprechweise,* (e) *Schrift.* Manche der Ausdruckserscheinungen sind willentlich ausgelöst, viele – besonders die *vegetativen,* durch innersekretorische Veränderungen bedingten – dagegen sind willentlich nicht erzeugbar. Die Qualität, die einem Ausdrucksphänomen zugeschrieben wird, beruht auf dem *Eindruck,* auf einer gefühlsmäßigen Stellungnahme des *Beobachters* oder *Ausdrucksempfängers.* Die systematischen Versuche zur Klärung der Beziehungen zwischen Ausdruck und Eindruck werden als *Ausdruckskunde* (alte Bezeichnung) oder *Ausdrucksforschung* bezeichnet.

Ausdruckspsychologie

Um A. von *Verhalten* oder *Reaktion* unterscheiden zu können, empfiehlt sich eine Definition des A. vom A.-Empfänger, vom Beobachter her. So bestimmt ROHRACHER Ausdruck als dasjenige an Wahrnehmungsinhalten, »was durch unmittelbare Wirkung gefühlsmäßige Stellungnahmen oder Beurteilungen auslöst, die den wahrgenommenen Dingen als Eigenschaften zugeschrieben werden, obwohl sie reizmäßig nicht gegeben sind« (ROHRACHER, 1969). Reaktion und Verhalten dagegen sind Beschreibungseinheiten, die sich nur auf das reizmäßig Gegebene (z. B. Bewegung nach vorn, »Ja-Sagen« der Versuchsperson u. ä.) beschränken. Die Aussage: »Er bewegt sich nur widerwillig nach vorn« ist dagegen über den Eindruck des Betrachters entstanden, daß in Mimik oder Gestik des Beobachteten so etwas wie »Widerwillen« zum Ausdruck kommt.

[2] Bezeichnung für Erscheinungen beim Tier, die bei seinen Artgenossen bestimmte Instinkthandlungen auslösen. Die entsprechenden Ausdruckserscheinungen werden als *Auslöseschemata (→Schema)* bezeichnet (z. B. *Unterwerfungsgeste).* K. LORENZ betont, daß auch beim Menschen bestimmte *»Schlüsselreize« (→Auslöser)* existieren, die z. B. als *»Kindchenschema«* das Pflegeverhalten bzw. den Pflegetrieb auslösen.

LIT. K. BÜHLER (1933); KIRCHHOFF (Hrsg.; 1965); LORENZ (1943); ROHRACHER (1969).

Ausdruckspsychologie *→Ausdruck, →Physiognomik.*

Ausgangsdaten, Ausgangsniveau *(baseline).*

[1] *Psychophysiologie:* Die einen Ausgangs- oder Ruhewert repräsentierenden Ergebnisse eines Vorversuchs zur Kontrolle reiz- oder situationsbedingter Veränderungen. *→Ausgangswertgesetz.*

[2] *Lerntheorie:* Anzahl und Intensität spontan auftretender Reaktionen vor einer Verstärkungs- oder Löschungsprozedur. SKINNER benützt vermischte intermittierende Verstärkungsstrategien zur Bestimmung der A.

[3] *Psychotherapie, Verhaltenstherapie:* Die Erfassung aller mit dem zu behandelnden Fehlverhalten zusammenhängenden Bedingungen einschließlich seiner Auftretenswahrscheinlichkeit durch Fremd- und Selbstbeobachtung vor Einsetzen einer therapeutischen Maßnahme.

Ausgangswertgesetz, Wildersches Gesetz *(law of initial value; Wilder's law).* Von WILDER 1931 im Zusammenhang mit dem Adrenalinhaushalt beschriebene Abhängigkeit der Intensität physiologischer Reaktionen auf funktionssteigernde bzw. -hemmende Reize vom individuellen Ausgangswert. »Je höher der Ausgangswert, desto geringer die Reaktion auf funktionssteigernde und desto größer die Reaktion auf funktionshemmende Reize« (WILDER, 1967; p. VIII). Die Allgemeingültigkeit des A. in bezug auf alle physiologischen Reaktionen wie z. B. Blutdruck, elektrodermale Aktivität oder Herzfrequenz ist umstritten. Unter anderem hängt der Nachweis der im A. angesprochenen Abhängigkeiten von der Meßmethode ab. In der Regel wird das A. als Korrelation zwischen dem Ausgangswert (als Baseline-Information) und dem Ausmaß der Veränderung dargestellt. Neuere Untersuchungen führen zu der Empfehlung, von Reaktionssystemen auszugehen und die gesamte Veränderungsstruktur durch kombinierte Maße zu erfassen.

LIT. JAMIESON, HOWK (1992); JIN (1992); WILDER (1967).

Auslöser *(releaser).*

[1] Aus der Verhaltensforschung stammende Bezeichnung für Ausdrucksbewegungen mit Signalcharakter, die innerhalb der eigenen Art soziales Verhalten koordinieren (z. B. Begrüßungszeremoniell, Drohgebärden) oder Bedeutung auch für andere Tierarten besitzen (z. B. Warnpfiff des Murmeltieres).

[2] Im Sinne von *Schlüsselreiz (key stimulus)* ein Kennzeichen, das gleichförmig mit bestimmten Reaktionen oder Reaktionsketten *(Instinkthandlungen)* beantwortet wird. In der Verhaltensforschung wird angenommen, daß diese Stabilität zwischen Reiz und Reaktion durch *angeborene auslösende Mechanismen (AAM)* bewirkt wird. Darunter versteht man eine dem motorischen Bereich des ZNS vorgeschaltete Instanz, die verhindert, daß Reaktionen irgendwann ausgeführt werden, und bewirkt, daß Reaktionen an den Schlüsselreiz fest gebunden sind. *Attrappenversuche* dienen der Analyse von A. im Sinne von Schlüsselreiz. Typisches Beispiel ist die Färbung des Schnabelinneren bei Jungvögeln als A. für das Füttern durch die Alten.

LIT. EIBL-EIBESFELDT (1967).

Auslöseschemata *→Schema.*

Aus-Reaktion *(off-effect).* Beim Aufhören eines Reizes reagieren einige Rezeptorelemente mit gesteigerter Frequenz der Impulsabgabe, daher die Bezeichnung *Aus-Rezeptoren (off-receptors).*

Aussage *(statement; evidence; testimony).*
[1] *Philosophie, Sprachwissenschaft:* Etwas durch Rede verdeutlichen, behaupten. Im Unterschied zu Frage-, Wunsch- oder Befehlssätzen eine reine Tatsachenbezeugung, die nach G. FREGE als solche, d. h. von ihrem Inhalt und ihrer Intention her, ohne Rücksicht auf ihre einzelnen Bestandteile, behandelt werden sollte.
[2] **Aussage-Psychologie** *(witness psychology):* Teilgebiet der →*Forensischen Psychologie,* dessen Gegenstand kognitive und motivationale Aspekte von Zeugenaussagen sind, z. B. *Zeugentüchtigkeit,* situationsabhängige *Aussagegenauigkeit* (Ermittlung irrtümlicher Aussageverfälschungen) und →*Glaubwürdigkeit* (Ermittlung absichtsvoller Verfälschungen).
LIT. GREUEL, FABIAN, STADLER (Hrsg. 1997); STELLER, VOLBERT (Hrsg. 1997).

außerbewußt →*unbewußt.*

äußere Kontrolle →*Kontrolle.*

außersinnliche Wahrnehmung *(extrasensory perception, ESP).* Umfassende Bezeichnung für *telepathische* und verwandte Phänomene *(→Parapsychologie),* bei denen es ohne erkennbare Sinnesreizung zu anschaulichen bzw. bildhaften Eindrücken seitens des Mediums kommt.

Austauschtheorie *(exchange theory).* Sozialpsychologische Theorie der →*Interaktion* bzw. interpersonalen Attraktivität, aufgestellt von THIBAUT und KELLEY. Ausgangspunkt sind die »values« (Werte) und »costs« (Kosten), die einer Interaktion beigemessen werden. An diesem Maßstab werden Zufriedenheit oder Unzufriedenheit gemessen, die über Beibehalten oder Verändern der Interaktionsrichtung entscheiden.

Autismus *(autism).*
[1] (a) Vorrangige Beschäftigung mit der eigenen Gedanken-, Vorstellungs- und Gefühlswelt unter mehr oder weniger ausgeprägtem Verlust des Bezugs zu den Gegebenheiten und Erfordernissen der Umwelt. Syn.: *autistisches Denken (autistic thinking);* Gegensatz: Realistisches Denken *(realistic thinking).* (b) In der klassischen *Psychopathologie und Psychiatrie* von BLEULER eingeführte Bezeichnung für psychose-, neurose- oder hirnorganisch bedingte extreme Formen des Rückzugs aus sozialen Kontaken, selbstgewählter Einsamkeit und emotionaler Teilnahmslosigkeit gegenüber den Aufforderungen der Außenwelt (Interesseverlust).
[2] *A. im Kindesalter:* (a) Der *frühkindliche Autismus (early infantile autism; Kanner's infantile autism)* äußert sich in Symptomen der sog. autistischen Einsamkeit. Bereits im Säuglingsalter fehlen Blickkontakte, in der Kindheit treten zwanghafte Spielgewohnheiten, motorische Stereotypien zusammen mit mangelndem Kontaktbedürfnis auf. Später kommen auch Beeinträchtigungen der Sprach- und kognitiven Entwicklung hinzu, welche die Nähe zur *geistigen Behinderung* kennzeichnen. A. wird sowohl im Zusammenhang mit organischen Schäden (Zwischenhirn-Störungen) als auch als Folge sensorischer bzw. sozialer Vernachlässigung und Deprivation diskutiert. Im DSM-IV heißt dieses Erscheinungsbild *Autistische Störung (autistic disorder)* und zählt zu den *Tiefgreifenden Entwicklungsstörungen (pervasive developmental disorder).* Für die Diagnose liegen Kriterien vor, die sich an den bereits vor dem 3. Lebensjahr einsetzenden qualitativen Beeinträchtigungen der sozialen Interaktionen, der Kommunikation und Sprache, den Beschränkungen in Motorik und Verhalten (auch Spielverhalten) und der Interessen orientieren. Der weitere Lebenslauf ist durch die o. g. Beeinträchtigungen gekennzeichnet. Eindeutige Prognosen bezüglich der Möglichkeiten für eine unabhängige Lebensweise sind nicht möglich. (b) Die nach ASPERGER sog. *autistische Psychopathie im Kindesalter (infantile autism)* zeigt sich im Unterschied zu (a) erst etwas später bzw. kann erst etwa ab dem 3. Lebensjahr diagnostiziert werden. Allgemeine Kennzeichen sind mangelnde Spielfreude, Gefühls- und Kontaktarmut und Unbeholfenheit bei alltäglichen Verrichtungen, das allmähliche Hervortreten von Verhaltens-Manierismen und ausgeprägte Interessen für Sachverhalte, die deutlich aus dem Rahmen altergemäßer Interessensgebiete fallen. Im DSM-IV heißt diese Form des kindlichen A. *ASPERGER-Störung (Asperger's disorder);* sie zählt ebenfalls zu den *Tiefgreifenden Entwicklungsstörungen.* Diagnostische Kriterien sind neben dem in

autochthon

früher Kindheit zunächst normal erscheinenden Entwicklungsverlauf ca. ab dem 3. Lebensjahr hervortretende Beeinträchtigungen sozialer Interaktionen, des Verhaltensspielraums bei gleichzeitigem Auftreten von Stereotypien, Einschränkungen der Interessen (z. B. Beschäftigung mit einzelnen Objektteilen oder ausgefallenen Teilproblemen). Wie bei (a) kommt es später zu auffälligen Beeinträchtigungen der sozialen und beruflichen Entwicklung; im Unterschied zu (a) fehlen aber klinisch bedeutsame Verzögerungen der Sprach- und kognitiven Entwicklung.
LIT. BLEULER (1966); COHEN, DONNELLAN, PAUL (eds.; 1987); KUSCH, PETERMANN (1990).

autochthon *(autochthonous)*. Bezeichnung für Vorstellungen, die unabhängig von dem gerade vorhandenen Gedankengang aufsteigen und dem normalen Denken fremd sind. Ein in der Schizophrenie vorkommendes Symptom. Neuerdings im Zusammenhang mit der Wahrnehmung auch als dem Individuum in ausgezeichneter Weise zukommende Tendenzen der Auslegung von Reizgegebenheiten verwendet, wobei die Anhaltspunkte für die Auslegung nicht aus der Reizgegebenheit stammen (z. B. Gestalttendenzen, Sinnerfüllung bei nicht deutlich erkennbaren Gegebenheiten u. ä.).

Autoerotik *(auto-eroticism)*. Sexuelle Betätigung, die den eigenen Körper zum Gegenstand hat (Masturbation).

autogenes Training. Bezeichnung für eine von J. H. SCHULTZ entwickelte Methode, durch Entspannungsübungen Spannungszustände, Schmerz und Schlaflosigkeit durch Beeinflussung der Körperfunktionen zu überwinden.
LIT. SCHULTZ (1979).

Autoimmunisierung *(autoimmunization)*, Syn. *Autosensibilisierung.* Antikörperbildung des →*Immunsystems* auf eigenes Körpergewebe infolge von Fehlerkennungen *(→Autoimmunkrankheiten)*, von medikamentösen Einflüssen, von Entzündungen in Körperregionen, die von der Immuntoleranz ausgenommen sind (z. B. Augenlinsengewebe; Teile des Gehirns) oder von Körperbereichen und körpereigenen Substanzen, die erst nach Abschluß der embryonalen Entwicklung entstehen (z. B. Spermien).

Autoimmunkrankheiten *(autoimmune diseases)*, Syn. *Autoimmundefekte (autoimmune deficiencies)*. Krankheiten, die auf der Dauerbildung von Antikörpern gegen körpereigene Substanzen *(Autoantigene)* beruhen, vermutlich auf der Grundlage einer genetischen Disposition. (a) *Organspezifische A.* sind auf ein bestimmtes Organ oder Organsystem beschränkt. Vorzugsweise betroffen sind *Schilddrüsen* (Überfunktionen mit Strumabildung durch mangelnde Produktion von TSH, *Thyreotropin,* ein die Schilddrüse stimulierendes Hormon; →*Basedowsche Krankheit*); *Magen (Schleimhautatrophie; perniziöse Anämie* mit entzündlichen Folgen in Form *chron. Gastritis); Bauchspeicheldrüse (juveniler →Diabetes mellitus)* und *Nebennieren (→Addisonsche Krankheit).* (b) Zu den *nicht organspezifischen A.* zählen *rheumatoide Arthritis, chronische Nierenentzündungen, Haut- und Muskelentzündungen.* (c) *Misch und Übergangsformen* sind z. B. bestimmte Arten von *Hepatitis* (Leberentzündung) und *Myasthenie* (Muskelschwäche).

Autokinese *(autokinesis)*, wörtl.: Eigen- oder Selbstbewegung.
[1] Unwillkürliche, durch propriozeptive Reize ausgelöste Körperbewegung ohne ersichtlichen äußeren Anlaß. Im übertragenen Sinn auch sprunghafte, unerwartete Anschauungs-, Einstellungs- oder Themenwechsel.
[2] **Autokinetisches Phänomen** *(autokinetic effect/illusion/motion/phenomenon). Scheinbewegung* eines in dunkeladaptiertem Zustand über längere Zeit starr fixierten, in einem abgedunkelten Raum mit schwellennaher Intensität leuchtenden, objektiv unbewegten Lichtpunkts. Nach einigen Sekunden scheint er in periodische, driftartige Bewegungen von bis zu 20° in die eine oder andere Richtung zu geraten. Umfang, Richtung und Periodizität unterliegen erheblichen inter- und intraindividuellen Schwankungen, die sich durch Suggestion leicht beeinflussen lassen. SHERIF ließ eine Person im Kreise von stummen Mitbeobachtern Bewegungsurteile laut aussprechen. Die anschließende Befragung der Mitbeobachter ergab größere Urteilshomogenität als bei individueller Urteilsabgabe. Die Abnahme der Urteilsvarianz gilt als Modell für die Wirkweise von *Gruppennormen.* Der entscheidende *Erklärungsansatz* für das A. P. stammt von GREGORY (1971; 1974). In seinen Experimenten wies GREGORY unter Bedingungen, die die Augen- und Kopfbewegungen

ausschlossen, nach, daß es sich mit großer Wahrscheinlichkeit um die Folgen unwillkürlicher Augenbewegungsimpulse handelt, die bei längerdauernder starrer Fixierung unvermeidlich sind. Die *Efferenzkopien* solcher Impulse werde so verrechnet, als handle es sich um die Einleitung von Folgebewegungen, die einem bewegten Reiz gelten. Trotz der stationären *Afferenzkopie* entsteht auf der Grundlage einer Art neuronaler Fehlinterpretation der Eindruck von Reizbewegungen (→*Bewegungssehen*).
LIT. GREGORY (1971; 1974), ROYCE u.a. (1966).

Autokorrelation *(autocorrelation)*. Liegen Beobachtungswerte vor, deren Größe zu verschiedenen, aufeinanderfolgenden Zeitpunkten erhoben wurden, so läßt sich mit Hilfe der A. der innere Zusammenhang der Meßreihe in Abhängigkeit von verschiedenen Meßzeitpunkten darstellen. Der sog. *Autokorrelations-Koeffizient (autocorrelation coefficient)* ist definiert als die *Produkt-Moment-Korrelation* zwischen Paaren aus derselben Meßreihe $X_1...X_n$, wobei dem ersten Meßwert X_1 ein zu einem späteren Zeitpunkt erhobener Wert X_k, dem zweiten X_2 der Wert X_{k+1}, dem dritten X_3 der Wert X_{k+2} usw. zugeordnet wird. Der *Reihenkorrelationskoeffizient (serial correlation coefficient)* liefert eine Parameterschätzung des A.-Koeffizienten nach der verallgemeinerten Beziehung

$$r(k) = \frac{\frac{1}{n-k}\sum_{i=1}^{n-k}(X_i - \overline{X})(X_{i+k} - \overline{X})}{\frac{1}{n}\sum_{i=1}^{n}(X_i - \overline{X})^2}$$

wobei n die Anzahl der Meßwerte bzw. Erhebungszeitpunkte bedeutet, k die der Berechnung zugrundeliegende Meßzeitpunkt-Verschiebung, X_i bzw. X_{i+k} die jeweils paarweise betrachteten Meßwerte der ursprünglichen und der zeitverschobenen Reihe, und $\overline{X}$ den Mittelwert der n Beobachtungswerte.
→*Zeitreihe.*

automatische Prozesse →*Prozesse, automatische.*

Automatismus *(automatism)*. Bezeichnung für eine mehr oder weniger komplexe Reaktion, die ohne Beteiligung des Bewußtseins abläuft. *Sensorische Automatismen (sensory automatisms)* sind selbsttätig ausgelöste Sinnes-

eindrücke, die als Halluzinationen u.ä. beschrieben werden.

autonom *(autonomic)*. Bezeichnung für unabhängige Funktionen.

autonome Labilität →*Labilität.*

autonomes Nervensystem →*Nervensystem.*

autoritäre Persönlichkeit *(authoritarian personality, authoritarianism)*. Aus Vorurteilsuntersuchungen von Adorno u.a. stammende Bezeichnung für ein an »Führerprinzip« und »Obrigkeitsstaat« nationalsozialistischer Prägung orientiertes Einstellungssyndrom, dessen einzelne Komponenten weitgehend durch Erziehungseinflüsse geprägt sein sollen und das nach Meinung dieser Autorengruppe den Rechtsradikalismus bzw. Faschismus allgemein charakterisiert. Rigidität, machtbezogenes Denken, ausgeprägte Tendenzen zu Vorurteilen und enges Festhalten an Konventionen gelten als wichtigste Kennzeichen. Die einzelnen Symptome wurden durch Interviews an Extremstichproben und durch Anwendung von Einstellungsskalen erhoben. Die entsprechenden Einstellungsskalen betreffen die Merkmale (a) *Antisemitismus (antisemitism),* (b) *Ethnozentrismus (ethnocentrism),* (c) *Faschismus (fascism)* oder autoritäre Einstellung im engeren Sinne und (d) *politisch-ökonomischer Konservatismus (political-economic conservativism, PEC).* Kritische Nachuntersuchungen verweisen auf schwerwiegende methodische Mängel sowohl im Interviewteil als auch hinsichtlich der zur Einstellungsmessung verwendeten Fragebögen (→*Reaktionseinstellung*).
LIT. ADORNO u.a. (1950); CHRISTIE, JAHODA (Hrsg.; 1954).

Autorität *(authority)*.
[1] Aus dem lat. auctoritas (Träger bestimmter Vollmachten) hergeleitete allgemeine Bezeichnung für eine aus anerkannten Leistungen, Traditionen oder persönlichem Ansehen resultierende Stellung einer Person oder Institution, die ihr Einfluß und Prestige verleiht.
[2] *Soziologie und Sozialpsychologie:* Beschreibung des Status einer Person oder Personengruppe, die die Möglichkeit besitzt, Mitmenschen in ihren Einstellungen, Meinungen oder Handlungen zu beeinflussen bzw. zu lenken; Verhalten einer Person, das die Fähigkeiten und Möglichkeiten erkennen läßt, die Bedürfnisse und Wünsche anderer Gruppenmitglieder zu erfüllen, wodurch die betreffen-

Autosuggestion

de Person an Einfluß und Prestige gewinnt; Verhalten einer Person, die mit besonderer Überzeugungskraft richtungweisende Erklärungen zu Personen oder Sachverhalten aufgrund ihres Prestiges abzugeben vermag (diese Auffassung steht im Zusammenhang mit der Theorie von der *social power*); Status einer Person, der sich von deren besonderen Kenntnissen, Fertigkeiten oder Fähigkeiten herleitet *(technische A., Wissensautorität)*; Person oder Gruppe, manchmal auch Institution, auf die man sich beruft, um die Bedeutung eigener Denkweisen oder Handlungen zu unterstreichen. Wegen der Bedeutungsvielfalt ist es empfehlenswert, den Begriff A. jeweils aus dem gegebenen theoretischen Kontext näher zu bestimmen.

Autosuggestion *(auto-suggestion).* Eine Form der *Suggestion,* die vom Individuum selbst vorgenommen wird und nicht von außen kommt (Synonym: Selbstsuggestion).

Autotopagnosie →*Agnosie.*

Aversion →*Appetenz.*

Aversionstherapie *(aversive therapy).* Verfahren zur Löschung unerwünschter Verhaltensweisen (z. B. Alkoholgenuß), das auf dem Prinzip der *reziproken Hemmung* aufbaut. Zunächst werden mit den der unerwünschten Verhaltensweise entsprechenden, ursprünglich positiv bewerteten Reizen (z. B. alkoholisches Getränk) solche Reize dargeboten, die unangenehme Gefühle auslösen (z. B. Substanzen mit übelkeitserregendem Geruch; elektrische Schläge). Im weiteren Verlauf der Behandlung wird dann dazu angeregt, sich die beiden Reize miteinander vorzustellen, um so die Tendenz zur Wiederausführung der unerwünschten Verhaltensweise beherrschen zu lernen.

LIT. RACHMAN, TEASDALE (1969).

aversives Verhalten →*Appetenz.*

Axialgradient *(axial gradient).* Allgemeine Bezeichnung für die graduellen Veränderungen in der Intensität des Stoffwechsels entlang der Körperachsen (z.B. der Mittellinie oder Mediansagittalen) oder im Verlaufe der Körperorgane, gemessen mit Hilfe der Veränderungen der elektrischen Potentiale in den betreffenden Regionen.

Axiom. Ein durch Widerspruchslosigkeit und Irreduzibilität in bezug auf andere Axiome eines Axiomensystems ausgezeichneter Grundsatz, der Definitionen und Beweisen zugrunde liegt.

Axon *(axon)* oder **Achsenzylinderfortsatz, Nervenfortsatz** oder **Neurit.** Bezeichnung für den Fortsatz des →*Neurons,* in dem Nervenimpulse vom Zellkörper weg- oder im Falle der sensiblen Neurone zum Zellkörper hingeleitet werden.

B

β →*Signalentdeckung.*

Babinski-Reflex *(Babinski's reflex).* Bei Streichen der Fußsohle bzw. der Fußsohlenränder auftretende Streckung der großen Zehe in dorsaler Richtung bei gleichzeitiger Spreizung der übrigen Zehen. Der B.-R. tritt bei Kleinkindern bis zum zweiten Lebensjahr regelmäßig auf und geht dann in den *Plantar-Reflex* (Beugen der Zehen bei Fußsohlenberührung) über. Er gilt ansonsten als Anzeichen von Störungen des cerebro-spinalen Systems, insbesondere der →*Pyramidenbahn.*

Bahnung *(facilitation).*
[1] Bezeichnung für einen hypothetischen Prozeß, als dessen Folge Leistungsverbesserung bzw. schnelleres Erkennen, schnelleres und fehlerfreies Reagieren u. ä. auftreten. (So wird z. B. angenommen, Aufmerksamkeit oder Erwartungen hätten auf das Wahrnehmen einen Einfluß, der als »förderlich« bzw. das Wahrnehmen »erleichternd« beschrieben werden kann, da die der Erwartung entsprechenden Reize schneller erkannt werden als andere.)
[2] Bezeichnung für eine auf Übung oder experimentelle Maßnahmen *(reinforcement* u. ä.) zurückführbare Verbesserung der Leistungen *(→Komplikation).*
[3] Neurophysiolog. Prozeß, als dessen Folge Nervenzellen und/oder -leitungen →*Aktionspotentiale* leichter ausbilden bzw. leiten *(→Synapse).* Mit dem B.-Begriff verbunden ist die Auffassung, daß wiederholte Aktivierung ein und desselben neuronalen Musters dort eine erhöhte Bereitschaft zum Feuern bewirkt.
→*Konditionierung, klassische.*

Barorezeptoren-Hypothese *(baroreceptor hypothesis).* Von LACEY eingeführte Auffassung, die Bereitschaft zur Informationsaufnahme bzw. die Zurückweisung sensorischer Informationen *(→Intake-rejection-Hypothese)* sei von Meldungen über den herrschenden Blutdruck und ihren Konsequenzen auf das *Aktivationsniveau* abhängig. Nimmt unter dem Einfluß von Stressoren (gesteigerte Sympathikusaktivierung) die Herzleistung zu, so steigt der Blutdruck. Die Steigerung wird über Baro-

(Druck-) Rezeptoren im Aortenbogen und carotis sinus registriert; die entsprechenden Meldungen werden auf relativ direktem Weg – über Kerne im tractus solarius – in eine *Hemmung* der momentan vorherrschenden *kortikalen Aktivation* umgesetzt, was zu einem herabgesetzten Umweltrapport führt. Sinkt der Blutdruck, so treten die dämpfenden Impulse weitgehend zurück und die Empfänglichkeit gegenüber sensorischen Reizen wird erhöht. Eine modifizierte Sichtweise über Beziehungen zwischen kardiovaskulären Vorgängen und Verhaltensregulation stammt von OBRIST. →*Kardio-somatische Kopplung.*
LIT. LACEY (1967), LACEY, LACEY (1974); ORLEBEKE u. a. (1985).

Bartlett-Test. Statistisches Verfahren zur Prüfung der Homogenität der Varianzen bei mehr als zwei Stichproben zum Zwecke der Vorentscheidung über die Zulässigkeit der Anwendung der →*Varianzanalyse.*

Basalganglien *(basal ganglia).* Ansammlungen von Nervenzellen mit gemeinsamer Funktion im ZNS, z. B. Corpus striatum, corpus amygdaloideum.

Basalhirn *(pars basalis, brain basement).* Unter dem Pallium gelegener Teil der Großhirnhemisphären, die das vordere Ende des Hirnstammes bilden.

Basedowsche Krankheit, thyreogener Exophthalmus *(Basedow's disease, Graves' disease, exophthalmic goitre).* Überfunktion der Schilddrüse (thyreogene Orbitopathie mit bilateralem und unilateralem Exophthalmus) auf autoimmunologischer Basis bei genetischer Praedisposition. Symptome: Glotzäugigkeit durch hervortretende Augäpfel, kropfartige Vergrößerung der Schilddrüse (Struma), erhöhter Grundumsatz, Abmagerung, Übererregbarkeit mit motorischer Unruhe, Schweißausbrüche, deutlich erhöhte Herzschlagfrequenz (Tachykardie).

Basilarmembran. Membran in der Cochlea (Schnecke) des inneren Ohres, die die *scala media* (Schneckentreppe) von der *scala tympani* (Paukentreppe) trennt und auf der das →*Cortische Organ* sitzt.

87

Bayessche Statistik

Bayessche Statistik *(Bayesian statistics).* Anwendung des *Bayesschen Theorems (Bayes theorem, Bayesian theorem)* in der Theorie der statistischen Schlußfolgerung (Inferenz). Bilden N Ereignisse B_1 bis B_N ein vollständiges Bild des Ereignissystems und ist A ein beliebiges Ereignis, dessen Auftretenswahrscheinlichkeit bekannt und von Null verschieden ist, so kann man den Wert der *bedingten Wahrscheinlichkeit* P (B_j | A) berechnen, indem man die Ereigniswahrscheinlichkeiten P (B_i) als *a priori-Wahrscheinlichkeiten* in die Beziehung

$$P(B)_j|A) = \frac{P(A|B_j)\,P(B_j)}{\sum\limits_{i=1}^{N} P(A|B_i) \cdot P(B_i)}$$

einsetzt. Das Ergebnis ist die *a posteriori-Wahrscheinlichkeit.* Eine analoge Formulierung gilt für kontinuierliche Variablen. Als optimale Entscheidung nimmt man diejenige Hypothese an, die gemäß der →*Likelihood-Funktion* einer Beobachtungsreihe die größte a posteriori-Wahrscheinlichkeit besitzt. Die eingehenden *a priori-Wahrscheinlichkeiten* sind subjektiv. Das Verfahren steht im Gegensatz zur traditionellen statistischen Schlußfolgerung auf Grund von Stichprobenwerten unter Heranziehung von Modellen und der sog. *Nullhypothese* (Fishersche Statistik). →*Minimax-Prinzip.*
LIT. PHILLIPS (1973).
Bayessche Strategie *(Bayesian strategy, Bayes strategy).* Spieltheoretische Bezeichnung für die optimale Strategie eines Spielers bei Kenntnis der vermengten Strategien seiner Gegner gemäß dem Bayesschen Theorem. Der optimalen Strategie entspricht in der Regel die sog. →*Minimax-Strategie.*
Beanspruchung →*psychische Beanspruchung;* →*Streß.*
Bedeutung *(meaning, signification; significance).*
[1] Bezeichnung für den erfaßten Sinn oder Zweck eines Signals, Gegenstandes, Ereignisses, einer Mitteilung oder eines Textes über Sinneserfahrung, physikalische Merkmale bzw. rein sachsinnhafte Eigenschaften hinaus. Ausdrucksmerkmale von Artgenossen oder bestimmte Umweltereignisse haben für Tiere auf der Grundlage von Instinkten eine gleiche

artspezifische, *intersubjektive Bedeutung;* die Reaktion erfolgt automatisch und ist bei allen Angehörigen derselben Art gleichförmig. Das rote Licht einer Verkehrsampel hat zwar ebenfalls für alle Fahrer die gleiche intersubjektive B. und wird automatisch beantwortet, doch ist die Signal-B. erlernt. Ebenso ist die B. des Donnergrollens als Hinweis auf ein heranziehendes Gewitter auf Erfahrung gegründet; der Gedanke an das Gewitter setzt aber eine Art von schlußfolgerndem Denken voraus und stellt sich nicht notwendigerweise automatisch ein. Die Verbeugung eines Mitmenschen bei der Begrüßung wird von dem einen »intuitiv« als Höflichkeitsgeste, von einem anderen dagegen als zur Schau gestellte Unterwürfigkeit eingeschätzt. Sozial und emotional bedeutsame Ereignisse und die B. der mit ihnen verbundenen Begriffe unterliegen erheblichen interindividuellen Auffassungsunterschieden und verweisen auf Aspekte der *subjektiven B.* Prozesse der *subjektiven B.-Erfassung* sind von *Erfahrungen, Einstellungen* und *Bewertungen* getragen und beziehen sich in der Regel auf den Kontext der jeweiligen *Situation.*
[2] In der *Psycholinguistik* unterscheidet man (a) *denotative B.* im Sinne der sachsinnhaften, gegenstandsbezogenen, inhaltlichen B. von *Begriffen* und (b) *konnotative B.* als Inbegriff qualitativer B.-Merkmale, z. B. die »mitgegebene« emotionale B. von Begriffen wie »Freund« oder »Feind«. Die konnotative B. unterliegt mehr oder weniger ausgeprägten interindividuellen Unterschieden, deren Erfassung z. B. das *semantische Differential* ermöglicht.
[3] In der *Semantik* bezeichnet B. den Stellenwert eines bestimmten Sprachzeichens oder -symbols innerhalb einer oder mehrerer Klassen von Begriffen, z. B. in Form sog. *Wortfelder.*
[4] Im Sinne von *Signifikanz* bzw. *signifikant* Bezeichnung für (a) ein auffälliges Ereignis, das einen deutlichen Hinweis enthält oder (b) ein Ergebnis, das mit äußerst geringer Wahrscheinlichkeit auf Zufall beruhen kann *(Statistik).*
Bedürfnis *(need).*
[1] Allgemeine, umfassende Bezeichnung für Mangelzustände, die das Verhalten und kognitive Prozesse der Verhaltenssteuerung an solchen Zielen orientieren, welche eine B.-Befriedigung nach sich ziehen oder zumindest in

Bedürfnis

Aussicht stellen. Als *primäre B. (primary needs)* gelten biologisch-physiologische Mangelzustände (z. B. Hunger) und damit verbundene Verhaltensweisen (z. B. instrumentelles Verhalten, um an Nahrung zu gelangen oder Suchen nach Nahrung). *Sekundäre B. (secondary needs)* umfassen aus primären hergeleitete bzw. auf der Grundlage der Befriedigung primärer B. entwickelte B., im weiteren Sinne alle persönlichen, intellektuellen, rationalen und irrationalen, sozial- oder kulturgeprägten Ansprüche, Begierden und Wünsche, von deren Erfüllung die Zufriedenheit des Individuums abhängt. Der B.-Begriff umfaßt somit die Bedeutung von *Antrieb* bzw. *Trieb* und *Motiv;* die Entwicklung individueller *B.-Hierarchien* und die Auswirkungen von B. auf das Verhalten und Erleben werden daher in der allgemeinen Motivationsforschung behandelt. →*Motivation.*

[2] in der Hullschen *Triebtheorie* des *Lernens* sind *B.-Zustände (need states)* Voraussetzungen für Veränderungen des momentanen, generellen *Triebniveaus.* Die Stärke des B. nach Nahrung z. B., die sich aus der Dauer des Nahrungsentzuges ergibt, überträgt sich als *Triebbedingung (drive condition; c_D)* auf den allgemeinen Antriebszustand und aktiviert dabei diejenigen ungelernten Reiz-Reaktions-Verbindungen und gelernten Verhaltens-Gewohnheiten *(habits),* welche der möglichen B.-Befriedigung dienen.

[3] In seiner *Feldtheorie* vertritt K. LEWIN die Auffassung, *momentane B.* verleihen denjenigen Gegebenheiten im aktuellen Feld *positiven Aufforderungscharakter (Valenz),* die mit der B.-Befriedigung zusammenhängen. B. organisieren das Feld in mehr oder minder bedeutsame Anteile und bestimmen so die Auslenkung der für das Verhalten bestimmenden Kräfte. Momentane B. haben stets die gleiche Wirkung, gleichgültig ob sie biologisch-physiologischen Mangelzuständen (z. B. dem B. nach Nahrung) oder unbefriedigten Wünschen bzw. Interessen entspringen (z. B. dem Wunsch nach einem begehrten Gegenstand oder nach der Lektüre eines bestimmten Buches). Die von LEWIN sog. *Quasi-B.* beziehen sich auf Gedanken, Vorstellungen oder Vorsätze, welche die Absicht zur Vornahme bestimmter, auf die Befriedigung von B. gerichteter Handlungen zu einem Zeitpunkt signalisieren, zu dem die Zielobjekte selbst nicht zu den momentanen Feldgegebenheiten zählen. Quasi-B. können z. B. dann auftreten, wenn eine zielorientierte Handlung unterbrochen wird. Sie ziehen neben dem Wiedererinnern der betreffenden Aufgabe die Wiederaufnahme der unterbrochenen Handlungen bei erster Gelegenheit nach sich *(Zeigarnik-Effekt).* Gibt es im Felde der momentanen Gegebenheiten keine dem B. entsprechenden Zielgegenstände, so können *Ersatzhandlungen* zur Lösung der fortbestehenden Spannung auftreten. Sie richten sich auf Ersatz-Zielobjekte, die dem ursprünglich intendierten Zielobjekt in ihrer Bedeutung im Hinblick auf eine B.-Befriedigung ähnlich sind. Weist das psychische Feld keine ausreichende Differenzierung auf oder sind die Grenzen zwischen einzelnen Feldregionen starr, so entfällt diese Möglichkeit weitgehend. B. können umgekehrt das psychische Feld umstrukturieren, wenn die Grenzen zwischen den einzelnen Feldregionen nicht fest gefügt sind. Dies gilt nach LEWIN besonders für Träume und phantasiegeleitetes Wunschdenken, d. h. dann, wenn der Bezug zur Realität verlassen wird und Irreales vorherrscht. *Induzierte B. (induced needs)* nennt LEWIN die durch Aufforderungen anderer Menschen begründete Übernahme fremder B. und Verhaltensziele, z. B. im Verlauf sozialer Lernprozesse oder der →*Sozialisation.* Induzierte B. fügen sich besonders dann in die eigenen, »echten« B. ein, wenn sie mit ihnen übereinstimmen oder zumindest nicht mit ihnen im Widerspruch stehen. Die Aufforderung, sich z. B. an vorher unterbrochene Handlungen zu erinnern, entspricht einerseits einem induzierten B., andererseits setzt sie das Quasi-B. frei, etwas im Auge zu behalten, das in Richtung auf ein Ziel mit positiver Valenz angebahnt, aber nicht vollendet werden konnte. →*Prinzip der geringsten Bedürfnisabweichung.*

[4] In älteren Eigenschaftstheorien der →*Persönlichkeit* stellen B. und B.-Strukturen thematische Bezugssysteme für die dem Leistungs- und Sozialverhalten zugrunde liegenden *Antriebe* dar. Der von MURRAY aufgestellte umfangreiche B.-Katalog umfaßt daher z. B. *Leistungs-B. (need achievement), Anschluß-* oder *Gesellungs-B. (need affiliation)* oder *Macht-B. (need power).*

LIT. HULL (1943; 1951; 1952); LEWIN (1982); MURRAY (1943).

89

Bedürfniszustand

Bedürfniszustand →*Bedürfnis.*

Beeinflussung *(influence),* auch **Einflußnahme.**

[1] Allg., umfassende, als Oberbegriff für zahlreiche Phänomene (z. B. *Suggestion*) dienende Bezeichnung für einen Geschehenstypus, in dessen Verlauf Einstellungen, Entscheidungen, Vorstellungen oder Handlungen im Vergleich zu einem vorher vorhandenen Zustand verändert, verzerrt, fixiert, gelöscht oder initiiert werden. Mit Ausnahme des letzten Falles der Initiierung ist B. nicht identisch mit Lernen, denn die Wirkung der B. wird in bezug auf etwas bereits Erworbenes (z. B. Einstellungen, Gedächtnisinhalte, Gewohnheiten) beschrieben; das Initiieren bezieht sich in der Regel auf kognitiv-emotionale Aspekte des Verhaltens.

[2] Arten und Formen der B. lassen sich durch nähere Beschreibung der auslösenden *Stimuli* (natürliche, soziale, interne, externe, einfache, komplexe Anlässe), der *Zufälligkeit* oder *Intendiertheit (Einstellungsänderung),* der *Art der Rezeption* durch den Betroffenen, seine *allgemeine* und *spezifische Empfänglichkeit (Susceptibilität; Suggestibilität)* und die *sozialen* (z. B. Gruppendruck) und nicht-sozialen, dinghaften Situationsfaktoren spezifizieren. Eine Gleichsetzung mit Suggestion und Suggestibilität ist nicht zulässig, denn B. umfaßt auch bewußte und rational kontrolliert hervorgerufene Verhaltensweisen.

→*Einstellungsänderung,* →*Hypnose,* →*Suggestibilität,* →*Suggestion.*

Befinden; Befindlichkeit *(feeling state, mood state; health condition).* Psychophysischer Allgemeinzustand, erschlossen aus Selbstbeschreibungen oder Erlebnisaussagen. Standardisierte Beschreibungssysteme, sog. *Befindlichkeitsskalen,* beziehen sich auf charakteristische Qualitäten der Stimmungs- bzw. Gefühlslage, auf Grade der momentanen subjektiven Beanspruchung einschließlich ihrer Folgen und/oder auf die subjektive Bedeutung und Prävalenz umschriebener körperlicher Symptome (z. B. Ermüdung, Schmerzen, Schlaflosigkeit). Typische Beispiele sind die Eigenschaftswörterliste (EWL) von JANKE u. DEBUS oder die *Profile of Moods Scale (POMS).*
LIT. JANKE, DEBUS (1978); CIPS (1981).

Befriedungsverhalten *(appeasement behavior),* manchmal auch **Beschwichtigungsverhalten.** Zusammenfassende Bezeichnung für alle Verhaltensweisen, die bei kämpfenden Tieren auf der Basis von *Instinkten* oder instinktanalogen Steuerungsvorgängen (→*Auslöser,* Schlüsselreiz) das Beenden des Angriffs durch den Überlegenen dadurch bewirken, daß der Unterlegene bestimmte, artspezifische Unterwerfungsgesten zeigt, z. B. wendet ein kämpfenden Wölfen der Unterlegene seinen Kopf derart, daß sein aggressionsauslösendes Gebiß dem Gegner nicht sichtbar ist. Von außen betrachtet wirkt dies so, als würde dadurch gleichzeitig dem ventrale Halsseite dem Biß des überlegenen Gegners schutzlos ausgeliefert sein. In der ersten Deutung entfällt durch Verbergen des Gebisses der Schlüsselreiz für den Überlegenen, in der zweiten (ebenfalls plausiblen), jedoch vermenschlichenden, gibt sich der Unterlegene dem tödlichen Biß des Gegners preis (ähnlich dem Heben der Hände als Zeichen des Ergebens beim Menschen).

Begabung →*Lernfähigkeit.*

Begehren *(desire).* Heute nur noch selten gebrauchte Bezeichnung für einen Wunsch, der sich auf ein klar bewußtes bzw. erkennbares Objekt bezieht; Syn.: *Motiv, Handlungsziel.* Der englische Begriff *desire* steht meist als Syn. für *appetitive* Formen des Antriebs (→*Verhalten, appetitives).*

Begriff *(concept, construct, notion, term).*

[1] Im psychologischen Sinne in Anlehnung an die logische Bedeutung eine unanschauliche *Vorstellung* oder ein *Gedanke* über etwas, das mehreren, mindestens aber zwei *anschaulichen Gegebenheiten* (Dingen) gemeinsam ist und durch *Begriffsnamen (terms)* ausgesagt werden kann, jedoch nicht ausgesagt werden muß. Inhaltlich handelt es sich dabei um den Gedanken an der die Bezeichnung für eine *Klasse* von Gegenständen, die durch solche Merkmale definiert sind, die sie von anderen Gegenstandsklassen unterscheiden lassen. Von der Funktion her sind Begriffe ». . . unanschauliche Gedanken, die sich zur Festigung im Erlebnisablauf assoziativ mit einem Wort verbunden haben« (ROHRACHER, 1969). Von der Entstehung her *(→Begriffsbildung)* handelt es sich um durch →*Abstraktion* und →*Generalisierung* aus einzelnen Sinnesgegebenheiten gewonnene Klassencharakteristika. Gegensatz: *Einzelvorstellung.*

[2] In der wissenschaftlichen Terminologie auch Bezeichnung für auf ein Modell bezoge-

ne, durch Operationen bestimmte oder auf begrifflichen Beziehungen aufbauende Bezeichnungen im Sinne von →*Konstrukten*; ein solcher Begriff ist z. B. der von der »Kraft« in der Physik.
→*Denken*, →*Sprache.*
LIT. ROHRACHER (1969).

Begriffsbildung *(conception, concept formation).* Bezeichnung für den zur Bildung von *Begriffen* führenden bewußten Vorgang, der durch Experimente der Zuordnung von Begriffsnamen zu Gegenständen und Sortierversuchen demonstriert werden kann, wobei die Komplexität des Ausgangsmaterials und die Materialqualität von entscheidender Bedeutung sind.
LIT. KAINZ (1964); MEILI (1968).

Begriffsrealismus →*Nominalismus.*

Begriffsverständnis →*Intelligenz.*

Behalten →*Gedächtnis,* →*Retention.*

Behaviorismus *(behaviorism).* Bezeichnung für eine theoretische Position, die eine möglichst objektive Betrachtungsweise der beobachtbaren, offenen Reaktionen von Mensch und Tier anstrebt. Im klassischen extremen B. (WATSON) sollten bewußte Prozesse und das Bewußtsein überhaupt ausgeklammert werden, da sie sich für den angestrebten Typus der Analyse als irrelevant erweisen. Diese Forschungsrichtung, wie auch der wesentlich abgemilderte Neu-Behaviorismus (HULL, TOLMAN u. a.) brachte entscheidende Fortschritte auf dem Gebiet der Erforschung der Bedingungen und Formen von *Verhaltensänderungen (→Lernen).* Die Bezeichnungen »molarer« bzw. »molekularer« Behaviorismus dienen der globalen Beschreibung des Grades, in dem der betreffende Ansatz zergliedernd (elementenhaft) vorgeht bzw. größere Verhaltenseinheiten (z. B. das zielorientierte Handeln) zum Gegenstand hat *(→Molar,* →*Molekular).*
LIT. HILGARD, BOWER (1966); HULL (1943); THORNDIKE (1913); TOLMAN (1949); WATSON (1914). Weitere Lit. →*Lernen.*

Behinderung *(impairment; handicap; disability)* Alle länger anhaltenden funktionellen Beeinträchtigungen der Wahrnehmungs-, Denk-, Sprach-, Sprech-, Lern-, Bewegungsund/oder Verhaltensfähigkeit in Abweichung von alterstypischen Normen. Vor dem Gesetz gelten Personen als behindert, wenn sie über einen Zeitraum von mindestens sechs Monaten oder länger auf Hilfen angewiesen sind, um die Beeinträchtigung zu beseitigen, zu verringern, ihre Folgen zu mildern, Verschlechterungen vorzubeugen und einen angemessenen Arbeitsplatz zu finden. Beeinträchtigungen, die auf schwere psychische Störungen (z. B. Psychosen oder hirnorganische Erkrankungen) zurückgehen, werden auch als *seelische* oder *psychische B. (psychological handicap),* auf angeborene Schädigungen zurückgehende, bereits in der frühen Kindheit auftretende Beeinträchtigungen der intellektuellen Leistungsfähigkeit als *Geistige Behinderung* bezeichnet.

Beidhändigkeit →*Händigkeit.*

Bekräftigung →*Verstärkung.*

Bel, B →*Dezibel.*

Belastung →*psychische Beanspruchung;* →*Streß.*

Belohnung *(reward).* Bezeichnung für die Wirkung von Ereignissen, die mit angenehmen Empfindungen (z. B. Bedürfnisbefriedigung) einhergehen und auf bestimmte Reaktionen oder Handlungen folgen. B. besitzt einen verstärkenden Effekt auf die vorher ausgeführte Reaktion oder Handlung, so daß diese in derselben oder in ähnlichen Situationen mit größerer Wahrscheinlichkeit auftritt. Zu den belohnenden *Verstärkern* gehören neben Maßnahmen der Befriedigung primärer (biologischer) Bedürfnisse beim Menschen vor allem alle Arten des direkten oder indirekten Zuspruches oder Einverständnisses.
→*Effektgesetz;* →*Verstärkung.*

Belohnungserwartung, Verstärkungserwartung *(reward expectancy).* Hat ein Lebewesen in einer Situation Belohnungen bzw. positive Verstärkung empfangen, so beobachtet man in ähnlichen Situationen gehäuft Anzeichen gezielten Suchens. Ein ähnliches Verhalten tritt auch dann auf, wenn in derselben Situation (Versuchskäfig, Labyrinth) eine Verstärkung bzw. Belohnung angeboten wird, die sich in ihrer Qualität von der vorher empfangenen nachhaltig unterscheidet (z. B. an Stelle des Lieblingsfutters eine nicht bevorzugte Futtersorte). TOLMAN erklärt beide Verhaltensweisen über Situationshinweise, die Erwartungen als kognitiv-motivationale Hypothese in Suchverhalten umsetzten.

Benham-Scheibe →*Flimmerfarben.*

Beobachtung *(observation).* Allgemeine Bezeichnung für die aufmerksame und planvolle Wahrnehmung und Registrierung von Vorgängen an Gegenständen, Ereignissen oder

Beobachtungslernen

Mitmenschen in Abhängigkeit von bestimmten Situationen. Von der Fremdbeobachtung wird die sog. *Selbstbeobachtung* oder *Introspektion* unterschieden. →*Methoden* (der Psychologie).
LIT. KÖNIG (Hrsg.; 1962); THOMAE (1960a).
Beobachtungslernen *(observational learning, vicarious learning).* Nach BANDURA kann man durch Beobachten eines Modells neue Reaktionen lernen oder alte modifizieren, wenn man gleichzeitig die verstärkenden Konsequenzen des Modellverhaltens wahrnimmt. Es ist nicht erforderlich, daß der Beobachter die zu imitierende Reaktion während der Zeit seiner Beobachtung selbst ausführt. Der Prozeß wird durch *stellvertretende Verstärkung* gesteuert.
→*Imitation, soziale;* →*Lernen.*
LIT. BANDURA (1971).
Beratung, psychologische *(counseling; guidance).* Zusammenfassende Bezeichnung für die Erteilung von Entscheidungs- oder Orientierungshilfen durch ausgebildete Fachkräfte (z. B. Ärzte, Psychologen, Pädagogen, Sozialarbeiter) in Einzel- oder Gruppengesprächen. B. sind in der Regel an vorangehende Explorationsgespräche sowie Testuntersuchungen gebunden und in unterstützende Interventionsprogramme eingebettet. Zu den allgemeinen Kennzeichen der psychologischen B. gehört ihre nicht-direktive, d. h. nicht direkt auf eine Verhaltensmodifikation abzielende Art; sie fördert Einsichten und Einstellungsänderungen in bezug auf individuelle oder soziale Problembereiche. Zu den institutionalisierten Formen psychologischer Beratungsdienste gehören z. B.: *Erziehungsberatung (child guidance)* als Beratung von Kindern und Eltern im Zusammenhang mit Entwicklungs- und Erziehungsproblemen, meist in Zusammenarbeit mit Ärzten und sozialer Fürsorge in kommunaler, kirchlicher oder überregionaler Trägerschaft; *schulpsychologische Beratung (educational guidance)* als Leistung des von den Schulbehörden getragenen Schulpsychologischen Dienstes mit seinem Angebot von Entscheidungshilfen bei Problemen der Schulreife, Wahl des weiterführenden Schultyps und der schulischen Leistung in Zusammenarbeit mit Schülern, Eltern und Lehrern; *Berufsberatung (vocational guidance)* umfaßt Entscheidungshilfen bei der Berufsausbildungs-Wahl und/oder beim Wechsel in einen anderen Berufszweig, in der Regel getragen von Arbeitsämtern; hinzu kommen die ebenfalls institutionalisierten Einrichtungen der Ehe-, Partnerschafts-, Gesundheits-, Rehabilitations-B. und der B. straffälliger Jugendlicher und Erwachsener. Im Übergang zu den Interventionsprogrammen der *Klinischen Psychologie* stehen die Beratungstätigkeiten im Zusammenhang mit psycho-sozialen und psychischen Störungen in Einzel- und Gruppengesprächen und die durch beratende Psychologen organisierten Selbsthilfegruppen für Drogenabhängige oder Ratsuchende aus anderen Problemfeldern. Beratungstätigkeiten im Übergang zu sozial- und umweltpsychologischen Fragestellungen finden in der Arbeits-, Betriebs- und Organisationspsychologie sowie in Bereichen der kommunalen und überregionalen Planung statt.
LIT. HORNSTEIN u. a. (1977); JANIS (1981).
Bereich der Indifferenz *(latitude of noncommitment).* Bereich des Einstellungskontinuums, in den Äußerungen der Unentschiedenheit fallen. Mit größerer Ichbeteiligung verringert sich dieser Bereich.
Bereich des Akzeptierens *(latitude of acceptance).* Bereich auf einem Einstellungskontinuum, der Meinungsäußerungen umfaßt, denen zugestimmt wird. Mit größerer Ichbeteiligung wird der Bereich schmäler.
Bereitschaftspotential; BP; RP *(readiness potential).* Bioelektrisches Phänomen aus der Klasse der →*ereignisbezogenen Potentiale des Elektroencephalogramms,* erstmalig beschrieben von KORNHUBER und DEECKE (1965). BPs sind wie die →*CNV* negative Gleichspannungsveränderungen. Ihr Auftreten ist jedoch nicht an Reiz-Reaktions-Kontingenzen gebunden, sondern an die ca. 1,5 sec vor der Entscheidung zur Ausführung einer motorischen Operation liegende Bereitstellungs- oder Bereitschaftsphase. Während die CNV wegen ihrer komplexen Bedingungsstruktur sowohl frontal, als auch präzentral und parietal auftritt, finden sich die BP vor allem bei präzentralen und parietalen Ableitungen. Während die CNV als *konditionierte* Reaktion angesehen werden darf, ist das BP ein Hinweis auf jene Vorgänge, die dem selbstgewählten Zeitpunkt der Ausführung einer Operation vorangehen. Mit Übungs- und Verstärkungseffekten geht eine Intensivierung des BP einher. Überdies gilt sowohl für CNV als auch für BP,

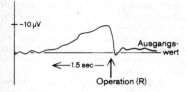

Idealisierte Darstellung des Verlaufes eines Bereitschaftspotentials. Der Ausgangswert wird in der Regel mindestens 24 sec vor Einsetzen der Operation (R) bestimmt. Der Verlauf ist das Ergebnis der Mitteilung über mehrere Versuchsdurchgänge.

daß die Intensität der Maximal-Negativität mit der Reaktionsintensität und -geschwindigkeit korrespondiert.
→*Elektroencephalogramm.*
LIT. KORNHUBER, DEECKE (1965).
Berliner Schule →*Gestaltpsychologie.*
Bernoulli-Verteilung →*Binomialverteilung.*
Berufsberatung →*Beratung.*
Berufsbild *(job analysis).* Ergebnis einer Analyse der Voraussetzungen, die ein Bewerber zur Besetzung eines Arbeitsplatzes bestimmter Art mitbringen muß. Die Untersuchung beginnt mit der sog. *Arbeitsplatzanalyse* und führt (soweit man nicht mit vorhandenen Untersuchungs- und Testmethoden nicht auskommt) zur Entwicklung spezifischer *Berufseignungstests.* Berufsbilder werden sowohl in der Berufsberatung als auch in den verschiedenen Bereichen der industriellen Beratung herangezogen.
Berührungsempfindung *(contact sensation).* Durch Druckrezeptoren in der Haut vermittelte Empfindungen bei Kontakt mit Objekten der Umwelt.
Beschäftigungstherapie *(occupational therapy).* Bezeichnung für die Anwendung vorwiegend manueller Arbeiten im Rahmen therapeutischer Maßnahmen bei geistigen oder körperlichen Erkrankungen bzw. Störungen.
Beschreibung *(description).*
[1] Freie oder an bestimmten Merkmalen und Kategorien orientierten Aussagen, die sich auf *Beobachtungen* des Verhaltens (auch des Ausdrucksgeschehens) von Mensch oder Tier beziehen.
[2] Als *beschreibende Psychologie* von W. DILTHEY geprägte Bezeichnung für eine Auslegung bzw. Ausdeutung des Verhaltens aus der unmittelbaren Erfahrung des erlebenden Individuums (Selbstbeschreibung, Selbstbeobachtung), die ein Verstehen auch fremden Verhaltens ermöglichen soll.
Besetzung *(cathexis, attachment).* Psychoanalytische Bezeichnung für eine Verlagerung der aus dem Es angenommenerweise stammenden Triebenergie (Libido) auf Objekte oder Personen (Objektbesetzung; *object cathexis*) durch den regulierenden Einfluß des Ich. Im Gefolge der Objektbesetzung kann es z. B. zur Identifikation mit einem Objekt oder einer Person kommen, wodurch die Libidoenergie auf das Ich zurückgelenkt wird.
Bestrafung *(punishment).* Bezeichnung für die Wirkung von Ereignissen, die mit unangenehmen oder schmerzhaften Empfindungen verbunden sind und auf bestimmte Reaktionen oder Handlungen folgen. In den älteren Verstärkungstheorien des Lernens wurde angenommen, B. führe auf direktem Weg zu einer Dämpfung bzw. Hemmung derjenigen Reaktionen oder Handlungen, die ihr vorausgehen. Bereits THORNDIKE mußte jedoch feststellen, daß B. einen verhaltensdesorganisierenden Effekt besitzt und nachfolgendes Lernen unter Belohnungsbedingungen durch generalisierte B.-Erwartungen in derselben Situation beeinträchtigt. Die ursprüngliche Annahme, Belohnung fördere und Bestrafung hemme das vorher ausgeführte Verhalten in symmetrischer Weise, mußte daher aufgegeben werden. Ein besonderer Effekt der B. besteht darin, daß erfolgreiche Vermeidungsreaktionen, wie z. B. Flucht oder Aus-dem-Felde-gehen, durch ihre Entspannungswirkung bei Erreichen von Bestrafungsfreiheit verstärkt werden. Bei Wiedereintritt in dieselbe oder eine ähnliche Situation werden daher – auch wenn keine neuerliche B. erfolgt – Vermeidungstendenzen wiedergeweckt.
LIT. REINECKER (1980).
Beta.
[1] Bezeichnung für eine Art der →*Scheinbewegung.*
[2] *Beta-Test* bezeichnet einen in den USA im Ersten Weltkrieg entwickelten sprachfreien Intelligenz-Test für Analphabeten zur Auswahl von Rekruten.
Beta-Bewegung, Beta-Phänomen →*Scheinbewegung.*

Beta-Wellen

Beta-Wellen *(beta-waves)* →*Elektroencephalogramm.*
Bettnässen →*Enuresis,* →*Inkontinenz.*
Betzsche Zellen. Große pyramidenförmige Zellen im *Kortex,* von denen die motorischen Fasern ausgehen.
Beugebewegung →*Scheinbewegung.*
Beurteilungserwartung *(evaluation apprehension).* Die Annahme einer Versuchsperson, ein Experiment oder eine Untersuchung diene der Beurteilung ihrer Persönlichkeit oder ihrer Intelligenz. Die B. zeigt sich in gesteigertem Interesse, beim Versuchsleiter einen möglichst guten Eindruck zu hinterlassen. Die Wirkung läßt sich mit *Reaktionseinstellung* vergleichen.
Bewältigung *(coping).* Syn. *Coping.* Bei der Auseinandersetzung mit psychisch belastenden oder bedrohlichen Situationen mehr oder weniger bewußt bzw. willentlich einsetzende *Bewertungs-* oder *Verhaltensstrategien,* die aufkommende Angstreaktionen oder Konflikte eindämmen bzw. lindern und mit adaptiven →*Abwehrmechanismen* in enger Beziehung stehen. Syn. *Angstbewältigung; Streßbewältigung.* Das *Bewältigungs-* oder *Copingverhalten (coping behavior)* bzw. *instrumentelle Bewältigungstechniken (instrumental coping techniques)* zielen auf eine Veränderung der belastenden bzw. angstauslösenden Situationsbedingungen durch Tätigwerden ab; auch das Wissen, durch bestimmte Handlungen mit einer Belastung oder Bedrohung fertigwerden zu können, hat bewältigende Effekte. B. ist in Grenzen trainierbar. Im Rahmen der sog. »Angstmanagement-Trainings« *(anxiety management training),* einem verhaltensorientierten Therapieverfahren, werden Patienten dazu veranlaßt, bei den ersten spürbaren Anzeichen aufkommender Angstgefühle willentlich Entspannungsmaßnahmen einzuleiten, die vorher eingeübt wurden; der Effekt beruht auf dem Prinzip der *reziproken Hemmung.* Von *kognitiver Bewältigung (cognitive coping)* spricht man dann, wenn Neu- und Umbewertungen der Situation oder des eigenen Handelns und seiner möglichen Konsequenzen emotionale Erregung zu dämpfen vermögen. LAZARUS konnte u. a. nachweisen, daß versachlichende oder die Belanglosigkeit einer Situation herausstellende Informationen sowohl den Grad der erfahrenen Belastung bzw. Bedrohlichkeit als auch die Intensität der köperlichen Erregungsanzeichen mindern können; er bezeichnet dies als »Beschönigungs-Techniken« *(palliative coping techniques).* Die Befunde stützen einerseits die Bewertungs-Interpretation von *Emotionen;* sie liefern andererseits die Voraussetzung für den Einsatz von Verfahren der *kognitiven* Psychotherapie.
→*Angst;* →*Bewertung;* →*Emotion;* →*Streß.*
LIT. CARPENTER (1992; KROHNE (1975); KROHNE, LAUX (1982); LAZARUS (1961; 1966; 1991); LAZARUS, LAUNIER (1978).
Bewegung →*Motorik.*
Bewegungsartefakt →*Schlaf.*
Bewegungsempfindung →*Kinästhesie,* →*Motorische Empfindungen.*
Bewegungsnachbild →*Nachbild.*
Bewegungsparallaxe *(movement parallax).* Bei der Fixierung zweier gleichgroßer Gegen-

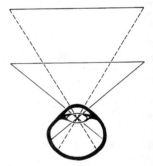

Abbildungswinkel zweier gleich langer Strecken bei verschiedenen Entfernungen vom Auge.

stände, die sich in verschiedenen Entfernungen vom Beobachter befinden, ist der Abbildungswinkel – und damit die Retina-Abbildungsgröße – unterschiedlich. Allgemein wird dies als →*Parallaxe* bezeichnet. Aus der Abb. geht hervor, daß der dem weiter entfernten Gegenstand entsprechende Abbildungswinkel kleiner ist als der für den näheren. Betrachtet man zwei objektiv gleich große, in verschiedenen Entfernungen dargebotene Schachbrettmuster (wie z. B. im →*Wahrnehmungsriff*), so erscheint wegen der o. g. Verkleinerung das weiter entfernte Muster dichter angeordnet zu sein als das nähere. Die Dichteverhältnisse, der sog. *Dichtegradient,* bilden dabei einen wichtigen Hinweis für die Einschätzung von Entfernung und räumlicher Tiefe. GIBSON und ihre Mitarbeiter konnten zeigen, daß darüber hinaus durch *Augen- und Kopfbewegungen* ein wichtiger Tiefenhinweis zustande kommt: Wegen der unterschiedlichen Winkelgrößen bei der Abbildung näher und ferner gelegener Reizmuster ist die registrierte *Geschwindigkeit* der Abfolge schwarzer und weißer Feldanteile eines Schachbrettes bei größerer Entfernung geringer als in der Nähe. Die durch Augen- oder Kopfbewegungen zustande kommende B. vermittelt, wie beim Herausschauen aus einem fahrenden Zug, den Eindruck, weiter entfernte Teile der Umgebung seien im Vergleich zu näher liegenden stabiler.

Bewegungstäuschung →*Scheinbewegung.*

Bewegungssehen, Bewegungswahrnehmung *(movement/motion perception; perception of motion/movement).* Visuelle Eindrücke von Bewegungen in der Umwelt entstehen, wenn sich Reizobjekte im Gesichtsfeld vorbeibewegen und auf den Netzhäuten *Fließmuster (flow pattern)* hinterlassen; sie entstehen aber auch dann, wenn man einen bewegten Gegenstand mit Blick- und Kopfbewegungen verfolgt, obwohl dabei relativ stationäre Netzhautbilder im Spiel sind. Wenn man mit dem Blick die Umgebung abtastet oder sich an unbewegten Objekten vorbeibewegt (z. B. bei einer Bahnfahrt) entstehen zwar auf den Netzhäuten Fließmuster, aber der Eindruck von Bewegungen im Umfeld kann durch Rückmeldungen, Umgebungshinweise und/oder Erfahrung rasch korrigiert werden. *Erklärungen des B.* gehen aus von der (a) zentralnervösen Verrechnung von *Fließmustern,* die durch sukzessive Reizung unterschiedlicher Netzhautregionen entstehen, von der (b) Rolle kortikaler Bewegungs- und Richtungsdetektoren, die gleichzeitig auch bei der Farb- und Formdetektion mitwirken *(→McCollough-Effekt)* und von (c) Figur-Grund-Differenzierungen und Texturgegebenheiten, aber auch von (d) Rückmeldungen über Folgebewegungen von Augen-, Kopf- und Körperbewegungen bzw. Rückmeldungen über intendierte Bewegungen und von (e) Erfahrungen über die Art und Bedeutung bewegter Objekte sowie von Eigenbewegungen. Wie Bewegungsurteile zustande kommen, hat VON HELMHOLTZ (1866) als erster vermutet, VON HOLST und MITTELSTAEDT (1950) entwickelten ein erstes Modell über die beteiligten Mechanismen und GREGORY (1972; 1974) steuerte die entscheidenden experimentellen Belege bei. Bewegungseindrücke beruhen demnach auf der zentralnervösen Verrechnung von Rückmeldungen aus zwei Systemen, dem (A) *Retina-Bewegungsabbildungs-System (retinal movement image system),* das zur zentralen Verrechnung *Afferenzkopien* bereitstellt und dem (B) *Auge-Kopf-Bewegungssystem (eye-head movement system)* mit seinen *Efferenzkopien.* Ein Beobachter erkennt bei starrer Fixierung des Umfelds einen bewegten Reiz daran, daß sukzessive verschiedene Netzhautareale gereizt werden (Abb. A). Er erkennt aber auch dann die Reizbewegung, wenn er mit Blick und Kopf Folgebewegungen ausführt. Geht man nur von den Abbildungsverhältnissen auf der Retina aus (Abb. B), so müßte – insbesondere,

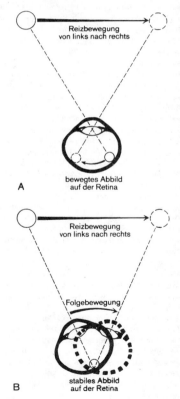

Bewertung

wenn es sich um einen relativ sinnarmen Lichtimpuls handelt – beim Beobachter der Eindruck entstehen, der verfolgte Zielreiz sei unbewegt, dafür bewege sich der in Wirklichkeit stabile Hintergrund. Tatsächlich aber kann man die Bewegung korrekt einschätzen, solange sich das bewegte Objekt von einem erfahrungsgemäß stabilen Hintergrund unterscheidet (→induzierte Bewegung). Auf diese Weise gelingt es unter alltäglichen Bedingungen, Gegenstände in der räumlichen Umwelt in der korrekten Position und Bewegungsrichtung zu lokalisieren, unabhängig davon, welche Bewegungen man selbst gerade ausführt. Rückmeldungen aus dem Auge-Kopf-Bewegungssystem (Efferenzkopien) bewirken, daß die Informationen aus dem Retina-Abbildungssystem (Afferenzkopie) umgewichtet werden. Betrachtet man in einem dunklen Raum einen bewegten Lichtpunkt, so fehlen differenzierte Informationen über den Hintergrund; hier genügen die Meldungen aus dem Auge-Kopf-Bewegungssystem, um die Ungewißheit zu bereinigen. Allerdings entsenden auch intendierte, in Wirklichkeit nicht ausgeführte oder behinderte Augen-Kopf-Bewegungen efferente Signale, so daß sich physikalisch stabile visuelle Reize oder Texturen der Bewegungsintention von Augen und Kopf entsprechend zu bewegen scheinen (→Autokinese). Bewegungseindrücke, die von physikalisch unbewegten Reizen herrühren, nennt man →Scheinbewegung. Das B. ist bei allen höheren Tieren hochdifferenziert und entwickelt sich unmittelbar nach der Geburt sehr rasch. Bewegungsurteile des Erwachsenen sind von Afferenzkopien aus den Erfahrungen und sozialen Konzepten beeinflußt. Selbst Bewegungsbeziehungen sinnfreier geometrischer Figuren werden häufig im Licht des Kausalitätsprinzips oder unter Berücksichtigung von Erfahrungen im zwischenmenschlichen Bereich interpretiert (HEIDER u. SIMMEL; vgl. MICHOTTE u. a.). Aufgrund motorischer Erfahrungen können Beobachter von schematisch dargestellten Bewegungsabläufen rasch und treffend Bewegungsarten (z. B. Tanzbewegungen) identifizieren und zwischen eigenen und gefilmten Bewegungen anderer unterscheiden.

→Bewegungsparallaxe, →Sehen, →Wahrnehmung, soziale.

LIT. GREGORY (1972; 1974); VON HOLST, MITTELSTAEDT (1950); MICHOTTE u. a. (1966).

Bewertung (appraisal).

[1] Ergebnis von Prozessen der intuitiven oder reflexiven Einschätzung, in deren Verlauf Objekte, Personen oder Ereignisse hinsichtlich ihrer subjektiven Bedeutung in der gegebenen Situation zusammen mit den Chancen beurteilt werden, mit ihnen angemessen umgehen und fertig werden zu können (→Bewältigung). Der B.-Begriff wurde von MAGDA B. ARNOLD in die Psychologie eingeführt, um den Zusammenhang zwischen Wahrnehmen, Gefühlen und Handlungstendenzen zu erklären. Intuitive B. (intuitive appraisal) ist nach Arnold eine von schlichten Anmutungen getragene vorbewußte Taxierung von Situationen, deren Ergebnis automatisch Handlungstendenzen der Annäherung bzw. Vermeidung nach sich zieht und von Gefühlen begleitet ist, die man mit »eher gut für mich« bzw. »eher schlecht für mich« schreiben kann. Im Verlauf der Auseinandersetzung mit Situationen folgen weitere B.-Schritte, die in zunehmendem Maß von Reflexionen über die eigenen Handlungsmöglichkeiten, Erfolgschancen und Risiken getragen sind. Es handelt sich um reflexive oder sekundäre Bewertungen (reflexive appraisal; secondary appraisal) dar. In seinem Modell der kognitiven Streßbewältigung sieht LAZARUS in der sekundären B. den Ausgangspunkt der Mobilisierung von Bewältigungsmöglichkeiten und der Wieder-B. (reappraisal) der Situation einschl. der Bewältigungschancen. Erscheinen diese gering, so treten Angstzustände auf. Zeigt sich im Verlauf der weiteren Auseinandersetzung und Wieder- bzw. Neubewertung keine Aussicht auf erfolgreiche Bewältigung bzw. kommt es zur Einsicht, daß die eigenen Möglichkeiten nicht ausreichen, so entsteht psychische Belastung (→Streß). Läßt sich die Situation durch Handlungen meistern bzw. erscheint sie durch Wieder- und Neubewertungen in einem bewältigbaren Licht (z. B. durch die Einsicht in ihre Belanglosigkeit), so treten emotionale Erregung und Belastungsempfindungen zurück. B. ist ein zentraler Begriff der kognitiven Psychologie, denn er verweist darauf, daß der Mensch seine eingeschätzte und von ihm interpretierte Situation zur Richtschnur seines Erlebens und Handelns macht.

[2] Bewertung, Beurteilung (*evaluation*). (a) Implizite oder explizite Anwendung von Beurteilungsmaßstäben, die sich in →*Einstellungen* und in der konnotativen Bedeutung von Gegenständen oder Sachverhalten (→*Polaritätsprofil*) äußern. (b) Syn. für →*Evaluation* von Lehrprogrammen.
LIT. ARNOLD (1960; 1962); LAZARUS (1966).

Bewußtheit (*awareness*).
[1] Von ACH (1910) in der klassischen Denk- und Bewußtseinspsychologie eingeführte Bezeichnung für ein unanschauliches Mitwissen, das sich weder auf konkrete Vorstellungen noch auf konkrete Zielobjekte bezieht, z. B. der Vorsatz, in einer im einzelnen noch nicht bekannten oder erkannten Aufgabe so gut wie möglich abzuschneiden, möglichst wenige Fehler zu machen oder sich nicht ablenken zu lassen. B. ist zu unterscheiden von *Bewußtseinslage* als Inbegriff des Mitwissens von Bedeutungszusammenhängen. Der B.-Begriff steht in gewisser Nähe zu *Einstellung* und *antizipatorischer Zielvorstellung*.
[2] Der engl. Begriff *awareness* hat die weiterreichende Bedeutung von *Anmutungen* in bezug auf undeutliche oder in den Randzonen des Wahrnehmungs- bzw. Aufmerksamkeitsfeldes liegende Erscheinungen, die mit der unmittelbaren Erfahrung auftreten, z. B. das Ergebnis einer *intuitiven Bewertung*. Ältere Bezeichnung: schlichtes Gewahren; Gewahrwerden.

Bewußtlosigkeit (*loss of consciousness; insensibility; unconsciousness*). Zustand, der durch den Fortfall der Möglichkeiten des Erlebens und Handelns im Umwelt-, Körper- und Selbstbezug gekennzeichnet ist. Synonym: *Koma*. B. tritt auf bei Gehirntraumen, im Gefolge epileptischer Krampfanfälle, elektrokonvulsiver Schocks (sog. Schocktherapie), bei hohem Fieber, hochdosierten Narkotika, zentral wirksamen neuroaktiven Drogen und Veränderungen oder Läsionen des Nervengewebes im Aktivationssystem. Im Unterschied zum *Schlaf* treten bei *tiefer B. (deep unconsciousness)* keine traumartigen Erlebnisse oder Verarbeitungen von Umwelteinflüssen auf. Tiefe B. darf daher nicht mit *veränderten Zuständen des* →*Bewußtseins* verwechselt werden, die z. B. bei extremer Ermüdung, in reizarmen Umgebungen und unter dem Einfluß von schwach dosierten Drogen oder Narkotika beobachtet werden.

Bewußtsein (*consciousness*).
[1] Der B.-Begriff wird in zwei aufeinander bezogenen Bedeutungen verwendet.
(a) B. als *Zustand des Zentral-Nerven-Systems,* der dem deutlichen Erkennen, klaren Denken und geordneten Verhalten zugrunde liegt. Gegensatz: *Bewußtlosigkeit.* Zwischen vollem B. und Bewußtlosigkeit liegen verschiedene *Bewußtseinsgrade,* die an Beeinträchtigungen kognitiver und motorischer Funktionen erkennbar sind. B. ist an die Reifung des Nervensystems gebunden. *B.-Störungen* oder -*Trübungen* – zusammenfassend als *Zustandsveränderungen des B. (altered states of consciousness)* bezeichnet – können auf Veränderungen des *Aktivations-Zustandes* (Schläfrigkeit bzw. Übererregtheit), Beeinträchtigungen des ZNS durch *Läsionen, Tumoren, Traumen* oder zentral wirksame *Pharmaka* bzw. *Drogen,* auf *fiebrige Erkrankungen* und/oder bewußt herbeigeführte bzw. von außen auferlegte *vorübergehende Änderungen* des *Umweltrapportes* zurückgehen (z. B. Meditation; Suggestion; Hypnose).
(b) B. als Inbegriff von *Prozessen der subjektiven Erfahrung* des eigenen Erlebens, der Erlebnisweise in Wahrnehmungs-, Denk- und Handlungsepisoden, der Richtungnahme des Erlebens im Bedürfnis-, Interessen- und Erwartungsbezug, des Klarheitsgrades, mit dem sich Erfahrungsinhalte zeigen sowie der im Gegenstands- oder Denkzusammenhang erlebten Gewißheit, selbst der/die Erfahrende zu sein. Gegensatz: *un-* oder *unterbewußte Prozesse.* Übergangsformen: *Bewußtheit, Einstellungen; mit-* oder *vorbewußte Prozesse.*
[2] Die in der *Akt-* und *Bewußtseinspsychologie* der Jahrhundertwende geprägte Bedeutung [1] (b) hat ihren Ursprung in philosophischen Erörterungen der menschlichen Erkenntnisfähigkeit (→*Einleitung*). Dabei geht es weniger um B. als »Ganzes des augenblicklichen Seelenlebens« (JASPERS), als vielmehr um Repräsentations-, Integrations- und Ordnungsfunktionen des Denkens im Zusammenhang mit konkreten Wahrnehmungs- und Denkoperationen, den sog. *Bewußtseinsakten,* erschlossen aus Erlebnisberichten. Das *Bewußtseinsfeld (field of consciousness)* umfaßt nach WUNDT (1911) die Gesamtheit aller mehr oder weniger abgehobenen *Bewußtseinselemente* (Sinnesempfindungen, Vorstellungen und Gefühle). Die Heraushebung einiger dieser Ele-

Bewußtsein

mente beruht auf der *Aufmerksamkeit;* sie wird nach JAMES (1890) durch den »Geist« bzw. »Verstand« *(mind)* nach Maßgabe individueller Bedürfnisse, Interessen oder Wertungen gelenkt, um den Gegenstand ihrer Wahl aus dem Feld der Möglichkeiten herauszugreifen und ihm damit *Klarheit* und *Abgehobenheit* gegenüber anderen zu verschaffen. Die Organisation der B.-Inhalte unterliegt darüber hinaus den Prinzipien der *schöpferischen Synthese* und *Einheit der Gemütslage* (WUNDT); für die vorbewußte Zusammenfügung von Erfahrungs- und Erlebniselementen sind *unbewußte Schlüsse* (HELMHOLTZ; 1868) und *Gestaltgesetze* maßgeblich. Mit *Bewußtseinsstrom (stream of consciousness)* bezeichnet JAMES die Erfahrung eines beständigen Flusses von Eindrücken und Ideen über das Hier und Jetzt hinaus. Der Bewußtseinsstrom bildet einerseits die Grundlage des Identitätsgefühls, andererseits ist eine Gliederung in thematische Zusammenhänge bzw. raum-zeitliche Abschnitte erforderlich, um sich im Fluß der Erfahrungen und Ideen nicht zu verlieren. WUNDT und JAMES beschreiben detailliert die *Kapazitätsgrenzen* des B. in bezug auf die Dichte *(Bewußtseinsumfang)* und Menge simultan auffaßbarer Einzelheiten *(Aufmerksamkeitsumfang).* Die Mitglieder der *Würzburger Schule* (insbes. KÜLPE) betonen den orientierenden und ordnenden Einfluß *mitbewußter Prozesse (determinierende Tendenzen; Gerichtetheiten; Einstellungen).* In der von BRENTANO und HUSSERL ausgehenden *phänomenologischen Psychologie* erhält das B. seine aktuelle Gliederung in zusammengehörige Erfahrungseinheiten im Bezugssystem von Intentionalität, Vorbekanntem, Zeitlichkeit, Leiblichkeit und erlebendem Ich (GURWITSCH, 1974, GRAUMANN, 1974). In allen *erlebnisdeskriptiven Ansätzen* wird dem B. eine koordinierende Repräsentationsfunktion zugeschrieben, die sich in Abhängigkeit von *Steuerungsprozessen* (»Geist«, »Verstand«, *Aufmerksamkeit), mitbewußten Orientierungsprozessen* (Einstellungen) und *nicht bewußt werdenden* Parallelprozessen im *Gegenstands-* und *Selbstbezug* entfaltet. Die behavioristische und neubehavioristische Psychologie hat – ihren Programmen entsprechend – keinen Platz für den erlebnisdeskriptiven, in seinen Beziehungen zum Verhalten unbestimmten B.-Begriff. Auch die von Gestalttheoretikern

und kognitiven Lerntheoretikern eingeführten Konstrukte *Einsicht* bzw. *Erwartung* werden ab den 30er bis hinein in die 60er Jahre lediglich als Bezeichnungen für verdeckte vermittelnde Prozesse herangezogen; ihre Bewußtseinskorrelate bleiben weitgehend unberücksichtigt bzw. werden aus konkreten Verhaltensäußerungen erschlossen. Ähnlich verfahren FREUD und seine Nachfolger, wenn sie die Wirkweise *unbewußter Verarbeitungs-* und *Zensurmechanismen* an der Präzision bzw. Angemessenheit von Wahrnehmungsurteilen und Verhaltensweisen sowie an der Stimmigkeit von Erlebnisaussagen messen.

[3] *Bewußte* vs. *unbewußte Prozesse* sind Themen der neueren *Aufmerksamkeits-, Gedächtnis-* und *Wahrnehmungspsychologie.*

(a) In der *kognitiven Aufmerksamkeits-* und *Gedächtnisforschung* wird der Grad der B.-Beteiligung aus *Erregungsveränderungen* – interpretiert als Ausdruck von *Anspannungs-* oder *Tätigkeitsgefühlen* – erschlossen, welche der *bewußten Anstrengung (conscious effort)* entspringen, aus einem größeren Reizangebot relevante Informationen herauszusuchen, sie zu nutzen, einzuprägen und/oder dafür geeignete Such- bzw. Entscheidungsstrategien einzusetzen (KAHNEMAN, 1973; POSNER, 1978). Bewußt *kontrollierte Prozesse* werden z. B. aus Beziehungen zwischen der Neuartigkeit des Reizmaterials bzw. der anzuwendenden Such- oder Entscheidungsstrategie, den eingeschränkten Möglichkeiten zur Erledigung einer Nebenaufgabe und verlängerten Reaktionszeiten erschlossen. Unbewußte, *automatische Prozesse* dagegen verlaufen anstrengungsfrei auf (durch Übung oder Gewohnheit) eingefahrenen Pfaden *(→Pfadaktivierung),* Reaktionen erfolgen rasch und Bewußtseinskontrolle fordernde Nebenaufgaben können parallel erledigt werden (SHIFFRIN, SCHNEIDER, 1977; SCHNEIDER, SHIFFRIN, 1977). B. ist aus dieser Sicht ein hypothetisches Konstrukt, eine dem *Kurzzeit-* oder *Arbeitsgedächtnis* vergleichbare Instanz der Informationsverarbeitung, die sich durch ihre *eingeschränkte Arbeitskapazität* bemerkbar macht. Die enge Anbindung des B.-Konstruktes an Prozesse und Strategien der Informationsnutzung und -nutzung geht einerseits auf das in der *kognitiven Psychologie* gängige *Computermodell* zurück, in dessen Rahmen »Bewußtseinsakte« dem willkürlichen Einsatz von Programmen

Bewußtsein

zur Sortierung *kognitiver Elemente* entsprechen (PRINZ, 1983); andererseits ist die Ähnlichkeit mit den von WUNDT und JAMES geprägten Vorstellungen über das Verhältnis von B. als *Feld* und *Aufmerksamkeit* (»Geist«, »Verstand«) als dynamischen Selektor unverkennbar.

(b) In der *Wahrnehmungspsychologie* machte die Wirkweise *unterschwelliger, fragmentarischer Prozesse* der semantischen Reizanalyse (→*Subception;* →*Wahrnehmungsabwehr)* eine Abgrenzung zwischen *bewußten* und *vor-* bzw. *unbewußten Prozessen* erforderlich. DIXON (1971; 1981) schlägt vor, zwei parallel operierende Wahrnehmungssysteme anzunehmen; das eine dient der bewußten Auffassung, das andere fungiert als vorbewußter Bedeutungsselektor, der – mit Vorgängen der *intuitiven Bewertung* vergleichbar – schwache bzw. fragmentarisch repräsentierte sensorische Daten auf ihre mögliche Bedeutung hin untersucht und ggf. die Wahrnehmung überschwelliger Reize im Sinne der Bewertung unterschwelliger einfärbt. Erregungsanstiege, deren Intensität der Bedeutung bzw. dem Informationsgehalt unterschwelliger bzw. fragmentarischer Reize entsprechen, gelten als Hinweise auf die Funktion der vorbewußten Taxierung ohne bewußte Wahrnehmungserfahrung (FRÖHLICH u. a., 1984), Patienten mit einseitigen Läsionen des visuellen Kortex können nach der Darbietung von Reizen auf der nichtblinden Seite fehlerfrei erraten, welcher der Reize anschließend an welcher Stelle des Wahrnehmungsfeldes im blinden Feldanteil dargeboten wurden (WEISKRANTZ, 1980). Das sog. *Blindsehen (blind seeing)* zeigt, daß die üblicherweise mit bewußten Vorgängen gleichgesetzten Identifikations-, Diskriminations- und Lokalisierungsfunktionen der Wahrnehmung nicht notwendigerweise an die bewußt werdende Repräsentation von Wahrnehmungsgegenständen gebunden sind. Damit wird die Definition von B. an die Frage nach den Beziehungen zwischen – dem B. von vornherein entzogenen – Prozessen der Verarbeitung sensorischer Daten, der Art geforderter oder selbst auferlegter Wahrnehmungsleistungen und der Art bzw. Form abgegebener Wahrnehmungsurteile gekoppelt. Ein logisch fundiertes Programm zur Untersuchung dieser Beziehungen stammt von WIRTH (1983). B. ist dann gegeben, wenn man mit Gewißheit sagen

kann, die gegenwärtigen Erfahrungen, Vorstellungen und Meinungsäußerungen beruhten einerseits auf dem Wissen über ihr Zustandekommen, andererseits auf dem Wissen über die inneren Zustände, aus denen sie hervorgehen. Dies entspricht der »cogitatio sive conscientia« im Sinne von DESCARTES (1596–1650). Aussagelogisch gesehen ist ein Wahrnehmungsurteil dann auf bewußte Erfahrung gegründet, wenn es neben dem Gegenstandsbezug den aktuellen Ich-Bezug so klar herausstellt, daß auf ein Erlebnis des Aussagenden geschlossen werden kann (KRAFT, 1960).

[4] In der *Neurophysiologie, Neuropsychologie* und *Psychophysiologie* wird das B.-Thema zunächst im Sinne der Beschreibung unter [1] (a) behandelt, d. h. im Zusammenhang mit Vorgängen und Veränderungen der *kortikalen Aktivation.* Das Verhältnis zwischen *bewußten* und *vorbewußten* Verarbeitungsprozessen dagegen wird unter Einbeziehung *autonomer Erregungsänderungen* untersucht; unterschwellige Vorgänge der Taxierung von Reizbedeutungen (Subception) und ihre – ebenfalls unterschwellig – vermittelten Folgen (→*Wahrnehmungsabwehr)* zeigen sich z. B. in *phasischen* und *tonischen* Komponenten reizabhängiger Veränderungen der *elektrodermalen* und *Herz-Aktivität*, ohne daß damit bewußt Wahrnehmungserlebnisse verbunden sind. Neuerdings verwendet man die Beziehungen zwischen der *Latenz* und *Amplitude* verschiedener Komponenten *evozierter Potentiale* des EEG und *Reaktionszeiten* bzw. *Fehler*, um aus ihrem Zusammenhang mit der *Aufgabenschwierigkeit* und *Komplexität* den Einsatz *bewußter Anstrengungsmobilisierungen* zu erfassen (DONCHIN, 1985; HILLYARD, KUTAS, 1982). Ein spekulativer Ansatz zur *neurophysiologischen Erklärung* der *Repräsentations-* und *Integrationsfunktion* des B. stammt von K. H. PRIBRAM (1971). Eindrücke und Vorstellungen könnten auf *holographischen Projektionen* synaptischer Erregungs-Hemmungs-Muster beruhen, die im Gehirn im Lichte ihrer allgemeinen vs. lokalisierten Aktivierungswirkung, ihrer sequentiellen bzw. kontextuellen Einbettung in bereits stabilisierte Repräsentationen und ihres Körper- bzw. Selbstbezugs »interpretiert« werden. Rätselhaft bleibt die Übersetzung der »Interpretationen« des Gehirns in bezug auf seine eigenen Vorgänge in den »kognitiven Kode« des bewußten Erle-

99

Bewußtseinslage

bens. POPPER und ECCLES (1977) führen Erleben – wie seinerzeit JAMES – auf den nicht weiter reduzierbaren »selbstbewußten Geist« bzw. »Verstand« *(self-conscious mind)* zurück, der aus den Daten, welche die Außen- und Innenwelt repräsentieren, bei deren Passage durch das sog. »Liaison-Brain« bestimmte Informationen herausgreift und integrativ weiterverarbeitet. B. ist in diesem Sinne eine *Disposition* zur selektiven Nutzung von Daten, die aufgrund rasch und in verschiedenen Teilen des Nervengewebes ablaufender zahlloser Be- und Verarbeitungsprozesse bereitgestellt werden und die Außenwelt (Sinnesdaten, Vorstellungen) bzw. Innenwelt (Gefühle, Erinnerungen) repräsentieren.
LIT. DIXON (1971; 1981); DONCHIN (1984); FRÖHLICH U. A. (1984); GRAUMANN (1974); GURWITSCH (1974); HILLYARD, KUTAS (1983); HOFER (1981); KRAFT (1960); JAMES (1890); POPE, SINGER (1978); POPPER, ECCLES (1977); POSNER (1978); PRIBRAM (1971); SHIFFRIN, SCHNEIDER (1977); SCHNEIDER, SHIFFRIN (1977); TART (1969); TAYLOR (1979); WERTH (1983); WUNDT (1911).

Bewußtseinslage *(conscious attitude; mental attitude; mental set).* Von MARBE in die Bewußtseins- und Denkpsychologie der Jahrhundertwende eingeführte Bezeichnung für die mehr oder weniger explizierbare Mitgegebenheit eines Bedeutungsfeldes beim begriffl. Denken und Erinnern, z. B. der Eindruck des Stimmigen, Sinnvollen, Ausgedehnten oder Kleinen, das Mitwissen von Zeitabläufen, ohne sich darüber im Augenblick präziser ausdrücken zu können. Vergleichbare Annahmen werden im sog. *Logogen-Modell* und in bezug auf Prozesse der *Pfadaktivierung* getroffen.
→*Bewußtheit*, →*Denken*, →*Einstellung.*

Bewußtseinsschwelle. Angenommener Eintritt eines »nichtbewußten Inhaltes« in die Sphäre deutlichen Bewußtseins. Bezieht sich auf Erlebnisinhalte, z. U. von exakt bestimmbaren *Reizschwellen.*

Bewußtseinsstörung. Unspezifische Bezeichnung für krankhafte oder auf Ermüdung zurückgeführte Beeinträchtigung bei Wahrnehmen, Gedächtnisleistungen, Denken u. a. Ähnlich auch »Bewußtseinstrübung«.

Bewußtseinsumfang *(apprehension span).* Nach WUNDT die Anzahl sukzessiver Einzeleindrücke, die innerhalb einer bestimmten Zeit fusionsfrei aufgefaßt werden können. Die Grenze des sog. *psychischen Moments* liegt bei ca. 16 Eindrücken pro Sekunde.
→*Aufmerksamkeit.*

Beziehungswahn →*Wahn.*

Bezold-Abney-Effekt/Phänomen →*Abney-Effekt;* →*Bezold-Brücke-Phänomen.*

Bezold-Brücke-Phänomen *(Bezold-Brücke effect/phenomenon; Bezold-Brücke hue shift),* etwas irreführend auch *Abney-, Abney-Brücke-, Bezold-Abney-* oder *Brücke-Abney-Effekt/Phänomen.* Von Helligkeit, Reizort und Reizgröße abhängige Veränderungen des Farbensehens. Erste Untersuchungen von A. V. BEZOLD und E. BRÜCKE (1873; 1878) wurden von W. ABNEY (1913) systematisch weitergeführt. Bei vergrößerter Umgebungshelligkeit überwiegen bei Betrachtung einer aus Mischfarben bestehenden Vorlage Gelb- und Blaustiche gegenüber roten und grünen; Verkleinerungen des gereizten Netzhautareals haben im fovealen Bereich die gleiche Wirkung *(Abney-Effekt/Phänomen).* Nimmt die Helligkeit ab, dominieren Rot- und Grünstiche, Gelb- und Blautöne treten zurück. Je reiner die verwendeten Farben, desto geringer ist der Effekt. Erklärt wird dies durch frequenzabhängige Unterschiede der Helligkeitsempfindlichkeit in einzelnen Rezeptorengruppen *(→Purkinjesches Phänomen)* bzw. der an der Weiterverarbeitung beteiligten retinalen Rot-Grün- und Gelb-Blau-Mechanismen und durch unterschiedliche Reizsummationsvorgänge in fovealen und peripheren Netzhautbereichen.

Bezugsgruppe *(reference group).* Bezeichnung für eine jede Gruppe, mit der sich ein Individuum identifiziert und auseinandersetzt, um schließlich die Normen, Einstellungen und Verhaltensweisen dieser →*Gruppe* zu übernehmen. Dabei wird eine Mitgliedschaft oder Gruppenaktivitäten nicht vorausgesetzt; es wird vielmehr angenommen, daß solche Bezugsgruppen für jedes Individuum in einer Vielzahl existieren und die *Einstellungen* des betreffenden Individuums mitbestimmen bzw. eine Art Anhaltspunkt für solche Einstellungen abgeben. Die Eigenschaften der B. sind dabei oft vorgestellt u. nicht anschaulich gegeben.

Bezugspunkt *(point of reference).* In einem dimensionalen *Bezugssystem* definierter Punkt, von dem eine bestimmte Entwicklung ausgeht bzw. auf den sich die Interpretation bestimm-

Bindung

ter anderer Punkte im gleichen Bezugssystem bezieht. In der *Psychophysik* gelten z. B. →*Adaptationsniveau, Anker-* und/oder *Standardreize* als Bezugspunkte bzw. -größen für die Abgabe von Wahrnehmungsurteilen.

Bezugssystem *(frame of reference; framework)*.
[1] Allgemeine Bezeichnung für ein Koordinaten- oder Definitionssystem, das der Beschreibung der räumlichen Lage von Teilen, Zeitabläufen bzw. Bewegungen und/oder der Ableitung von Maßen (z. B. SI-System) zugrunde liegt. *Faktorielles B.* nennt man die Anordnung von *Faktorenachsen* nach der *Rotation.* Als *nomologisches Netzwerk (nomological network)* gelten begrifflich-logische Rahmenbedingungen für Beziehungsaussagen zwischen empirischen Operationen und Erklärungssätzen bei der Bildung von *Konstrukten, Modellen* und bei der Formulierung theoretischer Sätze.
[2] In der Wahrnehmungspsychologie ist B. Bezeichnung für den durch Erfahrung geprägten Hintergrund, der als subjektiver Maßstab bei der Beurteilung von Reizintensitäten und -qualitäten verwendet wird. Aus älteren Ansätzen, die aus der *Gestaltpsychologie* hervorgingen, entwickelte sich ein eigener Zweig der *Bezugssystemforschung* im Rahmen der neueren *Psychophysik.*
→*Adaptationsniveau.*

Bilderordnen *(card sorting).* Eine Art des Experiments oder Tests, in dessen Verlauf eine zufallsgemischte Reihe von Bildern nach gewissen Kriterien angeordnet werden soll, z. B. gemäß einem auf den Bildern zeichnerisch dargestellten Geschehensablauf des täglichen Lebens *(Intelligenz-Tests* →*Test,* →*Wechsler-Bellevue-Skala).*

bildgebende Verfahren →*Tomographie.*

Bimodal. Zweigipflig. In der Statistik als Bezeichnung für eine →*Häufigkeitsverteilung* mit zwei Modalwerten (Gipfeln) eingeführt. In der mathematischen Kurvendiskussion entspricht dies zwei Maxima.
→*Modus.*

Binärziffern *(binary numbers).* Mathematische Bezeichnung für besonders in der *Informationstheorie* gebräuchliche zahlenmäßige Repräsentationen unter Verwendung der Ziffern 1 und Null und keiner anderen. Das System der Binärziffern wird bei der Mehrzahl elektronischer Rechenanlagen anstelle des Dezimalsystems (Zahlen 1 bis 9 und Null) verwendet.

binaural. Hören mit beiden Ohren. Es hat entscheidenden Einfluß auf die räumliche Lokalisierung von Schallquellen. Seitlich einwirkender Schall erreicht jedes Ohr mit verschiedener Intensität und Komposition. Diese Differenzen werden zentral verrechnet, wobei Hinweise aus anderen Sinnesgebieten (z. B. Sehen) mitwirken.
→*Hören.*

Bindehaut *(conjunctiva).* Schleimhaut, die die Innenfläche der Augenlider und die Vorderfläche des Augapfels bis zum Hornhautrand bedeckt.
→*Auge.*

Bindung *(attachment).* Bezeichnung für eine emotionale Beziehung zwischen Menschen, die sich z. B. in Form der Kontaktsuche, Aufrechterhaltung der Nähe zur Bezugsperson insbesondere angesichts fremder Personen oder unvertrauter Ereignisse (z. B. dem sog. Fremdeln, der sog. Acht-Monats-Angst bei Kindern) oder der sog. *Trennungsangst* (Furcht vor Abwesenheit oder Abwendung einer Bezugsperson) äußert. B. und nachfolgende →*Ablösung* gelten als wesentliche Voraussetzungen einer harmonischen Persönlichkeits- und sozialen Entwicklung. In *psychoanalytischer Deutung* ist die frühkindliche B. des Kindes an die Mutter Ausdruck einer libidinösen Beziehung, die der Befriedigung primärer Bedürfnisse des Kindes dient; diese Beziehung findet ihre Entsprechung in der sog. →*Übertragung* als eine an infantile Regungen gebundene, an die Autorität des Psychoanalytikers gebundene vorübergehende *Abhängigkeit* des Patienten. Das Fortfallen von B.-Möglichkeiten im Verlauf der frühkindlichen Entwicklung wird mit Störungen der Persönlichkeitsentwicklung und des sozialen Verhaltens in Form von →*Regressionen (*→*Hospitalismus)* und mangelnder *Aggressionskontrolle* in Verbindung gebracht. Aber auch das Fehlen der *Ablösung* gilt als Konflikt- und Störungsquelle, da sie übermächtige Abhängigkeiten und damit verbundene Mängel zur Kontrolle infantiler Triebregungen zur Folge haben soll. HARLOW zeigte in Untersuchungen an isoliert aufgezogenen Rhesusäffchen, daß der Körperkontakt mit dem anwesenden Muttertier oder mit Artgenossen entscheidenden Einfluß hat auf eine von Sicherheit geleitete

101

Binet-Simon-Test

Umweltorientierung und soziale Entwicklung. In umfangreichen Untersuchungen weist BOWLBY (1969) auf, wie sich *Bindungs-Verhalten (attachment behavior)* bei Kindern entwickelt und welche Bedeutung der B. im Rahmen der Entwicklung kognitiver und sozialer Funktionen zukommt. BOWLBY unterscheidet vier Phasen: (a) Das Baby orientiert sich zunächst an einer Vielzahl von Personen, indem es *Bindungssignale* (z. B. Lächeln) aussendet. (b) Bereits in den ersten Lebenswochen werden diese Signale mehr und mehr nur an bestimmte, wenige Bezugspersonen gerichtet. (c) Ab dem ersten Lebensjahr kann das Kind sowohl durch Signale als auch durch Körperbewegungen die Nähe zu den Bezugspersonen aufrechterhalten sowie Pläne zur Aufrechterhaltung der Nähe entwickeln; es kann jedoch noch nicht einkalkulieren, wie die Bezugsperson darauf reagieren wird. (d) Im Alter von 2–3 vermag es, die Erwartungen und Absichten der Bezugspersonen einzukalkulieren und gelangt damit von der B. zu einer *partnerschaftlichen,* dem *Rollenspiel* vergleichbaren *Beziehung.* Damit einher geht eine zunehmende *Selbständigkeits-Abhängigkeits-Balance* (BISCHOF, 1975).

LIT. BISCHOF (1975); BOWLBY (1969); MACCOBY, MASTERS (1970).

Binet-Simon-Test *(Binet-Simon scale, Binet-Simon test).* Eine Reihe von Intelligenzaufgaben (von BINET und SIMON ersonnen), die nach Schwierigkeitsgraden abgestuft sind. Der Test erschien in drei verschiedenen Entwicklungsformen (1905, 1908 und 1911). Bei den beiden letzten finden sich altersspezifische Normen, bezogen auf Jahresabschnitte. Der Test erfuhr zahlreiche Revisionen und Änderungen und ist in viele Sprachen übersetzt worden. Syn. *Stanford-Intelligenz-Test.*

LIT. LÜCKERT (Übers.; 1957); PROBST (1960).

binokular. Beidäugig.

binokular, binokulares Sehen *(binocular, binocular vision).* Beidäugiges Sehen durch Überschneiden der Sehfelder beider Augen. Verschieden weit entfernte Gegenstände werden auf jeweils verschiedenen Netzhautstellen *(Disparation)* abgebildet. Aus der Lage der Abbildungen kann die Entfernung durch zentrale Verarbeitung *(Gehirn)* eingeschätzt werden. Syn. *Stereopsis.* Zusätzliche Hinweise sind dabei Rückmeldungen über die Konvergenz der Augenstellung und durch Augenbewegungen vermittelte Eindrücke *(scanning).*

binokulare Perspektive →*Perspektive.*

binokulare Rivalität *(binocular rivalry).* Forschungs- und werbemittelanalytische Technik. Durch ein Binokular wird dem einen Auge Abb. A, dem anderen Abb. B zugeführt. Das Maß der Verschmelzung, Überlagerung oder Dominanz gilt als Hinweis (a) für periphere oder zentrale Verarbeitung und (b) für die Prägnanz der Objekte. Die Technik der B. R. liefert auch Hinweise auf die *Lateralität* (Dominanz des rechten oder linken Auges bzw. Hirnfeldes).

Binomialverteilung, Bernoulli-Verteilung *(binomial distribution).* Die Stichprobenverteilung von Alternativereignissen des Typus »Fehler« und »Treffer«. Besitzt das Merkmal »Fehler« eine Wahrscheinlichkeit p und »Treffer« eine Wahrscheinlichkeit q in einer unendlichen dichotomen Population, wobei q = 1-p, und zieht man eine Stichprobe von der Größe N, so folgt die Anzahl der Stichprobenelemente (k) mit dem Merkmal »Fehler« einer Verteilung mit der Wahrscheinlichkeitsfunktion

$$p(k) = \binom{N}{k} p^k q^{N-k}$$

Zur Beschreibung genügen die Parameter p und N, der Mittelwert ist definiert durch $\mu = Np$ und die Varianz durch $\sigma^2 = Npq$. Die Binomialverteilung hat besondere Bedeutung in der *Testtheorie.*

Biofeedback. Bezeichnung für in der *Verhaltenstherapie* zur Anwendung kommende Methoden, dem Klienten mittels geeigneter technischer Vorrichtungen *(display)* Vorgänge in seinem Körper und deren Veränderungen sichtbar bzw. hörbar zu machen (z. B. Herz- oder Pulsschläge) und diese Veränderungen auf bestimmte Reize zu beziehen. Dadurch ist eine therapeutische Beeinflussung durch Selbstkontrolle in Grenzen möglich. Erste Erkenntnisse gehen vor allem auf Arbeiten von und um N. E. MILLER zurück.

biogene Amine *(amines).* Im Organismus erzeugte, physiologisch wirksame chemische Zellstoffwechsel-Produkte. Einige haben *Transmitter*-Funktion. Sie entstehen aus verschiedenen Aminosäuren. Im weiteren Sinne zählen auch die Katecholamine (z. B. →*Nor-*

adrenalin) zu ihnen. Die b.A. spielen sehr wahrscheinlich durch Beeinflussung des Zellstoffwechsels eine große Rolle bei bestimmten Formen der *Schizophrenie.*

Biogenese, Biogenesis *(biogenesis).* Die zusammenfassende Bezeichnung für Ursprung und Entwicklung der verschiedenen Arten von Lebewesen. Das *biogenetische Gesetz* (manchmal auch Grundgesetz) spricht das allgemeine Prinzip aus, daß in der individuellen Entwicklung (Ontogenese) die Entwicklung der Art (Phylogenese) wiederholt wird. Das *Gesetz von der Biogenese* besagt dagegen, daß jedes Lebewesen von einem anderen bzw. von Eltern herstammt.

biogenetisches Gesetz →*Biogenese.*

Biologie *(biology).* Die Wissenschaft von den lebenden Organismen.

Biologische Psychologie *(biological psychology),* Syn.: *Biopsychologie (biopsychology).* Umfassende Bezeichnung für interdisziplinäre Forschungsansätze, in deren Rahmen Zusammenhänge zwischen menschlichem Erleben und Verhalten (einschließlich ihrer Störungen) und biologischen Prozessen untersucht und systematisiert werden bzw. biologisches Wissen für die Erklärung der Entwicklung, Organisation und Steuerung des menschlichen Erlebens und Verhaltens systematisch aufbereitet wird. Teilgebiete der B.P. sind →*Neuropsychologie,* →*Physiologische Psychologie,* →*Psychoendokrinologie,* →*Psychoimmunologie,* →*Psychoneuroimmunologie,* →*Psychophysiologie* und *kognitive* bzw. *verhaltensorientierte* →*Neurowissenschaften.*

LIT. BIRBAUMER, SCHMIDT (1996); BRIDGEMAN (1988); GAZZANIGA (1984); GAZZANIGA, BLAKEMORE (1975); HINGTGEN, HELLHAMMER, HUPPMANN (1987); JERISON (1973); KALAT (1984); MEYERS (1971).

Biologismus. Bezeichnung für solche Theorien, die die biologische Nützlichkeit oder den biologischen Sinn als allgemeinste und letzte Erklärungsgrundlage für alle Anzeichen des Lebens (von der Kriechbewegung bis zum komplexen Lernen) wählen. Dies geschieht z.B. bei der Erklärung vieler Verhaltensweisen aus einem umfassenden »Antrieb« oder »Trieb« (z.B. Überleben).

Biometrie *(biometry; biometrics).* Die Anwendung statistischer Entscheidungs- und Skalierungsmethoden in bezug auf biologische Daten.

Biometrik →*Biometrie.*

Biopsychologie →*Biologische Psychologie.*

Biorhythmus *(bio-rhythm).* Periodische Veränderungen biologisch-physiologischer Kennwerte und damit zusammenhängende Funktions- und Leistungsschwankungen, die in definierten Zeitabschnitten auftreten. Syn. *Periodik.* Eigenschaften und Ursprünge des B. sind Gegenstand der *Chronobiologie (chronobiology).* Man unterscheidet *circadiane, ultradiane* und Abläufe, die sich in größeren Zeiträumen vollziehen. Die chronobiologische Forschung hat Konsequenzen auf Arbeitszeit- und Schichtarbeitsgestaltung bzw. auf den Einsatz des fliegenden Personals im Interkontinentalverkehr. Abweichungen vom biologisch-physiologischen Rhythmus und/oder Versuche, den Auswirkungen bewußt gegenzusteuern, können den Organismus überbeanspruchen und neben Beeinträchtigungen der Leistungsfähigkeit Schlafstörungen nach sich ziehen.

[1] *Circadianer Rhythmus* (c.R.) oder *Circadianperiodik (circadian rhythm; circadian periodicity):* Das Wort *circadian* setzt sich aus dem lat. *circa* (ungefähr) und *diem* (Tag) zusammen. Der C.R. läuft beim Menschen ohne äußere Hinweise in einem 25stündigen Rhythmus ab, entspricht also nur näherungsweise dem 24-Stunden-Tag der chronometrischen Zeit. Der C.R. entsteht in den einzelnen Körperzellen; zentraler Schrittmacher ist der *suprachiasmatische Kern (SCN; nucleus suprachiasmaticus)* des Hypothalamus, wo auch andere Lebensfunktionen (z.B. Blutdruck, Atmung, Wärmehaushalt, Stoffwechsel, Hunger, Durst, Sexualität) angesteuert werden. Ausdruck des C.R. sind neben dem Schlaf-Wach-Rhythmus z.B. Aktivations- und Körpertemperaturschwankungen, Variationen des Hormonhaushalts (z.B. Cortisolspiegel morgens höher als abends und nachts) und entsprechende Veränderungen des Herz-Kreislauf-Geschehens. *Zeitgeber* synchronisieren die periodischen Abläufe in Körper in bezug auf periodisch ablaufende Umweltveränderungen, sorgen für die Neuanpassung der »inneren Uhr« nach Flugreisen in andere Zeitzonen und gleichen jahreszeitlich bedingte Schwankungen sowie biologisch bedingte Spontanfluktuationen aus. Der wichtigste *Zeitgeber* für den circadianen Rhythmus ist das Tageslicht, dessen Registrierung die Pro-

biosozial

duktion von →*Melatonin,* dem schlafeinleitenden Hormon der Zirbeldrüse, hemmt.

[2] *Ultradianer Rhythmus (ultradian rhythm):* Zu ihm zählen z. B. der ca. 1,5stündige Rhythmus des Aktivationssystems und ein an Konzentrationsschwankungen erkennbarer Ablauf, der bei Tagesarbeit dazu führt, daß viele Menschen zwischen 9 und 11 h und am späteren Nachmittag leistungsfähiger sind als um die Mittagszeit und abends. Diese Abläufe unterliegen erheblichen intraindivuduellen Unterschieden und stehen darüber hinaus unter dem Einfluß überlagernder biologisch bedingter Schwankungen. *Zeitgeber* für ultradiane Rhythmen sind z. B. Eßzeiten, gewohnheitsmäßig wiederkehrende Arbeitsabläufe, Sozialkontakte und entsprechende Erwartungen.

[3] *In größeren Zeiträumen ablaufende Rhythmen:* Zu ihnen zählen bei Frauen der ca. 28-tägige Menstruationszyklus, bei Männern in 6-monatigen Abständen auftretenden Hormonschwankungen, annuelle bzw. saisonale Rhythmen (z. B. Fellwechsel oder Winterschlaf bei Tieren) sowie lunare bzw. tidale Rhythmen, d. h. von Mondstand bzw. Gezeiten abhängige Veränderungen, denen Pflanzen und Meeresbewohner unterworfen sind.

LIT. ASCHOFF (1984); BUNNING (1977); RUTENFRANZ, KNAUTH (1982).

biosozial *(biosocial).* Bezeichnung solcher sozialen Beziehungen, die vorwiegend durch biologische Faktoren bewirkt werden. Im Englischen auch im Zusammenhang mit Haustieren gebraucht, die für den Besitzer soziale Bedeutung haben. *Bionomics* bezeichnet im englischen Sprachgebrauch den Zweig der Biologie, der sich mit den Lebewesen und ihrer sozialen Umgebung beschäftigt.

Biotop. Syn. für *Lebensraum.*

Biotypus, biotypisch *(biotype).* Bezeichnung für die Tatsache, daß eine Gruppe von Lebewesen gemeinsamer Herkunft ist und die gleichen Erbfaktorenstrukturen besitzt.

bipolare Störung →*Affektive Störung,* →*manisch-depressive Störung.*

BIS →*Impulsivität.*

biseriell, biserial *(biserial).* Bezeichnung für Korrelationsverfahren, die den Zusammenhang zwischen einer kontinuierlichen und einer Alternativ-Variablen durch einen entsprechenden Koeffizienten darstellen lassen. Man unterscheidet normalerweise die biserielle

Korrelation von der punkt-biseriellen. Im ersten Fall handelt es sich um ein Verfahren, das bei genuinen Alternativmerkmalen, im zweiten Fall um eines, das bei künstlich hergestellten Alternativmerkmalen aus ursprünglich kontinuierlichen angewendet wird.

bisexuell, Bisexualität *(bisexuality).*

[1] Das Nebeneinander von homosexuellen und heterosexuellen Neigungen beim Menschen.

[2] Im Sinne *bipolarer Sexualität (bipolar sexuality)* biologische Bezeichnung f. d. Tatsache des Vorkommens weiblicher und männlicher Lebewesen in einer species. →*Sexualität.*

Bit. Durch Zusammenziehung der Buchstaben b, i und t aus *»binary digit« (Binärziffer)* hergestellte Bezeichnung für die Einheit der Messung von *Information.*

bizarrer Wahn →*Wahn.*

Blastula. Frühes Stadium der Embryonalentwicklung vor der *Gastrula.* Im Verlauf der Furchungsteilung entsteht der hohle Zellkörper der B. mit einschichtiger Außenwand.

Blaublindheit →*Farbenfehlsichtigkeit.*

Blau-Gelb-Blindheit *(blue-yellow blindness).* Eine recht selten auftretende Form angeborener Farbblindheit *(*→*Tritanopie).*

Blickfeld →*Gesichtsfeld.*

Blinder Fleck *(blind spot).* Die Stelle des Austritts des Sehnervs aus der Retina. Er befindet sich etwa 12–15 Grad in Richtung der Nase (nasal) auf einer Waagrechten. Der Name stammt daher, daß die Retina (Netzhaut) an der bezeichneten Stelle keine Stäbchen- und Zapfenzellen aufweist und daher keine Sinneseindrücke vermitteln kann. →*Auge.*

Blindsehen →*Bewußtsein.*

Blindversuch *(blind analysis).*

[1] Bezeichnung für ein in der psychologischen *Diagnostik* eingeführtes Kontrollverfahren, bei dessen Anwendung der beurteilende Psychologe nur auf Testdaten und/oder Verhaltensprotokolle angewiesen ist, jedoch den Klienten selbst nicht zu Gesicht bekommt.

[2] Bezeichnung für Versuchspläne, bei denen entweder der Versuchsleiter oder die Versuchspersonen oder aber beide *(Doppelblindversuch)* keine Kenntnis von entscheidenden Bedingungen der Versuchsdurchführung (z. B. abhängige Variablen) haben. Ein Blindversuch liegt z. B. dann vor, wenn aus Kontrollgründen einer Gruppe von Patienten ein effektiv wirk-

sames Präparat, einer anderen →*Placebos* verabreicht werden, ohne daß der behandelnde Arzt (Psychologe) und/oder der Patient Kenntnis davon hat, wer zu der Versuchsgruppe (effektive Präparate) oder zur Kontrollgruppe (Placebo) gehört.

Blochsches Gesetz *(Bloch's law)*. Aus dem *Bunsen-Roscoschen Gesetz* hergeleitete Beziehung zwischen Reizhelligkeit bzw. Leuchtdichte (I) und Darbietungszeit (T) in bezug auf die absolute Schwelle. Die Reizschwelle kann entweder durch größere Intensität bei kürzeren Darbietungszeiten oder durch längere Darbietungszeiten bei geringerer Helligkeit erreicht werden. Die Beziehung I × T = k (konstant in bezug auf die Reizschwelle) gilt näherungsweise bis zu Darbietungszeiten von 100 msec. Unterhalb dieser Grenze hängt die Entdeckbarkeit nur von der Leuchtdichte (I) und Reizgröße ab.
→*Pipersches Gesetz;* →*Riccosches Gesetz.*

Blut *(blood)*. In den Hohlraumsystemen des Körpers (beim Menschen und höheren Tieren: Herz-Kreislauf-System) zirkulierende Flüssigkeit mit einem pH-Wert zwischen 7.35 und 7.40 (leicht alkalisch), die aus *Blutplasma* und *Blutzellen* besteht. B. besorgt (a) den Sauerstofftransport von der Lunge zum Gewebe, (b) die Entschlackung (Kohlensäure vom Gewebe zur Lunge; Harnsubstanzen vom Gewebe zu den Nieren), (c) Nährstoffe-Transport von Darm und Leber zum Gewebe, (d) An- und Abtransport von Vitaminen und Hormonen, (e) Abwehr von krankheitserregenden und körperfremden Substanzen, (f) Gerinnung bei Verletzungen und (g) Abgabe von Wärmeüberschuß aus dem Körperinneren an die Körperoberfläche. Das *Blutvolumen* beträgt beim Menschen ca. 7–8% des Körpergewichts (zwischen 5 und 5.5 l Blut beim Erwachsenen). Das *Blutplasma* macht 55% aus und enthält als gelbliche Flüssigkeit vor allem anorganische Salze, Kohlehydrate *(→Glukose)*, Hormone, Fettstoffe, Vitamine, Schlackenstoffe und Plasmaeiweiß. Die *Blutzellen* (Blutkörperchen, Hämozyten) sind zu ca. 99% *Erythrozyten* (rote Blutkörperchen), zu 1% *Leukozyten* (weiße Blutkörperchen; in Untergruppen je nach Färbungseigenschaften aufgeteilt, →*Blutbild*) und *Thrombozyten* (Blutplättchen). Die Erythrozyten bei Säugern (einschließlich dem Menschen) besitzen keinen Zellkern; ihre rote Farbe stammt von *Hämo-*globinen, die sich im oxygenierten (O_2-haltigen) Zustand hellrot, im desoxygenierten Zustand dagegen dunkelrot verfärben. Die *Leukozyten* treten in verschiedenen Formen auf; die sog. *Monozyten* und neurophilen *Granulozyten* können aus der Gefäßbahn wandern und Bakterien durch Aufnahme in den eigenen Zelleib unschädlich machen; sie gelangen durch *Chemotaxis* in das entzündete Gewebe und bilden nach ihrem Absterben den Eiter; auch *Lymphozyten* dienen der Infektabwehr. Die *Thrombozyten* (Blutplättchen) stehen in bisher nicht völlig geklärter Beziehung zum Nervensystem; sie werden auch als *flüssiges Nervensystem* bezeichnet und besitzen den höchsten intrazellulären Metabolismus im Organismus. U. a. bewirken sie Blutgerinnung und -stillung; sie erfüllen überdies (mit Ausnahme von O_2) den Erythrozyten vergleichbare Transportfunktionen. Die *Blutproduktion* geschieht in den sog. *Quasi-Speichern* Knochenmark, Leber, Lymphgewebe und Milz.

Blutbild *(complete blood count; haemogram)*. *Syn.* Blutstatus; Hämogramm. Zusammensetzung des Blutes zu einem bestimmten Zeitpunkt, ermittelt anhand Blutprobe bzw. Ausstrich. Das »rote« *Blutbild* umfaßt Erythrozyten- bzw. Reticulozytenzahl, die Hämoglobin-Gesamtmenge oder den Hb_E-Wert (Hämoglobin pro Erythrozyt) sowie Angaben über Plasmazusammensetzung. Für die automatisierte Auszählung gibt es Geräte (z. B. *Coulter Counter*). Das »weiße« *Blutbild* enthält Leukozytenzahl, Leukozytenarten (eosinophile, basophile, neutrophile, stab- und segmentkernige), T- und B-Lymphozytenzahlen, Monozyten- und Thrombozytenzahl. Es reflektiert u. a. den Status des →*Immunsystems*. Überschüsse werden als -ose (z. B. Leukozytose), Werte unter der Norm als -penie (z. B. Leukozytopenie) bezeichnet. Belastungen durch Krankheit, Traumen oder psychischen →*Streß* verändern das B. Man findet in solchen Fällen häufig Erythrozytosen, allgemeine Leukozytosen mit Leukozytopenie der eosinophilen Leukozyten, Lymphozytosen und Thrombozytosen.

Blutdruck *(blood pressure)*.
[1] Durch die Pumpleistung des Herzens erzeugter Druck, der den Körperkreislauf aufrechterhält, von *Herzleistung* (Schlagfrequenz und -volumen; Herzminutenvolumen) und dem Widerstand in peripheren Gefäßen (Ela-

Blutgruppen

stizität der Gefäßwände; Gefäßweite) abhängt und durch komplexe Regelsysteme kontrolliert wird. Der höchste Punkt der phasischen Druckkurve während der Herzkontraktion *(Systole)* markiert den *systolischen B. (systolic blood pressure),* der niedrigste Punkt in der Erschlaffungsphase des Herzens *(Diastole)* den *diastolischen B. (diastolic blood pressure).* Angegeben werden beide Werte in mmHg (Millimeter Quecksilbersäule) oder kPa (Kilo-Pascal), wobei kPa = 0.133 mmHg, immer beginnend mit dem *systolischen* B. Die mittleren Meßwerte gesunder 30–40jähriger liegen bei 125/85 mmHg. Dauerhaft niedriger B. wird als *Hypotonie,* dauerhaft erhöhter als *→Hypertonie* bezeichnet. Neben ereignisabhängigen Tagesschwankungen unterliegt der B. altersspezifischen Veränderungen, die durch Elastizitätsverlust der Gefäßwände bedingt sind. Die mittleren Meßwerte gesunder über 60jähriger liegen bei ca. 150/90 mmHg.

[2] Die *B.-Regelung (blood pressure control)* erfolgt durch homöostatische Mechanismen, die in Verbindung mit Regelkreisen des Hormon- und Neurotransmittersystems der Aufrechterhaltung konstanter Druckverhältnisse dienen. Druckrezeptoren *(Presso-,* auch *Barorezeptoren)* in den Gefäßen entsenden bei Druckveränderungen Signale zu den sympathischen und parasympathischen B.-Zentren in verlängertem Rückenmark *(medulla oblongata)* und Zwischenhirn; von dort werden Herzleistung und/oder peripherer Gefäßwiderstand nachgeregelt. Von *Barorezeptoren* in den Blutgefäßwänden der Halsschlagader *(Sinusknoten; carotis sinus)* gehen Signale an Mechanismen, welche die Beziehungen zwischen B. und zentralnervöser *→Aktivation* regeln; dafür sprechen Befunde über Zusammenhänge zwischen erhöhtem B. und Entspannung bzw. Schläfrigkeit *(→Hypertonie)* sowie niedrigem B. und rascher bzw. effektiver Informationsaufnahme *(→Intake-rejection-Hypothese).*

[3] Blutdruckmessung (blood pressure monitoring; haemodynamometry). (a) Die *indirekte* Messung des arteriellen B. *(non-invasive blood pressure monitoring/haemodynamometry),* ein vielfach praktiziertes, allerdings nur eingeschränkt präzises nichtinvasives (unblutiges) Verfahren, wurde von RIVA-ROCCI um 1890 eingeführt. Eine leere Gummimanschette wird um den Oberarm gelegt und so lange aufgepumpt, bis im Blutstrom in der Armschlagader kein Puls mehr fühlbar ist. Vermindert man den Druck, bis das wiedereinströmende Blut mit einem Stethoskop (Hörrohr) an der Ellenbeuge hörbar ist (Korotkow-Ton), kann der *Spitzen-* oder *systolische Druck* auf einem angeschlossenen *Manometer* (Druckanzeiger) abgelesen werden. Wird die Manschette gelockert, bis kein Einströmgeräusch mehr zu hören ist, erhält man als Talwert den *diastolischen* B. Der Durchschnitt aus beiden heißt mittlerer arterieller Durchströmungswert oder *Mitteldruck,* die Differenz zwischen beiden *Blutdruckamplitude.* Heute stehen zahlreiche automatische Geräte mit Speicherungsmöglichkeit für die Selbstanwendung zur Verfügung. (b) Die *direkte* Messung *(invasive blood pressure monitoring/haemodynamometry)* wird als präzises *invasives* Verfahren vor allem in der klinischen Herz- und Gefäßdiagnostik angewandt. Die Messung erfolgt über Kanülen oder Katheter.

Blutgruppen *(blood groups).*

[1] Erbliche, genetisch polymorphe, individuell relativ stabile Eigenschaften von Blutkomponenten, die durch an die Membran von *Erythrozyten* gebundene bzw. in den Membranen verankerte *Antigene* charakterisiert sind *(→Immunsystem).* Es gibt über 100 Blutkomponenten und an die 20 Merkmalsysteme. In der Praxis wird das *A-B-Null-Klassifikationssystem* zusammen mit der *Rhesusfaktorbestimmung* am häufigsten angewandt.

[2] Eine *Blutgruppenbestimmung (blood typing)* erfolgt *in vitro* durch Versetzung einer Blutprobe mit korrespondierenden Antikörpern; bei Übereinstimmung treten *Agglutinationsreaktionen* (Verklumpungen) der *Erythrozyten* auf. (a) Die *A-B-Null-Klassifikation* unterscheidet vier Hauptgruppen, A (Antigen A; Antikörper gegen B im Blutplasma), B (Antigen B; Antikörper gegen A), AB (Antigene A u. B; keine Antikörper) und 0 (keine Antigene; Antikörper gegen A u. B). Antigene A und B sind bei der Geburt vorhanden; Antikörper Anti-B (bei A), Anti-A (bei B) und Anti-AB (bei Null) entwickeln sich erst innerhalb der ersten Lebensmonate. Blutgruppen Null und A sind in der mitteleuropäischen Bevölkerung mit je ca. 40%, B mit ca. 12% und AB mit ca. 8% vertreten; für Populationen anderer Teile der Erdbevölkerung gelten unterschiedliche Häufigkeiten. Vor Bluttransfusio-

nen und Organübertragungen muß die *Immunverträglichkeit* des Blutes geklärt werden, denn wenn der Empfänger Antikörper gegen das Antigen besitzt, agglutinieren mit dem Kontakt die Erythrozyten in seinem Blut. (b) Bei ca. 85% der Bevölkerung findet man als weiteres immunwirksames *Antigen* in den Membranen der Erythrozyten den sog. *Rhesusfaktor (Rhesus blood factor).* Man bezeichnet diese Fälle als *Rhesus positiv (Rh+),* die übrigen als *Rhesus negativ (Rh-).* Das Plasma Rh-Negativer enthält normalerweise keine Antikörper gegen das positive Antigen. Wird einer Rh-negativen Person Rh-positives Blut übertragen, kann dies dennoch zur Antikörperbildung anregen und bei neuerlichem Kontakt mit Rh-positivem Blut zu *Agglutinationsreaktionen* führen. Ist eine Rh-negative Frau mit einem Kind schwanger, das von einem Rh-positiven Vater stammt (in diesem Fall ist das Kind zwangsläufig Rh-positiv) und findet während der Schwangerschaft ein Blutaustausch in der Placenta statt, zeigen sich bei einer erneuten Schwangerschaft mit einem Rh-positiven Kind die beschriebenen Folgen. In solchen Fällen muß die Antikörperbildung durch geeignete medikamentöse Maßnahmen ausgeschlossen werden.

Blutzucker →*Glukose.*

Bogardus-Skala *(Bogardus scale)* →*Distanz;* →*Einstellungsskalen;* →*Soziale Distanz.*

Bogengänge *(semi-circular canals).* Drei aufeinander senkrecht ruhende bogenförmige Gänge im *Labyrinth* des Innenohres. B. sind ein Teil des *Gleichgewichtsorgans.* Im Inneren befindet sich Flüssigkeit, die bei *Beschleunigung* über Haarbüschel streicht und die darunter gelegenen Rezeptoren aktiviert.

Borderline-Syndrom *(borderline syndrome).*
[1] Relativ überdauernde Beeinträchtigungen des Selbstbilds, der Stimmung und zwischenmenschlicher Beziehungen, die sich in beruflichen und/oder privaten Lebensbereichen nachteilig auswirken. Das B. umfaßt Unsicherheiten, Schwierigkeiten der Orientierung an langfristigen Leistungs- und Zielvorstellungen, Schwankungen zwischen Überbewertung und Abwertung, erhöhte Reizbarkeit und Aggressivität im Wechsel mit Angstmanifestationen und – in Extremfällen – Selbstmorddrohungen.
→*Persönlichkeitsstörung.*

[2] Bezeichnung für eine Symptomatik, die den Übergang zwischen einer (latenten oder schizophrenen) *Psychose* und einer umfassenden *neurotischen Störung* des Erlebens und Verhaltens markiert.

BP →*Bereitschaftspotential.*

b-Paradigma →*Reaktionszeit.*

bpm →*Herzschlagfrequenz.*

Brennpunkt, Focus *(focus).* In der Physik Bezeichnung für jenen Punkt, in dem durch eine Linse geleitete Parallelstrahlen konvergieren. Im übertragenen Sinne auch Bezeichnung für jenen Ausschnitt oder Gegenstand des Wahrnehmungsfeldes *(visual field),* der mit *Aufmerksamkeit* betrachtet und dadurch in den »Brennpunkt der Aufmerksamkeit« *(focus of attention)* gerückt wird. Mit dieser bildlichen Ausdrucksweise wird auf den prinzipiellen Unterschied zwischen Seh- und Wahrnehmungsfeld, wie man es physikalisch definieren kann, und dem subjektiv gegebenen Aufmerksamkeitsfeld, dem Feld der eigentlichen Betrachtung, hingewiesen.

Brillenversuch →*Strattonsches Experiment.*

Briquetsches Syndrom *(Briquet syndrome). Klinische Psychologie, Psychiatrie:* Ältere Bezeichnung für eine durch zahlreiche Symptome gekennzeichnete Form der →*Hysterie,* die im DSM unter dem Oberbegriff der →*somatoformen Störung* als *Somatisierungs-Störung* bezeichnet wird.

Brissaud-Syndrom →*Tic.*

Brocasche Aphasie →*Aphasie.*

Brocasche Windung *(Broca's convolution).* Das motorische Sprechzentrum im Kortex. Es befindet sich bei Rechtshändern gegenüber dem unteren Teil der ansteigenden Präzentralwindung im Frontallappen der linken Hemisphäre.

Brodmannsche Areale, Brodmannsche Felder *(Brodmann areas).* Von BRODMANN in die internationale Forschung eingeführte Bezeichnung funktional abgrenzbarer Bereiche der sensorischen und motorischen Großhirn-Rindenfelder mit fortlaufenden Nummern, z. B. Areale 1–3 somato-sensorische Felder (z. B. aktiv bei Hautberührung), Areal 6 motorisches Feld für Augen-, Hals- und Rumpfbewegungen, Areal 17 primäre (sensorische) Sehrinde, Areale 18 und 19 sekundäre Sehrindenregionen, Areale 41 und 42 Hörfelder usw.

Brown-Spearmansche Formel. Eine in der *Testkonstruktion* übliche statistische Formel,

Brücke-Abney-Effekt/Phänomen

mit deren Hilfe man jene Verbesserung der →*Reliabilität* eines Tests voraussagen kann, die bei einer Vermehrung der *Testitems* (→*Item*) bzw. einer Verlängerung des Tests eintritt. Syn. →*Spearman-Brownsche Formel.*

Brücke-Abney-Effekt/Phänomen →*Bezold-Brücke-Phänomen.*

Brücke, Pons *(pons Varolii).* Breiter, bandförmiger Strang aus Nervenfasern im Gehirn zwischen Zwischenhirn und verlängertem Rückenmark (Medulla), vorn gegenüber dem Kleinhirn gelegen.

Brunst *(sexual activity).* Bezeichnung für die periodisch auftretende Paarungsbereitschaft bei Tieren.

Bruxismus *(bruxism),* Syn.: *Bruxomanie (bruxomania).* Häufiges und exzessives Zähnemahlen oder -knirschen, das zu Gebißschäden führen kann; tritt häufig während des Schlafes auf.

BSE →*Jakob-Creutzfeldt-Erkrankung.*

B-Typus →*Typus A-, B-Verhalten.*

B-Typus *(B-type).* Abkürzung für den BASEDOW-Typus (oder basedowiden Typus). Es handelt sich um Individuen, bei denen *eidetische Vorstellungen* von hoher Plastizität vorkommen. Manchmal auch für Vorstellungen dieser Art selbst gebraucht, die als B-typisch bezeichnet werden.

→*Basedowsche Krankheit* (Exophthalmie).

Bulimia nervosa →*Eßstörungen.*

Bulimie →*Eßstörungen.*

Bumerang-Effekt →*Assimilations-Kontrast-Theorie.*

Bunsen-Roscosches Gesetz *(Bunsen-Rosco law).* Physikalisches Gesetz über den Zusammenhang zwischen Belichtungszeit und Helligkeit in ihrer Wirkung auf lichtempfindliche Substanzen. Verwendet man z. B. eine besonders lichtempfindliche Filmsorte, so genügen kürzere Expositions- und Entwicklungszeiten bzw. geringere Helligkeitsgrade, um im Vergleich zu weniger lichtempfindlichen eine scharfe Abbildung zu erreichen.

Das B.-R.-Gesetz findet in der von BLOCH stammenden Version Anwendung in der *Psychophysik;* es bedeutet dort das in bezug auf den *Schwellenwert* konstante Produkt aus Helligkeit bzw. Leuchtdichte und Darbietungszeit, d. h. $I \times T = k$.

→*Blochsches Gesetz.*

Burnout *(burn-out).* Wörtl. übersetzt: »ausgebrannt sein«. Zustände körperlicher, emotionaler und geistiger Erschöpfung nach engagiertem Einsatz für andere Menschen. Betroffen sind vor allem idealistisch orientierte, hochmotivierte Angehörige helfender Berufe (z. B. Krankenschwestern, Ärzte, Lehrer, Sozialarbeiter). Das sog. *Burnout-Syndrom (burn-out syndrome; B-O-S)* ist durch die schmerzliche subjektive Erfahrung geleitet, sich völlig verausgabt zu haben, anderen nicht mehr helfen und ihnen nichts mehr geben zu können. Zu den Ursachen zählen dauernde Anspannung, Zeitdruck, Begegnungen mit vielen hilflosen Menschen, zu wenig Unterstützung und Anerkennung, zu lange Arbeitszeiten und (bei Angehörigen von Sozialberufen) das Fehlen gut vermittelbarer Erfolgskriterien. Die Folgen umfassen in extremen Fällen neben Schlaflosigkeit, Drogenkonsum, depressiven und suizidären Denkweisen auch das Sozialverhalten im beruflichen (z. B. hohe Fehlzeiten, wachsende Gleichgültigkeit oder Konfliktbereitschaft gegenüber Arbeitskollegen) und privaten Bereich (z. B. Einzelgängertum, Konflikte mit Familie und Freunden).

→*Depression.*

LIT. BARTH (1992); BUCHKA, HACKENBERG (1987); FREUDENBERGER (1974).

C

Campimeter. Gerät zur Bestimmung des Umfangs des Gesichtsfeldes sowie zur Lokalisierung von Ausfällen der Sehleistung. →*Perimeter.*

Candela →*Kerzenstärke.*

Cannabis →*Drogenabhängigkeit.*

Cardiograph, Kardiograph. Instrument zur mechanischen Registrierung der Menge (Frequenz) und Intensität (Amplitude) von Herzschlägen. Z. u. von einem sog. *Cardiotachometer (Kardiotachometer)*, mit dessen Hilfe über die Aktionsströme die Herzschlagmenge gemessen wird.

Carpenter-Effekt *(Carpenter effect)* oder **ideomotorisches Gesetz.** Bezeichnung für die Tatsache, daß bei anderen wahrgenommene oder vorgestellte Bewegungen unwillkürlich in Ansätzen oder vollständig nachvollzogen werden.

CAT
[1] *Psychologie:* Abk. für *computer assisted testing (computerunterstütztes Testen).*
[2] *Medizin:* Abk. für *computer assisted tomography (computerunterstützte →Tomographie).*

CAVD-Tests. Aus dem Englischen stammende Bezeichnung für eine von Thorndike zusammengestellte Testbatterie, bestehend aus vier Intelligenztests: *»completion«* (Ergänzung), *»arithmetical problems«* (rechnerisches Denken) *»vocabulary«* (Wortschatz) und *»directions«* (Denkaufgaben).

CBF →*cerebrale Durchblutung.*

Cd →*Kerzenstärke.*

C$_D$ (Triebbedingung) →*Bedürfnis.*

Centil-Rang *(centile rank),* Syn.: *Percentil.* Angabe des Rangplatzes, den eine Person aufgrund von Leistungs- oder Testdaten in Relation zur Datenverteilung der untersuchten Stichprobe einnimmt. Erreicht jemand z. B. den C. von 80, so bedeutet dies, daß nur in 20% der Fälle höhere, in 79% dagegen niedrigere Ergebnisse auftreten. Centil-Skalen, die zu den Rang- oder Ordinalskalen zählen, werden auf der Grundlage kumulierter Datenhäufigkeiten (→*Ogive*) erstellt.

Cerebellum, Kleinhirn *(little brain).* Eine Formation von Nervenzellen über und hinter der →*Medulla* am oberen Ende der Wirbelsäule. →*Gehirn.*

cerebral bezeichnet alles, was mit dem →*Cerebrum* zusammenhängt.

cerebrale Dominanz (oder *Theorie von der cerebralen Dominanz*) besagt, daß eine der beiden Gehirnhemisphären jeweils in ihrer Funktion vorwiegt, daß z. B. die linke Hemisphäre bei Rechtshändern dominiert, die rechte Hemisphäre bei Linkshändern. Die Theorie besagt weiter, daß eine Verletzung in der dominanten Hemisphäre oder eine durch Verletzung bedingte Störung der Dominanzverhältnisse zu Sprech-, Lese- und motorischen Störungen führt. →*Lateralität.*

cerebrale Durchblutung, CBF *(cerebral blood flow).* Bezeichnung für die Darstellung der lokalisierten Durchblutung des Gehirns in der klinischen Diagnose und psychophysiologischen Forschung. Dabei wird eine radioaktive Substanz durch Injektion oder Einatmen in den Blutkreislauf gebracht (in der Regel Gamma-Isotopen, die 133-Xenon beigemischt sind). Durchblutungsveränderungen können durch Detektoren an der Schädeloberfläche registriert werden, um Läsionen zu lokalisieren oder die Aktivitäten in ganz bestimmten Bereichen im Zusammenhang mit der Lösung bestimmter Aufgaben zu untersuchen.
LIT. MAXIMILIAN (1980).

cerebrospinal. Zusammenfassende Bezeichnung für den Anteil des Nervensystems, der aus den Nervenzellen im Schädel und jenen im Rückenmark besteht. Ausgenommen sind best. Ganglien in diesem Bereich, die dem *autonomen Nervensystem* zugehören.

cerebrum, Endhirn, Telencephalon. Hauptmasse des →*Gehirns,* umfaßt Hirnmantel (Pallium), Hirnstammganglien, Riechhirn, Balken (corpus callosum), Fornix und Septum (pallidum) und bildet gemeinsam mit dem Zwischenhirn das *Großhirn.*

cervical. Bezeichnung für nackenwärts gelegene Anteile des Nervensystems bei Wirbeltieren, bzw. allg. Lokalisierung von nacken-

109

CFF

wärts gelegenen Regionen (z. B. Nackenwirbel) des Körpers.

CFF →*Flimmerfusion.*

CGS-System. →*SI-System.*

Charakter *(character; nature).*

[1] Aus dem Griech. charassein (prägen, einzeichnen) stammende Bezeichnung für Zeichen, kennzeichnende Merkmale, Erkennungs- und Schriftzeichen.

[2] In der älteren deutschsprachigen Psychologie Bezeichnung für das Gefüge von Eigenschaften des Menschen, mit dessen Hilfe sich individuelle Besonderheiten beschreiben lassen. Der Ch.-Begriff ist heute weitgehend durch den der *Persönlichkeit* ersetzt. →*Charakterkunde.*

Charakterkunde, Charakterologie *(characterology).* Vor allem in der älteren deutschen Psychologie beheimatete, von philosophisch-anthropologischen Gedankengängen und Annahmen beherrschte Richtung der *Persönlichkeitsforschung,* in der Erscheinungsformen des individuellen Erlebens und Verhaltens in begrifflich-beschreibender Weise auf ein Gefüge von zugrundeliegenden Eigenschaften (Struktur) bezogen werden, um daraus Aussagen über das Verhältnis zwischen Anlage und Umweltbedingungen der Persönlichkeitsentwicklung und/oder umfassenden (Charakter-)Typologien herzuleiten. Zu den Vertretern dieser Forschungsrichtung zählten vor allem KLAGES, LERSCH und WELLEK. Nur in seltenen Fällen wird Ch. gleichbedeutend mit *Persönlichkeitsforschung* gebraucht, da diese heute nahezu ausschließlich von meßbaren Eigenschaften und ihrer konkreten Bedeutung in Auseinandersetzungen mit bestimmten Situations- oder Aufgabenkategorien ausgeht.

LIT. KLAGES (1951); LERSCH (1962); LERSCH, THOMAE (1961); ROHRACHER (^{12}1969); WELLEK (1967).

Charakterologie →*Charakterkunde.*

Charaktertest →*Test* [3].

Charpentiersches Gesetz *(Charpentier's law).* Für den fovealen Netzhautbereich gilt in bezug auf die *absolute Helligkeitsschwelle* eine feste Beziehung zwischen Größe des gereizten Netzhautareals und Intensität (Leuchtdichte). Ist die Größe gering, muß zur Erreichung des Schwellenwertes die Helligkeit vergrößert werden; ist das Areal groß, so genügt geringere Helligkeit. Präzi-

sierungen des Ch. G. gehen auf RICCO und PIPER zurück.

→*Riccosches Gesetz, Pipersches Gesetz.*

Chemorezeptoren *(chemical receptors, chemical senses).*

[1] Sinnesorgane, die auf chemische Reize ansprechen und Geruchs- und Geschmacksempfindungen vermitteln. Syn. *chemische Sinne.*

[2] Ganglienzellen und freie Nervenendigungen, die den O_2-Gehalt (Sauerstoff) und den CO_2-Druck (pH-Wert; Kohlensäuregehalt) des arteriellen Bluts im Bereich des Karotissinus und Aortenbogens kontrollieren und bei Abnahme von O_2 und Zunahme von CO_2 Steigerung der Atemfrequenz und des Blutdrucks aktivieren.

C. finden sich in der Nähe des Atemzentrums und als venöse C. in der Lungenarterie.

Chemotaxis. Durch Konzentrationsgefälle chemischer Reizstoffe gesteuerte Ortsbewegung freibeweglicher Organismen (Pflanzen und Tiere) oder einzelner Zellen (Geschlechtszellen) oder Zellorganellen (Nahrungsvakuolen). Die als Reiz fungierenden anorganischen (z. B. Salze) oder organischen Verbindungen (z. B. Aminosäuren, Eiweiße, Kohlehydrate) sind in Gas oder Flüssigkeit gelöst. Die Bewegung zur Reizquelle hin heißt *positive C.,* die von ihr weggerichtete *negative C.*

→*Taxis,* →*Tropismus.*

Chemotherapeutika *(chemical therapeutics; chemical remedies).* Zusammenfassende Bezeichnung für vollsynthetische Arzneimittel zur Abtötung (bakterizide C.) oder Wachstumshemmung (bakteriostatische C.) krankheitserregender Bakterien, Viren oder Protozoen (Keime). Zu den C. gehören z. B. die *Sulfonamide.* C. sind zu unterscheiden von →*Antibiotika.*

Chemotropismus *(chemotropism).* Durch Konzentrationsgefälle von in Gasen oder Flüssigkeiten löslichen Reizstoffen bewirkte Ausrichtung der Wachstumsbewegung von Pflanzen oder Pflanzenteilen (Wurzeln) bzw. festsitzender Tiere und ihrer Organe (z. B. Tentakelwachstum).

Chiasma, Chiasma opticum, Sehnervkreuzung *(optic chiasma).* Nach Eintritt in die Schädelhöhle vereinigen sich rechter und linker fasciculus opticus in der Gegend der sella turcica. An dieser Stelle werden die aus nasalen Netzhauthälften stammenden Fasern gekreuzt, die aus dem temporalen Abschnitt stammenden bleiben ungekreuzt. Ausnahme: Fasern aus dem Foveabereich werden zu etwa 50% gekreuzt, der Rest bleibt ungekreuzt. Der zum linken und rechten corpus geniculatum laterale weiter nach innen ziehende Teil der *Sehbahn* heißt →*tractus opticus.* →*Auge.*

child guidance. Auch im Deutschen übliche Bezeichnung für das Entwickeln und Anwenden spezieller Methoden (besonders im Rahmen sog. Child-guidance-Kliniken), die bei Erziehungs- und Schulschwierigkeiten zu deren Diagnose und Abbau verwendet werden können. Der Begriff hat eine einigermaßen treffende Entsprechung in dem der »*Erziehungsberatung«,* einem Teilgebiet der *Angewandten* bzw. *Klinischen* und *Pädagogischen Psychologie.*

Chi-Quadrat, x² *(chi square).* In der Statistik üblich gewordene Bezeichnung für solche kritischen Werte im Rahmen statistischer Entscheidungen (Prüfwerte), die sich auf die Chi-Quadrat-Verteilung, eine →*Prüfverteilung,* beziehen. In direkter Form bedient sich der sog. *Chi-Quadrat-Test* der genannten Prüfverteilung. Es handelt sich um ein Verfahren, das der Prüfung von Häufigkeitsunterschieden bei mehrklassigen qualitativen Merkmalen dient. Die Häufigkeitsangaben sind in Form einer sog. *Nominalskala* notiert. Eine weitere Anwendung: Prüfung einer gegebenen Häufigkeitsverteilung in bezug auf ihre Anpassung an eine erwartete z. B. theoret. Verteilung. Der Chi-Quadrat-Wert (x²) wird bei einer Vielzahl statist. Tests als krit. Wert, als Prüfstatistik verwendet. Chi-Quadrat-Test, Chi-Quadrat-Wert und die entspr. Prüfverteilung müssen daher sorgfältig unterschieden werden.

Chi-Quadrat-Test →*Chi-Quadrat.*

chiro- (chir-, chiro). In Zusammensetzungen Bezeichnung für: mit der menschl. Hand zusammenhängend.

Chirospasmus *(chirospasm).* Schreibkrampf.

cholerisch *(choleric).* Von HIPPOKRATES eingeführte Bezeichnung für einen *Temperamentstypus (→Temperament),* der sich durch rasche und intensive emotionale Reaktionen auszeichnet.

Cholesterin *(cholersterol; cholesterin).* Syn. *Cholesterol.* In der Nahrung, insbesondere in Eidotter und Fischöl enthaltener *Steroidalko-*hol, der im Organismus zu freien →*Fetten (Lipoiden)* oder *Cholesterinestern* (durch Enzyme kondensierte Fettstoffe) umgearbeitet wird. Ch. ist eine Vorstufe der Gallensäure und der wichtigsten *Steroidhormone.* Es wird in Zellmembranen und Myelinschichten, in der Haut und in anderen Organen eingelagert; Hauptdepot ist die Leber. Bei Fehlernährung oder anderen Störungen kommt es zu Ansammlungen von Ch. und Organverfettungen. Ch.-Überschuß führt zu Einlagerungen in Artherioskleroseherden, trägt zur Bildung von Gallensteinen bei und verursacht Stoffwechselstörungen *(→Diabetes mellitus).*

Cholesterinester →*Fette.*

cholinerg *(cholinergic).* Bezeichnung für Nervenfasern, die bei Erregung an ihren Endigungen →*Acetylcholin* freisetzen.

Cholinesterase →*Acetylcholin.*

Chorda tympani *(chorda tympani nerve).* Ein Zweig des Nervus facialis, der sensorische Fasern enthält und der Weiterleitung von Impulsen aus den Geschmacksrezeptoren dient.

Chorea oder **Veitstanz.** Eine motorische Störung, die sich in krampfartigen Muskelzukungen äußert. Man unterscheidet meist zwei Formen: Die sog. Sydenhamsche Chorea oder Chorea minor, die vorübergehend ist und im Gefolge von Infektionen und rheumatischen Infekten auftritt. Die sog. Huntingtonsche Chorea oder Chorea heredetaria dagegen ist chronisch und geht meist auf (angeborene) Läsionen im Bereich des Corpus striatum und gewisser Stammhirnregionen zurück. Manchmal werden entspr. Bewegungsabläufe als *choreiform* und chorea-analog bezeichnet, obwohl sie mit der Erkrankung selbst nichts zu tun haben, sondern rein funktional bedingt sind.

choreiform →*Chorea.*

Chorioidea *(choroid).* Die mittlere, den Augapfel umgebende Haut, *Aderhaut;* enthält Blutgefäße und Pigmentzellen. →*Auge.*

chromatische Aberration →*Aberration.*

Chromosomen *(chromosomes).* Fadenförmige Gebilde (Kernschleifen) im Zellkern, die als Träger der Erbeinheiten *(→Gene)* bei der →*Zellteilung* identisch dupliziert werden und dabei einen festgelegten Formwandel durchlaufen. In der Teilungsruhe der Zellen sind die Ch. stark aufgelockert und daher schwer loka-

111

Chromosomenaberration

lisierbar *(Chromatin* im Zellkern); in der Teilungsphase (Mitose oder Meiose) dagegen verdichten sie sich zu spiraligen Gebilden charakteristischer Form und Länge und können durch Einfärbung (unter dem Mikroskop) sichtbar gemacht werden. Vor der Teilung bilden die Ch. gedoppelte längliche Einheiten *(Chromatiden),* die sog. Transportform. Die Gesamtheit der Ch. einer Zelle heißt *Chromosomensatz.* Ch. der höheren Lebewesen *(Eukaryonten)* bestehen vorwiegend aus kettenförmig angeordneten Nukleotiden, Proteinen und Enzymproteinen; die Nukleotiden bilden die DNS-Stränge. *Körperzellen* des Menschen (diploide Zellen) enthalten 46 Ch.; diese gliedern sich in 22 *Autosomen*paare (Gruppen A–G) und ein Paar *Geschlechts-Ch.* (Heterosomen), XX bei Frauen, XY bei Männern. Keimzellen (haploide Zellen) dagegen enthalten durch Reduktionsteilung (Meiose) 22 Autosomen und ein Geschlechtschromosom (X oder Y).

Chromosomenaberration *(chromosome aberration),* Syn. *Chromosomenmutation.* Veränderung der Chromosomenstruktur, die auf die Genanordnung wirkt oder zum Genverlust führt.

Chromosomenanomalie *(chromosome abnormality).* Auf Genom- oder Chromosomenmutation beruhende Veränderung von Zahl oder Struktur der Chromosomen, die Defekte bzw. klin. Syndrome zur Folge hat. Das Fehlen eines von zwei (homologen) Chromosomen *(Monosomie)* führt in der Regel zur Lebensunfähigkeit. Monosomie eines X-Chromosoms (45 statt 46 Chromosomen) heißt *Turner-Syndrom (Turner's syndrom),* eine Wachstumshemmung (Phänotypus weiblich, Chromatintest männlich). Liegt ein Chromosom statt als Paar dreifach vor, so bezeichnet man dies als *Trisomie.* Das *Klinefelter-Syndrom* (47; XXY) – männlicher Phänotypus mit eunuchoidem Einschlag, Chromatintest weiblich – und das *Down-Syndrom (→Mongolismus;* 47, Chromosom 21 überzählig) sind die häufigsten Formen, deren Auftretenswahrscheinlichkeit bei Müttern über 40 sprunghaft ansteigt. Der Verlust von Teilstücken der Chromosomen *(Defizienz, Deletion)* führt zu verschiedenen Formen der geistigen und/oder körperlichen →Behinderung bzw. Mißbildungen.

Chronobiologie *→Biorhythmus.*

Chronograph. Bezeichnung für eine jede Vorrichtung, die es ermöglicht, Zeitintervalle graphisch zu registrieren, z. B. *Latenzzeiten.* Die ersten Apparaturen bestanden aus einer mit Ruß bedeckten Walze, die durch ein Uhrwerk oder einen Motor angetrieben wurde und auf der durch einen mechanischen Schreiber entspr. Markierungen angebracht wurden. Heute erfolgt die Messung weitgehend durch elektron. Registrierung bzw. durch sog. Kanalschreiber (Polygraphen). Eine der klassischen Registriervorrichtungen dieser Art ist das sog. Hippsche Chronoskop.

chronologisches Alter *→Alter.*

CIE-Farbenraum *(CIE-chromaticity space).* Standardbestimmung für Farben und Farbtöne nach den Vorschlägen der Commission Internationale d'Eclairage (CIE). Im Nullpunkt eines zweidimensionalen Bezugssystems wird hochgesättigtes Blau angenommen, auf der Abszisse (x) werden schrittweise Übergänge von Blau zu einem hochgesättigten Rot, auf der Ordinate (y) zu einem hochgesättigten Grün abgetragen. Auf diese Weise läßt sich jedes Mischverhältnis aus den drei Grundfarben darstellen, wobei der x-Wert den Rot- und der y-Wert den Grünanteil repräsentiert. Rot-, Grün- und Blauanteile ergänzen einander auf 1.0. Werden z.B. für einen grünlichen Farbton die Werte x = 0.2 (Rot) und y = 0.6 (Grün) angegeben, so muß der Blauanteil 0.2 betragen. Eine Erweiterung des CIE-F. zu einem dreidimensionalen Bezugssystem besteht in der Ergänzung durch eine z-Achse, auf der Helligkeitsangaben abgetragen werden können.

C(Z)iliarmuskel, C(Z)iliarkörper *(ciliary muscle, ciliary body).* Ringmuskel im vorderen Teil des →Auges. Die *Linse* ist durch *Zonulafasern* am Ciliarkörper aufgehängt und ändert mit dessen Kontraktion den Krümmungsradius *(→Akkommodation, →Auge).*

CIPS *→Befinden.*

circadianer Rhythmus *→Biorhythmus.*

Circadianperiodik *→Biorhythmus.*

CIT *→Arbeitsanalyse, -beschreibung.*

Clarkesche Säule, Stilling-Clarkesche Säule *(Clarkes column).* Gruppe von Strangzellen in der Hintersäule (columna dorsalis) der aus grauer Substanz gebildeten Rückenmarksstruktur. Die auch als nucleus dorsalis bezeichnete Region erstreckt sich vom letzten Halssegment bis zum zweiten oder dritten

Lendensegment und besteht aus in Gruppen zusammengeschlossenen Zellen mit kurzen, dicken und stark verzweigten Dendriten. Die Axone ziehen zum Kleinhirn. Syn.: Stillingscher Kern, nucleus dorsalis.

Clusteranalyse *(cluster analysis)*. Zusammenfassende Bezeichnung für statistische Methoden, Zusammenhänge zwischen Variablen deskriptiv darzustellen. Z.U. zur *Faktorenanalyse* können hier sowohl *Korrelationsmaße* als auch *Korrelationsindices* nichtparametrischer Art behandelt werden. Die Bestimmung der »Bündel« *(cluster)* erfolgt in der Regel durch die Auswahl derjenigen Zusammenhangsindikatoren, die in einer Matrix mit dem jeweils größten Maß in Zusammenhang stehen. Der Prozeß wird so lange fortgesetzt, bis man auf ein Zusammenhangsmaß stößt, das mit einer nicht zu dem ermittelten Cluster gehörigen Variablen höher korreliert als mit einer dem Cluster zugehörigen.
LIT. FRUCHTER (1954).

CM →*Mapping.*

CNV, kontingente negative Variation *(contingent negative variation).* [1] Bioelektrisches Phänomen aus der Klasse der *ereignisbezogenen Potentiale* des *Elektroencephalogramms*. Die CNV, von W. G. WALTER u. a. (1964) erstmals beschrieben, erscheint im gemittelten Gleichstrom-EEG als eine langsame, vertex-oberflächen-negative Veränderung, wenn folgende Bedingungen vorliegen: Ein Warnreiz (S_1) kündigt einen imperativen Reiz (S_2) an. Zwischen den beiden Reizen liegt ein Intervall von mindestens 1.5 sec. Nachdem der imperative Reiz erscheint, soll eine Tätigkeit ausgeführt oder unterlassen bzw. eine Entscheidung gefällt werden. Die Folge S_1, S_2 und Reaktion muß mehrmals, mindestens aber 5–6 mal pro Versuchsperson vorgelegen haben, um eine reliable Mitteilung vornehmen zu können. Die unter solchen Bedingungen beobachtbare Gleichspannungsveränderung hat einen in Komponenten zerlegbaren, kontinuierlich erscheinenden Verlauf, der knapp vor S_2 sein Negativitäts-Maximum erreicht. Dieses liegt bei 10–15 μV.

[2] WALTER deutete die CNV als Hinweis auf den Übergang der funktionalen Hirnaktivität in die Vorbereitung des motorischen Impulses. Steilheit und Intensität der Maximal-Amplitude (Negativität) werden im Bezugssystem individueller *Ausgangswerte* interpretiert.

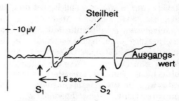

Idealisierte Darstellung des Verlaufs einer CNV. Der Ausgangswert wird vor jedem Versuchsdurchgang ca. 1 sec vor S_1 ermittelt. Der Verlauf selbst ist das Ergebnis der Mitteilung über mehrere, mindestens 5–6 Versuchsdurchgänge. Nach S_1 werden die ausgeprägteren späteren Komponenten des evozierten Potentials von S_1 sichtbar. Erst nach deren Erscheinen setzt zunehmende Negativität ein.

TECCE (1972) stellte ein Modell auf, dem zufolge Amplitude und Aufmerksamkeit linear, Amplitude und Erregung *(arousal)* dagegen umgekehrt U-förmig korrespondieren. Experimente mit verlängertem Intervall zwischen S_1 und S_2 und unter differentiellen Signalbedingungen verweisen auf zwei bis drei Komponenten der CNV, die als Ausdruck einer Energetisierung von Prozessen der Neubewertung im Vergleich zu erfahrungsgeprägten Erwartungen, der Mobilisierung interner Kontrollerwartungen sowie vorweggenommener Reaktionserfordernisse interpretiert werden können. Die CNV gilt u. a. als Indikator der Aufmerksamkeitsmobilisierung und -kontrolle und bewährt sich in der *Klinischen Psychologie* u. a. als Kennzeichen für die Wirkweise von Entspannungs- und Desensibilisierungsverfahren.
→*Bereitschaftspotential,* →*ereignisbezogene Potentiale.*
LIT. FRÖHLICH u. a. (1980); GLANZMANN, FRÖHLICH (1984; 1986); HILLYARD, KUTAS (1983); MCCALLUM, KROTT (1973); NIEDERMEYER, LOPEZ DA SILVA (1982); ROCKSTROH u.a. (1989); TECCE (1972); WALTER u.a. (1964).

Coaching (Führungstraining) →*Personalentwicklung.*

Cochlea (oder *Schnecke*). Bezeichnung für den Teil des inneren →*Ohres,* in dem sich das Endorgan für das Hören befindet. Die C. oder Schnecke verläuft in zwei und einer halben Windung um einen in der Mitte gelegenen

coitus incompletus

Pfeiler – den *modiolus* – und besitzt drei Kanäle, die *scala vestibuli, scala media* und *scala tympani* (Vorhoftreppe, Mitteltreppe und Paukentreppe), innerhalb der Spirale. In der scala media befindet sich das sog. →*Cortische Organ.*

coitus incompletus →*Sexualstörung.*

coitus interruptus →*Sexualstörung.*

coitus reservatus →*Sexualstörung.*

Collaterale. Ein Zweig des →*Axons.*

commotio cerebri *(concussion of the brain).* Gehirnerschütterung.

Compliance, Syn.: *Einwilligung.*
[1] *Sozialpsychologie:* Aus dem Englischen übernommene Bezeichnung für durch Kommunikation vermittelte (a) einverständliche Übernahme von Einstellungen oder Meinungen anderer, (b) von einwilligender Zustimmung getragene Befolgung von Ratschlägen, Empfehlungen oder Anweisungen anderer und/oder (c) strikte Einhaltung von Anordnungen oder Vorschriften. (d) Als *erzwungene C. (forced compliance)* bezeichnet man eine unter Anwendung von Drohungen oder anderen Ausdrucksformen sozialer →*Macht* zustandegekommene Willfährigkeit.
[2] *Klinische Psychologie, Medizinische Psychologie:* Von der Einsicht in die sachliche Notwendigkeit, vom Vertrauen in die Glaubwürdigkeit und/oder von der Anerkennung der Autorität des Therapeuten bzw. des behandelnden Arztes getragene Befolgung von Ratschlägen, Empfehlungen oder Vorschriften, z. B. hinsichtlich erlaubter oder zu unterlassender Tätigkeiten bzw. Handlungen, zur regelmäßigen Einnahme bestimmter Medikamente usw.

Computer-Tomographie →*Tomographie.*

Content-Analyse *(content analysis).* Umfassende Bezeichnung für eine Reihe von Verfahren zur systematischen Analyse von Kommunikationsinhalten (vorwiegend sprachlicher, jedoch manchmal auch anderer Ausdruckserscheinungen wie Gesten u. ä.). Die Content-Analyse wird meist als ein Teil der *Psycholinguistik (Sprachpsychologie)* betrachtet. Die verschiedenen Verfahren reichen von qualitativen Klassenbildungen bis zur statistischen Beziehungsanalyse. Die *Einheiten* der Content-Analyse reichen von syntaktischen Klassifikationen (Adjektiva, Substantiva usw.) über die Analyse von Wortbedeutungen (z. B. mittels des semantischen Differentials nach OSGOOD) bis zu Zuordnungen zu komplexeren Einheiten (z. B. angenehm, unangenehm usw.). Meist werden die Kategorien eindeutig bestimmt, so daß die Inhalte nach dem Vorbild des Messens durch ebenso eindeutige Regeln den einzelnen Kategorien zugeordnet werden können. Der Vorgang wird *Kodierung* genannt. Manche Forscher schränken die Bedeutung der Content-Analyse auf die Anwendung informationstheoretischer Maße (→*Information,* →*Informationstheorie*) ein. Der Begriff der C.-A. wird von den meisten Autoren auf die Analyse der im Ausdruck, besonders in der Sprache, manifest werdenden Bedeutungen bezogen; nur in seltenen Fällen wird auch die Auslegung (z. B. der Schluß von einer als »unangenehm« klassifizierten Aussage auf den emotionalen Zustand des aussagenden Individuums) als C.-A. bezeichnet.
LIT. BERELSON (1954); HÖRMANN (1967).

contusio cerebri. Gehirnquetschung.

convergent thinking →*konvergentes Denken.*

Coping →*Abwehrmechanismus, Bewältigung.*

corpora geniculata, Kniehöcker *(geniculate bodies).* Zwei lateral und medial im hinteren Teil des Thalamus gelegene Wölbungen.

corpora mamillaria *(mammillary bodies).* Zwei abgerundete kleine Fortsätze des →Hypothalamus.

Corpsgeist, Gruppengeist *(esprit de corps).* Bezeichnung für ein Loyalitäts-, Zusammengehörigkeits- oder »Wir«-Gefühl, wie es sich bei Mitgliedern einer *Gruppe* äußert. Man erschließt in der *Sozialpsychologie* diese Qualitäten aus Einstellungs- und Verhaltenskonformitäten oder aus der Tendenz der Mitglieder einer bestimmten Gruppe, sich selbst von Zugehörigen anderer Gruppen, »Die-Gruppen«, zu unterscheiden, zu distanzieren. →*Gruppenbewußtsein.*

corpus callosum. Eine streifenförmige Anordnung weißer Gehirnmasse, die die beiden Gehirnhälften (Hemisphären) miteinander verbindet. Es handelt sich um einen relativ breiten Streifen, der aus rund 200 Millionen einzelnen Fasern besteht. Trotz seiner auffälligen Größe ist seine Funktion noch nicht genau beschrieben. Vermutlich dient es der Versorgung der jeweils anderen Hemisphäre mit den in der einen eingegangenen Informationen. Eine Durchtrennung hat einen nur geringfügigen Effekt auf die Gehirnfunktion.
→*Gehirn.*

corpus striatum →*Streifenhügel.*
Cortisches Organ *(organ of Corti).* Träger der Hörrezeptoren in der *Schnecke* des Innenohres. Es besteht aus gallertartiger Masse, die sich an der Basilarmembran erstreckt, hat beim Menschen eine Länge von ca. 3.5 cm, schwimmt in einer Nährflüssigkeit *(Endolymphe)* und trägt (beim Menschen) ca. 24 000 Haarzellen, deren Härchenfortsätze die Deckmembran berühren. Erreicht die dem Schall entsprechende hydraulische Druckwelle über Vorhof- und Paukentreppe die Basilarmembran, so werden die Haarfortsätze geknickt bzw. verdreht. Die elektrisch vermittelten Aktionspotentiale gelangen über den nervus acusticus in das Hirninnere.
→*Hören,* →*Ohr.*
Co-twin-Methode *(co-twin control).* Aus der *Zwillingsforschung* stammendes Verfahren des systematischen Vergleiches zwischen Paaren von Versuchspersonen, die entweder aufgrund genetischer Faktoren (eineiige Zwillinge) oder vorangehender Messungen (z. B. der Intelligenz) bestimmte Merkmale in übereinstimmender Qualität oder Ausprägung aufweisen. Jeweils eine der beiden Versuchspersonen wird der Versuchs-, die andere der Kontrollgruppe zugeordnet. Zeigen sich unter den gewählten Untersuchungsbedingungen zwischen beiden erhebliche Unterschiede, so kann weitgehend ausgeschlossen werden, daß diese auf die Vermittlung durch Merkmale zurückgehen, hinsichtlich deren Übereinstimmung die Paare ausgewählt worden waren. Synonym: *Experimentelle Zwillinge.*

c-Paradigma →*Reaktionszeit.*
CR →*Konditionierung, klassische.*
Creutzfeldt-Jakob-Erkrankung →*Jakob-Creutzfeldt-Erkrankung.*
crura cerebri. Zwei Nerventrakte, die von der Medulla zum cerebrum verlaufen, und zwar gegenüber dem Kleinhirn und hinter dem Pons.
CS →*Konditionierung, klassische.*
CT →*Tomographie.*
cuneus. Zwickelförmiger Bereich an der Innenseite des Occipitallappens.
Curare. Pflanzliches Gift, das die Weiterleitung von Erregungen in den motorischen Nervenbahnen verhindert und zu Lähmungen führt. (Pfeilgift nord- und südamerikan. Indianer.)
Cushing-Syndrom *(Cushing syndrome).* Durch überhöhte Kortisonproduktion (Kennzeichen: erhöhter Kortisolspiegel im Plasma) bedingte Störung mit den Symptomen Stimmungslabilität, Übererregbarkeit und Agitiertheit sowie einer Reihe somatischer Funktionsstörungen, die sich beispielsweise in Hypertonie, Muskelschwäche, gedunsenem Gesicht, Fettansammlungen, Knochenabbau *(Osteoporose),* bei Kindern in Wachstumsstörungen, bei erwachsenen Frauen in Amenorrhoe, bei Männern in Potenzstörungen zeigen. Das C. tritt meist bei 30–40jährigen auf. Bei Frauen findet sich diese Störung vier- bis fünfmal so häufig wie bei Männern.
Cytoplasma, **Zytoplasma,** **Zellplasma** →*Zelle.*
cytotoxische Zellen →*Immunsystem.*

D

d →*Signalentdeckung.*

dB$_{re}$ (DB-Wert der Reflektanz) →*Helligkeit.*

Dämpfung *(damping).* Aus der Akustik stammende Bezeichnung für das Vermindern der Amplitude von Schwingungen.

Dämmerungssehen →*Rhodopsin.*

Darwinismus. Theoretische Orientierung, die nach dem Vorbild Darwins das Prinzip der *natürlichen Selektion (natural selection)* bei Annahmen über die Entwicklung der Arten (→*Evolution)* betont.

Daseinsanalyse →*Existenzpsychologie.*

Daten *(data,* singular: *datum).*

[1] Bezeichnung für Zahlenwerte von Merkmalsgrößen *(Kenndaten),* Ereignissen, Prozessen *(Prozeßdaten)* und Abläufen, die durch Beobachtung, Messung und/oder Experiment ermittelt oder bei der Formulierung eines Sachverhaltes oder Modells vorgegeben werden.

[2] In der Mathematik die zur Lösung einer Aufgabe (z. B. Gleichung) erforderlichen Zahlenwerte (z. B. Koeffizienten).

[3] In der Statistik Ergebnisse der Aufbereitung von Messungen (z. B. Kennzahlen).

[4] In der Informations- und Datenverarbeitung Bezeichnung für solche Information, die sich in einer maschinell verarbeitbaren Form (z. B. analog oder digital) darstellen lassen.

[5] Als *Daten-Sprache (data language)* log. Bezeichnung für die Grundlage sog. Protokollsätze, zu unterscheiden von abstrakteren Aussageformen, z. B. der Benutzung von Konstrukten.

[6] Als *Daten-Verarbeitung* oder *elektronische Daten-Verarbeitung (EDV)* umfassende Bezeichnung für den Prozeß, aus Eingangsdaten durch Anwendung eindeutiger Verarbeitungsvorschriften (Programme) unter Zuhilfenahme elektronischer Einrichtungen Ausgangsdaten zu gewinnen, die einen anderen – meist größeren und ökonomischeren – Informationsgehalt aufweisen. Die Verarbeitung ist *analog,* wenn die Informationsdarstellung durch gleichförmige Beziehungen erfolgt.

Die Verarbeitung der Daten heißt *digital,* wenn sie über eine Zeichenfolge aus einem endl. Zeichenvorrat erfolgt.

[7] In der Zusammensetzung *Sinnes-Daten (sensory data, sense data)* gleichbedeutend mit *Sinnesempfindung, Sinnesgegebenheit* oder *Sinneserfahrung.*

datenbezogene Prozesse →*Informationsverarbeitung.*

Debilität *(debility).* Leichteste Form der geistigen Behinderung, die auf eine angeborene bzw. in der frühen Kindheit erworbene Beeinträchtigung der Intelligenzentwicklung zurückgeht. Alltägliche Routinen können selbständig ausgeführt und einfache Arbeiten nach Anlernen verrichtet werden, komplexe Berufstätigkeiten jedoch nicht. →*Geistige Behinderung.*

Deckeneffekt *(ceiling effect).* Umschlagen eines Erregungsanstiegs in Erregungsabfall, obwohl die Erregungsursache fortbesteht. Es wird angenommen, daß es sich um den Einfluß selbstregulatorischer Prozesse handelt, die dann dämpfend oder hemmend eingreifen, wenn die Erregung eine kritische Intensitätsgrenze (Deckenwert) erreicht oder überschreitet, und damit einen biologischen Schutz vor Übererregung und deren Folgen bieten.

Deduktion. Bezeichnung für ein Schließen, das sich auf Prämissen oder Vorannahmen stützt, von denen man annimmt, daß sie bereits vorhandenes Wissen darstellen. Ein Schluß wird dann als *deduktiv* bezeichnet, wenn er das Einzelne (z. B. ein konkretes Ereignis) vom Allgemeinen (z. B. von einem »Gesetz«) ableitet.

deduktiv →*Deduktion.*

deduktives Denken →*Intelligenz.*

Defekt *(defect, deficiency, deformity).* Bezeichnung eines noch näher zu spezifizierenden Mangels oder Funktionsausfalls. Manchmal auch die Bezeichnung für das Nichterreichen eines bestimmten Standards, der den Bereich des Normalen kennzeichnet (z. B. bei der intellektuellen Entwicklung). Im deutschen Sprachgebrauch wird manchmal auch der Ausdruck »Defizienz« als Rückübersetzung aus dem Englischen verwendet. Er bezieht sich, wie im englischen Sprachgebrauch auch, besonders auf Formen des moralischen Defekts im Bereich der *Forensischen Psychologie (defect delinquency, defective delinquent)*.

Defensivreaktion →*Abwehr*.

Definition *(definition)*. Allgemeine und umfassende Bezeichnung für eine jede durch Abgrenzung von anderen und durch nähere Bestimmung gekennzeichnete Einführung eines *Begriffs*. Bei der sog. *Nominaldefinition (formal definition)* wird die Klasse näher bestimmt, der bestimmte Dinge oder Ereignisse zugeordnet werden sollen, damit sie von Dingen oder Ereignissen, die einer anderen Klasse zugehören, eindeutig unterschieden werden können. Meist wird dabei von einem bereits bestehenden begrifflichen System ausgegangen, das eine Differenzierung nach Art (species) und Fall (genus) ermöglicht. Wird ein Sachverhalt nur durch eine andere Formulierung oder einen synonymen Ausdruck bezeichnet, so handelt es sich um eine *tautologische Definition* (»Ein weißes Pferd« ist ein »Schimmel«). Als *zyklische* oder *Zirkeldefinitionen (circular definitions)* bezeichnet man Definitionen der Art: ›Empfindungen‹ sind ›Elemente des bewßten Erlebens‹; das ›bewußte Erleben‹ ist ›die Gesamtheit aller Empfindungen‹. Als *Realdefinition* bezeichnet man die durch Hinweise auf exemplarische Sachverhalte oder ihre Aufzählung gebotene Definition. Als *mathematische Definitionen* werden solche bezeichnet, die für ein komplexes Zeichen (zusammengesetzte Ausdrücke) nach bestimmten Regeln neue Zeichen setzen *(Substitution)*, z. B.

$$\frac{1}{N} \sum_{i=1}^{N} X_i = M$$

Degeneration. Bezeichnung für einen allmählichen Abbau von Organfunktionen und damit verbundenen Beeinträchtigungen des Erlebens und Verhaltens.
→*Demenz*.

degenerative Demenz →*Demenz*.

Degradationsgesetz; Delbœufsches Gesetz *(degradation law; Delbœuf's law)*. Eine Empfindung ist beim Eintritt in das Bewußtsein am intensivsten; sie wird mit dem Zeitablauf allmählich schwächer. Das D. relativiert die Auffassung, zwischen Reiz- und Empfindungsintensität bestünden zeitstabile Beziehungen.
→*Konstanzannahme*; →*Psychophysik*.

Deitersche Zellen *(Deiter's cells)*. Nervenzellen mit besonders langen *Axonen* (Nervenfaseranteil), die bei Durchgang durch die graue Substanz zahlreiche Seitenzweige aussenden, sog. *Kollaterale* (→*Gehirn*).

déjà vu. Eine Form der Erinnerungstäuschungen, bei der man meint, etwas oder eine Situation – die für das Individuum relativ unbekannt oder neu ist – schon einmal gesehen oder – im übertragenen Sinn – schon erlebt *(déjà vécu)* zu haben. Diese Erinnerungstäuschung gehört zur großen Gruppe der übrigen →*Paramnesien*. Tritt oftmals als Symptom von Neurosen oder Geisteskrankheiten (Psychosen) auf.

Dekodierung →*Kodierung*.

Delbœufsche Scheibe *(Delbœuf disk)*. Von DELBŒUF eingeführte Versuchsanordnung zur Bestimmung der *Unterschiedsschwelle* von *Helligkeit*. Rotierende Scheiben tragen drei graue Ringe. Die Aufgabe der Versuchsperson besteht darin, den mittleren Ring so zu variieren, daß er hinsichtlich seiner Helligkeit genau zwischen den beiden anderen liegt. Die Schwelle läßt sich auf das Verhältnis der schwarzen und weißen (variablen) Anteile des durch Rotation entstandenen Grau beziehen.

Delbœufsche Täuschung *(Delbœuf's illusion)*. Von zwei gleich großen Kreisen erscheint derjenige kleiner, dem ein konzentrischer Kreis eingeschrieben, derjenige größer, dem ein konzentrischer Kreis umschrieben ist. Bei der verwandten *Titchener-Täuschung (Titchener's illusion)* scheint ein von größeren Kreisen umgebener, in der Mitte liegender Kreis kleiner zu sein als ein gleich großer, der von kleineren umgeben ist.

Delir, Delirium *(delirium)*.
[1] Reversible organisch bedingte psychische Störung mit den Symptomen herabgesetzter Bewußtheit, räumlich-zeitlicher Desorientiertheit, Verwirrtheit, Täuschbarkeit, wahnhafter Umdeutungen der Realität, visueller, auditiver, haptischer u. a. *Halluzinationen* und psychomotorischer Unruhe. D.-Zustände, eine akute Form exogener psychoseartiger Reaktionen, können in Verbindung mit anderen exogenen →*Psychosen* oder als Folgen von Infektionskrankheiten, Medikamenten- oder Drogenvergiftungen auftreten.
[2] *Delirium tremens* (Syn.: *Alkoholdelir, delirium alcoholicum*) nennt man ein Zustands-

Delirium tremens

bild, das nach länger anhaltendem exzessiven Alkoholkonsum mit anderen Entzugssymptomen auftritt und mit Fieber, Schweißausbrüchen, Handzittern sowie den unter [1] beschriebenen Beeinträchtigungen kognitiver Funktionen sowie Halluzinationen einhergeht. →*Alkoholismus.*

Delirium tremens →*Delir.*

Delta-Phänomen →*Scheinbewegung.*

Delta-Wellen *(delta-waves)* →*Elektroencephalogramm.*

Dementia →*Amentia,* →*Demenz.*

Dementia praecox →*Demenz,* →*Schizophrenie.*

Demenz *(dementia).*
[1] Organisch bedingter, meist fortschreitender Verlust der früher vorhandenen Leistungsfähigkeit des Gedächtnisses (zentrales Symptom), der Denk- und Urteilsfähigkeit und/ oder der Fähigkeit zur Anpassung an soziale Situationen. Je nach Ätiologie, Schweregrad und Zeitpunkt des Einsetzens therapeutischer Interventionen kann die Beeinträchtigung durch sozial unterstützende Maßnahmen gelindert werden.
[2] *Arten und Formen:* (a) In der klassischen Psychiatrie unterscheidet man je nach spezifischer Ursache zahlreiche Unterformen der D., z. B. *Alkohol.-D (dementia alcoholica,* durch Alkoholmißbrauch bedingte D.), *arteriosklerotische D. (dementia arteriosclerotica,* durch arteriosklerotische Hirndurchblutungsmängel bedingte D.), *apoplektische D. (dementia apoplectica,* durch sog. »kleine« Hirnschläge bedingte D.), *paralytische D. (dementia paralytica,* durch progressive Paralyse bedingte D.), *traumatische D. (dementia traumatica,* durch akute Hirnverletzungen bedingte D.), *senile D. (dementia senilis,* sklerotisch bedingte Alters-D.). Die von KRAEPELIN u. a. unter Berufung auf Symptome des Nachlassens intellektueller Fähigkeiten eingeführten Bezeichnungen *paranoide D. (dementia paranoides)* für paranoide Formen der Schizophrenie, *dementia praecox* für im Jugendalter auftretende Formen der Schizophrenie sind heute ebensowenig gebräuchlich wie D. als Syn. für alle Psychosen aus dem Formenkreis der →*Schizophrenie (Hebephrenie, Katatonie* und *Paranoia).* (b) *DSM IV* knüpft die Diagnose von D. an das zentrale Symptom kognitiver Defizite, wenn diese zusammen mit mindestens einem der Merkmale →*Aphasie,* →Ap-

raxie, →Agnosie oder entsprechenden Funktionsstörungen auftreten und wenn damit deutliche Beeinträchtigungen in sozialen und beruflichen Bereichen verbunden sind. Je nach *Ätiologie* können D. *des Alzheimer Typus* (Beginn vor oder nach dem 65. Lj.; früher auch *Primär degenerative D., primary degenerative dementia),* Vaskuläre D. (auf Gefäßdegeneration zurückgehende D.), *Demenz* aufgrund anderer organischer Zustände (Schädeltrauma, Parkinson-, Huntingtonsche, Picksche, Jakob-Creutzfeldt-Erkrankung, HIV u. a.), *Substanzinduzierte anhaltende D.* (z. B. die früher sog. Alkoholdemenz), *D. aufgrund multipler Ätiologie* (Mischformen) und *Nicht näher bezeichneter D.* unterschieden werden. Die in älteren Versionen des DSM verwendeten Bezeichnungen »D. infolge schwerwiegender degenerativer Hirnveränderungen« *(primary degenerative dementia), D. im mittleren* (präsenile D.; dementia arising in presenium) oder *D. im späteren Lebensalter (dementia arising in senium)* wurden aufgegeben; ihre Inhalte gingen in die o. g. Klassen ein. Unter *Pseudo-D. (pseudo-dementia)* zur allgemeinen Charakteristik aller D.-ähnlichen, nicht hirnorganisch bedingten Erscheinungsbilder, die gelegentlich als Begleitsymptome der *Major Depression* (→*Depression)* oder anderer psychischer Störungen beobachtet werden können, außerhalb des engeren Klassifikationssystems verwendet.

Demographie. Bezeichnung für die statistische Erfassung von Merkmalen der Bevölkerung, besonders unter Berücksichtigung der *Wohnortgröße* und *-lage,* des *sozialen Status* der Bewohner, ihres *Bildungsstandes* u. ä. Die Daten werden *demographische Daten* genannt. Die Gesamtheit aller erfaßten Merkmale unter Einbeziehung der Einkommensverhältnisse wird als *sozioökonomischer Status* bezeichnet.

Dendrit *(dendrite).* Meist netzartig verzweigte, relativ kurze Fortsätze des →*Neurons,* an denen →*Synapsen* zuführender *Axone* anderer Neuronen liegen.

Denken *(thinking).*
[1] (a) Dem in der antiken Philosophie (griech. *noeïn;* lat. *cogitare,* erkennen, Wissen erwerben) geprägten Wortsinn entsprechend ist D. eine aktive, genuin menschliche »Seelen-« oder »Verstandestätigkeit«. Sie unterscheidet sich vom passiven Hinnehmen äußerer Eindrücke oder dem Sichergehen in Vorstellun-

Denken

gen, Erinnerungen und spontanen Einfällen durch ihre auf Erkenntnis gerichtete Dynamik sowie durch die gedanklich-abstrakte, Raum und Zeit überwindende Verknüpfung von Möglichem und Wirklichem. In Denkprozessen sah man den Vollzug systematischer, von Unwesentlichem und Zufälligem losgelöster Erkundungen der Bedeutung von Gegenständen und Ereignissen einschließlich des D. selbst; als Denkziel galt das verstandesmäßige Vordringen zu den »Urbildern«, zum »Wesen«, zur objektiven »Wahrheit«. (b) In der neuzeitlichen Philosophie wird D. zum Inbegriff jener subjektiven »Bewußtseins-« oder »Verstandestätigkeit«, die mit Begriffen oder Symbolen als innerer Repräsentationen von Gegenständen oder Ereignissen operiert und diese im Hinblick auf angeborene, vorgegebene oder eigenständige und veränderbare »Anschauungsformen« bzw. Regeln ordnet, strukturiert und bewertet. Seither gilt D. als Inbegriff psychischer Prozesse und Operationen, die von der subjektiven Vergegenwärtigung eines Gegenstands, einer Situation oder eines Problems und dem vorhandenen Wissen in Form von Vorstellungen und/oder sprachlich-symbolischen Repräsentationen (Denkgegenstände, -inhalte) ausgehen und im Selbstbezug Erkenntnisse, Urteile, Schlußfolgerungen, Entscheidungen und/oder Handlungsabsichten vermitteln. (c) In formallogischer Bedeutung ist D. ein nach festgelegten Regeln ablaufender Prozeß, in dessen Verlauf Begriffe oder Symbole verglichen, auf Gemeinsamkeiten untersucht, differenziert, ausgetauscht und/oder integriert und zu Urteilen und Schlußfolgerungen verknüpft werden, deren Angemessenheit bzw. Richtigkeit überprüfbar ist. →*Schlußfolgern.*

[2] Die *Denkpsychologie* ist ein Teilgebiet der Kognitionspsychologie mit engen Beziehungen zur *Gedächtnis-, Intelligenz-, Lern-, Sprach-* und *Wissenspsychologie.* Sie befaßt sich mit den auf Erkenntnisziele und Problemlösungen gerichteten, vermittelnden Prozessen der *Informationsverarbeitung* und -nutzung. Der Verlauf dieser Prozesse ist charakterisiert durch die Aufnahme relevanter Informationen, ihre Fassung in Begriffe oder Symbole, ihre Analyse, Interpretation, Um- bzw. Neuordnung im Hinblick auf bisherige Erfahrungen, bestimmte Erwartungen und bestimmte Regeln sowie durch →*deduktive* und →*induktive*

Schlußfolgerungen, durch Urteile (Bewertungen, Aussagen), Entscheidungen, den Entwurf von Handlungsplänen oder -absichten bzw. die Einleitung weiterer Erkundungsschritte und Überlegungen, wenn Urteile oder Entscheidungen nicht ohne weiteres möglich sind, zumindest aber zweifelhaft erscheinen. D. setzt ein, wenn keine automatischen, d. h. zur Routine gewordenen Wege verfügbar sind, ein Erkenntnisziel zu erreichen oder ein Problem zu lösen. Denkpsychologische Analysen gehen vom Anlaß oder Gegenstand des D. aus, z. B. einen Zusammenhang finden, etwas erklären oder ein Problem lösen zu wollen oder zu müssen. Sie zielen ab auf den Nachweis von Komponenten und Strukturen des D. (z. B. Vorstellungen, Begriffe, Symbole, Erinnerungen, Anschauungen, Einstellungen, Erwartungen, kognitive Stile), von Teilprozessen (z. B. Wahrnehmen, Erkennen, Wiedererkennen, Analysieren, Synthetisieren, Schematisieren, Urteilen, Schlußfolgern) und deren Ablauf; diese werden aus Erlebnisaussagen und/oder aus den von außen beobachtbaren Ergebnissen (Aussagen, Entscheidungen, Handlungen) von Denkprozessen erschlossen. D. setzt mehr oder weniger bewußte innere Repräsentation aktueller Erfahrungen in einem kognitiven Code voraus, um die in Denkgegenstände und -inhalte zu transformieren und sie mit den Repräsentationen weiter zurückliegender Erfahrungen, mit dem vorhandenen *Wissen* in individueller oder vorgegebenen Regeln entsprechender Weise zu verknüpfen. In Analogie zu Befunden über die →*Entwicklung* des D. wird ein hierarchischer Aufbau einzelner Codes und Repräsentationsarten angenommen. Einfache Handlungsmuster sind *sensomotorisch* codiert, ihre Repräsentation ermöglicht ein Wiedererkennen und die Übertragung der entsprechenden Verhaltensweise auf ähnliche Situationen und Sachverhalte. Der nächsthöheren vorsprachlichen Codierungsform entsprechen anschauliche *bildhafte Vorstellungen, d. h. anschauliche Repräsentationen;* sie erlauben erste, von der unmittelbaren Anschauung losgelöste Denkoperationen. Auf der nächsthöheren Stufe ist der Code *abstrakter, sprachlich-symbolischer* Natur; seine Anwendung bezieht sich auf Repräsentationen in begrifflichen Netzwerken, die den raschen, flexiblen, Erwartungen und Möglichkeiten einbeziehenden Umgang mit Denkgegenstän-

119

Denken, magisches

den und -inhalten in einem ebenfalls begrifflich-abstrakten Regelwerk ermöglichen. Durch umschriebene operative Schritte, z. B. *Abstraktion, Differenzierung, Generalisierung, Klassifikation* und dem *Vergleich* neuer mit bereits verarbeiteten, gespeicherten Informationen kann die aktuelle Information einerseits erkannt und interpretiert werden *(reproduktives D.; reproductive thinking);* sie kann andererseits zu einer Modifikation bestehender Denk-, Wissens- und/oder Regelstrukturen und damit zum Auffinden neuer Zusammenhänge oder Lösungswege genutzt werden *(produktives* bzw. *schöpferisches D.; creative thinking).* Zu den elementaren Denkoperationen zählen Erkennen, Wiedererkennen und Identifizieren *(analytisches, schlußfolgerndes* oder *konvergentes D.),* das Suchen nach neuen möglichen, logisch begründbaren Lösungswegen *(schöpferisches, divergentes D.)* und die Prüfung und anschließende Bewertung der Anwendbarkeit neuer Lösungswege *(evaluatives D.).*

[3] *Forschungsansätze:* Eine einheitliche Theorie des menschlichen D. liegt nicht vor. In verschiedenen Ansätzen der Denkpsychologie werden Arten und Formen des D. aus dem Umgang mit bestimmten Aufgaben oder Problemen und den daraus resultierenden sprachlichen oder sprachfreien Verhaltenskonsequenzen erschlossen. Zu den bedeutsamen Ergebnissen der klassischen Denkpsychologie zählen: (a) Der Nachweis der abstrakten und generellen Natur von Begriffen *(Begriffsbildung;* ACH, HULL, HEIDBREDER); (b) der Nachweis von Einflüssen der *Bewußtheit* und von *Bewußtseinslagen* (BÜHLER) bzw. *determinierenden Tendenzen* (ACH; KÜLPE) auf Dynamik und Wege des Denkens; (c) die Kennzeichnung des *phasenartigen Ablaufs* von Denkprozessen im Sinne der *Bedeutungssuche* (SELZ) und im Sinne eines Vordringens von anschaulichen Oberflächeneigenschaften zum dahinter verborgenen Sinn, der im sog. *Aha-Erlebnis* (BÜHLER) seinen Abschluß findet; (d) DUNCKERS Untersuchungen zur Vorgehensweise beim Lösen konkret-anschaulicher Probleme und die Rekonstruktion der Denkwege als *Situationsanalyse* mit den Schritten der *Konfliktanalyse* (Antwort auf die Frage, warum es so nicht geht) und *Materialanalyse* (Suche nach Elementen, die der Lösung dienlich sein könnten) und der *Zielanalyse* (Auseinanderhalten der für die Zielerrei-

chung benötigten und nicht benötigten Elemente); (e) der Nachweis der Bedeutung von *gestalthaften Um-* und *Neustrukturierungen* der aus der Anschauung gewonnenen Erfahrungen bei der Überwindung von Barrieren, die eine unmittelbare Zielerreichung oder Problemlösung behindern *(ideative Lösung;* KÖHLER) und der Repräsentationen von Wegen und Zielen *(kognitive Landkarten; Zielerwartungen;* TOLMAN) sowie (f) förderlicher und hemmender Einflüsse verfügbarer *Lösungsstrategien (funktionale Gebundenheit,* DUNCKER; *Rigidität,* WERTHEIMER, LUCHINS). Die neuere Denkpsychologie befaßt sich auf der Grundlage dieser Erkenntnisse vor allem mit den Prozeßmerkmalen der im D. vollzogenen *Informationsverarbeitung,* des *Schließens* und *Urteilens (Urteilsmodelle)* und der *vernetzten semantischen Strukturen,* in denen gedacht, Wissen gespeichert und aktualisiert wird. →*Gedächtnis,* →*Netzwerk,* →*Wissen.*

LIT. ACH (1905); ANDERSON (1988); BRUNER, GOODNOW, AUSTIN (1956); BÜHLER (1907); DÖRNER (1974); DUNCKER (1935); GRAUMANN (1965); GUILFORD (1967); HUMPHREY (1951; 1963); KÖHLER (1921); LUCHINS, LUCHINS (1959; 1970); MANDL, SPADA (1988); MANDLER, MANDLER (1964); MAYER (1979); MEILI (1968); NEISSER (1974); PIAGET (1947; 1973); TOLMAN (1951; 1968); TVERSKY, KAHNEMAN (1974).

Denken, magisches *(magic thinking).*
[1] *Ethnologie:* Glauben an die Wirksamkeit von Zauberriten und Beschwörungshandlungen in der Überzeugung, sich dabei frei werdende Kräfte zunutze machen zu können, Macht über Gegenstände oder Personen zu gewinnen oder Unheil abzuwenden.
[2] *Entwicklungspsychologie:* (a) Nach H. WERNER die Eigenart des kindlichen Denkens, in Gegenständen verborgene magische Kräfte bzw. in der Umgebung magische Zeichen zu vermuten. (b) Als *magisch-phänomenalistisches Denken (magico-phenomenalistic thinking)* charakterisiert PIAGET die geheimnisvoll verwaschenen, flüchtigen und instabilen Wahrnehmungseindrücke von Kindern vor jeder Erfahrung mit der →*Konstanz.*
Denkflüssigkeit →*Intelligenz.*
Denotation *(denotation, denotative meaning).* Logische Bezeichnung für den Inhalt, die Bedeutung eines Begriffs (designatum). →*Konnotation.*

Depression

dependente Persönlichkeitsstörung →*Persönlichkeitsstörung.*

Depersonalisation *(depersonalization).* Psychischer Prozeß, in dessen Verlauf der Eindruck aufkommt, sich selbst, dem eigenen Bewußtsein fremd gegenüberzustehen *(Entfremdungsgefühl),* man fühle und handle ohne bewußte Anteilnahme quasi automatisch, der eigene Körper bzw. Körperteile gehörten nicht zu einem selbst und/oder die eigenen Bewegungen seien fremdartig bzw. nicht vorhanden; gelegentlich verbunden mit dem Gefühl, bekannte Gegenstände oder Menschen seien ebenfalls fremd und unwirklich *(Derealisation).* D. tritt häufig als Symptom psychischer Störungen auf, vor allem bei schweren *Neurosen, Depression* und *Schizophrenie.* Man findet D. auch im Gefolge entzündlicher Hirnerkrankungen (z. B. Encephalitis), bei Hirnläsionen und -tumoren. Eine Sonderform der D. stellt das sog. *Alice-im-Wunderland-Syndrom (syndrome of Alice in wonderland)* dar, das neben vorübergehenden allgemeinen Entfremdungsgefühlen mit illusionsartigen Versetzungen von Raum und Zeit sowie veränderten Einschätzungen der eigenen Körperproportionen einhergeht. Das Syndrom tritt besonders häufig in der Einschlafphase, bei extremer Erschöpfung, bei Migräneanfällen, hohem Fieber, unter Einwirkung von Drogen oder bei epileptischen Anfällen während des sog. epileptischen Dämmerzustands auf.

Depolarisation, Depolarisierung *(depolarisation, depolarization).*
[1] Allg.: Herabsetzung der Potentialdifferenz zwischen Innen und Außen eines galvanischen Elements.
[2] Als *D. des Lichts:* Aufhebung des Polarisationszustandes von Licht bei Abstrahlung von lichtstreuenden Flächen bzw. Durchgang durch lichtstreuende Medien; es entstehen anders gerichtete Wellen.
[3] Neurophysiologisch in Analogie zu [1]: Abnahme der an Innen- und Außenseite einer Zellmembran herrschenden Potentialdifferenz bei Erregungsleitung bzw. Entstehung eines →*Aktionspotentials.*
→*Synapse,* →*Transmitter.*

Depravation *(depravation).*
[1] Vorherrschen von Verhaltensweisen jenseits aller sozialen Normen und Schranken. Syn.: *Verderbtheit.*

[2] Als Folge von Alkoholismus oder Drogensucht auftretende Änderung sozialer Einstellungen, Wertmaßstäbe und Handlungsweisen, die sich – ohne Beeinträchtigung der intellektuellen Fähigkeiten – z. B. in gewissenloser Unzuverlässigkeit, Mißachtung anderer, in aggressiven Denk- und Verhaltensweisen, Lügen und Delinquenz äußert, und damit auf die Unfähigkeit hindeutet, die eigenen Handlungen zu steuern bzw. ihre Folgen selbstkritisch zu bewerten.

Depression *(depression; depressive disorder).*
[1] Im Sinne von *Deprimiertheit* Zustand der Niedergeschlagenheit, erschöpfungsartige Antriebs- und Initiativelosigkeit, der z. B. nach Verlusten, Enttäuschungen, Mißerfolgen, körperlichen oder psychischen Belastungen mit dem Innewerden der momentanen Hilflosigkeit oder Vereinsamung auftritt.
[2] D. oder *depressive Störungen* (im DSM-IV eine Unterklasse von →*affektiven* Störungen) im klinischen Sinne äußern sich in länger anhaltenden, wiederholten *Episoden* depressiver Verstimmung, die mit oder ohne direkten Bezug zu tatsächlichen oder vorgestellten Problemen bzw. momentanen Hilflosigkeitserfahrungen auftreten und mit Beeinträchtigungen der Denk- und Handlungsfähigkeit und einer Vielzahl psychischer und somatischer Symptome einhergehen können. Das *depressive Syndrom (depressive syndrome)* umfaßt Gefühle der Niedergeschlagenheit und Trauer, der Hilflosigkeit, Angst, Besorgtheit, Teilnahmslosigkeit und Melancholie, gelegentlich auch das Mißtrauens und die Feindseligkeit, negativ-kritische Einstellungen gegenüber der eigenen Person, dem äußeren Erscheinungsbild und der eigenen Leistungsfähigkeit; hinzu treten oftmals Zukunftsängste, Hypochondrien, Beeinträchtigungen kognitiver Funktionen wie z. B. Mühen bei Denkoperationen, Konzentrationsschwierigkeiten, die Vorstellung der Ausweglosigkeit und Zwecklosigkeit, die in Selbstmordgedanken einmünden können, gelegentlich auch wahnartige Vorstellungen der Verfehlung, Versündigung oder Verarmung. Die Motivationslage ist vielfach beherrscht von Mißerfolgsorientierung, Rückzugs-, Flucht- und Vermeidungstendenzen, von der Überzeugung der Hilflosigkeit und mangelnden Kontrollierbarkeit der eigenen Situation, von Interessenverlust, Antriebslosigkeit, von der Überzeugung, überfordert

121

Depression

zu werden und abhängig zu sein. Die Körperhaltung ist gebeugt, die Bewegungsweise verlangsamt und kraftlos. Alltägliche Verrichtungen fallen schwer, der Gesichtsausdruck wirkt traurig oder weinerlich, ist in extremen Fällen maskenhaft starr. Vegetativ-physiologische Veränderungen zeigen sich neben angespannter, nervöser Unruhe und erhöhter Reizbarkeit vor allem in Benommenheits-, Ermüdungs- und Schwächezuständen, Schlafstörungen, Appetit-, Gewichts- und Libidoverlust, Kopfschmerzen, Magen- und Verdauungsbeschwerden, gelegentlich auch in Schwindel-, Hitze oder Kältegefühlen, Gliederschmerzen, Herzklopfen und/oder Herzbeklemmungen. Formen der *(endogenen)* D., bei denen in den subjektiven Berichten die letztgenannten körperlichen Symptome überwiegen und damit Hinweise auf die für die D. typischen Veränderungen der Stimmungslage verdecken, wurden früher auch als *larvierte* oder *maskierte D.* *(larvate depression)* bezeichnet. →*Somatisierungssyndrom,* →*somatoforme Störung.*

[3] *Klassifikation depressiver Störungen:* In den klassischen pychiatrischen Einteilungsansätzen zählen schwerwiegende, von traumatischen Belastungen weitgehend unabhängig auftretende, nicht auf hirnorganische Veränderungen zurückführbare Formen der D. zu den endogenen →*Psychosen* und werden als *endogene D. (endogenous depression)* bezeichnet. Belastungs- und konfliktabhängige Formen, wie z. B. die sog. *reaktive D. (reactive depression)* oder →*Erschöpfungsdepression,* dagegen verweisen auf das Vorliegen einer *neurotischen D.* oder *depressiven Neurose (neurotic depression, psychoneurotic depression; depressive neurosis).* Da umschriebene Symptome oder Symptomgruppen der D. sowohl bei anderen Psychosearten (z. B. bei →*manisch-depressiven Störungen* und →*Schizophrenie)* bzw. im Gefolge ihrer medikamentösen Behandlung (z. B. mit Neuroleptika) als auch bei einer Reihe neurotischer Störungen (z. B. →*Angstneurosen)* auftreten, ist die eindeutige Zuordnung außerordentlich schwierig. Im symptomorientierten Ansatz des DSM-IV wird der Klassifikation die Eigenarten der Stimmungslage mit ihren Konsequenzen auf Erleben und Verhalten zugrunde gelegt und zwischen folgenden Arten und Formen der depressiven Störung unterschieden: (a) Eine

Major Depressive Störung (major depressive disorder; major depression) ist durch das Auftreten von mindestens zwei *major depressiven Episoden* (→*Affektive Störung)* im Mindestabstand von zwei Monaten gekennzeichnet, die sich von den Symptomen anderer Störungen (z. B. *schizoaffektiver, wahnhafter* oder *psychotischer Störungen)* klar abheben und ohne *manische, gemischte* oder *hypomanische Episoden* einhergehen. Insgesamt muß bedacht werden, daß *Depressive Episoden* auch bei *Schizophrenie* und *schizoaktiven Störungen,* bei *nicht näher klassifizierbaren Störungen mit schnellem Wechsel,* einigen *bipolaren Störungen,* bei *generalisierten Angststörungen* (z. B. bei etwa 60% der Personen mit *Panikstörungen),* bei *Störungen mit Zwangsgedanken und -handlungen* sowie bei *posttraumatischen* Belastungsstörungen auftreten können. Die *major depressive Störung vom melancholischen Typus* stellt die schwerste Form der depressiven Störungen dar. Ihre zentralen Symptome sind völlige Interessenlosigkeit, die Unfähigkeit, Freude zu empfinden, auf angenehme Ereignisse nicht zu reagieren und auch sonst keine Aufhellungen der depressiven Stimmung zeigen. Für die Diagnose sind außerdem mindestens drei der folgenden Symptome nachzuweisen: Ausgeprägte depressive Stimmung insgesamt; morgens besonders gravierende Verstimmung; frühes Erwachen; psychomotorische Verlangsamung oder Erregung; deutlicher Gewichtsverlust bzw. Appetitlosigkeit und/oder exzessive, unangemessene Schuldgefühle. (b) Als *Dysthyme Störung (dysthymic disorder),* ältere Bezeichnung *depressive Neurose (dythymia),* gilt eine chronische depressive Verstimmung, die mindestens zwei Jahre lang in mehr als der Hälfte der Tage auftritt und mit Leidensgefühlen bzw. Beeinträchtigungen in sozialen, beruflichen u. a. Lebensbereichen verbunden ist. Außerdem müssen zusätzlich mindestens zwei der folgenden Symptome nachweisbar sein: Appetitlosigkeit bzw. übermäßiges Essen; Schlaflosigkeit oder übermäßiges Schlafbedürfnis; Energielosigkeit bzw. Erschöpfung; geringes Selbstwertgefühl; Konzentrationsstörungen; Entscheidungsschwierigkeiten und/oder Gefühle der Hoffnungslosigkeit. Es gelten zahlreiche Einschränkungen, die u. a. gleichzeitig oder in der Vorgeschichte vorkommende andere Störungen oder die Symptomverursachung durch

Substanzen bzw. körperliche Zustandsänderungen betreffen.

[4] *Erklärungs- und Therapieansätze:* Depressive Störungen kommen, wie Angststörungen, in der Durchschnittsbevölkerung von Industrieländern relativ häufig vor, treten vorwiegend im mittleren Lebensalter erstmals in Erscheinung, bei Frauen nahezu doppelt so oft wie bei Männern. (a) *Psychoanalytische Erklärungsansätze* beziehen D. auf Verluste und Verlustphantasien, unbefriedigte orale oder Abhängigkeitsbedürfnisse bzw. Aggressionshemmungen und empfehlen (zumindest für die neurotischen Formen der D.) psychoanalytische Therapien. (b) *Neuere psychologische Erklärungsansätze* gehen davon aus, daß depressive Störungen Folgen von wiederholten Hilflosigkeitserfahrungen und daraus resultierenden Kontrollverlusterwartungen sind, zurückgehen können auf Neigungen zu negativistischen Fehleinschätzungen und Realitätsverzerrungen, auf mangelnde Verstärkungserfahrungen, auf Milieubedingungen, die das Überwiegen von Verlust- und Verzichterfahrungen nach sich ziehen, und/oder auf einer Art der Selbstregulation bzw. Selbstkontrolle beruhen, die von einem unrealistisch hohen Anspruchsniveau, von Neigungen zur Selbstkritik und von der allgemeinen Bereitschaft bestimmt sind, allem, was auf Inkompetenz hindeutet, besondere Aufmerksamkeit zu schenken. Der derzeitige Erkenntnisstand legt eine integrative, multifaktorielle Sichtweise nahe, in die alle genannten Bedingungen ihrem Gewicht entsprechend einfließen. Die daraus hergeleiteten *Interventionsstrategien* bestehen in der Regel aus einer auf den individuellen Fall abgestimmten Kombination von einzel- und gruppentherapeutischen Maßnahmen (→*Psychotherapie,* insbes. →*Verhaltenstherapie* bzw. →*Verhaltensmodifikation*). Sie werden mit den Zielen eingesetzt, vertrauensvolle Beziehungen aufzubauen, kurzfristige entlastende bzw. entspannende Maßnahmen, ggf. unterstützt durch medikamentöse Behandlung, einzuleiten, die Wiederaufnahme von Aktivitäten mit angenehmen, verstärkenden Erfahrungen zu verknüpfen, belastende Einstellungen, Bewertungsweisen und Aktivitäten abzubauen und unterstützende soziale Kontakte zu fördern. (c) *Biologische Erklärungsansätze* können sich zunächst auf Zwillingsuntersuchungen stützen, die auf eine genetische Dis-

position zu depressiven Manifestationen hinweisen. Dies legt die Annahme nahe, depressive Störungen als Ergebnis der Wechselwirkung biologischer und psychischer Faktoren zu interpretieren. Mit depressiven Störungen geht eine Reihe *biochemischer Veränderungen* einher. Dazu zählen z. B. die vermehrte bzw. ungehemmte *Monoaminoxidase,* die rückläufige *noradrenerge Aktivität* mit ihren Konsequenzen auf die synaptische Regulation, insbesondere in den für das vigilante Verhalten maßgeblichen Verbindungsstrukturen zwischen Hypothalamus, Hippocampus und Kortex, die verminderte *Serotonin*-Produktion, das Überwiegen *cholinerger* gegenüber *adrenergen* Prozessen (bei manischen Episoden genau umgekehrt) sowie zahlreiche weitere Veränderungen im *Neurotransmitter-* und *Neuromediatorenhaushalt.* Zur Zeit ist die Frage offen, ob derartige Veränderungsmuster depressionsspezifisch genug sind, um sie als diagnostische Kriterien heranzuziehen, ebenso die Frage, ob sie als Ursachen oder Begleiterscheinungen bzw. Folgen der D. anzusehen sind. Bei der medikamentösen Behandlung von depressiven Störungen bewähren sich insbesondere Präparate mit anticholinergen und sedierenden Effekten, vor allem *trizyklische Antidepressiva* bzw. *Monoaminoxidase-Hemmer (MAOH),* insbesondere in Verbindung mit psychotherapeutischen Interventionen; letzteres deutet auf die Plausibilität der o. g. Wechselwirkungshypothese hin.

LIT. ANGST (1966; 1983); BLÖSCHL (1981); HAUTZINGER, GREIF (1981); HAUTZINGER, DEJONG-MEYER (1990); KAMMER, HAUTZINGER (1988); KANFER, HAGERMAN (1981); KIELHOLZ (1971; 1972); MUNDT, FIEDLER, LANG, KRAUS (1991); PETERSON, SELIGMAN (1984); SELIGMAN (1975); ZERSSEN, MÖLLER (1988).

Depressionen, psychotische →*Psychose.*
depressiv *(depressive).*
[1] Neigung zu traurig-gedrückter (deprimierter) Stimmungslage.
[2] Kennzeichnung psychischer Störungen aus dem Formenkreis der →*Depression.*
[3] Als *depressive Episode* Bezeichnung für längeranhaltende traurig-niedergeschlagene Stimmungslagen, die von Gefühlen der Energielosigkeit, der Interessen- und Wertlosigkeit begleitet werden und oftmals mit Appetitlosigkeit und Schlafstörungen (Insomnie oder

123

depressive Episode

Hypersomnie) einhergehen. D. Episoden gelten als Kennzeichen *depressiver (→Depression)*, im Wechsel mit *manischen Episoden* auftretende als Kennzeichen →*manisch-depressiver Störungen.*

depressive Episode →*Affektive Störung,* →*depressiv.*

depressive Neurose →*Affektive Störung,* →*Depression.*

depressive Störungen →*Affektive Störung,* →*Depression.*

depressiver Stupor →*Stupor.*

Depressor *(depressor nerve).* Allgemeine Bezeichnung für alle Nervenfasern, die die Aktivität oder Funktion eines motorischen Zentrums unterbinden. Dies trifft besonders für einen Zweig des *Nervus vagus (→Parasympathikus)* zu, der die Erweiterung der peripheren Blutgefäße und damit das Herabsetzen des Blutdrucks bewirkt *(Vasodilatation).*

Deprivation *(deprivation).*

[1] Allg. Bezeichnung für einen Zustand des Entzuges oder Mangels, z. B. Nahrungsdeprivation = Hunger.

[2] Als *sensorische Deprivation (sensory deprivation)* Bezeichnung für den Entzug von abwechslungsreichen Umgebungsreizen (Monotonie, Aufenthalt in einem licht- und schallisolierten Raum, Zwang zur Untätigkeit). Die Folgen sind abhängig von der Dauer und Art der D. Kennzeichnend sind das Absinken der allg. Leistungsfähigkeit, begleitet von entsprechenden »unaktiven« physiologischen Merkmalen (z. B. *Theta-Wellen* im *EEG)* sowie das Auftreten von veränderten Bewußtseinszuständen, sog. »Reizhunger«, oder Trugbildern *(Halluzinationen).* Langzeitige D. kann eine teilweise oder völlige Ausschaltung der willentlichen Kontrolle zur Folge haben. Die übermäßige Gefügigkeit bzw. Bereitschaft, alle bisherigen Maßstäbe und Einstellungen zugunsten der in D. suggerierten aufzugeben, geht aus den bedrückenden Erfahrungen mit sog. *»Gehirnwäsche« (brain-washing)* und Berichten über die Erfahrungen während langandauernder Einzel- oder Dunkelhaft hervor.

Dermatitis →*Fette.*

Desensibilisierung →*Desensitivierung.*

Desensitivierung, Desensibilisierung; systematische Desensitivierung *(desensitization; systematic desensitization).* Auf WOLPE zurückgehende Methode der →*Verhaltensthe-*

rapie, die sich insbesondere bei der Bekämpfung von *Phobien* bewährt. Mit dem Patienten wird zunächst eine →*Angsthierarchie* erarbeitet. Der Therapeut konfrontiert den Patienten mit einer Vorstellung oder symbolischen Darstellung derjenigen Angstreize, die den schwächsten Erregungseffekt ausüben. Sobald der Erregungszustand nach dem Prinzip der reziproken Hemmung *(→Hemmung, reziproke)* aufgehoben ist, fährt der Therapeut in der Angsthierarchie fort und erreicht schließlich (nach einigen Wochen und nach einigen Rückschlägen) eine Lösung der konditionierten Verknüpfung zwischen angstauslösendem Reiz (Objekt, Situation) und der emotionalen Reaktion. In manchen Fällen werden nicht nur Vorstellungen oder symbolische Darstellungen verwendet, sondern auch der angstauslösende Reiz selbst wird graduell angenähert. In diesem Fall spricht man von einer in-vivo-Behandlung. Der Patient wird in aller Regel zusätzlich einem allgemeinen Entspannungstraining unterzogen (z. B. *autogenem Training, Entspannungstherapie* sowie Techniken der *konditionierten Entspannung).*

Desintegration *(disintegration),* **Desorganisation** *(disorganization).* Bezeichnung für einen Zustand des »Zerfalls« oder ein mit der Zeit fortschreitendes »Zerfallen« eines vormals geordneten, organisierten bzw. integrierten Systems im körperlich-physikalischen oder übertragenen Sinne, z. B. »Persönlichkeitszerfall« als Symptom schwerwiegender *affektiver* oder *Persönlichkeitsstörungen.* Man bezeichnet oft ein Verhalten auch dann als »desintegriert«, wenn das Zusammenwirken verschiedener Funktionen (z. B. die Koordination von Wahrnehmen, Denken und Handeln) nicht gegeben ist oder als nicht gegeben angenommen wird. Gegensatz: →*Integration, Integriertheit.*

Desirabilität →*Soziale Erwünschtheit.*

deskriptive Statistik →*Statistik.*

Desorientiertheit *(disorientation),* Syn.: Orientierungsstörung. Zustand der Verwirrung in bezug auf Datum, Tageszeit, den Ort, an dem man sich befindet, und/oder auf die eigene Identität. Kurzfristige D. findet man z. B. bei hohem Fieber oder im →*Delir,* irreversible anhaltende D. bei →*Demenz.*

Desoxyribonukleinsäuren →*Nukleinsäuren, DNA.*

Destruktionstrieb →*Todestrieb.*

Detektoren *(detectors).* Neurophysiolog. Bezeichnung für Neuronen oder Neuronenverbände des Sinnesapparats, die bei Erkennen und Wiedererkennen bestimmter Reizparameter beteiligt sind.
→*Analysator,* →*rezeptive Felder.*
Determinante *(determiner, determinant).*
[1] Bestimmender, begründender oder abgrenzender Faktor eines Geschehens, von der Art und Form seines Auftretens abhängt.
[2] *Erb-D.:* Syn. für *Erbanlagen.*
Determination *(determination).*
[1] In der Logik ist D. die Bezeichnung für eine Bestimmung durch Begrenzung. Sie steht im Gegensatz zur *Abstraktion* und schreitet von umfassenderen Begriffen oder Klassen der Betrachtung zu engeren fort.
[2] In der psychologischen Begriffsbildung liegt D. dann vor, wenn einem Zustand oder Vorgang (z. B. *Aktivation)* bestimmte und bestimmende Eigenschaften zugeordnet werden (z. B. Auftreten von »Erregungskonstellationen« bestimmter Art im *EEG).*
[3] In der Statistik unterscheidet man den *Determinations-Index* und den *Determinations-Koeffizienten.* Der Determinations-Index ist das Quadrat eines (Produkt-Moment-) *Korrelationskoeffizienten* (r^2) und drückt die *Varianzproportion* aus, die durch den Zusammenhang zwischen zwei Variablen bestimmt ist. Der Determinations-Koeffizient dagegen bezieht sich auf den Varianzanteil, der durch eine spezifische unabhängige Variable bestimmt ist.
determinierende Tendenzen *(determining tendencies).* Nach N. ACH die teilweise oder vollständige Bestimmtheit von Denken, Handeln oder Vorstellung durch relativ überdauernde Denkgewohnheiten oder Zielvorstellungen, *Zielerwartungen* oder *Einstellungen.*
→*Denken.*
Determinations-Index →*Determination* [3].
Determinations-Koeffizient →*Determination* [3].
Determinismus *(determinism).* Bezeichnung für philosophische und empirische Theorienbildungen, die in mehr oder weniger doktrinärer Form aussprechen, daß alle Phänomene notwendigerweise das Ergebnis der vorher gegebenen Bedingungen seien. Es handelt sich bei der Formulierung des D. sowohl um ein Postulat der positiven Wissenschaften als auch

um eines, das das Denken der Psychoanalyse beherrscht (z. B. Freuds Traumtheorie).
→*Probabilismus.*
Deuteranopie *(deuteranopia).* Bezeichnung für die sog. Grünblindheit *(→Farbblindheit),* bei der es zu Verwechslungen von Rot und Grün kommt.
Deuteverfahren →*projektive »Tests«.*
Dextrasinistralität →*Händigkeit.*
Dexteralität →*Händigkeit.*
Dezerebration *(decerebration).* Operative Entfernung des →*cerebrum.*
Dezibel, dB *(decibel).*
[1] Bel (Kurzzeichen B) ist eine in der Physik eingeführte nach A. G. Bell benannte dimensionslose Größenart, die durch den dekadischen Logarithmus des Produkts oder Verhältnisses zweier gleichartiger Größen (z. B. Leistung, Kräfte) definiert ist. D. (Kurzzeichen dB) ist der zehnte Teil eines Bel, also $1 \, dB = 0{,}1 \, B$.
[2] Als dB(A) in der Psychoakustik eingeführte Bezeichnung für den dekadischen Logarithmus des Verhältnisses zwischen dem momentan einwirkenden Schalldruck P_1 und dem Ausgangswert P_0 *(Schallpegel).* Die Bestimmungsgleichung von Größen auf der logarithmischen dB(A)-Skala lautet $2 \cdot 10 \lg (P_1 / P_0) = dB(A)$. Die Angaben für P_1 und P_0 erfolgen in dyn/cm^2, wobei $P_0 = 2 \cdot 10^{-4}$ s = 0.0002 dyn/cm^2 dem absoluten Schwelle eines Durchschnittshörers für einen Ton von 1000 Hz entspricht. Dieser Wert ist gleichzeitig Ausgangspunkt der *Phon-Skala* (Lautstärke). Einem Schalldruck von 200 dyn/cm^2 entspricht nach der Beziehung $2 \cdot 10 \lg (200/0.0002)$ ein Wert von $2 \cdot 10 \cdot 6 = 120$ auf der dB(A)-Skala. Er markiert die obere Erträglichkeitsgrenze kurzfristiger Geräuscheinwirkungen. Die Richtwerte für die zulässige Geräuscheinwirkung am Arbeitsplatz liegen je nach Tätigkeitsart zw. 50 und 90 dB(A).
Diabetes *(diabetes).* Griech. durchgehen, durchfließen lassen. Syn. *Harnruhr.* Gesteigerte Ausscheidung von Flüssigkeit, Stoffwechselprodukten und/oder endokrinen Substanzen über die Harnwege.
[1] Die verbreitetste Art ist der *D. mellitus* (*»honigsüßer« D.),* Syn. *Zuckerkrankheit, Zuckerharnruhr,* eine Kohlehydrat-Stoffwechselstörung, die in zwei Grundtypen und Unterformen auftritt. (a) *D. mellitus Typ I* beruht in essentieller Form auf einem angeborenen, in Sekundärform auf erworbenem *Insulinmangel.*

125

Diagnose

Er wird meistens, aber nicht ausschließlich im Kindes- und Jugendalter virulent und erfordert lebenslange Insulinzufuhr – daher auch die Bezeichnung *insulinabhängiger D.* *(insulin dependent diabetes mellitus; IDDM)* –, die in vielen Fällen durch Stoffwechselkorrekturen (z.B. Diät; Medikamente) unterstützt wird. Primärsymptome sind vermehrte Harnausscheidung mit erhöhtem Zucker- und Fettsäurenteil *(Acetonämie)*, Blutzuckererhöhung, Durst, gesteigerte Nahrungsaufnahme bei gleichzeitigem Gewichtsverlust, Kraftlosigkeitszustände, in Extremfällen *Koma.* Folgeerscheinungen unbehandelten *D. mellitus* sind Ekzem- und Furunkelbildung, Wundheilungsstörungen und Entzündungen der Nieren und Harnwege; zu den schwerwiegenden Spätschäden zählen Arteriosklerose und ihre Folgen (Erblinden, absterbende Gliedmaßen, Gangränbildung) sowie Nierenversagen. (b) *Typ II,* der *nichtinsulinabhängige* oder *insulinunabhängige D.mellitus* *(non insulin dependent diabetes mellitus; NIDDM)* beruht auf verminderter Insulinwirkung im Körper und tritt in seinen beiden Unterformen vorwiegend im Erwachsenenalter auf. *D. mellitus Typ II A* ist die Folge einer vererbten Insulinunterempfänglichkeit; das Körpergewicht ist dabei normal. Typ *II B* ist durch einseitige, kalorienreiche Ernährung, Cholesterin- und Fetteinlagerungen und Übergewicht bedingt (→*Cholesterin;* →*Eßstörungen;* →*Fette*). [2] *Behandlung, Früherkennung und Kontrolle:* (a) *D. mellitus Typ I* und *II* zeigen etwa die gleichen Symptome, aber die Behandlung ist unterschiedlich. Bei *Typ I* sind lebenslange Gaben von →*Insulin* erforderlich, bei *Typ II* geht es in erster Linie um eine genaue Stoffwechseleinstellung, bei *Typ II B* zusätzlich um eine Spezialdiät zur Gewichtsabnahme. (b) Der Früherkennung dient neben der bekannten Urin-Teststreifen-Methode der *Glucosetoleranztest (GTT; glucose tolerance test).* Nach Einnahme einer Traubenzuckerlösung (75–100 g auf 400 dl Wasser) werden in regelmäßigen Abständen Blutzuckerwerte bestimmt. Standard ist der Wert nach Ablauf von zwei Stunden. Bei Gesunden liegt er bei < 140 mg Blutzucker pro dl, bei leichtem D. bei > 140 mg/dl und bei manifestem D. bei Werten zwischen > 140 und 190 mg/dl. Es stehen auch Infusionsverfahren zur Verfügung. (c) Nach Erhebung der sog. *Weißbrot-*

belastung durch Bestimmung von Blutzuckerwerten nach Einnahme standardisierter Mengen von Kohlehydraten (KH) wird die pro Tag oder Mahlzeit zulässige Quantität von KH in *Weißbroteinheiten (WBE; bread exchange)* gemessen; einer WBE von 20 g Weißbrot entsprechen 12 g KH .

Diagnose, Diagnostik *(diagnosis, diagnostics).*

[1] *Diagnose* (aus dem griech. diágnosis, unterscheidende Beurteilung): Aussage über körperliche oder psychische Eigenschaften bzw. Zustände aufgrund vorangegangener *Anamnese* (Erhebung der Vorgeschichte, Krankengeschichte), *Exploration* (gezielte Befragung) und Untersuchungen mit Hilfe standardisierter Verfahren (z.B. Blutprobe, psychologische Tests). D. dient in der Klinik zur Feststellung und Abgrenzung *(Differential-D.)* von Störungs- oder Krankheitsursachen. Die psychologische D. stützt sich insbesondere auf Ergebnisse testpsychologischer Eignungs-, Persönlichkeits- oder Leistungsprüfungen, die neben Anamnese und Exploration in Prognose, Therapiepläne oder in die sich anschließende Beratung einfließen (→*Test,* →*Testtheorie*).

[2] *Diagnostik:* Wissenschaftliche Lehre von den Regeln, Modellen, Theorien und Methoden des Diagnostizierens. Die *psychologische D.* dient der Entwicklung und Anwendung von Methoden (Regeln, Anleitungen, Entscheidungsalgorithmen, Instrumentarien, Tests) zur Gewinnung von Kennwerten für oder Hinweisen auf psychologisch relevante Charakteristika von Merkmalsträgern, zur Integration gewonnener Daten zu wissenschaftlich begründeten Urteilen, zur Vorbereitung und Beurteilung (Evaluation) von Entscheidungen oder prognostischen Zielen. D. findet Anwendung bei Einzelpersonen oder Personengruppen, im Kontext von Maßnahmen, Organisationen oder Institutionen. In der allgemeinen psychologischen D. unterscheidet man zwischen der aus der differentiellen Psychologie und Persönlichkeitsforschung hergeleiteten *Eigenschafts-D.* oder →*Statusdiagnostik* und *Verhaltens-* oder *Prozeß-D.* Die *klinisch-psychologische D.* orientiert sich an Störungssymptomen oder -syndromen, die sie zunächst beschreibt, dann klassifiziert, um zur Erklärung, Prognose, Evaluation und Therapieplanung zu gelangen.

LIT. JÄGER (1988); REINECKER-HECHT, BAUMANN (1990).

Diagnostizität (*diagnosticity*). Die Fähigkeit eines diagnostischen Verfahrens, unter bestimmten näher zu beschreibenden Bedingungen unterschiedliche Ausprägungsgrade eines relativ komplexen Merkmals wie z. B. →*mentale Beanspruchung* zu erfassen.

Dialog-System →*System.*

Diaphragma.
[1] Bezeichnung für die Muskelplatte zwischen Thorax und Abdomen (Brust- und Bauchhöhle), das *Zwerchfell.*
[2] In der Psychologie übliche Bezeichnung für eine wandartige Vorrichtung, die nur ein kontrollierbares Lichtquantum durchläßt, z. B. nur durch eine schmale Öffnung (Irisdiaphragma), deren Größe variierbar ist. Manchmal wird die entsprechende Öffnung auch zur Abschirmung der Umgebung eines Reizes verwendet. Die Versuchsperson blickt dann durch ein Diaphragma.

Diastole. Erschlaffung des Herzmuskels, rhythmisch abwechselnd mit Kontraktion (→*Systole*). Liegt zwischen dem 2., schwächeren Herzton (Klappenschluß) und dem 1., der Kontraktion anzeigt. Dauer: ca. 0.55 ± 0.25 sec, je nach Schlagfrequenz. Der Herzdruck in diesem Intervall ist minimal, venöses Blut fließt in die Kammern. Zur Bestimmung der Herzleistung werden systolischer und diastolischer Druck miteinander verglichen.

diastolischer Druck →*Blutdruck.*

dichotisches Hören (*dichotic listening*). Von Broadbent in die Wahrnehmungs- und Aufmerksamkeitsforschung eingeführte Versuchstechnik. Über Kopfhörer werden parallel, d. h. links und rechts einander maskierend, je zwei unterschiedliche Zahlennamen zwischen 1 und 9 durchgesagt. Die bei je drei Paralleldurchsagen aufgefaßten Zahlen sollen anschließend wiedergegeben werden. Die Aufgabe gelingt dann gut, wenn je drei Zahlennamen ihrer Herkunft aus dem linken bzw. rechten Kanal (Ohr) entsprechend nacheinander reproduziert werden und nicht im beständigen Aufmerksamkeitswechsel zwischen beiden Kanälen.
→*Aufmerksamkeit.*

Dichotomie (*dichotomy*). Bezeichnung für ein zwei Klassen umfassendes Merkmalsystem, wobei die beiden Klassen einander ausschließende Ereignisse betreffen. *Dichotomierung* oder das *Dichotomieren* bezeichnet das Aufteilen der Fälle einer Menge von Er-

eignissen in zwei einander ausschließende Kategorien.

Dichromasie →*Farbenfehlsichtigkeit.*

differentielle Aktivierung →*Priming.*

Differentielle Psychologie (*differential psychology*). Bezeichnung für jenes Teilgebiet der Psychologie, in dessen Rahmen Unterschiede zwischen Individuen oder zwischen Gruppen von Individuen mit Hilfe von Methoden der experimentellen Psychologie untersucht werden (z. B. Unterschiede der Gedächtnisleistungen bei Extra- und Introvertierten; Unterschiede der sozialen Beziehungen bei Beamten und Stahlarbeitern; Unterschiede in den Wahrnehmungsleistungen bei Eskimos und Mexikanern). Die differentielle Psychologie wurde als methodischer Ansatz von W. STERN in die psychologische Forschung eingeführt.
→*Persönlichkeit.*

LIT. ANNE ANASTASI (1965); W. STERN (1921).

Differenzierung (*differentiation*).
[1] Allgemeine Bezeichnung für die Ausgliederung verfeinerter morphologischer und/oder funktionaler Strukturen aus ungegliederten, einfacheren Vorformen, z. B. die Entwicklung vom Einzeller zum Mehrzeller und hochorganisiertem Säuger oder die Zellteilungsprozesse und Organbildungen im Verlauf der embryonalen Entwicklung.
[2] In der *Entwicklungspsychologie* ist D. der Inbegriff der im Entwicklungsverlauf eintretenden, zum Teil reifungsabhängigen zunehmenden Verfeinerung, Durchgliederung, Erweiterung, Spezialisierung und Verselbständigung des Verhaltens und Erlebens. D. zeigt sich z. B. in der Entwicklung der Feinmotorik aus relativ unkontrollierten Bewegungsabläufen, in der Entwicklung spezifischer Gefühle, Motive, Bedürfnisse und Interessen aus unspezifischen Lust- und Unlustzuständen oder primären Bedürfnissen, in dem Auseinanderhalten von Wahrnehmen, Fühlen und Handeln sowie die Unterscheidung von Vorgängen in der Außen- und Innenwelt im Bezugssystem von Vergangenheit, Gegenwart und Zukunft. K. LEWIN sieht in seiner *Feldtheorie* D. als eine Zunahme der Anzahl von Feldregionen (innere Repräsentationen der Person-Umweltbeziehungen), die sich im Erleben und bei der Planung zielorientierten Handelns deutlich voneinander abheben. Damit wird

Differenzierungshemmung

z. B. das Erleben von räumlich-zeitlichen Beziehungen in Verbindung mit der Unterscheidung zwischen Realem, Vorgestelltem, Möglichem und Irrealem möglich. LEWIN, WERNER, PIAGET und andere Vertreter der Entwicklungspsychologie betonen gleichermaßen, daß fortschreitende D. mit hierarchischen Prozessen der *Integration, Organisation* bzw. *Zentralisation* einhergehen, um die Koordination und Zielorientiertheit des Erlebens und Verhaltens angesichts der wachsenden Vielfalt von Möglichkeiten aufrechtzuerhalten (→*orthogenetisches Gesetz*). WITKIN postuliert im Rahmen seiner Wahrnehmungs-Typologie (→*Integration*, →*kognitive Stile*) eine mit dem Entwicklungsprozeß einhergehende intraindividuelle Korrespondenz des D.-Niveaus der verschiedenen psychischen Funktionen, welche die Einheit von Wahrnehmen und Handeln gewährleistet.
→*Entwicklung*, →*Entwicklungstheorien*.
[3] Im engl.-amerikanischen Sprachgebrauch in der Zusammensetzung *Reaktions-Differenzierung (response differentiation)* gleichbedeutend mit *operantem Lernen* bzw. *Verhaltensformung*, d. h. dem Unterscheiden zwischen erfolgversprechenden und irrelevanten Reaktionen aufgrund von Verstärkungserfahrung.
[4] *Reizdifferenzierung* →*Diskrimination*.
Differenzierungshemmung   →*Hemmung, differenzierende*.
diffus *(diffuse)*. Bezeichnung für nicht klar abgehobene, abgegrenzte Sachverhalte. Ein Verhalten wird dann als diffus bezeichnet, wenn es unkoordiniert und/oder nicht direkt auf ein Ziel gerichtet abläuft.
digital →*Daten* [7].
Dilatation. Bezeichnung für die Ausdehnung einer Organismusstruktur (z. B. Pupille, Blutgefäße).
Dioptrie, dpt *(diopter, dioptre)*. Einheit für die Brechkraft (Dioptrik: Brechungslehre). Die Einheit ist definiert: Brechkraft = $1/\text{Brennweite}$; 1 dpt = $1/\text{m}$.
→*Akkommodation*.
Dipol *(dipole)*.
[1] *Physik:* System, das zwei gleich starke elektrische Ladungen mit entgegengesetztem Vorzeichen (Polarisierung) in definiertem Abstand aufweist (z. B. Wasserstoffmoleküle).
[2] *Biologie, Neuropsychologie, Physiologie, Psychophysiologie:* (a) Kleinste erfaßbare aktive Systeme im menschlichen (Nerven-)Gewebe mit den unter [1] genannten Eigenschaften. (b) Als *Dipol-Bestimmungs-Methode, DT (dipole tracing)* ein in der Hirnforschung angewandtes computerunterstütztes Verfahren zur räumlichen Lokalisierung von Generatoren der bioelektrischen Aktivität mit Hilfe des auf bis zu 51 Ableitungsorte erweiterten 10–20er Systems (→*Elektroencephalogramm*).

Dipsomanie *(dipsomania)*. Periodisch auftretender, über mehrere Tage anhaltender exzessiver Alkoholkonsum (»Quartalssäufer«); in den Zeiten zwischen den Trinkperioden dagegen in der Regel geringer oder kein Alkoholkonsum. Zu den Ursachen der D. zählen sowohl periodisch wiederkehrende äußere Umstände (z. B. Tag der Lohnauszahlung) und belastende Lebensbedingungen als auch Verstimmungen oder Störungen. Syn.: *Periodische Trunksucht*.
→*Alkoholismus*.

diskret *(discrete)*. Bezeichnung für Ereignisse oder Sachverhalte, die getrennt, nicht miteinander verbunden oder diskontinuierlich sind bzw. so betrachtet werden. So werden z. B. Einheiten einer Skala dann als diskret bezeichnet, wenn sich das *Messen* auf diskontinuierliche Eigenschaften von Gegenständen, Sachverhalten oder Versuchspersonen bezieht. Der entsprechende Skalentyp ist der der *Nominalskala*, in manchen Fällen auch *Rangskalen*. Im letzteren Falle werden diskrete Meßwerte in eine Ordnung gebracht, jedoch nicht auf eine kontinuierliche Skala *(Intervallskala* →*Skala*) bezogen.
diskrete Variable →*Variable*.

Diskriminanzanalyse *(analysis of discrimination, analysis of discriminance)*. Statistische Verfahren der Zuordnung von Ereignissen oder Personen zu einer Vielzahl von (mindestens zwei) Populationen auf Grund einer größeren Zahl von Meßdaten pro Ereignis oder Person unter Berücksichtigung des kleinstmöglichen statistischen Fehlers.

Diskrimination *(discrimination)*.
[1] Bezeichnung für einen jeden Vorgang, der in der Feststellung von Unterschieden endet. Der Begriff ist zu unterscheiden von *Diskriminierung*, dem Inbegriff von Einstellungen oder Verhaltensweisen, die einen anderen Menschen oder eine Gruppe herabsetzen und in ein schlechtes Licht rücken (z. B. rassische Diskriminierung, *racial discrimination*).

[2] Bezeichnung für *Unterscheidungsleistungen,* die sich auf das Auseinanderhalten von *Reizen* oder *Signalen* beziehen *(Reizdifferenzierung).* Diese Leistung kann durch ein *Diskriminationstraining* gelernt werden. Dabei handelt es sich um ein Experiment, in dessen Verlauf eine Reaktion dann belohnt wird, wenn ein ganz bestimmter Reiz dargeboten wird, dann nicht belohnt wird, wenn ein nach Qualität oder Intensität unterscheidbarer anderer Reiz dargeboten wird. Wenn ein Tier in einer Skinnerschen Box einen Hebel drückt, erhält es nur Futter, wenn gleichzeitig ein ekkiges Signallicht aufleuchtet. Es erhält auf seinen Hebeldruck (eine Reaktion) kein Futter, wenn ein rundes Signallicht aufleuchtet. Die D. ist dann gelernt, wenn das Tier entweder nur in Anwesenheit des eckigen Signals den Hebel drückt oder aber ihn bei Anwesenheit des runden zwar drückt, jedoch mit geringerer Intensität.

[3] Bezeichnung für die Fähigkeit zur D. aufgrund biologisch-neurologischer Eigenarten, *Diskriminationsfähigkeit* (z. B. →*Unterschiedsschwelle).*

Diskriminationsfähigkeit →*Diskrimination* [3].

Diskriminationshypothese →*Humphreys Effekt.*

Diskriminationstraining →*Diskrimination* [2].

diskriminieren →*Wahrnehmen.*

Diskurs *(discourse). Linguistik:* Das Verbinden von Sätzen zu einer komplexen Rede oder zu einem Diskussionsbeitrag. Die *D.-Analyse* fragt nach den Grundlagen für das Verstehen der Gesamtbedeutung von Reden oder Texten in Form mentaler Modelle und *Erzählstrukturen (narrative structures).*

Disparation *(disparity),* Syn.: *Querdisparation.* Bezeichnung für die Tatsache, daß bei beidäugiger Betrachtung eines Punktes, der nicht in der *Horopter*-Ebene liegt, in den beiden Netzhäuten verschiedene Punkte (disparate Netzhautstellen) gereizt werden. Es kann dabei zu einem Doppelbild-Eindruck kommen. Bei Wahrnehmung der räumlichen Tiefe wird dieser Eindruck durch Erfahrung korrigiert, doch stellt die D. der beiden Netzhautbilder eine wichtige Voraussetzung für das Einschätzen der Entfernung eines Gegenstandes dar. →*Tiefenwahrnehmung.*

Dispnoe →*Panikstörung.*

Disposition.

[1] Im Sinne von *Anlagen (dispositions)* die allgemeine und umfassende Bezeichnung für das Gefüge (Anordnung, Ordnung, →*Struktur)* der angeborenen *neuralen* und/oder *psychischen* Bereitschaften, bestimmte Erlebnis-, Handlungs- und Verhaltensweisen, Fähigkeiten und Fertigkeiten zu entwickeln.

[2] Bezeichnung für eine bestimmte Eigenart oder Eigenschaft eines Individuums, auf eine Klasse von Situationen in einer ihm spezifischen Weise zu reagieren. Dabei kann auf angeborene Bereitschaften (Anlagen), auf relativ überdauernde Eigenschaften oder auf die Wechselwirkung von *Anlage* und *Umwelt* Bezug genommen werden. Im letzteren Falle ist D. im Zusammenhang mit der Bedeutung [1] gebraucht, sofern die bestimmte Eigenart auf das Gesamt aller Dispositionen und ihrer Wechselwirkung bezogen wird.
→*Eigenschaften,* →*Persönlichkeit.*

Dispositionstheorien →*Persönlichkeit.*

Dissimilation. Auflösung, Abbau von Substanzen. Gegenteil: →*Assimilation* [2].

Dissonanz *(dissonance).*

[1] *Akustik, Musikästhetik, Wahrnehmungspsychologie:* Hinterlassen zwei gleichzeitig dargebotene Töne aufgrund von Schwebungsinterferenzen keinen einheitlichen Klangeindruck und wirken daher spannungsreich bis unangenehm, so wird D. erlebt. In der klassischen Harmonielehre ist D. daher die Bezeichnung für einen Klang, der nach einer Auflösung verlangt. Gegensatz: Konsonanz.

[2] Im übertragenen Sinn die Bezeichnung für den erfahrenen Übereinstimmungsmangel (Inkonsistenz) zwischen →*kognitiven Elementen,* die auf denselben Einstellungs- oder Wahrnehmungsgegenstand bezogen sind, der spannungsreich bis unangenehm erlebt wird und nach Ausgleich durch zusätzliche Informationen oder Einstellungswechsel verlangt.
→*Einstellungsänderung,* →*Kognitive Dissonanz.*

Dissoziation *(dissociation).* Bezeichnung für einen Prozeß, in dessen Verlauf zusammengehörige Denk- und Handlungs- oder Verhaltensabläufe in Einzelheiten »zerfallen«, wobei sich das Auftreten der Einzelheiten weitgehend der Kontrolle des Individuums entzieht (z. B. unkoordinierte Bewegungen, Gedächtnisstörungen; Wahrnehmungsstörungen →*Hal-*

dissoziativer Typ

luzinationen). D. ist zu unterscheiden von *Schizophrenie.*

dissoziativer Typ →*dissoziative Störung.*

dissoziative Störung *(dissociative disorder).* Störungen mit dem Hauptmerkmal einer plötzlichen oder allmählich auftretenden, vorübergehenden oder chronischen Unterbrechung der normalerweise integrativen Funktionen des Bewußtseins, Erinnerns, der Identität oder Wahrnehmung der Umwelt (umgangssprachlich »Identitätsverlust« oder »Persönlichkeitsspaltung«). D. S. treten häufig im Zusammenhang mit tiefgreifenden Erlebnissen oder schweren Belastungen auf. In älteren Klassifikationssystemen bezeichnete man einige Formen der d. S. als *Hysterische Neurose, dissoziativer Typ (hysterical neurosis; dissociative type).* DMS-IV unterscheidet vier Hauptformen und eine unspezifische Klasse von d. S. (a) *Dissoziative Amnesie (dissociative amnesia),* früher auch *psychogene Amnesie (psychogenic amnesia):* Die Unfähigkeit, wichtige persönliche Informationen, in der Regel traumatische oder belastende Inhalte, in einem weit über Vergeßlichkeit hinausreichendem Maße erinnern zu können. (b) *Dissoziative Fugue (dissociative fugue),* früher *psychogene Fugue (psychogenic fugue):* Plötzliches unerwartetes Weglaufen (von zu Hause, vom Arbeitsplatz) oder Verreisen, ohne sich an Vergangenes erinnern zu können, oftmals verbunden mit Verwirrungen bezüglich der eigenen Identität bzw. mit dem Annehmen einer neuen Identität. (c): *Dissoziative Identitätsstörung (dissociative identity disorder),* früher *Multiple Persönlichkeitsstörung (multiple personality disorder):* Die Überzeugung, zwei oder mehr unterschiedliche Identitäten zu besitzen, die abwechselnd die Kontrolle über das Verhalten übernehmen, in Verbindung mit der Unfähigkeit, sich wichtiger persönlicher Informationen zu erinnern; oftmals die Folge in der Kindheit erfahrener physischer bzw. sexueller Mißhandlungen. (d) *Depersonalisationsstörung (depersonalization disorder):* Anhaltendes oder periodisch wiederkehrendes Gefühl, bei ansonsten intakter Realitätskontrolle vom eigenen Denken oder Körper losgelöst zu sein. →*Depersonalisation.* Die Diagnose einer (e) *nicht näher bezeichneten dissoziativen Störung (dissociative disorder not otherwise specified)* erfolgt, wenn dissoziative Symptome zwar vorhanden sind, aber für eine spezifische Zuordnung zu (a) bis (d) nicht ausreichen.

distal. Bezeichnung für Gegebenheiten (Reize), die sich außerhalb der Reichweite der Gliedmaßen oder in einiger Entfernung vom Standort des Betrachters befinden.

Distanz.
[1] In übertragener Bedeutung Bezeichnung für eine in Einstellungen und Emotionen gezeigte Unnahbarkeit, die manchmal Symptom für psychoneurotische Störungen sein kann (Unansprechbarkeit).
[2] In der *Sozialpsychologie* Bezeichnung für eine Einstellung bestimmten Gegenständen oder Menschen gegenüber; sie äußert sich in dem Wunsche, mit den betreffenden in nicht zu enge Berührung kommen zu wollen (z. B. »*social distance scale*« als Meßwerkzeug einer solchen Einstellung; *Bogardus-Skala).*
→*Einstellung,* →*Einstellungs-Skalen.*

Distanz-Skalen →*Einstellungsskalen.*

Disulfiram →*Antabus.*

divergentes Denken *(divergent thinking).* Von J. P. GUILFORD eingeführte Bezeichnung für Denkleistungen, bei denen eine Vielzahl verschiedener Lösungsmöglichkeiten in neuartiger Weise entwickelt wird. Gegensatz: *konvergentes Denken.*
→*Denken,* →*Intelligenz,* →*Kreativität.*

Divergenz →*Konvergenz.*

DL →*Psychophysik.*

DNA, Desoxyribonukleinsäure *(deoxyribonucleic acid).* DNA-Moleküle sind die Bausteine des Erbmaterials aller Lebewesen. Es handelt sich um lange Molekülketten, die man sich in einer Doppelspirale (Doppelhelix) angeordnet vorstellt. Im Inneren wechseln sich vier molekulare Bausteine als sog. Basen ab, A *(Adenin),* T *(Thymin),* G *(Guanin)* und C *(Cytosin),* wobei nur A–T und G–C in den beiden Helixsträngen zugeordnete Paare bilden können. Die Reihenfolge der Basenpaare liefert jeder Zelle jene genetische Information, die erfaßt und in *Proteine* umgesetzt werden muß, um Leben in Gang zu halten. Die vollständige Information eines Virus-*Genoms* enthält 3000, die des menschlichen *Genoms* 3.10^6 Basenpaare.

Dogmatismus *(dogmatism).* Bezeichnung für eine Einstellung, die sich nach ROKEACH durch »Geschlossenheit« *(closed-mindedness)* des Systems von Meinungen, Einstellungen oder Überzeugungen erklären läßt. Mit der Geschlossenheit des Systems geht die Unfähigkeit eines Individuums einher, an einer Situation oder einem Mitmenschen die Vielzahl unterschiedlicher Merkmale differenzierend zu erkennen. Die Änderung dieser Einstellung ist nach ROKEACH nur dann möglich, wenn das gesamte System von Meinungen, Einstellungen und Überzeugungen einen entsprechenden Anstoß erhält. Nach ROKEACH begünstigt D. das Auftreten von Vorurteilen, für die er eine Art kognitiver Moderator ist. Mit D. bezeichnet man ganz allg. die kognitive Komponente von Vorurteilen. D. umgreift links- und rechtsradikale Erscheinungsformen. →*Vorurteil.*

LIT. ROKEACH (1960; 1968).

Dominantentheorie *(theory of functional dominants).* Von UCHTOMSKI, einem Schüler PAWLOWS, entwickelte Auffassung, daß ein jeweils aktiviertes kortikales Reflexzentrum die von einem anderen, gleichzeitig einwirkenden Reiz herrührende Erregungsenergie an sich ziehe, was zu einer Intensivierung der momentan ausgeführten, *funktional* (biologisch) *dominanten* Reflexreaktion führt *(funktionale Dominanz).* Er beobachtete bei Tieren, daß Berührungsreize die während der Defäkation auftretenden peristaltischen Reflexe verstärken, sofern sie während der dominanten Aktivität verabreicht werden. Auf dieser Grundlage läßt sich z. B. erklären, daß man bei angestrengtem Zuhören dann deutlichere Eindrücke zu empfangen meint, wenn jemand das Licht im Zimmer eingeschaltet hat *(→intermodale Interferenz).* UCHTOMSKI erweiterte seine Beobachtungen zu einer (unbewiesenen) Theorie der Konzentration auf Gegenstände, welche mit Interessen oder Werthaltungen übereinstimmen.

Dominanz *(dominance).*
[1] Bezeichnung für ein Verhalten, das durch eine deutliche Tendenz gekennzeichnet ist, andere Menschen beherrschen bzw. deren Verhalten kontrollieren zu wollen.
[2] In der Vererbungslehre MENDELS Bezeichnung für die Tatsache, daß ein Faktor im Falle der Vererbung gemeinsam mit einem anderen, dessen Erscheinen unterdrückt. Die eine hervortretende Eigenschaft wird als *dominant,* die andere unterdrückte als *rezessiv* bezeichnet.

→*Mendelsche Regeln.*

Donders a-Paradigma, Donders b-Paradigma, Donders c-Paradigma →*Reaktionszeit.*

Dopamin *(dopamine).* Als Neurotransmitter wirksames Körperkatecholamin (3,4-Dihydroxy-Beta-Phenäthylamin; Hydroxityramin), das als biochemische Vorstufe von Adrenalin und Noradrenalin an den adrenergischen Nerven im Gehirn freigesetzt wird. Die Degeneration dopaminerger Neuronen in Stammhirnganglien führt zu schweren Bewegungsstörungen (→*Parkinsonsche Krankheit).*

doppeltes Linsenmodell →*Linsenmodell.*

dorsal. Lagebezeichnung für Organe, die nackenwärts liegen.

dorso-ventral. Lagebezeichnung für Organe, die in der Bauch-Rückenregion in bezug auf die →*Sagittale* liegen.

Down-Syndrom →*Chromosomenanomalie.*

Drang *(urge).* Bezeichnung für eine starke und längere Zeit andauernde *Handlungstendenz* oder *Motivation* in bezug auf ein ganz bestimmtes Ziel, bewußt oder unbewußt (Syn. *Antrieb,* →*Trieb).*

Dreikomponententheorie →*Farbensehen.*

Drei-Phasen-Theorie →*Neurose.*

Drive stimulus →*Reiz.*

Droge *(drug).*
[1] Ursprünglich pharmakologisch-pharmazeutische Bezeichnung für pulverisierte pflanzliche Heilmittel.
[2] Im modernen Sprachgebrauch alle chemischen Substanzen mit zentralnervöser Wirkung, sog. *psychotrope Substanzen,* deren Konsum zur →*Abhängigkeit [1 a]* führen kann.
→*Alkoholismus,* →*Drogenabhängigkeit.*

Drogenabhängigkeit *(drug dependence),* Syn.: *Substanzabhängigkeit (substance dependence).*
[1] Wiederholter, regelmäßiger und steigender Konsum psychoaktiver Substanzen, d. h. chemischer Substanzen mit zentralnervöser Wirkung, der mit zunehmender körperlicher *Toleranz (drug tolerance)* und dadurch bedingten Konsumsteigerungen, mit *Entzugserscheinungen (withdrawal symptoms)* bei eingeschränktem Konsum, mit der steigenden Tendenz, sich die Substanzen um jeden Preis zu beschaffen (im Extremfall bei Beschaffungsdelikte), sowie mit wirkungslosen episodischen Vorsätzen oder Ansätzen zum Abbruch einhergeht. D. entsteht durch komplexe Wechselwirkungen zwischen psychosozialen Faktoren, psychischen Prozessen und/oder Veränderungen

131

Drogenabhängigkeit

bzw. Störungen des biochemischen Körperhaushalts. D. ist zu unterscheiden von *Drogenmißbrauch (drug abuse;* Syn.: *Substanzmißbrauch, substance abuse),* d. h. dem fortgesetzten Konsum einer Droge trotz Bekanntheit ihrer nachteiligen Wirkung und dadurch verursachter Probleme sowie bei wiederholtem Konsum mit Gewißheit zu erwartender akuter Gesundheitsgefährdung. Drogenmißbrauch ist oftmals eine Vorstufe der Abhängigkeit; die meisten Substanzen mit potentieller Abhängigkeitsgefahr werden daher im DSM-IV bzw. ICD-10 sowohl im Zusammenhang mit Mißbrauch als auch mit Abhängigkeit aufgeführt. Zu den potentiell abhängig machenden Substanzen gehören nach DSM-IV (a) *Alkohol (→Alkoholismus),* (b) *Amphetamine,* d. h. Weckamine, Aufputschmittel aus der Gruppe der *Phenylalkylamine,* darunter *Benzedrin, Pervitin, Preludin*; (c) *Cannabis (Haschisch)*; (d) *Halluzinogene (psycholytic drugs; psychotogenetic drugs, hallucinogenes),* z. B. *Meskalin* oder *LSD*; (e) *Kokain,* (f) *Inhalantien (inhalatory drugs),* (g) *Nikotin,* (h) *Opiate,* (i) *PCP (phencyclidine),* (j) *Medikamente* aus der Gruppe der *Sedativa, Hypnotika* und *Anxiolytika* und (k) eine Reihe anderer Substanzen, z. B. *anabolische Steroide, Nitrit-Inhalantien* (»Poppers«), Lachgas und zur Behandlung von Erkrankungen verwendete Substanzen wie *Kortisol, Antihistamine, Benzotropine,* Substanzen mit psychoaktiver Wirkung sowie der gleichzeitige Gebrauch mehrerer Wirkstoffe (sog. *Polysubstanzen).*
[2] *Begleit- und Folgeerscheinungen der D.:* (a) Abhängigkeit bedeutet eine periodische, fortdauernde bzw. gewohnheitsmäßige Einnahme einer Substanz. Neben Toleranz- bzw. Entzugserscheinungen können dabei, abhängig von Substanzart und psychophysischen Bedingungen, *psychische, soziale* und *körperliche* Beeinträchtigungen bzw. Störungen unterschiedlichen Grades auftreten. Unter den *psychischen Funktionen* sind dies vor allem *Wahrnehmung* (Fehleinschätzungen und Umdeutungen ursprünglich neutraler Reize im Sinne des abhängigkeitsbezogenen Erlebens und Verhalten bis zu Delir, Halluzinationen und Wahnsymptomen), *Gedächtnistätigkeit* und *Konzentrationsfähigkeit, Denken* (z. B. durch zwanghafte Einschränkung auf Drogenbeschaffung, Drogenkonsum und Drogenrausch; statt Problemlösungen setzt erneuter

Drogenkonsum ein), *Sprache* (Dominanz des drogenbezogenen Sprachrepertoires, Zurückgehen des Ausdrückens anderer als drogenbezogener Gefühle), *Gefühls- und Stimmungslage* (Impulsivität, Aggressivität, Depremiertheit, Rückzug, rascher Stimmungswechsel, Appetit-, Libido- und Potenzstörungen), *Motivation* (herabgesetzte Leistungsmotivation angesichts schwieriger Aufgaben, geringe Toleranz gegen zeitliche Verzögerungen des Erfolgseintritts und gegenüber erwarteten Mißerfolgen) und/oder die *Psychomotorik* (je nach Art der Droge Verlangsamung oder Agitiertheit) betroffen sein. *Sozialverhalten* und *soziale Stellung* können durch die Art der Lebensführung, z. B. durch Meidung von Selbständigkeit und Übernahme von Veranwortung, Abbruch der Schul- oder Berufsausbildung, der Berufstätigkeit, Rückzug aus Freizeitaktivitäten und Abbruch von Familien- und Partnerbeziehungen mit Ausnahme des Drogenmilieus beeinträchtigt werden. Zu den physischen Folgen zählen Beeinträchtigungen des Herz-Kreislaufsystems, vegetativer und Stoffwechselfunktionen, des Magen-Darm-Trakts und der Leber, Abwehrschwäche, dadurch bedingte Infektionskrankheiten, Krankheiten aufgrund von Fehl- oder Unterernährung sowie eine erhöhte Neigung zu indifferenten nervösen Beschwerden *(Neuropathien).* Besondere Probleme entstehen durch hinzutretenden *Mißbrauch* weiterer psychotroper Substanzen bzw. Übergänge zu »härteren« Drogen. (b) Im DSM-IV zählen D. bzw. ihre Folgen zu den *Substanzbezogenen Störungen (substance related disorders). Substanzabhängigkeit (substance dependence)* und *Substanzmißbrauch* gelten als *Substanz-Gebrauchsstörungen,* als *Substanzinduzierte Störungen (substance induced disorders) Intoxikation, Entzug* und substanzinduzierte Formen von *Delir, Demenz, anhaltenden amnestischen Störungen, psychotischen, affektiven, Angst-, Sexual-* und *Schlafstörungen →Alkoholismus.*
[3] *Intervention:* Die Interventionsstrategien umfassen ein drei- bzw. vierphasiges Programm, in dessen Rahmen eine Vielzahl unterschiedlicher Beratungstechniken und Therapieverfahren zur Anwendung gelangen. (a) Voraussetzung für die Einleitung therapeutischer Maßnahmen ist das Vorhandensein der Veränderungsbereitschaft sowie die Einsicht in die Notwendigkeit einer Behandlung. Die

Beratung durch speziell ausgebildete Kräfte, darunter meist Psychotherapeuten und Ärzte, erfolgt in Beratungsstellen oder Ambulanzen. Sie hat neben der Aufrechterhaltung der Veränderungs- und Behandlungsbereitschaft das Ziel, einvernehmlich einen die Art sowie den Ort der Behandlung und ihre Finanzierung umfassenden Behandlungsplan zu erstellen und bei der Lösung von Folgeproblemen (z. B. Abwesenheit vom Arbeitsplatz, von der Familie bzw. Wiedereintritt in Familie und Arbeitsleben nach Abschluß; soziale Rehabilitationsmaßnahmen nach Drogendelikten) mitzuwirken. Durchschnittlich dauert diese erste Phase zwei bis zehn Wochen. (b) In einer zweiten Phase werden aufgrund einer genauen Diagnose ggf. erforderliche Entgiftungsmaßnahmen, medikamentöse Behandlungen von Entzugserscheinungen durch Antagonisten bzw. legale Ersatzstoffe sowie die Behandlung von Schmerzen, Begleit- und Folgekrankheiten von Ärzten in Kliniken stationär ausgeführt, meistens unterstützt von speziell geschultem Pflegepersonal sowie von Mitarbeitern der Beratungsstellen und begleitet von psychotherapeutischen Maßnahmen, die der Aufrechterhaltung der Veränderungs- und Behandlungsbereitschaft sowie der Prävention von Rückfällen dienen. Die Dauer beträgt bis zu drei Wochen, sofern keine somatischen Begleit- oder Folgeerkrankungen vorliegen. (c) Der nächste Schritt besteht in einer stationären, vielfach heute auch ambulanten Entwöhnungsbehandlung in psychotherapeutischen bzw. sozialtherapeutischen Einrichtungen. Ziele dieser Behandlung sind der Abbau drogenbedingter psychischer Funktionsstörungen, die Wiedererlangung der körperlichen Fitneß durch gezielten Sport, der Aufbau des Widerstandes gegen Rückfall und die Vermittlung von Einstellungen und Selbsthilfemaßnahmen, die eine veränderte Lebensführung fördern und die Wiederaufnahme sozialer Partnerschaften und des Berufslebens ermöglichen. Entwöhnungsbehandlungen erfolgen in der Regel in Teamarbeit unter Beteiligung von Ärzten, Psychologen, Sozialpädagogen, Sporttherapeuten und Vertretern der sozialen Fürsorge, nicht selten unter Mitwirkung ehemals Drogenabhängiger aus Selbsthilfeorganisationen; sie nehmen durchschnittlich eine Zeit von 2 bis 12 Monaten in Anspruch. (d) Von entscheidender Bedeutung für den Erfolg sind Nachsorgebehandlungen, die entweder ambulant in Kliniken oder Beratungseinrichtungen, vielfach aber auch im Rahmen therapeutischer Wohngemeinschaften vorgenommen werden. Sie dienen der Fortsetzung und Einhaltung von Entwöhnungsmaßnahmen sowie der Unterstützung bei der Bewältigung von Alltagsproblemen und krisenhaften Entwicklungen.
→*Alkoholismus.*
LIT. BÜHRINGER (1990); FERSTL (1990); FERSTL, BÜHRINGER (1991); FEUERLEIN (1986); KRAEMER, DEJONG (1980); MILLER, HEATHER (1986).

Druck *(pressure).*
[1] Bezeichnung für eine Klasse von Berührungsempfindungen, die aus Verformungen der Haut durch die Einwirkung von außen oder innen entstehen.
[2] Im übertragenen Sinne in der Sozialpsychologie Bezeichnung für den z. B. durch eine Gruppe *(pressure group)* ausgeübten zwangartigen Druck auf ein Individuum u. ä. Im Englischen auch *strain.* Der Begriff ist zu unterscheiden von →*Streß.*

Druckrezeptoren der Gefäße →*Barorezeptoren-Hypothese.*

Drüsen *(glands,* glandulae). Körperorgane von verschiedener Form, die Exkrete (Sekrete) oder Inkrete als Körpersäfte mit besonderen Funktionen absondern. *Exkretorische D.* geben ihre Säfte in die Umgebung ab; zu ihnen zählen z. B. Speichel-, Schweiß-, Tränen- und Verdauungsdrüsen. *Inkretorische D. (ductless glands)* produzieren die für den Körperhaushalt wichtigen *Hormone,* die in die Blutbahn ausgeschüttet werden; zu ihnen zählen Bauchspeicheldrüse (Inselzellen), Eierstöcke, Hypophyse, Hoden, Nebennieren und Nebennierenmark und Schilddrüsen.

Drüsenreaktion *(glandular response)* heißen die bei innerer oder äußerer Reizung auftretenden Veränderungen der Absonderungsaktivitäten von Drüsen.

DSM *(Diagnostic and statistical manual of mental disorders).* Im Auftrag der American Psychiatric Association erarbeitetes Klassifikationssystem psychischer Störungen, das z. Zt. als *DSM-IV* in seiner vierten revidierten Auflage vorliegt und weltweit verwendet wird. Während klassische Einteilungssysteme von den Störungsursachen ausgehen, d. h. eine ätiologische Orientierung aufweisen, ist die

Dualismus

Grundlage des DSM ein multiaxiales Erfassungssystem, das aus Symptomlisten-Untersuchungen und multivariaten Syndromanalysen (→*Psychose*) hervorging. Die Klassifikation einzelner Störungen erfolgt im Hinblick auf *Syndrome*, die anhand klinisch auffälliger Merkmale definiert sind, die überzufällig häufig miteinander auftreten. Das übergeordnete Bezugssystem besteht aus fünf Achsen, die inhaltlich unterschiedliche Bereiche darstellen. Achse I umfaßt klinisch auffällige Zustände bzw. Syndrome einschl. mit der Entwicklung eintretende Veränderungen, die für sich genommen noch keine psychische Störung im engeren Sinne ausmachen, sondern Anlaß für Beobachtung oder Behandlung sind; Achse II betrifft die Grundlagen für die Diagnose von Persönlichkeitsstörungen und mentaler Retardiation *(geistige Behinderung)*, Achse III körperliche Zustände, Achse IV psychosoziale bzw. Probleme mit der Umwelt und Achse V die Grundlagen einer Gesamtbeurteilung des psychosozialen Funktionsniveaus. Das DSM enthält daneben wichtige Entscheidungshilfen für Diagnose und Differentialdiagnose. Da im Auftrag der WHO herausgegebene ätiologisch orientierte *ICD-System* und DSM sind inzwischen weitgehend aufeinander abgestimmt.

LIT. AMERICAN PSYCHIATRIC ASSOCIATION (1980); DSM III–R (1989); DSM IV (1996).

Dualismus *(dualism)*. Philosophische Grundposition, die von zwei beherrschenden Grundprinzipien, -substanzen oder Entitäten ausgeht, z. B. PLATONS Annahme der beiden Seinsformen Materie/Leib und Verstand/Seele *(→Leib-Seele-Problem)*. Die u. a. von DESCARTES vertretene Annahme einer Interaktion und Parallelität der beiden gilt als *interaktiver D.* oder →*Parallelismus*.

Dubois-Reymondsches Gesetz *(Dubois-Reymonds law)*. Die Wirkung eines durch Muskel- oder Nervenfasern geleiteten elektrischen Stroms entspricht nicht der absoluten, sondern der Feldstärke.

Duboissches Gesetz *(Dubois' law)*. (a) Das relative Hirngewicht von Säugern nimmt mit dem artspezifischen Entwicklungsstand zu. (b) D. G. oder D. Formel *(Dubois' formula)*: Die Körperoberfläche des Menschen in cm² entspricht näherungsweise

$$167{,}2 \cdot \sqrt{\text{Körpergröße (cm)} \cdot \text{Gewicht (kg)}}.$$

Dunkeladaptation *(dark adaptation; darkness adaptation)*. Die Anpassung der Empfindlichkeit des Sehsystems an geringe Umgebungshelligkeit (Leuchtdichte) in einer definierten Zeitspanne, bestimmt durch Schwellenwerte in bezug auf punktuelle Lichtreize variabler Leuchtdichte. Die Abb. zeigt die idealisierten D.-Verläufe für foveale (Zapfen-) und periphere Netzhautbereiche (Stäbchensehen) in ihrer Abhängigkeit von der Leuchtdichte des in dunkler Umgebung dargebotenen punktuellen Lichtreizes, dargestellt als Intensitätszuwachs im Vergleich zum Ausgangswert bei ausreichender Helligkeit.

Beziehung zwischen Zeit der Dunkeladaptation und erforderlichem Leuchtdichte-Zuwachs zum Erreichen der absoluten Helligkeitsschwelle. Das nur bei ausreichender Helligkeit voll funktionsfähige Zapfensystem erreicht seine maximale Leistungsfähigkeit bei Dunkelheit nach ca. 7–8 min (durchbrochene Linie). Das wesentlich weniger Helligkeit benötigende Stäbchensystem (peripherer Netzhautbereich) erreicht nach Ablauf von ca. 30 min seine – im Vergleich zum Ausgangswert nahezu vollkommene – Leistungsfähigkeit (durchgezogene Linie).

Dunckersches Phänomen →*induzierte Bewegung*.

Duodenum, Zwölffingerdarm. Bezeichnung für den oberen Teil der Eingeweide, der direkt an den Magen anschließt.

Duplizitätstheorie *(duplexity/duplicity theory)*. Auf SCHULZ (1866) und VON KRIES

(1894) zurückgehende Erklärung der unterschiedlichen, vom Adaptationszustand abhängigen Funktionen der beiden Arten von Retinarezeptoren beim Tages- und Dämmerungsehen. Die in der Fovea zentrierten Zapfen dienen dem scharfen *Tages-* und *Farbensehen (photopisches Sehen),* die in der Netzhautperipherie verteilten Stäbchen dagegen dem *Dämmerungssehen (skotopisches Sehen).* Der Zapfenapparat benötigt mehr Helligkeit und besitzt maximale Empfänglichkeit für niedrigere Wellenlängen als der Stäbchenapparat (→*Purkinjesches Phänomen).*

Dura mater. Bezeichnung für die äußere der Hirnhäute, die sowohl das Gehirn als auch das Rückenmark umgibt.

Durchblutung →*periphere Durchblutung;* →*Blutdruck.*

Durchschnitt *(average).*
[1] Syn. für *Mittelwert* bzw. *arithmetisches Mittel*
[2] Manchmal Bezeichnung für jede Art von Kennzahl, die die zentrale Tendenz einer Häufigkeitsverteilung von Daten wiedergibt, z.B. neben *Mittelwert* für *Median* oder *Modus.* Diese Bezeichnung ist unkorrekt, da es sich bei Median und Modus um keine Durchschnittswerte im Sinne des arithmetischen Mittels, sondern um allgemeine deskriptive Maße der zentralen Tendenz handelt.

Durchstreich-Tests *(cross-out tests).* Tests zur Ermittlung der *Aufmerksamkeit* und *Konzentration.* Die Versuchsperson wird aufgefordert, in einer Vielzahl von gleichsinnigen Zeichen (z.B. Buchstaben des Alphabets), die in Zufallsfolge dargeboten wird, ganz bestimmte Zeichen (z.B. alle d) zu markieren. Kriterien sind: Anzahl der richtigen und/oder falschen Durchstreichungen, benötigte Zeit.

Durst *(thirst).* Komplexe Empfindungen, die durch Flüssigkeitsmangel erzeugt sind und das Bedürfnis sowie die motivierte Suche nach Flüssigkeit und deren rasche Aufnahme leiten. Der physiologische Mechanismus der Bedarfsregulation und Flüssigkeitsaufnahme ist im *Hypothalamus* zentriert. *Osmorezeptoren* in Leber und Hypothalamus reagieren auf von Flüssigkeitsmangel bedingte Abweichungen der Plasmazusammensetzung und lösen D. aus. Sekundäre Hinweise sind Empfindungen der Trockenheit in Mund, Rachen und Schlund. D.-Empfindungen nehmen mit zunehmendem Alter ab; alte Menschen nehmen

sehr häufig zu wenig Flüssigkeit zu sich. Psychologische Aspekte der D.-Regulation und LIT. →*Hunger.*

Dynamische Psychologie *(dynamic psychology).* Bezeichnung für Forschungsansätze, die sich besonders der Erforschung von Prozessen in ihrer Verlaufseigentümlichkeit unter besonderer Berücksichtigung der *Entwicklung* und der *Motivation* widmen.

dynamisches System →*System.*

Dynamograph →*Dynamometer.*

Dynamometer. Bezeichnung für eine Reihe von Geräten, mit deren Hilfe die Stärke einer bestimmten Muskeltätigkeit (z.B. durch Ziehen eines Handgriffs) exakt gemessen werden kann. Erfolgt eine graphische Registrierung, so bezeichnet man das entsprechende Zusatzgerät als *Dynamograph.*

Dyslalie *(dyslalia).* Allgemeine und umfassende Bezeichnung für Sprechstörungen.

Dyslexie *(dyslexia).* In der anglo-amerikanischen Fachsprache übliche Bezeichnung für Beeinträchtigungen beim Erlernen des Lesens und der Rechtschreibung; gleichbedeutend mit →*Legasthenie.*

Dyslogie *(dyslogia).* Bezeichnung für Sprechstörungen, die auf psychische Störungen zurückgehen.

dysmorphe Störung →*somatoforme Störung,* →*Störung.*

Dyspareunie →*Sexualstörung.*

Dysphasie *(dysphasia).* Bezeichnung für jede Art von Sprachstörung, die auf Gehirnläsion zurückgeht.

Dysphorie *(dysphoria).* Bezeichnung für einen durch Angst, Depression und Unruhe gekennzeichneten Zustand der Niedergeschlagenheit. Gegensatz: →*Euphorie.*

dysplastisch *(dysplastic).* Bezeichnung für einen Körperbautypus, der mit den drei von KRETSCHMER beschriebenen nicht übereinstimmt bzw. dort nicht eingeordnet werden kann.

Dysrhythmie *(dysrhythmia).*
[1] Bezeichnung für jede Art von Störung eines rhythmisch gegliederten Ablaufs, z.B. »abgehacktes« Sprechen.
[2] Im *EEG* (Elektro-Encephalogramm) Abweichungen der Erregungsströme vom erwarteten regelmäßigen Ablauf.

Dyssomnien →*Schlafstörung.*

dysthyme Störung →*Affektive Störung,* →*Depression.*

Dysthymie

Dysthymie *(dysthymia).*
[1] Geringfügige Depressionen, die zusammen mit neurasthenischen oder hysteroden Symptomen auftreten; als *endoreaktive D.* Depressionszustand mit deutlich subjektivem Krankheitsgefühl (nach Weitbrecht), nicht zum Formenkreis der zyklothymen Psychosen gehörig. *Dysthymisch:* ein mit Neurasthenie vergleichbares Krankheitsbild.
[2] In EYSENCKS System zusammenfassende Bezeichnung für Neurosen vom Typus der Persönlichkeitsstörungen, die sich durch *Introversion* und *Neurotizismus* (Faktoren) beschreiben lassen.
[3] *Dysthymiker (dysthymic personality):* Zu Schwermut bzw. Depression neigende Mit-menschen; auch allg. Bezeichnung für »Temperamentsstörungen«.

Dystonie *(dystonia).*
[1] Allg. Bezeichnung für Zustände abnormer Spannung(Tonizität), Extremfall: *Katatonie.*
[2] Als *vegetative D.* Bezeichnung für eine zentrale Störung der Balance zwischen Teilsystemen des autonomen Nervensystems (Vagotonus und Sympathikotonus), die sich an Magen-Darmstörungen, Pulsjagen, Kopfschmerzen, Schweißausbrüchen und Muskelzittern erkennen läßt.

Dystrophie *(dystrophia, dystrophy).* Umfassende Bezeichnung für Ernährungs- bzw. Versorgungsstörungen.

E

E. *(experimenter).* Abkürzung für »*experimenter*«, deutsch *Versuchsleiter* (VL).

eben merklicher Unterschied *(JND; j. n. d.; just noticeable difference).*
[1] Intensitätsunterschiede zwischen Standard- und Vergleichsreiz, die mindestens vorhanden sein müssen, um diese empfinden zu können. Syn.: *Unterschiedsschwelle.*
[2] Empfindungseinheit bei Unterschiedsschwellen. →*Psychophysik.*

Echopraxie →*Katatonie.*

Echospeicher →*Gedächtnis.*

ECS →*Schock.*

EDA →*elektrodermale Aktivität.*

EDV →*Daten* [7].

EEG →*Elektroencephalogramm.*

Effektanz →*Kompetenz.*

Effektgesetz, Gesetz des Effektes *(law of effect).* Bezeichnung für eine von Thorndike vorgenommene Spezifizierung des *Selektionsgesetzes.* Das Gesetz existiert in zwei Versionen (1911 und 1932). In der letzten Formulierung heißt es: »Handlungen, die von Zuständen gefolgt sind, die ein Lebewesen nicht zu meiden sucht, sondern die es aufrechterhalten oder immer wieder herbeiführen will, werden ausgewählt und behalten.« Die Zustände beziehen sich vor allem auf alles, was man als »Belohnung« oder »Erfolg« bezeichnen kann.
LIT. FOPPA (1966); THORNDIKE (1932).

Effektgradient →*Gradient.*

effektive Gewohnheitsstärke →*Gewohnheitsstärke.*

effektives Reaktionspotential →*Reaktionspotential.*

Effektor *(effector).* Erfolgsorgan (Muskel oder Drüse), das mit dem Eintreffen von *efferenten* Erregungen über die zu ihm führenden Nerven mit spezifischer Reaktion antwortet und damit eine Zustandsänderung einleitet.

efferent, Syn.: **zentrifugal.** Wegführend. Efferente Neuriten *(Efferenzen)* leiten Erregungen vom ZNS zu den peripheren *Effektoren* (Muskeln oder Drüsen), also zu den Erfolgsorganen.

Efferenzkopie →*Bewegungssehen.*

Effizienz *(efficiency).*

[1] Die Leistungsfähigkeit eines Systems, einer Person oder der Nutzeffekt einer Maßnahme, ermittelt aus dem Verhältnis von Leistung und verbrauchter Energie, von Nutzen und Kosten. Der E.-Begriff stammt aus der Mechanik und wird insbesondere in der englischsprachigen Fachliteratur im o. g. Sinn verwendet. Syn. *Wirkungsgrad.*
[2] *Effizienz-Index, Effizienz-Quotient*: Statistisches Maß für die Leistungsfähigkeit eines statistischen Prüfverfahrens (statistischer Test), ausgedrückt durch die Stichprobengröße, die man bei Anwendung des jeweils stärkeren Tests berücksichtigen müßte, um ein bestimmtes Signifikanzniveau zu erreichen.
LIT. LIENERT, RAATZ (1994).

Ego-involvement, dt. (sinngemäß) **Ichbeteiligung** oder **Anteilnahme.** Umfassende Bezeichnung für Gefühle und Einstellungen, die den Status einer Person bestimmen und ihr eine Rolle in bezug auf andere zuweisen. Ein Verhalten wird in der Regel dann als »ego-involved« (ichbeteiligt) bezeichnet, wenn in bestimmten Situationen durch vorhandene Bezugsgegenstände, -personen oder -gruppen Gefühle mobilisiert werden, die etwas mit der Betroffenheit oder Bedrohung des eigenen Status zu tun haben (z. B. in Leistungssituationen). Die Wirkung kann dabei sowohl hemmend als auch anspornend sein und hängt von Faktoren wie z. B. der *Leistungsmotivation, Angst* u. ä. Persönlichkeitsmerkmalen ab.
LIT. SHERIF, CANTRIL (1947).

Egoismus *(egoism).* Die Grundüberzeugung, alles Verhalten diene der Verwirklichung und Wahrung eigener Interessen (Gegensatz: *Altruismus*).

egozentrisch *(egocentric).* Bezeichnung für Einstellungen oder Verhaltensweisen, die auf ein Überwiegen des Bezuges eines Individuums auf sich selbst schließen lassen. Als *egozentrische Reaktionen* bezeichnet man z. B. Assoziationen, die rein persönlichen und wenig sachlichen Ursprungs sind. Eine Form des Egozentrismus wäre auch die Einstellung, man selbst sei das Maß aller »guten« oder

Eidetiker

»schlechten« Eigenschaften (zu unterscheiden von *Egoismus*).

Eidetiker *(eidetic).* Ursprünglich Bezeichnung für Menschen mit einer besonders lebhaften Vorstellungstätigkeit, deren Ergebnisse in die Umwelt »projiziert« werden. Heute besonders als Bezeichnung solcher Kinder und Jugendlicher (manchmal auch für Erwachsene) verwendet, die einmal wahrgenommene Ereignisse oder Bilder anschaulich wiederauftreten lassen können bzw. den einmal wahrgenommenen Ereignissen oder Bildern sehr ähnliche Vorstellungen produzieren.

Eifersuchtswahn →*Wahn*.

Eigenreflex →*Reflex*.

Eigenschaften, Persönlichkeitseigenschaften *(traits; personality traits).* Unter E. versteht man abstrakt gefaßte Bestimmungsmerkmale, die es erlauben, einen bestimmten Gegenstand einer Klasse zuzuordnen. Man unterscheidet dabei zwischen Wesens-E. (substantielle E., primäre E.) und auf das äußere Erscheinungsbild bezogenen E. (akzidentelle E., sekundäre E.). In der *Persönlichkeitspsychologie* bezeichnet man mit E. Dispositionen, welche überdauernden gleichförmigen Verhaltensweisen zugrunde liegen und die es erlauben, Erwachsene aus derselben Kultur dem Grad der Ausprägung von E. entsprechend voneinander zu unterscheiden. In älteren Ansätzen gilt das Gefüge von Wesens-E. *(→Struktur)* als nicht weiter reduzierbare Grundlage des individuellen Erlebens und Verhaltens, wobei die Wesensmerkmale durch Einsicht oder Verstehen gewonnen sind. Die empirische Persönlichkeitsforschung dagegen leitet E. aus Verhaltensstichproben in standardisierten Situationen her und bestimmt sie im Sinne von *konsistenten, generellen* und *universellen* Merkmalsmustern. E. sind für ALLPORT individuell ausgeprägte, allgemein wirksame neuro-psychische Systeme der Handlungssteuerung, die dazu führen, daß breite Reiz- oder Situationsklassen gleichartig aufgefaßt und konsistent beantwortet werden. Die Entstehung von E. wird auf Wechselwirkungen zwischen Anlage und Umwelt zurückgeführt. Der induktive Schluß auf E. geht von korrelierenden Verhaltensmerkmalen im Zusammenhang mit bestimmten Situations- oder Aufgabenklassen aus. Sie repräsentieren Gewohnheiten, deren Korrelate (Faktoren erster Ordnung) als *Oberflächeneigenschaften (surface traits)* bezeichnet wer-

den. Eine abermalige Faktorisierung liefert auf der Ebene von Faktoren zweiter Ordnung Hinweise auf zentrale Moderatoren des individuellen Erlebens und Verhaltens, die CATTELL als Wurzel- oder Grund-E. *(source traits),* EYSENCK als Typendimensionen ansieht. E. sind in der neueren Persönlichkeitsforschung sowohl deskriptive als auch Erklärungs-Einheiten *(Konstrukte),* deren Bedeutung sich allerdings im Zusammenhang mit der *Interaktionismus-Diskussion* erheblich gewandelt hat.

→*Persönlichkeit*.

LIT. ALLPORT (1960); CATTELL (1950); EYSENCK (1952); GRAUMANN (1961); GUILFORD (1964); HERRMANN (1972); THOMAE (1951; 1968).

Eignung *(aptitude).* Ausmaß der Übereinstimmung zwischen den Leistungsvoraussetzungen einer Person *(Syn.: Leistungsfähigkeit; Leistungskapazität, capacity)* und den erbrachten Leistungen bei Aufgaben mit definierten Leistungsanforderungen, d. h. definierter Schwierigkeits- oder Belastungsstruktur. Bei *Eignungsprüfungen* wird vorausgesetzt, daß der Grad der Übereinstimmung die Erfolgswahrscheinlichkeit der Bewältigung von Aufgaben des gleichen Typs mitbestimmt. In ursprünglicher, heute nicht mehr gebräuchlicher Bedeutung Inbegriff von erworbenen oder angeborenen Leistungs-Dispositionen.

LIT. SCHULER, FUNKE (1993).

Eignungstest *(aptitude test; auch ability test).* Allgemeine und umfassende Bezeichnung für *Tests,* die der Messung des aktuellen Leistungsniveaus bzw. der die Leistung bestimmenden *Eigenschaften* zum Zwecke der Voraussage künftiger spezieller Leistungen und des durch Übung erwartungsgemäß eintreffenden Leistungsanstiegs dienen. (Die meisten der sog. Eignungstests können auch als Fähigkeitstests bezeichnet werden, da sie von solchen Konstrukten oder Faktoren her die speziellere Voraussage leisten.) In der Mehrzahl der Fälle wird dabei von aktuellen oder aktualisierbaren *Kenntnissen* (Wissen) ausgegangen, die den betreffenden Eignungs- oder Fähigkeitenbereich repräsentieren.

Eileiter *(salpinx),* auch **Ovidukt, tuba uterina** (engl. *Fallopian tube).* Kanal, durch den im weiblichen Organismus die Eier in den *Uterus* (Gebärmutter) gelangen.

Einbildung *(imagination; imaginery; fancy; fantasy).*

[1] *Philosophische Erkenntnislehre:* Jede innere Anschauung ohne reale Anwesenheit eines Gegenstands (lat. *imaginatio).* Syn.: →*Vorstellung.*

[2] Umgangssprachlich (a) Produkt der →*Phantasie;* (b) Trugbild, das nur in der eigenen Phantasie existiert; (c) Fehleinschätzung eigener Zustände (»der eingebildete Kranke«); (d) übertriebene Selbsteinschätzung (eingebildetes Auftreten; Syn.: *Arroganz).*

Einbildungskraft *(power of imagination; imaginative power; fantasy).*

[1] Mitte des 17. Jh. von HARSDÖRFFER (»Der Nürnberger Trichter«) eingeführte Übersetzung des Lat. *facultas imaginandi,* der Fähigkeit, sich einen Gegenstand oder Sachverhalt ohne dessen reale Anwesenheit vorzustellen. Als *reproduktive E.* die Verknüpfung von Anschauungen nach empirisch-psychologischen Assoziationsgesetzen, als *produktive E.* die Verknüpfung mannigfaltiger Anschauungen zu transzendentalen Erfahrungseinheiten; in diesem Sinn auch in der Kunsttheorie (Ästhetik) gebraucht. →*Phantasie.*

[2] Der individuelle Ausprägungsgrad der Fähigkeit zur Entwicklung von Anschauungen oder Ansichten, die Erinnerungen und realitätsbezogene Vorstellungen überschreiten (z. B. über die Heilwirkung bestimmter Maßnahmen; in Träumen, Visionen, fixen Ideen oder Wahnvorstellungen). Als herausragende Produkte der E. in diesem Sinne gelten z. B. lebensnahe Schilderungen von nicht selbst erfahrenen Ereignissen in einer ebenfalls vorgestellten Umgebung oder die durch das Sichhineinversetzen in eine vorgestellte Person erzielte Leistung von Schauspielern.

Eindrucksmethode *(impression method).* Bezeichnung für die Anwendung der *Selbstbeobachtung (→Introspektion)* zur Analyse von Gefühlen. In der modernen Psychophysik entwickelte Methoden (z. B. *Paarvergleich)* ermöglichen es, Merkmale der Einstellung oder »gefühlsmäßigen Bevorzugung« zu skalieren.

LIT. TRAXEL (1968).

Eindruckssuche →*Suche nach neuen Eindrücken.*

eineiige Zwillinge *(monozygotic twins)* →*Zwilling.*

einfache Phobie →*Phobie.*

einfache Reaktionszeit (RT) →*Reaktionszeit.*

Einfachheitsprinzip →*Parsimonieprinzip.*

Einfachstruktur *(simple structure).* Prinzip der Faktorenanalyse, bei dessen Befolgung eine Korrelationsmatrix mit Hilfe des mathematisch ermittelten Minimums an Faktoren beschrieben und durch *Rotation der Faktorenachsen* interpretierbar wird. Die Rotation erfolgt so, daß die Anzahl der für die Charakterisierung einer Variablen notwendigen Faktoren (experimentelle Daten oder Testdaten) möglichst minimal gehalten, so daß ein Maximum an eindeutiger (mathematischer) Beschreibungsmöglichkeit erreicht wird; die *Faktorenachsen* werden dabei so angeordnet, daß die Anzahl der Korrelationen zwischen Variablen und Faktoren ein Minimum erreicht.

Einfühlung *(empathy),* Syn.: *Empathie, Einsfühlung.* Eine auf TH. LIPPS bzw. M. SCHELER zurückgehende, auf den Bereich des Sozialen übertragene Bezeichnung für den Vorgang der *Identifikation* (Sich-Hineinversetzen) mit einem anderen, um auf der Basis individueller Anmutungen oder Eindrücke dessen Verhalten zu »verstehen«. In der ursprünglichen Bedeutung bezog sich E. auf das Verstehen von Kunstwerken.

Einheitsraumwinkel (Steradian) →*Kerzenstärke.*

Einheitssystem der Maße →*SI-System.*

Einprägungsprozeß →*Gedächtnis.*

Einsicht *(insight).*

[1] Bezeichnung für ein direktes Erfassen *(→Anschauung)* von Bedeutung oder Sinnzusammenhängen, ermittelt durch die Methode der Selbstbeobachtung *(→Introspektion).*

[2] In der Gestaltpsychologie bezeichnet der Begriff einen mehr oder weniger unmittelbar auftretenden Prozeß im Verlauf des Problemlöse-Verhaltens *(→Denken),* der dazu führt, daß die Bedeutung z. B. eines bestimmten Gegenstandes in bezug auf eine Situation erfaßt wird, bei der es nach dem Willen des Experimentators darum geht, den Gegenstand als Werkzeug zur Erreichung eines bestimmten Ziels zu verwenden. Die Einsicht beruht dabei nicht auf vorhergehender Übung oder Erfahrung. In der Denkpsychologie wird das Gewinnen der Einsicht auch als »Aha-Erlebnis« (nach K. Bühler) bezeichnet.

→*Denken.*

Einstellung *(set; mental set; attitude).* Allgemeine, umfassende Bezeichnung für psycho-

Einstellung

physische Bereitschaftszustände, die – durch Erfahrung – geprägt – einen richtenden und dynamisierenden Einfluß auf das Verhalten ausüben (G. W. ALLPORT). E.-Wirkungen werden aus spezifischen Reaktionen, aber auch aus Auffassungs-, Bewertungs- und Denkweisen in bezug auf bestimmte Klassen von Reizen, Objekten oder Situationen erschlossen. E. zählen zu den intervenierenden bzw. vermittelnden Prozeß-Variablen, die – mit gewohnheitsmäßigen *Erwartungen* vergleichbar – weitgehend unbewußt ins Spiel treten wie etwas, das man weiß, ohne daran zu denken, daß man es weiß (Rohracher). Der E.-Begriff wird in verschiedenen Bedeutungszusammenhängen gebraucht.

(a) G. E. MÜLLER und F. SCHUMANN bezeichneten mit E. auf *Sinneserfahrungen* begründete *Erwartungen*, die z. B. dazu führen, einen intensiven Wahrnehmungsreiz nach der Darbietung von Reizen mittlerer Intensität zu überschätzen, einen schwachen oder kleinen Reiz dagegen zu unterschätzen. WUNDT sieht in E. einen wesentlichen Faktor der Selektivität des Erkennens und Verhaltens *(→Aufmerksamkeit);* ähnlich argumentiert ROHRACHER; für den E. eine *mitbewußte* Voraussetzung für das Herausgreifen bestimmter Erlebnisinhalte aus den objektiven Möglichkeiten bzw. ihrer Auffassung in bestimmter Bedeutung darstellt. Eine vergleichbare, den *Motivationsaspekt* besonders herausstellende Interpretation von E.-Phänomen findet sich in der *Hypothesentheorie der* Wahrnehmung.

(b) Der in der *Denk-* und *Aktpsychologie* eingeführte E.-Begriff geht auf Annahmen der philosophischen Erkenntnistheorie zurück; dort wurde u. a. betont, der menschliche Verstand ziehe mehr oder minder erfahrungsgeprägte *Auffassungs-* oder *Anschauungsweisen (dispositions of the mind;* Hume) heran, um neue Erfahrungen zu interpretieren bzw. einzuordnen. Für WILLIAM JAMES liegen dem schlußfolgernden Denken bestimmte *Auffassungs-Modalitäten (modes of conceiving)* zugrunde, in deren Licht das Verhalten durch *innere Hinweise (mental cues)* gesteuert wird. Die Mitglieder der *Würzburger Schule* benutzen Begriffe wie *Bewußtseinslagen* oder *determinierende Tendenzen,* um die Rolle weitgehend unbewußter *Gerichtetheiten* beim Erkennen und Problemlösen zu umschreiben. In der psychologischen Phänomenologie gelten

E. als Ausdruck der allgemeinen *Perspektivität* der Bewußtseinsorganisation.

(c) Der in der *Persönlichkeits-* und *Sozialpsychologie* verwendete E.-Begriff hat eine noch weiter reichende Bedeutung. Man sieht in E. den Ausdruck relativ überdauernder *Bewertungsmaßstäbe,* die – durch persönliche Erfahrung und/oder Überlieferungen kultureller Werte die Einschätzung von Gegenständen oder Situationen durch das Einnehmen einer bestimmten *Haltung* prägen und damit das Verhalten beeinflussen. (G. W. ALLPORT). Der im Russ. gebräuchliche E.-Begriff *(ustanovka)* bezieht sich auf die Gesamtheit aller *dynamischen Gerichtetheiten,* die bei der Konfrontation eines Individuums mit solchen Situationen mobilisiert werden, die zur Auseinandersetzung bzw. *Bewältigung* herausfordern (UZNADZE, PRANGISVILI). In der Bedeutung (a) und (b) sind E. temporäre Vermittler umschriebener Verhaltensbereitschaften angesichts konkreter Aufgaben, die sich als Ergebnis von Erfahrungen und deren Verarbeitung ins Spiel setzen; dies entspricht dem engl. *set* und bezieht sich auf die *differentielle Aktivierung* zusammengehöriger sensorischer, motorischer und kognitiver Teilfunktionen. In der Bedeutung (c) dagegen sind E., dem engl. *attitude* entsprechend, die Grundlage dafür, relativ breite Gegenstands- oder Situationsklassen im Zusammenhang mit individuellen *Bedürfnissen, Interessen* und/oder *Werthaltungen* in bestimmter Weise aufzufassen, zu bewerten und/oder sich ihnen gegenüber zu verhalten. Diese beiden Grundbedeutungen sollten auseinandergehalten werden.

[1] *Einstellung (set):* Durch Erfahrung, Selbst- oder Fremdinstruktion geprägte, relativ leicht modifizierbare Tendenz, (a) auf bestimmte Reize, Reizmerkmale oder Reizmuster rasch zu reagieren *(sensorische E., sensory set),* (b) bestimmte Reaktionen eher bzw. intensiver auszuführen als andere *(motorische E., motor set),* (c) Aufgaben nach einem bestimmten Schema zu lösen, z. B. je zwei Zahlen einer Folge zu addieren oder zu subtrahieren, eine einmal eingeschlagene Lösungsstrategie weiterzuverfolgen, (d) auf Fragen ungeachtet ihres Inhaltes in bestimmter Weise stereotyp mit Ja bzw. Nein zu antworten *(Reaktionseinstellung; response set),* (e) eine bewährte Lernstrategie bei ähnlichen Aufgaben wieder anzuwenden *(Lerneinstellung; learning set)* oder

140

auf ein Warnsignal hin bestimmte Reize an bestimmter Stelle zu erwarten bzw. sich auf eine bestimmte Reaktion vorzubereiten *(Bereitschaftshaltung; preparatory set)*. Verwandte Phänomene im Umgang mit symbolischen Repräsentationen (z. B. Sprachzeichen oder Begriffe einander zuordnen) werden auch als *Pfadaktivierung* oder *Priming* bezeichnet. Die erleichternden bzw. vorbereitenden Wirkungen von E. werden durch die temporäre Verknüpfung einzelner zentralnervöser Teilfunktionen zu dynamogenen Mustern erklärt (HEBB).

[2] *Einstellung (attitude):* Durch Erfahrung, Erziehung und/oder abstrakte Wertmaßstäbe geprägte, relativ überdauernde Orientierungs-, Bewertungs- und Handlungstendenzen gegenüber breiten Klassen von (wert- oder sozialrelevanten) Gegenständen und Situationen (z. B. Personen mit bestimmten Merkmalen, Gruppen, Angehörigen einer bestimmten Kultur-, Religions- oder Sprachgemeinschaft, politischen Parteien, Arbeitsplatz, Freizeit, Kunststile, Moden und Gegenständen der sog. öffentlichen Meinung im weitesten Sinne). In seiner Funktionsanalyse der E. unterscheidet KATZ zwischen (a) der *emotionalen Bewertungskomponente* als Grad positiver bzw. negativer Gefühle, die im Zusammenhang mit den Bezugsobjekten der E. und damit verbundener Vorstellungen mobilisiert werden, und (b) der *kognitiven Komponente,* d. h. auf Objektmerkmale, Objektbeziehungen und Überzeugungen bezogene Elemente des subjektiven Erkenntnisstandes, die sich in Meinungsäußerungen niederschlagen. Im Unterschied zur *Meinungsforschung* geht die E.-Forschung davon aus, daß *Meinungen (opinions)* oder *Überzeugungen (beliefs)* ggf. unabhängig von Richtungen und Ausprägungsgraden der emotionalen Bewertung geäußert werden können. Daher fußt die *E.-Messung* auf Instrumenten, welche die emotionale Bewertung im Bezugssystem kognitiver Elemente erfaßt, d. h. sie zielt auf die *Intensität* der durch den E.-Gegenstand oder seiner Vorstellung mobilisierten Gefühle zwischen den Polen von Zu- und Abneigung ab. Neben der Intensität lassen sich E. unter den Gesichtspunkten ihrer Spezifität vs. Generalität, Differenziertheit vs. Komplexität, dem Grad ihrer Einbettung in verwandte E. und ihrer Beziehung zu offenen Verhaltensmanifestationen analysieren. E., die

in eine Hierarchie verwandter E. eingebettet sind, können ein sog. *Wertsystem (value system)* bilden. Typische Beispiele sind *Weltanschauungen,* dominante *Weltgerichtetheiten* (ALLPORT; SPRANGER) oder die in der *Vorurteilsforschung* entwickelte Auffassung, *Dogmatismus* oder *Ethnozentrismus* seien in das Wertsystem der sog. *Autoritären Persönlichkeit* eingebettete, generelle und höchst komplexe Bewertungsweisen, die sich nur schwer verändern lassen. E. können darüber hinaus für ihren Träger neben der Tendenz, Werthaltungen auszudrücken, auch die *Funktion* haben, persönliche Bedürfnisse zu erfüllen und/oder ihre mögliche Bedrohung abzuwehren, Instrumente zur Erreichung bestimmter Ziele zu sein oder Lernerfahrungen in neuen Zusammenhängen einzubringen (letzteres gilt auch für E. im Sinne von *sets*). Die funktionale Bedeutung der E. bestimmt zwar die Durchgängigkeit, Generalität und Haltbarkeit wesentlich mit, läßt sich aber nur mit Hilfe aufwendiger, ggf. methodisch anfechtbarer Verfahren (z. B. Interviews) erfassen. Ein großes und nur teilweise gelöstes Problem bildet die Vorhersage von konkreten Verhaltensweisen aus E.-Messungen. Triandis konnte u. a. zeigen, daß die Beziehungen zwischen E. und Verhalten dann relativ eng sind, wenn die E.-Messung konkrete Gegenstandsmerkmale berücksichtigt, wenn die Ausführung konkreter Verhaltensweisen durch zusätzliche Hinweise gesteuert ist und wenn sie nicht mit vorhersehbaren Risiken behaftet sind.
→*Einstellungsänderung,* →*Einstellungs-Skalen,* →*Sozialpsychologie.*
LIT. ALLPORT (1935; 1949; 1954), GIBSON (1941), GRAUMANN (1960), HEBB (1949), KATZ (1960), KORNBLUM, REQUIN (1984), MCGUIRE (1968), ROHRACHER (1971), SPRANGER (1966), TRIANDIS (1975), UZNADZE, PRANGISVILI (1976).

Einstellungsänderung *(attitude change; change of attitude).*
[1] Allgemeine Bezeichnung für Änderungen des Grades positiver bzw. negativer Bewertungen sozial bedeutsamer Gegenstände oder Situationen durch Informationen, die auf Meinungsänderung durch *Beeinflussung* abzielen bzw. so aufgefaßt werden.
Man untersucht E. im Zusammenhang mit Eigenschaften des Empfängers (z. B. Beeinflußbarkeit; Wertbezug seiner Einstellungen), Ei-

141

Einstellungs-Skalen

genschaften des Senders (z. B. Prestige, Überzeugungskraft, Glaubwürdigkeit), der Art des Appells (z. B. vs. Bild), der Art der Informationsübermittlung (z. B. direktes Gespräch vs. Massenmedien), des Appellinhaltes und seiner Wirkung (z. B. versachlichte Darstellung vs. Furchtappelle) und mit einer Reihe anderer Faktoren, wie z. B. Konformitätsdruck durch Gruppen, Möglichkeiten zur argumentativen Auseinandersetzung vs. Indoktrination usw.
[2] Der Erklärung dienen zahlreiche *Theorien der E.*, in denen (a) Verstärkungswirkungen (HOVLAND), (b) Assimilations- und Kontrastbildungen (SHERIF, HOVLAND), (c) das Anpassungsniveau (HELSON), (d) die Konsistenz kognitiver bzw. affektiver Einstellungselemente (FESTINGER, MCGUIRE, ROSENBERG, ABELSON), der Gleichgewichts- bzw. Balancezustand von Bewertungen gegenüber Meinungsobjekten bzw. Objektbeziehungen (HEIDER, NEWCOMB), (f) die Bewältigung *kognitiver Dissonanzen* (g) die Polarisierung von Meinungen gegenüber dem Objekt und neuen Nachrichten (OSGOOD, TANNENBAUM) oder (h) Beziehung zu Abwehrmechanismen bzw. relativ überdauernden persönlichen Arten der kognitiven Kontrolle (SARNOFF; KATZ) angesprochen werden. Aus der Vielzahl der Ansätze wird deutlich, daß es keine umfassende Theorie der E. gibt. Untersuchungen über die verschiedenen Zusammenhänge finden ihre Anwendung in der Medien-Wirkungs-Forschung, bei der Ausarbeitung von Wahl- und Werbekampagnen und, nicht zuletzt, in der kognitiven (Verhaltens-) Therapie.
LIT. INSKO (1967), MCGUIRE (1968), TRIANDIS (1975).

Einstellungs-Skalen *(attitude scales; attitude measurement)*. Bezeichnung für das ein- oder mehrdimensionale metrische Bezugssystem, auf das sich die Einstellungsmessung mit Hilfe von Fragebögen bezieht. E.-S. dienen dem Zweck, die in Fragebögen enthaltenen Feststellungen *(Items)* dem Grad entsprechend, in dem sie Zustimmung oder Ablehnung ausdrücken, Meßwerte auf dem Einstellungskontinuum zuzuordnen. In bezug auf das *Skalenniveau* und den Aufwand bei der Skalierung lassen sich drei Klassen von E.-S. unterscheiden.
(a) *Distanz-* oder *Bogardus-Skalen* enthalten Feststellungen, die nach dem Grad der eingenommenen Distanziertheit geordnet sind (z. B.

den Angehörigen einer bestimmten Gruppe ins eigene Land einreisen lassen bis ihn durch Heirat in die eigene Familie integrieren). Es handelt sich um eine Ordinalskala, die keine weiteren Aussagen über graduelle Abstufungen der E.-Intensität erlaubt.
(b) *Likert-Skalen* bestehen aus Items, die Formulierungen positiver und negativer Einstellungen zum Gegenstand in gemischter Folge enthalten. Der Befragte gibt seine Ablehnung oder Zustimmung auf einer fünf bis sieben Abstufungen enthaltenden Rating-Skala bekannt. Für die einzelnen Feststellungen können in bezug auf das Einstellungskontinuum Gewichtswerte berechnet werden. Die Einstellungs-Intensität wird durch einen Summenscore festgehalten, der sich mit gewissen Einschränkungen auf eine Intervall-Skala bezieht. Relibilitäts- und (Konstrukt-) Validitätsbestimmungen erfolgen nach den Regeln der Testtheorie.
(c) *Thurstone-Skalen* sind nach den Regeln der Psychophysik erstellt. Vor der Aufnahme von Items in einen Fragebogen erfolgt ihre Skalierung nach den Regeln für Vergleichsurteile bzw. gleicherscheinende Intervalle. Der Stellenwert jedes Items auf der Einstellungsskala ist daher vorab bekannt. Der Befragte erhält eine Liste aus skalierten und hinsichtlich ihrer Trennschärfe ausgelesenen Items und beantwortet jeweils durch Zustimmung oder Ablehnung. Der in bezug auf die Feststellungsrichtung korrigierte Gesamtscore bezieht sich auf eine Intervall-Skala. Sollen in einen Fragebogen nur solche Items aufgenommen werden, welche eine einzige Einstellungsdimension repräsentieren, wird die von GUTTMAN eingeführte *Skalogramm-Analyse* angewandt *(→Guttman-Skala)*. Überprüfungen der Dimensionalität können mit Hilfe der *Faktorenanalyse* vorgenommen werden. Für die Zwecke der Homogenisierung eignet sich das in der Testtheorie eingeführte Modell von Rasch. Der Ermittlung von systematischen Fehlern bei der Abgabe von Urteilen dienen mehrere Verfahren, welche aus der Urteilsmodell-Forschung hervorgegangen sind. *→Einstellung.*
LIT. DAWES (1977), EDWARDS (1957), PETERMANN (1980).

Einweg-Scheibe *(one-way screen)*. Vorrichtung zur Beobachtung von Menschen oder Tieren aus einer mit einem feinmaschigen

142

elektrodermale Aktivität

Netz aus Metall oder Stoff versehenen Glasscheibe o. ä. Blickt man durch eine solche Scheibe von einem dunklen Raum in einen hell beleuchteten, so wird der Beobachter nicht gesehen, kann aber das Geschehen im hell erleuchteten Raum, ohne Störung zu verursachen, beobachten.

Einzelzacke →*Spitzenpotential.*

Einzigartiger Faktor →*S-Faktor.*

ejaculatio praecox →*Sexualstörung.*

EKG, Elektro-K(C)ardiogramm *(electrocardiogram).* Bezeichnung für die Messung der Aktionsströme des Herzens durch Oszillographen bzw. entsprechende Kanalschreiber.

Ekphorie. Bezeichnung des Wiederauftretens eines Gedächtnisinhalts. →*Hemmung, ekphorische.*

Ektomorph *(ectomorphic).* Bezeichnung für einen nach SHELDON anthropometrisch bestimmbaren Körperbautypus, der lange und dünne Knochen sowie ein Überwiegen der Körperoberfläche im Vergleich zum Körpergewicht zeigt.

Ekzeme →*Fette.*

Elektra-Komplex. Psychoanalytische Bezeichnung für die bei weiblichen Mitmenschen auftretende überstarke Bindung an den Vater *(→Ödipus-Komplex).*

elektrische Schläge →*Schock.*

elektrodermale Aktivität, EDA *(electrodermal activity; EDA).*
[1] Zusammenfassende Bezeichnung für phasische und tonische Veränderungen der bioelektrischen Hautaktivität unter dem Einfluß von äußeren oder inneren Reizen, Aktivations- und Erregungsprozessen. Erste Beschreibungen ereignisbezogener EDA-Veränderungen gehen auf FÉRÉ (1888) und TARCHANOFF (1890) zurück. Wegen der engen Beziehungen zu Reizintensität, Aufgabenschwierigkeit und emotionaler Reizbedeutung führte Veraguth (1908) für den Abfall des Hautwiderstandes gegen eine über die Haut geleitete Fremdspannung die Bezeichnung *Psychogalvanisches Reflexphänomen* ein; man nannte in der Folgezeit die entsprechenden Phänomene auch *psychogalvanische Reaktion (PGR; psychogalvanic response)* oder *galvanische Hautreaktion (GHR; GSR; galvanic skin response).*
Auf Vorschlag der *Society for Psychophysiological Research* wurde eine einheitliche Nomenklatur eingeführt, um die verschiedenen Kennwerte der EDA klar und eindeutig im Hinblick auf die angewandte Meßmethode und auf die Bedeutung der einzelnen Komponenten voneinander unterscheiden zu können. Als wichtigste Kennwerte der EDA gelten heute Veränderungen der *Hautleitfähigkeit, SC (skin conductance),* des *Hautwiderstandes, SR (skin resistance)* und die auf TARCHANOFF zurückgehende Bestimmung von *Hautpotentialen, SP (skin potentials).* Während SC- und SR-Maße die Anwendung einer gleichbleibenden Fremdspannung bzw. Stromstärke voraussetzen, d. h. auf *exosomatischen Methoden (exosomatic methods)* beruhen, ergeben sich SP aus der direkten Ableitung ohne zusätzliche Fremdspannung, was als *endosomatische Methode (endosomatic method)* bezeichnet wird. Längerfristige Veränderungen des Hautleit-, Hautwiderstands- oder Potentialniveaus bilden die von Aktivations-, Erregungsgrad, Stimmungslage und Tageszeit abhängigen *tonischen* EDA-Komponenten; sie sind für Messungen kurzfristiger, *phasischer* Veränderungen der *Ausgangswert.* Alle *phasischen* Komponenten werden als *Reaktionen (R),* alle tonischen als *Niveau (L; level)* bezeichnet. Daher ergeben sich für die einzelnen Meßwertarten die Bezeichnungen *Hautleitfähigkeits-Reaktion, SCR (skin conductance response), Hautwiderstands-Reaktion, SRR (skin resistance response), Hautpotential-Reaktion, SPR (skin potential response)* und *Hautleitfähigkeits-Niveau, SCL (skin conductance level), Hautwiderstands-Niveau, SRL (skin resistance level), Hautpotential-Niveau, SPL (skin potential level).* In äußerst seltenen Fällen werden *Hautimpedanzwerte* (Scheinwiderstandswerte der Haut) *SZR* bzw. *SZL (skin impedance response; skin impedance level)* und *Scheinleitwerte SYR* bzw. *SYL (skin admittance response; skin admittance level)* erhoben; sie beruhen auf der Anwendung exosomatischer Methoden und setzen eine Wechselfremdspannung voraus. *Meßpunkte* der EDA sind in der Regel Handinnenflächen bzw. palmare Fingerkuppen, in selten Fällen Fußsohlen. In diesen leicht zugänglichen Körperregionen sind die kleinen Hautschweißdrüsen besonders dicht angeordnet, deren durch Sympathikus-Erregung bedingte Veränderungen des elektrischen Widerstandes der EDA zugrunde liegen. Die Meßgenauigkeit hängt von der Elektrodenart (Elektrolytenart), Stromart und Verstärkungstechnik ab. SCR

143

elektrodermale Labilität

zeigen sich als Positivierung der Leitfähigkeit, SRR als Negativierung des Widerstandes im mittleren Latenzbereich von 1.3 bis 2.5 sec, gefolgt von langsamer Negativierung bzw. Positivierung. Die Rückkehr zum Ausgangswert dauert mehrere Sekunden. SCR-Maxima liegen bei ca. 4 μS (mho), SCL-Maxima bei ca. 100 μS (mho), SRR-Maxima bei ca. 20 kOhm und SRL bei Werten bis zu 1000 kOhm. SP-Messungen ergeben *polymorphe* Signale; die mittlere Differenz zwischen der mehrphasigen Negativierung und Positivität liegt bei SPR im Bereich von 10–20 mV, bei SPL zwischen -10 und 70 mV. Die Latenzzeiten von SC-, SR- und SP-Signalen stimmen weitgehend überein. Die Zeit bis zur Rückkehr zum Ausgangsniveau, die sog. *Erholungszeit (recovery time)*, hängt von der Intensität, Anzahl und Dichte der Reize bzw. Reaktionen ab; die Ausprägung von SCR, SRR und SPR entspricht der Reizintensität bzw. Drastizität der mit der Reizwahrnehmung oder Situationsbewertung verbundenen (emotionalen) Erregung. Die Kennwerte der EDA unterliegen, wie alle psychophysiologischen Maße, beträchtlichen inter- und intraindividuellen Variationen, die einerseits auf Persönlichkeitsmerkmale (z. B. *Labilität/Stabilität*), andererseits auf →*Reaktions-* und/oder →*Situationsstereotypien* zurückgehen.

[2] *Erklärung und Bedeutung der EDA:* Die EDA ist Ausdruck der autonomen Aktivierung bzw. Erregung durch sensorische Prozesse, innere Prozesse der Informationsverarbeitung und durch innere Zustandsveränderungen (z. B. Aktivationsniveau während verschiedener Tageszeiten, Stimmungen, anstrengungsbedingte Veränderungen, Spontanaktivitäten). Durch die *Sympathikus-Aktivierung* verändern die *kleinen Hautschweißdrüsen (eccrine sweat glands)* ihren elektrischen Widerstand. Die EDA-Veränderungen sind proportional der Summe aktivierter Drüsen im Meßbereich. Da nicht alle Drüsen im Meßbereich gleichzeitig ihr Widerstandsniveau ändern, zeigen EDA-Messungen graduelle Verläufe im Vergleich zum Ausgangswert. Es wird angenommen, daß die mit der Aktivierung verbundene Schweißabsonderung ursprünglich der Erhöhung der Griffsicherheit bzw. Hautsensibilität diente. SCR- und SCL-Messungen gelten als Standardverfahren zur Ermittlung der Erregungswirkung von Reizinformationen, als

Kennzeichen der *Orientierungsreaktion* bzw. *Habituation* bei wiederholter Reizdarbietung, des Anstrengungsgrades und der allgemeinen Reaktionsbereitschaft. Die EDA bewährt sich ferner als Indikator für verdeckt ablaufende Prozesse der Reizbedeutungs-Analyse und Informationsselektion (→*Wahrnehmung, unterschwellige;* →*Wahrnehmungsabwehr*). Die Eignung von EDA-Maßen zur sog. »*Lügendetektion*« (→*Aussagebegutachtung;* →*Glaubwürdigkeit*) ist bis heute umstritten. EDA-Maße sind durch zahlreiche Einflüsse mitbestimmt; sie können daher außerhalb kontrollierter Laborbedingungen nicht eindeutig auf die Einwirkung einzelner Reize oder Assoziationen allein bezogen werden. EDA-Maße besitzen aus den o. g. Gründen nicht den Rang normierter Testdaten mit umschriebener Reliabilität. Ihre Mitbestimmtheit durch alle Arten von an- oder aufregenden äußeren oder inneren Ereignissen läßt die Frage der Validität nur im Situationskontext beantworten.

LIT. LYKKEN, VENABLES (1971); SCHANDRY (1981); STERN u. a. (1980); VENABLES, CHRISTIE (1980).

elektrodermale Labilität →*Labilität.*

elektrodermale Stabilität →*Labilität.*

Elektroencephalogramm, -enzephalogramm, -enkephalogramm; EEG (*electroencephalogram*). Bezeichnung für die Aufzeichnung bioelektrischer Potentialveränderungen des tierischen und menschlichen Gehirns. Die aus Tierversuchen um 1873 entwickelte Technik wurde von HANS BERGER 1929 erstmals dazu verwendet, Hirnstrombilder des Menschen von der äußeren Schädelbegrenzung (Kopfoberfläche) abzuleiten. Das EEG gilt als wichtige Methode zur Diagnose pathologischer Gehirnveränderungen (Ausfälle; Herdbildungen, die mit Krampfanfällen in Beziehung stehen usw.). Gleichzeitig wurde es eines der herausragenden Forschungsinstrumente der neuropsychologischen und psychophysiologischen Grundlagenforschung (z. B. in der *Aktivations-* und *Schlafforschung*). Dabei galt das primäre Interesse zunächst den Erscheinungsweisen und Funktionsanalysen des sog. *Spontan-EEG.* Später – einhergehend mit der Entwicklung usw. Prozeßrechner – traten die Analysen →*ereignisbezogener Potentiale* hinzu, deren Erfassung an computer-unterstützte Mittelungsprozeduren gebunden ist.

Elektroencephalogramm

[1] *Physiologisch-neurologische Grundlagen des EEG:* Während des Wachseins und während des Schlafens finden im Gehirn höherer Organismen rhythmische Potentialveränderungen statt. Bei ihrer Messung an der Schädeloberfläche schwanken sie im *Spontan-EEG* etwa zwischen 10 und 150mV und weisen Frequenzen zwischen 0.5 und 50–100 Hz auf. Leitet man das EEG direkt an der Gehirnoberfläche oder von neutralen Strukturen ab, so sind die Spannungsveränderungen drastischer. Bei Ableitungen von der Schädeloberfläche, auf die sich die folgenden Ausführungen beziehen, variieren die Intensitäts- und Frequenzbereiche in Abhängigkeit von der Lokalisierung der Meßpunkte, so daß Rückschlüsse auf lokalisierbare Teilfunktionen des darunter liegenden Gewebes möglich sind. Zweifellos entspricht das EEG der global erfaßten Aktivität des Gehirn-Nerven-Gewebes. Da *Aktionspotentiale* an einzelnen synaptischen Verbindungen viel rascher ablaufen als die im EEG sichtbar werdenden rhythmischen Veränderungen, kann es sich beim EEG nicht einfach um die »Summe« aller, den Aktionspotentialen entsprechenden, elektrischen Veränderungen handeln. Man nimmt an, daß es sich um Potentialveränderungen handelt, die in sog. *funktionalen synaptischen Einheiten (functional synaptic units)* ablaufen, welche durch einen gemeinsamen präsynaptischen Generator in den Zustand der Polarisation oder Hyperpolarisation geraten sind (Elul, 1972). Es liegt nahe, daß im EEG die relativ langsamen periodischen Veränderungen von Synapsen- und Dendriten-Potentialen kortikaler Neuronenverbände zur Abbildung gelangen, die durch ein ihnen gemeinsam zukommendes Signal aktiviert bzw. inhibiert wurden. Da diesen Neuronenverbänden eine gemeinsame Funktion zukommt, bezeichnet man sie als funktionale Einheiten.

[2] *Registrierung des EEG beim Menschen:* Man plaziert in der Regel Silber-Silberchlorid-Elektroden von ca. 8 mm Durchmesser auf der Schädeloberfläche. Da EEG-Muster von Meßpunkten abhängig sind, gilt eine von JASPER 1958 eingeführte Standardmethode für die Plazierung der Elektroden, die als *Internationales 10–20-System (international 10–20 system)* bezeichnet wird (vgl. Abb. 1). Buchstaben bezeichnen die anatomische Lage des Ableitungspunktes (z. B. C = zentral; F = frontal; O = okzipital; T = temporal und P = parietal). An der Mittellinie angebrachte Elektroden erhalten die Zusatzbezeichnung »z«. Elektroden über der linken Hemisphäre werden mit geraden, über der rechten mit ungeraden Zahlen versehen. Als *Vertex* (Scheitel) wird der Punkt bezeichnet, in dem sich die Verbindung zwischen *Nasion* und *Inion* mit der Verbindung zwischen den *Mastoidfortsätzen* (tastbare Knochenvorsprünge hinter den Ohren) auf der Schädeloberfläche kreuzt. In diesem Bezugssystem werden die einzelnen Elektroden in ihrer Lage definiert. Sucht man den Vergleich zwischen aktiven und inaktiven Gewebebereichen, um die Aktivitäten selbst darzustellen, so bedient man sich der *sog. monopolaren Registrierung (monopolar recording);* typische Plätze für das Anbringen einer *Bezugselektrode (reference electrode)* sind in diesem Fall Ohrläppchen (A_1 u. A_2 in Abb. 1), die Mastoidfortsätze oder die Nasenspitze. Will man zwei aktive Bereiche miteinander vergleichen, so bedient man sich der *bipolaren*

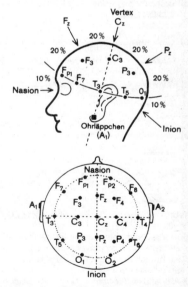

Abb. 1. Lagebezeichnungen der Elektroden nach dem Internationalen 10-20-System (JASPER, 1958) in schematischer Darstellung.

Elektroencephalogramm

Ableitung (bipolar recording). Hier wird das Ergebnis aus zwei aktiven Bereichen einem einzigen Kanal zugeleitet, der dann solche Potentialveränderungen aufzeichnet, die beiden Meßpunkten nicht gemeinsam sind. Vergleicht man z. B. die Aktivitäten bei F_{p1} und F_3 oder F_{p2} und F_4 (vgl. Abb. 1), so wird die Überlagerung des frontalen EEG mit Augenbewegungen und dem sog. Nystagmus deutlich, die eine der zahlreichen Artefaktquellen im EEG darstellen. Sowohl die Registrierung des Spontan-EEG als auch *ereignisbezogener Potentiale* setzt den Einsatz technisch aufwendiger und allen Sicherheitserfordernissen genügender Verstärker und Filter voraus. Die Aufzeichnung erfolgt mit sog. *Mehrkanalschreibern,* gelegentlich erfolgt auch eine direkte Übertragung auf Magnetspeicher.

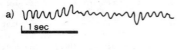

Abb. 2. Ausgewählte Beispiele für EEG-Rhythmen.
a) Alpha-Rhythmus, abgeleitet bei C_2.
b) Beta-Rhythmus, abgeleitet bei C_2.
c) Alphablockierung bei Augenöffnung, abgeleitet bei P_3–O_1.
d) Alphafluktuationen bei Aktivation (Driving), abgeleitet bei P_3–O_1.
e) Theta-Rhythmus, abgeleitet bei C_3–C_z.
f) Delta-Rhythmus, abgeleitet während des Schlafes bei C_3–P_3.

[3] *Typische EEG-Rhythmen:* In der Regel erhält man im EEG ein Bild, das sich aus verschiedenen rhythmischen Potentialveränderungen unterschiedlicher Frequenzen und Amplituden zusammensetzt. Um den Anteil bestimmter Frequenzbänder zu ermitteln, verwendet man entweder Filter oder man bedient sich der →*Fourieranalyse.* Einige Frequenz- und Amplitudenbereiche dagegen treten bei bestimmten funktionalen Zuständen des Organismus in relativ »reiner« Form auf und stellen ein grobes Zuordnungssystem dar.

(a) *Alpha-Rhythmus (alpha rhythm; alpha waves):* Dieser Rhythmus liegt im Frequenzband zwischen 8 und 13 Hz; seine Amplituden schwanken zwischen 5 und 100 μV. Der Alpharhythmus erscheint in sämtlichen Hirnbereichen relativ synchron, gelegentlich rechts ausgeprägter als links, wenn der wache Organismus entspannt ist, z. B. wenn jemand mit geschlossenen Augen in einem bequemen Sessel sitzt (vgl. Abb. 2, a). Der »Alphareichtum« des EEG wird gelegentlich als allgemeiner Indikator für den Grad der psychophysiologischen *Entspannung* herangezogen. Als einfache Berechnungsgrundlage gilt der sog. *Alpha-Index (alpha index).* Wenn T die Gesamtzeit der EEG-Registrierung bezeichnet und t_1 bis t_i jene Zeitstrecken markieren, in denen Alpharhythmen auftraten, so ergibt sich der Index aus der einfachen Beziehung

$$\text{Alpha-Index} = \frac{t_1 + t_2 .. + t_i}{T}$$

Hochgradig erregte Menschen zeigen gelegentlich (insbesondere in experimentellen Situationen) keinerlei Alpha-Rhythmen.

(b) *Beta-Rhythmus (beta rhythm, beta waves):* Der Beta-Rhythmus mit 14–30 Hz und Amplituden zwischen 2 und 20 μV ist feinschlägiger (vgl. Abb. 2, b). Am ausgeprägtesten ist er im frontalen Bereich. Gelegentlich treten den Rhythmus überlagernde *Spitzenpotentiale (spikes)* auf. Der Beta-Rhythmus gilt als Anzeichen der →*Aktivation* und *Alarmbereitschaft* (Munterkeit; *alertness*).

Beim Öffnen der Augen geht der Alpharhythmus nach einer Latenzzeit von Sekundenbruchteilen in den Beta-Rhythmus über (Abb. 2, c). Der aufmerksamkeitsbedingte Übergang wird auch als *Alpha-Blockierung (alpha blocking; attenuated alpha rhythm)* bezeichnet. Als Reaktion auf Außen- oder innere Reize finden sich okzipital-dominante Übergänge zwischen Alpha- und Beta-Rhythmen (vgl. Abb. 2, d), die von Spitzenpotentialen überlagert sind.

(c) *Theta-Rhythmus (theta rhythm, theta waves):* Der Rhythmus von ca. 5–7 Hz kann mit 5–100 μV auftreten. Wo und wann er erscheint, hängt u. a. vom Wachheitsgrad und vom Lebensalter ab. Theta-Rhythmen geringer Amplitude (vgl. Abb. 2, e), zentriert im temporalen Bereich, finden sich häufig bei alarmbereiten, wachen Menschen im Lebensalter unter 25 oder über 50; die Auftretenshäufigkeit im höheren Lebensalter hängt mit einiger Wahrscheinlichkeit mit Durchblutungsveränderungen zusammen. Gelegentlich wird unter belastenden Bedingungen *(→Streß)* das Auftreten von Theta-Rhythmen beobachtet; ähnliches gilt bei Entscheidungsprozessen unter mentaler Belastung. Gehäuftes Auftreten von Theta-Rhythmen wird auch bei Neurosen aus dem Formenkreis der *Angst* (vorwiegend als bitemporaler Theta-Rhythmus) beobachtet. Ein allgemeiner Überreichtum an Thetaanteilen bei Kindern und Jugendlichen gilt u. a. als Hinweis auf Entwicklungsstörungen.

(d) *Delta-Rhythmus (delta rhythm; delta waves).* Tritt mit 0.5–4 Hz und Amplituden zwischen 20 und 200/400 Hz als *Schlafkomponente* auf, besonders ausgeprägt im zentralfrontalen und zentral-parietalen Bereich. Sein Auftreten im wachen EEG ist ein Hinweis für Störungen oder Hirnschädigungen.

In der klinischen Forschung werden darüber hinaus zahlreiche Mischformen beschrieben, die sich als Begleiterscheinungen verschiedener Störungen einstellen. Der Gebrauch der Rhythmenklassifikation in der psychophysiologischen Forschung beschränkt sich in der Regel auf die besprochenen Phänomene, die neben verschiedenen Graden der *Wachheit* und *Aktivation* auch Anzeichen von *Übererregung* und *Belastung* erkennen lassen.

→ereignisbezogene Potentiale; →CNV; →Bereitschaftspotential; →Psychophysiologie.

LIT. ELUL (1972); GLASER (1976); JASPER (1958); LINDSLEY, WICKE (1974); NIEDERMEYER, LOPEZ DA SILVA (eds.; 1982); VAUGHN (1973).

Elektro-K(C)ardiogramm *→EKG.*
elektrokonvulsiver Schock *→Schock.*
Elektro-Krampf-Therapie, EKT *→Schock.*

Elektromyogramm *→EMG.*
Elektrooc(k)ulogramm *→EOG.*
Elektroretinogramm *→ERG.*
Elektroschock *→Schock.*
Elementarismus *(elementarism).* Bezeichnung einer auch *Elementenpsychologie* genannten Richtung, die versucht, das psychische Geschehen bzw. Verhalten über die Elemente (z. B. *→Empfindungen*) und deren Verknüpfungen zu beschreiben. Das Vorgehen des E. kann als analytisch bezeichnet werden. Der E. steht als Doktrin im Gegensatz zum *Holismus* bzw. der *Ganzheitspsychologie* und anderen synthetisch orientierten, molaren Ansätzen. Es empfiehlt sich, E. als Forschungsansatz in vorwiegend methodischer Konsequenz vom E. als genereller Interpretationsrichtung, als theoretischer Position zu unterscheiden. Z. B. bedient sich die experimentelle Psychologie heute vorwiegend eines analytischen Methodensystems, die Interpretation jedoch kann durchaus auf übergeordnete Zusammenhänge (Systeme) gerichtet sein.

Elementar-Komponenten der Intelligenz *→Intelligenz.*
Elementenpsychologie *→Elementarismus.*

Emergentism. Englische Bezeichnung für solche Theorien, die Phänomene als unvorhersagbar und nicht auf vorhergegangene Ursachen beziehbar auffassen. Diese Richtung wird von einer auf die psychischen Phänomene übertragenen Annahme über die grundsätzliche *Unbestimmbarkeit (Nichtdeterminiertheit)* der auftretenden psychischen Vorgänge oder Zustände geleitet.

Emergenz *(emergent properties; emergentism).* Aus dem Lat. *emergere, emergi:* auftauchen, hervortreten, emporkommen. E. liegt dann vor, wenn ein Gegenstand oder System Eigenschaften zeigt, die seine Teile nicht besitzen bzw. die aus ihnen nicht herleitbar sind. E. in der von LLOYD MORGAN in Biologie und Philosophie eingeführten Bedeutung besagt, daß höhere Funktions- oder Existenzformen aus niedrigeren entstehen können, weil sich Bestandteile der niedrigeren differenzieren, um in anderen, vorher weder erkennbaren noch berechenbaren Zusammensetzungen qualitativ andersartige, neue Eigenschaften hervorzubringen. Leben könnte aus Anorganischem durch emergente *Evolution,* Geist oder Bewußtsein durch E. aus (Neuro-)Materie ent-

147

EMG, Elektromyogramm

standen sein *(→Leib-Seele-Problem)*; auch komplexe, nicht aus Empfindungselementen direkt ableitbare Erscheinungsformen wie *→Gestaltqualitäten* können unter dem E.-Prinzip interpretiert werden.
LIT. BUNGE (1984); KROHN, KÜPPERS (1992).

EMG, Elektromyogramm *(electromyogram)*. Elektrophysiologische Registrierung von Muskeltonusveränderungen, die sich besonders in der Erforschung von Beanspruchungen am Arbeitsplatz und des Zusammenhangs zwischen Gesichtsausdruck und Gefühlen bewährt hat.
→Emotion.
LIT. EKMAN (1988).

Emmertsches Gesetz *(Emmert law)*. Von dem Schweizer Ophthalmologen Emil Emmert festgestellte Beziehung zwischen Nachbildgröße und Entfernung der Projektionsfläche für das Nachbild. Dabei verhält sich die Nachbildgröße einer vorher fixierten Fläche proportional zum Quadrat der Entfernung der Projektionsfläche. Das E.G. gilt als Beleg für die Annahme, Nachbilder seien die Projektion eines durch längere Fixierung geprägten Erregungs-Hemmungsmusters der Retina auf die in der Umgebung lokalisierte Bezugsebene und gehorchten den üblichen Gesetzen der optischen Projektion.

Emotion *(emotion)*.
[1] Aus dem lat. emovere (aufwühlen, heraustreiben) hergeleitete, allgemeine und umfassende Bezeichnung für *psychophysiologische Zustandsveränderungen*, ausgelöst durch *äußere Reize* (Sinnesempfindungen), *innere Reize* (Körperempfindungen) und/oder *kognitive Prozesse* (Bewertungen, Vorstellungen, Erwartungen) im Situationsbezug. Emotionale Reaktionen *(emotional responses)* gehen mit verdeckt ablaufenden *autonomen, neurohumoralen, zentralnervösen* und *neuromuskulären* Veränderungen einher, die zusammenfassend als *emotionale Erregung (emotional arousal)* bezeichnet werden. Zu ihren äußeren Kennzeichen gehören der *emotionale Ausdruck (emotional expression)*, die *Orientierung* am emotional erregenden Gegenstand bzw. Sachverhalt, die damit verbundene *Unterbrechung* bzw. *Desorganisation* des momentan ausgeführten Verhaltens, ggf. im Übergang zur Einleitung von Annäherungs- bzw. Vermeidungsschritten. Die spürbar einsetzende *Erlebnisweise* und die – von Kognitions- und Motivationserfahrungen mehr oder minder abgehobene – *Erlebnisqualität* von E. nennt man *Gefühl (feeling)*. Intensive, kurzzeitige Gefühle mit desorganisierenden bzw. einengenden Wirkungen auf Erleben und Verhalten heißen *Affekte* (z.B. Freudentaumel; Angst-, Wut-, Panikanfall), längerfristige Erlebnistönungen ohne klaren Reiz-, Situations-, Tätigkeits- oder Bedürfnisbezug *Stimmungen* (z.B. freudige Erregung, Manie; Niedergeschlagenheit, Mutlosigkeit, Depression). Ältere Bezeichnung: *Gemütsbewegungen.* Klassen emotionaler Reaktionen werden als Muster der o.g. Merkmale beschrieben und unter Berücksichtigung ihrer Einbettung in momentan vorherrschende Orientierungen des Erlebens und Verhaltens im Bezugssystem von Bedürfnissen und Bewertungen interpretiert. Emotionale Reaktionen auf intensive, schmerzhafte oder extrem belastende Umwelteinflüsse beruhen – wie das Instinktverhalten von Tieren in Situationen, die mit Überleben und Arterhaltung in Beziehung stehen – auf angeborenen, adaptiven Regulationsmechanismen (z.B. Schreck-, Defensiv-, Notfalls- und Streß-Reaktionen). Daher zählen nach Darwin und Watson Zuwendung zu Artgenossen, Liebe, Angriff bei Gefahr bzw. Wut, sowie Rückzug bzw. Angst zu den sog. *Grund-Emotionen,* aus denen sich durch *Konditionierung* komplexere Arten der E. entwickeln. *Komplexe E.* gehen zwar mit vergleichbaren Erregungs- und Ausdrucksmerkmalen einher, beruhen aber beim Menschen vorwiegend auf *Situations-Einsichten* und *Bewertungen* im *Selbstbezug.* Zu ihnen zählen die mehr oder weniger artikulierbaren Gefühle im Zusammenhang mit Bedürfnisbefriedigung bzw. -versagung, mit dem Wunsch nach Erreichung bestimmter Handlungsziele bzw. der Einsicht in deren Unerreichbarkeit sowie Gefühle der Hoffnung, selbstgesetzten Ansprüchen oder Wertmaßstäben gerecht zu werden bzw. der Sorge, sie nicht erfüllen zu können. Während *Motivation* das zielbezogene Verhaltensaktivierung bezeichnet, ist E. der Inbegriff reiz- bzw. situationsspezifischer Erregung, wobei Gefühl die *kognitive Komponente* im Bedürfnisbezug darstellt (z.B. angenehme, lustvolle Gefühle bei Aussicht auf oder effektiver Zielerreichung; unangenehme, unlustbetonte Gefühle bei gegenteiligen Erwartungen oder Erfahrungen). Die Beziehungen zwischen emotionaler Erregung und ziel-

Emotion

gerichteter Dynamik zeigen sich bei Furcht und Vermeidungsverhalten deutlich. Die starke emotionale Erregung auf schmerzhafte Erfahrungen ist mit dem Bedürfnis nach Schmerzvermeidung eng gekoppelt; bei Tieren treten sowohl Bewegungsstürme als auch Verhaltensblockierungen auf, wenn keine Fluchtmöglichkeiten bekannt sind, was auf ein Fortbestehen der Erregung hindeutet. Sind Vermeidungsmöglichkeiten aus Erfahrung bekannt, so führt der erneute Anblick der möglicherweise gefährlichen Situation zum Wiederauftreten der *konditionierten emotionalen Reaktion (conditioned emotional response; CER)*, wird aber gleichzeitig zum Ansporn für die Mobilisierung derjenigen Vermeidungsschritte, welche mit Entspannungserwartungen gekoppelt sind. Die spürbare Spannungslinderung bei der Wiedererlangung von Sicherheit, d. h. ein angenehmes, lustvolles Gefühl, ist das Signal der Verstärkungswirkung. Ist der Vermeidungsweg blockiert, so bleibt die emotionale Reaktion fortbestehen und wird zur treibenden Kraft für die Suche nach einem andersartigen Ausweg. Die Beziehung zwischen Motivation und E. kehrt sich um, wenn z. B. ein Mensch den Wunsch hat, bei einer im einzelnen noch nicht bekannten Aufgabe so gut wie nur möglich abzuschneiden (Leistungsmotiv). Wächst im Verlauf der Auseinandersetzung mit der Aufgabe die Gewißheit, daß dies nicht ohne weiteres möglich ist, so kann diese *Bewertung* der Situation zum Auftreten spannungsreicher, unangenehmer belastender Gefühle führen, welche die Aufmerksamkeit auf sich ziehen und sowohl die Nutzung der vorhandenen Informationen als auch den Verhaltensspielraum beeinträchtigen (Furcht vor Mißerfolg); steht die Bewertung dagegen unter positiven Aspekten (Hoffnung auf Erfolg), so treten die Anzeichen emotionaler Erregung weitgehend zurück.

[2] *Emotionstheorien (theories of emotion):*
(a) *Erlebnisdeskriptive Ansätze* gehen von der Klassifikation von Gefühlen im Situations- und Bedürfnisbezug aus. *Einfache* oder *Primär-Gefühle* gehen auf Sinnesempfindungen (z. B. angenehm bzw. unangenehm wirkende Gerüche), Körperempfindungen (z. B. Wohlbehagen bei Ausgeruhtheit und Gesundheit bzw. Unbehagen bei Ermüdung, Schmerz und Krankheit), auf Aktivitäts- oder Tätigkeitsempfindungen (z. B. Entspannung bzw. An-

spannung bei konzentrierter Beschäftigung) und konkrete Bedürfnisse zurück (z. B. Lust am Essen, Freude über ein Geschenk, über die Anwesenheit schutzbringender bzw. geschätzter Mitmenschen; Unlust, Ärger, Wut bei Versagung bzw. Entzug). *Komplexe Gefühle* beruhen auf Erwartungen, Vorstellungen oder Einstellungen in bezug auf breite Situationsklassen mit allgemeinem Bedürfnisbezug. Zu ihnen werden gezählt Erwartungs-Gefühle (freudige bzw. düstere Ahnungen; Hoffnungen bzw. Ängste in bezug auf Wohlbefinden oder Erfolg), Gefühle der Selbsteinschätzung und -besinnung (z. B. Selbstzufriedenheit bzw. Scham oder Schuld), emotionale Komponenten sozialer Einstellungen (z. B. Sympathie, Liebe bzw. Abneigung, Haß) und Gefühle in bezug auf persönliche, soziale, kulturelle oder religiöse Werte und ihre Symbole. WUNDT beschreibt Gefühle in dem dreidimensionalen Bezugssystem *angenehm-unangenehm, Beruhigung-Erregung* und *Lösung-Spannung*. Damit wird der Einfluß des individuellen Sprachgebrauchs bei der Wahl von Gefühlsnamen auf ein Minimum reduziert; gleichzeitig wird mit Beruhigung-Erregung die enge Beziehung von Gefühlen zu autonomen Vorgängen, mit Lösung-Spannung der Tätigkeits- und Bedürfnisbezug zum Ausdruck gebracht. WUNDT (1911) und Vertreter der neueren psychophysiologischen *Aktivations*-Forschung (BERLYNE; LINDSLEY) stimmen darin überein, daß *emotionale Erregung* großer Intensität mit der Vermittlung unangenehmer Gefühls-Eindrücke zusammenhängt. Umfangreiche Untersuchungen sind den Übereinstimmungen zwischen *Gefühls-Eindruck (emotional impression)* und *Gefühls-Ausdruck* gewidmet; müssen z. B. Gefühlsbezeichnungen wie Freude, Angst oder Wut Portraits von Schauspielern mit entsprechendem Gesichtsausdruck zugeordnet werden, so ergibt die korrelationsstatistische Auswertung auf der Grundlage sog. Verwechslungsmatrizen ein zweidimensionales Bezugssystem mit den Achsen Lust–Unlust und Zuwendung–Abwendung (SCHLOSBERG, 1941; TRAXEL). Das zur Bezeichnung von Gefühlen verwendete Begriffsrepertoire ist z. Zt. Gegenstand *psycholinguistischer Wortfelduntersuchungen* (LAZARUS-MAINKA).
(b) *Neurophysiologische Erklärungsansätze:* James (1884) und Lange (1887) sahen in der Rückmeldung von *peripheren Zustandsände-*

149

Emotion

rungen (Drüsentätigkeit; Spannungszustände in der Skelettmuskulatur) im Gefolge der Wahrnehmung an- oder aufregender Umweltereignisse die Ursache von Gefühlen. (»Ich bin traurig, weil ich weine; ich bin zornig, weil ich zuschlage; ich fürchte mich, weil ich zittre«). Der sog. visceralen E.-Theorie (*visceral theory of emotion*) stehen Befunde von CANNON und BARD entgegen. Auch nach Durchtrennung der Nervenleitungen für die Rückmeldungen peripherer Veränderungen treten bei Hunden heftige E. (sog. Scheinwut-Anfälle; *sham-rage*) auf. Die von CANNON (1931) formulierte *Thalamus-Hypothalamus-Theorie* der E. (*thalamic-hypothalamic theory of emotion*) geht von der inzwischen bestätigten Annahme aus, registrierte Umgebungsreize führten über Kollateralen zu Veränderungen des Erregungszustandes der sensorisch-motorischen Integrationsstationen im Zwischenhirn (d. h. in der Thalamus- und Hypothalamusregion). Ob emotionale Verhaltensreaktionen samt ihren peripheren Begleiterscheinungen durchbrechen oder nicht, hängt von der *kortikalen Hemmungskontrolle* ab. Ihre Qualität ist von der *individuellen Bedeutung* der auslösenden Umgebungsreize abhängig, in deren Licht die eingehenden Rückmeldungen aus der Peripherie interpretiert werden. Auf der Grundlage der ersten Beschreibung und Funktionsanalyse des *limbischen Systems* von PAPEZ (1927) wird heute die Annahme vertreten, die Intensität und Dauer der emotionalen Erregung hänge zum einen von Prozessen der →*Reverberation* im limbischen System ab, zum anderen von der Verarbeitung in Amygdala-Kernen (DAMASIO, 1994; LEDOUX, 1996). Auf enge Beziehungen zwischen Thalamus-Funktionen, limbischem System und kortilaler →*Aktivation* verweist der klassische Ansatz von LINDSLEY (1951). In den Bereich der neurophysiologischen Theorien fallen auch die von Ax und Funkenstein ausgehenden Untersuchungen, Affekte wie z. B. Wut und Furcht, charakteristische *Muster peripherer Veränderungen* (z. B. Durchblutung, Herztätigkeit, EDA) einschließlich ihrer *neurohumoralen* Grundlagen (z.B. Adrenalin-Noradrenalin-Balance; Auslösung cholinerger Reaktionen) im Zusammenhang mit dem Vorwiegen *sympathischer* bzw. *parasympathischer* Effekte zu interpretieren. Wegen der starken Überlagerung autonomer

Regulationsprozesse durch *Reaktions-* und *Situationsstereotypien* sind ihre Beziehungen zu Gefühls-Qualitäten allerdings weitgehend ungewiß; lediglich der Zusammenhang von Gefühls- und Erregungsintensität ist gesichert. TOMKINS sieht in E. den Ausdruck der Dichte zum gleichen Zeitpunkt feuernder Neuronenverbände. Diese ist einerseits durch angeborene Koordinationsmechanismen bei bestimmten Reizklassen festgelegt, andererseits das Ergebnis von Bedürfniszuständen, Vorstellungen und damit verbundenen Affekten, Gefühlen und Stimmungen. Auf dieser Grundlage entwickelt IZARD die Auffassung vom funktionalen Primat der zentralnervösen Intensitätsregulation gegenüber kognitiven Prozessen und autonomen Erregungsvorgängen einschließlich ihrer Rückmeldungen.

(c) *Bewertungs-Theorien:* Bereits JAMES nahm an, der Selbstbezug komplexer Gefühle sei das Ergebnis einer Umbewertung des ursprünglichen Körperbezuges. MAGDA B. ARNOLD legt einen ersten Ansatz vor, dem Gefühls-Erleben *isomorphe* Hirnprozesse zuzuordnen. Im Gegensatz zu CANNON und BARD nimmt ARNOLD an, daß emotionale Reize parallel im *Zwischenhirn (limbisches System)* und im *Kortex* verarbeitet werden, wo sie einer *intuitiven Bewertung* vom Typus »eher gut« oder »eher schlecht für mich« unterzogen werden. Dieser Prozeß vermittle Erregungsveränderungen, die dem Zwischenhirn rückgemeldet werden und über thalamische Relaisstationen periphere Reaktionen auslösen. Ebenfalls über den *Thalamus* eingehende Rückmeldungen führen einerseits zu Körperempfindungen, andererseits liefern sie die Grundlage für eine *Wiederbewertung* durch Vergleich mit sensorisch-motorischen Erinnerungen an ähnliche emotionale Episoden, in denen bereits früher mit *Annäherung* oder *Vermeidung* reagiert wurde. E. sind das Ergebnis von intuitiver Eindrucksbewertung, Erinnerungsvergleich und Wiederbewertung. LAZARUS setzt diese Überlegungen in seiner *kognitiven Streß-Theorie* fort. Er sieht in *reflexiven Bewertungen* und *Wiederbewertungen* den Ursprung von Gefühlen unterschiedlicher Qualität, deren Intensität an der autonomen Erregung abgelesen werden kann. Damit ist die Annahme verbunden, kognitive Prozesse der Bewertung *kontrollierten* sowohl die Qualität als auch die Intensität von Gefühlen. SCHACHTER und

150

SINGER gehen in ihrer *kognitiven Interpretations-Theorie* davon aus, daß die Wahrnehmung an- oder aufregender Ereignisse (kognitive Ebene) mit parallelen Erregungsveränderungen (autonome Ebene) einhergeht. Wenn kein unmittelbarer Anhaltspunkt dafür gegeben ist, warum physische Erregungssymptome auftreten, wird die Erregung im Lichte der jeweiligen Situation interpretiert und führt so zu Gefühlen bestimmter Qualität. Verabreicht man z. B. *Epinephrin (Adrenalin)* unter dem Vorwand, es handle sich um ein Vitaminpräparat, so werden die eintretenden Zustandsveränderungen (z. B. Erröten, Schwitzen, Unruhe) bei Anwesenheit einer sich heiter-ausgelassen gebenden Person als freudige Erregung, einer sich erbittert-wütend gebenden dagegen als unangenehme Erregung im Sinne von Ärger oder Wut etikettiert. Die Generalisierbarkeit dieser Befunde im Sinne einer umfassenden E.-Theorie stößt auf einige Schwierigkeiten, denn in den Untersuchungen von SCHACHTER und SINGER handelt es sich um die Induktion relativ intensiver Zustandsveränderungen und ihre Interpretation im sozialen Kontext. VALINS setzte sich kritisch mit der Frage auseinander, ob die tatsächlich empfundene physiologische Erregung für die Entstehung von Emotionen maßgeblich ist. Er zeigte, daß Beobachter dazu neigen, Bilder als attraktiver bzw. emotional bedeutsamer einzustufen, bei deren Anblick Veränderungen der eigenen Herztätigkeit durch falsche Rückmeldung vorgetäuscht wurden. Der *Valins-Effekt* zeigt, wie emotionale Stellungnahmen zu Objekten dadurch beeinflußt werden können, daß man aufgrund einer Täuschung von der subjektiven Überzeugung ausgeht, bei ihrem Anblick wirklich selbst in Erregung geraten zu sein. Die Ergebnisse zeigen, daß man bei der Taxierung von Anzeichen körperlicher Erregung außerordentlich unsicher ist und daß man Suggestionen erliegen kann, wenn anschaulich vorgeführte Erregungsveränderungen so aufgefaßt werden, als stammten sie von einem selbst. Damit sind Grundprinzipien der Verhaltensmodifikation durch →*Biofeedback* angesprochen. *Neurophysiologische Ansätze* besitzen ihre Bedeutung für die vergleichenden Analyse von Grund-E. Psychophysiologische *Bewertungs-Theorien* der E. haben eine Schlüsselstellung bei der Entwicklung von Programmen der *Intervention* zum Abbau stö-

render Erregungs- und Angstzustände. Die Kombination beider Ansätze wird z. B. bei der Überprüfung von *Psychopharmaka* mit zentralnervöser Wirkung und mit peripher wirksamen Präparaten mit erregungsdämpfenden Effekten herangezogen.

→*Angst;* →*Aktivation;* →*Bewertung;* →*Bewußtsein;* →*Extraversion;* →*Impulsivität;* →*Labilität;* →*Motivation.*

LIT. ARNOLD (^{2}1962); BUCK (1976); COFER (1975); DAMASIO (1994); EWERT (1983 b); FRIJDA (1986); FRÖHLICH (1982); IZARD (1977); LAZARUS (1991); LEDOUX (1998); PLUTCHIK (1980); SCHACHTER, SINGER (1962); TRAXEL (1968); VALINS (1966); WEIL (1974); YOUNG (1973).

emotional *(emotional).* (a) Aspekte von Zuständen, Prozessen, Erlebnis- oder Verhaltensweisen, die mit →*Emotionen* zusammenhängen. (b) Tendenz eines Menschen, häufig und rasch affektiv zu reagieren. (c) Auffällige, unangemessene Verhaltensweisen, von denen angenommen wird, sie gingen auf die affektive Tönung des Erkennens, auf gefühlsbetonte Einstellungen oder eine allgemeine Neigung zu affektiven Ausbrüchen zurück. Syn. *emotionale Fehlhandlung (emotional bias).*

emotionale Intelligenz *(emotional intelligence).* Von P. SALOVEY und J. MAYER um 1990 eingeführte Metapher für die Fähigkeit, eigene und die Gefühle anderer zu verstehen und das Verhalten daran zu orientieren. Der von DAVID GOLEMAN popularisierte Ansatz beruft sich neben antiken Vorbildern (»Erkenne Dich selbst«) vor allem auf Ergebnisse der neueren Gehirn- und Emotionsforschung, die zeigen, daß Bewußtsein, Kontakt mit der Umwelt, Lernen, Gedächtnis und ausgewogenes Handeln ohne Gefühlsbeteiligung undenkbar wären. Für einen »EQ« als Ergänzung des IQ gibt es bisher keine Meßinstrumente; aber es existiert eine ansehnliche Zahl von Trainingsprogrammen für den Umgang mit eigenen Emotionen (*emotional management*), die sich z. B. bei Managern, Werbefachleuten, Verkaufsstrategen und Spitzensportlern zur Förderung von Berufserfolg und Zufriedenheit bewährt haben. Dabei geht es um die sorgfältige Beachtung eigener Gefühlsregungen und Übungen des angemessenen Umgangs mit ihnen, um die Einfühlung (*Empathie*) in die Gefühlswelt anderer und um den Einsatz von Gefühlen zur streßfreien

emotionale Reaktionen

Bewältigung komplizierter zwischenmenschlicher Situationen.
LIT.: GOLEMAN (1996).
emotionale Reaktionen →*Verhalten, emotionales.*
emotionaler Stupor →*Stupor.*
emotionale Stabilität →*Stabilität.*
Empathie →*Einfühlung.*
Empfänger →*Sender.*
Empfindung *(sensation).* Bezeichnung für die letzten und nicht weiter unterteilbaren Aspekte oder Elemente der Sinneswahrnehmung, ausgelöst durch die die Sinnesrezeptoren erregenden Reize. Die klassische →*Psychophysik* und *Elementenpsychologie* (→*Elementarismus*) sah in Empfindungen gleichzeitig die *Erlebniselemente.* Farben, Töne usw. werden auch heute noch als Empfindungen bezeichnet, um die die Reizinformation umwandelnde Aktivität der Rezeptoren zu betonen. Syn. *Sinnesdatum (sense datum)* oder *Sinnesgegebenheit.*
empirisch *(empirical).* (a) Auf Tatsachen, Erfahrungen, Experimenten gründendes Wissen. (b) Der theoretischen (»rationalen«) Erörterung oder Begriffsanalyse entgegengesetztes wissenschaftliches Vorgehen, in dessen Rahmen – von Theorien, Annahmen, Hypothesen geleitet – Daten erhoben, gesammelt, analysiert und interpretiert werden. Die Ableitung von Erkenntnissen mit dem Anspruch auf Allgemeingültigkeit erfolgt auf dem Weg von *Induktion* und *Generalisierung.* Der empirische Methodenkanon umfaßt alle Arten der *systematischen Beobachtung, Feldstudien, Feldexperimente* und als Königsweg das *Experiment.*
empirische Verteilungen →*Verteilung.*
Empirismus *(empiricism; empirism).*
[1] Philosophisch-wissenschaftstheoretische Doktrin, die Erfahrung als einzige Wissensgrundlage und Erkenntnisquelle anerkennt. Vertreter der Gegenposition, des *Nativismus (nativism),* gehen von angeborenen Ideen oder Anschauungsformen aus, in deren Rahmen sich Erkennen und Wissen entwickeln und ausbreiten kann. Der Vorrang der Ideenwelt bzw. abstrakter Verstandestätigkeit gegenüber der sinnlichen Erfahrung wird im *Rationalismus* (*rationalism*) oder *Apriorismus* (*apriorism*) postuliert.
[2] *Formen des E.* (a) Die von Mitgliedern der englisch-schottischen Schule vertretene Auffassung, der menschliche Verstand sei ur-

sprünglich eine *tabula rasa,* ein unbeschriebenes Blatt; alles Wissen sei durch sinnliche Erfahrung erworben. BERKELEYs berühmter Ausspruch »*esse percipi*« (Sein ist Wahrgenommenwerden) ist Ausdruck einer extrem empiristischen Position, die alles Erkennen der Sinneserfahrung zuschreibt. Syn.: *Sensualismus (sensualism).* Die Gegenposition besteht in der Annahme angeborener Anschauungsformen (bei KANT Raum und Zeit), in deren Rahmen sinnliche Erfahrungen interpretiert und dem Wissen einverleibt werden können. (b) Die Auffassung, wissenschaftliche Erkenntnisse müßten stets aus objektiven Beobachtungsdaten hergeleitet werden. Dies entspricht weitgehend dem positivistischen Ideal vom Aufbau einer Naturwissenschaft aus operational definierten Sachverhalten und Protokollsätzen. Die *rationalistische* Position geht vom Primat der Ideen bzw. des vernünftigen Denkens aus. Dem heutigen Wissenschaftsverständnis entspricht keine der beiden Extrempositionen; sowohl in den Natur- als auch in den Sozial- und Geisteswissenschaften werden je nach Fragestellung beide Wege begangen. (c) Empiristische und nativistische Positionen findet man schließlich auch in der durch die enormen Fortschritte in der biologisch-medizinischen Genetik angeheizten, bislang ergebnislosen Diskussion über die Anteile von *Umwelt (nurture)* und von Vererbung (*nature*) an der Entstehung und Ausformung menschlicher Eigenschaften, Fähigkeiten und Fertigkeiten.
Enc(k)ephalon. Gehirn.
Encephalitis. Infektiöse Gehirnentzündung, die meistens mit Hirnhaut- und Rückenmarksentzündungen einhergeht, durch Bakterien oder Viren ausgelöst ist und in der Regel organische und psychische Dauerschädigungen hinterläßt.
Encopresis →*Entwicklungsstörungen.*
Endhandlung →*Instinkt.*
endogen *(endogenic, endogenous).*
[1] Allgemeine Bezeichnung für aus einem System oder einer Struktur hervorgehende Phänomene.
[2] Im Zusammenhang mit *Psychosen* Bezeichnung für solche Erscheinungsformen, die auf körperliche Ursachen zurückgehen.
endogene Depression →*Depression.*
endogene Potentiale *(endogenous potentials).* Bezeichnung für die der Reizregistrierung fol-

genden, mit einer LATENZ ab ca. 80 msec auftretenden Komponenten von *evozierten Potentialen*, die mit Prozessen der *Informationsverarbeitung* zw. Reizanalyse und Reaktionsanbahnung zusammenhängen. Zu den e.P. zählen z. B. N_2, P_3 und CNV.
→*Elektroencephalogramm*, →*ereignisbezogene Potentiale.*

endogene Psychose →*Psychose.*

endokrine Drüsen *(endocrine glands).* Bezeichnung für solche Drüsen des Körpers, die ihr Sekret direkt in Blut- oder Gewebeflüssigkeit ausschütten. Ihre Sekrete werden →*Hormone* genannt.

Endokrinoimmunologie *(endocrinoimmunology).* Forschungsgebiet, in dessen Rahmen Zusammenhänge zwischen endokrinen Vorgängen und Veränderungen des *Immunsystems* untersucht werden. So konnte z. B. nachgewiesen werden, daß Corticosteroide (Hormone der Nebennierenrinde, die unter *Streß* vermehrt ausgeschüttet werden) zu Suppressionen der zellvermittelten Immunität führen.
→*Immunsystem,* →*Psychoendokrinologie,* →*Psychoimmunologie,* →*Psychoneuroimmunologie,* →*Streß.*

Endolymphe. Bezeichnung für die Labyrinthflüssigkeit im inneren Ohr. →*Cortisches Organ.*

endomorph *(endomorphic).* Bezeichnung für einen anthropometrisch bestimmbaren Körperbautypus nach SHELDON, der sich durch ein relatives Vorherrschen der Eingeweideregionen kennzeichnen läßt.

Endoplasma. Bezeichnung für das innere, flüssig-weiche Material der Zelle.

endoplasmatisches Reticulum →*Zelle.*

endoreaktive Dysthymie →*Dysthymie.*

Endorphine *(endorphines; enkephalines).* Körpereigene opiatanaloge Peptide **(end***ogene* **M***orphine; Enkephaline)* der Hypophyse und des Nervensystems, die als Neurotransmitter, Neuromediatoren und Hormone wirksam werden. Vermehrte Produktion von E. findet man z. B. unter →*Streß* und bei schwerer körperlicher Anstrengung (Marathonlauf). E. bewirken u. a. Herabsetzung der Sensibilität, insbesondere der Schmerzempfindlichkeit durch Hemmung sensorischer Afferenzen, Veränderungen der Körpertemperatur, des Antriebs, der Motorik und der Darmtätigkeit.

endosomatische Methode →*elektrodermale Aktivität.*

Energie, geistige →*Intelligenz.*

Engramm, Gedächtnisspur *(engram; memory trace).* (a) Aus der griech. Philosophie stammende Metapher von den allmählich verblassenden mehr oder weniger immateriellen Spuren, die Erfahrungen hinterlassen. (b) Neuro-physiologische Substrate gespeicherter Erfahrungen. Inbegriff bis heute nur teilweise erforschter, komplexer ereignisbezogener elektro- und biochemischer Veränderungen, die in verschiedenen Teilen des Gehirns gleichzeitig ablaufen, durch →*Reverberation* und/oder wiederholte gleichförmige Erfahrungen in →*Zellverbänden* konsolidiert werden, dort intra- und/oder intersynaptische Veränderungen hinterlassen und durch *Abrufmechanismen* und/ oder →*Pfadaktivierungen* als vernetzte Informationen kürzer- oder längerfristig aktualisierbar sind. E.-Prozesse sind mit großer Wahrscheinlichkeit von intraneuronalen RNS- und Eiweißsynthesen sowie von Bahnungs-, Hemmungs- und Toreffekten *(gating)* mitbestimmt, die durch Neurotransmitter angesteuert werden.

Enkodierung →*Kodierung.*

Enkodierungspriorität →*Gedächtnis.*

Enkodierungsspezifität→*Gedächtnis.*

Enkopresis →*Entwicklungsstörung.*

Entdeckungsnegativierung →*ereignisbezogene Potentiale.*

Entfremdung *(alienation;* seltener: *estrangement).* Von HEGEL eingeführte Bezeichnung für die Diskrepanz zwischen »Geistigem« und der »Wirklichkeit«. In der marxistischen Soziologie das Mißverhältnis zwischen zu leistender Arbeit und Einsichten in die Bedeutung ihres Endproduktes. Bei Freud und seinen Nachfolgern Störung des Identitätsgefühls durch die Erfahrung der auf das Individuum einwirkenden kulturellen Zwänge.

Entfremdungsgefühl →*Depersonalisation.*

Enthemmung *(disinhibition).*
[1] *Klin. Psychologie, Psychiatrie:* Von Affekten beherrschtes Verhalten unter Wegfall der persönlichkeits- und sozialbedingten Hemmungen, z. B. bei manischen Zuständen, nach Alkohol- oder Drogenkonsum. E. ist auch die Bezeichnung für den Fortfall der kortikalen Kontrolle bei Gehirnerkrankungen (JACKSON).

153

Entladung

[2] Bei PAWLOW Erklärung für die vorübergehende Intensitätszunahme der konditionierten Reaktion nach Einwirkung eines weder konditionellen noch unkonditionellen, jedoch überschwelligen und die *Orientierungsreaktion* auslösenden Reizes.

Entladung *(discharge).*
[1] Neurophysiologisch: Feuern einer Zelle, →*Aktionspotential.*
[2] *EEG:* Aus Potentialveränderungen erschlossene Aktivitäten bestimmter Hirnbereiche.
[3] Syn. für Triebentladung →*Übersprunghandlung.*

Entoderm. Bezeichnung für die innere Keimschicht (Keimblatt) des Embryo.

Entropie. (Die gebräuchlichsten Synonyme: Mittlerer Informationsgehalt, Informationsentropie, Negentropie.) Die allgemeine, in der *Informationstheorie* übliche Bezeichnung für die mit einem Ereignis verbundene *Ungewißheit* bzw. dessen Überraschungswert. Der Ausdruck wurde aus der Thermodynamik übernommen und bezieht sich dort auf den Zufallsanteil bei der Vorhersage des Verhaltens von Gasmolekülen, bezeichnet also eine Bedingung der Unvorhersagbarkeit. Das von Shannon und Wiener entwickelte Maß für Entropie lautet in allgemeiner Schreibweise

$$H = \sum_i pi \; ld \; 1/pi$$

Die Information H ist gleich der Summe aller pi mal logarithmus dyadicus von 1/pi. H = die allgemeine, übliche Bezeichnung für Entropie = Information. pi = die Wahrscheinlichkeit eines Elementes oder Ereignisses aus i = 1 bis n Ereignissen. ld = übliche Abkürzung für Logarithmus dyadicus, also den Logarithmus auf der Basis 2. Das Ergebnis ist in den Einheiten der Informationsmessung *»bit«* gegeben.

LIT. ATTNEAVE (1965).
Entropie, maximale. Bezeichnung für den maximalen Informationsgehalt einer definierten Anzahl von Alternativen eines Systems. Die Berechnung geschieht nach

$$H_{max} = ld \; m.$$

H_{max} = Bezeichnung für maximale Entropie. m = Anzahl der Alternativen. ld = Logarithmus dyadicus. Das Ergebnis bezieht sich auf die Einheit der Informationsmessung *»bit«.*

Entropie, relative. Bezeichnung des Informationsmaßes, das die auf die Eigenheiten des wahrscheinlichen Vorkommens der einzelnen Elemente in einem gegebenen System bezogene Information angibt. Der entsprechende Wert

$$H_{rel} = H/H_{max}$$

wird aus dem Verhältnis von Entropie und maximaler Entropie errechnet. Die Bezeichnung H_{rel} wurde hier der Einfachheit halber gewählt. Bei ATTNEAVE z. B. wird er mit R bezeichnet.

LIT. ATTNEAVE (1965).
Entscheidung *(decision).*
[1] Allgemeine Bezeichnung für die Wahl einer bestimmten Richtung des Handelns oder Reagierens in einer mehrere Möglichkeiten enthaltenden Situation. Einbegriffen werden meist Aspekte des »Überlegens« *(deliberation)* und des »Wollens« *(volition),* die als Vorgänge der Entscheidung einer Handlung vorangehen. Die Handlung wird in der Entscheidung nach Art, Form und Richtung als vorweggenommen gedacht *(Entschluß).*
[2] In der *Entscheidungstheorie (decision theory)* umfaßt E. alle jene Meßwerte, die in wechselseitiger Abhängigkeit miteinander die E. voraussagen lassen *(→Spieltheorie).* Entscheidung wird dort als handelnder Vollzug selbst aufgefaßt und manifestiert sich in der Wahl eines bestimmten Gegenstandes, Denkweges oder Reaktionsmusters in einer mehrdeutigen Situation. Die wichtigsten Voraussagewerte beziehen sich auf das kalkulierbare oder »gelernte« Risiko, z. B. der *»subjektiven Wahrscheinlichkeit«.*

LIT. COHEN, HANSEL (1954); THOMAE (1960b); THRALL u. a. (eds.; 1954).
Entscheidungsexperiment, experimentum crucis *(crucial experiment).* Bezeichnung für Experimente, die die Gültigkeit einer Theorie oder Hypothese beweisen bzw. entscheiden sollen. Es wird nach neuerer Auffassung weitgehend bestritten, daß es ein »letztes« Entscheidungsexperiment überhaupt geben kann. Dies geht auf die Unvollständigkeit einer jeden Induktion und somit auf die Unvollständigkeit der Basis für ein Generalisieren zurück. Der Begriff E. wird daher meist zur Charakteristik eines an eine konkrete Fragestellung bzw. Voraussage gebundenen Experimentierens verwendet. Metzger stellt ihm

154

Entwicklung

das sog. »Erkundungsexperiment« gegenüber, wo es mehr um die Beobachtung als um die Entscheidung eines bestimmten Phänomenzusammenhanges geht. →*Experiment.*

Entscheidungsrisiko →*Signalentdeckung.* →*Experiment.*

Entschluß →*Entscheidung.*

Entschlüsseln →*Sender.*

Entspannung *(relaxation).*

[1] Psychophysiologischer Zustand, der sich im Gegensatz zur Erregung oder Belastung durch Wohlbefinden, positive Grundstimmung, Abklingen des Muskeltonus, Abklingen von Spontanreaktionen, Alphareichtum des Encephalogramms, Absinken der Herz- und Pulsfrequenz und die Wiederherstellung bzw. Aufrechterhaltung der innersekretorischen Homöostase kennzeichnen läßt. In der Gefühlstheorie WUNDTS bildet der Gegensatz Spannung und Lösung der Spannung eine der Grunddimensionen, die auch in neueren Ansätzen als Grundlage der Intensitätsbeschreibung von Gefühlen herangezogen wird.

[2] Als *Entspannungs-Techniken (relaxation techniques)* gelten *Biofeedback, autogenes Training, Desensitivierung* und Verfahren, die auf *Autosuggestion* beruhen (z. B. Meditations- und Yoga-Übungen). Sie werden zur Unterstützung der *Psycho-* und *Verhaltenstherapien* eingesetzt. Bei den verschiedenen Arten und Formen der *Entspannungstherapie (relaxation therapy)* wird u. a. von der Annahme ausgegangen, der physiologische Entspannungszustand teile sich unmittelbar der Befindlichkeit mit und sei durch Veränderungen der (kognitiven) Bewertung (Einstellung; Autosuggestion) modifizierbar.

[3] Das Verfahren der *konditionierten Entspannung (conditioned relaxation)* wird gelegentlich zur Unterstützung der Entspannungstherapie oder systematischen *Desensitivierung* angewandt. Der Patient erhält z. B. elektrische Schläge wachsender Intensität auf den Unterarm; ist seine Erträglichkeitsgrenze erreicht, so spricht er das Wort »ruhig« aus, worauf der Versuchsleiter den Strom abschaltet. Damit ist das Wort »ruhig« zum konditionellen Reiz für den Entspannungszustand geworden. Seine Wiederanwendung in furcht- oder angstauslösenden Situationen kann nach einem entsprechenden Training einen generalisierten Entspannungseffekt auslösen, der

nach dem Prinzip der *reziproken Hemmung* die aufkommende Angst eindämmt.

Entwicklung *(development).*

[1] Allgemeine, umfassende Bezeichnung für im Verlauf der Zeit fortschreitende, geordnete Folgen von Veränderungen äußerer Merkmale, Funktionen und/oder innerer Strukturen, wodurch sich Ausgangs- und Endzustand des entsprechenden Gegenstandes in Form, Quantität, Inhalt und/oder Qualität voneinander unterscheiden.

[2] Der *biologisch-genetische* E.-Begriff bezieht sich auf Veränderungsfolgen, die im Verlauf (a) der Entstehungsgeschichte von *Lebewesenarten* aufgrund des *Evolutionsdruckes (Phylogenese; →Evolution)* oder (b) der individuellen E. von Angehörigen einer bestimmten Lebewesenart *(Ontogenese)* aufgrund biogenetischer Faktoren auftreten, sich in *Reifung* von Organen und Organfunktionen sowie im *Wachstum* äußern und in der Zeitspanne zwischen *Keim-E. (pränatale E.),* Geburt und Erreichung des vollentwickelten Zustandes *(postnatale E.)* ablaufen. Kennzeichnend ist die Anbindung an evolutionäre Vorgänge bzw. an ein biogenetisches Programm und der Fortschritt von primitiveren, undifferenzierten Ausgangsformen und -strukturen zu höherentwickelten, differenzierteren Endformen und -strukturen des Organismus.

[3] Der *psychologische* E.-Begriff ist sowohl in seiner deskriptiven als auch explikativen Bedeutung weiter gespannt. Er umfaßt neben den biogenetisch bedingten körperlichen Veränderungen alle Bedingungen und inneren Vorgänge, die dem *Erleben, Erkennen* und *Verhalten* aufgrund von Prozessen der *kognitiven Organisation* und *Steuerung* im Sinne der *Selbstregulation* wachsende *Differenzierung* und *Komplexität* sowie eine, einzelne Funktionen übergreifende, hierarchische Integration verleihen. E. gilt als eine geordnete, zeitlich gerichtete Veränderungsfolge, die sich durch den Ablauf irreversibler Schritte, sog. *Entwicklungsphasen, -stufen* oder *stadien* näher charakterisieren läßt. E. vollzieht sich im Bezugssystem von Interaktionen zwischen *endogenen* und *exogenen* Bedingungen; betrachtet man die postnatale E. als lebenslangen Prozeß, so nimmt die Bedeutung exogener Bedingungen dabei beständig zu (→*Sozialisation*).

→*Entwicklungspsychologie,*
→*Entwicklungstheorien.*

Entwicklungsabschnitte

Entwicklungsabschnitte *(levels of development)*. Bezeichnung für durch Konventionen festgelegte Abschnitte zum Zwecke der Analyse und des Vergleichs der Entwicklung in bezug auf das Lebensalter. Die gewählten Abschnitte sind künstlicher Natur und dienen der Herstellung einer Ordnung; sie haben meist einen mehr oder weniger logisch schlüssigen Bezug zu bestimmten charakteristischen Veränderungen. Man unterscheidet meist bei der Analyse des menschlichen Verhaltens und dessen Entwicklung *(→Entwicklung, →Entwicklungspsychologie)* das (a) *Säuglingsalter,* von der Geburt bis zum ersten Lebensjahr, (b) *Kindesalter, infancy,* vom ersten bis zum zwölften Jahr; unterteilt in das *frühe Kindesalter (early childhood)* vom ersten bis zum sechsten Lebensjahr, das *mittlere Kindesalter (mid childhood)* vom sechsten bis zum zehnten Lebensjahr; das *späte Kindesalter (late childhood)* vom zehnten bis zum zwölften Lebensjahr – in manchen Fällen werden die beiden letzten Abschnitte zum *Schulkindalter* zusammengefaßt –, (c) *Jugendalter, adolescence,* oder *Adoleszenz,* vom zwölften bis zum einundzwanzigsten Lebensjahr, – manchmal in weitere Abschnitte, z. B. *Pubertätsalter, Vor-* und *Nachpubertät* usw. unterteilt –, (d) *Erwachsenenalter, maturity,* meistens vom 21. bis zum 65. Lebensjahr, (e) *Alter, old age* (im Deutschen manchmal auch *Greisenalter),* dessen Betrachtung Aufgabe der Alternsforschung bzw. der Gerontologie ist.

Entwicklungsphasen, Entwicklungsstufen, Entwicklungsstadien *(developmental stages)*. Bezeichnung für die im Verlauf der *Ontogenese* auftretenden Muster qualitativer Veränderungen des Erlebens und Verhaltens sowie der ihnen zugrunde liegenden Strukturen. Die Begriffe E.-Phasen, E-Stufen oder E.-Stadien werden verwendet, um den diskontinuierlichen Verlauf der Entwicklung zu charakterisieren. In der Regel geschieht dies unter der allgemeinen Voraussetzung, die Entwicklung vollziehe sich in einer geordneten, irreversiblen Folge von Schritten, welche die Merkmale zunehmender Differenzierung und Komplexität aufweisen. Die drei Bezeichnungen lassen sich in ihrer Bedeutung nur schwer voneinander abgrenzen. Manche Autoren verwenden die Bezeichnung Phase, um damit einen Wandel im Raster vergleichbarer Formen oder Funktionen anzudeuten, während Stufe oder Stadium für deutliche Niveauveränderungen steht. Phasen-, Stufen und/oder Stadieneinteilungen erhalten ihre definitive Bedeutung stets in dem jeweiligen theoretischen Bezugssystem ihrer Verwendung. So postuliert z. B. Freud in seiner Theorie der Triebentwicklung eine Phasenfolge, die auf diejenigen Körperzonen bezogen ist, welche im Verlauf des biogenetischen Reifungsprozesses vorherrschenden Anspruch auf die Befriedigung psychosexueller Triebe (Libido) signalisieren. Der *oralen* folgt die *anale Phase;* die *phallische Phase* schließlich leitet über eine *Latenzphase* zur *genitalen Phase.* In seiner Theorie der Entwicklung unterscheidet Piaget drei bzw. vier Phasen, innerhalb deren sich die Entwicklung der kognitiven Organisation in Stufen vollziehen soll. Die *sensomotorische Phase* beginnt auf der Stufe von Reflexen und entwickelt sich über einfache Gewohnheiten, aktive Wiederholungen von Handlungsfolgen und ihre Koordination bei der Anwendung auf neue Situationen zur Stufe der Erfindung neuer Handlungsmuster. Gegen Ende des 2. Lebensjahres tritt das Kind über eine sog. *prä-operationale Phase)* in die *Phase konkreter Operationen,* wo es die Stufen des vorbegrifflichen bzw. an Denkoperationen gebundenen konkreten Operierens durchläuft, um schließlich – gegen Ende des 11. Lebensjahres – in die Phase der *formalen Operationen* mit ihren verschiedenen Stufen einzutreten, welche die zunehmende Autonomie des Denkens und Handelns charakterisieren.

→Entwicklung, →Entwicklungstheorien.

Entwicklungspsychologie *(developmental psychology)*. Teilgebiet der Psychologie, in dessen Rahmen die individuelle Entwicklung des Menschen als zeitlich gerichtete geordnete Folge von Veränderungen beschrieben und erklärt wird, die der Erweiterung der Erlebnis-, Erkenntnis- und Verhaltensmöglichkeiten mit den Merkmalen zunehmender Differenzierung und Komplexität zugrunde liegen *(→Entwicklung).* Die E. entstand unter dem Eindruck der biogenetischen Forschung und Theorienbildung *(→biogenetisches Grundgesetz, →Biogenese)* und der von Darwin begründeten Auffassung über die Entstehung der Lebewesenarten *(→Evolution)* im vorigen Jahrhundert. Vorläufer der empirischen E. sind Gelegenheitsbeobachtungen an Kleinkindern. Die heutige E. (mit ihren zahlreichen Be-

Entwicklungsstörungen

rührungspunkten zu Allgemeiner, Persönlichkeits-, Sozial- und Pädagogischer Psychologie und ihren Anwendungen in Pädagogischer und Klinischer Psychologie, Erziehungs- und Schulpsychologischer Beratung) vollzieht sich nach den allgemeinverbindlichen Regeln der empirischen Forschung. Zu ihren *Methoden* gehören systematische *Beobachtung, Feldstudien, Feldexperimente* und *Labor-Experimente.* Methodische Besonderheiten sind *Querschnitts-Untersuchungen* zur Erfassung des altersspezifischen Entwicklungsstandes *(→Entwicklungsabschnitte), Längsschnitt-Untersuchungen* zur Erfassung individueller Entwicklungsverläufe, Kombinationen aus beiden und *Zwillings-Untersuchungen* zur Abgrenzung biogenetischer, endogener und umweltbedingter, exogener Entwicklungsbedingungen. Als allgemeine Kennzeichen der Entwicklung gelten nach TRAUTNER (1978) (a) *Wachstum (growth)* sowohl im Sinne körperlicher Veränderungen als auch der Zunahme von Wissen und Können und der Ausgliederung von Gefühlen, Motiven und Handlungsmöglichkeiten, (b) *Reifung (maturation)* als Ergebnis der endogenen Entwicklungskontrolle einerseits, als Verbesserung und Differenzierung der Möglichkeiten zur Verarbeitung, Bewertung und Nutzung von Erfahrungen im sozialen Feld andererseits, (c) Verfeinerungen, Erweiterungen und übergeordnete *Strukturierungen psychischer Funktionen* und ihrer *Steuerung (→Differenzierung; Integration; Organisation; Zentralisierung),* (d) die wachsende Bereitschaft, durch Erfahrung, Übung und Beobachtung zu *lernen* und aus dem Gelernten eigenständige Pläne zu entwickeln und (e) Spielregeln und abstrakte Normen bzw. Werte der umgebenden Gruppe bzw. Gesellschaft zu übernehmen und kritisch zu reflektieren *(→Sozialisation).* In den verschiedenen *→Entwicklungstheorien* werden die Verlaufseigentümlichkeiten einzelner Funktionsbereiche und ihre Zusammenhänge unter jeweils bestimmten Annahmen und methodischen Perspektiven diskutiert.

LIT. BALTES, SCHAIE (1973); BIEHLER (1976); FLAMMER (^{2}1996); GOULET, BALTES (1970); EWERT (1983); MILLER (1993); MUSSEN (1983); MUSSEN, HUSTON, CONGER, KAGAN (^{5}1996); OERTER (1968; 1978); OERTER, MONTADA (^{3}1995); THOMAE (1959); TRAUTNER (^{2}1991).

Entwicklungsreihe *(developmental sequence).* Bezeichnung für die Abfolge von spezifischen Organ-, Funktions-, Struktur- oder Verhaltensänderungen, die im Entwicklungsverlauf von Lebewesen einer bestimmten Art, Angehörigen einer bestimmten Gruppe oder sozialen Gebilden auftreten. Der E.-Begriff unterscheidet sich von dem der *Entwicklungsphasen, -stufen* oder *-stadien* durch seinen Bezug auf umschriebene Merkmale oder Funktionen und auf die Abfolge selbst, ohne weiterreichende Annahmen über deren Bedeutung in bezug auf ein bestimmtes Entwicklungsprinzip oder -ziel.

Entwicklungsstörungen *(developmental disorders). DSM-IV* faßt E. unter dem neuen Titel *»Störungen, die typischerweise im Kleinkindalter, in der Kindheit oder in der Adoleszenz beginnen«* zusammen. Die einzelnen Kategorien umfassen. (a) *Geistige Behinderung;* (b) *Lernstörungen* (z. B. Beeinträchtigungen des Lesens oder Rechnens); (c) *Störungen der Motorik* (z. B. entwicklungsbedingte Koordinationsstörungen); (d) *Kommunikationsstörungen* (z. B. Hörstörungen, Stottern); (e) *tiefgreifende E. (pervasive developmental disorders),* z. B. *→Autismus;* (f) *Aufmerksamkeitsdefizite* und *expansive Verhaltensstörungen (disruptive behavior disorders),* z. B. Hyperaktivität; (g) *Fütter- und Eßstörungen im Säuglingsund Kleinkindalter (Pica, Rumination; →Eßstörungen);* (h) *Tics* (z. B. *Tourette-Störung;* (i) *Ausscheidungsstörungen (elimination disorders),* z. B. *Enuresis* (Bettnässen) oder *Enkopresis* (Einkoten) sowie (j) *andere Störungen, die typischerweise im Säuglingsund Kleinkindalter beginnen* (z. B. *Trennungsangst-Störungen, Mutismus).* Die Inhalte der DSM-III-Kategorie *»umschriebene E.«* (specific developmental disorders), die Schulleistungs-, Sprach-, Sprech- und Artikulationsstörungen und motorische Koordinationsstörungen umfassen, sind nun in differenzierterer Weise in den o. g. Kategorien (b), (d) und (f) aufgeführt; *Angststörungen in der Kindheit und Adoleszenz (anxiety disorders of childhood and adolescence)* sind nun den *→Angststörungen,* Störungen der *Geschlechtsidentität* im Kindesalter und Adoleszenz *(gender identity disorders of childhood and adolescence)* den *→Sexualstörungen* zugeordnet; die vormals sog. *»nicht andernorts klassifizierten Sprechstörungen« (not otherwise classified*

Entwicklungstheorien

speech disorders) haben ihren neuen Platz unter (d) *Kommunikatonsstörungen.*

Entwicklungstheorien *(theories of development; developmental theories).* Bezeichnung für Aussagesysteme über Gesetzmäßigkeiten und systematische Zusammenhänge der *Entwicklung* des Individuums. Diese wird in der Regel aufgefaßt als eine geordnete Folge von Veränderungen bzw. Veränderungsschritten *(→Entwicklungsphasen)* mit den allgemeinen Kennzeichen der fortschreitenden *Differenzierung, Komplexität* und *hierarchischen Organisation* der *internen Steuerungsfunktionen.* E. enthalten Aussagen über ihren *spezifischen Gegenstand* (d.h. was, welche Funktion betrachtet wird), den *Verlauf* (d.h. wie die Entwicklung abläuft, kontinuierlich, in wiederkehrenden Stufen auf einem höheren Niveau, in Phasen, einander überlagernden Schichten, usw.; vgl. THOMAE, 1959) und über zugrunde liegende *Kontroll-* oder *Steuerungsvorgänge* (d.h. wodurch Entwicklung stattfindet, aufgrund biogenetischer Faktoren, Wechselwirkungen zwischen endogenen und exogenen Bedingungen, durch Anpassung, Lernen, Internalisierung, Sozialisation o.ä.). Da die verschiedenen E. von höchst unterschiedlichen Prinzipien und Grundannahmen ausgehen und sich auf jeweils verschiedene spezifische Funktionsbereiche des Erlebens und Verhaltens beziehen, sollte man in ihnen eine Sammlung von Aspekten sehen, unter denen einzelne, ausgewählte Phänomene der Entwicklung und ihres Verlaufes betrachtet und vorläufig interpretiert werden können (vgl. EWERT, 1983; *→Theorie*). Die folgende Aufzählung ausgewählter Ansätze orientiert sich teilweise an einer von TRAUTNER (1978) vorgeschlagenen Einteilung, die von den verschiedenen Prinzipien bzw. Grundannahmen über das Was, Wie und Warum von Entwicklung ausgeht.

[1] *Biogenetische E.:* Ihre Vertreter sehen in der Entwicklung einen vorprogrammierten Prozeß der Entfaltung, der sich in Analogie zu körperlichen Reifungs- und Wachstumsprozessen vollzieht. Zu den wichtigsten Vertretern dieser Richtung gehört neben OSWALD KROH vor allem HEINZ WERNER. Er sucht in seiner umfassenden E. allgemeine Gesetzmäßigkeiten, die allen länger- und kürzerfristigen Entwicklungsprozessen *(Phylogenese, Ethnogenese, Ontogenese, Pathogenese* und *Aktual-*

oder *Mikrogenese)* eigen sind. Werner geht von einer Übereinstimmung zwischen ihnen aus, der sog. *Makro-Mikro-Korrespondenz (macro-micro correspondence).* Diese Übereinstimmung zeigt sich darin, daß jede Entwicklung von einem Zustand relativer *Globalität* oder *diffuser Ganzheitlichkeit* zu einem Zustand wachsender *Differenziertheit* bei gleichzeitiger *hierarchischer Organisation* und *Integration* führt *(→orthogenetisches Prinzip).* Neben den biogenetischen Reifungs- und Wachstumsbedingungen sieht Werner individuelle *Bedürfnisse* (vor allem die Neugierde) und *adaptive Prozesse* als die entscheidenden Faktoren der psychischen Entwicklung an. In den adaptiven Prozessen zeige sich in aller Deutlichkeit, wie ein bestehendes Ungleichgewicht zwischen Erfordernissen und vorhandenen Möglichkeiten durch die Reorganisation der entsprechenden psychophysischen Strukturen auf einem höheren Niveau ausgeglichen werde. Die hierarchische Organisation des Erlebens und Verhaltens vollzieht sich nach WERNER in drei Stufen, einer sensomotorischen, einer *perceptiven* und schließlich einer *kontemplativen Stufe,* die in deutlicher Beziehung zur *Sozialisation,* der Übernahme und Reflexion von sozialen Normen, steht. WERNERS Ansatz, der sowohl Aspekte der vergleichenden Verhaltensforschung als auch der Psychopathologie einbegreift, gehört zu den einflußreichsten Quellen der modernen Entwicklungspsychologie. Seine Auffassung von der wechselseitigen Durchdringung von Differenzierung und hierarchischer Organisation bzw. Integration findet sich in verschiedenen Abwandlungen auch in Theorien wieder, welche nicht von biogenetischen Vorgängen ausgehen.

[2] *Psychoanalytische E.* gehen von den Annahmen SIGMUND FREUDS aus, die Entwicklung der Persönlichkeit vollziehe sich im Spannungsfeld genetisch determinierter *Triebansprüche* und exogener Bedingungen der *Triebbefriedigung* bzw. deren *Versagung.* Daraus entwickle sich ein Ablauf, der sich zwischen den Polen von *Bindung* und *Lösung* entfalte. Freud nimmt darüber hinaus an, daß sich die Entwicklung – bedingt durch physiologische Reifungsprozesse – in Phasen vollzieht *(orale, anale, phallische, Latenz-* und *genitale Phase).* Diese Phasen beziehen sich auf die affektive Besetzung von Körperzonen im Zu-

Entwicklungstheorien

sammenhang mit Triebansprüchen und -befriedigung; sie repräsentierten aber auch gleichzeitig charakteristische Arten und Formen sozialer Beziehungen *(Objektbeziehungen)*, die für die Ichreifung und Entwicklung wirkungsvoller →*Abwehrmechanismen* von ausschlaggebender Bedeutung sein sollen. Für Freud und seine Anhänger ist das Durchlaufen von Phasen kein irreversibler Prozeß; fortgesetzte Versagungen können zu Rückfällen in frühere Entwicklungsphasen, sog. *Regressionen*, führen. Exzessive Triebbefriedigung und daraus erwachsende Konflikte können – so wird angenommen – zu *Fixierungen* veranlassen, die dem Erwachsenen bestimmte Zwänge auferlegen (z. B. der anale Zwangscharakter mit seiner Tendenz, zu sammeln bzw. nichts abgeben zu wollen). Das Ziel FREUDS war ursprünglich, pathologische Erscheinungen und Störungen (z. B. Angst- und Zwangsneurosen) bei Erwachsenen auf den Verlauf der (Trieb-) Entwicklung im Kindesalter zurückzuführen. In der Neo-Psychoanalyse wird aus den Annahmen Freuds eine umfassende, nicht minder globale und nach dem Kanon der empirischen Forschung schwer überprüfbare Deutung der Beziehungen zwischen Persönlichkeitsentwicklung und sozio-kulturellen Gegebenheiten (z. B. bei ERIKSON).

[3] *Lernpsychologische E.* gehen von exogenen Einflüssen aus, die sich in Veränderungen des offenen Verhaltens in umschriebenen Leistungs- oder sozialen Bereichen zeigen. Es wird angenommen, daß das Individuum lerne im Verlauf seiner Entwicklung nach Maßgabe seines Reifungszustandes immer mehr relativ spezifische Verhaltensmuster *(Gewohnheiten)*, die dann in gleichartigen oder ähnlichen Situationen wieder angewendet werden. Entwicklung reflektiert die individuelle Lerngeschichte und stellt sich dem Beobachter als ein Prozeß der fortschreitenden Akkumulierung und Generalisierung von Verhaltensmustern dar. Im übrigen werden die Prozesse in den in den Lerntheorien üblichen Schema von Reiz-Reaktions-Verbindungen beschrieben und mit Hilfe der Annahmen des *klassischen Konditionierens*, des *instrumentellen* bzw. *operanten Konditionierens* und *Beobachtungs-* bzw. *Imitationslernens* interpretiert *(→Lernen)*. Die Entwicklung verläuft, so wird in den lernpsychologischen E. impliziert, bei verschiedenen Individuen dann in den betrachteten Verhal-

tens- und Leistungsbereichen übereinstimmend, wenn Lernumwelt und damit auch Lerngeschichte einander entsprechen.
[4] *Dialektische E.* befassen sich ebenfalls mit den exogenen Bedingungen. Ihre Vertreter sehen die Verhaltens- und geistige Entwicklung in deutlicher Abhängigkeit von den sozialisatorischen Einflüssen der Gesellschaft, ihren Lebensbedingungen und ihren (sprachlich vermittelten) kulturellen Werten. Zwar ist die »Formbarkeit« oder »Plastizität« des Menschen durch innere Bedingungen (wie z. B. Fähigkeiten, Wissensstand, Motive und biologische Faktoren) mitbestimmt; steuernd im engeren Sinne sollen sich aber lediglich die äußeren Bedingungen auswirken. Stufen der Entwicklung entstehen nach dem Denkmodell des »dialektischen Sprunges« dann, wenn der Widerspruch zwischen Leistungsanforderungen und tatsächlicher Leistungsfähigkeit internalisiert und durch vermehrte Bemühungen aufgelöst wird. Jeder Entwicklungsstufe entspricht ein dominanter Tätigkeitsbereich im Kontext der dort vorherrschenden Beziehungen zur »sozialen Wirklichkeit« (z. B. beim Vorschulkind die Abhängigkeit von Personen aus der näheren Umgebung, beim Schulkind die Beziehung zu Lehrern und Mitschülern; vgl. LEONTJEW, 1964). Die insbesondere in der Sowjetunion beheimateten dialektischen E. dienten vor allem der Erstellung pädagogischer Interventionsprogramme (vgl. GALPARIN, [7]1967).
[5] *Kognitive E.* stellen die Betrachtung der dem *Erkennen, Wissen* und *Planen* zugrunde liegenden *Organisationsstrukturen* in den Vordergrund. (a) KURT LEWIN sieht in der Entwicklung eine zunehmende »Organisierung« und *Differenzierung* des *psychischen Feldes (→Feld; →Feldtheorie)* bei gleichzeitiger Abgrenzung (»Rigidisierung«) von Feldanteilen und Bildung verschiedener Feldzonen (zentrale vs. Randbereiche). Diese Prozesse vollziehen sich nach LEWIN in der Wechselwirkung zwischen *Person-Variablen* (z. B. Reifungsvorgänge) und *Situationsvariablen,* (z. B. verhaltenswirksamen Ereignissen in der physikalischen oder sozialen Umwelt). Mit wenigen Ausnahmen (z. B. der sog. Pubertätskrise) verläuft die Entwicklung aus der Sicht Lewins kontinuierlich. Der Verhaltensspielraum wird beständig größer, das Verhalten erfährt eine zunehmende hierarchische

159

Organisiertheit, die Zugriffsmöglichkeiten zu den Umweltgegebenheiten werden größer, die Zeitauffassung trennt zwischen Vergangenem, Gegenwärtigem und Zukünftigem. Reales und Irreales können – wie auch Gefühle, Motive, Mögliches und Unmögliches – im integrativen Bezug zur eigenen Person unterschieden werden. Die Feldtheorie LEWINS stellt ein wertvolles deskriptives Instrumentarium dar, dessen Bedeutung besonders im Zusammenhang mit der Rolle von *Bedürfnissen* und ihrer Befriedigung deutlich wird. (b) Die von JEAN PIAGET begründete E. stellt den z. Z. einflußreichsten und meistdiskutierten Beitrag dar. Für PIAGET ist Entwicklung eine Folge von weitgehend *selbstregulatorischen Anpassungsprozessen* des Organismus an seine Umwelt aufgrund interner Gleichgewichtsregulation *(Äquilibration)*. Je öfter und erfolgreicher das Gleichgewicht hergestellt werden konnte, desto stabiler und störungsresistenter werden die den Funktionen entsprechenden *kognitiven Strukturen* (innere Repräsentationen; →*Schema;* →*Akkommodation,* →*Assimilation*). Adaptation und kognitive Organisation sind demnach die zentralen Kennzeichen jeder Entwicklung, die in drei bzw. vier qualitativ voneinander abhebbaren irreversiblen Phasen verläuft. Der *sensomotorischen* Phase folgt (nach dem Durchgang durch eine *präoperationale Phase*) die *Phase der konkreten Operationen* und dieser schließlich die *Phase der formalen Operationen*. Die einzelnen Phasen sind hierarchisch organisiert; die ihnen entsprechenden kognitiven Strukturen bilden daher für PIAGET ein integriertes Ganzes.

PIAGETS durch Beobachtungen und Experimente gestützter Ansatz zielt klar erkennbar auf die *Entwicklung der Intelligenz* und der durch autonome Denkvollzüge getragenen *Urteilsfähigkeit* (z. B. auf die Entwicklung des moralischen Urteils) ab.

LIT. BALDWIN (1974); BANDURA (1976); EWERT (1983); FLAMMER ([2]1996); GALPARIN (1967); LEONTJEW (1964); LEWIN (1963; 1969); MILLER (1993); PIAGET (1976; 1977); SKINNER (1946); TRAUTNER ([2]1991); WERNER (1959).

Enuresis. Bezeichnung für Blasenentleerungen ohne Kontrolle der Blasenschließmuskulatur. Das sog. *Bettnässen* (enuresis nocturna) bezeichnet eine nur nachts auftretende Sonderform.

→*Entwicklungsstörungen.*

Enzyme. Bezeichnung für komplex aufgebaute organische Substanzen, die bei Pflanzen und Säugetieren sowie beim Menschen chemische Umwandlungen bewirken, z. B. Stärke in Zucker.

EOG, Elektrooc(k)ulogramm *(electrooculogram).* Bezeichnung für die Registrierung der Augapfelbewegung auf elektrophysiologischem Weg durch Anlegen von Elektroden an den Stellen der Gesichtsoberfläche, unter denen die entspr. Aktivitäten ablaufen.

E-Phänomen, E-Effekt *(E-effect).* •Ist der Kopf oder Körper eines Beobachters seitlich geneigt und soll er in dieser Position einen leuchtenden Stab in die Gravitations-Vertikale einstellen, so gelingt dies einigermaßen fehlerfrei, wenn die Wahrnehmungsumgebung Anhaltspunkte liefert. Ist der Raum abgedunkelt und der Beobachter kann nur den leuchtenden Stab sehen, so tendiert er bei einer Kopf- oder Körperneigung bis zu ca. 50° dazu, den Stab bis zu 8° in der seiner Kopf- oder Körperneigung entgegengesetzten Richtung einzustellen, in der Meinung, es handle sich um die Gravitations-Vertikale. Dieses Phänomen wurde erstmals von G. E. MÜLLER (1916) bei kritischen Nachuntersuchungen zu dem →*Aubertschen Phänomen* beschrieben. Ähnliches gilt auch für die Lokalisation akustischer Reize unter den o. g. Bedingungen.

LIT. MÜLLER (1916).

Epidemiologie *(epidemiology).* Ursprünglich Bezeichnung für die systematisch-statistische Erfassung der Verbreitung von Epidemien (z. B. Cholera, Typhus). Wird heute als Inbegriff der systematischen Untersuchung der Verteilung und Verursachung von Krankheiten und psychischen Störungen verstanden. Zu den wichtigsten Aufgaben der E. gehören die Erfassung der zeitlichen und räumlichen Verteilung des Auftretens von Krankheiten und Störungen unter Einbeziehung somatischer und psychologischer Kennwerte (→*Inzidenz,* →*Prävalenz*), Untersuchungen über Entstehung und Verlauf von Krankheiten bzw. Störungen (→*Ätiologie,* →*Nosologie*), die Ermittlung individueller, körperlich und/oder persönlichkeitsbedingter Risikofaktoren (→*Prävention*) sowie die Untersuchung von Beziehungen zwischen Umweltfaktoren (z. B. belastende bzw. beanspruchende Lebensbedingungen) und Krankheiten bzw. Störungen.

LIT. HÄFNER, WEYERER (1990); MACMAHON, PUGH (1970).

Epidermis. Bezeichnung für die äußere Schicht der Haut.

Epigenesis. Bezeichnung für eine dem *Präformismus* entgegengerichtete Anschauung über die embryonale Entwicklung. Es wird angenommen, der Prozeß vollziehe sich in sukzessiven Zuwachsraten und Veränderungen, die durch Wechselwirkung mit Umwelteinflüssen hervorgerufen werden.

Epilepsie, Fallsucht *(epilepsy).* Bezeichnung für eine Anfallserkrankung, die von Bewußtlosigkeit und Krämpfen begleitet ist und in unregelmäßigen Intervallen auftritt. Ihre Ursache wird in einer heftigen Energieentladung des Gehirns gesehen, die von einem Herd ausgeht und die benachbarten Regionen zum »Mitfeuern« veranlaßt. Man unterscheidet primäre und sekundäre Formen der E. Je nach Heftigkeit der Anfälle lassen sich »grand mal« und »petit mal« unterscheiden; im letzten Fall handelt es sich um einen kurzzeitigen Bewußtseinsausfall. Als *epileptischen Furor* bezeichnen man brutal anmutende, heftige aggressive Verhaltensweisen, an die sich der Betreffende nach dem Anfall nicht erinnern kann. Man nimmt an, daß diese Verhaltensweisen entweder mit den Anfällen oder aber als eine Art Ersatz für die Anfälle auftreten. Dem epileptischen Anfall geht die sog. »*Aura*« voraus, ein Gefühl der Ängstlichkeit und Beklemmung; heftigen Anfällen kann ein Zustand der Bewußtseinstrübung und Bewegungslosigkeit folgen, der als *epileptischer Stupor* bezeichnet wird. Anfälle, die dem epileptischen ähnlich sind, jedoch auf andere Ursachen, z. B. einen Tumor zurückgehen, werden als *epileptiform* oder *epileptoform* bezeichnet.

Epinephrin *(epinephrine)* →*Adrenalin.*

Epiphänomenalismus. Bezeichnung für philosophische Theorien, die besagen: Geistige oder seelische Prozesse haben keinerlei ursächliche Wirkung; Verknüpfungen von Ursache und Wirkung finden nur in bezug auf körperl. Geschehen (bzw. auf der materiellen Seite) statt; geistige Prozesse haben den Stellenwert von *Begleiterscheinungen (Epiphänomenen)* und beeinflussen das Ergebnis (Wirkung) in keiner Weise.

Epiphyse oder **Zirbeldrüse,** lat. corpus pineale *(epiphysis, pineal body, pineal gland,*

epiphysis cerebri). Kleine, nach oben gerichtete Ausstülpung des Zwischenhirns (oberhalb des Thalamus) mit nach hinten reichenden Fortsätzen oberhalb der Vierhügelregion, deren Funktion weitgehend ungeklärt ist. Die E. ist eine endokrine Drüse des Gehirns und kontrolliert u. a. das Keimdrüsenwachstum und damit den Zeitpunkt der Pubertät. Epiphysen- und *Hypophysenfunktionen* ergänzen einander.

Episkotister *(episcotister).* Bezeichnung für eine Versuchsanordnung zur Erzeugung von Helligkeits- und Farbabstufungen sowie kurzzeitiger Reizdarbietung und sog. Flimmereffekten. Eine kreisförmige Scheibe weist einen Sektor variierbarer Größe auf, der geöffnet oder mit einer bestimmten Farbe versehen werden kann. Durch Rotation der Scheibe entstehen kontrollierbare Helligkeiten, Farbmischungen oder Flimmereffekte. – Eine besondere Vorrichtung erlaubt es, die Größe des Sektors bei manchen Geräten auch während der Rotation zu variieren; z. B. der Musilsche Apparat. Beim sog. *Episkotister-Tachistoskop (→Tachistoskop)* bedient man sich eines E. zur Kontrolle eines kurzzeitig darzubietenden Reizes.

Episoden, affektive →*Affektive Störung.*

Epistemologie *(epistemology).* Erkenntnislehre oder *Erkenntnistheorie.*

Epsilon-Phänomen →*Scheinbewegung.*

EPSP →*Synapse.*

ereignisbezogene Potentiale, ereigniskorrelierte Potentiale, ERP *(event-related potentials; event correlated potentials). Psychophysiologie, Sinnesphysiologie, Neurowissenschaften:* Veränderungen der bioelektrischen Hirnaktivität, die in Abhängigkeit von zeitlich fixierten Signalreizen, z. B. mit oder nach einem Warn- oder imperativen Reiz, zwischen beiden in Vorbereitung einer Reaktion, mit dem Vorsatz zu reagieren *(→Bereitschaftspotential,* →*CNV)* oder mit bzw. nach der Ausführung einer Reaktion *(bewegungsbegleitende Potentiale;* →*PINV)* auftreten und nach wiederholten Messungen unter unveränderten Bedingungen durch Signalverstärkung und Anwendung von Mittelungstechniken aus dem →*Elektroencephalogramm* (EEG) herausgelöst werden können. ERP werden in der Regel – wie das EEG – durch Oberflächenableitung vom intakten Schädel gewonnen und als positive bzw. negative Abweichungen vom

ereignisbezogene Potentiale

Ruhewert *(Ausgangswert)* dargestellt. ERP überlagern die Spontanaktivität des EEG und zeigen sich in Spannungsveränderungen von wenigen mV (Mikrovolt). Daher muß bei der Signalverstärkung eine im Vergleich zum Standard-EEG größere →*Zeitkonstante* verwendet werden. ERP besitzen eine charakteristische topographische Verteilung. Sie werden mit großer Wahrscheinlichkeit von lokalen *Dipolen* generiert; die Spannungsveränderun-

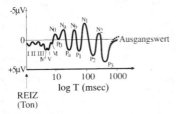

Schematisch-idealisierte Darstellung der ERP auf einen akustischen Reiz (Ton) aus dem gemittelten EEG nach Verstärkung bzw. Signalverstärkung und wiederholter Darbietung. Der Zeitablauf ist auf einer logarithmischen Skala dargestellt, Negativierungen sind wegen ihrer Beziehung zu aktivierenden Prozessen als Abweichungen vom Ausgangswert nach oben, Positivierungen wegen ihrer Beziehung zu hemmenden Prozessen als Abweichungen nach unten eingezeichnet. I–IV bezeichnen Stammhirnpotentiale, N_0, P_0, N_a, P_a und N_b Thalamus-Potentiale, P_1, P_2, N_2 und P_3 (P_{300}) kortikale Potentiale. Die Steilheit der Rückkehr zum Ausgangswert nach P_3 würde z.B. in eine langsame Gleichspannungs-Negativierung (CNV) übergehen, wenn auf den Ton als Warnreiz das Signal zur Ausführung einer bestimmten Reaktion erwartet wird.

gen entstehen vermutlich durch synchronisierte postsynaptische Potentiale von Zellverbänden und stehen mit Reizverarbeitung, Prozessen der Aktivierung, Informationsverarbeitung, Erwartungen, Anbahnung von Entscheidungen und Reaktionsselektion in Verbindung. Man unterscheidet bei den ERP wie bei allen *Biosignalen,* die einen Prozeß charakterisieren, unterschiedliche *Potentialkomponenten,* die sich in einer geordneten Folge von Negativierungen und Positivierungen zeigen. Ist der Ereignisbezug durch einen Signalreiz getriggert (vgl. Abb.), so tritt bis etwa 10 msec (Millisekunden) nach seiner Darbietung eine rasche Folge von schwachen Positivierungen auf, die wegen ihres Ursprungsorts als *Hirnstammpotentiale (brainstem potentials)* gelten und mit fortlaufenden römischen Ziffern bezeichnet werden. Ihnen folgen mit allmählich abnehmender Dichte, einem Ausschwingen vergleichbar, die *thalamischen* und *kortikalen Potentiale (thalamic potentials; cortical potentials).* Sie werden mit Hilfe der sog. *Hauptkomponentenanalyse* bestimmt und erhalten Bezeichnungen, die einerseits der Abweichungsrichtung bzw. Polarität (P für Positivierungen, N für Negativierungen), andererseits der Reihenfolge bzw. Latenz ihres Auftretens entsprechen. Indizes verweisen darauf, an welcher Stelle nach Reizbeginn das entsprechende Potential auftritt (z.B. P_3, zu lesen als die an dritter Stelle auftretende Positivierung) oder aber mit welcher mittleren Latenzzeit das entsprechende Potential zu erwarten ist (z.B. P_{300}, zu lesen als Positivierung, die 300 msec nach dem Reiz auftritt). Allgemein gilt die Auffassung, daß Negativierungen Ausdruck sind von Prozessen der Aktivierung und Energetisierung, positive Auslenkungen dagegen von Prozessen der Hemmung und/oder des gesteigerten Energieverbrauchs. Die Latenz wird (vor allem bei den kortikalen ERP-Komponenten) als Ausdruck des Schwierigkeitsgrads der Informationsverarbeitung bzw. Reaktionsauswahl interpretiert. Depolarisationen, die etwa bis 200 oder 300 msec nach einem Reiz auftreten, werden zusammenfassend als *schnelle Potentiale (fast potentials)* bezeichnet. Sie reflektieren in erster Linie physikalische Reizaspekte und der Sinnesmodalität entsprechende Prozesse der Reizaufnahme (→*evozierte Potentiale).* Sie gelten in der klinischen Praxis als Indikatoren der Funktionsfähigkeit der zentralnervösen Reizanalysatoren. Man nennt sie zusammenfassend auch *exogene Potentiale (exogenous potentials).* Den Übergang von den schnellen zu den *langsamen* oder *endogenen Potentialen (slow potentials; endogenous potentials)* markiert die N_1, eine Negativierung, die dann besonders ausgeprägt ist, wenn Reize oder Signale so und/oder dort auftreten, wie bzw. wo sie erwartet werden; man nennt

Erinnern, sich erinnern

die N_1 daher auch *Verarbeitungsnegativierung (processing negativity)*. Die langsamen Potentiale stehen insgesamt hinsichtlich ihrer Ausprägung und Latenz in deutlicher Beziehung zu psycho-energetischen, den Aufmerksamkeits- oder Bereitschaftszustand, die emotionale Befindlichkeit und Einstellung einer Person betreffenden Prozessen; sie werden daher oftmals im Hinblick auf situations- und funktionsspezifische Kriterien näher klassifiziert und entsprechend bezeichnet, z. B. neben *Verarbeitungsnegativierung* als *sprachbezogene Negativierung (semantic negativity), Entdeckungsnegativierung (detection negativity)* usw. Zu den psychologisch bedeutsamen, häufig untersuchten langsamen Potentialen zählen →P_3, *Bereitschaftspotential, CNV* und *PINV*. Die langsamen Potentiale bewähren sich insbesondere als psychophysiologische Kennwerte der Mobilisierung energetischer Ressourcen im Zusammenhang mit kognitiven Prozessen sowie in klinisch-psycholog. Anwendung zur Kennzeichnung von Beeinträchtigungen oder Störungen der →*Aufmerksamkeit.*

LIT. CALLAWAY u. a. (1978); HILLYARD, KUTAS (1983); LEHMANN, CALLAWAY (1976); NÄÄTÄNEN, MICHIE (1976); NIEDERMEYER, LOPEZ DA SILVA (1982); RAY (1990); REGAN (1972); ROCKSTROH u. a. (1989); RUGG, COLES (1995); VERLEGER (1988).

Ereuthophobie. Furcht vor Erröten.

Erfahrung *(experience).* Bezeichnung für durch Wahrnehmen und Lernen erworbene Kenntnisse und Verhaltensweisen *(→Gedächtnis, Gewohnheit,* →*Lernen)* und ihre Repräsentation im Bewußtsein.

Erfassungstypus →*Rorschach-Test.*

Erfolg *(success)* →*Anspruchsniveau,* →*Hoffnung.*

ERG, Elektroretinogramm *(electroretinogram).* Bezeichnung für die Registrierung elektrischer Vorgänge an der Retina.

Ergänzungstest *(combination test, completion test).* Ein erstmals von H. EBBINGHAUS zur Prüfung der Intelligenz eingeführtes Verfahren, in dessen Verlauf z. B. ein unvollständiger Satz durch Hinzufügen der entsprechenden Worte oder Wortgruppen vervollständigt werden muß (Satzergänzen).

Ergograph. Eine Versuchsanordnung zur Messung der Muskelarbeit und Ermüdung. Die Leistung eines bestimmten Muskelsystems wird z. B. durch Finger- oder Handzug über längere Zeit gemessen, wobei die entsprechende Arbeit in regelmäßigen Abständen und unter kontrollierten Bedingungen (z. B. Gegengewicht o. ä.) gefordert wird. Die Messung erfolgt durch Ablesen einer Skala oder durch graphische Aufzeichnung.

Ergonomie *(ergonomics).* Zusammenfassende Bezeichnung für ein interdisziplinäres Forschungsgebiet, das sich sowohl mit den funktionellen Grenzen und Möglichkeiten des Menschen im Bereich spezifischer Arbeitsplätze und Arbeitsabläufe als auch mit den Bedingungen und Methoden der Arbeitsplatzgestaltung und Arbeitsorganisation befaßt, die als Voraussetzung für die Aufrechterhaltung der Arbeitsfähigkeit, Gesundheit und Sicherheit gelten. In dieses große Gebiet fallen anthropologisch-anthropotechnische Fragen, Teilgebiete der Medizin (insbesondere Arbeitsmedizin und Sozialmedizin) und Probleme der Arbeitspsychologie und -technik sowie die dazugehörigen Grundlagenforschungen aus den angesprochenen Teilbereichen.

Die *psychologische Ergonomie* befaßt sich insbesondere mit Problemen der Wahrnehmungs- und Aufmerksamkeitsbedingungen, der Signalverarbeitung und des Signalverstehens und Erinnerns, der Einflüsse von Belastung, Ermüdung, Monotonie und Wachheit auf die perzeptiv-motorischen Funktionen, mit den Bedingungen des Arbeitsplatzes und Arbeitsraumes, der Aufteilung der Funktionen zwischen Menschen und Maschine (→*Human engineering),* Fragen der Personalauslese und des Trainings *(→Arbeitspsychologie)* und mit der Entwicklung geeigneter Meßmethoden und Modelle.

LIT. MCCORMICK, SANDERS (1982); MURELL (1971); SCHMIDTKE (Hrsg.; 1973; 1974); SINTSCHENKO u. a. (1976); WICKENS (1992).

ergotrop *(ergotropic).* Physiologie: Auf Energetisierung, Arbeit gerichtet. Gegensatz: trophotrop *(trophotropic),* auf Energiespeicherung, Ruhe gerichtet.

Erinnern, sich erinnern *(recall; remember, remembering).*
[1] Prozeß des Abrufens von Informationen aus dem →*Gedächtnis.* Die systematische Benützung von Gedächtnisstützen wird als *Mnemotik* oder *Mneomotechnik* bezeichnet *(→Mneme).*

163

Erkennen

[2] Methode der Gedächtnisprüfung, bei der vorher gelerntes Material frei *(free recall)* oder in der vorgegebenen Reihenfolge *(serial recall)* reproduziert werden soll.
→*Gedächtnis.*

Erkennen →*Kognition;* →*wiedererkennen.*

Erkundungsverhalten →*Exploration.*

Erleben *(experience; subjective experience).* Inbegriff aller subjektiven Zustände, Inhalte und Vorgänge, die mit unterschiedlicher Klarheit, Abgehobenheit und Breite bewußt werden und sich sowohl auf (a) gegenwärtig in der Umwelt Vorhandenes, damit auftretende Bewertungen, Gefühle bzw. registrierbare Veränderungen der körperlichen Erregung als auch auf (b) spontan auftretende oder willentlich abgerufene Vorstellungen und Erinnerungen im jeweiligen Situationskontext beziehen. Als *Erlebnis (event; life-event)* werden vorzugsweise einschneidende, existentiell bedeutsame, umschriebene Episoden des E. bezeichnet, die sich auf stark emotional getönte, unter hoher Ich-Beteiligung gesammelte Erfahrungen beziehen.
→*Bewußtsein;* →*Selbst*

Erlebnisbeschreibung →*Beschreibung.*

Erlebniselemente →*Empfindung.*

Erlebnisqualität →*Qualität.*

Erlebnistypus →*Rorschach-Test.*

Erlernungsmethode *(complete learning method).* Bezeichnung für eine experimentelle Methode bei Untersuchungen des Gedächtnisses, bei der eine Reihe von Inhalten (sinnlose Silben) so lange dargeboten wird, bis eine fehlerlose Wiedergabe erreicht wird. Die Anzahl der notwendigen Wiederholungen ist das Kriterium der Leistung.

Ermüdung *(fatigue).* Bezeichnung für verminderte Produktivität, Leistungsfähigkeit oder Konzentration, die durch eine vorangegangene energieverbrauchende Tätigkeit herabgesetzt wurde. Subjektiv treten dabei Empfindungen und Gefühle auf, die auf die steigenden Schwierigkeiten bei der Ausführung einer Tätigkeit bezogen sind. E. kann sich im intellektuellen, muskulären und nervösen Bereich äußern. E. sollte von *Langeweile* oder *Sättigung* nach monotonen oder uninteressanten Tätigkeiten unterschieden werden *(→Hemmung, reaktive).*

erogene Zonen *(erogenous zones, erotogenic zones).* Bezeichnung für solche Körperoberflächen-Regionen, bei deren Reizung durch Berührung oder Wärme sexuelle Empfindungen oder Reaktionen auftreten (Genitalregion, Brust und Mund). In der psychoanalyt. Literatur wird angenommen, es handle sich bei den erogenen Zonen um eine funktionale *Substitution* der Genitalien.

erotisch *(erotic).* In ursprünglicher Bedeutung die gefühlsmäßigen, psychischen und ästhetisch-künstlerischen Aspekte der Liebe bzw. sublimierte Formen der Sexualität. In Anlehnung an den engl. Sprachgebrauch heute häufig Kennzeichnung aller Reize, Motive und Vorstellungen, die sich auf *sexuelle Erregung* bzw. Sexualobjekte beziehen.

Erotomanie →*Wahn.*

Erregbarkeit *(excitability).*

[1] *Physiologie:* Eigenschaft des Nerven- und Muskelgewebes lebender Organismen, auf Reize zu reagieren. Die vermittelnden Einheiten nennt man *erregbare Zellen (excitable cells).*

[2] *Psychologie:* Eigenschaften von Personen, auf geringfügige Anlässe emotional zu reagieren.
→*Erregung.*

Erregung *(arousal; excitation).* Vom Ruhewert abweichender physiologischer, psychophysiologischer und/oder psychischer Bereitschafts- *(arousal)* bzw. Funktionszustand *(excitation).* Der E.-Begriff hat in *Physiologie* und *Psychologie* zahlreiche Bedeutungsnuancen. Wird er verwendet, ist nähere Kennzeichnung, bei Übertragungen aus dem Englischen ein Hinweis auf den Ausgangsbegriff empfohlen.

[1] Engl. *arousal.* (a) Allgemeine Aktivitätsbereitschaft, die durch das E.-Niveau *(arousal level)* sensorischer, glandulärer, hormoneller und/oder motorischer Strukturen näher bestimmt ist, z. B. als emotionale E. *(emotional arousal).* (b) Kortikaler Funktionszustand, der von Meldungen über den Eingang sensorischer Reizsignale *(sensory arousal)* herrührt, die aus der *formatio reticularis* als *unspezifische sensorische E.* aufsteigen und mit →*Aktivation* und →*Wachheit* die →*Aufmerksamkeit* steigern (MORUZZI, MAGOUN).

[2] Engl. *excitation.* (a) Reizungsbedingte Zustandsveränderungen in Rezeptoren. (b) Durch äußere oder innere (autonome) Reize hervorgerufener Zustand in sensorischen und muskulären Leitungsstrukturen des Nervensystems, den man an →*Aktionspotentialen* bzw.

164

lokalen *synaptischen* →*Depolarisationen* erkennen kann. (c) Aus Verhaltensdaten hergeleiteter Zustand erhöhter psychophysischer Aktivitätsbereitschaft, z. B. die Beziehungen zwischen →*Triebniveau* und →*Erregungspotential* (in der Lerntheorie HULLS). (d) E. als Gegensatz von Beruhigung in einer der von WUNDT angenommenen Grunddimensionen der Gefühlsempfindungen *(excitement-quiescence)*. (e) Übertrieben wirkende emotionale Reaktion *(excitement)* im Sinne von Aufgeregtheit.

Erregungsphase *(excitement phase, period of excitement)*.
[1] Zeitabschnitt größter Erregung des Organismus, →*Erregung* [2].
[2] Physiologisch-emotionale Veränderungen in einer Vorphase sexueller Aktivität, gekennzeichnet durch Blutdruckanstieg, Anschwellen des Genitals u. ä.

Ersatzhandlung *(redirection activity)*. Psychoanalytische und verhaltenspsychologische Bezeichnung für Handlungen an Stelle von anderen, verdrängten Handlungen bzw. für Handlungen am Ersatzobjekt, meist als Folge verdrängter bzw. unterdrückter direkter Handlungsimpulse vorgestellt.
→*Bedürfnis*.

Ersatzobjekt →*Substitut*.

Erscheinung, Phänomen oder **erscheinungsmäßige Gegebenheit** *(phenomenal pattern)*. Zum Unterschied von den Reizgegebenheiten oder -konstellationen gewählte Bezeichnung für das, was gesehen (wahrgenommen) wird. Die Unterscheidung ist unbedingt notwendig, da es sowohl Veränderungen der erscheinungsmäßigen Gegebenheiten ohne entsprechende Veränderungen der Reizgrundlage gibt als auch Veränderungen der Reizgrundlage, die zu keinen erscheinungsmäßigen (wahrnehmbaren) Veränderungen führen. Syn. *Wahrnehmungsinhalt,* das Wahrgenommene u. ä.

Erscheinungsgröße →*Scheingröße*.

Erschöpfung *(exhaustion)*.
[1] Bezeichnung für einen Zustand extremer Ermüdung, bei dessen Vorhandensein z. B. Muskeln oder Muskelsysteme auf entsprechende Erregung (Reize) nicht mehr ansprechen. Bei E. kann es zu psychoseähnlichen Zuständen (Zusammenbruch; *exhaustion psychosis)* kommen.
[2] Bezeichnung eines hypothetischen Vorgangs, in dessen Verlauf es durch den Ver-

brauch nervöser Energie (Erschöpfung eines handlungsspezifischen Energiepotentials) zu einer Art »Anpassung« des Organismus kommt. Da die Energien erschöpft sind, fallen nachfolgende Reaktionen weniger heftig aus bzw. vermindert sich die Häufigkeit des Auftretens.
[3] Bezeichnung für die letzte Phase eines Prozesses, in dessen Verlauf der Organismus durch Mobilisierung aller verfügbaren Energien einer belastenden Situation (→*Streß*) zu begegnen sucht; diese letzte Phase ist durch Widerstandslosigkeit und Zusammenbruch gekennzeichnet.

Erschöpfungsdepression *(exhaustion depression)*. Depressiver Zustand, der auf längerzeitige, sich oft über mehrere Jahre hinziehende Auseinandersetzungen mit emotional erregenden und nicht bewältigbaren Umwelteinflüssen zurückgeführt werden kann. Einer Phase allgemeiner Reiz- und Ermüdbarkeit folgt eine Phase gravierender psychosomatischer Beschwerden (vegetative und funktionelle Störungen), die mit depressiven Zuständen einhergeht. Eine besondere Form der E. liegt in der sog. *emotionalen Erschöpfung (emotional exhaustion)* vor; hier vermindert sich die emotionale Ansprechbarkeit bzw. die emotionale Anteilnahme an Umweltgegebenheiten. Das von KIELHOLZ beschriebene Syndrom steht in engster Beziehung zu exogenen →*Depressionen* und den verschiedenen Erscheinungsformen des →*Streß*.

Erschöpfungsstupor →*Stupor*.

Ersparnismethode *(saving method)*. Bezeichnung für eine Methode der Gedächtnisprüfung *(*→*Gedächtnis)*. Es wird (a) geprüft, wieviele Wiederholungen eines Lernstoffes bis zu seiner vollständig richtigen Reproduktion benötigt werden. Sodann (b) wird in einem definierten Zeitintervall (nach Stunden, Tagen oder Wochen) der Versuch bis zur vollständig richtigen Reproduktion des gesamten Stoffes wiederholt. Die Differenz des Wiederholungsaufwands zwischen (a) und (b) gilt als Gedächtnismaß und repräsentiert die Anzahl der nach dem Zeitintervall jeweils ersparten Wiederholungen des Stoffes. Die klassische Vergessenskurve *(*→*Vergessen)* basiert auf Daten, die mittels Ersparnismethode von Ebbinghaus in Selbstversuchen gewonnen wurden *(*→*Gedächtnis)*.

165

Erwartung

Erwartung *(expectation, expectancy).*
[1] Bezeichnung für eine Einstellung, die sich auf mehr oder weniger klare Zielvorstellungen bezieht *(→Antizipation).* Sie kann aus *Selektionen* oder *Umdeutungen* beim Wahrnehmen erschlossen werden. Kommt es aufgrund einer E. zu Fehleinschätzungen, so spricht man von einem *Erwartungsfehler.*
[2] Bezeichnung für eine von TOLMAN angenommene *Prozeßvariable.* Es wird angenommen, daß im Verlauf eines Lernprozesses eine Disposition erworben wird, auf bestimmte *Hinweisreize* (z. B. Gegenstände oder lokale Gegebenheiten) so zu reagieren, als handle es sich bei den Hinweisreizen um Zeichen *(signs)* für einen anderen Gegenstand oder Reiz (z. B. wird angenommen, daß die lokalen Gegebenheiten des Labyrinths für eine Ratte Zeichen für Futter, also für einen Reiz, sind). *→Kognitive Lerntheorien, →Kognitive Landkarte.* Im englischen Sprachgebrauch wird mit *»expectation«* das subjektive Erleben einer E., mit *»expectancy«* dagegen die aus dem Verhalten erschlossene *»Einstellung«* oder *»Prozeßvariable«* *(intervenierende Variable)* bezeichnet.
Erwartungsfehler *→Erwartung.*
Erwartung, statistische; Erwartungswert *(expected value).* Bei der Mehrzahl statistischer Operationen gilt der Mittelwert einer Zufallsvariablen oder Zufallsverteilung als E. Bezeichnet ξ eine diskrete Zufallsvariable, so ist E (ξ) der Erwartungswert. Kann die Variable nur die diskreten Werte $X_1, X_2 \ldots X_k$ mit den dazugehörigen Wahrscheinlichkeiten $p_1 = p(X_i) = P (\xi = X_i)$ bei i = 1 bis k annehmen, so ist der Erwartungswert

$$E (\xi) = \sum_{i=1}^{k} p_i X_i$$

Schätzwerte von E.-Werten für unbekannte Parameter heißen dann *erwartungstreue* oder *fehlerfreie Schätzungen (unbiased estimators),* wenn für alle Stichproben der Erwartungswert gleich dem mittleren Parameterwert ist.
erworben *(acquired).* Als erworben gelten solche Eigenschaften oder Reaktionen, die nicht angeboren sind, sondern im Verlauf des individuellen Lebens angenommen bzw. gelernt wurden.
erworbene Hilflosigkeit *→Hilflosigkeit.*
Erythrozyten *→Blut, →Blutgruppen.*

Erziehungsberatung *→Beratung, →Child guidance.*
erzwungene Einwilligung *→Compliance.*
erzwungene Zustimmung *→forced compliance.*
Es *(id),* **Id.** Eine von Freud und seinen Schülern gewählte Bezeichnung für die das *Unbewußte* (oder Unterbewußtsein) bildende Masse von einander beeinflussenden Energien oder Kräften, die sich bewußter Kontrolle im Gegensatz zum *→Ich* entzieht. Oft gleichbedeutend mit »triebhaft«, »unkontrolliert« u. ä.
ESP *→Außersinnliche Wahrnehmung.*
Eßstörungen *(eating disorders).*
[1] Im weiteren Sinn alle von der Norm abweichende Auffälligkeiten des Eßverhaltens, die zu psychischen Störungen und Veränderungen des Körpergewichts führen. DSM-IV unterscheidet E. *(Anorexia, Bulimia;* vgl. 2) von Fütter- und Eßstörungen, die im Säuglings- und Kleinkindalter auftreten *(Pica, Rumination,* vgl. 3). Überernährungsbedingte Beeinträchtigungen *(Adipositas)* fallen nicht in den engeren Bereich von E.; sie werden gesondert behandelt (vgl. 4).
[2] *E. nach DSM-IV:* (a) *Anorexia nervosa (anorexia nervosa; nervous anorexia).* Syn.: *Pubertätsmagersucht.* Anorexia bedeutet wörtlich übersetzt Appetitverlust. A.n. äußert sich in der Verringerung der Essensmenge, meist durch Ausschluß kalorienreicher Nahrung, die später in eine selbstauferlegte strenge Diät *(einschränkender Typ, restricting type)* übergeht oder abwechselnd mit *Freßanfällen und/oder Selbstreinigung,* d. h. Einnahme von Abführmitteln oder selbst herbeigeführtes Erbrechen *(binge eating/purging type)* → (b) auftritt. Das Körpergewicht erreicht nur bzw. sinkt auf 85% und weniger der Altersgruppennorm. Kennzeichnend sind trotz bereits bestehendem Untergewichts vorherrschende Gefühle, zu dick zu sein oder die Angst, dick zu werden, begleitet von Störungen der Körper- und Selbstwahrnehmung bezüglich Gewicht und Figur, Verleugnung der ernsthaften Konsequenzen des momentanen niedrigen Körpergewichts, häufig auch in Verbindung z. B. mit Ängsten, öffentlich zu essen, Gefühlen der Ineffektivität, Initiativelosigkeit, gelegentlich auch Einschränkungen des emotionalen Ausdrucks, Libidoverlust und Leistungsbeeinträchtigungen. Zu den häufigsten Körpersymptomen gehören Hauttrocken-

Eßstörungen

heit, Untertemperatur *(Hypothermie)* und Herzarrhythmien. Bei A.n mit Freßanfällen und Selbstreinigung können ferner Probleme der Impulskontrolle, Alkohol- oder Drogenmißbrauch, affektive Labilität und sexuelle Hyperaktivitäten auftreten. A.n. tritt überwiegend bei Frauen (90% der Fälle), gehäuft in der frühen (um 14 Jahre) oder späteren Adoleszenz (um 18 Jahre) auf, selten im Alter von über 40. Bei erwachsenen Frauen ist das dreimalige Aussetzen des Menstruationszyklusses eines der Kriterien. Nachgewiesen ist ein erhöhtes Risiko bei Frauen, in deren Verwandtschaft ersten Grades A.n. aufgetreten ist; bei A.n. mit Freßanfällen und Selbstreinigung bestehen Beziehungen mit dem Vorkommen *affektiver Störungen* bei Verwandten ersten Grades. In der Literatur wird außerdem davon berichtet, daß die Wahrscheinlichkeit des Auftretens von A.n. bei Frauen erhöht ist, die als Kleinkinder leicht übergewichtig waren, belastenden Lebensereignissen ausgesetzt sind oder eine ausgeprägt perfektionistische Lebensweise haben. Die mit der Anorexia nervosa verbundene Tendenz zu Fehleinschätzungen des Körperzustandes macht nicht selten die Hilfe anderer erforderlich, um rechtzeitig den Rat eines Arztes oder Therapeuten einzuholen. Die Mortalitätsrate liegt z. Zt. über 10%; die Heilungschancen sind bei jüngeren Patientinnen größer als bei älteren. Erfolgversprechende therapeutische Ansätze sind aus Psychoanalyse und Verhaltenstherapie entwickelte sog. multidimensionale Behandlungsprogramme, die unter ärztlicher Mitwirkung meist in Kliniken angeboten werden. (b) *Bulimia nervosa (bulimia nervosa),* früher auch *Bulimarexie (bulimorexia, purging-gorging syndrome):* Auf bis zu 2 Stunden begrenzte unkontrollierbare Episoden, sog. Freßanfälle *(binge eating),* die unabhängig von *Anorexia nervosa* mindestens zweimal wöchentlich über drei Monate und länger auftreten. Übermäßige Nahrungsmengen werden in kurzer Zeit aufgenommen. Es folgen in der Regel auffällige Maßnahmen des selbstreinigenden Verhaltens *(purging behavior),* z. B. selbstinduziertes Erbrechen, übermäßige körperliche Aktivitäten, Fastenkuren, Einnahme von Laxantien (Abführmittel), Diuretika (Entwässerungsmittel) oder anderer Substanzen, um eine Gewichtszunahme zu vermeiden. B.n. geht mit einer übertriebenen Beschäftigung mit Figur

und Gewicht einher, tritt gehäuft bei Frauen in der Adoleszenz oder im frühen Erwachsenenalter auf, die vor Beginn der Störung übergewichtig waren, bei denen gleichzeitig depressive Symptome oder affektive Störungen vorliegen. B.n. führt wegen der starken Gewichtsschwankungen und des häufigen Erbrechens zu einer Reihe von somatischen Komplikationen. Untersuchungen berichten, daß B.n. in etwa $1/3$ der Fälle mit Substanzmißbrauch oder Persönlichkeitsstörungen einhergeht und nicht selten affektive Störungen, Substanzmißbrauch oder -abhängigkeit bei Verwandten ersten Grades nachgewiesen wird. Therapieprogramme sind mit jenen bei Anorexia nervosa vergleichbar. (c) *Nicht näher bezeichnete Eßstörungen* nennt man lt. DSM-IV E., welche die unter (a) und (b) genannten Kriterien hinsichtlich Zeitgrenzen und Begleitsymptomen nur teilweise erfüllen.
[3] *Fütter- und Eßstörungen im Säuglings- und Kleinkindalter* nach DSM-IV: (a) *Pica, Pikazismus (pica; perverted appetite),* hergeleitet aus dem lateinischen pica (Elster), ursprünglich aus dem bei Schwangeren auftretende Heißhunger auf ungewöhnliche Nahrungsmittelkombinationen. Bei Kleinkindern ist P. eine recht selten auftretende Störung. Kennzeichnend ist ein mindestens einen Monat anhaltendes Essen von ungenießbaren Stoffen (z. B. Bindfäden, Farben, Haare, Papier, Stoff, Watte, auch Insekten, Fäkalien oder Schmutz), das die Grenze des bei Kleinkindern im Alter zwischen 18–24 Monaten üblichen gelegentlichen Probierens weit überschreitet, d. h. für die betreffende Altersstufe atypisch sein muß. Mit P. ist keine Aversion gegen Nahrungsmittel verbunden; sie tritt häufig mit →geistiger Behinderung oder →Schizophrenie auf und wird u. a. als Folge mangelnder Zuwendung oder Vernachlässigung in den ersten 12–14 Lebensmonaten angesehen. Zu den Folgen der Pica zählen Infektionen, Vergiftungen, Toxoplasmose oder Darmverschluß. Ist die Störung psychisch bedingt, verschwindet sie meistens in der frühen Kindheit von selbst. (b) *Rumination (rumination disorder),* eine ebenfalls selten auftretende Störung, äußert sich nach einer vorangehenden Periode normalen Eßverhaltens in mindestens einen Monat anhaltendem wiederholtem Emporwürgen, Ausspucken und/oder Wiederkäuen von Nahrung. Diese Verhaltensweisen gehen nicht auf eine Er-

167

Ethik

krankung des Magen-Darm-Trakts o. ä. zurück und werden ohne Übelkeit und Ekel mit den Anzeichen der Befriedigung, oftmals begleitet von Saugbewegungen, ausgeführt. Die Ursachen der Rumination sind weitgehend ungeklärt. Sie klingt in den meisten Fällen von selbst ab. Ist dies nicht der Fall, kommt es zu Gewichtsverlust und Unterernährung; die Mortalitätsrate liegt in derartigen Fällen bei 25%. R. tritt häufig mit →geistiger Behinderung auf. Erschwerend tritt bei anhaltender Ruminationsstörung eine durch Ekel hervorgerufene Abwendung der Pflegepersonen hinzu.

(c) Eine *Fütterstörung (feeding disorder)* schließlich zeigt sich darin, daß Kinder mindestens ein Monat lang nicht genug essen und daher das für ihre Altersstufe typische Körpergewicht verlieren bzw. nicht erreichen. Dabei gilt, daß die bei Kindern bis zum sechsten Lebensjahr einsetzende Störung weder organische Ursachen (z. B. Magen-Darm-Leiden) hat noch auf eine psychische Störung zurückgeht. Neben dem Gewichtsdefizit treten oftmals (akute oder in der Vorgeschichte nachweisbare) Symptome von Reizbarkeit oder Apathie und neuroregulatorische Beeinträchtigungen (z. B. Schlaf-Wach-Störungen) auf. R. findet sich bei bereits vorliegenden Entwicklungsbeeinträchtigungen (z. B. Behinderung), bei psychisch gestörten Eltern, nach Kindesmißbrauch oder Vernachlässigung relativ häufig. In schweren Fällen können die Folgen lebensgefährlich sein. Die Prognosen sind bei späterem Beginn (2.–3. Lebensjahr) günstiger als bei früherem; zwar sind Wachstumsrückstände nicht auszuschließen, aber der Schweregrad des Entwicklungsrückstandes und der sonstigen Fehlernährungsstörungen sind bei älteren geringer als bei jüngeren Kindern.

[4] Nicht in den engeren Rahmen der im DMS erwähnten Eß- und Fütterungsstörungen fällt die *Adipositas (obesity)*, eine bei Männern und Frauen etwa gleich häufig auftretende Überernährung mit Überschreitungen des Idealkörpergewichts um 20% und mehr. A. äußert sich in extremer Fettleibigkeit *(→Fette; Leptin)*. Zu den zahlreichen Ursachen zählt an prominenter Stelle eine psychisch bedingte Fehlbeurteilung der inneren Kriterien für Sättigung und/oder eine fortgesetzte Fehleinschätzung des eigenen Aussehens *(→Körperschema)*. Als Interventionsmaßnahmen empfiehlt sich

neben Selbsthilfegruppen (z. B. »Weight Watchers«) eine *Verhaltenstherapie* in Kombination mit kontinuierlicher Eßkontrolle und körperlicher Betätigung (Bewegungssport). Als Sonderformen der Verfressenheit mit extremer Gewichtszunahme gelten *Bulimie (bulimia; voracious appetite)*, eine durch anhaltenden Heißhunger bedingte Fettsucht, die als Folge psychischer Konflikte, aber auch organischer Hirnstörungen gedeutet wird, sowie *Polyphagie (polyphagia)*, eine anhaltende Freßsucht, die durch den Fortfall der Rückmeldung des Sättigungszustands bedingt ist.

LIT. BATTEGAY (1982); HERZOG, DETER, VANDEREYCKEN (1992); KÖHLER, NIEPOTH (1991); LAESSLE (1990).

Ethik *(ethics).* Philosophische Bezeichnung für die Wertlehre.
→*Wert.*

Ethnologie, Völkerkunde *(ethnology).* Die vergleichende Wissenschaft von den Kulturen bzw. von den verschiedenen Völkern (»Rassen«) und ihren Kulturen unter besonderer Berücksichtigung primitiver Entwicklungsformen *(→Kultur).* →*Völkerpsychologie (ethnopsychology)* ist eine der älteren Bezeichnungen für die systematische Erforschung des Zusammenhangs von Kultur und Verhalten durch den Vergleich zwischen verschiedenen Stufen der kulturellen Entwicklung.

Ethnozentrismus *(ethnocentrism).* Bezeichnung für eine Art des Vorurteils, gekennzeichnet durch eine vorherrschende Tendenz (Einstellung), die Eigenschaften der eigenen kulturellen Gruppe (»Rasse«, »Nation«, »Volk«) als Bezugssystem der Beurteilung anderer zu wählen, wobei die Eigenschaften der eigenen Gruppe übertrieben positiv bewertet werden.
→*Autoritäre Persönlichkeit.*
LIT. ADORNO u. a. (1950).

Ethologie *(ethology).* Teilgebiet der vergleichenden →*Verhaltensforschung,* das sich mit den Grundlagen angeborener Verhaltensmuster und ihrer auslösenden Bedingungen *(→Instinkt)* befaßt und insbesondere durch die Arbeiten von LORENZ und TINBERGEN geprägt ist.

Euphorie *(euphoria).* Von Sorglosigkeit, Optimismus und körperlichem Wohlbefinden geprägte heitere Stimmungslage, die weder den Lebensbedingungen noch dem objektiv ermittelten körperlichen Zustand entspricht. E. findet sich als Symptom bei seniler *Demenz,*

168

multipler Sklerose, TBC und im Zusammenhang mit Intoxikationen (Alkohol, Drogen); sie gilt im zuletzt genannten Fall als Erklärungsgrundlage für Abhängigkeit.

Eustachische Röhre *(Eustachian tube).* Röhrenförmige Verbindung zwischen Mittelohr und Rachenhöhle. Sie dient dem Druckausgleich im Mittelohr. →*Ohr.*

Evaluation *(evaluation). Beurteilung, Bewertung, Einschätzung.*

[1] (a) *Pädagogische Psychologie:* Empirische Überprüfung der Angemessenheit und Brauchbarkeit eines Curriculums, Lehrprogramms, einer Unterrichtsmethode oder Übungsstrategie in bezug auf konkrete →*Lehrziele.* (b) *Klinische Psychologie:* Empirisch begründete Einschätzung der Anwendbarkeit und Effektivität von bestimmten Interventionsstrategien.

[2] Bewertungstendenzen, welche die konnotative Bedeutung von Objekten oder Ereignissen und die Einstellungen zu ihnen mitbestimmen (→*Bewertung;* →*Polaritätsprofil*).

Evolution *(evolution).* Aus dem lat. evolvere (hervorrollen, herauswickeln) hergeleitete Bezeichnung für langsame, undramatisch ablaufende Veränderungen des äußeren Erscheinungsbildes und/oder Verhaltens, z. B. die allmähliche Abflachung von Erdformationen durch klimatische Einflüsse, die allmähliche Entwicklung der menschlichen Gesellschaft zu höheren Formen des am Gemeinwohl orientierten Zusammenlebens. E. steht im Gegensatz zu *Revolution* als Inbegriff abrupter Umwälzungen aufgrund heftiger Gewalt einwirkungen. In der von DARWIN begründeten biologischen *E.-Theorie* wird die stammesgeschichtliche Entwicklung (Phylogenese) von Lebewesenarten aus einfachen Grundformen zu hochentwickelten, differenzierten Formen und Unterarten als Ergebnis eines durch *Mutations-* und *Selektionsprozesse* bestimmten *Evolutionsdruckes* erklärt. Ausgangspunkt war die Beobachtung, daß voneinander geographisch isolierte Gruppen ein und derselben Art über Jahrtausende hinweg nicht nur veränderte Erscheinungsformen, sondern auch neue Arten hervorbringen können. Der sog. *Mutationsdruck* entsteht durch die Häufigkeitszunahme eines Gens im Vergleich zu seinem →*Allel* in der Population aufgrund unterschiedlicher Mutationsraten. Der sog. *Selektionsdruck,* die

zweite Komponente des E.-Druckes, bestimmt die Vorgänge der natürlichen Auslese; seine Stärke ist von den jeweiligen Umgebungsbedingungen, der Populationsgröße bzw. -dichte, dem bereits vorhandenen Erbgut und von der Anpassungsfähigkeit der betroffenen Lebewesen abhängig; er hat daher auf Überleben bzw. Fortpflanzung einen entweder erleichternden oder hemmenden Effekt. Mutations- und Selektionsprozesse bestimmen auf diese Weise in wechselseitiger Abhängigkeit und in Verbindung mit dem umweltabhängigen Erfolg bzw. Mißerfolg eines bestimmten (körperlichen) Merkmales den Anstieg oder Abfall der zugrunde liegenden Genhäufigkeit in der Population, d. h. die Wahrscheinlichkeit der Weitergabe bestimmter Geninformationen an die nächstfolgende Generation. Die an DARWIN orientierte Übertragung der E.-Theorie auf die Entwicklungsgeschichte kultureller, sozialer und individueller Erlebnis- und Verhaltensweisen wird als *Evolutionismus (evolutionism)* bezeichnet. Die E.-Theorie steht im Gegensatz zu der Annahme des *Kreativismus* oder *Kreationismus (creationism)* von der Erschaffung der verschiedenen Arten unabhängig voneinander in der nunmehr angetroffenen Form.

evozierte Magnetfelder →*Magnetfeld-Encephalographie.*

evozierte Potentiale, EP *(evoked potentials;* auch *evoked responses). Psychophysiologie, Sinnesphysiologie:* Durch überschwellige sensorische oder somatische Reize ohne Signalwert ausgelöste Veränderungen der bioelektrischen Hirnaktivität aus der Klasse →*ereignisbezogener Potentiale* des *Elektroencephalogramms* (EEG). Für die Darstellung von e. P. ist eine wiederholte Darbietung desselben Reizes erforderlich, um durch Mittelung die minimalen Spannungsveränderungen aus dem zufallsverrauschten Hintergrund des Spontan-EEG herauszulösen. E. P. zeigen sich in einer, vom Ableitungsort am Schädel abhängigen, für jedes Sinnesgebiet charakteristischen Abfolge minimaler negativer und positiver Spannungsveränderungen in Abweichung vom Ausgangswert, die auch als rasche, frühe *exogene Komponenten ereignisbezogener Potentiale* beschrieben werden. Sie geben neben physikalischen Reizaspekten (z. B. Intensität) der Sinnesmodalität entsprechende Prozesse der Reizaufnahme wieder (vgl. Abb.).

Exhibitionismus

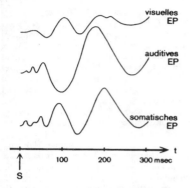

Idealisierte Darstellung evozierter Potentiale als Ergebnis der Mitteilung über mehrere Reizdarbietungen hinweg. Das visuelle stammt von einer Ableitung des EEG im zentralen okzipitalen Bereich (O_z), das auditive von der vertex-zentralen Position (C_z) und das somatische von einer scheitelseitig linken (parietalen P_3) Ableitung.

E. P. entsprechen mit großer Wahrscheinlichkeit postsynaptischen Erregungsprozessen in denjenigen Zellverbänden des Gehirns, die von sensorischen Afferenzen erreicht werden (sog. *sensorische Projektionsareale*). E. P. werden u. a. zur Lokalisierung von Störungen des zentralnervösen sensorischen Systems herangezogen. Besitzen die Reize Signalwert oder sind sie Bestandteil einer differenzierten Aufgabe (z. B. beim Wiedererkennen), so treten nach den e. P. im engeren Sinn auch späte, *exogene Komponenten* auf, die für Prozesse der Informationsverarbeitung im Ereignisbezug charakteristisch sind.
LIT. CALLAWAY u. a. (1978); HILLYARD, KUTAS (1983); LEHMANN, CALLAWAY (1976); NÄÄTÄNEN, MICHIE (1976); NIEDERMEYER, LOPEZ DA SILVA (1982); RAY (1990); REGAN (1972); ROCKSTROH u. a. (1989); RUGG, COLES (1995); VERLEGER (1988).
Exhibitionismus *(exhibitionism)*. Die Enthüllung der Genitalien vor unvorbereiteten fremden Personen. Gilt als spezielle Form der *Paraphilie* (→*Sexualstörungen*). E. wird in der Psychoanalyse als eine Art Ersatzhandlung angesehen, da sie sexuelle Empfindungen auslösen bzw. mit sexueller Befriedigung einhergehen kann.
Existentialistische Psychologie →*Existenzpsychologie*.
Existentielle Psychologie →*Existenzpsychologie*.
Existenzpsychologie *(existential psychology)*. Bezeichnung für eine philosophisch-psychologische Richtung, die sich vorwiegend auf →*Introspektion* sowie auslegende Deutungen stützt und versucht, Fragen des menschlichen Daseins (Daseinsbewältigung, Lebensbewältigung) aus dem Bezug des Individuums zu sich und seiner Welt zu klären (Existenzanalyse, Daseinsanalyse). Sie findet vorwiegend in der *Klinischen Psychologie* sowie in anthropologischen Systematisierungsversuchen Anwendung. Syn. *existentialistische Psychologie, existentielle Psychologie*.
LIT. BINSWANGER (1962); FRANKL (1951; 1959); JASPERS (1956).
exkretorische Drüsen →*Drüsen*.
Exnersche Scheibe *(Exner's disk)*, manchmal auch **Exnersche Spirale**. Eine auf eine drehbare Scheibe gezeichnete Spirale. Je nach Richtung und Geschwindigkeit der Drehung entsteht der Eindruck des Auseinanderlaufens oder Zusammenziehens *(Bewegungstäuschungen)*. Nach Aufhören der Drehung kommt es zu einem *Bewegungsnachbild* im Gegensinn, dessen Dauer inter- und intraindividuellen Variationen unterliegt.
exogen *(exogenous)*. Durch äußere Einwirkung entstanden. In der Zusammensetzung *exogene Psychosen* Bezeichnung für seelische Störungen, die durch Erschöpfung, tiefgreifende Lebenserfahrungen oder andere äußere Ursachen entstanden sind bzw. auf diese zurückgeführt werden. Gegensatz: endogen.
exogene Depression →*Depression*.
exogene Potentiale →*ereignisbezogene Potentiale*.
exogene Psychose →*Psychose*.
Exophthalmus →*Basedowsche Krankheit*.
exosomatische Methode →*elektrodermale Aktivität*.
Experiment *(experiment, experimental investigation)*. [1] Verfahren zur empirischen Überprüfung von Beziehungen zwischen *unabhängigen* und *abhängigen Variablen* unter *kontrollierten*, *objektiven* und *wiederholbaren* Bedingungen. Dem E. gehen in der Regel

theoretische Überlegungen voraus, die sich an abstrakt gefaßten Aussagesystemen orientieren; in ihnen sind bisherige Erfahrungen und vorläufige Erklärungen enthalten. Daraus hergeleitete Beziehungsaussagen stellen vorläufige Annahmen über den möglichen Ausgang des E. dar; man nennt sie (Arbeits-) *Hypothesen.* Das E. dient der Überprüfung der Tragfähigkeit von Hypothesen durch den Versuch, sie zu widerlegen *(Nullhypothese).* Es eignet sich in den meisten Fällen nicht dafür, das theoretische Aussagesystem durch ein sog. *experimentum crucis (crucial experiment)* aus den Angeln zu heben bzw. seine »Richtigkeit« zu beweisen; das Ergebnis von E. dient lediglich dem Aufweis der wahrscheinlichen Gültigkeit der angenommenen Beziehungen und ihrer Richtung. Trifft eine erwartete Beziehung nicht ein, so führt dies zum Verwerfen der Annahme in der bisherigen Form und/oder zu ihrer Modifikation unter Einbeziehung bislang nicht berücksichtigter Einflüsse, die in einem nächsten E. überprüft werden können. Zwischen einem E. und seinem theoretischen Bezugssystem besteht daher eine fortgesetzte Wechselwirkung, die der Verfeinerung und Konkretisierung theoretischer Aussagesysteme zugute kommt. E. werden nach vorher festgelegten *Versuchsplänen (experimental designs)* vorgenommen, die sich auf bestimmte statistische *Entscheidungsmodelle* beziehen (z. B. Varianzanalyse). Das Wahrscheinlichkeitsniveau für die Entscheidung über Verwerfung oder Akzeptieren der hypothetischen Beziehungsaussage wird ebenfalls vorher festgelegt.

[2] Der Experimentator bedient sich einer *Stichprobe* von Merkmalsträgern (in der Humanpsychologie z. B. Menschen einer bestimmten Altersgruppe) und konfrontiert sie mit von ihm *hergestellten, kontrollierten* bzw. *planmäßig variierten* Bedingungen *(unabhängige Variablen).* Er registriert *objektiv* (d. h. unabhängig von eigenen Eindrücken oder Vermutungen) Veränderungen von Merkmalen *(abhängige Variablen)* unter den von ihm festgelegten Bedingungsvariationen *(unabhängige Variablen).* Experimentiersituation, Bedingungen und Merkmale werden so gewählt, daß sie für den betrachteten Geschehenstypus *repräsentativ* sind, daß *keine unkontrollierten Einflüsse* das Ergebnis verfälschen und daß die *Wiederholbarkeit* durch einen anderen Ex-

perimentator mit anderen Stichproben von Merkmalsträgern gewährleistet ist. *Abhängige Variablen* des psychologischen E. sind (a) *Verhaltens- bzw. Leistungsvariationen* (z. B. Reaktionszeiten; Fehlerzahl), (b) objektive *Ausdrucksmerkmale* (z. B. Spannungsveränderungen bestimmter mimischer Muskelpartien), (c) *Befindlichkeitsaussagen* (z. B. Selbstratings der erlebten Anspannung) und (d) *physiologische Kennwerte* (z. B. EEG, HR, EDA). Man unterscheidet das *Laborexperiment* mit seinen extrem kontrollierten Bedingungen vom sog. *Feldexperiment (field experiment).* Bei letzterem findet der Versuch in einer den Gewohnheiten bzw. Erwartungen entsprechenden Situation statt; kontrolliert und planmäßig variiert werden nur diejenigen kritischen Bedingungen, die den engeren Gegenstand der Untersuchung betreffen (z. B. finden Versuche mit kleinen Kindern, deren Zuwendung zu verschiedenen – planmäßig variierten – Gegenständen ermittelt werden soll, in der Regel in einem Raum statt, der wie ein Kinderzimmer ausgestattet ist). Bei diesem Vorgehen nimmt man im Vergleich zum Laborexperiment insbesondere Einschränkungen der *internen Validität* in Kauf.

[3] Für das E. gelten verschiedene *Gütekriterien.* (a) *Externe Validität (external validity)* betrifft die *Generalisierbarkeit* der Befunde über die Grenzen der ausgewählten Situation, Versuchspersonen und unabhängigen bzw. abhängigen Variablen hinaus. (b) *Interne Validität (internal validity)* bezieht sich auf die Gültigkeit der Beziehungen zwischen den experimentellen unabhängigen und abhängigen Variablen; sie ist z. B. dann beeinträchtigt, wenn sich die Versuchspersonen, die man unter verschiedenen Bedingungen beobachtet, zusätzlich hinsichtlich einer unkontrollierten Variablen (z. B. Lernerfahrungen in ähnlichen Untersuchungen) unterscheiden; man bezeichnet derartige Einflüsse als *systematische interne Fehler.* (c) *Präzision* bezieht sich auf die Abwesenheit zufälliger Meßfehler und entspricht dem Kriterium der *Meßgenauigkeit* oder *Reliabilität* bei standardisierten Testverfahren. Die bisher genannten Gütekriterien gelten für alle erfahrungswissenschaftlichen E. Die (d) Abwesenheit von sog. *Versuchsleiter-* und *Versuchsleiter-Einstellungs-Effekten* dagegen gehört zu den Gütekriterien bei Untersuchungen an höheren Tieren und am Men-

experimentelle Neurose

schen. Im ersten Falle handelt es sich um den Einfluß des Versuchsleiterverhaltens auf den Ausgang der Untersuchung, im zweiten um den Einfluß der Erwartungen des Versuchsleiters auf den Ausgang der Untersuchung (→*Pygmalion-Effekt*). Zur Kontrolle der genannten Gütekriterien stehen entsprechende Verfahren zur Verfügung.

LIT. BREDENKAMP (1969); CAMPBELL, STANLEY (1963); EDWARDS (1968); MEILI, ROHRACHER (1968); SELG (1975); SELG, BAUER (1971); SCHULZ u.a. (1981).

experimentelle Neurose →*Neurose*.

experimentelle Zwillinge →*Co-twin-Methode*.

Expertensystem *(expert system)*. Computerprogramme, die dem formalisierbaren Spezialwissen und den Regeln gängiger Problemlösungsstrategien von Fachleuten in einem begrenzten Aufgabengebiet nachgebildet sind. E. können einfache Routineprobleme selbsttätig lösen und/oder Experten bei der Lösung komplexerer Probleme dadurch entlasten, daß sie für den Abgleich des Wissens erforderliche Zusatzinformationen abfragen und/oder mehrere alternative Lösungsmöglichkeiten in einer der programmierten Entscheidungsroutine entsprechenden Hierarchie anbieten. E. werden bei der Planung von Computerkonfigurationen, bei der Überwachung industrieller Betriebssysteme und Kernkraftwerke, in der Flug- und Raumfahrttechnik, im computerunterstützten Simulationstraining von Piloten und Astronauten, in der ergonomischen Sicherheitsforschung, in der betriebswirtschaftlichen Modellbildung, Städte- und Verkehrsplanung, in der rekonstruktiven Archäologie und Kunstwissenschaft sowie in der medizinischen und psychologischen Routine-Diagnostik angewandt.

LIT.: GILHOOLY (1989); GUTKIN, WISE (1991); PUPPE (1988).

explizites Gedächtnis →*implizites Gedächtnis*; →*Gedächtnis*.

Exploration *(exploration, exploratory behavior)*.

[1] In der klin.-medizinischen Psychologie zusammenfassende Bezeichnung für den gezielten Einsatz psychologischer und verwandter Untersuchungstechniken (Befragung, experimentelle Funktionsprüfung, Tests) zum Zwecke der Klärung von Symptomen und Problemen des Klienten.

[2] *Erkundungsverhalten* bei Tier und Mensch zum Zwecke der Bedürfnisbefriedigung, des Entkommens aus bedrohlichen oder der Erkundung von neuartigen Situationen, des Problemlösens im weiteren und engeren Sinn. Bei Tier und Mensch wird E.-Verhalten u.a. auf die Wirkweise der *Neugierde* zurückgeführt. Eine Komponente der E. ist die *Orientierungsreaktion*.

Exstirpation. Bezeichnung für einen chirurgischen Eingriff (Ausschneidung), in dessen Verlauf ein Organ ganz oder teilweise entfernt wird.

Externalitätshypothese →*Hunger*.

externe Validität →*Experiment*, →*Validität, externe*.

Extraversion *(extraversion)*, **Introversion** *(introversion)*.

[1] Von C. G. JUNG eingeführte Bezeichnung für Grundeinstellungen des Individuums, das Erleben und Handeln vorrangig an der Außenwelt (E.) bzw. Innenwelt (I.) zu orientieren. JUNG nimmt an, der *extravertierte Typus (extravert)* richte »psychische Energie« nach außen und gebe sich deshalb aufgeschlossen, kontaktfreudig und vertrauensselig; er passe sich in seine Umgebung ein. Der *introvertierte Typus (introvert)* dagegen wende »psychische Energie« nach innen und trete deshalb verschlossen, vorsichtig abwägend und zurückhaltend auf. Jungs Typologie ist weitgehend spekulativ, lieferte aber dennoch Anhaltspunkte für die neueren empirisch-experimentellen *Persönlichkeitstheorien*.

[2] In dem faktorenanalytisch fundierten Dimensionssystem von H. J. EYSENCK ist E. (Gegenpol: I.) neben →*Neurotizismus* und →*Psychotizismus* ein differentielles Merkmal auf dem Typenniveau (Faktor zweiter Ordnung). Die Ausgeprägtheit der E. bzw. I. läßt sich durch Fragebogen-Items direkt ermitteln (E-Skalen des *Maudsley Personality Inventory, MPI*, bzw. seiner mehrere Subskalen umfassenden Nachfolger *Eysenck Personality Questionnaire, EPQ*, und *Eysenck Personality Inventory, EPI*). Deutliche E. geht mit mangelnder Ausdauer, Konzentrationsschwächen und Neigungen zu unkontrolliertem Handeln sowie mit Tendenzen zur Überschätzung der eigenen Leistungen und Leistungsfähigkeit einher; in zahlreichen Experimenten nachgewiesen sind mangelnde *Konditionierbarkeit* aufgrund starker *reaktiver Hemmungen* und

herabgesetzte Hemmungskontrolle irrelevanter bzw. unangemessener Handlungstendenzen (→*Impulsivität*) des Extravertierten im Vergleich zum Introvertierten mit seiner ausgeprägten Lernfähigkeit (Konditionierbarkeit) und Hemmungskontrolle. Extreme E. zusammen mit überhöhter autonomer Erregbarkeit (→*Neurotizismus*) findet sich bei – wegen ihres unbeherrschten Auftretens – sozial Auffälligen *(Soziopathen),* bei *Hypochondern* und *Hysterikern.* Extreme I., gekoppelt mit hohem Neurotizismus, steht mit den Symptomen der *Gehemmtheit* und *Angstneurosen* in Beziehung. Die Zusammenhänge zwischen E. (I.) und lerntheoretischen bzw. klinischen Aussagen liefern wesentliche Grundlagen für die *Klinische Psychologie, Neurosenlehre* und *Verhaltenstherapie.*

[3] In dem multidimensionalen System von R. B. CATTELL sind E. und I. Bezeichnungen für (nichtorthogonale) Sekundärfaktoren, in die 4–5 Primärfaktoren aus Fragebögen bzw. objektiven Tests eingehen. Bei J. P. Guilford gehen Merkmale der E. bzw. I. in mehrere Primärfaktoren der Temperamentsbeschreibung ein (→*Persönlichkeit, Persönlichkeitstheorien).*

LIT. CATTELL (1973), EYSENCK (1981); EYSENCK, RACHMANN (1970); GUILFORD (1964); JUNG (1960).

extrinsisch *(extrinsic, extrinsical).*

[1] Lat. extrinsecus; Bezeichnung für Vorgänge, die auf Einwirkungen von (bzw. Bezüge zu) äußeren Ereignissen zurückführbar sind.

[2] *Motivationsforschung:* Charakteristik von zielgerichteten Verhaltensweisen, die in erkennbarem Bezug zu äußeren Anlässen oder Konsequenzen an- und ablaufen.

Exzeß →*Kurtosis.*

exzitatorisches postsynaptisches Potential →*Synapse.*

exzitatorisches Potential →*Reaktionspotential, Trieb.*

Eysenck Personality Inventory →*Extraversion, Introversion.*

Eysenck Personality Questionnaire →*Extraversion, Introversion.*

F

FAA →*Arbeitsanalyse, -beschreibung.*

Facettenanalyse *(facet analysis).* Logisch begründetes Verfahren, das der Klassifikation des Aussagegehalts einzelner (Meß-)Konzepte in bezug auf komplexe Sachverhalte durch die Berücksichtigung übergeordneter Analysegesichtspunkte (Facetten) dient. Will man z. B. einen komplexen Sachverhalt wie »Arbeitsklima« mit Hilfe von Fragebögen unterschiedlicher Herkunft und Art beschreiben, so ist es sinnvoll, die den einzelnen Fragebögen zugrundeliegenden Konzepte je nach ihrem Bezug auf Individuen oder Gruppen, auf Arbeits- oder Organisationsbedingungen zu klassifizieren sowie danach, ob es sich bei den berücksichtigten Aussagen um Beschreibungen äußerer Bedingungen oder um deren emotionale Bewertung handelt.

Fähigkeit, Fertigkeit *(ability).*
[1] *Allgemeine Psychologie, Persönlichkeitsforschung, Diagnostik:* (a) Die mehr oder weniger spezifischen qualitativen Voraussetzungen für hier und jetzt gezeigte Leistungen, ungeachtet dessen, ob sie auf Erziehung/ Übung oder auf Anlagen *(→Dispositionen)* zurückzuführen sind. Im Unterschied zu den die →*Eignung (aptitude)* bestimmenden Faktoren werden in der Fähigkeitsdiagnostik keine Annahmen über den Einfluß von Trainingsmaßnahmen auf die allgemeine Befähigung für künftige Tätigkeiten getroffen. (b) *Fähigkeitsfaktoren:* Durch →*Faktorenanalyse* aus Testdaten extrahierte Dimensionen, den mehrere unterschiedliche Leistungen, sog. *Primärfähigkeiten (primary abilities)* oder eine einzige umfassende *allgemeine Fähigkeit (general ability)* zugrunde liegen und die im Sinne einer universellen *Eigenschaft* interpretiert werden (z. B. der sog. g-Faktor der →*Intelligenz*). THURSTONE fand sieben sog. »unit traits«, die als Grundfähigkeiten für eine Vielzahl von spezifischen Leistungen gelten dürfen. Der daraus hergeleitete Test heißt *PMA (primary mental abilities).*
[2] F. im Sinne von *Durchsetzungsfähigkeit* oder Stärke bei der Ausübung von Macht *(potency)* bezeichnet nach OSGOOD eine der drei Grunddimensionen, die der konnotativen Bedeutung von Begriffen im semantischen Raum zugrunde liegt (→*Polaritätsprofil*).

Faktor *(factor).*
[1] Allgemeine und umfassende Bezeichnung für eine Bedingung, Kraft oder Ursache, die im Zusammenwirken mit anderen Bedingungen, Kräften oder Ursachen ein Ereignis, einen Vorgang oder Zustand hervorruft. Einen experimentellen Versuchsplan bezeichnet man dann als *faktoriell,* wenn er so erstellt ist, daß mehrere auf ein Geschehen einflußnehmende Faktoren (Bedingungen, unabhängige Variablen) kontrolliert werden können. Z. B. untersucht man mit sog. *faktoriellen Versuchsplänen (factorial designs)* die kombinierte Wirkung verschiedener unabhängiger Variablen (Bedingungen) auf eine Leistung bestimmter Art. Die statistische Verarbeitung der Ergebnisse erfolgt mit Hilfe der *Varianzanalyse.*
[2] In der Mathematik dient der Ausdruck als Bezeichnung für Größen, deren Produkt einen bestimmten Wert ergibt. So sind z. B. 5 und 8 oder 4 und 10 Faktoren von 40, denn die Produkte (5×8 und 4×10) ergeben 40.
[3] In der Statistik ist F. Bezeichnung für das Ergebnis einer *Faktorenanalyse.* Faktoren sind solche Größen, die durch Anwendung bestimmter Routinetechniken aus der Matrix von *Korrelationen* zwischen verschiedenen Variablen (meist Tests oder experimentell gewonnenen Daten) ermittelt werden können. Sie besitzen die unter [2] beschriebene Eigenschaft. Bildet man das Produkt aus den Faktorenladungen, so erhält man als Ergebnis wiederum die Korrelationsmatrix. Obwohl Faktoren lediglich das Ergebnis einer Berechnung darstellen, erhalten sie bei der Analyse von Korrelationen zwischen *Tests* oder experimentellen Daten Namen, die sich inhaltlich an den Verfahren mit der höchsten Faktorenladung orientieren. Dies soll nicht dazu verführen, Faktoren als grundlegende Ursachenkomplexe des in der Korrelationsmatrix beschriebenen Zusammenhangs aufzufassen. Es handelt sich immer nur um das Ergebnis einer mathema-

174

Faktor erster Ordnung

tisch-statistisch definierten Prozedur, die davon ausgeht, daß eine *Korrelation* in Komponenten zerlegt werden kann, und daß auch eine Matrix von Korrelationen in solche Komponenten zerlegt werden kann, die die Eigenschaft von Faktoren besitzen, so daß eine Vielzahl von Korrelationen durch eine geringere Anzahl von Faktoren beschrieben werden kann.

Faktorenachsen *(factor axes)*. Ein in der *Faktorenanalyse* gewähltes Bezugssystem (Koordinatensystem), das die Beziehungen von Faktoren und Korrelationen zwischen den analysierten Verfahren (experimentellen Daten oder Testdaten) darstellt. F. sind sowohl bei der mathematisch-statistischen Analyse als auch bei flächenhaften oder räumlichen Darstellungen Bezugssystem.

Faktorenanalyse. Bezeichnung für eine Reihe statistischer Verfahren, die es ermöglichen experimentell gewonnene oder Test-Daten und die Korrelationen zwischen den einzelnen experimentellen oder Test-Daten zu interpretieren. Die verschiedenen Verfahren gehen alle davon aus, daß es möglich ist, eine Matrix von Korrelationen mit einer begrenzten Anzahl von *Faktoren* repräsentativ zu beschreiben. Bei der von THURSTONE eingeführten *multiplen Faktorenanalyse* gilt dabei, wie bei anderen später entwickelten Techniken auch, die Einschränkung, daß man mit so wenigen Faktoren wie möglich alle in der Matrix erscheinenden Korrelationen durch Produktbildung wiederherstellen kann. Diese wenigen Faktoren werden im Sinne einer Einfachstruktur ermittelt.

LIT. CATTELL (1952); FRUCHTER (1954); HARMAN (1960); LIENERT (1959); PAWLIK (1968).

Faktorenladung *(factor loading)*. Bezeichnung für eine Kennzahl, die nach der vollzogenen →*Faktorenanalyse* angibt, wie hoch der Anteil eines Faktors an der Streuung (Varianz) eines in der Korrelationsmatrix enthaltenen Verfahrens ist. Die Kennzahl kann auch als *Korrelation* zwischen dem betreffenden Faktor und dem betreffenden Verfahren aufgefaßt werden.

→*Faktorentheorie.*

Faktorentheorie *(factor theory)*. Allgemeine und umfassende Bezeichnung für einen jeden theoretischen Ansatz, der – meist in Verbindung mit der *Faktorenanalyse* – von der An-

nahme ausgeht, man könne die *Intelligenz-* oder *Leistungsstruktur* einer Gruppe von Menschen in ihren durch bestimmte Verfahren gekennzeichneten Erscheinungsformen (z. B. Testergebnissen) mit einer Anzahl von *Faktoren* beschreiben, die im Vergleich zu der Zahl angewandter Verfahren geringer ist. Im Falle der Faktorenanalyse werden diese Faktoren aus den *Kommunalitäten* (Gemeinsamkeiten) erschlossen. In manchen F. wird die Interpretation der Kommunalitäten verallgemeinert, so daß angenommen wird, die daraus abgeleiteten Faktoren stellen die psychische oder körperliche Bedingungsstruktur für die größere Zahl der geäußerten Verhaltensweisen (Leistungsdaten, Testdaten) dar. Die verschiedenen Theorien gehen davon aus, daß eine quantitativ erfaßte Leistung (z. B. ein Testscore) eines Individuums zusammengesetzt ist aus den verschiedenen *Faktorenladungen*. Die Faktoren finden sich dabei in der gesamten Gruppe von untersuchten Versuchspersonen, die Ladungen dagegen sind jeweils individuell verschieden.

$$X_t = aF_1 + bF_2 + \ldots + zF_n$$

X_t sei ein Testscore, der sich mittels der Faktoren F_1 bis F_n erklären läßt. a bis z bezeichnen dabei die jeweiligen Ladungen in den einzelnen Faktoren. Im Rahmen der sog. *Zweifaktoren-Theorien* wird angenommen, daß sich eine Anzahl von Leistungsdaten durch einen allen Erkenntnisprozessen zugrunde liegenden →*G-Faktor* und durch *spezifische* →*(S)Faktoren* erklären lasse (SPEARMANS Theorie der Intelligenz). Die Theorie der *Gruppenfaktoren* geht davon aus, daß jeweils Gruppen von Leistungsdaten auf einen Faktor (Gruppenfaktor) zurückführbar seien. Die sog. Theorie von den *multiplen Faktoren (multiple factor theory)* schließlich nimmt eine Vielzahl nebeneinander existierender Faktoren an. Ihr entsprechend wurde die bekannteste Technik der Faktorenanalyse von THURSTONE entwickelt.

LIT. HARMAN (1960); LIENERT (1959); THURSTONE (1947).

Faktor erster Ordnung *(first order factor)*. Ein Faktor, der durch eine Technik der *Faktorenanalyse* direkt aus der Korrelationsmatrix der experimentellen oder Testdaten ermittelt wurde.

175

faktorielles Bezugssystem

faktorielles Bezugssystem →*Bezugssystem.*

Faktor zweiter Ordnung *(second order factor).* Ein Faktor, der durch eine Technik der *Faktorenanalyse* aus der Matrix der Korrelationen zwischen den ermittelten *Faktoren erster Ordnung* ermittelt wurde.
→*Rotation.*

Fallgeschichte *(case history).* Chronologische Aufzeichnung von Daten und Ereignissen, die für die Entstehung und das Verständnis eines bestimmten Krankheits-, Störungs- oder Zustandsbilds bedeutsam sind.
→*Anamnese;* →*Exploration.*

falsche Alarme →*Signalentdeckung.*

Familienkonstellation *(family constellation).* Bezeichnung aus der Individualpsychologie Adlers für den Einfluß der Anzahl, des Alters und der Eigenschaften von anderen Familienmitgliedern sowie deren soziale Beziehungen untereinander auf die individuelle Entwicklung eines Kindes.

Farbenblindheit *(color/colour blindness).* Syn. *Achromatopsie; Achromasie.* Fehlen von Farbempfindungen, zu unterscheiden von →*Farbenfehlsichtigkeit,* der partiellen Beeinträchtigung der Farbtüchtigkeit. Bei F. werden mit gleichzeitig verminderter Sehschärfe nur Helligkeitsunterschiede erkannt. Ursachen: Pathologische Veränderungen der Zapfenzellen, Netzhauterkrankungen, Schädigungen der optischen Bahnen, zentralnervöse Läsionen im Sehsystem.

Farbenfehlsichtigkeit, Farbanomalie *(defective color/colour vision; color/colour vision deficiency).* Beeinträchtigungen der Fähigkeit, Farben zu erkennen bzw. zu unterscheiden. F. beruht entweder auf angeborenen Defiziten, tritt als mehr oder weniger reversible Folge traumatischer bzw. krankheitsbedingter Veränderungen der Retina, des Sehnervs, des Sehkortex auf oder geht von Überbeanspruchungen des visuellen Systems aus. Man unterscheidet [1] *vererbte* und [2] *erworbene* Arten. Formen und Schweregrade der F. können mit qualitativen oder quantitativen Verfahren diagnostiziert werden (→*Farbentüchtigkeit).* F. kann aufgrund von unfarbigen Reizcharakteristika und/oder Erfahrungen teilweise kompensiert werden. Wer z.B. Rot, Grün und/oder Gelb nicht zu unterscheiden vermag, kann die Signale einer Verkehrsampel dennoch anhand ihrer Anordnung richtig beurteilen.

[1] *Vererbte F.:* Die verschiedenen Arten und Formen kommen bei Männern in ca. 8%, bei Frauen in ca. 0,8% der Bevölkerung vor. Der Erbgang ist geschlechtsgebunden rezessiv. Neben der sehr seltenen totalen →*Farbenblindheit* gibt es drei Arten der F. (a) *Trichromasie (trichromasia):* Eines der drei Zapfensysteme besitzt reduzierte Empfindlichkeit. Am häufigsten führt dies zur *Protanomalie* oder *Rotschwäche (protanomalia),* am zweithäufigsten zur *Deuteranomalie* oder *Grünschwäche (deuteranomalia)* und am seltensten zur *Tritanomalie* oder *Blauschwäche (tritanomalia).* In der antiken Philosophie und Naturwissenschaft galt Rot als erste (Wortstamm protos), Grün als zweite (deuter) und Blau als dritte (tritos) Grundfarbe des Spektrums. (b) *Dichromasie (dichromasia):* Relativ selten vorkommender Totalausfall eines der drei Zapfensysteme. Die Betroffenen verfügen nur über zwei funktionsfähige Zapfensysteme; sie haben daher Schwierigkeiten beim Auseinanderhalten von Farbnuancen im Rot/Grün- und Blau/Gelb-Bereich. In der Reihenfolge der Auftretenshäufigkeit unterscheidet man *Protanopie* oder *Rotblindheit (protanopia), Deuteranopie* oder *Grünblindheit (deuteranopia)* und *Tritanopie* oder *Blaublindheit (tritanopia).* (c) *Monochromasie (monochromasia), Monochromatopsie (monochromatopsia)* oder *Monochromatismus (monochromatism),* das sog. *Einfarbensehen,* kommt am seltensten vor. Hier vermitteln alle Zapfen eine einzige Farbempfindung.

[2] *Erworbene F.* geht auf Erkrankungen der Netzhaut, des Sehnervs und/oder zentraler Bereiche des visuellen Systems zurück und ist meist von anderen Beeinträchtigungen der Sehfunktionen (z.B. herabgesetzte Sehschärfe) begleitet. Die Störung betrifft in der Regel nur Teile des Gesichtsfelds. Die *Farbenasthenopie* (Farbenschwäche; *color/colour asthenopia)* ist eine Sonderform der →*Asthenopie;* sie äußert sich bei Ermüdung oder Überbeanspruchung in Beeinträchtigungen der Unterscheidung von Farbnuancen.

Farbenkreis *(color/colour circle).* Anordnung der Farben auf einem Kreis (Abb., Wellenlängenangaben in Nanormetern). Gesättigte Farben sind am Rand so angeordnet, daß *Gegenfarben,* deren Mischung Weiß bzw. Grau ergibt, einander gegenüber liegen. Die Positionen der drei Primär- oder Urfarben Rot,

176

Farbenpyramide

Grün und Blau ergeben miteinander verbunden näherungsweise ein eingeschriebenes gleichseitiges Dreieck.

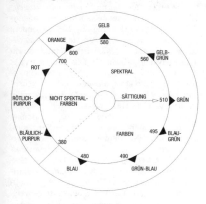

FARBENKREIS

Wellenlängenangaben in Nanometern

Farbenmischung *(color/colour mixing)*. F. erfolgt durch raschen Wechsel von Vorlagen mit unterschiedlichen Farben, z.B. durch rotierende Scheiben mit variablen Farbanteilen, durch einander überlagernde Projektionen farbigen Lichts (→*Anomaloskop*) oder durch Mischung von Malfarben. Licht in den drei *Primärfarben* Blau, Grün und Rot ergibt, wenn übereinander projiziert, durch *additive F. (additive color/colour mixing)* bei reinen Farben Weiß, ansonsten Grau; Blau/Grün ergibt Zyanblau, Rot/Grün ergibt Gelb und Rot/Blau einen Purpurton. Mischt man alle drei entstandenen Farbtöne erneut, so entsteht durch *subtraktive F. (subtractive color/colour mixing)* Schwarz bis Dunkelgrau; Zyanblau/Purpur ergibt Blau, Purpur/Gelb Rot und Zyanblau/Gelb Grün. F. auf einer Gegenstandsoberfläche hat stets ein *substraktives* Ergebnis. Mischt man auf einer Palette die *Gegenfarben* Blau und Gelb, erhält man Grün. Mischt man dagegen diffuses blaues mit diffusem gelbem Licht, ist das Ergebnis Weiß bzw. Grau, was der *additiven* Mischung von *Gegenfarben* entspricht.
→*Farbenpyramide;* →*Farbenkreis.*

Farbenpyramide, Farben-Doppelpyramide; Farbenkegel, Farben-Doppelkegel *(color/colour pyramid; color/colour solid).* Räumliche Darstellung der *Farben,* ihrer *Sättigung* und *Helligkeit.* Die OSTWALDsche Doppelpyramide zeigt die gesättigten Gegenfarbenpaare in den Ecken des quadratischen Sockels, gegen die Mitte nimmt die Sättigung ab. Die Mischung der in der Diagonale angeordneten Gegenfarben gibt weiß bzw. grau. Die Farbhelligkeit konvergiert in der oberen weißen Spitze, die Dunkelheit in der unteren schwarzen. Der gleichen Logik folgt die PODESTA-

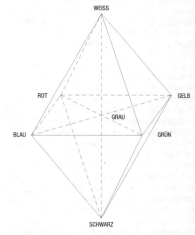

Farben-Doppelpyramide nach OSTWALD

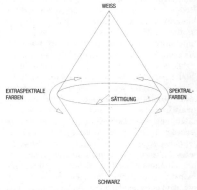

Farben-Doppelkegel nach PODESTÀ

Farbenraum

sche Darstellung in Form einer Doppelpyramide, deren kreisförmige Basis dieselbe Anordnung wie der →*Farbenkreis* enthält.

Farbenraum →*CIE-Farbenraum.*

Farbensehen; Farbenwahrnehmung *(color/ colour perception/vision; hue perception/ vision; color/colour experience).*

[1] *Elementare Farbempfindungen* entsprechen der neuralen Kodierung und Modulation elektromagnetischer Schwingungen zwischen ca. 380 und 700 nm im visuellen System. Die retinalen Zapfenzellen des *photopischen Systems* (→*Auge*) arbeiten, *Adaptation* vorausgesetzt, nur bei ausreichender *Helligkeit* (mind. ca. 1–10 mla) optimal. Bezugssystem für die Einstufung der 150–200 Farbnuancen, die der Mensch unterscheiden kann, sind die sog. *Grund-* oder *Urfarben* Blau, Grün, Gelb, Rot, Weiß und Schwarz. Davon zu unterscheiden sind die *Primärfarben (primary colors/colours),* d. h. Kombinationen aus denjenigen drei Farben, aus denen man durch *additive* →*Farbenmischung* alle anderen *Farbtöne (hues)* herstellen kann. Nach WRIGHT (1929) eignen sich dafür am besten Rotorange (650 nm), Grünlich (530 nm) und Bläulich (460 nm), die seither Ausgangspunkte des *CIE-Farbenraums* sind, in dem alle Farbtöne verbindlich standardisiert sind. *Farbtöne* entstehen durch Licht bestimmter Wellenlängen bzw. durch *Farbenmischung. Spektralfarben (spectral colors/colours)* oder »reine Farben« *(→Farbenkreis)* besitzen maximale *Sättigung (color/colour saturation)* mit keinem oder sehr geringem Grauanteil. Die *Farbenhelligkeit (color/colour brightness/brillance)* variiert mit dem Weißanteil; gesättigte Farben liegen im mittleren Helligkeitsbereich *(→Farbpyramide).* Bestimmte Farben (z. B. Gelb) werden von vorn herein heller eingestuft als andere (z. B. Rot oder Violett). Die Farbenhelligkeit ändert sich bei *Dunkel-Adaptation (→Adaptation,* →*Purkinjesches Phänomen). Gegenfarben (antagonistic/opponent colors/colours)* wie Grün/Rot oder Blau/Gelb ergeben je nach Sättigung und Helligkeit bei additiver Mischung Weiß bis Grau *(→Farbenpyramide;* →*Farbenkreis). Gegenstands-* oder *Oberflächenfarben (surface colors/colours)* entstehen durch Licht, das von Objekten abgestrahlt wird; sie werden als Objekteigenschaften aufgefaßt. *Diffuses farbiges Licht (color/colour film)* dagegen wirkt gegenstandslos, flüchtig

und unbestimmt, z. B. klarer Himmel, Blick in ein von außen mit farbigem Licht beleuchtetes →*Ganzfeld.*

[2] *Theorien elementarer Farbempfindungen:* Im Laufe der vergangenen 100 Jahre entstanden zahlreiche Erklärungsansätze. Besondere Bedeutung erlangten als Vorläufer des inzwischen empirisch gesicherten mathematisch neuro-physiologischen Modells von HURVICH u. JAMESON zwei, die (a) YOUNG-HELMHOLTZsche *Dreikomponenten-* oder *Trichromatische Theorie (tri-receptor/tri-chromatic theory)* und (b) HERINGs *Opponententheorie (opponent process theory).* Ausgangspunkte für beide waren Versuche zur →*Farbenmischung,* über →*farbige Nachbilder* und Untersuchungen an Menschen mit →*Farbenfehlsichtigkeit.* YOUNG (1800) postulierte die Existenz unterschiedlicher, wellenlängenspezifischer Farbrezeptoren, HELMHOLTZ (um 1860) nahm drei Rezeptoren mit Sensibilitätsmaxima für die Wellenlängen der *Primärfarben* Rot, Grün und Blau an. Erst 1966 konnte diese Annahme bestätigt werden. In den Retinen höherer Tiere und des Menschen befinden sich drei Zapfenarten mit Absorptionsmaxima für kurz-, mittel- bzw. längerwelliges farbiges Licht, Alpha-Zapfen mit Maximum bei 450 nm (Blauviolett), Beta-Zapfen bei 530 nm (Grün) und Gamma-Zapfen bei 560 nm (Gelblich-Orange). HERING (1873) ging von *Komplementärfarben* aus. Er fand, daß in Farburteilen neben Blau, Grün und Rot auch Gelb wie eine Primärfarbe berücksichtigt wird, daß aber in der Beurteilung farbiger Reize Gelb mit Blau genau so wenig zusammen vorkommen wie Grün mit Rot oder Schwarz mit Weiß, und daß *Nachbilder* immer in der jeweiligen Gegenfarbe erscheinen. Daher nahm HERING Mechanismen für Blau/Gelb, Grün/Rot und Schwarz/Weiß an, die nach dem Opponentenprinzip arbeiten, ihre »Sehsubstanzen« reagieren antagonistisch, d. h. nach dem Entweder-Oder-Grundsatz. 1956 gelang SVAETICHIN der exakte Nachweis von drei Arten *horizontaler Retinazellen,* die den Gegenfarbenpaaren entsprechend mit Hyper- bzw. Depolarisation reagieren. Diese Zellen empfangen Signale aus einer größeren Zahl von Zapfen nach Art →*rezeptiver Felder* und modulieren die Information vor ihrer Weiterleitung. (c) HURVICH u. JAMESONs *Farbkodierungsmodell (color coding model)*

hat seinen Vorläufer in der *Modulationstheorie* von GRANIT (1947); Retinarezeptoren sprechen unmittelbar auf Reize aus relativ breiten Frequenzspektren an und aktivieren daraufhin nachgeschaltete, spezialisierte *Modulatoren.* Alpha-, Beta- und Gamma-Zapfen liefern nach HURVICH u. JAMESON Signale an die SVAETICHIN-Mechanismen in den horizontalen Retinazellen. Dort und in retinalen Ganglienzellen findet eine Modulation statt, deren Ergebnis in Form von Erregungs-Hemmungs-Mustern unterschiedlicher Dichte spezialisierteren Detektoren in Zwischenhirn- und Kortex *(Detektoren)* zugeleitet wird.

[3] *Erlebniswirkung von Farben:* Farben haben je nach Situation, Gegenstand und Sensibilität des Betrachters emotionale Wirkungen, die in Architektur, Modedesign und Werbung genutzt werden. Die Symbolik von Farben wird aus Grunderfahrungen des Menschen mit der Natur hergeleitet. So steht Rot für Feuer, Blau für winterliche Kälte und das Grün austreibender Blätter für erwachendes Leben und Hoffnung. Mit ähnlichen Resultaten spekulierte C. G. JUNG über das *Archetypische* von Farben. GOETHEs intuitive Lehre von den dynamischen Farbenwirkungen hat bis heute nicht an Aktualität verloren. Für GOETHE stehen Gelb und Orange bis Gelb-Rot (Zinnober) für »lebhafte, regsame, strebende Empfindungen« voller Aktivität, Offenheit und Energie, Blau, Rotblau, Blaurot und Violett für »unruhige, weiche, sehnende Empfindungen« und Grün, in der Mitte zwischen beiden, für Barmherzigkeit, Hoffnung und Naturverbundenheit. Auch neuere Assoziationsversuche bestätigen die stereotypen Beziehungen zwischen Rottönen und Feuer, Aktivität, vernichtender Kraft und zwischen Blautönen und Eis, Passivität, Ruhe und Zurückhaltung. Einige psychophysiologische Untersuchungen legen die Vermutung nahe, rötliches Licht habe auf manche Menschen eine eher anregende (aktivierende), bläuliches dagegen eine eher beruhigende (hemmende) Wirkung. Eine allgemeingültige erfahrungswissenschaftliche Begründung der Farbenwirkung existiert bis heute nicht. Daher ist den phantasievollen Ansätzen einer auf Farbenpräferenz fußenden Persönlichkeitsdiagnostik oder »Farbentherapie« gegenüber Zurückhaltung geboten.

LIT. GOLDSTEIN (1998); GRAHAM (ed.; 1965); GREGORY (1972); HURVICH, JAMESON (1957); HURVICH (1981); JAMESON, HURVICH (1971); RIEDEL ([2]1986).

Farbentüchtigkeit *(acuity of color/colour vision; color/colour acuity).* Farben korrekt erkennen und unterscheiden können. Die meisten Verfahren zur Prüfung der F. bzw. Diagnose von →*Farbenblindheit* und →*Farbenfehlsichtigkeit* beziehen sich auf Beeinträchtigungen im Rot/Grün-Bereich. Es stehen *qualitative und quantitative Verfahren* zur Verfügung.

[1] (a) *Qualitative Prüfverfahren:* Auf den *pseudoisochromatischen Farbtafeln (pseudoisochromatic plates/tables)* von STILLING *(Stilling's color/colour plates)* bzw. ISIHARA *(Isihara's color/colour plates)* befinden sich aus Farbflecken zusammengesetzte Ziffern, Buchstaben oder Worte, die in Zufallsmuster gleichheller gleichgroßer Flecken in der Gegen- oder Verwechslungsfarbe eingebettet sind. Nur Farbentüchtige können die Figuren erkennen. (b) Der *Farnsworth-Panel-D-15-Test* ist ein Sortiertest. Täfelchen mit jeweils 15 Farbtönen müssen ihrer Ähnlichkeit nach geordnet werden; aus Verwechslungen können Farbenfehlsichtigkeiten erschlossen werden.

[2] *Quantitative Prüfverfahren:* Das *Anomaloskop (anomaloscope),* ein von NAGEL 1907 konzipiertes und von VIERLING weiterentwikkeltes Verfahren, verlangt die Herstellung bzw. das Identifizieren von Spektralfarbenmischungen. Im Blickfeldzentrum erscheint eine kreisförmige Testfigur. Der untere Teil ist Gelb (589 nm), das mit variabler Helligkeit dargeboten werden kann. Die Beobachter müssen aus Spektral-Rot (671 nm) und -Grün (546 nm) ein entsprechendes Gelb in der oberen Kreishälfte herstellen bzw. aus dort eingefügten Farbtäfelchen *(Nagel-Farbtäfelchen; Nagel's color/colour vision cards)* herausfinden. Der *Anomalquotient* (color/colour *anomaly index/ratio)* errechnet sich aus dem hinzugefügten Rot- bzw. Grünanteil; bei *Rotschwäche (Protanomalie)* wird überproportional Rot, bei *Grünschwäche (Deuteranopie)* zu viel Grün beigemischt.

farbige Nachbilder →*Nachbilder.*

farbige Schatten, Farbschatten *(colored/coloured shadows).* Beleuchtet man weißes Papier gleichzeitig mit reinem weißen und farbigem Licht und hält einen Gegenstand zwischen die farbige Lichtquelle und das weiße Papier, so erscheint der Gegenstandsschatten in der *Komplementärfarbe.* Die Er-

179

farbiges Rauschen

scheinung beruht auf *Simultankontrast* (→*Kontrast*).

farbiges Rauschen →*Rauschen.*

Farbpyramide, Farbspindel. Eine räumliche Darstellung der für die Qualität eines visuellen Sinneseindrucks entscheidenden Komponenten *Farbe, Helligkeit* und *Sättigung.* Man stelle sich eine Doppelpyramide vor, also ein spindelförmiges Gebilde. Auf der Basis der beiden Pyramiden trage man die voll gesättigten Spektralfarben außen auf, so daß die Komplementärfarben jeweils diametral liegen. Die senkrechte Achse stellt das Schwarz-Weiß-Kontinuum dar, so daß dort die verschiedenen Grautöne auftragbar sind.

Farb-Wort-Interferenz-Test →*Interferenz.*

Farnsworth-Panel-D-15-Test →*Farbentüchtigkeit.*

Faschismus →*Autoritäre Persönlichkeit.*

Faserstrang →*Tractus.*

Fechner-Benham-Phänomen →*Flimmerfarben.*

Fechner-Helmholtzsches Gesetz. Ein Prinzip in der visuellen Wahrnehmung, dem zufolge die Wirkung eines Lichtreizes durch einen vorangehenden visuellen Reiz abgeschwächt wird. Das Ausmaß der Abschwächung der Erregung entspricht annähernd dem Intensitätsunterschied zwischen beiden hintereinander erscheinenden Reizen.

Fechnersches Gesetz *(Fechner's law).* Syn.: *Psychophysisches Grundgesetz; Psychophysische Maßformel; Weber-Fechnersches Gesetz.* Von GUSTAV THEODOR FECHNER 1860 aus dem →*Weberschen Gesetz* hergeleitete Aussage, daß ein arithmetischer Anstieg der Empfindungsstärke (E) auf geometrischen Reizstärkezuwächsen (S) beruhe bzw. daß E dem Logarithmus von S entsprechen müßte. Nach WEBER ist $\Delta S/S$ für eben merkliche Empfindungsunterschiede (JND) konstant. WEBER postulierte die Konstanz des erforderlichen Zuwachsverhältnisses der Reize, FECHNER versucht dies auf Empfindungsverhältnisse zu übertragen. Unter der Annahme gleich großer Einheiten für JND lautet FECHNERs Grundformel

$\Delta E = k \cdot \dfrac{\Delta S}{S}$ (k = Proportionalitätskonstante)

Das F. G. erhält man durch Integration der Grundformel. Es lautet

E = k · log S + C (C = Integrationskonstante)

Trägt man auf der Ordinate gleich große JND-Einheiten, auf der Abszisse die entsprechende geometrische Progression der S-Werte ab und setzt auf der S-Skala den Wert für die absolute Schwelle gleich Null, erhält man die von FECHNER postulierte negativ beschleunigte Beziehung (Abb.). Das F. G. gilt, wie sich später herausstellte, nur für den mittleren Intensitätsbereich bestimmter Reizarten; bei anderen zeigen sich sowohl lineare als auch positiv beschleunigte Beziehungen zwischen S und E.

→*Stevenssches Potenzgesetz;* →*Psychophysik.*

LIT. FECHNER (1907).

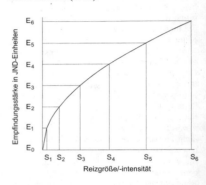

Fechnersches Paradoxon. *(Fechner's paradox).* Unterschiedliche Helligkeit des Lichteinfalls pro Auge kann beim Wechsel zu monokularer Betrachtung den Eindruck größerer Umgebungshelligkeit erzeugen. Trägt man vor einem Auge einen Graufilter, vor dem anderen nicht, während man seine Umgebung eine Weile betrachtet, scheint sich diese aufzuhellen, sobald man das Auge mit Filter schließt.

Feedback oder **Rückmeldung.**

[1] Aus der Kybernetik übernommene Bezeichnung für jede Art von Rückmeldesystem, das auf mehr oder weniger automatische Weise den Grad der Angemessenheit oder Wirksamkeit einer Operation oder Handlung mitteilt.

[2] Im übertragenen Sinne Bezeichnung für die sensorischen Rückmeldungen bei Vollzug einer Handlung. Das propriozeptive oder das kinästhetische System des Organismus lassen sich als Rückmeldesysteme klassifizieren. Im

Feldexperiment

ersten Falle werden z. B. die Spannungsverhältnisse eines Muskelsystems, im zweiten Informationen über die Körperlage gemeldet. [3] In der Sozialpsychologie manchmal Bezeichnung für jede Art der Rückmeldung, die anzeigt, daß der andere ein bestimmtes Verhalten oder eine sprachliche Äußerung »verstanden« bzw. aufgenommen hat, z. B. mit Gesten oder Lächeln u. ä. reagiert.
Feedbackverschaltung →*Hemmung, Renshawsche.*
Fehlanpassung *(maladjustment).* Der Zustand eines Individuums, das nicht in der Lage ist, sich seiner physikalischen, beruflichen und sozialen Umwelt gemäß zu verhalten, verbunden mit Rückwirkungen auf Erleben und künftiges Verhalten (auch Unangepaßtheit). →*Neurose.*
Fehler *(error).* Bezeichnung für die statistisch definierte Abweichung eines Meßwertes von einem wahren, also fehlerfreien Wert *(true score).* In der Praxis des →*Experiments* unterscheidet man zwei Fehlerarten, die Abweichungen betreffen, die nicht durch die Einwirkung der unabhängigen Variablen erklärt werden können.
[1] *Konstanter Fehler (constant error).* Die in der Statistik übliche Bezeichnung für eine Fehlergröße, die bei Messungen einen verfälschenden Einfluß ausübt. Der Fehler wird konstant genannt, weil er immer in eine Richtung hin verfälscht und bei den jeweiligen Bedingungen des Experiments oder der Messung in konstanter Weise berücksichtigt werden muß. Sollen z. B. je zwei Töne hinsichtlich ihrer Tonhöhe verglichen werden (Paarvergleich), so müssen die beiden Töne nacheinander dargeboten werden. Der Vergleich kann dadurch im Sinne des konstanten Fehlers verfälscht werden, daß der jeweils zuerst dargebotene Ton die Beurteilung des zweiten und den Vergleich beeinflußt. In der Psychophysik wird als konstanter Fehler auch die Tatsache bezeichnet, daß zwischen subjektiv festgestellter Gleichheit zweier Reize und deren physikalischer Gleichheit eine Differenz besteht.
[2] *Zufallsfehler (chance error, random error).* Beobachtungen oder Meßwerte weichen nach dem Zufall genauso oft in positiver wie in negativer Richtung von den »wahren Werten« ab, so daß die Summe aller Fehler um Null liegt oder Null erreicht, sofern eine Viel-

zahl von Beobachtungen oder Messungen vorliegt. Als wahrer Wert dient meist der Mittelwert, so daß die mittlere Abweichung der Meßwerte als Schätzung des Zufallsfehlers betrachtet werden kann (→*Stichprobenfehler).*
Fehler der zentralen Tendenz →*Zentrale Tendenz.*
Fehlleistung *(slip of the tongue; Freudian slip; slip of the pen).* Lat. lapsus linguae, lapsus calami. Syn.: *Freudsche Fehlleistung.* Psychoanalytische Bezeichnung für im Zusammenhang von Gesprochenem oder Geschriebenem auftretende, irrelevant und unpassend anmutende Wörter, von denen man annimmt, daß sie auf verdrängte Inhalte oder Wünsche in bezug auf den betreffenden Gegenstand, Mitmenschen oder Sachverhalt verweisen, von dem die Rede ist.
Feld *(field).* Eine aus der Physik entlehnte Bezeichnung für die Gesamtheit der Bedingungen in erlebnismäßiger oder räumlich wahrgenommener Anordnung, die einen Prozeß mitbedingen. Ein Verhalten wird dann als vom Felde abhängig bezeichnet, wenn es sich als eine Resultante der vorhandenen Bedingungen (Wahrnehmungsinhalte oder *Feldkräfte)* erklären läßt bzw. sich als von den Feldgegebenheiten mitbedingt erweist. So bezeichnet z. B. Witkin eine Wahrnehmungs-Reaktion dann als *feldabhängig,* wenn die Beurteilung einer Einzelheit im *Wahrnehmungsfeld* (z. B. die Beurteilung der Stellung eines Stabes) von den umgebenden Bedingungen (einem verdrehten Quadrat, das den Stab umgibt) stark abhängig ist *(→Feldtheorie, →Gesichtsfeld, →Gottschaldtsche Figuren).*
Feld, psychisches *(psychological field)* →*Feldtheorie.*
feldabhängig →*Feld.*
Feldexperiment *(field experiment).* Untersuchungen in lebensnahen Situationen (z. B. einem nachgestellten Kinderzimmer oder Büroraum) bzw. im Lebensraum selbst (in der eigenen Wohnung, in der gewohnten Arbeitsumgebung), in denen nur einige wenige, für das Untersuchungsziel entscheidende Bedingungen (z. B. Spielzeug und seine Zugänglichkeit, Pausengestaltung, Beleuchtungsverhältnisse, Kommunikationsbedingungen) in den Grenzen der Möglichkeiten kontrolliert bzw. variiert werden können. Im Unterschied zum →*Experiment* (Laborexperiment) unterliegt die Zuordnung von Individuen zu den experimentellen

181

Feldkräfte

Bedingungen (Zufallsstichproben-Bildung) sowie die systematische Variation der Bedingungen erheblichen Einschränkungen.
Feldkräfte →*Feld,* →*Feldtheorie.*
Feldstudie, Feldforschung *(field study; field research).* In der empirischen sozialwissenschaftlichen Forschung eingeführtes Untersuchungsverfahren der Beobachtung (z. B. teilnehmende Beobachtung durch Untersucher, die an Gruppenaktivitäten beteiligt sind) oder Datenerhebung (z. B. Befragungen oder Interviews) unter wirklichen Lebensbedingungen. Dabei müssen die für →*Experiment* und →*Feldexperiment* charakteristischen, von außen eingeführten Bedingungsvariationen und die damit verbundenen Möglichkeiten der exakten Effektkontrolle entfallen. F. dienen dem Zweck, die in Gruppen während des Ablaufs freier (z. B. beim Spielen oder bei Freizeitaktivitäten) oder durch Aufgaben gebundener Aktivitäten (z. B. in Arbeitsgruppen, betrieblichen Teams, Schulklassen, Behörden) auftretenden Prozesse zu beschreiben, ihre Wirkweise auf einzelne oder Untergruppen zu erkunden und/oder Effekte bestimmter eintretender Ereignisse (z. B. Kommunikationsprozesse bei Entscheidungen oder bei der Bewältigung kritischer Vorkommnisse) im gruppendynamischen Wirkzusammenhang zu interpretieren. In der von LEWIN begründeten *Aktions-* oder *Handlungsforschung* werden Varianten der F. dazu verwendet, um die Wirkweise organisatorischer oder sozialer Maßnahmen und Innovationen in Betrieben, Behörden, Gemeinden, Schulen u. ä. einzuschätzen.
LIT. PATRY (1981).
Feldtheorie *(field theory).* Feldtheoretischen Ansätzen in der Psychologie ist gemeinsam, die Dynamik des Aufbaus, der Organisation und der situationsabhängigen Veränderungen des Erlebens und Verhaltens im Licht umfassender interaktiver Beziehungsnetze (Feld) von Wirkgrößen (Feldkräfte) zu beschreiben und zu erklären.
[1] (a) Die Anwendung der F. begann in der *Gestalttheorie.* Zwei abwechselnd aufleuchtende Lichtpunkte erzeugen unter bestimmten Bedingungen den Eindruck eines einzigen, sich hin- und herbewegenden Lichtpunkts (sog. *Phi-Phänomen*). WERTHEIMER interpretierte dies als Ergebnis des Energieflusses zwischen zwei unterschiedlich polarisierten kortikalen Feldanteilen. Jedes gestalthafte

Wahrnehmen oder Denken beruht nach KOFFKA und KÖHLER auf der Wirkweise des sog. *Isomorphieprinzips,* d. h. Eindrücke der Zusammengehörigkeit oder Geschlossenheit kognitiver Elemente sind das Ergebnis kortikaler Feldprozesse, die unter bestimmten Wahrnehmungsbedingungen im Sinne (angeborener) dynamischer Ordnungstendenzen wirksam werden. (b) Die sog. *sensorisch-tonische Feldtheorie* der Wahrnehmung von Wapner und Werner besagt, daß zwei gleichzeitig über verschiedene Sinneskanäle eintreffende Erregungen eine auf integrative Verrechnung der entsprechenden Feldanteile beruhende Wirkung ausüben. Ein Stab, den man in die Senkrechte bringen soll, wird z. B. bei gleichzeitiger Berührung der rechten Schulter nach links, bei Zuruf von links, quasi zum Ausgleich der zusätzlichen Spannung nach rechts verdreht.
[2] In die *Entwicklungs-, Persönlichkeits-* und *Sozialpsychologie* wurden feldtheoretische Überlegungen (ohne Rückgriff auf physiologische Prozesse) von KURT LEWIN in seiner der nicht-quantitativen geometrisch-mathematischen *Topologie (topology)* nahestehenden F. eingeführt. Die Wahrnehmung oder Vorstellung einer bestimmten Situation mit ihren mehr oder weniger erstrebenswerten Zielzonen oder -gebieten konstituiert das *psychische Feld (psychological field),* in dem Verhaltenstendenzen zur Annäherung oder Vermeidung als *dynamische Kräfte (dynamic forces),* mit Vektoren vergleichbar, wirksam werden. Die Konstellation (Ordnung) aller aktualisierten Erfahrungen, Erinnerungen und Erwartungen bildet den feldartig gegliederten *Lebensraum (life space)* des Individuums, dessen Zonen sich mit fortschreitender Entwicklung zunehmend differenzieren.
→*Entwicklung.*
LIT. KOFFKA (1935); KÖHLER (1947); LEWIN (1963).
Feldtheorie, sensorisch-tonische →*sensorisch-tonische Feldtheorie.*
Fernpunkt →*Akkommodation.*
Fertigkeit →*Geschicklichkeit.*
feste Intervalle →*Verstärkungsplan.*
Fetischismus →*Sexualstörung.*
Fette *(fats).*
[1] (a) Als *Nahrungsbestandteil* Träger fettlöslicher Vitamine und Grundsubstanz für die Bildung körpereigener Fette durch *Lipogenese.* (b) *Körpereigene F.* oder *essentielle Fett-*

182

Fette

säuren *(essential faty acids)* gehören zur Familie der *ungesättigten Fettsäuren (unsaturated fatty acids)* und dienen als Energievorräte. Sie sind Hauptbestandteile von Zellmembranen und tragen zur Elastizität des Gewebes bei. Sie fungieren auch als Vorläufer einer Vielzahl von Botenstoffen und können über das *Immunsystem* in die Entstehung und in den Verlauf entzündlicher Prozesse eingreifen. Die wichtigsten *essentiellen F.* sind *mehrfach ungesättigte Fettsäuren (highly unsaturated fatty acids)* vom Typus ω-6 (Oktadekadiensäuren; Linolsäuren) und ω-3 (Oktadekatriensäuren; Linolensäuren). Die Grundsubstanzen für die Bildung beider Fettsäuren müssen mit der Nahrung aufgenommen und mit Hilfe von Enzymen körpergerecht verarbeitet werden. Die für ω-6 erforderlichen Grundstoffe sind in pflanzlichen Ölen, die für ω-3 in Fischöl und grünblättrigen Gemüsearten enthalten. Entscheidend für Gesundheit und Wohlergehen ist neben der Menge die ernährungsabhängige *Balance* zwischen den beiden Fettsäurearten. (b) Der *Fettstoffwechsel (fat metabolism; lipometabolism)* beginnt mit der Spaltung von Nahrungsfetten in Magen, Dünndarm und Bauchspeicheldrüse; freie Fettsäuren werden entweder direkt oder über Lymphgefäße in das Serum transportiert. Im *Fettgewebe* werden Fettabkömmlinge zusammen mit *Cholesterinestern* gespeichert und können rasch mobilisiert werden. Die *Biosynthese* erfolgt in Leber, Fettgewebe, Nieren und Lunge, bei Frauen auch in den Milchdrüsen. *F.-Säuren* werden in der Regel durch Oxidation abgebaut *(Katabolismus; Lipolyse)*, Cholesterin in der Leber zu Gallenflüssigkeit. (d) Das *Fettgewebe (fatty tissue)* besteht aus den sog. *Fettzellen*, d. h. Bindegewebszellen, die durch Fasergitter zu größeren flockenartigen Formationen zusammengefügt sind. Das sog. *weiße Fett* (Zellen mit einer einzigen Tröpfcheneinlage) ist ein reiner Energiespeicher, das sog. *braune Fett* (Zellen mit mehreren Tröpfchen) trägt zur Wärmeregulation des Körpers bei. Fettzellen bilden das für die F.- und Körpergewichtsregulation wichtige Hormon →*Leptin*.

[2] *Störungen des F.-Haushalts:* (a) Herrscht ein Überschuß von ω-6-F. (z.B. durch den Genuß von Fleisch fehlernährter Rinder oder Schweine), ist die Fettsäurebalance im menschlichen Körper gestört. Ernährungswissenschaftler empfehlen, zur Vorbeugung mehr Fisch- und Gemüsenahrung mit hohem Anteil an ω-3-F. zu sich zu nehmen. Der Anteil von ungesättigten Fettsäuren sollte jedoch insgesamt auf weniger als 10% der Gesamtnahrungsmenge beschränkt bleiben. Der tägliche Fettbedarf des Menschen liegt bei ca. 0.9 g pro kg Körpergewicht. Durch die Einnahme von *Antioxidantien* (z.B. *Vitamin E*) kann verstärkte Fettoxidation vermieden werden. Körperfettsäuren werden durch *Adrenalin* (z.B. unter *Streß*) vermehrt freigesetzt, ebenso bei *Diabetes* und Funktionsstörungen der *Schilddrüsen*. (b) *Fettablagerungen (Lipomatosis)* gehen auf übermäßige Vermehrung des F.-Gewebes zurück. Fettsucht, extreme Fettleibigkeit *(obesity)*, ist ein Risikofaktor, der das Auftreten von *Hypertonie*, →*Diabetes mellitus*, *Arteriosklerose*, *Gicht* und Blutüberfettung begünstigt. Fetteinlagerungen in *Herzmuskelfasern* können als Folge von chronischem Sauerstoffmangel, von Herzmuskelentzündungen oder degenerativen Erkrankungen des Herzgewebes auftreten, Verfettungen des Lebergewebes *(Fettleber)* als Folge von Alkoholmißbrauch, gehäufter Einnahme von Medikamenten mit toxischen Substanzen (z.B. Kortison) oder →*Diabetes*. (c) *Störungen durch Fettmangel:* Die Balance zwischen ω-6 und ω-3-F. ist bereits in der frühesten Kindheit eine der Grundvoraussetzungen für die normale Hirn- und Augenentwicklung. Für eine wohldosierte Fettzufuhr wird im Mutterleib über die Nabelschnur und nach der Geburt über die Muttermilch gesorgt. Eine dramatische Folge von ω-3-*Mangel* in den ersten Lebenswochen ist das *Zellweger-Syndrom (Zellweger's syndrome)*, erkennbar an Muskelhypotonie, Reflexstörungen, Krämpfen und Anomalien der Gesichtsform. Die Folgen sind Erblindung und Verzögerung der Hirnentwicklung, nicht selten begleitet von Störungen der Leberfunktionen. Versorgungsmängel und Ungleichgewicht zwischen ω-3- und ω-6-F. können in jedem Lebensalter zu Krankheiten bzw. Beeinträchtigungen von Genesungsprozessen führen. Kompensatorische Gaben von ω-3-F. haben einen positiven Einfluß auf den Verlauf von *kardio-vaskulären Erkrankungen.* Medikamente auf der Basis von Fischöl vermindern durch ihre hemmende Wirkung auf den Herzrhythmus *Infarktrisiken*, tragen zur Senkung

183

Fettleibigkeit

des *Blutdrucks* und zur *Arterienelastizität* bei. ω-3-F. ist ein Vorläufer von Substanzen, die *Entzündungen* modulieren; Fischöl senkt die Produktion von *Zytokinen* (→*Immunsystem*) und mildert so die typischen Reaktionskaskaden bei entzündlichen Prozessen. Hohe Konzentration von ω-3-F. hemmt auch die Weiterverarbeitung von ω-6-F., was zur Blockierung von Molekülen führt, die Entzündungen auslösen. Die entzündungshemmende Wirkung von ω-3-F. wird in der *Fischöltherapie* zur Behandlung der *rheumatoiden Arthritis*, einer erblichen →*Autoimmunstörung*, genutzt. ω-6-F. in Form einer mit Gamma-Linolsäure angereicherten Salbe bewährt sich bei der Behandlung von Hautausschlägen (*Dermatitis; Ekzeme*). Diese Hautkrankheiten gehen u. a. darauf zurück, daß durch ein Enzymdefizit körpereigene ω-6-f. nicht in erforderlicher Menge bzw. Qualität produziert werden können; die Folgen sind Hautwasserverluste. Kinder von Müttern mit *ω-6-F.-Mangel* neigen zu verstärktem Ekzembefall.

Fettleibigkeit →*Eßstörungen*.

Fibrille *(fibril)*. Dünne, fadenförmige Mikrobestandteile verschiedener Gewebe, z. B. in Epithelzellen (*Tono-F.)*, im Bindegewebe (*Kollagen-F.*) und im Nervenzellkörper (*Neuro-F.*).
→*Neuron*, →*Axon*, →*Dendrit*.

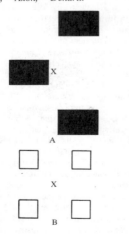

figurale Nachwirkung *(figural aftereffect)*. Eine vorher fixierte Figur hat auf die Erscheinungsweise einer nachher betrachteten einen verändernden Einfluß, der dann besonders groß ist, wenn Figurenanteile der ersten Figur an solche der zweiten in der Vorlage angrenzen oder sie umgeben (siehe Abb.). Man nennt die Versuchstechnik auch *Maskierung (masking)*.
Fixiert man Figur A ca. 35–40 sec im Fixierungspunkt X und wechselt dann zu Figur B (Fixierungspunkt X), so scheinen die beiden linken Quadrate von B auseinanderzustreben, die rechten dagegen zusammenzurücken. J. J. GIBSON beschrieb das Phänomen erstmals, systematische Untersuchungen stammen von KÖHLER und WALLACH. Diese Autoren erklären die Nachwirkung mit *kortikaler Sättigung* (→*Sättigung* [4]), einem Derivat des →*Isomorphieprinzips*. Es existieren zahlreiche, insgesamt unbefriedigende Erklärungsversuche.
LIT. KÖHLER, HELD (1949); KÖHLER, WALLACH (1944); MALHOTRA (1966).

Figur-Grund *(figure-ground)*. Grundlage des Form- und Gegenstandserkennens sowie der Tiefengliederung des Sehraumes. EDGAR RUBIN (1915) definiert vier Grundbedingungen der F.-G.-Erfahrung: (a) Selbst bei Betrachtung sinnfreier, amöbenartiger Gebilde wird der kleinere umschlossene Bereich automatisch als Figur, der größere umschließende als Hintergrund aufgefaßt. (b) Was einmal als Figur aufgefaßt ist, zieht die Aufmerksamkeit auf sich und erhält Dingqualität, während der Hintergrund diffus und frei von abgehobenen Einzelheiten erscheint. (c) Figuren erwecken beim Beobachter auch bei zweidimensionalen Darstellungen im Vergleich zum Hintergrund den Eindruck größerer Nähe. Durch die F.-G.-Gliederung erhält jede Umgebung Merkmale der Dreidimensionalität (→*Täuschungen*). (d) Figuren scheinen im Vergleich zum Hintergrund heller zu sein. Ein hellerer Reiz erweckt umgekehrt den Eindruck, sich weiter vorn zu befinden als ein dunkler (→*Scheinbewegungen*). Sind Figur und Grund nicht klar trennbar, entstehen *Umspring-* oder *Vexierbilder*, d. h. Figur und Grund wechseln ihre Positionen, wie beim berühmten →*Neckerschen Würfel* oder beim →*Rubinschen Becher*. Die Gliederung in Figur und Grund geht, wie man heute weiß, auf die Wirkweise von Kontrasten (→*laterale Hemmung*), von *Randdetektoren*

(→*rezeptive Felder*) und auf Seherfahrungen zurück.
Fiktionsspiel →*Spiel.*
Filtertheorie *(filter theory).* Annahme von Broadbent, das Wahrnehmungssystem enthalte einen selektiven Filtermechanismus, der die Eingangswahrscheinlichkeit bestimmter Reizinformationen erhöht und gleichzeitig die Zufuhr anderer Informationen blockiert. Bezogen wird dies auf die eingeschränkte Bearbeitungskapazität des Systems insgesamt. Die Wahrscheinlichkeit, daß der einem Signal entsprechende Erregungsfluß weitergeleitet wird, hängt u. a. ab von der Reizintensität, der biologisch-motivationalen Reizbedeutung und dem Neuigkeitswert. Dieser Ansatz erklärt die Selektivität der →*Aufmerksamkeit.* Er wurde durch Versuche zum →*dichotischen Hören* gewonnen.
Fischöltherapie →*Fette.*
Fissura calcarina *(calcarine fissure).* Ein tiefer Einschnitt, eine Furche in der Medianebene einer Hirnhemisphäre, insbesondere im Occipitallappen.
Fixe Idee →*Idee.*
Fixierung *(fixation).*
[1] Im Bereich der *Wahrnehmung* Bezeichnung für die Einstellung beider oder eines Auges auf einen bestimmten Punkt oder Gegenstand im Sehfeld, so daß seine Abbildung in die Fovea bzw. in den fovealen Bereich der Retina fällt.
[2] Im Zusammenhang mit *Lernprozessen* ist F. die synonyme Bezeichnung für das Behalten durch Übung sowohl von motorischen als auch von nicht anschaulichen Gegebenheiten.
[3] Im Zusammenhang mit der *Aufmerksamkeit* bezeichnet F. das Betrachten bzw. Überlegen eines Sachverhalts, ohne Randphänomene zu berücksichtigen (z. B. fixierende Aufmerksamkeit).
[4] In der Psychoanalyse ist der Begriff die Bezeichnung für ein Interesse oder eine emotionale Bindung psychosexuellen Ursprungs, die in der Kindheit geprägt wurde. Es wird dabei angenommen, daß so entstandene Fixierungen eine Bindung an andere Personen oder Gegenstände erschwert.
Fließmuster →*Bewegungssehen.*
Flexibilität *(flexibility).*
[1] Allgemeine und umfassende Bezeichnung für die Bereitschaft des Organismus, auf neue Gegebenheiten schnell zu reagieren bzw. das

Verhalten zu verändern. Syn. *Anpassungsfähigkeit.* Gegensatz: *Rigidität.*
[2] Bezeichnung für die Tatsache, daß ein Individuum auf Situationen von derselben Klasse in recht nuancierter Weise zu reagieren, d. h. eine Vielzahl von Verhaltensweisen zu zeigen vermag. Im übertragenen Sinne auch für Denkprozesse, Gefühle und Einstellungen verwendet, die nuancenreich ausfallen.
Flimmerfarben; musterinduzierte Flimmerfarben; Fechner-Benham-Phänomen *(flicker colors/colours; pattern induced flicker colors/colours; Fechner-Benham phenomenon).* Farbeindrücke entstehen normalerweise durch Variationen der spektralen Zusammensetzung des Lichts. Die von FECHNER (1838) beschriebenen und von BENHAM (1895) systematisch untersuchten F. dagegen sind das Ergebnis raum-zeitlicher Lichtmodulationen. Beim raschen Wechsel schwarzer und weißer Feldanteile einer rotierenden Scheibe *(Benham-Scheibe; Benham disk/top)* und bei entsprechender Beleuchtung mit einer Geschwindigkeit, welche den kritischen Wert für die →*Flimmerfusion* überschreitet, treten je nach Anordnung ungesättigt wirkende Farbeindrücke auf. Bei Rotation der abgebildeten Benham-Scheibe im Uhrzeigersinn mit ca. 7 Hz

Benham-Scheibe

Wechselgeschwindigkeit schwarzer und weißer Flächenanteile, sieht der den Kreismittelpunkt fixierende Beobachter außen einen blaßblauen, in der Mitte einen grünlich-gelben und innen einen blaßroten Ring. Verursacht wird dies durch periodische Reize mit unterschiedlichen Phasenbeziehungen und phasenabhängige laterale Interaktionen zwischen den Erregungen, die durch unterschiedliche Phasenprogramme der rotierenden Reizvorlage im visuellen System hervorgerufen werden.

Flimmerfusion, Flimmerverschmelzung

LIT. CAMPENHAUSEN (1993); FESTINGER u. a. (1971).

Flimmerfusion, Flimmerverschmelzung *(flicker fusion).*
[1] Durch Flimmereffekte hervorgerufener einheitlicher Helligkeitseindruck. (a) Ein intermittierender Lichtreiz erweckt bei entsprechender Frequenz den Eindruck eines Dauerlichts mittlerer Intensität. (b) Ein sich rasch drehendes Speichenrad oder die Rotation der abgebildeten *Flimmerscheibe (flicker disk)* erwecken den Eindruck einer homogenen Grautönung.
[2] Als *Flimmerfusionsfrequenz* oder *kritische Flimmerfrequenz (flicker fusion frequency),*

Flimmerscheibe

Abk. *CFF,* gilt die Frequenz eines Flimmerreizes, bei der in Abhängigkeit von Adaptationszustand, Leuchtdichte des Flimmerreizes und retinaler Lokalisierung F. eintritt. Ein intermittierender Lichtreiz mit einer Leuchtdichte von 1 cd/cm^2 im fovealen (zapfenreichen) Bereich fusioniert bei ca. 16 Hz, der obere Grenzwert bei Dunkeladaptation in peripheren (stäbchenreichen) Netzhautfeldern liegt bei ca. 22 Hz. Bei größerer Leuchtdichte treten beim fovealen Sehen obere Grenzwerte von ca. 50 Hz auf, bei fehlender Dunkeladaptation und schwachen Reizen liegen die unteren Grenzwerte bei ca. 15, in peripheren Netzhautbereichen dagegen bei ca. 3 Hz. Das foveale Zapfensystem kann bei optimaler Adaptation und Reizintensität dichte Reizfolgen wesentlich schneller verarbeiten als das periphere Stäbchensystem. Die CFF ist bei Ermüdung bzw. Übererregung in der Regel niedriger als bei Beobachtern in einem *optimalen Aktivationszustand.* Vermutlich werden die Verrechnungsvorgänge bzw. Modulationen in übergeordneten retinalen Ganglienzellen dem Aktivationszustand auf zentrifugalen Wegen angepaßt.

→*Adaptation [2],* →*Dunkeladaptation,* →*Hemmung, laterale.*

Flooding, Reizüberflutungstherapie *(flooding).* Psychotherapie, Verhaltenstherapie: Mit Angst bzw. Furcht assoziierte oder sie auslösende Reize werden zum Unterschied von Desensibilisierungs- und Angsthierarchietherapien in voller Stärke und dichter Folge dargeboten. Es wird angenommen, daß entweder durch →*Implosion* oder durch reaktive *Hemmung* eine Löschung herbeigeführt werden kann. Im weitesten Sinne könnte man auch von einem Gewöhnungseffekt in bezug auf den ohne Konsequenzen bleibenden konditionellen Reiz sprechen, wobei allerdings eine Verwechslung mit dem psychophysiologischen Habituationsvorgang vermieden werden muß.

Flow-Erlebnis. Zustand extremen aktuellen Wohlbefindens, der sich im selbstvergessenen Aufgehen in einer gut beherrschten Tätigkeit unabhängig von deren materiellem Ertrag äußert, z. B. bei passionierten Bergsteigern oder Schachspielern, bei darstellenden Künstlern oder sog. »workaholics« (arbeitsbesessene Menschen). Zurückgeführt wird dieses Erlebnis auf eine nahezu lückenlose Übereinstimmung von Handlungsanforderungen und vorhandenen Fähigkeiten.

Fluchtverhalten *(escape behavior, flight behavior).* Bezeichnung eines Reaktionsablaufs, der sich in einer rasch einsetzenden Ortsveränderung des betreffenden Organismus zeigt, sobald bestimmte Reize (Signale) auftreten. Das ungelernte F. von Tieren ist an artspezifische Auslöser gebunden und als Instinktverhalten programmiert. Gelerntes F. geht bei Tier und Mensch auf Schmerz- oder Bedrohlichkeitserfahrungen zurück (→*Angst*).

Fluktuation *(fluctuation).*
[1] Im Zusammenhang mit der *Aufmerksamkeit* oder *Wachheit* (Vigilanz) Bezeichnung für periodische Veränderungen der Klarheit von Reizen, die im Bereich der *absoluten Schwelle* dargeboten werden.
[2] In der *Statistik* Bezeichnung für die Variabilität von als konstant angenommenen Größen, die dann auftritt, wenn man *Stichproben* gleicher oder vergleichbarer Art hintereinander berücksichtigt. Fluktuationen dieser Art müssen von systematischen Fehlern des Messens unterschieden werden; man erkennt ihren

Einfluß daran, daß die Abweichungen keinerlei Trendmerkmale aufweisen.

Flüssigkeit *(fluency).*

[1] Allgemeine Bezeichnung für die Fähigkeit eines Individuums, sich ohne Schwierigkeiten und rasch der Sprache zu bedienen.

[2] Bezeichnung für einen *Faktor* der *Intelligenz,* der die Geschwindigkeit des *Assoziierens* in verschiedenen verbalen Aufgaben repräsentiert.

fokale Reize →*Adaptationsniveau.*

Folgesätze *(corollaries).* Bezeichnung für Aussagen von der Form »wenn A dann B«, die übergeordnete, allgemeinere Sätze (z. B. Postulate) ergänzen und spezifizieren. Z. B. verwendet HULL in seinem System solche Sätze, um spezielle Ergänzungen und Sonderfälle zu charakterisieren.

forced compliance, dt. näherungsweise: *erzwungene Zustimmung.* Bezeichnung für durch Belohnung oder Bestrafung induziertes Verhalten in Abweichung von eigener Meinung oder Überzeugung.

→*Compliance.*

Forensische Psychologie *(forensic psychology).* Syn. *Rechtspsychologie.* Teilgebiet der Angewandten Psychologie, in dessen Rahmen psychologisches Wissen und psychologisch-diagnostische Verfahren im Zusammenwirken mit Juristen auf Fragen der Rechtspflege, des Gerichtswesens, der Kriminologie und des Strafvollzugs anwendet werden. Schwerpunktgebiete der Tätigkeit von psychologischen Sachverständigen sind die Beurteilung der Glaubhaftigkeit von Zeugen bzw. der Glaubwürdigkeit von Zeugenaussagen *(→Aussage [2]; →Glaubwürdigkeit),* die Einschätzung der Zuverlässigkeit von Wiedererkennensleistungen *(→Gedächtnis),* Fragen der Delikt- und Schuldfähigkeit von Kindern, Jugendlichen und Erwachsenen sowie die Beratung des Gerichts in familienrechtlichen Angelegenheiten (z. B. Erziehungsberechtigung; Sorgerecht; Vormundschaft). In die Domäne der Kriminalpsychologie fallen Stimm- und Schriftbeurteilungen und Klärungen der Verursachung von Unfällen. Psychologen tragen durch Untersuchungen des Entscheidungsverhaltens zum Verständnis der komplizierten Prozesse in Rechtsfindung und Rechtsanwendung bei. Sie befassen sich schließlich auch mit Fragen der Gestaltung des Strafvollzugs und mit der Anwendung psychologischer Interventionstechniken in der Rehabilitation straffällig gewordener Jugendlicher und Erwachsener innerhalb und außerhalb von Strafanstalten.

LIT.: GREUEL, FABIAN, STADLER (Hrsg., 1997); KÖHNKEN (1990); MEMON, VRIJ, BULL (1998); STELLER, VOLBERT (Hrsg., 1997); UNDEUTSCH (Hrsg., 1967).

Formanten *(formants). Linguistik:* Obertöne, die aufgrund der Resonanzverhältnisse in Mund- und Halsraum entstehen und der Sprechstimme einen →*Phonem*-spezifischen individuellen Klang verleihen.

formatio reticularis →*Adrenalin,* →*ARAS,* →*Gehirn.*

formelle Gruppen →*informelle Gruppen.*

fornix oder **fornix cerebri.** Nervenleitung (Trakt) im basalen Teil des Gehirns, die unterhalb des Callosums verläuft und eine Verbindung zwischen dem Hippocampus und den corpora mamillaria herstellt.

Forschungsstatistik →*Statistik.*

Fortbildung →*Ausbildung.*

Fourier-Analyse *(Fourier analysis).* Mathemat.-physikal. Methode, periodische Schwingungsvorgänge (z. B. Schall, EEG-Signale) in die ihnen zugrunde liegenden Sinuswellen zu zerlegen. Dabei zeigt sich z. B., daß die einem *Grundton* entsprechenden *Obertöne* stets ein einfaches Vielfaches der Grundton-Sinusfrequenz sind. Bei einem Ton von 440 Hz sind dies z. B. 2 mal 440 = 880 Hz, 3mal 440 = 1320 Hz.

fovea centralis. Punktförmige Einsenkung der Retina am Schnittpunkt mit der Sehachse. Die dicht gelagerten Rezeptoren (→*Zapfen*) sind an dieser Stelle glaskörperwärts nicht von anderen Zellen, Gefäßen oder vom Stützgewebe (Glia) überdeckt, so daß hier der Bereich größten Auflösungsvermögens liegt.

→*Auge,* →*Retina.*

Fragebogen *(inventory, questionnaire, questionary).*

[1] Allgemeine Bezeichnung für ein Frageschema bzw. eine Liste von Fragen, die der Feststellung von Aussagequalitäten zu den Lebenslauf, soziale Einstellungen u. ä. betreffenden Inhalten dienen.

[2] Als *Fragebogenmethode* Bezeichnung für eine nach den Regeln der Testkonstruktion erstellte Liste von Feststellungen *(statements),* die je nach Grad der Zustimmung mit vorgegebenen Alternativentscheidungen beantwortet werden müssen. In diesem Sinne dienen

Fraktionierung der Aktivation

Fragebogen zur Ermittlung der Intensität von Einstellungen oder dem Ausprägungsgrad von einstellungsanalog erhobenen Persönlichkeitseigenschaften. Ihre häufigste Anwendung findet sich in der Sozial- und Persönlichkeitspsychologie, wo sie nach entsprechender Sicherung der *Reliabilität* und *Validität* sowie durch den Antworttypus gegebener *Objektivität* als Auswahlkriterien für Extremgruppen oder in diagnostischem Sinne angewendet werden. Fragebogen im Sinne von [1] sollte eher als Frageschema oder Interviewleitfaden bezeichnet werden, um Verwechslungen mit dem F. als Meßmittel der Einstellungen oder Persönlichkeitseigenschaften zu vermeiden.

LIT. H. J. EYSENCK (1953); MITTENECKER (1964).

Fraktionierung der Aktivation →*Aktivation,* →*Psychophysiologie.*

freie Assoziationen →*Assoziation.*

freier Wille →*Indeterminismus.*

freies Assoziieren →*Traumdeutung.*

freiflottierende Angst →*Angstneurose.*

Freiheitsgrade *(degrees of freedom).* Statistische Bezeichnung für die Anzahl von Elementen in einer mathematischen Operation, die variieren dürfen, ohne daß die Bedingungen für die Anwendung der betreffenden Operation dadurch gestört wird. Entsteht z. B. der Betrag K aus der Summe von Teilbeträgen $X_1 + X_2 + X_3 = K$, so können jeweils für X_1 und X_2 oder X_1 und X_3 oder X_2 und X_3 beliebige Werte eingesetzt werden, der dritte Wert dagegen kann nicht mehr frei variieren, wenn die Summe K erreicht werden soll. Bezeichnet N die Anzahl der Summanden oder Elemente, so gibt es hier $N-1$, also im angeführten Beispiel $3-1 = 2$ Freiheitsgrade. Handelt es sich um eine aus N Beobachtungen bestehende *Stichprobe,* so richtet sich die Anzahl der Freiheitsgrade nach der Anzahl jener Operation, die dazu erforderlich waren, den entsprechenden statistischen Kennwert zu schätzen. Die jeweiligen Freiheitsgrade werden in der Form df oder FG = $N-1$ (oder $N-2$ usw.) bei jeder statistischen Operation angegeben. df steht für *degrees of freedom,* FG ist die Abkürzung für Freiheitsgrade.

Fremdreflex →*Reflex.*

Fremdstereotyp →*Stereotyp.*

Frequenz, Häufigkeit *(frequency).*

[1] Anzahl der pro Zeiteinheit (meist pro Sekunde) auftretenden Elemente, z. B. Schwingungen pro Sekunde.

[2] In der Statistik bezeichnet F. die Anzahl der Ereignisse oder Meßwerte einer bestimmten Klasse von Ereignissen oder Meßwerten. Sie werden als Häufigkeiten (Frequenzen) einer entsprechenden *Skala* zugeordnet. Durch diese Zuordnung entstehen sog. *Frequenz-* oder *Häufigkeitsverteilungen.* Die Darstellung erfolgt in Form von Blockhistogrammen, wobei die Breite des Blocks dem Skalenintervall und die Höhe der Häufigkeit oder relativen Häufigkeit entspricht. Bei der Darstellung mittels des Frequenz- oder Häufigkeitspolygons errichtet man über der jeweiligen Klassenmitte eine Ordinate von der der Frequenz entsprechenden Höhe und verbindet die so entstandenen Punkte. Sind die Skalen *kontinuierlich,* so gibt es noch die Möglichkeit, die Punkte durch einen Kurvenzug zu verbinden und mit bestimmten idealen Häufigkeitsverteilungen zu vergleichen, z. B. mit der sog. →*Normalverteilung.*
→*Tonhöhe.*

Frequenzverteilung →*Frequenz.*

Freßanfälle →*Eßstörungen.*

Freudsche Fehlleistung →*Fehlleistung.*

Frigidität *(frigidity).* Bezeichnung für Fehlen oder Ausbleiben sexueller Empfindungen und/oder des Wunsches nach sexueller Betätigung überhaupt; sexuelle Empfindungslosigkeit bei Frauen.
→*Sexualstörung.*

Frotteurismus →*Sexualstörung.*

Frustration. Bezeichnung für eine Behinderung des Organismus, ein Ziel zu erreichen. Im übertragenen Sinne auch jede Art der Behinderung, einem vorgestellten Ziel näher zu kommen. Die Behinderung kann dabei als direkte *Versagung* erlebt oder aber (wie in der psychoanalytischen Annahme) ohne Beteiligung des Bewußtseins (unbewußt) wirksam werden, so wie das Ziel entweder ein klar erkennbares, vorgestelltes oder aber »unbewußtes« sein kann. Der Begriff hat einen deutlichen Bedeutungsüberschuß. In der Verhaltensforschung wird deshalb nur dann von F. geredet, wenn eine definierte Operation oder Barriere ein Tier oder einen Menschen daran hindert, eine ganz bestimmte Reaktion zu zeigen. Eine von behavioristischen Forschern (DOLLARD und MILLER) ausgesprochene Hypothese über den Zusammenhang zwischen Frustration und →*Aggressivität* hat zwar weitgehende Gültigkeit, läßt sich jedoch nicht uneingeschränkt verallgemeinern.

F-Test. Bezeichnung für ein statistisches Verfahren zur Prüfung der Homogenität zweier Varianzen aufgrund des *F-Verhältnisses* und der *F-Wert-Verteilung.*

Fugue →*dissoziative Störung.*

Führer *(leader).* Allgemeine Bezeichnung für eine Rolle, mit der sich Erwartungen der Leitung, Steuerung und Kontrolle der Handlungen von Gruppenmitgliedern zum Zwecke der Erreichung eines bestimmten Zieles verknüpfen. Als Kriterium für den Erfolg gilt in der Regel die Zufriedenheit der Gruppe. BALES unterscheidet zwei Aspekte der Führerrolle. Geht es darum, eine bestimmte Aufgabe erfolgreich durchzuführen, so wird der F. vor allem danach trachten, solche Einflüsse und Hinweise zu bieten, die geeignet sind, die Lösung zu beschleunigen oder zu vervollkommnen *(task ability; task orientation).* Geht es dagegen um die Befriedigung vorwiegend emotionaler Bedürfnisse der Gruppenmitglieder, so muß der F. besonders dazu beitragen, diesen Bedürfnissen zu entsprechen, d. h. geeignete Wege finden helfen *(social specialist; maintenance specialist; sozial-emotionaler F.).*

LIT. BALES (1950), THIBAUT, KELLEY (1959).

Führung *(leadership).* Im weiteren Sinne jede Art von Einflußnahme auf das Denken und Verhalten anderer durch personale Kommunikation oder apersonale Faktoren, z. B. technische Gegebenheit, Normen, Stellen- oder Organisationsbeschreibungen. Im engeren Sinne die unmittelbare, absichtsvolle (intentionale) und zielbezogene Einflußnahme von Inhabern entsprechender Positionen (Vorgesetzte) auf Unterstellte mittels *Kommunikation.* Mit F. ist stets eine Mobilisierung der Gruppenaktivität im Hinblick auf bestimmte Denkziele oder Verhaltensweisen und/oder die Organisation bzw. Teilung der Arbeit innerhalb einer Gruppe intendiert. Übernahme und Ausübung von F. sind an die Einnahme einer zentralen Position des Leiters im Kommunikationsgeschehen gebunden.

LIT. GOULDNER (1950); LASWELL, KAPLAN (1950); ROSENSTIEL (1993) WHYTE (1943).

Führungseffektivität *(leadership effectiveness).* An Erfolgskriterien orientierte Einschätzung der Wirksamkeit von *Führung bzw.*

Funktionalismus

Führungsstilen. Ist das Kriterium eher *aufgabenorientiert,* sind vor allem Quantität und Qualität der erreichten Leistung geeignete Indikatoren; ist es *personenorientiert,* zeigt sich F. eher in →*Arbeitszufriedenheit, Gruppenzusammenhalt* oder gutem *Betriebsklima.* In älteren personalistischen Ansätzen wurde F. in Abhängigkeit von Personenmerkmalen des Leiters gesehen. Heute gilt F. als Ergebnis zwischen Führungsverhalten und F. vermittelnder Prozesse, die in Abhängigkeit von der jeweiligen Situation wirksam werden. Ein typisches Beispiel ist das *Kontingenzmodell* von FIEDLER das die Beziehung zwischen Führungsstil und Leistung in Abhängigkeit vom (a) *Einfluß der Machtposition des »Führers«,* von der (b) Aufgabenstrukturiertheit und den (c) *sozio-emotionalen Beziehungen zwischen »Führer« und Geführten* darstellt.

LIT. FIEDLER (1967); ROSENSTIEL (1993).

Fullerton-Cattellsches Gesetz *(Fullerton-Cattell-law).* Bezeichnung für eine angenommene Beziehung zwischen Beobachtungsfehlern und »eben merklichen Unterschieden« (→*Unterschiedsschwelle),* die beide proportional der Quadratwurzel aus der Reizintensität variieren.

Fundierungstheorie →*Gestaltqualitäten.*

Funktion *(function).*

[1] In der Mathematik Bezeichnung für eine Größe, die mit Veränderungen einer anderen ebenfalls Veränderungen erfährt. Die Veränderungen der *abhängigen Variablen* müssen dabei nicht notwendigerweise auch proportional den-jenigen der *unabhängigen Variablen* sein.

[2] Bezeichnung für die Aktivität oder den Bereich der Aktivität eines Organismussystems, z. B. die »Funktion der Leber« oder die »Funktion der Retina«. Im übertragenen Sinne auch in Aussagen wie die »Funktion der Gruppe« u. ä. Die Aufteilung in bestimmte *Funktionsbereiche* hat oftmals rein klassifikatorische bzw. heuristische Bedeutung. Dies gilt besonders für die Verwendung des Funktions-Begriffs in der Psychologie.

funktionale Dominanz →*Dominantentheorie.*

funktionale synaptische Einheiten →*Elektroencephalogramm.*

Funktionalismus *(functionalism).* Bezeichnung für eine Lehre oder Theorie, in deren Rahmen z. B. das Wahrnehmen und Erkennen als Funktionen im Dienste von Antrieben, Be-

Funktionskreis-Modell

dürfnissen in der Auseinandersetzung mit der Umwelt angesehen werden. Die Vollzüge des Erkennens werden als instrumentelle Vorgänge angesehen. In der Funktionspsychologie *(functional psychology)* wird dabei besonderes Gewicht auf die Vorgänge der aktiven Auseinandersetzung und weniger auf die Zustände bzw. Inhalte gelegt. Der u.a. von WILLIAM JAMES (1890) vertretene F. wendet sich gegen eine nur auf Erlebnisinhalte und deren Strukturen bezogene psychologische Analyse *(→Strukturalismus).*

Funktionskreis-Modell *(functional circuit model).* Von JAKOB VON UEXKÜLL entwickelte Vorstellung, höhere Tiere und Mensch prägten ihrer Umgebung mit dem Erkennen bestimmte Merkmale auf, d.h. sie vollziehen eine Bedeutungsverteilung. Diese drängt nach solchen Handlungen, die die erkannte Bedeutung in eine Wirkung (z.B. Lösung eines Problems) umsetzen. Der Funktionskreis kommt erst dann zur Ruhe, wenn Merkmale und Wirkungen objektiv oder subjektiv übereinstimmen. Das F.-M. ist das Kernstück der Uexküllschen Umweltlehre. Es wurde von THURE VON UEXKÜLL zu einem *→Situationskreis-Modell* erweitert.

Funktionsspiel *→Spiel.*

Funktionsstörungen *(functional disorders),* manchmal auch **funktionelle Störungen.** Bezeichnung für Beeinträchtigungen oder Störungen von Handlungs- oder Denkabläufen, die auf keine erkennbare Organ- oder Organismusveränderung zurückgeführt werden können. *→Neurose.*

Furcht *(fear).* Allgemeine Bezeichnung für unangenehme Gefühle der Spannung und Betroffenheit angesichts oder in Erwartung konkreter Gefahren- oder Bedrohungsquellen (Gegenstände, Personen, Situationen), von Hinweisen auf eine bevorstehende Konfrontation mit ihnen und/oder damit verbundenen Vorstellungen bei gleichzeitiger Anbahnung von Abwehr-, Bewältigungs- oder Vermeidungsverhalten. Vergleichbare Gefühle ohne konkreten Gegenstands- oder Situationsbezug nennt man *Angst.* Intensive, unbeherrschbare F. vor bestimmten Gegenstandsoder Situationsklassen, deren Auftreten dem/der Betroffenen unerklärlich ist, werden als *neurotische F.* oder *Phobie* bezeichnet. Da sich F.- und Angstgefühle mit den gleichen Symptomen zeigen, werden sie in der psychologischen Forschung unter dem Oberbegriff *Angstzustand* zusammengefaßt; Phobien gelten als Sonderformen *neurotischer Angst.*

→Angst, →Neurose; →Phobien.

furchtverstärkte Schreckreaktion *→Schreckreaktion.*

Fütterungsstörung *→Eßstörung.*

F-Wert, F-Verhältnis *(F ratio). Statistik:* Von R. A. FISHER eingeführter Kennwert zur Prüfung der Wahrscheinlichkeit von Unterschieden zwischen zwei unabhängigen Varianzschätzungen, definiert als das Verhältnis der beiden, d.h. F = σ_1^2/σ_2^2, wobei $\sigma_1^2 > \sigma_2^2$. Bei der *Varianzanalyse* bezieht sich F immer auf das Verhältnis der geschätzten Varianz *zwischen* den Versuchsbedingungen zur geschätzten Varianz *innerhalb* der Gesamtheit aller Daten. Die Wahrscheinlichkeitsgrenzen der F-Prüfverteilung sind in Tabellen dargestellt; bei ihrer Benützung sind die *Freiheitsgrade* der beiden Varianzschätzungen zu berücksichtigen.

G

GABA, Abk. für Gamma-Amino-Buttersäure (gamma-amino-butyric-acid). Wichtigster Neurotransmitter des Zentralnervensystems mit präsynaptisch hemmender Wirkung

Galtonsche Pfeife *(Galton whistle)*. Bezeichnung für eine von Sir Francis Galton entwickelte Pfeife, mit deren Hilfe man die Schwelle des Hörens bei verschieden hohen Tönen unterschiedlicher Lautstärke feststellen kann. Die Pfeife ist so gebaut, daß durch Variation der Länge der Luftsäule mittels einer Skala eine optimale Kontrolle der Tonhöhe gegeben ist. Eine von Edelmann revidierte Form erlaubt es überdies, die Öffnung und somit die Intensität zu kontrollieren.

Galtonscher Balken *(Galton bar)*. Bezeichnung für eine von Sir Francis Galton eingeführte Versuchsanordnung zur Ermittlung der Schwellen bei Schätzungen der Längen gerader Strecken. Auf einem Balken mit für den Versuchsleiter sichtbarer Millimeterskala können durch aufgesetzte Reiter Strecken beliebiger Länge hergestellt werden. Im Standardversuch wird die Versuchsperson aufgefordert, eine Strecke zu markieren, die der Vergleichsstrecke entspricht. Der Anhaltspunkt besteht dabei in der Markierung der Mitte des Balkens, von der aus die Strecken gegeben bzw. hergestellt werden. Die entsprechende Methode der *Psychophysik* ist die des »mittleren Fehlers«, bei der es darauf ankommt, die subjektive Gleichheit herzustellen und die Schwelle aus der mittleren Abweichung zwischen subjektiver und objektiver Gleichheit zu ermitteln.

galvanische Hautreaktion, GHR *(galvanic skin response; GSR)*. Allgemeine Bezeichnung für Veränderungen der Hautleitfähigkeit bzw. des Hautleitwiderstandes bzw. für Hautpotentiale, die auf äußere Reize bzw. innere Zustandsveränderungen (z.B. emotionale Erregung) zurückgeführt werden. Man faßt derartige Phänomene unter dem Oberbegriff *Elektrodermale Aktivität* zusammen und spezifiziert sie in bezug auf die angewandte *Meßmethode*. →*elektrodermale Aktivität.*

Galvanotropismus oder **Galvanotaxis.** Bezeichnung für Orientierungen bzw. Orientierungsreaktionen, die auf Veränderungen im Magnetfeld oder elektrische Reize hin erfolgen (z.B. bei manchen Fischarten).

Gamet. Bezeichnung für eine für die Befruchtung reife geschlechtliche Fortpflanzungszelle, die nach der Vereinigung mit einer anderen die *Zygote* bildet, aus der sich ein vollständiger Organismus entwickeln kann. *Gametogenesis* bezeichnet den Prozeß der Reifung von männlichen und weiblichen Fortpflanzungszellen (Gameten).

Gammaglobuline →*Immunsystem.*

Gamma-Phänomen *(gamma phenomenon). gamma motion). Scheinbewegung,* die entsteht, wenn man eine relativ großflächige Figur aufhellt bzw. abdunkelt. Diese scheint sich dabei auszudehnen und nach vorn zu bewegen bzw. zu schrumpfen und nach hinten zu wandern. Ausdehnung bzw. Schrumpfung gehen auf den größeren Erregungsbeitrag fovealer Rezeptoren im Vergleich zu peripheren und auf Unterschiede der Erregungs- und Hemmungslatenz fovealer und peripherer Rezeptoren zurück *(→Abney-Effekt).* Die Scheinbewegungen nach vorn bzw. hinten entsprechen der Erfahrung, daß nähere Objekte stets heller und deshalb im Vergleich zu dunkleren näher herangerückt erscheinen.

Gansersches Syndrom *(Ganser syndrome). Klinische Psychologie, Psychiatrie:* Tatsächliche oder vorgetäuschte Unfähigkeit, auf verstandene einfache Fragen adäquat zu antworten, d.h. zwar zu reden, dabei aber den Inhalt der Frage zu verfehlen, daran vorbeizureden. (a) Die vortäuschende Form (erstmals bei Häftlingen beobachtet) deutet auf die ggf. unbewußte Tendenz hin, für verrückt gehalten zu werden, um einen bestimmten Zweck (z.B. vorzeitige Haftentlassung, Gewährung mildernder Umstände) zu erreichen. Syn.: *Gefängnispsychose; pseudodementes Syndrom.* (b) Das G.S. in seiner nicht vorgetäuschten Form tritt oftmals im Zusammenhang mit posttraumatischen Dämmerzuständen, bei Hirntumoren, Hirnverletzungen und progressiver Paralyse auf.

191

Ganzfeld

Ganzfeld *(homogeneous field)*. Versuchsanordnung aus der Sinnesphysiologie und -psychologie zum Nachweis, daß dem Zustandekommen von visuellen Eindrücken und ihrer Stabilität ein Minimum an Kontrast und Textur zugrunde liegt. Ein G. wird erzeugt, indem man ein lichtdurchlässiges kugelförmiges Gehäuse mit Gazematerial auslegt und von außen mit homogenem Licht anstrahlt. Blickt man in das Gehäuse, so verschwimmen wegen der Reflex- und Kontrastlosigkeit nach kurzer Zeit alle abgehobenen Eindrücke; verwendet man zur Beleuchtung z. B. rotes Licht, so erscheint nach kurzer Zeit das Kugelinnere nicht mehr in einen roten, sondern in einen grauen Nebel getaucht. Der diffuse Eindruck bzw. die Farblosigkeit verliert sich schlagartig, wenn man z. B. in das Kugelinnere einen farbigen Papierstreifen einführt.

Ganzheit →*Gestalt.*

Ganzheitspsychologie *(holistic psychology)*. Von F. KRUEGER entwickelte Lehrmeinung, deren Betrachtungseinheiten neben *Gestalt* die Ganzheit des Erlebens ist, aus der sich das – ebenfalls ganzheitliche – System der »transphänomenalen Bedingungen« (Struktur) von Erleben und Verhalten erschließen läßt. Da die Entwicklung des Erlebens mit angesprochen ist, trägt die G. auch den Zusatz »genetische«.
LIT. KRUEGER (1926 B); SANDER, VOLKELT (Hrsg.; 1962); WELLEK (1953).

Garcia-Effekt *(Garcia effect)*. Einfluß der Kombination bestimmter Reizmodalitäten auf die Leichtigkeit der Herausbildung konditionierter Vermeidungsreaktionen. Der von BOLLES sogenannte G.-E. steht im Widerspruch zu der klassischen Annahme der Konditionierungsforschung, jeder beliebige neutrale Reiz ließe sich als CS mit etwa gleichem Lernaufwand an jeden, mit aversiven Reaktionen verknüpften Reiz (UCS) koppeln. In einem Experiment von GARCIA u. KOELLING lernten Ratten, das Trinken einer Saccharinlösung bzw. von Wasser zu vermeiden, indem durch schwache Lithiumgaben reversible Vergiftungserscheinungen herbeigeführt wurden. Die erworbene Vermeidungsreaktion kann mühelos (d. h. sehr rasch, oftmals bereits nach einer einzigen Erfahrung) an ursprünglich neutrale Geruchsreize gekoppelt werden. Eine Koppelung an Lichtreize oder Geräusche dagegen gelingt nur mit wesentlich größerem Lernaufwand. Wird die Vermeidungsreaktion durch elektrische Schläge ausgelöst, so gelingt die Koppelung an ursprünglich neutrale Lichtsignale oder Geräusche sehr rasch, an Geruchsreize dagegen nur mit größerem Lernaufwand. Die Konditionierung aversiver Reaktionen ist aufgrund einer einzigen Erfahrung möglich, sofern der CS eine (angeborene) Disposition, eine innere »Bereitschaft« zur Verknüpfung mit dem UCS anspricht. Das Lernen der Signalwirkung von Geruchsreizen im Zusammenhang mit Nahrungsmitteln wird gefördert, obwohl der aversive Effekt (Vergiftungssymptome) erst viel später eintritt. Im Zusammenhang mit Berührungsschmerz hingegen ist die Signalwirkung von visuellen und/oder auditiven Signalen unter der Voraussetzung raum-zeitlicher Nähe prävalent. Damit ist die Allgemeingültigkeit der ebenfalls klassischen Annahme in Frage gestellt, daß Konditionierung immer nur dann gelingt, wenn CS, UCS und UCR in enger raum-zeitlicher Nähe auftreten. Für die Verknüpfungswahrscheinlichkeit ist vermutlich neben der reizspezifischen Disposition die Geschwindigkeit der entsprechenden physiologischen Reaktionen ausschlaggebend; bei Vergiftungserscheinungen und Übelkeit ist sie langsam, bei Schmerz dagegen rasch.
→*Konditionierung, klassische;* →*Lernen nach einem Versuchsdurchgang.*
LIT. BOLLES (1975); GARCIA, KOELLING (1966)

Gastrula. Ein Stadium der embryonalen Entwicklung, das nach dem der *Blastula* erreicht wird; das Aussehen des Embryos in diesem Stadium läßt sich mit einem kugelförmigen, eingestülpten Kelch vergleichen.

gate-keeper, dt. näherungsweise *Schleusenwärter, Türhüter.* In der Massenkommunikationsforschung Bezeichnung für Prozesse der Selektion oder Manipulation von Nachrichten durch Entscheidungsinstanzen oder -personen (z. B. Berichterstatter), die zwischen Ereignis und Empfänger stehen.

Gattung *(genus; plur. genera)*. Bezeichnung für eine Klasse von Lebewesen, die nach Einteilungsregeln eine Mehrzahl von Arten (species) umfaßt. Genera werden wiederum in übergeordnete Klassen, sog. Familien zusammengefaßt. In übertragener Bedeutung bezeichnet G. eine Klasse von Sachverhalten oder Ereignissen, die nach bestimmten Merkmalen zusammengefaßt werden.

Gauß-Kurve, Gauß-Verteilung →*Normalverteilung.*

Gebärmutter →*Uterus.*

Geburtstrauma *(birth trauma)*. Angst bzw. Furcht, die das Kind durch das Schreckerlebnis der Geburt erfahren haben soll. In der psychoanalytischen Theorie der Ursprung der Angst bzw. Furcht. *Geburtssymbole* in diesem Zusammenhang sind solche symbolischen Darstellungen, die die erste Trennung vom Liebesobjekt darstellen, wie dies bei der Trennung des Kindes vom Mutterleib der Fall ist.

Gedächtnis *(memory).*
[1] Funktionen und Systeme, die den Informationsgehalt von Reizen, Ereignissen, Vorstellungen oder Denkoperationen verarbeiten, um ihn über den Zeitpunkt ihres aktuellen Auftretens hinaus zu bewahren und im Bedarfsfall wieder zur Verfügung zu stellen. Die *G.-Forschung* befaßt sich mit Prozessen der Informationsverarbeitung beim Einprägen, mit Fragen der Speicherung und mit vermittelnden Prozessen zwischen Speicherung und abermaliger Nutzung, die das Verhältnis zwischen neuen Erfahrungen und bereits vorhandem Wissen betreffen. *G.-Inhalte* sind anschauliche oder begrifflich-abstrakte *Repräsentationen* von Erfahrungen, Gedanken und Vorstellungen, die in die Organisation des Erlebens und Verhaltens eingreifen. Erforscht werden in enger Anlehnung an die *Denk-, Sprach-* und *Wissenspsychologie* auch die Abspeicherung von Wissen in kognitiven →*Kategorien,* →*Schemata* und →*Netzwerken,* wie neue Erfahrungen darin eingebettet und – gestützt auf Prozesse wie z. B. →*Pfadaktivierung* – wieder abgerufen werden können. Die Aufnahme und Reproduktion des G.-Stoffs unterliegen wie jedes *Lernen* Prozessen der →*Reizgeneralisierung* und des →*Übungstransfers.* Das sog. *implicite G. (implicit memory)* bezieht sich analog zu den Befunden aus *Wahrnehmungs-* und *Lernpsychologie* auf unterschwellige, mitbewußte bzw. präkognitive Inhalte und Prozesse, darunter auch auf die Speicherung und Nutzung von Erfahrungen, die durch *inzidentelles* oder *latentes Lernen* unter bestimmten *Einstellungen, Emotionen* und *Stimmungen* eingeprägt wurden. Als *Metagedächtnis (metamemory)* oder *Metakognition (metacognition)* gilt verfügbares Wissen über die Kapazität des eigenen G. und über Strategien, die G.-Inhalte erfolgreich zu nutzen. Ein weiteres großes Gebiet der G.-Forschung ist das Wiederaufsuchen und Nutzen gespeicherter Erfahrungen *(→Erinnern; →Mneme; →Wiedererkennen).*

[2] *Methoden der G.-Forschung:* Lernstoffe aus Silben oder einzelnen Wörtern wurden früher per *Gedächtnistrommel (memory drum)* dargeboten; beim Drehen erscheinen die einzelnen Items hintereinander in einem Fenster. Heute bedient man sich zur Darbietung und Auswertung des Computers. HERMANN EBBINGHAUS (1885) wollte eine Theorie der zeitabhängigen Gedächtnisleistungen nach dem Vorbild der *Psychophysik* erstellen. Sein G.-Material waren *sinnlose Silben* als gleichwertige, voneinander unabhängige und möglichst bedeutungsarme Lernelemente. Die einfachste Form der *Behaltens-Prüfung (retention method)* stellt die *Methode der behaltenen Glieder (retained members method)* dar. Nach einer konstanten Zahl von Lerndurchgängen wird geprüft, wie viele Elemente später korrekt wiedergegeben werden können. Da die Zahl erforderlicher Wiederholungen erheblichen individuellen Differenzen unterliegt, sind Maße des Verhältnisses zwischen individuellem *Lernaufwand* und *Behaltensleistung* erforderlich. Bei der *Lernmethode (learning method)* wird festgehalten, wie oft und/oder lange ein Lernstoff dargeboten werden muß, um nach Ablauf einer bestimmten Zeit fehlerfrei reproduziert zu werden. Sollen die Leistungen für G.-Stoffe unterschiedlichen Umfangs verglichen werden, empfiehlt sich die EBBINGHAUSsche *Ersparnismethode (method of savings; saving method).* Kennwert ist die Proportion des Aufwandes (Prozentsatz von Wiederholungen oder Wiederholungszeiten), der bei erneutem Lernen bis zur fehlerfreien Wiedergabe eingespart wird. Bei der EBBINGHAUSschen *Vergessenskurve (retention curve)* werden die Ersparnisproportionen auf der Ordinate und die Zeit auf der Abszisse abgetragen. Unmittelbar nach dem Lernen ist die Ersparnis nahe 100%, fällt aber innerhalb kurzer Zeit drastisch ab und erreicht schließlich mit Ersparniswerten um 20% bei sinnlosen Silben und verbalem Material bzw. um 40% bei motorischen Aufgaben, einen asymptotischen Verlauf. Der dem Ersparniswert entsprechende Erinnerungsrest bleibt lange Zeit, manchmal über Jahre hinweg, unverändert erhalten. Bei der *Methode der systematischen Hilfen*

Gedächtnis

(prompting method) wird zu verschiedenen Zeitpunkten festgestellt, wie oft bei jedem Element des Lernstoffs nachgeholfen werden muß, um nachher eine korrekte Gesamtwiedergabe zu erreichen. Die auf *Paarassoziationen (pair associate learning)* bauende *Treffermethode (right associates procedure)* besteht darin, jeweils das erste Element vorher gelernter Silben- oder Wortpaare mit der Aufforderung darzubieten, das dazugehörige zweite Element zu nennen. Die *serielle Antizipationsmethode (serial anticipation method)* geht auf dieses Vorbild zurück; jedes Element der Lernreihe stellt dabei einen Hinweis auf das nächstfolgende dar, das korrekt genannt werden soll. Bei der Einschätzung der Bekanntheit komplexer Reize (z. B. Bilder von Gegenständen) bewähren sich Varianten der Methoe des →*Wiedererkennens (recognition method)* besser als *freies* →*Erinnern (free recall)*. Auf Wiedererkennen beruht das Multiple-choice-Verfahren *(Mehrfachwahl-Antworten)*. Freies Erinnern setzt eine umfassende Gedächtnisabsuche voraus. Dabei sind die für das *Langzeitgedächtnis* charakteristischen Prozesse der semantischen Kategorisierungen, das Operieren in gestalthaften Zusammenhängen und in *kognitiven Schemata* und Verfahren der →*Mnemotechnik* hilfreich, wenn es sich um einen komplexen, sprachlich abstrakt gefaßten G.-Stoff handelt; bei der Suche nach Einzelheiten dagegen können sie stören und zu Fehlern führen.

[3] *Perspektiven der G.-Forschung:* (a) *G. und Informationsverarbeitung:* ATKINSON u. SHIFFRIN (1971) beschreiben die Einprägung von G.-Material als Verarbeitungsprozeß in einem linearen System mit zeitlichen und mengenmäßigen Kapazitätsengpässen. Aus den *sensorischen Speichern (sensory registers/ stores)* des *Ultra-Kurzzeitgedächtnisses (ultra short term memory)* mit eingeschränkten Haltezeiten (Abbild- oder ikonischer Speicher max. 1 sec; Echospeicher max. 3–4 sec) gelangt eine durch selektive Mechanismen der →*Aufmerksamkeit* gefilterte Datenauswahl in das *Kurzzeitgedächtnis (short term memory; STM)*, dessen Haltezeit im Mittel auf 30 sec und dessen mengenmäßige Kapazität als Pforte zum →*Bewußtsein* auf etwa 7 distinkte Informationseinheiten oder Elemente beschränkt ist. Die eingehenden Daten stehen nur kurz für die weitere Bearbeitung zur Ver-

fügung, es sei denn, sie wirken wiederholt ein oder man kann sie ungestört wiederholt durchgehen. Sie gelangen mit ihrer Transformation in den semantischen Code der *mentalen Repräsentationen* in das *Langzeitgedächtnis (long term memory; LTM)* mit theoretisch unbegrenzter Kapazität. Die Funktion des Kurzzeitgedächtnisses wird durch die BADDELEYsche Annahme eines →*Arbeitsgedächtnisses* mit flexibler, den Aufgabenerfordernissen angepaßter Kapazitätszuweisung präzisiert. CRAIK u. LOCKHART (1971) steuern die Vorstellung unterschiedlicher *Verarbeitungsniveaus (levels of processing)* bei. Reize durchlaufen demnach bei der Verarbeitung eine Hierarchie von Prozessen, die bei *physikalisch-sensorischen Oberflächeneigenschaften* beginnen und zu *semantischen Tiefeneigenschaften* fortschreiten. Die Stärke und Dauerhaftigkeit von G.-Eindrücken wächst mit zunehmender Verarbeitungstiefe. Das aktualisierte Wissen über Strategien des Wiederaufsuchens und der Nutzung von G.-Informationen beruht auf komplexen Interaktionen zwischen den unterschiedlichen Speichern auf verschiedenen Verarbeitungsniveaus, z. B. den aktualisierten Einzelheiten aus einem *episodischen (episodic memory)* und dem Hintergrundwissen aus einem *semantischen Langzeitspeicher (semantic memory)*. Unter der Annahme, alle G.-Leistungen gingen auf das gleiche Abrufsystem zurück, ist für TULVING u. THOMSON (1973) der Erfolg von der *Enkodierungsspezifität (encoding specifity)* abhängig, d. h. vom Grad der Übereinstimmung zwischen Abrufhinweisen und dem im G. enkodierten Inhalts- und Umweltmerkmalen. Das sog. *Blitzlichtgedächtnis (flashbulb memory)* liefert klare und detaillierte Erinnerungen an sonst nie mit derartiger Genauigkeit wieder erinnerliche persönliche Eindrücke und Umgebungsbedingungen, die im Zusammenhang mit einem aufwühlenden öffentlichen Ereignis erfahren wurden, z. B. am Tag, als Kennedy ermordet wurde. Das Phänomen spricht für die *Enkodierungspriorität (privileged encoding)* von Ereignissen und Inhalten, die zusammen mit überraschenden und emotional betonten Nachrichten erfahren werden. (b) *Engramme:* Die Frage nach den »Gedächtnisspuren« betrifft heute vor allem die neuronalen und psychophysiologischen Bedingungen der Konsolidierung von G.-Inhalten und die Mechanismen ihrer Vermittlung, deren Effizienz u. a. von *Aufmerksamkeits-* und *Aktivationsbedingungen* mitbestimmt ist (→*Engramm;* →*Mneme).* (c) *Positionseffekte, Hemmungen, Interferenzen:* Die Präzision des G. bei der Wiedergabe von geordneten Elementen unterliegt, wie EBBINGHAUS nachwies, dem sog. *Positionseffekt.* Die ersten *(Primat-Effekt; primacy effect)* und letzten Elemente *(Rezenz-Effekt; recency effect)* werden im Durchschnitt besser und länger behalten als die in der Mitte stehenden, weil sie weniger störende Konkurrenten vor bzw. hinter sich haben. Der *Primat-Effekt* ist die Konsequenz des Wegfalls der *proaktiven Hemmung* durch vorangehende, der *Rezenz-Effekt* geht auf den Fortfall der *retroaktiven Hemmung* zurück, da keine nachfolgenden G.-Elemente vorhanden sind. Das Leistungstief im Mittelfeld kann als Folge der *Interferenz* beider G.-Hemmungen angesehen werden. Der *Rezenz-Effekt* wird im G.-Modell der *Informationsverarbeitung* (s. 3 a) dem *Kurzzeitgedächtnis,* der *Primat-Effekt* dem *Langzeitgedächtnis* zugeordnet, wo sich die ersten Elemente unbeeinträchtigt von vorausgehenden konsolidieren können. (c) *Konsolidierungs- und Rückführungsmechanismus (retrieval mechanism):* Nach einem schweren Schädeltrauma kann sowohl eine *retrograde* als auch eine *anterograde* →*Amnesie* auftreten, d. h. neben Reproduktionsschwierigkeiten ist auch die Einprägung neuer Eindrücke gestört. *Überführung* bzw. *Konsolidierung (consolidation process)* neuer Erfahrungen und die *Rückführung (retrieval process)* ins aktuelle Bewußtsein beruhen möglicherweise auf den gleichen Mechanismen. Aussichtsreiche Kandidaten für deren Lokalisierung sind Relaisstationen in der Hippocampus-Formation und deren zahlreiche Verbindungen zu anderen Hirnstrukturen. (d) *Qualitative Faktoren:* Einige G.-Inhalte können durch ihre Einbindung in emotionale und/oder motivationale Prozesse bevorzugt, andere dagegen zurückgedrängt werden, z. B. wenn Konflikte →*Abwehrmechanismen* aktivieren. Unter →*Hypnose* kommt es in vielen Fällen zu weit besseren Erinnerungsleistungen als unter Alltagsbedingungen, weil die situativen Ein- und Anbindungen fehlen. Erinnerungen sind oftmals gegenüber der ursprünglichen Erfahrung verändert, vereinfacht oder ausgeschmückt, was darauf hindeutet, daß die Er-

gebnisse von Rückführungen nicht abbildartige Reproduktionen, sondern Neuschöpfungen darstellen, wie SIR FREDERICK BARTLETT bereits 1930 feststellte. Besondere Schwierigkeiten bereiten aus diesem Grunde Auswertungen von *Zeugenaussagen* (vgl. LOFTUS, 1979).
→*Aussage.*

LIT. BADDELEY (1976; 1997); BADDELEY, HITCH (1974); BOWER, HILGARD (1981); CONWAY (1995); CRAIK, LOCKHART (1972); HILGARD (1981); FOPPA (1966); KLATZKY (1983); KINTSCH (1982); KLUWE (1990); LOFTUS (1979); MARTINEZ u. a. (1981); NEISSER (1974; 1982); PARKIN (1996); SCHACTER (1987); SQUIRE (1987); TULVING (1972; 1989); TULVING, THOMSON (1973); WIPPICH (1984; 1985).

Gedächtnis, kollektives *(collective memory).* Bezeichnung für die Annahme, daß bestimmte gemeinsame Erfahrungs- oder Vorstellungsinhalte einer Gruppe durch Vererbung der entsprechenden *»Gedächtnisspuren« (memory traces)* entstanden sind.

Gedächtnisabsuche →*Absuche.*

Gedächtnisapparat →*Gedächtnis.*

Gedächtnisbild, unmittelbares *(memory afterimage; primary memory image).* Bezeichnung für unmittelbare, deutliche und lebhafte, nahezu abbildhafte Erinnerung an etwas unmittelbar vorher Geschehenes oder Wahrgenommenes, z. B. Erlebnisse wie »es klingt mir noch in den Ohren« o. ä. (Bezeichnungen wie »Gedächtnis-Nachbild« sind irreführend, da sonst eine Verwechslung mit eidetischen o. ä. Wahrnehmungsphänomenen, z. B. *Nachempfindungen,* auftreten könnte). Gedächtnisbilder werden oft als Folge des »unmittelbaren Behaltens oder Erinnerns« *(immediate retention, recall)* angesehen.

Gedächtnis-Probe-Technik→*Probe-Technik.*

Gedächtnisspur →*Engramm.*

Gedächtnis-Theorien →*Gedächtnis.*

Gedächtnistrommel →*Gedächtnis.*

Gedächtnisumfang *(memory span).* Bezeichnung für die Leistungsfähigkeit des Gedächtnisses, erschlossen aus der Anzahl nach Ablauf einer bestimmten Zeit korrekt wiedergegebener Elemente (z. B. sinnlose Silben, Wörter aus Wortreihen, Gegenstände einer Bildvorlage).
→*Aufmerksamkeitsumfang,* →*Bewußtseinsumfang.*

Gedankenübertragung

Gedankenübertragung →*Parapsychologie*.
Gefängnispsychose →*Gansersches Syndrom*.
Gefühl →*Emotion*.
Gegenkonditionierung
(counterconditioning). Die Koppelung einer mit der ursprünglichen Reaktion unvereinbaren neuen Reaktion an denselben konditionellen Reiz bzw. dieselben auslösenden Situationsmerkmale. G. erfolgt z. B. nach dem Prinzip der reziproken Hemmung (→*Hemmung, reziproke*).
Gegenprozeß *(oppenent process)*.
[1] Prozesse, die sich in Reaktionen äußern, welche einer vorangegangenen entgegengesetzt sind und – gelegentlich etwas überschießend – deren Wirkungen ausgleichen. G. sind die Grundlage von →*Rebound-Phänomenen*. Man findet sie auch in den Opponentenmechanismen des →*Farbensehens*, wo sie u.a. gegenfarbige →*Nachbilder* hervorbringen.
[2] Die *Gegenprozeß-Theorie* von R. L. SOLOMON (1980) besagt, daß jedem positiv getönten emotionalen Prozeß ein mit seinem Ausklingen langsam einsetzender negativer folgt; auf diese Weise könne man die Verstärkung von Affektkontrasten, abstumpfende Prozesse der emotionalen Habituation und affektive Entzugssymptome erklären.
Gegenstand *(object)*.
[1] Zu einem Zeitpunkt gegebene, vorgestellte oder erinnerte voneinander abgehobene Bewußtseinsinhalte, mit denen man sich im Rahmen einer Erlebnisepisode auseinandersetzt. Es kann sich dabei um Wahrnehmungs-, Vorstellungs- oder Denkgegenstände handeln, die in ihrer konnotativen Bedeutung und Valenz als Handlungsziele aufgefaßt werden.
[2] *Gegenstandstheorie:* VON MEINONGS Forderung, anstelle von Reizen oder Empfindungen Bewußtseinsgegenstände und »geistige Anschauungen«, unter denen sie sich zeigen, als analytische Einheiten der Psychologie zu wählen.
→*Phänomenologische Psychologie*.
Gegenübertragung *(countertransference)* →*Übertragung*.
geglättete Kurve *(smoothed curve)*. Statistische Bezeichnung für die graphische Darstellung in Form eines Kurvenbildes, dessen Unregelmäßigkeiten durch Berechnung oder graphisch ausgeglichen wurden.
Gehirn *(brain)*. Die Gesamtheit der nervösen Leitungen und Zellverbände innerhalb der Schädeldecke. Die wichtigsten Hirnabschnitte sind in Abb. 1 und Abb. 2 dargestellt. Der unterste Abschnitt heißt *Hirnstamm (brain stem)*. Die *Medulla oblongata* markiert den Eintritt des *Rückenmarks (spinal cord)* in den untersten Hirnabschnitt. Durch die Medulla ziehen auf- und absteigende *Bahnen (spinal pathways);* daneben enthält sie *Kerne (nuclei)*, die wichtige lebenserhaltende Funktionen (z.B. Atem, Kreislauf) mitregeln. Etwa in Höhe der Medulla, in der Hinterhauptregion, liegt das *Kleinhirn (cerebellum)*, das Zentrum der Bewegungs- und Körperstellungsregulation. Es erhält Fasern aus den sog. kinästhetischen (den Lagesinn betreffend) und vestibulären (den Gleichgewichtssinn betreffend) Bahnen und ist mit den übrigen Hirnregionen auf zahlreichen Wegen verbunden. Über der Medulla liegt der *Pons;* er enthält die Querverbindungen zwischen den beiden Kleinhirnhemisphären und Kerne, die Impulse aus den *Schädelnerven (cranial nerves)* empfangen bzw. dorthin entsenden. Die Verbindung zwischen der Medulla-Pons-Region und den höheren Hirnabschnitten, in sich sensorische Reflexzentren befinden, wird als *Zwischenhirn (midbrain)*, der gesamte restliche Gehirnabschnitt als *Großhirn (forebrain)* bezeichnet. Im Großhirn, dem bei höheren Tieren und Menschen höchstentwickelten Abschnitt, lie-

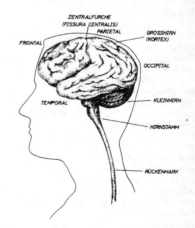

Abb. 1. Lage des Gehirns im menschlichen Schädel (Seitenansicht).

Gehirn

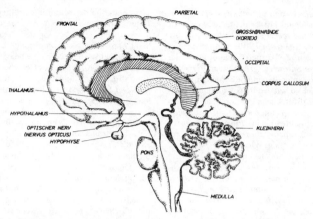

Abb. 2. Schnitt durch das menschliche Gehirn in der Mittellinie (Mediansagittale).

gen die für psychologische und psychophysiologische Analysen wesentlichen Schalt- und Verbindungsstationen einschließlich dem sich darüber wölbenden *Kortex (cortex),* der Hirnrinde. Abb. 2 zeigt den *Thalamus,* der gleichzeitig die Grenze zwischen Zwischen- und Vorderhirn markiert. Der Thalamus ist die wichtigste Schaltstation für die Weiterleitung sensorischer Impulse in die höheren Zentren. Der *Hypothalamus* befindet sich vor bzw. unterhalb des Thalamus und gilt als eine der entscheidenden neuralen Strukturen bei der Regelung emotionaler und motivationaler Vorgänge in Verbindung mit dem sog. *limbischen System (limbic system;* Abb. 3). Die sog. *Retikulärformation* oder *formatio reticularis (reticular formation)* ist ein Zellgeflecht, das sich von der Medulla bis in Thalamus und Hypothalamus erstreckt. In dieses Zellgeflecht und seine Zentren gelangen afferente Impulse über sog. *Kollaterale (collaterals;* Verzweigungen afferenter sensorischer Neuronen), gleichgültig aus welchem spezifischen Rezeptorenbereich sie stammen; daher bezeichnet man die Retikulärformation auch als eine unspezifische Schaltstation. Von ihr gelangen dann Impulse in subkortikale und kortikale Zentren; sie empfängt aber auch absteigende Impulse aus diesen höheren Zentren, die dann zum Rückenmark weitergeleitet werden. Die auf- und absteigenden Verbindungen charakterisieren die Retikulärformation als Vermittler zwischen sensorischen und zentralen Informationen. Eine der Hauptfunktionen der Retikulärformation ist die *Aktivation* des Kortex (ARAS; aufsteigendes Retikulärsystem; *ascending reticular activation system).* Ankommende sensorische Impulse gleich welcher Herkunft »wecken« sozusagen alle kortikalen Bereiche (sensorische *und* motorische); darüber hinaus erfolgt auch eine spezifische Mobilisierung kortikaler Areale. Die absteigenden Impulse (vom Kortex zum Rückenmark und weiter zu den Effektororganen, Muskeln) durchlaufen ebenfalls die Retikulärformation, so daß es naheliegt, ihr auch eine koordinierende Rolle bei der Ausführung von Reaktionen nach Maßgabe der sensorischen Information zuzuschreiben. Da das Aktivationsgeschehen von ausschlaggebender Bedeutung für das Verhalten, seine Integration und Organisation ist und da Tierexperimente gezeigt haben, daß bei Abtragung oder Abtrennung höherer Gehirnabschnitte (Dekortizierung) viele Verhaltensweisen noch koordiniert ablaufen können, kommt dieser Region eine große psychophysiologische Bedeutung zu, die mit der des Kortex durchaus vergleichbar ist.

Der obere Gehirnbereich, in älteren Nomenklaturen auch als *Cerebrum* bezeichnet, ist in eine linke und rechte Hemisphäre gegliedert; die beiden Hemisphären sind durch das *Cor-*

Gehirn

pus callosum (Abb. 2) miteinander verbunden. Die äußerste Hirnschicht heißt *Kortex* oder *Hirnrinde (cerebral cortex, cortex);* sie besteht aus mehreren Millionen von grau schimmernden Zellkörpern, daher auch der Name *graue Substanz (grey matter).* Die unmittelbar darunter liegenden Schichten dagegen bestehen vorwiegend aus weißlich schimmernden Zellfortsätzen (Axone und Dendriten), daher der Name *weiße Substanz (white matter).* Der Kortex besitzt *Furchen (fissures),* die einzelne Lappen *(lobes)* voneinander trennen. Die zahlreichen *Windungen (fouldings;* lat. gyri) deuten auf eine rasche evolutionäre Entwicklung hin, mit der das Schädelwachstum nicht Schritt halten konnte. Die wichtigsten Kortexbereiche sind: Die *Longitudinalfurche (longitudinal fissure)* trennt die beiden Hemisphären, die – zwar anatomisch nahezu identisch – mit großer Wahrscheinlichkeit verschiedene funktionale Schwerpunkte besitzen. So liegen z.B. die Sprach- und Sprechzentren (Brocasches und Wernickesches Zentrum) beim Rechtshänder links (Hemisphärendominanz). Abb. 2 stellt schematisch einen Schnitt in der Mittellinie (Mediansaggitale) dar. Die *Zentralfurche* (fissura centralis; *central fissure)* läuft von der Mittellinie senkrecht (Abb. 1) und trifft auf eine seitliche Furche *(lateral fissure).* Das Gewebe vor der Zentralfurche heißt *Frontallappen (frontal lobe),* das Gewebe unter der seitlichen Furche heißt *Schläfenlappen (temporal lobe),* das Gewebe hinter der Zentralfurche *Parietal-* oder *Scheitellappen (parietal lobe)* und das Gewebe in der Hinterhauptregion *Occipitallappen (occipital lobe).* In der frontalen Region liegen die motorischen und prämotorischen Zentren einschließlich des Sprachzentrums. Im parietalen Bereich finden sich die Zentren für die Körperempfindungen, im temporalen Bereich die Gehörzentren, an der Grenze zwischen parietal und occipital finden sich die somästhetischen Assoziationsfelder und im occipitalen Abschnitt liegen die visuellen Assoziationsfelder, den ganz hinten befindlichen visuellen Kortexbereichen vorgelagert. Den *Assoziationsfeldern (association areas, association centers)* kommt deshalb besondere Bedeutung zu, weil sie der Informationsintegration und den »bedeutungsverleihenden« Prozessen, wie z.B. Wahrnehmen, Denken und Lernen dienen. Eine Sonderstellung nimmt ferner die sog. *frontale Assoziationsregion (frontal assocation area)* ein. Sie

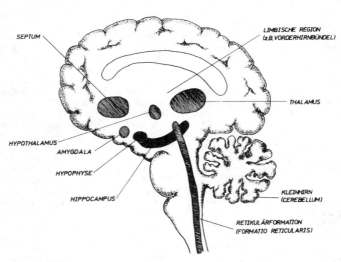

Abb. 3. Links-seitlicher Schnitt durch das menschliche Gehirn unter Hervorhebung des limbischen Systems.

ist keinem der primären Felder direkt zugeordnet; man nimmt an, daß sie (als relativ umfangreiche Gewebestruktur) der allgemeinen Verhaltenskontrolle dient. Läsionen in diesem Bereich führen zu extremer Impulsivität und Emotionalität des Verhaltens.
Abb. 3 zeigt schematisch einen seitlichen Schnitt, parallel zur Mittellinie. Die Regionen einer ringförmigen (limes) Anordnung von Kernen und Verbindungen zwischen Hypothalamus und Thalamus heißen das *limbische System (limbic system)*. Es handelt sich um ein integriertes System, das *Hippocampus, Septum, Amygdala* (Mandelkern), Teile des *Retikulärsystems* und den *Hypothalamus* einschließlich sämtlicher Verbindungen untereinander und mit den restlichen Hirnregionen umfaßt. Seine besondere Bedeutung liegt in der Regelung von *Emotionen* und der *Motivation*. Den Mandelkernen kommt eine eher aktivierende, der Septumregion eine eher hemmende Funktion dieser beiden Prozeßarten zu. Die zentrale Relaisstation für sensorische Prozesse (Thalamus) und die das autonome Geschehen ansteuernde Hypophyse sind mit dem limbischen System eng verbunden. Im Thalamus werden auch Wachheit und Schlaf mitgeregelt, was für die enge Verbindung des limbischen Systems mit Aktivation, Aufmerksamkeit und Vigilanz spricht. Im limbischen System erfolgen überdies Steuerungsprozesse, die mit der Orientierungsreaktion in Verbindung stehen.
LIT. BALINT (1963); BIRBAUMER, SCHMIDT (1996); CARLSON (1994); CREUTZFELDT (1983); GANONG (1971); SCHMIDT, THEWS (1997); SILBERNAGL, DESPOPOULOS (1979).

Gehirnaktivität →*Aktivität.*
Gehirnhäute →*Meninges.*
Gehirnmantel →*Pallium.*
Gehirnwäsche *(brain washing)* →*Deprivation* [2].
Gehör →*Absolut.*
Geist *(mind)*. Die Gesamtheit aller in sich und untereinander geordneten mentalen Zustände und Prozesse. Syn. →*Bewußtsein; Verstand.* Engl. »mind« ist in vielen Fällen gleichbedeutend mit dtsch. →*Seele;*
Geistesabwesenheit *(absentmindedness)*. Bezeichnung für einen Zustand, in dessen Verlauf der Betreffende derart in Gedanken versunken scheint, daß er seine Umwelt weitgehend nicht gewahr wird.

Geisteswissenschaftliche Psychologie *(cultural science psychology)*. Um die Jahrhundertwende von DILTHEY begründete, von SPRANGER fortgeführte Lehre vom Sinn und Wert des individuellen Daseins und der Eigengesetzlichkeit seiner Entfaltung, die sich (im Gegensatz zur empirischen Psychologie als *nomothetische* Wissenschaft) an *idiographischen,* verstehenden Auslegungen orientiert.
Geistige Behinderung *(mental retardation)*. Nicht mehr gebräuchliche Syn.: *Oligophrenie (oligophrenia); Schwachsinn (amentia, feeblemindedness, mental deficiency, mental handicap)*.
[1] Beeinträchtigungen der geistigen Entwicklung, insbesondere der abstrakten Denkfunktionen, die in verschiedenen Schweregraden auftreten, in schweren Fällen bereits in der frühen Kindheit an Verhaltensauffälligkeiten erkennbar sind und auf angeborene (d. h. genetisch bedingte bzw. im Verlauf der frühkindlichen Entwicklung eintretende) Veränderungen zurückgehen. Zu den prädisponierenden Faktoren zählen rezessiv vererbte Stoffwechselstörungen und *Chromosomenanomalien* (z. B. *Down-Syndrom*), Störungen während der Embryonalentwicklung, Erkrankungen der Mutter während der Schwangerschaft oder Probleme während der Geburt, frühkindliche Infektionen, Entzündungen, Vergiftungen, Traumata, Nahrungs- und Zuwendungsmängel sowie psychische Störungen (z. B. *Autismus*). Insgesamt tritt G. B. häufig zusammen mit anderen psychischen Störungen auf. Probleme der G. B. wurden zunächst im Zusammenhang mit den Möglichkeiten und Grenzen der Vermittlung schulischer Bildung auf der Grundlage von Intelligenzmessungen diskutiert. Aus heutiger Sicht läßt sich das Problem der schulischen bzw. außerschulischen Trainierbarkeit geistig Behinderter nur im Kontext auf den Einzelfall bezogener psychologisch-pädagogischer Interventionen lösen, die u. a. auch die Förderung der Akzeptanz und Integration geistig Behinderter in Familie, Gemeinschafts- und Berufsleben umfassen müssen. Auskünfte und Ratschläge erteilt in Deutschland die Bundesvereinigung Lebenshilfe für Geistig Behinderte e. V., Raiffeisenstr. 18, D-35043 Marburg.
[2] *Merkmale:* G. B. gilt als Intelligenzdefizit, das im Unterschied zur →*Demenz* auf einem von vornherein niedrigen Intelligenzniveau

199

Geistige Behinderung

beruht und so zu Beeinträchtigungen der Lern- bzw. Bildungs- und Anpassungsfähigkeit führt. G. B. liegt dann vor, wenn (a) mit Hilfe standardisierter Intelligenztests eine deutlich unterdurchschnittliche allgemeine intellektuelle Leistungsfähigkeit festgestellt wird; (ein IQ von ca. 70 oder weniger auf der Wechsler-Skala markiert den Grenzbereich der intellektuellen Leistungsfähigkeit, *borderline intellectual functioning*), wenn (b) zusätzlich Einschränkungen der Anpassungsfähigkeit in mindestens zwei der Bereiche Kommunikation, eigenständige Versorgung, häusliches Leben, soziale/zwischenmenschliche Fertigkeiten, Nutzung öffentlicher Einrichtungen, Selbstbestimmtheit, funktionale Schulleistung, Arbeit, Freizeit, Gesundheit und Sicherheit nachweisbar sind und wenn (c) die Beeinträchtigung vor Erreichen des 18. Lebensjahrs eingesetzt hat (vgl. DSM-IV).

[3] *Schweregrade:* In älteren Einteilungsversuchen wurde unterschieden zwischen *Debilität (debility)* als leichteste Form mit Chancen für den Abschluß der Grundschulbildung und Erlangung der Erwerbsfähigkeit in einfachen Tätigkeitsbereichen, *Imbezillität (imbecillity)* als mittelschwere Form mit geringen Chancen auf eine über tägliche Routinen hinausreichende Trainierbarkeit und *Idiotie (idiocy; idiotism)* als schwersten Grad, der mit lebenslanger Pflegebedürftigkeit gleichgesetzt wurde. DSM-IV unterscheidet in Übereinstimmung mit anderen international gebräuchlichen Diagnoseschlüsseln vier Schweregrade und eine Kategorie für indifferente Fälle. (a) *Leichte geistige Behinderung (mild mental retardation)* umfaßt ca. 85% der als geistig behindert eingestuften Personen. Der mittlere IQ liegt bei ca. 50–55, in Einzelfällen bis zu ca. 70. Im Vorschulalter können soziale und kommunikative Grundfertigkeiten erworben werden, ebenso Schulkenntnisse bis zum Niveau der sechsten Klasse. Die erworbenen sozialen und beruflichen Fertigkeiten reichen in der Regel aus, um für sich selbst sorgen und ggf. allein leben zu können; lediglich bei ungewöhnlichen Belastungen sind Betreuung, Beratung oder zumindest Anleitung notwendig. (b) *Mittelschwere geistige Behinderung (moderate mental retardation)* findet sich bei etwa 10% der geistig Behinderten. Der mittlere IQ liegt zwischen 35–40 und 50–55. Kommunikative Grundfertigkeiten können in der

frühen Kindheit angeeignet werden; der Erwerb von Schulkenntnissen über das Niveau des zweiten Schuljahres hinaus ist jedoch unwahrscheinlich. Die Ausbildung für Arbeiten in betreuten Werkstätten und die Gewöhnung an ungelernte Arbeiten außerhalb solcher Einrichtungen sind durchaus möglich; soziale Fertigkeiten und Arbeitsfähigkeit können durch gezieltes Training verbessert werden. Die Eingewöhnung in Gemeinschaften und betreuten Einrichtungen bereitet bei entsprechender Unterstützung in der Regel keine Schwierigkeiten. (c) *Schwere geistige Behinderung (severe mental retardation)* bezieht sich auf etwa 3–4% der Betroffenen. Der mittlere Standard-IQ liegt zwischen 20–25 und 35–40. In der frühen Kindheit können meistens keine sprachlichen Kommunikationsfertigkeiten erworben werden. Die Betroffenen können einem Vorschul- oder Schulunterricht nur bedingt folgen, lernen aber unter entsprechender Anleitung im Schulalter neben den praktischen Grundlagen der Selbstversorgung das Sprechen so weit, daß sie sich im Alltag und in Notfällen verständlich machen können. Im Erwachsenenalter gelingt die Ausführung einfacher Arbeiten unter Anleitung. Das Leben in der Familie oder in Gemeinschaften und die Eingewöhnung in neue Gemeinschaften (z. B. in Wohnheimen) bereitet keine Schwierigkeiten, solange keine weiteren Beeinträchtigungen vorliegen, die besondere Pflegemaßnahmen erfordern. (d) Von *schwerster geistiger Behinderung (profound mental retardation)* sind ca. 1–2% aller geistig Behinderten betroffen. Der IQ (soweit ermittelbar) liegt unter 20–25. Häufig liegen neben der G. B. auch neurologische Befunde vor. Bereits in früher Kindheit zeigen sich erhebliche Beeinträchtigungen der Motorik und Sensomotorik. Optimale Entwicklungsmöglichkeiten sind an ständige Hilfen durch Pflegepersonen gebunden, die eine möglichst enge sozio-emotionale Beziehung aufbauen und erhalten sollten. Sowohl die motorische Entwicklung als auch Kommunikationsfähigkeit und partielle Eigenständigkeit können durch spezielle Trainingsverfahren verbessert werden. In Einzelfällen gelingt es, die Betroffenen in besonderen beschützten Einrichtungen zu einfachen Arbeiten anzuleiten. (e) *Geistige Behinderung mit unspezifischem Schweregrad (mental retardation, severety unspecified):*

genitale Phase

Dieser Kategorie werden Fälle zugeordnet, die mit großer Wahrscheinlichkeit zu den geistig Behinderten zählen, obgleich eine Messung mit standardisierten Intelligenztests nicht möglich ist, z. B. dann, wenn die verfügbaren Tests keine brauchbaren Werte liefern oder der Grad der Beeinträchtigung eine Kooperation mit dem Testpersonal unmöglich macht.

Gelbsches Phänomen →*Tau-(τ)-Effekt.*

gelernte Hilflosigkeit →*Hilflosigkeit.*

gelernte Hypertonie →*Hypertonie.*

gelernter Bluthochdruck →*Hypertonie.*

Gemeinschaft *(community).* Idealtypische Bezeichnung für *Gruppen* oder soziale Systeme, die gemeinsame Ziele spontan und emotional betont als das Ergebnis fester Bindungen der einzelnen Mitglieder entwickeln. Der Begriff wurde von dem Soziologen F. TÖNNIES geprägt. Als Beispiele gemeinschaftsartiger sozialer Gebilde gelten Familie, Freundesgruppen, Nachbarn und religiöse Sekten. Ihre Handlungen werden von Tönnies auf den sog. »Wesenswillen« zurückgeführt. Als ebenso idealtypischer Gegenbegriff steht bei Tönnies der von der »Gesellschaft«. Es wird dabei angenommen, daß Gesellschaften nur auf der Basis von Gemeinschaften entstehen können, wobei Gemeinschaft in der Entwicklung der Gesellschaft vorangegangen sein soll.

gemeinsames Schicksal →*Gestaltgesetze.*

Gemüt (nicht übersetzbar). Allgemeine und umfassende Bezeichnung für die affektiven bzw. emotionalen Aspekte des Erlebens. In engerer und charakterologischer Bedeutung bezeichnet Gemüt den »Ort« der Werthaltungen und Bindungen eines Individuums. LIT. THOMAE (1968 a); WELLEK (1967).

Gemütsbewegung →*Emotion.*

Gen *(gene).* Erbfaktor oder Erbanlage in den Zellen (in den *Chromosomen* der Zellkernmasse und im *Protoplasma;* für letzteres Syn.: *Plasmagen*). Ihre Feinanalyse erfolgt im Forschungsbereich der →*Molekulargenetik.* Die Gesamtheit aller Gene bzw. die durch Gene repräsentierten Erbinformation wird als *Idiotypus* oder *Erbbild* bezeichnet. Durch chemische Syntheseprozesse bewirken Gene die Herausformung von Merkmalen, führen also zum →*Phänotypus* des Lebewesens.

Als *Genmutation* bezeichnet man nicht auf Teilung oder Wachstum beruhende Veränderungen der Gene. Die Wirkung der Genmutation kann als überdauernde Veränderung der vererbten Merkmale bezeichnet werden.

Genauigkeitsgrad →*Reliabilität.*

generalisierende Assimilation →*Assimilation.*

Generalisierung *(generalization).* [1] (a) Induktiver Prozeß der Beurteilung oder Schlußfolgerung, dessen abstraktes Ergebnis für eine ganze Klasse von Gegenständen oder Ereignissen gelten soll. (b) Die Anwendung bereits bekannter Prinzipien zum Zweck der Einordnung bislang nicht erfaßter neuer Sachverhalte, Gegenstände oder Ereignisse. Gegensatz: *Unterscheidung (discrimination).* [2] (a) Als →*Reizgeneralisierung* die automatische, unbeabsichtigte Anbindung von Reaktionen an Reize, die den ursprünglichen auslösenden ähnlich sind bzw. (b) als →*Reaktionsgeneralisierung* die Tendenz, angesichts eines Reizes oder einer Situation den ursprünglichen Reaktionen ähnliche mit Vorrang auszuführen.

Generalisierungsgradient →*Gradient;* →*Reizgeneralisierung; Reaktionsgeneralisierung.*

generative Transformationsgrammatik →*Grammatik.*

Genetik *(genetics).* Vererbungsforschung. Zu unterscheiden von *Genealogie,* Familienforschung.

genetisch *(genetic).* Hinweis auf eine mit dem Ursprung oder der Entwicklung zusammenhängende Betrachtungsweise, z. B. in einer genetischen Psychologie *(→Ganzheitspsychologie). Genetische Methoden* (z. B. Biographien, längs- und querschnittliche Datenerhebungen, Zwillingsforschung; aber auch Tests mit altersspezifischen Normen, sog. Entwicklungstests) dienen der Untersuchung der Entwicklung und des Entwicklungsstandes einer bestimmten Klasse von Verhaltensweisen.

genitale Phase *(genital level, genital phase).* In der Psychoanalyse die letzte Phase der psychischen Entwicklung, die durch das Aufkommen sexueller Impulse gekennzeichnet ist. Diese Phase ist nicht gleichbedeutend mit einem übermäßigen Interesse an den Genitalien, so wie dies etwa in der phallischen Phase der Fall ist; es handelt sich vielmehr um das Interesse am anderen Geschlecht. Syn. *genitaler Charakter (genital character)* als Bezeichnung für das Erreichen der dem Erwachsenen eigenen Synthese verschiedener psychosexueller Impulse. Das Erreichen der genital-erotischen

201

genitaler Charakter

Phase führt zu dem sog. Primat des Genitalen *(genital primacy).*

genitaler Charakter →*genitale Phase.*

Genom *(genome).* Das genetische Material eines Organismus (Mensch, Tier, Pflanze, Bakterium, Virus), in der Regel eine *DNA-Struktur,* die Gene enthält. Die Anzahl der Gene variiert zwischen etwa 10 bei Viren und 100000 beim Menschen. Daneben sind Anordnung der Gene, Beziehungen zur DNA-Struktur des betreffenden Organismus und Funktionen der einzelnen Gene von ausschlaggebender Bedeutung. Bakterien und Viren enthalten eine einzige sog. *Genomkopie,* Zellen höherer Organismen dagegen stets zwei, die von den beiden Elternteilen herrühren. LIT. FISCHER (1993).

Genotypus. Hypothetische Bezeichnung für die Gesamtheit aller individuellen Erbanlagen. Zu unterscheiden vom sog. →*Phänotypus,* mit dem die ebenso hypothetische Gesamtheit aller in Erscheinung tretenden Erbanlagen bezeichnet wird (in manchen Ansätzen, so etwa bei ROHRACHER, wird dem Genotypischen der Begriff vom *Charakter,* dem Phänotypischen der von der *Persönlichkeit* zugeordnet). Neben der medizinischen Vererbungsforschung spielen im Bereich der Psychologie besonders systematische Zwillingsuntersuchungen eine entscheidende Rolle bei der Frage nach angeborenen (genotypischen, kongenitalen) und erworbenen (gelernten, in Erscheinung tretenden, phänotypischen) Eigenschaften, deren volle Klärung noch aussteht.

Geometrische Täuschung *(geometrical illusion).* Bezeichnung für eine Klasse *optischer Täuschungen,* bei denen Längen oder Richtungen Gegenstand der Täuschung sind, z. B. die →*Müller-Lyersche Täuschung.*

Geotropismus, Geotaxis. Orientierungsreaktion in bezug auf die Schwerkraft.

Geräusch *(noise).* Bezeichnung für durch nichtperiodische Schallereignisse ausgelöste Gehörempfindungen.

Gerichtetheit *(directedness).* Bezeichnung für Handlungs- und Denkvollzüge, die durch ein (sichtbares) *Ziel* oder eine *Zielvorstellung* geleitet oder bestimmt sind. (Im deutschen Sprachgebrauch auch gleichbedeutend mit *Einstellung,* jedoch mit einem deutlichen Bezug auf das Erleben einer Zielrichtung.)

Gerichtspsychologie →*Forensische Psychologie.*

Gerichtetsein →*Intentionalismus.*

Gerontologie →*Alternsforschung.*

Geruchsqualitäten →*Geruchssinn.*

Geruchssinn; Geruchswahrnehmung; Riechen *(olfaction; sense of smell; olfactory perception).* Reize sind chemische Stoffe, die sich bei normaler Umgebungstemperatur verflüchtigen. Syn.: *volatile/ätherische Substanzen.* Die Rezeptoren befinden sich im *olfaktorischen Epithel* der oberen Nasenhöhle, sind dort in eine Schleimschicht eingebettet und bestehen aus stäbchenförmigen Neuronen mit haarfeinen, blattförmigen Fortsätzen *(cilia).* Ihre Axone sind im ersten Cranialnerv gebündelt und ziehen durch das *Siebbein* in die *Riechkolben* (paarige Struktur in Höhe der Nasenhöhle, unterhalb der Großhirnmasse), von dort über weitverzweigte Verbindungen zum *limbischen System,* in den *temporalen primären Riechkortex* und in den *Thalamus* sowie andere Kortexareale. Geruchsempfindungen beruhen wahrscheinlich auf der Dekodierung von Molekularstrukturen (AMORE, JOHNSTON, BURGESS; 1964), und/oder ihrer Vibrationen (WRIGHT, 1992). Seit ZWAARDEMAAKER wird die Qualität eines Geruchs *(odor/odour)* im Bezugssystem der sechs unverwechselbaren Grundqualitäten blumig *(flowery),* faulig *(putrid),* fruchtig *(fruity),* würzig *(spicy),* brenzlig *(scorching)* und harzig *(resinous)* beurteilt (HENNIG, 1928). Bestimmte Gerüche lösen bereits bei Säuglingen *angenehme,* durch *Annäherung* gekennzeichnete (z. B. Eucalyptus, Menthol, Zimt, Vanille) bzw. *unangenehme,* durch *Vermeidung* gekennzeichnete Gefühle aus (z. B. brenzlig; faule Eier). Geruchsinformationen werden nur selten bewußt verarbeitet, daher fehlen in der Regel unschriebene Geruchserinnerungen. Andererseits rufen Gerüche emotional getönte Erinnerungen an Situationen mit entsprechenden Gerüchen hervor (vgl. z. B. die Selbstbeobachtungen MARCEL PROUSTS in seinem Werk »Auf der Suche nach der verlorenen Zeit«). *Geschmackssinn* und G. arbeiten bei der Beurteilung von Nahrungsmitteln zusammen; bei Schnupfen, insbesondere nach Verwendung eines Mentholsprays, schmecken Essen und Trinken anders; ohne Beteiligung des G. fällt die Unterscheidung zwischen verschieden schmeckenden Substanzen schwerer. Im höheren Lebensalter (über 70) nimmt die Differenzierungsleistung von Geschmacks- und G. ab.

Variationen der Kombination von Geruch und Geschmack beeinflussen bei Tier und Mensch den Appetit und die Menge der Nahrungsaufnahme. Geruchsreize eignen sich als rasch wirksamer CS in Versuchen zur konditionierten Nahrungspräferenz (→*Garcia-Effekt*); →*Konditionierung, klassische*) und von *Immunreaktionen*. Bestimmte Duftstoffe besitzen Signalfunktionen (→*Pheromone*). LIT. AGOSTA (1994); EYFERTH (1966); GOLDSTEIN (1998); HENNING (1928); LOGUE (1995).

Geruchsqualitäten →*Geruchssinn*.

Geschicklichkeit *(skill)*. Allgemeine Bezeichnung für den Grad der Mühelosigkeit, Geschwindigkeit und Genauigkeit motorischer Tätigkeiten. Das englische Wort »skill« wird oft auch im Sinne von Grundfähigkeiten oder -fertigkeiten (z. B. Lesen, Schreiben, Rechnen) oder in der Zusammensetzung »*higher level skill*« im Sinne der allgemeinen Beherrschung der Arbeitstechnik verwendet, die dazu geeignet ist, eine ganze Reihe konkreter Tätigkeiten mühelos auszuführen.

Geschlechterrolle →*Androgynie;* →*Sexualität.*

Geschlechtsidentität *(gender identity)*. Harmonische Übereinstimmung der erlebten mit der anatomisch-biologischen Geschlechtszugehörigkeit. Das Fehlen dieser Harmonie kann zu *Störungen der G. (disorder of gender identity)* führen. Zu diesen gehört der *Transsexualismus (transsexualism)*. Er beginnt bei Kindern zunächst als *Entwicklungsstörung*, die mit der Ablehnung der eigenen anatomischen Geschlechtsmerkmale, geschlechtsspezifischer Kleidungsstücke und Spielgegenstände und mit dem Wunsch nach gegengeschlechtlichem Tausch verbunden ist. Bei Erwachsenen kann dies in körperliche Korrekturen durch geschlechtsumwandelnde Operationen einmünden.
→*Sexualität.*

Geschlechtsidentitätsstörung →*Sexualstörung.*

Geschlossenheit *(closure)*. Bezeichnung für eines der *Gestaltprinzipien*. Der Begriff bezieht sich auf den Prozeß, durch den Wahrnehmungsinhalte, Gedächtnisinhalte oder Handlungen miteinander zu einem Ganzen, Zusammengehörigen verknüpft werden und so einen festen Zusammenhalt erfahren. Die darin zum Ausdruck gelangende Tendenz zur Geschlos-senheit läßt sich durch Erscheinungen wie die der wahrnehmungsmäßigen Geschlossenheit eines objektiv nicht geschlossenen Kreises u. ä. nachweisen, also durch die mit der Wahrnehmung generell einhergehende Korrektur eines nicht vollständig gegebenen Reizmusters zu einem vollständigen Ganzen.

Geschmacksknospe, Geschmacksbecher *(taste bud)*. Längliche Zellen, die zu 10–40 in knopsen- oder becherförmigen Gebilden zusammengefaßt sind und in Schleimhauterhebungen (Papillen) der Zunge, in der Wangen-, Gaumen- und Schlundschleimhaut liegen. Sie sind Rezeptoren des Geschmackssinns.

Geschmackssinn; Geschmackswahrnehmung; Schmecken *(gustation; gustatory perception; sense of taste)*. Reize sind wasserlösliche Substanzen mit bestimmten molekularen bzw. atomaren Eigenschaften, für die A-, B-, C- und D-Rezeptoren »getönt« sind. Sie bringen die vier Grundvarianten von Geschmacksempfindungen »süß« (Zucker), »bitter« (hohe Zuckerkonzentration; Chinin, Coffein, Nikotin), »salzig« (Kochsalz) und »sauer« (chem. Säurestrukturen) hervor. Jeweils etwa 30 A-, B-, C-oder D-Rezeptoren befinden sich in *Geschmacksknospen*, die in den Furchen und Rillen *(Papillen)* der Zunge charakteristisch verteilt sind, in geringen Mengen auch in der Mundschleimhaut vorkommen. Im höheren Lebensalter nimmt die Zahl der Rezeptorzellen in den Geschmacksknospen und damit die Leistungsfähigkeit des G. ab. Nervenfasern aus den Geschmacksknospen ziehen mit den drei großen Cranialnerven in Kerne des verlängerten Rückenmarks *(medulla oblongata)*, von dort in *Thalamuskerne*, die in den *somatosensorischen* und schläfennahen *frontalen* Kortex projizieren. Bei Nahrungsauswahl und Entwicklung von Nahrungsmittelpräferenzen arbeiten *Geruchssinn* und G. mit dem *Sehsystem* zusammen.
LIT. GOLDSTEIN (1998); LOGUE (1995).

Gesellschaft *(society)*. Allgemeine und umfassende Bezeichnung für die Gemeinschaft von Lebewesen mit den sie kennzeichnenden kulturellen Merkmalen und Gruppenbezügen, aufgefaßt als Bezugssystem individuellen Verhaltens.

Gesetz *(law)*. Bezeichnung für solche Feststellungen über Zusammenhänge, die durch empirische Evidenz als gesichert angenommen werden können. Viele der in der Psycho-

Gesetz der Ähnlichkeit

logie so bezeichneten Gesetze beruhen auf unvollständiger *Induktion* bzw. auf (vorzeitiger) *Generalisierung,* so daß ihnen weit eher die Bezeichnung *vorläufige Annahme* oder *Hypothese* bzw. *zum Zwecke der Vereinfachung eingeführtes Prinzip oder Regel* zukommen würde. Die reine Form von Gesetzen stellen die sog. *Naturgesetze (natural laws)* dar.

Gesetz der Ähnlichkeit →*Gestaltgesetze.*

Gesetz der Geschlossenheit →*Gestaltgesetze.*

Gesetz der guten Fortsetzung →*Gestaltgesetze.*

Gesetz der Nähe →*Gestaltgesetze.*

Gesetz der spezifischen Sinnesenergien *(law of specific sense energies).* Bezeichnung für eine auf JOHANNES MÜLLER zurückgehende Annahme, daß der Impuls eines bestimmten Rezeptors ungeachtet der Reizart oder -energie immer zu der für den Rezeptor charakteristischen Empfindung führe (z. B. führen Lichtreize und mechanische Reize beim Auge zu visuellen Empfindungen). Die neuere Forschung hat den Inhalt dieses Gesetzes weitgehend relativiert, da man weiß, daß die Aktionspotentiale der zum jeweiligen Rezeptor gehörigen Nerven gerade *unspezifischen* und gleichartigen Charakter haben. Man müßte heute eher ein »Gesetz von den spezifischen Erregungsarten zentraler Regionen« formulieren, das besagt: Unabhängig von den »Sinnesenergien« hängt die Art der Empfindung von den durch sensorische Erregung erreichten Projektionsarealen des Großhirns ab.

Gesetz der Vergleichsurteile →*Psychophysik.*

Gesetz des Effektes →*Effektgesetz.*

Gesetz des gemeinsamen Schicksals →*Gestaltgesetze.*

Gesetz von der Biogenese →*Biogenese.*

Gesichtsfeld *(visual field),* auch **Blickfeld.**

[1] Bezeichnung für die Gesamtheit der Reize, die zu einem gegebenen Zeitpunkt auf das Auge einwirken. Man stellt sich meist die Reize als auf eine Kugel projiziert vor, deren Mittelpunkt das Auge selbst darstellt.

[2] Das *subjektive Gesichtsfeld (subjective visual field)* ist meist definiert durch die Gesamtheit aller visuellen Sinneseindrücke (z. B. wahrgenommener Gegenstände), die bei unbewegtem Auge gleichzeitig in bestimmter räumlicher Anordnung wahrgenommen werden. Das G. ist unsymmetrisch; es erweist sich

als ausgedehnter auf der temporalen Seite, also schläfenwärts. Nach Untersuchungen mit dem sog. →*Perimeter* ergeben sich die ausgedehntesten Gesichtsfelder für weißes Licht, dagegen für blaues oder gelbes oder rotes oder grünes jeweils engere. Dies hängt mit der Anordnung von *Stäbchen* und *Zapfen* auf der *Retina* zusammen.

Gesprächstherapie, GT *(nondirective therapy; client-centered therapy),* Syn.: *nichtdirektive Therapie. Klinische Psychologie:* Von C. R. ROGERS eingeführtes psychotherapeutisches Verfahren, in dessen Verlauf der Therapeut eine anteilnehmende, zur Selbstdeutung ermunternde Haltung einnimmt, jedoch weder durch Deutungen noch durch suggestive Hinweise eingreift. Ausgangspunkt der GT ist die Annahme, psychische Störungen wie z. B. Versagensängste oder mangelnde Selbstbehauptung hätten ihre Grundlage in einer Diskrepanz zwischen realem und idealem Selbstkonzept einer Person; diese Diskrepanz könne in einer vertrauensvollen, anteilnehmenden Atmosphäre auf dem Wege der Selbstreflexion durch den Klienten selbst aufgehoben werden.

→*Psychotherapie.*

Gestalt *(configuration, form, gestalt, pattern, structure).*

[1] Komplexe und anschauliche Reizgebilde, die im Hinblick auf ausgezeichnete und von Einzelheiten abstrahierende figurale Eigenschaften beschrieben und voneinander unterschieden werden können bzw. bei deren Auftreten die figuralen Eigenschaften einen die Einzelheiten überspielenden Eindruck hinterlassen. In der neueren Forschung wird versucht, die Metrik der formalen oder figuralen Komponenten auf *Analysatoren* des Wahrnehmungssystems zu beziehen.

[2] In der phänomenologisch orientierten *Gestaltpsychologie* sind G. von der Umgebung abgehobene Erlebniseinheiten (-ganzheiten), deren Einzelheiten als zusammengehörig aufgefaßt werden und transponierbar sind (z. B. Melodie). Sie werden auch als »Unterganze« des umfassenden Bewußtseinsganzen mit den Merkmalen der Abgesondertheit und Auseinandergesetztheit der Glieder« und als »in sich geschlossene Gefüge« (SANDER) bezeichnet. Der Begriff wird auch auf Handlungen (z. B. Bewegungsgestalten), Gedächtnisinhalte und Denkvorgänge (Prinzip der Einsicht) ange-

wandt. Die der Gestaltwahrnehmung entsprechenden Vorgänge im Großhirn tragen im Sinne des →*Isomorphieprinzips* ebenfalls (angenommenerweise) den erlebten Einheiten entsprechende formale Züge. Für ihr Zustandekommen sind sog. →*Gestaltgesetze* verantwortlich.
[3] In der Verhaltensforschung Bezeichnung für solche komplexen Reizkonstellationen, die regelmäßig und relativ überdauernd Reaktionen einer bestimmten Klasse auslösen (→*Schemata*). Diese Bedeutung ist G. [1] nahe verwandt.
LIT. CORCORAN (1971); KÖHLER (1947); LORENZ (1965).

Gestaltgesetze *(gestalt laws).* Unter dem Prägnanzprinzip zusammengefaßte Bedingungen, die zur Auffassung einer Reizkonstellation als Einheit im Sinne von *Gestalt* [2] beitragen und nicht auf Erfahrung beruhen. Es sind dies vor allem (a) *Gesetz der Nähe (law of proximity).* Elemente in raumzeitlicher Nähe werden als

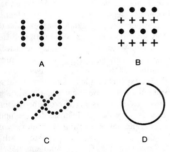

zusammengehörig erlebt. Punkte in Abb. A gruppieren sich daher eher in Kolonnen als in Zeilen. (b) *Gesetz der Ähnlichkeit (law of similarity):* Elemente werden dann als zusammengehörig erlebt, wenn sie einander ähnlich sind. Punkte und Kreuze in Abb. B bilden Zeilen, nicht Kolonnen. (c) *Gesetz der guten Fortsetzung (law of continuity, law of good continuation).* Vektoren, in denen Elemente angeordnet sind, bestimmen darüber, welche Fortsetzung für eine Elementenreihe »gut« ist. Die Punkte aus Abb. C werden als überkreuzte Sinuskurve und Strecke gedeutet. (d) *Gesetz der Geschlossenheit (law of closure):* Nicht vorhandene Teile einer Figur werden in der Wahrnehmung ergänzt. In Abb. D wird ein vollständiger, geschlossener Kreis erlebt, so lange man nicht genau hinsieht. (e) *Gesetz des gemeinsamen Schicksals (law of common fate):* Elemente oder Gegenstände, die sich gleichförmig verändern oder gemeinsam bewegen, werden als Einheit erlebt. Verwandt sind die von G. E. MÜLLER gefundenen *Kohärenzfaktoren,* die solche Bedingungen erfassen, unter denen Einzelheiten als zusammengehörig aufgefaßt werden können. Es sind dies (a) *Räumliche Nachbarschaft,* (b) *Gleichheit,* (c) *Ähnlichkeit,* (d) *Symmetrie* und (e) *Kontur.* Nach ROHRACHER sollte man noch (f) *Kontinuität* und (g) *Geschlossenheit* hinzufügen. Die Gestaltpsychologie erklärt die Wirkweise der G. mit dem Isomorphieprinzip und »inneren Notwendigkeiten«. Man könnte auch davon ausgehen, daß die rasche und mit wenig Energieaufwand vollzogene Identifikation von bestimmten Anordnungsformen in der Umwelt (wahrscheinlich durch *Analysatorentätigkeit* vermittelt) der kategorisierenden Ökonomisierung des Wahrnehmungsvorganges in biologisch relevanten Situationen dient.

Gestaltpsychologie; Gestalttheorie *(gestalt psychology; gestalt theory; gestaltism),* auch *Berliner Schule.* Von W. KÖHLER, K. KOFFKA und W. WERTHEIMER begründete Richtung der Kognitionspsychologie, die sich kritisch mit der *Assoziations-* und *Elementenpsychologie,* mit der *Konstanzannahme* der klassischen Psychophysik und mit den Auffassungen der *Grazer Schule* (→*Gestaltqualitäten*) unter Berücksichtigung von Grundgedanken aus der aristotelischen Philosophie und methodischen Ansätzen aus der HUSSERLschen Phänomenologie auseinandersetzt. WERTHEIMER (1912; 1923) fand bereits in seinen ersten Experimenten Hinweise dafür, daß die unmittelbare Wahrnehmungserfahrung weder aus Einzelempfindungen noch aus Empfindungsaggregaten (»Und-Verbindungen«) besteht, sondern von übersummenhaften, ganzheitlichen, gestalthaften Eindrücken eigenständiger Qualität beherrscht ist (→*Gestaltgesetze*). Man erklärte dies durch die Annahme dynamischer Ordnungstendenzen im Kortex, die unter dem →*Isomorphieprinzip* Gestaltwahrnehmung vermitteln und dem Erleben eine gegenüber den Umweltreizen eigenständige Ordnung verleihen (→*Emergenz*). Gestalthafte Erfahrungen tragen zum raschen Erkennen und Wiedererkennen bei und sie können (z. B.

Gestaltqualitäten

durch »Geschlossenheit« ohne viel Herumprobieren Einsichten in gangbare Wege des Problemlösens aufzeigen (KÖHLER, 1921; →*Denken*). K. KOFFKA führte gestaltpsychologisches Denken in die *Entwicklungspsychologie* ein und K. LEWIN mit seiner dynamischen *Feldtheorie* des Erlebens und Verhaltens in die *Persönlichkeits-* und *Sozialpsychologie*, wo z. B. die Ansätze zur *kognitiven Konsistenz* die moderne *Einstellungsforschung* prägten. Auch TOLMANS molarbehavioristische Lehre von den *Zeichengestalten (sign gestalt)* als Wegweiser der Umsetzung von Lernerfahrungen in Erwartungen (→*Lernen*) und die Programme der *kognitiven Psychologie* sind von der G. maßgeblich beeinflußt, die auch Grundlagen für eine eigenständige →*Gestalttherapie* lieferte.
LIT. ELLIS (1938); KÖHLER (1921; 1959; 1971); KOFFKA (1935); METZGER (²1953; 1975); METZGER (Hrsg.; 1967); SANDER (1962); WERTHEIMER (1912; 1923; 1957).

Gestaltqualitäten *(form/gestalt qualities).* Nach CHRISTIAN VON EHRENFELS (1890) Eigenschaften, die sich in »Übersummenhaftigkeit« und »Transponierbarkeit« eines erlebten Ganzen äußern. Eine Melodie ist z. B. mehr als eine Aneinanderreihung von Einzeltönen; hat man eine Melodie gehört, erkennt man sie auch dann wieder, wenn sie transponiert, d. h. in eine andere Tonart desselben Tongeschlechts versetzt wurde. G. ergänzen nach VON EHRENFELS und andere Mitglieder der *Grazer Philosophenschule* (A. VON MEINONG, F. BRENTANO, V. BENUSSI, S. WITASEK) Einzelempfindungen und machen aus ihnen »fundierte Inhalte«. Daher wurde diese Lehre auch als *Fundierungs-* oder *Produktionstheorie* bezeichnet. Die Vertreter der →*Gestaltpsychologie* sehen dagegen in den G. unvermittelte, ursprüngliche und daher primäre Erlebnisqualitäten (→*Emergenz*).
LIT. EHRENFELS (1890).

Gestalttheorie →*Gestaltpsychologie.*

Gestalttherapie *(Gestalt therapy). Klinische Psychologe, Psychiatrie:* Von FRITZ PERL eingeführte Therapieform, die von Annahmen der →*Gestaltpsychologie* und der →*Psychoanalyse* geleitet ist. Psychoneurotische Störungen des Realitäts- und Selbstbezugs werden als zwanghafte Wiederholungen der mangelnden Differenzierung zwischen den realen Gegebenheiten (Figur) und Denk- und Interpretati-

onsgewohnheiten (Hintergrund) angesehen. Die G. zielt in Form von Einzel- und Gruppeninterventionen auf die Wiederherstellung eines differenzierten unmittelbaren Realitätsbezuges der Wahrnehmung, Selbsteinschätzung und Selbstdarstellung ab.

Gestaltwandel. Bezeichnung für die mit bestimmten *Entwicklungsphasen* einhergehenden Proportionsverschiebungen der einzelnen Körperabschnitte zueinander. W. Zeller bezeichnete den Übergang von der kleinkindlichen Erscheinungsform des Kindes zum Schulkind den ersten (zwischen dem 6. und 7. Lebensjahr sich vollziehenden) Gestaltwandel, den im Pubertätsalter sich vollziehenden als den zweiten.
Mit dem Gestaltwandel gehen Veränderungen des motorischen Verhaltens, der Geschicklichkeit u. ä. einher.
→*Entwicklungspsychologie.*

Gestik *(gesture).* Umfassende Bezeichnung für Ausdrucksbewegungen von Kopf und Hand (Gesten) zum Zwecke der Kommunikation oder als Begleiterscheinung individueller Überlegungen bzw. Zustände. Gesten können durch Konventionen mehr oder weniger differenzierender Art zu einer Zeichensprache werden, z. B. als Verständigungsmittel von stummen Mitmenschen (Stummensprache).

Gesundheitspsychologie *(health psychology).* Zusammenfassende Bezeichnung für die Anwendung psychologischer Erkenntnisse und Forschungsmethoden im Dienste der Gesundheitsförderung und -erhaltung, z. B. durch vorbeugende Maßnahmen, durch Aufdeckung psychosozial bedingter Gesundheitsrisiken, durch Beiträge zur Früherkennung von Störungen, ihrer Ätiologie und Differentialdiagnose sowie durch Maßnahmen zur Verbesserung der Gesundheitsversorgung.
LIT. TAYLOR (1986).

Gewalt *(violence).*
[1] Anwendung von physischem Zwang und/oder psychischem Terror auf andere Personen, um ihnen Schaden zuzufügen, sie der eigenen →*Herrschaft* zu unterwerfen, eigenständige Willensbildung oder Handlungen auszuschalten, umzulenken oder sich dagegen zu wehren (*Gegengewalt*). *G.-Delikte* im Sinne des *Strafrechts* sind Mord, versuchter Mord, Totschlag, fahrlässige Tötung, Körperverletzung mit tödlichem Ausgang, schwere Körperverletzungen und Vergewaltigung, in eini-

gen Rechtssystemen auch Nötigung und Erpressung, sofern sie mit Gewaltandrohung einhergehen. Die Ursachen für G.-Handlungen werden analog jenen der →*Aggression* gesehen.

[2] G. im Sinne von Hoheitsgewalt, Staatsgewalt *(governmental power):* Ordnungs- und Schutzfunktionen im Rahmen des von MAX WEBER so genannten Gewaltmonopols des Staates unter dem Prinzip der Gewaltenteilung *(division of powers),* d. h. der personellen und institutionellen Trennung von legislativen und exekutiven Funktionen.
→*Herrschaft;* →*Macht.*

Gewandtheit *(dexterity).*
[1] Im Sinne von Handgeschicklichkeit die Bezeichnung für einen flüssigen und raschen, einer Aufgabe angemessenen Bewegungsablauf der Hand, des Armes oder der Finger.
[2] Im übertragenen Sinne Bezeichnung eines »geschickten«, d. h. einer Situation angepaßten, raschen und nicht stockenden Verhaltens im Umgang mit Menschen oder der Ausdrucksweise. Manchmal auch zur Beschreibung der entsprechenden Qualität im Problemlöseverhalten verwendet (engl. *adequate, adroit, skilled).*

Gewichtung *(weighting).* Statistische Bezeichnung für die nach der Bestimmung der relativen Gewichtigkeit oder des relativen Einflusses von Teilmaßen (z. B. Untertest-Scores) auf das Gesamtmaß (Testscore) bzw. dessen Varianz erfolgende *Multiplikation* (Erweiterung) der Teilscores oder Teilmaße mit einer der Gewichtigkeit bzw. dem relativen Einfluß entsprechenden *Konstanten.* Eine so erweiterte Maßzahl heißt *gewichtetes Maß* oder *gewichteter Score (weighted measure, weighted score).*

Gewissen *(conscience).* Allgemeine Bezeichnung für das von einem Individuum als verbindlich angesehene System von (moralischen) Werten, z. B. äußert sich das System hinsichtlich seiner Funktion, wenn eine vorgenommene oder vollzogene Handlung durch das Individuum selbst bewertet wird, wobei intellektuelle und emotionale Komponenten eine Rolle spielen.
Der Erwerb des als Gewissen bezeichneten Systems wird von verschiedenen Autoren mehr oder weniger stark und direkt auf *Lernen* bzw. *Sozialisation* bezogen.

In der Psychoanalyse ist der Begriff *»Über-ich« (superego)* Bezeichnung und Erklärung für die Funktionen des Gewissens.

Gewohnheit *(habit).* Bezeichnung für einen relativ automatisierten Reaktionsablauf im motorischen Bereich (z. B. ein bestimmter Handgriff im Rahmen einer Tätigkeit), der durch Übung und Lernen zustande gekommen ist. Im übertragenen Sinne auch Bezeichnung für *Denkgewohnheiten,* wie sie sich im Problemlöseverhalten zeigen, und die ebenfalls auf Übung und Lernen, aber auch auf →*Sozialisation* (soziale Anpassung) beruhen können.
Bestimmte →*Einstellungen* sind z. B. relativ überdauernde Denkgewohnheiten oder Gewohnheiten der Sichtweise. Der Prozeß des Herausbildens von Gewohnheiten wird als *Gewohnheitsbildung (habit formation)* bezeichnet. Dieser Prozeß ist nicht identisch mit der Gewöhnung im Sinne von erworbenen Bedürfnissen nach bestimmten Drogen oder Nahrungsmitteln *(→Sucht).* Werden zwei (in bezug auf dieselbe Situation) einander entgegengesetzte Gewohnheiten herausgebildet, so kommt es zur *Gewohnheitsinterferenz (habit interference),* die sich in der →*Hemmung,* Störung oder Abschwächung einer der beiden Reaktionsgewohnheiten äußert.
→*Gewohnheitshierarchie,*
→*Gewohnheitsstärke.*

Gewohnheitsbildung →*Gewohnheit.*

Gewohnheitshierarchie *(habit family, hierarchy of habits, habit family hierarchy).* Bezeichnung für eine artspezifische Rangordnung möglicher Verhaltensweisen, die zur Erreichung eines bestimmten Zieles eingesetzt werden, und zwar in jener Reihenfolge, die der Annahme vom geringsten Kraftaufwand und maximalen Erfolg (Effekt) entsprechen. Die Rangordnung läßt sich aus der Häufigkeit des Auftretens der einzelnen Verhaltensweisen rekonstruieren. (Dabei handelt es sich meist um motorische Reaktionen eines Tieres in einer bestimmten Situation, die ein Ziel – z. B. Futter – aufweist.)

Gewohnheitsinterferenz →*Gewohnheit.*

Gewohnheitsstärke *(habit strength).* Bezeichnung für eines der hypothetischen *Konstrukte* in HULLS System. Mit der Gewohnheitsstärke ($_SH_R$) soll die Stärke der Tendenz erklärt und vorausgesagt werden, mit der ein konditioneller Reiz oder eine konditionelle Reizkonstellation (geordnete Mehrheit von

Gewöhnung

Reizen, Schema) eine bestimmte Reaktion auszulösen vermag. $_S\dot{H}_R$ ist definiert als eine Funktion der Anzahl der erfolgten *Verstärkungen,* der Anzahl *verstärkender Reize* und *zeitlicher Relationen.*
Effektive Gewohnheitsstärke (effective habit strength), $_S\dot{H}_R$, bezeichnet bei Hull die Gewohnheitsstärke, welche momentan wirksam wird und neben der direkten Erfahrungswirkung zum Teil auf →*Reizgeneralisierung* beruht.
Die Einheit für die Messung der Gewohnheitsstärke wird bei Hull *hab* genannt. 1 hab wird dabei gleichgesetzt mit 1% des physiologischen Maximalwertes für die Gewohnheitsstärke, die ein Organismus unter optimalen Voraussetzungen zu entwickeln vermag.
LIT. HULL (1943).
Gewöhnung →*Habituation.*
G-Faktor *(G* oder *g factor),* **genereller Faktor** *(general factor).*
[1] Bezeichnung für einen *Faktor,* der nach vollzogener Faktorenanalyse in allen experimentellen Daten oder Tests enthalten ist, deren Korrelationsmatrix einer Faktorenanalyse unterzogen wurde. Ein G-Faktor kann – je nach angewendeter Berechnungsart – entweder direkt ermittelt werden oder aber als Faktor zweiter Ordnung erscheinen.
[2] In K. SPEARMANS *Zweifaktorentheorie* der *Intelligenz* ist der Begriff als Bezeichnung für die allgemeine (generelle) Komponente in allen Intelligenztests verwendet, die gleichzeitig als umfassende (generelle) Grundlage der Intelligenzleistungen aufgefaßt wird, und zwar im Sinne einer allgemeinen Fähigkeit *(general ability).*
→*Intelligenz.*
GHR →*Galvanische Hautreaktion.*
Gigantismus *(gigantism).* Bezeichnung für abnormen Riesenwuchs einzelner Knochenpartien oder des gesamten Skeletts durch Überfunktion des vorderen *Hypophysenlappens (*→*Hypophyse).*
glatte Muskulatur *(smooth muscles).* Muskelgewebe, das aus kleinen, spindelförmigen Zellen besteht und die Wände von Gefäßen und inneren Organen bildet; ihre langsamen Bewegungen werden durch das autonome Nervensystem gesteuert.
Glaubwürdigkeit *(credibility).* G. ist gegeben, wenn ein Kommunikator (Sender) dem Rezipienten (Empfänger) eine Information

übermittelt, von deren Richtigkeit dieser überzeugt ist. Bei der *G.-Begutachtung (credibility assessment)* innerhalb der →*Forensischen Psychologie* geht es um die Frage nach absichtsvollen Täuschungsabsichten von Zeugen bei bestimmten Aussagen. Methoden der *G.-Begutachtung* sind *kriterienorientierte Inhaltsanalysen* wahrer und falscher Aussagen, Untersuchungen des *Sprechverhaltens* (Sprechgeschwindigkeit, Fehler) und des *Ausdrucks* (Mimik, Gestik) und *psychophysiologische Verfahren* der *G.-Beurteilung,* die sog. *»Lügendetektion« (lie detection; detection of deception).* Bei den physiologischen Verfahren werden körperliche Reaktionen auf bestimmte Reize (Fragen) herangezogen, um die G. von Aussagen oder Fragen der Tatbeteiligung von Personen an kriminellen Vergehen zu klären. Grundannahmen und Beweiskraft der Verfahren sind jedoch umstritten.
LIT. GREUEL, FABIAN, STADLER (Hrsg.; 1997); KÖHNKEN (1990); MEMON, VRIJ, BULL (1998); LYKKEN (1998); STELLER, VOLBERT (Hrsg.; 1997); UNDEUTSCH (1967).
gleicherscheinende Intervalle *(equal appearing intervals, mean gradations).* Bezeichnung für eine aus der *Psychophysik* stammende Technik des Skalierens, bei der es darauf ankommt, *Items* (Gegenstände oder Feststellungen) im Sinne gleichgroß erscheinender Abstände anzuordnen, um sie auf eine Intervallskala beziehen zu können *(*→*Skala).*
→*Psychophysik.*
Gleichgewichtssinn *(sense of equilibrium).* Die durch Rezeptoren in den *Bogengängen* des inneren Ohres vermittelten Empfindungen über Abweichungen von der aufrechten Position des Körpers.
→*Statischer Sinn.*
gleichwertige Gruppen *(equivalent groups, matched groups).* Bezeichnung für eine in der experimentellen Psychologie eingeführte Technik der Stichprobenauswahl. Diese Auswahl wird in der Weise vorgenommen, daß die pro Gruppe zusammengefaßten Individuen nur Unterschiede im Verhalten aufweisen, die verschiedenen Behandlungsweisen oder experimentellen Bedingungen entsprechen, jedoch z. B. hinsichtlich ihres Alters, des Bildungsgrades, der Intelligenz u. ä. gleichwertig sind.
Glia, Neuroglia *(glia, neuroglia).* Stützgewebe des Nervensystems, bestehend aus modifizierten ektodermalen Elementen einschl. Glia-

zellen. Neben der Stützfunktion erfüllt die G. Stoffwechselfunktionen im Nervengewebe. Im Unterschied zu Nervenzellen vermehren sich die Gliazellen; sie treten in verschiedenen Bereichen des Nervensystems in den verschiedensten Formen auf und bilden z. B. an der Gehirnoberfläche die mit der Pia mater verklebte Grenzhaut.

Glucosetoleranztest →*Diabetes.*

Glukose, auch **Glykose, Frucht-** oder **Traubenzucker** *(glucose).* G. ist chemisch ein Monosaccharid ($C_6H_{12}O_6$), als Hauptprodukt der Kohlehydratverdauung wichtigster im Blut zirkulierender Zucker *(Blutzucker)* und Nährstoff, aus dem Zellen biologisch nutzbare Energie (ATP) gewinnen. Resorption erfolgt im Dünndarm und abhängig vom Darmschleimhautzustand, Thyroxin, Schilddrüsenaktivität, Kortikoiden und Insulin sowie Vitaminen des B-Komplexes. Die G. gelangt über die Blutbahn zur Leber und wird aufgrund der glukostatischen Leber-Funktion zu ca. 5% unmittelbar in →*Glykogen* umgewandelt, zu ca. 30–40% zu Fett aufgebaut; der Rest wird in Muskeln und Gewebe metabolisiert, wohin G. in Erythrozyten, Thrombozyten und Blutplasma gelangt. Die dadurch entstehende Glukosekonzentration (Blutzuckerkonzentration), *Glykämie,* wird durch einen komplizierten homöostatischen Mechanismus konstant gehalten. Ein Absinken heißt *Hypoglykämie* und führt in leichteren Fällen zu Unruhe, Müdigkeit, Schweißausbrüchen (kalter Schweiß), in schweren Fällen zu Krämpfen, Psychosen, Ohnmachtsanfällen, Untertemperatur und Atemlähmung. Ein Ansteigen heißt *Hyperglykämie;* ihm wird durch Abgabe der G. im Urin (Glykosurie) bzw. Netto-Aufnahme der G. durch die Leber begegnet. Bei *Hypoglykämie* nimmt u. a. die Alpha-Frequenz im EEG ab.

Glykogen *(glycogen).* »Tierische Stärke«, Reservestoff in Leber, Muskeln und Zellen des Säugerorganismus; aus Glukosemolekülen aufgebautes Polysaccharid. Es ist nicht löslich und kann daher weder diffundieren noch den intrazellulären Wasserhaushalt belasten. Es enthält mehr Energie als *Glukose* und wird durch Enzyme in Glukose und andere Spaltprodukte zur Energiegewinnung zerfällt. Bei Muskeltätigkeit wird G. verbraucht und aus zirkulierender Glukose nachgebildet. Bei Anstieg des Blutzuckerspiegels unter Insulineinfluß erhöht sich die Bildung von G. Das *Le-*

berglykogen entsteht aus den Endprodukten der Kohlehydratverdauung, den Metaboliten der Saccharidenumwandlung, hauptsächlich aus Milch- und Brenztraubensäure, Glycerin und den intermediären Metaboliten bei der Aminosäurespaltung; raschester Aufbau erfolgt im Zustand der *Hyperglykämie (*→*Glukose).* Das G. der Leber stellt ein Glukosedepot für das Blut dar und schützt gleichzeitig die Leber vor Schädigungen durch toxische Stoffe. Es bindet Aminosäuren und trägt so zur Eiweißsynthese in den Geweben bei. Die Bildung von sog. Ketostoffen (Azeton, Azetessigsäure z. B.) aus Fettsäuren wird durch G. gehemmt.

Glykoproteine →Allergie; →*Immunglobuline.*

Golgi-Apparat *(Golgi receptor, Golgi apparatus).*

[1] Als Golgi-*Rezeptorapparat* Bezeichnung für in Sehnengewebe und Bindegewebsscheiden quergestreifter Muskeln eingebettete Rezeptoren, die auf Dehnung und Kontraktion ansprechen und der propriozeptiven Rückmeldung dienen.

[2] Als Golgi-*Apparat* auch Bezeichnung für eine Feinstruktur der →*Zelle,* die sekretorische Funktionen erfüllt.

Golgi-Mazzonische Körperchen *(Golgi Mazzoni corpuscles).* An Haut (äußere Geschlechtsorgane, Bindehaut), in Nagelbett und Bauchfell liegende Kälterezeptoren.

Gottschaldtsche Figuren *(embedded figures).* Bezeichnung für eine von Gottschaldt entwickelte Reihe von Figuren, bei denen eine Einzelheit durch Einbettung in ein umschließendes figurales Gefüge nur schwer unterschieden werden kann. Die *Eingebettetheit (embeddedness)* in ein umschließendes Ganzes dient als Beleg für *Feldabhängigkeit* des Wahrnehmens.

Gradient. Beschreibung fortschreitender kontinuierlicher Veränderungen einer Größe oder Variablen, in der Regel dargestellt in Bezug auf zeit- oder ortsvariable Beobachtungsbedingungen. Man unterscheidet: (a) *Annäherungs-* und *Vermeidungsgradienten* als Ausdruck zielnähenabhängiger Bewegungsbeschleunigungen bzw. -verzögerungen; (b) *Verstärkungs-G. (gradient of reinforcement)* als die mit räumlich-zeitlicher Nähe zur verstärkten Reaktion anwachsende Wahrscheinlichkeit von Effektübertragungen auf unverstärkte Re-

209

Grammatik

aktionen; (c) *Effekt-G. (gradient of effect; spread of effect)* als mit raumzeitlicher Nähe vermehrt wirksame Effektausbreitung der Verstärkung einer Reiz-Reaktions-Verbindung innerhalb einer Serie auf unmittelbar vorangehende bzw. folgende Verbindungen; (d) *Generalisierungs-G. (gradient of generalization)* als vermehrte Reaktionswahrscheinlichkeit auf Reize, die dem ursprünglichen konditionierten Reiz ähnlicher sind *(Reizgeneralisierungs-G.)* bzw. als mit der Ähnlichkeit zur verstärkten Reaktion wachsende Wahrscheinlichkeit des Wiederauftretens einer Reaktion in Gegenwart des ursprünglichen konditionierten Reizes *(Reaktionsgeneralisierungs-G.)*. (e) Als *Textur-G. (gradient of texture)* schließlich bezeichnet man in der Wahrnehmungsforschung die bei monokularer Betrachtung auf größere Entfernung hinweisende Dichte bzw. Undeutlichkeit von Gliederungsmerkmalen im Wahrnehmungsfeld.

Grammatik *(grammar)*. Linguistik:
[1] Lehre von den sprachlichen Formen, deren Funktionen in Sätzen, vom Aufbau und den Gesetzmäßigkeiten einer Sprache. Eine vollständige G. umfaßt die Gesamtheit von Regeln, welche die Sprachstruktur bestimmen und entweder in Form einer prototypischen Kombinatorik zulässiger Fälle oder als universelles linguistisches Regelwerk für den Gebrauch aller sprachlichen Grundelemente (Worte; Sätze) dargestellt sind. Teilgebiete der traditionellen G. sind (a) *Lautlehre* oder *Phonetik*, (b) *Formen und Wortbildungslehre* oder *Morphologie* und (c) *Satzlehre* oder *Syntax*.
[2] Die einflußreichste Idee zu einer G. als Universaltheorie der linguistischen Analyse stammt von NOAM CHOMSKY. In seiner *Generativen Transformationsgrammatik (generative transformational grammar)* diskutiert er eine endliche Zahl von Regeln, die zur Erzeugung einer unendlichen Menge nachgeordneter Sätze erforderlich sind und somit Sprachkompetenz und Sprachkreativität beherrschen. Die *Oberflächenstruktur* ist durch das für den aktuellen Aufbau von Sätzen erforderliche Regelwerk bestimmt, die *Tiefenstruktur* dagegen umfaßt den Gebrauch semantischer Grundelemente der Sprache.
LIT. CHOMSKY (1969).

Graph *(graph)*. Nicht-numerische Abbildung von Beziehungen zwischen Objekten. Man unterscheidet ungerichtete Graphen (symmetrische Beziehungen), gerichtete Graphen (unsymmetrische Beziehungen) und – zusätzlich – qualitative Merkmale der Graphen, z.B. positive und negative Relationen. Häufige Anwendung findet sich in der Sozialpsychologie, z.B. bei der Darstellung von Gruppenstrukturen, – Hierarchien und Beziehungen zwischen Personen und Sachen, so etwa Einstellung und Einstellungsgegenstand.
→*Soziogramm.*

graphische Ratingskala →*Ratingskala.*

Graphologie *(graphology)*. Bezeichnung für die Untersuchung und Deutung der Handschrift, aus der auf bestimmte Eigenschaften des Schreibers rückgeschlossen werden soll. Die Deutung bezieht sich meist auf sog. Merkmalsgruppen bzw. »Eindruckscharaktere«. Die Anwendung der G. als diagnostische wissenschaftliche Methode ist weitgehend umstritten, weil das Verfahren der Deutung nur mit größter Schwierigkeit auf seine Objektivität und Reliabilität hin überprüft werden kann. Fragen nach der Validität müssen ebenfalls als weitgehend ungeklärt angesehen werden. G. wird in der Praxis mit anderen, wissenschaftlichen diagnostischen Methoden *(Tests)* angewandt.

Graphometrie *(graphometry)*. Bezeichnung für quantitativ exakte Untersuchungen der Handschrift durch Messung bestimmter Merkmale. Die G. begreift auch Methoden der Messung des Schriftdruckes mit ein.

graue Substanz *(grey matter)*. Vorwiegend aus Nervenzellen (die entweder diffus verteilt oder in Kernen zusammengeschlossen oder in Schichten und Kolonnen angeordnet sind) bestehende »nervöse Masse« des Gehirns und Rückenmarks.

Grausamkeit *(cruelty)*. Beschreibende Bezeichnung für eine Eigenschaft, die sich in erlebter Lust oder Befriedigung äußert, wenn der Betreffende Tieren oder Menschen Schmerzen zufügen kann.
→*Sadismus.*

Greifraum →*Greifreflex.*

Greifreflex *(grasping reflex)*. Die Reaktion von Fingern oder Zehen, bei Berührung eines Gegenstandes diesen zu greifen und festzuhalten. Dieser Reflex läßt sich beim Säugling sehr früh beobachten und führt zur Vermittlung eines ersten räumlichen Einschätzens der

Umgebung *(Greifraum)* im Alter von spätestens sechs Lebensmonaten.

Grenzmethode *(method of limits)*. Eine der klassischen Methoden der Psychophysik. Sie dient der Feststellung von *absoluten* und *Unterschiedsschwellen*. Im ersten Falle verändert der Versuchsleiter die Intensität in auf- oder absteigender Darbietungsweise so lange, bis die Versuchsperson den Reiz bemerkt bzw. (bei absteigender Darbietung) nicht mehr bemerkt. Im zweiten Falle (Unterschiedsschwelle) verändert der Versuchsleiter einen variablen Reiz so lange, bis die Versuchsperson äußert, er sei gleich bzw. kleiner oder größer im Vergleich mit einem konstant gehaltenen Vergleichsreiz. →*Psychophysik.*

Grenzstrang *(sympathetic trunc)*. Teil des vegetativen Nervensystems (→*Sympathikus*), bestehend aus zwei parallel und neben der Wirbelsäule verlaufenden Gangliensträngen. Syn. *Grenzstrangganglien.*

Grenzwerte →*Eben merklicher Unterschied,* →*Psychophysik,* →*Unterschiedsschwelle.*

griechisch-lateinisches Quadrat *(greco-latin square design)*. Faktorielle Versuchsanordnung ähnlich dem →*lateinischen Quadrat* für vier Variationsquellen mit jeweils gleich vielen Bedingungen (Zeilen, Kolonnen, griechische und lateinische Buchstaben). Das g.-l. Q. eignet sich für die ökonomische Bearbeitung von Datensätzen, die nicht in allen Bedingungskombinationen erhoben werden können. Berechenbar ist jedoch nur der Haupteffekt, Wechselwirkungsanalysen müssen entfallen. →*Varianzanalyse.*

Größengewichts-Täuschung *(size-weight illusion)*. Bezeichnung für eine Sinnestäuschung, die dadurch entsteht, daß Größen- und Gewichtsverhältnisse aufeinander bezogen werden. So scheint ein großer Gegenstand im Vergleich zu einem kleinen, objektiv gleichschweren, leichter zu sein.

Größenwahn *(grandeur delusions)*. Übertriebene Vorstellungen von der eigenen Bedeutung oder Macht, die bei Störungen aus dem Formenkreis von →*Paranoia,* →*Psychose* oder →*Schizophrenie* und →*Wahn* auftreten.

Großhirn *(cerebrum)*. Über den älteren Hirnpartien gelegener, in zwei Hemisphären angeordneter Hirnanteil, dessen Oberfläche die *Hirnrinde (Kortex)* darstellt.

Grünblindheit →*Farbenfehlsichtigkeit.*

Grundeigenschaften →*Eigenschaft.*
Grundfähigkeit →*Fähigkeit.*
Grundgesamt →*Population.*
Grundton →*Fourier-Analyse,* →*Klang,* →*Oberton.*
Grundumsatz →*Metabolismus.*
Gruppe *(group)*.
[1] Bezeichnung für eine (a) integrierte soziale Struktur, (b) deren Umfang (Anzahl der Gruppenmitglieder) variabel, jedoch im Einzelfall bestimmbar ist und (c) innerhalb deren feststellbare oder quantifizierbare, auf die Gruppe selbst Einfluß nehmende und durch die Gruppe beeinflußte Beziehungen bestehen, die sich unter den Aspekten des *Kommunikation,* des *Normativen* oder des *Funktionalen* betrachten lassen. Eine G. läßt sich demnach bestimmen als eine Anzahl von Mitmenschen, unter denen ein zu spezifizierender Zusammenhalt besteht, der zur Integration führt und der nach Qualität und Intensität (Quantität) beschrieben werden kann (Syn. →*Primärgruppe,* Wirgruppe).
[2] In Soziologie und Sozialpsychologie manchmal auch im weiteren Sinne als Bezeichnung für eine jede von anderen aus theoretischen oder praktischen Gründen abhebbare Zusammenfassung oder für einen Zusammenschluß von Mitmenschen. In diesem Sinne z. B. bezeichnet man eine Mehrzahl von Mitmenschen ohne den Gesichtspunkt der Integration als *Bezugsgruppe (reference group),* sofern sie bestimmte gemeinsame Merkmale aufweisen (z. B. die »Gruppe der Verheirateten«, die »Gruppe der Manager«). Das Kriterium ist hier eine Standes- oder Statuszugehörigkeit.
LIT. HOMANS (1960).

Gruppe mit direktem Kontakt *(direct contact group, face-to-face group)*. Bezeichnung für Gruppen von kleinem Umfang, deren Mitglieder durch räumliche Nähe und direkten, d. h. visuell-auditiven Kontakt ohne Vermittlung (Kommunikationskanäle) kurzfristig miteinander in Beziehung stehen oder in Beziehung treten können. Die Aufnahme des Kontaktes kann dabei gewollt oder auch ohne besondere Absicht erfolgen.
Der Begriff ist zu unterscheiden von dem der →*Primärgruppen.*

Gruppenabsolutismus *(group absolutism)*. Bezeichnung für die Tendenz einer →*Gruppe,* ihr eigenes Handeln und Denken als Maßstab

211

Gruppenbewußtsein

für andere zu verwenden. Handelt es sich um *ethnische Gruppen,* so ist Gruppenabsolutismus gleichbedeutend mit *Ethnozentrismus.*

Gruppenbewußtsein *(group consciousness).* Syn. für *Gruppengeist (esprit de corps, group mind)* bzw. *Gruppenverhalten.* Bezeichnung für das den Gruppenmitgliedern in bezug auf Denk- oder Handlungsstile Gemeinsame, das sich nicht aus individuellen Denk- oder Handlungsstilen erklären läßt (engl. *syntality).*

Gruppendynamik *(group dynamics).* Bezeichnung für eine von K. LEWIN begründete Forschungsrichtung im Rahmen der →*Sozialpsychologie,* die die Arten und Formen der Entstehung und der Funktion von sozialen Gruppen unter Einbeziehung der Entstehungsursachen, ihrer motivationalen Einbettung und Wirkung (z. B. Normenbildung, Zusammenhalt) analysiert. Mitinbegriffen sind Untersuchungen über die Möglichkeiten der Einflußnahme oder Veränderung der Gruppenstruktur und des Verhaltens der Gruppe.

LIT. CARTWRIGHT, ZANDER (eds.; 1960); HOFSTÄTTER (1957 a); MORENO (1954).

Gruppenentscheidung *(group decision).* Bezeichnung für den Prozeß und das Resultat einer Gruppendiskussion oder -vereinbarung, die durch Übereinkunft oder Wahl zustande gekommen ist. Die Vereinbarung bezieht sich auf Pläne für künftiges Handeln und nicht notwendigerweise auf das Handeln selbst.

Gruppen-Faktor *(group factor).* Bezeichnung für einen durch *Faktorenanalyse* ermittelten Faktor, der in einigen, jedoch nicht in allen experimentellen oder Testdaten erscheint. Verfahren oder Tests, die einen Gruppen-Faktor gemeinsam aufweisen, korrelieren auch untereinander hoch und stellen so eine Gruppe von Verfahren oder Tests mit etwas Gemeinsamem dar. Gruppenfaktoren stehen aus logischen Gründen zwischen *spezifischen* und *generellen (G-)Faktoren.* Beispiele für Gruppenfaktoren sind z. B. die bei Intelligenztests nachgewiesenen *Handlungs-* und *Verbalfaktoren,* deren Definition nicht immer streng der mathematischen Definition eines Gruppenfaktors entspricht.

Gruppengeist →*Gruppenbewußtsein.*

Gruppenstruktur *(group structure).* Bezeichnung für das Gefüge von Kennzeichen oder Eigenschaften einer Gruppe, meist nach der Art der *Beziehungen* der Gruppenmitglieder (z. B. Freundschaften, Dominanz und Un-

terwerfung), nach *Gruppengröße, Grad des Zusammenhaltes oder -wirkens,* nach Grad der Gemeinsamkeit hinsichtlich bestimmter *Zielvorstellungen,* der Intensität des »*Wir-Gefühls*« u. ä. gegliedert.

Gruppentest *(group test).* Bezeichnung für solche Tests, die – meist aus Ökonomiegründen – gleichzeitig bei Gruppen von Individuen angewandt werden können. Es handelt sich in der Mehrheit der Fälle um sog. »Bleistiftpapier-Tests«, d. h. solche, die schriftlich vollzogen werden; zum Unterschied von *individuellen Tests,* die nur einzeln angewandt werden dürfen, da die Gegenwart anderer Individuen einen störenden Einfluß hätte.

Gruppentherapie *(group therapy).* Bezeichnung für eine Reihe therapeutischer Maßnahmen, in deren Verlauf kleine Gruppen von Patienten mit dem Therapeuten zusammentreffen und miteinander kommunizieren. Der therapeutische Effekt wird auf Prinzipien der *Gruppendynamik* zurückgeführt. Eine besondere Form der G. stellt das sog. *Soziodrama* oder *Psychodrama* dar, in dessen Verlauf frei gewählte Rollen übernommen und gespielt werden, die es dem Therapeuten ermöglichen, Symptome und deren Ursachen aus dem sozialen Kontext der rollenspielenden Gruppe zu ermitteln (Syn. *Gruppen-Psychotherapie*). →*Psychotherapie.*

LIT. MORENO (1959); SLAWSON (1956).

Gruppenverhalten *(group behavior).* Umfassende Bezeichnung für individuelles Verhalten, erklärt durch die Beziehung oder Zugehörigkeit eines Individuums zu einer bestimmten Gruppe oder Bezugsgruppe, *oder/und* für das Verhalten mehrerer in einer Gruppe zusammengefaßter Individuen (z. B. in der Form der Zusammenarbeit) *oder/und* für das als Ganzes betrachtete Verhalten der Gruppe, wobei sich das Verhalten nicht auf die Summe aller Verhaltensweisen der in der Gruppe subsumierten Individuen bezieht, sondern durch die Gruppe selbst geprägt wird (z. B. durch die einer Gruppe gemeinsam zugehörigen Denk- und Handlungsstile, die außerhalb der Gruppensituation beim Einzelnen nicht nur Grundlage des Verhaltens werden).

GT →*Gesprächstherapie.*

GTT →*Diabetes.*

Gültigkeit →*Validität.*

gute Fortsetzung →*Gestaltgesetze.*

Gütekriterien →*Experiment.*

212

Guttman-Skala *(Guttman scale)*, **Skalogramm** *(scalogram)*, manchmal auch **kumulierte Skala** oder **kumulative Skala** *(cumulative scale)*. Bezeichnung für einen Skalentypus, der bei der Messung der Intensität *sozialer Einstellungen* angewandt wird. Die einzelnen Feststellungen werden dabei nach vollzogener *Skalogrammanalyse (scalogram analysis)* so angeordnet, daß sie in einer Rangreihe stehend aufgefaßt werden können. Wird eine Feststellung aus der Reihe positiv beantwortet (durch Zustimmung), so ist aufgrund der Rangordnung auch Zustimmung zu allen Feststellungen gegeben, die in der Rangordnung vor dieser liegen.

Die der Rangordnung zugrunde liegende Prozedur der *Skalogrammanalyse* soll gewährleisten, daß die einzelnen Feststellungen der Messung eines eindimensionalen Merkmals dienen.

→*Einstellungs-Skalen.*

Gyrus *(gyrus, convolution)*. Anatomische Bezeichnung für die →*Windungen* an der Groß- bzw. Kleinhirnrinde.

H

H.
[1] Abk. f. *Habit* oder →*Gewohnheit.*
[2] Seltene Abkürzung für »*harmonisches Mittel*« (→*Mittel, harmonisches*).
Haabscher Pupillenreflex, kortikaler Pupillenreflex *(Haab's pupillary reflex).* Kontraktion der Pupillen bei Betrachtung eines hellen Gegenstandes in einem dunklen Raum.
Haarfollikel, Haarbalg *(hair follicle).* Gebilde an den Haarwurzeln in der Haut, die afferente Nervenendigungen aufweisen. Rezeptoren für Druckempfindungen.
Haarzelle *(hair cell).* Zelle mit faden-, bürsten- oder haarartigen Fortsätzen. H. finden sich u. a. im *Cortischen Organ,* in den *Bogengängen* (ampullae), in der Nasenregion und auf der Zunge.
Habitat. Syn. für Umwelt, natürliche Umgebung oder Lebensraum von Tieren.
Habituation *(habituation).*
[1] Abnahme der Reaktionsstärke bei wiederholter Konfrontation mit einem identischen Reiz, die weder auf sensorische Adaptation noch auf Effektorermüdung bzw. Refraktärzeit zurückgeführt werden kann. H. tritt bei höheren Tieren und beim Menschen in biologisch gleichsinniger Bedeutung auf.
[2] *Arten der H.:* Erste Beschreibungen der sog. *Verhaltens-H. (behavioral habituation)* gehen auf HUMPHREY (1933) zurück. Katzen reagieren z. B. aufgrund eines angeborenen artspezifischen Instinkts auf das Piepsen einer Maus mit erhöhter Aufmerksamkeit und der Einleitung des sog. Beutefangverhaltens. Bietet man einer Katze das auf Tonband aufgenommene Piepsen einer Maus in dem selben Laborraum wiederholt auf, ohne irgend etwas zu verändern, so tritt dieses Verhalten anfangs ebenfalls auf, klingt aber dann allmählich ab; es setzt mit voller Stärke wieder ein, wenn das Piepsen anders klingt, lauter bzw. leiser wird oder die Umgebung verändert ist. Instinktreaktionen werden dann vorübergehend gedämpft bzw. gehemmt, wenn ein auslösender Signalreiz wiederholt und in identischer Weise auftritt, ohne daß ihm das signalisierte Ereignis folgt. Nicht betroffen von der H. sind da-gegen *Reflexe,* d. h. biologische Grundfunktionen erfüllende angeborene Reiz-Reaktions-Verbindungen, wie z. B. Abwehr- und Schutzreaktionen auf intensive bedrohliche Reize. Als *H. der* →*Orientierungsreaktion, OR (habituation of the orienting response)* bezeichnet man das bei höheren Tieren und Menschen beobachtbare Abklingen der Zuwendungsreaktion und ihrer inneren physiologischen Begleiterscheinungen auf ursprünglich neuartige, unerwartete Reize, wenn diese wiederholt unverändert auftreten, ohne dabei irgendeinen Signalwert zu gewinnen. Die OR tritt dann wieder mit voller Stärke auf, wenn Reiz und/oder Reizsituation minimal verändert sind. Erste Beschreibungen dieses Phänomens gehen auf PAWLOW, Feinanalysen auf SOKOLOW (1963) zurück. Beiden Beobachtungen ist gemeinsam, daß sich Tier und Mensch in der Auseinandersetzung mit wechselhaften Umgebungen adaptiv (d. h. anpassend) verhalten. Möglicherweise bedeutsame Reize werden zunächst beachtet, d. h. ihnen wird selektive →*Aufmerksamkeit* geschenkt. Erweisen sie sich bei aller ursprünglichen Auffälligkeit im Verlauf wiederholten Auftretens und näherer Betrachtung als bedeutungslos, so wird ihnen die Aufmerksamkeit wieder entzogen und anderen Reizen oder Ereignissen zugewendet.
[3] Bedingungen und Erklärung der H.: H. hängt primär von der unveränderten Reizdarbietung ab, ihre Geschwindigkeit (habituation rate) von zusätzlichen Faktoren wie z. B. Darbietungshäufigkeit und -regelmäßigkeit. H. ist verlangsamt, wenn die Reize in komplexeren (Aufgaben-)Zusammenhängen erscheinen oder wenn starke Erregung vorherrscht; auf Reize mit geringer, nahe der absoluten Schwelle liegender Intensität tritt keine H. auf. H. wird innerhalb bestimmter Grenzen auf andere ähnliche Situationen bzw. Reize übertragen (Habituationstransfer bzw. -generalisierung). Die H.-Geschwindigkeit unterliegt erheblichen interindividuellen Unterschieden; sie wird daher auch als differentialpsychologisches Kriterium benutzt (→*Labilität*). Als bewährter Indikator der H.-Ge-

schwindigkeit gilt der Verlauf der elektrodermalen Reaktion (SCR; →elektrodermale Aktivität) auf die wiederholte Darbietung des Reizes; H. zeigt sich als exponentieller Abfall der Hautleitfähigkeit (SCR) in Abhängigkeit von der Darbietungszahl. Nach SOKOLOW werden im *Kortex* fortlaufend von Reizen herrührende Erregungsmuster mit bereits vorhandenen neuronalen Modellen verglichen. Stimmt das etablierte Modell von Reizen mit den eingehenden Erregungsmustern nicht überein, wird die OR ausgelöst. Durch wiederholte Darbietung des identischen Reizes bildet sich (vorausgesetzt überschwellige Intensität) ein stabiles neuronales Modell; stimmen die von den folgenden Reizdarbietungen herrührenden Erregungsmuster damit überein, nimmt die Wahrscheinlichkeit des Auftretens der OR durch Rückmeldungen des kortikalen Übereinstimmungszustandes in tiefere Hirnregionen ab, d. h. die OR habituiert.
LIT. HINDE (1970); HUMPHREY (1933); LYNN (1966); SIDDLE (1983); SOKOLOW (1963); SOKOLOW, VINOGRADOVA (1975); THOMPSON, SPENCER (1966); VOSSEL (1990); VOSSEL, ZIMMER (1988).

Habitus. Bezeichnung für die Gesamtheit aller relativ überdauernden Einstellungen und Verhaltensweisen eines Menschen. →*Gewohnheit.*

Hackordnung *(peck order, peck right dominance order).* Von Schjelderup-Ebbe eingeführte Bezeichnung für die konstante soziale Ordnung bei Tieren. So wird das in der Rangordnung an der Spitze stehende Huhn (Despotenhuhn) von den anderen nicht oder nur selten beim Fressen gehackt, es hackt jedoch seinerseits alle unter ihm stehenden usw.

Halbstarre →*Katalepsie.*
Halbtonschritte →*Tonskala.*
Halluzination *(hallucination).*
[1] Wahrnehmungseindruck mit deutlichem Realitätsbezug, dem jedoch keine relevante oder adäquate Reizung des entsprechenden Sinnesorgans zugrundeliegt, z. B. der deutliche Eindruck eines vermeintlichen, tatsächlich aber nicht vorhandenen Sees in der Wüste oder eines Tones, der aus der Umgebung oder aber aus dem eigenen Kopf zu stammen scheint. H. treten häufig bei veränderten Bewußtseinszuständen (extreme sensorische Deprivation, Erschöpfung, Drogeneinflüsse, hypnotische Suggestion) oder als Symptome psy-

chotischer bzw. *wahnhafter Störungen* (→*Psychose,* →*Wahn*) sowie im →*Delir* bei Alkohol- oder Drogenentzug auf. Halluzinationsartige Eindrücke, die allerdings im klinischen Sinne nicht zu den eigentlichen H. zählen, findet man beim Einschlafen *(hypnagoge H.)* und Erwachen *(hypnapompe H.)* sowie im Zusammenhang mit intensiven, ekstatischen religiösen Erfahrungen. *Negative H.* ist die selten gebrauchte Bezeichnung für das Ausbleiben von Sinneseindrücken trotz vorhandener überschwelliger Reize. Phantasieprodukte (lebhafte Vorstellungen, Illusionen), Fehldeutungen, Fehlwahrnehmungen und andere kurzfristig auftretende halluzinationsähnliche Erfahrungen müssen von H. im engeren Sinne sorgfältig unterschieden werden.
[2] *Arten und Formen:* Im Glossar des *DSM* werden folgende, im Zusammenhang mit psychischen Störungen beobachtbare H. unterschieden: (a) *akustische H.* (Stimmen, Töne, Musik oder Geräusche »hören«); (b) *gustatorische H.* (halluzinierte Geschmackseindrücke, meist unangenehme); (c) *olfaktorische H.* (halluzinierte Geruchseindrücke, z. B. das Halluzinieren von Leichengeruch); (d) *optische H.* (Bilder, Menschen, Lichtblitze »sehen«); (e) *körperbezogene H.* (halluzinierte Eindrücke, die auf körperliche Vorgänge bezogen sind, z. B. das Gefühl, elektrischer Strom durchlaufe den eigenen Körper; meist in Verbindung mit *wahnhaften Störungen,* die das Körpergeschehen betreffen); (f) *stimmungsinkongruente H.* (→*affektive Störung,* →*psychotische Störung); (g) taktile H.* (halluzinierte Berührungsempfindungen, z. B. der Eindruck, das etwas auf der Haut krabbelt, *Formicatio),* meist in Verbindung mit *wahnhaften* Interpretationen, z. B. im *Alkoholentzugs-Delir* oder in der Entzugsphase nach Kokainintoxikation.

halluzinatorische Vorstellungen →*Vorstellung.*
Halluzinogene →*Drogenabhängigkeit.*
Halo-Effekt. Bezeichnung für eine bei der (diagnostischen) Beurteilung, besonders bei Anwendung sog. *Rating*-Methoden, auftretende Fehlerquelle. Die Beurteilung einzelner Eigenschaften oder Merkmale wird dabei verzerrt oder zumindest durch die anderen (Eindrucks-)Merkmale oder eine allgemeine Vorstellung von der einzuschätzenden Person beeinflußt (selten verwendeter syn. Ausdruck: *Hofeffekt).*

Haltung

Haltung *(posture)*. Körperstellung. Im übertragenen Sinn auch die mehr oder weniger umfassende *Einstellung* (engl. *attitude)* zu Dingen, Menschen oder Lebensfragen.

Hämogramm →*Blutbild.*

Hämozyten →*Blut.*

Händigkeit *(handedness)*. Bevorzugung einer der beiden Hände bei der Ausführung von Tätigkeiten, die große feinmotorische Geschicklichkeit erfordern (z. B. Eindrehen einer Schraube, Schreiben, Zeichnen). Neben ausgeprägter *Rechtshändigkeit (dexterality, dextrality)* oder *Linkshändigkeit (sinistrality)* findet man in relativ seltenen Fällen *Ambidexteralität (ambidextrality)*, d. h. die näherungsweise gleiche Geschicklichkeit beider Hände. Einen Sonderfall stellt die sog. *Dextrasinistralität (dextrasinistrality)* als aus ursprünglicher Linkshändigkeit durch Umlernen hervorgegangene Rechtshändigkeit dar. H. wird im Zusammenhang mit der *cerebralen Lateralisierung* als Indikator der sog. Hemisphärendominanz diskutiert (→*Lateralität).*

Handlung *(action)*. Auf die Erreichung eines Zieles gerichtete, relativ abgehobene, zeitlich und logisch strukturierte koordinierte Bewegungsabfolgen, welche bewußt kontrolliert ausgeführt werden, um eine Veränderung in der Umwelt oder aber der bestehenden (psychologischen) Situation herbeizuführen. H. unterscheidet sich von Verhalten durch seinen bewußten Bezug zu Zielvorstellungen, dem Bedürfnis nach Zielerreichung, durch das begleitende Abwägen von Erwartungen in bezug auf die Entscheidungsmöglichkeiten und ihre Konsequenzen, durch die gedankliche Vorwegnahme bestimmter Handlungsschritte (Pläne) und die fortlaufende Einbeziehung von Rückmeldungen vor der Entscheidung über die folgenden Schritte. Die Analyse von H. in der Motivationsforschung umfaßt die Bemühungen der älteren *Aktpsychologie* und der kognitiv orientierten neueren *Attribuierungsforschung.* Zentraler Gegenstand sind u. a. die Beziehungen zwischen H. und Prozessen der *Bewertung* und ihre Einbettung in relativ überdauernde H.-schemata, -stile und -strategien.
LIT. HECKHAUSEN ([2]1989).

Handlungen, ideomotorische →*Ideomotorik.*

Handlungsforschung *(action research)*. Von K. LEWIN eingeführte Bezeichnung für systematische Untersuchungen des Effektes von einstellungsverändernden Maßnahmen in Er-

ziehungs- und Strafvollzugseinrichtungen sowie an verschiedenen Arbeitsplätzen nach Art von Felduntersuchungen und teilnehmender Beobachtung, denen der Vergleich von Handlungen und Normen unter Rückmeldebedingungen zugrunde liegt. Das Verfahren hat sich u. a. auch in der Industrie- und Organisationspsychologie bei der Umstellung auf neue Produktions- und Verkaufsstrategien bewährt.

Handlungsorientierung *(action orientation)*. In der kognitiven Motivationsforschung im Zusammenhang mit der Umsetzung des *Leistungsmotivs* geprägte Bezeichnung für die Konzentration der Aufmerksamkeit auf die zu lösende Aufgabe und konkrete Handlungsabsichten. Gegensatz: *Lageorientierung (state orientation)* als Inbegriff der perseverierenden Konzentration auf vergangene, momentane und/oder künftige Befindlichkeiten und Organismuszustände, begleitet von einer gewissen Geistesabwesenheit.
LIT. KUHL, BECKMANN (1985).

Handlungssystem →*System.*

Handlungstheorie *(action theory)*. Umfassende Bezeichnung für begrifflich-theoretische und deskriptive Bezugssysteme, welche zur Erklärung von Handlungen im weitesten Sinne herangezogen werden. In der von PARSONS entwickelten *interaktionistischen H.* wird das aufeinander bezogene Verhalten von Partnern auf gemeinsame Ziele. Bedeutungsrelationen und symbolisch ausdrückbare Handlungsstrategien bezogen, wie sie sich z. B. in kulturellen Normen über sozial wünschenswertes bzw. unerwünschtes Handeln äußern. Die verschiedenen Varianten handlungstheoretischer Ansätze gehen von der Abhängigkeit des H. von *Bewertungsprozessen* und ihrer Einbettung in *Erwartungszusammenhänge* aus und interpretieren das aktuelle Handeln einschließlich der zugrunde liegenden Steuerungs- und Organisationsprozesse im Lichte der Einsicht in Situationen, soziale Normen und/oder Wertorientierungen.
LIT. HECKHAUSEN ([2]1989); KAMINSKI (1970); LENK (1980; 1981).

Handlungszerfall →*Psychose.*

haptisch *(haptic)*. Bezeichnung für alles, was mit den Hautsinnen zu tun hat.

Hardware. Bezeichnung für die in einen Computer fest eingebauten Schalterelemente oder Verdrahtungen, die die Leistungsfähigkeit des Computers bestimmen. Im übertrage-

Helligkeit

nen Sinn ist H. vergleichbar mit Eigenschaften und der Kapazität des ZNS im lebenden Organismus, von denen die Leistungsfähigkeit des Systems abhängt.
→*Software.*
Harnruhr →*Diabetes.*
Haschisch →*Drogenabhängigkeit.*
Häufigkeit, kumulierte *(cumulative frequency).* Statistik: Ein kumulatives Verfahren besteht in der Summierung von Maßzahlen, wobei jede folgende Maßzahl der Summe der vorangehenden Maßzahlen hinzugefügt wird. Bei kumulierten Häufigkeiten (Abk. *cum f*) wird in aufsteigender Reihe angegeben, wie viele Fälle jeweils bis zum Ende einer Maßzahlklasse angetroffen wurden.
Häufigkeitsverteilung *(frequency distribution).* Statistische Bezeichnung für die in Tabellenform oder graphisch dargestellte Beziehung zwischen den einzelnen Meßwerten einer *Variablen* und der Häufigkeit, mit der die einzelnen Meßwerte gefunden wurden. Bei größeren Datenmengen erhält man oft im Hinblick auf biologische Merkmale (z. B. der Variablen Körpergröße) eine Häufigkeitsverteilung von der Art der *Normalverteilung.*
→*Frequenz.*
Hautimpedanz, Hautleitfähigkeit, Hautpotentiale →*elektrodermale Aktivität.*
Haut-Pupillen-Reflex *(cutaneous pupillary response).* Die Erweiterung der Pupille des Auges als Folge der kratzenden Berührung von Wange oder Kinn.
Hautschweißdrüsen →*elektrodermale Aktivität.*
Hautsekretions-Reflex *(cutaneous secretory reflex).* Die Schweißsekretion der Haut, ausgelöst durch jeden Reiz auf der Hautoberfläche.
Hautsinne *(cutaneous senses).* Zusammenfassende Bezeichnung für alle Empfindungen, die durch die in der Haut liegenden Rezeptoren für Berührung, Druck, Kälte, Wärme und Schmerz vermittelt werden (→*Sinne*).
Hautwiderstand →*elektrodermale Aktivität.*
HAWIE →*Wechsler-Bellevue-Skala.*
HAWIK →*Wechsler-Bellevue-Skala.*
Hawthorne-Effekt *(Hawthorne effect).* Förderlicher Einfluß von Bedingungen wie bedürfnisorientierte Interessenzuwendung und Kommunikation auf *Arbeitszufriedenheit* und *Produktivität.* E. MAYO und Mitarbeiter berichteten von Untersuchungen, die sie 1927–1932 in den Hawthorne-Werken, einem

Fertigungsbereich der Western Electric Company in Cicero (Ill., USA) vornahmen. Ursprüngliches Ziel war die Aufklärung und Beseitigung von Leistungsrückgängen, die als Folgen von monotoniebedingter Ermüdung angesehen wurden. Veränderungen der Arbeitsbedingungen (z. B. verbesserte Beleuchtung; veränderte Pausengestaltung) hatte jedoch nicht den erwarteten Effekt. Dagegen wirkten sich, wie MAYO berichtete, Anwesenheit, Anteilnahme und Kontaktpflege der Untersucher zufriedenheits- und produktionssteigernd aus. Da der MAYOsche Bericht die tatsächlichen Untersuchungsbedingungen nur verkürzt und vereinfacht wiedergibt, besteht begründete Skepsis bezüglich der Ursachen des Zustandekommens und der Allgemeingültigkeit des H.-E.
→*Arbeitszufriedenheit.*
LIT. MAYO (1960), SCHULER (1993).
Hebephrenie *(hebephrenia, adolescent insanity).* Ältere Bezeichnung für eine Form der →*Schizophrenie,* in deren Verlauf der Patient den Kontakt mit der umgebenden Realität mehr und mehr verliert, Manierismen zeigt und äußerlich in zunehmendem Maße verwahrlost.
hedonistisch *(hedonic, hedonistic).* Bezeichnung für Erlebnis- und Empfindungsmodalitäten mit der Eigenschaft des »Angenehmen«, »Lusterfüllten«. *Hedonismus* bezeichnet auch zusammenfassend solche Theorien der *Motivation,* die davon ausgehen, daß das menschliche oder tierische Verhalten vorwiegend von der Suche nach Lustgewinn und der Vermeidung von unlusterzeugenden Erfahrungen bestimmt ist.
Heilpädagogik →*Sonderpädagogik.*
Heilung →*Restitution.*
Heißhunger →*Eßstörungen.*
Helferzellen →*Immunsystem.*
Heliotropismus oder **Phototropismus** →*Tropismus.*
Hellersches Syndrom *(infantile dementia),* Syn.: *Dementia infantilis.* Langsam oder rasch verlaufende Abbauerscheinungen der Intelligenz im Kindesalter aufgrund von Stoffwechselstörungen oder degenerativen Hirnerkrankungen.
→*Demenz,* →*Geistige Behinderung.*
Helligkeit *(brightness; lightness; luminosity).* In der *physikalischen Optik* die Intensität des sichtbaren Lichts, in *Sinnesphysiologie* und

Hemisphärendifferenzierung

Psychologie die Intensität von visuellen Empfindungen, die unter bestimmten *Beleuchtungsbedingungen* auftreten. Die physikalische H. wird in von *Candela* (cd) hergeleiteten *SI-Einheiten* (→*SI-System*) gemessen. *Lumen (lm)* bezeichnet die Leuchtkraft oder luminose Energie eines Lichtstroms, der stetig von einer punktförmigen Lichtquelle konstanter Intensität mit cd = 1 in den *Steradian* oder *Einheitsraumwinkel* ausstrahlt (→*Kerzenstärke*). Die *photometrischen Maßeinheiten (photometric units)* der *Leuchtdichte* des einstrahlenden oder von Gegenständen abgestrahlten Lichts sind in bezug auf Flächengrößen relativiert. In *Physiologie* und *Psychologie* sind →*Millilambert* (mla; Lichtemission 1/1000 lm/cm²) bzw. dB$_{re}$-Werte (Reflektanz in Dezibel) gebräuchlich. Der Sehbereich des Menschen umfaßt 10^{-6} mla bzw. 0 dB$_{re}$ bis ca. 10^7 mla bzw. 130 dB$_{re}$. Als *Illuminanz* oder *Illumineszenz (illuminance)* bezeichnet man die Leuchtdichte des in einen Raum oder auf einen Gegenstand fallenden Lichts. Einheit für die Messung der *retinalen Illuminanz (retinal illuminance)* ist das *Troland* (1 cd/m² durch eine Öffnung mit 1 mm² Durchmesser). *Luminanz (luminance)*, auch *Lumineszenz*, ist die Intensität des von einem Gegenstand abgestrahlten Lichts; sie entscheidet darüber, wie hell er leuchtet. *Reflektanz* schließlich ist die Proportion des von einer Fläche oder einem Gegenstand reflektierten Lichts, d. h. das →*Albedo-Verhältnis* von *Luminanz* und *Illuminanz*. Die H. nimmt im Quadrat der Entfernung der Lichtquelle vom angeleuchteten Objekt ab. Die Leistungsmaxima des visuellen Systems unterscheiden sich in Abhängigkeit von der Umgebungshelligkeit; dies gilt insbesondere für das *Farbensehen* (→*Purkinjesches Phänomen*). Die →*Adaptation* an die jeweiligen Beleuchtungsbedingungen gehört zu den wesentlichen Voraussetzungen für das deutliche →*Sehen*. Der adaptierte Mensch kann feine Helligkeitsunterschiede gut einschätzen. Zwischen Reizintensität und Empfindungsstärke herrscht mit einem b = 0.33 nach STEVENS eine negativ beschleunigte Beziehung (→*Stevenssches Gesetz*).

Hemisphärendifferenzierung *(hemispheric differentiation; left, right brain functions)*. Aufgrund von Untersuchungen an Patienten mit Sprachstörungen, Hirnfunktionsstörungen nach Verletzungen oder Läsionen und split-brain-Patienten gewonnene Evidenz, daß die beiden Hirnhälften Träger einander ergänzender, verschiedenartiger Weisen der *Informationsverarbeitung* sind. Mit ca. 95% Wahrscheinlichkeit ist bei Rechtshändern die linke Hemisphäre Träger der sequentiellen Informationsverarbeitung, welche bei Sprechen, Sprachverstehen und logischem Denken dominiert, während die rechte Hemisphäre die für Bewertungen, Gefühle, Bedeutungszusammenhang und räumliches Denken erforderliche Kontextverarbeitung beisteuert. Bei Linkshändern ist die Rechts-Links-Zuordnung der entsprechenden Funktionen weniger eindeutig.
→*Lateralität*.

Hemisphärendominanz *(hemispheric dominance)*. Bezeichnung für die inzwischen widerlegte Auffassung, die Funktionen der Informationsverarbeitung und Handlungssteuerung des Menschen seien bei Rechtshändern durch die linke Hemisphäre gesteuert bzw. aktiv koordiniert, während die gegenüberliegende eine Art stille Reserve darstellt.
→*Lateralität*.

Hemmung *(inhibition)*. Allgemeine und umfassende Bezeichnung für Zustände, die dadurch erklärt werden, daß eine oder mehrere Funktionen oder irgendwelche (situativen) Gegebenheiten das Wirksamwerden anderer Funktionen, das Einsetzen einer Aktivität oder eines Ausdrucksverhaltens behindern. Seit PAWLOW unterscheidet man *periphere Hemmungen* (z. B. in Muskeln, Drüsensystemen oder Sinnesorganen) von sog. *zentralen Hemmungen* (z. B. in kortikalen oder subkortikalen Regionen). Die Ursache für das Auftreten von Hemmungen wird sowohl in körperlichen als auch in psychischen Vorgängen des Organismus gesehen. Auch die Löschung eines *konditionierten Reflexes* (→*Konditionierung*) kann als ein Hemmungsvorgang angesehen werden und läßt sich je nach Art der Löschbedingungen als »interne« oder »externe« Hemmung klassifizieren (→*Hemmung, äußere*, →*Hemmung, reaktive*). Im engeren Sinne lassen sich drei Wortbedeutungen unterscheiden:
[1] Bezeichnung für einen hypothetischen Zustand des Organismus, mit dessen Hilfe das Nachlassen der Reaktionsintensität oder -häufigkeit bzw. die Reduktion der →*Gewohnheitsstärke* erklärt wird. Es wird dabei ange-

nommen, daß Hemmung die Erregungsintensität zu reduzieren bzw. zu löschen vermag.

[2] Ein kortikaler Prozeß, der der *Bahnung* bzw. *Erregung* entgegenwirkt und von dem man annimmt, daß er die Erregung und das durch die Erregung sonst ausgelöste Verhalten (Aktivität, Reaktion oder Handlung) unterdrückt.

[3] Bezeichnung für eine Maßnahme, die das Reagieren durch äußere Maßnahmen (z. B. Festhalten) verhindert bzw. blockiert.

Hemmung, affektive *(affective inhibition).* Bezeichnung für Vorgänge oder Zustände, die als Sonderfälle der *retroaktiven Hemmung* dann auftreten, wenn ein affektbetontes Geschehen (z. B. Furcht) nach dem Erlernen eines Stoffes einwirkt. Die Reproduktionsleistungen sind im Gefolge solchen Geschehens wesentlich geringer als bei ungestörtem Verlauf. Es wird angenommen, daß das affektbetonte Geschehen (Erregung) sich auf den vorher gelernten Inhalt rückwirkend und hemmend auswirkt.

Hemmung, äußere *(external inhibition).* Bezeichnung für Hemmungen, die dadurch zustande kommen, daß bei der Aktivierung eines nervösen Zentrums gleichzeitig irgendein anderes zentralnervöses Reiz- oder Reflex-Zentrum aktiviert wird (nach PAWLOW).
Dies wird z. B. deutlich, wenn ein ablenkendes Ereignis während des Lernens auftritt oder wenn ein Signal erscheint, das als Hinweis auf die Unterlassung einer Reaktion, also deren Hemmung, bekannt ist.
→*Hemmung, konditionierte.*

Hemmung, differenzierende, Differenzierungshemmung *(differential inhibition).* Bezeichnung für einen Vorgang, dem zufolge allmählich zwischen dem konditionellen und anderen Reizen unterschieden wird, so daß nur bei Auftreten des konditionellen Reizes die konditionierte Reaktion erfolgt. Diesem Vorgang entspricht demnach ein Lernen des Unterschiedes (Differenzierung). Im Gegensatz dazu →*Generalisierung,* →*Reizgeneralisierung.*

Hemmung, ekphorische. Der Begriff bezeichnet eine Sonderform der *reaktiven Hemmung,* die dann auftritt, wenn ein einmal gelernter Inhalt (z. B. eine Reihe sinnloser Silben) unmittelbar nach dem Lernen einer zweiten Reihe reproduziert werden soll. Im Unterschied zu der retroaktiven Hemmung

wird hier angenommen, daß der neue Stoff nicht die Einprägung (also Lernen und Behalten) des ersten beeinträchtigt, sondern daß die mit dem unmittelbar vor der Reproduktion gelernten Stoff einhergehenden Nacherregungen (postmentalen Erregungen) den Reproduktionsvorgang selbst beeinträchtigen (H. ROHRACHER, 1971).

Hemmung, Feedback →*Hemmung, Renshawsche.*

Hemmung, innere *(internal inhibition).* Von PAWLOW eingeführte Erklärung für das Absinken der Reaktionsintensität bzw. -häufigkeit nach Wegfall des (verstärkenden) unkonditionellen Reizes. Es wird angenommen, die innere H. beruhe auf neuro-physiologischen Vorgängen, die durch die Reizsituation ausgelöst sind.
→*Hemmung, reaktive.*

Hemmung, konditionierte *(conditioned inhibition).* Bezeichnung für einen Vorgang, in dessen Gefolge eine konditionierte Reaktion dadurch unterdrückt wird, daß der auslösende konditionelle Reiz wiederholt mit einem nicht relevanten, neutralen Reiz gekoppelt (und nicht mit einem unkonditionellen bzw. einem verstärkenden Reiz) dargeboten wird.

Hemmung, konditionierte reaktive *(conditioned reactive inhibition).* Bezeichnung für eine hypothetische Variable in HULLS System (sIr). Wird ein Reiz dann dargeboten, wenn eine *konditionierte Reaktion* gelöscht wird, so wird er der Auslöser einer konditionierten reaktiven Hemmung und erhält als Reiz den Stellenwert eines die Hemmung auslösenden Hinweises (→*Hemmungspotential*).

Hemmung, konnektive *(connective inhibition).* Bezeichnung für die hypothetische Ursache von Schwierigkeiten beim Erinnern an Inhalte, die man in einem übergreifenden Zusammenhang kennengelernt und nun isoliert davon reproduzieren soll.

Hemmung, laterale *(lateral inhibition).* Helligkeitseindrücke und -kontraste werden durch Reizung aneinandergrenzender Retinaregionen verstärkt oder abgeschwächt. Bei der von H. K. HARTLINE u. F. RATLIFF (1957) erstmals beschriebenen *l. H.* reduzieren die den Rezeptoren der Netzhaut unmittelbar nachgeschalteten Ganglienzellen ihre Aktivität, sobald benachbarte Retinafelder ebenfalls gereizt werden. Die Hemmung ist um so ausgeprägter, je stärker die benachbarte Reaktion

Hemmung, proaktive

ausfällt und je enger die beiden gereizten Retinaareale beieinander liegen. Die gleichzeitige Erregung mehrerer Rezeptoren aktiviert hemmende Zwischenneuronen, die an den Synapsen benachbarter Ganglienzellen ihre Wirkung ausüben. Der Grad der Hemmung ist helligkeitsabhängig; dadurch erhöht sich die Wahrscheinlichkeit, daß die von Hemmung nicht betroffenen Neuronen im Vergleich zu den gehemmten mit einem steileren Erregungsanstieg reagieren, was die visuellen *Kontraste* verstärkt. Betrachtet man ein mittelgraues Feld auf schwarzem Hintergrund, so wirkt es hellgrau, auf hellgrauem Hintergrund dagegen eher dunkler. Grenzt ein dunkelgraues an ein mittelgraues Feld, scheinen die beiden Felder in Ermangelung ausgeprägter l. H. durch einen schwarzen Streifen getrennt zu sein; grenzt dagegen ein hellgraues an ein nahezu weißes, entsteht wegen der starken Hemmungen von beiden Seiten der Eindruck, an der Trennlinie befände sich ein heller weißer Streifen *(Machsche Bänder)*.

Hemmung, proaktive *(proactive inhibition)*. Von EBBINGHAUS postulierte Gedächtnishemmung, die den *Primat-Effekt* erklären soll *(→Gedächtnis)*. Die bei Reizserien voranstehenden Elemente (z. B. *sinnlose Silben)* hemmen die korrekte Einprägung bzw. Reproduktion der nachfolgenden.

Hemmung, reaktive *(reactive inhibition)*. Bezeichnung für eine der hypothetischen Variablen im System HULLS (I_r). Es wird angenommen, daß reaktive und *konditionierte* reaktive Hemmungen für das Abfallen der Reaktionsintensität und -häufigkeit von gelernten und ungelernten Verhaltensweisen verantwortlich sind. I_r (die reaktive Hemmung) wird als Funktion der Anstrengung bei einem Verhalten, der Anzahl vorangegangener, unverstärkter Reaktionen und der seit dem Auftreten der letzten Verstärkung verstrichenen Zeit aufgefaßt *(→Extraversion, →Hemmung, ekphorische, →Reaktionspotential)*.

Hemmung, Renshawsche *(Renshaw inhibition)*. Neurophysiolog. Sonderfall einer *Feedbackverschaltung* für Hemmungen im Bereich motorischer Schaltkreise. Die motorischen Zellen im Rückenmark *(Motoneuronen)* geben Kollaterale zu Zwischenneuronen ab, deren Axone wieder hemmende Synapsen am Motoneuron haben. Die hemmenden Zwischenneuronen heißen auch Renshaw-Zellen. Geringe

Aktivität wird schnell zu den Muskeln weitergeleitet, Überschußaktivität dagegen wird eingedämmt.

Hemmung, reproduktive *(reproductive inhibition)*. Bezeichnung für einen hypothetischen Vorgang oder Zustand, dem zufolge die Reproduktion bzw. das Behalten solcher Inhalte erschwert wird, bei denen ein Element mit zwei oder mehreren möglichen Reaktionen verknüpft hintereinander eingeprägt (gelernt) wurde. Die Hemmung äußert sich in einer Verzögerung der geförderten Wiedergabe-Reaktion.

Hemmung, retroaktive *(retroactive inhibition)*. Von EBBINGHAUS postulierte Gedächtnishemmung, die den *Rezenz-Effekt (→Gedächtnis)* erklären soll. Bei seriellen Gedächtnisstoffen (z. B. *sinnlose Silben)* wird die Einprägung bzw. Reproduktion voranstehender Elemente durch nachfolgende rückwirkend gehemmt. Sowohl *retroaktive* als auch *proaktive Hemmung* sind besonders ausgeprägt, wenn die Lernelemente untereinander ähnlich sind *(Ähnlichkeitshemmung)*.

Hemmung, reziproke *(reciprocal inhibition)*. [1] Hemmung der Aktivität in einer Nervenbahn durch gleichzeitige Innervation einer anderen. Syn. *reziproke Innervation (reciprocal innervation)*.

[2] Hemmung einer (emotional besetzten) Reaktion durch Koppelung einer unvereinbaren (emotional entgegengesetzten) Reaktion an denselben Reiz. Die verhaltenstherapeutische Anwendung des Prinzips der r. H. geht auf PAWLOWsche Experimente, Ansätze von GUTHRIE *(Graduierungsmethode; graduation method)* sowie auf Beobachtungen von M. C. JONES (1924) aus dem Arbeitskreis von WATSON zurück. JONES lindert die Kaninchenphobie eines dreijährigen Kindes dadurch, daß sie das Tier zunächst in größerer Entfernung von dem entspannt spielenden Kind in einem Käfig postierte, es aber dann allmählich näher brachte, während das Kind Süßigkeiten erhielt. Am Ende der Prozedur streichelte das Kind das ehemals gefürchtete Tier. Das Prinzip des als *→Desensitivierung durch graduelle Annäherung* bekannten *→Therapieverfahrens* wurde von WOLPE (1958) formuliert. Das gleichzeitige Auftreten inkompatibler Reaktionen (furchterfüllte Spannung und angenehme Entspannung) angesichts desselben Reizes (CS) schwächt die

konditionierte Verbindung zwischen diesem und der Furchtreaktion (CER), da sich zwei gleich intensive Reaktionstendenzen – die eine eher sympathischer, die andere eher parasympathischer Natur – wechselseitig aufheben. Die mit Annäherung des Furchtobjekts gleichzeitig zunehmende Entspannung vermittelt überdies die Erfahrung der Beherrschbarkeit der Furcht und fördert die Überzeugung der objektiven Harmlosigkeit des vormals gefürchteten Objekts. LIT. JONES (1924); WOLPE (1958).

Hemmungsirradiation *(irradiation of inhibition)*. Bezeichnung für die kortikale Ausbreitung eines Hemmungsimpulses, in dessen Gefolge es zu einer weitgehenden Ausschaltung von motorischen Impulsen (z. B. Totstellen bei Schreck) kommt.

Hemmungspotential *(inhibitory potential)*.
[1] In HULLS System Bezeichnung für die Summe aus *reaktiver* und *konditionierter* Hemmung $\bar{I}R = IR + sIR$. Es entsteht, wenn Reaktionen ohne Verstärkung wiederholt werden und gleichzeitig Reize, die mit der Beendigung der Tätigkeit verbunden sind, zu konditionierten Beendigungssignalen werden konnten. Wie IR und sIR wirkt das H. dem Reaktionspotential entgegen und vermindert so die Wahrscheinlichkeit des Wiederauftretens der Reaktion.
[2] Neurophysiologie: →*Synapse* (IPSP).

Herbartsche Psychologie; Herbartismus *(Herbartian psychology; Herbartianism)*. Von JOHANN FRIEDRICH HERBART (1776–1841) begründete psychologisch-pädagogische Richtung, die sich gegen die klassische Assoziationslehre wendet. Geistige Aktivitäten werden als Verlagerung von Inhalten verstanden, die Spannung erzeugen und so der Wechselwirkung von Wahrnehmen und Denken Dynamik verleihen. Neue Inhalte werden mit der Gesamtheit des bereits vorhandenen Wissens *(apperzeptive Masse)* in Beziehung gesetzt, um neue Vorstellungen zu entwickeln und mit ihnen umzugehen. HERBART versuchte als erster, für die Dynamik der Interaktionen von Vorstellungen ein mathematisches Modell zu erstellen. Eine außerordentlich vereinfachte Form seiner Lehre beeinflußte als von Zeitgenossen verspotteter »Herbartismus« die Pädagogik und pädagogische Psychologie des 19. Jahrhunderts. LIT. HERBART (1819).

Herdeninstinkt *(gregariousness)*. Bezeichnung für die manchen Tierarten eigene Tendenz, in Herden oder Scharen zusammenzuleben. Im übertragenen Sinne auch die Tendenz des Menschen, sich in Gruppen zusammenzufinden. Die Bezeichnung »Instinkt« ist in diesem Falle irreführend.

Heringsche Grauskala *(Hering's greys)*. Eine von Hering nach subjektiv gleich erscheinenden Intervallen erstellte Skala von 50 Grautönen.

Heringsches Fenster *(Hering's window)*. Eine Versuchsanordnung nach Hering zur Demonstration des *simultanen Farbkontrasts* durch sog. *Farbschatten*.

Heringsche Täuschung *(Hering's illusion)*. Bezeichnung für eine *optische Täuschung*. Parallele, waagrechte Linien werden dann konkav gekrümmt wahrgenommen, wenn man den Schnittpunkt eines Strahlenbündels zwischen zwei Parallelen einzeichnet und die Strahlengeraden die Parallelen schneiden läßt.

Hermaphroditismus →*Androgynie*.

Herrschaft *(authority, dominance)*. Allgemeine und umfassende, oftmals mit anderen Bedeutungen vermengte Bezeichnung für zwischenmenschliche Beziehungen bzw. ein Verhalten eines einzelnen oder einer Gruppe, das eine relativ überdauernde Über- und Unterordnung anstrebt und eine solche hierarchische Ordnung entweder durch Hinweis auf legale oder durch Berufung auf ideologische Argumente zu rechtfertigen sucht.

Herstellungsmethode →*Psychophysik*.

Herz-Kreislauf-Aktivität →*kardiovas(c)kuläre Aktivität*.

Herzschlagfrequenz; Herzrate; HR *(heart rate)*. Anzahl von Herz- oder Pulsschlägen pro Minute *(beats per minute; bpm)*. Bei Kindern liegen die mittleren Ruhewerte zwischen 120 und 90, bei jüngeren Erwachsenen zwischen 75 und 85, bei älteren Menschen wieder etwas höher. Exakte HR-Messungen erfolgen mit dem -> *Elektrok(c)ardiogramm (EKG)*. In der *Psychophysiologie* gilt die verhältnismäßig wenig aufwendige Brustwandableitung als Standardmessung. Zwei Meßelektroden werden diagonal zum Herzen, unterhalb der rechten Schlüsselbeinregion und seitlich über der linken untersten Rippe angebracht, die Massenelektrode seitlich oberhalb der rechten unteren Rippe. Das über einen Verstärker abgeleitete Meßergebnis zeigt eine charakteri-

heterogen

stische Abfolge von Potentialschwankungen, die von den summierten Aktionspotentialen der Herzmuskelzellen herrühren.

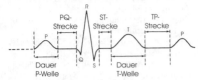

Idealisierter Prototyp des verstärkten EKG- Meßergebnisses für die Dauer eines Herzschlags.

Die Abb. zeigt den Prototyp eines Meßergebnisses während der Dauer eines Herzschlags. Der P-Welle und PQ-Strecke (erste Herz-Kontraktion; Depolarisierung des Vorkammermuskels) folgt der sog. QRS-Komplex (zweite Kontraktion; Depolarisierung der Hauptkammern) mit der markanten R-Zacke im Zentrum (Innervation der Hauptkammern), gefolgt von ST-Strecke, T-Welle und TP-Strecke (Repolarisierung der Zventrikel). Jede R-Zacke markiert einen Herzschlag, die Zeit zwischen R-Zacken liefert die Grundlage für die HR-Berechnung. Mechanismen des ZNS greifen nach Art eines Regelkreises in den kardiovaskulären Aktivierungszustand ein und passen ihn den aktuellen Notwendigkeiten der Energieversorgung in den Organsystemen an. Die HR ist daher nicht nur durch physische Aktivitäten, Atmung und Thermoregulation beeinflußt; sie reagiert auch auf *mentale Beanspruchung,* und zwar mit Beschleunigung und zunehmender Regelmäßigkeit. Mit Hilfe mathematischer Modelle und Transformationen kann die HR trotz ihrer vergleichsweise geringen Dichte auch als Maß von reizspezifischen, d.h. *phasischen* Veränderungen der *kardiovaskulären Aktivität* herangezogen werden.
LIT. VOSSEL, ZIMMER (1998).

heterogen *(heterogenous).*
[1] Aus verschiedenen oder verschiedenartigen Komponenten zusammengesetzt.
[2] Zwei oder mehrere *Varianzen* werden dann als heterogen bezeichnet, wenn sie sich mehr als zufällig voneinander unterscheiden. Als Tests dienen in der Statistik beim Vergleich zweier Varianzen der *F-Test,* bei Konstellationen von mehr als zwei Varianzen der *Bartlett-Test* o. ä. Prüfverfahren *(→homogen).*

heterozygotisch *(heterozygotic).* Allgemeine Bezeichnung für einen mischerbigen Organismus, z. B. bei zweieiigen Zwillingen *(→Zwilling).*

Heuristik *(heuristics).* In der Denkpsychologie allgemeine Bezeichnung für Verfahren zum Finden einer Problemlösung. Bei der Analyse von Urteilsprozessen ist H. die Bezeichnung für eine vereinfachende und daher meist fehlerhafte subjektive Regel, mit deren Hilfe man ohne Berücksichtigung der tatsächlichen Auftretenswahrscheinlichkeit abschätzt, in welchem Grad eine mit gewisser Wahrscheinlichkeit abgegebene Information das zu beurteilende Ereignis repräsentiert.
LIT. TVERSKY, KAHNEMAN (1974).

Heuschnupfen *→Allergien.*

Hexenschaukel *(haunted swing illusion).* Bezeichnung für eine *Bewegungstäuschung,* die dadurch entsteht, daß ein umgebender Raum in schwingende Bewegung versetzt wird, wobei die Versuchsperson, auf einem festen Platz sitzend, den Eindruck der schwingenden Bewegung des eigenen Körpers gewinnt, den Raum dagegen als unbewegt ansieht. Die Bezeichnung wurde von ROHRACHER gewählt, weil diese Täuschung auf Jahrmärkten in sog. »Hexenschaukeln« zur Belustigung verwendet wird. Sie demonstriert in eindrucksvoller Weise die wechselseitige Bedingtheit der Wahrnehmung von Bewegungen durch das visuell wahrnehmbare Umfeld und Körperlageempfindungen.

Heymanssches Hemmungsgesetz *(Heyman's law of inhibition). Psychophysik:* Die Sensibilität für Reize in einem bestimmten Sinnesgebiet wird durch die gleichzeitige Anwesenheit eines Reizes aus einem anderen näherungsweise proportional zu dessen Intensität gehemmt, d. h. es kommt zu einer Erhöhung der Reizschwelle. Die von GERARDUS HEYMANS um 1890 formalisierte Beziehung trug zwar zur Relativierung der *→Konstanzannahme* und der von WEBER und FECHNER erstellten Gesetze bei, ist aber selbst nicht universell anwendbar.

Hick-Hymansches Gesetz *(Hick-Hyman law).* Wird in Wahl-Reaktionszeit-Experimenten die Anzahl der Reiz- oder Reaktionsalternativen erhöht, verlängert sich die Reaktionszeit (RT) im Verhältnis zur Alternativenzahl nach Art einer negativ beschleunigten Funktion. Ist die Anzahl der Alternativen klein, zieht

das Hinzufügen von weiteren eine verhältnismäßig größere Verzögerung der Reaktion nach sich als beim Hinzufügen weiterer zu einer von vornherein größeren Zahl. Die Beziehung zwischen RT und Alternativenzahl wird näherungsweise linear, wenn man anstelle der Alternativenzahl N den entsprechenden *Entropiewert* nach H_S = ld N berechnet (ld ist der dyadische Logarithmus, N die Alternativenzahl). In diesem Fall lautet das H.-H. Gesetz RT = a + b H_S, d. h. die Reaktionszeit ist eine monotone lineare Funktion des Informationsgehalts (Entropie) des Signal- oder Reaktionssystems; a repräsentiert den Ordinatenausgangswert der Geraden entsprechend der individuellen Latenzkomponente der RT, b ist der Steigungsindex, der u. a. mit der Betonung von Geschwindigkeit bzw. Genauigkeit variiert. Eine entsprechende Beziehung gilt zwischen RT und der pro Sekunde verarbeiteten Information H_t.
→*Reaktionszeit*
LIT. HICK (1952); HYMAN (1953).

Hilfeleistungs-Motiv *(altruistic motivation; helping behavior).* Bezeichnung für die Beweggründe eines Verhaltens, das darauf gerichtet ist, das Wohlergehen anderer Menschen im Auge zu behalten bzw. zu fördern. Wird meist im Lichte von Empathie bzw. Sympathie, dem Spannungsfeld der Fremd- und Selbstbewertung, Erwartungen über Kosten und Nutzen und allgemeiner ethischsozialer Grundwerte diskutiert und gilt als polares Konstrukt zur *Aggressivität* (prosoziales vs. antisoziales Verhalten).

Hilflosigkeit; gerlernte Hilflosigkeit; erworbene Hilflosigkeit *(helplessness; learned helplessness).*
[1] Zustand negativer Erwartungen, die auf der Einsicht oder Überzeugung beruhen, Probleme seien mit den vorhandenen Denk- und Handlungsmöglichkeiten nicht zu lösen. In extremen Fällen besteht eine Ähnlichkeit des Zustandsbildes zu *Depression, Erschöpfungsdepression* und psychischem *Streß*.
[2] Als *gerlernte Hilflosigkeit* interpretiert Seligmann die Genese eines Zustandsbildes, das sich durch Passivität und Teilnahmslosigkeit, negativistische Erwartungen, allgemeinen Aktivitätsverlust, Gewichtsverlust, Appetitlosigkeit, psychosomatische Streß-Symptome sowie übermäßige Noradrenalinausschüttung bzw. Noradrenalinmangel und cholinerge Überaktivität auszeichnet. Tierversuche und humanpsychologische Untersuchungen legen nahe, daß dieses Zustandsbild u. a. nach wiederholten Erfahrungen auftritt, in deren Verlauf *operantes Verhalten* nicht zu der erwarteten (positiven oder negativen) *Verstärkung* führt. Das Wegfallen des erwarteten Zusammenhanges von Handlung und Verstärkung wird von SELIGMAN als *Mangel der Umweltkontrolle* durch den Organismus beschrieben. Mangelnde Kontrolle wirkt sich auf künftiges Lernen aus, so daß Informationsverarbeitung und das Erkennen von Bedeutungszusammenhängen beeinträchtigt sind; die allgemeine Erregung steigt, während die Häufigkeit und Intention gezielter Handlungen unterdrückt ist; gelernte Hilflosigkeit wird überdies auf eine Vielzahl ähnlicher Situationen durch *Generalisierung* übertragen.
[3] Die *Behebung* des Zustandes der gelernten H. erfolgt durch Anregung zur vermehrten Ausführung von Reaktionen, durch Schockbehandlung oder durch Noradrenalin kombiniert mit anticholinergen Medikamenten; gelegentlich klingen die Symptome nach einer gewissen Zeit ab. Eine uneingeschränkte Anwendung des vorwiegend auf Tierexperimenten beruhenden Modells zur Behandlung von Depressionen ist aus mehreren Gründen nicht möglich: Es bestehen begründete Zweifel daran, daß z. B. *endogene Depressionen* auf erfahrene Hilflosigkeit zurückgeführt werden können; das Anspornen eines depressiven Patienten zu wiederholten Handlungsversuchen kann die Symptome ggf. verstärken.
LIT. SELIGMAN (1975).

Hintergrundreize →*Adaptationsniveau.*
Hinterhauptlappen →*Occipitallappen.*
Hinweis-Reiz *(cue).*
[1] Bezeichnung für einen nicht eindeutig auf eine bestimmte Reaktion bezogenen, oftmals nicht klar erkennbaren Reiz, der in einer hinsichtlich des Wahrnehmens oder Handelns mehrdeutigen Situation Wahrnehmen, Denken oder Handeln in bestimmte Bahnen lenken kann.
[2] In der von E. BRUNSWICK entwickelten Wahrnehmungs- und Verhaltenstheorie *(funktionaler Probabilismus)* bezeichnet »cue-utilization« den Gebrauch von variablen Hinweis-Reizen bzw. Hinweis-Kategorien. Es wird dabei angenommen, daß ein an die Situation angepaßtes Individuum die Hinweis-

Histamin

Reize der Umwelt in einer solchen hierarchischen Ordnung verwendet, wie es deren *ökologischer Validität* entspricht. Es wird ferner angenommen, daß die verschiedenen Hinweise in einer »Oder-Verbindung« koexistieren. LIT. BRUNSWIK (1934; 1956).

Histamin →*Allergien.*

Hippocampus, Ammonshorn. Unterhalb des Kortex gelegene Zwischenhirnregion, die aus zwei Teilen, nämlich dem hippocampus major (Ammonshorn) und dem hippocampus minor besteht. Der H. gilt als entscheidende Relaisstation für Gedächtnis- und Orientierungsfunktionen.
→*Gehirn.*

hirnorganisches Syndrom →*organisch bedingte psychische Störung.*

Hirnrinde *(cortex)* →*Kortex.*

Hirnstamm *(brain stem)* oder *truncus cerebri.* Ältester Gehirnanteil, zwischen Groß- und Kleinhirn und unmittelbar oberhalb des Rückenmarks gelegen.
→*Gehirn.*

histrionische Persönlichkeitsstörung →*Persönlichkeitsstörung.*

HIV →*AIDS.*

HK →*Kerzenstärke.*

Hofeffekt →*Halo-Effekt.*

Hoffnung *(hope).* Bezeichnung für eine positive, auf Zukünftiges gerichtete Qualität des Erlebens, die man als emotionale *Einstellung* ansehen kann. Ihre Kennzeichen sind vor allem Vorstellungen der Erreichbarkeit von Zielen im Zusammenhang mit Bedürfnissen und Wünschen, das Vorwiegen angenehmer Gefühle und eine positive, freudig getönte Stimmungslage. H. steht im Gegensatz zu *Angst.* Im Zusammenhang mit der *Leistungsmotivation* wird »Hoffnung auf Erfolg« der »Furcht vor Mißerfolg« gegenübergestellt.

Höhe →*Tonskala.*

höhere Nerventätigkeit *(higher nervous activity).* Von PAWLOW eingeführte Bezeichnung für alle Prozesse, die im Großhirn ablaufen und das Verhalten kontrollieren bzw. steuern. In diesem Sinne Syn. für den Beschäftigungsbereich der biologischen, physiologischen und Neuro-Psychologie, insbes. aber der Psychophysiologie.

Höhlengrau *(cortical grey).* Ein mittleres Grau, das man dann wahrnimmt, wenn das Auge an Dunkelheit adaptiert und sonst keinerlei Reizen ausgesetzt ist.

holographische Projektion →*Bewußtsein.*

Homoerotik *(homo-erotism).* Bezeichnung für erotische, jedoch nicht notwendigerweise genital-sexuelle Beziehungen zu Angehörigen des gleichen Geschlechts.
→*Homosexualität.*

homogen *(homogeneous).*
[1] Aus ähnlichen bzw. gleichartigen Komponenten zusammengesetzt.
[2] In der Statistik im Zusammenhang mit der Frage der *Homogenität* der *Varianzen (→F-Test,* →*Bartlett-Test)* Bezeichnung für Varianzen, die sich nicht oder nur zufällig voneinander unterscheiden. Die betreffenden Verfahren werden als *Homogenitätstests* bezeichnet, da sie von der Annahme der Homogenität der Varianzen ausgehen und diese in Form der →*Nullhypothese* prüfen.

Homogenität der Items →*Konsistenz.*

homolog *(homologous).*
[1] Gleichwertig, einander entsprechend, nach einem Gesetz aufeinanderfolgend.
[2] In biologischer Bedeutung Übereinstimmung bezüglich der entwicklungs- und stammesgeschichtlichen Entwicklung. Im engeren Sinne die Gleichheit von Systemen (z. B. Organen) auf der Basis genetischer Verwandtschaft.
[3] Verhaltensmerkmale (z. B. Bewegungsabläufe) werden dann als homologe Elemente bezeichnet, wenn unter Berücksichtigung des Grades der Artverwandtschaft zwischen Lebewesen ein gemeinsamer Ursprung (genetische Verwandtschaft) angenommen werden kann.
→*Analogie.*

homologe Organe *(homologous organs).* Bezeichnung für einander in Aussehen und Aufbau ähnliche Organe, die auch eine gemeinsame Basis der Entwicklung aufweisen, sich jedoch in ihrer Funktion voneinander unterscheiden lassen.

Homöostase *(homeostasis).*
[1] Physiologische Bezeichnung für die Erhaltung des Gleichgewichts im Körperhaushalt und die an der Erhaltung des Gleichgewichts beteiligten (homöostatischen) Mechanismen bzw. Reaktionen. Wirkt z. B. Kälte auf den Organismus ein, so kommt es zunächst durch nachfolgende Gefäßerweiterung zu einer erhöhten Hautdurchblutung, wodurch bei anhaltender Kälte auf Dauer zuviel Wärme nach außen abgegeben würde. Daher umfaßt die

homöostatische Regelung eine nachfolgende Verengung der Gefäße, die dies verhindert. Derartige Regelungen werden auch als *Fließgleichgewicht* bezeichnet.

[2] Im übertragenen Sinne auch die Tendenz des Organismus, psychische Antriebe oder Spannungen selbsttätig auszugleichen.

Homosexualität *(homosexuality).* Sexuelle Beziehung zwischen gleichgeschlechtlichen Partnern, meist in Verbindung mit Abneigung oder Desinteresse in bezug auf heterosexuelle Beziehungen. Zu den auslösenden Faktoren der H. zählen Verführung, Milieu- und Familienbedingungen, bei der *männlichen H. (male homosexuality; uranism)* aus psychoanalytischer Sicht unterdrückte sexuelle Wünsche gegenüber der Mutter in Verbindung mit Kastrationsängsten (→*Ödipus-Komplex*), bei der *weiblichen H. (female homosexuality; lesbianism)* sexuelle Wünsche gegenüber dem Vater (→*Elektra-Komplex*). H. zählt nicht zu den psychischen Störungen, da sie weder auf Dysfunktionen zurückgeht noch Leiden verursacht (→*Sexualstörung*). Homoerotische Wunschvorstellungen und latente Neigungen zur H. ohne Aufnahme von sexuellen Beziehungen gelten als Ausdrucksformen der *Homoerotik (homo-eroticism).*

homozygotisch *(homozygotic).* Allgemeine Bezeichnung für reinerbige Organismen, z. B. eineiige Zwillinge (→*Zwilling*).

Horde *(horde).* Soziale Gruppe unorganisierter Art, mit einer Masse von Individuen vergleichbar, jedoch von relativer Dauer des Zusammenschlusses. S. Freud nahm an, daß es sich um die Primärform menschlicher Gemeinschaft handle, aus der sich dann *Gruppen* im engeren Sinne herausbildeten.

Hören, Gehör *(hearing).* Ton-, Klang- und Geräuschempfindungen einschl. der Lokalisierung ihrer Quelle und Erfassung ihrer Bedeutung.

[1] Das *Gehör,* Syn. auditives System *(auditory system),* hat seinen peripheren Ausgangspunkt im *Ohr.* Die Erregung gelangt über den austretenden *akustischen Nerv (nervus acusticus; auditory nerve)* über mehrere Kerne und Verzweigungen nach einer teilweisen Kreuzung der aus dem linken und rechten Ohr stammenden Fasern in den *Hörkortex (auditory cortex),* wo sie unter Beteiligung akustischer und sprachlicher Kortexfelder zentral verarbeitet wird. Die teilweise

Kreuzung bildet die Voraussetzungen für das räumliche Hören; einige der Verzweigungen bzw. Kerne sind mit Strukturen des *limbischen Systems* eng verbunden, was die unmittelbare Gefühlsbeteiligung beim Hören erklärt. Die Primärverarbeitung der Hörinformation erfolgt nach dem Prinzip der *Tonotopie (tonotopics),* d. h. die durch ein Schallereignis bestimmter Frequenz im *Cortischen Organ* an bestimmter Stelle ausgelöste Erregung wird Neuronen zugeleitet, die für den entsprechenden Frequenzbereich »getönt« sind und bei Eintreffen entsprechender Erregung mit maximaler Feuerrate antworten. Etwa 60% der Neuronen im Hörkortex sind *Analysatoren* für bestimmte Schallfrequenzen; die Menge aktivierter Neuronen liefert die Grundlage für Lautheitsempfindungen. Die restlichen Neuronen operieren (teilweise in Verbindung mit anderen, durch Erfahrung geprägten kortikalen Mechanismen), als *Detektoren,* die zur raschen Differenzierung auf- oder absteigender Tonfolgen, zum Erkennen und Wiedererkennen von Melodien, Klängen, Klangfarben, von Stimmen und Sprechmelodien, der sog. *Prosodik* oder *Prosodie (prosodics),* beitragen.

[2] Ergebnisse der *Audiometrie (audiometrics)* zeigen, daß der Hörbereich *(audibility range)* des Menschen im Idealfall Schallereignisse zwischen ca. 20–30 und 16 000–20 000 Hz umfaßt. Im Frequenzband zwischen ca. 250–500 und 4000–5000 Hz ist der für die Identifizierung von Tönen und Tonunterschieden erforderliche Schalldruck (Lautstärke) am geringsten; dort liegen die Grund- und Obertonfrequenzen der menschlichen Sprech- und Singstimme. Töne von 20 Hz und weniger werden als Vibration, von ca. 16 000 Hz und mehr nur als diffuses Pfeifen oder Zischen wahrgenommen. Die Obergrenze des hörbaren Frequenzbandes nimmt, insbes. bei Männern, mit fortschreitendem Alter drastisch ab. Die absolute Intensitätsschwelle liegt, volle Funktionstüchtigkeit des Gehörs vorausgesetzt, bei 0 dB *(Dezibel);* wisperndes Sprechen direkt ins Ohr von ca. 20 dB kann gerade noch verstanden werden, eine verständliche Konversation über größere Distanz erfolgt mit ca. 60 dB, unverstärkte Orchesterinstrumente wirken mit ca. 70–100 dB und die Stimme geübter Sänger bzw. laute Schreie kurzzeitig mit max. 111 dB auf den Zuhörer ein; unangenehme Gefühle treten bei Geräuschen oder Lärm zwischen ca.

hormisch

109 und 120 dB auf, Lärm über 120 dB wird als schmerzhaft empfunden und schädigt bei längerem Anhalten das Gehör. Unvorhersagbarer intermittierender, auf- und abschwellender Lärm wirkt innerhalb der o. g. Grenzen eher störend als vorhersagbarer. Klänge bestimmter Zusammensetzung wirken lauter als einzelne Töne, Schallreize gleicher Intensität insgesamt bei beidohrigem *(binauralem)* Hören lauter als bei einohrigem *(monauralem)*. Insgesamt sind komplexere H.-Leistungen von Erfahrungen, Erinnerungen und Gefühlen mitbestimmt, so daß die Bedeutung der Sprache, aber auch von Tönen, Klängen und Geräuschen rasch erkannt und taxiert werden kann. Diese Beziehungen sind Gegenstand der *Psychoakustik (psychoacustics)*. Die *Gehörtüchtigkeit (auditory acuity)* bzw. Grade der *Schwerhörigkeit (auditory loss)* werden durch audiometrische Schwellenuntersuchungen bestimmt. Neben der *Altersschwerhörigkeit (→Presbyakusis)* mit degenerativen Ursachen treten Gehörbeeinträchtigungen auch als Folgen von extremer Lärmeinwirkung, von Infektionskrankheiten oder von Hirnschädigungen auf.
→*Lärm,* →*Ohr,* →*Psychophysik.*
LIT. BECK, FRÖHLICH (1992); FELDKELLER (1967); GOLDSTEIN (1998); KEIDEL (1975); PIERCE (1985); RAUCH (1964); STEVENS, WARSHOFSKY (1970); ZWICKER, STEVENS, WARSHOFSKY (1970).

hormisch *(hormic).* Umfassende Bezeichnung für auf Antriebe, Bedürfnisse, Emotionen o. ä. bezogene Aussagen und Theorien. In einer sog. *hormischen Theorie* wird die Bedeutung des Antriebsgeschehens, der Instinkthandlungen bzw. des zielorientierten Handelns in den Vordergrund der Betrachtung gerückt. Die ursprüngliche Bedeutung erfaßt nur die »animalischen Antriebe« (Instinkte; griech. horme, lat. instinctus).
Ein typisches Beispiel für eine hormische Theorie stellt die von McDougall ausgehende Betrachtung dar.
LIT. McDOUGALL (1928).

Hormon *(hormone).* Medizinisch-physiologische Bezeichnung für chemische Substanzen, die von endokrinen *Drüsen* in die Blutbahn gelangen und auf diesem Wege andere Organstrukturen erreichen, die sie aktivieren oder hemmen. Syn. *Inkrete* (z. B. *Adrenalin, Thyroxin).*
→*Drüsen,* →*Noradrenalin.*

Hornhaut *(cornea).* Unmittelbare Fortsetzung der Lederhaut und der diese bedeckenden Bindehaut. Ihre Durchsichtigkeit ist durch eine – von den spezifischen H.-Glykoseaminoglykanen beeinflußte – regelmäßige Anordnung der Kollagenfibrillen des H.-Stromas in der Größenordnung der Lichtwellenlänge gewährleistet.
→*Auge.*

Horopter. Bezeichnung für einen (angenommenen) Ort aller Punkte, die bei beidäugiger Betrachtung und Einstellung auf eine bestimmte fixierte Entfernung ohne Augenbewegung zu einem einheitlichen visuellen Eindruck führen. Punkte außerhalb des Horopters dagegen bewirken Doppelbilder, da sie außerhalb der Grenzen für *korrespondierende Netzhautstellen (corresponding points in the retina)* liegen. Der H. wird auf einer Kugeloberfläche dargestellt, wobei der Radius der Kugel der Entfernung des Fixierpunktes vom Auge entspricht.

Hospitalismus *(hospitalism).* Allgemeine und umfassende Bezeichnung für körperliche und psychische Folgen, die durch den Aufenthalt in Krankenhäusern oder Anstalten, im weiteren Sinne in Heimen und Pflegeanstalten (einschließlich Kinderheimen) bedingt sind.
Besonders häufig treten bei Kindern im Gefolge des Aufenthalts in Pflegeheimen, bedingt durch mangelnde Zuwendung der Erwachsenen bzw. der Eltern, psychische Störungen auf, die sich in einem erheblichen Entwicklungsrückstand, der Regression in Verhaltensweisen früherer Entwicklungsstufen und gesteigerter Anfälligkeit gegenüber Erkrankungen äußern. Syn. *Anstaltsverwahrlosung.*
→*Bedürfnis,* →*Bindung.*
LIT. DÜHRSSEN (1958); SPITZ (1945; 1957; 1959).

Hoytsche Formel *(Hoyt formula).* Bezeichnung für eine Formel zur Schätzung der *Reliabilität* eines *Tests* aus dem Verhältnis der Restvarianz der Daten zur Varianz zwischen den Versuchspersonen.
→*Konsistenz.*

$$R_{tt} = 1 - \frac{\text{Restvarianz}}{\text{Varianz zwischen Versuchspersonen}}$$

226

human engineering, Syn.: *Ingenieurpsychologie.* Aus dem Angloamerikanischen übernommene Bezeichnung für ein Teilgebiet der *Arbeits-* und *Organisationspsychologie,* in dessen Rahmen die für das Arbeiten in effektivster und für den Ausführenden möglichst belastungsfreier Weise die notwendigen Voraussetzungen des Arbeitsplatzes, der Gestaltung von Maschinen und des Arbeitsverlaufes (z. B. Pausen, Arbeitsrhythmus u. ä.) behandelt werden.
LIT. LOMOW (1964); MAYER, HERWIG (Hrsg.; 1961); MCCORMICK, SANDERS (1982); WICKENS (1992).

Humanistische Psychologie →*Psychotherapie.*

Humphreys Effekt, Humphreys Paradoxon *(Humphreys' effect; partial reinforcement effect, PRE).* Bezeichnung für die Tatsache, daß der *Löschwiderstand* gelernter S-R-Verbindungen nach irregulärer (intermittierender) Verstärkung größer ist als nach regelmäßiger. Zur Erklärung wird die sog. *Diskriminationshypothese* herangezogen, die besagt, daß dieser Effekt auf Schwierigkeiten der Unterscheidung zwischen Lern- bzw. Übungs- und Löschbedingungen zurückgeht.

Hunger *(hunger, appetite).*
[1] (a) Komplexe Empfindungen, die, eingebettet in Bewertungen und Erwartungen, zur Nahrungssuche und -aufnahme veranlassen.
(b) Primärer biologischer Bedürfnis- und/oder Antriebszustand, dessen Stärke sich u. a. aus der Dauer des Nahrungsentzugs bzw. aus der Geschwindigkeit der Annäherung und Kosumation angebotener Nahrung erschließen läßt. Die Manipulation von H. ist aus diesen Gründen in der tierexperimentellen Lernforschung, ähnlich wie auch →*Durst,* ein vielverwendetes Paradigma für den Einfluß eines erhöhten *Triebniveaus* auf die Konditionierung bestimmter Verhaltensweisen.
[2] Der physiologische H.-Mechanismus wird ausgelöst, sobald Glukoserezeptoren in Magen, Dünndarm und Leber dem Zwischenhirn Defizite anzeigen bzw. wenn im Rahmen der *Lipolyse* aus dem Körperfettgewebe zu wenig Glyzerin und freie Fettsäuren ins Blut gelangen. Sekundäre H.-Signale wie Magenkontraktionen und vorauseilendes Einsetzen der Speichelproduktion und andere antizipatorische →*Zielreaktionen* machen das Nahrungs-

bedürfnis deutlich. Beim Menschen spielen nahrungsbezogene Vorstellungen, Bewertungen, Gewohnheiten und Erwartungen eine wichtige Rolle. Die klassische *Zwei-Komponententheorie* des H. besagt, daß die Stärke von H. (und →*Durst)* nicht von der Dauer des Nahrungsentzugs allein, sondern auch von Bewertungen des Hungergefühls, seiner Ursachen und seiner zugeschriebenen Berechtigung abhängt. Für die psychologische Erklärung von →*Eßstörungen* aus dem Formenkreis der *Adipositas* ist die Erkenntnis wichtig, daß Übergewichtige im Sinne der *»Externalitätshypothese«* von SCHACHTER (1971) dazu neigen, dann über den Hunger zu essen, wenn ein leicht erreichbares Angebot an bevorzugten Nahrungsmitteln in größeren Mengen deutlich sichtbar zur Verfügung steht. Die Menge und Art der aufgenommenen Nahrung hängt nicht zuletzt auch von individuellen inneren Standards ab, die für die Einschätzung des eigenen Aussehens und Körpergewichts gelten.
LIT. BECK (1930); BECKER-CARUS (1983); LOGUE (1995); SCHACHTER (1971); F. WEINERT (1965).

Hyaloplasma →*Protoplasma.*

Hydrocephalie. Bezeichnung für extreme Flüssigkeitsbildung im Schädel, so daß sich sein Aussehen verändert (Syn. Wasserkopf), Gehirnteile geschädigt werden und Intelligenzschädigungen auftreten.

Hydrodynamische Hörtheorie →*Hören.*

Hydrotaxis →*Hydrotropismus.*

Hydrotropismus, Hydrotaxis. Orientierung eines Lebewesens oder Organes an Wasser.

hyper-. Präfix mit der Bedeutung »über-« im Sinne von zu stark, z. B. in Hyperfunktion als Bezeichnung für eine Überfunktion.

Hypermnesie *(hypermnesia).* Intelligenzunabhängige auffällige Steigerung der Erinnerungsleistung in bezug auf irrelevante Einzelheiten, die von jüngeren und/oder weiter zurückliegenden Erfahrungen herrühren. H. findet man bei geistig Behinderten sowie als Folge von Hirntraumen, Hirnentzündungen und hohem Fieber.

Hypersomnie →*Schlafstörung.*

Hypertension →*Hypertonie.*

Hypertext, Syn.: *Hypermedia.* Computerunterstütztes System, das auf der Grundlage verzweigter Programme Bild-, Text- und Toninformationen zu angefragten Sachverhalten

Hyperthymie

einschließlich dazugehöriger Verweisungen anbietet.

Hyperthymie *(hyperthymia)*. Bezeichnung für einen Zustand emotionaler Übererregbarkeit. →*Psychopathie.*

Hyperthyreoidismus *(hyperthyroidism).* Überfunktion der Schilddrüse (→*Thyreoidea),* die von einer deutlichen Verstärkung der allgemeinen Aktivität, Emotionalität (Gefühlsansprechbarkeit), verstärkten Reflexen und Schlafstörungen begleitet ist. Die Überfunktion kann durch eine Störung des Körperhaushalts oder durch Drogen entstehen; ihre Wirkung resultiert aus einer verstärkten Absonderung der Schilddrüsenhormone.

Hypertonie *(hypertension).* Syn. *Bluthochdruck; Hypertonus; arterielle Hypertension.* Der engl. Begriff *hypertension* steht sowohl für alle Spannungs- bzw. Druckerhöhungen in Gefäßen des Eingeweide- oder Lungenbereichs als auch für Bluthochdruck.

[1] Dauerhafte, mindestens zwei Wochen lang über mehrere Messungen in streß-, angst- und schmerzfreien Situationen nachgewiesene Erhöhung des →*Blutdrucks* auf diastolische Werte von über 90 mm Hg und systolische von mindestens 140 mm Hg (WHO). Der Schweregrad wird anhand des diastolischen Drucks bestimmt; bis 104 bedeutet eine leichte, bis 114 eine mittlere und ab 115 eine schwere H. In leichteren Fällten treten Schwindel, Kopfschmerzen und Sehstörungen auf, in schwereren kann es u. a. zu Arteriosklerosen, koronaren Herzerkrankungen, Störungen der Hirndurchblutung, Niereninsuffizienz, Arterienverschluß oder Netzhautablösungen kommen. *Primäre* oder *essentielle H.* hat keine erkennbare Ursache und ist schwer zu stabilisieren. *Sekundäre H.* ist durch Krankheit oder psychisch bedingt und in der Regel reversibel oder durch Behandlung stabilisierbar. H. treten im höheren Lebensalter als Folge der abnehmenden Elastizität der großen Gefäße gehäuft auf. Allgemeine Risikofaktoren sind neben familiären genetischen Bedingungen u. a. Bewegungsarmut, Übergewicht, soziale Unsicherheiten, Lebensprobleme, Vereinsamung und andere psychische Stressoren (→*Streß).* Die H. ist eine in westlichen Industrieländern weitverbreitete Volkskrankheit.

[2] Eine an Lernprinzipien orientierte psychologische Theorie der H. sammt von DWORKIN (1988). Aus Tierversuchen ist seit langem bekannt, daß die Registrierung von Gefäßdehnungen, die wachsenden Blutdruck vortäuschen (→*PRES),* einerseits zur homöostatischen Absenkung des Blutdrucks, andererseits aber auch zu einer Hemmung der zentralnervösen →*Aktivation* mit beruhigender, einschläfernder Wirkung führt. Es ist denkbar, daß entsprechend veranlagte Personen die unangenehme Wirkung von Schmerzen, Ängsten oder anderen psychischen Stressoren durch eine instrumentelle Erhöhung des Blutdrucks zu bewältigen suchen. *Gelernte Hypertonie* oder *gelernter Bluthochdruck (learned hypertension),* die/der nach dem Prinzipien der *negativen Verstärkung* bzw. *reziproken Hemmung* zur Gewohnheit wird, hat zwar den Effekt, Unangenehmes durch Entspannung auszugleichen – aber um den gefährlichen Preis des immer häufiger werdenden Eintritts in Hochdruckepisoden wachsender Intensität. LIT. DWORKIN (1988); VAITL (1995).

Hypertrophie *(hypertrophy).* Bezeichnung für ungewöhnliches Wachstum (Überentwicklung) des Muskel- oder Organgewebes durch Überbeanspruchung oder Überbelastung. Gegensatz von →*Atrophie.*

Hypnologie →*Schlaf.*

Hypnose *(hypnosis).*

[1] Nach HILGARD ein Zustand mit folgenden Merkmalen: (a) Verlust der Planungsfunktion, Initiativelosigkeit; (b) Umverteilung der *Aufmerksamkeit,* gesteigerte Zuwendung zur Quelle der Hypnoseinduktion (z. B. Hypnotisierer) und Abwendung von der sonstigen Umgebung; (c) Minderung des allg. Realitätsbezuges und Toleranz gegenüber Realitätsentstellungen (z. B. Entstellungen der Raum- und Zeitperspektive, *Halluzinationen);* (d) gesteigerte *Suggestibilität;* (e) Bereitschaft zur Übernahme ungewohnter *Rollen* (z. B. suggerierte Rückversetzung in das Kindesalter; sog. *Altersregression);* (f) häufiges Auftreten einer *posthypnotischen Amnesie,* d. h. eines Ausfalls der Erinnerung an Ereignisse und Erlebnisse während der Hypnose, in der Regel dann, wenn dieser Ausfall während der H. suggeriert wurde. Das Phänomen des Gedächtnisschwundes kann aber auch spontan auftreten *(spontane posthypnotische Amnesie).* Dieses Erscheinungsbild betrifft vor allem die *tiefe Hypnose* (sog. *Somnambulhypnose).*

[2] Bei der *Definition der H.* werden i. d. R. drei Aspekte berücksichtigt: (a) die Anwen-

dung eines Induktionsverfahrens, z. B. die *verbale Suggestion,* Gefühle der Entspannung, der Gelöstheit oder zunehmender Müdigkeit zu entwickeln. Dies kann auch auf dem Wege der Selbstbeeinflussung *(Autosuggestion, Autohypnose)* bzw. *Selbstkonzentration* geschehen, (b) die durch Konventionen festgelegten *Suggestibilitätstests* zeigen Ergebnisse in erwarteter Richtung (z. B. Ausführung unwillkürlicher, suggerierter Bewegungen; Halluzinationen; Amnesie), (c) die subjektive Evidenz des Probanden, eine Hypnose erlebt zu haben. Die *Tiefe* der H. hängt von der Situation und von der Hypnoseempfänglichkeit *(hypnotic susceptibility)* ab. Hier zeigen sich große inter- und intraindividuelle Unterschiede.

[3] H. wird in der neueren Forschung zur Untersuchung der Wirkweise von Bewußtseinsveränderungen auf einzelne psychische Funktionen verwendet. So ist z. B. die Erinnerungsfähigkeit in bezug auf scheinbar vergessene Erlebnisse durch die H. in manchen Fällen verbessert; es kann eine Deblockierung des Gedächtnisses erreicht werden *(hypnotische Hypermn*esie*)*. In der klinischen Praxis wird die *Hypnotherapie* sowohl als eigenständige Methode als auch zur Unterstützung anderer Therapieverfahren herangezogen. Verfahren der *hypnotischen Analgesie* bewähren sich bei der Schmerzbekämpfung. Eine vollständige Erklärung der H. und ihrer multidimensionalen Bedingungsstruktur liegt nicht vor. Indikatoren der erfolgreichen Induktion hypnotischer Zustände von der Einleitung bis zur Trance sind Gegenstand des dreiphasigen neurophysiologischen Modells von CRAWFORD u. GRUZELIER (1992). Das Modell orientiert sich an Komponenten →*ereignisbezogener Potentiale* und anderen Indikatoren der im →*Elektroencephalogramm* darstellbaren Hirnaktivität. Allgemein gilt, daß alle Veränderungen schrittweise von anterioren zu posterioren Hirnbereichen übergehen. (a) Die erste Phase der Hypnoseinduktion geht bei Hochsuggestiblen mit hoher Konzentration auf den Suggestor und suggestible Reize einher, auf andere Reize erfolgen daher in diesem Fall keine →P_{300}-Reaktionen. (b) Die zweite, die Phase der Vertiefung, zeichnet sich durch frontale Hemmungen aus und (c) in der Trance schließlich zeigen sich vermehrte *Theta-Aktivitäten.*

LIT. BARBER (1969); CRAWFORD, GRUZELIER (1992); GHEORGHIU (1973); HILGARD (1965); KAISER, BARKER u. a. (1997); KOSSAK (1993); LARBIG, MILTNER (1993).

Hypnotoxin →*Schlaf.*

hypo-. Präfix mit der Bedeutung »unter-« im Sinne von »unzureichend« oder defekt.

Hypochondrie *(hypochondria).* Bezeichnung für einen Zustand zwanghafter, an Besessenheit grenzender Beachtung des eigenen Gesundheitszustands, begleitet von heftigen Ängsten vor Krankheiten. Als *Hypochonder (hypochondriac)* bezeichnet man einen Menschen mit hypochondrischen Symptomen.
→*Somatisierungssyndrom,* →*somatoforme Störung.*

hypochondrischer Wahn →*Wahn.*

Hypomanie *(hypomania).* Leichte Form der →*Manie.*

Hypophyse *(pituitary gland, hypophysis).* Hirnanhangdrüse, glandula pituitaria, eine *endokrine Drüse,* am Boden des Zwischenhirns (mit dem Thalamus direkt verbunden). Die Hormonsekretion der H. wirkt sich auf körperliches Wachstum und Reifung (z. B. sexuelle Entwicklung) aus. Im *Vorderlappen* der H. *(anterior lobe of hypophysis)* werden die sog. Wachstumshormone bzw. glandotropen Hormone gebildet, während der *Hinterlappen (posterior lobe of hypophysis, neurohypophysis)* der Speicherung von Kreislaufhormonen (bes. *Vasopressin)* bzw. von Sauerstoff- und Tonuszustand des Organismus regelnden Hormonen dient.

Hyposensibilisierung →*Allergien.*

Hypostasierung *(hypostatization).* Annahme einer substantiellen Grundlage für abstrakte Qualitäten (Eigenschaften) eines beobachteten Sachverhaltes, z. B. die Annahme einer Eigenschaft »Aggressivität« aufgrund der mehrfachen Diagnose solcher Verhaltensweisen, die der (abstrakten) Phänomenklasse »aggressives Verhalten« zugeordnet werden können. Das Ergebnis der Setzung wird *Hypostase* genannt, der Vorgang der Hypostasierung *hypostasieren.*

Hypothalamus. Unterhalb des *Thalamus* gelegene Vorder- bzw. Zwischenhirnregion (auch Subthalamus), die die *corpora mamillaria,* die *Sehnervkreuzung* und die *Hypophyse* umfaßt.
→*Gehirn.*

Hypothese

Hypothese *(hypothesis)*.
[1] Bezeichnung für eine nur näherungsweise zutreffende und vorläufige Erklärung für komplexe Zusammenhänge, deren endgültige Analyse bzw. Klärung noch aussteht. Die sog. *Arbeitshypothese* stellt einen Sonderfall dar. Dort werden für die Zwecke der experimentellen Verifikation vorliegende Ergebnisse einschließlich theoretischer Erklärungsversuche dazu benutzt, das konkrete Ergebnis eines weiteren Experiments vorwegzunehmen. *Arbeitshypothesen* sind von der Form der »Wenn-dann«-Aussage und stellen Beziehungen zwischen *unabhängigen* und *abhängigen Variablen* her. Z. B. in der Hypothese: »Wenn ein Individuum ermüdet ist, dann zeigt es eine veränderte Flimmerverschmelzungsschwelle.« Daraus läßt sich die Erwartung formulieren, daß ermüdete Versuchspersonen im Vergleich mit nichtermüdeten bereits bei größerem Intervall der Einzelreize eine Verschmelzung der beiden Eindrücke berichten werden. Diese Aussage wird nun auf ihre wahrscheinliche Gültigkeit geprüft, indem die experimentellen Daten ermüdeter und nichtermüdeter Versuchspersonen mit statistischen sog. *Signifikanztests* auf die Überzufälligkeit des Unterschieds in der erwarteten Richtung geprüft werden (→*Nullhypothese*).
[2] Bezeichnung für einen inneren Bereitschafts- oder Erwartungszustand, von dem angenommen wird, daß er einen Organismus auch dann zu Reaktionen oder Handlungen veranlaßt, wenn der auslösende Reiz nicht oder nicht regelmäßig die Erreichung eines Zieles (z. B. Belohnung) ankündigt (→*Erwartung*, →*Kognitive Lerntheorien*). Es wird dabei davon ausgegangen, daß die *Erwartung des Zieles* zu diesen Handlungen oder Reaktionen motiviert, obwohl sich diese (innere) Bedingung des Verhaltens nicht offen äußert.
→*Hypothesentheorie (der Wahrnehmung)*, →*Nullhypothese*, →*hypothetico-deduktive Methode*.
Hypothesentheorie *(hypothesis theory)* oder **Hypothesentheorie der Wahrnehmung.** Bezeichnung für die Annahme, daß das menschliche Wahrnehmen und Erkennen stets von bestimmten Erwartungen ausgeht, die im Verlauf von Prüfungsprozessen, an der Umwelt orientiert, entweder bestätigt oder aber nicht bestätigt werden, so daß es im letzteren Fall zur Erfahrung der Unstimmigkeit zwi-

schen Erwartung und Umweltaufschluß sowie zu erneuter Informationsaufnahme kommt.
LIT. BRUNER (1951).
hypothetico-deduktive Methode. Wissenschaftliche Vorgehensweise, die mit der Formulierung einiger Prinzipien bzw. Definitionen beginnt, die sich auf eine zunächst geringe Zahl von beobachteten Fällen beziehen. Sie werden den Ergebnissen neuer Beobachtungen bzw. neuen Erkenntnissen entsprechend in neue, ebenfalls hypothetische Form gebracht. Durch *deduktives* Vorgehen kann man auf diese Weise anschließend zu prüfbaren theoretischen Sätzen bzw. zusätzlichen Aussagen von spezielleren Erklärungswert gelangen (Syn. mathematico-deduktive Methode). Das Verhaltenssystem von C. HULL stellt die konsequente Anwendung dieses Vorgehens dar.
hypothetische Konstrukte →*Konstrukte*.
hypothetische Zustandsvariable *(hypothetical state variable)*. Bezeichnung für einen nicht weiter erklärbaren, relativ überdauernden variablen Zustand des Organismus, von dem man annimmt, daß er aus den vorangegangenen Auseinandersetzungen mit der Umwelt entstanden ist, z. B. ein *Antriebs- oder Triebzustand,* der sich auf eine bestimmte Klasse von Reizen und Reaktionen beziehen läßt.
Hypothymie →*Psychopathie*.
Hypothyreoidismus *(hypothyroidism)*.
Schilddrüsen-Unterfunktion, ungenügende Sekretion der Schilddrüse (→*Thyreoidea*). Schilddrüsen-Unterfunktion führt in extremen Fällen zu verschiedenen Formen des *Kretinismus* und zur *Myxödembildung*.
Hypotonie →*Blutdruck*.
Hysterie *(hysteria)*. Bezeichnung für anfallsartig oder chronisch auftretende körperliche Symptome, z. B. Lähmungen, Einnehmen einer vermeintlich krankheitsbedingten Körperhaltung oder Empfindungslosigkeiten (Analgesien), denen keine organische Funktionsstörungen zugrundeliegen und die mit →*Dissoziationen*, erhöhter *Störanfälligkeit*, Neigung zu *Auto-* oder *Selbstsuggestionen* und einer Vielzahl weiterer psychogener Symptome unterschiedlicher Intensität einhergehen können. Die Bezeichnung H. wurde für die o. g. Symptome in der Antike unter der Annahme eingeführt, die bei Frauen auftretende H. sei auf ein Umherwandern oder eine durch unbefriedigte Sexualität bedingte Fehlfunktion

Hysterische Neurose

der Gebärmutter (griech. hystéra) zurückzuführen. CHARCOT sah in den verschiedenen Erscheinungsformen der H., vor allem in ihrer heute kaum noch beobachtbaren Form des »großen hysterischen Anfalls«, den Ausdruck einer Fehlfunktion des Nervensystems mit psychischen Folgen. Für FREUD dagegen sind hysterische Symptome für eine →*Neurose* kennzeichnend, in der verdrängte Triebimpulse unbewußt in Körpersymptome überführt werden *(Konversionssymptome),* dort ihren mehr oder minder symbolischen Ausdruck finden und/oder auf unbewußten Wegen zu einer Selbstdarstellung führen, die verbirgt, was oder wie man tatsächlich ist. In der lerntheoretisch begründeten Persönlichkeitstheorie EYSENCKs gilt H. als Ausdruck des Zusammengehens einer Neigung zur Erregbarkeit *(Neurotizismus)* mit einem Mangel an selektiver Verhaltenshemmung *(Extraversion).* Im *DSM* zählen die auf *Hypochondrie* hindeutenden Formen der H. zu den →*somatoformen Störungen,* mit →*Dissoziationen* verknüpfte dagegen zu den →*dissoziativen Störungen.*

LIT. EYSENCK (1957; 1961); FREUD (1946 ff.).

Hysterische Neurose →*dissoziative Störung.*

I

IC →*Kerzenstärke.*

ICD *(International classification of diseases).* Im Auftrag der WHO (Weltgesundheitsorganisation) herausgegebenes Klassifikationssystem für organische Krankheiten und psychische Störungen. ICD wird fortlaufend überarbeitet; zur Zeit liegt es in der 10. Auflage als *ICD-10* vor. Im Unterschied zu *DSM,* dem zur Zeit gebräuchlichsten symptomorientierten (nosologischen) Klassifikationssystem psychischer Störungen, entstand das auch alle organischen Erkrankungen umfassende ICD aus einer durchgängig von den Krankheitsursachen geleiteten (ätiologischen) Orientierung unter Einschluß von Therapiemöglichkeiten und Verlaufscharakteristika, die auch bei der Klassifikation psychischer Störungen angewandt wird. Es arbeitet mit einem vierstelligen Zahlencode; die ersten drei Zahlen kennzeichnen die Krankheits- bzw. Störungskategorie, die vierte bezeichnet die jeweilige Unterart. ICD dient vor allem dem internationalen Vergleich von Krankenhausstatistiken sowie als Schlüssel für die Verrechnung ärztlicher Leistungen. Die neueste Version (ICD-10) wurde dem DSM terminologisch weitgehend angepaßt, ist jedoch mit diesem hinsichtlich der Einsatzmöglichkeiten in Differentialdiagnostik und klinischer Grundlagenforschung im Bereich psychischer Störungen nicht vergleichbar.
LIT. DEGKWITZ u. a. (1980); DILLING u. a. (1991).

Ich *(ego, me, proprium).*
[1] Allgemeine Bezeichnung für ein angenommenes »Innerstes«, für den »Kern« oder die »Struktur« der →*Persönlichkeit.* Diese Annahme kann sich (a) auf die Gesamtheit all dessen beziehen, was einem Individuum an und von sich selbst »bewußt« wird, wobei eine bestimmte Ordnung der einzelnen »Inhalte« oder »Bezugspunkte« als gegeben angesehen wird. Sie kann sich (b) auch vorwiegend auf bewußte und unbewußte Arten und Formen der *Orientierung* in bezug auf bestimmte Gegebenheiten beziehen (z. B. *Interessen,* sozialer *Status; Bedürfnisse* und *Wünsche*).

[2] Das dynamische, steuernde und wertende Organisationsprinzip, das Erlebnisse und Handlungen des Individuums bestimmt.
[3] In der Psychoanalyse (Freud) eine der drei Persönlichkeitsinstanzen (neben dem →*Es* und →*Überich*), die sich durch die sozialen Erfahrungen des Individuums herausbildet und im Sinne des →*Realitätsprinzips* eine das Verhalten kontrollierende Funktion ausübt. Die Funktion des »Ich« wird als weitgehend unbewußt angesehen.
LIT. ALLPORT (1949); LERSCH, THOMAE (Hrsg.; 1961); THOMAE (1968a).

Ichbeteiligung →*Ego-involvement, Selbst.*

Ichkontrolle →*Kontrolle.*

Ideal *(ideal). Leitvorstellung (Leitbild)* eigenen Handelns, die emotional getönt und als erstrebenswertes Ziel angesehen wird. Es kann sich dabei um Persönlichkeiten oder Persönlichkeitstypen als Vorbilder, aber auch um bestimmte »Erziehungsideale« u. ä. handeln, die Ziele künftigen Verhaltens darstellen und das Handeln in bestimmte Bahnen lenken; sie werden jedoch wegen ihrer »idealen« Beschaffenheit meist nicht vollständig, sondern nur annäherungsweise erreicht.

Idealismus *(idealism).*
[1] Bezeichnung für eine von Idealvorstellungen getragene Weltanschauung, an der sich Denken und Handeln orientiert.
[2] Bezeichnung für eine philosophische Richtung, die davon ausgeht, daß das Wahrgenommene, raumzeitlich Erfaßte nur etwas Scheinbares (Idola) ist, hinter dem – für den Betrachter zunächst nicht erkennbar – eine Welt der Ideen, eine Art »geistige« Wirklichkeit steht (PLATON).
[3] In davon abgeleiteter Bedeutung wird der Begriff als Bezeichnung für eine jede philosophische Richtung verwendet, die sich auf Ideen und nicht auf raumzeitlich, d. h. anschaulich Gegebenes stützt.

Idealtypus. Von MAX WEBER eingeführte Kennzeichnung analytischer Grundkategorien der empirischen Soziologie. Durch Aufzeigen von I. sollen Einzelphänomene besser beschrieben, mitgeteilt und erforscht werden können. (a) I. bezieht sich in einem eher normativen Sinn auf die abstrakte Zusammenfassung von Eigenschaften und Vorstellungen, die dem von WEBER als traditionell, affektiv, wert- und zweckrational charakterisierten sozialen Handeln in bestimmten sozialen Kontexten zukommen. (b) Als empirische Kategorie ist I. ein einheitliches gedankliches Modell von den mehr oder weniger bewußten Regeln und Formen, die für typische soziale Handlungsabläufe gelten – sozusagen ein →*Skript* des sozialen Handelns.

LIT. WEBER (1922).

Ideation *(ideation)*, **Ideïerung.**
[1] Prozeß der Herausbildung oder -formung einer Idee, besonders im Hinblick auf das Herausbilden von aus dem Gedächtnis kommenden *Ideen* oder *Vorstellungen* (z. B. ideationale Phase des Denkens).
[2] Bezeichnung für eine (von HUSSERL in seiner Phänomenologie vorgeschlagene) Technik der »Wesensschau«, die darin besteht, unter Verzicht auf induktives Vorgehen und unter strikter Ausschaltung des Vorwissens Beschaffenheit und Aufbau eines Sachverhaltes am erlebten Einzelfall zu beschreiben, um etwas über die »essentielle«, d. h. wesensmäßige Beschaffenheit des Sachverhaltes zu erfahren.

ideative Lösung →*Denken,* →*Idee.*

Idee *(idea, thought).*
[1] Aus dem griechischen *idéa, eidos* (Bild, Urbild, Leitgedanke, Muster) hergeleitete, in der Philosophie in unterschiedlicher Bedeutung gebrauchte Bezeichnung (a) für den geistigen »Gehalt« oder »Inhalt« von Vorstellungen und Denkoperationen, (b) für unanschauliche, in Begriffe gefaßte Allgemeinvorstellungen oder (c) für Leitgedanken, Pläne oder Einfälle, die Denken, künftige Handlungsweisen oder Problemlösungsansätze, letztere in Form sog. »ideativer Lösungen« (KÖHLER), orientieren.
[2] *Fixe Idee (fixed idea):* Bereichsspezifische, meist auf erregende Erfahrungen zurückgehende Vorstellungen oder Überzeugungen, die im Bewußtsein vorherrschen und das Denken und Handeln bestimmen, ohne notwendigerweise andere Bereiche störend zu beeinflussen.
[3] *Ideenflucht (flight of ideas; idea-chase):* Beständiger Wechsel der Denkinhalte, -bezüge und -ziele, verbunden mit großer Ablenk-

barkeit; ein Symptom der *manischen Störungen* (→*Affektive Störung,* →*Manie).*
[4] *Wahnidee (delusional idea):* Leitgesichtspunkt des Denkens und Handelns bei wahnhaften Störungen, z. B. Eifersuchts-, Größen- oder Verfolgungsideen.
→*Wahn.*

Ideenflucht →*Idee.*

Identifikation *(identification),* **Identifizierung.**
[1] Allgemeine und umfassende Bezeichnung für eine Phase des *Wiedererkennens* im Verlauf des Erinnerns.
[2] In der Psychoanalyse Bezeichnung für einen Prozeß, in dessen Verlauf sich ein Individuum mehr oder weniger unbewußt durch emotionale Bindung an einen Mitmenschen zeitweise oder relativ überdauernd in dessen Lage versetzt, um so wie die Bezugsperson zu denken oder zu handeln bzw. sich dies vorzustellen.
→*Abwehrmechanismen.*

Identität *(identity; personal identity, personality identity).*
[1] Vollständige Übereinstimmung in allen Einzelheiten.
[2] Bezeichnung für eine auf relativer Konstanz von Einstellungen und Verhaltenszielen beruhende, relativ überdauernde Einheitlichkeit in der Betrachtung seiner selbst oder anderer.

Ideologie *(ideology).* Bezeichnung für ein System von Überzeugungen und Begriffen, die auf Tatsachen bezogen sind und mit deren Hilfe komplexe soziale oder politische Gegebenheiten im Hinblick auf ihre oft idealtypischen Leitgedanken oder Eigenschaften beschrieben werden. Sie beeinflussen auch die Wahl von Beziehungen eines Individuums zu einer Gruppe, indem sie Einstellungen positiver oder negativer Art nahelegen. Manchmal wird der Begriff auch als Bezeichnung für Einstellungen, Wertungen und Normen verwendet, die durch eine gesellschaftliche und kulturelle Gruppe geprägt sind. Mannheim stellt den Begriff der *Utopie* der I. als Inbegriff der auf Veränderung bestehender Normen gerichteten Einstellungen und Wertungen gegenüber.

LIT. MANNHEIM (1952).

Ideomotorik *(ideomotor).* Bezeichnung für Bewegungen, die aufgrund von emotional- oder affektgetönten Vorstellungen unwillkür-

ideomotorisches Gesetz

lich zustande kommen. *Ideomotorische Handlungen (ideomotoric actions)* können besonders in Zuständen der Geistesabwesenheit auftreten. Ein Sonderfall der ideomotorischen Phänomene ist der sog. →*Carpenter-Effekt.*

ideomotorisches Gesetz →*Carpenter-Effekt.*

idiographisch *(idiographic).* Bezeichnung für Untersuchungen, die der Beschreibung individueller Fälle gewidmet sind (zum Unterschied von →*nomothetisch).* Nach Windelband werden Wissenschaften, die das dem Einzelfallanhaftende Eigentümliche behandeln(das heißt die geschichtlichen und geisteswissenschaftlichen Disziplinen) als ideographische Wissenschaften bezeichnet.

Idiolalie *(idiolalia).* Bezeichnung für eine individuell geprägte bzw. erfundene Sprache bei psychisch gestörten Kindern oder Erwachsenen *(Dyslalie).*

idiopathisch *(idiopathic).* Bezeichnung für primäre Erkrankungen, d. h. solche, die weder auf Unfälle noch auf anderweitige Störungen zurückzuführen sind.

Idiosynkrasie *(idiosyncrasy).* Allgemeine Bezeichnung für individuelle Eigenheiten des Wahrnehmens, Denkens und Reagierens, die sich durch Überempfindlichkeit gegenüber bestimmten Klassen von Umweltreizen bzw. -gegenständen auszeichnen und sich daher nicht im Rahmen allgemeiner psychophysischer Gesetzlichkeiten interpretieren lassen.

Idiotie *(idiocy).* Schwerster Grad der →*geistigen Behinderung.*

Idiotypus →*Gen.*

IK →*Kerzenstärke.*

ikonischer Speicher →*Gedächtnis.*

Illumineszenz →*Helligkeit.*

Illusion, Täuschung. Fehl- oder Trugwahrnehmung; I. bezeichnet ein den Reizdaten nicht entsprechendes Wahrnehmen, das auf Fehl- oder Umdeutungen zurückgeführt werden kann. Im übertragenen Sinne auch für Gedächtnistäuschungen angewandt, die sich durch Hinzufügungen, Auslassungen oder Einfügungen subjektiver Art äußern.

Imago. Von C. G. JUNG geprägte Bezeichnung für die idealisierte Vorstellung einer im Kindesalter bevorzugte Person (meist ein Elternteil), die eine Art Leitbild für künftiges Verhalten abgibt.

Imbezillität *(imbecility).* Mittelschwere Form der →*geistigen Behinderung.*

Imitation, soziale; Imitationslernen; Beobachtungslernen *(imitative learning, identificatory learning, observational learning).*
[1] In klassischen soziologischen und sozialpsychologischen Theorien (z. B. TARDE) angenommener sozialer Trieb, der als Grundlage der Gleichförmigkeit und Übertragung von Verhaltensweisen angesehen wurde.
[2] Bei Tier und Mensch beobachtete Tendenz, durch das Beobachten und *Nachahmen* des Verhaltens anderer zu lernen und dadurch vorbildkonformes Verhalten zu zeigen. Die Bedingungen wurden erstmals von MILLER und DOLLARD systematisch untersucht.
[3] BANDURA entwickelt hierzu eine eigene Theorie des *Beobachtungslernens.* Das Prinzip der *stellvertretenden Verstärkung* ist dabei von entscheidender Bedeutung. Empfängt eine Modellperson für ein bestimmtes Verhalten Belohnung, so steigt unter geeigneten Bedingungen die Wahrscheinlichkeit des Auftretens dieser Reaktion beim Beobachter in ähnlichen Situationen. Das Verhalten wird relativ überdauernd, wenn beobachtetes Verhalten einschließlich seiner Konsequenzen in das Einstellungs- oder Vorstellungssystem des Beobachters übernommen wird. Beobachtungslernen wird in der modernen Psychotherapie zur Verhaltensmodifikation angewendet.
→*Beobachtungslernen,* →*Lernen.*
LIT. BANDURA (1971); BANDURA, WALTERS (1963); MILLER, DOLLARD (1941).

immanent *(immanent).* Philosophische Bezeichnung für »innerhalb« oder »in einem bestimmten Bereich gegeben«. Bei BRENTANO als »immanente Objektivität« Bez. für die Annahme, daß in jedem Bewußtseinsakt ein Bezug zu etwas außen Liegendem gegeben sei.

Immundefekte *(immune deficiencies).* Umfassender Obergriff für Immunüberempfindlichkeiten, die auf angeborene Dispositionen zurückgehen *(→Allergien),* oder für *erworbene, sekundäre I.,* die im Gefolge von Erkrankungen und Behandlungen, die das →*Immunsystem* angreifen, auftreten, und für →*Autoimmunkrankheiten. (a) Primäre I.* sind angeboren; zu ihnen zählen Störungen der Entwicklung bzw. Reifung. Funktionsdifferenzierung von B- und T-Zellen sowie humoraler Vorgänge des Immunsystems, in deren Gefolge eine erhöhte Anfälligkeit für bakterielle und Virusinfektionen sowie Beeinträchtigungen der Überwachung maligner Körperzellen auftreten.

Immunsystem

(b) Sekundäre I. sind erworben; sie treten auf im Gefolge von Erkrankungen (z.B. Virusinfektionen, Leukämie, Verbrennungen), von Behandlungen, die das Immunsystem angreifen (z.B. chemische Immunsuppression zur Vermeidung von Abwehrreaktionen des Immunsystems nach Transplantationen, Krebsbehandlung mit Zytostatika oder Bestrahlungen) oder von →AIDS.

Immunglobuline, Ig *(immunoglobulins).* Glykoproteine mit gemeinsamer chem. Grundstruktur. Ig werden nach dem Kontakt mit einem *Antigen* von B-Lymphozyten bzw. Plasmazellen gebildet und bleiben als Antikörper in Serum, Gewebeflüssigkeit und Körpersekreten erhalten, wo sie die *humorale Immunität* gewährleisten. IgA dienen als Schleimhautbarriere, IgM tragen zur primären Immunantwort bei, IgE zur *Sofortallergie* bei Parasitenabwehr, IgD lösen differenzierte B-Lymphozyten-Reaktionen aus und IgG *(Gammaglobuline),* die in der Muttermilch enthalten sind, üben ihre Schutzfunktion in der *sekundären Immunantwort* aus. →*Immunsystem.*

Immunität *(immunity).* Schutz des Organismus vor Infektionen mit pathogenen Mikroorganismen *(antiinfektiöse I.),* ihren oder durch ihre Einwirkung abgesonderten Stoffwechselprodukten (sog. *Endo-* und *Exotoxine)* sowie vor pflanzlichen oder tierischen Giften *(antitoxische I.)* durch die Wirkweise des →*Immunsystems* und Immunisierungsmaßnahmen (Schutzimpfungen, Serumgaben).

Immunsystem *(immune system).*
[1] System der Wahrung der Integrität des Organismus und der körpereigenen Abwehr, bestehend aus einer Vielzahl von Zellen und Molekülen, die im ganzen Körper verteilt sind und die Aufgabe haben, körperfremde, schädigende Substanzen, sog. *Antigene (antigenes),* zu erkennen und abzuwehren, Mikroorganismen (z.B. Bakterien, Viren, Parasiten, Pilze) und die von ihnen befallenen Zellen zu vernichten, maligne, d.h. bösartig veränderte Zellen (z.B. Tumorzellen) zu zerstören und Reste zerfallender oder zerfallener Zellen zu beseitigen. Fremde und gefahrbringende Organismen und Zellen werden aufgrund ihrer Molekularstruktur von normalem, gesundem Körpergewebe unterschieden. Sind sie entdeckt, so führt dies zu *supraspezifischen* – allgemeinen und/oder *spezifischen* – Immunreaktionen, d.h. zu Maßnahmen, die auf das jeweilige Antigen abgestimmt sind. Das I. übt seine Funktionen über zwei einander ergänzende Teilsysteme mit charakteristischen *zellulären* und *humoralen* Komponenten aus. (a) Das *paraspezifische* oder *unspezifische Abwehrsystem* stellt einen angeborenen bzw. genetischen Schutzwall gegen breite Klassen von Erregern oder Fremdsubstanzen dar. Die *natürliche Immunität* zeigt sich z.B. in der speziesspezifischen spontanen Bekämpfung von Tumorzellen, Zellen mit Virusbefall und der spontanen Abwehrbereitschaft gegenüber Antigenen fremder →*Blutgruppen.* Sie wird ergänzt durch die *angeborene Immunität* als Folge der Übertragung von Abwehrstoffen aus dem mütterlichen Organismus. *Zelluläre Abwehrfunktionen* erfüllen weiße Blutkörperchen, unter den *Leukozyten* vor allem *Monozyten (Makrophagen),* unter den *Lymphozyten* die *natürlichen Killerzellen (NK-Zellen; natural killer cells);* erstere besitzen die Funktion, Fremdstoffe rasch aufzunehmen und durch Fermentbildung *(Phagozytose; phagozytosis)* abzubauen, letztere bekämpfen spontan virusinfizierte und Tumorzellen. *Humorale Abwehrfunktionen* üben die in Blutplasma, Bindegewebsflüssigkeit und Schleimhäuten enthaltenen *natürlichen Antikörper (antibodies)* aus. Sie hemmen bzw. bekämpfen z.B. die Aktivität eingedrungener Mikroorganismen und verhindern so die Entstehung und Ausbreitung größerer Entzündungsherde. (b) Das *spezifische Abwehrsystem* ist hochspezialisiert und operiert auf der Grundlage früherer Kontakte mit bestimmten Antigenen, die zur Entwicklung *spezifischer Antikörper* sowie *spezifischer zellulärer Reaktionen* führen. Humorale Wirkstoffe der spezifischen Abwehr sind die →*Immunglobuline.* Diese gehen mit bestimmten Teilen des Antigens chemische Verbindungen ein, wenn die reagierende Stelle des Antikörpers und des Antigens molekular wie Schlüssel und Schloß übereinstimmen. Die Produktion und rasche Abgabe von Antikörpern in das Blutplasma *(Immunreaktion vom Soforttypus)* ist an in Plasmazellen umgewandelte B-Lymphozyten *(B-lymphozytes)* gebunden. Die zellulären Mechanismen des spezifischen Abwehrsystems bestehen aus verschiedenen Arten von *Lymphozyten,* sog. *T-Zellen (T-cells),* die als *Helferzellen* dem Erkennen des Antigens, als *Inducerzellen* der

235

Impedanz

Steuerung und Kontrolle der Produktion und Reifung von T- und B-Zellen dienen und als *Suppressorzellen* die Intensität und Dauer des Abwehrprozesses beeinflussen. Die *cytotoxischen Zellen* schließlich dienen der aktiven Abwehr durch Auflösung der Zellmembranen maligner Zellen. (2) *Störungen*, die von inadäquaten Immunantworten auf Antigene herrühren, gelten als →*Immundefekte*. Dazu gehören als angeborene Beeinträchtigungen *primäre Immundefekte* und →*Allergien*, als erworbene *sekundäre Immundefekte* wie z.B. →*AIDS* und →*Autoimmunkrankheiten*. Das I. interagiert mit dem Nervensystem, mit den Hormon- und Botenstoffsystemen und mit psychischen Vorgängen wie →*Emotion* und →*Streß*. Das I. ist im Gegensatz zu früheren Annahmen kein autonomes Körpersystem. Dafür sprechen u.a. die großen interindividuellen Unterschiede in der Auftretenswahrscheinlichkeit und Schwere von Infektionskrankheiten oder von Störungen, die auf zeitweilige oder relativ überdauernde Schwächungen des I. zurückzuführen sind. Weitere Belege stammen aus der Psychosomatik, aus Krebs- und AIDS-Forschung, aus Befunden zur Konditionierbarkeit bestimmter Teilfunktionen des I. und zum Einfluß kognitiver und emotional-motivationaler Prozesse auf den funktionellen Status des I. Die Immunwirksamkeit psychischer Vorgänge bzw. zentralnervös angesteuerter Ausschüttungen von Nebennierenhormonen und umgekehrt, die zentralnervös vermittelte Wirksamkeit von humoralen Veränderungen des Immunsystems auf die Regulation psychischer Vorgänge gelten heute als gesicherte Tatbestände. Mit den damit zusammenhängenden Fragen befassen sich z. Zt. zahlreiche interdisziplinäre Forschergruppen in *Psychoendokrinologie, Psychoimmunologie, Psychoneuroimmunologie* und *Psychosomatik*.
LIT. JANEWAY, TRAVERS (1995); KELLER (1981); KLEIN (1991); MILTNER, BIRBAUMER, GERBER (1986).

Impedanz *(impedance)*.
[1] Wechselstromwiderstand, zusammengesetzt aus dem Ohmschen Widerstand und dem Blindwiderstand eines zweipoligen Systems. Syn. Scheinwiderstand.
[2] *Akustik:* Quotient aus Schalldruck und Schallfluß zur Kennzeichnung der Hemmung der Schallausbreitung durch die Eigenschaften des den Schall leitenden Mediums.
Impedanzkardiographie *(impedance cardiography)*. Verfahren zur Bestimmung der Herzleistung (Blut-Herz-Minuten-Volumen). Dabei wird eine Wechselspannung über die Meßzone geleitet, deren Widerstand durch den Pulswellen-abhängigen Blindwiderstand modifiziert wird.

implicite *(implicit)*, auch *impliziert*. Bezeichnung für etwas, das nicht direkt feststellbar oder gegeben, jedoch miteingeschlossen oder mitgegeben ist bzw. als solches angenommen wird.

Implikation. Bezeichnung für ein Miteinbegreifen, ohne es auszusprechen. Syn. *Mitgegebenheit*.

implizierte Persönlichkeitstheorie *(implicit personality theory)*. Von BRUNER eingeführte, von Cronbach systematisierte Bezeichnung für das ungewollte Zurückgreifen auf vorgefaßte Meinungen über die Bedeutung und den Zusammenhang von Persönlichkeitsmerkmalen bzw. -eigenschaften bei der Beurteilung von Mitmenschen. Dadurch entsteht ggf. eine Tendenz zur Verfälschung bzw. mangelnden Berücksichtigung differenzierter Beurteilungsgesichtspunkte.
LIT. CRONBACH (1984).

implizites Gedächtnis *(implicit memory)*. Unterschwellige, unwillkürliche Erinnerungswirkung. Bei Prüfungen des *expliziten Gedächtnisses* wird die Reproduktionsleistung vorher gelernter Inhalte auf direktem Weg bestimmt. Bei der Prüfung des i. G. wird der Effekt anhand von Aufgaben überprüft, die Erinnerungen in verdeckter Form, ohne direkten Bezug auf vorangegangene Lernerfahrungen ansprechen. Soll man sich z.B. eine Liste von Wörtern einprägen und anschließend eine Wortergänzungsaufgabe lösen, in der ohne vorangehende Ankündigung einige der vorher eingeprägten Wörter vorkommen, tritt ein →*Priming-Effekt* auf, d.h. die Aufgaben mit vorher bereits bekannten Wörtern werden rascher erledigt als diejenigen mit neuen Wörtern.
→*Gedächtnis*.
LIT. PARKIN (1996); SCHACTER (1987).

Implosion, Implosionstherapie *(implosion, implosion therapy)*. *Psychotherapie, Verhaltenstherapie:* Angstauslösende Reize werden in voller Intensität dargeboten bzw. der Patient soll sie sich so lebhaft wie möglich vorstellen. Aufgrund der damit verknüpften Assoziationen einer Kette konditioneller Begleitumstände bis hin zum traumatischen Reiz selbst kann es zu einer mit I. bezeichneten »Explosion nach innen« als Ausdruck eines dramatischen Zusammenbrechens der Angstsymptome kommen. Die I. ist im engeren Sinne eines der Erklärungsprinzipien des sog. *Flooding*.

Imponiergehabe *(display behavior)*. Aus der Tierpsychologie stammende Bezeichnung für solche Ausdrucks- und Verhaltensmerkmale, die einen Artgenossen durch »Drohen« oder »Werben« beeindrucken sollen. Das I. läuft bei Tieren nach einem festen Programm (→*Instinkt*) ab.

Impotenz *(impotence)*. Die Unfähigkeit des Mannes, den sexuellen Akt zu vollziehen. Als Ursachen werden neben organischen und neural-hormonalen Störungen vor allem psychogene Hemmungen bzw. auf unangenehme Erfahrungen begründete neurotische Symptome angesehen.
→*Sexualstörung*.

Impuls *(impulse)*.
[1] *Physik:* Kurzzeitige Wirkung einer Kraft, die sich in Abweichungen vom Ausgangswert äußert.
[2] *Physiologie:* Erregungsimpuls →*Aktionspotential*.
[3] *Psychologie:* Anstoß bzw. Antrieb zu spontanen, heftigen und/oder unkontrollierten Verhaltensweisen.
→*Impulsivität*.

impulsive Handlung *(impulsive action, impulsive activity; impulsive behavior)*. Unüberlegte, unkontrollierte, ggf. unangemessene Verhaltensweise, die rasch und heftig auftritt und (nachträglich) als Folge eines »unwiderstehlichen Dranges« o. ä. interpretiert wird.

Impulsivität *(impulsivity; impulsiveness)*.
[1] Von J. Kagan stammende Bezeichnung für einen →*kognitiven Stil,* der sich in der raschen, jedoch unpräzisen Informationsnutzung bei Wahrnehmungs- und Denkaufgaben zeigt, sobald es auf die besondere Beachtung geringfügiger Details ankommt. Gegensatz: *Reflexivität (reflexivity)* als Inbegriff überlegter, Details berücksichtigender und daher verzögerter Urteilsabgaben.
[2] Die relativ überdauernde Neigung, unbesonnen aus dem Augenblick heraus zu handeln, die möglichen Konsequenzen außer acht

zu lassen und sich von neuen, ggf. irrelevanten Ereignissen leicht ablenken zu lassen. Gemeinsam mit *Extraversion* und →*Suche nach neuen Eindrücken* ist I. eine *Eigenschaft* der handlungsorientierten →*Persönlichkeit* mit ihrem Defizit an inhibitorischer *Kontrolle.* I. ist insofern ein psychophysiologisches Konstrukt, als deutliche Beziehungen mit gesteigerter Spontanaktivität (insbes. im Bereich der *elektrodermalen Aktivität*) und Verzögerung der *Habituation* nachgewiesen sind. I. eignet sich u. a. für die Vorhersage bzw. Erklärung der Wirkung von Substanzen, welche den Erregungsstatus beeinflussen *(z. B. Monoaminoxidase-Hemmer; MAOH)*.
Der Erfassung von I. dient u. a. die *Barrat-Impulsivitätsskala (Barrat impulsivity scale; BIS)* mit den Dimensionen motorische I. *(motor impulsivity),* sensorische Erregbarkeit *(sensory stimulation),* kognitive I. *(cognitive impulsivity)* und I. im sozialen Bereich *(interpersonal impulsivity)*.
LIT. BARRAT, PATTON (1983); EYSENCK, EYSENCK (1977); KAGAN u. a. (1964).

Impulskontrolle *(impulse control)*.
[1] Beherrschung von unmittelbar aufkommenden oder zur Gewohnheit gewordenen Bedürfnissen, Trieben oder Wünschen und ihnen entsprechender Handlungstendenzen.
[2] Als Symptome einer *Störung der I. (disorder of impulse control; impulse control disorders not otherwise classified))* werden im *DSM-IV* unbeherrschbare, insbesondere in Versuchungssituationen immer wieder auftretende Handlungen beschrieben. Ausgenommen sind Störungen der I., die im Zusammenhang mit anderen Störungen (z. B. *affektive Störungen, Persönlichkeitsstörungen, Schizophrenie)* bereits als Merkmale verwendet sind. Grundlegendes Merkmal ist, einem Impuls, Trieb oder der Versuchung nicht widerstehen zu können, eine Handlung auszuführen, die für einen selbst oder andere schädlich ist. Vor der Ausführung treten in allen Fällen erhöhte Spannungs- bzw. Erregungszustände auf, während der Handlung Befriedigung und Erleichterung, danach oft Reue, Selbstvorwürfe oder Schuldgefühle. Zu den Störungen der I. zählen: (a) *Pathologisches Spielen (pathological gambling), Pathologisches Glücksspiel* oder Spielleidenschaft; (b) *Kleptomanie (kleptomania),* Stehlen von Gegenständen mit Lustgewinn; (c) *Pyromanie (pyromania),* Brände le-

237

Indeterminismus

gen mit Lustgewinn oder um Spannungen abzubauen; (d) *intermittierende explosive Störung (intermittent explosive disorder)*, unbeherrschbare schwere Wutanfälle, verbunden mit gewalttätigen Ausbrüchen, die zu Sachbeschädigungen bzw. Verletzungen anderer führen können; (e) *Trichillomanie*, regelmäßiges, wiederholtes Ausreißen eigener Haare, so daß der Haarverlust sichtbar wird sowie (f) eine Restgruppe nicht näher bezeichneter Impulskontroll-Störungen, deren Symptome auf Verlust der I. deuten, aber die o.g. spezifischen Kriterien nicht erfüllen.

Die im DSM-III sog. *isolierte explosive Störung (isolated intermittent disorder)* als Bezeichnung für einmalige, unversehens auftretende dramatische Verluste der Handlungskontrolle mit extremen Folgen (z.B. schwere Gewalttaten, Tötungsdelikte) gilt nun als Sonderfall von (d); die Kategorie *atypische Störungen der I. (atypical impulse disorder)* geht in (f) auf.

Indeterminismus. Bezeichnung für eine Theorie des Willens, bei der angenommen wird, Handlungen bzw. Entscheidungen seien von den vorhandenen Reizen, Situationen und Motivationslagen weitgehend unabhängig.

Indifferenzbereich →*Assimilations-Kontrast-Theorie*, →*Psychophysik.*

Indikation *(indication).* Begründung der Notwendigkeit und Angemessenheit von Interventionen bzw. therapeutischen Maßnahmen.

Indirektes Sehen *(indirect vision).* Das Wahrnehmen von Objekten, die auf peripheren Netzhautstellen abgebildet werden. Direktes Sehen bezeichnet dagegen das Wahrnehmen von Objekten, die in der Fovea oder im Bereiche der Fovea abgebildet und daher scharf gesehen werden.
→*Auge.*

Individualpsychologie *(individual psychology).* Psychoanalytische Theorie von ALFRED ADLER (1870–1937). Im Zentrum stehen die Persönlichkeitsentwicklung als Sozialisationsprozeß, der Umgang mit Umweltanforderungen im Lichte des Strebens nach Anerkennung und die beständigen Auseinandersetzungen mit Benachteiligungen (→*Minderwertigkeitskomplex).*

individual-spezifische Reaktionen →*Psychophysiologie.*

Individualtherapie *(individual therapy),* Syn.: *Individualpsychologische Therapie.* Aus dem individualpsychologischen Ansatz ALFRED ADLERS hervorgegangene Form der psychoanalytisch bzw. tiefenpsychologisch orientierten →*Psychotherapie.* Im Verlauf von Gesprächen werden mit Störungen zusammenhängende Fragen des Lebensstils berührt, Veränderungen der Orientierung angestrebt und Minderwertigkeitsgefühle durch die Vermittlung ermutigender Aspekte abgebaut.

individuelle Akzeleration →*Akzeleration.*

Individuation →*Selbstverwirklichung.*

Inducerzellen →*Immunsystem.*

Induktion *(induction).*
[1] *Logik und Mathematik:* Schlußfolgerung von Einzelfällen auf das Allgemeine.
[2] *Physik und Physiologie:* Die Veränderung des Zustandes in einem System auf Grund der Einwirkung von Kräften oder Impulsen außerhalb des Systems, z.B. bei der Magnetspule.
[3] Die Wechselwirkung zwischen Erregungs- und Hemmungsfeldern in der Großhirnrinde. *Positive I.* bezeichnet die lokalisierte Konzentration von Erregung nach der Hemmung benachbarter Felder; *negative I.* dagegen die lokalisierte Konzentration kortikaler Hemmungen nach der Erregung benachbarter Bereiche (PAWLOW).
[4] Wechselwirkung zwischen Reizkombinationen auf Grund selektiver Verstärkung. Erfolgt z.B. im Tierversuch nur in Gegenwart eines bestimmten Signals bei Ausführung einer (konditionierten) operanten Verhaltensweise (z.B. Hebeldrücken) Verstärkung (Futtergabe), während sie ausbleibt, wenn das Signal nicht gleichzeitig vorhanden ist, wird sich das Verhalten auf die Reizkombination einstellen (SKINNER).

induktives Denken →*Intelligenz.*

Industriepsychologie →*Arbeits-, Betriebs- und Organisationspsychologie.*

induzierte Bewegung *(induced movement).* Bezeichnung für die Abhängigkeit der Unterscheidung zwischen bewegten und unbewegten Objekten im Wahrnehmungsfeld von Kontext (z.B. Figur-Grund-Beziehungen) und/oder Erfahrungen über die Gegenstandsbedeutung.

Als Paradebeispiel dient das *Dunckersche Phänomen.* Bietet man gleichzeitig einen Rhombus und einen Punkt innerhalb der Rhombusfläche dar, so hat man bei unange-

Informationsverarbeitung

kündigter, langsamer Bewegung des Rhombus den Eindruck, der Punkt habe sich bewegt. Der Erklärung dient die Annahme, der jeweils größere, umschließende Feldanteil (Rhombus) wirke als dem stabilen Hintergrund zugehörig, während der Punkt als Figur aufgefaßt wird, der man von vornherein eine größere Veränderungswahrscheinlichkeit bzw. Beweglichkeit zuschreibt. Von zwei Punkten, die unabhängig voneinander bewegt werden können, wird Bewegung mit hoher Wahrscheinlichkeit dem jeweils fixierten Punkt zugeschrieben, denn der andere gilt als Bestandteil des stabilen Hintergrundes. Führt man dagegen einem Beobachter das Bild eines Schiffes und eines Leuchtturmes vor, so wird Bewegung stets dem Schiff zugeschrieben – gleichgültig, ob der Versuchsleiter das eine oder andere Bild in langsame Bewegung setzt. Im ersten Falle induziert der Kontext, im zweiten die Erfahrung den Bewegungseindruck.

Induzierte psychotische Störung →*Psychotische Störung.*

Infantilismus *(infantilism).* Bezeichnung für ein Zurückbleiben der geistigen Entwicklung und des Organismus auf einer kindlichen Stufe, bedingt durch endokrine Störungen (bes. im Bereich der Hypophysenfunktion).

Inferenz *(inference).*
[1] Syn. *Schluß; Schlußfolgerung.* Prozeß der logischen Herleitung von Schlüssen aus vorliegenden Urteilen oder anderen bereits formulierten Schlußfolgerungen.
[2] Statistische I. *(statistical inference).* Syn. *inferentielle Statistik (inferential statistics).* Der generalisierende Schluß von Kennwerten einer Stichprobenverteilung auf *Populations-Parameter* mit Hilfe wahrscheinlichkeitstheoretisch begründeter statistischer Entscheidungsverfahren und Prüfverteilungen.

Information.
[1] In allgemeiner Bedeutung das faktische Wissen bzw. eine solches Wissen vermittelnde Aussage oder Wahrnehmung. In manchen Fällen auch als Bezeichnung unsystematischen Wissens über bestimmte Gegenstände oder Vorgänge für etwas, das man vom Hörensagen und nicht aus eigener Erfahrung kennt, verwendet.
[2] In *Informationstheorie* und *Kybernetik* allgemeine Bezeichnung für die mit einem Ereignis verbundene *Ungewißheit*, bei gleich wahrscheinlichen Ereignissen die minimale Anzahl von *Binärziffern,* die zur *Kodierung* eines Ereignisses erforderlich ist *(→Informationsmaß).* Dabei versteht man unter Information jede Art von Zeichen, die eine Nachricht bedeutet. Neben sprachlichen oder sprachanalogen Zeichen werden auch physikalische Veränderungen der Umwelt und ganze Folgen (Ketten) solcher Ereignisse einbezogen.
LIT. ATTNEAVE (1965); FRÖHLICH, KOSZYK (1971).

Informationsempfänglichkeit →*Kognitiver Stil.*

Informationskanal →*Sender.*

Informationsmaß. Zusammenfassende Bezeichnung für eine Reihe deskriptiver quantitativer Ausdrücke aus der *Informationstheorie,* die sich auf die Darstellung des Informationsgehalts eines Ereignisses (physikalische Veränderungen in der Umwelt, Kommunikation usw.) oder einer Reihe von Ereignissen beziehen. *Maximale* und *relative* →*Entropie* sowie →*Redundanz* sind einige der wichtigsten Informationsmaße.

Informationstheorie. Eine mathematische Theorie, die Ereignisse aus dem Bereich der Kommunikation und Regeltechnik systematisch zu erfassen sucht. Im engeren Sinne wird im Rahmen der Informationstheorie abgehandelt, wie viele distinkte Entscheidungselemente eine Nachricht enthalten muß, um sie eindeutig zu identifizieren bzw. zu verstehen. Die Anzahl der erforderlichen Entscheidungsschritte wird meist durch *Binärziffern* in Relation zu der ihnen zukommenden Häufigkeit des Auftretens in einem gegebenen System dargestellt *(→Entropie).* In der psychologischen Forschung spielt die Informationstheorie neben der Analyse von Kommunikationsvorgängen bei der quantitativen Leistungsanalyse der verschiedenen Sinnesorgane bzw. Funktionsbereiche eine entscheidende Rolle. Sie stellt die Grundlage für den gesamten Bereich der →*Kybernetik* dar.
LIT. ATTNEAVE (1965); MEYER-EPPLER (1959).

Informationsunterdrückung →*Kognitiver Stil.*

Informationsverarbeitung *(information processing).*
[1] Allgemeine, aus der *Computertechnik* und *Kybernetik* stammende Bezeichnung für Prozesse, in deren Verlauf Eingangsdaten (gemäß Programmen) taxiert, klassifiziert, reduziert,

239

informelle Gruppen

transformiert, eingespeichert, mit bereits eingespeicherten Informationen verglichen oder ihnen zugeordnet werden. Hinzu tritt in kybernetischen Systemen die Möglichkeit, durch Rückmeldungen über den Informationsstand den Zugriff zu anderen Daten oder eingespeicherten Informationen einzuleiten. Im Sinne der *Datenverarbeitung (data processing)* ist I. von der Weitergabe der Eingangsdaten an (zentrale) Verarbeitungs- oder Speichersysteme und von Kodierungsprozessen abhängig. [2] In der *Psychologie* ist I. die Bezeichnung für angenommene oder erschlossene Prozesse, die den Zusammenhang zwischen *Wahrnehmen, Gedächtnis, Denken* und *Handeln* bei der Bewältigung von Erkenntnisdefiziten oder bei der Lösung von Problemen gewährleisten. In den Bereich der I. fallen z. B. die Teilprozesse der Signalerkennung und Bedeutungserfassung, der Verknüpfung und Zuordnung →*kognitiver Elemente* aus aktueller Erfahrung und Gedächtnis, Bewertungen ihres Stellenwertes im situationsbezogenen Erlebniszusammenhang und der Einsatz von Such-, Entscheidungs- und Handlungsstrategien unter Einbeziehung von Erfolgschancen, Risiken und Effektrückmeldungen. Zu den Eigenarten der menschlichen I. gehört das Ineinandergreifen von *datenbezogenen (data-driven)* und *vorstellungsgeleiteten, konzeptbezogenen (conceptually-driven) Teilprozessen*.
→*Aufmerksamkeit,* →*Gedächtnis.*
LIT. KLIX (1976); LINDSAY, NORMAN (1981); NORMAN (1973); NEISSER (1974).

informelle Gruppen (informal groups). Gruppen, deren Mitglieder in einer losen und zwanglosen Beziehung zueinander stehen. In der Arbeitswelt werden *formelle Gruppen* von der Organisationsleitung den technischen Erfordernissen und Zielsetzungen entsprechend gebildet. I. G. entstehen dagegen durch spontanen Zusammenschluß von Menschen, die innerhalb des Betriebs übereinstimmende Handlungsziele oder Interessen entdeckt und diesen nachzugehen wünschen. Informelle Beziehungen fördern in der Regel die →*Arbeitszufriedenheit.* Oft dienen sie dem »Dampfablassen« oder der Kompensation von Kommunikationsmängeln im Verband *formeller Gruppen.* Erregen i. G. Anstoß oder Mißtrauen, bezeichnet man sie umgangssprachlich auch als *Cliquen.*
Ingenieurpsychologie →*human engineering.*

Ingratiation *(ingratiation),* dt. näherungsweise: *einschmeichelndes Verhalten.* Von JONES in die Sozialpsychologie eingeführte Bezeichnung für Strategien, die ein Individuum zur Verbesserung seiner Stellung, bes. seiner Attraktivität anwendet.
LIT. E. E. JONES (1966).
Inhalantien →*Drogenabhängigkeit.*
inhibitorisches postsynaptisches Potential →*Synapse.*
inkommensurabel *(incommensurable).* Charakteristik zweier Eigenschaften oder Phänomene, die keine gemeinsame Betrachtung innerhalb einer Kategorie oder Messung mit ein und derselben Skala erfahren können. Syn. *unvereinbar, unvergleichbar.*
inkompatibel *(incompatible),* Syn.: *unvereinbar.* Bezeichnung für kontradiktorische Aussagen oder miteinander nicht vereinbare Phänomene, das heißt für solche, die nicht gleichzeitig auftreten können, da sie einander ausschließen.
Inkontinenz *(incontinence; incontinency).* Unfähigkeit, Stuhl *(Stuhl-I.; incontinence of faeces; rectal incontinence)* oder Harn *(Harn-I.; urinary incontinence)* zurückzuhalten. Im Englischen bedeuten *incontinence* bzw. *incontinency* auch Ausschweifung, Zügellosigkeit, Unmäßigkeit, Unaufhörlichkeit und Geschwätzigkeit.
Inkret *(hormone)* →*Hormon.*
inkretorische Drüsen →*Drüsen.*
Inkubationszeit *(incubation time).* Die Zeit, die zwischen Ansteckung bzw. pathogener oder traumatischer Einwirkung bis zum Ausbruch einer Krankheit oder Störung vergeht.
innere Kontrolle →*Kontrolle.*
innere Sekretion *(inner secretion, internal secretion).* Sekretion der endokrinen Drüsen.
innere Sinne *(internal senses).* Sinnesrezeptoren, die auf Reize aus dem Körperinneren ansprechen (z. B. Muskelspannungen, Körperlagesinn).
→*Sinne.*
inneres Sprechen *(inner speech, internal speech).* In Sprache gefaßte Denkabläufe oder Vorstellungen, ohne diese laut auszusprechen; oftmals begleitet von Innervationen der Sprechmuskulatur. Syn. *subvokales Sprechen;* umgangssprachlich auch »innerer Monolog«.
Innervation. Erregung von Muskeln oder Drüsen durch efferente Nerven.

Innovation *(innovation).* Absichtsvolle Einführung bzw. Anwendung von neuartigen Ideen, Verhaltensweisen oder -regeln, Produkten, Geräten oder Produktionsmethoden, die ausgedacht bzw. entworfen wurden, um die Entfaltungsmöglichkeiten einzelner Personen bzw. die Kooperation und Kreativität von Gruppen zu fördern oder organisatorische Abläufe zu verbessern.

Insomnie →*Schlafstörung.*

Instinkt *(instinct).* Überdauernde, angeborene komplexe Verhaltensweisen mit den Merkmalen der *Artspezifität (species specifity),* der *Geordnet-* oder *Gestaltetheit (organization, patterning)* des Ablaufes der entsprechenden *Instinkthandlungen (instinctive acts)* und der *biologischen Zweckmäßigkeit* bzw. *Anpassung,* die ohne Beteiligung des Bewußtseins ablaufen und durch bestimmte Umgebungsreize oder Verhaltensweisen von Artgenossen ausgelöst werden. (a) *Artspezifität:* Sowohl die eine Instinkthandlung auslösenden Reize als auch die Handlung selbst sind je nach Art der betrachteten Lebewesen verschieden. Wegen der Artspezifität der Instinkte wird eine Vererbung der Disposition oder Tendenz angenommen bzw. immer wieder diskutiert. (b) *Geordnet-* oder *Gestaltetheit:* Instinkthandlungen bestehen meist aus einer relativ stabilen Handlungskette, die mit einer *Appetenzphase* (Suchen u. ä. Verhaltensweisen) einsetzt und zur *Endhandlung* führt. Der Handlungskette scheint jeweils ein »hierarchisch organisierter nervöser Mechanismus« zu entsprechen, der »auf bestimmte vorwarnende, auslösende und richtende Impulse, sowohl innere wie äußere, anspricht und sie mit wohlkoordinierten, lebens- und arterhaltenden Bewegungen beantwortet«. (Definitionen von I. nach TINBERGEN, S. 57). (c) *Biologische Zweckmäßigkeit* oder *Anpassung:* Es wird angenommen, daß die Instinkthandlungen der Erhaltung des eigenen Lebens bzw. der Art dienen. In gewissem Widerspruch dazu steht die Annahme eines die Instinkthandlungen steuernden »Todestriebes« (Thanatos) in der Psychoanalyse (FREUD), der dem »Lebenstrieb« (Eros) gegenübergestellt wird. – Die biologische Zweckmäßigkeit bzw. Anpassung läßt sich nicht durchgehend belegen, denn auch sog. *Übersprunghandlungen* oder *Leerlaufreaktionen* oder andere Formen von Spontanhandlungen werden aus den energetisieren-den Komponenten des Instinktverhaltens erklärt.

Die Frage, ob Instinkthandlungen gelernt oder ungelernt sind, ist weitgehend ungeklärt bzw. in ihrer Beantwortung von theoretischen Gesichtspunkten stark überlagert. In der *Verhaltensforschung* orientiert man sich weitgehend an dem *offenen Verhalten* und bezeichnet als Instinkthandlungen solche *komplexen Reaktionen,* die unter bestimmten *Umweltbedingungen* (auch experimentell gesetzten Bedingungen) und in Abhängigkeit von *Bedürfnis-* oder *Triebzustand* bei der Mehrzahl der einer bestimmten Art oder Klasse zugehörigen Organismen wiederholt und gleichartig auftreten. In der *Humanpsychologie* tritt der Instinktbegriff relativ selten auf, da man instinktive Komponenten nur aus bestimmten *unwillkürlichen* Ausdruckserscheinungen (z. B. unwillkürlichen Abwehrbewegungen u. ä.) erschließen kann. Instinkte erscheinen beim Menschen weitgehend durch Erziehung und Kontrollen anderer Art überlagert zu sein. In der Psychoanalyse wird angenommen, daß Instinkt- oder Triebansprüche nicht ausgelebter Art zu Quellen des psychischen Konfliktes werden können.

LIT. ARNOLD (1962); HOLST (1961); THORPE (1956); TINBERGEN (1964).

Instinktimpulse →*Verlangen.*

Institution. Bezeichnung für Einrichtungen und relativ festgefügte Vorstellungen über deren Art und Funktion, die sich als Bezugssysteme des sozialen Verhaltens verstehen lassen, dem sie Normen und Stabilität verleihen. Sie beziehen sich meist auf bedeutende soziale Themen wie Erziehung, Ehe oder Besitz und bestimmen das soziale Verhalten weitgehend als Forderung. Die Beziehung zu Institutionen setzt den Vorgang der *Sozialisierung (→Sozialisation)* voraus. Institutionen werden als Vorbedingungen für bestimmbare Kulturen angesehen.

LIT. PARSONS (1959).

Instruktion *(instruction).*
[1] In der pädagogischen Psychologie und ihren Anwendungsbereichen allgemeine, aus dem Englischen übernommene Bezeichnung für Lehre, Übung und Unterricht. Im Bereich der sog. *Instruktionspsychologie (instructional psychology)* werden die optimalen Lehr- und Lernbedingungen untersucht und beurteilt. →*Lehrziel.*

Insula

[2] In der experimentellen Psychologie die über das Medium der Sprache vermittelte Anweisung an die Versuchsperson, die vor dem Experiment erteilt wird. Sie gehört zu den kontrollierten Bedingungen eines jeden Experiments.

→*Experiment.*

Insula oder **Reilsche Insel** *(insula, island of Reil).* Teil des Kortex am Grunde der Sylviusschen Furche (fissura cerebri lateralis).

Insulin. *(insulin). Hormon,* das in den Betazellen der Langerhansschen Inseln in der Bauchspeicheldrüse gebildet wird. Es besitzt den Blutzuckerspiegel senkende und die Glykogenspeicherung fördernde Wirkung, auf Grund deren die normale Blutzuckerkonzentration von ca. 70-115 mg/dl aufrechterhalten wird. Die physiologische Abgabe von Insulin ist vom Blutzuckerspiegel abhängig. Der I.-Anteil steigt, wenn zu viel, und er sinkt, wenn zu wenig Blutzucker vorhanden ist. I. fördert die Glukoseaufnahme in den Körperzellen und die Glukoseoxidation (Zuckerverbrennung), wirkt bei der Glykogenbildung (Energiereservebildung) in Leber und anderen Organen mit, drosselt die Zuckerabgabe aus der Leber, fördert die Lipogenese (Bildung körpereigener →*Fette),* senkt die Cholesterinproduktion (aus Fett gebildete Ablagerungen in Leber und an Zellmembranen) und steigert die Peptide- und Proteinsynthese (chem. Verbindungen aus Aminosäuren, die zur Eiweißbildung beitragen). I.-Mangel führt zum sog. *insulinbedürftigen diabetes mellitus (→Diabetes).*

insulinabhängiger/insulinunabhängiger Diabetes →*Diabetes.*

Intake-rejection-Hypothese *(intake-rejection hypothesis).* Von Lacey eingeführte Erklärung des Zusammenhanges zwischen Streß und Abfall der sensorischen Leistungsfähigkeit unter dem Einfluß gesteigerter Herztätigkeit (Acceleration der HR). Während bei herabgesetzter Herztätigkeit (Deceleration der HR) die Aufnahme von Umweltreizen durch Schwellenerniedrigung erleichtert wird *(intake),* kommt es mit zunehmender Acceleration zu einer Abschirmung gegenüber sensorischen Reizen, d. h. zu Schwellenerhöhungen *(rejection);* letzteres wird als Ausdruck des durch Erregungssteigerung bedingten Ablenkungseffektes von Stressoren interpretiert. Der physiologische Mechanismus wird in der sog.

→*Barorezeptoren-Hypothese* erklärt. Die von Lacey vertretene Auffassung steht in enger Beziehung zu Fragen der Spezifität einzelner autonomer Teilfunktionen.

→*Psychophysiologie.*

LIT. LACEY (1967); LACEY, LACEY (1974); ORLEBEKE u. a. (1985).

Integration *(integration).*

[1] Allgemeine, aus dem lat. integer (rein, unverletzt, vollständig), integro (wiederherstellen, erneuern) hergeleitete Bezeichnung für Prozesse der (a) Vereinigung von Teilen zur Herstellung einer Einheit und (b) der Aufnahme bisher außerhalb liegender Teile in eine bereits bestehende Einheit, wobei das Ganze an Strukturiertheit und Organisiertheit gewinnt.

[2] Der I.-Begriff tritt in der Psychologie in verschiedenen Bedeutungsvariationen auf.

(a) In der *Psychopathologie* dient er zur Kennzeichnung der wechselseitigen Bedingtheit und Durchdringung von Erlebnis- und Verhaltensfunktionen; PIERRE JANET sieht Neurosen und Psychosen als Desintegrationsphänomene an.

(b) In der *I.Psychologie* von E. R. JAENSCH ist I. Inbegriff des harmonischen Zusammenwirkens von Wahrnehmen, Denken und Vorstellen in Anpassung an äußere Gegebenheiten (Außen-I.) bzw. bei der Herstellung innerer Zusammenhänge (Innen-I.).

(c) Die *Entwicklungspsychologie* sieht in I. ein zentrales Merkmal der Ontogenese kognitiver Funktionen. Im Verlauf der Entwicklung werden z. B. nach K. LEWIN und H. WERNER mit der zunehmenden *Differenzierung* des Erkennens Einzelheiten immer wieder in übergeordnete Einheiten aufgenommen, die im Wechselspiel zwischen Differenzierung und I. Außenwelt und Innenwelt klarer unterscheiden lassen. Ähnlich argumentiert PIAGET im Zusammenhang mit Prozessen der *Assimilation* und *Akkommodation (→Schema).*

(d) Ähnlich argumentiert auch WITKIN in seiner Theorie der *Feldabhängigkeit* vs. *-unabhängigkeit;* das Begriffspaar bezieht sich auf das Ausmaß der individuellen Differenzierung von Hinweisen aus der Außenwelt und ihrer integrativen Nutzung bei Wahrnehmungsurteilen und sozialen Handlungen.

(e) In seiner systematischen Analyse der *sozialen I.* geht PARSONS auf die Bedingungen ein, welche der Konsistenz sozialer Gebilde förderlich sind. Zu ihnen gehören *kulturelle*

I. (Normenakzeptanz), *normative I.* (Übereinstimmung von Normen und persönlichen Bedürfnissen), *kommunikative I.* (Übermittlung von Normen innerhalb einer Gruppe) und *funktionale I.* (Übereinstimmung von Forderungen, Erwartungen und Handlungen).

LIT. JAENSCH (1926); LEWIN (1954);WERNER (1959); WITKIN u. a. (1962).

Intellekt *(intellect).* Aus dem lat. intellectus (Verständnis; Bedeutungserfassung) hergeleitete Bezeichnung für die allgemeine Fähigkeit, durch Einsicht und Denken in Beziehungen Erkenntnisse zu gewinnen bzw. zu verwerten.

Intelligenz *(intelligence).*

[1] Aus dem lat. intellego (erkennen, begreifen, verstehen) bzw. intellegentia (Einsicht, Verständnis, Kennerschaft) hergeleitete Bezeichnung für die generelle Fähigkeit (a) höherer Tiere, durch Erfahrung zu lernen und damit die Art und den Umfang möglicher Verhaltensweisen im Sinne besserer Anpassung an neue Situationen zu modifizieren (darwinistische Interpretation), bzw. die Fähigkeit (b) des Menschen, durch die Erfassung von Bedeutungsbeziehungen, d. h. durch Einsicht und Denken, neue Aufgaben lösen oder neue Situationen bewältigen zu können. I. im zuletzt genannten Sinn bezieht sich sowohl auf den Leistungs- und Integrationsgrad psychischer Funktionen bei der Bewältigung neuer Aufgaben bzw. Situationen, als auch auf dynamische Komponenten (Motivation), welche das Eingehen auf diese fördern (ROHRACHER; STERN).

SPEARMAN sieht in I. die Manifestation einer »generellen geistigen Energie« *(general mental energy)* auf der Grundlage der Erfassung von Beziehungen zwischen den Aufgabenelementen und ihrer abstrakt-symbolischen Verarbeitung. BURT und THURSTONE heben die Bedeutung einzelner I.-Komponenten (Faktoren) hervor, die umschriebene Handlungen bzw. sprachlich-symbolischen Operationen des Denkens zugrunde liegen. Wechsler schlägt daher vor, mit I. die aus zahlreichen Komponenten zusammengesetzte, integrativ wirksam werdende Gesamtfähigkeit zu bezeichnen, die zielgerichtetes Handeln, rationales Denken und die wirkungsvolle Auseinandersetzung mit der Umwelt ermöglicht.

[2] *Intelligenzforschung:* Unter dem Aspekt der *I.-Phylogenese* bilden Zusammenhänge zwischen der Differenziertheit von Leistungen und Großhirnstrukturen eine wesentliche Grundlage vergleichender Ansätze.

Die *I.-Ontogenese* läßt sich unter dem Aspekt reifungs- und erfahrungsbedingter Veränderungen interneuronaler Verbindungsstrukturen (sog. Dendritenwachstum) und Veränderungen des Funktionszustandes von umschriebenen Neuronenverbänden betrachten (HEBB).

Piaget interpretiert die I.-Entwicklung als Prozeß, in dessen Verlauf die Beziehungen zwischen Denken und Handeln in komplexer und differenzierter werdenden *kognitiven Schemas* repräsentiert sind. Über das Verhältnis zwischen angeborenen und erfahrungsabhängigen Voraussetzungen der I. bestehen erhebliche Meinungsverschiedenheiten, aber keine Gewißheiten. Beherrschender Gegenstand der allgemeinen und differentiellen I.-Forschung mit weitreichenden Konsequenzen in der I.-Testentwicklung ist die Frage nach den *Komponenten* und *Strukturmerkmalen* der I.; sie sind Gegenstand der *faktorenanalytischen* I.-Forschung.

[3] *Intelligenztheorien:* (a) In seiner *Zwei-Faktoren-Theorie* der I. stellt SPEARMAN dem →*G-Faktor* als eigentlichen Repräsentanten der I. in den verschiedensten Aufgaben einen zweiten Faktor gegenüber, der das restliche, aufgabenspezifische Varianz umfaßt.

Thurstone dagegen stellt I. in einer *multiplen Faktoren-Struktur* dar und sieht in den einzelnen Faktoren erster Ordnung *Elementar-Komponenten* als Ausdruck der Gemeinsamkeit bestimmter Aufgabengruppen. Es sind dies *Wahrnehmungsgeschwindigkeit (perceptual speed), räumliches Denken (spacial orientation), Merkfähigkeit (memory span), Begriffsverständnis (verbal comprehension),* Denk- bzw. *Sprechflüssigkeit (verbal fluency)* sowie *induktives* und *deduktives Denken (reasoning).* (b) Ein erweitertes I.-Strukturmodell stammt von GUILFORD. Die Ausgangsbasis sind verschiedene Arten von Denkoperationen in bezug auf inhaltliche Operationsklassen und Ergebnismerkmale. Die zahlreichen Primärfaktoren laden auf zwei Faktoren zweiter Ordnung: *induktives Denken, deduktives Denken und räumliches Denken, Sprach- und Sprechfähigkeit, abstrakt-logisches Denken und rechnerisches Denken.* Fragen der I. werden in neueren Ansätzen in engstem Zusammenhang mit Ergebnissen der Denkpsychologie als In-

243

Intelligenz, emotionale

begriff der operativen I. diskutiert (DÖRNER, JÄGER).

LIT. BURT (1970); DÖRNER (1974); EYSENCK (1980); GUILFORD (1967); HEBB (1949); JÄGER (1967); KLIX (1980); PAWLIK (1982); PIAGET (1966); SPEARMAN (1927); STERN (1928); THURSTONE (1938); WECHSLER u. a. (1964).

Intelligenz, emotionale →*emotionale Intelligenz.*

Intelligenz, künstliche; KI *(artificial intelligence; AI).* Interdisziplinäres Forschungs- und Anwendungsfeld, das sich mit der Herstellung solcher Computerprogramme befaßt, die eingegebene und gespeicherte Informationen in einer Weise verarbeiten, die man beim Menschen als intelligent bezeichnet. Die KI-Forschung beruht auf der von A. M. TULVING in den 1950er Jahren erstmals formulierten Einsicht, daß Computer nicht nur zur Verarbeitung von Zahlenmaterial, sondern auch zur Verarbeitung von Informationen in Form von Symbolen, Mustern, Buchstaben oder Diagrammen herangezogen werden können. Entscheidende Schritte der »intelligenten« Verarbeitung sind neben der Eingabe und Ausgabe von Informationen in symbolischer Form deren Assoziation, Organisation, Speicherung, deren Vergleich mit bereits vorhandenen Kopien und das Einschlagen unterschiedlicher Bearbeitungswege je nach Vergleichsresultat. Aus der Tatsache, daß Computerprogramme derartiges leisten können, ergeben sich zwei Schlußfolgerungen und Anwendungsbereiche: (a) Mit entsprechend programmierten Computern läßt sich das menschliche »intelligente« Verhalten in umschriebenen Problemfällen nachbilden, und zwar immer dann, wenn der Ablauf des Problemlösens Regeln folgt, die als feste oder verzweigte (lineare) Abläufe der Symbolverarbeitung dargestellt werden können; ein typisches Beispiel sind Schachspielprogramme. Darüber hinaus können entsprechend programmierte Computer aufgrund ihrer großen Verarbeitungskapazität und -geschwindigkeit als Helfer bei komplexen Entscheidungen, als sog. *Problemlöser (problem solver),* herangezogen werden, oder sie ermöglichen das rasche Durchspielen verschiedener Entscheidungsmöglichkeiten unter Anforderung zusätzlicher Informationen (→*Expertensystem).* (b) Wenn man »intelligentes« Verhalten mit entsprechenden Computerpro-

grammen simulieren kann, so wäre denkbar, daß auch bisher nicht nachgebildete Intelligenzleistungen des Menschen in solchen Schritten, Operationen und Symbolstrukturen ablaufen, die durch modifizierte, adaptierte und fortlaufend verbesserte Programme simuliert werden können. Der systematische Vergleich menschlicher und künstlicher Intelligenzleistungen ermöglicht daher auf der Grundlage der Übereinstimmung von Ergebnissen die Herstellung von *Modellen* komplexerer *kognitiver Prozesse.*

LIT. ADLER (1961); ELITHORN, BANERJI (1984); GILHOOLY (1989); KLIX (1976); SHAPIRO, ECKROTH, VALASSI (1987).

Intelligenzalter →*Alter,* →*Intelligenzquotient.*

Intelligenzdefekte →*geistige Behinderung.*

Intelligenzquotient *(intelligence quotient, IQ).*

[1] Ursprünglich nach W. STERN ein Verhältnismaß der Intelligenz, das aus der Beziehung

$$\frac{\text{Intelligenzalter (IA)}}{\text{Lebensalter (LA)}} \cdot 100$$

errechnet wird. Das Intelligenzalter ergibt sich aus der Anzahl der Aufgaben, die für die jeweilige Altersgruppe als lösbar ermittelt werden waren. Löst ein Kind z. B. neben den Aufgaben seiner Altersgruppe auch solche einer höheren, so übersteigt sein Intelligenzalter das Lebensalter und der Quotient liegt über 100.

[2] Heute durchgängig ein Abweichungsmaß, das (fälschlicherweise als »Quotient« bezeichnet) sich aus den in altersspezifische Standardskalen mit dem Mittelwert 100 und der Standardabweichung s = 15 umgerechneten Testsummenscores eines Intelligenztests ergibt. Die jeweilige Altersnorm liegt immer bei 100, die Leistungen des Individuums werden als Abweichung von diesem Wert in Einheiten der Standardabweichung dargestellt, z. B. beim Intelligenztest nach Wechsler (HAWIE, HAWIK →*Intelligenz,* →*Wechsler-Bellevue-Skala).*

Intelligenz-Struktur *(intelligence structure; structure of intelligence).*

[1] Zusammenfassende Bezeichnung für (meist faktorenanalytisch definierte) Komponenten-Konstellationen als Grundlagen des intelligenten Verhaltens. →*Intelligenz [3] (b).*

[2] *Intelligenz-Struktur-Test (IST)*. Testsystem von Amthauer, dem allerdings keine faktorenanalytische Komponentenanalyse zugrunde liegt.

Intelligenz-Tests *(intelligence tests)*. Bezeichnung für standardisierte Verfahren der Intelligenz-Messung unter Zugrundelegung altersspezifischer Normen *(→Intelligenzquotient)*. Der erste I. T. mit dem Anspruch, Intelligenz als umfassende Fähigkeit zu messen und Aufgaben dem Entwicklungsalter gemäß zu gestalten, stammt von BINET; er liegt in verschiedenen Revisionen vor (z. B. *Stanford-Binet-Test*). Der Personalauslese dienten bereits im Ersten Weltkrieg zwei von Yerkes entwickelte Verfahren *(Army Alpha,* ein sprachgebundenes, und *Army Beta*, ein sprachfreies Testinstrumentar). THURSTONE entwickelte seinen *Primary Mental Ability Test* als erster auf faktorenanalytischer Grundlage; ihm entspricht das in einer deutschen Version vorliegende Leistungsprüfsystem von HORN. Die von Wechsler und Mitarbeitern entwickelten Verfahren (dt. HAWIE bzw. HAWIK) gehören zu den häufigst angewandten sprachgebundenen Verfahren der psychologischen I.-Diagnostik; weitere Verfahren stammen von CATTELL und AMTHAUER (dt.). Als ein sprachfreies Verfahren der I.-Messung gilt u. a. der *Progressive Matrices Test* von RAVEN bzw. analoge Entwicklungen von EYSENCK.

LIT. BRICKENKAMP (1975), WEWETZER (1972).

Intensitätsverhältnisse *→Dezibel.*

Intentionalismus *(intentionalism; intentionism)*, Syn.: *Aktpsychologie (act psychology)*. Bezeichnung für eine vor allem durch phänomenologisch orientierte Forscher (BRENTANO, HUSSERL, SCHELER) vertretene Theorie, die als wichtigstes und grundlegendes Charakteristikum aller geistigen Prozesse oder des Erlebens überhaupt *(→Bewußtsein)* das *Gerichtetsein* oder das Sich-Beziehen-auf-einen-Gegenstand im Sinne eines Aktes (Bewußtseinsakt) hervorhebt. Die Gerichtetheit wird als *Intention*, die Tatsache des Sich-Richtens-auf-etwas als *Intentionalität* bezeichnet. In der modernen Fachsprache entspricht dies weitgehend einem Aspekt des *Einstellungs*begriffes *(→Einstellung)*.

Intentionalität *→Bewußtsein,* *→Intentionalismus,* *→Verhalten.*

Interaktion *(interaction)* oder **Wechselwirkung.**
[1] Allgemeine und umfassende Bezeichnung für jede Art wechselseitiger Bedingtheit, z. B. im sozialen Verhalten, wo zwei oder mehrere Versuchspersonen durch Kommunikation einander beeinflussen können und das gemeinsame Verhalten als Ergebnis der Interaktion angesehen werden kann *(soziale I.)*.
[2] Bezeichnung für ein Prinzip der neuralen Erregung (nach HULL), dem zufolge alle zu einem Zeitpunkt vorhandenen afferenten neuralen Impulse des Nervensystems einander wechselseitig beeinflussen und ändern, so daß je nach Art der beteiligten Afferenzen neuartige Erregungsmuster entstehen (Prinzip der I., *interaction principle*).
[3] Statistische Bezeichnung für jenen Varianzanteil *(→Varianzanalyse)*, der sich nicht durch den Einfluß der einzelnen unabhängigen Variablen, sondern als Funktion der gemeinsamen Variation von zwei oder mehreren Bedingungen (unabhängigen Variablen) erklären läßt.

Interaktion(al)ismus *(interactionism)*.
[1] Bezeichnung für psychologische Theorienbildungen, die von der wechselseitigen Bedingtheit der geistig-verstandesmäßigen und körperlichen Erscheinungen ausgeht. Der I. ist Ausdruck einer dualistischen Anschauung.
[2] In der *Sozialpsychologie* Inbegriff der Abhängigkeit des Erlebens und Verhaltens von der Art und Form der Auseinandersetzung mit sozial relevanten Gegenständen (Personen, Situationen) oder Einstellungen, Meinungen und Wertbezügen. Als *symbolischer I.* Bezeichnung für die o. a. Abhängigkeiten im Zusammenhang mit der sprachlichen Kommunikation bzw. an Sprachsymbole geknüpfte Vorstellungen oder Erwartungen.

Interaktionsanalyse *→Soziale Interaktion.*

Interdependenz *(interdependency)*. Bezeichnung für eine wechselseitige Abhängigkeit.

Interesse *(interest)*. Allgemeine und umfassende Bezeichnung für *Einstellungen* oder Erwartungen, eine innerlich begründete Tendenz, auf bestimmte Gegenstände oder Gegebenheiten der Umwelt besonders zu achten (Selektivität der Aufmerksamkeit), eine gesteigerte (emotionale) Anteilnahme an bestimmten für bedeutungsvoll erachteten Gegenständen oder Ereignissen, Ideen u. ä. zu zeigen, sich für bestimmte Ereignisse oder Sachverhalte beson-

245

Interferenz

ders zu interessieren und ihren Wirkungen und Ursachen nachzugehen usw. Der Messung von bestimmten Klassen von Interessen (z. B. Berufsinteressen) dienen sog. Interessentests, die meist in Form von *Fragebögen*, ähnlich wie *Einstellungstests*, vorgelegt werden.
In der Pädagogik wurde zeitweise die sog. Interessendoktrin vertreten, die besagt, daß ein »Interesse« Grundlage der Bildsamkeit sei. Die Veränderung von »Interessen« (z. B. an Dingen oder Lebewesen, an bestimmten Spielen usw.) sind wichtige, wenn auch schwer zu definierende Indikatoren des Entwicklungsgeschehens.
LIT. GRAUMANN (1965 a).

Interferenz *(interference).* Ein Prozeß, in dem zwei miteinander konkurrierende Vorgehensweisen, Kräfte oder Tätigkeiten eine Veränderung oder Minderung der Leistung bewirken.
[1] *Physik*: Ergebnis der Überlagerung von zwei aus verschiedenen Richtungen zusammentreffenden Wellenbewegungen, die sich wechselseitig beeinflussen, was sich in einer von den beiden ursprünglichen abweichenden *Interferenzwelle* ausdrückt. Bei Schallwellen führt I. zu →*Schwebungen.*
[2] *Lern- und Gedächtnispsychologie*: Hemmung der Einprägung bzw. Reproduktion von Lernelementen durch andere, raum-zeitlich benachbarte Elemente (→*Hemmung, proaktive*; →*Hemmung, retroaktive*).
[3] *Interferenzneigung*: Störanfälligkeit bei Aufgaben, die den Umgang mit erfahrungswidrigen Reizen oder Umweltgegebenheiten fordern. Hohe I.-Neigung ist nach HÖRMANN Kennzeichen für eine relativ unspezifische Codierungsweise und eine verhältnismäßig langsame Anpassung bzw. Neugliederung psychischer Vorgänge. Das bekannteste Prüfverfahren ist der von J. R. STROOP 1935 erstmals beschriebene *Farb-Wort-I.-Test*, allgemein *STROOP-Test* genannt. Zunächst wird die Zeit bestimmt, die benötigt wird, um die Farben von Farbblöcken oder Farbnamen zu nennen, die in Farben geschrieben sind, die mit der Wortbedeutung übereinstimmen (z. B. das Wort Grün in grün, Rot in rot geschrieben). Dann wird die Zeit bestimmt, die derselbe Beobachter benötigt, um die Farben zu nennen, in denen Wörter geschrieben sind, deren Bedeutung mit der Druckfarbe nicht übereinstimmt (z.B. das Wort Grün in blau, das Wort Wiese in rot). I.-Effekte, die von angstauslö-

senden Begriffen herrühren, können in analoger Weise bestimmt werden. Je größer der Zeitzuwachs unter I.-Bedingungen, desto größer die I.-Neigung. Menschen mit geringer I.-Neigung gelten als »starke Automatisierer« (*strong automatizers*), da sie sich anstrengungsfrei auf den aufgabenrelevanteren von zwei konkurrenden Reizaspekten konzentrieren können.
LIT. GLASER, DOLT (1977); HÖRMANN (1960).

Interferenzneigung →*Interferenz.*

Interferone, IFN *(interferons).* Spezialsspezifische Proteine aus der Gruppe der *Zytokine*, die von Körperzellen nach viralen bzw. bakteriellen Infektionen oder unter dem Einfluß anderer Antigene gebildet bzw. abgegeben werden. Alle IFN haben antivirale Wirkung, behindern die *Proliferation* befallener Zellen und spornen das →*Immunsystem* zu optimaler Wirksamkeit an. IFN sind gentechnisch herstellbar und werden z. B. bei schweren viralen Infekten oder Krebsleiden zur Unterstützung des Immunsystems eingesetzt.

Interkorrelationen. Bezeichnung für die Korrelationen zwischen verschiedenen Variablen in einer vollständigen Matrix.

Interleukine *(interleukins).* Von *Leukozyten* abgegebene Kommunikationsproteine des *Immunsystems* aus der Gruppe der *Zytokine*, welche die *Proliferation* solcher Zellen anregen, die Antigene (auch Krebszellen) erkennen und/oder vernichten (z. B. *Makrophagen*).

Intermittenz *(intermittence, intermission).* Jede Art von Unterbrechung einer Erscheinung, Reizdarbietung oder Verhaltensweise durch andere oder durch Pausen.

intermodale Interferenz *(intermodale interference),* Syn.: *intermodale Interaktion (intermodale interaction).* Die Beeinflussung des Wahrnehmungsurteils durch mehrere, gleichzeitig auftretende sensorische Reize aus verschiedenen Sinnesgebieten. Ein Ton wird z. B. lauter empfunden, wenn die Umgebungshelligkeit zunimmt; soll man einen Stab senkrecht halten und wird dabei auf der linken Schulter berührt, so erhält er unwillkürlich eine Rechtsneigung. Man nimmt an, es handle sich dabei um die Folgen einer integrativen Verrechnung gleichzeitig eingehender Sinneserregungen in thalamischen Kernregionen und die sich daraus ergebenden Veränderungen der *Aktivation* mit ihren Konsequenzen im Kortex.
→*sensorisch-tonische Feldtheorie.*

Intermodale Transferenz →*Sensorisch-tonische Feldtheorie.*

Internationales 10-20-System →*Elektroencephalogramm.*

interne Validität →*Experiment,* →*Validität, interne.*

interne vs. externe Verstärkungskontrolle *(internal vs. external control of reinforcement; locus of control).* Generalisierte Verstärkungserwartungen eines Individuums, angeordnet auf einem gedachten Kontinuum zwischen den Polen interner und externer Abhängigkeiten. *Interne V.* bedeutet die Zurückführung erfahrener positiver und negativer Verstärkungen auf eigenes Verhalten, während *externe V.* erfahrene positive und negative Verstärkungen auf solche Faktoren bezieht, über die der Betroffene keine Handlungskontrolle ausüben kann (z.B. Glück oder Schicksal). Der Operationalisierung dient eine auf dem forced-choice-Prinzip aufbauende Befragungstechnik, die sog. *I.-E.-Skala.* Der Begriff ist zentral in sog. Sozialpsychologischen Lerntheorien, wurde von ROTTER geprägt und steht in nächster Nähe zu Vorgängen vom Typus der *Attribuierung.*
→*Kontrolle.*
LIT. LEFCOURT (1966); ROTTER u.a. (1972).

interner Fehler →*Experiment.*

Interoception *(interoception).* Syn.: *viszerale Wahrnehmnung* (visceral perception; visceroception). Wahrnehmung und Intensitätsbeurteilung von autonomen Veränderungen innerhalb des eigenen Körpers, inbes. des Herz-Kreislaufsystems und des Magen-Darm-Trakts, d.h. der Bauch- und Darmmuskulatur. Das Erkennen und Beurteilen ist in der Regel sehr schwer und von zahlreichen Faktoren abhängig, z.B. von der Intensität der Veränderungen und vom Grad der gewohnheitsmäßigen Zuwendung zu Körpersymptomen. I. ist sowohl in der Emotionsforschung als auch bei der Anwendung von Biofeedback-Techniken von ausschlaggebender Bedeutung.
LIT. JONES (1994); VAITL (1995).

Intervall *(interval).* Der zeitliche oder räumliche Abstand zwischen zwei distinkten Reizen oder Ereignissen. Bei Tönen ist I. die Bezeichnung des Unterschiedes in der *Tonhöhe (pitch).*

Intervallskala →*Skala.*

Intervention *(intervention).*
[1] Allgemeine Bezeichnung für Maßnahmen, die durch gezieltes Eingreifen in Organismen, soziale oder technische Systeme dem Auftreten von Störungen vorbeugen, Störungen beheben und/oder ihre Folgen eindämmen sollen. In der medizinischen und psychologischen Gesundheitsversorgung zählen hierzu neben *Therapie* bzw. *Psychotherapie* alle Maßnahmen der *Prävention* und *Rehabilitation.*
[2] Als *psychologische I. (psychological intervention)* gelten alle Maßnahmen, die mit psychologischen Mitteln das Erleben und Verhalten ansprechen und durch den Abbau von Störungen bei gleichzeitigem Aufbau positiver Einstellungen (z.B. Ichstärke, Kontrollüberzeugungen) sowie kreativer, kommunikativer und sozialer Fähigkeiten der Förderung von Gesundheit, harmonischem Zusammenleben, Wohlbefinden und Zufriedenheit dienen. Das größte Anwendungsbiet der psychologischen I. liegt in der →*Klinischen Psychologie.* Im Unterschied zur *medizinischen I.,* die körperliche Gesundheit und Wohlbefinden neben der ärztlichen Beratung vor allem auf dem Weg medikamentöser, physikalischer oder chirurgischer Maßnahmen zu erreichen sucht, umfaßt die *klinisch-psychologische I.* neben Maßnahmen zur Förderung der persönlichen Entfaltung durch *Beratung,* zur *Prävention* von Störungen und zur *Rehabilitation* vor allem Verfahren zum Abbau manifester Störungen des Erlebens und Verhaltens mit psychologischen Mitteln *(Psychotherapie).* Weitere Anwendungsfelder der psychologischen I. finden sich in der *Arbeits- und Organisationspsychologie,* z.B. im Bereich der Unfallverhütung, des Abbaus innerbetrieblicher Konflikt- und Spannungsfelder bzw. organisationsbedingter Belastungen oder der Förderung der Arbeitszufriedenheit. In der *Pädagogischen Psychologie* schließlich gelten als I. z.B. Maßnahmen zur Verbesserung von Bedingungen des Lehrens und Lernens.
→*Psychotherapie,* →*Therapie.*

Intervertebralganglien →*Spinalganglien.*

Interview. Aus dem Englischen übernommene allgemeine und umfassende Bezeichnung für in *Diagnostik, Klinischer Psychologie* und *Meinungsforschung* übliche Ausfrage- oder Befragungsgespräche in freier oder an einen Leitfaden gebundener Form.
LIT. KÖNIG (Hrsg.; 1965).

Intoleranz gegenüber Mehrdeutigkeit

Intoleranz gegenüber Mehrdeutigkeit →*mehrdeutig.*

intrinsisch *(intrinsic, intrinsical).*
[1] Lat. intrinsecus; Vorgänge, deren Ursprung und/oder Wirkung in dem betrachteten System (z. B. Organismus) selbst begründet ist. Syn. *inhärent (inherent).*
[2] *Motivationsforschung:* Charakteristik von Verhaltensweisen, die ohne erkennbaren Bezug auf äußere Anlässe oder Konsequenzen, sozusagen um ihrer selbst willen, ablaufen. Typische Beispiele sind das sog. Funktionsspiel des Kindes (→*Spiel*) oder eine sich selbst gestellte Aufgabe zu einem guten, den eigenen Ansprüchen entsprechenden Abschluß zu bringen, ohne daß dabei erwartete Anerkennungen oder Belohnungen eine entscheidende Rolle spielen. Gegenteil: *extrinsisch.*
Introjektion →*Abwehrmechanismen.*
Introspektion *(introspection)* oder **Selbstbeobachtung.** Bezeichnung für die auf eigene Anschauung oder eigene Erlebnisse gründende Aussage. Im strengen Sinne handelt es sich dabei um eine *unmittelbare Retrospektion,* denn die Aussage erfolgt unmittelbar *nach* dem Auftreten des betreffenden Erlebnismodus. Die Methode der I. ist weitgehend ersetzt durch objektivere Ansätze, leistet jedoch in Form standardisierter, systematischer Selbstbeschreibungen oder – beurteilungen (Adjektivlisten, Fragebögen, Ratings) in der Wahrnehmungs-, Emotions- und Persönlichkeitsforschung unentbehrliche Dienste.
LIT. BORING (1953).
Introversion *(introversion),* **introvertiert** *(introvert).*
[1] Von C. G. JUNG geprägte Bezeichnung für einen *Persönlichkeitstypus,* der sich durch gesteigerte Selbstbezogenheit, Entscheidungsunfreudigkeit und Mißtrauen gegenüber Mitmenschen auszeichnet. Gegensatz: *extravertiert.*
[2] Von EYSENCK in kritischer Auseinandersetzung mit JUNG gebrauchte Bezeichnung für den der →*Extraversion* gegenüberliegenden Pol eines Kontinuums (Dimension im Sinne eines sekundären Faktors). In den Bereich der I. fallen solche Verhaltensweisen, die auf leichte Konditionierbarkeit und nur schwache reaktive Hemmungen hinweisen. In der neueren Neuroseforschung hat Introversion einen mit *Neurotizismus* gekoppelten Erklärungswert in bezug auf das Zustandekom-

men von Symptomen erhöhter Empfindsamkeit, Angst und Depression.
→*Extraversion, Introversion,* →*Neurose,* →*Neurotizismus.*
LIT. CATTELL (1973); H. J. EYSENCK (ed.; 1981); H. J. EYSENCK, RACHMANN (1970); GUILFORD (1964); JUNG (1960).
Intuition *(intuition).* Aus dem Lat. *intueri,* anschauen. Unmittelbare Anschauung, Einsicht, Gewißheit. Meist verwendet zur Hervorhebung des Gegensatzes zwischen unmittelbaren Erfahrungen oder Einfällen und jenen Gewißheiten, Urteilen, Schlußfolgerungen, die aus systematischen Beobachtungen induktiv und abstrahierend hergeleitet sind. In der Emotionsforschung werden grundlegende Gefühlsqualitäten der *Annäherung* oder *Vermeidung* als Ergebnisse *intuitiver Bewertung* kognitiven (d. h. reflexiven) Bewertungen gegenübergestellt.
→*Gefühl.*
intuitive Bewertung →*Bewertung.*
invasiv *(invasive).* Bezeichnung für Messungen von Körperveränderungen, die an einen Eingriff gebunden sind. Syn. *blutige Verfahren.* Gegensatz: *nicht-invasiv (non-invasive).*
inverse Faktorenanalyse →*Q-Technik.*
in vitro. Lateinisch wörtlich: im Glas. Untersuchungs- oder Behandlungsverfahren, die außerhalb des lebenden Organismus zur Anwendung kommen, z. B. Untersuchungen des Blutbildes nach Blutentnahme. Gegensatz: →*in vivo.*
in vivo. Lateinisch wörtlich: am/im Lebendigen. Untersuchungs- oder Behandlungsverfahren, die im lebenden Organismus zur Anwendung gelangen. Gegensatz: →*in vitro.*
Inzest *(incest).* Sexuelle Beziehungen zwischen Blutsverwandten. Als *Inzestschranke (incest barrier)* bezeichnet man eine Tendenz, bei Auftreten von Inzestphantasien oder -träumen mit Schuldgefühlen zu reagieren und so eine Zensur auszuüben.
inzidentielles Lernen →*Lernen, inzidentielles.*
Inzidenz *(incidence). Epidemiologie:* Anzahl der Neuerkrankungen in einem definierten Zeitraum.
IPSP →*Synapse.*
IQ. Abk. für →*Intelligenzquotient.*
Iris, Regenbogenhaut. Haut mit eingelagerten Muskelfasern vor der Linse des Auges mit der zentral gelegenen Pupillenöffnung, deren

Größe durch die auf die Retina fallenden Lichtreize bestimmt und durch die in der Iris gelegenen Muskelfasern reguliert wird.

Irradiation. In verschiedenen Bedeutungen wird der Begriff als Bezeichnung für »Ausstrahlung«, »Streuung« (letzteres nicht in statistischem Sinn) verwendet.

[1] Bezeichnung für ein Kontrastphänomen, das dann erscheint, wenn eine helle Figur auf schwarzem Hintergrund hinsichtlich ihrer Größe mit einer gleichgroßen dunklen Figur auf hellem Grund verglichen wird; die helle Figur erscheint größer.

[2] Bezeichnung für die Tatsache, daß ein afferenter *Nervenimpuls* bei seinem Durchgang durch zentralnervöse Bereiche auch andere Neuronen zu aktivieren vermag (→*Hemmungsirradiation*).

[3] Bezeichnung für die Ursache der Auslösung eines bedingten Reflexes durch die Reizung einer Körperstelle, die der normalerweise auslösenden benachbart ist (→*Generalisierung*, →*Reizgeneralisierung*).

[4] Bezeichnung für das Phänomen des Übergreifens einer reflektorischen Reaktion auf benachbarte und übergeordnete motorische Regionen, wenn der auslösende Reiz intensiv ist.

[5] Bezeichnung für die Tatsache, daß aufgrund der Irradiation [4] beim Einsetzen eines *Versuchs-Irrtums-Lernens* zunächst Reaktionen erheblicher Variationsbreite auftreten.

Irradiationstheorie *(irradiation theory of learning).* Annahme, der zufolge das Lernen durch selektive Verstärkung einer jener Reaktionen erfolgt, die z.B. beim Versuchs-Irrtums-Lernen im Anfangsstadium auftreten. Die verbleibenden, irrelevanten Reaktionen werden dagegen durch die selektive Verstärkungstechnik unterdrückt bzw. eliminiert.

IRT *(inter response time).* Das Zeitintervall zwischen zwei Reaktionen.

ISI *(inter stimulus intervall).* Das Zeitintervall zwischen der Darbietung zweier Reize.

Isihara-Farbtafeln →*Farbentüchtigkeit.*

Isolierung →*Abwehrmechanismen.*

Isomorphie, Isomorphismus *(isomorphic relationship; isomorphy; isomorphism).* Bezeichnung für die Übereinstimmung zweier Beziehungsmuster bzw. Strukturen oder Formen. Algebraische Strukturen sind dann isomorph, wenn sie einander eindeutig und umkehrbar abbilden, zwei Kristalle, wenn sie ähnliche Aufbaumerkmale besitzen (Syn.: Homöomorphie), zwei Sprachen, wenn sie phonetische, morphologische, syntaktische und/oder semantische Entsprechungen aufweisen und zwei Lebewesenarten, wenn sie im Erscheinungsbild (Phänotypus) übereinstimmen. In der Psychologie steht I. für die Annahme einer Entsprechung zwischen kortikalen Prozessen der Erregungsverarbeitung aufgrund sensorischer Reizung und der Wahrnehmungserfahrung.
→*Isomorphieprinzip.*

Isomorphieprinzip *(isomorphism hypothesis; isomorphism principle; principle of isomorphism).* Wörtlich: Gestaltgleichheit, von gleicher Form. Von W. KÖHLER begründete Annahme der *Gestalttherapie,* die in der Wahrnehmungserfahrung gegebene phänomenale Ordnung sei das Ergebnis dynamischer Ordnungsprozesse im Kortex. Das I. dient der Erklärung der unter dem Prägnanzprinzip aufgestellten *Gestaltgesetze.* Wenn eine ungeschlossene geometrische Zeichnung (z.B. ein nicht geschlossener Kreis) als geschlossenes Ganzes (Kreisfigur) wahrgenommen wird, so deshalb, weil im Gehirn ein strukturgleicher dynamischer Prozeß der Schließung abläuft und dem Wahrnehmungsprozeß seinen Stempel aufdrückt. Der Erfahrung von Figuren in Abhebung vom Hintergrund soll ein Prozeß unterliegen, der aufgrund der Polarisierungs- bzw. Sättigungsverhältnisse benachbarter kortikaler Areale in Gang kommt und dem Wahrnehmen Kontrastreichtum verleiht. Das I. enthält die weiterreichende Annahme, das Gehirn werde durch raum-zeitlich benachbarte Erregungshemmungsmuster, die von physikalischen Reizen und ihrer Transformation in neurale Erregung herrühren, zum Einsatz seiner (angeborenen) dynamischen Ordnungstendenzen veranlaßt, um dem Erkennen »seine« Ordnung zu verleihen. Das I. ist weitgehend unbewiesen. Allerdings zeigen neuere Untersuchungen im Zusammenhang mit den sog. *rezeptiven Feldern* Möglichkeiten auf, den Nachweis einer Vorkodierung sensorischer Daten vor ihrer Weiterverarbeitung zur Wahrnehmungsinformation zu erbringen.
→*Gestalt,* →*figurale Nachwirkung,* →*rezeptive Felder.*

LIT. KÖHLER (1940; 1959); KÖHLER, HELD (1949).

Isophon-Kurve

Isophon-Kurve *(isophonic contour; equal loudness contour)*. Syn. Kurve der Töne mit gleicher Lautstärke. Eine I.-K. entsteht, wenn man die Lautstärke von Tönen unterschiedlicher Höhe (Frequenz) der Lautstärke eines Standardtons (z. B. 1000 Hz Ton von 40 dBA) anpassen muß. Die Darstellung der I.-K. erfolgt im Bezugssystem der logarithmierten Frequenzen (log Hz) als Abszisse und der Schalldruckwerte (dBA) als Ordinate. I.-K. sind durchwegs näherungsweise U-förmig, d. h. Töne, die im Vergleich zu einem Ton im mittleren Frequenzbereich sehr viel tiefer oder höher sind, müssen mit mehr Intensität als mittlere dargeboten werden, um einen gleich lauten Eindruck zu erwecken.

ISR →*Psychophysiologie.*

Item *(item)* oder **Aufgabe.** Aus dem Englischen übernommene Bezeichnung für Einzelaufgaben im Rahmen von Experimenten oder von Testverfahren.

Itemanalyse *(item analysis).* Syn. *Aufgabenanalyse.* Statistische Verfahren der →*Testkonstruktion* zur Bestimmung von Aufgabenkennwerten, welche eine Auswahl mit dem Ziel ermöglichen, die Güte des gesamten Verfahrens, d. h. seine *Reliabilität* und *Validität,* zu verbessern. Zur I. gehören stets Bestimmungen der Aufgabenschwierigkeit und Trennschärfe.

LIT. LIENERT, RAATZ (1994).

Itemhomogenität →*Konsistenz.*

Iteration.

[1] Mathematische Bezeichnung für sukzessive Anwendung von Näherungswerten zum Zwecke der Lösung von Gleichungen, z. B. im Rahmen der *Faktorenanalyse* zum Zwecke der Bestimmung optimaler Schätzwerte für die Selbstkorrelation von Variablen u. ä.

[2] Bezeichnung für krankhaftes, zwanghaftes Wiederholen gleichartiger Worte.

ITI *(inter trial interval).* Das Zeitintervall zwischen zwei Versuchsdurchgängen.

J

Jacksonsches Gesetz *(Jackson's law)*. Bezeichnung für den Umstand, daß bei Störungen oder Ausfallerscheinungen die zuletzt erworbenen Funktionen am ehesten betroffen sind. Die Reihenfolge der von Degenerationserscheinungen betroffenen Funktionen entspricht somit derjenigen der Entwicklung oder des Erwerbs der Funktion in umgekehrter Reihenfolge.

Jakob-Creutzfeldt Erkrankung/Syndrom; Creutzfeldt-Jakob Erkrankung/Syndrom *(Jakob-Creutzfeldt disease; Creutzfeldt-Jakob disease; CJD)*. 1921 von den Neurologen A. JAKOB und H. G. CREUTZFELDT erstmals beschriebene, viral bedingte degenerative Erkrankung des ZNS (Nervenzellendegenerationen in Groß- und Kleinhirn, Basalganglien und Rückenmark). Die J.-C.-E. äußert sich anfangs in erhöhter Reizbarkeit, Gedächtnisstörungen und Schwindelgefühlen, später treten Schluckstörungen, Gelenk- und Muskelstarre, delirartige Zustände, Krampfanfälle, komatöse Zustände und fortschreitende Demenz hinzu. Die äußerst seltene Erkrankung wurde ursprünglich vorwiegend bei älteren Menschen beobachtet. Seit dem gehäuften Auftreten einer auch jüngere Menschen befallenden Variante Mitte der 90er Jahre wird die J.-C.-E. mit dem Konsum von Rindfleisch aus von »*Rinderwahn*« *(BSE; bovine spongiform encephalopathy)* befallenen Tierbeständen in Verbindung gebracht. Bei der *BSE* handelt es sich um eine Tierkrankheit mit vergleichbaren histologischen Befunden und motorischen Symptomen.

James-Langesche Gefühlstheorie *(James-Lange theory of emotion)*. Zusammenfassende Bezeichnung für zwei ähnl. Hypothesen zur Erklärung des Zustandekommens von Gefühlen oder (alte Bezeichnung) »Gemütsbewegungen«. (a) Die von C. LANGE formulierte Annahme bezeichnet Gefühle (Emotionen) als *identisch* mit den Veränderungen des Kreislaufsystems (Vasodilatation und Vasokontraktion), wie sie als Folge oder Reaktion auf hochgradig emotionale Reize oder Situationen auftreten. (b) Die von W. JAMES formulierte Annahme geht davon aus, daß das Wahrnehmen emotionaler Reize oder Situationen eine Reihe deutlich spürbarer »reaktiver Entsprechungen« bzw. Phänomene des die wahrgenommenen Reize oder Situationen widerspiegelnden »Widerhalls« im Organismus zur Folge hat. Diese Körperresonanzen betreffen den Kreislauf, die Drüsentätigkeit und Aktivitäten der glatten und quergestreiften Muskulatur. Dabei können die Organismusreaktionen Gefühle verursachen. Organismusveränderungen können auch durch die inneren oder kinästhetischen Sinne registriert werden und so zum Wahrnehmen des Gefühlszustandes führen. Schließlich können – wie bei Lange – die Organismusreaktionen identisch mit dem Gefühl selbst sein. Welche der drei Möglichkeiten die wahrscheinlichere ist, wird bei James nicht geklärt (→*Emotion*).
LIT. ARNOLD (1962); JAMES (1888); LANGE (1885).

JDS →*Arbeitsanalyse, -beschreibung.*

J-Kurve *(J curve)*. Bezeichnung für eine von F. H. ALLPORT ermittelte Gesetzmäßigkeit der →*Konformität*. Unter sozialem Druck oder dem Druck einer Regel ähnelt die Häufigkeit des Verhaltens einer J-förmigen Funktion und weit weniger einer Normalverteilung.

JND →*Psychophysik*, →*Unterschiedsschwelle.*

job-enlargement →*Arbeitsstrukturierung.*

job-enrichment →*Arbeitsstrukturierung.*

job-rotation →*Arbeitsstrukturierung.*

Jordan-Kurve *(Jordan curve)*. Bezeichnung für einen der Abgrenzung von Feldern oder Feldregionen (→*Feldtheorie*) dienenden Kurvenzug, der geschlossen ist und sich nicht überschneidet.

Jostsche Regeln oder Sätze *(Jost's law)*. Bezeichnung für zwei Generalisierungen in bezug auf die Funktion des Gedächtnisses. (a) Verfügt man über zwei »Assoziationen« oder gelernte Inhalte gleicher Stärke (z. B. durch gleiches Ausmaß an Übung eingeprägt) und hat man die Inhalte hintereinander erlernt, so behält man mehr von dem zuerst gelernten und somit älteren Inhalt. (b) Darüber hinaus

Jugendalter

kann der ältere, zuerst gelernte Inhalt durch Wiederholung leichter gefestigt werden, als dies beim »jüngeren« der Fall ist. – Besonders (b) wird als Jostsches Gesetz bezeichnet; es hat deutliche Beziehung zu der *Vergessenskurve* nach EBBINGHAUS (→*Vergessen*).

LIT. FOPPA (1966); JOST (1897); ROHRACHER (1971).

Jugendalter *(youth).* Bezeichnung für den Entwicklungsabschnitt zwischen dem 16. und 25. Lebensjahr, zwischen →*Adoleszenz* und frühem Erwachsenenalter.

Jugendirresein. Veraltete Bezeichnung für →*Psychosen,* die im Jugendalter auftreten. →*Hebephrenie,* →*Schizophrenie.*

K

Kaizen →*lean management.*

Kalibrierung *(calibration).* Bezeichnung für die Tätigkeit des Fixierens einer Skala bzw. deren Ablesungen in bezug auf einen festen, bekannten Standard, z. B. das Einstellen eines Standardimpulses auf die Bezugsskala beim Oszilloskop oder die Einstellung einer bestimmten abgebildeten Wellenbewegung auf einen gewünschten Vergrößerungs- oder Verkleinerungsmaßstab mittels eines Kalibrators. Viele in der Psychologie gängige Meßinstrumente, etwa ein Mehrkanalschreiber, kalibrieren oft automatisch.

Kanal *(duct, canal).* Bezeichnung für Leitungen oder Leitungssysteme, die Drüsensekrete oder andere Körperflüssigkeiten weiterleiten (z. B. Tränenkanal, Lymphkanäle).

Kanalisierung *(canalization).* Bezeichnung für das Lenken von *Einstellungen* und Verhaltensweisen in bestimmte Bahnen bzw. für die Integration bestimmter Verhaltensaspekte (z. B. der Gefühlstönung o. ä.) in übergeordnete Zusammenhänge. Im weiteren Sinne wird K. als Syn. für *Erziehungs-* und/oder *Sozialisationsphänomene* gebraucht.

Kanalkapazität *(channel capacity).* Informationstheoretische Bezeichnung für das Maximum an Botschaften oder Informationseinheiten, die ein Kanalsystem (z. B. eine Leitung oder der Organismus) aufnehmen und effektiv bewältigen, d. h. enkodieren und dekodieren kann. Als Maß der Kanalkapazität dient ein der maximalen Entropie vergleichbares, das operational durch die Anzahl der eingegebenen Informationselemente definiert ist, die innerhalb eines bestimmten Zeitabschnitts gerade noch diskriminiert, d. h. voneinander unterschieden werden können.

Kannersches Syndrom *(Kanner's syndrome; Kanner's early autism; early infantile autism),* Syn.: *frühkindlicher Autismus.* Entwicklungspsychologie, Klinische Psychologie: Bereits im Säuglingsalter hervortretender Mangel an Kontaktbedürfnis, später zwanghafte Spielgewohnheiten und deutliche Rückstände in der Sprachentwicklung, im späteren Lebensalter ausgeprägte Autismen und geringe Anpassung an die soziale Umgebung.
→*autistisches Denken.*

Kapazität *(capacity).* Syn. für *Begabung, Fähigkeit* oder für bereitstellbare Verarbeitungsmöglichkeiten bzw. -energie zur Auswertung von Informationen.

Kardiograph →*Cardiograph.*

Kardio-somatische Koppelung *(cardio-somatic coupling).* Von Obrist vertretene Auffassung, zwischen Herzaktivität und Muskelaktivierung bestünde eine primäre Kovariation, deren Ausprägung durch Nachregelungen im Sinne der *Homöostase* beeinflußt wird. Unter unbelasteten Bedingungen ergibt sich die Kovariation durch den gegensteuernden Einfluß des Parasympathikus (Vagus); unter Streß überwiegt die Sympathikusaktivität und eine Erhöhung der Herzaktivität tritt auf, welche der verbesserten Energieversorgung der Muskulatur für den »Notfall« dient. Obrist richtet sich damit gegen die von Lacey vertretene Meinung, zwischen Herzacceleration und sensorischer Funktionsbereitschaft bestünde eine – durch kortikale Aktivierungsdämpfung bedingte – Primärbeziehung. Neuere Untersuchungen zeigen, daß Obrist einen der Regulationsmechanismen des »inneren Milieus« beschreibt, während Lacey den damit eng verbundenen Funktionsbereich der sensorischen Leistungsfähigkeit anspricht.
→*Nervensystem,* →*Psychophysiologie,* →*Intake-rejection-Hypothese,* →*Barorezeptoren-Hypothese.*
LIT. OBRIST (1981).

Kardiotachometer →*Cardiograph.*

kardiovas(c)kuläre Aktivität *(cardio-vascular activity).* Syn. Herz-Kreislauf-Tätigkeit. Vorgänge im Herz- und Gefäßsystem (den Kreislauforganen), die im Dienst der Blut- und Energieversorgung des Körpers und seiner Organe stehen und deren Aktivität anforderungsspezifischen Schwankungen unterworfen ist. In der →*Psychophysiologie* werden zur Bestimmung der k. A. vorwiegend nicht-invasive Messungen von →*Blutdruck,* →*Herz-*

253

Kastensystem

schlagfrequenz und *peripherer* →*Durchblutung der Haut* angewandt.

Kastensystem *(caste system).* Ein soziales System, das sich aus Angehörigen (Gruppen) verschiedener Klassenzugehörigkeit (Kasten) zusammensetzt, wobei die einzelnen Klassen (Gruppen) durch sog. soziale Barrieren voneinander getrennt sind; z. B. Einengung der Bildungschancen für Mitglieder einer Gesellschaft, die einer bestimmten Klasse zugehörig eingestuft werden; Ablehnung bestimmter Gruppen oder Klassen der Bevölkerung, sobald sie sich um ganz bestimmte Stellungen oder die Mitgliedschaft in einem Verein (Club) bewerben.

Kastration. Entfernung der der Fortpflanzung dienenden Drüsen. In der psychoanalytischen Literatur oftmals im Zusammenhang mit der sog. *Kastrationsangst (castration anxiety)* die Bezeichnung für Angst oder Furcht, die mit der Vorstellung der Kastration einhergeht. *Kastrationskomplex* bezeichnet – ebenfalls in der psychoanalytischen Literatur – einen *Komplex,* der auf schreck- und furchterfüllte Vorstellungen über die K. zurückgeführt wird.

Katabolismus *(catabolism)* oder **Dissimilation.** Physiologische Bezeichnung für die Aufspaltung der komplexen organischen Substanzen im lebenden Gewebe *(→Metabolismus).*

Katalepsie *(catalepsy)* oder **Halbstarre** (flexibilitas cerea) bzw. **Starrsucht.** Bezeichnung für einen bei schweren psychischen Störungen aus dem Formenkreis der →*Schizophrenie* auftretenden Zustand, in dem der Patient seine Gliedmaßen in einer Stellung beläßt, in die sie durch eine andere Person gebracht wurden.

Katamnese *(catamnesis).* Bezeichnung für einen nach Einsetzen oder Abklingen einer Erkrankung bzw. Störung gegebenen Bericht; nachgehende Krankengeschichte, Krankenbericht.

Kataplexie *(cataplexy).* Der Zustand der Unbewegtheit, wie man ihn bei manchen Tierarten im Furcht- oder Schockzustand oder aber als eine Verteidigungsreaktion (Totstellen) beobachten kann.

Katathymes Bilderleben *(guided affective imaginary),* Syn.: *Symboldrama.* Von H. LEUNER eingeführtes kurztherapeutisches Verfahren auf psychoanalytischer Grundlage. Durch die Anregung zu Tagträumen in entspannter Lage wird der Klient zur Wiedergabe lebhafter Vorstellungs- und Erinnerungsbilder ver-

anlaßt. Diese werden durch die Therapeuten als Projektionen von Konflikten interpretiert. Das auf Symbolkonfrontation basierende K. B. dient vor allem der Krisenintervention bei Jugendlichen und Erwachsenen sowie dem Abbau von Angststörungen.

Katathymie *(catathymia).* Verfälschungen von Wahrnehmungs-, Denk- und Erinnerungsinhalten durch emotionale, affektbesetzte Erfahrungen, Ängste oder Wunschvorstellungen. Relativ überdauernde und allesbeherrschende Formen des katathymen Denkens gelten als Kennzeichen des sog. *katathymen Wahns.* →*Wahn,* →*Schizophrenie.*

katatoner Stupor →*Stupor.*

Katatonie *(catatonia, katatonia, catatony).* [1] Tage bis Monate andauernde ausgeprägte Beeinträchtigung der Willkürmotorik mit zwei, gelegentlich im Wechsel auftretenden extremen Symptomvarianten: (a) *katatoner Stupor (catatonic stupor),* eine statuenhafte Körperstarrheit und/oder →*Katalepsie* unter Wegfall verbaler oder sonstiger Reaktionen auf Fragen, Anreden oder Anweisungen, des Umweltrapports trotz heller Wachheit, verbunden mit der Unfähigkeit, einfache Tätigkeiten (z. B. essen) ohne fremde Hilfe auszuführen; (b) *katatoner Erregungszustand (catatonic hyperactivity),* eine hochgradige psychomotorische Erregung, die mit Herumlaufen und Umsichschlagen bis zur Erschöpfung einhergeht, gelegentlich verbunden mit Tendenzen zur Selbstverstümmelung oder -tötung. Das Zustandsbild der K. ist für die sog. *katatone* →*Schizophrenie* charakteristisch, kann aber auch im Gefolge endogener →*Depressionen* sowie schwerer Infektionskrankheiten (z. B. Typhus) und bei Gehirntumoren auftreten.

[2] DSM-IV kennzeichnet als *katatones Verhalten (catatonic behavior)* ausgeprägte motorische Anomalien. Erscheinungsformen sind: (a) *Motorische Immobilität,* frühere *katatone flexiblitas cerea,* d. h. Gliedmaßen fühlen sich wie Wachs an und lassen sich in eine beliebige Stellung bringen, in der sie bleiben (→Katalepsie; Stupor); (b) *exzessive motorische Aktivität,* früher *katatone Erregung,* d. h. sichtbare, grundlose Erregung, die nicht durch Außenreize beeinflußt wird; (c) extremer Negativismus, früher *katatoner Negativismus,* d. h. sichtbarer, grundloser Widerstand gegen Bewegungsaufforderungen oder Versuche,

bewegt zu werden; (d) *Mutismus,* früher *katatone Rigidität,* d h. starres Verharren; (e) *Posieren oder stereotype Bewegungen,* früher *katatone Haltungsverharren oder Posieren,* d. h. Einnehmen von und Verharren in bizarren Körperhaltungen oder -stellungen ohne jeden Bezug zur Situation; (f) *Echolalie,* d. h. mechanisches Nachsprechen ohne Verstehen und (g) *Echopraxie,* d. h mechanisches Nachahmen von Bewegungen anderer.

→*Psychose;* →*psychotische Störung.*

Katecholamine *(catecholamines).* Zusammenfassende Bezeichnung für eine Reihe von Hormonen, die vorwiegend im Nebennierenmark gebildet, jedoch in verschiedensten Gehirnbereichen gespeichert werden. Die bekanntesten K. sind *Adrenalin* und *Noradrenalin.* Letzteres gilt einschließlich seiner Vorstufen (z. B. Dopamin, DOPA) als wichtiger *Transmitter* in ANS und ZNS. Die Wirkweise von Psychopharmaka ist u. a. auf den K.-Haushalt bezogen.

Kategorie *(category).* Griech. *kategoreín,* aussagen.

[1] In der K.-Lehre von ARISTOTELES prädikative Aussagegesichtspunkte in bezug auf das Wesen oder die Substanz von Denkgegenständen. Bei KANT grundlegende »Gedankenformen« oder »Verstandesbegriffe« der Quantität, Qualität, Relation und Modalität, die der Erfassung und Weiterverarbeitung von Erfahrungen zugrunde liegen. In der allgemeinen Wissenschaftssprache sind K. Grundbegriffe, die als Einteilungsgesichtspunkte bzw. zur prototypischen Kennzeichnung von Gegenstands- oder Phänomenklassen mit unterschiedlichen Erscheinungs- oder Bedeutungsformen verwendet werden und damit die sachlogischen Voraussetzungen für wissenschaftliches Denken und Forschen darstellen.

[2] (a) In *Wahrnehmungs-* und *Denkpsychologie* sind K. Gesichtspunkte, unter denen man Gegenstände mit unterschiedlichen physikalischen Eigenschaften spontan zusammenfaßt, z. B. sie als zusammengehörig empfindet *(categorial perception).* (b) *Psychophysik, Meßtheorie:* Vorgegebene Klassen, denen Reize oder Gegenstände zugeordnet werden *(categorial judgment).*

Katharsis. Aus dem Griechischen stammende Bezeichnung für eine Art Reinigung oder Bereinigung. Der Begriff erscheint in verschiedenen Bedeutungszusammenhängen.

[1] Es wird angenommen, das *Spiel* habe *kathartische Wirkung,* denn in seinem Verlauf könnten solche natürlichen Impulse, die in der Phylogenese irgendwann Bedeutung hatten, jetzt jedoch nutzlos oder mit den Erfordernissen des modernen zivilisierten Lebens unvereinbar geworden sind, ausgelebt werden.

[2] Bezeichnung für ein Sich-Befreien von unterdrückten Emotionen bzw. Spannungen im Sinne einer *Abreaktion.*

[3] Bezeichnung für die durch den Anblick entsprechender Handlungen auf der Bühne ausgelöste befreiende Wirkung, besonders in bezug auf Furcht und Wut, wie dies in der Theorie von Aristoteles zum Ausdruck kommt und in nachfolgenden Theatertheorien immer wieder aufgegriffen wurde.

Kathexis.

[1] Allg. Bezeichnung für die Konzentration aller mentalen Energien auf eine ganz bestimmte Vorstellung, einen Gedächtnisinhalt, einen Gedankengang oder einen Handlungsablauf.

[2] Psychoanalyt. Bezeichnung für die Verlagerung von Triebenergie auf Objekte oder Personen (→*Besetzung).*

[3] Bezeichnung angeborener oder erworbener Beziehungen zwischen Bedürfnis oder Triebzuständen und relevanten Zielobjekten im System TOLMANS.

Kausalattribuierung →*Attribuierung.*

Kausalität *(causality).* Die Annahme einer Beziehung zwischen Ereignissen oder Phänomenen derart, daß das Auftreten des einen oder seine Anwesenheit notwendigerweise das andere voraussetzt, von ihm begleitet oder aber von ihm gefolgt wird. Eine *Kausalverbindung (causal nexus)* bezeichnet die Beziehung oder Verknüpfung zwischen zwei sukzessiven Ereignissen selbst, sofern der gesamte Ablauf als kausal bezeichnet bzw. angenommen wird.

Kehlkopf →*Larynx.*

Keim *(germ).* Biologische Bezeichnung für eine Organismusstruktur, die sich in einem anderen Organismus oder Organ entwickelt. In der Medizin dient der Begriff auch als Bezeichnung für *Bazillen* oder *Mikroorganismen,* die als Krankheitserreger wirken.

Keimplasma bezeichnet eine Substanz, die die Erbfaktoren *(Gene)* enthält.

Keimzellen. Allgemeine Bezeichnung für fortpflanzungsfähige Einzelzellen, die der ge-

Kelvin-Skala

schlechtlichen (→*Gamet*) oder ungeschlechtlichen Fortpflanzung dienen (z. B. Sporen).

Kelvin-Skala *(Kelvin scale of temperature)*. Physikalische Skala zur exakten Temperaturbestimmung (→*Skala*) auf der Basis einer *Verhältnisskala*, deren *Nullpunkt* bei −273 Grad Celsius *(centigrade)* liegt.

Kendallsches Tau →*Tau-(τ-)Koeffizient*.

Kerne →*Gehirn*.

Kernspinresonanz-Tomographie →*Tomographie*.

Kerzenstärke; Kerze *(candle power)*. Einheit der Leuchtstärke (Luminosität) in der physikalischen Photometrie. Erste Standardisierungen stammen aus der Jahrhundertwende. Die im Engl.-Amerikanischen beheimatete *Internationale Kerze, IK* (engl. *IC*) war definiert als Helligkeit einer Flamme, die von einer 120 Gran pro Stunde abbrennenden, $^1/_6$ Pd schweren Walrat-Kerze erzeugt wird. In Kontinentaleuropa wurde zur gleichen Zeit die *Hefner-Kerze (HK; VK)* eingeführt, wobei 1 IK = 1.128 HK. 1948 wurde das *Candela (cd,* sog. *Neue Kerze)* zum international verbindlichen Helligkeitsmaß innerhalb des →*SI-Systems*. In der 1980 revidierten Fassung ist 1 cd definiert als Stärke einer gerichteten Leuchtquelle, die monochromatisches Licht von 540.10^{12} Hz (ca. 550 nm) aussendet, und deren Strahlungsintensität 1/683 pro Steradian beträgt. *Steradian* ist der *Einheitsraumwinkel,* d. h. der Raumwinkel eines kreisförmigen Oberflächensegments einer Kugel, dessen Fläche gleich dem Quadrat des Kugelradius ist. Zwischen den klassischen Maßen und cd herrschen folgende Beziehungen:

1 cd = 0.981 IK = 1.107 HK,

1 HK = 0.903 cd = 0.886 IK,

1 IK= 1.019 cd = 1.128 HK,

1 sb *(Stilb)* = 1cd/cm² (Standard-Leuchtdichtemaß).

→*Helligkeit*.

Ketten, Wortassoziations-Ketten →*Wortassoziation*.

Kettenreflex *(chain reflex)*, **Reflexkette**. Bezeichnung für eine Reihe von Reflexen, die derart miteinander verknüpft sind, daß das Ablaufen des einen Reflexes zur Auslösung des nächsten führt usw.

KFA →*Konfigurations-Frequenz-Analyse*.

KI →*Intelligenz, künstliche*.

Kinästhesie *(kinaesthesis, kinesthesis)*. Allgemeine und umfassende Bezeichnung für das Erfassen von Bewegungsempfindungen aus den verschiedenen Körperregionen. Die entsprechenden Rezeptoren liegen in den Gelenken, Muskeln, Sehnen, bzw. im Gleichgewichtsorgan des inneren Ohres (Bogengänge). Syn. *Bewegungsempfindung, Körperlageempfindung*.

Kinästhetisch *(kinaesthetic, kinesthetic)*. Bezeichnung für mit der Bewegungs- oder Körperlageempfindung zusammenhängende Ereignisse oder Zustände.

Kindchenschema →*Ausdruck, →Schema*.

Kindespsychologie *(child psychology)*. Jenes Teilgebiet der →*Entwicklungspsychologie*, das sich mit den Eigenheiten und Verlaufsformen der Entwicklung des menschlichen Lebewesens zwischen Geburt und Maturität (Jugendalter) beschäftigt.

LIT. HETHERINGTON, PARK (²1986); MUSSEN (1983); OSOFSKY (²1987).

Klang *(clang, timbre)*. Gehörsempfindungen, die durch periodische, zusammengesetzte Schallschwingungen entstehen. Elemente des K. sind stets reine Sinusschwingungen (→*Ton*), nicht aber zusammengesetzte, unperiodische Schwingungen (→*Geräusch*). Der Klanganalyse dient u. a. die *Fourier-Analyse* und verschiedene Resonanzmethoden. Die durch Musikinstrumente erzeugten »Töne« sind stets Klänge. Der »Ton« einer Klarinette klingt jedoch ganz anders als z. B. der gleiche »Ton«, auf dem Klavier gespielt. Der Unterschied liegt in der *Klangfarbe,* dem *Timbre*. Jeder Klang besteht aus einem *Grundton* relativ kleinster Frequenz, überlagert von einer variablen Zahl von *Obertönen* verschiedener *Intensität*. Die Komposition und Intensität der Obertöne bestimmt die Klangfarbe.

Klassen-Intervall *(class interval)*. In der Statistik übliche Bezeichnung für eine Zusammenfassung mehrerer Maßzahlen in Klassen von normalerweise gleicher Größe (Intervallgröße, i). Ein Klassen-Intervall ist definiert durch die *Klassenmitte* und den Intervallumfang, also die Intervallgröße i. Faßt man z. B. die Maßzahlen 1, 2, 3, 4 und 5 zu einer Klasse zusammen, so ist 3 die Bezeichnung der Klassenmitte, der Umfang des entstandenen Intervalls ist i = 5. In manchen Fällen gibt man auch den Umfang der Klasse selbst durch deren Grenzwerte an. Bei einer kontinuierlichen Skala wäre dies in unserem Falle 0.5–5.49, sofern die Konvention gilt, daß die Maßzahlen

256

Klinische Psychologie

1 bis 5 selbst Angaben von Klassen-Intervallen bzw. Intervallmitten darstellen, wobei einer jeden Maßzahl ein gleichgroßes Intervall vom Umfang i = 1 zukommt. Die Zusammenfassung mehrerer Maßzahlen in Klassen dient der Erleichterung der statistischen Behandlung von quantitativen Daten in Darstellung und Berechnung.

Klassensystem *(class system).* Eine Form sozialer Organisation, z. B. das →*Kastensystem*, in der verschiedene Gruppen durch soziale Barrieren voneinander getrennt oder aber als getrennt angesehen werden.

Klassenzugehörigkeit →*Kastensystem*, →*Sozio-ökonomisches Niveau.*

Klaustrophobie. Krankhafte Furcht vor geschlossenen Räumen.
→*Phobie.*

Klecksdeute-Verfahren *(ink-blot test)* →*Rorschach-Test.*

Kleptomanie →*Impulskontrolle*, →*Manie.*

Kleinhirn *(cerebellum, little brain)* →*Cerebellum.*

Klinefelter-Syndrom →*Chromosomenanomalie.*

klinisch *(clinical).* Aus dem Griechischen (kliné, Liege) hergeleitete Bezeichnung für den Zusammenhang mit Krankenbehandlung bzw. Interventionen bei Störungen, z. B. klinische Medizin z. U. von theoretischer Medizin (Mikrobiologie, Physiologie) oder →*Klinischer Psychologie.*

Klinische Psychologie *(clinical psychology; auch abnormal psychology).*
[1] Anwendungs- und Forschungsfeld der Psychologie, dessen Gegenstände die Entstehung, Klassifikation, Diagnostik und Therapie psychischer Störungen bzw. psychischer Aspekte somatischer Störungen (→*Störung*) sind. Die K.P. ist in Deutschland neben →*Arbeits-, Betriebs- und Organisationspsychologie* und *Pädagogischer Psychologie* ein mit Vertiefungsmöglichkeiten angebotenes Ausbildungsfach der Diplomprüfungsordnung für Psychologen. Die Ausübung klinisch-psychologischer Praxis ist an eine anerkannte, zertifizierte Zusatzausbildung gebunden. Auskünfte erteilt z. B. der BDP (Berufsverband deutscher Psychologen).
[2] Die K.P. hat ihre Ursprünge zum einen in den um die Jahrhundertwende von KRAEPELIN ausgehenden Bemühungen, die experimentellen Ansätze der Psychologie zur näheren

Kennzeichnung von psychiatrisch relevanten Krankheitsbildern heranzuziehen. Zum anderen trugen die Beschreibungen und Deutungen von Neurosen durch Freud zu ihrer Entwicklung bei. Als Begründer der K.P. im engeren Sinne gilt der WUNDT-Schüler LIGHTER WITMER, der 1896 an der University of Pennsylvania eine erste Psychologische Beratungsstelle (»Psychological Clinic«) eröffnete und die erste klinisch-psychologische Publikationsreihe herausgab. Diesem Beispiel folgten zahlreiche Länder. In Europa ging die Entwicklung von Österreich aus, wo in Wien unter starkem Einfluß der psychoanalytischen Richtung im Jahr 1919 die erste Erziehungsberatungsstelle eingerichtet wurde. Der Übergang zu einer breiter angelegten, nicht nur mit Beratungs-, sondern auch mit Therapieaufgaben betrauten K.P. vollzog sich ab ca. 1950 mit der Entwicklung eigenständiger, genuin psychologischer Therapiearten und -formen wie →*Gesprächstherapie* und →*Verhaltenstherapie* und mit der Einbeziehung von Psychologen in übergreifende Aufgaben der allgemeinen Gesundheitsversorgung. Einen wesentlichen Einfluß auf den heutigen Status der K.P. als umfangreichstes und differenziertestes Teilgebiet der Angewandten Psychologie hatten die internationalen interdisziplinären Bemühungen, den Begriff der psychischen *Störung* von dem klassischen Krankheitsbegriff der Medizin abzuheben und neuartige, psychologisch fundierte Interventionsstrategien zu entwickeln.
[3] Die gegenwärtige K.P. liefert durch *Prävention, Behandlung* (Beratung, Psychotherapie) und *Rehabilitation* neben der medizinisch-ärztlichen Betreuung einen wesentlichen Beitrag zur Gesundheitsversorgung der Bevölkerung. Ihre Erkenntnisse und Verfahrensweisen fußen auf Ergebnissen der *Allgemeinen* und *Differentiellen Psychologie, Sozialpsychologie, Biologischen Psychologie* (Neuro- und Psychophysiologie), *Psychosomatik,* psychologischen *Diagnostik,* der allgemeinen *Psychopathologie* und *Therapieforschung* in enger interdisziplinärer Verbindung mit *Psychiatrie* und *psychosomatischer Medizin.* Teilgebiete der K.P. sind *Pathopsychologie* (Symptomatologie, Ätiologie, Prognose, Klassifikation und Epidemiologie von Störungen), *klinische Psychodiagnostik* und *psychologische Intervention* (Beratung, Psychotherapie,

257

Kniehöcker

psychosoziale Intervention). Ausführungen über einzelne Methoden der K. P. finden sich z. B. in den Stichwörtern *Diagnose, Intervention, Rehabilitation, Prävention, Psychotherapie* und *Therapie;* Angaben zur Genese, dem Erscheinungsbild und der Therapie einzelner Störungsarten und -formen finden sich z. B. unter *Alkoholismus, Angst, Angstbewältigung, Angststörung, Depression, Drogenabhängigkeit, Eßstörungen, Neurose, Panik, Phobie, Psychose* und *Schlafstörung.*
LIT. BAUMANN, PERREZ (1990); DAVISON, NEALE (1996); PERREZ, BAUMANN (1991); PONGRATZ, WEWETZER (1977/78); REINECKER (1998).

Kniehöcker →*Corpora geniculata.*

Kniesehnenreflex →*Patellarreflex.*

Knochenleitung *(bone conduction).* Weiterleitung von tonerzeugenden Schwingungen durch die Schädelknochen bis zum Gehör. Hält man z. B. eine schwingende Stimmgabel an eine Stelle der Schädeloberfläche, so hört man der Schwingungsfrequenz entsprechenden Ton deutlich. Ein *Knochenleitungstest* dient zur Bestimmung der Gehörtüchtigkeit. Man vergleicht in diesem Falle durch die Knochenleitung wahrnehmbare Schwingungen bzw. die entsprechenden Schwellen mit den über die Luft vermittelten Gehöreindrücken bzw. den entsprechenden Schwellenwerten. Diskrepanzen weisen auf eine Störung der natürlichen Gehörfunktion (Luftschwingungen als Reize) hin.
→*Ohr.*

Knoten, semantischer →*Netzwerk.*

Kodierung *(coding).* Allgemeine und umfassende Bezeichnung für die Umwandlung einer Botschaft in ein Signal *(Enkodierung)* oder eines Signals in eine Botschaft *(Dekodierung)* nach einem vorher bestimmten oder festgelegten *Schlüssel (coding key).* Syn. *Ver-* und *Entschlüsseln.* Im weiteren Sinne kann eine jede Zuordnung von Einzelfällen zu einer durch ein Symbol gekennzeichneten Klasse eines Merkmals Kodierung genannt werden.

Koeffizient. In der Mathematik eine Konstante, mit der eine Variable multipliziert wird (z. B. ist in dem Ausdruck 3ax die Konstante, also der Koeffizient, 3a, wenn x die Variable bezeichnet. Bei der Grundgleichung für eine Gerade von der Form $Y = aX + b$ ist a der sog. Steigerungskoeffizient, denn die Größe a bestimmt Steil- oder Flachheit der Gerade im Koordinatensystem von X und Y). In der Statistik in etwas abgewandelter Bedeutung Ausdruck für den Grad, in dem Eigenschaften oder Beziehungen bei einem bestimmten Meßgegenstand oder bei einer Klasse von Meßgegenständen auftreten *(→Korrelation, →Reliabilität, →Validität* und →*Variabilität).*

Kognition *(cognition).* Aus dem Lat. *cognitio* (Erkenntnis; Kennenlernen).
[1] (a) Gesamtheit aller Funktionen und Prozesse, die mit dem Erwerb, der Speicherung und Wiederverwendung von anschaulichen und abstrakten Erkenntnissen, Einsichten und Wissen zu tun haben *(→Gedächtnis; →Informationsverarbeitung).* (b) Der klassischen Unterteilung psychischer Phänomene in »Denken«, »Fühlen« und »Wollen« entsprechend ist *Kognitionspsychologie* der Oberbegriff für Wahrnehmungs-, Denk-, Intelligenz-, Sprach- und Gedächtnispsychologie. K. wird den →*affektiven* (Fühlen) und →*konativen* Aspekten (Wollen) des Erlebens gelegentlich auch wertend im Sinne von Erkenntnisfunktion *(Noesis vs. Orexis)* gegenübergestellt.
[2] (a) Als »K. von etwas« strukturierte Erkenntniseinheit, die auf Sinneserfahrungen, Vorstellungen, Erinnerungen und/oder Denken beruht, in der Erkanntes eingebettet, repräsentiert ist und die als aussagbares Wissen abgerufen werden kann, um beim Denken, Problemlösen, Planen, aber auch in Form von →*Erwartungen* oder Vermutungen genutzt zu werden. (b) Ordnungsprinzip, das den Umgang mit symbolischen Repräsentationen von Erfahrungen, ihren hierarchischen Aufbau und ihre Nutzung in Denken und Sprache beherrscht *(→Metakognition; →Schema).*
[3] *Kognitionswissenschaft (cognitive science):* Interdisziplinäre Ansätze aus Informatik, Kybernetik, Linguistik, Kognitionspsychologie und/oder Neurowissenschaften zur Erforschung von Prozessen der Wissensvermittlung oder -nutzung (z. B. *künstliche Intelligenz*) und wissensgeleiteter interaktiver und selbstregulatorischer kybernetischer Prozesse (z. B. →*Expertensystem; Roboting).*

kognitiv *(cognitive).* Kennzeichnung von Prozessen und Zuständen, die mit dem Erkennen und/oder mit der Verwendung ableitbaren, aussagbaren Wissens bei der Auseinandersetzung mit bestimmten Aufgaben oder Situationen zusammenhängen.
→*Kognition.*

kognitive Dissonanz *(cognitive dissonance)*. Von FESTINGER eingeführte Bezeichnung für einen spannungsreich bzw. unangenehm erlebten Zustand, der aus widersprüchlichen Erfahrungs- bzw. Einstellungselementen in bezug auf denselben Gegenstand hervorgeht und nach Veränderung verlangt. Die k. D. ist – wie in zahlreichen Experimenten nachgewiesen – bei Entscheidungen zwischen zwei gleichwertigen Alternativen *(Konflikt)*, einander direkt widersprechenden Erfahrungen (z. B. dem Nichteintreffen eines erwarteten Ereignisses, dafür aber eines völlig anderen) und bei sozialem oder Zeitdruck am stärksten ausgeprägt. K. D. wird zum Anlaß für die Einleitung von spannunglösenden Schritten (Suche nach neuer Information, Einstellungsänderungen, Veränderungen der Situationsbewertung oder Handlungstendenzen), sobald die Anzahl inkonsistenter *kognitiver Elemente* gegenüber den konsistenten überwiegt. Ausgangspunkt der zahlreichen experimentellen Untersuchungen aus der Arbeitsgruppe von FESTINGER waren Beobachtungen der Bewältigung von Konflikten zwischen erwarteten und tatsächlichen Ereignissen, sog. Konflikten nach vollzogener Entscheidung *(postdecisional conflict)*. Dabei zeigt sich, daß zusätzliche Informationen oder Belohnungen, welche den Widerspruch zu rechtfertigen scheinen, zur Wiederherstellung der Konsistenz genutzt werden, so daß sich die grundsätzliche Einstellung nicht zu ändern braucht. Die *K. D.-Theorie (theory of cognitive dissonance)* gehört zu den sog. Konsistenz- oder Balance-Theorien der *Einstellungsänderung*.
LIT. FESTINGER (1978); INSKO (1967); IRLE (1975).

kognitive Elemente *(cognitive elements)*. Aus Wahrnehmungs-, Gedächtnis- und psycholinguistischen Untersuchungen hergeleitete Grundeinheiten der →*Informationsverarbeitung*, des *Denkens, Erinnerns* und *Wissens*. Sie umfassen Repräsentationen sensorischer Daten und Datenmuster (z. B. geometrische Formen, Buchstaben, Klänge), Daten- bzw. Musterverbindungen (z. B. Gestalten, Silben, Melodien), semantische Einheiten (z. B. Worte, Begriffe), abstrakte, semantisch nicht eindeutig bestimmte Einheiten (z. B. Gefahrenzeichen, Kunststile) sowie Such-, Entscheidungs- und Regelprogramme, welche die o. g. k. E. zu Einheiten verbinden, die Abgabe von Urteilen,

die Anbahnung von Handlungen, die Speicherung im Gedächtnis bzw. den Abruf von Erinnerungen ermöglichen. In der Gedächtnisforschung unterscheidet man *aktivierte* und *passive k. E.* Die aktivierten k. E. repräsentieren dabei den momentan nutzbaren Vorrat aus einer größeren Menge von k. E. im *Kurzzeit-* oder im *Arbeitsgedächtnis.*
→*Gedächtnis*, →*Pfadaktivierung.*

kognitive Komplexität *(cognitive complexity)*. Grad der Differenziertheit des Erkennens und Denkens bei der Beurteilung komplexer Sachverhalte oder von Mitmenschen. Der Begriff wurde von KELLY eingeführt, der auch eines der Standardverfahren zur Erfassung der k. K. bei der Beurteilung von Mitmenschen, den sog. Rollen-Konstrukt-Repertoire-Test *(role construct repertory test; REP)* entwickelte k. K. wird in neueren Ansätzen der →*Kognitionspsychologie* in verschiedenen Zusammenhängen diskutiert. Sie gilt dort als eine Art →*kognitiver Stil.*
LIT. KELLY (1955); SCHRODER, SUEDFELD (1971).

kognitive Kontrolle →*Kontrolle.*

kognitive Landkarte *(cognitive map)*. Von TOLMAN eingeführte Bezeichnung für die innere Repräsentation einer Anordnung von Reizen, die auf dem Weg zu einem Ziel (z. B. dem Ausgang eines Labyrinths) als Hinweise dienen und daher *Zeichengestalten (signgestalts)* darstellen. Verbinden sich k. L. durch Erfahrung mit der Zielerreichung (Verstärkung am Labyrinthausgang), so bilden sie die Grundlage von *Erwartungen*, die in TOLMANS System den hauptsächlichen Lerneffekt repräsentieren. K. L. gehören in TOLMANS System zu den *intervenierenden Variablen*, die den Übergang zwischen *latentem* und *manifestem Lernen* sowie *Transfer* und *Transposition* erklären.
→*Lernen.*

kognitive Lerntheorien *(cognitive learning theories)*. Zusammenfassende Bezeichnung für Lerntheorien, die *kognitive Prozesse* (z. B. die Rolle von Erfahrungsrepräsentationen, Einsichten und Erwartungen) hervorheben und sich deutlich von den eher mechanistischen *Reiz-Reaktions-* und *Verstärkungstheorien* unterscheiden.
→*Lernen.*

kognitive Maskierung *(cognitive masking)*. Von Erdelyi eingeführte Bezeichnung für den

kognitive Prozesse

Effekt eines die Aufmerksamkeit erregenden, emotionalen Reizes auf die Beachtung und Einprägung umliegender, verhältnismäßig neutraler Einzelheiten. In einem seiner Experimente bot ERDELYI Z. B. im Zentrum einer Anordnung neutraler Figuren ein Hakenkreuz dar; es zeigte sich, daß daraufhin die Anzahl deutlich aufgefaßter bzw. gemerkter neutraler Figuren im Vergleich zu der Darbietung eines neutralen Reizes im Zentrum erheblich zurückging. ERDELYIS Untersuchungen gelten als Hinweis auf eine der Informationsverarbeitung und Einprägung vorausgehende Bewertung der Reizbedeutung, welche sowohl die Aufmerksamkeitsrichtung als auch den Aufmerksamkeitsumfang erheblich beeinflußt.
→*Aufmerksamkeit,* →*Bewertung.*
LIT. ERDELYI (1974).

kognitive Prozesse *(cognitive processes).* Die Gesamtheit aller Vorgänge, die dem Erkennen dienen (Wahrnehmen, Denken, Einprägen, Wiedererkennen bzw. Erinnern). Gegenstand von k. P. sind *kognitive Elemente* als innere Repräsentationen der Erfahrung und Verfahrensweisen des Erfahrungsgewinns bzw. der Erfahrungsnutzung.
→*Informationsverarbeitung,* →*Kognitionspsychologie,* →*kognitiver Stil.*

kognitive Psychologie *(cognitive psychology).* Ansätze, die sich vorrangig mit Prozessen der *Informationsverarbeitung,* mit *Bewertungen, Erwartungen,* mit *Strukturen,* in denen erworbenes *Wissen* gefaßt und verfügbar gehalten sein könnte sowie mit den Wegen der *Handlungsplanung* und -*steuerung* befassen. Programmatischer Ausgangspunkt war die Entwicklung von Alternativen zu den, insbesondere die amerikanische Psychologie bis in die 60er Jahre beherrschenden mechanistischen Auffassungen des Behaviorismus und Neubehaviorismus. Die frühen Vertreter der k. P. argumentierten mehr oder weniger expliziert in Anlehnung an Vorbilder der klassischen Erlebnis-, Denk-, Gegenstands- und Gestaltungspsychologie sowie an TOLMANS kognitive Erwartungstheorie *(→Lernen).* Kennzeichnend für die k. P. ist bis heute das Aufsuchen von kognitiven Prozessen und Strukturen, die zwischen Erleben und Verhalten vermitteln. Dabei werden Modelle und Grundbegriffe aus Kybernetik, Computerwissenschaft, aus neurowissenschaftlichen Zweigen der Kognitionswissenschaften, aus der Künstliche-Intelligenz-Forschung und Linguistik einbezogen.
LIT. ANDERSON (1990); M. W. EYSENCK (1984; 1990); NEISSER (1974); LINDSEY, NORMAN (1981); WEINER (1972).

kognitive Schemata →*Schema.*

kognitiver Stil *(cognitive style).* Allgemeine, umfassende Bezeichnung für relativ überdauernde und konsistente Arten bzw. Formen der individuellen Auffassung, Verarbeitung und Nutzung von Informationen bzw. Informationskategorien. Vorläufer der k. S.-Forschung sind ältere Wahrnehmungs- und Aufmerksamkeitstypologien. Man sieht in k. S. zentrale Moderatoren der Erfahrungs- bzw. Erlebnisorganisation und diskutiert sie innerhalb verschiedener theoretischer Bezugssysteme. Das Vorwiegen von *Nivellierungstendenzen (leveling)* im Gegensatz zur *Akzentuierung (sharpening)* bei der Wahrnehmung von Unterschieden wird z. B. als Ausdruck einer von *Verdrängungstendenzen* beherrschten *kognitiven Kontrolle (cognitive control)* gedeutet (GARDNER; KLEIN). Ähnliche Überlegungen beherrschen die Diskussion der Stilvariante *Informationsunterdrückung (repression)* im Vergleich zur *Informationsempfänglichkeit (sensitization),* die von BYRNE ausgeht. *Kognitive Komplexität* gilt als Inbegriff differenzierten Wahrnehmens und Denkens in bezug auf sozial relevante Gegenstände (KELLY). *Feldabhängigkeit* vs. *Feldunabhängigkeit* äußert sich in dem Grad der Mitbestimmtheit von Wahrnehmungsurteilen durch Umfeldbedingungen und soll mit Erziehungsstilen und sozialem Verhalten in enger Beziehung stehen (WITKIN u. a.). *Impulsivität* vs. *Reflexivität* hingegen beziehen sich auf das Vorwiegen der Handlungsorientierung bzw. des Überlegens in der bewältigenden Auseinandersetzung mit Aufgabensituationen (KAGAN). In einer neueren Zusammenfassung wird von ca. 20 derartigen Stilkonstrukten berichtet, die aufgrund einer breiten Palette von theoretischen Annahmen eingeführt wurden, bisher aber nicht mehr als Beschreibungsaspekte darstellen, deren Erklärung noch aussteht.
LIT. BYRNE (1964); FRÖHLICH (1972); GARDNER u. a. (1959); KAGAN u. a. (1964); KAGAN, KOGAN (1970); KELLY (1955); KLEIN (1970); MESSICK (1982); PETZOLD (1985); WITKIN u. a. (1962).

kognitive Therapie *(cognitive therapy).* Inbegriff therapeutischer Interventionen, die darauf abzielen, Störungen (z.B. Neurosen) über Veränderungen der Einstellungen bzw. Bewertungen von Situation und/oder Symptom anzugehen.
→*kognitive Prozesse,* →*Kognition,* →*Psychotherapie.*

Kohärenz *(coherence).* Zusammengehörigkeit, Zusammenhang von Einzelelementen in einem übergeordneten Ganzen.

Kohärenzfaktoren *(coherence factors).* Von G. E. MÜLLER eingeführte Bezeichnung für den Zusammenhang von Einzelempfindungen begünstigende Bedingungen, z.B. Nähe, Ähnlichkeit, Symmetrie, Konturiertheit.
→*Gestalt,* →*Gestaltgesetze.*

Kohärenzkriterium *(coherence criterion).* Bezeichnung für ein Kriterium, das bei Anwendung eines Tests erreicht werden muß, um klar zu erkennen, daß bei der Lösung der betreffenden Aufgaben eine Einsicht in das Problem tatsächlich gegeben ist und die Lösung nicht durch bloßen Zufall oder Probieren gefunden wurde (im Deutschen selten gebraucht).

Kohäsion, Kohäsivität *(cohesiveness).* Sozialpsychologische Bezeichnung für das Phänomen des Zusammenhaltes von Gruppen. Unter *Kohäsions-* oder *Kohäsivitäts-Faktoren* versteht man die Bedingungen, unter denen sich ein Individuum veranlaßt sieht, sich einer Gruppe für längere Zeit zugehörig zu fühlen bzw. in ihr zu verbleiben. Zu den wichtigsten K.-Faktoren zählen: Attraktivität der Gruppe, Belohnungen auf kooperativer Basis, sozialintegrativer Führungsstil, Interaktionshäufigkeiten, gegenseitige Vorlieben zwischen einzelnen Gruppenmitgliedern, positive Einstellungen zu den Gruppenaktivitäten und -zielen sowie Statusverbesserungen und Prestigemerkmale. K. steht mit der *Konformität* insofern in Beziehung, als bei hoher Kohäsion auch die Toleranz gegenüber Bestrafungen oder Frustrationen größer ist, die für Normabweichungen erwartet oder empfangen werden.
→*Gruppendynamik.*

Kohlehydratstoffwechsel →*Diabetes.*

Kohorte *(cohort).* Subpopulation von Merkmalsträgern, die in bezug auf einen bestimmten Zeitpunkt gleichen Status besitzen bzw. den gleichen epochalen Einflüssen ausgesetzt waren. Im Zusammenhang mit entwicklungs-psychologischen Studien eine Population, deren Mitglieder zum gleichen Zeitpunkt bzw. im selben Zeitraum geboren wurden.
→*Entwicklungspsychologie,* →*Längsschnittstudie.*

Kohssche Würfel →*Mosaik-Test.*

Kokain →*Drogenabhängigkeit.*

Kollektives Unbewußtes *(collective unconscious).* Eine von C. G. JUNG eingeführte Bezeichnung für solche unbewußten Inhalte, von denen man annimmt, daß sie in jedem Menschen, gleich welcher kulturellen Gruppe, als allgemeinste seelische Grundlage überpersönlicher Natur wirksam werden. Dies soll sich in den bei verschiedenen Völkern ähnlichen Grundmotiven z.B. in Märchen und Mythen sowie in symbolischen Darstellungen offenbaren.

Koma *(coma).*
[1] Tiefe Bewußtlosigkeit aufgrund organischer Veränderungen (z.B. Hirnblutungen, Schlaganfall, Tumoren, Hirnläsionen; Opiate, Überdosis von Sedativa; nach epileptischen Krampfanfällen usw.). Syn. Stupor.
[2] *Somnolentes Koma (coma somnolentium; somnolent coma):* Von zeitweiligen Wachheitszuständen unterbrochene Bewußtlosigkeit, vergleichbar mit Zuständen extremer Schläfrigkeit.
[3] *Vigiles Koma (coma-vigil):* Tiefe Bewußtlosigkeit bei geöffneten Augenlidern; gilt als Anzeichen akuter, meist infektionsbedingter Hirnstörungen (z.B. bei toxischer oder akuter Encephalitis).

Komerbidität *(comorbidity).* Anwesenheit weiterer, in eine andere Klasse fallender Störungen, z.B. Angst- und depressive Störungen.

Kommissur *(commissure).* Bezeichnungen für ein Bündel von Nervenfasern, das die beiden Hirnhemisphären verbindet. Die operative Durchtrennung der K. nennt man Kommissurektomie.
→*Lateralität,* →*split brain.*

Kommunalität *(communality).* Statistische Bezeichnung für den durch Faktorenladungen erklärbaren Varianzanteil einer Variablen. Dieser Varianzanteil ist gleich der Summe aller quadrierten Faktorenladungen einer Variablen (Quadratsumme).
→*Faktorenanalyse,* →*Faktorentheorie.*

Kommunikation *(communication).* Alle Prozesse, die einen *Sender (initiator), Empfänger (recipient),* einen *Kommunikationsmodus* oder

Kompensation

-*kanal* (z. B. Sprache), eine (inhaltlich bestimmbare) *Botschaft* oder *Nachricht (message)* und eine auf Empfang erfolgende Verhaltensänderung oder allg. einen Effekt gleichwelcher Art als analytische Einheiten aufweisen (→*Informationstheorie*, →*Psycholinguistik*, →*Sozialpsychologie*, →*Semantik*, →*Sprache*).
LIT. FRÖHLICH, KOSZYK (1971); HEBB, THOMPSON (1954); MILLER (1954); SHANNON, WEAVER (1949).
Kompensation *(compensation)*.
[1] Allgemeine Bezeichnung für den ausgleichenden Ersatz bestehender Mängel durch den Einsatz bestimmter Mittel bzw. Funktionen, z. B. die Ausführung kompensatorischer Bewegungen zur Erhaltung des Körpergleichgewichts, die kompensatorischen Augen-Drehbewegungen bei einer von der Vertikalen abweichenden Körperstellung auf der Grundlage eines *kompensatorischen Reflexes* oder die Übernahme bestimmter Teilfunktionen durch andere Hirnbereiche nach Hirnverletzungen *(Kompensations-Prinzip)*.
[2] Von ADLER in die Psychoanalyse eingeführte Bezeichnung für die Verarbeitung an sich selbst konstatierter organischer oder psychischer Mängel (Minderwertigkeitsgefühle; Minderwertigkeitskomplex) durch betonte oder überbetonte *(Überkompensation)* Ansprüche an sich selbst oder Anerkennungswünsche an die soziale Umgebung in bezug auf Ersatzbereiche.
Kompensationsprinzip →*Kompensation.*
Kompetenz *(competence)*.
[1] Allgemeine Bezeichnung für die sachliche Zuständigkeit eines Menschen bei der Lösung von Problemen, für bestimmte umschriebene Leistungen oder – als soziale K. – für den Umgang mit Mitmenschen. Die Verfügbarkeit von Kenntnissen und Fertigkeiten bzw. ihr gezielter Einsatz zur erfolgreichen Bewältigung von Aufgaben- oder Problemsituationen wird auch als *Wirksamkeitsmotivation* oder *Effektanzmotiv (effectance motivation)* bezeichnet.
[2] In der Sprachtheorie von CHOMSKY bezeichnet K. die Verfügbarkeit von grammatikalischen Regeln bzw. Regelsystemen, welche dem Verstehen und Hervorbringen einer unendlichen Vielzahl von Sätzen zugrunde liegen.
Komplementärfarben *(complementary colours)*. Bezeichnung für je zwei Farben, bei deren Mischung die Empfindung der Farblosigkeit auftritt. Für jede Farbe läßt sich die entsprechende Komplementärfarbe aufsuchen.
Komplex *(complex)*.
[1] Allgemeine Bezeichnung für Sachverhalte, Vorgänge oder Zustände, welche auf der Verbindung oder Vereinigung einer Anzahl von Komponenten beruhen. In der assoziationspsychologischen Denk- und Gedächtnisforschung werden K. als in Gruppen geordnete Assoziationen angesehen, die sich zu komplexeren Vorstellungen verbinden und dem Erkennen, Denken und Erinnern zugrunde liegen.
[2] In der Psychoanalyse Bezeichnung für aus Zensurgründen aus dem Bewußtsein verdrängte Inhalte, die sich im Unterbewußten mit anderen Erlebnisinhalten ähnlicher emotionaler Tönung verknüpfen und die Auseinandersetzung mit der Umwelt durch ihre eigenständige Wirksamkeit, zum Beispiel in Form von *Fehlleistungen* oder neurotischen *Zwangshandlungen* und/oder -*vorstellungen* beeinträchtigen bzw. stören, ohne daß der die Betroffene die Störungsquelle selbst aufzuspüren vermag. Von C. G. JUNG eingeführt, spricht man auch von *gefühlsbetonten Komplexen* in Abhebung von der Bedeutung [1].
komplexe Assoziationen →*Assoziation.*
komplexe Lernleistung →*Paarassoziationen.*
komplexe Psychologie *(complex psychology)*. Von C. G. JUNG eingeführte Bezeichnung für den von ihm vorgeschlagenen psychoanalytischen Weg der Betrachtung komplexer Zusammenhänge zwischen bewußten und unbewußten Prozessen und der sie auslenkenden dynamischen Vorgänge (psychische Energie). Synonym: *Analytische Psychologie (analytic psychology)*.
Komplexion *(complexion)*. Von Meinong und Benussi (Grazer Schule) eingeführte Bezeichnung für die zahlreiche Einzelheiten umfassende, ganzheitliche Natur von Bewußtseinsinhalten. In der *Komplexionstheorie* dieser Autorengruppe wird angenommen, die unwillkürliche Verknüpfung von Einzelheiten im Bewußtsein gehöre zu den organismischen Eigenarten des Psychischen überhaupt.
Komplexqualität *(complex quality)*. Von F. KRUEGER eingeführte Bezeichnung für solche Erlebnisweisen, die eine Vielzahl von Einzelheiten zu einem einheitlichen Ganzen verschmelzen und als relativ ungegliederte

Ganzheit bewußt werden, wie z. B. *Gefühle.* Zusätzlich wird in der von KRUEGER ausgehenden genetischen Ganzheitspsychologie angenommen, das gesamte Erleben und Erkennen entwickle sich von ungegliederten K. zu gegliederten und abgehobenen Gestalten.
LIT. KRUEGER (1926).

Komplikation *(complication).* Von HERBART eingeführte, von WUNDT und JAMES aufgegriffene Bezeichnung für einen Sonderfall der *intermodalen Interferenz.* Muß ein Beobachter bewegte Gegenstände zu einem bestimmten Zeitpunkt lokalisieren, so treten individuell verschieden ausgeprägte Schätzfehler auf (→*Persönliche Gleichung*). WUNDT sah in der willentlichen Konzentration auf die Bewegung die Ursache für abweichende Urteile bzw. Reaktionszeiten. James deutet K.-Phänomene als Wirkweise der (unwillkürlichen) Aufmerksamkeit, die bewegten Gegenständen entgegengebracht wird; so hat z. B. ein medizinischer Laie den Eindruck, das Blut spritze aus der Operationswunde, bevor der Chirurg das Skalpell angesetzt hat.

Komplikationsexperiment *(complication experiment).* Von WUNDT u. a. eingeführte Versuchsanordnungen zur Überprüfung der individuellen Neigung, sich bei der Lokalisierung bewegter Gegenstände und Ereignisse zu verschätzen. Soll der Beobachter z. B. den Ort angeben, wo ein schwingendes Pendel ein Klingelzeichen auslöst, so verlagert er diesen in der Bewegungsrichtung; entsprechend verändert sich die Reaktionszeit auf den Klingelton. Soll er dagegen auf einem Zifferblatt genau angeben, wann der rotierende Zeiger den Klingelton ausgelöst hat, so erfolgt die Verschätzung einerseits in der Bewegungsrichtung des Zeigers, andererseits werden die Zeigerstellungen 3 h, 6 h, 9 h und 12 h – vermutlich wegen der erfahrungsgeprägten Dominanz des rechtwinkeligen Bezugssystems – deutlich bevorzugt.

Konation *(conation).* Ältere Bezeichnung für Antriebe und Zielorientierungen des Denkens und Handelns, d. h. *Wollen* und *Wünschen.*

konativ *(conative). Antriebs-* und *Willens*aspekte des Erlebens und Verhaltens.
→*Konation.*

Konditionierbarkeit →*Extraversion,* →*Lidschluß-Reflex.*

konditionierte Entspannung →*Entspannung.*

konditionierte Unterdrückung *(conditioned suppression).* Wird ein neutraler Reiz mehrere Male hintereinander als Signal für ein unangenehmes, schmerzhaftes, Vermeidungsreaktionen auslösendes Ereignis verwendet, so kann bei Wiederauftreten des Signals eine Unterbrechung der momentanen Tätigkeiten beobachtet werden. Die Assoziation mit dem unangenehmen Ereignis verleiht dem Reiz eine emotionale Qualität, die sich generalisierend auswirkt.

konditionierte Verstärkung →*Verstärkung, sekundäre.*

Konditionierung, Konditionieren *(conditioning).* Bezeichnung für Vorgänge bzw. Prozeduren, durch die Reaktionen oder Verhaltensweisen als Ergebnis der Erfahrung mit ankündigenden Umweltreizen (→*Konditionierung, klassische*) oder ihrer Konsequenzen *(Verstärkung;* →*Konditionierung, operante*) in ihrer Auftretenswahrscheinlichkeit verändert werden.
→ *Lernen.*

Konditionierung, assoziative *(associative conditioning).* Werden zwei ursprünglich neutrale Reize wiederholt zusammen dargeboten und tritt anschließend einer der beiden als konditioneller Reiz (CS) auf, so reagieren Tier und Mensch anschließend auch auf den anderen, nicht als CS verwendeten Reiz mit der konditionierten Reaktion (CR).
→*Pseudokonditionierung.*
LIT. FOPPA (1986).

Konditionierung erster Art *(first kind of conditioning).* Von PAWLOW eingeführtes Synonym für *klassisches Konditionieren.*

Konditionierung zweiter Art *(second kind of conditioning).* Von PAWLOW eingeführte Bezeichnung für die Konditionierung von Reaktionen über den Verstärkungseffekt; im Anschluß an SKINNER heute *operante Konditionierung* genannt.

Konditionierung, instrumentelle *(instrumental conditioning)* →*Konditionierung, operante.*

Konditionierung, klassische *(classical conditioning, Pawlowian conditioning).*
[1] Von PAWLOW auf der Grundlage von Tierversuchen entwickeltes Modell des *Lernens* durch *Reizverbindungen.* Ausgangspunkt war die Zufallsbeobachtung, daß Hunde mit vermehrter Speichelproduktion nicht nur auf Futter reagieren, sondern auch auf Umgebungsreize, wenn diese vorher in der Fütte-

263

Konditionierung, klassische

rungssituation regelmäßig vorhanden waren. In systematischen Untersuchungen wurde die wiederholte Verknüpfung eines neutralen Umgebungsreizes CS *(konditioneller Reiz; conditional stimulus, conditioned stimulus)* mit einem einen Reflex auslösenden Reiz UCS *(nicht- oder unkonditioneller* bzw. *unkonditionierter Reiz; uncondi-tioned stimulus)* erprobt. Einem UCS folgt regelmäßig und automatisch die entsprechende Reflexreaktion UCR *(unkonditionierte Reaktion; unconditioned response);* ein sog. konditionierter, bedingter oder »psychischer Reflex« liegt dann vor, wenn nach wiederholter Erfahrung der Koppelung CS-UCS auf CS allein auch der, dem Reflex weitgehend entsprechenden »psychischen Reaktion« CR *(konditionierte Reaktion; conditioned response)* geantwortet wird. Konditionierbarkeit von komplexeren Reflexen ist bei allen höheren Tieren und beim Menschen gegeben. Folgt z. B. einem Lichtsignal *(CS)* wiederholt ein auf das Auge gerichteter Luftstoß *(UCS),* der automatisch den *Lidschlagreflex (UCR)* auslöst, so reagiert man anschließend auf das Lichtsignal allein eine Weile mit vermehrten Lidschlägen *(CR).* Auch emotionale Reaktionen, z. B. →*Angst,* können durch wiederholte Erfahrungen an neutrale Reize, Gegenstände oder Situationen gekoppelt werden. Daher gilt klassische K. als Modellfall für die Entstehung von →*Phobien* und ihre *Löschung* durch verhaltenstherapeutische *Intervention.*

[2] In PAWLOWS Versuchen stehen Hunde angeschirrt vor einer Trennwand, aus der eine Röhre herausragt, durch die den Tieren kleinste Mengen von Trockenfleischpulver *(UCS)* ins Maul geblasen wird. Sie reagieren mit vermehrtem Speichelfluß *(UCR),* sobald sich das Trockenfleischpulver im Maul auflöst *(»Nahrungsreflex«).* Der abgesonderte Speichel wird über eine künstliche Fistel abgeleitet. Kurz vor jeder Futtergabe setzt eine Klingel *(CS)* ein und begleitet die Fütterung für kurze Zeit. Während der Wiederholungen verstärkt jede dem Klingeln folgende Fütterung die Verbindung zwischen CS und UCS; die Tiere zeigen bereits mit dem Einsetzen des CS eine, die bevorstehende Fütterung vorwegnehmende, *antizipatorische Speichelreaktion (aCR).* K. ist abgeschlossen, wenn CR auf CS allein, d. h. unter unverstärkten Bedingungen, eine Weile beibehalten wird. Folgt dem CS für längere Zeit kein verstärkender UCS, so nimmt die CR wieder ab; diesen Vorgang nennt PAWLOW *Extinktion* oder *Löschung.* Neben der Anzahl der Wiederholungen (Übung) entscheidet die zeitliche Folge von CS und UCS darüber, wie rasch K. eintritt. *Simultane K. (simultaneous conditioning)* führt zu rascher K. Hier setzt CS mit UCS oder unmittelbar davor ein und überlagert den UCS teilweise. *Verzögerte K. (delayed conditioning)* ist nahezu ebenso wirkungsvoll. Hier setzt zunächst CS ein; ihm folgt nach einer kurzen Pause UCS, wobei CS und UCS einander einige Zeit überlagern. *Spuren-K. (trace conditioning)* ist eine etwas weniger wirksame Methode. Hier folgt dem CS nach einer Pause von einigen Sekunden oder Minuten der UCS. Je höher die Entwicklungsstufe des betreffenden Lebewesens, desto größer ist die Toleranz gegenüber längeren Pausen. *Spuren-K.* ermöglicht aufgrund der Zeitverhältnisse die Bestimmung des Lernfortschritts während der K.-Prozedur durch Registrierung der *antizipatorischen Reaktionen (aCR)* im Intervall zwischen Einsetzen des CS und des UCS. *Rückwirkende K. (auch rückläufige K.; backward conditioning)* besteht in der Darbietung von UCS, gefolgt von CS. PAWLOW ging davon aus, daß hier keine K. zustande kommen könne; inzwischen weiß man, daß dies innerhalb gewisser Zeitgrenzen aufgrund vermittelnder (kognitiver) Prozesse, insbesondere beim Menschen, durchaus möglich ist. Hat ein CS durch seine wiederholte Verknüpfung mit UCS die Eigenschaft gewonnen, CR auszulösen, kann auch ein mit CS gekoppelter anderer Reiz (z. B. ein Lichtsignal unmittelbar vor dem Klingelzeichen) nach wiederholter Erfahrung eine Zeit lang CR auslösen. PAWLOW nannte dies K. *zweiter Ordnung (second order conditioning);* erklärt wird der Effekt dadurch, daß der dem Lichtsignal unmittelbar folgende CS als *sekundärer Verstärker* im Hinblick auf den erwarteten UCS (Fütterung) wirkt. Werden mehrere (n) Reize mit dem CS gekoppelt, nennt man dies K. *n-ter Ordnung (nth order conditioning).* CR kann durch *Reizgeneralisierung* und *semantische Generalisierung* auch auf Reize auftreten, die dem CS ähnlich bzw. bedeutungsverwandt sind. Besonders rasche und haltbare K.-Effekte zeigen sich im Zusammenhang mit konditionierten *Furcht*-Reaktionen.

Konditionierung, operante

[3] Klassische K. besteht in der durch Erfahrung geprägten Verknüpfung zweier Reize, *CS* und *UCS*. Daher nennt man sie in Abhebung von der *operanten K.* von Reaktionen auch *K. vom Typ S* (S = Stimulus, Reiz). Pawlow erklärte klassische K. durch gebahnte Erregungsübertragung im Zentralnervensystem. In der Lernphase führt *CS* zu sensorischer Erregung; der unmittelbar darauf folgende *UCS* aktiviert ein »Reflexzentrum« und löst damit automatisch die zugehörige *UCR* aus. Das stärker erregte »Reflexzentrum« zieht die schwächere sensorische Erregung auf den *CS* zu sich heran. Mit wiederholter Erfahrung der Abfolge *CS-UCS* wird das Überströmen der Erregung in das Reflexzentrum gebahnt, d. h. für künftige Fälle erleichtert. Tritt nach der Lernphase *CS* allein auf, so nimmt die Erregung ihren vorher gebahnten Weg, aktiviert das Reflexzentrum und löst so *CR* aus. Für PAWLOW war klassische K. der Beweis dafür, daß höhere Lebewesen auf der Grundlage von Reflexen ihr Verhaltensrepertoire erweitern. Er nahm an, daß das Nervensystem die für Anpassungen an geänderte Umgebungsbedingungen erforderliche »Plastizität« besitze. Diese äußere sich einerseits im Lernen, andererseits aber auch darin, daß die zeitweise Verbindung von *CS* und *UCS* durch *reaktive Hemmung* automatisch abgeschwächt wird, wenn dem *CS* für längere Zeit keine Verstärkung durch *UCS* folgt. *UCR* und *CR* weisen von vornherein minimale Unterschiede auf, z. B. ist die auf ein Klingelzeichen *(CS)* abgesonderte Speichelmenge im Vergleich zum »Nahrungsreflex« auf Futter *(UCS)* geringer, und der Speichel enthält weniger Verdauungsfermente. Man geht heute davon aus, daß kognitive Prozesse der *Erwartung* eine herausragende Rolle spielen und daß die mit der K. verbundenen zentralnervösen Vorgänge sowohl kortikale als auch subkortikale Zellverbände umfassen. Umstritten ist, ob klassische K. auch auf gelernten Reiz-Reaktions-Verbindungen aufbauen kann.

LIT. KIMBLE (1961); PAWLOW (1956); →Lernen.

Konditionierung, operante *(operant conditioning),* Syn.: *operantes Lernen, instrumentelle Konditionierung.*

[1] Von THORNDIKE eingeführtes und von SKINNER weiterentwickeltes Modell des *Ler-*nens durch *Verstärkung* auf der Grundlage von Tierversuchen. Operante K. betrifft die Bedingungen, unter denen in umschriebenen Situationen die Auftretenswahrscheinlichkeit bestimmter Operationen, Reaktionen oder Handlungen durch *verstärkende Ereignisse* bzw. *verstärkende Reize (reinforcer)* so verändert werden kann, daß diese Verhaltensweisen in derselben oder ähnlichen Situationen künftig *instrumentell,* d. h. als Mittel zum Zweck der raschen Erlangung von Verstärkung dienen. Operante K. bezieht sich stets auf Aktivitäten, die das Erreichen eines befriedigenden Zustands durch verstärkende Reize ermöglichen. Als *operant* gilt jede Verhaltensweise oder Reaktion, deren Bedeutung durch verstärkende Konsequenzen in der Umgebung erfahren oder modifiziert wird. Die Einsichten über die Wirkweise der operanten K. wurden auf das menschliche Verhalten übertragen und liefern heute – gemeinsam mit dem Prinzip der *klassischen K.* – wichtige Grundlagen für das Verständnis von grundlegenden Lernprozessen auf der Verhaltensebene und – wie z. B. im Fall der operant konditionierten *Angstreaktion* – ihrer *Löschung* durch gezielte *verhaltenstherapeutische Intervention* (→ *Hemmung, reziproke*). SKINNER verwendete operante K. u. a. als Modellfall des *Spracherwerbs* und des *programmierten Unterrichts.*

[2] THORNDIKE ging von Beobachtungen an Katzen aus, die in einen Lattenkäfig eingesperrt wurden, der mit einem Öffnungsmechanismus versehen war. Die Tiere setzten ihr gesamtes Verhaltensrepertoire ein, um aus dem Käfig herauszukommen. Berührten sie dabei (zunächst zufällig) den Öffnungsmechanismus, so gewann diese Operation allmählich Vorrang über alle anderen Verhaltensweisen. Verstärker ist hier die der Operation unmittelbar folgende Öffnung der Käfigtür, die zur Wiedererlangung der Freiheit mit den sie begleitenden angenehmen Empfindungen führt. SKINNER verwendete in seinen Versuchen an Ratten einen Spezialkäfig *(Skinner-Box)* mit Vorrichtungen (z. B. Hebel, Laufrad), deren Betätigung einen Futterspender auslöst oder die Zufuhr unangenehmer Reize (z. B. elektrische Schläge über den Bodenrost) unterbindet. Betätigen die Tiere, zunächst mehr oder weniger zufällig, den entsprechenden Mechanismus, so erhalten sie unmittelbar darauf den

265

Konditionierung, semantische

verstärkenden Reiz (Futter) bzw. sie erfahren den Fortfall von Schmerz. Diese Erfahrungen führen nach einigen Wiederholungen unmittelbar nach dem Wiedereintreten in die gleiche Situation zur gezielten und häufigen Betätigung der entsprechenden Vorrichtungen. Reaktionsgeschwindigkeit, -dichte und -haltbarkeit sind unter anderem davon abhängig, ob die Verstärkung in der Vergangenheit regelmäßig oder unregelmäßig erfolgte (→*Verstärkungsplan*). Die operante K. unterliegt wie die *klassische K.* Generalisierungs- und Löscheffekten.

[3] THORNDIKE erklärte die Herausbildung instrumenteller Verhaltensweisen als Folge von Versuchen und Irrtümern, aus denen sich die Verknüpfung von situativen Reizen und solchen Reaktionen, die zur Erlangung von Verstärkung führen, unter der Wirkung des →*Effektgesetzes* allmählich herausbildet. Verwendet man die in der Beschreibung der *klassischen K.* (→*Konditionierung, klassische*) eingeführten Bezeichnungen, so ist der Verstärker der *unkonditionelle Reiz (UCS)*, der durch eine bestimmte Operation, die *konditionierte Reaktion (CR)*, in einer bestimmten Umgebung *(konditioneller Reiz; CS)* erreicht wird. SKINNER interpretiert den Lerneffekt als Folge der Koppelung zwischen der Ausführung einer Operation und nachfolgender Verstärkung; die Umgebungsreize seien lediglich der K. vorangehende Auslöser von Operationen jeglicher Art. Er bezeichnete operante K. in Abhebung von *klassischer K.* als *K. vom Typ R* (R = Reaktion). Heute wird operante K. vorwiegend im Licht von *Verstärkungserwartungen* und dem Bedürfnis nach →*Kontrolle* interpretiert.
→*Lernen.*
LIT. SKINNER (1946); THORNDIKE (1932);

Konditionierung, semantische *(semantic conditioning)*. (a) Koppelung eines Wortes (konditioneller Reiz; CS) mit einem Objekt, das seiner Bedeutung entspricht (nichtkonditioneller Reiz; UCS). (b) Prozedur mit dem Effekt, daß die auf ein Wort (konditioneller Reiz; CS) konditionierte Reaktion (CR) durch den Gegenstand, den das Wort bezeichnet, durch ein klangähnliches Wort *(phonetographischer Transfer)* oder durch einen bedeutungsverwandten Begriff ausgelöst wird.
→*semantische Generalisierung.*
LIT. RAZRAN (1961).

Konditionierung, verbale *(verbal conditioning)*. Verstärkung des verbalen Verhaltens durch Lob oder Zustimmung. Zur Verbesserung des Sprachrepertoires Behinderter, aber auch zur Aufrechterhaltung des therapeutischen Gesprächs angewandte Technik, die auf den Prinzipien des operanten Konditionierens aufbaut.

konfabulieren, Konfabulation *(confabulation; circumstantial stories)*. Erzählungen, deren Inhalte nur in der Phantasie des Erzählers existieren bzw. die mit der wahrgenommenen Situation, ihrer auch für andere geltenden Bedeutung in keinem Zusammenhang stehen und weder durch eigene Anschauung noch durch Argumente anderer korrigierbar sind.
→*Korsakowsches Syndrom.*

Konfiguration *(configuration)*. Zusammengesetztes Reizgebilde bzw. komplexer Reiz.
→*Gestalt.*

Konfigurations-Frequenz-Analyse, KFA *(configuration frequency analysis)*. Von G. A. LIENERT eingeführtes parameterfreies multivariates Verfahren zur Feststellung der Übereinstimmung von Symptomen (Syndrombeschreibung) bzw. aufgrund übereinstimmender Merkmale ähnlich gelagerter Fälle der Typenbeschreibung. Das insbesondere in der Klinischen Psychologie und Diagnostik bewährte Verfahren ersetzt im Falle der Nichterfüllung von Voraussetzungen für die Anwendung parametrischer Verfahren die wesentlich aufwendigere Faktorenanalyse (Q-Technik).

Konflikt *(conflict)*.
[1] Intraindividueller Zustand, der durch zwei gleichzeitig auftretende antagonistische Ereignisse, Motive, Absichten, Bedürfnisse (Antriebe), Handlungsziele bzw. Handlungstendenzen ausgelöst und durch die dabei erfahrene, nach Lösung drängende Spannung gekennzeichnet ist. Je schwerwiegender der K., desto länger dauert eine Entscheidung und desto größer ist die Wahrscheinlichkeit, dem K. mit anderen Mitteln (z. B. Flucht, aggressives Verhalten, Resignation) zu begegnen. Psychoanalytisch ausgerichtete Autoren orientieren sich in ihren Auslegungen von K.-Situationen an »Ur-« oder Grundkonflikten«, z. B. am K. zwischen Bindung und Ablösung (RANKE) oder dem K. zwischen Triebansprüchen (Es) und sozialmoralischer Zensur (Über-Ich). Zwischen dem Anspruch auf Triebbefriedigung und Angst vor Sanktionen

hin und her gerissen greifen nach FREUD den K. vorläufig bereinigende →*Abwehrmechanismen* ein, die allerdings bei mangelndem Erfolg zu psychischen *Auffälligkeiten* oder *Störungen* führen können, z. B. dann, wenn eine der beiden konkurrierenden Handlungstendenzen nach ihrer »Verdrängung« unterbewußt ihre Ansprüche geltend macht und dies zu Symptombildungen führt. In der psychologischen und psychosomatischen →*Streß*-Forschung werden u. a. beanspruchende Lebensbedingungen untersucht, die fortlaufende Entscheidungen abverlangen *(Live-Stress)*. Eine bis heute unangefochtene Taxonomie des intrapsychischen K. und seiner Folgen stammt von KURT LEWIN (1935). (a) Von *Annäherungs-Annäherungs-K. (approach-approach conflict)* oder *Appetenz-Appetenz-K.* spricht man, wenn zwischen zwei positiven, gleichzeitig auftretenden Verhaltenszielen entschieden werden muß. Jedes ist zwar grundsätzlich erreichbar, aber mit der Annäherung an das eine wird die Entfernung vom anderen größer und umgekehrt. Die Folgen von Fehlentscheidungen können dann als »postdecisionaler« K. weiterwirken *(→kognitive Dissonanz)*. (b) Ein *Annäherungs-Vermeidungs-K. (approach-avoidance conflict)* oder *Appetenz-Aversions-K.* liegt vor, wenn die Annäherung an ein positives Ziel mit der Annäherung an ein negatives Ereignis gekoppelt ist, das man gern vermeiden möchte. Für diesen Fall gilt das von BROWN (1948) und MILLER (1959) erstellte deskriptive *Gradienten-Modell (→Gradient)*. Lernt ein Tier einen Fütterungsort kennen, so zeigt es nach mehreren Verstärkungen ein *Annäherungsverhalten,* dessen Geschwindigkeit bzw. Nachdruck (gemessen wurde z. B. die ausgeübte Zugkraft) mit wachsender Zielnähe stetig zunimmt, was als *Annäherungs-Gradient* darstellbar ist. Macht dasselbe Tier die Erfahrung, daß der Zugang zum positiven Ziel nur über eine Stelle zu erreichen ist, an der unangenehme elektrische Schläge verteilt werden, so entwickelt es in bezug auf den gleichen Zielbereich, dem vorher uneingeschränkte Annäherung gegolten hat, mit größer Nähe zunehmende *Vermeidungstendenzen,* die als *Vermeidungs-Gradient* aufgezeichnet werden können. Der *Vermeidungs-Gradient* setzt im Vergleich zum *Annäherungs-Gradienten* erst auf dem Weg zum Ziel, also später ein, nimmt aber dafür

einen vergleichsweise steileren Verlauf. Wo sich die beiden Gradienten schneiden, liegt der *Entscheidungspunkt.* Je schwerer die K., desto länger ist die Entscheidungszeit. (c) Ein K. zwischen gleichzeitig wirksamen negativen Zielen heißt bei LEWIN *Vermeidungs-Vermeidungs-K. (avoidance-avoidance conflict)* oder *Aversions-Aversions-K.* Er repräsentiert die schwerste aller drei K.-Arten und ist mit der Tendenz gekoppelt, »aus dem Felde zu gehen«, d. h. sich wie ein Kind zu verhalten, das in der Schule ein schlechtes Zeugnis, zu Hause schimpfende Eltern erwartet und das beiden negativen Ereignissen durch Herumziehen oder einen Gang ins Kino ausweicht. Die LEWINsche Taxonomie findet sowohl bei der Analyse menschlichen als auch tierischen K.-Verhaltens Anwendung. In der Verhaltensforschung (HINDE, 1970) ist K. ein Zustand, der entsteht, wenn zwei Reize vorhanden sind, die einander ausschließende Reaktionstendenzen auslösen, vorausgesetzt, daß beide Reaktionen dann, wenn die auslösenden Reize einzeln dargeboten werden, in voller Höhe einsetzen.

[2] Ebenfalls auf LEWIN gehen erste Untersuchungen über zwischenmenschliche, d. h. interpersonelle, *Gruppen-* und *politische* K. zurück. Das geeignete Mittel der Bereinigung wird im Kompromiß gesehen, der durch Festhalten an diskrepanten Interessen, inkompatiblen Handlungsabsichten und -zielen, an mangelnder Bereitschaft zur Konformität oder an von beiden Teilen manifestierten Zugriffstendenzen auf nur begrenzt verfügbare Ressourcen behindert wird. Zu den Strategien der K.-Bereinigung in verschiedenen sozialen und betrieblichen Umfeldern gehören u. a. gruppendynamische Maßnahmen der Förderung sozialer Anteilnahme und Sensibilität sowie spielartige Übungen zum Umgang mit Problemen, die Entscheidungen über die Verteilung und Nutzung von knappen Ressourcen abverlangen.

LIT. FEGER, SOREMBE (1983); FISHER (1990); GLASL (1990); HINDE (1970); HECKHAUSEN (1986); LEWIN (1935; Werkausgabe 1982 ff); THOMAE (1974).

Konformität *(conformity).* Sozialpsychologische Bezeichnung für durch Normen und Rollen festgelegte Einstellungen und Verhaltensweisen, die in Übereinstimmung mit einer *Gruppe* gezeigt werden bzw. die den Einstel-

267

Konfundierung

lungen und Verhaltensweisen der anderen Gruppenmitglieder in hohem Maße entsprechen. Das Streben nach Konformität gilt als eine in der Sozialpsychologie relevante Einstellungs- bzw. Verhaltenseigenschaft. →*J-Kurve.*

Konfundierung *(confounding of independent variable)*. Die Vermengung von Effekten aufgrund einer systematischen Beziehung zwischen der zu untersuchenden unabhängigen Variablen und einer Störvariablen. Wird z. B. die Wahrnehmungsleistung eines Versuchstiers nach Abtragung bestimmter Gehirnpartien experimentell untersucht, so könnten sich die Effekte von Hirnläsion- bzw. -exstirpation mit dem allgemeinen Operations- bzw. Verletzungstrauma vermengen; untersucht man den Einfluß der Beleuchtung auf die Arbeitsleistung, so könnten sich die Effekte der Beleuchtungsänderung mit jenen der Wärmeentwicklung vermengen. In *Experimenten* lassen sich diese Effektvermengungen durch systematische Kontrollen ausschließen, so z. B. bei dem *Versuchsleiter-Erwartungseffekt.*

kongenital *(congenital)*. Bezeichnung für Eigenheiten eines Individuums, die bereits zum Zeitpunkt der Geburt vorhanden sind. Syn. für angeboren.

Konnotation *(connotation)*. Bezeichnung aus der Aussagelogik für die über den Sachsinn (→*Denotation*) hinausgehenden Eigenheiten und Qualitäten eines durch ein Sprachsymbol (Wort) bezeichneten Gegenstandes. Manchmal auch frei als »Bedeutungshof« des Wortes bezeichnet. Gegenstand psycholinguistischer Forschung im Rahmen der Untersuchungen mit dem semantischen Differential (OSGOOD).

Konsistenz *(consistency)*.
[1] Allgemeine Bezeichnung für die Eigenschaft eines Aussage- oder Funktionssystems, aus relativ überdauernden, festgefügten und/oder stimmigen Elementen zu bestehen. In der *Persönlichkeits-* und *Sozialpsychologie* der Zusammenhang zwischen stimmigen *Eigenschaften* bzw. *kognitiven Elementen.* Die sog. *Konsistenz-* oder *Konsonanztheorien (consistency theories; theories of consistency)* gehen von der Tendenz des Menschen aus, Einstellungen, Gefühle und Erfahrungen in bezug auf denselben Gegenstand oder Gegenstandsbereich in größtmögliche Übereinstimmung zu bringen (→*Einstellungsänderung; →Kognitive Dissonanz*); derartige Tendenzen

wirken sich z. B. bei der Beurteilung von Mitmenschen in Fehleinschätzungen aus (→*Halo-Effekt*).
[2] *Test- und Meßtheorie:* (a) *Innere oder interne K. (internal consistency)* ist als Grad der Übereinstimmung *(→Korrelation)* zwischen Meßwerten von Test-Items und dem Gesamtscore definiert. Syn. *Item-, Test-Homogenität.* Die Berechnungsgrundlagen für den sog. *Konsistenzkoeffizient (coefficient of consistency; consistency coefficient)*, einem Maß der *Reliabilität*, stammen von CRONBACH, HOYT und KUDER und RICHARDSON. (b) Der Grad der Übereinstimmung von Alternativreaktionen (Ja-Nein; vorhanden – nicht vorhanden) bei wiederholter Darbietung derselben Reize oder Items, ermittelt bei denselben Beobachtern bzw. Testpersonen, wird mit dem sog. *Konsistenzindex (consistency index, index of consistency)* ausgedrückt.
[3] *Statistik:* Ein Prüfverfahren besitzt dann die Eigenschaft der K., wenn es mit zunehmendem Stichprobenumfang Unterschiede zwischen den Stichprobenmittelwerten mit größerer Sicherheit erfaßt. K. ist in diesem Fall ein Ausdruck der *Teststärke* in bezug auf die Vermeidung des *Fehlers zweiter Art.*
LIT. CRONBACH (1970); IRLE (1975); LIENERT (1969).

Konsistenz-Index →*Konsistenz.*
Konsistenzkoeffizient →*Konsistenz.*
Konsolidierung →*Gedächtnis.*
Konstanter Fehler →*Fehler, →Psychophysik.*
Konstanz, Konstanzphänomene *(constancy)*. Das Auftreten ähnlicher oder identischer Wahrnehmungserfahrungen trotz unterschiedlicher physikalischer Erscheinungsbedingungen von Reizen oder Gegenständen. K. äußert sich darin, daß die an einem Reiz oder Gegenstand festgestellten Veränderungen in keinem Verhältnis zu den tatsächlichen physikalischen Veränderungen stehen. K. ist einerseits Voraussetzung für die relative Stabilität der Wahrnehmungswelt und das Wiedererkennen ihrer Inhalte, andererseits trägt sie zu Täuschungen bei. (a) *Helligkeitskonstanz (brightness constancy)*: Der Helligkeitskontrast zwischen einer Figur und dem Hintergrund (z. B. ein dunkelgraues Quadrat auf hellgrauem Hintergrund) bleibt unabhängig von der Umgebungshelligkeit konstant. Erklärt wird dies durch die gleichbleibenden →*Albedo*-Werte.

(b) *Farbkonstanz* (*color/colour constancy*): Die Übereinstimmung von Farbeindrücken unter variablen Wahrnehmungsbedingungen, ausgenommen massive Helligkeitsveränderungen (→*Purkinjesches-Phänomen*). **(c)** *Größenkonstanz (size constancy):* Die Länge bzw. Flächengröße eines bislang unbekannten, nicht weiter bedeutungsvollen Reizes kann bei variabler Entfernung mehr oder weniger gut eingeschätzt werden. Bei großer Entfernung fällt das Netzhautbild entsprechend klein aus; dennoch kann die Länge eines Stabes oder der Durchmesser eines Kreises einigermaßen realistisch eingeschätzt werden, solange ein *Bezugssystem* mitgegeben ist, das dem Betrachter Entfernungsschätzungen ermöglicht. Die Größenkonstanz ist in Frage gestellt, wenn es sich um Reize handelt, die man als bedeutungsvolle Gegenstände einstuft und mit einem bestimmten Wertakzent belegt. In diesem Falle erscheinen sie im Vergleich zu gleich langen oder großen neutralen Reizen immer größer, z. B. beim Größenvergleich einer neutralen Pappscheibe mit einer anderen, auf der sich Münzsymbole befinden (→*Akzentuierung*). **(d)** *Formkonstanz* (*shape constancy*): Die Form einer geometrischen Figur wird auch dann wiedererkannt, wenn sie verkleinert, vergrößert oder in verdrehter Raumlage erscheint (→*mentale Rotation*). Entsprechendes gilt für die *Dingkonstanz*, das Wiedererkennen von Gegenständen unab-hängig von der Perspektive, aus der man sie betrachtet. K. ist zu unterscheiden von der →*Konstanzannahme* oder *Konstanzhypothese* in der klassischen *Psychophysik*, in der konstante Beziehungen zwischen Reiz- und Empfindungsstärke postuliert werden.

Konstanzannahme *(constancy hypothesis).* Bezeichnung für die Annahme vollständiger Abhängigkeit der Empfindungen von den korrespondierenden physikalischen Reizgegebenheiten. Die Annahme wurde durch die gestaltpsychologische Forschung weitgehend relativiert.

Konstanzmethode *(constant method).* Syn.: *Methode der gleichen Reizintervalle.* Standardmethode der Psychophysik zur Bestimmung von *absoluten* und *Unterschieds-Schwellen*. Kennzeichnend ist die Verwendung von Zufallsfolgen von Reizen, deren Größe bzw. Intensität stets um ein Vielfaches des gleichen Intervalls variiert. Dadurch kann den nachfolgenden Berechnungen eine Intervallskala der Reize zugrundegelegt werden. Die zur Bestimmung von *Unterschiedsschwellen* herangezogene Variante der K. nannte FECHNER »Methode der richtigen und falschen Fälle« (*right or wrong cases method*). Ein Standardreiz gleichbleibender Intensität wird mit jedem Vergleichsreiz variabler Intensität (Auswahl s. o.) kombiniert. Die Reizpaare gelangen in Zufallsfolge mehrmals zur Beurteilung. Der Beobachter muß nach jeder einzelnen Darbietung entscheiden, ob der Vergleichsreiz mit dem Standardreiz übereinstimmt oder größer bzw. kleiner ist. →*Psychophysik*.

Konstellation →*Pattern.*

Konstitution *(constitution).* Bezeichnung für die Gesamtheit aller ererbten und erworbenen Bedingungen für körperliche Erscheinungsformen oder für die Gesamtheit dieser Erscheinungsformen selbst, wie sie zu einem gegebenen Zeitpunkt vorhanden sind und wie sie sich entwickeln werden. Die sog. *Konstitutionstypologien* überschreiten meist diesen engen Rahmen, indem sie eine Beziehung zwischen den Körperbau-Merkmalen (Konstitution im engeren Sinne) und einer Vielzahl psychischer Merkmale herzustellen versuchen (z. B. KRETSCHMERS Typologie).

Konstriktor *(constrictor).* Anatomische Bezeichnung für Muskeln oder Muskelsysteme, die ein Zusammenziehen (Beugen) ermöglichen. Gegensatz: Dilatator (STRECKER).

Konstrukt *(construct).*
[1] Aus dem Lat. constructum stammende Bezeichnung für wissenschaftliche Systembegriffe, denen ein Beziehungsnetz von beobachtbaren Variablen und Annahmen (*Hypothesen, Prinzipien, Theorien*) zugrundeliegt. K. als »Konstruktionen der Wirklichkeit« (KANT) dienen dazu, Einzelerscheinungen abzuleiten, zu ordnen und/oder zu erklären. Im Unterschied zu K. ist ein *Konzept (concept;* lat. *conceptus)* die begrifflich-sprachliche Bezeichnung für eine Mehrheit konkreter Vorstellungsinhalte, die durch Abstraktion und Generalisierung zustande kommt.
[2] Man unterscheidet *deskriptive* und *hypothetische* oder *explikative Konstrukte.* (a) Ein *deskriptives K.* dient der Beschreibung komplexer Vorgänge oder Zustände im Bezugssystem von Kennzeichen oder Indikatoren (z. B. Motivation als zielorientierter Prozeß der

Konstruktionsspiel

Handlungssteuerung, der sich u. a. in der Annäherungsgeschwindigkeit an ein begehrtes Zielobjekt äußert). Es verbindet Bezeichnungen und Bezeichnetes, d. h. Begriffe und Indikatoren. Gelingt es, ein K. vollständig durch vorangehende (antecedente) und nachfolgende Vorgänge und/oder Zustände zu bestimmen, so nimmt es den Rang einer *intervenierenden Variablen* ein. (b) Ein *explikatives K.* liegt vor, wenn komplexe Vorgänge oder Zustände, die als *funktionale Einheit* angesehen werden, zum Zweck der vorläufigen Erklärung in einem begrifflich-theoretischen Netzwerk dargestellt werden, das auch nicht oder noch nicht über Indikatoren erfaßbare Systemkomponenten enthält. Die einfließenden Annahmen können dabei den Rang von *Hypothesen, Modellen* oder *theoretischen Aussagen* besitzen. Das von WITKIN eingeführte explikative K. der »*Feldabhängigkeit*« enthält z. B. Elemente einer Theorie der Persönlichkeitsdifferenzierung und bestimmt von dort aus die Bedeutung der einzelnen Indikatoren für feldabhängiges Verhalten. Ähnliches gilt für das K »Abwehrmechanismus«, dessen theoretische Voraussetzungen in FREUDS Theorie von der Wirkweise der Triebkräfte und der regulativen Instanzen des Ich zu suchen sind. Damit sind zwei wesentliche Funktionen der K. angesprochen. K. sind einerseits begriffliche Ordnungen, die der Herleitung von Hypothesen dienen *(theoretische* oder *hypothetische Konstrukte; hypothetical constructs)*. K. sind andererseits ein wissenschaftlichlogisches Instrument, um Beziehungen zwischen begrifflichen Systemen und Beobachtungsdaten gezielt aufzusuchen bzw. herzustellen.
→*Konstruktvalidierung.*
LIT. MACCORQUODALE, MEEHL (1948).
Konstruktvalidität *(construct validity).* Bezeichnung für einen Sonderfall der *inhaltlichen Validität.* Es wird untersucht, inwieweit ein Test (bzw. die einzelnen Untertests) einer begrifflich gefaßten Klasse von Merkmalen (Konstrukt) bzw. Verhaltensweisen entspricht. Dabei ist es erforderlich, das *Konstrukt* so zu definieren, daß man bei jeder Test- oder Untertest- bzw. Aufgabereaktion genau bestimmen kann, ob sie dem Konstrukt entspricht oder nicht.
LIT. →*Test,* →*Testkonstruktion.*

konsumatorischer Akt →*Akt.*
Kontiguität *(contiguity),* Syn.: *Kontingenz.* Berührung bzw. Überlappung zweier Ereignisse aufgrund raum-zeitlicher Nähe. K. ist ein Grundprinzip der klassischen Assoziationslehre.
Kontiguitätstheorie *(contiguity theory).* Von Guthrie begründete Theorie des motorischen Lernens. Das erste Auftreten einer Reaktion in einer bestimmten Reizumgebung und der gleichzeitige Empfang von Rückmeldungen aus dem Körperinneren über die veränderte Position sind die einzigen notwendigen und zureichenden Bedingungen des Lernens. Die K. steht im Widerspruch zu den übrigen Lerntheorien, welche *Verstärkung* und *Übung* neben der K. zu den Grundlagen der Gewohnheitsbildung zählen.
LIT. GUTHRIE (1952).
Kontingenz *(contingency).*
[1] Bezeichnung für die Abhängigkeit bzw. Verbundenheit zweier Größen oder Ereignisse, die sich in der Wahrscheinlichkeit des gemeinsamen Auftretens ausdrückt. Der *Kontingenz-Koeffizient (contingency coefficient)* drückt den Grad des wahrscheinlichen gemeinsamen Auftretens zwischen zwei oder mehreren qualitativen Merkmalen bzw. Merkmalsklassen aus; er ist ein Sonderfall des *Korrelations-Koeffizienten.*
[2] Als *soziale K. (social contingency)* Bezeichnung für den Übereinstimmungsgrad, den zwei Personen im Verlauf von *(dyadischen)* Interaktionen in ihren Plänen bzw. Handlungen zeigen. *Pseudo-K.* liegt vor, wenn Übereinstimmungen zufällig zustande kommen. *Symmetrische K.* ist gegeben, wenn Übereinstimmungen sowohl durch gleichartige Pläne als auch Reaktionen entstehen. *Asymmetrische K.* kommt dadurch zustande, daß A nach eigenem Plan handelt und die Handlungen von B dazu bestimmt, oder dadurch, daß die Reaktionen von A und B durch die vorangegangenen Reaktionen von A oder B – ungeachtet individueller Pläne – beeinflußt werden (Nachahmung).
Kontingenzmodell →*Führungseffektivität.*
Kontingenz-Management *(contingency management).* Nach dem Prinzip von Premack verstärkt sich jedes Verhalten dann automatisch, wenn ihm ein anderes mit großer Reaktionswahrscheinlichkeit und Alltagsroutine behaftetes Verhalten unmittelbar folgt, das mit

270

keinen aversiven Assoziationen einhergeht. In psychotherapeutischer Anwendung bedeutet dies: Ist bei einem Patienten z. B. durch Gegenkonditionierung eine bestimmte neutrale Reaktion aufgebaut worden, so kann man deren Beständigkeit dadurch erhöhen, daß man unmittelbar nach ihrer Ausführung Alltagshandlungen (z. B. etwas trinken, ein Telefongespräch führen usw.) folgen läßt.

kontinuierliche Variable →*Variable.*

kontinuierliches Verstärken →*Verstärkungsplan.*

Kontraktion *(contraction).*
Das kurzfristige Zusammenziehen eines Muskels als Reaktion auf einen Reiz *(contracture). Dauer-Kontraktionen* gehen auf Störungen oder Schädigungen des motorischen Systems zurück. Sie können zu *Mißbildungen* (z. B. Klumpfuß) oder *Lähmungen* führen.

Kontrast *(contrast).* Scheinbare Verstärkung von Helligkeits- oder Farbunterschieden zwischen zwei Reizen derselben Sinnesmodalität aus unterschiedlichen Gründen. *Simultankontrast (simultaneous contrast)* liegt vor, wenn die beiden Reize gemeinsam auftreten (z. B. →*farbige Schatten),* von *Sukzessivkontrast (successive contrast)* spricht man, wenn die Reize raumzeitlich eng aufeinander folgen. Erscheint z. B. eine graue Figur auf hellem Hintergrund dunkler als auf dunklem, liegt ein *simultaner Helligkeitskontrast (brightness contrast)* vor, den man auf der Grundlage retinaler Hemmungsprozesse (→*Hemmung, laterale)* erklären kann. Erscheint die graue Figur auf blauem Hintergrund, wirkt sie gelblich, auf grünem rötlich usw. Dieser *simultane Farbkontrast (color/colour contrast)* entsteht durch den Einfluß des *Opponentensystems* (→*Farbensehen). Sukzessivkontraste* findet man bei der Untersuchung von →*Nachbildern.* Die Empfindlichkeit für Sukzessivkontraste kann u. a. durch Untersuchungen der →*Flimmerverschmelzung* ermittelt werden.

Kontroll-Analyse *(control analysis).* In der Psychoanalyse das Beaufsichtigen der Durchführung und des Fortgangs einer Analyse durch einen weiteren Analytiker.

Kontrolle *(control).*
[1] *Allgemein:* Überwachung bzw. fortlaufende Überprüfung von Systemfunktionen, Einrichtungen, Ereignissen oder Personen, meist in Verbindung mit dem Ziel eines korrigierenden Eingreifens im Falle der Abweichung von Normen, Regeln oder Erwartungen.

[2] *Psychologie:* (a) In Anlehnung an den engl. Sprachgebrauch alle Arten und Formen der Regelung, Steuerung, Beeinflussung, Vorhersage oder Interpretation von Ereignissen. In diesem weiten Sinne beschreibt K. z. B. die Ausübung *sozialer Macht,* um durch Sanktionen unerwünschte, normenwidrige Verhaltensweisen zu unterbinden, durch Belohnungen erwünschte zu fördern, die willentliche *Steuerung* des Verhaltens überhaupt; als *Selbst-K. (ego control; self control)* die Beherrschung eigener Empfindungen oder Empfindungen (z. B. Schmerz-K.); als *Aufmerksamkeits-K. (attention control)* die mehr oder weniger bewußt-willentliche Auslenkung der Zuwendung und Konzentration (Syn.: *kontrollierte Prozesse),* aber auch die unwissentliche und unwillkürliche körpereigene *Regelung* physiologischer Grundfunktionen (z. B. K. der Herz-Kreislauf-Tätigkeit durch innere Homöostaten). (b) K. oder *Kontrollierbarkeit* im engeren Sinne umfaßt alle subjektiven Momente der Beeinflussung, Vorhersage oder Interpretation von Ereignissen, die als Ausdruck eines allgemeinen Motivs zur Meisterung belebter und unbelebter Umweltereignisse bzw. einer Tendenz in der Wahrnehmung, Auslegung und Bewertung solcher Möglichkeiten aufgefaßt werden können. Auf ein allgemeines *Bedürfnis* nach K. verweisen Verhaltensweisen zur Beherrschung der Verstärkungsbedingungen und die Wirkweise ihrer Konsequenzen. Als *Kontrollort (locus of control)* bezeichnet man generalisierte Erfolgsbzw. Mißerfolgserfahrungen, die das künftige K.-Verhalten beeinflussen; vollzog sich die Verstärkungserreichung vorwiegend in Abhängigkeit von eigenen Fähigkeiten oder Fertigkeiten, so spricht man von *innerer K. (internal control),* war sie von äußeren Umständen oder Glücksfällen abhängig, von *externer K. (external control).* Als *Kontrollmotiv* oder *Kontrollmotivation (control motivation)* gilt das allgemeine Streben, *Selbstwirksamkeit (self-efficacy)* zu zeigen und aufrechtzuerhalten, d. h. aufgrund eigener Fähigkeiten durch eigenes Verhalten positive Umwelteffekte zu erzielen, Belohnung zu erhalten, von anderen anerkannt oder in der eigenen Meinung bestätigt zu werden, Unangenehmes aus dem Weg zu räumen, in Problemfällen nach Mitteln und

kontrollierte Assoziationen

Wegen zu suchen, K. wiederzuerlangen, Denkweisen zu bevorzugen, die eine Beeinflussung in die gewünschte Richtung aussichtsreich erscheinen lassen, in ungewissen Situationen nach einer Interpretation zu suchen, die eine Vorhersage der Ereignisse ermöglicht, K.-Verlust als etwas Unangenehmes zu erleben und bei fortgesetzter K.-Verlust-Erfahrung unter den Folgen der *Hilflosigkeit* zu leiden. *Kontrollerwartung* oder *-überzeugung (control expectancy; control belief)* sind zentrale Begriffe der psychologischen Streßforschung (→*Streß*). Man bezeichnet damit subjektive Annahmen bzw. Gewißheiten, über Reaktionen zu verfügen, mit deren Hilfe aversive bzw. unangenehme Ereignisse abgewendet, zumindest aber beeinflußt werden können. Derartige Erwartungen oder Überzeugungen reduzieren auch dann psychischen Streß, wenn keine konkreten Kontrolloperationen ausgeführt werden oder ihre Umsetzbarkeit in Frage steht. Es genügt, daß sie für effektive Maßnahmen gehalten werden bzw. daß die Situation in ihrem Licht weniger gefährlich oder bedrohlich erscheint. Die subjektive Aussicht auf Meisterung bedrohlicher Situationen ist das Resultat der Wechselwirkung von erwarteter *Verhaltenskontrolle (behavioral control)* als Innewerden der Verfügbarkeit von Reaktionen, die auf direktem Weg die objektiven Merkmale eines bedrohlichen Ereignisses beeinflußt, *kognitiver Kontrolle (cognitive control)* als Verarbeitung potentiell bedrohlicher Inhalte in einer die Streßwirkung lindernden und den Anstrengungsaufwand in Richtung →*Bewältigung* umsteuernden Weise und *Entscheidungskontrolle (decisional control)* als Gewißheit, aus verschiedenen verfügbaren Handlungsmöglichkeiten die erfolgversprechendste auswählen zu können (AVERILL, 1973). Hinzu treten die *Informationskontrolle (information control)* als Wirkweise von Warnungssignalen oder Mitteilungen von Personen, die selbst bewältigbaren aversiven Ereignissen ausgesetzt waren, und die *retrospektive Kontrolle (retrospective control)* als Überzeugungen über die Beherrschbarkeit bereits durchlebter belastender Ereignisse und ihrer Ursachen (THOMPSON, 1991).

[3] *Experiment, Statistik: Kontrollierte Bedingungen* liegen dann vor, wenn die Varianz der abhängigen Variablen durch die Variation der Versuchsbedingungen aufgeklärt werden

kann. *Kontrollgruppe (control group)* nennt man eine Stichprobe von Merkmalsträgern aus der gleichen Population wie die *Experimentiergruppe (experimental group)*, deren Mitglieder jedoch den erwartungsgemäß effektsetzenden Versuchsbedingungen nicht oder in abgewandelter Form ausgesetzt sind.

LIT. AVERILL (1973); LEFCOURT (1982); OSNABRÜGGE u. a. (1985); ROTTER (1966; 1975); SELIGMAN (1975); THOMPSON (1991).

kontrollierte Assoziationen →*Assoziation.*

kontrollierte Prozesse →*Prozesse, kontrollierte.*

Konvention *(convention).* Allgemeine Bezeichnung für Vereinbarungen oder soziale bzw. kulturelle Normen, welche das soziale Denken und Verhalten in mehr oder weniger überdauernder, genereller Weise am allgemein Üblichen orientieren, ohne notwendigerweise als auferlegter Zwang erlebt zu werden.

konvergentes Denken *(convergent thinking).* Von J. P. GUILFORD eingeführte Bezeichnung für Denkleistungen, bei denen eine richtige Lösung oder Folgerung gesucht bzw. eine neuartige Lösung entwickelt werden muß. Gegensatz: *divergentes Denken.*
→*Kreativität,* →*schöpferisches Denken,* →*Intelligenz.*

Konvergenz *(convergence).*
[1] Bezeichnung für das Zusammenlaufen der Blickrichtung (Sehachsen) bei Betrachtung eines nahe gelegenen Gegenstandes (Schielen); hervorgerufen durch die Augenbewegungsmuskeln mit der Wirkung der Reizung weitgehend korrespondierender Netzhautstellen.
[2] Allgemeine Bezeichnung für die biologische Tatsache, daß bestimmte Entwicklungsreihen verschiedener Arten und Gattungen von Lebewesen hinsichtlich der Funktion von Organen gewisse Ähnlichkeit zeigen. Haben sich die Organfunktionen im Verlauf der Entwicklung »auseinanderentwickelt«, obwohl die morphologischen Kennzeichen des Organs auf einen gemeinsamen Ursprung schließen lassen, so spricht man von *Divergenz.*
[3] Im Rahmen der von W. STERN formulierten *Konvergenz-Theorie* bedeutet K. die Interaktion und wechselseitige Durchdringung von Umwelt und »Innenwelt«. Besonders handelt es sich dabei um das Konvergieren (Zusammengehen) von erworbenen und angeborenen Erlebnis- und Verhaltensweisen im Einklang mit den spezifischen Eigentümlichkei-

ten »äußerer« Situationen. Die Konvergenz-Theorie wendet sich besonders gegen einseitige Positionen des →*Empirismus* bzw. →*Nativismus.*

Konversion *(conversion),* Verb: konvertieren. [1] In sozialpsychologischer Bedeutung eine grundlegende *Einstellungs-* oder *Meinungsänderung,* z.B. von einer oppositionellen oder neutralen Einstellung zur bedingungslosen Zustimmung hin. Sie geht meist mit erheblichen emotionalen Begleiterscheinungen einher (z.B. Konflikt).
[2] In psychoanalytischer Bedeutung bezeichnet K. die »Umwandlung« oder »Umkehrung« von (verdrängten) Triebansprüchen oder Affekten in körperliche Symptome *(Konversionshysterie; Konversionsneurose).*
[3] In der Logik bezeichnet K. die Veränderung einer Aussage durch Vertauschung von Subjekt und Prädikat.

Konversionsstörung →*somatoforme Störung.*
Konversionssymptome →*Hysterie,* →*Somatisierung.*

Konvulsion *(convulsion).* Bezeichnung für heftige und schmerzhafte Schüttelkrämpfe auf Grund zentralnervöser Störungen (z.B. von epileptischen Herden, Schädeltraumen oder Elektroschock).

konzeptbezogene Prozesse →*Informationsverarbeitung.*

Konzeption *(conception).* Bezeichnung für eine Phase des kognitiven Geschehens, in deren Verlauf ein *begriffliches Erfassen* von Aspekten, Eigenschaften oder Relationen von Gegenständen oder Sachverhalten stattfindet. In den Bereich der K. fallen somit Vorgänge, die als *Abstraktion, Generalisierung, Überlegen* und *Vergleichen* beschrieben werden. Das Instrument der K. ist die *Sprache,* das Ergebnis sind *Aussagen* (engl. Syn. *concept formation).*

Koordination *(coordination).*
[1] Logische Beziehung zwischen zwei Gegenständen einer Klasse von Gegenständen, die in bezug auf eine nächsthöhere, allgemeine Klasse Übereinstimmungen zeigen, d.h. zu der übergeordneten Klasse übereinstimmende Beziehungen aufweisen.
[2] Bezeichnung für das harmonische Zusammenwirken von Muskeln oder Muskelgruppen in einer komplexen Handlung bzw. einer komplexen Handlungsreihe (z.B. einer Handlungsreihe, an deren Ende der *konsummatorische Akt* liegt).

[3] Als *Erbkoordination* bezeichnet man in der Verhaltensforschung (Tierpsychologie) angeborene Weisen koordinierten Verhaltens bzw. Handelns (z.B. die neuro-physiologische Grundlage für sog. *Instinkthandlungen).*

Körperlageempfindung →*Kinästhesie.*
Körperlagesinn →*Propriozeptor.*

Körperschema *(body image; body schema).* Von H. HEAD eingeführte Bezeichnung für die räumliche Vorstellung des eigenen Körpers und von Körperbewegungen, beruhend auf visuellen und taktilen Eindrücken sowie kinästhetischen Rückmeldungen. Störungen des K. können auf Beeinträchtigungen von Hirnfunktionen (z.B. bei Vorliegen von →*Aphasie,* →*Agnosie* oder →*Neglect)* oder psychisch bedingten Störungen (z.B. →*Depersonalisation,* →*Hypochondrie)* beruhen. Unrealistische Ideal- und Wunschvorstellungen in bezug auf das Körperbild führen oftmals zu →*Eßstörungen* mit den Folgen übertriebener Abmagerung oder Fettleibigkeit.

Korrelation *(correlation).*
[1] Allgemeine Bezeichnung für das häufige gemeinsame Auftreten von Gegenständen oder Ereignisse bzw. Eigenschaften von Gegenständen oder Ereignissen.
[2] Statistische Bezeichnung für die →*Kovarianz* zweier Messungen, die in der Regel zwei verschiedene Merkmale eines und desselben Gegenstandes betreffen, wobei zahlreiche Gegenstände (N) der Messung unterlagen. Variieren zwei Messungen in der angegebenen Weise, so läßt sich bei Bekanntheit des Grades der *Übereinstimmung (Korrelationskoeffizient)* der eine Meßwert aus dem jeweils anderen voraussagen (→*Regression).* Der *Produkt-Moment-Korrelationskoeffizient* ist ein Maß für die Richtung und Stärke des Zusammenhangs zwischen zwei quantitativen Merkmalen, bezieht sich jedoch in der Regel nur auf den *linearen* Anteil. Ist eine Beziehung zwischen zwei Meßwertreihen *kurvenförmig* (kurvilinear), so können Stärke und Richtung des Zusammenhangs entweder mittels des *Korrelationsverhältnisses (correlation ratio)* oder durch *verteilungsfreie* Verfahren geschätzt werden (→*multiple Korrelation,* →*partielle Korrelation).*

korrespondierende Netzhautstellen *(corresponding points in the retina).* Punkte auf beiden Netzhäuten, die eine einzige Empfindung bzw. ein deckungsgleiches Bild erzeugen, wenn ein einzelner Reiz oder Gegenstand betrachtet

273

Korsakowsches Syndrom

wird (das Gegenteil von disparaten Netzhautstellen, *Querdisparation* →*Disparation*).
→*Horopter.*

Korsakowsches Syndrom *(Korsakow syndrome).* Bezeichnung für eine Gruppe von Symptomen, die im Gefolge von *Alkoholismus* bzw. einer *Polyneuritis* auftreten, vor allem *Gedächtnisstörungen,* daraus resultierende *Orientierungsstörungen* und – in manchen Fällen – →*Konfabulieren.*

Kortex, Cortex, cortex cerebri *(cortex),* Syn. Hirnrinde. Dünne graue Nervenzellschicht direkt unter der vielfach gefurchten Hirnoberfläche. Grob-anatomisch wird der (oder die) Kortex in *Lappen* (Stirnlappen, lobus frontalis; Scheitellappen, lobus parietalis; Schläfenlappen, lobus temporalis; Hinterhauptslappen, lobus occipitalis) eingeteilt; funktionale Einteilungsgesichtspunkte sind die sog. *Projektionsfelder* (BRODMANN-Areale). Der Kleinhirnkortex wird meist in die Beschreibung direkt mit einbezogen. Das engl. Wort *adrenal cortex* bezeichnet die Nebennierenrinde.
→*Gehirn.*

kortikaler Pupillenreflex →*Haabscher Pupillenreflex.*

kortikale Sättigung →*Sättigung [4].*

kortikale Taubheit →*Taubheit.*

Kortikoide, Kortikosteroide *(corticoids, cortico-steroids).* Hormone der Nebennierenrinde, die aus Cholesterin gebildet werden und Grundfunktionen des Körperhaushalts und der Fortpflanzung regeln. Zu ihnen zählen *Mineralkortikoide* (z. B. Aldosteron), *Glukokortikoide* (z. B. Cortison, Cortisol) sowie männliche *(Androgene,* z. B. Testosteron*)* und weibliche *Sexualhormone (Östrogene).*

kortikospinale Bahn →*Motorik,* →*Nervensystem,* →*Pyramidenbahn.*

Kovarianz *(covariance).* Statistische Bezeichnung für die Tatsache, daß zwei Reihen von Meßwerten miteinander variieren. Kovarianz setzt voraus, daß jeweils Meßwert-Paare, erhoben an einem Gegenstand, vorliegen. Sind x und y die jeweiligen Abweichungen der Meßwerte X und Y von den Mittelwerten der beiden Variablen, so wird die Kovarianz mathematisch durch die Bezeichnung

$$\frac{\Sigma\ (xy)}{N}$$

ausgedrückt. Es handelt sich um die Summe aller Produkte aus den Mittelwertabweichungen der jeweiligen Meßwert-Paare, dividiert durch die Anzahl der Meßwert-Paare N. Genau genommen handelt es sich demnach um das gemittelte Produkt (mittlere oder durchschnittliche Produkt) der Abweichungs-Wert-Paare (vgl. auch die Formel für die *Produkt-Moment-Korrelation).*

Kraniologie →*Phrenologie.*

Krausesche Endkolben oder **corpuscula bulboida** *(Krause endings; Krause endbulbs).* Rezeptoren für Kälte; vorwiegend in den Bindehäuten des Auges, der Haut, der Brustwarzen und der Genitalien.

Kreativität *(creativity),* auch: **schöpferisches Denken.** Bezeichnung für die Möglichkeit eines Individuums, bei *Problemlöse*vorgängen neue Beziehungen zu finden, relativ flüssig und flexibel neuartige Einfälle und originelle Lösungen zu produzieren. Z. U. vom konventionellen Denkmodus *(konvergentes Denken)* ist hier das *divergente Denken* entscheidend. K. erweist sich als nur relativ abhängig von *Intelligenz.* Ihre Förderung ist weitgehend von *Sozialisations*faktoren mitbestimmt.
LIT. GUILFORD (1967).

Kretinismus *(cretinism).* Schwere, relativ selten auftretende Beeinträchtigung der körperlichen und intellektuellen Entwicklung aufgrund eingeschränkter oder fehlender Schilddrüsenfunktion (→*Myxödem),* deren Symptome ab dem 6. Lebensmonat bemerkbar werden. Zu ihnen gehören Haar- und Hauttrockenheit, gedunsenes Gesicht, kurzfingerige teigige Hände, hervortretender Bauch, Ausbleiben der Geschlechtsentwicklung und Zwergwuchs. Das Verhalten zeichnet sich durch Trägheit und Gutmütigkeit aus, die geistige Behinderung ist schwerwiegend.

Kreuzbein oder **Sacrum.** Dreieckiges Knochengebilde in unmittelbarer Nähe der Wirbelsäulenbasis, das die hintere Begrenzung des Beckens darstellt (Adj. sacral).

Kreuzvalidierung *(cross validation).* In der Testtheorie Bezeichnung für die Wiederholung von Validitätsüberprüfungen an anderen Stichproben zum Zwecke der Überprüfung der Allgemeingültigkeit von Validitätskoeffizienten in bezug auf dieselben Testitems.

Kriterienwert →*Signalentdeckung.*

kritische Flimmerfrequenz →*Flimmerfusionsfrequenz.*

kritischer Personalismus →*Personalismus.*

kubischer Trend →*Trend.*

Kuder-Richardson-Formeln *(Kuder-Richardson formulas; Kuder-Richardson-coefficients of equivalence)*. Bezeichnung für eine Reihe von Formeln zur Schätzung der *Reliabilität* bzw. Stabilität eines Tests unter Berücksichtigung von Trennschärfe und Testschwierigkeit.

Kultur *(culture)*. Allgemeine, umfassende Bezeichnung für die intellektuellen Aspekte der Zivilisation innerhalb einer bestimmten Bevölkerungsgruppe, die als ethnische, geographische oder sprachliche Einheit verstanden wird. K. bezieht sich im weiteren Sinn auf die Gesamtheit der Mythen, Künste, Wissenschaften, sozialen Normen und Gewohnheiten einschließlich ihrer Entstehung und Auswirkung. *Kulturgefüge (cultural pattern)* bezieht sich auf ein Muster kultureller Erscheinungen, hinsichtlich dessen sich verschiedene Gruppen vergleichen lassen. *Kultursystem (cultural system)* dagegen bezeichnet die Art der Beziehungen, die in einer umschriebenen Gruppe oder Gesellschaft zwischen den einzelnen kulturellen Normen vorherrscht. Die *kulturvergleichende Psychologie (cross-cultural psychology)* berücksichtigt vor allem konkrete Verhaltensweisen, die den Bezug zu kulturgeprägten Eigenheiten und/oder Normen erkennen lassen.
LIT. BOESCH (1980); MARSELLA u. a. (1979); TRIANDIS u. a. (1980).

Kulturanthropologie →*Anthropologie,* →*Sozialanthropologie.*

Kultureller Parallelismus →*Parallelismus.*

Kulturepochen, Theorie der *(culture epoch theory)*. Bezeichnung für die generelle Annahme, daß alle menschlichen Gruppen ähnliche Stufen ihrer kulturellen Entwicklung in der übereinstimmenden Reihenfolge vom Jäger über Hirten und Bauern bis hin zur industriellen Gesellschaft durchlaufen. Die Anwendung dieser Theorie auf das Individuum wird als *»biogenetisches Gesetz«* bezeichnet.

Kulturgefüge →*Kultur.*

Kultur-Pluralismus→*Pluralismus.*

Kulturpsychologie *(cultural psychology; psychology of culture)*. Teilgebiet der Sozialpsychologie, das sich mit Prozessen der Entwicklung, Rezeption und Wirkung von Kulturgütern im weitesten Sinn beschäftigt, z. B. mit Kunst und Kunststilen, Sitten und Gebräuchen, Gruppen und Rechtsnormen, Sprache, Wissensvermittlung und Wissenschaft, allgemeinen kulturgeprägten Wertbezügen etc. Die K. war lange Zeit eine Domäne der verstehenden, geisteswissenschaftlichen Psychologie, entwickelte sich aber im Zusammenhang mit den erweiterten Interessen der empirischen Sozialpsychologie zu Beginn der 60er Jahre zu einer erfahrungswissenschaftlichen Disziplin. Ihr Forschungsziel ist die Analyse der wechselseitigen Bedingtheit von Kulturerscheinungen, Gruppen- oder Gesellschaftsnormen und individuellen Einstellungen, Interessen und Handlungen.
LIT. BOESCH (1980).

Kulturrelativismus *(cultural relativism)*. Bezeichnung für einen Forschungsansatz, der bestimmte Wertvorstellungen der eigenen Kultur zur Grundlage der Beurteilung anderer Kulturen erhebt (z. B. bei der Klassifikation sog. »primitiver« vs. »Hochkulturen«).

Kultursystem →*Kultur.*

kulturvergleichende Psychologie *(cross-cultural psychology)*. Teilgebiet der Psychologie, das sich im Anschluß an die ältere *Kultur-* und *Völkerpsychologie* entwickelte. Es umfaßt empirische Untersuchungen im Bereich der Grundfunktionen (z. B. Wahrnehmung, Denken), der Motivation, Einstellungen, Kunstrichtungen, der Entwicklung und Erziehungspraxis, der Gruppenbeziehungen und -normen sowie von psychischen Störungen und ihrer Wirkung auf andere und der Therapieformen.
LIT. MARSELLA u. a. (1979); TRIANDIS u. a. (1980).

kumulative Skala →*Guttman-Skala.*

kumulierte Skala →*Guttman-Skala.*

künstliche Intelligenz →*Intelligenz, künstliche.*

Kunstpsychologie *(psychology of the arts; art psychology; aesthetical psychology; psychological aesthetics; experimental aesthetics)*. Teilgebiet der Angewandten Psychologie, das sich mit den (a) Motiven und der Dynamik des künstlerischen Schaffensprozesses als persönlichkeits- und sozialpsychologisches Ereignis sowie mit den (b) Wirkungen des Kunstwerkes auf den Betrachter oder Zuhörer als wahrnehmungs-, emotions- und kognitionspsychologisches Ereignis der Ausdrucks- und Eindrucksvermittlung beschäftigt. In der experimentellen Kunstpsychologie stehen Fragen der bestimmte Eindrucksqualitäten vermittelnden Ausdrucksmerkmale des Kunstwerkes im Vor-

Kurtosis

dergrund; innerhalb bestimmter Grenzen werden hier Verfahrensweisen der *Informationstheorie* und *Psychophysik* ebenso angewandt wie die Prinzipien des Formen-Wahrnehmens (z. B. *Gestaltpsychologie*). Das Teilgebiet der *Musikpsychologie (psychology of musics)* bildet u. a. die Grundlage für sog. musiktherapeutische Ansätze. Als Begründer der Kunstpsychologie gilt GUSTAV THEODOR FECHNER mit seinem Werk ›Vorschule der Ästhetik‹ aus dem Jahre 1876.

LIT. DE LA MOTTE-HABER (1985); KREITLER, KREITLER (1980); PRATT (1961); WELLEK (1958); WÖLFFLIN (1958).

Kurtosis oder **Exzeß** *(kurtosis)*. Bezeichnung für Abweichungen einer *Häufigkeitsverteilung* vom Idealbild der Normalverteilung (Gausssche Kurve). (a) Liegen die Extremwerte weit von dem jeweiligen Mittelwert entfernt, so entsteht im Vergleich zu einer flächengleichen Normalverteilung eine abgeplattete, flache Kurve mit breiter Gipfelzone (platykurtisch; engl. *platykurtic*). (b) Liegen die Extremwerte eng um den Mittelwert, so entsteht ein schmales, enges Schaubild (leptokurtisch; engl. *leptokurtic*). Syn. für (a) übernormaler Exzeß, für (b) unternormaler Exzeß.

Die Art der K. oder des Exzesses läßt sich näherungsweise aus dem Verhältnis des vierten Momentes zum Quadrat des zweiten berechnen (→*Moment*).

kurvilineare Regression →*Regression.*

kurvilinearer Trend →*Trend.*

Kurze reaktive Psychose →*Psychotische Störung.*

Kurzzeitgedächtnis →*Gedächtnis.*

Kybernetik *(cybernetics).* Eine von N. WIENER begründete Disziplin, die in verschiedenen Einzelwissenschaften (Biologie, instrumentelle Mathematik, Psychologie, Kommunikationsforschung) ihre Anwendung findet. Die K. beschäftigt sich unter Einbeziehung der →*Informationstheorie* mit der Analyse der Struktur von Regelungsvorgängen jedweder Art und deren Nachahmung durch entsprechende (meist elektronisch gesteuerte) Apparaturen.

LIT. STEINBUCH (1965).

kybernetisches System →*System.*

Kymograph. Eine Vorrichtung zur Registrierung von Veränderungen der Reaktionsintensität (z. B. bei Atmung, Blutdruck, Muskelkontraktion) in zeitlich erstreckten Prozessen. Dabei wird das Kymogramm auf einer bewegten Trommel oder Rolle aufgezeichnet, z. B. bei der Registrierung des EEG oder des EKG mittels sog. *»Mehrkanalschreiber« (multi-channel recorder).*

L

Labilität *(lability)*.
[1] Allgemeine und relativ undifferenzierte Bezeichnung für eine mehr oder minder ausgeprägte Störanfälligkeit im psychischen und physischen Bereich. Dazu gehören z.B. sowohl Symptome der Ablenkbarkeit, Irritierbarkeit und Stimmungsschwankungen als auch neurovegetative Schwankungen (z.B. unmotivierte Schweißausbrüche, Herzflattern, Handzittern usw.). Gegensatz: *Stabilität (stability)*.
[2] Bezeichnung für die erhöhte Ansprechbarkeit des vegetativen Nervensystems als allgemeines und konstitutionelles Kennzeichen der von Eysenck aufgrund faktoranalytischer Untersuchungen definierten *Neurotizismusdimension* der Persönlichkeit; *vegetative Labilität (vegetative lability)*.
[3] Als *autonome Labilität (autonomic lability)* von LACEY & LACEY eingeführte Bezeichnung für relativ überdauernd und situationsunabhängig auftretende →*Spontanreaktionen* der galvanischen Hautreaktion. Da die Labilitätsbestimmung von der Hautreaktion ausgeht, spricht man auch zur näheren Kennzeichnung von *elektro-dermaler Labilität* vs. *Stabilität (electro-dermal lability; electrodermal stability)*. Die Verallgemeinerung der elektrodermalen Labilität vs. Stabilität als Persönlichkeitsmerkmal relativ überdauernder Art stützt sich vor allem auf den Nachweis von Beziehungen zwischen *Spontanfluktuationen* und der *Habituationsgeschwindigkeit* der galvanischen Hautreaktion. Labile habituieren merklich langsamer auf eine wiederholte Reizdarbietung (→*Habituation)* als Stabile; die Korrelationen zwischen der Anzahl von Spontanfluktuationen und der Habituationsgeschwindigkeit liegen bei − 0.40 bis − 0.74. Da die Habituationsgeschwindigkeit der *Orientierungsreaktion* und das Verhältnis zu *Spontanfluktuationen* Einflüsse auf die Wahrnehmungsselektivität und -genauigkeit ausüben, wird die Variable »Labilität vs. Stabilität« im Zusammenhang mit Aufmerksamkeits- und *Vigilanz*-Untersuchungen herangezogen.
LIT. KATKIN (1975); LACEY, LACEY (1958); MACKWORTH (1969); VOSSEL (1990).

Labyrinth.
[1] *(labyrinth)*. Bezeichnung für den Sitz des Gleichgewichtsorgans im inneren Ohr.
[2] *(maze)*. Bezeichnung für ein System von Gängen nach Art eines Irrgartens, mit Sackgassen und einem durchgehenden, zum Ziel führenden Weg. Größe und Komplexität sind dabei variabel. In der Psychologie des Lernens (motorisches Lernen) verwendet man am häufigsten T-förmige oder zusammengesetzte T-förmige Labyrinthe, um eine möglichst große Zahl gleichwertiger Alternativentscheidungen beobachten zu können.

Lageorientierung →*Handlungsorientierung.*

Lallen *(lalling)*. Fortgesetzte Wiederholung eines einzigen Lautes, bei Kleinkindern in Form sog. *Lallmonologe.*

Lalopathie *(lalopathy)*. Allgemeine und umfassende Bezeichnung für alle Arten und Formen von Sprachstörung.

Lalophobie *(lalophobia)*. Bezeichnung für die Furcht zu sprechen; z.B. Sprechhemmung bei bereits bestehenden Sprachstörungen.

Lambert →*Millilambert.*

Lambertsches Gesetz *(Lambert's law)*. Bezeichnung für ein physikalisches Gesetz, das eine Beziehung zwischen Lichtintensität und Einfallswinkel des Lichtes auf eine reflektierende Körperoberfläche herstellt, und zwar in Abhängigkeit vom Kosinus des Einfallswinkels.

Längsschnittstudie, -untersuchung *(longitudinal study)*. Erfassung individueller Entwicklungsverläufe anhand umschriebener Merkmale durch wiederholte Beobachtungen oder Messungen im Zeitverlauf, meist in regelmäßigen Zeitintervallen. Wird der Entwicklungsstatus von Angehörigen verschiedener Altersgruppen zum gleichen Zeitpunkt erhoben, handelt es sich im Unterschied zu einer L. um eine *Querschnittstudie* oder *-untersuchung (cross-sectional study)*. In der modernen entwicklungspsychologischen Forschung werden oftmals längs- und querschnittliche Betrachtungsweisen kombiniert. →*Entwicklungspsychologie.*

Langzeitgedächtnis →*Gedächtnis.*

277

Lappen

Lappen *(lobe)*. Durch größere Furchen voneinander getrennte größere Gehirnbereiche (z. B. Stirnlappen, Schläfenlappen u. a.).

Lärm *(noise)*.
[1] Durch unregelmäßige, nicht-periodische Schallwellen-Muster erzeugte, mehr oder weniger intensive Geräusche, die für den Empfänger keine sachsinnhafte Information enthalten und in der Regel als störend empfunden werden. Ein Sonderfall von L. bildet das sog. *Rauschen* (im Engl. ebenfalls *noise*) mit seinen zahlreichen Nebenbedeutungen.
[2] Da Lärm zu den prominentesten Alltagsbelastungen gehört, befaßt sich die *Lärmforschung* seit den 50er Jahren mit seinen Auswirkungen auf Gesundheit und Leistungsfähigkeit. Intensiver Dauerlärm führt nicht nur zu irreversiblen Gehörschäden; er beeinträchtigt die allgemeine Leistungsfähigkeit und führt zu somatopsychischen Störungen, sog. Streß-Erkrankungen mit Erschöpfungssymptomen. Letzteres gilt auch für die wiederholte Einwirkung relativ schwacher Hintergrundgeräusche, deren störender Einfluß durch erhöhte Konzentrationsanstrengungen kompensiert werden muß. Lärm wirkt dann belastend, wenn er ohne Unterbrechung fortdauert, wenn wiederholt auftretende Lärmperioden eine Intensität von ca. 100 dB erreichen oder überschreiten, wenn der/die Betroffene Tätigkeiten ausführen muß, die kompliziert sind und semantische Operationen erfordern, wenn der/die Betroffene auch an schwächeren Lärm nicht gewöhnt ist und/oder eine für ihn/sie neuartige Tätigkeit ausführen muß. Handelt es sich dagegen um eine gewohnte Tätigkeit und ist vorhersehbar, daß gelegentlich Lärm auftritt bzw. welche Wirkung er hat, so bleiben die Beeinträchtigungen in Grenzen. Unter Daueraufmerksamkeits-Bedingungen *(Vigilanz)*, z. B. bei Signal-Entdeckungsaufgaben, wo Signale relativ selten auftreten, wirkt nicht allzu intensiver intermittierender Lärm zunächst störend (wachsende Fehlerzahl und Reaktionszeitverzögerungen); nach der Gewöhnung an sein gelegentliches Auftreten hat Lärm in derartigen Situationen gelegentlich einen leistungssteigernden, durch seinen aktivierenden Einfluß die Monotoniewirkung kompensierenden Effekt. Eine umfassende Erklärung der höchst differenzierten Lärmwirkung liegt z. Zt. noch nicht vor. Von BROADBENT stammt ein Modell, das Beeinträchtigungseffekte auf die Erschöpfung der Kapazitätsreserven zurückführt, die unter ungestörten Bedingungen durch ein übergeordnetes Kontrollsystem dann mobilisiert werden, wenn Aufgaben schwieriger oder komplexer werden.
LIT. BROADBENT (1979); HÖRMANN, OSTERKAMP (1966); SCHICK (1979).

larvierte Depression →*Depression*.

Larynx, Kehlkopf. Organ am oberen Ende der Luftröhre, in dessen Inneren die Stimmbänder *(vocal cords)* liegen.

Läsion *(lesion)*. Durch Verletzung oder Krankheit hervorgerufene Gewebeveränderungen bzw. -unterbrechungen von neuralen Systemen.

lateinisches Quadrat *(latin square design)*. Faktorielle Versuchsanordnung für drei Variationsquellen mit jeweils gleich vielen Bedingungen, die durch Zeilen, Kolonnen und Buchstaben dargestellt sind. Im l. Q. werden die k Bedingungen in einer k · k-Matrix so angeordnet, daß jede Kombination nur einmal vorkommt; in unserem Fall sind dies die Kombinationen

$$
\begin{array}{ccc}
A & B & C \\
B & C & A \\
C & A & B
\end{array}
$$

Das l. Q. eignet sich für die ökonomische Bearbeitung von Datensätzen, die nicht in allen Bedingungskombinationen vollständig erhoben werden können; es erlaubt allerdings keine Wechselwirkungsanalyse, sondern lediglich die Ermittlung von Haupteffekten.
→*griechisch-lateinisches Quadrat;* →*Varianzanalyse*.

latente Eigenschaft *(latent trait)*. In Lern- und Persönlichkeitstheorien gebrauchte Bezeichnung für angenommene Reiz-Reaktions-Verbindungen bzw. komplexere Verhaltenstendenzen, die – durch Erfahrung geprägt – erst im Zusammenhang mit bestimmten Situationsmerkmalen zum Vorschein kommen und das aktuelle Verhalten modifizieren. Zu den l. E. gehören neben *Gewohnheiten (habits)* vor allem die *Neigungen* eines Menschen, in bezug auf bestimmte Klassen von Situationen mit ausgeprägten Zustandsveränderungen zu reagieren (z. B. Angstneigung als l. E., Angstzustand als manifester Ausdruck der situationsbezogenen Angst). Gegensatz: manifeste Eigenschaft.

278

Lateralität

latentes Merkmal *(latent hereditary characteristics).* In Biologie und Genetik Bezeichnung für Merkmale, die auf Nachkommen übertragen werden, ohne bei ihrem Träger sichtbar geworden zu sein.

Latenz *(latency).* Bezeichnung für die Zeit zwischen Reiz und Reaktion bei der Ausführung von Reflexen oder hochgradig automatisierten Verhaltensweisen, bei HULL s_{t_R}. Bei der Bestimmung von *Reaktionszeiten* ist L. gleichbedeutend mit der physiologischen Leitungszeit afferenter sensorischer Impulse, während die bewußte Auseinandersetzung mit Signalen und ihrer Beantwortung als *Entscheidungszeit* gilt.

Latenzperiode, Latenzphase *(latency period, latency phase).* Von FREUD eingeführte Bezeichnung für den Übergang zwischen kindlicher Triebentwicklung (ödipale Phase) und Pubertät (zweite genitale Phase), der sich zwischen dem 6. und 12. Lebensjahr erstrecken und mit relativ konfliktfreien bewußten und intellektuellen Auseinandersetzungen mit der Umwelt einhergehen soll.

Lateralität, Lateralisierung *(laterality; lateralization).*

[1] Allgemeine Bezeichnung für die funktionale und/oder morphologische Differenzierung paariger Sinnesorgane (Auge, Ohr) bzw. Gliedmaßen (Hände, Füße) einschließlich der Wege ihrer zentralnervösen Innervation sowie der Art ihrer zentralnervösen Kontrolle und Repräsentation.

[2] Als *cerebrale L. (cerebral lateralization)* oder *Hemisphärendifferenzierung* Bezeichnung für das Überwiegen der Aktivität in der linken bzw. rechten Hirnhemisphäre bei bestimmten Arten und Formen der Informationsverarbeitung sowie Bewegungsabläufen. Man vermutete zunächst aufgrund von Untersuchungen an Hirnverletzten feste Beziehungen zwischen der *Händigkeit (handedness)* und der *cerebralen Hemisphärendominanz (cerebral dominance; hemispheric dominance),* d. h. z. B. die eindeutige Lokalisierung der Sprach- und Sprechfunktionen in der gegenüber der Händigkeit kontralateralen Hemisphäre; man nahm ferner an, die nichtdominante Hemisphäre *(minor hemisphere)* repräsentiere im Vergleich zur dominanten Hemisphäre *(dominant hemisphere)* eine Art stille Reserve, die lediglich bei Ausfall von Funktionen der dominanten Hemisphäre (z. B.

nach Verletzungen oder Operationen) aktiviert werde. Neuere Untersuchungen unter Einbeziehung von *split-brain-Patienten,* d. h. von Patienten, bei denen aus Krankheitsgründen die Querverbindungen zwischen den beiden Hemisphären durch Kommissurektomie *(commissurectomy)* durchtrennt werden mußten, ergeben ein völlig anderes Bild: 95% aller Rechtshänder kontrollieren Sprach- und Sprechfunktionen über die linke Hemisphäre, während man unter Linkshändern in 70% der Fälle Sprach- und Sprechfunktionen ebenfalls links, in 15% rechts und in den restlichen 15% der Fälle in beiden Hemisphären repräsentiert findet. Bei Rechtshändern dominiert die linke Hemisphäre bei sprachgebundenen, logisch-sequentiellen und willkürlichen Prozessen der Informationsverarbeitung, die rechte bei kontextabhängigen Prozessen (z. B. räumliches Denken; Musikstücke erkennen) und damit zusammenhängenden Gefühlen. Da sich aber sowohl nach Kommissurektomien als auch bei der Darbietung von Informationsmaterial in einer Weise, die nur den Zugriff einer der beiden Hemisphären erlaubt, Verarbeitungsdefizite bei sequentiellen und kontextbezogenen Aufgaben ergeben, muß angenommen werden, zwischen den beiden Hemisphären bestehe ein beständiger Informationsaustausch *(interhemispheric interaction; interhemispheric transference)* und die beiden Hemisphären seien Träger von zwei verschiedenen, einander jedoch ergänzenden Stilen der Informationsverarbeitung. Offenbar üben die beiden Hemisphären je nach Aufgabenart und Darbietungsweise abwechselnd oder gleichzeitig die Kontrolle über Wahrnehmen und Verhalten aus. Die Kommissuren sind Kanäle für Nachrichten zwischen den beiden Hemisphären und schaffen die Voraussetzung für die synchrone Informationsverarbeitung und einander ergänzende Verarbeitungsschritte in beiden Hemisphären. Dies ist erforderlich, da z. B. bei Rechtshändern die linke Hemisphäre nur in begrenztem Umfang Kontextinformationen, die rechte nur in unvollständiger Weise sequentielle, sprachgebundene Informationen verarbeiten kann, beide Informationsarten aber in der Regel gleichzeitig verfügbar sein müssen, um eine optimale Orientierung zu gewährleisten.

LIT. GALIN (1974); GAZZANIGA (1970; 1974); KINSBOURNE (1978); MOSCOVITCH (1979);

279

Lawinenreaktion

SPERRY (1966; 1969; 1974); SPRINGER, DEUTSCH (1985).

Lawinenreaktion *(avalanche conduction).* Eine Reaktion im nervösen Bereich, bei der ein Impuls eine die Intensität des Reizes weit übertreffende Wirkung auslöst, indem durch das Feuern einiger weniger Neuronen viele Neuronen mitzufeuern beginnen.

lean management, jap. *kaizen;* sinngemäß *Organisationsverschlankung.* Aus der japanischen Fertigungsindustrie übernommene Form der →*Organisationsentwicklung.* Der Abbau von Management- und Verwaltungshierarchien als regulative und kontrollierende Zwischeninstanzen wird durch Förderung des Identifikationsgrades der beteiligten Mitglieder von Arbeitsgruppen mit ihrer →*Aufgabe* kompensiert. Zu den Maßnahmen des l.m. gehören die Einführung selbstorganisierter Gruppenarbeit, begleitender Fehler- und Problemanalysen sowie Qualitätskontrollen durch die Gruppe und eines eigenständigen, sowohl an Kundenbedürfnissen als auch an Produktionsgegebenheiten orientierten Vorschlagswesens.

LIT. IMAI (1991).

Lebensalter →*Alter.*

Lebenslauf →*Methoden.*

Lebensmittelallergien →*Allergien.*

Lebensraum *(life space).*
[1] In der Lewinschen →*Feldtheorie* umfassende Bezeichnung für die Beziehungen zwischen den Kräften im und jenen außerhalb des Individuums.
[2] Gesamtheit aller Umweltbedingungen, die das Erleben und Verhalten beeinflussen.

Lederhaut →*Auge,* →*Sklera.*

Legasthenie *(dyslexia; legasthenia).* Syn. Dyslexie.
[1] Beeinträchtigungen beim Erlernen des Lesens, oftmals in Verbindung mit Sehschärfeproblemen, erhöhter Lichtempfindlichkeit, Links-Rechts-Verwechslungen, Aufmerksamkeitsengpässen, Schwierigkeiten beim Zahlenrechnen, bei Zeiteinschätzungen, beim Erinnern und Wiedererkennen von Klängen, verzögerter Sprachentwicklung und Schreibfähigkeit, insbes. der Rechtschreibung (in dieser Verbindung auch *Schreib-Lese-Schwäche* genannt). Erblichkeit ist nicht auszuschließen, da entsprechende Beeinträchtigungen oftmals auch bei Verwandten ersten Grades der Betroffenen auftreten.

LIT. KLICPERA, GASTEIGER-KLICPERA (1995).
[2] *Lesestörung (reading disorder):* DSM ordnet L. den Entwicklungsstörungen zu und beschreibt sie als verminderte Lesefähigkeit, die den Alterserwartungen, der gemessenen Intelligenz und der Altersangemessenheit des Unterrichts nicht entspricht. Typische Kennzeichen sind Verdrehen, Auslassungen und/oder der Gebrauch von Ersatzwörtern beim Lesen, vom Lesetempo unabhängige Verlangsamung des Lesens insgesamt und mangelndes Verstehen des Gelesenen. Leseabhängige schulische Leistungen und Alltagsaktivitäten werden beeinträchtigt. Liegen gleichzeitig sensorische Defizite vor, so überschreiten die durch L. bedingten Beeinträchtigungen deren Ausmaß. Die Kriterien für die Diagnose einer *Störung des schriftlichen Ausdrucks/Schreibstörung (disorder of written expression)* sind analog zur Lesestörung, die Symptomatik umfaßt grammatikalische oder Interpunktionsfehler in Sätzen, Schwierigkeiten bei der sinnvollen Gliederung in Absätze und/oder die Qualität der Handschrift. Es bestehen Zusammenhänge zwischen Schreib-, Lese- oder Rechenstörungen und sprach- und wahrnehmungsmotorischen Defiziten.

Lehrmaschinen *(teaching machines)* →*Programmierter Unterricht.*

Lehrziel *(instructional objective, educational objective). Pädagogik und pädagogische Psychologie:* Die im Rahmen des Unterrichts zu erreichenden Fertigkeiten, Kenntnisse oder Verhaltensweisen einschließlich der damit verbundenen *Einstellungen.* Neuere taxonomische Ansätze gehen von affektiv-emotionalen, kognitiven und motorischen Komponenten aus, die sich in einer der Aufgabenart entsprechenden hierarchischen Struktur anordnen lassen, wobei Verhaltensklassen und (Lehr-)Inhalte in einer sog. *Lehrzielmatrix* dargestellt werden können.

LIT. BLOOM u.a. (Hrsg.; 1972); KRATHWOHL u. a. (Hrsg.; 1975).

Lehrzielvalidität *(instructional validity).* In der pädagogischen Psychologie und ihren Anwendungsbereichen Bezeichnungen für die Güte einer Unterweisung (Instruktion) oder eines auf ein Lehrziel bezogenen Tests, das angestrebte Ziel tatsächlich zu repräsentieren. Kriterium ist der Lernzuwachs, der sich im

Unterschied der gelösten Aufgaben vor und nach der Unterweisung darstellt.

→*Instruktion,* →*Validität,* →*Validität, curriculare,* →*Test, lehrzielorientierter.*

LIT. HERBIG (1976).

Leib →*Organismus.*

Leib-Seele-Problem *(mind body problem).* Klassisches Thema der Metaphysik, das mit PLATONS →*Dualismus* begann, im psychophysischen →*Parallelismus* weitergeführt wurde und im →*Monismus* seinen Kontrapunkt erhielt. Das gegenwärtige psychologische Interesse am L.-S.-P. steht in engem Zusammenhang mit der Frage nach der Entstehung von →*Bewußtsein* und der wissenschaftstheoretischen Fundierung des Rückgriffs auf neurowissenschaftliche und physiologische Ansätze im Dienst der Erklärung des Erlebens und Verhaltens (→*Psychophysiologie*). Die Lösungsversuche laufen in der Regel darauf hinaus, sich in einer Variante des →*Parallelismus* zu ergehen und von zwei Aspekten derselben Sache zu reden, in materialistisch-monistische Überlegungen einzutreten (→*Monismus*) und in den bewußten Vorgängen ein *Epiphänomen* körperlicher Prozesse zu sehen oder aber sie als qualitativ andere Erscheinungsform materieller, neuronaler Prozesse aufzufassen (→*Emergenz*).

Leibseelisches Ganzes →*Organismus.*

Leidenschaft *(passion).* Bezeichnung für ein besonders starkes (affektähnliches) Streben nach bestimmten Zielen (z. B. Sammlerleidenschaften) mit manchmal an Besessenheit grenzenden Begleiterscheinungen.

Leistung.

[1] *(performance).* Allgemeine Bezeichnung für den Grad, in dem ein Individuum eine Reihe von standardisierten Aufgaben (→*Test*) mit Erfolg zu lösen vermag.

[2] *(achievement).* Bedeutung wie oben, jedoch mit deutlicher Betonung des erfolgreichen Abschlusses. Im Englischen besonders häufig im Zusammenhang mit Leistungen in speziellen und umschriebenen Fähigkeitsbereichen verwendet, z. B. im Zusammenhang mit *Leistungstests (achievement tests),* die der Ermittlung der Leistungsfähigkeit für bestimmte Berufe u. ä. dienen. Die Verfahren sind meist darauf abgestimmt, den relativen Grad der Güte einer durch *Lernen bzw. Üben* erworbenen Fertigkeit zu bestimmen. In diesem Zusammenhang ist das *Leistungsalter*

(achievement age) eine Bezeichnung für das einer bestimmten Altersgruppe (im Durchschnitt) zukommende Leistungsniveau. *Leistungsquotient (AQ, achievement quotient)* bezeichnet z. B. bei Schulreifetests u. ä. Verfahren aus dem Bereich der Pädagogischen Psychologie das Verhältnis des aktuellen Leistungsniveaus (z. B. in einem bestimmten Schulfach) zum erwarteten, der Altersstufe entsprechenden Leistungsmaß (Leistungsalter, s. o.). Die Angaben erfolgen meist in Prozentquotienten.

→*Aktivation,* →*Yerkes-Dodson-Gesetz.*

Leistungsmotivation, Leistungsmotiv *(need for achievement).* Von MCCLELLAND eingeführte Bezeichnung für die allgemeine und relativ überdauernde Tendenz, als wesentlich bewertete Aufgaben mit Energie und Ausdauer bis zum erfolgreichen Abschluß zu bearbeiten. Dies geschieht im Sinne eines individuellen Gütemaßstabes (HECKHAUSEN). Der Messung der Stärke der L. dienen projektive Verfahren (→*TAT*) sowie Fragebögen. Nach MCCLELLAND handelt es sich bei der L. um eine kulturabhängige Form der →*Motivation,* deren individuelle Ausprägung u. a. vom Grad der Gewährung selbständiger Handlungen im Kindesalter und anderen Sozialisationsbedingungen abhängt.

LIT. HECKHAUSEN (1965; [2]1989).

Leistungsquotient →*Leistung.*

Leistungsstruktur →*Faktorentheorie.*

Leistungstests →*Leistung,* →*Test.*

Leiter →*Führung.*

Leitungsbogen, nervöser *(nervous arc, neural arc).* Meist am Beispiel des *sensorisch-motorischen* Leistungsbogens demonstrierte funktionale Einheit des Nervensystems, durch die eine Verknüpfung von wahrgenommener Situation (durch Rezeptoren) und motorischer Reaktion (durch Effektoren) hergestellt wird. Ein solcher Bogen besteht aus zwei oder mehreren *Neuronen,* einem afferenten Neuron, das den sensorischen Impuls vom Rezeptor nach innen leitet, und einem efferenten Neuron, das den motorischen Impuls zum Effektor, Muskel oder zur Drüse leitet. Das einfachste Modell ist der sog. *Reflexbogen,* bei dem zwei Neuronen beteiligt sind, die im Rückenmark durch →*Synapsen* miteinander verbunden sind. Bei höheren Leitungsbögen ist die Anzahl der Synapsen und der beteiligten Neuronen größer, außerdem besteht

Leitvorstellung

eine Verbindung zu verschiedenen Hirnregionen.

Leitvorstellung →*Ideal.*

Leptin *(leptin).* Von Fettzellen gebildetes Hormon, dessen Konzentration im Serum mit der Masse des Körperfettgewebes korreliert. L. wirkt über Rezeptoren im Hypothalamus appetit- und gewichtsregulierend. Adipöse *Fettsucht (→Eßstörungen)* kann als Rezeptordefekt bzw. Folge einer fehlerhaften hypothalamischen Signalübertragung interpretiert werden. L. führt darüber hinaus durch Förderung der →*Angiogenese* zu vermehrter Blutversorgung in Gewebeteilen, die seiner Ausschüttung benachbart sind und erhöht die Immunkompetenz des Organismus. Bei Unterernährung (Körperfettmangel) ist die Immunkompetenz entsprechend herabgesetzt. →*Fette.*

leptosom *(leptosomic, leptosomal).* Schmaler, hagerer, langgliedriger Körperbau mit ovaler Gesichtsform und scharfen Zügen; bei extremer Ausprägung auch *asthenischer Habitus* genannt. Nach KRETSCHMER neigen Menschen dieses Körperbautyps zur →*Schizothymie.* Gegensatz: →*pyknisch.*

Lerneinstellung *(learning set).* Effekt von reizmerkmal- und reizortunabhängigen Verfahrensstrategien, die durch Erfolg und 'Mißerfolg geprägt sind und bei Wiederanwendung als Prinzipien den Lernerfolg garantieren. L. wurde erstmals von HARLOW in Versuchen mit Rhesusäffchen demonstriert. Vor den Tieren befinden sich zwei Mulden. Beide sind mit verschiedenfarbigen und -geformten Klötzchen zugedeckt. In jeweils einer der Mulden befindet sich ein Stück Frucht. Die Plazierung des Futters und die Form und Farbe der Abdeckklötzchen wird nach Zufall variiert. Nach einigen Erfahrungen zeigen die Tiere eine deutliche Leistungsverbesserung. Am Anfang hatten sie immer wieder irgend eines der Klötzchen abgehoben und benötigten mehrere Versuche, um irgendwann zufällig an das Futter zu kommen. Am Ende brauchten die Tiere nur noch maximal zwei Versuche bis zum Erfolg. Sie haben gelernt, wie man am besten verfährt *(to learn how to learn):* Gibt es in der einen Mulde kein Futter, ist der Griff in die andere unabhängig vom Aussehen des Abdeckklötzchens und der Position immer erfolgreich. Lerneinstellungen gehören wie die Anwendung von Prinzipien beim Problemlö-

sen zu den *vermittelnden Prozessen,* die auch im Klassenzimmer praktiziert werden können, um Lernen durch selbst erfahrene Einsichten über die Natur einer Aufgabe zu fördern.

LIT. HARLOW (1949); RESTLE (1962).

Lernen *(learning);* **Lerntheorien** *(learning theories; theories of learning).*

[1] Allgemeine, umfassende Bezeichnung für Veränderungen des individuellen Verhaltens auf bestimmte Reize, Signale, Objekte oder Situationen. Sie haben ihre Grundlage in (wiederholten) Erfahrungen, die automatisch registriert und/oder bewußt verarbeitet werden. Lernen ist nur dann gegeben, wenn ausgeschlossen werden kann, daß dieselben Veränderungen des Verhaltens auf (a) angeborene Reaktionstendenzen (z. B. Reflexe, Instinkte), (b) Reifungsprozesse oder (c) vorübergehende Veränderungen des Organismuszustandes (z. B. durch Ermüdung, Drogen, Pharmaka, biologische Bedürfnisse, Erkrankungen) zurückgehen (BOWER, HILGARD; S. 11). Die vermittelnden Prozesse des Lernens beziehen sich auf Veränderungen der Verhaltensmöglichkeiten oder -bereitschaften und bilden die latente Grundlage für im Situationsbezug manifeste Verhaltens-, Auffassungs- und/oder Denkweisen. Lernen und *Gedächtnis* stehen in engem Zusammenhang; Lernen bezieht sich auf Verhalten nach *Erfahrungen* bzw. Übung, Gedächtnis dagegen auf die Prozesse der Einspeicherung von Erfahrungsrepräsentationen und ihren Abruf im Dienst neuer Aufgaben bzw. der Bewältigung von Situationen.

[2] Erklärungen des Lernens, sog. *Lerntheorien,* gehen von verschiedenen Voraussetzungen aus und unterscheiden sich in der Art und Komplexität der berücksichtigten Prozeßvariablen. Sie lassen sich in drei Klassen unterteilen.

(a) *Verhaltensorientierte Lerntheorien* gehen von der Annahme einer automatischen Registrierung von *Assoziationen* zwischen Reizen, Reizen und Reaktionen oder Operationen und nachfolgender Verstärkung aus. In der von Pawlow ausgehenden Theorie des *klassischen Konditionierens* erhält ein ursprünglich neutraler Reiz Signalqualität, wenn er mit einem eine Reflexreaktion auslösenden Reiz wiederholt zusammen auftritt. Die wiederholte Koppelung der beiden Reize bewirkt eine Bekräftigung *(Verstärkung)* der Verbindung, der

Lernen

nach Meinung PAWLOWS ein Überfließen der signalspezifischen Erregung in das betreffende Reflexzentrum des Großhirns entspricht. THORNDIKE vertritt den Standpunkt, daß sich Reize bzw. Situationsmerkmale mit Reaktionen – unabhängig von ihren Beziehungen zu Reflexen – dann miteinander verbinden, wenn der Reaktion Verstärkung folgt *(Effektgesetz)*; Reaktionsweisen, die von angenehmen Zuständen gefolgt sind, werden aufrechterhalten, wiederholt herbeigeführt und in ihrer Verbindung mit Umweltreizen eingeprägt. Skinner, der sich jeder theoretischen Interpretation enthält, sieht in der Verbindung zwischen bestimmten, spontan ausgeführten Bewegungen (Operationen) und nachfolgender Verstärkung das entscheidende Lern-Prinzip des *operanten Konditionierens;* er entwickelt verschiedene regelmäßige und unregelmäßige Verstärkungsstrategien *(Verstärkungspläne),* um die Häufigkeit und Haltbarkeit gelernter Verhaltensweisen zu überprüfen. Für Pawlow, THORNDIKE und SKINNER sind wiederholte Erfahrung, Übung und Verstärkung entscheidende Voraussetzungen des Lernens. Einen anderen Weg schlägt GUTHRIE ein. In seiner Reiz-Reaktions-Theorie des motorischen Lernens, die sich wie die o. g. auf Tierversuche stützt, wird Lernen als Ergebnis des Effektes der ersten Erfahrung dargestellt; Übung zieht lediglich den Fortfall überflüssiger Teilbewegungen auf dem Weg zum Zielreiz nach sich; die Verabreichung von Verstärkung (z. B. Futter) verhindert lediglich die Ausführung und Einprägung irrelevanter Verhaltensweisen, steht aber mit dem Lernen selbst – das sich nach dem Alles-oder-nichts-Prinzip vollzieht – in keiner direkten Beziehung. HULL greift die Befunde der o. g. Forschergruppe auf und ergänzt sie durch differenzierte Aussagen über *intervenierende Variablen* zwischen Reiz und Reaktionstendenzen (z. B. die übungsabhängige *Gewohnheitsstärke,* Bedürfnisse bzw. *Triebniveau, Triebreize,* bedürfnisbezogene Umgebungshinweise wie *Ansornkomponente* oder *Triebreizdynamik,* vorweggenommene *Zielreaktionen).* Mowrer, Miller und Dollard schlagen vor, gelernte *emotionale Reaktionen* (z. B. Angst) auf den Grundlagen der Theorien des klassischen und operanten Konditionierens zu interpretieren *(Zwei-Faktoren-Theorie).* Insgesamt sind die verhaltensorientierten Lerntheorien, obwohl vorwiegend auf Tierver-

suche gestützt, eine entscheidende Voraussetzung für das Verständnis von *Verhaltensstörungen* und Methoden der *Verhaltenstherapie.* Sie enthalten wesentliche Aufschlüsse über den Zusammenhang zwischen Übung und Verhalten, Übungsübertragung durch *Generalisierung* und *Transfer* und das Lernen von Reizbeziehungen *(Transposition).*
(b) *Kognitive Lerntheorien:* Für TOLMAN ist die Rolle *kognitiver Repräsentationen,* ihre gestalthafte *Organisation* und die Bildung von *Verstärkungs-* bzw. *Zielerwartungen* zentrales Thema. Obwohl ebenfalls durch Tierversuche belegt, eignen sich die Aussagen TOLMANS für die Erklärung des Einflusses vermittelnder kognitiver Prozesse beim Menschen, welche Lerneffekte im Bezugssystem *kognitiver Elemente* organisieren und steuern. OSGOOD wendet diese Erkenntnisse in seiner Theorie der Verknüpfung sprachlicher Informationselemente an. In den kognitiven Lerntheorien wird u. a. die Frage behandelt, ob und innerhalb welcher Grenzen Verstärkungseffekte beim Menschen auf *Einsicht,* d. h. auf bewußte Verarbeitung von Erfahrungen, beruhen. Verhaltensorientierte Theoretiker gehen einzig und allein von automatischen Wirkungen aus und sehen im Lernen die Wirkweise von Mechanismen der biologischen Anpassung, die weitgehend ohne Bewußtseinskontrolle operieren. Ein weiteres Thema ist das *soziale Lernen* bzw. Lernen durch *Imitation* einer Modellperson. BANDURA greift diese Frage auf und findet die Grundlagen für eine umfassende Theorie der prägenden Wirkung von Vorbildern und der *Selbststeuerung* des Menschen durch *Einstellungen und Erwartungen.* Kognitive Lerntheorien dienen insgesamt der Klärung des Anteils symbolisch-sprachlicher Prozesse bei dem Erwerben und Umsetzen von Erfahrungen; sie liefern darüber hinaus Grundlagen für die *Denk-, Gedächtnis-* und *Sprachpsychologie* sowie für sog. *kognitive* (Verhaltens-)*Therapien.*
(c) *Neurophysiologische Lerntheorien* suchen in Beziehungen zwischen umschriebenen Teilen des Nervengewebes, sog. *Zellverbänden* (Hebb), *intrazellulären* und Veränderungen der *synaptischen Permeabilität* Anhaltspunkte für das Substrat der Erfahrungswirkung und Verhaltensorganisation. In neueren Untersuchungen geschieht dies im Zusammenhang mit Erkenntnissen über die Rolle von

283

Lernen, inzidentelles

Neurohormonen (z. B. ACTH, Adrenalin), von *Neuropeptiden* (z. B. MAO) und dem intrazellulären RNA-Haushalt. Die von OLDS und MILNER ausgehenden Erkenntnisse der Beziehungen zwischen hypothalamischen »Lust«- bzw. »Unlustzentren« und der Verstärkungswirkung sind Ausgangspunkt für Untersuchungen über die Beteiligung größerer Hirnstrukturen (z. B. *Aktivationssystem, limbisches System, Basalganglien*) an der Dynamik des Lernens und Gedächtnisses, wobei die *Hippocampusformation* von entscheidender Bedeutung für die Orientierung zu sein scheint. Neben Tierversuchen (Läsions- und Stimulationsversuche) haben Untersuchungen an Hirnverletzten wesentlich zum heutigen Erkenntnisstand beigetragen, der zwar vielversprechend, aber ebenso unvollständig ist wie die oben aufgeführten psychologischen Erklärungsversuche.
→*Gedächtnis.*
LIT. BANDURA (1977, 1979); BOLLES (1975); BOWER, HILGARD (1981); BREDENKAMP, WIPPICH (1977); ESTES (1975–77); FOPPA (1966); MARTINEZ u. a. (1981); THOMPSON u. a. (1981); ZEILER, HARZEM (1983).

Lernen, inzidentelles *(incidental learning).* Bezeichnung für einen Prozeß, in dessen Verlauf Sachverhalte eingeprägt werden, ohne daß eine entsprechende Lerninstruktion oder -absicht vorliegt, z. B. das beiläufige Mitlernen von Begleitumständen, die mit der gewünschten Tätigkeit oder dem Verhaltensziel in keiner direkten Beziehung stehen. Solche Lernvorgänge ohne Instruktion und Absicht haben beim Menschen einen mindestens so großen Anteil wie willentlich vollzogene.

Lernen, latentes *(latent learning).* Bezeichnung für den angenommenen Erwerb bestimmter Reaktionshinweise (z. B. *Zeichen* oder *Zeichengestalten*) ohne daß eine Verstärkung (z. B. Belohnung) gegeben ist. Wird z. B. eine satte Ratte in ein Labyrinth gesetzt und kann dort umherlaufen (ziellos), so wird sie in hungrigem Zustand ihr Ziel (Futter) schneller finden als mit dem Labyrinth nicht vertraute Ratten.

Lernen, programmiertes *(programmed learning).* Eine von SKINNER ausgehende Form des L., bei der Lernmaterial in kleinen, aufeinanderfolgenden Teilen dargeboten und jeder Lerneffekt sofort verstärkt wird. Dem p. L. dienen sog. *Lernmaschinen (learning machines),* die auf Abruf durch den Lernenden den nächstfolgenden Teil des Programms darbieten und Verstärkungen verabreichen bzw. nach erfolgreicher, verstärkter Lösung einer Teilaufgabe die nächste darbieten. P. L. erfolgt nach den Prinzipien der *operanten Konditionierung.*

Lernen, serielles *(serial learning; rote learning; sequential learning).* Lernen von Einzelheiten in der dargebotenen Reihenfolge, z. B. einer Silben-, Wort- oder Bewegungsfolge. Als Sonderfall des s. L. gilt das sog. *Paar-Assoziations-Lernen (pair associate learning);* hier bilden Silben- oder Wortpaare jeweils eine Einheit und es wird geprüft, ob die Nennung des ersten Elements mit dem zweiten beantwortet wird. Das zuletzt genannte Verfahren wird häufig in der Gedächtnisforschung angewandt.

Lernen, subliminales *(subliminal learning).* Erwerb von Gewohnheiten bzw. Wissen ohne Bewußtseinsbeteiligung, z. B. durch die schwellennahe Intensität oder fragmentarische Darbietung des Lernstoffs, einige wenige Erfahrungen ohne Übungs- oder Wiederholungsmöglichkeiten oder durch die Vermittlung des Lernstoffs zu Zeiten herabgesetzter Aktivation bzw. verminderten sensorischen Umweltrapports (z. B. während des Schlafes).

Lernen durch Einsicht *(insightful learning; learning by insight).* Von Wolfgang Köhler eingeführte Bezeichnung für die Erfassung von Beziehungen zwischen zunächst unverbunden erscheinenden Umwelteindrücken durch denkanaloge Prozesse, ihre Umsetzung in gezielte Tätigkeiten ohne vorausgehendes Probieren bzw. Üben und die wiederholte Anwendung dieses Wissens in gleichartigen oder ähnlichen Situationen. Als Grundlage dienen Schimpansenversuche. Das Tier sieht z. B. herumliegende, ineinandersteckbare Bambusstäbe und hinter einem unübersteigbaren Gitter Bananen. Nach erfolglosen Versuchen, an die Banane heranzukommen, hält es inne und geht dann nach einer Art »Denkpause« dazu über, mit den vorher ineinandergesteckten Stäben nach der Banane zu langen. Köhler nimmt an, daß die Einzeleindrücke im Situationsbezug in eine Mittel-Zweck-Ziel-Relation zusammengeschlossen wurden. Ähnlich argumentiert Tolman in seiner *Erwartungstheorie* des Ler-

284

nens. Gegensatz: *Lernen durch Versuch und Irrtum.*

Lernen durch Versuch und Irrtum, Versuch-Irrtums-Lernen *(trial and error learning, learning by trial and error).* Von Thorndike eingeführte Bezeichnung für den Effekt erfolgreicher vs. erfolgloser Bemühungen bei der Erreichung eines Zieles durch die Ausführung bestimmter Tätigkeiten. Sperrt man eine Katze in einen Lattenkäfig, dessen Ausgang durch einen Hebelmechanismus von innen geöffnet werden kann, so probiert sie zunächst, durch Klettern, Springen oder Kratzen herauszukommen. Hat das Tier dagegen einmal den Hebel berührt und damit die Türe geöffnet, so treten die übrigen Verhaltensweisen bei den folgenden Versuchen im gleichen oder einem ähnlichen Käfig weitgehend zugunsten der neuen zurück. Das Tier hat am Effekt *(→Effektgesetz)* gelernt. Im Gegensatz zum *Lernen durch Einsicht* vollzieht sich der Wissenserwerb hier durch aktives Probieren und Manipulieren.

→Konditionierung, operante.

Lernen nach einem Versuchsdurchgang *(one-trial learning).* Lerneffekte aufgrund einer einzigen Erfahrung, d. h. ohne wiederholte Übung. Beim Menschen tritt L. n. e. V. sowohl im Kontext von Annäherung als auch von Vermeidung in enger Anbindung an *emotional-motivationale* und *kognitive* Prozesse auf. Dazu zählen z. B. Interessen oder Bewältigungswünsche, die aufmerksame Orientierung an einem eindrucksvollen, attraktiven Verhaltensvorbild *(Beobachtungslernen);* die Möglichkeit, die einmalige Erfahrung in der Vorstellung durchgehen, memorieren *(mentale Übung)* oder die Wege zu einem Ziel in einen durch Gewohnheit geprägten semantisch-sprachlichen Code einbetten zu können (z. B. sich beim Studieren eines Stadtplans den Verkehrsweg anhand der Zahl von Kreuzungen, der Reihenfolge von Links- und Rechtsabbiegungen oder markanter Bauwerke einzuprägen). Die am Tiermodell orientierte klassische *Konditionierungsforschung* führte zunächst alles Lernen auf automatische Prozesse der Reiz-Reaktions-Verstärkungs-Verknüpfung zurück, die durch *wiederholte Erfahrung,* d. h. durch Übung geprägt werden. Neuere systematische Beobachtungen in Vermeidungssituationen zeigen jedoch, daß eine einzige Erfahrung ausreichen kann, wenn z. B. Reize mit drastischen Folgen (Schmerz, Vergiftung) in Gegenwart bestimmter Signalreize auftreten (→*Garcia-Effekt).*

Lernerfolg, Lerneffekt *(learning effect).* Ergebnis einer Leistungsprüfung nach definiertem Lern- bzw. Übungsaufwand. Kriterien sind z. B. Reaktions-Latenz-Zeiten, Reaktionshäufigkeiten und -stärken, und/oder die Löschresistenz nach der Übung im Vergleich zum Ausgangswert oder zwischen Gruppen mit verschiedenem Übungsaufwand. Die Rückmeldung des L. im Zusammenhang mit komplexen Lernstoffen des schulischen Lernens ist ein wesentliches Ziel der pädagogischen Psychologie im Zusammenhang mit der Definition von Lernzielen und der Entwicklung angemessener Unterrichtsprogramme in der Curricularforschung.

Lernfähigkeit *(learning ability; ability to learn).* In der Pädagogischen Psychologie gebrauchte umfassende Bezeichnung für die individuelle Ansprechbarkeit eines Schülers für in verschiedenen Weisen dargebotene Lerninhalte, aus der Rückschlüsse auf eventuell bestehende Lernschwierigkeiten und ihre Ursachen gezogen werden. L. ersetzt in der Pädagogik den verwaschenen Begriff »Begabung«.

Lernkriterium *(learning criterion).* Vor einer Lernprozedur festgelegter Leistungsstandard, der erreicht werden muß, um unter verschiedenen Bedingungen zustande gekommene Lernleistungen miteinander vergleichen zu können, z. B. die dreimalige rasche Ausführung einer bestimmten Reaktion auf ein bestimmtes Signal oder die fehlerfreie Wiedergabe einer Silbenreihe.

Lernkurve *(learning curve).* Bezeichnung für graphische Darstellungen, die die Beziehung zwischen dem Übungsaufwand (in den Einheiten der Übungsdurchgänge, *trials,* oder der Zeit) und den Leistungs- oder Verhaltensänderungen herstellen lassen.

Lernmaschinen *Lernen, programmiertes.*

Lerntheorie *→Lernen.*

Lernziel *→Lehrziel.*

Lethargie *(lethargy).*
[1] Schwunglosigkeit, Teilnahmslosigkeit, Trägheit. *Neurologie:* Reaktionslosigkeit auf Weckreize als Symptom bei Stammhirnläsionen und entzündlichen Hirnerkrankungen.
[2] Der franz. Begriff léthargie wurde von CHARCOT zur Kennzeichnung des hypnoti-

Leuchtdichte

schen Tiefschlafs (Trance) herangezogen, der mit Muskelerschlaffung und ruhigem Atem, aber auch mit ausgeprägter muskulärer Erregbarkeit einhergeht und sich in deutlichen Reflexen zeigt.

Leuchtdichte →*Helligkeit.*

Leugnung der Realität →*Abwehrmechanismen.*

Leukozyten →*Blut.*

Leveling. Aus dem Englischen übernommene Bezeichnung für eine Tendenz, irreguläre, unstimmige Gegebenheiten als symmetrische oder stimmige wahrzunehmen bzw. zu erinnern. Gegensatz: →*sharpening.*

Lexem →*Lexikon;* →*Wort.*

lexikalisches Gedächtnis →*Lexikon.*

Lexikon *(lexicon).*
[1] *Linguistik:* (a) Aufzeichnung des Wortschatzes, d. h. der festen, allgemeinverbindlichen Bestandteile einer Sprache. (b) *Generative Transformationsgrammatik:* Sammlung aller lexikalischen Eintragungen einer Sprache im Sinne der formalen Beschreibung phonologischer, syntaktischer und semantischer Variationen von *Lexemen.* Darunter versteht man Wortkomponenten, welche als Träger der Grundbedeutung fungieren, z.B. die Komponente »Mauer« in den Variationen Mauer, Mauern, mauern, Gemäuer usw. (→*Wort*). Jeder lexikalische Eintrag enthält im Unterschied zur schlichten Aufzeichnung des Wortschatzes auch Informationen über morphologische (→*Morpheme*) und syntaktische Besonderheiten (→*Syntax*) der betreffenden Sprache.
[2] *Lexikalisches Gedächtnis (lexical memory):* Annahme von sprachlichen Einheiten, welche das praktische Wissen des Sprachgebrauchs (Phonetik, Syntax) und der Sprachbedeutung (Semantik) zusammenfassen und beim Lesen oder Hören einer Sprachnachricht Kontextinformationen bereitstellen. Manchmal wird zwischen innerem *Wörterbuch (dictionary)* als schlichte Aufzeichnung des praktischen Sprachgebrauchs und L. im Sinne von gespeichertem theoretischen und semantischem Sprachwissen unterschieden.

Liaison-Gehirn →*Bewußtsein.*

Libido. Psychoanalytische Bezeichnung für sexuelle Impulse bzw. Inbegriff der von Freud so genannten »Vitalenergie«.

Lichttherapie →*Melatonin.*

Lidschluß-Reflex *(corneal reflex, eye blink reflex).* Bezeichnung für eine biologische Schutzreaktion (Reflex), die dann einsetzt, wenn die Cornea selbst oder die Bindehäute durch Berührung oder durch einen Luftstrom gereizt werden. Der Lidschluß setzt auch ein, wenn ein heranfliegender Gegenstand registriert, jedoch nicht notwendigerweise bewußt wahrgenommen wird. Der Lidschluß-Reflex läßt sich – auch beim Menschen – leicht auf einen neutralen Reiz hin bedingen (→*Konditionierung*) und dient in zahlreichen Untersuchungen als Indikator für die *Konditionierbarkeit* eines Individuums.

Liebeswahn → *Wahn.*

Life Stress →*Streß [6].*

Likelihood-Funktion *(likelihood function).* Likelihood bezeichnet die Wahrscheinlichkeit, mit der ein bestimmtes Stichprobenergebnis in Abhängigkeit von einem oder mehreren unbekannten Parametern unter der Voraussetzung der Bekanntheit des Verteilungstyps einer Variablen auftritt. Die L. liefert diese Wahrscheinlichkeitsangaben für die möglichen Stichprobenergebnisse. Als Variablen werden dabei die unbekannten Parameter, nicht die Stichprobenwerte aufgefaßt. Setzt man das *Likelihood-Maximum* von Stichprobenwerten bezüglich zur Nullhypothese gehöriger Parameter in den Nenner und das entsprechende L.-Maximum bezüglich der zur Alternativhypothese gehörigen Parameter in den Zähler, so erhält man über diesen Quotienten aus den Grenzwerten des Parameterbereichs das *Likelihood-Verhältnis (likelihood ratio)* als wichtige Prüfzahl für statistische Tests, das mit λ bezeichnet wird.

Likert-Skala *(Likert procedure, Likert-attitude scale, Likert-type scale).* Bezeichnung für eine Methode und das Ergebnis der Skalierung von Skalen, die die Intensität einer *Einstellung (attitude)* messen. Die von Likert entwickelte Technik besteht darin, zu jeder Feststellung (Item) graduelle Möglichkeiten der Zustimmung oder Ablehnung anzubieten. Die Likert-Skala ist von der sog. →*Thurstone-Skala* zu unterscheiden, bei der nur Zustimmung oder Ablehnung zu jeder Feststellung möglich sind, wobei allerdings die Feststellungen selbst hinsichtlich des Grades der in ihnen angesprochenen Intensität der Einstellung auf einer *Intervallskala* (→*Skala*) angeordnet sind.

→*Einstellungsskalen.*

limbisches System *(limbic system)*. Aus dem Lat. *limes*, Wall. Von DE BROCA eingeführter Name für eine wallartige Struktur von Kernen und neuralen Verbindungen in Zwischenhirn und subkortikalen Hirnregionen (Abb.). Das l.S. umfaßt Kerne in *Hippocampus* und in *Septal-*, *Amygdala-*, oberen *Retiklär-* und *Hypothalamusbereichen*, die mit vorderem *Thalamus, Gyrus cinguli, Corpus mamillare* und Vorderhirnregionen durch das *Vorderhirnbündel* verbunden sind. Teile des l.S., insbesondere die Amygdala-Region, spielen zusammen mit anderen Hirnregionen eine entscheidende Rolle bei Prozessen der intuitiven →*Bewertung* sowie bei der Entstehung, Art und Dauer emotionaler Reaktionen (→*Emotion;* → *Gehirn*).

Schematische Darstellung der Lage des limbischen Systems im menschlichen Gehirn. Die Schnittebene liegt parallel zur Zentralfurche (Mediansagittale).

linear. Die Beziehung zwischen je zwei Variablen ist dann linear, wenn sie der Geradengleichung Y = a + bX folgt. Linearität der Beziehung wird bei Produkt-Moment-Korrelation und linearer Regression vorausgesetzt.
lineare Regression →*Regression.*
linearer Trend →*Trend.*
Linkshändigkeit →*Händigkeit.*
Linsenmodell *(lens model).*
[1] Von EGON BRUNSWIK im Rahmen seiner *Probabilistischen Psychologie* eingeführtes Modell zur Erklärung der menschlichen Gegenstands-Wahrnehmung als Prozeß. Die von einem Gegenstand herrührenden Eindrücke (Sinnesdaten) allein reichen für die Erklärung des Wahrnehmens als Rekonstruktion der Umwelt nicht aus. Sie werden nach Art einer konvexen Linse gebündelt, wobei der Bündelungsprozeß von Hinweisen, hierarchischen Hinweisstrukturen, Gewohnheiten und früheren Erfahrungen geleitet ist. Da die Vertrauenswürdigkeit verschiedener Hinweise und ihrer Kombinationen variabel ist, entsprechen Hinweisgebrauch und Bündelungsprozesse einem intuitiv-statistischen, d. h. probabilistischen Geschehen. Für die Gewichtung von Hinweisen ist u. a. deren *ökologische Validität (ecological validity)* ausschlaggebend; darunter darf man z. B. das Ausmaß der Bewährung bestimmter Hinweise oder Hinweisstrukturen bei der Rekonstruktion der Gegenstandswelt verstehen. Die Wahrnehmung der Gegenstandswelt ist daher an *multiple Vermittlungsprozesse* gebunden, die in jeweils verschiedenem Ausmaß stellvertretende funktionale Bezugsgrößen darstellen.
[2] Im Rahmen einer Theorie des *multiplen Wahrscheinlichkeitslernens (multiple probability learning)* wurde ein erster Quantifizierungsversuch des Linsenmodells vorgelegt. Faßt man einen Begriff in seinen multiplen Beziehungen zu Gegenständen und Gegenstandsmerkmalen auf, so läßt sich dieses Beziehungsnetz mit einer Reihe *multipler Regressionen* darstellen. Der Lernprozeß selbst hat die Kennzeichen eines *multiplen probabilistischen Hinweis-Lernens (multiple-cue probability learning).* Weitere Quantifizierungsversuche betreffen die Prozesse und Strukturen der *sozialen* und *klinischen Urteilsbildung.* Im Rahmen einer umfassenden *Theorie des sozialen Urteils (social judgment theory; theory of social judgment)* wird ein sog. *doppeltes Linsenmodell* angewandt. Dabei wird die Beziehung zwischen beurteilten Personen (Objekten oder Situationen) und dem Beurteiler in einem Netzwerk probabilistischer Regressionen dargestellt.
→*Probabilismus.*
LIT. HAMMOND u. a. (1975).
Lipogenese →*Fette.*
Lipoide →*Cholesterin;* →*Fette.*
Lipolyse →*Fette;* →*Hunger.*
Lippenschlüssel *(lip key).* Bezeichnung für eine an den Lippen angeschlossene Vorrichtung, die – meist auf elektrischem Wege – in Reaktionsversuchen das Einsetzen bzw. die Latenzzeit des Sprechens messen läßt. Der L. ist zu unterscheiden vom sog. *Schallschlüssel (voice key),* bei dem die entsprechende Messung über ein Mikrophon und einen angeschlossenen Zeitmesser erfolgt.
Lispeln →*Paralalie.*

Lithium

Lithium *(lithium).* Einwertiges Alkalimetall, chem. Li (OZ 3), dessen Salze eine psychoaktive Wirkung besitzen. Die *L.-Therapie (lithium therapy)* besteht in der Verabreichung von L.-Salzen (Serum mit L.-Azetat, -Jodat, -Karbonat oder -Zitrat) in körperverträglichen Dosen zur Eindämmung akuter *manischer* bzw. *manisch-depressiver* Symptome (→*affektive Störung,* →*manisch,* →*manisch-depressive Störung*) und/oder, als *L.-Prophylaxe,* zur Vorbeugung ihres Wiederauftretens. Bei Überdosierung auftretende Symptome wie z. B. Müdigkeit, Übelkeit, Handzittern und Muskelkrämpfe sind vollständig reversibel, d. h. sie verschwinden bei reduzierter Dosierung.

Lobektomie *(lobectomy).* Entfernung eines Teiles des Gehirns, meist der präfrontalen Region auf beiden Seiten.

Lobotomie *(lobotomy).* Bezeichnung für eine Gehirnoperation, bei der die Verbindungen zwischen den präfrontalen Regionen (Lappen) und dem Thalamus durchtrennt werden.

Logogen *(logogen).* Von MORTON (1969; 1970) eingeführte Bezeichnung für hypothetische Prozeßeinheiten bei der integrativen Verarbeitung sprachlicher Informationen, mit deren Hilfe sich Reaktionszeit-Unterschiede bei Versuchen zum Worterkennen bzw. Wiedererkennen erklären lassen. Das Logogen-System gilt als eine Art Wortbedeutungs-Generator, in dem Informationen über erkannte Buchstaben beim Lesen oder Phoneme beim Hören zusammenlaufen und diese unter Berücksichtigung bereits bekannter bzw. vertrauter Bedeutungszusammenhänge aus dem semantischen Speicher für sprachliche Reaktionen bereit machen. Mit dem Erkennen bestimmter gelesener Buchstabenfolgen und/oder gehörter Buchstaben- und Silbenklänge werden die entsprechenden Logogene einschließlich der in die gleiche Bedeutungskategorie fallenden Assoziationen aktiviert und haben so einen förderlichen Einfluß auf die Verarbeitung damit übereinstimmender oder ergänzender Informationen. Logogen-Systeme gelten als dynamische Einheiten des *lexikalischen Gedächtnisses.*
LIT. MORTON (1969; 1970).

Logorrhoe *(logorrhea).* Bezeichnung für unzusammenhängendes Sprechen (Wortsalat) bei schweren psychischen Störungen oder zentralnervös bedingten Sprachstörungen.

Logotherapie *(logotherapy).* Von FRANKL eingeführtes, an die Einsicht appellierendes Therapieverfahren zur Selbst- und Sinnfindung auf existenzanalytischer Grundlage. Im Verlauf von Gesprächen mit dem Therapeuten wird der Klient dazu veranlaßt, über die existentielle Bedeutung seiner bisherigen Lebenserfahrungen, Handlungen und Symptome nachzudenken. Das Verfahren baut auf dem Grundsatz auf, daß jeder Mensch die Tendenz habe, sein Denken und Handeln am Sinn seiner Existenz zu orientieren. Ziel des Verfahrens ist die Formulierung bzw. Neuformulierung des Lebenssinns und eine Neubewertung der Erfahrungen und Handlungen. Die L. wird insbesondere bei *Existenzängsten* und *depressiven Neurosen* im Gefolge einschneidender Lebensereignisse angewandt.
→*Angstneurose,* →*Angststörung,* →*Depression.*
LIT. FRANKL (1951; 1959; 1979).

Lokalisierung *(localization).* Bezeichnung für die raumzeitliche Festlegung einer die betreffende Empfindung auslösenden Reizquelle, z. B. bei der Tiefenwahrnehmung oder dem räumlichen Hören.

Lokomotorische Ataxie →*Tabes dorsalis.*

Löschung *(extinction).* Bezeichnung für eine Reihe von Techniken, die eine *bedingte Reaktion* zu hemmen vermögen. Meistens wird L. dadurch erreicht, daß der konditionelle Reiz wiederholt dargeboten wird, ohne daß ihm der nichtkonditionelle, verstärkende folgt. (Wurde z. B. ein Tier konditioniert, auf ein Lichtsignal, gefolgt von Futtergabe, mit Speichelfluß zu reagieren, so erfolgt die Löschung durch mehrfache Darbietung des Lichtsignals, ohne daß weitere Futtergaben erfolgen. Nach einiger Zeit wird die Häufigkeit des Reagierens auf Lichtsignale mit Speichelfluß absinken und schließlich ganz verschwinden.)

Lösch(ungs)widerstand *(resistance to extinction).* Der L. ist definiert als der Aufwand, der erforderlich ist, um eine konditionierte Reaktion zum Abklingen oder Verschwinden zu bringen. Im Modellfall der klassischen Konditionierung (→*Konditionierung, klassische*) ist dieses Maß definiert aus der Anzahl der Darbietungen des konditionellen Reizes ohne nachfolgende Verstärkung, die notwendig ist, um ein deutliches Abnehmen der Reaktionshäufigkeit bzw. -intensität zu erzielen. Im Modell der operanten Konditionierung

Lymphozyten

(→*Konditionierung, operante*) ist das entsprechende Maß die Anzahl der noch ausgeführten Reaktionen nach Wegfall der Verstärkung o. ä. Als besonders löschresistent erweisen sich konditionierte aversive Reaktionen (Vermeidungslernen) und Reaktionen, die über intermittierende Verstärkung erworben wurden. →*Humphreys-Effekt;* →*Verstärkungseffekt, partieller.*

LSD oder **D-Lysergsäurediäthylamid.** Bezeichnung für eine zu Gefühlstönungs-Änderungen und Halluzinationen führende Droge.

Lügendetektion →*Glaubwürdigkeit.*

Lügendetektor →*Polygraph.*

Lumen →*Helligkeit.*

Lumineszenz →*Helligkeit.*

Lust *(pleasure).* Bezeichnung für die dem Schmerz (Unlust) entgegengesetzte Gefühlsqualität, die sich, gekoppelt mit dem Wunsch nach Fortsetzung der – Lust vermittelnden – Tätigkeit bzw. mit dem Wunsch nach Annäherung an den – Lust vermittelnden – Gegenstand, einstellt. →*Emotion.*

Lustprinzip *(pleasure principle).* Psychoanalytische Bezeichnung für das Streben nach unmittelbarer Erfüllung von Triebansprüchen durch Erreichen des betreffenden Zieles bzw. einer entsprechenden Vorstellung (Phantasie). →*Realitätsprinzip.*

luzides Träumen →*Traum.*

Lymphokine *(lymphokines).* Kommunikationsprotein des *Immunsystems* aus der Gruppe der *Zytokine,* produziert von *Lymphozyten* (T-Zellen), die von Antigenen aktiviert wurden. L. üben Wirkungen auf die →*Proliferation* und *Enzymaktivität* anderer Zellen aus.

Lymphozyten →*Blut.*

M

Macht, soziale (*social power*).

[1] Materielle und immaterielle Grundlagen der Fähigkeit eines einzelnen oder einer Gruppe, auf andere sozialen Einfluß (*social influence*) auszuüben, d. h. sie zur Übernahme bestimmter Einstellungen, Emotionen, Wahrnehmungs-, Denk- oder Handlungsweisen zu veranlassen. Voraussetzung für die Machtausübung sind eine Position oder ein Status, aus der/dem heraus Sanktionen (Lohn und Strafe) erteilt werden können. Zu den Faktoren, welche die Einflußmöglichkeiten mitbestimmen, zählen die Ausübung von (a) *Fachautorität* (*expert power*), (b) *persönlicher Macht* (*referent power*), (c) *brachialer Macht* (*coercive power*) und/oder (d) auf *Nützlichkeit* gestützter Macht (*pretiale Macht; utilitarian power*). Eine mit Zwang oder Nötigung verbundene M.-Ausübung (*social pressure*) stellt eine Form der →*Gewalt* dar.

[2] Im weiteren Sinne die Wirkung normenstiftender Gesetze und der Organe ihrer Durchsetzung (*Staatsmacht* oder *-gewalt*) bzw. politischer und sozialer Institutionen und ihre Träger, die auf das soziale System (*Gesellschaft*) Einfluß nehmen können.

magisches Denken →*Denken, magisches.*

magisch-phänomenalistisches Denken →*Denken, magisches.*

Magnetfeld-Encephalographie, Magnetencephalographie, MEG (*magnetoencephalography*). Verfahren zur Erfassung der bioelektrischen Aktivität des Gehirns durch Magnetfeldmessungen an der Schädeloberfläche mit Hilfe von technisch aufwendigen Magnetscannern (→*Tomographie*) mit mehreren Sensoren. Die Anwendung mathematischer Modelle und computerunterstützter Auswertungsverfahren ermöglicht die Darstellung der Erregungsausbreitung und die Tiefenlokalisierung von Erregungsgeneratoren (*Dipolen*) in Millimetergröße. Durch sensorische Reize ausgelöste Magnetfeldveränderungen werden in Analogie zu den →*evozierten Potentialen* des EEG als *evozierte Magnetfelder* (*evoked field, evoked magnetic field*) bezeichnet.

LIT. PFURTSCHELLER, LOPES DA SILVA (1988).

Magnetismus (*animal magnetism*). In der Theorie von Mesmer eine Erklärung für hypnotische Phänomene. Es wurde angenommen, daß ein minimaler magnetischer Impuls vom Hypnotiseur auf das Medium überfließt.

MAK. Abk. für Maximale Arbeitsplatz-Konzentration, der Grenzwert für die höchstzulässige Schadstoffkonzentration an Arbeitsplätzen, angegeben als Menge von Schadstoffteilchen unter 10^6 Teilchen.

Makro-Mikro-Korrespondenz →*Entwicklungstheorien.*

Magnetotropismus, Magnetotaxis. Die Orientierung an den Kraftlinien eines magnetischen Feldes.

Major Depression →*Affektive Störung,* →*Depression.*

Makrophagen →*Immunsystem.*

Manie (*mania*).

[1] Mit *mania* bezeichnete man in der antiken Philosophie alle Zustände der psychischen Übererregtheit.

[2] In der Medizin und Psychiatrie des 18. und 19. Jh. galt M. als allgemeinster Ausdruck für erregungsbedingte Arten und Formen des »Wahnsinns«, selten in umschriebenen Symptomen und/oder Funktionsbereichen äußernde Übererregung als *Monomanie* (*monomania*). Auf diese Tradition der Begriffsverwendung verweisen umgangssprachliche Bezeichnungen wie z. B. »*Melomanie*« für Musikleidenschaft oder die englische Wortschöpfung »*workaholics*« für Arbeitsbesessenheit. In der gleichen Tradition stehen aus der deskriptiven Psychopathologie der Jahrhundertwende stammende Bezeichnungen, wie z. B. *Kleptomanie* für den unwiderstehlichen Drang zu stehlen oder *Pyromanie* für das leidenschaftliche Interesse an Feuer bzw. den Drang, Brände zu legen und sich daran zu erfreuen. Diese Arten der M. deuten auf Mängel der *Impulskontrolle* hin und gelten als Symptome neurotisch-zwanghafter Störungen.

[3] In der durch die klassische Beschreibung und Klassifikation von *Psychosen* vor

KRAEPELIN geprägten Fachsprache ist M. die Bezeichnung für ein Zustandsbild, das durch das Vorherrschen einer unbegründet heiteren, optimistischen Stimmungslage gekennzeichnet ist, die mit Gefühlen des uneingeschränkten körperlichen Wohlbefindens, der Selbstüberschätzung sowie mit einem allgemein gesteigerten Aktivitätsdrang einhergeht und nicht selten in unkontrollierte, enthemmte Verhaltensweisen und/oder erhöhte Irritierbarkeit, Reizbarkeit, gelegentlich auch Agitiertheit einmündet. Gegensatz: *Depression, Deprimiertheit.*
→*manisch,* →*manisch-depressive Störung.*
Manieriertheit *(affectation, mannerism).* Stereotypes Wiederholen gekünstelter, bizarrer, funktionell irrelevanter Ausdrucks-, Bewegungs- oder Handlungsweisen (z. B. Grimassieren, zeremoniell wirkende Gesten, Gebrauch ausgefallener Worte oder Redewendungen, pathetisches Sprechen oder Auftreten). Syn.: *Affektiertheit, Manierismus* (letzteres auch Bezeichnung für eine Kunstrichtung, in der Formphantasien vorherrschen), *verschrobene Manieren, Verschrobenheit.* Extreme Ausprägungsgrade gelten als Symptome von Störungen aus dem Formenkreis der →*Schizophrenie* oder weisen auf degenerative Beeinträchtigungen aus dem Formenkreis der →*Demenz* hin; in schwächerer Ausprägung findet sich M. auch bei *Angst-* und *Zwangsneurosen.*
Manierismus →*Manieriertheit.*
manisch *(maniac, maniacal, manic).* [1] Stimmungslage, die sich im Gegensatz zur Deprimiertheit in Optimismus, gesteigertem Selbstgefühl und Aktivitätsdrang äußert.
[2] Auf KRAEPELIN zurückgehende Bezeichnung für psychotische bzw. neurotische Störungen mit den Kennzeichen übertriebener heiter-optimistischer Stimmung (→*Manie* [3]). Gegensatz: →*depressiv.* In schwächerer Ausprägung wiederholt oder chronisch auftretende manische Zustandsbilder deuten auf psychische Störungen, z. B. auf das Vorliegen (früher auch als Charakterneurosen bezeichneter) neurotischer Störungen aus dem Formenkreis der →*Persönlichkeitsstörung* hin. Stark ausgeprägte, die gesamte Stimmungslage beherrschende manische Verstimmungen gelten dagegen als Hinweis auf →*Psychosen* bzw. →*Affektive Störungen.*
[3] Als *manische Episoden* gelten länger anhaltende Zustände der gehobenen, gelegentlich auch reizbaren Stimmungslage, die mit gesteigerter Aktivität, erhöhtem Selbstgefühl, geringem Schlafbedürfnis und erhöhter Ablenkbarkeit einhergehen. Gegensatz: *depressive Episode.* Im Wechsel mit depressiven Episoden auftretende manische Episoden sind zentrale Kennzeichen der →*manisch-depressiven Störung.*
manisch-depressiv →*Zyklothymie.*
manisch-depressive Störung *(maniac-depressive disorder).* *Klinische Psychologie, Psychiatrie:* Störungen, die durch den Wechsel von manischen und depressiven Stimmungslagen gekennzeichnet sind. (a) In der von KRAEPELIN geprägten klassischen Systematik deutet der Wechsel von ausgeprägten manischen und depressiven Stimmungslagen auf das Vorliegen einer endogenen →*Psychose,* der sog. *manisch-depressiven Psychose* hin. (b) In der symptomorientierten Klassifikation mit DSM-IV werden die verschiedenen Formen der m.-d. S. gemeinsam mit den unipolaren depressiven Störungen unter dem Oberbegriff →*Affektive Störung* zusammengefaßt und als *bipolare affektive Störungen* bezeichnet. Eine *bipolare Störung (bipolar disorder)* im engeren Sinne liegt dann vor, wenn in der Vorgeschichte eine oder mehrere manische oder *gemischte Episoden,* begleitet von *major depressiven Episoden,* oder eine bzw. mehrere *major depressive Episoden,* begleitet von mindestens einer *hypomanischen Episode* nachgewiesen sind. Für die ebenfalls zu den bipolaren Störungen zählende *zyklothyme Störung (cyclothymia)* sind dagegen mehrere Episoden *hypomanischer* Symptome charakteristisch, sofern diese nicht das Kriterium einer manischen Episode erreichen, sowie mehrere Episoden mit depressiver Symptomatik, die nicht das Kriterium einer *major depressiven* Episode erreichen. *Nicht näher bezeichnete bipolare Störungen* erreichen die Kriterien der bipolaren Störung nicht bzw. die Informationen sind unvollständig oder widersprüchlich.
manische Episode →*Affektive Störung,* →*manisch.*
MAO, MAOH, MAOI →*Monoaminoxidase.*
Mapping *(Erfahrungsrepräsentation).* Aus dem Engl. übernommene Bezeichnung für kognitive Prozesse, die dem Vergleich zwischen soeben wahrgenommenen, kurzzeitig gespicherten Informationen mit neuen Informationen zugrunde liegen. Stimmen die Merkmale

Marathon-Encounter

relevanter bzw. irrelevanter Reize in beiden Fällen überein (z. B. beim Wiedererkennen einer bestimmten Zahl in einer aus Zahlen und Buchstaben bestehenden Anordnung) und macht man die wiederholte Erfahrung, daß diese Übereinstimmung erhalten bleibt *(consistent mapping; CM)*, so werden die Entscheidungszeiten durch das Mitlernen der an Reizmerkmalen orientierten Suchstrategie kürzer; der Prozeß wird *automatisiert*.

Macht man dagegen die Erfahrung, relevante und irrelevante Reize würden beständig vertauscht *(varied mapping; VM)*, so dauert die Entscheidung länger, denn die Suche nach relevanter Information hat wechselnde Ausgangspunkte, die *kontrolliert* werden müssen. →*Absuche.*

LIT. SHIFFRIN, SCHNEIDER (1977); SCHNEIDER, SHIFFRIN (1977).

Marathon-Encounter *(marathon encounter)*, Syn.: *Marathongruppe (marathon group).* Gruppendynamisches Interventionsverfahren, in dessen (meist mehrtägigem) Verlauf die Gruppenmitglieder (in der Regel 10–15 Personen) beständig zusammenbleiben und fortlaufend dazu ermuntert werden, ihren Gefühlen anderen gegenüber freien Ausdruck zu verleihen, um innere Widerstände abzubauen und auf andere eingehen zu lernen. M. baut auf ähnlichen Prinzipien auf wie das sog. →*Sensitivity-Training;* es soll dazu dienen, die Erlebnisintensität und soziale Sensibilität zu erhöhen. M. wird z. B. zur Förderung des gegenseitigen Verständnisses und der Konsensfähigkeit zwischen Mitgliedern betrieblicher Arbeitsgruppen angewandt.

Mareyscher Tambour oder **Mareysche Trommel** *(Marey tambour).* Vorrichtung zur Registrierung von Atem- und Pulsbewegungen durch pneumatisch-mechanische Übertragung der Bewegungen auf eine Trommelmembran, von der aus eine ebenfalls mechanische Registrierung (z. B. mittels →*Kymographen*) in vergrößertem Maßstab möglich ist.

marginal.
[1] Am Rande gelegen, z. B. das Marginal- oder Randfeld als Bezeichnung für die peripheren Regionen der Netzhaut.
[2] Bezeichnung für einen Bereich zwischen zwei Entscheidungsmöglichkeiten (Bereich der *Unsicherheit*).

Markscheide →*Neuron.*
Marktforschung *(consumer psychology, marketing).* Bezeichnung für ein Teilgebiet der *Angewandten Psychologie,* in dessen Rahmen im Zusammenhang mit Marktanalysen die Bedürfnisse und Wünsche potentieller Konsumenten untersucht und die entsprechenden Werbemaßnahmen ausgearbeitet werden.
maskierte Depression →*Depression.*
Maskierung *(masking),* auch *sensorische M.* zur Unterscheidung von →*kognitiver M.* Häufig verwendete Versuchstechnik in Wahrnehmungs- und Aufmerksamkeitsforschung. Reize werden durch andere gleichzeitig, unmittelbar davor oder danach dargebotene überlagert, um die raum-zeitlichen Bedingungen der Identifizierbarkeit und Stabilität von Wahrnehmungseindrücken zu erforschen. Ob sich M. auf den ersten oder zweiten Reiz auswirkt, hängt von Reizparametern, Reizanordnungen, von Darbietungsdauer, den Intervallen zwischen den Reizen und von der Reizbedeutung ab. *Auditive M. (auditory masking)* liegt vor, wenn zwei akustische Ereignisse einander maskieren, z. B. Töne (Signale), von (weißem) Rauschen überlagert *(→Signalentdeckung).* Die nahe verwandte Technik der *Verschattung (shadowing)* ist in der *Aufmerksamkeitsforschung* beheimatet. Sie besteht entweder darin, nur eine von zwei gleichzeitig (z. B. über das linke bzw. rechte Ohr über Kopfhörer) hörbaren Durchsagen zu beachten oder sich eine zugesprochene Nachricht einprägen, während man sie durch lautes Nachsprechen selbst »verschattet«. Bei optischen Reizen spricht man von *visueller M. (visual masking). Rückwirkende M. (backward masking)* bezeichnet den Effekt eines nachfolgenden Reizes auf das Erscheinungsbild des ersten, *Metakontrast (metacontrast)* liegt vor, wenn die beiden Reize so dargeboten werden, daß ihre Konturen einander berühren oder überschneiden. In einem vielzitierten Experiment von H. WERNER wurde erst eine dunkle kreisrunde Scheibe und dann unmittelbar darauf ein außen angrenzender heller Kreisring dargeboten. Unter bestimmten zeitlichen Bedingungen hat man den Eindruck, die Kontur des schwarzen Kreises sei unscharf geworden, der verursachende Kreisring bleibt nicht selten unentdeckt (vgl. →*Figurale Nachwirkung*).

Maskierung, kognitive →*kognitive Maskierung.*

Masochismus. Syn. *sexueller M.* Sexuell erregende Phantasien, Verhaltenstendenzen oder Verhaltensweisen, die zum Inhalt haben, gedemütigt, geschlagen, gefesselt zu werden oder andere schmerzhafte Erfahrungen zu machen. M. wird als →*Sexualstörung* eingestuft, wenn die o. g. Symptome mindestens 6 Monate lang anhalten und klinisch bedeutsames Leiden verursachen. →*Sexualstörung.*

Masse *(crowd).* Bezeichnung für eine Gruppe von Menschen, die temporäre Übereinstimmung in Fühlen und Handeln zeigt, weil die einzelnen Individuen sich demselben Gegenstand oder Ideal mit voller Aufmerksamkeit zuwenden. Wegen dieser Einheit – so wird in der *Massenpsychologie* angenommen – des Fühlens und Handelns kann es zu Reaktionen kommen, die im Vergleich zu individuellen Reaktionen primitiv erscheinen. Man spricht oftmals von einem *Massengeist*, von einer *Massenseele* oder von *Massenerscheinungen* (Massenhysterie, Panik u. ä.).

Maße der zentralen Tendenz →*Zentrale Tendenz.*

Massenerscheinungen →*Masse.*

Massengeist →*Masse.*

Massenmedien *(mass media).* Kommunikationsmittel (Flugblätter, Zeitungen, Zeitschriften, Plakate, Bücher, Comics; Radio, Film, Fernsehen, elektronische Informationsnetze), die auf relativ unpersönliche, indirekte Weise Botschaften übermitteln, die möglichst gleichzeitig breite Schichten der Bevölkerung erreichen und ohne spezifisches Vorwissen anstrengungsfrei verstanden werden sollen. Die *M.-Forschung* berücksichtigt drei Aspekte: (a) *Sender*, z. B. seine Organisationsstruktur, die Rolle des Kommunikators im Rahmen der spezifischen Zielsetzung des entsprechenden Mediums; (b) *Kommuniqué*, z. B. die Gestaltung der Nachricht, ihre intendierte Wirkung, Machart und Rolle vermittelnder Personen oder Gruppen; (c) *Empfänger*, z. B. Medienverbreitung, Wirkung von Botschaften auf verschiedene Menschengruppen und andere zentrale Themen der *Medienwirkungsforschung.* Bestimmende Faktoren der Wirkung sind Quelle, Inhalt und Form der Botschaft, die Art ihrer Übermittlung, Eigenheiten des Empfängers und situative Merkmale.

LIT. HOVLAND (1954); KLAPPER (1966); MCQUAIL (1994); SCHENK (1987); WEISS (1970).

Massenpsychologie →*Masse.*

Massenseele →*Masse.*

massierte Übung →*Übung.*

Massonsche Scheibe *(Masson disc).* Drehbare weiße Scheibe mit auf einem Radius eingezeichneten Quadratfiguren, die bei Drehung durch ihre verschiedene Entfernung vom Mittelpunkt den Eindruck verschieden grauer Kreise erzeugen. Die Massonsche Scheibe dient der exakten Bestimmung der Unterschiedsschwelle für Grautöne.

Maßzahl →*Score.*

Masturbation. Syn. für *Onanie, Selbstbefriedigung.*

matched-dependend behavior, dt. etwa *unselbständiges Kopieren.* Ein von MILLER und DOLLARD beschriebener Lernprozeß des Imitierens, bei dem das Modell die Belohnung durch unabhängiges Reagieren auf einen Reiz erhält, während der Beobachter auf Grund der Imitation des Modellverhaltens belohnt wird.

mathematische Definition →*Definition.*

Mathematische Psychologie *(mathematical psychology).* Teilgebiet der Allgemeinen Psychologie, in dessen Rahmen mathematische Methoden zur Beschreibung bzw. Theorienbildung, zur Modellgewinnung, Modellüberprüfung und zur Herleitung weiterführender Hypothesen herangezogen werden. In der Regel beschränkt sich die Anwendung mathematischer Methoden auf solche Sachverhalte, die aufgrund experimenteller Untersuchungen regelhafte Zusammenhangsstrukturen aufweisen, z. B. *Psychophysik* und Lernpsychologie. Einen relativ breiten Raum nehmen Verfahren der Überprüfung der Adäquatheit von Modellen ein, wozu auch der Bereich der Erstellung von sog. Simulationsmodellen gehört; ferner vergleichende Untersuchungen verschiedener Modelle hinsichtlich ihrer Eignung, empirisch-experimentelle Beziehungen exakt bzw. repräsentativ abzubilden. Die M. P. steht in enger Verbindung zur psychol. Meßtheorie.

LIT. COOMBS u. a. (1970).

Matrix *(matrix).*
[1] Mathematische Bezeichnung für die in einem quadratischen Schema angeordneten Zahlen oder Symbole (z. B. Korrelationskoeffizienten) zum Zwecke weiterer algebraischer

293

Maudsley Personality Inventory

Behandlung (z. B. der Ermittlung von Faktoren u. ä.). Die Behandlung von Matrices geschieht nach den Regeln der Matrix-Algebra.

[2] Allgemeine Bezeichnung für ein System, in dessen Rahmen einzelne Komponenten oder Faktoren definiert sind, z. B. Lernmatrix als das Gesamt aller Operationen bei einem Lernautomaten.
LIT. HORST (1963).

Maudsley Personality Inventory →*Extraversion.*

Maximum-Likelihood-Methode *(maximum likelihood method, method of ml).* Universelle statistische Methode zur Auswahl *optimaler Schätzungen* für unbekannte Parameter. In der Testtheorie dient sie der Ermittlung solcher Tests, die optimale Eigenschaften aufweisen. Man bestimmt nach der M.-L.-M. als Schätzwerte diejenigen Werte für unbekannte Parameter, die einem erzielten Stichprobenergebnis die größte (differentielle) Auftretenswahrscheinlichkeit verleihen, d. h. man gewinnt mit der Methode Schätzwerte für Parameter mit maximaler Likelihood *(→Likelihood-Funktion).* Voraussetzung für die Anwendung ist die Bekanntheit des Verteilungstyps der Variablen.

McCollough-Effekt *(McCollough effect).* Von Linienmustern abhängige gegenfarbige *Nachwirkungen (→Nachbild).* Betrachtet man etwa 2–4 Minuten lang senkrechte schwarze Linien auf einem orangefarbenen und anschließend waagrechte Linien auf einem bläulichen Hintergrund, so erscheint auf einer Testfigur mit senkrechten Linien der graue Hintergrund blaugrün, auf einer Testfigur mit waagrechten Linien dagegen orangefarben. Der Effekt tritt auch ein, wenn die beiden Reizvorlagen und/oder Testbilder gleichzeitig nebeneinander dargeboten werden, er kann mehrere Stunden anhalten und ist auf andere ähnliche Testmuster übertragbar. Es wird angenommen, daß der M.-E. auf Eigenschaften miteinander verknüpfter hochspezialisierter kortikaler Detektor-Neuronen zurückgeht und möglicherweise eine konditionierte Farbadaptation darstellt, die von Informationen aus *Detektoren* innerhalb der entsprechenden *rezeptiven Felder* in Abhängigkeit von der Richtung/Orientierung der Linienführung ausgelöst wird *(→Bewegungssehen).*

Md →*Median.*

MDS →*multidimensionale Skalierung.*

Med →*Median.*

Median (Abk. **Md** oder **Med**). Bezeichnung für die Maßzahl des mittleren Falles bei nach der Größe geordneten Maßzahlen, z. B. erfüllt bei den Werten 3, 8, 11, 15, 16 die Maßzahl 11 diese Bedingungen. Bei gerader Anzahl von Maßzahlen wird der M. zwischen den beiden mittleren liegend angenommen und durch Interpolieren ermittelt. Liegen N Daten vor, so läßt sich die Position des dem Median entsprechenden Falles durch die Beziehung (N + 1)/2 ermitteln. In unserem Falle entspricht der M. der (5 + 1)/2 = 3. Maßzahl.

Mediansagittale *(medial plane, sagittal plane).* Anatomische Bezeichnung für eine zum Zwecke der Beschreibung des menschlichen Körpers gedachte vertikale Ebene, die senkrecht auf der Verbindungslinie zwischen den Ohren steht und den Körper in annähernd oberflächengleiche symmetrische Hälften teilt. →*Sagittale.*

Mediatorvariable *(mediator variable, mediating variable).* Variable Einflüsse innerer Mechanismen, die durch spezifische Reiz- oder Prozeßeigenschaften in Gang kommen und die Reaktionsvarianz mitbestimmen. Syn.: *vermittelnde Prozeßvariablen.*

Medizinische Psychologie *(medical psychology).* Auf das ärztliche Berufsfeld bezogenes Anwendungs- und Forschungsgebiet der Psychologie. Die M. P. befaßt sich vorrangig mit den allgemein-, persönlichkeits- und sozialpsychologischen Grundlagen der Interaktionen zwischen Ärzten, Pflegepersonal, Patienten und ihren Angehörigen in Kliniken und Rehabilitationseinrichtungen, mit Fragen der Gesprächsführung, der Vorbereitung von Patienten auf diagnostische oder operative Eingriffe und therapeutische Maßnahmen, mit Fragen der Formulierung ärztlicher Anweisungen und Präventionsempfehlungen sowie mit den Erlebnis- und Verhaltensreaktionen Gesunder und somatisch Kranker auf ärztliche Empfehlungen und Interventionen. Die M. P. ist für Ärzte ein Ausbildungs- und Prüfungsfach im Rahmen der medizinischen Vorprüfung.
LIT. BECKMANN (1984); HUPPMANN, WILKER (1988).

Medulla oblongata oder **Medulla,** verlängertes Rückenmark. Das obere Ende des Rückenmarks mit einer kolbenförmigen Erweiterung (Bulbus); gleichzeitig der unterste Ab-

schnitt des Gehirns mit Atem- und Kreislaufzentren.
→*Gehirn.*
MEG →*Magnetfeld-Encephalographie.*
Megalomanie *(megalomania).* Krankhafte Selbstüberschätzung, Größenwahn.
mehrdeutig *(ambiguous).* Allgemeine Bezeichnung für einen Sachverhalt, der zwei oder mehrere Möglichkeiten der Deutung eröffnet. Die ursprüngliche Bedeutung bezieht sich besonders auf *mehrdeutige Konfigurationen* (Umspringbilder; *ambiguous figures)* oder Darstellungen in mehrdeutiger perspektivischer Anordnung *(ambiguous perspective).*
Intoleranz gegenüber Mehrdeutigkeit (intolerance of ambiguity) bezeichnet (nach ELSE FRENKEL-BRUNSWIK) die generelle Unfähigkeit eines Menschen, Urteile in der Schwebe zu halten oder zu nuancieren. Die Intoleranz gegenüber Mehrdeutigkeit wird meist als eine relativ überdauernde *Einstellung* angesehen und steht in engem Zusammenhang mit dem Syndrom der *autoritären Persönlichkeit.* Die Intoleranz gegenüber Ambiguität steht auch in offensichtlich engem Zusammenhang mit der Anfälligkeit eines Menschen, sich im Sinne von Vorurteilen vorschnell festzulegen, sobald ein Sachverhalt mehrere Deutungsmöglichkeiten eröffnet. Ambiguität, das entsprechende Fremdwort mit dem lateinischen Präfix »ambi« heißt wörtlich »Zweideutigkeit«, wird jedoch im Deutschen zur Vermeidung einer allgemein üblichen Bedeutung dieses Wortes hier mit Mehrdeutigkeit wiedergegeben.
Mehrfachschreiber →*Polygraph.*
mehrfach ungesättigte Fettsäuren →*Fette.*
Mehrfachwahl, Mehrfachwahl-Antwort *(multiple choice).* Test oder Versuchsanordnung, bei der mehrere Antwort- oder Reaktionsmöglichkeiten zur Auswahl stehen, wobei jedoch nur eine richtig bzw. von Verstärkung gefolgt ist.
Meinungsforschung *(opinion research).* Bezeichnung für ein Teilgebiet der *Angewandten Psychologie,* in dessen Rahmen durch Befragungen an *repräsentativen Stichproben* (Meinungsumfragen) Einstellungen, Meinungen oder Überzeugungen der Bevölkerung zu bestimmten Meinungsgegenständen (Konsumartikel, Politiker, politische Parteien) ermittelt bzw. (Wahlergebnisse) vorausgesagt werden.

Die Meinungsforschung wird im Zusammenwirken von Soziologen (Politologen), Psychologen und Sozialstatistikern betrieben.
LIT. SPIEGEL (1961).
Meiose →*Zellteilung.*
Meissnersche Tastkörperchen *(Meissner corpuscles)* oder **Endkolben.** Druckrezeptoren auf Handflächen und Fußsohlen.
Melatonin, wörtlich: »Schwarzmacher«. Von A. LERNER 1951 erstmals beschriebenes neurosekretorisches Hormon der *Zirbeldrüse (Epiphyse),* das zu saisonalen Umstellungen der Organismusabläufe und zur Einrichtung des Schlaf-Wach-Rhythmus (→*Biorhythmus)* beiträgt. Bei Lichteinwirkung bzw. tagsüber wird die Ausschüttung von M. unterdrückt, bei Lichtmangel bzw. nachts dagegen verstärkt. Während des *Schlafes* ist die Melatoninausschüttung immer erhöht. Kinder produzieren mehr M. als ältere Menschen; ihr Tiefschlafanteil ist daher höher als bei Älteren. M. senkt u. a. die Körpertemperatur, dämpft die Aktivierung bzw. Erregbarkeit, erhöht die *Streßresistenz* und die Effektivität des *Immunsystems* durch Vermehrung von T-Helferzellen und Ausschüttung endogener Opioide mit analgetischer Wirkung, und besitzt steuernden Einfluß auf das *Serotonin-System.* Durch M.- oder Lichtgaben können Körperhaushalt und Schlafverhalten manipuliert werden. Eine dosierte Desaktivierung des M.-Mechanismus durch Licht erleichtert Umstellungen nach Reisen in andere Zeitzonen (Überwindung des sog. »Jet-lag«) und die Umstellung bei Schichtarbeit. Die sog. *Lichttherapie* bewährt sich u. a bei Patienten, die unter saisonal abhängigen Depressionen (SAD; →*Depression)* leiden. Neuere Befunde zeigen, daß auch Blinde, deren Augäpfel erhalten sind, auf Licht mit einer Hemmung der M.-Produktion reagieren und daß es in der Haut bisher unentdeckte M.-Rezeptoren geben könnte.
Membran, Zellmembran *(membrane, plasma membrane).* Äußere Schichtstruktur pflanzlicher und tierischer Zellen. Sie umgibt das *Cytoplasma.* Membranen sind selektiv permeabel, d. h. für bestimmte Stoffe durchlässig. Diese Eigenschaft hat Bedeutung für Stoffwechselvorgänge bzw. Erregungsprozesse und ihre Übertragung.
→*Synapse.*
Menarche. Bezeichnung für die erste Menstruation bzw. den Zeitpunkt des Einsetzens.

Mendelsche Regeln

Mendelsche Regeln oder **Mendelsche Gesetze** *(Mendel's laws, Mendelian laws)*. Bezeichnung für eine von Gregor MENDEL in Pflanzenversuchen entdeckte Reihe von Regelmäßigkeiten des Erbganges von Merkmalen bzw. Eigenschaften unter Berücksichtigung der Dominanz bzw. Rezessivität der jeweiligen Merkmale bzw. Eigenschaften im Erbgefüge der Eltern. Als *dominant* bezeichnet man solche Erbeigenschaften, die in jedem Falle auftreten; *rezessiv* heißen solche, die nicht oder erst dann in Erscheinung treten, wenn dominante Eigenschaften ausfallen und beide Eltern die betreffende Eigenschaft rezessiv, d. h. verdeckt aufweisen.
→*Dominanz.*
LIT. KÜHN (1965).

Menièresche Krankheit *(Menière's disease)*. Anfälle von einseitigen →*Ohrgeräuschen,* Schwerhörigkeit und/oder Druckgefühl, Drehschwindel, Übelkeit und Erbrechen. Ursachen sind Produktions- und Resorptionsstörungen der Endolymphe bzw. Flüssigkeitsansammlungen und -durchbrüche im Innenohr *(Labyrinth;* →*Ohr).*

Meninges oder **Gehirnhäute.** Zusammenfassende Bezeichnung für die drei das Gehirn und das Rückenmark umschließende Häute (pia mater, arachnoidea, dura mater). Die Entzündung dieser Häute wird *Meningitis* genannt.

Menopause *(menopause).* Bezeichnung für das Ausbleiben der Menstruation bei Frauen im Alter von ca. 50 Jahren.

Mensch-Maschinen-System →*System.*

mental. Im Englischen gebräuchliche Bezeichnung für Geistiges, Seelisches oder Verstandesmäßiges; z. B. in *mental disorder* (psychische Störung), *mental age* (Intelligenzalter) u. ä., *mental content* (Bewußtseins-, Erlebnis- oder Denkinhalt), *mental hygiene* (Inbegriff der prophylaktischen Maßnahmen zur Verhinderung von psychischen Schädigungen, z. B. durch Milieu u. ä., Syn. *mental health*), *mental test* (Syn. für Intelligenztest), *mental work* (geistige Tätigkeit jeder Art). *Mental set* →*Einstellung.*

mentale Beanspruchung →*psychische Beanspruchung.*

mentale Ressourcen *(mental resources)* →*psychische Beanspruchung.*

mentale Rotation *(mental rotation).* Vermittelnder Prozeß, der die Verarbeitung visueller Informationen über die Raumlage von Objekten und deren Beurteilung leitet. SHEPARD vertritt die Annahme, man vollziehe in der Vorstellung eine dem Verdrehungsgrad entsprechende Rückdrehung, die um so länger dauert, je verdrehter ein Zielreiz im Vergleich zu einem Vergleichsreiz erscheint. Sieht man ein unsymmetrisches zwei- oder dreidimensionales Reizmuster in verdrehter Raumlage und soll entscheiden, ob es sich um die korrekte oder die spiegelbildliche Darstellung handelt, dauert die Entscheidungszeit um so länger, je geneigter das Reizmuster erscheint. Zwischen Verdrehungsgrad und Entscheidungszeit besteht stets eine monotone Beziehung; sie ist bei geometrischen Figuren linear, bei Buchstaben und Zahlen beginnt sie mit einem flachen Anstieg, der erst ab einem Verdrehungswinkel von ca. 60° steiler wird. Begründen läßt sich dies mit den die Zuordnungen bei geringer Verdrehung erleichternden Einflüssen der Vertrautheit und der Alltagsgewohnheit des Lesens schräg liegender bzw. mit geneigtem Kopf betrachteter Texte.
LIT. COOPER, SHEPARD (1973); SHEPARD, COOPER (1982).

Mentalismus *(mentalism).* Bezeichnung für psychologische Richtungen, die die mentalen Prozesse (z. B. Denken, Fühlen) oder die Persönlichkeit vom Erlebnis her mit den Mitteln der *Introspektion* beschreiben bzw. diesen Prozessen in ihren Systemaussagen besondere Aufmerksamkeit schenken (im Englischen meist in kritisch-abfälligem Sinn gebraucht).

Merkelsches Gesetz *(Merkel's law). Psychophysik:* Sind die Intensitätsintervalle zwischen Reizserien sehr groß, schreiten die Empfindungsunterschiede proportional mit den Reizen in arithmetischer Reihe und nicht entsprechend den von WEBER und FECHNER postulierten Gesetzmäßigkeiten fort.

Merkelsche Tastzellen *(Merkel corpuscles).* Druckrezeptoren in der Mundhöhle und auf der Zunge.

Merkfähigkeit →*Intelligenz.*

Merkmal *(attribute).* Ein wesentlicher Aspekt oder ein wesentliches Kennzeichen für ein Phänomen, ohne dessen Vorhandensein das Phänomen selbst nicht erfaßt werden kann. So müssen z. B. alle *Empfindungen* Qualität, Intensität und *Dauer* aufweisen.

Mesencephalon, Mittelhirn. Gehirnteil, der sich aus der mittleren embryonalen Keimblase entwickelt und die crura cerebri und die quadrigemina (Vierhügelregion) umfaßt.

mesomorph. Anthropometrische Bezeichnung für einen Körperbau, der sich durch kräftigen Knochenwuchs, stark entwickelte Muskulatur und starkes Bindegewebe auszeichnet (Syn. athletisch).

Messen *(measurement).*
[1] Allg. Bezeichnung für den Vergleich eines Dinges oder einer Erscheinung mit einem Maßstab oder Standard und der Möglichkeit, das Ergebnis quantitativ darzustellen.
[2] In etwas strengerem Sinne ist M. eine durch Regeln festgelegte Bezeichnung bestimmter Aspekte oder Eigenschaften von Gegenständen oder Erscheinungen mit Symbolen, meist Zahlen.
[3] In noch strengerer (axiomatischer) Bedeutung ist Messen das Zuordnen von Zahlen zu Objektmerkmalen dergestalt, daß bestimmte Relationen zwischen den Zahlen entsprechende Relationen zwischen den gemessenen Objekten (möglichst einwandfrei) abbilden. Beim Messen gilt es daher, genau anzugeben bzw. zu ermitteln, welche Eigenschaften der Symbole, der Zahlen, im vorliegenden Fall einen empirischen Sinn haben und welche Transformationen mit den Zahlen vorgenommen werden können, ohne daß die empirisch sinnvollen Relationen deformiert werden.
LIT. CAMPBELL (1928); ORTH (1974); PFANZAGL (1971).

Metaanalyse *(meta-analysis).* Statistische Reanalyse von Untersuchungen zu einem bestimmten Gegenstand, um die Aussagekraft zu überprüfen bzw. zu bündeln.
LIT. ROGERS (1985).

Metabolismus *(metabolism)* oder **Stoffwechsel.** Allgemeine und umfassende Bezeichnung für alle chemischen Veränderungen des lebenden Organismus. *Anabolismus (anabolism)* bezeichnet die aufbauenden Prozesse, *Katabolismus (catabolism)* die abbauenden Prozesse, bezogen auf die Protoplasmaproduktion bzw. den -verbrauch. Bei der Messung des *Grundumsatzes (basic metabolic rate)* wird der Katabolismus des wachen, jedoch im Ruhestand befindlichen Organismus bestimmt.

Metakontrast *(metacontrast; backward masking).* Bezeichnung für die Rückwirkung eines unmittelbar nach Darbietung eines Reizes empfangenen Eindruckes auf das Erscheinungsbild des ersten Reizes. Der Einfluß ist dann besonders stark, wenn die Konturen des zweiten Reizes an den ersten angrenzen. Die M.-Technik gibt besonders Aufschlüsse über die Funktion der kurzzeitigen Speicherung von Wahrnehmungsbildern.
→*figurale Nachwirkung,* →*Maskierung.*

Metamorphose *(metamorphosis).* Bezeichnung für den Entwicklungsgang mancher Lebewesen charakterisierenden abrupten und nahezu vollständigen Wandlungen des äußeren Erscheinungsbildes, z.B. die Umwandlung vom Lurch zum Frosch oder von der Larve zur Fliege. Im übertragenen Sinn allgemeine Bezeichnung für jedwede Veränderung des äußeren Erscheinungsbildes während der Entwicklung.

Metasprache *(meta language).* Sprachsystem höherer oder zweiter Ordnung, z.B. eine Fachsprache, die über das Medium der Normalsprache gegebene Aussagen zu neuen, eventuell allgemeineren und formalisierten machen läßt. Oftmals auch Syn. für eine in mathematischen Symbolen gegebene Fachsprache nach dem Vorbild der Physik (vgl. z.B. HULLS Systemaussagen »drive«, »habit« u.ä.).

Methode der behaltenen Glieder *(retained members method).* Bezeichnung für eine Methode der Gedächtnisprüfung *(→Gedächtnis).* Es wird geprüft, wieviele der Elemente eines Lernstoffes, der einmal dargeboten wurde, richtig reproduziert werden können.

Methode der gleicherscheinenden Intervalle →*Psychophysik.*

Methode der kleinsten Quadrate *(least squares method).* Bezeichnung für eine mathematisch-statistische Methode zur Ermittlung der ausgeglichenen Kurve, die einem empirischen Kurvenverlauf am besten entspricht bzw. die Ermittlung der Kurvengleichung durch Einführung von Gleichungen, die sich auf empirische Daten stützen. Die Methode hat ihren Namen daher, daß die gesuchte Funktion in den einzelnen Meßpunkten von der empirischen minimalste (quadratische) Abweichungen aufweisen soll.

Methode der Hilfen →*Gedächtnis.*
Methode der konstanten Reize →*Phi-Gamma-Funktion,* →*Psychophysik.*
Methode der konstanten Reizintervalle →*Psychophysik.*

Methode der »verschwindenden« Unterschiede

Methode der »verschwindenden« Unterschiede *(disappearing differences method).* Bezeichnung für einen Sonderfall der *Grenzmethode* zur Ermittlung von *Unterschiedsschwellen.* Zwei Reize werden zunächst so dargeboten, daß ihr Unterschied merklich ist. Sodann wird einer der beiden Reize hinsichtlich seiner Intensität so lange abgeschwächt, bis kein Unterschied mehr wahrgenommen wird.

Methode des mittleren Fehlers →*Psychophysik.*

Methoden (der Psychologie). Allgemeine und umfassende Bezeichnung für alle mehr oder weniger systematischen Zugänge im Dienste einer mehr oder weniger weitreichenden Fragestellung (z. B. Hypothese). Zu den wichtigsten methodischen Ansätzen gehören in der Psychologie alle Formen der *Beobachtung* von außen, das *Experiment* (einschließlich der mathematisch-statistischen Bearbeitung der Daten), *Tests* und ungeeichte diagnostische Verfahren (einschließlich der Anamnese und Exploration) und die Untersuchung des *Lebenslaufes.*

Methodenpluralismus →*Pluralismus.*

mho →*elektrodermale Aktivität.*

Migräne *(migraine).* In Attacken verschiedener Intensität, Häufigkeit und Dauer meist einseitig auftretende pulsierende bzw. dumpfe Kopfschmerzen, die zusammen mit typischen vaskulären und hormonellen Veränderungen mit oder ohne Aura auftreten und von Übelkeit, Brechreiz und Erbrechen, von Wahrnehmungs- (z. B. Augenflimmern) und Augenbewegungsstörungen, Licht- und Lärmüberempfindlichkeit, Stimmungsschwankungen, Müdigkeit und Gewichtszunahme begleitet sein können. Etwa 2–6% der Bevölkerung leiden unter M., die familiär gehäuft erstmals im Übergang vom Kindes- zum Jugendalter (bei Mädchen meist zu Beginn der Menses) bei Frauen wesentlich häufiger als bei Männern auftritt. Der Beginn von M. im höheren Erwachsenenalter kann andersartige neurologische Störungen anzeigen. Die Ursachen der verschiedenen M.-Formen mit oder ohne vorausgehende Aura und unterschiedlichen Begleitsymptomen sind weitgehend ungeklärt. M.-Anfälle sind von typischen vaskulären (vor allem schmerzhaften Vasodilatationen) und biochemischen Abläufen (z. B. Senkung des Plasmaserotoninspiegels) begleitet. Diese können medikamentös behandelt werden, z. B. mit *Beta-Blockern (Metroprolol; Propranolol)* oder mit *Flunarizin.* Die breite Palette psychologischer Interventionen umfaßt z. B. *Biofeedback* (Entspannungs- und Vasokonstriktionstraining) und allgemeine Verfahren des Bewältigungstrainings.
LIT. GERBER (1986).

Mikrogenese →*Aktualgenese.*

Mikron *(micron).* Längenmaß. Abk. μ (gr. my). 1 μ = 10^{-6} m. Syn. *Mikrometer,* Abk. μm. Lichtwellenlängen werden in Milli-Mikron gemessen. Abk. mμ. 1 mμ = 1 nm *(Nanometer)* = 10^{-10} m.

Mikrotraum →*Schlaf.*

Millilambert. Abk. mla. Einheit der Leuchtdichtemessung *(→Helligkeit)* des Lichts. 1 Lambert (la) = 1/π · sb; sb (Stilb) = 1 candela pro cm^2 *(→Kerzenstärke),* ein mla = 10^{-3} la. Das menschliche Auge ist für Leuchtdichten zwischen 10^{-6} (absolute Schwelle in Dunkelheit) und max. 10^{-7} mla eingerichtet.

mimetic response →*Mimikry.*

Mimik *(miming).* Der Gesichtsausdruck *(→Ausdruck).*

Mimikry *(mimicry,* auch *mimetic response).* Bezeichnung für instinktives Imitationsverhalten bzw. artspezifische Anpassungsreaktion von Tieren an ihre Umgebung durch Veränderungen des äußeren Erscheinungsbildes (z. B. Verfärben).

Minderwertigkeitskomplex *(inferiority complex).* Nach ADLER die psychischen Folgen der Überzeugtheit von der eigenen psychischen und/oder physischen Unzulänglichkeit *(Organminderwertigkeit),* einem tiefgreifenden Konflikt zwischen Anspruch auf Anerkennung und Furcht vor Mißerfolg *(→Individualpsychologie).* In kritischen Entwicklungsphasen treten vergleichbare Unsicherheiten regelmäßig als *Minderwertigkeitsgefühl (inferiority feeling)* auf, ohne notwendigerweise einen M. zu begründen.

Minimax-Prinzip *(minimax principle).* Prinzip der Optimierung bei *statistischen Entscheidungen* und in der *Spieltheorie.* Bei statistischen Entscheidungen werden solche Entscheidungsregeln ausgewählt, deren Risiko in der ungünstigsten Situation am kleinsten ist. Damit ist das maximale Risiko am kleinsten gehalten (minimiert). Ist die ungünstigste Situation nicht relevant oder abwegig, so könnte das M.-Prinzip zu sehr ungünstigen Regelauswahlen führen; in diesem Fall kann durch zusätzliche Information unter Zuhilfenahme der *Bayesschen Statistik* eine Modifikation der Auswahl des ungünstigsten, jedoch noch plausiblen Falles herbeigeführt werden. In der Spieltheorie erfolgt mit Hilfe des M.-P. die Auswahl der besten Spielstrategie, d. h. einer solchen, deren Risiko bei der für den betreffenden Spieler ungünstigsten Strategie des Gegenspielers minimal ist. Dabei gilt das sog. *Minimax-Theorem (minimax theorem)* als Hauptsatz der *Spieltheorie:* Der größte durchschnittliche Mindestgewinn eines Spielers A, der sich für eine seiner Strategien bei der ungünstigsten Reaktion des Gegners B ergibt, ist gleich dem kleinsten durchschnittlichen Maximalverlust des anderen Spielers B, der für eine seiner Strategien aus der ungünstigsten Reaktion des Spielers A erwächst.

Minimax-Strategie *(minimax risk strategy).* Die Anwendung des *Minimax-Prinzips* bei Spielen oder statistischen Entscheidungen. Die Orientierung erfolgt an der ungünstigsten Entscheidung des Gegners bzw. der ungünstigsten Situation. Ihre Anwendung bringt den kleinsten durchschnittlichen Höchstverlust. →*Spieltheorie.*

Minoritätsgruppe *(minority group).* Bezeichnung für eine klar umrissene Gruppe im Gefüge einer Nation, eines Staates oder einer kulturellen Region, die sich hinsichtlich äußerer Kennzeichen (Hautfarbe) oder Denkgewohnheiten (Religion) von der übrigen Gesellschaft, die die Mehrheit bildet, unterscheidet, wobei diese Unterschiede von der Majorität zum Anlaß unfreundlicher bzw. aggressiver Verhaltensweisen genommen werden. In dieser Definition stellt jede Minorität eine solche M. dar (z. B. ist etwa die Bezugsgruppe der Manager, weil sie Minorität ist, nicht gleichzeitig Gegenstand unfreundlicher Maßnahmen seitens der übrigen Gesellschaft).

Miosis →*Pupille.*

mitbewußt →*Einstellung,* →*unbewußt.*

Mitgegebenheit →*Implikation.*

Mitose →*Zellteilung.*

Mittel, geometrisches. Die n-te Wurzel aus dem Produkt von n Ausdrücken. Bei n = a, b und c ist

$$M_g = \sqrt[3]{a \cdot b \cdot c}$$

Mittel, harmonisches. Der Reziprokwert des arithmetischen Mittels aus allen Reziprokwerten einer Reihe von Maßzahlen.

$$M_h = \left(\frac{1}{N} \right) \sum_{i=1}^{N} \frac{1}{X_i}$$

N bezeichnet die Anzahl der Fälle (Maßzahlen), X_i die Maßzahlen.

Mittelhirn →*Mesencephalon.*

Mittelwert *(mean)* oder **Durchschnitt.** Arithmetisches Mittel (Abk. M).

mittlere Abweichung →*Abweichung,* →*Standardfehler.*

mittlere Quartilabweichung →*Abweichung.*

mittlerer Fehler *(average error).* Die durchschnittliche Differenz zwischen dem wahren Wert eines Reizes und den Schätzwerten bzw. Beurteilungen. Manchmal auch die durchschnittliche Differenz zwischen gezeigten Leistungen (Leistungsmaßen) und der optimalen Leistung. Als Durchschnitt fungiert der Mittelwert.

mittlerer Quartilabstand →*Abweichung,* →*Quartil.*

MKS-System →*SI-System.*

Mneme *(mneme; memory trace).*
[1] Aus dem Gr. Fähigkeit lebender Organismen, →*Engramme* zu bilden, d. h. Erfahrungen zu speichern.
[2] Mnemonik oder Mnemotechnik *(mnemonics)* nennt man bereits von gr. und lat. Rhetorikern und Philosophen beschriebene Techniken, Gedächtnisleistungen durch assoziative Hilfsvorstellungen zu verbessern. →Erinnern; →Gedächtnis.

mnemisch *(mnemic).* Auf *Gedächtnis* oder *Mneme* bezogen.

Mnemotechnik *(mnemotechnics).* Bezeichnung für Maßnahmen, die ein besseres, d. h. dauerhafteres Einprägen von Gedächtnisinhalten ermöglichen bzw. das Erinnern erleichtern.

Mobbing dt. sinngemäß: »Anpöbeln«, »Hassen«.
[1] Ethologie: Verhaltensweisen einiger Vogel- und Säugetierarten gegenüber ruhenden Raubfeinden. Die Tiere scharen sich unter auffälligen arteigenen Bewegungen und Rufen um den Eindringling, um ihn zu verwirren oder zu vertreiben und gleichzeitig Artgenossen zu warnen.

Modalität

[2] Von einer oder mehreren Personen ausgehendes, wiederholtes feindseliges, drangsalierendes, schikanöses Verhalten gegenüber Arbeitskollegen, Untergebenen oder Vorgesetzten am Arbeitsplatz. M. gilt als psychosozialer Stressor und wird mit beeinträchtigenden Folgen auf Befinden, Arbeitsmotivation, Arbeitsfähigkeit und Gesundheit der Zielperson in Verbindung gebracht. Bis heute fehlen allerdings über subjektive Berichte hinausreichende Grundlagen für eine Klassifikation einzelner M.-Handlungen und ihre Gewichtung in bezug auf ein objektiv erfaßtes Schädigungsausmaß.
LIT. IMMELMANN (1982); LEYMANN (1993); NEUBERGER (1994).

Modalität, Sinnesmodalität *(modality, sense modality)*. Bezeichnung für qualitative Aspekte oder Eigenschaften der Sinneserfahrung in einem bestimmten Sinnesgebiet (→*Sinne*).

Modell *(model)*. Aus dem Lat. *modulus* (Form, Muster, Plan) hergeleitete Bezeichnung für vereinfachte, verkleinerte oder formalisierte, graphische, räumliche oder symbolische Darstellung eines Sachverhalts oder Vorgangs. Im wissenschaftlichen Sprachgebrauch unterscheidet man nach KANT zwei M.-Arten. (a) *A posteriori-Modell* sind graphische, räumliche oder mathematisch-symbolische Beschreibungen von empirisch erfaßten bzw. erfaßbaren Beziehungen zwischen (variablen) Zuständen und/oder Prozessen in einem umschriebenen Funktions- oder Phänomenbereich, z.B. Darstellungen des Verlaufs der menschlichen Informationsverarbeitung und der daran beteiligten Mechanismen in einem linearen oder verzweigten Flußdiagramm, oder physikalischer Vorgänge in mathematisch-logischen Gleichungen und Formeln. Ein M., das sich auf Relationen zwischen einer breiten Klasse von Naturerscheinungen unter Einbeziehung hypothetischer Wirkgrößen oder -mechanismen bezieht, gilt als *theoretisches Modell;* es markiert den Übergang zur →*Theorie*. (b) *A priori-Modelle* beinhalten Vorgaben, die als Verfahrens- oder Meßvorschriften den Umgang mit Beobachtungsdaten leiten, z.B. die Annahmen der euklidischen Geometrie.

Modell der additiven Faktoren →*Reaktionszeit*.

Moderatorvariable *(moderator variable, moderating variable)*. Variable Merkmale, deren

Einbeziehung zur Verbesserung der aufgeklärten Varianz von Reaktions- oder Leistungsdaten bzw. des korrelativen Zusammenhangs zwischen ihnen und einem Kriterium führt, z.B. die nachträgliche Berücksichtigung individueller Ausprägungsgrade von Persönlichkeitseigenschaften.

Modul, Modulus. Mathematische Bezeichnung für eine konstante Größe, mit der jeder Einzelwert zum Zwecke einer Transformation multipliziert werden muß.

Modulator *(modulator)*. Bezeichnung für einen Rezeptor oder einen Teil des Rezeptionsapparates, der Unterschiede pshysikalischer Reize in Wahrnehmungsinformation umwandelt; es wird z.B. ein solcher M. zur Erfassung von Farbtönen oder verschiedenen Helligkeiten angenommen.

Modulatorentheorie →*Farbensehen*.

Modus *(mode)*.
[1] Allgemeine Bezeichnung für »Erscheinungsweise«.
[2] Stat. Bezeichnung für die dem oder den Gipfeln der Verteilung entspr. Maßzahlen. Verteilungen mit einem Gipfel werden unimodal oder eingipflig genannt, solche mit zweien bimodal und mit mehreren multimodal. Je nach Berechnungsweise unterscheidet man den (a) *rohen Modus (crude mode)* als Bezeichnung der Klassenmitte derjenigen Maßzahlklasse mit größter Fallzahl (größer Frequenz) vom (b) *exakten Modus (refined mode, computed mode),* der sich auf die Population beziehen läßt und durch Näherungsformeln gefunden werden kann *(estimated mode)*.

molar. Bezeichnung für eine Betrachtung in größeren Einheiten.
→*Behaviorismus*.

molekular *(molecular)*. Bezeichnung für eine Betrachtung in kleinsten (analytischen) Einheiten.
→*Behaviorismus*.

Molekulargenetik *(molecular genetics)*. Bezeichnung für einen modernen Zweig der biologisch-chemischen Vererbungslehre, in deren Rahmen der Aufbau, die Vermittlung und die Veränderung der Erbinformation untersucht werden. Die Erbinformation bzw. genetische Information, so konnte nachgewiesen werden, beruht auf Nukleinsäuren, vor allem auf *Desoxyribonukleinsäure* (DNS) und *Ribonukleinsäure* (RNA), die über chemische

300

Syntheseprozesse auf das Eiweiß bzw. die Reihenfolge der es bestimmenden *Aminosäuren* einwirken, wie sie im Zellplasma zu finden sind. Die Regulation dieses Vorganges wird als eine Art Rückmeldesystem beschrieben. *Gene* sind in diesem Zusammenhang nichts anderes als Teilabschnitte der aus DNS und RNA zusammengesetzten, fadenförmigen Nukleinsäure-Moleküle.

Moment.
[1] Kurzer Zeitraum (der M.).
[2] Bezeichnung für die pro Zeiteinheit auffaßbaren Sinneseindrücke bzw. die kleinste noch wahrnehmbare Zeiteinheit. Der Mensch vermag $1/16$ sec auf Ereignisse, die mit einer Geschwindigkeit von $1/16$ sec aufeinander folgen, noch zu reagieren, also Information zu beziehen. Werden diese Grenzen unterschritten, so kommt es zu verschmolzenen Eindrücken (z. B. Bewegungswahrnehmung beim Film).
[3] Mathematische Bezeichnung für die durchschnittliche Abweichung der Meßwerte von einem Bezugswert (z. B. Mittelwert), wobei die Abweichungen quadriert, kubiert oder zur n-ten Potenz erhoben werden können. Demgemäß unterscheidet man das erste Moment vom zweiten, dritten usw. bis zum n-ten. Ist M der Bezugswert, sind X_i die einzelnen Werte und bezeichnet N die Anzahl der Fälle, so läßt sich das m-te Moment aus der folgenden Beziehung errechnen:

$$\frac{1}{N} \sum_{i=1}^{N} (X_i - M)^m$$

Produkt-Momente (product moments) liegen dann vor, wenn die Abweichungen zweier Variablen von ihren Bezugs- bzw. Mittelwerten miteinander multipliziert werden (z. B. bei der sog. Produkt-Moment-Korrelation nach PEARSON) und dann die Summe gemittelt wird.

momentan wirksames effektives Reaktionspotential →*Reaktionspotential.*

monaurales Hören *(monaural hearing).* Hören mit einem Ohr.

Mondtäuschung *(moon illusion).* Der Mond erscheint in Horizontnähe nahezu eineinhalb mal so groß wie im Zenit, obwohl er an jedem Punkt seiner Bahn dieselbe Erdentfernung besitzt und daher stets gleichgroße Abbilder auf den Netzhäuten hinterlassen muß. Allgemein gilt, daß alle in Horizontnähe bzw. im unteren Teil des Sehfeldes erscheinenden Gegenstände

als *näher und/oder größer* eingestuft werden als weiter oben liegende. Diese Gesetzmäßigkeit benutzten bereits die Vertreter der vorperspektivischen Malerei, um Tiefenwirkungen zu erzielen. Nach der *Theorie der scheinbaren Distanz (theory of apparent distance)* verrechnet das Gehirn die Informationen mit dem Ergebnis, die Entfernung zum horizontnahen Mond sei größer als diejenige im Zenitbereich. Die Mondgröße wird unter dem Eindruck größerer Entfernung in der Vorstellung sozusagen »aufgeblasen«, denn nur so scheint das auf den Netzhäuten hinterlassene Abbild gleich zu bleiben. Der Eindruck größerer Entfernung in Horizontnähe entsteht, weil der auf den Horizont gerichtete Blick die Silhouetten von Bäumen, Häusern und anderen Tiefenhinweisen streift, während im Zenit nichts dergleichen zu sehen ist. Für den astronomischen Laien ist die Mondbahn daher nicht kreisförmig, sondern elliptisch, d. h. im Zenitbereich abgeflacht. Die *Theorie von der scheinbaren Größe (theory of apparent size)* geht von den gleichen Voraussetzungen aus, bezieht aber die Größe des Abbildungswinkels mit ein. Dieser ist zwar objektiv immer gleich, scheint sich aber subjektiv in Abhängigkeit von der Mondstellung zu verändern: in Zenitnähe ist er kleiner, in Horizontnähe größer. Betrachtet man den Mond am Horizont, so wird eine im Vergleich zum Zenit scheinbar weiter entfernte Ebene fixiert. Der Mond scheint daher einen größeren Sehwinkel auszufüllen als in Zenitstellung, was zu der Annahme führt, er befände sich näher beim Betrachter. Die Täuschung folgt in dieser Auslegung im übertragenen Sinn dem *Emmertschen Gesetz* über die Auswirkung der Entfernung einer Projektionsfläche auf die Nachbildgrößen. Die *Theorie der scheinbaren Distanz* besitzt nach Lage der Forschungsergebnisse größere Plausibilität; eine Entscheidung zwischen den beiden Theorien ist dennoch zur Zeit nicht möglich.
LIT. L. KAUFMAN, J. KAUFMAN (2000).

Mongolismus *(mongolism, Down's syndrome).* Angeborene Form der Behinderung mittleren bis schweren Grades, die auf ein überzähliges *Chromosom (Chromosomenanomalie)* zurückgeht. Die Grade der Behinderung sind individuell verschieden ausgeprägt, so daß eine Verbesserung der geistigen Leistungsfähigkeit und Beherrschung bestimmter körperlicher Symptome (Heraushängen der

Monismus

übergroßen und gewölbten Zunge) durch gezielte Erziehungsmaßnahmen in manchen Fällen gelingt. Der Name M. geht auf das charakteristische körperliche Erscheinungsbild (breites Gesicht, enge Lidspalte, schlaffe Haut, kurze Finger) zurück.

Monismus *(monism)*.

[1] Philosophische Grundposition, die von einem einzigen beherrschenden Grundprinzip, einer einzigen Substanz oder alles bestimmenden Entität ausgeht. Von einem (a) materiellen M. spricht man, wenn alles Sein von Materie bestimmt ist, von (b) subjektiv-idealistischem M., wenn das Geistige bestimmend ist und von (c) phänomenalistischem M., wenn angenommen wird, nur Ideen bzw. Sinneseindrücke seien wirklich und bestimmend. Gegensatz: Pluralismus.
→*Leib-Seele-Problem;* →*Dualismus;* →*Parallelismus.*
[2] Als *Kultur-M.* in *Soziologie* und *Ethnologie* die Annahme, die Assimilation ethnischer und/oder religiöser Minderheiten in bezug auf vorherrschende kulturelle und soziale Normen sei der einzige Weg, multikulturell bedingte Spannungen zu verhindern. Gegensatz: kultureller →*Pluralismus.*

Monoaminoxidase, MAO *(monoamine oxidase, MAO);* ältere Schreibweise: Monoaminoxydase. M. bauen durch oxidative Prozesse Aminosäuren im Körpergewebe ab. Sog. MAOH, *M-Hemmer (monoamine oxidase inhibitors; MAOI)* wirken dem Prozeß der Desaminierung partiell entgegen und besitzen eine antriebssteigernde bzw. stimmungsanhebende Wirkung. Aus der Gruppe der MAOH wird z. B. Tranylcypromin (-e) als *Antidepressivum* verwendet. Andere MAOH werden gegen *Appetitlosigkeit* oder *Angst* vor heftigen *Schmerzanfällen* verabreicht, Pargylin (-e) wird bei *Hochdruck* (Hypertonie) verwendet.

monochromatisch *(monochromatic).* Strahlung mit einer einzigen Wellenlänge bzw. einem homogenen, engen Ausschnitt aus dem Wellenspektrum. Die den Spektralfarben entsprechenden Wellenlängen werden z. B. als m. bezeichnet.

Monochromatismus *(monochromatism, monochromatic vision).* Störung des Farbensehens (→*Farbenfehlsichtigkeit).* Es werden nur Helligkeitsunterschiede als Grautöne wahrgenommen. Syn. *Achromatopsie.*

Monochromatopsie →*Farbenfehlsichtigkeit.* Syn. *Achromatopsie.*

Monoideismus *(monoideism).* Das Vorherrschen einer Idee unter Ausschaltung des normalen (relativierenden) Denkablaufs und das Festhalten an dieser (fixen) Idee bzw. *Perseverieren (*→*Perseveration).* Syn. *Monomanie (monomania),* relativ selten gebrauchte Bezeichnung für den abnormen Zustand des Vorherrschens einer Idee bzw. einer Besessenheit.

monokulares Sehen *(monocular vision).* Einäugiges Sehen.

Monomanie →*Monoideismus.*

monopolare Störung →*Affektive Störung,* →*Depression.*

Monosomie →*Chromosomenanomalie.*

Monotonie *(monotony).*

[1] Eintönigkeit des Erlebens bzw. Verhaltens, z. B. Sprechen ohne Veränderung des Tonfalls oder der Geschwindigkeit.

[2] Bezeichnung für den Umstand, einer Situation ausgesetzt zu sein, die sehr wenige oder gar keine Veränderungen aufweist bzw. Bezeichnung für die Forderung nach einem fortdauernden Handeln oder Reagieren in ein und derselben Weise über längere Zeit hinweg. Es kommt dabei zu einem Abfall der psychischen Wachheit (→*Vigilanz)* bzw. zu ermüdungsähnlichen Erscheinungen und Sättigungsphänomenen (→*Sättigung).*

Monozyten →*Immunsystem.*

Moral *(moral).* Inbegriff des ethisch-sittlichen Verhaltens des Individuums oder einer Gruppe in bezug auf Selbstbeherrschung und -kontrolle u. ä. (→*Gewissen).*

Morphem *(morpheme). Lingustik:*

[1] Kleinste Bedeutungseinheit der (grammatikalischen) Sprachanalyse, die durch Zerlegung von Wörtern in sinntragende Einheiten, nicht durch Silbentrennung, entsteht. Das viersilbige Wort »Ungeheuer« besteht z. B. aus den beiden Morphemen »Un« und »geheuer«.

[2] In der englischsprachigen Linguistik wird M. auch zur allgemeinen Kennzeichnung von Wörtern *(*→*Wort)* als allgemeine Spracheinheiten verwendet, die mit Blick auf ihre Lautform in →*Phoneme* zerlegt werden können.
LIT. HÖRMANN (1967).

Morphin, Morphium *(morphine).* Ein Opium-Alkaloid, das narkotische und schmerzstillende Wirkung hat, da es die vegetativen

302

Motivation

Funktionen dämpft. *Morphinismus* ist die Sucht nach M. durch Gewöhnung.

Morphologie *(morphology).* Biologische und philosophisch-psychologische Lehre von den Erscheinungsformen, Gestalten.

Mosaik-Test, Kohssche Würfel *(block design test).* Ein Intelligenztest (Untertest des Wechsler-Intelligenz-Tests), bei dem verschieden gefärbte Würfel nach einer Vorlage angeordnet werden sollen.

Motiv *(motive).* Allgemeine Bezeichnung für mehr oder minder bewußte und komplexe Beweggründe des menschlichen Verhaltens, die sich in gedanklichen Vorwegnahmen eines angestrebten Zielzustandes bzw. Veränderungserwartungen in bezug auf bestimmte Situationen äußern. M. sind eingebettet in kognitive und emotionale Prozesse und von relativ überdauernden Einstellungen bzw. Wertmaßstäben überlagert. Prozesse der Aktualisierung von M. und ihre Umsetzung in Handlungen werden als *Motivation* bezeichnet.

LIT. HECKHAUSEN (²1989).

Motivation *(motivation).*

[1] Aus dem Lat. motivus (Bewegung auslösend) hergeleitete allgemeine, umfassende Bezeichnung für Prozesse, die dem Verhalten *Intensität,* bestimmte *Richtung* und *Ablaufform* verleihen, d. h. als abgehobene Phasen des individuellen Aktivitätsverlaufs hervortreten (THOMAE). Im weitesten Sinne dient das M.-Konstrukt der Erklärung, warum und wie Verhalten in spezifischen Situationen an bestimmten Zielen orientiert und in Richtung auf die Zielerreichung gesteuert wird. M. wird im Zusammenhang mit *biologisch-homöostatischen Bedürfnissen (Trieben, Antrieben, z. B.* Hunger), mit erfahrungsgeprägten *Gewohnheiten* und *Erwartungen,* mit *Einstellungen* und bewußten Vorsätzen *(determinierende Tendenzen; Gerichtetheiten, Strebungen, Wünschen),* mit *Interessen* und *Werthaltungen* sowohl im *Selbst-* als auch im *Sozialbezug* als Inbegriff der dynamischen Richtungs- und Organisationskomponente des zielorientierten Verhaltens diskutiert. M.-Prozesse stellen Beziehungen zwischen aktualisierten *Motiven,* Verhaltenstendenzen und aktuellem Verhalten dar; sie umfassen sowohl ohne Bewußtseinsbeteiligung ablaufende innere Zustandsregulationen (darunter auch die von FREUD angenommenen Vorgänge der unbewußten Verarbeitung von Triebansprüchen) und intuitive Bewertungen, als auch bewußte Auseinandersetzungs- und *Bewältigungsweisen.* M. wird von *Instinktverhalten* durch ihre relative Unabhängigkeit von auslösenden Signalen, durch ihren Erfahrungs- bzw. Erwartungsbezug und ihre durch Kognitionen modifizierbare Auftretenswahrscheinlichkeit unterschieden. Während *Emotionen* auf intensive äußere oder innere Reize zurückgehen und an Verhaltensunterbrechungen bzw. -desorganisationen erkennbar sind, dynamisiert und leitet die M. gezieltes und organisiertes Verhalten aus inneren Beweggründen heraus. Motiviertes Verhalten läßt sich ein *dreiphasiger Zyklus* darstellen: (a) Ein *Bedürfnis* meldet sich (z. B. Hunger) bzw. eine als unbefriedigend eingeschätzte Lage drängt nach Bewältigung (z. B. die Befürchtung, eine Aufgabe nicht lösen zu können), (b) Verhaltensschritte zur Bedürfnisbefriedigung werden eingeleitet (z. B. Aufsuchen von Plätzen, wo Nahrung erwartet wird) bzw. man sucht nach Mitteln und Wegen, die – begründet auf Erfahrung oder Einsicht in die Situation – geeignet sind, die Lage zu verbessern; man nennt dies *instrumentelle Phase.* (c) Das Ziel ist erreicht (z. B. Nahrungsaufnahme) bzw. die Situation ist durch Handeln oder Umdenken in befriedigender Weise gemeistert, so daß das *Bedürfnis* (nach Nahrung bzw. einer mit den persönlichen Erwartungen und Zielen übereinstimmenden Situation) *befriedigt* ist. Gelingt dies nicht bzw. setzt das Bedürfnis wieder ein, so wird der Zyklus abermals durchlaufen. Auftretende Bedürfnisse, deren Befriedigung eingeleitet, aber nicht abgeschlossen ist, hinterlassen den für unvollendete Handlungen typischen Spannungszustand, von LEWIN *Quasibedürfnis* genannt, erkennbar an der Wiederaufnahme der unterbrochenen Tätigkeit bei erstmöglicher Gelegenheit.

[2] *Motivationsforschung:* Ihre Methoden sind Beobachtungen und Experimente in Situationen mit Zielbezug unter Berücksichtigung der Beziehungen zwischen Befindlichkeits- oder Erlebnisaussagen, Testergebnissen (insbes. Projektiven Verfahren), physiologischen Kennwerten und Leistungsdaten. Die Aussagen der M.-Forschung sind von verschiedenen theoretischen Grundpositionen mitbestimmt. In den meisten Ansätzen wird zwischen M.-Arten und -Formen unterschieden, die auf angeborene *primäre Bedürfnisse* (z. B. Hunger,

303

motivationsspezifische Reaktionen

Durst, Sexualität, Schmerzvermeidung, Sicherheit) oder erworbene *sekundäre Bedürfnisse* zurückgeführt werden können (z. B. Sozialkontakt, Anerkennung, Leistung). Primäre M. werden am Modellfall der biologisch-homöostatischen Regulation von Hunger bzw. Nahrungssuche oder Schmerzabwehr bzw. Vermeidungsverhalten bei Tieren untersucht. Für *lerntheoretisch* orientierte M.-Forscher ist die Herausbildung *instrumenteller* Verhaltensweisen (z. B. Futtersuche im Labyrinth; Weglaufen aus einer Umgebung, in der vorher Schmerz erfahren wurde) Ausdruck des *Verstärkungseffekts* (Futter erhalten; dem erwarteten Schmerz entkommen) als Grundlage der Herausbildung generalisierter, sekundärer M. in Form von Erwartungen (z. B. Hoffnung bzw. Furcht). Die Dynamik des Verhaltens wird aus der allgemeinen Tendenz aller höheren Lebewesen erklärt, sich in Bewegung zu setzen, wenn Lustgewinn oder Spannungsreduzierung erwartet werden kann. LEWIN sieht in seiner *Feldtheorie* die Entstehung und Wirkung von Spannungszuständen in einem anderen Licht. Eine bedürfnisartige Spannung entsteht dann, wenn in der gegebenen Situation ein Ziel erkannt wird, das aus subjektiven Gründen auffordernd wirkt (*Aufforderungscharakter* besitzt), so daß im positiven Fall seine Nähe, im negativen Fall größere Entfernung durch motorische oder intellektuelle Bewegung (Umdenken, Umdeuten) wünschenswert erscheint. *Aktivations*-Theoretiker können zwar die Intensität von Annäherung bzw. Vermeidung erklären (z. B. DUFFY). Aber die richtungsweisenden Zielbezüge des Menschen sind von kognitiven Prozessen der Situations-*Bewertung* überlagert. Dies zeigt sich selbst im Zusammenhang mit primären Bedürfnissen, z. B. wird der Mensch nicht nur durch die Stärke seines Hungers zum Essen veranlaßt, sondern auch durch die Attraktivität und leichte Zugänglichkeit der Nahrung. In bezug auf die *Entwicklung* einzelner M.-Arten beim Menschen geht MASLOW von einer (angeborenen) *Wachstumstendenz* des *M.-Spektrums* aus, das sich von den biologischen Grundbedürfnissen zu Bedürfnissen höherer Ordnung ausfaltet (z. B. soziale Kontakte, Erkenntnisgewinn, schöpferische Leistungen und Selbstverwirklichung). Ihr Auftreten hängt von Reifung und Lebensalter, aber auch von dem Ausmaß ab, in dem primäre Bedürfnisse im

Verlauf der persönlichen Entwicklung befriedigt werden konnten. In den Modellen der *kognitiven Entwicklung* sind die verschiedenen M.-Arten und -Formen Ausdruck der fortschreitenden *Differenzierung* und *Integration* in bezug auf die Bewältigungsmöglichkeiten gegenüber Situationen, die zur Bereinigung von Unsicherheiten auffordern. Diese Möglichkeiten entwickeln sich – wie das Denken – von konkreten zu symbolischen Operationen (PIAGET; KAGAN). Die *kognitionspsychologischen* Modellvorstellungen der M. des Erwachsenen – die von MCCLELLAND ausgehen und von B. WEINER wesentlich fortgeführt sind – befassen sich vor allem mit sekundären Bedürfnissen und den Wegen ihrer Aktualisierung im Lichte individueller *Bewertungen* (Ziel-, Erfolgs- und Risikoerwartungen) und *Bewältigungsstrategien*. Die neueren Entwicklungen der M.-Forschung stellen einen umfassenden Versuch dar, Erkenntnisse der Emotions-, Denk-, Lern- und Persönlichkeitspsychologie in ein allgemeines Modell der Handlungsorientierung und -steuerung zu überführen.

LIT. ATKINSON (1966); COFER (1975); COFER, APPLEY (1964); GRAUMANN (1968); HECKHAUSEN (^{2}1989); MCCLELLAND u. a. (1953); THOMAE (1965; 1968; 1983); WEINER (1972).

motivationsspezifische Reaktionen →*Psychophysiologie.*

Motoneuronen →*Hemmung, Renshawsche.*

Motorik *(motor behavior).* Gesamtheit aller Bewegungsabläufe und ihrer individuellen Eigenarten. Die *Bewegungskontrolle* erfolgt über den primären *Motorkortex* (primary motor cortex; motor area), einen frontalen Hirnbereich, der in den aufsteigenden präzentralen Windungen zwischen *Zentralfurche* und *Rolandoscher Furche,* nahe der dorsal angrenzenden somatosensorischen Region, zentriert ist. Vorsätze zur Ausführung von *Willkürbewegungen (voluntary movements)* sind in der Regel von Wahrnehmungsprozessen einschl. der Einschätzung der Körperlage (Funktionen, die in dorsalen, parietalen bzw. occipitalen Hirnbereichen zentriert sind) geleitet. Der Abruf von gespeicherten Bewegungsprogrammen geht mit der Aktivierung frontaler Kortexbereiche einher, von wo die Impulse dem primären Motorkortex übermittelt werden. Bewegungsimpulse gelangen über die *kortikospi-*

nale Bahn (corticospinal pathway), Pyramidenbahn und Rückenmark (wo eine Kreuzung erfolgt) zu den Effektororganen (Muskelsysteme); vorher greifen Koordinations- und Kontrollmechanismen ein, die in den *motorischen Kernen (motor nuclei)* der *Basalganglien* und im Kleinhirn liegen. Degenerative Veränderungen im Bereich der Basalganglien *(Parkinsonsche Krankheit)* äußern sich in typischen Bewegungsstörungen (z. B. ataktisches Gehen). Sind Kleinhirnfunktionen gestört, beeinträchtigt dies vor allem die sensomotorische Koordination. Die *Sprechmotorik* unterliegt einer komplexen, bei Rechtshändern in der linken Hirnhemisphäre zentrierten Koordination und Steuerung.
→*Gehirn;* →*Nervensystem.*

motorische Aphasie →*Aphasie.*

motorische Empfindungen. Syn.: *Bewegungsempfindungen (motor sensations).* Registrierung von Spannungszuständen, die durch Bewegungen oder Änderungen der Körperhaltung entstehen. Grundlagen sind *somatosensorische* Rückmeldungen aus den Rezeptoren in Muskeln, Sehnen und Gewebe sowie Gleichgewichtsinformationen aus dem Innenohr.
→*Motorik;* →*Nervensystem.*

motorische Region *(motor area).* →Motorik.

MRI →*Tomographie.*

MSR →*Psychophysiologie.*

Müller-Lyersche Täuschung *(Müller-Lyer-illusion).* Eine der bekanntesten optischen Täuschungen, bei der zwei gleichlange Strekken durch nach außen bzw. innen gerichtete spitzwinklige Begrenzungen jeweils länger bzw. kürzer erscheinen.
→*Täuschung.*

multidimensionale Skalierung, MDS *(multidimensional scaling).* Zusammenfassende Bezeichnung für Skalierungstechniken, die z. B. aufgrund von Ähnlichkeitsurteilen bezüglich einer Reizstichprobe Anzahl und Art der beteiligten Dimensionen durch Anwendung räumlicher Modelle erschließen lassen. Dabei werden die Reizobjekte als Punkte in einem (metrischen) Raum so dargestellt, daß die Abstände zwischen den Punkten den subjektiven Ähnlichkeitsurteilen entsprechen. Die den Raum charakterisierenden Dimensionen können sodann als Grundlage der Ermittlung von Reizparametern herangezogen werden, die für die Ähnlichkeitsurteile maßgebend waren.

LIT. AHRENS (1974); KRUSKAL (1964); RESTLE (1961); SHEPARD u. a. (eds.; 1972); TORGERSON (1965); WENDER (1971).

multifaktorielle Methoden *(multifactorial methods, multifactorial analysis, multifactorial statistics).* Statistische Verfahren, die der systematischen Analyse des Einflusses und der Wechselwirkungen einer Vielzahl *unabhängiger Variablen* (Faktoren, Ausgangsbedingungen eines Experimentes) dienen. Hierzu dienen vor allem die verschiedenen Modelle der *Varianzanalyse.*

multiple choice. Bezeichnung für eine bei Tests und anderen Verfahren üblichen Technik, bei der zu einer Frage oder einem Reiz mehrere Antwortmöglichkeiten vorgegeben werden; die Versuchsperson soll die ihrer Meinung nach »richtige« herausfinden. Deutsch manchmal »Mehrfach-Wahl«. Der englische Begriff ist auch in der deutschen psychologischen Fachsprache eingebürgert.

multiple Faktoren →*Faktorentheorie.*

multiple Faktorenanalyse →*Faktorenanalyse.*

multiple Korrelation *(multiple correlation).* Statistische Bezeichnung für die Korrelation zwischen zwei Variablen unter Einschluß der Wirksamkeit einer dritten (zum Unterschied vom gegenteiligen Verfahren, der sog. *partiellen Korrelation*).

multikulturelle Gesellschaft →*Pluralismus.*

Multiple Persönlichkeitsstörung →*dissoziative Störung.*

multiple Regression →*Regression.*

multiple Sklerose *(multiple sclerosis, Charcot's disease, encephalomyelitis disseminate).* Ätiologisch weitgehend ungeklärte Entmarkungserscheinungen im ZNS mit sekundärer Verhärtungen (Glianarben) in Gehirn und Rückenmark. Symptome der m. S. sind Beeinträchtigungen der Motorik, z. B. unkoordinierte Bewegungen, Sprechstörungen und Nystagmen.

Multitrait-Multimethod-Validierung *(multitrait-multimethod validation).* Statistische Methode zur Feststellung der *Validität* von zwei oder mehreren Tests *(methods)* in bezug auf zwei oder mehrere *Eigenschaften (traits)* durch Analyse der *Korrelationsmatrix.* Von Tests als unabhängigen Messungen einer bestimmten Eigenschaft wird *Konvergenz (convergence)* erwartet; d. h. Testwerte, die als Messungen der gleichen Eigen-

multivariate Methoden

schaft gelten, müssen untereinander höher korrelieren als mit Testwerten anderer Eigenschaften.
LIT. CAMPBELL, FISKE (1959).

multivariate Methoden *(multivariate methods, multivariate analysis, multivariate statistics).* Statistische Verfahren, die der systematischen Verarbeitung einer Vielzahl *abhängiger Variablen* dienen. Hierzu zählen vor allem *Clusteranalyse, Diskriminanzanalyse, Faktorenanalyse* und verwandte Verfahren, wie z. B. die multivariate *Varianzanalyse.*
LIT. OVERALL, KLETT (1970).

Münchhausen-Syndrom, Traumatophilie *(traumatophilia).* Verhalten, bei dem falsche Angaben über akute, lebhafte und komplexe Körpersymptome (z. B. »Bauchweh«) meist unter Hinzufügung einer erfundenen dramatischen Krankengeschichte mit dem Zweck gemacht werden, die Einweisung in ein Krankenhaus zu erreichen.
→*Hypochondrie,* →*somatoforme Störung.*

Musikpsychologie →*Kunstpsychologie.*

Muskel *(muscle).* Bezeichnung für das zusammenziehbare Gewebe des Körpers, das Bewegungen ermöglicht. Man unterscheidet zwei Gruppen von M.: (a) quergestreifte *(striped muscles),* Skelett- oder Willkürmuskeln, die durch das cerebro-spinale System (motorische System) kontrolliert werden und (b) glatte *(smooth muscles)* oder unwillkürliche Muskeln, die durch das vegetative System gesteuert werden.

Muskeltonus →*Hypertonie.*

Muster →*Pattern.*

Mutation *(mutation).* Bezeichnung für zufallsbedingte Veränderungen des Erbgefüges innerhalb von Lebewesenarten, deren Vererbung davon abhängt, zu welchem Zeitpunkt der Mutationsvorgang in *Genen* bzw. *Chromosomen* einsetzt. Tritt er in der Keimbahn relativ früh auf, so werden viele Keimzellen Träger der Mutation und die Wahrscheinlichkeit einer Übertragung auf die Nachkommenschaft ist groß; tritt der Mutationsvorgang in der reifen Keimzelle, also relativ spät auf, so trifft die Veränderung oftmals nur einen Einzelfall der Nachkommenschaft. Erscheint eine Mutation in einer Zellfolge von Körperzellen, so bezeichnet man sie als *somatische Mutation.*

Mutationsdruck →*Evolution.*

Mutismus *(mutism).*

[1] Zustand der Unansprechbarkeit und Bewegungslosigkeit, insbes. der Mangel des Bedürfnisses bzw. Antriebes zum Sprechen. Gilt als Symptom der Schizophrenie und Neurosen aus dem Formenkreis der Hysterie.
Der *selektive M. (selective mutism)* ist eine Sonderform im Kindesalter auftretender Neurosen; mutist. Kinder sprechen nur mit bestimmten Personen (Eltern, Freunden) und verweigern das Sprechen in Kindergarten oder Schule.
[2] *Akinetischer Mutismus (acinetic mutism; Cairns stupor):* Durch Hirntumoren bedingte partielle Bewegungsunfähigkeit bzw. Kraftlosigkeit (auch beim Sprechen) bei vollem Umweltrapport, insbes. bei Schädigungen des *Aktivationssystems.*

Myasthenie *(myasthenia).* In Belastungssituationen oder bei starker Ermüdung deutlich hervortretender Tonusverlust der quergestreiften Muskulatur, der sich insbesondere in der Gesichts- und Schlundregion durch herabhängende Augenlider bzw. Mundwinkel sowie Schluckbeschwerden, gelegentlich auch durch Atembeschwerden äußert. Das M.-Syndrom geht auf Beeinträchtigungen der neuromuskulären Reizübertragung (reversible Blockade von Acethylcholinrezeptoren an den motorischen Endplatten) zurück, die durch Autoimmunstörungen bedingt sind (z. B. Autoimmunkrankheiten oder durch krankhafte Veränderungen der Thymusfunktionen, durch Virusinfektionen oder Medikamentenallergien bedingte Beeinträchtigungen der Immunfunktionen).
→*Immunsystem.*

Myelencephalon. Bezeichnung für das cerebro-spinale System oder für die *Medulla* einschließlich Bulbus.

Myelitis. Entzündung des Rückenmarks.

myopsia convulsiva →*Tic.*

Myxödem *(myxedema).* Durch Mangel oder Fortfall der Schilddrüsenhormon-Produktion bedingte körperliche (z. B. trockene und gedunsene Haut) und psychomotorische (Trägheit) Veränderungen, die mit schwerwiegenden Beeinträchtigungen intellektueller Funktionen einhergehen (→*Schwachsinn).* Die bei Kindern mit angeborenen oder in der frühesten Kindheit erworbenen Schilddrüsenstörungen beobachtete Form des M. bezeichnet man als →*Kretinismus,* als *M.-Psychose* eine früher oftmals unmittelbar nach totaler

Myxödembildung

Entfernung der Schilddrüse *(Thyreoidektomie)* beobachtete psychische Störung, die mit Symptomen akuter (exogener) *Psychosen* aus den Formenkreisen der →*Schizophrenie* oder →*manisch-depressiver Störungen* im Über-

gang zu schweren intellektuellen Beeinträchtigungen einhergeht und der →*Geistigen Behinderung.*

Myxödembildung →*Hypothyreoidismus.*

N

N1. *Psychophysiologie:* Im Übergang zwischen schnellen exogenen und langsamen endogenen →*ereignisbezogenen Potentialen* des EEG auftretende, frontal einsetzende Negativierung, deren Ausgeprägtheit u. a. mit dem Grad der Vertrautheit eines Reizes, seiner Erscheinungsweise und seinem Erscheinungsort variiert.

Nachahmung →*Imitation.*

Nachbild *(afterimage).* Empfindungsartige visuelle Erscheinungen variabler Dauer, die nach Beendigung des Reizkontakts bei Betrachtung einer neutralen Referenzfläche auftreten.

[1] (a) *Positives Nachbild (positive afterimage).* Visuelle →*Nachempfindung* als Folge des Nachfeuerns retinaler bzw. zentraler Zellverbände (→*Reverberation),* die in Form eines relativ kurzzeitigen aber abbildgetreuen Eindrucks des unmittelbar davor gesehenen Reizes auftritt. (b) *Negatives Nachbild (negative afterimage).* Unmittelbar oder zeitverzögert nach der Fixierung kontrastreicher oder farbiger Vorlagen auftretender Eindruck einer Figur oder eines Gegenstands, der wie ein Filmnegativ wirkt bzw. in der Gegenfarbe erscheint. Beispiele sind das N. eines auf weißem Grund abgebildeten schwarzen Quadrats, das bei anschließender Fixierung einer grauen Fläche weiß erscheint, eines roten, das grün oder eines blauen, dessen N. gelb wirkt. Negative N. gehen auf retinale Lokaladaptation mit nachfolgender Aktivierung der gegenfarbenspezifischen Erregung in den *Opponentenmechanismen* zurück (→*Farbensehen).*

[2] Ein *Bewegungs-N.,* Syn. *Bewegungsnachwirkung (motion aftereffect)* äußert sich in dem Eindruck, ein Objekt vor sich zu haben, das sich in die Gegenrichtung bewegt. Nach Fixierung einer rechtsdrehenden Spirale dreht sie sich im Nachbild nach links, das N. eines Wasserfalls scheint stillzustehen, während die umgebenden Landschaftsteile nach oben wandern. Diese N. gehen auf retinale Adaptionsvorgänge und Sättigungsphänomene in →*rezeptiven Feldern* (Bewegungsdetektoren) zurück. Wird man auf einem Drehstuhl in eine

Richtung herumgewirbelt und meint nach Stillstand, die Umgebung sei in Gegenbewegung geraten, ist dies die Folge von →*Nystagmen* und Flüssigkeitsbewegungen im *Labyrinthsystem* (→*Ohr).* Von der Bewegungs-N. zu unterscheiden sind →*Scheinbewegungen,* die →*figurale Nachwirkung* oder Effekte von →*Maskierungen.* In diesen Fällen sind keine bewegten Vorbilder im Spiel, sondern vielmehr Wechselwirkungen zwischen unbewegten Reizen, die in raum-zeitlichen Folgen auftreten.

Nachempfindung *(aftersensation).* Empfindungsartige Eindrücke, die unmittelbar nach Ende eines Reizkontakts spontan auftreten, mit der ursprünglichen Empfindung weitgehend übereinstimmen und mit abnehmender Intensität kurzzeitig fortdauern, z.B. positive → *Nachbilder,* Nachklänge, Nachgeschmack oder -geruch. N. werden durch Nachfeuern der durch Reize aktivierten Rezeptoren und/oder sensorischer Zellverbände im Zentralnervensystem hervorgerufen.

→*Reverberation.*

Nachricht →*Sender.*

Nachtblindheit, Hemeralopie *(night blindness).* Durch Vitaminmangel erworbene oder als Funktionsstörung angeborene Beeinträchtigung oder Ausfall des skotop. Stäbchensehens in Dämmerung oder Dunkelheit.

Nachwirkung, Nacheffekt *(aftereffect).*

[1] Oberbegriff für reizabhängige Erscheinungen, die über den aktuellen Reizkontakt hinausreichen bzw. erst nach Beendigung des Reizkontakts auftreten, z. B. →*Nachempfindungen,* →*Nachbilder.*

(2) Wirkungen vorausgehender Reize auf Erscheinungsweise und/oder Stabilität eines später auftretenden Zielreizes, z.B. bei →*Maskierung,* beim →*McCollough-Effekt,* →*bei Metakontrast* oder →*figuraler Nachwirkung.*

Nähe →*Gestaltgesetze.*

Nagel-Farbtäfelchen →*Farbentüchtigkeit.*

Narkoanalyse *(narco analysis).* Bezeichnung für eine Form der psychoanalytischen Behandlung, vor deren Beginn der Patient durch

308

Gaben von Narkotika in einen entspannten, leicht suggestiblen Zustand versetzt wird, um seinen Widerstand gegen das therapeutische Gespräch zu reduzieren.

Narzißmus *(narcissism).* Übersteigerte Selbstbezogenheit bzw. Selbstliebe (Autoerotizismus). In psychoanalytischer Sichtweise eine Frühphase der psychosexuellen Entwicklung, in der das »Selbst«, die eigene Person, Sexualobjekt ist.

narzißtische Persönlichkeitsstörung →*Persönlichkeitsstörung.*

Nativismus →*Empirismus.*

natürliche Antikörper →*Immunsystem.*

natürliche Immunität →*Immunsystem.*

natürliche Killerzellen →*Immunsystem.*

natürliche Selektion →*Darwinismus,* →*Evolution.*

Nausea. Seekrankheit; Übelkeit.

Nebennieren *(adrenal glands, suprarenal capsules).* Endokrine Drüsen oberhalb der Nieren, in deren Rinde *(adrenal cortex)* z. B. Aldosteron, Kortisol und Kortison, in deren Mark *(adrenal medulla)* Adrenalin und Noradrenalin produziert werden. →*Streß.*

Nebenschilddrüse →*Parathyreoidea.*

negative Chemotaxis →*Chemotaxis.*

negative Halluzination →*Halluzination.*

negativer Rezenzeffekt →*Positionseffekt.*

negativer Transfer →*Transfer.*

negativer Tropismus →*Tropismus.*

negatives Nachbild →*Nachbild.*

Neglect, unilateraler Neglect, Neglect-Syndrom *(neglect, unilateral neglect, neglect syndrome).* Aus dem Englischen übernommene Bezeichnung für das Nichtbeachten von Gegenständen oder Ereignissen in der linken bzw. rechten Raumhälfte und/oder den Wegfall von orientierenden Blick-, Kopf- und Rumpfbewegungen dorthin, ohne daß Beeinträchtigungen der Sinnesorgane und/oder des Bewegungsapparates vorliegen. Im Extremfall verhalten sich die Betroffenen so, als existiere die entsprechende Raum- bzw. Körperhälfte nicht. Der N. tritt als Folge von (parietalen, frontalen und/oder subkortikalen) lateralisierten Hirnläsionen auf und beruht vermutlich auf einer Beeinträchtigung des Informationsaustausches zwischen den beiden Hirnhemisphären. →*Lateralität.*

Neoanalyse *(neoanalysis).* Bezeichnung für eine Richtung der *Psychoanalyse,* die die Gedanken FREUDS nur teilweise akzeptiert. Sie lehnt z. B. die Betonung der Instinkte oder Triebe als alleinige Ursache von Konflikten ab und geht statt dessen von sozialen Ereignissen und Interaktionen als Konflikt- und Neurosestoffen aus.

Neobehaviorismus. Zum Unterschied vom klassischen Behaviorismus werden in dieser Richtung Bezüge zu inneren, vermittelnden Prozessen hergestellt; nicht nur das offene Verhalten ist Gegenstand der Untersuchungen sondern auch Erwartungen und kognitive Prozesse. Im N. wurden viele der heute üblichen Konstrukte und intervenierenden Variablen (z. B. Zielorientiertheit) zur Erklärung des Lernens und Erinnerns eingeführt (→*Behaviorismus).*

Neoencephalon. Neuhirn, d. h. die jüngsten Hirnpartien in der Entwicklungsgeschichte der höheren Lebewesen, Großhirn (Cerebrum, Kortex).

Neologismus *(neologism).* Bezeichnung für skurrile Wortneuschöpfungen bzw. für den Gebrauch von Wörtern in nicht üblichem Zusammenhang. Syn. *Neolalie (neolalia).*

Nerv *(nerve).* Ein Bündel von Nervenfasern *(nerve fibres),* das aus den Fortsätzen der Nervenzellen *(→Neuron)* besteht und je nach Funktion und Leitungsrichtung unterschieden wird (z. B. efferente oder zentrifugale und afferente oder zentripetale Nerven).

Nervenfaser →*Neuron.*

Nervenleitung *(nervous conduction, neural conduction).*

[1] Syn. für Nervenleitungen mit umschriebener Funktion (z. B. nervus opticus, tractus opticus usw.).

[2] Syn. für Erregungsleitung, d. h. biologische Signale im Nervensystem. Hier unterscheidet man *afferente* und *efferente* N.

[3] Syn. für *Aktionspotential* und synaptische Übertragung *(Synapse).*

Nervensystem *(nervous system).* Gesamtheit aller Strukturen des Nervengewebes (Nervenzellen, -leitungen, Ganglien, Kerne) und ihrer Hüllen (Hirnhaut; Myelinbeschichtung). Anatomie und Funktionen des N. sind die Gründe für eine Differenzierung verschiedener Teilsysteme.

[1] Das *Zentral-Nerven-System (ZNS; Central Nervous System, CNS)* umfaßt *Gehirn* und *Rückenmark.* Das Gehirn ist zentrale Verarbeitungs- und Steuerungszentrale; das Rük-

Nervenzelle

kenmark enthält Ganglien und Leitungen, mit deren Hilfe das ZNS mit peripheren Körperstrukturen kommuniziert.
[2] Das *Periphere Nervensystem (PNS; Peripheral Nervous System)* besteht aus zwei Untersystemen. (a) Die Ganglien und Verbindungsstrukturen des *Autonomen (Nerven-) Systems (ANS; Autonomic Nervous System; autonomic division; visceral division)*, Syn. *Vegetatives System*, vermitteln die Steuerung lebensnotwendiger Körperprozesse. Das ANS verfügt über zwei antagonistische Teilsysteme, das *Sympathikus- (sympathetic system)* und das *Parasympathikus-System (parasympathetic system)*. Beide regeln nach dem Gleichgewichtsprinzip Stoffwechselfunktionen, Blutdruck, die Tätigkeit der glatten Eingeweidemuskulatur, des Herzmuskels, der Drüsensysteme und sind an allen emotionalen Reaktionen beteiligt. Der *Sympathikus* entspringt der grauen Substanz des vorderen und seitlichen Rückenmarks. Von dort ziehen *präganglionäre* Fasern in die neben der Wirbelsäule angeordneten *Nebenstrang-* bzw. *Seitenstrangganglien;* die Endorgane werden von den nach außen ziehenden *postganglionären Fasern* aktiviert. Der *Parasympathikus* erhält *präganglinäre Fasern* aus Gehirn und Rückenmark, die über lange Leitungswege zu den in unmittelbarer Nähe der Endorgane liegenden Ganglien ziehen, wo kurze postganglionäre Fasern entspringen und zum Endorgan weiterziehen. Die schematische Abbildung zeigt eine Auswahl der sympathischen und parasympathischen Verbindungen mit Endorganen. Die *antagonistische Funktion* zeigt sich z. B. darin, daß sympathische Innervation Erweiterungen der Pupille bzw. Beschleunigungen der Herzfrequenz, parasympathische dagegen Verengungen bzw. Verlangsamung zur Folge hat. Lediglich die Schweißdrüsen der Haut sind ausschließlich sympathisch aktiviert (→*EDA*).
(b) Das *somatische System* des PNS *(somatic system; somatic division)* umfaßt *Schädel- (cranial nerves)* und *Rückenmarknerven (spinal nerves)*. 11 der 12 paarigen Schädelnerven (mit teilweise afferenten und efferenten Funktionen) transportieren sensorische und motorische Informationen aus der Kopf- und Nackenregion; der zehnte Schädelnerv heißt *Vagusnerv (nervus vagus)* und erreicht mit seinen Verästelungen den Brust- und Bauchraum. Die *Rückenmarknerven* des PNV treten in den dorsalen bzw. ventralen Teilen des Rückenmarks ein bzw. aus. Sie sind reich verzweigt und leiten auf afferenten Wegen der *somatosensorischen, für Körperempfindungen* zuständigen Hirnrinde Informationen aus peripheren Rezeptoren in Haut, Muskeln und Sehnen zu. Über Leitungen innerhalb des Rückenmarks vermitteln sie *Schmerz- und Bewegungsempfindungen*. Auf efferenten Wegen gelangen Impulse von der *motorischen Region* des Gehirns *(motor area)* über die *Pyramidenbahn (Willkürmotorik)* oder direkt vom Rückenmark aus (einfache *Reflexe*) zu den quergestreiften Muskeln des Bewegungsapparats.
→Gehirn, →Motorik, →Parasympathikus, →Sympathikus.
LIT. BALINT (1963); BIRBAUMER, SCHMIDT, (1991); CARLSON (1980); GANONG (1971); SCHMIDT, THEWS (1976); SILBERNAGL, DESPOPOULOS (1979).

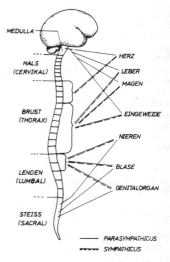

Das autonome Nervensystem (schematisch)

Nervenzelle →*Neuron*.
Nervus vagus →*Parasympathikus*.
Nesselsucht →*Allergien*.
Netzhaut →*Auge*, →*Retina*.
Netzwerk, Netz, semantisches Netz *(network, semantic network)*. In der Denk-, Ge-

dächtnis- und Sprachpsychologie Bezeichnung für systematische Darstellungen angenommener Zusammenhänge zwischen komplexen Begriffs- bzw. Sprachausdruckssystemen des Menschen, mit deren Hilfe man vor allem die Funktionen des semantisch operierenden Langzeitgedächtnisses darstellt. Den Ausgangspunkt bilden Propositionen, d. h. die Verbindung zwischen einem Gegenstand, seinen Eigenschaften und dem allgemeinen Kontext in Form von abstrakten Aussagen mit Subjekt, Prädikat und ihren Relationen. Die formalen Komponenten eines Satzes bilden – so wird im *Netzwerkmodell (network model)* angenommen – *Knoten (semantic knots),* deren Muster als ein Netz dargestellt werden kann. Erhält man Informationen, so erregen diese im Gedächtnis Knoten; diese Erregung breitet sich über die Verbindungen zu benachbarten Knoten aus, wodurch das ganze Netz aktiviert wird. Auf diese Weise werden die Informationen entschlüsselt und eingespeichert, aber auch wieder aufgesucht und – in ihr Netz eingebettet – wiedergefunden. Um den Umfang solcher Netze zu bestimmen, werden spezielle Arten des Reaktionszeit-Experimentes verwendet. Dabei zeigt sich z. B., daß die Abgabe eines Urteils über die Richtigkeit eines Satzes wie z. B. »Der Kanarienvogel ist gelb« oder »Kanarienvögel singen« wesentlich rascher erfolgt als dann, wenn es darum geht, festzustellen, ob Kanarienvögel zu den Warmblütern gehören. Der Grund: Zunächst werden jene Knoten des Netzes aktiviert, welche in möglichst direkter bzw. häufig gebrauchter Beziehung zu dem Objekt und seinen konkreten Verhaltensweisen stehen. Reaktionszeit-Verlängerungen deuten nach Meinung der Netzwerk-theoretiker darauf hin, daß mehrere Verzweigungen des Knotenmusters auf verschiedenen semantischen Niveaus mitaktiviert sein müssen, um die benötigten Informationen im Gedächtnis wiederzufinden bzw. zu nutzen.
LIT. ANDERSON, BOWER (1973).

neue Kerze →*Kerzenstärke.*

Neugier, Neugierde *(curiosity).* Aus der Zuwendung zu neuartigen, ungewohnten oder in ungewöhnlicher Weise erscheinenden Reizen, Objekten oder Situationen und nachfolgenden Erkundungen erschlossene allgemeine Tendenz höherer Tiere und des Menschen, in nähere Untersuchung einzutreten, um die Be-

deutung zu erfassen. Die Auslösung des *N.- oder Erkundungsverhaltens* erfolgt mit großer Wahrscheinlichkeit durch einen Mechanismus, der auf der Grundlage der →*Orientierungsreaktion* operiert. Fortgesetzte Erkundungen des Menschen werden gelegentlich als Ausdruck von »Wissendurst« *(knowledge seeking)* angesehen. Ein bei Tieren beobachtetes, auch nach schmerzhaften Erfahrungen anhaltendes Erkundungsverhalten liefert die Grundlage für die Annahme, die alles überwindende Neugier gehorche einem allgemeinen *Explorationsbedürfnis (exploratory drive).*
LIT. BERLYNE (1960); VOSS, KELLER (1981).

Neuigkeitssuche →*Suche nach neuen Eindrücken.*

Neupositivismus →*Positivismus.*

neural *(nervous, neural).* Das nervöse Geschehen oder das *Nervensystem* betreffend. Syn. nervös (z. B. in »nervöse Energie«).

Neurasthenie *(neurasthenia).* Allgemeine und umfassende Bezeichnung für einen Zustand extremer Inaktivität bzw. Ermüdbarkeit bzw. genereller Antriebslosigkeit in körperlicher und geistiger Hinsicht. N. tritt besonders häufig im Zusammenhang mit hypochondrischen, hysteroiden oder paranoiden Zuständen auf.

Neurasthenisches Syndrom →*Hysterie.*

Neurit →*Axon.*

Neurodermitis →*Allergien.*

Neurofibrillen →*Neuron,* →*Fibrillen.*

Neuroleptika *(neuroleptics, neuroleptic drugs, major tranquilizer);* alte Bezeichnung: *Neuroplegika.* Psychopharmaka, die zur Behandlung bestimmter Psychosen und starker Erregungszustände zur Anwendung kommen. Bekannt ist das aus der Gruppe der Phenothiazine stammende *Chlorpromazin (chlorpromacine).* Die Wirkung liegt besonders im Bereich der Minderung hyper- oder akinetischer Erregungszustände und der Herabminderung von halluzinatorischen Wahnideen.

Neurologie *(neurology).* Bezeichnung für ein Teilgebiet der biologisch-medizinischen Wissenschaften, das dem Studium von strukturellen und funktionalen Eigenarten des *Nervensystems* gewidmet ist und in dessen Rahmen Diagnose- und Behandlungsmethoden von Nervenkrankheiten und -störungen entwickelt werden.
Im englisch-amerikanischen Sprachgebrauch wird die N. von der Psychiatrie streng unter-

Neuron

schieden, im zentraleuropäischen Sprachgebrauch dagegen sind die Grenzen fließender.

Neuron, Nervenzelle, Ganglienzelle, Ganglion *(neuron, nerve cell, neuro-ganglion).* Erregbare Zelle einschließlich ihrer Fortsätze, eine funktionale und morphologische Einheit des Nervensystems. Größen und Formen variieren beträchtlich. Gehirn und Rückenmark des Menschen enthalten ca. 15^{10} Neuronen. Wie alle tierischen Zellen sind N. mit *Membran* umgeben; hier vollziehen sich die Vorgänge von Erregung und Erregungsleitung. Im Inneren finden sich *Zellkern* und *Cytoplasma.* Der Zellkern ist je nach Zellenart kugel- oder bläschenförmig und liegt in der Mitte oder (im vegetativen Bereich z. B.) regelmäßig-exzentrisch. Im Kern befinden sich hochkonzentrierte *Nukleinsäuren* (DNS als Bestandteil der Chromosomen). Im Cytoplasma sind die sog. Nisslschen Schollen (Klumpen von RNS-Molekülen). RNS und DNS steuern die Zellfunktionen und sind für die Eiweißsynthese zuständig. Weitere Organellen im Cytoplasma sind ebenfalls für den Energiehaushalt wichtig, insbesondere die *Mitochondrien* und das sog. *endoplasmatische Retikulum.* Der im Schnitt 5–100 m Durchmesser aufweisende *Zellkörper* (Soma, Neurosoma) besitzt ein (in seltenen Fällen auch zwei) *Axon (Neurit, Achsenzylinder),* das zwischen wenigen Mikron und (beim Menschen) über einen Meter lang sein kann. Axone werden manchmal auch als *Nervenfaser (nervous fibre, nerve fibre)* bezeichnet. Die *Membran* des *Axons* besitzt unmittelbar nach Austritt des Axons aus dem Zellkörper eine mehr oder weniger dicke *Myelinscheide* (Markscheide; *myelin sheath)* aus Lipoiden und Proteinen, die durch *Einschnürungen* in relativ regelmäßigen Abständen *(Ranviersche Schnürringe; Ranviers nodes)* unterbrochen ist. Myelinreiche Axone finden sich in der weißen Substanz der peripheren Nerven, myelinärmere vorwiegend in der grauen Substanz und im vegetativen Bereich. Die Dicke der Myelinscheide (2–20 m) und die Einschnürungen vergrößern die Leitungsgeschwindigkeit. Periphere Axone besitzen eine zweite, die *Schwannsche Scheide (neurilemma, Schwann sheath).* Ihre Zellen bilden die Myelinscheide; im ZNS kommt diese Form nicht vor; hier wird Myelin durch Gliazellen gebildet. Axone können in *Axonkollateralen* verästelt sein. Axone leiten die Erregung von der Zelle weg; ihrer Zuleitung dienen *Dendriten (dendrites),* die zweite Art der Fortsätze des N. Die Mehrzahl der N. besitzt eine Vielzahl von Dendriten, die feiner als Axone sind und ebenfalls verästelt auftreten. Nur ein einziger Zelltypus besitzt überhaupt keinen Dendriten. Axone haben innen *Neurofibrillen,* Dendriten nicht.

Neurophysiologie *(neurophysiology).* Teilgebiet der Physiologie, das sich mit der Funktionsanalyse des Nervensystems bzw. der chemisch-elektrischen und hormonalen Grundlage seines Funktionierens beschäftigt.

Neuropsychologie *(neuropsychology).* Interdisziplinäres Forschungs- und Anwendungsfeld der *Biologischen Psychologie,* das die funktionale Bedeutung lokalisierbarer zentralnervöser Strukturen für das Erleben und Verhalten sowie Störungen des Erlebens und Verhaltens im Gefolge von Beeinträchtigungen des Zentralnervensystems (z. B. durch Hirnverletzungen, Schlaganfälle, degenerative oder drogenbedingte Funktionsveränderungen des ZNS) zum Gegenstand hat. Ausgangspunkt der N. waren Untersuchungen über die Folgen von Hirnverletzungen bzw. -operationen. Im Rahmen der *experimentellen N.* wurden sie später ergänzt durch Befunde aus Läsionsexperimenten am Tiermodell, Untersuchungen an Patienten während operativer Eingriffe am Gehirn sowie durch Testreihen an Personen mit auf chemischem Weg herbeigeführten, kurzzeitigen und reversiblen Stillegungen umschriebener neuraler Strukturen. Die *klinische N.* baut auf diesen Erkenntnissen auf; sie befaßt sich neben der Differentialdiagnose zentralnervös verursachter Störungen mit der Entwicklung und Anwendung von Programmen zur *Rehabilitation* Hirnverletzter, von Patienten nach Gehirnoperationen oder Schlaganfällen und entwickelt Programme der *Intervention* für Patienten mit degenerativen oder drogenbedingten zentralnervösen Funktionsstörungen.

LIT. BEAUMONT (1987); GRAY (1982); KOLB, WISHAW (1985); POECK (1989); WALSH (1987).

Neurose *(neurosis),* Syn.: *Psychoneurose (psychoneurosis), neurotische Funktionsstörung (functional disorder).*
[1] Im 18. Jh. eingeführte Bezeichnung für Störungen des Nervensystems ohne nachweisbare Ursache, später für alle als nervös bedingt

angesehenen Funktionsbeeinträchtigungen unverletzter, intakter Organe (z. B. Herzneurosen).

[2] Auf der Grundlage der von FREUD geprägten klassischen Systematik wird die N. zum Inbegriff psychisch bedingter Störungen, die sich im Unterschied zu →*Psychosen* bei ansonsten erhaltenem Realitätsbezug auf umschriebene Situationen beziehen und in diesem Bezug zu Beeinträchtigungen sensorischer, motorischer, emotionaler und/oder vegetativer Funktionen führen. Die *psychoanalytische Theorie* der Entstehung von N. geht von der zentralen Annahme aus, die Symptome seien mittelbarer Ausdruck eines in der Regel in der frühen Kindheit begründeten Konflikts zwischen Triebwünschen und der Zensur bzw. Abwehr ihrer Verwirklichung. Zu den von FREUD aufgrund der angenommenen Konfliktstrukturen hervorgehobenen *Neuroseformen* zählen neben der sog. *Aktualneurose (actual neurosis)* mit ihrem Bezug zu aktuellen Konflikten und Angst- und Neurastheniesymptomen vor allem →*Angstneurosen,* →*Phobien,* →*Zwangsneurosen, Organneurosen* und *Hypochondrie (*→*somatoforme Störung)* sowie *neurotische Depression (depressive neurosis)* und *neurotische Depersonalisation (neurotic depersonalization),* die heute unter dem Oberbegriff →*dissoziative Störung* zusammengefaßt sind. Die Rückführbarkeit von N. auf unbewußte Konflikte, die durch →*Psychoanalyse* aufdeckbar sind, war für Freud das entscheidende Kriterium für die Unterscheidung zwischen N. und *Psychosen.*

[3] Aus *lerntheoretischer* Sicht gehen N. aus Fehlanpassungen hervor, die aufgrund *instrumenteller Konditionierung* trotz ihrer für den Außenstehenden nachteilig erscheinenden Folgen beibehalten werden. Für die Entstehung von N. aus dem sog. disthymischen Formenkreis (Angstneurosen, Phobien und Zwangsneurosen) boten EYSENCK und RACHMAN eine auf der *Zwei-Faktoren-Theorie* der *Angst* und Eysencks faktorenanalytischer Theorie der *Persönlichkeit* basierende Erklärung an. Personen mit schwachen Hemmungstendenzen *(Extraversion)* und hoher Erregbarkeit *(Neurotizismus)* tendieren eher zu egozentrischen, sozial unangemessenen (z. B. Lügen, Stehlen) bzw. unkontrollierten Verhaltensweisen (z. B. Bettnässen), weil sie eigene Verhaltenstendenzen nicht hemmen können und dadurch Schwierigkeiten beim Erlernen von normgerechten Verhaltensweisen und Bewertungsmaßstäben haben. Personen mit ausgeprägten Hemmungstendenzen *(Introversion)* und hoher Erregbarkeit dagegen neigen eher zu Angst und Zwängen. Die Behandlungsvorschläge zielen auf den Symptomabbau durch die Verfahren der →*Verhaltenstherapie* ab. Im Sinne kognitiver Lerntheorien gelten N. als Folgen konditionierter Fehlanpassungen bzw. zur Gewohnheit gewordener Fehleinschätzungen, die mit Hilfe der kognitiven →*Verhaltensmodifikation* korrigiert werden können. Faßt man die beiden an den vermuteten Ursachen orientierten (ätiologischen) Ansätze [2] und [3] zusammen, so zeigt sich in jeder N. ein auf bestimmte Situationen bezogenes Vorherrschen subjektiver Auslegungen der Umwelt, ihrer Gegenstände und/oder der Selbstwirksamkeit, die im Wechselspiel zwischen individueller Erregbarkeit und (sozialen) Erfahrungen geprägt wurden und auf unwissentlichen (unbewußten) Wegen Gedanken, Erinnerungen, Einstellungen, Handlungsvorsätze, Gefühle und psychophysiologische Reaktionsmuster relativ überdauernd beeinflussen. Die Schwierigkeiten bei der *diagnostischen* Erfassung der unter N. zusammengefaßten komplexen Störungen sowie bei ihrer Bewertung in Abgrenzung gegenüber →*Psychosen* (insbesondere bei Störungen aus dem Formenkreis der →*Depression)* liegen auf der Hand. In den nosologischen, d. h. von *Symptomen* und *Syndromen* ausgehenden Klassifikationsansätzen psychischer *Störungen* gilt der Begriff N. daher bestenfalls als grobe Kennzeichnung einer bestimmten Störungsart im oben dargelegten Sinn. Die einzelnen *Störungsformen* dagegen werden unter dem leitenden Gesichtspunkt dominanter Symptome bzw. Syndrome klassifiziert. Im *DSM* wird dieses Vorgehen umgesetzt; die Hauptformen der neurotischen Störungen werden dort als →*Angststörung,* →*Zwangsneurose,* →*somatoforme Störung* und →*dissoziative Störung* bezeichnet.

LIT. BAUMANN, PERREZ (1990); EYSENCK, RACHMAN (1970); FREUD (1946 ff.); FRANKL u. a. (1959–61); PERREZ, BAUMANN (1991); PETERS (1983); REINECKER (1990); TÖLLE (1985).

neurotische Depression →*Depression.*

Neurotizismus *(neuroticism).*

Neurowissenschaften

[1] Neigung zu Erlebnis- und Verhaltensweisen, die für neurotische Störungen charakteristisch sind.

[2] In Eysencks Persönlichkeitstheorie ein Faktor, auf dem die Kennwerte von Tests zur Erfassung der emotionalen Erregbarkeit und Instabilität hohe Ladungen zeigen. Ausgeprägter N. gilt in dieser Theorie gemeinsam mit Extra- bzw. Introversion als Prädisposition für das Auftreten neurotischer Störungen. →*Neurose.*

Neurowissenschaften *(neurosciences).*
[1] Zusammenfassende Bezeichnung für interdisziplinäre Forschungsansätze, die sich mit den Funktionen des Zentralnervensystems, mit der Erstellung mathematisch-kybernetischer Modelle der für umschriebene Regulationsvorgänge maßgeblichen neuronalen *Netzwerke,* mit der Anwendung neurophysiologischer Erkenntnisse zur Erklärung kognitiver bzw. verhaltenssteuernder Prozesse sowie mit der Nachbildung derjenigen neuronalen Systeme mit Hilfe elektronischer datenverarbeitender Systeme befassen, die kognitiven bzw. verhaltenssteuernden Prozessen zugrundeliegen.

[2] Als *Kognitive Neurowissenschaft (cognitive neuroscience)* werden Ansätze der N. zusammengefaßt, die sich auf *Wahrnehmungs-, Denk-, Gedächtnis-* und *Sprachfunktionen* sowie ihre Nachbildung durch Computerprogramme beziehen, z. B. in Anwendungsbereichen, die sich mit *Künstlicher Intelligenz* (→*Intelligenz, künstliche)* oder mit der Gestaltung und Programmierung von Robotern oder →*Expertensystemen* befassen.
LIT. GAZZANIGA (1984); LEDOUX, HIRST (1986); SEELEN, SHAW, LEINHOS (1988).

Nexus. Die Beziehung zwischen den Elementen eines seriellen Ereignisses, z. B. als Kausal-Nexus jenes Ereignis in einem übergreifenden Ganzen, das zwei Dinge oder Ereignisse voneinander abhängig macht, so daß das eine nur auftreten kann, wenn das andere gegeben war.

nichtdirektive Therapie *(nondirective therapy),* Syn.: *Gesprächstherapie.* Bezeichnung für ein psychotherapeutisches Verfahren, in dessen Verlauf der Therapeut weder durch Deutungen noch durch suggestionsähnliche Maßnahmen eingreift, sondern durch neutrale und das Reden des Klienten erleichternde Maßnahmen die Voraussetzungen für die (verbale) Selbstanalyse des Klienten schafft, die

zu einem besseren Selbstverständnis führen soll.
→*Gesprächstherapie,* →*Psychotherapie.*

nichtinsulinabhängiger Diabetes →*Diabetes.*

nichtreaktive Meßverfahren *(non-reactive measures).* Sonderform der *unwissentlichen Beobachtung,* bei der die Versuchsperson nicht bemerkt, daß ihr Verhalten registriert wird. So z. B. Beobachtung durch einen nichtsichtbaren (z. B. Einwegscheibe) oder als solchen nicht erkenntlichen Beobachter *(teilnehmende Beobachtung).*

Nikotin →*Drogenabhängigkeit.*

nisus sexualis →*Sexualität.*

Nisslsche Körperchen oder **Tigroidschollen** *(Nissl bodies, Nissl granules).* Kleine schollenförmige Gebilde im Zellkörper der Nervenzelle (Neuron), besonders deutlich in motorischen Wurzelzellen und den größeren Pyramidenzellen. Die Nisslsche Substanz dient der Proteinsynthese in den Nervenzellen.

NK-Zellen →*Immunsystem.*

Noesis. Philosophische Bezeichnung für den Vollzug des Erkennens eines Gegenstandes bzw. für den einer Beurteilung zugrunde liegenden mentalen Prozeß. Die Analyse eines solchen Vorganges wird als *noetisch (noetic)* bezeichnet (zum Unterschied von *Noema, noematisch).*

Nominaldefinition →*Definition.*

Nominalismus *(nominalism).* Bezeichnung für einen philosophisch-erkenntnistheoretischen Standpunkt, der die allgemeinen Begriffe als Namen der Dinge, jedoch nicht als etwas Wirkliches auffaßt. Die Gegenposition wird als *Begriffsrealismus* bezeichnet.

Nominalskala →*Skala.*

Nomologie *(nomology),* Adj. **nomologisch** *(nomological).* Allgemeine und umfassende Bezeichnung für das Teilgebiet einer Einzelwissenschaft, das sich mit der Erstellung allgemeiner Prinzipien und Gesetze beschäftigt. Die Erstellung eines Modells über die Beziehung eines Ereignisses oder einer Variablen zu anderen wird oftmals in der anglo-amerikanischen Fachliteratur als *»nomologisches Netz« (nomological network)* bezeichnet, z. B. bei der sog. *Konstruktvalidierung.*

nomothetisch *(nomothetic, nomothetical).* Bezeichnung für eine Aussage oder eine Wissenschaftsrichtung, die sich mit Gesetzmäßigkeiten bzw. mit der Erstellung von Gesetzen beschäftigt (zum Unterschied von →*idiographisch*).

Noradrenalin, Norepinephrin, Arterenol *(noradrenaline, norepinephrine)*. Hormon des Nervengewebes und Nebennierenmarks, chem. ein *Katecholamin* ($C_8H_{11}NO_3$). Die Wirkung ist mit der des *Adrenalin* koordiniert. Verstärkte Produktion wird bei körperlichem *Stress* (Überanstrengung, Überbelastung) beobachtet. N. ist gleichzeitig wichtiger *Transmitter* sowohl im autonomen als auch im zentralen Nervensystem. Die Hypothese über einen Zusammenhang zwischen N. und bestimmten Emotionen wie Wut oder Zorn konnte bisher nicht bestätigt werden.

Norm, soziale *(social norm, social standard)*. Bezeichnung für *Einstellungen, Wertungen* oder *Verhaltensstandards,* die in einer Gruppe herausgebildet wurden und bezüglich deren *Konformität* herrscht. Die Allgemeinverbindlichkeit bzw. Anerkennung von Normen hat einen wesentlichen Einfluß auf die *Kohäsion* von Gruppen.

Normalverteilung, Gauß-Kurve, Gauß-Verteilung, normale Häufigkeitsverteilung *(normal distribution curve)*. Beobachtet man Merkmale an Populationen, die sog. natürlichen Ereignissen entsprechen (z. B. Verteilung der Körpergröße), so häufen sich die Meßwerte im Bereich des *Mittelwertes,* ihr Vorkommen nimmt dagegen mit Entfernung vom Mittelwert symmetrisch ab. Es entsteht eine glockenförmige Kurve mit symmetrisch-asymptotischem Verlauf.

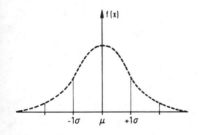

Die Dichtefunktion um den Mittelwertsparameter μ und mit der Standardabweichung σ lautet

$$f(X) = \frac{1}{\sigma\sqrt{2\pi}} \, e^{-\frac{(x-\mu)^2}{2\sigma^2}}$$

Die N. dient als Modell für parametrische Prüfverfahren. Wichtige Eigenschaften: (a) Lineare Funktionen normalverteilter Variablen sind ebenfalls normalverteilt, (b) Mittelwert und Varianz sind unabhängig voneinander, (c) Mittelwertsdifferenzen normalverteilter Stichproben sind wieder normalverteilt und (d) aus der Dichtefunktion läßt sich bei bekanntem Abstand einer Maßzahl vom Mittelwert bezogen auf die Standardabweichung (z-Wert) die Wahrscheinlichkeit der Maßzahl berechnen.

Nosologie *(nosology)*. Bezeichnung für die Klassifizierung von Erkrankungen bzw. Störungen auf der Grundlage systematischer Beschreibungen von Symptomen und Verlaufsmerkmalen.

Notfall-Reaktion *(emergency reaction, fight or flight reaction)*. Von CANNON (1911) anhand von Versuchen mit Katzen erstmals beschriebenes Muster von vegetativen Veränderungen als Folgen der Wahrnehmung emotional erregender Reize. Erschreckende oder bedrohliche Reize (bei Katzen z. B. Hundegebell) lösen *emotionalen Streß* und damit adaptive Maßnahmen zur Aufrechterhaltung des Gleichgewichtszustandes im inneren Milieu aus. Der Ausgleich wird durch vermehrte Ausschüttung von *Adrenalin* angebahnt. Die damit einhergehenden vegetativen Veränderungen (z. B. Herzschlag- und Herzleistungserhöhung, Atemfrequenzerhöhung, Schwitzen, Erhöhung des Blutzuckerspiegels, erhöhte Durchblutung der Skelettmuskulatur, Hemmung der Verdauungs- und Nierentätigkeit, Verminderung der Hautdurchblutung) interpretierte CANNON als Zeichen einer adaptiven Mobilisierung des Organismus für den Notfall und seiner Begegnung durch Angriff bzw. Flucht. Dauert der emotionale Streß und damit die N. fort, so führt dies in extremen Fällen zu Veränderungen des Körpergewebes, z. B. zu Magengeschwüren, die seither wegen ihrer Verursachung durch einen ursprünglich der Anpassung dienlichen Mechanismus als *anpassungsbedingte Erkrankungen* oder *adaptive Erkrankungen (adaptation diseases)* bezeichnet werden.
→*Streß.*

NREM →*Schlaf.*
Nucleoli →*Zelle.*
Nucleus caudatus *(caudate nucleus)*. Anhäufung von Nervenzellen, die einen Teil des

Nucleus dendatus

corpus striatum, neben dem Thalamus gelegen, bildet. →*Gehirn.*

Nucleus dendatus *(dendate nucleus)*. Bezeichnung für eine Formation von Nervenzellen im Kleinhirn. →*Gehirn.*

Nukleinsäuren *(nucleic acids)*. Große, aus regelmäßig angeordneten Bauelementen zusammengesetzte Kettenmoleküle, welche die Voraussetzung für lebende Organismussysteme darstellen. Die drei Bauelemente (ein Zukker mit fünf Kohlenstoffatomen, eine Purin- oder Pyrimidinbase und Phosphorsäure) sind mit Proteinen (Eiweiß) verbunden. Je nach Art des Zuckers unterscheidet man bei Desoxyribose die *Desoxyribonukleinsäuren* (DNS, *desoxyribonucleic acid, DNA*) und bei Ribose die *Ribonukleinsäuren* (RNS, *ribonucleic acids, RNA*). DNS findet sich bei Pflanzen und Tieren im Zellkern; in den Chromosomen ist es Träger der Erbanlagen. RNS findet sich in Cytoplasma und Kern und gilt als Überträger der genetischen Information.

Nullhypothese *(null hypothesis)*. Bezeichnung für die der Arbeitshypothese entgegengesetzte (kontradiktorische) Aussage, die mittels statistischer *Signifikanztests* geprüft wird. Erwartet man z. B. einen Unterschied in einer Leistung zwischen ermüdeten und nicht ermüdeten Versuchspersonen, so lautet die Nullhypothese:

Der Unterschied zwischen den beiden Gruppen ist (dargestellt durch die beiden Mittelwerte) gleich Null oder nur so weit von Null verschieden, daß dies noch durch den Zufall erklärt werden kann. Die Falsifikation der N. entspricht dem Akzeptieren der Arbeitshypothese. Aus logischen Gründen muß dann, wenn die N. *nicht* falsifiziert werden kann, auf jede weiterführende Aussage in bezug auf die Arbeitshypothese verzichtet werden.

Null-Summen-Spiel →*Spieltheorie.*

numerische Taxonomie →*Taxonomie.*

Nymphomanie *(nymphomania)*. Bezeichnung für gesteigerte sexuelle Bedürfnisse der Frau, meist Symptom einer neurotischen Störung.

Nystagmus *(nystagm)*. Unwillkürliche Augenbewegungen in horizontaler und vertikaler Richtung; sie dienen der Anpassung der Augenstellung an Bewegung oder Körperlageveränderung bei Fixierung eines Punktes. Kennzeichen sind: langsame Bewegung in eine, ruckartige Bewegung in entgegengesetzte Richtung *(nystagmatic shift)*. Die Richtung der ruckartigen Bewegung hängt ab von der Bewegungsrichtung (Steuerung durch das Gleichgewichtsorgan). N. ist leicht beobachtbar beim Fixieren eines Punktes aus einem fahrenden Auto oder Zug. Tritt bei Kleinhirnstörungen gehäuft und spontan auf.

O

Oberflächeneigenschaften →*Eigenschaften*.
Oberton *(overtone)*. Bei *Klängen* sind mehrere tonale Elemente beteiligt: Der Grundton (z. B. 440 Hz) und – je nach Instrument – ein oder mehrere O. Sie sind stets einfache Vielfache des Grundtones (z. B. 880 Hz, 1320 Hz). →*Fourier-Analyse*, →*Klang*.
Objektive Psychologie *(objective psychology)*.
[1] Bezeichnung für eine psychologische Richtung, die nur direkte Beobachtung als wissenschaftliche Methode zuläßt, d. h. solche Daten verarbeitet, die einer Messung im Sinne der Physik zugänglich sind. Der *Behaviorismus* z. B., aber auch die auf physiologischen Messungen beruhende Teilrichtung der Ausdruckspsychologie zählen zu den Formen der objektiven Psychologie, in deren Rahmen auf *Introspektion* oder introspektiver Auslegung beruhende Aussagen nicht zugelassen sind.
[2] Bezeichnung für psychologische Forschungsrichtungen, die gelerntes Verhalten auf das Herausbilden von Reflexen zurückführen, besonders Bechterews und Pawlows Ansätze *(→Reflexologie)*.
Objektivität *(objectivity)*.
[1] Allgemeine Bezeichnung für eine Einstellung, die sich streng sachlich an vorhandenen Daten oder Fakten orientiert und die zu fehlerfreien Schlußfolgerungen führt.
[2] Bezeichnung für ein Kriterium des *Tests*. Ein Test ist dann *objektiv*, wenn mehrere unabhängige Auswerter zu übereinstimmenden Ergebnissen kommen. Ihm fehlt die O. dann, wenn die Beurteilungen der verschiedenen Auswerter durch divergierende Einstellungen oder Gefühle zu voneinander abweichenden Ergebnissen führen. O. hängt u. a. von der Art des Kodierungssystems der Testergebnisse sowie von der Art der Testaufgaben *(items)* ab. Gegensatz: Subjektivität.
oblique Faktoren →*Rotation*, →*schiefwinklig*.
oblique Rotation →*Rotation*.
Occipitallappen *(occipital lobe)*, **Hinterhauptlappen, Hinterlappen.** In den beiden Hemisphären liegende Kortexabschnitte des Hinterkopfes, über dem Kleinhirn. Hier liegen der sog. *Sehkortex* (Area 17) und die zugehörigen Assoziationsbereiche (Area 18 und 19).
Oddball-Aufgabe, Oddball-Experiment *(oddball task, oddball experiment)*. Wörtlich: sonderbarer Kauz; kauzig, verschroben. Aus dem Englischen übernommene Bezeichnung für eine Variante der *Wiedererkennungsmethode* aus der Gedächtnisforschung. Bei O. muß ein überaus selten auftretender Zielreiz, dargeboten in oder mit einer Reihe anderer, ähnlicher Reize, herausgefunden bzw. wiedererkannt werden.
Ödipus-Komplex *(Oedipus complex)*. Psychoanalytische Bezeichnung für eine unbewußte Denk- und Verhaltensdisposition, die aus einer übermäßigen Bindung an die Mutter und Eifersucht gegenüber dem Vater entstanden sein soll und sich in *Schuldgefühlen* und *emotionalen Konflikten* des Sohnes äußert. Bei Töchtern wird der sog. *Elektrakomplex* als Entsprechung angenommen. Eine Entwicklungsphase, in der die eben beschriebenen Einstellungen und Gefühle in der Regel vorkommen, nennen die Psychoanalytiker *ödipale Phase*.
Ogive. Statistische Bezeichnung für eine s-förmige Häufigkeitsverteilung, die man dann erhält, wenn man *normalverteilte* Datenhäufigkeiten *kumuliert*. An dieser Kurve lassen sich z. B. *Perzentile* oder *Prozentränge* ablesen, sofern die Darstellung auf relativen Häufigkeiten und deren Kumulierung *(→Häufigkeit, kumulierte)* beruht. Syn. →*Phi-Gamma-Funktion*.
Ohr *(ear)*. Paariges Sinnesorgan, das mit dem Auftreffen von Schallreizen (longitudinalen Luftschwingungen) im Frequenzbereich zwischen ca. 20–30 und 16 000–20 000 Hz bei ausreichendem Schalldruck Gehörempfindungen vermittelt. Die optimale Leistungsfähigkeit liegt im Frequenzbereich zwischen ca. 250–500 und ca. 4000–5000 Hz. Der Schall gelangt durch die als Schalltrichter wirkende *Ohrmuschel (auricle)* in den *äußeren Gehörgang (external auditory meatus)*. Dieser ca. 2,5 cm lange und 7,5 mm breite Gang wirkt

Ohrgeräusche

als Resonanzverstärker, und zwar so, daß das *Trommelfell (tympanic membrane,* tympanum) immer mit der Maximalschwingung erreicht wird. Das Trommelfell verschließt den äußeren Gehörgang und grenzt das äußere Ohr gegen das *Mittelohr* ab. Das Trommelfell reagiert auf Frequenzen bis ca. 2000 Hz mit Schwingungen, die im Mittelohr auf drei wie ein Hebelsystem angeordnete *Knöchelchen (ossicles),* nämlich *Hammer (hammer),* Amboß *(anvil)* und *Steigbügel (stirrup)* übertragen werden. Ein Muskelsystem paßt die Elastizität des Knöchelsystems dem jeweiligen Schalldruck an. Die Luftdruckverhältnisse in Mittelohr und Rachenraum sind durch die Eustachische Röhre ausgeglichen. Der Steigbügel setzt mit seiner Platte an der Membran des *ovalen Fensters* (fenestra ovalis) auf. Hier erfolgt der Übergang in das *Innenohr,* einer Höhle im Felsenbein, die mit Flüssigkeit (Perilymphe) gefüllt ist und den Namen *Labyrinth* trägt. In ihrem unteren Teil findet sich die *Schnecke* (cochlea), darüber das System der *Bogengänge* (Gleichgewichtsorgan). Die durch die Gehörknöchelchen bei schwachem bis mittlerem Schalldruck verstärkte, bei hohem gedämpfte Schwingung gelangt an die Membran des ovalen Fensters und erzeugt im Innenohr *hydraulische Druckwellen;* Schallereignisse, die durch Trommelfell und Knöchelchen nicht verarbeitet werden können, gelangen durch Resonanz der Schädelknochen (sog. *Knochenleitung*) ebenfalls als hydraulische Druckwellen in das Innenohr. Die Druckwellen verbreiten sich über Vorhof- und Paukentreppe und durch den Schneckengang in die *Schnecke* und können so auf das *Cortische Organ* einwirken, wo sie in sensorische Erregung umgesetzt werden. Dabei streichen die hydraulischen Druckwellen an der *Basilarmembran* entlang. Wellen mit kleiner Frequenz erreichen ihr Maximum im hinteren, Wellen mit hoher Frequenz im vorderen Teil der Schnecke, nahe am ovalen Fenster. An die Stellen des Maximaldruckes der Wanderwellen werden die Haarzellen durch Deformation kleiner Härchen elektrisch aktiviert und übertragen den Impuls als Aktionspotential in das Hirninnere. Die sog. *hydrodynamische Theorie der Wanderwellen* stammt von GEORG VON BEKESY. Die Druckwelle endet am *runden Fenster (fenestra rotunda),* einer *membranbedeckten* Öffnung zwischen Innen-

und Mittelohr, schräg unterhalb des ovalen Fensters.
→*Hören.*
LIT. FELDKELLER (1967); GOLDSTEIN (1998); RAUCH (1964); STEVENS, WARSHOFSKY (1970); ZWICKER, STEVENS, WARSHOFSKY (1970).

Ohrgeräusche; Tinnitus aurium *(ear noises).* Intermittierendes oder anfallsartiges Ohrenklingeln, -sausen, -brummen, -zischen oder -pfeifen konstanter oder variabler Intensität. O. haben viele Ursachen, z. B. entzündliche Prozesse oder krankheitsbedingte Veränderungen im Innenohr oder am Gehörnerv, streßbedingter Gehörsturz, Durchblutungsstörungen, Nebenwirkungen von Medikamenten.

Ohrspeicheldrüse →*Parotis.*

okkulte Erscheinungen →*Parapsychologie.*

Ökologie *(ecology).*
[1] Ein Teilgebiet der Biologie, das sich mit den Beziehungen von Organismen zu ihrer Umgebung beschäftigt.
[2] In der Humanpsychologie ein Teilgebiet der Sozialpsychologie, das in Analogie zu der soziologischen Ö. die sozialen, institutionellen und kulturellen Beziehungen der Menschen im Zusammenhang mit auferlegten oder geschaffenen physikalischen Umgebungsbedingungen (z. B. Architektur) betrifft.
[3] Bei E. BRUNSWIK die Erforschung der »Lebenswelt«. Die Bedeutung von Umwelthinweisen wird als *»ökologische Validität«* bezeichnet.

ökologische Validität →*Linsenmodell,* →*Ökologie.*

okzipital *(occipital).* Zur hinteren Schädelregion gehörig; die hintere Schädelregion betreffend. Gängige Abkürzung bei Lokalisierungen auf der Schädeloberfläche O.
→*Elektroencephalogramm.*

Oligophrenie *(oligophrenia).* Allgemeinste Bezeichnung für →*geistige Behinderung.*

Omnibus-Test.
[1] Statistik: Entscheidungsverfahren, die gleichzeitig mehreren Unterschiedskriterien genügen, z. B. der KOLOMOGOROFF-SMIRNOFF-Test zur Prüfung des Unterschieds zwischen zwei unabhängigen Stichproben, der sowohl auf Unterschiede der zentralen Tendenzen (Mittelwerte) als auch auf Varianzdifferenzen (Streuungsunterschiede) anspricht.
[2] Testverfahren, deren Unteraufgaben in beliebiger Auswahl oder Reihenfolge angewandt

und ausgewertet werden können (selten gebraucht, da bei den meisten Tests nicht möglich).

Ontogenese *(ontogenesis, ontogeny)*. Die Entwicklung des Individuums im Gegensatz zur *Phylogenese,* der Entwicklung der betreffenden Art.

Ontologie *(ontology)*. Bezeichnung für jenes Teilgebiet der Metaphysik, das sich mit dem Wesen der Existenz oder des Seins beschäftigt.

operant →*Konditionierung, operante.*

Operation.
[1] Leistung, Handlung, (etwas) tun.
[2] Das Ergebnis eines Handelns, durch das neue Beziehungen ermittelt bzw. hergestellt wurden.

operational, operativ *(operational; operative)*. Auf Tätigkeiten oder Handlungen bezogen.

operationale Definition *(operational definition)*. Nach W. BRIDGMAN eine Definition, in der einzelnen Termen (Ausdrücken) einer Theorie konkrete Angaben über Meßverfahren nach Korrespondenzregeln zugeordnet werden, um die Überprüfbarkeit bzw. Anwendbarkeit der Theorie zu gewährleisten. Die theoretische Aussage von C. B. HULL, »Die aktuelle Reaktionstendenz ist das Ergebnis des Produkts aus Gewohnheitsstärke und momentan wirksamer Antriebsstärke« wird z. B. in einer Situation der Futtersuche überprüfbar, wenn man für »Gewohnheitsstärke« die Anzahl von vorliegenden gleichartigen günstigen Erfahrungen und für »momentan wirksame Antriebsstärke« das Nahrungsbedürfnis durch die Dauer des Nahrungsentzugs bestimmt.
LIT. BRIDMAN (1927).

Operationalismus *(operationalism, operationism)*. Syn. *Operationismus.* Die von W. BRIDGMAN entwickelte wissenschaftstheoretische Doktrin besagt, daß über eine reine Beobachtungssprache hinausreichende theoretische Aussagesysteme der Physik oder anderer Erfahrungswissenschaften nur dann überprüfbar und anwendbar sind, wenn zumindest einigen Termen →*operationale Definitionen* zugeordnet sind.

operational research. Bezeichnung für eine Forschungstechnik, die dazu dient, die in einem technischen oder sozialen System (→*Gruppe*) wirksamen Tatsachen und Variablen zu erfassen, sie in quantitativer Weise auszudrücken und sie so aufeinander zu beziehen, daß ein Funktionsmodell resultiert, aus dem Vorhersagen in bezug auf bestimmte komplexe Ereignisse möglich werden. Die *operational research* findet ihre häufigste Anwendung in der industriellen bzw. Betriebspsychologie; der Begriff stammt aus der Wirtschaftswissenschaft.

Operationismus *(operationism)* →*Operationalismus.*

operativ *(operative, operational)*.
[1] Auf die Ausführung von Operationen (Handlungen, Tätigkeiten) bezogen.
[2] Syn. für *operant.*
→*Konditionierung, operante.*

Operatives Abbildungssystem, OAS (sinngemäß: *operative cognitive task representation*). Von W. Hacker in die Arbeitspsychologie eingeführte Bezeichnung für die Gesamtheit aller relativ überdauernden tätigkeitsregulierenden Repräsentationen des tätigkeitsbezogenen Wissens. Das O. A. umfaßt Ausführungsbedingungen, Maßnahmen und Ziele als antizipierte Sollzustände; diese leiten die Umsetzung von Wissen in konkrete Handlungen. O. A. äußern sich z. B. im unmittelbaren Verständnis der Bedeutung von Zustandsanzeigen aufgrund der Mitkenntnis des Aufbaus und der Funktionen eines Arbeitssystems oder im Vorhersehen von Folgen bestimmter Funktionsstörungen für den Gesamtablauf in einem Arbeitssystem. Das Konzept OAS hat deutlichen Bezug zur *kognitiven Lerntheorie* Tolmans.
LIT. HACKER (1998).

Operator.
[1] (a) Mathematik, Logik: Rechen-, Abbildungs- oder Transformationsvorschrift von der Art x = O.y (d. h. man erhält x, wenn man y durch die Operation O bearbeitet). (b) *Genetischer Operator:* Teil eines DNS-Moleküls, das zur (repressiven) Genregulation beiträgt.
[2] In der aus dem Engl. übernommenen Bedeutung eine Person, die (a) EDV-Anlagen bedient bzw. Programmabläufe einrichtet bzw. (b) Überwachungs- (z. B. Radaroperator) oder Steuerungstätigkeiten an der Schnittstelle computerunterstützter Mensch-Maschine-Systeme wahrnimmt.

opiatanaloge Peptide →*Endorphine.*

Opiate →*Drogenabhängigkeit.*

Opponenten-Theorie →*Farbensehen.*

oral. Die Mundregion betreffend.

orale Phase

orale Phase *(oral stage).* Psychoanalytische Bezeichnung für die erste der sexuellen Entwicklungsphasen, gefolgt von der analen und der genitalen. Sie ist gekennzeichnet durch gesteigertes Interesse bzw. Lustgewinn in bezug auf die Mundregion bzw. in bezug auf die mit der Mundregion zusammenhängenden Reize (Berührung, Ernährung).

orbital. Die Augenhöhlen bzw. Augenregion betreffend.

Orexis. Griechisches Wort für Begierde, Verlangen. Inbegriff des Trieb- und Antriebsgeschehens. Adj. *orektisch.*

Organempfindung *(organic sensation).* Bezeichnung für Empfindungen, ausgelöst von inneren Organen; Syn. für vegetative Vorgänge.

Organisationsentwicklung, OE *(organizational development).* Längerfristige, koordinierte, gelegentlich durch Berater *(change agents)* unterstützte, von Führungskräften und Mitarbeitern mitgetragene, an den Bedingungen und sozialen Eigenarten einer betrieblichen Organisation orientierte Maßnahme zur Verbesserung der Fertigung, Arbeitsqualität und des Arbeitsklimas, des Beteiligungsgrades, der Flexibilität der Übernahme neuer Arbeitsaufgaben und/oder der Arbeitszufriedenheit am Arbeitsplatz. Ausgangspunkte des Einsatzes der auf KURT LEWINS Forschungsarbeiten zur *Gruppendynamik* in der Arbeitswelt zurückgehenden Verfahren sind *Organisationsanalysen.* Je nach Problemlage werden Maßnahmen der *Arbeitsstrukturierung,* Programme der *Aus-, Fort- und Weiterbildung* oder Förderung sozialer Kompetenzen mit solchen der Arbeitsplatzgestaltung, der Einführung neuer Technologien bzw. der Vorbereitung ihrer Einführung durch Gruppendiskussionen kombiniert. →*Arbeits-, Betriebs-, Organisationspsychologie;* →*Ausbildung;* →*lean management;* →*Personalentwicklung.*
LIT. WEINERT (⁴1998)

Organisationspsychologie →*Arbeits-, Betriebs- und Organisationspsychologie.*

Organisationsverschlankung →*lean management.*

organisch bedingte psychische Störung *(organic mental disorder).* Psychische Störungen, die unter dem Primat einer organischen Verursachung betrachtet werden können. Schwerwiegende Aufmerksamkeits-, Denk-, Gedächtnis- und/oder Verhaltensstörungen, die

auf Hirnläsionen, Hirntumoren oder Hirnerkrankungen zurückgehen, werden auch als *hirnorganisch bedingtes (psychisches) Syndrom, hirnorganisches Psychosyndrom (organic brain syndrome)* oder *organische Psychose (organic psychosis)* bezeichnet; Störungen, die im Gefolge somatischer Erkrankungen bzw. Veränderungen auftreten, ohne daß eine in Einzelheiten gehende Zuordnung möglich ist, als *organisch bedingtes psychisches Syndrom (organic mental syndrome).* Im Unterschied zu den älteren Versionen behandelt DSM-IV diese Störungen in drei eigenständigen Symptomgruppen: (a) →*Delir,* →*Demenz, amnestische* und andere *kognitive Störungen,* (b) *Psychische Störungen aufgrund eines körperlichen Zustands,* und (c) *Substanzbezogene Störungen* (→*Alkoholismus, Drogenabhängigkeit).*

Organismus *(organism).* Bezeichnung für ein System, das aus miteinander verbundenen und voneinander abhängigen Teilen besteht und das aufgrund dieser wechselseitigen Verbundenheit der Teile leben kann. Syn. für *Leib, Leibseelisches Ganzes,* der lebende Mensch bzw. das Lebewesen.
Im übertragenen Sinn wird der Begriff auch auf soziale Gebilde angewandt.

Orientierung *(orientation).*
[1] Allgemeine und umfassende Bezeichnung für die Wahrnehmung der eigenen raumzeitlichen bzw. Lebenssituation und das Anpassen an sie; auch »geistige Orientierung«.
[2] Bezeichnung für das Zurechtfinden von Lebewesen in bezug auf äußere Reize (z. B. »Richtung« beim Vogelflug u. ä.), inbegriffen die Orientierung der niedrigeren Tiere *(Taxis, Tropismus).*

Orientierungsreaktion, -reflex, OR *(orienting response, orienting reflex).*
[1] Zentralnervös vermittelte unmittelbare Antwort höherer Organismen auf neuartige, ungewohnte Reize geringer bis mittlerer Intensität, auf unerwartet eintretende geringfügige Änderungen der Erscheinungsweise von Gegenständen, Umweltereignissen oder ihrer Abfolge. Die OR äußert sich in der Unterbrechung momentaner Tätigkeiten, in der Hinwendung der Sinnesrezeptoren zur Reizquelle, in der Einleitung von Erkundungsoperationen bzw. der Bedeutungssuche sowie in einer Reihe physiologischer Veränderungen zur Erhöhung der Sensibilität in den Sinnesorganen

Orientierungsreaktion

und zur Steigerung der Reaktionsbereitschaft. Die OR mit den äußeren Merkmalen der Hinwendung und Erkundung wurde erstmals von Pawlow bei Hunden beobachtet und als *Untersuchungs-* oder *»Was-ist-das?«-Reflex (investigatory reflex; »what-is-it?« reflex)* bezeichnet. Interpretiert wird die Funktion des angeborenen Mechanismus der OR seit PAWLOW im Sinne einer universellen Vorkehrung gegen das Ignorieren möglicherweise biologisch bedeutsamer Umweltereignisse bei Tier und Mensch, als Grundlage der Herausbildung konditionierter Reflexe dann, wenn dem die OR auslösenden Ereignis ein biologisch oder psychologisch bedeutsames Ereignis folgt, als unwillkürliche Komponente der Aufmerksamkeitsregulation (→*Aufmerksamkeit*) sowie als Auslöser von Neugierde und Erkundungsschritten zur Erweiterung des Wissens. Die OR ist *unspezifisch,* d. h. sie tritt unabhängig von dem jeweils angesprochenen Sinnesgebiet in gleicher Weise auf und zeigt sich als komplexes Muster von inneren und äußeren Reaktionen, die automatisch einsetzen. Neben ihrer Unspezifität und Komplexität unterscheidet sich die OR von der Mehrzahl der übrigen Reflexe dadurch, daß sie bei wiederholtem konsequenzenlosen Kontakt mit dem identischen Reiz allmählich abklingt (→*Habituation*), um erst dann erneut aufzutreten, wenn Reiz bzw. Situation im Vergleich zum ursprünglich auslösenden Ereignis verändert erscheinen. Ausprägungsgrad und Habituationsresistenz der OR sind dann groß, wenn das auslösende Ereignis von vornherein biologisch bedeutsame Hinweise bietet, die Instinktverhalten auslösen, z. B. bei einer Katze das Piepsen einer Maus, oder wenn das auslösende Ereignis ein psychologisch relevantes Signal darstellt, dessen Bedeutung durch Erfahrung geprägt ist, z. B. das unvermittelte Hören des eigenen Namens oder des Zurufs »Achtung« als Auslöser einer *konditionierten OR.*

[2] *Komponenten und Indikatoren der OR:* SOKOLOW unterscheidet vier Komponenten der OR. (a) Die *motorische Komponente* der OR zeigt sich in Zuwendungsbewegungen und Tonuserhöhungen der Skelettmuskulatur, (b) die *sensorische Komponente* in Veränderungen zur Optimierung der Leistungsfähigkeit der Sinnesorgane, z. B. Pupillenerweiterung, Spannungserhöhung des Tympanalmuskels, (c) die *zentralnervöse Komponente* in einer erhöhten Aktivierung des sensorischen und motorischen Kortex mit dem allgemeinen Kennzeichen einer Desynchronisation und Alpha-Blockierung des EEG und (d) die *vegetative Komponente* in erhöhter elektrodermaler Aktivität (EDA) mit einer dem Reiz folgenden Erhöhung der Hautleitfähigkeit (SCR), Herzratenverminderung (HR-Dezeleration), Verengung der Gefäße (Vasokonstriktion) in den Gliedmaßen und Erweiterung (Vasodilatation) der Kopfgefäße. Diese Veränderungen werden im Sinne einer einheitlichen Funktion der OR interpretiert, den Reizkontakt zu intensivieren, die Leistungsfähigkeit der Sinnesorgane und die kortikale Informationsverarbeitung zu optimieren, die Hautsensibilität und Greiffähigkeit zu verbessern und gleichzeitig die allgemeine Reaktionsfähigkeit in Vorbereitung auf Annäherung oder Vermeidung zu gewährleisten. Als zuverlässiger *Indikator* der OR gilt wegen ihrer Abbildungseigenschaften in bezug auf die Habituation die *elektrodermale Aktivität* (EDA, SCR). Als Kriterien der Unterscheidung zwischen OR und Abwehr- oder Defensivreaktionen (DR, →*Abwehr,* →*Schreckreaktion*) gelten für die vegetative Komponente das gemeinsame Auftreten von SCR und Herzfrequenzdezeleration sowie die Habituation der SCR bei wiederholter Darbietung als Kennzeichen der OR; das gemeinsame Auftreten von SCR und Herzfrequenzakzeleration und das weitgehende Ausbleiben der Habituation als Kennzeichen der DR. Auf der Verhaltensebene zeigt sich die OR stets in der Zuwendung zur Reizquelle, Intensivierung des Reizkontakts durch Annäherung und anschließender Erkundung. Die DR dagegen äußert sich im unmittelbaren Abbruch des Reizkontakts bei gleichzeitiger Anbahnung von Abwehrmaßnahmen, manchmal gefolgt von vorsichtigen Erkundungen der Reizquelle aus sicherer Entfernung. Die sog. *Weckreaktion (waking-up response)* stellt eine der OR verwandte Antwort des Organismus auf neuartige oder ungewohnte Situationsveränderungen dar; sie tritt z. B. auf, wenn die OR auf ein bestimmtes, länger andauerndes Geräusch habituiert ist und das Geräusch plötzlich wegfällt. Die Weckreaktion besitzt mit Ausnahme der Hinwendung zur Reizquelle alle übrigen Kennzeichen der OR.

[3] *Erklärungsansätze:* (a) Der *zentralnervöse Auslösemechanismus* der OR besteht nach So-

orthogenetisches Gesetz

kolow aus einem Verbund dreier neuronaler Teilsysteme, die auf Reizintensität, Reizneuheit bzw. Reizbedeutung ansprechen. Je nach Intensität variiert die über die *formatio reticularis* vermittelte unspezifische tonische Aktivierung; gleichzeitig registrieren im Hippocampus zentrierte sog. *Neuheits-Detektoren (novelty detectors)* aufgrund eines Vergleichs eingehender Reizdaten mit gespeicherten »Reizmodellen« fehlende (OR) oder vorhandene Übereinstimmung (vollständige Habituation der OR), während Signale aus dem Frontallappen gemäß dem Bedeutungsanteil des Reizes zur Aktivierung der willkürlichen aufmerksamen Zuwendung zur Reizquelle führen. (b) Von BERLYNE und SOKOLOW stammen Ansätze, die Reizneuheit und den erforderlichen Aufwand zur Bedeutungserfassung in ein informationstheoretisches *Entropiemodell* der OR einbringen. Es wird angenommen, daß die Ausgeprägtheit der OR mit dem zur Erfassung der Reizbedeutung erforderlichen Informationsbedarf korreliert. (c) Öhman schlägt vor, die OR als Initialphase eines durch Reizneuheit oder -bedeutung ausgelösten kognitiven Prozesses anzusehen, der mit einer Mobilisierung zentraler unspezifischer »Verarbeitungsressourcen« einsetzt und in die kontrollierte, d. h. von willkürlicher *Aufmerksamkeit* geleitete Verarbeitung der Information übergehen kann.
LIT. BARRY (1984; 1990); BERLYNE (1960); KIMMEL u. a. (1979); LYNN (1966); ÖHMAN (1979); SIDDLE (1983); SOKOLOW (1963; 1966; 1967; 1975); TURPIN (1986); VOSSEL (1990); VOSSEL, ZIMMER (1988; 1998).

orthogenetisches Gesetz (law of orthogeny). Von H. WERNER aufgestellter Grundsatz, daß sich die individuelle Entwicklung des Menschen in geordneten, hierarchisch organisierten irreversiblen Schritten unter Ausschluß von Zufälligkeiten vollzieht (Orthogenese), wobei Prozesse der *Differenzierung* und *hierarchischen Integration* einander durchdringen. →*Entwicklung*, →*Entwicklungstheorien*.
LIT. WERNER (1959).

orthogonale Rotation →*Rotation.*

Osmorezeptoren →*Durst.*

Ösophagus, Speiseröhre *(esophagus).* Röhrenförmige Verbindung zwischen Rachen und Magen.

Osteoporose →*Cushing-Syndrom.*

Oszillation *(oscillation).* Aus der Physik stammende Bezeichnung für Impulsschwankungen.
In psychologischer Bedeutung:
[1] Bezeichnung für die keinem definierten Trend folgenden Schwankungen, die Variabilität eines bestimmten Reaktionssystems, bei HULL mit dem Symbol $_SO_R$ bezeichnet und auf Schwankungen des *Reaktionspotentials* ($_SE_R$) zurückgeführt.
[2] Bezeichnung für die Tatsache, daß ein Individuum in ein und demselben Test zu verschiedenen Zeitpunkten Leistungsschwankungen aufweist, die keinem Ermüdungstrend oder ähnlichem folgen.

Oszillograph *(oscillograph).* Instrument zur Darstellung und/oder Registrierung von Veränderungen elektrischer Potentiale oder in elektrische Potentiale umgesetzter Wellen. In der Regel werden die Veränderungen durch eine Kathodenröhre auf eine Mattscheibe projiziert und/oder mittels Kanalschreiber aufgezeichnet bzw. digitalisiert und ausgedruckt.

Ovidukt →*Eileiter.*

P

P$_3$, P300, P$_{300}$-Komplex. *Psychophysiologie:* Bezeichnung für einen Komplex positiver langsamer kortikaler →*ereignisbezogener Potentiale,* der 200–600 msec (Millisekunden) nach dem Reiz auftritt, besonders ausgeprägt im parietalen Bereich nach seltenen, unerwarteten oder auffälligen Reizen. Zahlreiche Untersuchungen zeigen, daß Amplitude und Latenz des *P$_3$* in Abhängigkeit vom Verarbeitungsaufwand der Reizinformation variieren. Es wird angenommen, daß dieser Komplex die Aktivität eines kortikalen Mechanismus reflektiert, der die Erwartung zukünftiger Ereignisse und die Strategien ihrer Verarbeitung aktualisiert bzw. den Abschluß eines kognitiven Prozesses durch Entscheidung begleitet. LIT. ROCKSTROH u. a. (1989); VERLEGER (1989).

PA →*Psychoanalyse.*

Paarassoziationen *(paired associates).* Bezeichnung für eine in Lern- und Gedächtnisversuchen häufig verwendete Methode. Der Lernstoff besteht in der Regel aus paarweise dargebotenen sinnlosen Silben oder Silben-Wort-Kombinationen. Nach einer Übungsphase wird das jeweils erste Glied der Paare dargeboten und die Versuchsperson soll das dazugehörige nennen oder niederschreiben. Das Lernen von solchen Paaren wird bereits als *komplexe Lernleistung* bezeichnet.

Paarungsverhalten *(mating behavior).* Bezeichnung für eine Kette von Instinkthandlungen von der Partnerwahl bis zur Kopulation (→*Instinkt).*

Paarvergleich *(paired comparison).* Eine aus der *Konstanzmethode* der Psychophysik weiterentwickelte Methode. Sie besteht darin, alle Kombinationen von Reiz- oder Gegenstandspaaren herzustellen und der Versuchsperson vorzulegen. Es wird beurteilt, welches Glied eines Paares jeweils eine bestimmte Eigenschaft (z. B. Größe, »Schönheit«) in stärkerem Maße aufweist als der Vergleichsreiz oder -gegenstand. Die *Matrix* der Ergebnisse wird Ausgangspunkt der Schwellenstimmung bzw. der *Skalierung.* Paarvergleichstechniken werden auch bei der Skalierung von *Einstellungen* angewandt.

→*Psychophysik.*

Pacinische Körperchen *(Pacini corpuscles, lamellated corpuscles).* Lamellenkörperchen im Unterhautgewebe, die auf Feuchtigkeitsgehalt des Gewebes und Blutes reagieren (sog. Schwellsinnesorgane). Besonders starke Verbreitung in Handflächen- und Fußsohlengewebe.

Pädagogische Psychologie *(educational psychology).* Bezeichnung für ein Teilgebiet der *Angewandten Psychologie,* das sich mit der Anwendung psychologischer Forschungsergebnisse und Theorien auf Probleme des Erziehens bzw. mit der Erforschung von Problemen beschäftigt, die aus der Erziehungssituation (im häuslichen und schulischen Bereich) erwachsen. Es besteht ein enger Zusammenhang mit Fragen der Entwicklungs-, Sozialpsychologie und der Psychologie des Lernens sowie anderen Teilgebieten der allgemeinen und differentiellen Psychologie. LIT. F. WEINERT (Hrsg.; 1967).

Päderastie *(pederasty).* Sexuelle Beziehungen zwischen Erwachsenen und gleichgeschlechtlichen Kindern bzw. Jugendlichen (Syn. »Kinderliebe«, »Knabenliebe«).

Pädophilie →*Sexualstörung.*

Pallium, Gehirnmantel, pars palliaris. Den Hirnstamm überdeckender Bereich der Großhirnhemisphären.

Palmarer Schweißdrüsen-Index, PSI *(palmar sweat index). Psychophysiologie:* Von SUTARMAN eingeführtes Verfahren zur Erfassung der *dermalen Aktivität* durch Abzählen der aktiven Schweißdrüsen pro ca. 4 mm^2 der palmaren Hautfläche (Innenhand). Auf einer Fingerkuppe wird eine ca. vierprozentige Formvar-Lösung aufgetragen. Diese erstarrt rasch und kann mit einer Klebefolie abgezogen werden. Aktive Schweißdrüsen hinterlassen auf dem Abzug helle Stellen, die unter dem Mikroskop gezählt und im Verhältnis zu den ebenfalls am Abdruck erkennbaren nichtaktiven Schweißdrüsen ausgedrückt werden können. Der PSI gilt, ähnlich wie die Kenn-

323

Panik

werte der →*elektrodermalen Aktivität*, als Indikator der von Reizen oder Ereignissen ausgehenden vegetativen Erregung.
LIT. KÖHLER, VÖGELE, WEBER (1989); SUTARMAN, THOMSON (1952).
Panik, Panikreaktion *(panic, panic reaction)*.
[1] Heftiger *Angstzustand* mit ausgeprägten Anzeichen somatischer Erregung, mit dessen Auftreten planvolles Handeln weitgehend blockiert ist. Wiederholt auftretende extreme P. ohne erkennbaren äußeren Anlaß wurde als anfallsartige Form der →*Angstneurose* angesehen, die heute unter dem Oberbegriff der Angststörung subsumiert und als →*Panikstörung* bezeichnet wird.
[2] Als Panikreaktion im engeren Sinn gelten bei Unfall- oder Naturkatastrophen auftretende Zustände der Übererregung, die sich in Entscheidungsunfähigkeit, Übersehen realistischer Rettungsmöglichkeiten, Bewegungsstürmen und Massenflucht mit fatalen Folgen äußern.
LIT. MARGRAF, SCHNEIDER (1989).
Panikstörung *(panic disorder)*. Wiederholt unvermittelt auftretende kurzfristige Episoden heftiger Angst und körperlichen Unbehagens, die keinen Bezug zu bestimmten Personen, Objekten und – in der Regel – zu keinen bestimmten Situationen aufweisen. Begleitsymptome sind Herzklopfen (Palpitationen) oder Herzschlagbeschleunigungen *(Tachykardie)*, Schwitzen, Zittern oder Beben, Atemnot oder Erstickungsgefühle *(Dispnoe)*, Würgegefühle, Brustschmerzen oder Beklemmungsgefühle im Brustraum, Eingeweideschmerzen oder Übelkeit, Benommenheits-, Unsicherheits- oder Schwächegefühle, Derealisierung (Gefühle von Unwirklichkeit) oder Depersonalisierung (Gefühl von Unwirklichkeit) oder Depersonalisierung (Gefühl, von sich selbst losgelöst zu sein), Angst vor Kontrollverlust oder Verrücktwerden, Taubheitsgefühle oder Kribbeln in den Gliedmaßen *(Parästhesien)*, Hitzewallungen oder Kälteschauer. Der im DSM als Unterklasse der →*Angststörung* eingeführte Begriff P. ersetzt und differenziert das in der klassischen Neurosenlehre eingeführte Konzept vom *Angstanfall* (→*Angstneurose*).
(a) *Panikattacken* sind gemäß DSM-IV abgegrenzte Episoden, innerhalb derer sich mindestens vier der oben genannten Symptome plötzlich entwickeln und innerhalb von ca. 10

Minuten ihren Höhepunkt erreichen. (b) Eine *Panikstörung (mit oder ohne Agoraphobie)* ist nach DSM-IV durch wiederkehrende unerwartete Panikattacken charakterisiert, von denen mindestens eine über einen Monat lang eine der genannten Folgen nach sich zieht: Sich anhaltende Sorgen über das Auftreten einer weiteren Attacke machen; über Implikationen (z. B. das nächste Mal einen Herzanfall zu erleiden) oder Konsequenzen (z. B. Kontrollverlust, Verrücktwerden) besorgt sein; sein Verhalten in bezug auf Attacken nachhaltig ändern; mindestens zwei Attacken müssen unerwartet aufgetreten sein; die Wahrscheinlichkeit des Auftretens von Panikattacken ist in bestimmten Situationen erhöht; es darf sich bei den Attacken nicht um Folgen einer Substanzeinnahme oder köperlicher Veränderungen handeln und sie dürfen nicht Begleiterscheinungen einer bestehenden sozialen oder spezifischen Phobie, einer Zwangs-, Belastungs- oder Trennungsstörung sein. Allerdings kann im späteren Verlauf der Störung eine →*Agoraphobie* auftreten. P. ohne Agoraphobie ist etwa doppelt so häufig wie diejenige mit Agoraphobie; P. mit Agoraphobie ist bei Frauen etwa dreimal so häufig anzutreffen wie bei Männern. Zu den assoziierten Beeinträchtigungen zählen in 50–65% der Fälle *major-depressive Störungen*; allgemein treten in $^2/_3$ der Fälle mit dem Einsetzen der P. oder unmittelbar danach →*Depressionen* auf. Nicht selten entwickeln sich neben einer P. *substanzbezogene* Störungen oder andere →*Angststörungen*. P. setzen häufig im dritten Lebensjahrzehnt ein. Über mögliche Zusammenhänge zwischen Trennungsängsten aus Kindheitserfahrungen und/oder dem Verlust bzw. Abbruch persönlicher Beziehungen im Erwachsenenalter mit P. wird berichtet.
LIT. EHLERS, MARGRAF (1990); MARGRAF, SCHNEIDER (1989); REINECKER (1990 a).
Panumscher Empfindungskreis; Panumsches Areal *(Panum area)*. Von P. L. PANUM um 1875 erstmals beschriebener Bereich des beidäugigen Sehens, innerhalb dessen die durch →*Disparation* voneinander abweichenden Abbildungen auf den Netzhäuten zu dem gewohnten einheitlichen Eindruck verschmelzen. Die Region gleicht eher einer Ellipse, denn die Toleranz gegenüber Querdisparation ist wesentlich größer als gegenüber Vertikalabweichungen.

Panumsches Phänomen *(Panum phenomenon)*. Scheinbare Entfernungsverschiebung durch der →*Disparation* angepaßte stereoskopische Überlagerung. Werden dem einen Auge per Stereoskop zwei eng benachbarte parallele Linien dargeboten und dem anderen eine Linie, und zwar so, daß sie sich mit einer der beiden auf dem anderen Auge sichtbaren Linien deckt, erscheint sie näher als die unabgedeckte Linie.

PAQ →*Arbeitsanalyse.*

Paradigma *(paradigm)*. *Gr. paradeigma;* Grundmuster. [1] (a) *Allgemeine Wissenschaftssprache:* Grundlegender theoretischer (z. B. behavioristisches, kognitivistisches, psychoanalytisches P.) oder experimenteller Ansatz (z. B. P. der Gedächtnisabsuche, der Maskierung, der operanten Konditionierung), an dem sich ein Projekt orientiert. (b) *Wissenschaftsgeschichte und -theorie:* Nach T. S. KUHN Muster von Einstellungen, Werten und Techniken, das zu einem gegebenen Zeitpunkt in bestimmten Einzelwissenschaften oder Gruppen von Wissenschaften allgemein verbindlich ist und den Wissenschaftsbetrieb bestimmt.

[2] *Linguistik:* Die unterschiedlichen Ausdrucksformen zugrundeliegender Strukturmerkmale oder Grundelemente.

Paradoxe Intention *(paradoxical intention)*. *Psychotherapie:* Von FRANKL entwickelte Konfrontationstechnik, die sich besonders bei der Behandlung von Angst- und Zwangssymptomen sowie Schlafstörungen bewährt. Der Klient wird durch den Therapeuten aufgefordert, seine Symptome bzw. sein Problemverhalten demonstrativ auszuführen bzw. vorzustellen, um sich dessen Sinnlosigkeit zu vergegenwärtigen. Gelegentlich wird dies durch ironisierende Bemerkungen des Therapeuten unterstützt.

→*Logotherapie.*

paradoxe Kälteempfindung *(paradoxical cold, paradoxical coolth)*. Bezeichnung für eine Kälteempfindung, die dann auftritt, wenn man mit einem auf ca. 43–45 Grad Celsius erhitzten Stab einen Kälterezeptor an der Hautoberfläche berührt.

paradoxer Schlaf →*Schlaf.*

paradoxe Wärmeempfindung *(paradoxical warmth)*. Bezeichnung für eine Wärmeempfindung, die dann auftritt, wenn man mit einem 29–31 Grad Celsius warmen Gegenstand einen Wärmerezeptor der Hautoberfläche berührt.

Paralalie *(paralalia)*. Bezeichnung für eine Form der *Dyslalie,* die z. B. beim *Stammeln oder Lispeln (lisping)* durch Verwechslung von Lauten charakterisiert ist.

Paralexie *(paralexia)*. Bezeichnung für eine beim Lesen auftretende Sprachstörung, die durch Veränderungen im Gehirn verursacht ist und sich in Wortverwechslungen äußert (→*Aphasie*).

Parallaxe *(parallax)*. Physikalische Bezeichnung für Abweichungen im optisch-visuellen Bereich, die dann entstehen, wenn man einen Punkt aus zwei verschiedenen Winkeln betrachtet. Die P. ist definiert durch die Winkeldifferenz. Davon leitet sich die psychophysiologische Bedeutung ab. Dort bezeichnet P. die durch den Augenabstand definierte Abweichung in den Retina-Bildern eines fixierten Punktes, gemessen im Winkelmaß. Die Entfernungsschätzung bzw. Wahrnehmung der Tiefe hängt von dieser Bedingung mit ab.

Parallelismus *(parallelism)*. Philosophische Grundposition, die von zwei beherrschenden Grundprinzipien, -substanzen oder Entitäten ausgeht, die parallel und ggf. interaktiv koexistieren, ohne eins zu sein (→*Dualismus;* →*Monismus*). [1] Im Zusammenhang mit dem →*Leib-Seele-Problem* tritt der P. in verschiedenen Varianten auf: (a) Vertreter eines *psychophysischen P. (psychophysical parallelism)* sehen in der Gehirntätigkeit und Erleben zwei gleichzeitig ablaufende, jedoch voneinander unabhängige Vorgänge. Ähnlich auch die von SPINOZA propagierte *Zwei-Aspekte-Lehre (double aspect theory),* in der seelische und körperliche Prozesse als zwei Aspekte eines im Prinzip konvergenten Geschehensablaufs betrachtet werden. (b) Im sog. *psychoneuralen P. (psycho-neural parallelism)* geht es darum, jedem geistigen Vorgang eine umschriebene und lokalisierbare neurale Aktivität zuzuordnen.

[2] Der in *Ethnologie* und *Soziologie* beheimatete *Kultur-P. (cultural parallelism)* geht davon aus, daß Ähnlichkeiten zwischen kulturellen Normen und Gesellschaftssystemen in voneinander getrennten Gesellschaften das Ergebnis eines gemeinsamen Entwicklungsprozesses seien.

325

Parallelität der Entwicklung

Parallelität der Entwicklung →*phylogenetisches Prinzip.*

Paralogie *(paralogia).* Bezeichnung für eine Form der →*Dyslogie,* bei der es dem Sprecher schwerfällt, Vorstellungen auszudrücken. Der Sprecher kann auch zu unlogischen, unzusammenhängenden Formulierungen oder zu falschem Wortgebrauch kommen.

Paralogismus *(paralogism).* Bezeichnung für ungewollte oder unbewußte Fehlschlüsse bzw. auf solchen beruhende Aussagen.

Paralyse *(paralysis).*
[1] Lähmung eines Organs oder Organsystems durch Störungen im Nervensystem (Krankheit, toxische Einwirkung, Schlaganfall).
[2] *Progressive P. (progressive paralysis):* Demenz, Psychose, geistiger Verfall im Gefolge luetisch bedingter Stirnhirnentzündung.
[3] Die sog. Paralysis agitans oder *Parkinsonsche Krankheit (Parkinson's disease, Parkinsonism)* dagegen äußert sich als sog. Schüttellähmung *(palsy)* in einem bei Willkürbewegungen ausgeprägt auftretenden Tremor der Hände bzw. in Schüttelbewegungen des Kopfes.

paralytische Demenz →*Demenz.*

Parameter, parametrisch *(parameter, parametric).*
[1] *Mathematik:* Eine unspezifische Konstante, d.h. durch Einsetzen des entsprechenden Werts wird eine *parametrisch* ausgedrückte Funktion in ihren Bedingungen erfüllt. Eine Funktion (z.B. Lernkurve, Wachstumskurve) ist durch Bekanntgabe der P. insofern allgemeingültig, als damit der Funktionstypus gekennzeichnet ist. Funktionen des gleichen Typs unterscheiden sich nur hinsichtlich der P.-Werte. Ist z.B. $y = d^x$ eine allgemeine Exponentialfunktion, so erhält man durch Einsetzen verschiedener Werte für d die zur gleichen Familie gehörigen Funktionen.
[2] *Statistik:* Werte, die in die mathematische Funktion einer Wahrscheinlichkeitsverteilung einzusetzen sind. Hierzu gehören *Populationskennwerte,* die einen Verteilungstypus charakterisieren. Die *Normalverteilung* ist z.B. durch die beiden P. *Populationsmittelwert* μ und *Populationsstreuung* σ vollständig definiert.
[3] *Parametrische Prüfverfahren* oder *Tests (parametric tests, parametric statistics)* dienen der Prüfung von statistischen *Parameterhypothesen.* Vorausgesetzt ist die Erfüllung der *parametrischen* Voraussetzungen des Verteilungstypus (in der Regel Normalverteilung) der entsprechenden empirischen Variablen, auf die eine P.-Schätzung basiert. Fehlen Informationen über den Verteilungstypus, müssen *parameterfreie* oder *nicht-parametrische* Tests angewendet werden.

Paramnesie *(paramnesia).* Bezeichnung für Gedächtnistäuschungen mit Evidenz- oder Bekanntheitserlebnissen *(→déjà vu).*

Paranoia *(paranoia).* Aus der klassischen griech. Philosophie und Dichtung (paranoia = allgemeine Geistes- bzw. Verstandesstörung) in die Psychiatrie übernommene Bezeichnung für Störungen mit Anzeichen des sog. *systematisierten Wahns,* d.h. einem ohne Anzeichen von →*Demenz* auftretenden, überzeugend wirkenden, logisch begründbaren und in sich geschlossenen System von Wahnideen, bei dem weite Teile des Wahrnehmens und Denkens unbeeinträchtigt bleiben. Hierzu zählen vor allem chronische, sich aus der Persönlichkeit entwickelnde, mit umschriebenen Selbsttäuschungen und systematisierten Wahnvorstellungen einhergehende (nichtschizophrene) Formen des Beziehungs-, Eifersuchts- und Verfolgungswahns sowie die sog. →*paranoide Schizophrenie.* In der Systematik KRAEPELINS zählte die P. neben *Hebephrenie* und *Katatonie* ursprünglich zu den Grundformen der →*Schizophrenie.* Heute werden die verschiedenen Arten und Formen paranoider Störungen in *DSM* je nach Symptomatik als *wahnhafte (paranoide) Störung (→Wahn)* oder als *Schizophrenie* vom paranoiden Typus bezeichnet.

paranoid *(paranoid, paranoidal).* Tendenz zu Wahnvorstellungen, insbes. zu systematisierten Beeinträchtigungs- oder Verfolgungsideen.

paranoide Demenz →*Demenz.*

Paranoide Schizophrenie *(paranoid schizophrenia, paranoid type of schizophrenia).* Ursprünglich dem Formenkreis der →*Paranoia* zugeordnete *wahnhafte Störung,* die mit Größen- oder Verfolgungswahnsymptomen sowie Halluzinationen ohne nachhaltige Beeinträchtigungen der Gefühlsansprechbarkeit und intellektueller Fähigkeiten einhergeht. Syn.: *Paraphrenie (paraphrenia).*
→*Schizophrenie* [2c], →*Wahn* [2].

Paraphasie, Paraphrasie *(paraphasia).* Eine Sonderform der *Aphasie,* gekennzeichnet durch falsche Wortwahlen und/oder den ge-

partielle Amnesie

häuften Gebrauch von nicht passenden, sinnentstellenden Silben- oder Wortergänzungen, die sich auch in der geschriebenen Sprache wiederfinden *(Paragraphie).*

Paraphilie →*Sexualstörung.*

Paraphonie *(paraphonia).* Bezeichnung für das Umschlagen der Stimme bei Erregung oder im Stimmbruch.

Parapsychologie *(parapsychology).* Bezeichnung für den Versuch, Erscheinungen wie *Gedankenübertragung* (Telepathie) oder *okkulte Erscheinungen* (Hellsehen, mediale Fähigkeiten u. ä.) zu erklären bzw. die Gesetzmäßigkeiten ihres Auftretens in Abhängigkeit von den Bedingungen zu klären. LIT. BENDER (Hrsg.; 1957); RHINE, PRATT (1961).

Parasomnie →*Schlafstörung.*

Paraspezifisches Abwehrsystem →*Immunsystem.*

Parästhesie *(paresthesia).* Bezeichnung für Empfindungen, die ohne jede Reizgrundlage auftreten.
→*Panikstörung.*

Parasympathikus *(parasympathetic division of the nervous system).* Bezeichnung für einen Teil des *vegetativen* oder *autonomen* →*Nervensystems,* der besonders an Zuständen der Entspannung beteiligt ist. Sein wichtigster Nerv ist der *Nervus vagus* oder *Vagus* (10. Gehirnnerv).

Parataxie *(parataxis).* Bezeichnung für emotionale Fehlanpassung vorwiegend im sozialen Bereich.

Parathyreoidea, Nebenschilddrüse, Epithelkörperchen *(parathyroid).* An der Schilddrüsenhinterseite liegende, vier erbsengroße, paarig angeordnete endokrine Drüsen, die das zur Regelung des Kaliumhaushaltes erforderliche Parathormon in die Blutbahn ausschütten. *Unterfunktion* führt zu tonischen Muskelkrämpfen (Tetanie), *Überfunktion* dagegen zu generalisierter Dystrophie der Knochensubstanz (Festigkeitsschwund) und – durch vermehrte Kalziumausscheidung – zur Nierensteinbildung.

Parese *(paresis).* Bezeichnung für Teillähmungen, die auf umschriebene Ausfälle des Zentralnervensystems zurückgehen (z. B. auf syphilitische Erkrankungen).

parietal *(parietal).*
[1] Biologisch-anatomische Bezeichnung für Gewebeteile, die entweder eine Körper-, Organ- oder Gefäßwand darstellen (z. B. das parietale Mesoderm oder Hautfaserblatt) oder als wandständig lokalisierbar sind (z. B. parietale Peritoneumschichten, d. h. an der Bauchfellwand liegende Gewebeteile).
[2] Biologisch-anatomische Bezeichnung für Schädelregionen in der Nähe des Scheitelbeins *(parietal bone).*
[3] Parietallappen *(parietal lobe; lobus parietalis)* heißt der Kortexabschnitt hinter der Zentralfurche und oberhalb der fissura cerebri lateralis (Sylvius-Furche). Gängige Abkürzung bei der Lokalisierung auf der Schädeloberfläche P.
→*Electroencephalogramm.*

Parkinsonsche Krankheit, Morbus Parkinson, paralysis agitans *(Parkinson's disease).* Degenerativer Prozeß in den Stammhirnganglien, der zu allmählicher Bewegungsverarmung *(Akinese),* Versteifung der Körperhaltung und Erstarrung der Mimik sowie zu *Tonuserhöhung* und *Tremor* in Händen, Kopfmuskulatur und Füßen führt. Häufigstes Auftreten zwischen 50 und 60 Jahren; Erblichkeit der Disposition wird angenommen; medikamentöse und neurochirurgische Behandlung ist aussichtsreich.

Parorexie *(parorexia).* Bezeichnung für gesteigertes Bedürfnis nach ausgefallenen Lebensmitteln oder Speisen bzw. Zusammenstellungen, z. B. während der Schwangerschaft.

Parotis *(parotid gland)* oder **Ohrspeicheldrüse.** Die größte der menschlichen Speicheldrüsen; sie liegt in Ohrenhöhe.

Parsimonieprinzip *(principle of parsimony; parsimony principle).* Aus dem lat. parsimonia (Einfachheit; Sparsamkeit) hergeleitete Bezeichnung für den von Occam propagierten Grundsatz, aus mehreren alternativen Erklärungsansätzen stets den einfacheren zu bevorzugen. Morgans *Kanon der Einfachheit* präzisiert dies für die Zwecke der vergleichenden Verhaltensforschung: Zur Erklärung von Verhaltensweisen soll man zuerst einfache Funktionszusammenhänge heranziehen, um nicht von vornherein der Versuchung zu erliegen, das Verhalten von Tieren mit demselben Aufwand zu erklären, wie ein vergleichbares Verhalten des Menschen.

Parthenogenesis. Bezeichnung für die Entwicklung eines neuen Organismus aus einem unbefruchteten Ei (Syn. *Jungfernzeugung*).

partielle Amnesie →*Amnesie.*

327

partielle Korrelation

partielle Korrelation *(partial correlation).* Statistische Bezeichnung für die Korrelation zwischen zwei Variablen unter Ausschluß der Wirksamkeit einer dritten Variablen, die mit der ersten und zweiten korreliert. Mißt man z. B. bei einer Gruppe von Versuchspersonen zwei motorische Leistungen (1 und 2) und die Intelligenz (3) und zeigt sich eine Korrelation zwischen (1) bzw. (2) und der Intelligenz (3), so läßt sich mit Hilfe der partiellen Korrelation die »reine« Korrelation zwischen 1 und 2 errechnen, die dann ermittelt worden wäre, wenn die Intelligenz keinen Einfluß auf das Ergebnis gehabt hätte.

partielle Verstärkung →*Verstärkungsplan.*

Partil *(partile).* Bis auf den Grad genau. Statistisch-mathematische Bezeichnung für jede Art von Unterteilung von Rangordnungen in gleichgroße Klassen. Eine Einteilung in 100 (Prozenteinteilung) führt zu →*Perzentilen* oder *Prozenträngen,* in 10 zu Decilen, in 8 zu Oktilen usw.

passiv-aggressive Persönlichkeitsstörung →*Persönlichkeitsstörung.*

Patellarreflex *(patellar reflex)* oder **Kniesehnenreflex** *(knee jerk).* Reflex, der durch einen Schlag knapp unterhalb der patella *(Kniescheibe)* bei entspannter Beinlage ausgelöst wird und in einer durch den musculus quadriceps bewirkten Aufwärtsbewegung des Beines (unterhalb des Kniegelenks) besteht.

Pathognomik *(pathognomy).* Bezeichnung für den Bewegungsausdruck *(→Ausdruck).*

Pathologie *(pathology).* Bezeichnung für das Teilgebiet der biologisch-medizinischen Wissenschaften, das sich mit abnormen und Krankheitserscheinungen des (menschlichen) Organismus beschäftigt.

pathologisch *(pathological).* Durch Krankheit verändert, auf Störung oder Krankheit zurückgehend.

Pattern. Englische Bezeichnung für *Muster, Konstellation* oder *Struktur* (Syn. engl. *cluster, structure)* als aus Teilen zusammengesetzte funktionale Einheit, wobei die Teile mehr oder weniger deutlich unterschieden werden können. »Erregungskonstellation« *(excitatory pattern, neural pattern)* bezeichnet z. B. die Erregung eines Verbandes von Neuronen; als sensorische oder Empfindungskonstellationen *(sensory patterns)* werden Eindrücke von der Qualität der →*Gestalt (→Struktur)* bezeichnet. Der Begriff wird meist deskriptiv

verwendet und bedarf zusätzlicher Erläuterungen.

Pavor nocturnus →*Schlafstörung.*

Payoff-Funktion →*Spieltheorie.*

PCP →*Drogenabhängigkeit.*

pensée opératoire. Aus dem Franz. übernommene Bezeichnung für ein Denken, das sich mit Vorrang an konkreten und aktuellen Objektbeziehungen bzw. Tätigkeiten orientiert und bei zahlreichen psychosomatischen Erkrankungen den Zugang zu den Erlebnissen und Erfahrungen des Patienten erschwert. Die p. o. gilt als Sonderfall der →*Alexithymie.*

Percept-Genese →*Aktualgenese.*

Perimeter. Syn. *Campimeter.* Gerät zur Prüfung der Sehtüchtigkeit in bezug auf Lokalisierungsleistungen im Gesichtsfeld. Es müssen Lichtreize erkannt werden, die in verschiedenen Positionen auf der inneren Rückwand einer Halbkugel erscheinen, deren Mittelpunkt währenddessen monokular fixiert werden muß. Das Verfahren erlaubt u. a. die Lokalisierung von retinalen Ausfällen *(→Skotom).*

Periodische Trunksucht →*Dipsomanie.*

periodische Verstärkung →*Verstärkungsplan.*

peripher *(peripheral).* Außen oder an der Körperoberfläche liegend. Als *peripherer Reiz* wird z. B. ein solcher bezeichnet, der einen nicht-zentralen Teil der Retina trifft. *Periphere Nerven* oder *periphere Nervenbahnen* nennt man Teile des Nervensystems, die von Gehirn und Rückenmark abseits liegen. *Peripheres Nervensystem* →*Nervensystem.*

periphere Durchblutung *(peripheral vascular activity). Psychophysiologie:* Am *Blutvolumen* orientierter Indikator der →*kardiovaskulären Aktivität.* Mit Hilfe der *photoelektrischen Plethysmographie,* einem auf Lichtschrankentechnik basierenden Verfahren, können Veränderungen des Blutvolumens in bestimmten Gefäßabschnitten aus dem ein Hautareal durchdringenden bzw. von diesem reflektierten Licht erschlossen werden. Maße der p. D. haben eine mit Blutdruckmessungen vergleichbare Bedeutung.

peripherer Reiz →*peripher.*

Peristaltik *(peristalsis).* Wellenförmige Kontraktionen, durch die der Darminhalt im Verdauungstrakt transportiert wird.

Perseveration. Tendenz zur Wiederholung, zum Beibehalten bestimmter Verhaltensweisen oder Vorstellungen im Sinne *subjektiver*

Wiederholungstendenzen. (a) Ständiges Wiederholen bestimmter Wörter, Phrasen oder Verhaltensweisen. Syn. *Stereotypie.* (b) Beibehalten eingefahrener Lösungsstrategien, obwohl diese nicht passend sind bzw. angemessenere in aller Deutlichkeit zur Verfügung stehen. Syn. →*Rigidität.* (c) Das nahezu zwanghaft wiederholte Auftauchen bestimmter Gedanken oder Vorstellungen ohne jeden erkennbaren auslösenden Anlaß.
LIT. MITTENECKER (1953).
Person *(person),* aus dem lat. persona (Maske).
[1] In der philosophischen Anthropologie (a) unteilbare Substanz des vernünftigen Wesens (Boethius; Scholastik), (b) Ansehen, Freiheit und Würde kennzeichnende Qualität des Menschen (frühes römisches Recht) bzw. (c) Inbegriff der erfahrenen Handlungsmöglichkeiten und ihrer Verwirklichung in bezug auf Erfahrungsgegenstände (KANT).
[2] In der Persönlichkeitspsychologie W. STERNS *(→Personalismus),* die unitas multiplex, d. h. eine reale, eigenartige und eigenwertige Einheit, die trotz der Vielheit der Teilfunktionen die Fähigkeit zu einheitlicher zielstrebiger Selbsttätigkeit besitzt. In der neueren psychologischen Fachliteratur weitgehend durch die Begriffe →*Persönlichkeit* bzw. →*Selbst* und *Selbstkonzept* ersetzt.
LIT. AYER (1963); W. STERN (1923).
Persona (lat. *persona,* Maske).
[1] Nach C. G. JUNG Inbegriff individueller Reaktionen auf die soziale Umwelt als Gegensatz zur →*Anima,* dem individuellen umweltunabhängigen Unbewußten.
[2] Allgemeine Bezeichnung für den Rollenaspekt der Persönlichkeit. In diesem Sinne nur in der anglo-amerikanischen Fachsprache als Generalisierung der Bedeutung [1] gebraucht.
Personalentwicklung, PE *(personnel development; human resources management).*
[1] Kurzfristige Maßnahmen des Aufbaus und der Förderung von fachlichem Wissen, Fertigkeiten und sozialkommunikativer Kompetenzen bei ausgewählten Mitarbeitern. PE-Maßnahmen umfassen neben *Personalauswahl* (→*Assessment-Center*) und Kompetenzförderung in *Fort- und Weiterbildung* (→*Ausbildung)* auch die Förderung kreativer Teamarbeit durch →*Qualitätszirkel* u. ä.

[2] Eine Sonderform des PE stellt das zu der Gruppe der *Supervisions-* und *mentorengestützten Verfahren* zählende *Coaching* dar. Mit diesem Verfahren soll die Wirksamkeit von Führungskräften mit hohem Entwicklungspotential in ihrer jetzigen oder künftigen Stellung gefördert bzw. verbessert werden. Besondere Beachtung finden dabei die Fähigkeiten zum Zuhören, klaren Formulieren, zum Ver- und Aushandeln und zum Unterweisen. Den ausgewählten Führungskräften wird auf Zeit ein *Trainer (coach)* zur Seite gestellt, der die Aufgabe hat, auf die oben genannten spezifischen Merkmale des Führungsverhaltens in konkreten Entscheidungssituationen zu achten, korrigierend einzugreifen bzw. in Besprechungen auf Fehler einzugehen. Das aufwendige Verfahren wird in der Regel durch Erfolgskontrollen im Training und zu späteren Zeitpunkten ergänzt.
→*Arbeits-, Betriebs-Organisationspsychologie;* →*Führung;* →*Organisationsentwicklung.*
LIT. WEINERT (⁴1998).
Personalismus *(personalism, personalistic psychology).*
[1] Psychologische Standpunkte und Theorien, die den individuellen Aspekt der Persönlichkeit zum Hauptgegenstand der Betrachtung erheben. So betonte z. B. G. W. ALLPORT die Eingebettetheit jeden Verhaltens in die →*Persönlichkeit.*
[2] Als *kritischer P.* Bezeichnung für die Auffassung W. Sterns, in deren Rahmen die →*Person* einheitlicher Kreuzungspunkt von Psychischem und Physischem ist.
LIT. ALLPORT (1960); W. STERN (1935).
Personifikation, Personifizierung *(personification).* Allegorische Vermenschlichung unbelebter Dinge, Naturerscheinungen und abstrakter Begriffe. Ursprünglich Bezeichnung für religiöse Vorstellungen, daß hinter Naturerscheinungen (wie z. B. Blitz und Donner) das Wirken göttlicher Personen stünde bzw. daß sich in bestimmten zentralen Begriffen (wie z. B. Gerechtigkeit) das Wesen von Gottheiten verberge.
→*Animismus.*
persönliche Gleichung *(personal equation).* Aufgrund der Beobachtungen des Astronomen BESSEL (1784–1846) von ROBINSON (1830) eingeführte Bezeichnung für den Fehler, den ein bestimmter Beobachter macht, wenn er auf ein Zeitzeichen hin den Ort von Himmelskör-

Persönlichkeit

pern festhalten soll. Genauere Untersuchungen der später sog. *Reaktionszeit* wurden erst möglich, als HIPP – noch vor der Erfindung der Stoppuhr – das von ihm sog. *Chronoskop* in der Mitte des vorigen Jh. einführte. Die gefundenen Beobachterunterschiede beruhen u. a. auf *intermodalen Interferenzen*, d. h. Wechselwirkungen zwischen den gleichzeitig registrierten visuellen und auditiven Eindrücken. →*Komplikation.*

Persönlichkeit, Persönlichkeitstheorien *(personality, personality system, personality theories, theories of personality).* Umfassende Bezeichnung für Beschreibung und Erklärung der Bedingungen, Wechselwirkungen und Systeme, die interindividuelle Unterschiede des Erlebens und Verhaltens erfassen und ggf. eine Vorhersage künftigen Verhaltens ermöglichen. Verschiedene Bezugssysteme (z. B. Personalismus, Eigenschaftstheorien und Wechselwirkungstheorien) führten zur Ausformung recht verschiedenartiger P.-Theorien. Den z. Zt. gängigen Ansätzen ist gemeinsam, daß sie sich quantitativer Methoden der Merkmalserfassung bedienen und ihre Annahmen durch Feld- oder Laborexperimente zu stützen suchen. Die P.-Forschung hat einen erheblichen Einfluß auf die Entwicklung der psychologischen Diagnostik und ihrer einzelnen Verfahren.

[1] *Eigenschafts- oder Dispositionstheorien (trait theories).* ALLPORT, ein Schüler STERNS, sah in der P. die dynamische Ordnung jener psychophysischen Systeme des Individuums, die seine einzigartige Anpassung an die Umwelt bestimmen. Dynamische Ordnung bedeutet ein übergeordnetes System, das sich durch fortgesetzte Entwicklungen und Selbstregulation wandelt. Die psychophysischen Teilsysteme werden als *Eigenschaften* im Sinne von Dispositionen, Gewohnheiten und Einstellungen verstanden. In ihnen fließen angeborene und erworbene Verhaltenstendenzen zusammen. Für GUILFORD ist P. das einzigartige individuelle Muster meßbarer Eigenschaften, die relativ überdauernd wirksam sind. Für CATTELL ist P. identisch mit allen Faktoren, die eine Vorhersage darüber erlauben, was eine Person in einer bestimmten Situation tun wird. Der Beschreibung von Merkmalszusammenhängen, die eine Eigenschaft oder einen Typus definieren lassen, dienen *Cluster-, Faktoren-Analyse* und verwandte multivariate Techniken. Eigenschaften wie z. B. »Intelligenz«, »Extra-Introversion«, »Feldabhängigkeit« oder »Prüfungsängstlichkeit« sind komplexer Natur. Da die erfaßbaren Merkmale nur eine Teilmenge aller möglichen Merkmale repräsentieren und ihr Zusammenhang nur unter Zuhilfenahme theoretischer Annahmen definiert werden kann, muß man sie als *Konstrukte* bezeichnen. Den Eigenschaftsansätzen verdanken wir u. a. eine Übersicht über jene Faktoren, die bei der Analyse interindividueller Differenzen im Sinne einer Bedingungsmatrix berücksichtigt werden sollten. Nach CATTELL sind dies Fähigkeiten, Temperamentseigenschaften, biologische und erworbene Motivationen, sozial geprägte Erlebens- und Verhaltensweisen und momentane Zustände. Die Treffsicherheit der Vorhersage eines konkreten individuellen Verhaltens aus einzelnen Eigenschaften ist jedoch sehr gering. Aus dieser Kritik entwickelten sich

[2] *Wechselwirkungstheorien der P. (interactionistic personality theory, interactionism).* Zunächst wurde angenommen, daß das konkrete Verhalten in hohem Maße von Situationsmerkmalen gesteuert ist. Diese Auffassung stützt sich auf Lerntheorien, die von der Kontingenz der Reiz-Reaktions-Verstärkungs-Abfolge ausgehen. Definiert man jedoch eine Situation nach Mischel als die subjektive Kodierung von Reizen, so versagt ein reiner *Situationismus (situationism).* Die Wechselwirkungstheorie geht daher einen kognitiven Weg und beschreibt die Persönlichkeit als System von Erwartungen, die ein Individuum in bezug auf die Konsequenzen von Ereignissen oder eigenen Handlungen entwickelt hat, um sie in konkreten Situationen ins Spiel zu bringen. Die Verwandtschaft zu *kognitiven* Lerntheorien, der Erforschung von *kognitiven Stilen* und dem *Bewältigungsverhalten* ist offenkundig. Noch genereller operiert der Ansatz des sog. *Selbstkonzepts.* Der von FREUD ausgehende Versuch zur Erklärung der Entstehung von Eigenschaften kann ebenfalls unter dem Aspekt der Wechselwirkung betrachtet werden. Zentral ist die Annahme, daß Triebimpulse des »Es« im Verlauf der Entwicklung unter die Kontrolle des »Über-Ich« geraten. Das »Ich« entwickelt daraufhin *Abwehrmechanismen* bzw. Strategien der Objektbesetzung. Die Konstellation indivi-

Persönlichkeitstypen

dueller Abwehr- und Kontrollstrategien bestimmt die individuelle Weise des Umgangs mit den eigenen Bedürfnissen. Weitergeführt ist dieser Gedanke in der Erforschung *kognitiver Stile* als Kontrollmechanismen über den Umweltaufschluß.
LIT. ALLPORT (1960); BOWERS (1973); CATTELL (1950; 1957); ENDLER, MAGNUSSON (1975); H. J. EYSENCK (1952; 1970); GUILFORD (1964); HERRMANN (1969; 1973); HERRMANN, LANTERMANN (1985); KROHNE (1977); LERSCH, THOMAE (Hrsg.; 1961); MISCHEL (1973); SCHRODER, DRIVER, STREUFERT (1967).
Persönlichkeitsstörung *(personality disorder)*. Klinische Psychologie, Psychiatrie:
[1] Relativ überdauernde Verhaltensmuster, die zu erheblichen Fehlanpassungen, deutlichen Beeinträchtigungen des sozialen Verhaltens und/oder zu schwerwiegenden subjektiven Belastungen und Beschwerden führen.
[2] Im *DSM-IV* werden folgende Gruppen *spezifischer Persönlichkeitsstörungen* unterschieden: (a) P. aus der Gruppe A sind allgemein durch Sonderbarkeiten und Exzentrizität des Verhaltens gekennzeichnet. Zu ihnen zählen *paranoide P. (paranoid personality disorder)* mit den Symptomen Mißtrauen, Argwohn, Kritikempfindlichkeit bei gleichzeitiger Tendenz, andere zu kritisieren, Bedürfnis nach Selbstzufriedenheit; *schizoide P. (schizoid personality disorder)* mit Ungeselligkeit, Introversion und ambivalenten Gefühlen; *schizotypische P. (schizotypical personality disorder)* mit Neigungen zu Magien (Glauben an eine Phantasiewelt, an Beschwörungshandlungen, Zauberriten), Beziehungs- und Beeinträchtigungsideen, weitschweifigen, vagen Redeweisen. (b) P. aus der Gruppe B haben die allgemeinen Kennzeichen der Launenhaftigkeit, Dramatik des Auftretens und starker Emotionalität. Zu ihnen zählen die *antisoziale P. (antisocial personality disorder)*, gekennzeichnet durch sich bereits im Jugendalter abzeichnende Auffälligkeiten des Sozialverhaltens, die später in verantwortungsloses Verhalten, Stehlen, Nichteinhalten eingegangener Verpflichtungen, Unfähigkeit zur Verkehrsdelikte, Gewalttätigkeiten zusammen mit erhöhter Reizbarkeit und Unfähigkeit zur Reue übergehen können; die *Borderline-P. (borderline personality disorder)* mit Symp-

men von Identitätsstörungen, gesteigerter Selbstunsicherheit und Instabilität von Gefühlen und Interessen, die sich nachteilig auf Berufsleben, soziale und sexuelle Beziehungen auswirken und oftmals von erhöhter Reizbarkeit, Angstepisoden, Wut- und Zornausbrüchen und/oder impulsiven Handlungen begleitet sind *(→Borderline-Syndrom); die histrionische P. (histrionic personality disorder)* bezeichnet ein Störungsbild, bei dem exzentrische, dramatische und expressive Verhaltensweisen des früher sog. *hysterischen Charakters* vorherrschen; die *narzißtische P. (narcissistic personality disorder)* betrifft ein Zustandsbild, das sich durch gesteigerte Selbstzuwendung, Ehrgeiz, Bedürfnis nach Anerkennung und Beneiden anderer beschreiben läßt. (c) P. der Gruppe C zeichnen sich durch Symptome extremer Ängstlichkeit bzw. Furchtsamkeit aus. Zu ihnen zählen die *selbstunsichere P. (avoidant personality disorder)* mit dem zentralen Merkmal der Überempfindlichkeit, die *dependente P. (dependent personality disorder)* mit deutlichen Anzeichen sozialer Abhängigkeit, die *zwanghafte P. (compulsive personality disorder)* in deutlicher Nähe zu dem Zustandsbild der Zwangsneurosen und die *passiv-aggressive P. (passive-aggressive personality disorder)* mit dem zentralen Symptom des passiven Widerstands gegen alle Arten von Leistungsanforderungen, von dem angenommen wird, er sei Ausdruck gehemmter Aggressionen. (d) Eine sog. Restkategorie umfaßt schließlich spezifische P. und Mischformen, die keinem der erwähnten Zustandsbilder direkt entsprechen. Anzumerken ist, daß die Diagnose einer P. von erheblichen Unsicherheiten belastet ist, da gleiche oder ähnliche Symptome auch bei anderen klinisch relevanten Syndromen vorkommen, die anderen oder aber keiner Hauptgruppe von Störungen zugeordnet werden können. Daher liegt die diagnostische Reliabilität bei P. im Unterschied zu den übrigen Störungsgruppen nur bei Werten zwischen 0.3 und 0.5.
Persönlichkeits-Tests →*Test.*
Persönlichkeitstypen *(personality types)*. Allgemeine und umfassende Bezeichnung für Versuche, die der Klassifikation von Individuen nach ihrem äußeren Erscheinungsbild (Körperbautypen) oder nach verschiedenen Verhaltensmerkmalen (Eigenschaften) in mehr oder weniger idealtypischer Weise *(→Ideal-*

331

Perspektive

typus) dienen. Typologische Ansätze sind heute in der psychologischen Forschung und Theorienbildung äußerst selten. An ihre Stelle sind weitgehend Analysen der *Eigenschaften, Eigenschaftsbündel (clusters)* und *Faktoren* getreten, wobei allerdings ältere deskriptive Ansätze wie jener von C.G. JUNG (Extraversion vs. Introversion) weiter ausgebaut und empirisch untermauert werden (→*Extraversion,* →*Introversion* im Sinne EYSENCKS).
LIT. LERSCH, THOMAE (Hrsg.; 1961).
Perspektive *(perspective).*
[1] Bezeichnung für die Erscheinungsweise anschaulicher Gegebenheiten in bezug auf ihre räumliche Position (z.B. ihre relative Verkürzung in Abhängigkeit vom Standpunkt des Betrachters u.ä.). Man unterscheidet dabei verschiedene Ursachen der erscheinungsmäßigen Verkürzung bzw. der Tiefenwirkung: *atmosphärische Perspektive (aerial perspective, atmospheric perspective)* bezeichnet die Wirkweise des Dunstes bzw. diejenige von Licht und Schatten bei der Tiefenwahrnehmung, die sogenannte *binokulare Perspektive (binocular perspective)* bezieht sich auf die durch beidäugige Betrachtung und *Querdisparation* bedingten Tiefenwirkungen.
[2] In übertragener Bedeutung Bezeichnung für den Umstand, etwas von einem bestimmten Standpunkt aus zu betrachten (Perspektivität) bzw. die Bedeutung von Einstellungen, Prinzipien u.ä. bei der Beurteilung von Sachverhalten.
[3] Als Zeitperspektive *(temporal perspective, time perspective)* bezeichnet man die Tatsache des Erinnerns oder Vorstellens in Abhängigkeit von der Zeit. Als Zukunftsperspektive schließt der Begriff Vorstellungen in bezug auf einen ganz bestimmten zukünftigen Zeitpunkt oder Zeitraum ein.
Persuasion. Bezeichnung für den Prozeß oder die Methode der *Beeinflussung* von Menschen in bezug auf ihre Einstellung oder Meinung bzw. ihr Handeln. P. wird meist durch Gespräche rationalen Gehaltes bzw. durch Appellieren an intellektuelle Momente erreicht, ist jedoch hinsichtlich ihrer Wirkung sehr stark von nichtrationalen Momenten mitbestimmt. Der Grad der Beeinflußbarkeit bzw. Überredbarkeit eines Individuums wird in der angloamerikanischen Fachliteratur als *Persuasibilität (persuasibility)* bezeichnet.

Perturbation. Informationstheoretische Bezeichnung für Störungen, die auf die Informationsaufnahme Einfluß nehmen, so daß eine Nachricht nicht voll deutlich bzw. mit der gesendeten Informationsmenge nicht übereinstimmend ankommt (gleichbedeutend mit *Rauschen*).
Perversion *(perversion).* Ältere, heute in der Fachsprache nicht mehr gebräuchliche Bezeichnung für Normabweichungen (a) des Sexualverhaltens und sexueller Praktiken (→*Homosexualität,* →*Sexualstörung*) bzw. (b) des Verständnisses der Geschlechterrolle (→*Transvestitismus,* Störung der →*Geschlechtsidentität*).
Perzentil *(percentile).* Statistische Bezeichnung für Maßzahlen, die bei nach der Größe geordneten, kumulierten Daten und durch Umrechnung in Prozente errechnet werden können. Der sog. *Perzentil-Score* oder *Prozentrang* gibt an, wieviel Prozent der Fälle unterhalb einer bestimmten erreichten Maßzahl liegen. Die Aussage »die Leistung von X liegt im 85sten Perzentil« bedeutet, daß X im Vergleich zur Gesamtgruppe so gut abgeschnitten hat, daß 85% der Leistungen geringer und nur 15% der Leistungen höher als die von X ausgefallen sind. Die Umrechnung in Perzentile entspricht der Konstruktion der *Ogive,* engl. auch *percentile curve.*
perzeptiv-motorisches Lernen *(perceptualmotor learning).* Bezeichnung für ein Lernen von motorischen Handlungen (z.B. einer bestimmten Bewegung; manchmal auch sprachlicher Äußerungen) auf einen bestimmten Wahrnehmungsreiz oder auf eine bestimmte wahrnehmbare Reizkonstellation hin.
PET →*Tomographie.*
Pfadaktivierung *(path activation).* Von Posner eingeführte Bezeichnung für Prozesse der *differentiellen Aktivierung* von kognitiven Elementen, ihren Verbindungen und Kodierungsweisen durch die Darbietung eines Signals bzw. Hinweises. Pfade sind durch Erfahrung (Übung) geprägte Abfolgen von invarianten Sequenzen innerer (kognitiver) Vorgänge, die durch bestimmte Signale oder Hinweise automatisch aktiviert bzw. reaktiviert werden. Wird z.B. jemandem der Buchstabe A dargeboten und er soll rasch entscheiden, ob A in der folgenden Buchstabengruppe enthalten ist oder nicht, so wird rascher reagiert als dann, wenn zwischen A oder Nicht-A

entschieden werden muß, vorher aber ein anderer Buchstabe dargeboten worden war. Die vorangegangene Darbietung des A hat die Reaktivierung eines eingefahrenen Pfades beim Buchstabenlesen zur Folge, der sich im Sinne eines *Primingeffektes* auswirkt. Ähnliche Effekte treten auf, wenn man vorher *semantische Pfade* aktiviert, z. B. durch Nennung eines Begriffes, der in dieselbe Bedeutungskategorie fällt wie das nachfolgende Wort. Pfadaktivierung ist ein Sonderfall des sog. →*Priming*.

LIT. POSNER (1978); POSNER, SNYDER (1975 a; 1975 b); ULEMAN, BARGH (1989).

Pfadanalyse *(path analysis).* Teilgebiet der multivariablen Analyse bzw. der Theorie der *multiplen Regression.* Die Methode erlaubt es, Kausalbeziehungen zwischen Variablen in sog. *Pfaddiagrammen (path diagrams)* darzustellen, die den Einflußrichtungen der Variablen entsprechen. Der sog. *Pfadkoeffizient (path coefficient)* kennzeichnet den von der Einflußrichtung unabhängigen Pfad von einer Kausalvariablen zu einer Wirkungsvariablen und entspricht mathematisch einem standardisierten partiellen *Regressionskoeffizienten.* Neuere Entwicklungen der P. erlauben darüber hinaus die Systematisierung multivariater Regressions- bzw. Korrelationsmatrizen und die Überprüfung von Abhängigkeitshypothesen.

LIT. HEISE (1975).

Phagozytose →*Immunsystem.*

phallische Phase *(phallic stage).* Psychoanalytische Bezeichnung für eine Phase in der Entwicklung der kindlichen Sexualität, die bei beiden Geschlechtern mit einem gesteigerten Interesse am Penis oder – bei Mädchen – an einem als äquivalent bewerteten *phallischen Symbol (phallic symbol)* einhergeht. Als *Phallus* bezeichnet man jeden spitzen oder nach oben gerichteten Gegenstand.

Phänomen →*Erscheinung.*

Phänomenale Bewegung →*Scheinbewegung.*

Phänomenalismus *(phenomenalism).* Bezeichnung für eine philosophische Lehrmeinung, die das menschliche Erkennen auf das erscheinungsmäßig Gegebene (auf Phänomene) einschränkt und das Erkennen der »wahren« Natur der Dinge ausschließt. P. ist nicht gleichbedeutend mit →*Phänomenologie.*

Phänomenologie *(phenomenology).* Bezeichnung für eine philosophisch-psychologische Richtung, die von den Phänomenen (den Dingen, so wie sie sich dem Betrachter jeweils

zeigen, was sie ihm bedeuten) ausgeht und annimmt, daß das Verhalten stärker von der Art des Erfassens von Erscheinungen bzw. von den Erfahrungen bestimmt ist als durch die physikalisch definierbare, äußere »Wirklichkeit«.

Phänomenologische Psychologie *(phenomenological psychology).* Bezeichnung für eine von den Ansätzen E. HUSSERLS ausgehende psychologische Richtung, die sich der Analyse von den Bewußtseinsstrukturen bzw. Strukturen des bewußten Erlebens widmet *(→Bewußtsein, →Intentionalismus).* Die dabei angewandte Methode der Reduktion, dem Absehen von den akzidentiellen Erlebnisvarianten, kennzeichnet diese Methode als von der *Selbstbeobachtung* deutlich unterscheidbares Vorgehen. Im englischen Sprachgebrauch allerdings werden (bedauerlicherweise) phänomenologisch und deskriptiv bzw. introspektiv in gleichem Sinne gebraucht.

LIT. GRAUMANN (1960); LINSCHOTEN (1961); WELLEK (1955).

Phänomotive *(phenomotives).* Von W. STERN eingeführte Bezeichnung für dem Individuum bewußte Motive, die als Antizipationen eines Zieles vor einer Handlung auftreten. Sie sind zu unterscheiden von den *Genomotiven,* die den generellen Antrieb und das Auftreten der P. bewirken.

Phänotypus *(phenotype).* Bezeichnung für die Gesamtheit aller in Erscheinung getretenen Anlage- und Erbfaktoren bzw. umfassende Bezeichnung für die Ursache des Auftretens bestimmter Eigenschaften; z. u. von →*Genotypus.*

Phantasie *(fantasy, imagination).*
[1] Wahrnehmungsnahe bzw. wahrnehmungsorientierte Vorstellungen; durch Umwandlungen und Ergänzungen anschaulicher Vorbilder angereicherte Bewußtseinsinhalte. →*Einbildungskraft.*
[2] Mehr oder minder schöpferische Vorstellungstätigkeit, deren Inhalte durch momentane Einfälle und veränderte oder abgeschwächte Erinnerungen an Gegenstände, Ereignisse, Situationen einschließlich ihrer emotionalen Bedeutung bestimmt sind. In P.-Vorstellungen wird das aus der Erfahrung stammende Material zu Kombinationen zusammengefaßt, die selbst nicht aus der Erfahrung stammen (ROHRACHER, 1971). In diesem Sinne unterscheidet sich ein Produkt der P. von der

Phantasietätigkeiten

→*Halluzination* durch seine Komplexität und Anbindung an vergangene Sinneserfahrungen. P. sind in aller Regel durch suggestive Beeinflussung veränderbar.

[3] *Phantasieren* gilt in der Klinischen Psychologie und Psychiatrie als Ausdruck des Lebens in einer gestörten Vorstellungswelt (z. B. →*Delir*). Als *Phantasma* oder *Phantasmie (fantasm, phantasm, phantasmagoria)* bezeichnet man auch heute noch gelegentlich bildhafte Handlungs- und Situationserlebnisse ohne jede Reizgrundlage (→*Illusion*, →*Halluzination*) sowie das tagtraumartige Erleben von Szenen, die mit Wunschvorstellungen verknüpft sind. Syn.: *Pseudohalluzination, Phantasmagorien.*

Phantasietätigkeiten - →*Tagträumen.*

Phantasietests →*Projektive »Tests«.*

Phantomglied *(phantom limb).* Nach einer Amputation wiederholt, langzeitig und gegen besseres Wissen mit zwingender Lebhaftigkeit auftretende Empfindungen, der verlorene Arm oder das verlorene Bein befände sich noch an der ursprünglichen Stelle, passe sich der jeweiligen Körperstellung an, diene den gewohnten Funktionen und weise diejenigen Merkmale auf, die vor der Amputation vorhanden waren, z. B. einen Ring am Finger der nicht mehr vorhandenen Hand zu tragen oder ein schmerzhaftes Geschwür an nicht mehr vorhandenen Bein zu haben. Bis zur Unerträglichkeit gesteigerte Schmerzempfindungen, die von dem nicht mehr vorhandenen Körperteil herzurühren scheinen, werden als *Phantomschmerz (phantom pain)* bezeichnet. P.-Empfindungen werden von MELZACK auf die spontane Aktivierung komplexer Zellverbände im Gehirn zurückgeführt, die bei Nichtamputierten sowohl die Lokalisierung sensorischer Reize im entsprechenden Körperbereich als auch das allgemeine Gefühl der Zugehörigkeit dieses Bereichs zum eigenen Körper vermitteln. Bei Amputierten führt die spontane Aktivierung dieser Hirnbereiche zu der Fiktion, alle dem Körper ursprünglich zugehörigen Teile seien nach wie vor vorhanden und man habe dort jene Berührungs- oder Schmerzempfindungen, die vor der Amputation registriert worden waren. Phantomschmerzen werden darüber hinaus als Folgen einer wiederholten, zentralnervösen Innervation in Richtung der vormals vorhandenen Bewegungsmuskulatur eines P. angesehen, deren ineffektive Ankunft im Stumpf rückgemeldet wird und zu jenen unangenehmen Empfindungen führt, die man von starken Muskelkrämpfen her kennt. Das Auftreten von P.-Empfindungen läßt sich nicht unterbinden. Der Dämpfung von häufig auftretenden peinigenden Phantomschmerzen dienen verschiedene Verfahren, z. B. die elektrische Reizung oder Vibratorbehandlung des Arm- oder Beinstumpfes, Akupunktur, die Verabreichung von Medikamenten mit entkrampfender oder narkotisierender Wirkung, meist in Verbindung mit der Gabe von Antidepressiva, mit Hypnose- und/oder Entspannungstherapien. In extremen Fällen bewährt sich die operative Durchtrennung der vom Stumpf kommenden sensorischen Nervenfasern (Afferenzen) an der Eintrittstelle in das Rückenmark.

LIT. KATZ, MELZACK (1990); MELZACK (1989).

Phantomschmerz →*Schmerz.*

Pharmakopsychologie *pharmacopsychology).* Bezeichnung für ein Teilgebiet der psychologisch-medizinischen Grenzdisziplin, in deren Rahmen Funktionsveränderungen in Abhängigkeit von Drogen, Hormonpräparaten u. ä. nach den Regeln des psychologischen Experiments untersucht werden (engl. oft als *drugs research* oder *experiments with drugs* bezeichnet). Syn. *Psychopharmakologie.*

Phase.

[1] *(phase).* Aus der Physik stammende Bezeichnung für ein Teilereignis im Verlaufe eines Vorganges, das (periodisch) immer wieder auftritt (z. B. elektrischer Strom, Sinusschwingungen) oder für ein periodisches Ereignis, das in Teilvorgänge definierter Veränderungen zerlegt werden kann (z. B. Mondphasen). Im Englischen bedeutet *phase* darüber hinaus Aggregatzustand (Physik).

[2] *(stage).* Bezeichnung für einen vorübergehenden, zu einem bestimmten Zeitpunkt betrachteten Zustand (z. B. *Entwicklungsphase*) eines Menschen (seiner geistigen und/oder körperlichen Entwicklung). Im Unterschied zu der aus der Physik stammenden Bedeutung [1] handelt es sich hier um einen nicht wiederkehrenden Zustand, wobei der Zeitpunkt der Beobachtung bzw. Beschreibung sowie die Art und Häufigkeit weiterer Beobachtungen über die Verlaufsbeschreibung und ihre Charakteristika mitentscheiden.

334

Phasenfolge, Theorie der *(phase sequence theory)*. Bezeichnung für eine von D. O. HEBB formulierte Theorie, in der angenommen wird, daß die dem Verhalten oder Bewußtseinsprozessen entsprechenden Nervenprozesse über Zellverbände *(cell assemblies)* verlaufen, die in – in Phasen gegliederten – Folgen (Serien) erregt werden bzw. feuern und so Zusammenhänge von Funktionen auf verschiedenen Ebenen des Erlebens bzw. Verhaltens vermitteln.

phasisch *(phasic)*.
[1] In Phasen gegliederte Abläufe oder Prozesse, z. B. der Entwicklung.
[2] Bezeichnung für (autonome und zentralnervöse) Aktivitätsveränderungen, die auf einen spezifischen Reizeinfluß zurückgehen, z. B. die sog. *evozierten Potentiale* des EEG oder die phasische Komponente der *galvanischen Hautreaktion;* Kennzeichen der frühen Reaktionskomponenten.
[3] Im Zusammenhang mit der *Orientierungsreaktion* auch Bezeichnung für *lokalisierte* Wirkung z. U. von den *generalisierten* Effekten.
→*tonisch.*

Pheromone *(pheromones)*. Tierische Duftstoffe mit Signalfunktion für Artgenossen. Man unterscheidet »Releasereffekte«, d. h., die Reaktion des Empfängers besteht in einer Verhaltensänderung, und »Primereffekte«, d. h., P. löst beim Empfänger primär neurohumorale Veränderungen aus. Zu den auch bei Menschen wirksamen P. mit Erkennungs- und Sexualappell-Funktion gehört *Alpha-Androstenol,* das u. a. mit dem Achselschweiß abgesondert wird.

Phi-Gamma-Funktion, f-(g)-Funktion *(phi-gamma function)*. Statistische Bezeichnung für die →*Ogive* als Integral der Normalverteilung bzw. für die aus der kumulierten relativen Häufigkeitsverteilung abgeleitete Funktion, die in der Psychophysik im Zusammenhang mit Schwellenuntersuchungen *(Methode der konstanten Reize)* verwendet wird.

Philosophie *(philosophy)*. Allgemeine und umfassende, im Verlauf der Geschichte der P. mehrfach hinsichtlich Inhalt und Umfang sowie der Gliederung veränderte Bezeichnung für die Lehre vom Erkennen und Wissen und den Ursachen, Prinzipien (Methoden) sowie der wahren Natur (Sinn, Wesen) der Dinge

und des Menschen *(→Anthropologie)*. Ihre Teilgebiete sind u. a. *Ontologie* bzw. *Metaphysik* als Lehre von der wahren Natur oder Existenz (Existentialphilosophie, Existenzphilosophie), *Epistemologie* als Lehre vom Erkennen bzw. Wissen und seiner Systematik (Erkenntnislehre) sowie die *Logik* als Lehre vom Denken und Schließen bzw. von der Beschaffenheit der wissenschaftlichen Aussage (engl. *science of science*) mit dem Teilgebiet der Logistik (Lehre von den logischen Operationen), dazu *Ethik* (Moralphilosophie) als Lehre von der Moral bzw. vom Guten und *Ästhetik* als Lehre vom Schönen (Kunstphilosophie). Die oben aufgeführten Teilgebiete Logik bzw. Logistik sowie der gesamte Bereich der »*science of science*« werden heute vielfach als die Methodenlehre der Naturwissenschaften bezeichnet und in den betreffenden Fakultäten gelehrt. Die Einteilung der P., wie sie hier aufgeführt ist, stellt eine von vielen Möglichkeiten dar. – Die Psychologie war ursprünglich ein Teilgebiet der P., sonderte sich jedoch als Einzelwissenschaft nicht zuletzt aus methodischen Gründen im vorigen Jahrhundert ab. Die engste Beziehung besteht noch im Bereich der philosophischen Anthropologie.

Phi-Phänomen *(phi phenomenon)*. Von WERTHEIMER eingeführte Bezeichnung für eine *Scheinbewegung,* die bei der Beobachtung zweier abwechselnd aufleuchtender Lichtquellen in einem abgedunkelten Raum (d. h. ohne ein sichtbares Bezugssystem) entsteht. Der Beobachter hat – gleiche Reizintensität, eine bestimmte Reizgröße und eine der Reizentfernung angepaßte Geschwindigkeit des abwechselnden Aufleuchtens vorausgesetzt – den Eindruck eines zwischen zwei Punkten auf einer Geraden hin und her wandernden Lichtimpulses. WERTHEIMER erklärt das P. im Sinne des *Isomorphieprinzips.* Intermittierende Lichtimpulse werden in benachbarten kortikalen Regionen registriert und führen zu einer wechselnden Folge von Depolarisierungen. Da immer eines der beiden kortikalen Felder durch die unmittelbar vorangegangene Reizung stärker polarisiert ist als das andere, findet eine Art »kortikaler Kurzschluß« statt, was zu einem Überfließen der Erregung von der polarisierten in die weniger polarisierte Region führt und so einen Bewegungseindruck erzeugt.

Phobie

Phobie *(phobia).*
[1] Bezeichnung für unbeherrschbare Angstzustände, die sich in heftigen Vermeidungsreaktionen äußern und relativ überdauernd in bezug auf bestimmte Gegenstände bzw. Gegenstandsklassen, Situationen, deren Vorstellung oder Nennung auftreten. P. zählen in der klassischen Neurosenlehre zu den →*Angstneurosen.* Ihrer näheren Kennzeichnung dient der Gegenstands- oder Situationsbezug (z. B. Arachno- oder Spinnen-P., Klaustro-P. als Angst vor engen Räumen, Agora-P. als Angst vor großen, weiten Plätzen). In der Regel wird die Übertriebenheit der Reaktion eingesehen, ihre willentliche Unterdrückung gelingt jedoch nur in seltenen Fällen.
[2] Im DSM-IV gehört die P. zu den →*Angststörungen.* Es werden drei Klassen von P. unterschieden. (a) *Spezifische Phobie (specific phobia),* früher auch *einfache Phobie (phobia, simple phobia):* Heftige, kaum beherrschbare Vermeidungsreaktionen, die in Anwesenheit oder Erwartung bestimmter Objekte oder Situationen auftreten. Bei Konfrontation kommt es zu heftigen Angstreaktionen, die mit Panikattacken vergleichbar sind. Erwachsene sind sich im Unterschied zu Kindern bewußt, daß ihre Reaktion übertrieben oder unvernünftig ist; dennoch werden die Bezugsobjekte oder -situationen gemieden bzw. nur unter angsterfüllten Qualen ertragen. Vermeidungsverhalten, Erwartungsängste oder die Angst in der Situation selbst beeinträchtigen das tägliche Leben der Betroffenen, die unter der s. P. leiden. Sehr oft gehen s. P. u. a. Phobien auf traumatische Erfahrungen zurück. Unterkategorien sind s. P. *vom Tiertyp* (z. B. phobische Angst vor Hunden, Schlangen, Insekten, Mäuse usw.), *vom natürlichen Umgebungstyp* (Sturm, Höhe, Wasser), *vom Blut-Injektions-Verletzungstyp* (Anblick von Blut, bevorstehende Injektion oder Anblick einer Injektionsspritze, Verletzungsgefahren), *vom Situationstyp* (Tunnel, Flugzeug besteigen bzw. Fliegen, Fahrstuhl) und *andere Typen* (z. B. Angst vor Ersticken, Erbrechen usw.). 55–90% der Betroffenen sind Frauen. Der Beginn von *s. P. des Tiertyps* und des Blut-Injektions-Verletzungstyps liegt meist in der Kindheit; Situationsphobien dagegen beginnen häufig entweder in der Kindheit oder im zweiten Lebensjahrzehnt. (b) *Agoraphobie (agoraphobia):* P. mit oder ohne *Panikattacken* in der Vorgeschichte beziehen sich auf heftige Angst vor Plätzen oder Situationen, angesichts derer es schwierig oder peinlich erscheint zu entkommen oder bei denen im Fall einer Panikattacke keine Hilfe greifbar ist, d. h. Hilflosigkeit, Ausweglosigkeit und blamable Folgen erwartet werden. Oftmals werden nicht nur die Orte und Situationen selbst vermieden, sondern auch Alleinsein, Menschenmengen, ausgedehnte Gänge, das Überqueren von Brücken oder Reisen. Agora-P. findet man bei Frauen häufiger als bei Männern. Über 95% der Betroffenen leiden gleichzeitig an Panikstörungen oder panikartigen Symptomen, darunter auch unter Angst vor deren Auftreten. Über das Einsetzen und den weiteren Verlauf der A.-P. gibt es kaum gesicherte Anhaltspunkte. Gelegentlich wird über gehäuftes Einsetzen im Alter zwischen 20 und 30 berichtet. Unbehandelte A. kann über Jahre hinweg bestehen. (c) *Soziale Phobie (social phobia):* Anhaltende heftige, panikartige Angst und Vermeidungsreaktionen in bezug auf Situationen, in denen die Betroffenen im Mittelpunkt stehen und sich blamieren könnten. Sie fürchten sich vor Gesprächen, davor, Fragen nicht beantworten zu können, oder aber von anderen in ihrer Angst beobachtet und bloßgestellt zu werden. Schon der geringste Hinweis auf das Bevorstehen derartiger Situationen kann zu panikartiger Befangenheit, Schweißausbrüchen, Herzbeschleunigung und Kurzatmigkeit führen. Die Betroffenen sehen zwar die Übertriebenheit und Unangemessenheit ihrer Ängste ein, können sie aber nicht beherrschen. Zu den häufigsten Formen der sozialen P. gehört die Angst vor öffentlichen Auftritten, besonders vor öffentlichem Sprechen. Sie kann sich auch äußern in der Vermeidung, öffentlich zu essen, in Gegenwart anderer zu schreiben oder eine öffentliche Toilette aufzusuchen. S. P. kann in generalisierter Form, d. h. in bezug auf eine Vielzahl von Situationen auftreten; nicht selten werden gleichzeitig *Panikattacken, Zwangs-* und *affektiven Störungen* diagnostiziert. S. P. setzt häufig in der späteren Kindheit und Adoleszenz ein und kann unbehandelt ein Leben lang soziale Aktivitäten bzw. Beziehungen und Berufsleben beeinträchtigen. Epidemiologische Studien verwiesen auf eine größere Auftretenshäufigkeit bei Frauen, klinische dagegen auf ein leichtes Überwiegen männlicher Patienten.

LIT. EHLERS, MARGRAF (1990); REINECKER (1990a).

Phon. P. *Physik, Psychoakustik:* Maßeinheit für den Lautstärkepegel. 1 P entspricht dem Schalldruck eines reinen 1000 Hz-Tons (Sinuston), dessen Lautstärke 1 dB *(→Dezibel)* über dem Referenzschallpegel von 20 · 10⁻⁶ Pascal liegt. STEVENS und DAVIS führten 1938 als Einheit der subjektiv empfundenen Lautstärke das Sone (S) ein. 1 S entspricht der Lautstärke eines reinen 1000 Hz-Tons, der 40 dB über der Hörschwelle liegt, d. h. 1 S = 40 P.

Phonation. Bezeichnung für das Hervorbringen von Lauten (zum Unterschied von *Artikulation,* dem Hervorbringen von Konsonanten).

Phonem *(phoneme).* Linguistische Bezeichnung für die lautlichen Einheiten der Sprache. *→Morphem.*

Phonetik *(phonetics).* Bezeichnung für ein Teilgebiet der Sprachwissenschaften, das sich mit den verschiedenen Klangphänomenen der Sprachen (Syn. Lautlehre) und deren anatomisch-physiologischen Voraussetzungen beschäftigt.

Photismen *(photisms).*
[1] Bezeichnung für *Halluzinationen* mit Empfindungen grellen Lichtes oder für
[2] *Synästhesien* im Bereiche des Visuellen, besonders der Farbwahrnehmung.

photochemisch *(photochemical).* Physikalisch-physiologische Bezeichnung für solche Substanzen, die auf Lichtreize hin chemisch verändert bzw. für solche Prozesse, die durch Lichtreize eingeleitet werden (z. B. Prozesse in der Retina).

photochromatisches Intervall *(photochromatic interval).* Bezeichnung für den Schwellenunterschied bei Helligkeits- und Farbwahrnehmung in Abhängigkeit von Reizintensität, Reizausdehnung und Darbietungsdauer. Bei niedrigeren Werten können nur Helligkeiten unterschieden werden, da der der Farbwahrnehmung dienende Zapfenapparat erst auf größere Energiemengen hin anspricht.

Photokinese, Photokinesis. Bezeichnung für die bei niedrigen Organismen durch Lichtreize ausgelöste Aktivität.

Photometer.
[1] Bezeichnung für eine Apparatur zur Messung von Licht bzw. von Helligkeitswerten.

[2] Bezeichnung für eine Apparatur zur Messung der einem Reiz entsprechenden Helligkeitsempfindung im Bereich der *visuellen Photometrie (photometry).*

photometrische Helligkeit *→Helligkeit.*

photometrische Maßeinheit *→Helligkeit.*

Photon oder **Troland-Einheit.** Bezeichnung aus der visuellen Photometrie für die Einheit der Messung retinaler Helligkeit als Oberflächenhelligkeit von einer Kerzenstärke pro Quadratmeter, die durch eine Pupillenöffnung von einem Quadratmillimeter einfällt. (In der Physik bedeutet Photon ein Quantum elektromagnetischer Strahlung). *→Helligkeit.*

Photorezeptor *(photoreceptor).* Allgemeine Bezeichnung für Sinnesorgane, die auf Ausschnitte aus dem Spektrum elektromagnetischer Wellen (Lichtwellen) ansprechen, z. B. Retinarezeptoren (Stäbchen- und Zapfenzellen).

Phototropismus oder **Phototaxis.** Bezeichnung für die Orientierung an Licht.

Phrenologie *(phrenology).* Bezeichnung für die von Gall und Spurzheim entwickelte Annahme, daß sich affektive und intellektuelle »Fähigkeiten« in bestimmten Hirnregionen lokalisieren lassen, wobei die Größe der Regionen über die Stärke der betreffenden Eigenschaft entscheide und an der äußeren Gestalt des Schädels erkennbar sei. Ursprüngliche Bezeichnung *Kraniologie.*

pH-Wert *(potential of hydrogen value, pH value),* Syn. *Wasserstoffexponent.* Ausdruck der Wasserstoffionen-Konzentration bzw. der Säure-Basen-Balance in einer Flüssigkeit nach der von Sørensen angegebenen Beziehung

$$pH = \log \frac{1}{(H.)}$$

(H.) steht für den effektiven H-Ionenkonzentrationswert. Der pH-Wert von Wasser ist 7.00. Größere Werte markieren Basen, kleinere Säuren.

Phylogenese *(phylogenesis, phylogeny).* Bezeichnung für Ursprung und Entwicklung einer bestimmten Art, Klasse oder eines Stammes von Lebewesen (Syn. *Stammesentwicklung)* im Unterschied zur Entwicklung des Individuums (Ontogenese).
Vgl. auch *biogenetisches Grundgesetz (→Biogenese), →phylogenetisches Prinzip.*

phylogenetisches Prinzip

phylogenetisches Prinzip *(phylogenetic principle).* Andere Bezeichnung für das *biogenetische Grundgesetz (→Biogenese),* das die teilweise oder vollständige Wiederholung der *Phylogenese* in der *Ontogenese* annimmt. Syn. *Parallelität der Entwicklung (recapitulation theory).*

Physiognomik *(physiognomy).* Bezeichnung für ein Teilgebiet der *Ausdruckspsychologie,* das sich mit der Entsprechung von Gesichts- oder Körperhaltungsausdruck bzw. körperlichen Merkmalen mit bestimmten relativ überdauernden Eigenschaften beschäftigt *(→Ausdruck).*

Physiologie *(physiology).* Biologisch-medizinische Wissenschaft, die sich mit dem Aufbau und der Funktion von Organen und Organgruppen einschließlich des endokrinen und nervösen Geschehens sowie mit dem Vergleich bestimmter Erscheinungen bei verschiedenen Arten von Organismen beschäftigt. LIT. BALINT (Hrsg.; 1963); BECKER-CARUS (1981); CARLSON (1994); GANONG (1971); SCHMIDT, THEWS (1997); SILBERNAGL, DESPOPOULOS (1979).

Physiologische Psychologie *(physiological psychology).*
[1] (a) Mitte des 19. Jh. von F. W. HAGEN eingeführte Bezeichnung für psychologische Ansätze, die von den Funktionen der Sinnesorgane und des Nervensystems ausgehen, um deren Zusammenhang mit psychischen Zuständen und Vorgängen zu erforschen. Wundt übernahm den Begriff P. P. als Titel seines Hauptwerks, um die von ihm begründete systematische erfahrungswissenschaftliche Psychologie von ihren philosophisch orientierten Vorläufern abzuheben und gleichzeitig auf die Rolle der Psychologie als notwendige Ergänzung der (Sinnes-)Physiologie hinzuweisen. Nach WUNDT hat die P. P. die Aufgabe, jene Strukturen von Empfindungselementen zu erforschen, die den durch Sinne und Nervensystem vermittelten bewußten Erfahrungen des Menschen zugrundeliegen. Gleichzeitig aber sollten sich seiner Auffassung nach die Methoden der Psychologie an den Exaktheitsansprüchen der Physiologie orientieren; psychologische Daten sollten – wo immer dies möglich ist – durch physiologische Messungen ergänzt werden. (b) Im Verlauf der weiteren Entwicklung wurde die P. P. sowohl bedeutungsgleich mit →*Psychophysiologie* als auch zur Kennzeichnung aller Forschungs- und Erklärungsansätze verwendet, die auf Zusammenhängen zwischen physiologischen Prozessen und Erleben und Verhalten bauen (→*Biologische Psychologie).*
[2] Im engeren, auch heute noch gebräuchlichen Sinn ist die P. P. jenes Teilgebiet der *Biologischen Psychologie,* in dessen Rahmen systematische Zusammenhänge zwischen Funktionen des Nervensystems und dem Verhalten erfaßt und interpretiert werden. Die nahezu ausnahmslos an Tiermodellen vollzogenen Untersuchungen im Rahmen der P. P. betreffen Verhaltensänderungen, die aufgrund elektrischer oder durch Applikation neuroaktiver Substanzen vollzogener Reizungen, von Abtragungen oder Läsionen bestimmter Teile des Nervengewebes auftreten. Die P. P. liefert wesentliche Voraussetzungen für die allgemeine und klinische →*Neuropsychologie.* →*Biologische Psychologie.*
LIT. CARLSON (1994); WUNDT (1911).

Pica →*Eßstörungen.*

Picksche Krankheit *(Pick's disease, lobar atrophy),* Syn.: *Picksche Atrophie. Klinische Psychologie, Psychiatrie:* Schwerwiegende degenerative Hirnerkrankung (erbliche Hirnatrophie), die frühestens im 40. Lebensjahr auftritt und mit Symptomen des Persönlichkeitszerfalls (Verfall sozialer Bindungen, Hemmungsverlust, ziellose Aktivitäten) und anderen für die primäre Demenz charakteristischen Anzeichen (leichte Ermüdbarkeit, Unfähigkeit zum abstrakten Denken, Führen sinnleerer Reden) einhergeht.
→*Demenz.*

Pikazismus →*Eßstörungen.*

PINV, postimperative negative Variation *(postimperative negative variation). Psychophysiologie:* Die PINV gehört zu den langsamen kortikalen negativen Potentialen aus der Klasse der →*ereignisbezogenen Potentiale.* Sie zeigt sich in vorgewarnten Reaktionszeitversuchen (→*Reaktionszeit)* in einem mehr oder weniger anhaltenden Ausbleiben der Rückkehr der langsamen Gleichspannungs-Negativität (→*CNV)* auf das Ausgangsniveau (Gleichspannungsniveau vor der Darbietung des Warnreizes) nach der Ausführung der motorischen Reaktion auf den imperativen Reiz. Die PINV tritt ausgeprägt bei Patienten mit *affektiven Störungen,* insbesondere während *manischer Phasen* auf und gilt als Aus-

338

druck einer vorübergehenden Störung von kortikalen Prozessen der Informations- bzw. Aufmerksamkeitskontrolle.
LIT. TIMSITH-BERTHIER u. a. (1973).

Pipersches Gesetz *(Piper's law)*. Bei der Ermittlung der absoluten Schwelle besteht für Reize in Größenordnungen zwischen 10' und 24° Durchmesser des durch ihre Abbildung bedeckten Netzhautareals (A) zwischen diesem und der Reizintensität bzw. Leuchtdichte (I) die näherungsweise Beziehung $I \times \sqrt{A} = k$. Bedeckt ein relativ großer Reiz auch periphere Netzhautbereiche, in denen Rezeptoren in größerem Ausmaß als in der fovealen Zone zu mehreren in bipolaren Ganglienzellen konvergieren, so vermindert sich der Einfluß der Ausdehnung im Vergleich zur Helligkeit, um die Schwelle zu erreichen (vgl. →*Riccosches Gesetz* für kleine Reize). Ab Reizgrößen mit einer Netzhautabbildung von mehr als ca. 24° fallen weitere Vergrößerungen nicht mehr ins Gewicht, d.h. für die Erreichung der Reizschwelle ist allein die Helligkeit maßgeblich.

Placebo. Pharmakopsychologische Bezeichnung für ein Leerpräparat, das sich äußerlich von einem wirkungsvollen nicht unterscheidet und zu Zwecken der Kontrolle von Experimenten (z.B. des Einflusses der Suggestion) verwendet wird.

Plantar-Reflex →*Babinski-Reflex*.

Plasmamembran →*Zelle*.

Plastizität *(plasticity)*. Allgemeine und umfassende Bezeichnung für die Tatsache, daß der Organismus sich in seinen Reaktionen im Verlaufe der Entwicklung verändern, neuen Gegebenheiten anpassen und bestimmte Reaktions- oder Handlungsstile herausbilden kann, bei Funktionsausfall andere Funktionen einzusetzen und neuen Situationen im Sinne der Erfahrung oder in darauf aufbauender, neuartiger Weise zu begegnen vermag. Im übertragenen Sinne auch eine Eigenheit des Denkens bzw. der *Intelligenz*. In genetischen Betrachtungen oftmals synonym gebraucht für die Formbarkeit des menschlichen Verhaltens.

Plethysmograph. Vorrichtung zur Messung und Registrierung von Veränderungen des Volumens bei verschiedenen Körperteilen als Ausdruck der Veränderung der Blutversorgung in den betreffenden Körperteilen (z.B. Arm).
→*periphere Durchblutung*.

Plexus. Neurologisch-physiologische Bezeichnung für Nervengeflechte aus Nervenfasern außerhalb des Zentralnervensystems, als Teile des autonomen Nervensystems in der Nähe wichtiger innerer Organe, z.B. in der Bauchhöhle (plexus coeliacus) oder das vor der Wirbelsäule gelegene autonome Kontrollzentrum für Magen- und Darmtätigkeit, das Sonnengeflecht (plexus solaris, Solarplexus).

Pluralismus *(pluralism)*.
[1] Philosophische Grundposition, die von mehreren nebeneinander geltenden Grundprinzipien, -substanzen oder Entitäten ausgeht, die weder voneinander ableitbar noch aufeinander zurückführbar sind. Gegensatz: →*Monismus*.
(a) In der Diskussion des →*Leib-Seele-Problems* gehören →*Dualismus* und *Vitalismus (vitalism)* zu den pluralistischen Lösungsansätzen; beim letzteren wird angenommen, die Parallel-Koexistenz der geistigen und materiellen (mechanistisch-physikalischen, chemischen) Prozesse setze die Existenz eines zusätzlichen koordinierenden Lebensprinzips voraus. (b) Als *Methoden-P*. bezeichnet man die Anerkennung mehrerer Paradigmen oder Forschungsmethoden als gleichwertige Zugänge einer Wissenschaft.
[2] *Kultur-P.:* Sozialwissenschaftliche Ansätze, die vom Zusammenleben einer Vielzahl von Gruppen mit eigenständigen kulturellen Normen in einem Gemeinwesen ausgehen, wobei es den Mehrheiten obliegt, die kulturellen Eigenarten von Minderheiten als wichtige Aspekte der eigenen Gesellschaft anzuerkennen und im Sinne einer *multikulturellen Gesellschaft* zu fördern.

PMA →*Fähigkeit*.

Pneumograph. Vorrichtung zur Messung und Registrierung der Atemtätigkeit.

Poggendorffsche Täuschung *(Poggendorff illusion)*. Bezeichnung für eine geometrisch-optische Täuschung, die dann auftritt, wenn man über eine z.B. von links oben schräg nach rechts unten laufende Linie in einem Winkel von weniger als 90° einen Streifen legt oder die Linie von zwei streifenförmig ge-

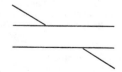

Poisson-Verteilung

zeichneten waagerechten Linien unterbrochen darstellt. Die schräge unterbrochene Linie erscheint daraufhin nicht mehr als eine hinter dem Streifen liegende durchgezogene, sondern (im Beispiel S. 339 gesehen) nach rechts versetzte Parallele im Vergleich zu einer oben hinter dem Streifen verschwindenden Linie.

Poisson-Verteilung *(Poisson distribution)*. Statistische Bezeichnung für einen Sonderfall der *Binomialverteilung,* die bei seltenen Ereignissen, z.B. Unfallhäufigkeiten, auftritt. Eine Poisson-Reihe oder -Serie stellt eine Häufigkeitsverteilung dar, die unsymmetrisch um den Mittelwert ausfällt und nicht auf der Nullinie beginnt, sondern mit größeren Ereignishäufigkeiten einsetzt, dann den Gipfel erreicht und allmählich (ähnlich der rechten Hälfte einer Normalverteilung) asymptotisch absinkt. Vom Aussehen her kann man sich eine Normalverteilung (Glockenkurve) vorstellen, deren linker Anteil nahe dem Mittelwert abgetrennt wurde.

Polarität *(polarity)*. Bezeichnung für die Eigenschaft eines Phänomens, sich zwischen zwei entgegengesetzten Polen lokalisieren oder registrieren zu lassen; z.B. die Gefühlspolarität »Lust und Unlust«.

Polaritätsprofil; semantisches Differential *(semantic differential)*. Von OSGOOD und Mitarbeitern eingeführte Technik zur Erfassung der konnotativen Bedeutung von Begriffen. Die Beurteiler müssen dem jeweiligen Begriff mit Hilfe einer 7stufigen Ratingskala den Ausprägungsgrad von 12 oder mehr Eigenschaften zuordnen, die in Gegensatzpaaren (z.B. heiß – kalt; schwach – stark; gespannt – entspannt; rauh – glatt usw.) angeordnet sind. Die Ergebnisse erlauben durch Verbindung der Zuordnungspunkte für Vergleichszwecke geeignete Profildarstellungen. Faktorenanalysen unterschiedlichster Datensätze liefern übereinstimmend drei Achsen, die den semantischen Raum der Konnotationen charakterisieren: *Aktivität (activity)*, *Stärke, Durchsetzungsfähigkeit (potency)* und *Bewertung/Einstellung (evaluation)*.

LIT. OSGOOD, SUCI, TANNENBAUM (1957).

politisch-ökonomischer Konservatismus →*autoritäre Persönlichkeit.*

Polygraph. Syn. *Mehrkanalschreiber.* In Physiologie und Psychophysiologie verwendete Vorrichtung zur gleichzeitigen Aufzeichnung unterschiedlicher physiologischer Daten (z.B.

Atemfrequenz, elektrodermale Aktivität, kardiovaskuläre Funktionen wie EKG, HR, Puls, EEG, Elektromyogramm usw.) in Ruhe bzw. in Abhängigkeit von auslösenden Ereignissen. Die Anwendung des P. als sog. *»Lügerdetektor«* im Rahmen der psychophysiologisch-forensischen Aussagebegutachtung ist umstritten (→*Glaubwürdigkeit*).

Polyneuritis →*Korsakowsches Syndrom.*

Polyphagie →*Eßstörungen.*

POMS →*Befinden.*

Population.
[1] Gesamtheit aller Bewohner in einem bestimmten Wohngebiet zu einem gegebenen Zeitpunkt der Beobachtung (Bevölkerung).
[2] *Population* oder *Grundgesamt.* Statistische Bezeichnung für die Gesamtheit aller denkmöglichen Merkmalsträger, aus der eine repräsentative →*Stichprobe* gezogen wird oder als gezogen vorgestellt wird. Die Populationsmaße heißen →*Parameter* zum Unterschied von *Statistiken,* den Maßen der Stichprobe.

Position. Bezeichnung für einen Ausschnitt aus einem umfassenderen sozialen Gebilde (soziale Struktur; z.B. *Gruppe*), der das Verhalten eines Individuums, das die entsprechende Stelle innehat (Status), entscheidend mitbestimmt. Das entsprechende Verhalten wird oft als *Rollenverhalten* bezeichnet (Syn. *Stellung, Status*). Im Zusammenhang mit der neueren *Ausdrucksforschung* spielt der daraus abgeleitete Begriff »Positionalität« (des Ausdrucksträgers) eine gewisse Rolle und soll die Eingebettetheit des Ausdrucksgeschehens in bestimmte Feldbedingungen ausdrücken.

Positionseffekt *(serial position effect)*. Sollen Wörter aus einer Liste unmittelbar nach dem Lernen in beliebiger Reihenfolge wiedergegeben werden und trägt man die Behaltensleistung als Funktion der Listenposition ab, ergibt sich eine U-förmige Beziehung zwischen Position und Häufigkeit der korrekten Wiedergaben. Erste *(Primateffekt; primacy effect)* und letzte *(Rezenzeffekt; recency effect)* werden im Vergleich zu mittleren Wörtern *(asymptotic effect)* besser behalten. EBBINGHAUS führte für dieses Phänomen, das er bei seinen Selbstversuchen mit →*sinnlosen Silben* erstmals beobachtete, den Namen P. ein und brachte es mit der Wirkweise der *pro-* und *retroaktiven Hemmung* in Verbindung (→*Gedächtnis*). Im mittleren Bereich wirken beide, bei den Anfangspositionen nur die *retroaktive*, bei den Endpositionen nur die *proaktive Hemmung*. Der Befund kann auch als Beleg für die Existenz eines *Kurzzeit-* (*Rezenzeffekt*) und eines *Langzeitgedächtnisses* (*Primateffekt*) herangezogen werden. Variationen der Wortfrequenz, Wortverknüpfung, Listenlänge und des Ermüdungszustands der Untersuchten führen durchgängig zu *Primat-* und *Mittelpositionseffekten*, *Rezenzeffekte* bleiben dagegen aus. Gleiches gilt für Personen, die unter *Amnesie* leiden. Damit ist die größere Labilität der Langzeitspeicherung im Vergleich zur Kurzzeitspeicherung belegt. Muß man mehrere Wortlisten lernen und soll am Ende alle erinnerten Wörter ohne Berücksichtigung der Listenzugehörigkeit wiedergeben, tritt ein *negativer Rezenzeffekt* (*negative recency effect*) auf. Alle am Ende von Listen stehenden Wörter werden schlechter erinnert als bei Einzellisten. Die Dämpfung des Rezenzeffekts geht vermutlich darauf zurück, daß die Untersuchten bei mehreren Listen keine Möglichkeit haben, jeweils am Ende den ganzen Stoff nochmals durchzugehen, wie dies bei Einzellisten der Fall ist; daher fehlt die Möglichkeit der klaglosen Überführung in das *Langzeitgedächtnis*.

positive Chemotaxis →*Chemotaxis*.

positiver Transfer →*Transfer*.

positiver Tropismus →*Tropismus*.

positives Nachbild →*Nachbild*.

Positivismus *(positivism)*. Bezeichnung für eine philosophisch-methodologische Lehrmeinung, die die Erfahrung als einzige gültige Quelle der Erkenntnis annimmt; alle Spekulationen in bezug auf die »wahre Natur« werden dagegen abgelehnt *(→Operationalismus)*. Der P. gilt als eine der Quellen der modernen Psychologie und in ihr vorwiegenden quantitativen Betrachtungsweise bzw. des Einsetzens naturwissenschaftlicher Methoden. Der *Neupositivismus* dagegen ist eine philosophisch-naturwissenschaftliche Richtung, in der versucht wird, die laufend eintreffenden und vorläufige Ergebnisse modifizierenden Erkenntnisse der Einzelwissenschaften zu ordnen und die Richtlinien für Ordnungssysteme zu erarbeiten. Auch der Neupositivismus hat einen starken Einfluß auf die Psychologie ausgeübt, da in ihm das Einsetzen von Wahrscheinlichkeitsberechnungen mitbegründet ist *(→Philosophie*, Aspekt der *science of science)*.

posttraumatische Belastungsstörung

LIT. COMTE (1830–42); CARNAP, REICHENBACH (1930f.); CARNAP, STEGMÜLLER (1959).

Positronen-Emissions-Tomographie →*Tomographie*.

postganglionär *(postganglionary)*. Bezeichnung für Nervenfasern des autonomen (vegetativen) Systems, die von einer synaptischen Umschaltung in einem peripheren Ganglion zum Erfolgsorgan ziehen. Die efferenten Nerven des autonomen Systems werden außerhalb des ZNS mindestens einmal oder mehrfach umgeschaltet.

postnatale Entwicklung →*Entwicklung*.

posttraumatische Belastungsstörung *(posttraumatic stress disorder)*. Anhaltende intensive Gefühle der Angst, Hilflosigkeit oder des Entsetzens, die nach Erfahrungen mit schwer belastenden Ereignissen oder deren Beobachtung als Zeuge auftreten. Die auslösenden Ereignisse haben in der Regel mit Tod, schweren Verletzungen oder massiven Bedrohungen der physischen Integrität zu tun (z.B. Naturkatastrophen, Brände, Explosionen, Unfälle, Überfälle, Vergewaltigungen, Erfahrungen in einem Konzentrationslager, Folterungen, Kriegshandlungen usw.). Eine p.B. kann sich auch in Wiederbelebungen der traumatischen Erfahrung in Erinnerungen, Träumen oder halluzinationsartigen Erlebnissen äußern. Folgen sind anhaltende Vermeidungen von Reizen, die mit dem traumatischen Ereignis zusammenhängen, oder von Gedanken und Aktivitäten, die mit dem Ereignis zusammenhängen, ggf. auch eine gewisse Empfindungslosigkeit, die dadurch oder durch unvollständiges Erinnern von Einzelheiten erreicht wird. DSM-IV bindet die Diagnose einer p.B. an (a) Symptome der erhöhten Erregung, die in mindestens zwei Verhaltensweisen (Ein- und Durchschlafstörungen, Konzentrationsschwierigkeiten, Reizbarkeit, Wutausbrüche, Hypervigilanz und/oder übertriebene Schreckreaktionen) hervortreten, an (b) das Auftreten der Reaktionen während eines Zeitraums von mehr als einem Monat und an (c) klinisch bedeutsame Leidenszustände bzw. beeinträchtigende Wirkungen auf Berufs- und Zusammenleben. Eine *akute p.B.* liegt vor, wenn die Störung weniger als 3 Monate anhält; ansonsten spricht man von *chronischer p.B.* Bei *p.B. mit verzögertem Beginn* setzen die Symptome erst sechs oder mehr Monate nach dem traumatischen

Postulat

Ereignis ein. P.B. sind aufgrund ihrer tiefgreifenden Wirkung, ihrer kognitiven Einbettung und psychosomatischen Symptomkomplexität außerordentlich schwer zu behandeln. →*Depression.*

Postulat *(postulate).* Bezeichnung für ein Prinzip bzw. eine provisorische Annahme, die nicht oder noch nicht bestätigt ist, von der jedoch Schlußfolgerungen bzw. Argumente abhängen.

Potentiale, evozierte →*evozierte Potentiale.*

PQR-Komplex →*Herzschlagfrequenz.*

Prädisposition *(predisposition).* Bezeichnung für als angeboren angenommene Bereitschaften zur Entwicklung in eine bestimmte Richtung bzw. zur Ausprägung eines bestimmten Merkmals. Der Ausdruck bezeichnet auch die allgemeine Neigung, sich bestimmten Überzeugungen anzuschließen oder bestimmten Richtlinien des Handelns zu folgen.

Pragmatismus *(pragmatism).* Bezeichnung für eine philosophische Lehrmeinung, die das Kriterium der Nützlichkeit oder Zweckdienlichkeit als Maß für Wahrheit einführt und, als besondere Form des Relativismus, keine allgemein gültige Wahrheit kennt. Mach prägte in seinem *Prinzip der Denkökonomie* eine weitere Sonderform des Pragmatismus: Eine Theorie ist wahr, wenn sie unsere Erfahrung auf die einfachste Form zu bringen vermag.

präganglionär *(preganglionary).* Bezeichnung für Zellen und Fasern des autonomen Systems, die vor der Schaltstelle in peripheren Ganglien, also zentral, liegen. →*postganglionär.*

Prägnanz. Bezeichnung für optimale Klarheit und Geordnetheit des einen Erkenntnis- oder Denkinhalt »Wesentlichen« im Sinne der →*Gestaltpsychologie.* Die unter P. subsumierten Kennzeichen der Sinnhaftigkeit, Vollständigkeit und relativen Einfachheit werden – so wird angenommen – bei unvollständigen oder undeutlichen Gebilden aufgrund der *Prägnanztendenz* durch Verbesserungen hergestellt.

Prägung *(imprinting).* Bezeichnung für einen in der Tierpsychologie experimentell erforschten lernanalogen Prozeß. Bietet man einem Tier in den ersten Stunden nach seiner Geburt einen großen und/oder Geräusche von sich gebenden Gegenstand dar, so verhält es sich nachher diesem Gegenstand gegenüber wie zu einem Artgenossen. K. Lorenz konnte frisch geschlüpfte Graugänse auf sich selbst prägen, indem er unmittelbar nach ihrem Ausschlüpfen in Erscheinung trat. Dieser Prozeß des Prägens ist in speziesspezifischer Weise an bestimmte Entwicklungsphasen gebunden, die meist unmittelbar nach der Geburt auftreten und als *Prägungsphase* bezeichnet werden.

prämorbide Persönlichkeit *(premorbid personality),* Syn.: *Primärpersönlichkeit.* Vor dem Beginn einer psychischen Störung vorhandene Persönlichkeitseigenschaften, deren Bekanntheit eine wesentliche Voraussetzung für die Ursachenaufklärung und Einschätzung der mit einer Störung verbundenen Veränderungen darstellt (z.B. bei affektiven Störungen, Persönlichkeitsstörungen und Schizophrenie).

pränatale Entwicklung →*Entwicklung.*

präsenile Demenz →*Demenz,* →*Alzheimersche Krankheit.*

Präsenzzeit, psychische *(present; specious present, sensory present).* Bezeichnung für ein Zeitintervall zwischen zwei Reizen, das gerade so groß ist, daß eine einheitliche Empfindung, jedoch nicht zwei zeitlich trennbare Empfindungen auftreten. Es wird dabei angenommen, daß innerhalb dieses Intervalls – das je nach Versuchsbedingungen und Reizbeschaffenheit ungefähr zwischen 0.5 und 7 sec liegt – Eindrücke ohne Beteiligung des Gedächtnisses (Erinnern) »präsent«, d.h. verfügbar, bewußt sind. Der Begriff stammt von W. STERN.

Prävalenz *(prevalence).*

[1] Allgemeine Bezeichnung für die Auffälligkeit, das Überwiegen oder Vorherrschen bestimmter Erscheinungen oder Merkmale.

[2] In der →*Epidemiologie* das Vorkommen von bestimmten Erkrankungen oder Störungen in der Population, dargestellt als Quotient aus Krankenzahl und Anzahl der Untersuchten oder als Prozentsatz von Erkrankten unter den Untersuchten.

Prävention *(prevention).* Maßnahmen zur Vorbeugung und Verhinderung des Auftretens und/oder der Verbreitung unerwünschter psychischer oder physischer Zustände (z.B. →*Streß)* oder Störungen. Als *primäre P.* oder P. im eigentlichen Sinn gilt die Abwendung von Ansteckungsgefahren (z.B. durch Schutzimpfungen), die Meidung von Risikosituationen, die Verminderung von gesundheitsrelevanten Wissensdefiziten und der Aufbau des Problembewußtseins und der Motivation zu neuen Verhaltensweisen durch Aufklärung *vor* dem Auftreten schädigender oder beeinträchtigender Effekte. Neben vielen anderen Gesichtspunkten zur Klassifikation von P.-Programmen ist die Unterscheidung zwischen der auf *Populationen* und der auf *Risikogruppen* orientierten P. wichtig. Erstere richten sich an die Gesamtbevölkerung oder an Teile der Gesamtbevölkerung, die nicht durch Risikokriterien definiert sind, zweitere an spezielle Gruppen, die in bezug auf bestimmte Störungen besonders gefährdet sind (→*AIDS*). Als *sekundäre P.* oder Behandlung bzw. Therapie gelten Maßnahmen zur Eindämmung von Symptomen und ihren Ursachen *während* ihres Auftretens (z. B. das Immunsystem stützende oder psychisch immunisierende Interventionen) und als *tertiäre P.* oder *Rehabilitation* kurative oder psychologische Interventionen *nach* deren Auftreten.

Präzision →*Experiment.*

Premacksches Prinzip *(Premack's principle).* Aussage über die Relativität der →*Verstärkung.* Unterscheiden sich zwei Verhaltensweisen in ihrer Auftretenswahrscheinlichkeit, kann die Ausführung der momentan wahrscheinlicheren zu einer Verstärkung der momentan unwahrscheinlicheren Verhaltensweise führen.

PRES *(phase related external suction).* In der →*Hypertonie*-Forschung eingesetztes nichtinvasives Verfahren zur Induktion von Entspannung und Schmerzlinderung auf dem Weg einer Hochdrucksimulation. Mit einer Halsmanschette wird von außen Druck ausgeübt, vergleichbar mit jenem bei Hochdruck. Der Manschettendruck wird durch *Barorezeptoren* in der Halsregion *(carotis sinus)* registriert und führt über zentralnervöse Rückmeldungen zu einer Senkung von *Aktivation* und *Erregbarkeit;* Reflexamplituden sinken, langsame Hirnpotentiale treten vermehrt auf und die Funktion afferenter Schmerzleitungen wird gedämpft, man fühlt sich gelassener, selbstsicherer und relativ schmerzfrei.

Presbyakusis *(presbyacusis; high frequency deafness).* Altersschwerhörigkeit. Fortschreitende, meist ab dem 50. Lebensjahr einsetzende Schwerhörigkeit, von der zunächst höhere,

später auch mittlere Tonfrequenzen betroffen sind. Typisch ist eine ausgeprägte Störanfälligkeit gegenüber Hintergrundgeräuschen. Häufige Ursachen der P. sind degenerative Veränderungen im Innenohr, am basalen Ende der Cochlea und/oder ein Nachlassen der Elastizität der Steigbügel- und Trommelfellmuskulatur.
→*Hören;* →*Ohr.*

Prestige. Bezeichnung für den Einfluß (oder die Anziehungskraft), der von einem Individuum, einer Berufsart oder einer Institution u. ä. ausgeht und der zur Folge hat, daß von diesen Quellen ausgehende Informationen, geäußerte Meinungen, Ausdruckserscheinungen u. ä. besonders suggestiv, d. h. einflußnehmend und das Verhalten bestimmend ausfallen. In der Sozialpsychologie wird dieses Phänomen als *Prestigesuggestion* bezeichnet und läßt sich demonstrieren, wenn man z. B. eine bestimmte Meinungsäußerung oder Verhaltensäußerung einmal einem beliebten und ein andermal (in derselben Kontrollgruppe) einem neutralen oder unbeliebten Mitbürger unterstellt. Es zeigt sich, daß die positive oder negative Beurteilung der Meinungsäußerung oder Verhaltensäußerung dadurch beträchtlich beeinflußt wird.
Soziales Prestige, syn. für Ansehen, das der Inhaber einer bestimmten Position genießt.

primär *(primary).* Bezeichnung für ein erstes, logisch erstes oder erstmaliges Ereignis. In verschiedenen Zusammensetzungen und als Adj. gebraucht, z. B. *Primärfarbe (primary colour)* als Bezeichnung aller Farben, aus deren Mischung die restlichen erhalten werden (rot, blau, gelb, weiß und schwarz).

primäre Triebe →*Trieb.*

Primärfähigkeiten →*Fähigkeit.*

Primärfarben →*Farbensehen;* →*primär.*

Primärgruppe *(primary group).* Bezeichnung für eine Form der *Gruppe mit direktem Kontakt,* in deren Rahmen die Individuen in bezug auf gemeinsame Ziele zusammenarbeiten oder -wirken. Die Art des Handelns und Denkens ist den Mitgliedern in starkem Maße gemeinsam, unter den Gruppenmitgliedern herrscht Einvernehmen und Vertrauen, und die Mitglieder sind sich der Ähnlichkeit untereinander bewußt (z. B. Familie, Banden). Primärgruppen werden meist zu den *Kleingruppen gezählt.*

Primärprozeß →*Prozeß, primärer.*

343

Primat

Primat *(primacy, primate).*
[1] *Primat, das, der (primacy).* Bezeichnung für einen Vorgang oder Zustand, der zuerst, als erster gegeben ist. Syn. Vorrang. In diesem Sinne auch als *»law of primacy«* ein *sekundäres Assoziationsgesetz,* das besagt: Werden alle anderen Bedingungen konstant gehalten, so wird der erste gelernte Inhalt oder die erste Handlung einer Serie besser gelernt und/oder behalten und am langsamsten vergessen *(→Jostsche Sätze).*
[2] *Primat, der (primate).* Zoologische Bezeichnung für die höchstentwickelte Klasse der Säugetiere (Lemuriden und Anthropoiden; Affen, Menschenaffen und Mensch).
Primateffekt *→Gedächtnis; Positionseffekt.*
Prime, priming stimulus. *Aktivierungsreiz.* Bezeichnung für einen Reiz oder Hinweis, der eine *differentielle Aktivierung* bestimmter Strukturen des Zentral-Nerven-Systems bzw. *kognitiver Elemente* und *Prozesse* nach sich zieht.
→Pfadaktivierung, →Priming.
Priming *(priming).* Aus dem engl. *to prime* (füllen; laden; scharf machen; erleichtern, vorbereiten) hergeleitete Bezeichnung für Prozesse, in deren Verlauf ein System durch äußere oder innere Anlässe in erhöhte Funktionsbereitschaft versetzt wird bzw. seine Organisation einer bevorstehenden Operation entsprechend verändert. In *Neurophysiologie* und *Psychophysiologie* steht P. für die *differentielle Aktivierung* bestimmter zentralnervöser Strukturen unter dem Einfluß sie ansprechender Reiz- bzw. Informationskategorien. So wird z.B. bei Rechtshändern die linke Hirnhemisphäre durch die Ankündigung der Aufgabe besonders aktiviert, eine Wortliste einzuprägen, beim Behalten eines Bildes oder Musikstückes dagegen bezieht sich der P.-Effekt auf die rechte Hemisphäre. In der *Gedächtnisforschung* ist P. Inbegriff der Aktivierung von Erinnerungen, welche in die gleiche Bedeutungskategorie fallen wie der auslösende Reiz oder Hinweis. Der *semantische P.-* Effekt äußert sich z.B. darin, daß nach Nennung des Wortes »Arzt« das Wort »Krankenschwester« in einer Wortliste rascher herausgefunden wird, als ein Wort aus einem völlig anderen Bedeutungsfeld. Synonym: *Prompting.*
→Pfadaktivierung.
LIT. POSNER (1978); POSNER, SNYDER (1975a; 1975b).

primitiv *(primitive).*
[1] Allgemeine und umfassende Bezeichnung für ein frühes bzw. undifferenziertes Evolutions- bzw. Entwicklungsstadium, auch für relativ undifferenzierte (atavistische) Reaktionen von Lebewesen einer hohen Entwicklungsstufe.
[2] Bezeichnung für Kulturen, die keine geschriebenen Dokumente ihrer Geschichte hinterlassen haben *(preliterate peoples, unliterate peoples).* In dieser Bedeutung (z.B. Primitivkulturen) ist nicht notwendigerweise impliziert, daß sich die Lebewesen primitiv im Sinne von undifferenziert *(primitiv* [1]) verhalten.
Prinzip *(principle).*
[1] Regeln oder Grundsätze, die das Erkennen und Denken hinsichtlich formaler oder inhaltlicher Komponenten und deren Verknüpfung lenken (z.B. Prinzipien der Aussagelogik; Kausalitätsprinzip; Erziehungsprinzip). *Methodische Prinzipien* sind Leitgesichtspunkte des Vorgehens (z.B. das *→Parsimonieprinzip).*
[2] Gesichtspunkte, die der Interpretation von beobachteten Regelmäßigkeiten von Ereignissen zugrundegelegt werden, ohne notwendigerweise in ihrer Stichhaltigkeit bewiesen bzw. überprüft zu sein (z.B. das *→Isomorphieprinzip* als hypothetische Grundlage der Gestaltwahrnehmung). In diesem Sinne ersetzt ein P. noch ausstehende Erklärungen bzw. eine unvollständige Erfahrungsgrundlage. Dies ist insbesondere bei Wissenschaften häufig der Fall, deren Erkenntnisse auf *unvollständigen induktiven* Schlüssen *(→Induktion)* beruhen.
Prinzip der geringsten Bedürfnisabweichung *(principle of minimal need deviation).* Von WILLIAM STERN aufgestellter Grundsatz der Bedürfnisregulation, demzufolge bei der Unterbindung der Befriedigung eines Bedürfnisses, aufgrund der Bedürfnissen eigenen Dynamik, eine der ursprünglichen möglichst ähnliche Befriedigungsweise gesucht wird. Das P. läßt sich u.a. auf die Dynamik von *Quasi-Bedürfnissen* und *Ersatzhandlungen* anwenden *(→Bedürfnis).*
Prinzip von der Einheit der Gemütslage *(principle of unity in feeling states).* Von W. Wundt formuliertes Prinzip, dem zufolge im menschlichen Bewußtsein mehrere Empfindungs- und Vorstellungselemente niemals nebeneinander bestehen können, ohne

sich zu einem resultierenden Gefühl zu verbinden.

Probabilismus *(probabilism).* Bezeichnung für eine philosophisch-methodische Richtung, in deren Rahmen Erkenntnisse und Aussagen hinsichtlich ihrer Gültigkeit nicht sicher (wahr oder falsch), sondern nur wahrscheinlich sind. In methodischer Hinsicht besagt der P., daß es möglich ist, aufgrund vorliegender Erfahrung und durch die Anwendung logisch-statistischer Operationen bestimmte Ereignisse oder Ereignisfolgen in ihrem wahrscheinlichen Auftreten vorhersagen zu können. Bei vollständiger Kenntnis aller eine Erscheinung oder einen Vorgang bestimmenden Bedingungen, die Quellen der Variabilität sein können, geht der P. in den *Determinismus* über.
→*Linsenmodell;* →*Probabilistische Psychologie.*

probabilistic cue learning →*Probabilistische Psychologie.*

probabilistic hypothesis →*Probabilistische Psychologie.*

Probabilistische Psychologie *(probabilistic psychology).* Bezeichnung für eine von E. BRUNSWIK eingeführte Auffassung, ausgehend von der Annahme (probabilistische Hypothese; *probabilistic hypothesis),* daß das Erkennen (Wahrnehmen) nicht notwendigerweise, sondern nur mit Wahrscheinlichkeit zu einer adäquaten oder angepaßten Reaktion (z. B. Größenangabe oder -schätzung) führt und daß z. B. beim Lernen ein bestimmter Reiz mit Hinweischarakter *(cue)* nicht nur *eine* Reaktion, sondern eine ganze Reihe von Reaktionen auslöst, deren Wahrscheinlichkeit des Auftretens verschieden groß ist *(probabilistic cue learning).*
LIT. BRUNSWIK (1934; 1956); HAMMOND (ed.; 1966).

probabilistische Theorie →*Linsenmodell.*

Probe-Technik; Probe-Aufgabe *(probe technique; probe task).* Syn. *Sondierungs-Technik.* Aus dem Engl. übernommene Bezeichnung für die Anwendung von Zusatzreizen, deren Wirkung Rückschlüsse auf Art und Umfang freier bzw. beanspruchter Leistungsreserven erlaubt. (a) *Gedächtnis-Probe-Technik (memory probe technique):* Wie im *Sternbergschen Paradigma* (→*Wiedererkennen)* muß ein Gedächtnisstoff (z. B. die Zahlenliste 6, 5, 3, 9, 8, 7, 1, 4) eingeprägt werden. Am Ende wird einer der Reize (z. B. die Zahl 8)

mit der Aufforderung dargeboten, genau anzugeben, welcher Reiz in der Liste davor bzw. dahinter stand. Diese Sondierung soll klären, wie gut die Positionen einzelner Gedächtniselemente im *Kurzzeitgedächtnis* haften geblieben sind. (b) *Reaktionszeit-Probe-Technik (probe reaction time):* Während der Bearbeitung einer die Aufmerksamkeit beanspruchenden *Primäraufgabe* soll beim wiederholten Auftauchen eines Signalreizes zu nicht vorhersagbaren Zeitpunkten eine einfache Reaktion (z. B. ein Tastendruck) ausgeführt werden *(Sekundäraufgabe).* An den Reaktionszeiten läßt sich erkennen, wie stark die Aufmerksamkeitskapazität zum gegebenen Zeitpunkt durch die Primäraufgabe beansprucht war. Das Paradigma bewährt sich in der Aufmerksamkeitsforschung bzw. zur Ermittlung der momentanen *mentalen* →*Beanspruchung.*

Problemkäfig *(problem box).* Bezeichnung für Vorrichtungen zur Untersuchung von Lernvorgängen bei Tieren (eingeführt von THORNDIKE, auch SKINNER-BOX genannt). Es handelt sich um einen Käfig, in dessen Innerem verschiedene Vorrichtungen (z. B. Lichtsignale, Hebel, Rädchen u. ä.) angebracht sind, die mit bestimmten anderen (z. B. Türöffner, Futterspender, Wasserspender) kombiniert werden können (→*Konditionierung, operante).* Die verschiedenen Verbindungen zwischen den Vorrichtungen werden je nach Intention des Experimentators variiert.

Problemlösen *(problem solving).*
[1] Allgemeine Bezeichnung für eine Art des Denkexperiments, in dessen Verlauf Tier oder Mensch mit einer neuartigen und komplexen Situation konfrontiert werden, in der ein bestimmtes Ziel (Futter, Lösen einer Aufgabe) nur durch eine relativ neuartige Kombination von Erfahrungen oder durch eine durch Überlegen gefundene Synthese erreicht werden kann.
[2] Bezeichnung für den unter [1] beschriebenen Prozeß, bei dem aus einer Anzahl von Möglichkeiten des Handelns oder Nachdenkens diejenige ausgewählt werden muß, die zum Ziel (zur Lösung) führt.

Problemlöser →*Intelligenz, künstliche.*

Prodrom, Prodromalsymptom, prodromales Symptom *(prodrome, prodromal symptom).* Dem Ausbruch einer Krankheit oder Störung vorausgehendes Anzeichen.

produktives Denken

produktives Denken →*schöpferisches Denken.*

Produkt-Moment-Korrelation *(product moment correlation).* Bezeichnung für eine der statistischen Standardtechniken zur Ermittlung der Stärke und der Richtung des Zusammenhangs zwischen zwei Messungen, vorgenommen an derselben Gruppe von Individuen oder Fällen. *Produkt-Moment* bezeichnet das Durchschnittsprodukt von Meßwertpaaren, sofern diese als Abweichungen vom jeweiligen Mittelwert dargestellt wurden. Bezeichnet x_i die Abweichung eines Meßwertes X_i vom Mittelwert M_x und y_i diejenige des Meßwertes Y_i vom Mittelwert M_y bei einem Fall (Individuum) von i = 1 bis N (N bezeichnet die Größe der Stichprobe), so ergibt sich der *Koeffizient* der Produkt-Moment-Korrelation nach der Pearsonschen Beziehung:

$$r_{xy} = \frac{\sum\limits_{i=1}^{N} (x_i y_i)}{N \sigma_x \sigma_y}$$

σ_x bzw. σ_y bezeichnet die Standardabweichungen der beiden Verteilungen.

Produktionstheorie →*Gestaltqualitäten.*

Profil *(profile, mental profile, psychological profile).* Bezeichnung für eine Darstellung von Meßergebnissen verschiedener Eigenschaften bei einem Individuum. Die gemessenen Eigenschaften oder Merkmale werden je nach dem Grad ihrer (relativen) Ausprägung durch entsprechend hohe oder (bei seitlicher Darstellung) lange Blöcke oder Linien repräsentiert. Verbindet man die so definierten Endprodukte, so ergibt sich das Profil. Bei Verwendung von standardisierten Verfahren im Rahmen eines Tests entsteht ein *Testprofil,* das den Vorteil einer guten Vergleichbarkeit mit anderen aufweist.

Prognose *(prognosis).* Vorhersage eines Ereignisverlaufs bzw. eines Ergebnisses. Im klinischen Sinn die Vorhersage eines Störungsverlaufs im Hinblick auf die Wahrscheinlichkeit einer günstigen bzw. ungünstigen Entwicklung.

programmierter Unterricht *(programmed instruction).* Allg. Bezeichnung für eine vor allem auf Pressey und Skinner zurückgehende Unterrichtstechnik, oftmals angewandt unter Zuhilfenahme sog. *Lehr-(Lern-)Maschinen (teaching machines).* Der Lehrstoff wird in mehr oder weniger große Lehrschritte zerlegt. Nach jedem Schritt erfolgt unmittelbar eine Rückmeldung darüber, ob er verstanden wurde oder nicht. Dies gilt als entscheidende lerntechnisch-motivationale Voraussetzung für effektives Lernen. Die Schritte des Lehrprogramms müssen dabei folgerichtig aufgebaut und nach Art und Umfang sowohl der Komplexität des Gegenstandes als auch der Lern- oder Verarbeitungskapazität der Adressaten entsprechen. Weiteres Kennzeichen ist die Steuerung von Darbietungsdauer und Folgegeschwindigkeit der einzelnen Programmschritte durch den Lernenden selbst. Bei sog. *linearen Programmen (linear programs)* wird bei einem Versagen des Probanden in Test- oder Übungsaufgaben der vorangehende Programmschritt automatisch wiederholt dargeboten; dies geschieht so lange, bis die Test- oder Übungsaufgabe gelöst werden kann. Bei sog. *verzweigten Programmen (branched programs, branching)* dagegen wird der Programmschritt, bei dessen Überprüfung Fehler auftraten, in neuer und ausführlicherer Form dargeboten. Erfolgen dagegen wiederholt richtige Lösungen, so werden Zwischenschritte des Programms automatisch übersprungen.

LIT. H. G. FRANK (Hrsg.; 1963); FRY (1963); LUMSDAINE, GLASER (Hrsg.; 1960).

Programm, lineares →*programmierter Unterricht.*

Programm, verzweigtes →*programmierter Unterricht.*

progressive Paralyse →*Paralyse.*

Projektion *(projection).*
[1] Einem anderen Menschen die eigenen Fehler oder Wünsche zuschreiben bzw. unterstellen. P. gilt in der *Psychoanalyse* als →*Abwehrmechanismus,* der durch Übertragung tabuisierter Gefühle und Triebimpulse auf andere den eigenen Schuldgefühlen entgegenwirken soll.
[2] *animistische Projektion:* Bei Kindern die Übertragung eigener Eigenschaften oder Gefühle auf unbelebte Gegenstände oder Erwachsene.
→*Projektive Tests.*

Projektionsfasern *(projection fibres).* Nervenverbindungen innerhalb des Gehirns, die direkt in tiefer gelegene Gehirnabschnitte führen und keine Querverbindungen darstellen.

Projektionsfelder *(projection areas)*. Umschriebene Bereiche des Kortex, die Nervenimpulse aus den jeweiligen Sinnesorganen bzw. tieferen Hirnzentren empfangen.

Projektionszentrum *(projection area), projection center)*. Bereich des Kortex, der mit sensorischen und motorischen Zentren (Basalganglien, Rückenmark) direkt verbunden ist.

projektive Tests *(projective tests, projective techniques)*. Bezeichnung für solche diagnostischen Verfahren, die dazu dienen, die emotionalen oder andere Reaktionen auf relativ unstrukturierte oder mehrdeutige Situationen oder bildliche Darstellungen (z. B. Rorschachsche Klecksfiguren, der sog. TAT u. ä.) nach Einstellungen, dynamischen (motivationalen) u. ä. Merkmalen und Persönlichkeitseigenschaften zu interpretieren. Wegen der weitgehend ungeklärten Frage nach Objektivität, Reliabilität und Validität im Sinne der Testkonstruktion kann man diese Verfahren bestenfalls als »Tests«, besser aber als Verfahren mehr heuristischer denn exakt-diagnostischer Natur bezeichnen. Das Ausgangsmaterial der Interpretation sind Projektionen bzw. Phantasieleistungen der Versuchspersonen (z. B. in der *Spieltherapie*). Syn. Entfaltungstests, Phantasietests, Deuteverfahren.
LIT. K. L. FRANK (1948); HEISS (Hrsg.; 1966); HÖRMANN (1964).

Proliferation *(proliferation)*. Aus dem Lat. *proles ferre,* Nachkommen hervorbringen. In der Physiologie Zellvermehrung, Zellwachstum.

Propaganda. Allgemeine und umfassende Bezeichnung für alle Handlungen oder Meinungsäußerungen eines Individuums oder einer Gruppe, die nach einem Plan ablaufen und andere Individuen oder Gruppen hinsichtlich ihrer Handlungen oder Meinungsbildung beeinflussen sollen. Dies kann in offener Form *(white propaganda)* oder versteckter Form *(black propaganda)* der *Suggestion* geschehen. Der Begriff bezieht sich auch auf die dabei angewandten Techniken.
LIT. HOFSTÄTTER (1951); IRION (1950); KLAPPER (1966).

Propensity (Neigung, Hang, Antrieb, Instinkt). Englische Bezeichnung aus der McDougallschen Psychologie für angeborene Antriebe in bezug auf bestimmte Verhaltensziele.

Prophylaxe *(prophylaxis)*. Allgemeine und umfassende Bezeichnung für medizinisch-psy-

chologische Maßnahmen der Vorbeugung von Erkrankungen und Störungen. In der Psychologie gehört die P. milieu- bzw. umweltbedingter Störungen in den umfassenden Bereich der →*Psychohygiene.*

Proposition *(proposition)*. *Denk-, Gedächtnis-, Wissenspsychologie; Linguistik.* Syn. *propositionale Wissensrepräsentation (propositional representation)*. Abstrakte sprachfreie Wissenseinheit, die in Sätzen formulierbar ist und die Bedeutung von Äußerungen näher bestimmt. P. sind die Voraussetzungen für die Darstellung von *Tiefenstrukturen* des Wissens, die es ermöglichen, z. B. bei Aussagen wie »Otto wirft den Ball« und »der Ball wird mir von Otto zugeworfen« Bedeutungsgleichheit festzustellen. Handlungsbezogene P. werden als →*Skripte* bezeichnet. In der *Künstlichen Intelligenz*-Forschung sind sog. *propositionale Dateien* Programme zur Erzeugung von mentalen Vorstellungen; derartige Dateien sind im Gegensatz zu Bilddateien nicht an Sinnesmodalität gebunden, sondern enthalten allein den Bedeutungsaspekt betreffende Informationen.

propriozeptive Reflexe →*Propriozeptor.*

Propriozeptor *(proprioceptor)*. Sinnesrezeptor oder -zellen, die Bewegungen und Lageveränderungen des Körpers registrieren und entsprechende Empfindungen vermitteln. Man unterscheidet die sog. »Körperlagesinn«, d. h. im vestibulum und inneren Ohr gelegene Rezeptoren als Orientierungssysteme über die räumliche Lage bzw. über Drehung und Rotation des Körpers von den Rezeptorensystemen in Gelenken, Muskeln und Sehnen, die der Vermittlung von Bewegungsempfindungen *(kinästhetischen Empfindungen)* dienen. Da die entsprechenden Rezeptoren im Inneren des Körpers bzw. Körpergewebes liegen, werden sie manchmal unter dem Sammelbegriff »Interozeptoren« zusammengefaßt und von den »Exterozeptoren« (Rezeptoren in oder an der Hautoberfläche) unterschieden.
Als *propriozeptive Reflexe (proprioceptive reflexes)* bezeichnet man Reflexe, die durch Rezeptoren in den Sehnen durch einen einfachen Reflexbogen über das Rückenmark ausgelöst werden.

Proprium. Syn. für »Selbst«, »Ich« oder »Selbstgefühl«, »Identität« als Ausdrücke der inneren Einheit (Erlebniseinheit) des Individuums (z. B. bei ALLPORT; →*Persönlichkeit)*.

347

propulsiv

propulsiv *(propulsive)*. Bezeichnung für Vorgänge von der Art hypothetischer *Prozeßvariablen,* die relativ diffuse Antriebe oder den Drang nach etwas bewirken sollen bzw. Inbegriff dieses Antriebsgeschehens sind.

Prosodie, Prosodik *(prosody).*
[1] Silbenmessungslehre.
[2] Psycholinguistik: Betonungsmuster und Tonhöhenverläufe der menschlichen Sprache, durch die wörtliche Bedeutungen ergänzt bzw. modifiziert und/oder individuelle Sprecher identifiziert werden können. Syn.: *Sprachmelodie; Sprechmelodie.*

Prosopagnosie *(prosopagnosia).* Unfähigkeit, Gesichter wiederzuerkennen. Sonderform der *visuellen* →*Agnosie,* die häufig als Folge von Hirnläsionen im Stirn-Scheitelbereich auftritt.

prospektiv *(prospective).* Bezeichnung für *(kognitive)* Vorgänge, die eine auf die Zukunft gerichtete Einstellung, ein Vorausblicken erschließen lassen.

Protanopie →*Farbenfehlsichtigkeit.*

protensity (Dauer, zeitliche Erstreckung). Englische Bezeichnung für die allgemeine Eigenschaft von Empfindungen bzw. bewußten Vorgängen, zeitliche Dauer aufzuweisen, jedoch nicht im Sinne der physikalischen Zeit und auch nicht durch Zeitschätzungen des Selbstbeobachters erfaßbar, somit eine Art »unmittelbar gegebener Dauer« (die Bezeichnung wurde vor allem bei TITCHENER und WARD verwendet). Der Begriff ist zu unterscheiden von *Protention* (philosophisch-phänomenologische Bezeichnung für im Denken vollzogenen Vorgreifens auf Zukünftiges).

Protoplasma *(protoplasm),* **Hyaloplasma** oder **Zellplasma.** Als dickflüssig angenommene Substanz des Zelleibes *(Cytoplasma),* ein eiweißhaltiges Gemisch verschiedener Stoffe, das im Verein mit dem *Zellkern* als Träger des Lebens bezeichnet werden kann.

Prozentrang →*Ogive,* →*Partil,* →*Perzentil.*

Prozeß *(process).* Bezeichnung für einen *Verlauf* oder *Vorgang,* der eine Zustandsänderung des Organismus bzw. Erscheinungsbildes mit sich bringt bzw. aus solchen Veränderungen erschlossen wird (→*Prozeßvariable).* Die Bezeichnung wird sowohl für molekulare Veränderungen (z. B. Nervenerregungen) als auch für molare (z. B. Wachstum) verwendet, setzt aber in jedem Fall eine Aktivität voraus.

Im weiteren Sinne ist jedes geäußerte Verhalten als P. verstehbar (Syn. *Verlauf, Vorgang).*

Prozeß, primärer oder **Primärprozeß** *(primal process, primary process).* Psychoanalytische Bezeichnung für die eshaften (→*Id,* →*Es)* Prozesse, d. h. nach Befriedigung drängenden Trieb- oder Instinktansprüche bzw. der symbolische Ausdruck solcher Ansprüche in Konflikten *(→Abwehrmechanismen).*

Prozeß, sekundärer oder **Sekundärprozeß** *(secondary process).* Psychoanalytische Bezeichnung für die regulatorischen Vorgänge im Bereich der Ich-Funktion *(→Ego,* →*Ich),* allgemein als *Realitätsprinzip (reality principle)* bezeichnet.

Prozeßdiagnostik →*Statusdiagnostik.*

Prozesse, automatische *(automatic processes).* Bezeichnung für Prozesse der Informationsverarbeitung und -nutzung, die auf eingefahrenen Gewohnheiten beruhen, relativ anstrengungsfrei und rasch ablaufen und die Möglichkeit eröffnen, sich nebenbei auch mit anderen Dingen zu beschäftigen. Gegensatz: kontrollierte Prozesse.
→*Aufmerksamkeit,* →*Pfadaktivierung,* →*Priming.*

LIT. SHIFFRIN, SCHNEIDER (1977); SCHNEIDER, SHIFFRIN (1977).

Prozesse, kontrollierte *(controlled processes).* Bezeichnung für Prozesse der Informationsverarbeitung und -nutzung, die wegen der Neuartigkeit bzw. Ungewohntheit der Aufgabe volle Aufmerksamkeit und bewußt gelenkte Steuerung *(Kontrolle)* verlangen, mit Anstrengung verbunden sind, relativ lange Entscheidungszeiten nach sich ziehen und weitgehend ausschließen, sich mit anderen Dingen gleichzeitig zu beschäftigen. Gegensatz: automatische Prozesse.
→*Aufmerksamkeit.*

Prozeßvariable, hypothetische *(hypothetical process variable).* Bezeichnung für ein *hypothetisches Konstrukt* bzw. eine *intervenierende Variable,* die aus den im Verlaufe eines (Verhaltens-)Prozesses auftretenden Veränderungen erschlossen wird, jedoch als in den Prozeß eingreifende Größe nicht oder nicht direkt beobachtet werden konnte, z. B. die Annahme von »D« (Trieb) im Hullschen System *(→Trieb)* oder die Annahme einer Abwehr auslösenden Zensur im Sinne der Psychoanalyse.

348

Prüfverteilung. Statistische Bezeichnung für gebräuchliche Verteilungsparameter zur Signifikanzprüfung kennzeichnender Prüfwerte (z. B. Chi-Quadrat-Verteilung, t-Verteilung, F-Verteilung). →*Verteilung.*

pseudodementes Syndrom →*Gansersches Syndrom.*

pseudoisochromatische Farbtafeln →*Farbentüchtigkeit.*

Pseudokonditionierung (*pseudo-conditioning*). Das wiederholte Auftreten von gleichartigen Reaktionen auf ursprünglich neutrale Reize, die längere Zeit vorher wahrgenommen wurden, ohne dabei mit einem reflexauslösenden Ereignis (UCS) raum-zeitlich gekoppelt worden zu sein. Voraussetzung ist, daß die Reize auffällig waren und in derselben Situation aufgetreten sind, in der sie später (z. B. am folgenden Tag) wiederholte gleichartige Reaktionen auslösen, wie nach einer Konditionierung. Das Phänomen der P. widerspricht der Behauptung, daß Konditionierung nur dann erfolgt, wenn ursprünglich neutrale Reize (CS) und reflexauslösende Ereignisse (UCS) wiederholt in raum-zeitlicher Nähe aufgetreten sind.

Pseudo-Kontingenz →*Kontingenz.*

pseudologia phantastica. Bezeichnung für zwanghafte Geschwätzigkeit und Lügenhaftigkeit bzw. auffälligen Hang zu verbalen Phantasieäußerungen.

Pseudoskop (*pseudoscope*). Optische Vorrichtung (Linsen- und Prismensystem) zur Herstellung von verzerrten oder links-rechts-vertauschten visuellen Eindrücken (z. B. kann ein flacher Gegenstand konkav oder konvex erscheinen bzw. die auf die Netzhaut gelangenden Bilder werden links-rechts-vertauscht u. ä.).

PSI. Aus dem Engl. stammende Kurzbezeichnung für Prozesse der Informationsübertragung (Syn.: *extrasensorische Wahrnehmung, extrasensory perception*) oder des Energietransfers, für die es bisher keine physikalische oder biologische Erklärung gibt (z. B. »Hellsehen« oder *Telepathie, Telekinese,* d. h. Gegenstände bewegen oder deformieren, ohne sie zu berühren). P. impliziert nicht, daß derartige außergewöhnliche Phänomene tatsächlich paranormal sind. Die exakte Überprüfung, die in das Gebiet der →*Parapsychologie* fällt, ist schwierig, weil eine starke Abhängigkeit von vorwissenschaftlichen Überzeugungen und Glaubensfragen besteht. →*Psychokinese.*
LIT. BEM, HONORTON (1994).

Psychasthenie (*psychasthenia*). Veraltete Bezeichnung für neurotische Symptome wie Angst oder Zwangshandlungen und -vorstellungen.

Psyche. Philosophisch-theologische Bezeichnung für den Inbegriff oder die Personifikation des Lebensprinzips, das als Bezugssystem oder Grundlage der psychischen Funktionen bzw. des Handelns und Verhaltens angenommen wird (zum Unterschied von →*psychisch*). Syn. Seele, Geist, Gemüt, Verstand. Vgl. auch *Einführung.*

Psychiatrie (*psychiatry*). Wörtlich übersetzt »Seelenheilkunde«. Teilgebiet der Klinischen Medizin, das neben der Diagnose und nichtoperativen, stationären oder ambulanten medikamentösen Therapie sowie der Psychotherapie von Patienten mit psychischen →*Störungen* Maßnahmen der Prävention und Rehabilitation umfaßt und dessen Vertreter systematische Beiträge zur ätiologischen und nosologischen Klassifikation psychischer Störungen, zur *Epidemiologie* und *Therapie* leisten. Der klassische Katalog »psychiatrischer Krankheiten« (Psychosen, Neurosen, Psychopathien), der im deutschen Sprachbereich durch die Ansätze von FREUD, KRAEPELIN und SCHNEIDER geprägt war, ist heute nach zahlreichen Revisionen weitestgehend von dem integrativen symptomorientierten →*DSM* der American Psychiatric Association und den im →*ICD* niedergelegten vereinheitlichenden Bemühungen der Weltgesundheitsorganisation abgelöst worden. Wichtige, teilweise interdisziplinäre Teilgebiete der P. sind *Biologische P., Forensische P., Pharmako-P.,* →*Psychopathologie,* →*Psychosomatik.*
LIT. BENKERT, HIPPIUS (1980); BLEULER (1966); GRUHLE u. a. (1960 F.); KAPLAN, SADOCK (1989); PETERS (1983); TÖLLE (1996); WEITBRECHT (1968).

psychisch (*mental;* umgangssprachlich auch *psychological;* äußerst selten *psychic, psychical,* da mit den Nebenbedeutungen »übersinnlich«, »parapsychologisch«, »gestört« behaftet).
[1] Meist in Abhebung von *somatisch* (körperlich) gebrauchte Bezeichnung für (a) Inhalte des menschlichen Bewußtseins (*psychische*

psychische Abwehr

Phänomene, mental phenomena) oder (b) Zustände und Vorgänge, die dem Erleben und Verhalten zugrundeliegen bzw. in mehr oder weniger bewußter Weise Wahrnehmen, Denken, Erinnern, Fühlen, Motive und Handeln miteinander verknüpfen. Der engl. Begriff »mental« steht im engeren Sinn für »geistig«, »innerlich«, »verstandesmäßig«, »intellektuell« und ist daher nicht in jedem Fall gleichbedeutend mit dem deutschen Begriff »psychisch« in seiner weiterreichenden Bedeutung. Der Gebrauch von »psychisch« (griechisch psychē = Seele) setzt nicht notwendigerweise den Rekurs auf einen wie immer definierten Seelenbegriff voraus.

[2] Als *psychische →Störung* jene Klasse von Störungen, die sich – unabhängig von ihrer möglichen somatischen Bedingtheit oder Mitbedingtheit – vorrangig in Dysfunktionen des Erlebens und/oder Verhaltens äußern.

psychische Abwehr *→Abwehr, →Abwehrmechanismen.*

Psychische Beanspruchung *(psychological stress).*

[1] (a) Syn. für psychischen *→Streß.* (b) *Arbeitswissenschaften:* Nach DIN 33 405 ist p. B. eine individuelle, zeitlich unmittelbare, kurzfristige Auswirkung der psychischen *Belastung* im Menschen, die von seinen individuellen Voraussetzungen (z. B. Ausbildung; Fähigkeiten) und seinem momentanen Zustand abhängt (z. B. Ausgeruhtheit bzw. Ermüdung). Die Belastung wird anhand von physiologischen Daten (z. B. Kreislauffunktionen, Sauerstoffverbrauch) und Selbstauskünften bestimmt. Die Aufrechterhaltung eines hohen Leistungsniveaus bei geringen Anzeichen von Belastung wird als Ausdruck eines hohen *Wirkungsgrads* angesehen (*→Arbeit; →Streß). Belastung (psychological load; strain)* ist durch die Gesamtheit der erfaßbaren Einflüsse bestimmt, die von außen auf den Menschen zukommen und auf ihn psychisch einwirken (z. B. Arbeitsaufgabe, -bedingungen und -platz mit ihren mehr oder weniger physikalisch bestimmbaren Erfordernissen). In der allgemeinen Streßforschung ist Belastung gleichbedeutend mit *Stressoren.*

[2] *Mentale Belastung bzw. Beanspruchung (mental work-load)* ist ein Thema, das mit der zunehmenden Anzahl von computerunterstützten Arbeitsplätzen und relativ monotonen Überwachungstätigkeiten eine herausragende Rolle spielt; *mentale B.* ist Gegenstand eines von der *International Commission of Standardization (ISO)* 1991 herausgegebenen ergonomischen Normenkatalogs. *Mentale B.* im psychologischen Sinn entsteht durch Interaktionen von Aufgabenanforderungen (Belastung im o. g. Sinn) und den zu ihrer Erledigung erforderlichen Fertigkeiten, Fähigkeiten und Strategien, den *mentalen Ressourcen (mental resources).* Das aktuelle Ausmaß der *mentalen B.* ergibt sich aus der Differenz zwischen den durch die Tätigkeit gebundenen Kapazitäten der Informationsverarbeitung und der insgesamt verfügbaren Arbeitskapazität. Der Beanspruchungseffekt zeigt sich darin, daß kein Raum für Nebenaufgaben bleibt und auch die aufgabenspezifischen Kapazitätsanforderungen nicht mehr erfüllt werden, so daß das geforderte Bearbeitungsniveau nicht gehalten werden kann. Mitbestimmende Faktoren sind, einen optimalen Ausbildungsstand vorausgesetzt, (a) *Aufgabenschwierigkeit,* (b) *Anstrengung* und (c) *Leistungs-* bzw. *Versagensrückmeldungen.* Bei der Bestimmung des Ausmaßes der *mentalen B.* ist eine sorgfältige Abgrenzung von emotionalen und physischen Belastungsmomenten erforderlich.

psychische Sättigung *→Sättigung.*

psychisches Feld *→Feldtheorie.*

psychische Störung *→Klinische Psychologie, →Störung.*

Psychoanalyse, PA *(psychoanalysis).* Bezeichnung für die von Freud eingeführte und von seinen Schülern fortgeführte bzw. modifizierte Behandlungstechnik sog. psychoneurotischer Störungen (*→Neurose*) durch aufdeckende Deutung und *→Übertragung.* FREUD ging von der Annahme aus, derartige Störungen und ihre somatischen Begleiterscheinungen seien Ausdruck eines verdeckten, unbewußten Konflikts, der auf Interaktionen zwischen Triebimpulsen und *→Abwehrmechanismen* beruht. Die Aufgabe des Therapeuten bestehe darin, Entstehungsgeschichte, Stoffe und Bedeutung der Konflikte durch Deutung von Erzählungen, Assoziationen, Fehlleistungen und Träumen im Kontext der Lebensgeschichte aufzudecken, um deren zwangartige Wiederholung einzudämmen.

→Psychotherapie.

LIT. BRENNER (1967); FREUD (1946 ff.); HEISS (1956); KERNBERG (1981); LOCH

(1986); RAPAPORT (1961); THOMÄ, KÄCHELE (1985; 1988); WYSS (1966).

Psychobiologie *(psychobiology)*. Zusammenfassende Bezeichnung für Ansätze zur Erforschung und Erklärung der Entwicklung, Organisation und Steuerung des menschlichen Erlebens und Verhaltens auf der Grundlage biologischer Methoden, Erkenntnisse, Modelle und/oder Theorien. Syn.: →*Biologische Psychologie.*

Psychochirurgie *(psychosurgery)*. Von Moniz in den dreißiger Jahren eingeführte Technik, durch gezielte Gehirnoperationen psychotisches Verhalten (z. B. quälende Perseverationen und Zwangshandlungen) zu beheben, in dem angenommene Fehlverbindungen zwischen einzelnen Gehirnabschnitten durchtrennt werden. Besonders häufig bediente man sich der sog. präfrontalen →*Lobotomie.* Schwerwiegende Bedenken wegen der mit solchen Operationen nachweislich verbundenen Persönlichkeitsveränderungen und Spätfolgen z. B. bei der Behebung aggressiver Zwangszustände schränken die P. heute auf solche Fälle ein, in denen z. B. Schmerzlinderung u. ä. verschafft werden kann.
LIT. MARK, ERVIN (1970); VALENSTEIN (1973).

Psychodrama →*Gruppentherapie.*

Psychoendokrinologie *(psychoendokrinology)*. Bezeichnung für ein interdisziplinäres Forschungsgebiet, in dessen Rahmen Zusammenhänge zwischen psychischen und endokrinen Vorgängen erfaßt und erklärt werden. Es konnte z. B. gezeigt werden, daß psychischer *Streß* in nicht kontrollierbaren, nicht bewältigbar erscheinenden Situationen sowohl mit vermehrter Ausschüttung von *Cortisol* als auch mit erhöhter Ausschüttung von *Katecholaminen (Adrenalin, Noradrenalin)* einhergeht. Ist dagegen die streßinduzierende Situation kontrollierbar, bewältigbar oder erscheint so, wird nur die anstrengungsspezifische Katecholaminausschüttung erhöht, während die Cortisolproduktion als Reaktion auf den unangenehmen Beigeschmack einer unkontrollierbaren, unbewältigbaren Situation zurückgeht.
→*Streß.*
LIT. FRANKENHAEUSER (1981); O'LEARY (1990).

psychogalvanische Reaktion →*Elektrodermale Aktivität.*

psychogalvanischer Reflex, psychogalvanische Reaktion, PGR *(psychogalvanic reflex; psychogalvanic response)*. Von VERAGUTH (1908) eingeführte Bezeichnung für Veränderungen der bioelektrischen Gleichspannung bzw. des Widerstandes der Hautoberfläche als Antwort auf Außenreize. Wegen seiner Mehrdeutigkeit wird dieser Begriff heute kaum noch verwendet.
→*Elektrodermale Aktivität.*

psychogene Amnesie →*dissoziative Störung.*

psychogene Fugue →*dissoziative Störung.*

Psychohygiene *(mental health, mental hygiene)*. Allgemeine und umfassende Bezeichnung für die Erforschung, Planung und Anwendung aller Maßnahmen, die geeignet sind, durch Erziehung, Aufklärung und Forschung sowie durch die Einrichtung von Beratungsstellen (Ehe-, Erziehungsberatung u. ä.) den verschiedensten Formen der Fehlentwicklung und Fehlanpassung vorzubeugen bzw. Abhilfe zu schaffen. Die P. ist ein Teilgebiet der *Angewandten Psychologie* (bzw. *Klinischen Psychologie)* und wird in Zusammenarbeit mit der Psychiatrie und öffentlichen Einrichtungen sowie konfessionellen Instanzen betrieben.

Psychoimmunologie *(psychoimmunology)*. Bezeichnung für ein interdisziplinäres Forschungsgebiet, in dessen Rahmen Zusammenhänge zwischen psychischen Vorgängen und dem Status und der Funktionsweise des *Immunsystems* erfaßt und erklärt werden. Untersuchungen über die Einwirkung belastender, streßinduzierender Lebensbedingungen auf das Immunsystem und seine Funktionen zeigen, daß sich mit ihnen die Wahrscheinlichkeit des Auftretens psychosomatischer Störungen erhöht. Beanspruchung durch aktuelle Belastungen führt vor dem Hintergrund belastender Lebensereignisse zu Verzögerungen der Erholungszeit physiologischer Grundfunktionen und zur Herabsetzung der zellulären Immunität, z. B. durch Verringerung der Lymphozytenproduktion, der Anzahl von T-Lymphozyten und der Aktivität natürlicher Killerzellen.
→*Immunsystem.*
LIT. HOLMES, RAHE (1967); MILTNER (1986); O'LEARY (1990).

Psychokinese *(psychokinesis)*. Parapsychologische Bezeichnung für eine mechanisch-physikalisch nicht erklärbare Einwirkung des Menschen auf die Körperwelt, z. B. Bewegun-

Psycholinguistik

gen von Gegenständen in Anwesenheit oder nach Anwesenheit einer bestimmten Person in einem Raum.

Psycholinguistik (psycholinguistics), **Sprachpsychologie, Psychologie der Sprache.** Umfassende Bezeichnung für mehr oder weniger systematische Ansätze zur Analyse (a) der Sprachfunktion, z. B. der Sprache als Reiz in sozialen Situationen, (b) der Sprachentwicklung (Entwicklung des Sprechenlernens), (c) der in der sprachlichen Kommunikation entscheidenden Bedeutungs- und Informationsstrukturen und (d) der Interdependenz von Sprache, Sprecher und Kultur in Abhängigkeit vom sprachlichen Niveau u. ä.
LIT. K. BÜHLER (1934); HERRMANN (1972); HÖRMANN (1967); KAINZ (1943); CH. OSGOOD (1963).

Psychologie der Sprache →*Psycholinguistik,* →*Sprache.*

psychologische Gerontologie →*Alternsforschung.*

psychologische Refraktärzeit →*Refraktärzeit, psychologische.*

Psychologismus *(psychologism).* Bezeichnung für die philosophische Lehrmeinung, daß alle Sachverhalte bzw. Gegenstände der Erkenntnis über das psychologisch definierte Erkennen (Erfahrung) zu erfassen seien, so daß die Psychologie Grundlage aller philosophischen Aussagen wird.

Psychometrie *(psychometry).* Allgemeine und umfassende Bezeichnung für alle quantitativen Methoden der Psychologie (in *Experiment, Test* und in der *Psychophysik*). Die entsprechenden Methoden werden *psychometrische (psychometric)* genannt.
LIT. GUILFORD (1954).

psychomotorisch *(psychomotor).* Bezeichnung für die motorischen Aspekte des psychischen Geschehens.

psychomotorische Erregung →*Agitiertheit.*

psychomotorische Tests *(psychomotor tests).* Bezeichnung für Testverfahren, die die Koordination von Wahrnehmungsprozessen und motorischen Vollzügen erfassen, z. B. den Vollzug einer komplizierten Handbewegung unter visueller Kontrolle. (Das Greifen nach einem bewegten Gegenstand u. ä.)

Psychoneuroimmunologie; PNI *(psychoneuroimmunology).* Interdisziplinärer Forschungszweig, in dessen Rahmen Zusammenhänge und Wechselwirkungen zwischen psychischen

Vorgängen, neuralen bzw. neurohumoralen Prozessen und Funktionsstatus bzw. Arbeitsweise des →*Immunsystems* untersucht und in psychologische-medizinische Präventions- und Interventionsprogramme umgesetzt werden. In die PNI fließen Ergebnisse und Modelle der →*Psychoendokrinologie* und →*Psychoimmunologie* ein. Sie befaßt sich u. a. mit der Aufklärung von psycho-somatischen Interaktionsstrukturen (z. B. bei →*Streß* bzw. unter dem Einfluß von Strategien seiner →*Bewältigung*), die den Immunstatus sowie umschriebene Immunfunktionen beeinflussen bzw. das Auftreten und den Schweregrad von Allergien und Autoimmunstörungen sowie die Effektivität von therapeutischen Maßnahmen mitbestimmen.
LIT. ADER, FELTEN, COHEN (1991); KROPUINIGG (1987); O'LEARY (1990); SCHEDLOWSKY (1995).

psycho-neurologischer Parallelismus →*Parallelismus.*

Psychopathie *(psychopathy).* Breite Klasse von *Persönlichkeitsstörungen* (sog. »Charakterstörungen«), die sich – ohne Anzeichen für intellektuelle Defizite – in relativ überdauernden, von sozial geprägten Erwartungen und Normen abweichenden und das Zusammenleben erschwerenden Affekten, Einstellungen und Verhaltensweisen äußern. Die P. hat in der deutschen und englischen Fachsprache unterschiedliche Bedeutungsnuancen. (a) Im deutschsprachigen Bereich geht die Begriffsbedeutung vor allem auf KURT SCHNEIDER zurück. Er gebrauchte P. und *Abnorme Persönlichkeit* synonym und sah in den verschiedenen Arten und Formen der P. nichtkrankhafte Abweichungen von einer »uns vorschwebenden Durchschnittsbreite von Persönlichkeiten«, unter denen die Betroffenen und/ oder ihre Umgebung leiden. Diese Abweichungen können sich nach K. SCHNEIDER und E. KAHN z. B. äußern in Geltungsbedürfnis, Selbstunsicherheit, erhöhter Reizbarkeit, in *Hyperthymie* (Übererregbarkeit und Überaktivität), in *Hypothymie* (mangelnde Gefühlsansprechbarkeit, herabgesetzte Aktivität, phlegmatisches Verhalten), in euphorischen oder traurig-deprimierten Stimmungslagen bzw. in Stimmungslabilität, in Hypochondrien, Verschrobenheiten und Perversionen. Als Ursachen der P. gelten angeborene Dispositionen, in seltenen Fällen auch hirnorganische

352

Störungen (z. B. bei der sog. epileptoiden P.) in Wechselwirkung mit Lebenserfahrungen oder einschneidenden Ereignissen. Aus der Sicht FREUDS ist P. Ausdruck übermächtiger *Abwehrmechanismen*, deren Wirkweise die Einsicht in die Gestörtheit des Erlebens und Verhaltens verhindert und die daher durch Psychoanalyse nicht aufgedeckt werden können. (b) Im englischsprachigen Bereich steht P. dagegen nahezu ausschließlich für konstitutionell bedingte moralische Anfälligkeiten, die sich vor allem in antisozialem Verhalten und Neigungen zu sozialen Delikten äußern. Allgemeine Kennzeichen sind Impulsivität, Hedonismus, mangelnde Selbstkontrolle und Einfühlung in andere sowie Mangel an sozialer Verantwortung, Einsicht, Furcht-, Reue- und Schuldgefühlen. Syn.: *Soziopathie, Antisoziale Persönlichkeit.* EYSENCK betrachtete die P. in diesem Sinn als eine Persönlichkeitsstörung zweiter Art, der sowohl *Extraversion* (konstitutionell bedingte Schwäche im Aufbau von Hemmungen mit den Folgen mangelnder sozialer Lernfähigkeit und Unterdrückung sozial unangemessener Verhaltensweisen) als auch *Neurotizismus* (konstitutionell bedingte Übererregbarkeit) zugrundeliegen. Im DSM sind die Bedeutungen (a) und (b) innerhalb unterschiedlicher Gruppen von →*Persönlichkeitsstörungen* unter Hinweis auf dominierende Äußerungsweisen ersetzt.

LIT. H. J. EYSENCK, RACHMAN (1970); WEITBRECHT (1968); →*Psychopathologie.*

Psychopathologie *(psychopathology).* Wissenschaft von der Erfassung, Taxonomie und Erklärung derjenigen Veränderungen des Erlebens, Verhaltens und der Persönlichkeit, die aus der Norm fallen und/oder Leiden verursachen und daher als Ausdruck psychischer Störungen aufgefaßt werden. Die P. entwickelte sich – zunächst in der deutschsprachigen Psychiatrie um die Jahrhundertwende – aus der Notwendigkeit, die vielfältigen Erscheinungsweisen psychischer Störungen klassifizieren und erklären zu müssen, ohne sich dabei auf die in der klassischen medizinischen Pathologie gängigen Kausalzusammenhänge zwischen krankmachenden Ursachen und ihren körperlichen Folgen stützen zu können. Daher wählten die Vertreter der P. als Ausgangspunkt einen phänomenologisch-beschreibenden bzw. hermeneutisch-auslegenden Ansatz, um auf der Grundlage des »Verste-

hens« Art und Schweregrad psychischer Störungen bewerten und klassifizieren zu können. Ergänzt durch systematische Symptomanalysen und gestützt auf Befunde der experimentellen medizinischen, psychologischen und psychophysiologischen Forschung sowie auf Ergebnisse der psychologisch-klinischen Diagnostik liefern die Ergebnisse der P. auch heute noch wesentliche Anhaltspunkte für die Differentialdiagnose, für die Erfassung des Schweregrades, für die Klassifikation und Interpretation psychischer Störungen sowie für die Entwicklung und Indikation angemessener Therapieverfahren.

LIT. BLASHFIELD (1984); GLATZEL (1978; 1981); JASPERS (1965); SCHNEIDER (1967).

Psychopharmaka, psychotrope Substanzen *(psychopharmaca; psychotropic drugs).* Zusammenfassende Bezeichnung für chemischsynthetische oder organische Wirkstoffe, die direkt oder über das autonome Nervensystem das Zentral-Nerven-System beeinflussen und dadurch das Erleben und Verhalten – in der Regel in reversibler Art – verändern. Zu den P. gehören neben Präparaten mit anregender oder erregender und beruhigender oder einschläfernder Wirkung auch alle Arten von Genußmitteln sowie die sog. halluzinogenen Drogen. Die Wirkweise von P. wird in der *Psychopharmakologie* erforscht.

LIT. JULIEN (1981); LICKEY, GORDON (1983); VAN PRAAG (1979).

Psychopharmakologie, Pharmakopsychologie *(psychopharmacology; pharmacological psychology; behavioral pharmacology).* Bezeichnung für ein interdisziplinäres Grenzgebiet zwischen Psychologie, Pharmakologie und klinischer Medizin, in dessen Rahmen psychische und physiologische Wirkungen chemischer Substanzen auf den gesunden Organismus untersucht werden. Im engeren Sinne handelt es sich bei der Psychopharmakologie vor allem um die Erforschung der Wirkung sog. *psychotroper Substanzen* (z. B. *Antidepressiva, Tranquilizer*), während man unter Pharmakopsychologie im engeren Sinne den w. o. genannten, allgemeineren Gegenstandsbereich zusammenfaßt. Die P. arbeitet sowohl mit Tier- als auch mit Humanversuchen und findet ihre Anwendung sowohl in der psychophysiologischen Grundlagenforschung als auch in der Erprobung von Phar-

353

Psychophysik

maka (z. B. zur Ausschließung von Nebenwirkungen) und ihrer Anwendung im Rahmen pharmakotherapeutischer Interventionen.

LIT. BENKERT, HIPPIUS (1980); EYSENCK (1963); IVERSEN u. a. (1984); JANKE (1981 a, 1981 b); LEVITT (1975); LIPTON u. a. (1978).

Psychophysik *(psychophysics).*
[1] Bezeichnung für die von E. H. WEBER (1834) begründete und durch G. TH. FECHNER (1850; 1907) und G. E. MÜLLER (1878) systematisierte Erforschung von Beziehungen zwischen Reizintensitäten und Empfindungsstärken, letztere erschlossen aus Wahrnehmungsurteilen. Die klassische P. ging von der Determiniertheit der Empfindungsstärke durch die der Reizintensität entsprechenden Erregungsintensität aus *(→Konstanzannahme).* Gegenstand der P. sind: (a) Bestimmungen der kritischen Reizintensitäten auf verschiedenen Sinnesgebieten, die erreicht oder überschritten werden müssen, um bei einem Beobachter überhaupt Empfindungen auszulösen; man nennt die Kennwerte *absolute Schwellen* oder *Reizschwellen (absolute threshold; stimulus threshold).* (b) Bestimmungen kritischer Intensitätszuwächse oder -abnahmen, die im Vergleich zu einem Standard in den verschiedenen Sinnesgebieten erforderlich sind, um einen eben merklichen Intensitätsunterschied *(just noticeable difference; JND)* festzustellen. (c) Ermittlung von Gesetzmäßigkeiten in den o. g. Bereichen.(d) Analysen der Abhängigkeit der Wahrnehmungsurteile von Reizdarbietungsbedingungen, Kontextmerkmalen, Erwartungen, Risikoeinschätzungen und Urteilsstrategien. Die Bereiche (a) bis (c) dominieren in der klassischen P., der Bereich (d) dagegen ist, in enger Anbindung an die Entwicklung verfeinerter *Skalierungsverfahren,* Erkenntnisse über das *Adaptationsniveau* und Methoden der Untersuchung von *→Signalentdeckungs-Leistungen* Thema der neueren P. unter weitgehender Aufhebung der Konstanzannahme.
[2] *Methoden der P.:* (a) Bei der *Grenzmethode (method of limits)* wird zur Bestimmung der *absoluten Schwelle* der Reiz wiederholt in auf- und absteigender Intensitätsreihe dargeboten. Die bei einem Beobachter festgestellte obere und untere Intensitätsstufe, die erreicht werden muß, um eine Empfindung auszulösen, bildet den Grenzbereich; seine Mitte markiert die Reizschwelle. Zur Ermittlung der *Unterschiedsschwelle* müssen die in auf- und absteigender Intensitätsreihe dargebotenen Vergleichsreize mit einem *Standardreiz* verglichen werden, und zwar in Form von Gleichheits- und/oder Abweichungsurteilen. Die mittlere Abweichung der Gleichheitsurteile vom Standardreiz ergibt den *konstanten Fehler* des Beobachters, d. h. einen Hinweis auf seine Ungenauigkeiten bei der Gleichheitseinschätzung. Die beiden Punkte auf dem Reizintensitäts-Kontinuum, die den Übergang von Kleiner- in Gleichurteile bzw. von Gleich- in Größerurteile entsprechen, bilden die *Grenzwerte (difference limen; DL)* des sog. *Indifferenzbereiches;* die Mitte des Intervalls markiert in Einheiten der Reizintensitäts-Skala den Wert, der als Abweichung von der Intensität des Standardreizes der Unterschiedsschwelle entspricht. (b) Bei der *Konstanzmethode,* auch *Methode der konstanten Reize* oder *Reizintervalle* genannt *(method of constant stimuli; constant stimulus method),* wird zur Bestimmung der *absoluten Schwelle* eine Menge von Reizen, die sich voneinander um einen konstanten Intensitätsbetrag unterscheiden (z. B. um je 0.1 candela oder 0.5 g) wiederholt in zufallsgemischter Folge dargeboten. Der Schwellenwert liegt bei derjenigen Reizintensität, die in 50% aller Fälle bemerkt wurde. Dies entspricht in einer kumulierten Häufigkeitsdarstellung von Wahrnehmungsurteilen über dem Reizintensitäts-Kontinuum der Maßzahl des mittleren Falles, dem *Median.* Die *Unterschiedsschwelle* wird auf der Grundlage des Vergleichs zwischen den in zufallsgemischter Intensitätsreihe dargebotenen Reizen und einem Standardreiz ermittelt. Der *konstante Fehler* ergibt sich aus dem Intervall zwischen der Standardreiz-Intensität und dem Median der Gleichheitsurteile. Die Grenzwerte des Indifferenzbereiches, dessen Mitte den Schwellenwert darstellt, entsprechen den Werten auf dem Reizintensitäts-Kontinuum, welche den Übergang zwischen Kleiner- und Gleichurteilen (25%-Fall; 1. Quartil) bzw. zwischen Gleich- und Größerurteilen (75%; 3. Quartil) markieren. Sie werden auf der Grundlage kumulierter Häufigkeiten von Gleich- bzw. Kleiner- und Größerurteilen berechnet. (c) Bei der *Herstellungsmethode* oder *Methode des mittleren Fehlers (adjustment method; method of average error; mean deviation method)* muß der Beobachter mittels einer geeigneten Vorrich-

354

tung wiederholt diejenige Reizintensität einstellen, die ein Bemerken ermöglicht. Die *absolute Schwelle* entspricht dem Mittelwert der ausgewählten Reizintensitäten. Bei der Bestimmung der *Unterschiedsschwelle* erfolgt die Herstellung der Reizintensitäten entweder unter der Instruktion, gleiche Intensität wie der Standardreiz oder eine doppelt so große Intensität zu erreichen; in manchen Fällen wird auch die Herstellung eines im Vergleich zum Standardreiz halb so intensiven Reizes verlangt. Unter der ersten Bedingung erhält man den Punkt der subjektiven Gleichheit als Mittelwert der gewählten Einstellungen; unter der zweiten berechnet man den Mittelwert der Unterschiedsurteile und stellt ihn als Abweichung vom Punkt subjektiver Gleichheit in Einheiten der Standardabweichung dar. Auf einer entsprechenden Prozedur beruht das →*Fechnersche Gesetz.* Der Punkt subjektiver Gleichheit markiert den Ausgangspunkt für die Skalierung der Empfindungsstärke. (d) Bei der von THURSTONE (1924) vorgeschlagenen *Methode des Paarvergleiches (method of paired comparison; pair comparison method)* wird zur Bestimmung der *Unterschiedsschwelle* jede Reizintensitäts-Variante mit jeder anderen verglichen. Bei der – ebenfalls von THURSTONE eingeführten – *Methode der gleicherscheinenden Intervalle (method of equal-appearing intervals)* müssen die dargebotenen Reize hinsichtlich ihrer Intensität bzw. Merkmalausprägung Kategorien zugeordnet werden, die zur Darbietung eines Standards – zwischen »sehr stark« und »sehr schwach« variieren. Das der Urteilsbildung zugrunde liegende Intensitätsintervall wird aus den Urteilshäufigkeiten erschlossen und nach dem *Gesetz der Vergleichsurteile (law of comparative judgment)* in Standardeinheiten ausgedrückt. Das Verfahren wurde vor allem zur Skalierung von *Einstellungs-Items* entwickelt, wo kein physikalisch definierbares Intensitätskontinuum, sondern lediglich Urteilshäufigkeiten zur Verfügung stehen. (e) Die Methode der *direkten Skalierung der Empfindungsstärke,* insbesondere von STEVENS verwendet, besteht in der Vorgabe eines Standardreizes, dessen empfundener Intensität ein numerischer Wert (z. B. 10) zugeordnet wird. Die empfundene Intensität der folgenden Reize wird als ein Vielfaches der Standardreiz-Intensität ausgedrückt (ein doppelt so intensiv emp-

fundener Reiz erhält z. B. den numerischen Wert 20, ein halb so intensiver den Wert 5). [3] *Ergebnisse der P.:* Absolute Schwellen variieren intraindividuell z. B. mit dem →*Aktivations-Zustand;* interindividuelle Unterschiede treten u. a. in Anhängigkeit vom Lebensalter, Erkrankungen, Erfahrungen und Gewohnheiten auf. Das →*Webersche Gesetz* und das →*Fechnersche Gesetz* drücken die bei der Bestimmung von Unterschiedsschwellen ermittelten Zusammenhänge zwischen Reizintensitäts- und Empfindungszuwächsen nur näherungsweise für bestimmte Reizarten und deren mittleren Intensitätsbereich aus. Die von STEVENS eingeführte Darstellungsart, die auf einer direkten Skalierung der Empfindungsstärkeveränderungen in Abhängigkeit von der Reizintensität beruht und die Beziehung zwischen Reiz- und Empfindungsintensität als Exponentialfunktion wiedergibt, hat sich als modifizierte Verallgemeinerung der von WEBER und FECHNER ausgehenden Bemühungen bewährt, psychophysische Gesetzmäßigkeiten aufzuweisen (→*Stevensches Potenzgesetz).* Wahrnehmungsurteile sind allgemein vom Kontext des äußeren und inneren Bezugssystems abhängig. Der systematischen Erfassung von Kontextbedingungen dient u. a. die von HELSON eingeführte Berücksichtigung der Determinanten des →*Adaptationsniveaus.* Die Auswertung von psychophysischen Experimenten nach den Regeln der →*Signalentdeckungs-Theorie* schließlich eröffnet die Möglichkeit, den Grundlagen des Wahrnehmungsurteils sowohl im Hinblick auf die sensorische Sensitivität als auch auf die subjektive Urteilsneigung des Beobachters nachzugehen und so die Ergebnisse der herkömmlichen P. um einen psychologisch bedeutsamen Aspekt zu bereichern.

LIT. CAMPENHAUSEN (1993); EKMAN (1968); FECHNER (1907); GALANTER (1962); STEVENS (1961; 1975); THURSTONE (1927).

Psychophysiologie *(psychophysiology).*
[1] Interdisziplinär orientiertes Teilgebiet der Psychologie und Physiologie, das auf der Integration von Methoden und Erkenntnissen beider Wissenschaften beruht und Erleben und Verhalten vor allem auf der Grundlage von Veränderungen zentralnervöser und autonomer Prozeß- und Zustandskennzeichen zu erklären sucht. Dabei werden in der Regel physiologi-

psycho-physischer Parallelismus

sche Reaktionsmuster in unterschiedlichen körperlichen Funktionssystemen in Abhängigkeit von definierten Situationen und/oder Verhaltensweisen betrachtet. Als Teilgebiet der *Biologischen Psychologie* ist P. vom Ertrag der biologisch-medizinischen Grundlagenforschung sowie von den Forschungsergebnissen aus anderen biologisch orientierten Teilgebieten der Psychologie mitbestimmt, z. B. der →*Neuropsychologie,* →*Physiologischen Psychologie* und →*Psychopharmakologie.* Als *Klinische Psychophysiologie (clinical psychophysiology)* bezeichnet man die Anwendung psychophysiologischer Methoden und Erkenntnisse im Rahmen der →*Klinischen Psychologie* und →*Psychosomatik.*
[2] *Methoden der P.:* Je nach Fragestellung und Erkenntnislage über Funktionszusammenhänge werden schwerpunktmäßig bioelektrische Indikatoren der zentralnervösen Aktivitäten (→*Elektroencephalogramm)* und/oder Indikatoren der autonomen Vorgänge (z. B. →*Elektrodermale Aktivität,* EDA; →*Elektrokardiogramm,* EKG) oder der Innervation bestimmter Muskelbereiche (→*EMG; Elektromyogramm)* herangezogen, um in streng kontrollierten experimentellen Situationen ihre Kovariation mit Reiz- bzw. Situationsparametern sowie mit Reaktionen, Leistungsdaten bzw. Befindlichkeitsaussagen zu bestimmen. Dabei ging man zunächst von der Annahme aus, psychischen Zuständen und Vorgängen würden typische Muster physiologischer Kennwerte entsprechen. Diese Auffassung wurde z. B. in der älteren Emotionsforschung im Zusammenhang mit autonomen Indikatoren vertreten. Nähere Untersuchungen der Kovariation einzelner Indikatoren bei verschiedenen Menschen in verschiedenen Situationsvarianten verweisen jedoch auf den Einfluß von individuellen *Reaktionsstereotypien,* von *Situationsstereotypien* und auf *Fraktionierung der Aktivierungsrichtung (directional fractionization).* Man verwendet daher heute drei Gruppen von Reaktionsmaßen: (a) *individualspezifische Reaktionen (ISR),* (b) *situationsspezifische (SSR)* und (c) *motivationsspezifische Reaktionen (MSR),* d. h. von der Motivationslage abhängige Reaktionsmuster, erschlossen aus Interaktionen zwischen ISR, SSR und experimentellen Variablen. Für die Reaktionsbestimmung stehen verschiedene Verfahren zur Verfügung, z. B. Bildung von

Differenzwerten zum →*Ausgangsniveau;* Maße der →*autonomen Labilität (autonomic lability scores; ALS);* Kernwerte der Steigung usw.
[3] *Anwendungsbereiche:* Da man mit Hilfe der P. Energiemobilisierung bzw. Aktivation im Körper erfaßt, sind die Anwendungsbereiche sehr breit gestreut. Neben der Grundlagenforschung im Zusammenhang mit *Wahrnehmung* bzw. *Kognition, Gedächtnis, Emotion, Motivation* und *Lernen* liegen sie vor allem in der *Arbeitspsychologie* und *Ergonomie,* in der *Streßforschung, Pharmakopsychologie* und *Psychopharmakologie,* in der *Klinischen Psychologie, Psychosomatik* und *Verhaltensmedizin.*
LIT. CACIOPPO u. TASSENARY (1990); CARLSON (1994); FAHRENBERG (1979); FRÖHLICH (1983); GAZZANIGA, BLAKEMORE (1975); GREENFIELD, STERNBACH (1972); SCHANDRY (1996); STERN u. a. (1980); TURPIN (1989); VOSSEL u. ZIMMER (1998).
psycho-physischer Parallelismus →*Parallelismus.*

Psychose *(psychosis, psychotic disease, psychotic disorder).*
[1] In der Psychiatrie des 19. Jh. eingeführte Bezeichnung für eine breite Klasse schwerer Affekt-, Denk-, Verhaltens- und Persönlichkeitsstörungen (früher auch Geistes- oder Seelenkrankheiten, »Irresein«), die mit für den Außenstehenden unverständlichen »abnormen« Erlebnis- und Verhaltensweisen, mit der teilweisen oder allgemeinen Unfähigkeit, den objektiven Gehalt von Erfahrungen und subjektive Erlebnisweisen auseinanderzuhalten, mit fehlender Einsicht in die Störung, mit Beeinträchtigungen der Kommunikationsfähigkeit und sozialen Anpassung sowie (in extremen Fällen) mit einer Desintegration der gesamten Persönlichkeit einhergehen. Die Symptome können kurzfristig oder aber im Verlauf eines länger dauernden Prozesses mit zunehmender Schwere auftreten. Im Unterschied zu →*Neurosen,* die in der klassischen Sichtweise auf traumatische Erfahrungen bzw. auf die unbewußte Verarbeitung psychischer Konflikte zurückgeführt werden, gelten P. als Folgen erkennbarer Organ- bzw. Hirnveränderungen oder werden auf angenommene körperliche Ursachen zurückgeführt. Als *exogene Psychose (exogenous psychosis)* gelten durch Organ- oder Hirnveränderung (z. B. progressive Paralyse) bedingte psychotische Störungen;

Psychosomatische Störung

jene ohne erkennbare organische Grundlagen werden als *endogene Psychose (endogenous psychosis)* bezeichnet, ohne damit eine Verursachung durch körperliche Veränderungen grundsätzlich auszuschließen. [2] *P-Arten:* (a) In den traditionellen Klassifikationsversuchen der Psychiatrie zählen zu den *endogenen P.* vor allem Störungen aus dem *manisch-depressiven Formenkreis* (zwischen Hyperaktivität und Niedergeschlagenheit schwankende Stimmungslagen; →*Affektive Störung, bipolare Störung), psychotische Depression* (anhaltende tiefe Niedergeschlagenheit und Inaktivität; *Affektive Störung,* →*Depression*) sowie die verschiedenen Arten und Formen der →*Schizophrenie* (tiefgreifende Denkbeeinträchtigungen, Halluzinationen, Wahnvorstellungen, mangelnde Einfühlung, Stimmungslabilität) sowie Größenwahn bzw. Verfolgungswahn und verwandte paranoide Zustandsbilder (→*Persönlichkeitsstörung,* →*Psychotische Störung,* →*Wahn*). (b) Neuere Klassifikationsansätze gingen von sog. *Symptomlisten (symptom lists)* aus. Die Ausgangsdaten sind die individuellen Ausprägungsgrade einzelner Störungsmerkmale (z. B. ängstliche Verstimmtheit, Aggressivität, Erregtheit, Wahrnehmungsstörungen, motorische Störungen, Zwangsideen, Zwangshandlungen). Mit Hilfe multivariater Verfahren konnten fünf Hauptsyndrome ermittelt werden, mit deren Hilfe Einzelfälle und die Schwere der jeweiligen Symptomkombination beschrieben werden können: *Handlungszerfall (disorganized hyperactivity)* mit den Symptomen der Übererregtheit, Wahrnehmungs-, Denk- und motorischen Störungen, Tendenzen zu Größenwahnideen; *psychotische Depressionen (psychotic depressions)* mit allgemeiner Ängstlichkeit, Phobien, Zwängen, Funktionsschwächen, Inaktivität; *Persönlichkeitszerfall (schizophrenic disorganization)* mit den Symptomen Apathie, Funktionsverlangsamung, Auffassungsstörungen in allen Sinnesbereichen, Desorientiertheit; *paranoide Züge (paranoid processes)* mit Fehlwahrnehmungen, Halluzinationen, Größenwahn-, Verfolgungs- und/oder Zwangsideen; *aggressiv-paranoide Züge (hostile paranoid behavior)* mit Symptomen der Angriffs- und Streitsucht, Verfolgungsideen.
Systematische Analysen der Symptomkombination verweisen auf Übergänge zwischen den ursprünglich unter *Neurose,* →*Psychopathie* und/oder Psychose subsumierten Störungsarten. Daher verzichtet das symptomorientierte DSM auf die klassische Unterscheidung zwischen diesen Störungsarten und beschreibt die früher unter *endogenen P.* zusammengefaßten Störungsformen je nach dominanten Symptomen als →*Affektive Störung,* →*Persönlichkeitsstörung,* →*Psychotische Störung* (einschl. →*Schizophrenie*), oder *Wahnhafte (paranoide) Störung* (→*Wahn), exogene P.* als Formen von *organisch bedingten* bzw. *hirnorganisch bedingten psychischen Störungen* und Grenzfälle als Ausdruck *organisch bedingter psychischer Syndrome.*
LIT. BLASHFIELD (1984); DEGKWITZ u. a. (1980); DSM–IV (1996); KLUG (1983); LORR u. a. (1963; 1967); OVERALL u. a. (1967); PETERS (1983); SCHULTE, TÖLLE (1971); SÜLLWOLD (1977); TÖLLE (1985).

Psychosomatik *(psychosomatics),* Syn.: *Klinische Psychophysiologie (clinical psychophysiology), Psychosomatische Medizin (psychosomatic medicine).* Systematische Ansätze zur Erforschung von Zusammenhängen zwischen psychischen Prozessen und relativ überdauernden Störungen umschriebener Organ- bzw. Körperfunktionen. Die P. gilt heute als interdisziplinäres Arbeitsgebiet, in dessen Rahmen unter Beteiligung von Fachvertretern aus Innerer Medizin, Psychiatrie, Klinischer Psychologie, Psychophysiologie und Verhaltensmedizin Ursachen →*psychosomatischer Störungen* erforscht und Wege der →*Intervention* gesucht und angewendet werden.
LIT. ALEXANDER (1977); LEPLOW, FERSTL (1990); MILTNER, BIRBAUMER, GERBER (1986); TURPIN (1989); UEXKÜLL (1986).

Psychosomatische Störung *(psychosomatic disease, psychosomatic disorder).* Längerfristige Beeinträchtigungen von Organ- und Körperfunktionen durch »krankmachende« psychische Belastungen (z. B. längerfristige Auseinandersetzungen mit unlösbar erscheinenden Lebensfragen oder persönlichen Konflikten), die unwillkürlich und unwissentlich mit Veränderungen des vegetativen Nervensystems und neurohumoraler Vorgänge einhergehen. Psychosomatische Störungen (oder Erkrankungen) betreffen das *Herz-Kreislauf-System,* die *Atemwege,* den *Magen-, Darm-* und *Urogenitaltrakt,* den *Schlaf-Wach-Rhythmus, neurohumorale* und *neurovegetative Grundvorgänge*

357

Psychotechnik

sowie das *Immunsystem,* letzteres mit den Folgen herabgesetzter Abwehr gegen Infektionen und Allergien. Zu den häufigsten p. S. gehören *essentielle Hypertonie* (Bluthochdruck), *koronare Herzerkrankungen* (mangelnde Blutversorgung des Herzmuskels über die Herzkranzarterien), *Herzrhythmusstörungen, Asthma bronchiale* (reversible Atemnotanfälle), *chronische Kopfschmerzen* (Migräne und Spannungskopfschmerzen), gutartige *Magen- und Darmgeschwüre, Darmbeschwerden* (Bauchkrämpfe, Durchfall, Verstopfung) und →*Eßstörungen (Anorexia nervosa, Bulimia nervosa).* Der Therapie dienen neben medizinisch-medikamentösen Interventionen (z. B. Biofeedback-Verfahren) Verfahren der systematischen Entspannung sowie die verschiedenen Arten und Formen der →*Psychotherapie.*
LIT. →*Psychosomatik.*

Psychotechnik *(psychotechnics, psychotechnology).*
[1] Von WILLIAM STERN eingeführte Bezeichnung für jegliche Anwendung psychologischer Erkenntnisse und Methoden in Praxisfeldern, z. B. in Erziehung, Industrie, Klinik, Rechtsprechung, Strafvollzug. In diesem allgemeinen Sinn gleichbedeutend mit →*Angewandter Psychologie.*
[2] In der durch HUGO MÜNSTERBERG u. a. Begründern der *Arbeitspsychologie* geprägten Bedeutung wurde P. oder *Industrielle P. (industrial psychotechnics)* zum Inbegriff der Anwendung experimentalpsychologischer Methoden bei der Analyse von Arbeitsprozessen und zur Personalauslese durch sog. *Arbeitsproben* mit dem Ziel, Arbeitsplätze so zu gestalten und Personal so einzusetzen, daß dies den psychischen Bedürfnissen nach Arbeitszufriedenheit, dem angemessenen Einsatz von Fähigkeiten und Fertigkeiten sowie der Einsicht in den Sinn der Arbeit entspricht. Die Erkenntnisse der P. wurden (erstmalig nach dem Ersten Weltkrieg) auch dazu genutzt, Rehabilitationsprogramme für Kriegsverletzte bzw. Unfallgeschädigte mit dem Ziel der Wiedereingliederung in die Arbeitswelt zu entwickeln.
LIT. ELIASBERG (1926); GIESE (1927); JAEGER, STAEUBLE (1981); MÜNSTERBERG (1914).

Psychotherapie *(psychotherapy).*
[1] Bezeichnung für Interventionsverfahren auf der Grundlage psychischer Prozesse, die in

Übereinkunft zwischen Klient und Therapeut auf dem Weg der Kommunikation der planvollen Beeinflussung von Störungen des Erlebens und Verhaltens mit dem Ziel dienen, solche Verhaltenssymptome, Befindlichkeiten und/oder Sichtweisen abzubauen, die Leiden verursachen, das Wohlbefinden beeinträchtigen und/oder die Beziehungen zur Umwelt stören. Wissenschaftliche P.-Verfahren lassen sich von fragwürdigen Außenseiterverfahren (vgl. die Auflistung von Eichmann und Mayer) durch Anwendung der folgenden Kriterien abgrenzen: Auswahl und Einsatz psychotherapeutischer Maßnahmen sollten (a) auf Ergebnissen fachkundiger Anamnese, Exploration und Diagnose beruhen und (b) von klaren Indikationen (Aussagen über die Angemessenheit ihrer Anwendung für bestimmte Störungsarten und -formen) geleitet sein. Ihnen sollen darüber hinaus (c) wissenschaftlich begründete und (d) erlernbare Regelsysteme der Anwendung zugrundeliegen. Die Wirksamkeit soll (e) aus wissenschaftlichen Aussagesystemen (Theorien, Modelle) hergeleitet und (f) mit wissenschaftlichen Methoden, durch therapiebegleitende Diagnostik und/oder systematische nachgehende Effektkontrolle überprüfbar sein. (g) Indikation und Ausübung psychotherapeutischer Tätigkeiten (in der Regel durch Ärzte und Psychologen) sind an eine spezielle, von Berufs- oder Fachverbänden bzw. durch Gesetz anerkannte Ausbildung gebunden (→*Klinische Psychologie*). P.-Verfahren unterscheiden sich durch ihren Bezug zu relativ schwerwiegenden Störungen und im Hinblick auf die stringente Anwendung der o. g. Kriterien von anderen *kommunikationsorientierten* Interventionsverfahren, die im Zusammenhang mit Beratungen von Einzelpersonen oder Gruppen, z. B. zur Vermittlung von Entspannung, Erhöhung der sozialen Sensitivität, Verbesserung des gegenseitigen Verstehens und der Kommunikationsbedingungen eingesetzt werden.
[2] *Klassifikation der P.-Arten und -Formen:* Als formale Kriterien gelten (a) Personenzahl (Einzel- und Gruppentherapien), (b) Zielgruppen (Kinder-, Jugendlichen-, Erwachsenentherapien; Ehe-, Paar-, Familientherapien), (c) der Zeitaufwand (Kurz-, Langzeittherapien), (d) instrumentelle bzw. prozedurale Merkmale (z. B. Bewegungs-, Biofeedback-, Entspannungs-, Gesprächs-, Hypnose-, Imaginations-,

358

Psychotherapie

Kommunikations-, Milieu-, Musik-, Pharmako-, Physio-, Spiel-, Verhaltenstherapie). (e) Geht man davon aus, worauf einzelne P. abzielen, ergibt sich die grobe Unterscheidung von an Einsicht appellierenden (z. B. →*Gesprächstherapie,* →*Logotherapie,* →*Psychoanalyse*) und auf Verhaltensänderung gerichteten Verfahren (z. B. →*Verhaltenstherapie*). Allerdings gibt es unter den auf Verhaltensänderung abzielenden Verfahren nur wenige, die ausschließlich sensomotorische Regulationen ansprechen; die meisten bauen zumindest auf vermittelnde kognitive bzw. intellektuelle Prozesse (z. B. →*Desensitivierung,* kognitive →*Verhaltensmodifikation*).
[3] *Theoretische Orientierungen der P.:* (a) Psychoanalytische Orientierung: In der von Freud begründeten →*Psychoanalyse* werden psychische und somatische Symptome als Ergebnisse nicht bewußt werdender Interaktionen von Triebimpulsen und →*Abwehrmechanismen* angesehen, die in unbewußte Konflikte einmünden. Die daraus hergeleiteten Verfahren dienen der aufdeckenden Deutung dieser Konflikte sowie ihres lebensgeschichtlichen und aktuellen Stellenwerts durch den Therapeuten auf der Grundlage von Erzählungen, Assoziationen, Fehlleistungen und Träumen der Klienten unter systematischer Berücksichtigung der →*Übertragung.* Therapieziel ist die Aufdeckung der Konfliktstruktur und die Aufhebung der zwanghaften Tendenz zur Wiederholung des Konflikts zwischen Triebregungen und Abwehr, in dessen Gefolge Symptome auftreten. Psychoanalytisch orientierte Langzeit- oder Kurzzeittherapien werden z. B. bei (neurotischen) Angst- und Sexualstörungen sowie bei psychosomatischen Persönlichkeits- und Leistungsstörungen angewandt. (b) Verhaltenstherapeutische Orientierung: Den verschiedenen Arten und Formen der *Verhaltenstherapie* (VT) ist der Rekurs auf die Prinzipien der Lernforschung in ihrer gesamten Bandbreite gemeinsam, von den Theorien der klassischen und operanten Konditionierung angefangen über kognitive Erwartungstheorien bis hin zum sozialen Lernen am Modell (→*Lernen*). Überdies fließen in zahlreiche Verfahren der VT Erkenntnisse der *Psychophysiologie* und *kognitiven Psychologie* mit ein. Die Anwendung der VT hat das Ziel, Einschränkungen der Verhaltenskompetenz, der Angemessenheit von Emotionen, Erwartungen und Einstellungen auf der Grundlage vorangehender Verhaltensanalysen durch Veränderungen der Interaktionen mit der Umwelt, durch die Ausbildung und Förderung bestimmter Fähigkeiten und/oder verbesserte Selbstkontrolle aufzuheben. In den Bereich der VT gehören Verfahren der systematischen Reizkontrolle und Reizkonfrontation (z. B. systematische *Desensibilisierung;* →*Aversionstherapie;* →*Flooding*), der Konsequenzenkontrolle (z. B. →*Biofeedback,* Problemlösetraining mit Rückmeldungen usw.), des *Modellernens* sowie eine Reihe kognitiver, auf Selbstinstruktion und Selbstkontrolle bauender Methoden zur *Verhaltensmodifikation.* Verhaltenstherapeutische Interventionen werden in Übereinstimmung mit den oben genannten Zielen insbesondere bei solchen Störungen bzw. Beeinträchtigungen der Handlungsfähigkeit und Handlungskontrolle angewandt, die auf den Erwerb (Lernen) funktionswidriger Gewohnheiten bzw. unangemessener Formen von Umwelt-Interaktionen zurückgeführt werden können. (c) Gesprächstherapeutische Orientierung: Für den Begründer der *Gesprächstherapie* (GT) Carl R. ROGERS gehen psychische Störungen, die sich in Fehlanpassungen des Erlebens und Verhaltens äußern, auf eine Leugnung wichtiger Sinnes- und Körpererfahrungen zurück, die damit nicht im Bewußtsein repräsentiert werden, nicht zum *Selbstkonzept* beitragen und so zu Fehleinschätzungen der konkreten Leistungsfähigkeit, Selbstwirksamkeit und sozialen Rolle, zu einer Diskrepanz zwischen idealem und realem Selbst führen können. Leitende Voraussetzung für die GT ist der Wunsch des Klienten nach einer Milderung störungsbedingter Spannungen und die Bereitschaft zu offenen Gesprächen mit dem Therapeuten. Das *nichtdirektive Verfahren* der GT ist gekennzeichnet durch eine die Selbstexploration unterstützende einfühlende, anteilnehmende Gesprächsführung mit dem Ziel, die Diskrepanz zwischen idealem und realem Selbstbild durch Einsicht abzubauen. Die in vielen Varianten als Einzel- und Gruppenverfahren praktizierte GT wird bei psychoneurotischen Angststörungen (insbes. Versagensängsten), depressiven Verstimmungen, Kontaktstörungen und einigen psychosomatischen Störungen angewandt. Das auf Selbstverwirklichung durch selbstgewonnene Einsicht bauende Verfahren unterschei-

359

psychotisch

det sich von jenen mit psychoanalytischer Orientierung durch den Wegfall der Übertragungsproblematik und Deutungsabhängigkeit des Klienten vom Therapeuten, von der Verhaltenstherapie durch seine Betonung des sozial mitgeprägten Selbstbildes und Selbstwertgefühls. Um diese Position zu verdeutlichen, wurden in den 1950er Jahren die von ROGERS vertretenen Auffassungen (zusammen mit den Ansätzen von ERICH FROMM, ABRAHAM MASLOW und VIKTOR E. FRANKL), die auf Fragen des Lebenssinns, der Selbstverwirklichung und Wertorientierung abzielen, unter der Bezeichnung *Humanistische Psychologie (humanistic psychology)* zusammengefaßt. LIT. BANDURA (1979); BASTINE u. a. (1982); BAUMANN (1981); BIERMANN (1968); BREWIN (1988); EICHMANN, MAYER (1985); EYSENCK (1959); FRANKS (1969); GARFIELD, BERGIN (1986); GRAWE (1998); HELM (1980); LANGEN (1971); LOCH (1986); MEICHENBAUM (1985); MEYER, CHESSER (1971); PERREZ, BAUMANN (1991); PREUSS (1966); REIMER, ECKERT, HAUTZINGER, WILKE (1996); REINECKER (1987); ROGERS (1972; 1973); SCHELKOPF (1968); TAUSCH (1981); THOMÄ, KÄCHELE (1988); WATZLAWIK, WEAKLAND, FISCH (1974); WOLMAN (1965); WOLPE (1974).

psychotisch *(psychotic).* Störung des Erlebens und Verhaltens durch Verlust der Ich-Grenzen und generalisierte Beeinträchtigung der Realitätskontrolle, die oftmals ein wahnhaften bzw. halluzinatorischen Ideen und Überzeugungen sowie mit desorientierten Ausdrucks- und Verhaltensweisen ohne Einsicht in die Gestörtheit einhergehen. →*Psychose,* →*Psychotische Störung.*

Psychotische Störung *(psychotic disorder).* Gruppe schwerwiegender Störungen mit auffälligen Kennzeichen eines Verlusts der Ich-Grenzen und der Realitätskontrolle. →*Psychose.* DSM-IV faßt Arten und Formen der P. S. als *Schizophrenie und andere psychotische Störungen«* zusammen. Dazu gehören: (a) →*Schizophrenie;* (b) eine *schizophreniforme Störung (schizophreniform disorder)* ist gekennzeichnet durch 1–6 Monate anhaltende Symptome desorganisierter Sprache, desorganisierter oder katatoner Verhaltensweisen, Affektverflachung, Unfähigkeit, korrekte Sätze zu bilden *(Alogie)* und zielgerichtete Aktivitäten einzuleiten und beizubehalten *(Avoili-*

tion). Im Unterschied zur *Schizophrenie* dauert eine schizophreniforme Störung nicht länger als 1–6 Monate und zeigt keine weiterreichenden funktionalen Beeinträchtigungen; (c) eine *schizoaffektive Störung (schizoaffective disorder)* liegt vor, wenn eine *affektive Episode* und Symptome der aktiven Phase einer *Schizophrenie* zusammen auftreten und diesen darüber hinaus eine Episode mit →*Wahn* und →*Halluzinationen* vorangeht bzw. folgt. (d) Eine *kurze psychotische Störung (brief reactive psychosis)* tritt im Gefolge starker Belastungen oder krisenhafter Situationen, bei Frauen auch nach Entbindungen, vorwiegend zwischen Ende des 2. und Anfang des 3. Lebensjahrzents auf. Kennzeichnend sind: Störungsdauer zwischen mehr als einem Tag und max. einem Monat, →*Wahn,* →*Halluzinationen,* desorganisierte Sprache, stark desorganisiertes oder katatones Verhalten. (e) Eine *geteilte* oder *induzierte psychotische Störung (induced psychotic disorder)* liegt vor, wenn eine vormals störungsfreie Person nach längerem Kontakt mit einer anderen, nachweislich an psychotischen Wahnvorstellungen leidenden Person aufgrund der Dominanz des Vorbilds ähnliche Wahnvorstellungen entwickelt. Davon zu unterscheiden sind (f) durch körperlichen Zustand *bedingte psychotische Störungen,* (g) *substanzinduzierte psychotische Störungen* und (h) *nicht näher bezeichnete psychotische Störungen,* früher *atypische Psychosen (atypical psychosis),* eine Restkategorie für solche Fälle, bei denen zwar psychotische Symptome (z. B. Wahnvorstellungen, Halluzinationen, Erregungszustände, Zerfahrenheit, Verhaltensdesorganisation) bestehen, deren Art, Ausprägung oder Kombination aber keine eindeutige Einordnung in die Klassen (a) bis (g) erlaubt. Fallen die Primärmerkmale in eine andere Störungskategorie, so werden die Störungen dort eingeordnet und durch Hinweise auf psychotische Symptome ergänzt, z. B. →*affektive Störung mit psychotischen Merkmalen.*

Psychotizismus *(psychoticism).*
[1] Neigung zu Erlebnis- und Verhaltensweisen, die mit Symptomen von Psychosen vergleichbar sind.
[2] Neben *Extra-/Introversion, Neurotizismus* und *Intelligenz* ein Faktor in EYSENCKS Dimensionssystem zur Beschreibung der Persönlichkeit. Der P.-Faktor ist durch Tests gekenn-

zeichnet, die zwischen normalem, ungestörtem Erleben bzw. Verhalten und Abweichungen in Richtung manisch-depressiver und schizophrener Störungen differenzieren. Der Faktor ist im Vergleich zu den übrigen wegen seiner statistischen Eigenschaften eher mehrdeutig.
→*Psychose.*

psychotrope Substanzen *(psychotropic substances).* Alle Substanzen, die eine obligatorische Wirkung auf das menschliche Erleben und Verhalten ausüben.
→*Droge,* →*Psychopharmaka.*

Pubertät *(puberty).* Bezeichnung für die Entwicklungsphase, in deren Verlauf sich die sekundären Geschlechtsmerkmale und Geschlechtsreife zeigen. Die Phase endet beim männlichen Jugendlichen etwa im Alter von 14, beim weiblichen von 13 Jahren. Als pubertas praecox bezeichnet man den vorzeitigen Eintritt in diese Phase.
→*Adoleszens,* →*Jugendalter.*

Pubertätsmagersucht →*Eßstörungen.*

Puerilismus *(puerility, puerilism).* Bezeichnung für das von Erwachsenen gezeigte kindliche Verhalten als Folge einer *Regression* oder *Fixierung* oder allgemeiner degenerativer Störungen.

Pulfrich-Effekt *(Pulfrich effect, Pulfrich phenomenon).* Wird ein vor den Augen in einer frontal-parallelen Ebene schwingender Gegenstand durch ein mittelstarkes Filter einäugig beobachtet, so scheint er sich in einer ellipsen- oder kreisförmigen Bahn (und zwar in die Tiefe) zu bewegen.

Puls *(pulse).* [1] Dehnung der Arterienwand durch die Druckwelle, die durch die Herzmuskelkontraktion erzeugt und in der Blutsäule bis zum Meßpunkt fortgepflanzt wird. Die Fortpflanzungsgeschwindigkeit liegt bei einigen m/sec. Sie ist durch die Elastizität der Gefäßwände, das Verhältnis zwischen Wanddicke und Gefäßdurchmesser und den jeweils mittleren Blutdruck mitbestimmt.
[2] *Pulsmessungen* werden in der Psychophysiologie verwendet, um Rückschlüsse auf *Blutdruck* und seine Veränderungen ziehen zu können, ohne dabei eine evasive (blutige) Methode heranziehen zu müssen. Für den Rückschluß auf den Blutdruck eignen sich drei Maße: (a) Messungen der *Pulsvolumen-Amplitude, PVA (pulse volume amplitude):* An einem definierten Meßpunkt (z. B. inneres Handgelenk, Fingerkuppen, Ohrläppchen) wird die

pro Herzschlag auftretende Differenz zwischen maximaler und minimaler Dehnung festgehalten. (b) *Pulswellengeschwindigkeit, PWG (pulse wave velocity):* Bestimmung der Zeit, die zwischen Herzmuskelkontraktion (R-Zacke) und dem Eintreffen der Pulswelle am Meßpunkt (z. B. Finger oder Ohr) vergeht, bezogen auf die Entfernung des Meßpunktes (Angaben in m/sec), oder Bestimmung der Zeit, die zwischen dem Erreichen eines Meßpunktes (z. B. am Unterarm) und eines anderen (z. B. 10 cm weiter unten) vergeht, bezogen auf die Entfernung zwischen den beiden Meßpunkten. (c) *Pulstransitzeit, PTZ (Pulse transition time):* Zeit, die zwischen dem Durchlaufen der Pulswelle an zwei Meßpunkten vergeht. Sie wird bei interindividuellen Vergleichen herangezogen, wo die Entfernungsrelationen aufgrund verschiedener Körpermaße eine zusätzliche Varianzquelle darstellen; die Meßpunkte werden aufgrund ihrer anatomischen Lage bestimmt. Bei den Methoden (b) und (c) wird der Zeitpunkt der Herzkontraktion (R-Zacke) zum Nullpunkt, d. h. als Ausgangspunkt der Zeitmessung herangezogen. Pulsmessungen werden häufig herangezogen, um die Druckverhältnisse bei Hyper- und Hypotonikern längerzeitig zu bestimmen und/oder die Wirksamkeit von Blutdruckdämpfenden Maßnahmen (z. B. Biofeedback oder Beruhigungstherapie) zu überprüfen.

Pupille *(pupil of the eye).* Irisöffnung vor der Linse des *Auges.* Die Größe der P.-Öffnung *(pupillary size)* wird durch zwei glatte Irismuskel *(sphincter pupillae und dilator pupillae)* aufgrund parasypatischer bzw. sympathico-adrenerger Innervation geregelt. Die kleine P.-Öffnung heißt *Miosis.* Die P. ist während des Schlafs verengt. Sie verändert im Wachheitszustand fortlaufend ihre Größe. Dies geschieht unter dem Einfluß von Helligkeitsveränderungen, Lidschlüssen, Akkomodationsprozessen, Zustandsveränderungen des autonomen Nervensystems (z. B. nach Einnahme von Medikamenten oder Narkotika), Störungen im ZNS (z. B. nach Hirnläsionen) sowie spontan auftretenden oder reaktiven Veränderungen des Sympathikus oder Parasympathikus. Auf dem zuletzt genannten Weg kommt es z. B. unter Angst zur P.-Verengung, beim Anblick von erfreulichen oder Interesse erweckenden Objekten zur P.-Erweiterung, die weitgehend unabhängig von der Umgebungs-

361

Purkinjesches Nachbild

helligkeit auftreten. Sensorische und/oder emotionale Erregungen bewirken über Verbindungsstrukturen mit dem Hypothalamus und Kortex die genannten Veränderungen. Einzelheiten der neuronalen Steuerung des *P.-Reflexes (pupillary reflex)* und emotional bedingter P.-Veränderungen sind bis heute nur teilweise erforscht. Die Messung von P.-Veränderungen im Rahmen der psychophysiologischen *Pupillometrie (pupillometrics)* liefert wichtige Hinweise auf das menschliche *Aufmerksamkeits-* und *Orientierungsverhalten.*

Purkinjesches Nachbild *(Purkinje afterimage, Bidwell's ghost).* Eine im Bereich des Visuellen auftretende *Nachempfindung.* Sie entsteht, wenn man eine Scheibe mit schwarzen und weißen Sektoren rotieren läßt und eine ideale Beleuchtung und ideale Geschwindigkeit der Rotation wählt. Man hat den Eindruck, als würde ein im Schatten liegendes Weiß am Rande des schwarzen Anteils entstehen. Eine einfachere Demonstration besteht in der Darbietung eines Farbfleckens, der im Nachbild in der jeweiligen Gegenfarbe, der Komplementärfarbe, erscheint.

Purkinjesches Phänomen, Purkinje-Effekt *(Purkinje effect).* Veränderung der empfundenen Helligkeit von Farben in Abhängigkeit vom jeweiligen Adaptationszustand. Bei Sonnenlicht können z. B. blaue und rote Blumen gleichhell erscheinen; im Zwielicht wirken blaue heller als rote. Der Farbe blau entspricht ein größerer Anteil kurzwelligen Lichts im Vergleich zu rot. Zapfenzellen der Retina besitzen ihr Sensibilitätsmaximum im langwelligeren Bereich, Stäbchen im kurzwelligeren. Im Zwielicht überwiegen die Stäbchenfunktionen. Fällt kurz- und langwelliges Licht ein, so erweckt das kurzwellige den Eindruck größerer Helligkeit auch dann, wenn es objektiv von gleicher Leuchtdichte ist wie das längerwellige.
→*Adaptation,* →*Auge,* →*Duplizitätstheorie,* →*Retina,* →*Sehen.*

Purkinjesche Zellen *(Purkinje cells).* Große Zellen mit zahlreichen Dendriten im Kleinhirn.

Purposivismus →*Verhalten, zielorientiertes.*

Pursuitmeter. Englische Bezeichnung für Versuchsanordnungen zur Messung der Leistungen im Bereich der visuell-motorischen Koordination. Die Versuchsperson muß z. B. dem aus einem an ein schwingendes Pendel gehängten Sandgefäß oder Wassergefäß auslaufenden Sand oder Wasser mit einem von ihm gehaltenen Gefäß so folgen, daß kein Sand oder Wasser zu Boden fällt. Eine Versuchsanordnung ähnlicher Art wird als *pursuit rotor* (auch *rotary pursuit*) bezeichnet. Die Versuchsperson folgt hier mit einem Kontaktstift einem auf einer bewegten Scheibe rotierenden Punkt. Durch elektrischen Kontakt kann die Berührungszeit als Index der Leistung registriert werden.

pursuit rotor →*Pursuitmeter.*

P-Welle →*Herzschlagfrequenz.*

Pygmalion-Effekt *(Pygmalion-effect).* Von Rosenthal eingeführte Bezeichnung für die Beeinflussung des (Leistungs-) Verhaltens von Schülern durch (Leistungs-) Erwartungen bzw. Vorurteile des Lehrers im Sinne eines →*Versuchsleiter-Erwartungseffektes.*
LIT. ROSENTHAL, JACOBSON (1971).

pyknisch *(pycnic, pyknik).* Gedrungener, zartknochiger, kurzgliedriger und zur Fettleibigkeit tendierender Körperbau mit runder Gesichtsform und wenig ausgeprägten Zügen. Nach KRETSCHMER neigen Menschen dieses Körperbautyps zur →*Zyklothymie.* Gegensatz: →*leptosom.*

Pyramidenbahn *(pyramidal tract).* Komponente der *kortikospinalen Bahn (corticospinal tract),* bestehend aus Axonen, die vom Motorkortex in das Rückenmark ziehen.
→*Gehirn,* →*Motorik,* →*Nervensystem.*

Pyromanie *(pyromania).* Unwiderstehlicher Drang zur Brandstiftung, dem Entzünden von Feuer und/oder dem Betrachten von brennenden Gegenständen.
→*Impulskontrolle,* →*Manie.*

Pyrophobie *(pyrophobia).* Krankhafte Furcht vor Feuer.

Q

Q.
[1] Abkürzung für →*Quartil* bzw. *mittleren Quartilabstand.*
[2] Englische Abkürzung für *Fragebogen-Daten (Q data).*
[3] Als *Q-Technik (Q technique)* aus dem Englischen stammende Abkürzung für eine Technik der →*Faktorenanalyse* bzw. *Korrelationsanalyse,* bei der die Testprofile bzw. Leistungsdaten von je zwei Versuchspersonen zum Zwecke der Analyse der Übereinstimmung der Profile die Ausgangsmatrix der Faktorenanalyse bilden.

quadratischer Trend →*Trend.*

Quadrigemina, Vierhügelplatte *(corpora quadrigemina).* Bezeichnung für eine aus vier hügelförmig angeordneten Nervenzell-Formationen bestehende Struktur im hinteren Teil des Mittelhirns.

Qualität *(quality).*
[1] Allgemeine und umfassende Bezeichnung für die erfaßbaren und voneinander unterscheidbaren Eigenschaften eines (wahrgenommenen) Dinges oder Sachverhaltes (z. B. Farbe, Form, Gewicht usw.), die – für sich genommen – auch quantifizierbar sein können; ebenso für den Inhalt eines Begriffes bestimmende Merkmale und Eigenschaften von Urteilen (Bejahung, Zustimmung, Verneinung, Ablehnung).
[2] Bezeichnung für den Aspekt bei der Analyse von Sinnesempfindungen bzw. -eindrücken, der sie voneinander unterscheiden läßt, auch wenn sie von ein und demselben Gegenstand herrühren (z. B. Gesichts- und Gehörseindrücke).
[3] Bezeichnung für voneinander unterscheidbare Eigenschaften von Gefühlen, die sich dem Inhalt nach unterscheiden lassen (z. B. Schmerz, Freude usw.). Dies schließt nicht aus, daß die entsprechende Q. bei Auftreten neuer Empfindungen hinsichtlich quantitativer Kriterien variieren kann (starke und schwache Schmerzen; große Freude, mäßige Freude).
Alte Bezeichnung: *Quale* oder *Erlebnisquale.*
Syn. *Erlebnisqualität.*

[4] Bezeichnung für einen Gütemaßstab zur Beurteilung der Ausführung eines Gegenstandes oder einer Handlung.

Qualitäts-Zirkel, QZ *(quality circles).* Gesprächsrunden von 5–10 Mitarbeitern eines Arbeitsbereichs, die sich unter der moderierenden Mitwirkung eines Vorgesetzten, eines auswärtigen Betreuers oder einer als Leiter aus dem eigenen Kreis gewählten Person auf freiwilliger Basis während der bezahlten Arbeitszeit regelmäßig treffen, um von ihnen ausgewählte arbeitsbezogene Probleme zu besprechen und eigenverantwortlich Lösungsvorschläge zu erarbeiten. Zu den behandelten Problemen gehören neben Fertigungsmethoden und Fragen der Produktqualität auch Arbeitsplatzgestaltung und -sicherheit, Arbeitsablauf und Entwicklung bzw. Einsatz von technischen Neuerungen. Im Rahmen des betrieblichen Vorschlagswesens werden dabei oftmals effiziente Lösungsvorschläge nach einem vorgegebenen Schlüssel honoriert. Die Einrichtung von Q. stellt eine organisatorisch aufwendige Erweiterung von Maßnahmen der →*Arbeitsstrukturierung* im Sinne teilautonomer Gruppen dar. Sie fördert die Kommunikation innerhalb von Arbeitsgruppen sowie zwischen diesen und dem Management und kann auf diese Weise zur →*Arbeitszufriedenheit* und Verbesserung des *Betriebsklimas* beitragen.
LIT. ZINK (1986); ZINK, SCHICK (1984).

qualitative Merkmale. Statistische Bezeichnung für solche Merkmale, deren *Messung* nur mit Hilfe einander ausschließender Klassenbestimmungen vorgenommen werden kann (→*Skala, Nominalskala).*

Quantifizierung, Quantifikation *(quantification).* Bezeichnung für das Ausdrücken von Eigenschaften in Zahlen bzw. in bezug auf Skalen des Messens, einschließlich der eventuell notwendigen Prozedur der Umwandlung von Qualitäten in Quantitäten (z. B. die Darstellung einer bestimmten Tonhöhe [Qualität] durch die den Ton auslösende Reizquantität, d. h. hier Schwingungsfrequenz u. ä.). Verschiedene Techniken aus der neueren Psycho-

363

Quantität

physik wurden zur Erstellung solcher quantitativer Merkmale entwickelt, z. B. die Skalierung von Aussagen hinsichtlich ihrer Beliebtheit durch Erstellung einer »Beliebtheitsskala« auf der Basis sog. *Paarvergleiche.*

Quantität *(quantity).* Allgemeine und umfassende Bezeichnung für Eigenschaften der Größe bzw. Intensität, deren Ausprägungsgrad bei einem bestimmten Gegenstand oder Sachverhalt meßbar und durch Zahlen ausdrückbar ist.

Quartil *(quartile).* Statistische Bezeichnung für die drei Punkte auf einer Maßskala bzw. Rangskala, die sich bei nach der Größe geordneten Maßzahlen aus der Häufigkeit *(→Häufigkeit, kumulierte)* als *→Partile* errechnen lassen, sofern man die Gesamthäufigkeit in vier gleichgroße Anteile (zu je 25% der Fälle) zerlegt. Dem ersten Quartil (Q_1) entspricht dann die Maßzahl des 25. Falles von insgesamt 100 der Größe nach geordneten, Q_2 bezeichnet die Maßzahl des mittleren Falles *(→Median)* und Q_3 diejenige des 75. Falles von 100. Man kann auch von den *→Perzentilen* ausgehen, denn Q_1 ist z. B. identisch mit dem 25. Perzentil. Q_1 und Q_3 werden häufig zur Auslese von Extremfällen (unterste 25% und oberste 25% aller Fälle) verwendet.

Der *mittlere Quartilabstand (quartile deviation, semi-interquartile range)* dient bei kumulierten Häufigkeitsdaten als Indikator der *Streuung* und ist definiert als

$$Q = \frac{Q_3 - Q_1}{2}$$

in Worten: die Hälfte des Intervalls zwischen der Maßzahl des 75%- und des 25%-Falles.

Quasibedürfnis *→Bedürfnis.*

quasi-experimenteller Versuchsplan *(quasi-experimental design).* Versuchsplan, bei dem nicht alle Kriterien des »echten« Experiments verwirklicht werden können, z. B. keine zufallsgemäße Stichprobenbildung, keine umfassende Kontrolliertheit der möglichen Störfaktoren *(→reaktiver Effekt),* keine vollständige Variation der unabhängigen Bedingungen usw. Solche Versuchspläne gestatten jedoch in pädagogischen und sozialwissenschaftlichen Bereichen einen gewissen Erkenntnisgewinn, bei dem geringerer Aufwand und weniger Eingriffe in vorgegebene Organisationsformen

(z. B. Gruppen, Schulklassen), aber auch der Mangel an Präzision und damit an Aussagekraft abzuwägen sind.
LIT. CAMPBELL, STANLEY (1971).

Quasimessung oder **Scheinmessung** *(quasi measurement).* Bezeichnung zur Hervorhebung der Tatsache, daß nicht jede Beobachtung, die sich in Zahlen (quantitativ) ausdrükken läßt, damit auch den Kriterien des *Messens* entspricht *(→Rating-Skala).*

Querdisparation *→Disparation.*

quergestreifte Muskeln *(striate muscles, striped muscles).* Syn. *Skelett-* oder *Willkürmuskeln.* Gesamtheit der hinsichtlich ihres Aufbaus quergestreift aussehenden Muskeln, die am Skelett ansetzen und der Willkürbewegung dienen. Eine Ausnahme stellt die Herzmuskulatur dar, die zwar quergestreift ist, jedoch nicht willkürlich kontrolliert werden kann. Gegensatz: glatte Muskeln.

Quote *(quota).* Bezeichnung für einen einem Vorbild entsprechenden Anteil. Als *Quotenstichprobe (quota sample)* bezeichnet man z. B. das Vorkommen des Anteils einer Gruppe bestimmter Merkmalsträger, wie sie dem Grundgesamt *(→Population)* entspricht. Leben in einer bestimmten Stadt z. B. 30% Angestellte und 70% Arbeiter, so muß eine Quotenstichprobe diese Proportion annähernd widerspiegeln.
→Stichprobe.

Quotient. Mathematische Bezeichnung für einen Ausdruck von der Form a/b. Im Falle des klassischen *Intelligenzquotienten* z. B. wird der Q. aus der Division des Intelligenzalters durch das Lebensalter gewonnen.

Q-Technik *(Q technique).* Bezeichnung für eine besonders in der Persönlichkeitsforschung übliche Technik der *inversen Faktorenanalyse* zur Ermittlung von Ähnlichkeiten zwischen Versuchspersonen, die mit einer und derselben Serie von Tests untersucht wurden. Die Testdaten jeder Versuchsperson werden mit den Testdaten einer jeden anderen korreliert. Die Matrix der Korrelationen spiegelt nicht wie üblich die Ähnlichkeiten der Testergebnisse wider, sondern die Ähnlichkeiten zwischen den einzelnen Versuchspersonen. Die resultierenden Faktoren lassen die jeweils ähnlichsten Versuchspersonen als eine Art »Typus« oder »Gruppe« mit ähnlichsten Leistungen in sämtlichen Tests erscheinen. Die einfachste Form der Q-Technik könnte z. B.

darin bestehen, zwei Menschen mit ein und derselben Serie von Tests zu untersuchen, die Testergebnisse als Testprofile darzustellen und sodann die Ähnlichkeit zwischen den beiden Testprofilen mit einer Maßzahl (Korrelation) darzustellen.

Dieses Verfahren kann nun auf alle Versuchspersonen-Paare ausgedehnt werden, so daß eine Ähnlichkeitsmatrix entsteht, die wie jede andere Korrelationsmatrix *faktoranalysiert* werden kann.

QZ →*Qualitäts-Zirkel.*

R

R.
[1] Abk. für → *Reaktion, Response.*
[2] Koeffizient einer → *multiplen Korrelation.*

r.
[1] Koeffizient einer *Korrelation,* durch Indizierung in Bezug auf die angewandte *Korrelationsmethode* näher gekennzeichnet (z.B. r_{xy} für →*Produkt-Moment-Korrelation,* r_{bis} für →*biserielle Korrelation*).
[2] In den Lerntheorien von HULL und OSGOOD Kennzeichnung innerer Zustände oder Prozesse, welche die Reaktionsbereitschaft beeinflussen.

ramus. Anatomisch-neurologische Bezeichnung für Nerven- oder Venenäste. *Rami communicantes* sind Nervenbahnen, die die Sympathikusganglien mit den Spinalnerven verbinden.

randomisieren *(randomize, randomization).* Aus dem Englischen stammende Bezeichnung für das Herstellen einer Zufallsfolge (von Reizen) oder einer Zufallsauswahl.

Rang, Rangplatz *(rank).* Statistische Bezeichnung für die Position eines Einzelfalles bei nach der Größe oder anderen Gesichtspunkten geordneten Fällen (z. B. Zeitreihe) in bezug auf die anderen Fälle. Die dabei implizierte Skala wird als *Ordinal-* oder *Rangskala* bezeichnet. Trifft man die Feststellung X ist der erste, Y der zweite usw. in bezug auf ein bestimmtes Merkmal, so lassen sich keine Aussagen über den Abstand (Intervall) zwischen dem ersten und zweiten, sondern nur über die Folge feststellen.

Rangkorrelation *(rank order correlation).* Statistische Bezeichnung für Verfahren, die Stärke und Richtung von Zusammenhängen auf der Basis von Rangplätzen ermitteln lassen.
[1] Das von SPEARMAN entwickelte Verfahren geht von den Rangplatzdifferenzen zwischen den Maßzahlpaaren (d) aus. Es darf dann angewendet werden, wenn die Intervalle zwischen den verarbeiteten Rangplätzen annähernd gleichgroß bzw. nur so weit voneinander unterschieden sind, daß dies noch durch den Zufall erklärt werden kann. Die Berechnung erfolgt nach der Beziehung

$$r_s = 1 - \frac{6 \sum_{i=1}^{N} d_i^2}{N\,(N^2 - 1)}$$

r_s bezeichnet den Korrelationskoeffizienten nach SPEARMAN, d_i jede der auftretenden Rangplatzdifferenzen bei i = 1 bis N Rangplatzpaaren, N die Stichprobengröße bzw. Anzahl der Rangplatzpaare.
[2] Andere Methoden, die auch dann angewendet werden können, wenn keinerlei Aufschluß über die Intervalle zwischen den Rangplätzen erhältlich ist, wurden von KENDALL entwickelt (*τ-Koeffizient, W-Koeffizient*).
LIT. KENDALL (1962).

Ranschburgsche Hemmung, Ranschburgsches Phänomen *(Ranschburg inhibition; Ranschburg effect).* Ähnliche oder identische Inhalte hemmen das deutliche Erkennen bei kurzzeitiger (tachistoskopischer) Darbietung. Je weniger Elemente (z. B. Zahlen) in der kurzzeitigen Darbietung einer Serie wiederholt vorkommen, desto besser können die einzelnen Elemente erkannt werden; wiederholte Elemente dagegen erschweren das deutliche Erkennen.

Rapport. Bezeichnung für unmittelbaren bzw. besonders guten Kontakt zwischen zwei Menschen aufgrund gemeinsamer Denkweise, Interessen oder Einstellungen. Auch die Beziehung zwischen Hypnotiseur und dem Hypnotisierten, gekennzeichnet durch die gesteigerte Suggestibilität des Hypnotisierten. Ähnliche Beziehungen werden in der klassischen Psychoanalyse zwischen Analytiker und Patient als Ergebnis stattgefundener *Übertragung* bezeichnet.

Rasse *(race).*
[1] *Zoologie:* Geographisch lokalisierbare Variante oder Untergruppe einer Spezies, deren Mitglieder eine mehr oder weniger konsistente vererbte Kombination von morphologischen, physiologischen und Verhaltenseigenschaften aufweisen. Zoologen unterscheiden bei Säugetierarten mindestens zwei, meistens aber mehrere Rassen.

[2] Die Anwendung des Rassebegriffs ist in den *Humanwissenschaften*, insbesondere in *Sozialwissenschaften* und *Psychologie* heftig umstritten. Zwar werden in *Anthropologie* und *Gerichtsmedizin* aufgrund unterschiedlicher Skelettmorphologie, Behaarung, Schädelbauten und Geninformationen drei Varianten menschlicher Rassen unterschieden (in der engl.-amerik. Fachliteratur *mongoloid, caucasoid* und *negroid*). Die Ablehnung des R.-Begriffs kommt zum einen daher, daß er durch seine von kulturellen und religiösen Vorurteilen und durch politischen Mißbrauch in der Nazizeit geprägte Verwendung vorbelastet ist. Zum anderen erwecken die meisten Untersuchungen, die Zusammenhänge zwischen Körpermerkmalen und psychologischen Variablen (z.B. Intelligenz) zu erfassen trachten, mindestens so viele wissenschaftlich begründete Zweifel wie die aus den dreißiger Jahren stammenden Spekulationen über Zusammenhänge zwischen Körperbau und »Charakter«. Es liegen bis heute keine Untersuchungen vor, die wissenschaftlich stringent Zusammenhänge zwischen anthropometrischen Körpermerkmalen und Persönlichkeitseigenschaften belegen. Vergleicht man verschiedene geographische und/oder ethnisch-kulturelle Gruppen hinsichtlich der Verteilung psychologischer Merkmale, findet man überall näherungsweise gleiche Verhältnisse. Wo Unterschiede zu bestehen scheinen, muß sehr genau auf die Hintergrundbedingungen wie z.B. Bildungschancen und Erziehungsstile geachtet werden, um sich vor Trugschlüssen zu bewahren, wie dies z.B. bei vergleichenden Untersuchungen der Test-Intelligenz bei weißen und schwarzen Amerikanern immer wieder der Fall war. Man wird zweifellos weiterhin sozialpsychologische Analysen anstellen müssen, um herauszufinden, wieso Mitglieder gewisser Gruppen gegen Menschen mit bestimmten Körpermerkmalen (»Rassen«) *Vorurteile* hegen und wie man diese Voreingenommenheiten abbauen kann. Vor die Wahl gestellt, den R.-Begriff im psychologischen Fachvokabular weiterhin zu führen oder ihn wegen offensichtlicher »Leere« aus dem Verkehr zu ziehen, plädierte in einer neueren, in *American Psychologist* Bd. 50/1 von 1995 veröffentlichten Debatte eine deutliche Mehrheit für den ersatzlosen Verzicht.

LIT. KAFKA (1949); KLINEBERG (1935); RUSHTON (1995); YEE u.a. (1993).

Rating. Aus dem Englischen übernommene Bezeichnung für »Beurteilung« oder »Einschätzung« der Qualität oder des Ausprägungsgrades von *Eigenschaften, Merkmalen* oder *Eigenheiten* eines Mitmenschen, Gegenstandes oder Ereignisses mit Hilfe vorbereiteter *Skalen (Ratingskalen),* deren Anwendung entweder durch den geübten *Beurteiler (Rater)* oder durch den sich selbst Beschreibenden *(Self-Rating)* erfolgt, wobei bestimmte Regeln der Anwendung entweder aus der Beschreibung der Skalenmerkmale selbst oder durch zusätzliche Informationen bekannt gemacht und als verbindlich erklärt wurden. Der Beurteiler wird *Rater,* der Beurteilte (ebenfalls aus dem Englischen übernommen) *Ratee* genannt. Die einzelnen Beurteilungsmerkmale werden in der Literatur meist als »Eigenschaften« *(traits)* bezeichnet. Die Methode des R. zählt zu den »subjektiven Schätz- oder Beurteilungsverfahren« *(subjective estimate methods).* Werden mehrere Merkmale zur Beurteilung vorgelegt, so nennt man dies ein Rating-System. Die Beziehung zwischen Skala und Merkmal kann dann als direkt bezeichnet werden, wenn es sich um aus dem Verhalten direkt ersichtliche Merkmale (z.B. Bewegungsgeschwindigkeit, Anzahl der gelesenen Bücher pro Woche u.ä.) handelt. Ist das Merkmal komplexerer Natur (z.B. Erregbarkeit oder Geschmeidigkeit von Bewegungsabläufen), so ist die Relation zwischen Skalenwert und Verhaltensbeobachtung indirekt, d.h. durch Zwischenprozesse vermittelt.

Ratingskala. Allgemeine und umfassende Bezeichnung für eine Skala zum Zwecke der Fremd- und Selbstbeurteilung. Die Merkmale erscheinen in verschiedenen Klassen (verbal oder durch Abschnitte bezeichnet) aufgeteilt oder durch Zahlen symbolisiert *(numerische Ratingskala).* In regelmäßige Intervalle aufgeteilte Bezugsskalen werden als *graphische Ratingskala* bezeichnet. Die *Objektivität* ist dann gewährleistet, wenn mehrere Beurteiler bei Fremdbeurteilungen bei gleichem Training zu hochgradig übereinstimmenden Rating-Werten gelangen. Die *Reliabilität* (Zuverlässigkeit) dieser Quasimessung ist damit noch nicht bewiesen, sondern an die Anwendung komplizierterer Techniken (mehrfache Va-

rational

rianzanalyse) gebunden (vgl. GUILFORD, WINER). Sie hängt ab (a) von der Komplexität des/der Merkmales/e, (b) von der Form der Ratingskalen, (c) vom Training der Rater und (d) von Fehlertendenzen (z. B. allgemeine Tendenz zur Überschätzung) der Beurteiler in bezug auf alle geratenen Eigenschaften oder in bezug auf bestimmte Individuen. *Rating* sollte vor der Überprüfung aller dieser einflußnehmenden Größen als eine *Quasimessung* bezeichnet werden; eine *Ratingskala* kann erst dann als Skala im strengen Sinn bezeichnet und als solche statistisch behandelt werden, wenn sie objektiv und *reliabel* ist.

LIT. GUILFORD (1954); SCHMIDT (1965; 1966); WINER (1962).

rational. Schlüssige, vom Verstande her begründete Schluß- oder Urteilsbildung. Oft als Gegensatz von *emotional* verwendet. Syn. *objektiv.* Der englische Begriff »*rationale«,* z. B. in »*rationale of a test«* bezieht sich auf die schlüssige bzw. überdachte und stimmige Begründung für etwas (z. B. für Form und Inhalt eines Testverfahrens). Als »*rational behavior«* (vernünftiges, verstandesgemäßes Verhalten) wird ein in bezug auf eine gegebene Situation stimmiges, angemessenes Verhalten bezeichnet, das sich auf intellektuelle Einsicht begründet. Gegensatz: *irrationales Verhalten.*

Rationalisierung *(rationalization).*

[1] Bezeichnung für die Prozesse verstandes- oder vernunftmäßiger Begründungen oder des Aufsuchens von Gründen für das Auftreten eines Ereignisses; die R. kann erst nach dem Ereignis selbst folgen.

[2] Psychoanalytische Bezeichnung für einen *Abwehrmechanismus* gegen übermächtige Selbstanklage bzw. Schuldgefühle. →*Abwehrmechanismen.*

[3] Industriepsychologische Bezeichnung für Maßnahmen, die – auf wissenschaftliche Analysen und Erkenntnisse gegründet – der Verbesserung des Arbeitsablaufes bzw. – Bedingungen dienen, so daß eine Verbesserung der Bedingungen und der Produktivität eintreten kann.

Rationalismus *(rationalism).* Philosophische Bezeichnung für eine Lehrmeinung, die die Auffindung der Wahrheit bzw. letzter Erkenntnis allein durch Mittel der formalen Analyse bzw. angeborener Anschauungsformen und unabhängig von empirischen Methoden zu erreichen sucht. Als prominentester Vertreter dieser Richtung gilt DESCARTES. →*Empirismus.*

räumliche Orientierung →*Raumorientierung.*

räumliches Denken →*Intelligenz.*

räumliches Sehen →*Raumorientierung,* →*Tiefenwahrnehmung.*

räumliches Wahrnehmen →*Raumwahrnehmung.*

Raumorientierung, räumliche Orientierung *(space orientation).* Bezeichnung für durch *räumliches Sehen* vermitteltes Wahrnehmen und Einschätzen der eigenen Position im Raum zum Zwecke angemessenen Handelns.

Raumwahrnehmung, räumliches Wahrnehmen *(space perception).* Bezeichnung für das Erkennen räumlicher Anordnung und räumlicher Beziehungen von Dingen der Außenwelt hinsichtlich ihrer Stellung, Richtung, Entfernung, Größe und Ausdehnung *(→Tiefenwahrnehmung).*

Rauschen *(noise).*

[1] *Physik:* Unregelmäßige thermische Bewegungen von freibeweglichen Elektronen in einem Leiter, die Spannungsveränderungen bewirken. Bei elektro-akustischer Wiedergabe klingt dies wie R.

[2] *Informationstheorie:* Jedwede Störung in einem Informationsübertragungs-System, wobei Signale mehr oder weniger unverständlich werden, sobald sie von R. überlagert sind.

[3] *weißes R. (white noise):* Durch Rauschgenerator erzeugter Störimpuls, der gleichmäßige Stärke in allen Frequenzbereichen aufweist, wobei die Frequenzhäufigkeiten der Normalverteilung folgen. Ist das R. auf bestimmte Frequenzbereiche konzentriert, spricht man von *farbigem R.* →*Lärm,* →*Perturbation,* →*Signalentdeckung.*

Reafferenzprinzip *(reafference principle, feed back).* Bezeichnung für ein aus der Biologie und Verhaltensforschung stammendes experimentell begründetes *Regelkreismodell* zur Erklärung des Raumorientierungsverhaltens des Organismus. Soll z. B. durch efferente (vom Zentrum ausgehende neurale) Impulse die Raumlage korrigiert werden, so liefern die von den Sinnesorganen noch innen gelangenden Afferenzen einen Kontrollwert. Auch die Efferenzwerte werden zentral abgebildet und können so mit den Afferenzinformationen im Gehirn verglichen werden. Im Falle des Un-

368

gleichgewichts erfolgt eine Korrektur. *Reafferenzen* im engeren Sinne sind die durch die Eigenbewegung des Organismus verursachten Rezeptorerregungen.
LIT. HOLST, MITTELSTAEDT (1950).

Reaktanz, psychologische *(psychological reactance, reactance)*. Von Brehm vertretene Auffassung, daß eine tatsächliche oder antizipierte Einengung des Verhaltensspielraumes einen *Zustand der Erregung* (R.) bewirkt, der sich gegen jede weitere Beschränkung richtet und auf Wiedergewinnung der verlorenen Handlungsfreiheit hinwirkt.

Reaktion *(reaction, response)*. Allgemeine und umfassende Bezeichnung einer Klasse von Verhaltensänderungen bzw. Veränderungen des Organismuszustandes (Muskeltonus, endokrine Veränderungen, Kreislauf usw.), die in Abhängigkeit bzw. als Funktion äußerer oder innerer Reize, z. B. der Situation, der dargebotenen Signale oder der inneren Erregung u. ä., variieren. Man unterscheidet zwischen einfachen und komplexen R., außerdem können R. zu Reaktionsklassen zusammengefaßt werden (z. B. schriftliche und mündliche, d. h. verbale Reaktion auf einen bestimmten Reiz oder eine Reizkonstellation). Zur näheren Kennzeichnung von Reaktionen empfiehlt sich die Verwendung zusätzlicher Bezeichnungen, z. B. Muskelreaktion, endokrine Reaktion, motorische Reaktion usw. Im Englischen wird der Begriff »*response*« in der psychologischen und Verhaltensforschung bevorzugt. Während »*response*« die mehr oder weniger komplexe »Antwort« auf etwas bezeichnet, wird oftmals »*reaction*« für die rein physiologischen und vereinzelten Reaktionen (z. B. Muskelkontraktion auf einen elektrischen Reiz hin) gewählt. Syn. Antwort, Response.

Reaktion, emotionale →*Verhalten, emotionales.*
Reaktion, konditionierte →*Konditionierung.*
Reaktion, verzögerte →*verzögertes Verhalten.*
Reaktion, vorbereitende *(preparatory response).*
[1] Aufmerksame Bereitschaft, auf Reize zu achten bzw. Signale zu befolgen, die in naher Zukunft die Einleitung von Handlungen oder Reaktionen anzeigen. In Reaktionszeitexperimenten handelt es sich um die seit Lange (1888) beschriebene *sensorische* Komponente der Bereitschaft, eine auf die Analyse sensorischer Einflüsse gerichtete *Einstellung.*
[2] Auf ein Ziel (z. B. das Finden oder Herausfinden von etwas) gerichtete Bereitschaft, z. B. Aktivations- und Tonusveränderungen in der einer Reaktion oder Handlung vorausgehenden Zeit. Theoretisch liegt ein Vergleich mit den Substraten der partiell antizipatorischen *Zielreaktion* nahe. In Reaktionszeitexperimenten spricht man von der ebenfalls von Lange erstmals beschriebenen *motorischen* Komponente der Reaktionsbereitschaft, die mit sog. *Bereitschaftspotentialen* einhergeht.

Reaktionsbildung *(reaction formation).* Psychoanalytische Bezeichnung für einen unbewußten (Abwehr-)Mechanismus, der relativ überdauernd heftige oder aggressive Handlungen in das Gegenteil umschlagen läßt bzw. die Triebenergie auf andere Handlungen zu übertragen scheint, die dann ebenso heftig und energisch auftreten, jedoch von außen betrachtet irrational wirken. Syn. *Symptombildung.* →*Abwehrmechanismen.*

Reaktionsblockierung *(response blocking; blocking of response).* Bezeichnung für Reaktionsverzögerungen bzw. zunehmende Fehlerzahl, die bei fortschreitender Bearbeitungszeit monotoner Reaktionsaufgaben auftreten. Man nimmt an, es handle sich um den Ausdruck sinkender *Vigilanz.* Bei dichten Reaktionsfolgen kann R. auch auf *reaktive Hemmung* und/oder Einflüsse der sog. *psychologischen Refraktärzeit* zurückgehen.

Reaktionsdifferenzierung →*Differenzierung.*
Reaktionseinstellung *(response set).* Bezeichnung für Arten oder Klassen des Reagierens, die sich z. B. bei der Beantwortung von Fragebogen-Items (Feststellungen) als generelle *Ja-Sage-Tendenzen,* Beeinflussung durch *sozial wünschenswerte Einstellungen* oder *Meinungen (social desirability)* und einen allgemeinen Hang zur *Zustimmung (acquiescence)* äußern können. →*Soziale Erwünschtheit.*
LIT. BERG (1967).

Reaktionsgeneralisierung *(response generalization, reaction generalization).* Bezeichnung für die Tatsache, daß nach dem Lernen der Reaktion auf einen bestimmten Reiz hin auch ähnliche Reaktionen nach Vorgabe dieses Reizes auftreten. Analog zum *Generalisierungsgradienten* bei Reizen läßt sich hier eine Beziehung zwischen Häufigkeit des Auftre-

Reaktionsneigung

tens bzw. Intensität und Ähnlichkeit der Reaktionen erstellen (→*Gradient*).

Reaktionsneigung →*Signalentdeckung*.

Reaktionspotential, exzitatorisches Potential *(excitatory potential)*. Bezeichnung für hypothetische Zustände variabler Intensität, die in HULLS System mathematisch definiert sind. Danach unterscheidet man (a) *Reaktionspotential* $_SE_R$ als die kombinierte Wirkung von Reiz- und Triebvariablen auf die Reaktionsstärke, (b) *effektives Reaktionspotential (effective excitatory potential)* $_S\bar{E}_R$ als die gemeinsame Wirkung des Reaktionspotentials *und* der *reaktiven Hemmungen* auf die Reaktionsstärke und (c) *momentan wirksames effektives Reaktionspotential (momentary effective excitatory potential)* $_S\hat{E}_R$ als das unter Berücksichtigung momentan wirksamer Variablen auftretende effektive R.

LIT. HULL (1943).

Reaktionsstereotypie *(reaction stereotypy)*. *Psychophysiologie:* Lacey's Bezeichnung für die Tatsache, daß ein Individuum in bezug auf verschiedenartige als belastend beurteilte Situationen mit einem individuell gleichartigen Muster *(pattern)* autonomer Reaktionen antwortet. Man findet solche Stereotypien dann, wenn man ein und dasselbe Individuum hinsichtlich seiner Reaktionen in einer Vielzahl von Situationen beobachtet. Reaktionsstereotypien dienen u. a. der Erklärung großer interindividueller Varianz im Bereich der autonomen Reaktionen und der Ausgeprägtheit individueller Reaktionen bis hin zu psychosomatischen Störungen. Die Auffassung wendet sich gegen Ansätze, die von der Annahme ausgingen, jedes Individuum reagiere in gleichartigen Situationen mit einem gleichförmigen charakteristischen Muster autonomer emotionaler Reaktionen.

→*Situationsstereotypie*.

Reaktionssummation →*Summation*.

Reaktions-Variable →*Variable*.

Reaktionsverzögerung →*Verstärkungsverzögerung*.

Reaktionszeit-Probe-Technik →*Probe-Technik*.

Reaktionszeit, RT *(reaction time)*.

[1] Bezeichnung für das Zeitintervall zwischen Signaldarbietung und Ausführung einer einfachen motorischen Reaktion, gemittelt über mehrere Versuchsdurchgänge unter der Instruktion, so rasch wie möglich auf Signale

zu antworten. Die RT setzt sich aus der *Latenzzeit* (Dauer der Erregungsleitung im Nervensystem) und der *Entscheidungszeit* (Dauer der Informationsverarbeitung und Reaktionsanbahnung) zusammen. Latenz- und Entscheidungszeit fallen zusammen, wenn es sich um *Reflexe* oder durch *Übung* automatisierte Reiz-Reaktions-Verbindungen handelt. Die Entscheidungszeit hängt in den übrigen Fällen von der Sinnesmodalität, der Signal- und Reaktionsart, der Aufgabenkomplexität, dem Grad und Niveau der Beteiligung höherer kognitiver Funktionen, Einstellungen und Situationsbewertungen sowie vom Aktivationszustand ab. RT-Experimente liefern Hinweise auf den Zusammenhang zwischen *Aufmerksamkeit* und Kapazität der *Informationsverarbeitung*.

[2] *Reaktionszeit-Messung (reaction time measurement):* Die Beziehung zwischen Signalen und Reaktionen wird durch Instruktion eindeutig bestimmt. Die Reaktion besteht in der Regel aus einem Taster- oder Pedaldruck, manchmal auch in der Ausführung komplexerer Bewegungen (z. B. Kopfnicken, Hinzeigen, *Tracking*) oder in sprachlichen Feststellungen (z. B. Aussprechen des Wortes »jetzt« oder eines bestimmten Begriffes). Das Intervall zwischen Signaldarbietung und Reaktion wird mit automatischen Zeitmessern festgehalten *(Chronoskop, chronoscope);* Vorrichtungen zur Registrierung des Zeitpunkts verbaler Reaktionen heißen *Lippen-* oder *Schallschlüssel (lip key; voice key)*. Gewöhnungseffekte an den Zeitablauf äußern sich in *antizipatorischen Reaktionen (anticipatory reactions), d. h.* einem Reagieren vor der Signaldarbietung. Man wählt deshalb variable Intervalle zwischen den einzelnen Versuchsdurchgängen *(variable inter-trail intervals, variable ITI)*. Dem Einfluß von spontanen *Aufmerksamkeitsschwankungen* begegnet man durch die Ankündigung des Erscheinens von Signalen durch einen *Warnreiz (warning stimulus; warning signal)* ca. 1–4 Sekunden vor dem, die Reaktion auslösenden *imperativen Reiz (imperative stimulus);* man spricht in solchen Fällen von RT-Versuchen mit *Vorwarnung* oder *Vorgewarnten RT-Versuchen (forewarned reaction time paradigm)*. Die Dichte der Versuchsdurchgänge ist durch die sog. psychologische *Refraktärzeit* und durch *Reaktionsblockierungen* beschränkt.

Reaktionszeit

[3] *Reaktionszeit-Paradigmen (reaction time paradigms):* Seit DONDERS (1868) unterscheidet man drei Vorgehensweisen. (a) *Einfache RT-Versuche (Donders a-Paradigma)* bestehen in der Darbietung eines einzigen Signals mit der Aufforderung, darauf mit derselben einfachen motorischen Reaktion zu antworten. Die mittlere RT des Erwachsenen auf *optische* Reize liegt bei ca. 170–200, auf *akustische* bei ca. 130–150 und auf *taktile* Reize bei ca. 120–140 msec. (b) *Wahl-RT-Versuche (Donders b-Paradigma; choice reaction time)* bestehen in der Darbietung von zwei oder mehreren verschiedenen Signalen in Zufallsfolge; auf jedes Signal muß mit einer anderen Reaktion geantwortet werden. In diese Kategorie fallen *Mehrfachwahl-* oder *Determinationsversuche (multiple choice reaction time).* Der Beobachter muß z.B. auf ein grünes Licht das linke, auf ein rotes das rechte Pedal, auf einen – simultan dargebotenen – hohen Ton die linke, auf einen tiefen die rechte Taste betätigen. Mit solchen Versuchen ermittelt man die Konzentrationsfähigkeit unter Bedingungen, welche *verteilte Aufmerksamkeit* bzw. rasche Aufmerksamkeitswechsel erfordern. (c) *Signal-Diskriminations-* oder *Unterscheidungs-RT-Versuche (Donders c-Paradigma; discriminatory reaction time)* schließlich bestehen darin, den Beobachter bei jeder Darbietung eines größeren Reizangebotes derselben Reizkategorie entscheiden zu lassen, ob sich darunter bestimmte kritische Reize oder Reizmuster befinden oder nicht (z.B. eine »Ja«-Taste drücken, wenn in einer größeren Zahl geometrischer Figuren ein Dreieck, in einer Buchstabenreihe ein sinnvolles Wort oder wenn in einer Wortreihe ein Begriff aus einer bestimmten Bedeutungskategorie enthalten ist; im anderen Fall ist die »Nein«-Taste zu betätigen). Dieser Versuchstypus wurde von MCKEEN CATTELL um die Jahrhundertwende in die Denk- und Gedächtnispsychologie eingeführt; er gilt heute als Standardparadigma zur Untersuchung von *automatischen* bzw. *kontrollierten Prozessen* der *Absuche* und *Pfadaktivierung.* Die RT variiert einerseits mit der Anzahl von Reizalternativen *(→Hick-Hyman Gesetz),* andererseits mit der Anzahl und Komplexität der erforderlichen Entscheidungsschritte *(→Netzwerk).* Darüber hinaus bestehen Beziehungen zwischen RT und Fehlerzahl *(→Abgleichfunktionen).* Einen Sonderfall des c-Paradigmas stellen sog. Go-NoGo-Versuche *(Go-NoGo-discriminatory RT)* dar. Hier werden die zu unterscheidenden Signale an der Stelle des Warnreizes ca. 1–4 sec vor dem gleichbleibenden imperativen Reiz in Zufallsfolge dargeboten; bei bestimmten Warnsignalen (z.B. hoher Ton) muß auf den imperativen Reiz (z.B. ein Lichtsignal) mit Tasterdruck, bei anderen Warnsignalen (z.B. tiefer Ton) dagegen auf den imperativen Reiz nicht reagiert werden. In der Phase zwischen Warn- und imperativem Reiz kann man die bahnungs- und hemmungsspezifischen Veränderungen im EEG bestimmen und sie mit der RT bzw. Fehlerzahl vergleichen. Auf diese Weise erhält man einen Einblick in die Aufmerksamkeitsregulation und Prozesse der Reaktionsanbahnung.

[4] *Reaktionszeit-Theorien (reaction time theories):* Eine erste RT-Theorie stammt von Donders (1868). Um die Zeitkosten von Unterscheidungs- und Entscheidungsprozessen verschiedener Komplexitätsgrade zu ermitteln, verwendete Donders die Differenzen zwischen Versuchen im c- bzw. b-Paradigma und im a-Paradigma. Dieses Verfahren nennt man *Subtraktionsmethode (subtraction method).* STERNBERG (1969) baut auf diesen Erkenntnissen sein *Modell der additiven Faktoren (additive factor model of reaction time),* um einzelne Phasen und Klassen von Prozessen der Informationsverarbeitung auf verschiedenen Komplexitätsniveaus zu erschließen. Additivität von RT-Komponenten ist dann gegeben, wenn einzelne unabhängige Teilprozesse (z.B. die Anzahl von Signalen und ihre Deutlichkeit) zu einem RT-Zuwachs führen. Interaktionseffekte dagegen treten dann auf, wenn zwei Signaleigenschaften gleichzeitig von demselben Niveau verarbeitet werden müssen (z.B. bei der kurzzeitigen bzw. maskierten Darbietung ohnehin schwer voneinander unterscheidbarer Signale). Neuere Entwicklungen der RT-Theorie zielen darauf ab, Beziehungen zwischen Art und Komplexität der Signalverarbeitung, der Reaktionsauswahl und der Reaktionsausführung bei sprachfreien und sprachgebundenen Operationen zu ermitteln, um die gewonnenen Erkenntnisse auf die Gestaltung von Arbeitsplätzen anzuwenden (WICKENS).

LIT. DONDERS (1868; 1969); DUNCAN LUCE (1986); PACHELLA (1974); POSNER

371

reaktive Hemmungen

(1978); PRINZ (1983); STERNBERG (1969); WICKENS (1992).

reaktive Hemmungen →*Reaktionspotential.*

reaktive Psychose →*Psychotische Störung.*

reaktiver Effekt, Reaktivität *(reactive effect, reactivity effect).* Ein r. E. liegt dann vor, wenn der Meßvorgang bzw. die Situation, in der er sich vollzieht, dasjenige ändert, was gemessen werden soll. Eine Gruppeninteraktion kann sich in Art und Form nachhaltig ändern, wenn z. B. ein Tonbandgerät zur Aufzeichnung des Gespräches aufgestellt wird.
→*quasi-experimenteller Versuchsplan.*

Realdefinition →*Definition.*

Realismus *(realism).* Philosophische Bezeichnung für Lehrmeinungen, die die erkennbare Existenz einer nichtsubjektiven Welt voraussetzen. In der Kunsttheorie eine Annahme, die die Darstellung und Darstellbarkeit der Dinge und Menschen, so wie sie sind, bzw. die Erfaßbarkeit ihrer wirklichen Bedeutung durch den Künstler postuliert.

Realität *(reality).* Bezeichnung für die Gesamtheit der materiellen Gegebenheiten, auf die sich das Verhalten des Menschen bezieht bzw. von ihm begrifflich oder in der Vorstellung erfaßt und behandelt werden kann.

Realitätsprinzip *(reality principle).* Psychoanalytische Bezeichnung für einen Teil des »Ich«, der das Verhalten gemäß dem *Lustprinzip (pleasure principle)* den Erfordernissen der Umwelt anpaßt, jedoch in der Weise, daß daraus Lustgewinn bezogen werden kann.

reasoning test →*Schlußfolgern.*

Rebound-Phänomen *(rebound phenomenon).* Aus dem Engl., wörtl. Rückstoß-Phänomen. Im ursprünglichen physiologischen Sinn das verstärkte Wiederauftreten einer Reaktion nach deren Hemmung oder Unterbindung, z. B. unverhältnismäßig ausgeprägte Symptome nach abruptem Absetzen von Medikamenten oder Drogen, durch welche die Symptome vorher unterdrückt worden waren *(Absetzphänomen);* die Ausführung einer unerwartet heftigen ausladenden Streckbewegung nach dem Loslassen eines längere Zeit in gebeugter Position festgehaltenen Arms; das Überschießen der zentralnervösen *Aktivation,* sobald ein wiederholt dargebotener Reiz bei einsetzender *Habituation* der →*Orientierungsreaktion (OR)* unangekündigt fortfällt, d. h. eine neue OR auslöst. Im weiteren Sinne ausgleichende *Gegenreaktionen* aufgrund

komplexer interner (adaptiver) Regelung nach dem Opponentenprinzip *(→Gegenprozeß).*

Rechtshändigkeit →*Händigkeit.*

Rechtspsychologie →*Forensische Psychologie.*

Reduktionismus *(reductionism).* Wissenschaftstheoretischer Ansatz, der *Einsichten* in bzw. *Erklärungen* von komplexen Erscheinungen oder Vorgängen, an die Analyse der zugrundeliegenden Komponenten (Elemente) bindet. Der R. ist im Wissenschaftsbetrieb allgegenwärtig. So werden heute bei der *Beschreibung* und *Erklärung* des Erlebens und Verhaltens mit wachsender Selbstverständlichkeit neurale bzw. biochemische Grundprozesse miteinbezogen *(→Leib-Seele-Problem).*

Redundanz *(redundancy).*
[1] Ein aus dem englischen Sprachgebrauch stammender Ausdruck für Überflüssiges oder Weitschweifiges in den Aussagen oder Verhaltensweisen eines Mitmenschen.
[2] In der *Informationstheorie* die allgemeine Bezeichnung für das Komplement des Entropiemaßes H. Man könnte dieses Maß als Ausdruck des in einem Informationssystem enthaltenen Informationsüberschusses bezeichnen.

$$C = 1 - H \text{ (meist } H_{rel})$$

ist der allgemeine Ausdruck für das Redundanzmaß.

LIT. ATTNEAVE (1965).

REFA. Abk. von »Reichsausschuß für Arbeitszeitermittlung«. Der REFA wurde unter dem Eindruck der von TAYLOR sogenannten wissenschaftlichen Arbeitsmanagements (→ *Taylorismus)* und der Arbeitsökonomie- und Bewegungsstudien von GILBRETH u. GILBRETH im Jahre 1924 in Deutschland gegründet, erhielt 1936 den neuen Namen »Reichsausschuß für Arbeitsstudien« und geht seit 1948 den im Sinne der Humanisierung der Arbeitswelt geänderten Zielsetzungen unter dem Titel »Verband für Arbeitsstudien« nach.

Reflex *(reflex).* Ungelernte, unwillkürliche und automatische Reaktion auf einen inneren oder äußeren Reiz mit den Eigenschaften der Gleichförmigkeit, Beständigkeit und relativ kurzen Latenz. Die durch einen Reiz ausgelöste Erregung läuft auf afferentem, festverschaltetem Weg, dem *Reflexbogen (reflex arc),* in das zugeordnete *Reflexzentrum (reflex center),* das je nach Art des Reflexes aus einfachen Synapsen oder einem Netzwerk von Synapsen, Neuronen und Kollateralen besteht; von dort fließt Erregung über efferente Fasern zum Erfolgs- oder Effektororgan und löst so die Reaktion aus. Bei den *motorischen Reflexen* besteht die Reaktion aus Veränderungen der Skelettmuskulatur mit dem Effekt von Muskel- oder Gliedmaßenbewegungen. Reflexe, bei denen Rezeptor- und Erfolgsorgan eng benachbart liegen, wie z. B. beim Patellar- oder Kniesehnenreflex, zeichnen sich durch geringe Latenz aus; der Reflexbogen nimmt den kürzesten Weg und das Reflexzentrum ist einfacher Natur (Synapsen im Rückenmark). Man nennt sie auch *Eigenreflexe (proprioceptive reflexes)*. Reflexe, bei denen Rezeptor und Erfolgsorgan voneinander entfernt angeordnet sind, nennt man dagegen *Fremdreflexe (exteroceptive reflexes)*. Von der Funktion her lassen sich adaptive, defensiv-protektive und homöostatische Reflexe unterscheiden. Eine komplexe homöostatische Reflexstruktur sorgt z. B. für den Wärmehaushalt des Körpers über verschiedene Tastfühler nach dem Prinzip des Fließgleichgewichts *(Regelkreis)*. Einen Sonderfall repräsentiert die sog. →*Orientierungsreaktion,* die alle Eigenschaften eines (adaptiven) Reflexes mit Ausnahme der Beständigkeit besitzt (→*Habituation*).

PAWLOW und seine Mitarbeiter konnten zeigen, daß die Reaktion auch auf neutrale Situationsmerkmale nach dem Prinzip der →*Konditionierung* (klassische K.) übertragen werden kann. Hier ist der R. die Basis für einfache Lernvorgänge. Konditionierte Reflexe, besser: Reiz-Reaktionsverbindungen, zählen daher nicht zu den Reflexen im engeren Sinne.

Reflexion *(reflection)*.
[1] *Physik:* Unstetige Änderung der Ausbreitungsrichtung von Wellen (z. B. Licht, Schall) nach deren Auftreffen auf einer Grenzfläche zwischen zwei Medien (z. B. Körperoberflächen, Wände, Wasserspiegel).

[2] *Philosophie:* Systematisches Nachdenken über die Bedingungen, Möglichkeiten und Grenzen des Denkens, des Verstandes, der Vernunft. In allgemeinerer Bedeutung Bezeichnung für das Zurückwenden der Aufmerksamkeit nach »innen« bzw. das Abwenden von den Gegenständen bzw. in der Außenwelt gemachten Erfahrungen und Zuwenden auf das individuelle Erleben und Denken, z. B. Überlegen, Beziehungen überden-

ken, eine künftige Handlung in bezug auf die äußeren Bedingungen planen.

reflexive Bewertung →*Bewertung.*
Reflexivität →*Impulsivität.*
Reflexkette →*Kettenreflex.*
Reflexologie *(reflex[i]ology)*. Bezeichnung für die von BECHTEREW eingeführte Auffassung, daß alle psychischen Erscheinungen auf Reflexe zurückgeführt werden können.
LIT. BECHTEREW (1913).
Reflexwert →*Helligkeit.*
Reflexzentrum →*Reflex.*
Refraktärzeit, Refraktärperiode *(refractory period)*.
[1] *Physiologie:* Zeitintervall, in dem Nervengewebe nach Eingang eines Reizes nicht oder nur bedingt erneut mit Aktionspotentialen reagieren kann. (a) *Absolute R.* ist das relativ kurze Intervall, in dem ein nachfolgender Reiz gleich welcher Stärke kein *Aktionspotential* auszulösen vermag. Die mittlere Dauer von 0.5–2 msec entspricht der durchschnittlichen Leitungszeit für Aktionspotential in Axonen. (b) Die *relative R.* schließt sich unmittelbar an und dauert einige Millisekunden. Während dieser Zeit ist die Erregungsschwelle erhöht, so daß nur sehr intensive Reize ein Aktionspotential auszulösen vermögen.

[2] *Psychologische R. (psychological refractory period)* nennt man das Zeitintervall, in dem ein nachfolgendes gleichartiges Signal nur verzögert mit einer ebenfalls gleichartigen Reaktion beantwortet werden kann. In einfachen Reaktionszeitversuchen wurden P. R. zwischen ca. 100 und 500 msec ermittelt. Die P. R. dauert länger, wenn das Intervall zwischen erstem und zweitem Signal kurz ist, und sie ist kürzer, wenn das Intervall so gewählt wird, daß die Reaktion auf das erste Signal abgeschlossen ist, bevor das zweite folgt. Nach WELFORD (1931) ist die *P. R.* Folge der Belegung des »Verarbeitungskanals« mit dem ersten Signal, Reaktionsvorbereitungen und mit Nachwirkungen der soeben ausgeführten Reaktion. Fällt ein nächstes Signal in das kritische Intervall, hängt die Reaktionszeit vom Grad der Wiederherstellung eines optimalen Funktionszustands des »Verarbeitungskanals« ab; in vielen Fällen wird das Ausgangsniveau erst nach Ablauf von 500 msec wieder erreicht.
Lit. SMITH (1967).

Regelkreis

Regelkreis *(feed back system, servo mechanism)*. Bezeichnung für eine Einrichtung, die fortlaufend über Tastfühler einen Istwert feststellt, mit einem Sollwert vergleicht und die zu regelnde Größe trotz variablen Istwertes auf einem konstanten Sollwert-Niveau hält. Der Informationsfluß vollzieht sich in einem geschlossenen Kreis. Das System arbeitet mit Zeichenumkehr zwischen Eingangs- und Ausgangswert (Stellgröße). Die Funktion läßt sich am Beispiel des *Thermostaten* verdeutlichen: Sollwert ist die gewünschte Zimmertemperatur, Istwert die herrschende Temperatur. Sinkt der Istwert, so muß der Heizwert (Stellgröße) erhöht werden (Zeichenumkehr). Ein System ohne Vorzeichenumkehr nennt man *Verstärker*.
Regelkreis-Vorgänge finden sich im menschlichen und tierischen Organismus. So wird z. B. die *Bluttemperatur* durch eine *negative Rückkoppelung* (Syn. für Regelkreis mit Zeichenumkehr) geregelt.
→*Reafferenzprinzip*, →*Rückkoppelung*.
Regelspiel →*Spiel*.
Regelung →*Kontrolle*.
Regenbogenhaut →*Auge*, →*Iris*.
Regression. Bezeichnung für »Zurückbewegungen«, d. h. rückschreitende oder rückgreifende Vorgänge. Gegenteil: Fortschritt, Progression.
[1] Allgemeine und umfassende Bezeichnung für das Wiederauftreten von in der Entwicklung bereits durchlaufenen Phasen oder Stadien in Situationen erhöhter Belastung oder mit äußeren bzw. inneren konfliktanalogen Bedingungen. Die in der R. gezeigten Verhaltens-, Erlebnis- und Ausdrucksmerkmale sind jeweils primitiver oder sogar »infantil« im Vergleich zu einem bereits erreichten Entwicklungsstadium. Sie können deshalb auch als »Dedifferenzierung« *(dedifferentiation)*, also als ein Aufheben eines bereits differenzierteren Verhaltens oder Erlebnisniveaus, bezeichnet werden. In psychoanalytischer Deutung handelt es sich bei der R. um die libidinöse bzw. affektive Besetzung kindlichen Verhaltens.
→*Abwehrmechanismen*.
[2] Statistische Bezeichnung für die durch einen *Regressionskoeffizienten* und darauf aufbauende Gleichungen bestimmten Voraussagen eines Wertes einer Variablen aus der Kenntnis eines Wertes einer anderen Variab-

len, vorausgesetzt, daß die beiden Variablen miteinander korrelieren und die Stärke und Richtung der *Korrelation* in Form eines Produkt-Moment-Koeffizienten vorliegt. Im Falle der *linearen Regression* läßt sich beispielsweise die Größe X, die einem bestimmten Y entsprechen soll, aus

$$X = r_{xy} \left[\frac{s_x}{s_y} (Y - M_y) \right] + M_x$$

voraussagen. r_{xy} ist der Korrelationskoeffizient, s_x und s_y sind die Standardabweichungen der beiden Variablen, M_y ist der Mittelwert der Variablen, von der her vorausgesagt werden soll, M_x der Mittelwert der Variablen, auf die hin vorausgesagt werden soll. Der Ausdruck

$$r_{xy} \frac{s_x}{s_y}$$

wird als *Regressionskoeffizient* bezeichnet und ist die Konstante in der oben aufgeführten Gleichung. Für die beiden möglichen Voraussagerichtungen lassen sich für die *lineare Regression* durch Einsetzen der Werte zwei Linien definieren, die man als *Regressionslinien* oder *-geraden (regression lines)* bezeichnet. Kurvenförmige Regressionsbeziehungen werden als *kurvilineare Regression (curvilinear regression)* bezeichnet. Werden mehrere Variablen gleichzeitig aufeinander bezogen, so bezeichnet man dies als *multiple Regression (multiple regression)*.
Rehabilitation *(rehabilitation)*. Verfahren und Maßnahmen, die im engeren Sinn der sozialen Integration geistig oder körperlich Behinderter, im weiteren Sinn auch der sozialen Reintegration von Patienten mit reversiblen oder teilweise reversiblen Störungen oder straffällig gewordener Menschen dienen.
Reife *(maturity)*. Bezeichnung für den Zustand am Ende der Reifung, z. B. Erreichen des Erwachsenenalters, gekennzeichnet durch bestimmte artspezifische Merkmale. Meist unterscheidet man beim Menschen zwischen *körperlicher, geistiger* (intellektueller), *emotionaler* und *sozialer* Reife. Als Alter der Reife in allen diesen Hinsichten wird häufig der Abschnitt zwischen dem 21. und 65. Lebensjahr angesehen.

Reizgeneralisierung

Reifung *(maturation)*. Biologische Bezeichnung für die Entwicklung in körperlicher oder geistiger Hinsicht auf einen Endzustand *(Reife)* hin im Gegensatz zur Entwicklung unter Einbeziehung des Lernens.
→*Entwicklung;* →*Entwicklungspsychologie;* →*soziale Entwicklung.*

Reihenkorrelationskoeffizient →*Autokorrelation.*

reinforcement →*Bahnung,* →*Verstärkung.*

Reissnersche Membran *(Reissner's membrane).* Membrana vestibularis: Membran in der Cochlea (Schnecke im inneren *Ohr*), die die scala vestibuli von der scala media trennt.

Reiz, stimulus; Abk. *S (stimulus).* Allgemeine und umfassende Bezeichnung für:
[1] Physikalisch-energetische Veränderungen, die die Rezeptorensysteme des Organismus erreichen und erregen können.
[2] Physikalisch-energetische Veränderungen, die die Rezeptoren des Organismus nachweislich erregen (d. h. neurale Aktivität in den Rezeptoren auslösen).
[3] Jener mehr oder weniger komplexe Ausschnitt der Umwelt, bei dessen qualitativer und/oder quantitativer Veränderung entsprechende, mit den Graden und Arten der Veränderung einhergehende, nach Qualität oder Quantität unterscheidbare Reaktionen erfolgen.
[4] Jeder innerhalb des Organismus angenommene oder beobachtete Vorgang, in dessen Gefolge ein bestimmtes Verhalten (komplexe Reaktion) auftritt bzw. in die Wege geleitet wird (z. B. *Triebreiz; drive stimulus,* oder durch *somästhetische* Impulse ausgelöste Aktivitäten). Syn. *theoretischer* oder *hypothetischer Reiz, somästhetischer Reiz.*
Die Bedeutung [2] ist die in der physiologischen Forschung übliche, [3] und [4] entsprechen eher der psychologischen Auffassung. Bei [3] wird als *Veränderung* auch die Aussage der *Empfindung* über eine Veränderung einbegriffen. Sinnvoll erscheinen nur die Bedeutungen [2] bis [4]; die Bedeutung [1] könnte dagegen dazu verführen, eine jede physikalisch-energetische Gegebenheit einfacher oder komplexer Art als Reiz zu bezeichnen.

Reiz, aversiver *(aversive stimulus).*
[1] Reiz, der defensive *Reflexe* auslöst.
[2] Reiz, der als unangenehm oder bedrohlich eingeschätzt wird und daher Vermeidungsver-

halten und die damit verbundenen emotionalen Reaktionen auslöst.
[3] Reiz, der mit unangenehmen oder bedrohlichen Ereignissen gekoppelt ist, so daß bei seinem Wiederauftreten auf Grund von Konditionierungsvorgängen Abwehrtendenzen aufgebaut werden (in diesem Sinne nur sehr selten gebraucht).

Reiz, differenzierender *(discriminative stimulus).* Abk. S^D. Bezeichnung für einen Reiz bei der operanten Konditionierung (→*Konditionierung, operante)*, in dessen Gefolge die Verstärkung auftritt bzw. auftreten wird. Ein Reiz kann dann als differenzierender Reiz bezeichnet werden, wenn das Versuchstier oder die Versuchsperson eine Reaktion – auf die hin Verstärkung erwartet wird – bei Auftauchen des entsprechenden Reizes häufiger zeigt als bei dessen Abwesenheit oder bei Anwesenheit eines anderen Reizes.

Reiz, somästhetischer oder **Bewegungsreiz** *(movement-produced stimulus).* Bezeichnung für einen inneren Reiz, der durch die propriozeptive Rückmeldung über eine bereits erfolgte Bewegung entsteht und Auslöser für weitere Reaktionen oder eine Reaktionskette wird. Manchmal auch Syn. für *Triebreiz.*

Reiz, unterschwelliger *(subliminal stimulus).* Bezeichnung für Reize unterhalb der Schwelle des deutlichen Erkennens bzw. (bei Unterschiedsfeststellungen) im Bereiche der Gleichempfindung, die zwar registriert werden und (autonome) Reaktionen auslösen, deren Beschaffenheit und/oder Bedeutung jedoch nicht erkannt bzw. bewußt wird.

Reiz-Einstellung *(stimulus attitude).* Bezeichnung für die Erwartung des Auftauchens eines Reizes im Reiz-Reaktions-Experiment. Im Unterschied zu motorischen oder Reaktionseinstellungen handelt es sich hier nicht um die Bereitschaft zum Reagieren.

Reizfehler *(stimulus error).* Von TITCHENER bei Selbstbeobachtung eingeführte Bezeichnung für die Tatsache, daß sich ein Individuum bei der Einschätzung von Dingen und Sachverhalten (z. B. Lautstärken) nicht von der »Empfindung« (wie gefordert), sondern von den Bedingungen der Reizdarbietung oder den damit verknüpften Assoziationen leiten läßt.

Reizgeneralisierung *(stimulus generalization).* Bezeichnung für die Tatsache, daß nach dem Lernen einer Reaktion auf einen ganz

375

Reiz-Reaktions-Psychologie

bestimmten Reiz hin (→Konditionierung) auch auf relativ ähnliche Reize dieselbe gelernte Reaktion erfolgt. Man kann mit einiger Wahrscheinlichkeit voraussagen, daß mit größerer Ähnlichkeit des nachfolgenden Reizes mit dem Originalreiz die Reaktion häufiger oder stärker ausfallen wird als bei relativer Unähnlichkeit. Diese Gesetzmäßigkeit läßt sich als *Generalisierungsgradient (generalization gradient)* bezeichnen. Als sog. *vermittelte Reizgeneralisierung (mediated stimulus generalization)* bezeichnet man den Fall, wo zwar keine wahrnehmungsmäßige Ähnlichkeit zwischen den Reizen, jedoch eine Ähnlichkeit in der ausgelösten Reaktion einen Reiz an Stelle des Originalreizes die Reaktion auslösen läßt. In sog. »verbal chaining« – Experimenten, also verbalen Kettenbildungen, läßt sich dieser vermittelnde Einfluß zeigen. Die Versuchsperson lernt Paare von sinnlosen Silben und Reizwörtern, z. B. ges-Zitrone usw. Nun soll sie eine neue Paarreihe lernen, wobei z. B. ges mit Baum verknüpft wird. Es zeigt sich, daß bei Abfragen des jeweils zweiten Gliedes des Paares mit Vorgabe des ersten (hier also ges) die Reihe von Paaren schneller gelernt wird, wenn – wie in dem Beispiel – die Reaktionen auf ges (erst Zitrone, dann Baum) einen bestimmten Zusammenhang zeigen. Dieser Vorgang gilt als Sonderfall der *semantischen Generalisierung.*

Reiz-Reaktions-Psychologie *(stimulus-response psychology, stimulus-response theory, stimulus-response view).* Bezeichnung für die Ansicht, die wichtigste Aufgabe der Psychologie sei das Auffinden von gesetzmäßigen Verknüpfungen bestimmter Reize mit bestimmten Reaktionen, so daß Funktionen von der Art: Jede Reaktion ist eine Funktion des jeweiligen Reizes oder der Reizklasse (S2j), d. h.

$$R_i = F (S_j)$$

aufgestellt werden können. Die Analyse von Erlebniszuständen oder -vorgängen ist damit nicht grundsätzlich ausgeschlossen (wie z. B. im Behaviorismus Watsonscher Prägung). Diese Art der Anschauung und Theorienbildung dominiert in den modernen *Lerntheorien* und ist an dem Vorbild der Sinnesphysiologie (Reiz-Empfindungs-Beziehungen) und Reflexlehre orientiert.

Reizschwelle →*Psychophysik.*
Reizspur *(stimulus trace).*
[1] Bezeichnung für die von HULL angenommene Nachwirkung eines kurzzeitig dargebotenen Reizes.
[2] Bezeichnung für sog. *Nacherregungen,* einen afferenten Prozeß, der rasch sein Maximum erreicht und dann je nach Intensität des auslösenden Reizes mit der Zeit allmählich abklingt.
Reizstärkedynamik →*Trieb.*
Reizsummation →*Summation.*
Reizsummeneffekt →*Summation.*
Reizsummenregel →*Summation.*
Reizüberflutungstherapie →*Flooding.*
Reiz-Variable →*Variable.*
Rekognition →*Wiedererkennen.*
Reliabilität *(Zuverlässigkeit, Verläßlichkeit,* engl. *reliability).* Bezeichnung für den statistisch ermittelbaren *Genauigkeitsgrad (accuracy)* eines Maßes bzw. Tests.
Ein Maß oder ein Test kann dann als reliabel bezeichnet werden, wenn es/er das Merkmal, das es zu messen/testen gilt, exakt mißt, d. h. wenn es/er bei einer Wiederholung der Messung/Testung unter gleichen Bedingungen und an denselben Gegenständen zu dem gleichen Ergebnis führt.
Das *Maß der Zuverlässigkeit* heißt *Reliabilitätskoeffizient (reliability coefficient).* Er ist definiert aus der Korrelation zwischen den beiden Messungen oder Testungen und wird mit r_{tt} bezeichnet. Aus praktischen Gründen wird die zweite Testung meist entweder mit Hilfe sog. Paralleltests (gleichwertiger Tests) vorgenommen oder durch Zerlegung eines Tests in zwei vergleichbare Hälften geschätzt. Im ersten Falle spricht man von der Paralleltest-Reliabilität *(test-retest reliability),* im zweiten von der Halbierungs-Reliabilität *(split-half reliability).*
LIT. →*Test,* →*Testkonstruktion.*
Religionspsychologie *(psychology of religion).* Teilgebiet der vergleichenden Kultur- bzw. Sozialpsychologie, in dessen Rahmen Ursprünge und Arten von religiösen Einstellungen oder Erfahrungen und Erlebnisse religiöser Art untersucht werden.
LIT. THOULESS (1961).
REM *(rapid eye movement).*
[1] Rasche Bewegungen des Augapfels während des →*Schlafes,* die im →*EOG (Elektrookulogramm)* sichtbar gemacht werden kön-

nen. *REM-Schlaf* oder *REM-Phasen* sind wiederkehrende Abschnitte des Schlafzyklus, die von raschen Augenbewegungen, EEG-Veränderungen im Sinne eines vergleichsweise erhöhten Aktivationsniveaus und häufig von Träumen begleitet sind. Der REM-Schlaf ist normalerweise (Ausnahme *REM-Parasomnie*) von einer durch Hirnstammkerne in der dorsalen Ponsregion vermittelten totalen Erschlaffung der Muskulatur begleitet, ausgenommen Augenbewegungen und Atemtätigkeit.

[2] *REM-Parasomnie (REM-parasomnia)* ist eine *Schlafstörung*, die sich in heftigen Bewegungen und Umherschlagen während der REM-Schlafphase äußert und oft mit lebhaften, gewalttätigen Träumen einhergeht. Betroffen sind vorwiegend ältere Menschen. Zu den bisher bekanntesten Auslösern zählen neben Hirnläsionen im dorsalen Hirnstammbereich eine Reihe hirnorganischer Störungen, in ca. 15% der Fälle z. B. die →*Parkinsonsche Krankheit*, aber auch Alkohol- und Medikamentenmißbrauch, Medikamentenentzug, insbes. beim Absetzen von →*Antidepressiva*.

Reminiszenz *(reminiscence)*. Bezeichnung für einen Leistungsanstieg während des Lernens, der nach einer Unterbrechung der Übung auftritt. R. zeigt sich darin, daß nach der Unterbrechung ein höheres Leistungsniveau auftritt als während und unmittelbar nach der vorangegangenen Übung. Reminiszenz-Effekte sind bei motorischen Aufgaben besonders deutlich. Es wird angenommen, daß – insbesondere bei anstrengenden, ermüdenden Aufgaben – die Unterbrechung Erholung verschafft, reaktive Hemmungen abgebaut werden können, während in der Vorstellung *mental* weitergeübt wird *(mentales Training; mentale Übung)*.

Remission *(remission),* Adj. *remittierend (remittent)*. Wörtlich: Nachlassen.

[1] *Medizin, Klinische Psychologie:* Minderung des ursprünglichen Ausprägungsgrades von Symptomen und der durch sie erfahrenen Beeinträchtigungen, jedoch keine vollständige Genesung bzw. Wiedererlangung eines störungsfreien Zustands (→*Restitution*).

[2] *Soziale R. (social remission)* bezeichnet ein Nachlassen des Ausprägungsgrades von Symptomen psychischer Störungen so weit, daß eine Wiederaufnahme familiärer u. a. sozialer Beziehungen sowie der Wiedereintritt in das Berufsleben möglich ist.

[3] *Spontane R. (spontaneous remission)* nennt man das Nachlassen von Symptomen ohne jede Intervention.

REP →*kognitive Komplexität.*

REP-Test →*kognitive Komplexität.*

reproduktive Assimilation →*Assimilation.*

Residualreize, Restreize →*Adaptationsniveau.*

Resonanz. Physikalische Bezeichnung für das Mitschwingen von Gegenständen (z. B. einer Klaviersaite) bei Auftreten einer Vibration innerhalb eines für das Mitschwingen relevanten kritischen Bereiches (z. B. dem der Klaviersaite entsprechenden Ton).

Response →*Reaktion.*

Ressourcenzuweisung *(allocation of resources).*

[1] *Sozialpsychologie, Spieltheorie:* Verteilung von Gewinn bzw. Belohnung proportional zur erbrachten Leistung einzelner Gruppenmitglieder oder Spielpartner aufgrund aus dem gegenseitigen Vergleich hervorgehender Regeln.

[2] *Aufmerksamkeits- und Wahrnehmungspsychologie:* Prozesse der Zuteilung von Arbeitskapazität an Teilsysteme der Informationsverarbeitung, so daß die Aufgabe klaglos und rasch gelöst werden kann bzw. die Bearbeitung einer zweiten Aufgabe ohne nachhaltige Beeinträchtigung der ersten erfolgt. →*Aufmerksamkeit.*

LIT. FOA, FOA (1976); NAVON, GOPHER (1979).

Restitution *(restitution).* Vollständige Wiederherstellung der Gesundheit bzw. eines ungestörten Zustands. Syn.: *Heilung, restitutio ad integrum.*

Restorff-Effekt *(Restorff effect).* Bezeichnung für die von Restorff erstmalig nachgewiesene Tatsache, daß in einem Lernstoff eingebettete, auffällige, andersartige Aufgaben bzw. Glieder besser behalten werden, als relativ gleichförmige. Bietet man z. B. im Paarassoziations-Lernversuch im Gefüge von paarweisen sinnfreien Silben an verschiedenen Stellen Paare verschiedenfarbiger einfacher geometrischer Figuren dar und sind diese im Vergleich zu den Silbenpaaren in der Minderzahl, so werden diese Figuren besser behalten als die Silbenpaare. Diese Beobachtung berechtigt jedoch nicht zu der Schlußfolgerung, daß ein aus heterogenen Elementen zusammengesetzter Lernstoff grundsätzlich zu besseren Be-

Restreize

haltensleistungen der selteneren oder andersartigen Glieder führt.

Restreize →*Adaptationsniveau.*

Retardation. Jede Verlangsamung einer Bewegung oder Entwicklung. *Mentale R.:* Beeinträchtigung der Intelligenzentwicklung, die bereits in der Kindheit erkennbar wird. →*Geistige Behinderung.*

Retention oder **Behalten.** Allgemeine und umfassende Bezeichnung für den Leistungsaspekt des Gedächtnisses in bezug auf Lern-, Reproduktions- und Wiedererkennungsleistungen (verbal und motorisch), die an Erfahrungen oder Übung gebunden sind (→*Gedächtnis*).

Retikularsystem, retikuläres System *(reticular formation,* lat. formatio reticularis). Aus Zellkörpern und Nervenfasern zusammengesetztes netzförmiges Gebilde in Hirnstamm und Rückenmark, das als verstärkendes Wecksystem arbeitet.
→*Aktivation.*

Retina, Netzhaut *(retina).* Bei Wirbeltieren (einschl. Mensch) an der lichtabgewandten Seite des inneren Augapfels liegende, aus dem Zwischenhirn entstandene mehrschichtige »Haut«, die das vom dioptrischen Apparat entworfene Bild empfängt und in neuraler Kodierung dem Gehirn zuleitet. Sie enthält neben Blutgefäßen, Nerven- und Stützgewebezellen in ihrer lichtabgewandtesten Schicht (insgesamt 10 Schichten, davon 9 vorgelagert) ca. 125 Millionen Rezeptoren. Die Absorption erfolgt an dem zwischen Retina und Aderhaut gelegenen Pigmentepithel. Die lichtempfindlicheren Rezeptoren außerhalb der *macula lutea* (blinder Fleck) dienen dem *skotopischen Sehen* (Dämmerungssehen) und sprechen auf einen Intensitätsbereich bis zu 10^{-6} Millilambert (absolute Schwelle bei *Dunkeladaptation*) an. Die helligkeitsunempfindlicheren Rezeptoren sind gedrungen, heißen daher *Zapfen* und finden sich vorwiegend in der *fovea* und bis zu 16° von ihr entfernt mit radikal abnehmender Häufigkeit. Nur in diesem Bereich ist das menschliche Wahrnehmen »farbig«; das *photopische* Zapfensystem arbeitet nur bei ausreichendem Licht (ab ca. 10 Millilambert). In der Dunkelheit herrscht demnach Farblosigkeit, man sieht nur Grautöne. Stäbchen und Zapfen enthalten Sehfarbstoffe, die durch Lichteinwirkung zersetzt werden. Die Absorption erfolgt an der unter der Retina gelegenen Ader-

haut. (Bei Katzen erfolgt dort Reflexion.) Die Erregung wird bei fovealen Zapfen auf je eine, bei Stäbchen zu mehreren zusammengefaßt, auf *bipolare* Zellen übertragen und von diesen wieder auf größere *Ganglienzellen,* deren Axone den *Sehnerv* bilden. An der Stelle seines Austritts befinden sich keine Rezeptoren *(blinder Fleck).* Bipolare und Ganglienzellen liegen linsenwärts, also vor den Rezeptoren, die nur von rd. 1/10 der einfallenden Lichtenergie erreicht werden.
→*Auge,* →*Adaptation,* →*Farbensehen,* →*rezeptive Felder,* →*Sehen.*

retinale Illuminanz →*Helligkeit.*

retrieval →*Gedächtnis.*

retroaktive Amnesie →*Amnesie.*

Retrospektion *(retrospection).* Bezeichnung für aus der Erinnerung erfolgende Beschreibungen.

Reverberation *(reverberation).* Von dem Neurophysiologen LORENTE DI NO 1941 erstmals beschriebene, über den Reizkontakt bzw. aktivierenden Anlaß hinaus anhaltende Nacherregungen in neuralen Strukturen *(reverberierende Neuronenkreise; reverberating neuronal circuits),* die erst allmählich ausklingen. R. gilt als Voraussetzung für die Bildung von →*Engrammen* und für die Bildung und Aktivierung von →*Zellverbänden.* Einige neurale Strukturen besitzen eine erhöhte Bereitschaft zur R., z. B. das *limbische System (→Emotion).*

Reversibilität *(reversibility),* Adj. *reversibel (reversible).* Medizin, Klinische Psychologie: Rückbildungsfähigkeit von Symptomen einer Krankheit oder Störung im Sinne einer →*Remission* oder →*Restitution.*
Gegensatz: *Irreversibilität (irreversibility),* Adjektiv: *irreversibel (irreversible).*

Rezenzeffekt →*Gedächtnis;* →*Positionseffekt.*

Rezeptionsspiel →*Spiel.*

rezeptive Felder *(receptive fields).* Mechanismus der Vorkodierung visueller Information, entdeckt durch HUBEL und WIESEL. Ein r. F. ist definiert durch die Konstellation von Retina-Rezeptoren (→*Auge*), die ihre Erregungspotentiale (→*Aktionspotentiale*) einer lokalisierbaren, zentraleren Nervenzelle zuleiten und dort aufgrund synaptischer Verrechnung Erregung oder Hemmung auslösen. Mit Ausnahme des Foveabereichs gehen Rezeptorimpulse gleichzeitig an mehrere bipola-

re Retinazellen und von dort gleichzeitig an mehrere Retinaganglien. So kann eine einzige Rezeptorzelle gleichzeitig mehreren hundert r. F. zugehören; r. F. überlagern und überschneiden einander. Die Rekonstruktion von r. F. geschieht im Tierversuch durch Mikroelektroden, die in Retinaganglien, Schichten und Kolonnen von Ganglien des nucleus geniculatus laterale oder im Sehkortex eingestochen werden. Während Retinaganglien und Zellen im Bereich der corpora geniculata vor allem auf Größe, Intensität und Lokalisierung von Reizen auf der Retina jeweils optimal ansprechen, ist die Funktion kortikaler Zellen differenzierter. Diese reagieren optimal auf Helligkeits- und Größenunterschiede, auf Helligkeitskontraste, auf Bewegungen und Richtungen. Andere wieder sprechen optimal auf bestimmte Formen an, wenn die entsprechenden Retinaregionen gereizt werden. Sog. *hyperkomplexe Zellen* schließlich reagieren auf verschiedene Winkelgrößen oder auf das Ansprechen korrespondierender Retinaregionen in beiden Augen, so daß man sie mit der Wahrnehmung von Tiefe und Entfernung in Verbindung bringt. Auch das Wahrnehmen von Farben wird in der neueren Forschung auf r. F., registriert in den corpora geniculata, bezogen. Die noch nicht abgeschlossene Erforschung von r. F. zeigt, daß viele Reizparameter offenbar vorkodiert sind und von eigenen *Analysatoren* verarbeitet werden, wodurch die kortikale Informationsverarbeitung wesentlich entlastet ist.
LIT. HUBEL, WIESEL (1962; 1968).

Rezeptor *(receptor).* Nervenendigung oder Zelle, die durch Umwandlung spezieller Reize oder Reizqualitäten in nervöse Erregung Information aus der Außenwelt oder dem Körperinneren aufnimmt und sie über afferente Nerven zum ZNS leitet.

Rezeptoradaptation *(adaptation of receptors; receptor adaptation).* Man unterscheidet *rasch adaptierende (phasische)* und *langsam adaptierende (tonische) Rezeptoren.* Die R. vollzieht sich unabhängig von Ermüdung und Reizfrequenz und äußert sich z. B. bei Aufrechterhaltung konstanter Reizstärke in einem monotonen Abfall der Frequenz des *Aktionspotentials.*

Rezeptor, An- →*An-Reaktion.*

Rezeptor, An-Aus- →*An-Aus-Reaktion.*

Rezeptor, Aus- →*Aus-Reaktion.*

rezessiv →*Mendelsche Regeln.*

reziproke Innervation *(reciprocal innervation).* Steuerungsprinzip innerhalb solcher neuraler motorischer Zentren, die antagonistische Muskeln oder Muskelsysteme versorgen. Wird der eine Muskel zusammengezogen, so wird der andere entweder entspannt oder seine Kontraktion durch das Steuerungsprinzip gehemmt, so daß die antagonistische Funktion der jeweiligen Muskelpaare gewährleistet ist.

Rhesusfaktor →*Blutgruppen.*

Rhinencephalon →*Riechhirn.*

Rhodopsin oder **Sehpurpur** *(visual purple).* Photochemische Substanz in den *Stäbchenzellen* der Retina, die bei Lichteinwirkung ausgebleicht wird.

Rhythmus *(rhythm).* Allgemeine Bezeichnung für das periodische Wiederauftreten von Ereignissen oder subjektiven Erscheinungen innerhalb einer Reihe von Ereignissen bzw. wahrgenommenen Prozessen. Die Bedeutung reicht von der Beschreibung des musikalischen Rhythmus als zeitlicher Intervallgliederung bis zu der rhythmischen Gliederung als Eindrucksmerkmal bei der Beschreibung von Bewegungsabläufen. Unter dem Gesichtspunkt der R. werden auch biologische und Entwicklungsprozesse betrachtet (z. B. Wach-Schlafrhythmus; →*Biorhythmus*).

Ribonukleinsäuren →*Nukleinsäuren.*

Ribotsches Gesetz *(Ribot's law).* Von THÉODULE ARMAND RIBOT Ende des 19. Jh. erstmals beschriebene Regelhaftigkeit des Gedächtnisabbaus nach Gehirnverletzungen bzw. mit fortschreitendem Alter. Der Gedächtnisabbau vollzieht sich in umgekehrter Reihenfolge wie der Aufbau. Als erste sind betroffen neue Erinnerungen, affektive, ungewohnte und komplexere Erinnerungseindrücke, dann erst verschwinden ältere Erinnerungen, das Einfache und Gewohnte.

Riccosches Gesetz *(Ricco's law).* Aus dem *Charpentierschen Gesetz* von RICCO hergeleitete Beziehung zwischen Reizintensität bzw. Leuchtdichte (I) und Größe der fovealen Reizabbildung (A) für Reize in der Größenordnung bis zu ca. 10′ Abbildungsdurchmesser, formuliert in bezug auf die absolute Schwelle. Um die Reizschwelle zu erreichen, muß bei abnehmender Leuchtdichte die Größe proportional zunehmen; bei zunehmender Helligkeit kann die Größe dagegen proportional abnehmen. Daher gilt näherungsweise die

Riechen

Beziehung I × A = k, d.h. das Produkt aus Intensität und Areal ist in bezug auf die Reizschwelle konstant. Für größere Reize gilt das →*Pipersche Gesetz.*

Riechen →*Geruchssinn.*

Richtung *(direction).* Gerichtetheit eines Zustands oder Vorganges in bezug auf ein Ziel, meist im Zusammenhang mit den räuml. Gegebenheiten oder mit dem »Verhaltensraum« im übertragenen Sinne aus Bewegungen bzw. Zielorientierungen des Denkens erschlossen.

Richtungsdispositionen. Von W. STERN eingeführte Bezeichnung für die die Richtung des Handelns bestimmenden, individuellen Eigenschaften (Dispositionen), die zu den allgemeinen Fähigkeiten (»Rüstungsdispositionen«) hinzutreten müssen, um konkretes Verhalten erklären zu können.

Richtungshören →*Hören.*

Richtungssinne *(senses of direction).* Umfassende Bezeichnung für Organe und Elemente des Erkennens, die es ermöglichen, einen Gegenstand in seiner räumlichen Lage zu lokalisieren (Richtungssehen, Richtungshören). In der Tierpsychologie auch die Bezeichnung einer nur zum Teil erforschten Organismusfunktion, die es den Zugvögeln ermöglicht, Brut- und Überwinterungsplätze wiederzufinden.

Riechhirn oder **Rhinencephalon.** Riechregion des Vorderhirns einschließlich *Riechkolben (olfactory bulbs)* und Hippocampi *(Ammonshörner)* im seitlichen Teil der Großhirnhemisphären.

Riechkolben →*Geruchssinn.*

Rigidität *(rigidity).*
[1] Physiologische Bezeichnung für einen Zustand allgemeiner und relativ andauernder Muskelkontraktion, wie er z.B. unter Hypnose oder bei Störung der motorischen Nervenbahnen auftreten kann. Syn. *Starrheit.*
[2] Allgemeine und umfassende Bezeichnung für die Unfähigkeit oder nur eingeschränkte Fähigkeit eines Menschen, sich angesichts der Veränderungen der objektiven Bedingungen in *Handlung* (motorische R.) oder *Einstellung* (affektive, kognitive R.) von einmal eingeschlagenen Handlungs- oder Denkwegen zu lösen und angemessenere (angepaßtere) zu wählen. Manche Forscher beschreiben die R. entweder in bezug auf einzelne Verhaltens- oder Reaktionsklassen, andere sehen in der R.

eine allgemeine Eigenschaft, die Denk- oder Verhaltensstile weitgehend beeinflußt. Es wird angenommen, daß sich die R. mit zunehmendem Alter verstärkt.
LIT. Zu [2] BRENGELMANN (1968); CATTELL (1950); CHOWN (1959); LUCHINS, LUCHINS (1959).

Rinderwahn →*Jakob-Creutzfeldt-Erkrankung.*

Risiko *(risk)* oder **Ungewißheit** *(uncertainty).* Bezeichnung für die (objektiven) Verlustchancen, die sich aus der unvollständigen Vorhersagbarkeit künftiger Ereignisse bzw. Ereignisalternativen ergeben. *Risiko* bezeichnet den allgemeinen Fall, *Ungewißheit* dagegen den mehr subjektiven Aspekt des Risikos und somit einen nicht in der Situation allein begründeten, sondern den auf kognitiver Einschätzung basierenden Zustand des Individuums in dieser Situation. Risikofurcht bzw. der Umgang mit dem R. *(risk taking behavior)* werden im Rahmen der Motivations- und Persönlichkeitsforschung als Eigenschaft diskutiert. Risikotendenzen lassen sich mit sog. *Marginaltests* erfassen. Die Versuchsperson beobachtet einen sich bewegenden Zeiger und soll dann einen Taster drücken, wenn sie meint, der Zeiger würde eine auf der Skala sichtbare Sicherheitsmarke erreichen.
→*Spieltheorie.*
LIT. COHEN (1964).

Risikoschub *(risky shift).* Von STONER geprägte Bezeichnung für einen durch Gruppendiskussion hervorgerufenen Schub in Richtung auf extremeres Verhalten, der sich in der größeren Häufigkeit risikoreicher Entscheidungen im Anschluß an Gruppeninteraktionen eines Individuums äußert, sofern vorher in der Gruppe über das Für und Wider der entsprechenden Entscheidung diskutiert worden war.

ROC-Kurve →*Signalentdeckung.*

Rohpunkt →*Score.*

Rohwert →*Score.*

Rolle *(role).* Bezeichnung für (a) Erwartungen und Normen, die sich in einer Gruppe in bezug auf die einen bestimmten *Status* oder eine *Position* innehabende Persönlichkeit bzw. deren Handlungen bei bestimmten Klassen von Situationen herausbilden. Syn. *Rollenerwartung.* Manchmal werden die dem Status oder der Position zugeschriebenen Erwartungen unter den beiden Begriffen *Status* und *Position* selbst subsumiert. (b) Im engeren Sinne bezeichnet R. nach T. R. SARBIN ein Element der sozialen Interaktion, das sich als eine gegliederte Folge von gelernten Verhaltensweisen beschreiben läßt, die ein Individuum in einer Situation sozialer Interaktion (Kommunikation) zeigt. Im letzteren Falle sind Status oder Position Inbegriff der sozialen Rechte und Pflichten, während R. den dynamischen Aspekt des sozialen Verhaltens bezeichnet. LIT. LINTON (1936); PARSONS (1959); SARBIN (1954).

Rollenspiel →*Spiel.*

Rorschach-Test. Bezeichnung für ein von H. RORSCHACH eingeführtes Verfahren der *Klecksdeutung (ink-blot test),* das zu den *projektiven Techniken* gezählt wird (→*projektive »Tests«*). Das Verfahren besteht aus zehn teils unbunten und teils bunten symmetrischen Kleckstafeln, die der Versuchsperson zur freien Deutung (Phantasiedeutung) vorgelegt werden. Die Antworten der Versuchspersonen werden nach einem Schlüssel signiert.
Da die Determiniertheit der Signa dem auswertenden Psychologen gewisse Freiheiten läßt, die sich besonders bei der Interpretation nach *Erfassungs-* und *Erlebnistypus* ins Spiel setzen, muß das Verfahren zu den subjektiven gezählt werden; Fragen der *Reliabilität* und *Validität* sind weitgehend ungeklärt, so daß das Verfahren nicht als *Test* im engeren Sinne gelten kann; es dient in der Persönlichkeitsdiagnostik weitgehend allgemeinen, heuristischen Zwecken.
LIT. BECK, MOLISH (1967); BOHM (1967); KLOPFER, KELLY (1946); RORSCHACH (1948); VOGEL (1966).

rotary pursuit →*Pursuitmeter.*

Rotation *(rotation),* besser: **Rotation der Faktorenachsen** *(rotation of factor axes).* Bezeichnung für eine Reihe von Techniken, die in der *Faktorenanalyse* üblich sind. Die Faktorenachsen werden so gedreht, daß entweder das mathematisch-geometrische Modell der *Einfachstruktur* erreicht oder eine optimale Möglichkeit der Interpretation der *Faktoren* gegeben ist. Als *oblique Rotation* bezeichnet man solche Techniken, bei denen das Ergebnis auch solche Faktorenachsen sein dürfen, die in einem schiefen Winkel zueinander stehen (z. B. in der Analyse von R. B. CATTELL). Als *orthogonale Rotation* dagegen werden solche Techniken bezeichnet, bei denen das Ergebnis

nur aus solchen Faktorenachsen besteht, die senkrecht – im rechten Winkel – aufeinander stehen. Im letzteren Falle ist die Korrelation zwischen den Faktoren immer gleich Null. Im ersten Falle dagegen ergeben sich Faktoren, die miteinander korrelieren können. Ist dies der Fall, so können aus der Matrix der Faktoren-Korrelationen *Faktoren zweiter Ordnung* extrahiert werden.

Rotblindheit →*Farbenfehlsichtigkeit.*

»rotes Blutbild« →*Blutbild.*

rotierender Arbeitswechsel →*Arbeitsstrukturierung.*

R-R-Gesetz *(R-R-law).* Bezeichnung für eine regelmäßige und wiederholbare Beziehung zwischen einem Reaktionsereignis und einem anderen; erreicht z. B. eine Versuchsperson einen hohen Score in Test X, so erreicht sie auch einen hohen in Test Y oder

$$R_Y = F (R_X)$$

Die Reaktion vom Typus Y ist eine Funktion der Reaktion vom Typus X.
→*S-R-Gesetz.*

RT →*Reaktionszeit.*

Rubinscher Becher *(Rubin's goblet figure).* Eine Umspringfigur zum Beleg der Figur-Grund-Beziehung. In einer rahmenförmigen Begrenzung sind zwei symmetrische Linienzüge so eingezeichnet, daß man entweder (innen) die Darstellung eines Bechers oder Pokals oder (von außen her) zwei einander zugewandte Profile sieht.

Rückenmark *(spinal cord; medulla spinalis).* Langer dicker Strang von Nervenfasern und Nervenzellen sowie Bindegewebe im Rückenmarkskanal *(spinal canal)* der Wirbelsäule *(spinal column).*
→*Gehirn.*

Rückenmarksnerven →*Spinalnerven.*

Rückenmarksreflex →*Spinalreflex.*

Rückführung, Rückführprozeß →*Gedächtnis.*

Rückkoppelung. Bezeichnung für die Wirkweise einer Rückmeldung in einem Regelmechanismus oder →*Regelkreis.*
Tritt in einem rückgekoppelten System eine Störung oder ein Ungleichgewicht auf, so führt die Rückmeldung automatisch zu einer ausgleichenden Aktivität, die die Eigenschaft einer Verstärkung oder Hemmung aufweisen kann.
→*ARAS,* →*Feedback.*

rückläufiges Konditionieren

rückläufiges Konditionieren →*Konditionierung, klassische.*
Rückmeldung →*Feedback.*
Rückstoß-Phänomen →*Rebound-Phänomen.*
rückwirkende Maskierung →*Maskierung.*

rückwirkendes Konditionieren →*Konditionierung, klassische.*
Ruhepotential →*Aktionspotential.*
Ruminationsstörung →*Eßstörungen.*
R-Zacke →*Herzschlagfrequenz.*

S

S.
[1] Abkürzung für stimulus, Reiz.
[2] Englische Abkürzung für *subject,* dt. *Versuchsperson,* Abk. *Vp,* Plur. *Vpn.*
s. In den Lerntheorien von HULL und OSGOOD Kennzeichnung innerer Zustände oder Prozesse, welche durch *Reize (S)* ausgelöst werden und eine mit der →*Pfadaktivierung* vergleichbare Wirkung besitzen.
sacculus *(saccule).* Säckchen im *Labyrinth,* das mit den *Bogengängen* in Verbindung steht. Es ist mit kleinsten Steinchen *(Statolithen)* gefüllt, die bei senkrechter Position des Kopfes auf die Sinneshaare am S.-Boden drücken. Auf diese Weise wird die vertikale Körperposition kontrolliert.
sacrum →*Kreuzbein.*
Sadismus *(sadism).* Syn.: *sexueller Sadismus (sexual sadism).* Andauerndes und wiederkehrendes Vorherrschen von Wünschen, Phantasien oder manifester Handlungen, die sexuelle Erregung vermitteln, indem anderen Personen Schmerz oder psychisches Leid (z. B. Demütigungen) zugefügt wird. Eine Störung liegt vor, wenn die o. g. Denk- bzw. Handlungsweisen in mehr als 6 Monaten wiederholt auftreten, Leidensdruck verursachen und zu Beeinträchtigungen in sozialen, beruflichen oder anderen Funktionsbereichen führen. *Sado-Masochismus* bezeichnet die Auslösung sexueller Erregung sowohl durch zugefügtes als auch durch empfangenes Leid.
Sagittale, Sagittalebene *(sagittal axis, sagittal plane).* Anatomische Bezeichnung für eine gedachte Linie oder Ebene, die von hinten nach vorn durch den Körper geht und die Lokalisierung von Organen erleichtert. Die mittlere dieser Linien oder Ebenen, die den Körper in zwei (äußerlich) annähernd symmetrische Hälften durchtrennt, wird als →*Mediansagittale* bezeichnet.
säkulare Akzeleration →*Akzeleration.*
Sättigung *(satiation, satiety, saturation).*
[1] Englisch *satiation* oder *satiety:* Bezeichnung für den Zustand nach Aufnahme von Nahrung, im übertragenen Sinne Bezeichnung für den Zustand der Befriedigung nach Errei-

chen einer Bedürfnisreduktion oder eines Wunschzieles.
[2] Englisch *satiation effect:* Bezeichnung für die relative Unempfänglichkeit gegenüber Reizen, die gegen Ende einer monotonen Folge sehr ähnlicher Reize auftreten. Als *psychische Sättigung* Bezeichnung für das Nachlassen des Interesses an monotonen Folgen gleichförmiger Aufgaben oder Handlungen, dem durch in der Instruktion nicht vorgesehene, eigenständige Variationen der Aufgabenlösung begegnet wird.
LIT. KARSTEN (1928).
[3] Englisch *saturation:* Sättigung von Farben oder Chromatizität, gemessen an dem Grad, in dem sich »Farbigkeit« von einem Grau gleicher Helligkeit unterscheidet (→*Farbpyramide).* In sogenannten Farbsättigungsskalen der Spektralfarben zeigt sich Rot als die gesättigteste und Gelb als die Farbe geringster Sättigung.
→*Farbensehen.*
[4] **Sättigung, kortikale** *(cortical satiation, satiation hypothesis).* Bezeichnung für eine von W. Köhler getroffene, nicht direkt bewiesene Annahme. Wird ein kortikaler Feldanteil aktiviert, so verändert sich der elektrotonische Status der betroffenen Neuronen. Trifft nun nur kurzzeitiger Reizeinwirkung ein neuer Reiz in einer eng benachbarten Region ein, so entsteht eine Art Kurzschluß und im Sinne des →*Isomorphieprinzips* eine wahrgenommene Verschmelzung der beiden Reizgegebenheiten (z. B. Phi-Phänomen, Scheinbewegung). Ist jedoch der betreffende kortikale Feldanteil einer länger andauernden Reizeinwirkung ausgesetzt, so tritt eine Veränderung des elektrostatischen Tonus im Sinne einer länger anhaltenden Polarisation (Sättigung) auf. Wird z. B. nach längerer Fixierung eines bestimmten Reizmusters ein anderes dargeboten, dessen isomorph entsprechende Erregung ein benachbartes Feld im Kortex aktiviert, so kann es – wie bei Annäherung zweier positiver Enden eines Magnets – zur Abstoßung kommen, die sich in entsprechenden Wahrnehmungseindrücken äußert (→*Figurale Nachwirkung).*

383

Satzordnen

Satzordnen *(disarranged sentence test)*. Bezeichnung für einen Aufgabentypus (→*Testaufgaben*), der in *Intelligenztests* (→*Test*) häufig vorkommt, bei dem die Versuchsperson aufgefordert wird, Worte zu einem sinnvollen Satz umzuordnen *(Umordnungsaufgabe)*. Die Worte werden in einer gemischten Anordnung dargeboten, die noch keinen sinnvollen Satz darstellt.

Saugreflex *(sucking)*. Saugen des Neugeborenen, sobald es die Brustwarze o. ä. zwischen den Lippen spürt. Der sog. *Saug-Schluck-Reflex (suckling)* bezeichnet den Gesamtablauf von Bewegungen beim Füttern eines Säuglings.

Säulendarstellung *(bar diagram)*. Eine Art der graphischen Darstellung von Häufigkeitsverteilungen. Über jedem Skalenpunkt (genau genommen über der Mitte des entsprechenden Skalenintervalls bei kontinuierlichen Skalen) wird eine Ordinate errichtet, deren Höhe der Häufigkeit entspricht, in der der Skalenwert in einer gegebenen Verteilung vorkommt. Grenzen die Säulen unmittelbar aneinander, so spricht man von einem *Histogramm.*

Scanner →*Tomographie.*

Sceno-Test →*Spieltherapie.*

Schädelindex *(cephalic index)*. Bezeichnung für ein in der *Anthropometrie* übliches Standardmaß, das aus dem Verhältnis von maximaler Breite und maximaler Länge des Schädels berechnet wird.

Schall *(sound, resonance)*. Schwingungen im Frequenzbereich von ca. 16 Hz bis 16 000 Hz, die *Geräusch-, Klang-* oder *Ton*-Empfindungen beim Menschen auslösen. Unterhalb 16 Hz Infra-, über 16 000 Hz Ultraschall. Die Ausbreitung erfolgt wellenförmig und entsteht durch geordnete Bewegungen der Moleküle in einem elastischen Medium, ausgelöst durch einen im Medium schwingenden Körper (z. B. Stimmgabel). Die *Schallgeschwindigkeit* ist in festen Medien größer als in weichen und beträgt in der Luft bei 20 Grad C 343 m/sec. In einem Schallereignis subsumierte Amplituden (Schalldruck) und Frequenzen lassen sich durch Darstellung in einem *Schallspektrum* analysieren.

→*Geräusch,*   →*Hören,*   →*Klang,*   →*Ohr,* →*Ton.*

Schallreize →*Hören.*

Schallschlüssel →*Lippenschlüssel.*

Schärfe *(acuity; sharpness)*. Meist im Zusammenhang mit der Sinneswahrnehmung gebrauchte Bezeichnung für das Wahrnehmen (z. B. Sehschärfe) von Reizen geringerer Intensität (oder geringer Abgehobenheit u. ä.), das von der jeweiligen Empfindlichkeit des betreffenden Sinnesorgans abhängig ist.

Scheideverfahren →*Assay.*

Scheinbewegung; phänomenale Bewegung; Bewegungstäuschung *(apparent motion/movement, phenomenal motion/movement)*. Bewegungseindrücke, die beim Anblick wechselnder Folgen von stationären Reizen entstehen und auf Eigenheiten der retinalen bzw. zentralnervösen Verarbeitung und/oder auf fehlgeleitete Interpretationsprozesse zurückgehen, nicht aber auf Fließmuster, wie sie bewegte Umweltreize in den Augen hinterlassen (→*Bewegungssehen*). Einzelne Sch. werden mit Buchstaben des griechischen Alphabets gekennzeichnet. (a) *Alpha-Phänomen (alpha motion/movement/phenomenon):* Vermeintliche Ausdehnungs- bzw. Schrumpfbewegungen einer Reizfigur, wenn diese hintereinander an derselben Stelle in unterschiedlichen Größen dargeboten wird. Aufgrund perspektivischer Erfahrungen wird eine Vergrößerung ggf. als Bewegung nach vorne, eine Verkleinerung als Bewegung nach hinten interpretiert. (b) *Beta-Phänomen (beta motion/movement/ phenomenon):* Vermeintliche Hin- und Herbewegung unter Hinterlassung einer Bewegungsspur beim Anblick zweier stationärer gleichartiger Reize, die intermittierend an unterschiedlichen Stellen des Gesichtsfelds aufleuchten. Wird in die Spur der vermeintlichen Hin- und Herbewegung ein andersartiger, größerer Reiz eingeblendet, so scheint die ansonsten geradlinige Bewegung ein bogenförmiges Ausweichmanöver zu machen *(Beugebewegung; bow motion/movement)*. Das →*Phi-Phänomen* ist mit allen anderen Erscheinungsformen des →*stroboskopischen Phänomens* ein Sonderfall des *Beta-Phänomens.* (c) *Delta-Phänomen (delta motion/movement/phenomenon):* Ein Reizobjekt, das mit variabler Helligkeit dargeboten wird, scheint sich bei Aufhellung nach vorn, bei Abdunkelung nach hinten zu bewegen. Je stärker der Kontrast, desto abrupter und rascher scheinen die Bewegungen abzulaufen. (d) *Epsilon-Phänomen (epsilon motion/movement/phenomenon):* Sprungartige Verlagerungen, wenn der Darbietung einer weißen Linie auf schwarzem Hintergrund eine schwarze Linie auf weißem Grund folgt, und vice versa. (e) *Gamma-Phänomen (gamma motion/ movement/phenomenon):* Dehnungs- und Schrumpfbewegungen einer Reizfigur, wenn diese mit größerer bzw. verminderter Helligkeit erscheinen (→*Abney-Effekt*). Komplexe Sonderfälle von Sch. sind neben dem *Phi-Phänomen* und *stroboskopischer Bewegung* die →*Autokinese,* die →*figurale Nachwirkung* und bewegte →*Nachbilder.*

Scheingröße, Erscheinungsgröße *(apparent size).* Von den physikalischen Reizgegebenheiten abweichender Wahrnehmungseindruck über die Größe von Gegenständen, hervorgerufen durch Kontextmerkmale, Erfahrungskorrekturen oder Einstellungen, z. B. geometrisch-optische *Täuschungen, Konstanzphänomene.*

Scheinleitwerte →*elektrodermale Aktivität.*

Schema, pl. **Schemas, Schemata,** auch **Schemen** *(scheme;* pl. *schemes).*

[1] Aus dem Griech. (schema = Anschein [haben], Figur, Haltung) stammende Bezeichnung für vereinfachte graphische Darstellungen *(diagram),* Muster *(pattern)* oder Entwürfe, welche die Umrisse einer bestimmten Erscheinungsform wiedergeben; als *Denk-* oder *Handlungs-Schema (cognitive pattern; thought pattern; action pattern; action scheme)* Charakteristik der Form eines Denk- oder Handlungsansatzes bzw. eines Vorsatzes oder Planes.

[2] In *Philosophie, Erkenntnistheorie* und *Wissenschaftstheorie* als *axiomatisches* oder *definitorisches S.* der Umriß von Verfahrens- und Definitionsmöglichkeiten in Abhebung von den tatsächlichen, konkreten und realisierbaren Vorgehensweisen.

[3] In der *vergleichenden Verhaltensforschung* als *Auslöseschema* oder *angeborenes auslösendes Schema* (→*Auslöser)* Bezeichnung für die ausgezeichneten Merkmale eines komplexen Reizes, der ein bestimmtes angeborenes Instinktverhalten auslöst. Dem Nachweis dienen Attrappenversuche. K. Lorenz bezeichnete die Merkmale kindlicher Gesichts- und Körperformen, die bei höheren Tieren und beim Menschen in spezifischer Weise Brutpflegeverhalten und emotionale Zuwendung auslösen, als *Kindchenschema.*

[4] Von FREDERIC BARTLETT eingeführte Bezeichnung für die durch Vereinfachungen gekennzeichnete Struktur von Gedächtnisinhalten.

[5] Als *kognitive Schemata (cognitive schemes)* relativ unspezifische Bezeichnung für *intervenierende Variablen* bzw. *hypothetische Konstrukte,* von denen man annimmt, sie bestimmten wie *Einstellungen* oder *Erwartungen* die Erlebnis- und Verhaltensorganisation mit. In diesem Sinne versteht man unter S. durch Erfahrung und/oder Prägung und/oder Reifung zustande gekommene latente Ordnungstendenzen, die bestimmte Aspekte anschaulicher oder vorgestellter Gegebenheiten gleichartig erscheinen lassen und so zur Gleichförmigkeit von Reaktionen beitragen (vgl. z. B. *Erwartung* oder *Kognitive Landkarte* bei TOLMAN).

[6] Bei PIAGET aus dem franz. schéma hergeleitete Bezeichnung für den operativen, d. h. handlungsbezogenen Aspekt des Denkens und der Intelligenz. Dem Saugen und Greifen des Kleinkindes entsprechen nach PIAGET z. B. *sensumotorische Schemas (sensorymotor schemes).* Bei komplexeren Verhaltensweisen, z. B. bei organisierten Denkoperationen, bezeichnen *kognitive Schemas* das dem Verhalten denkmöglicherweise zugrunde liegende Denk- und Planungsmuster. Für Piaget entwickelt sich die Intelligenz aus sensumotorischen Handlungen, die im Verlauf der Ontogenese zunehmend internalisiert werden, d. h. eine innere (schematische) Repräsentation erhalten. Typische Arten von Schemas liegen nach Piaget z. B. der Auffassung und dem Denken in räumlichen, zeitlichen, Geschwindigkeits- und Mengen-Kategorien zugrunde. Kognitive Schemas verändern und differenzieren sich durch *Akkommodation* bzw. *Assimilation.* Der funktionale Zusammenschluß von mehreren miteinander vereinbarten Schemas wird als →*Struktur* bezeichnet. Als *assimilierende Schemas* oder *Assimilationsschemas (assimilatory schemes)* werden in diesem Zusammenhang die Grundlagen von Handlungswiederholungen bezeichnet, die bei Kindern ohne von außen zugeführte *Verstärkung* ablaufen und zur Verhaltenskonsolidierung und -generalisierung beitragen.

LIT. FLAMMER (^{2}1996); LORENZ (1965); MILLER (1993); PIAGET (1947; 1973); TOLMAN (1951); TRAUTNER (^{2}1991).

Schichtenlehre

Schichtenlehre, Schichtentheorie. Bezeichnung für eine Reihe von philosophisch-anthropologischen Theorien bzw. Erklärungssystemen der Psychologie, die von der Hilfsvorstellung des schichtenweisen Aufbaus der verschiedenen Funktionen bzw. vom Bild der Überlagerung der Schichten ausgehen. In den »tieferen Schichten« werden meist die stammesgeschichtlich älteren bzw. biologischen Funktionen des Antriebs bzw. Gefühlslebens lokalisiert, in den »höheren« die bewußten Vorgänge bzw. die Steuerungs- und Orientierungsvorgänge (z. B. das *Über-Ich*).

Schichtröntgen →*Tomographie.*

Schichtung →*Entwicklungstheorien.*

schiefwinklig *(oblique).* Bezeichnung für eine Linie oder Ebene, die auf eine andere mit einem von 90° abweichenden Winkel auftrifft, z. B. werden *Faktorenachsen,* die nicht rechtwinklig angeordnet sind, als oblique Achsen bzw. als *oblique Faktoren* bezeichnet.

Schilddrüse →*Thyreoidea.*

schizoaffektive Störung →*Psychotische Störung.*

schizoide Persönlichkeit *(schizoid personality).* Klinisch-psychiatrische allgemeine und umfassende Bezeichnung für ein Verhalten, das sich (a) durch einen Zerfall der emotionalen und intellektuellen Aspekte charakterisieren läßt, den der Betroffene nicht wahrnehmen und kontrollieren kann, und/oder für ein Verhalten und Erleben, das (b) knapp an der Grenze oder am Übergang zur →*Schizophrenie* (Syn. →*Schizothymie*) liegt.

Schizophrenie *(schizophrenia, schizophrenic disorder).*
[1] Von Bleuler (1911) eingeführte zusammenfassende Bezeichnung für eine Gruppe endogener →*Psychosen* (den »Schizophrenien«), deren Grundsymptome auf ein Nichtzusammenpassen, auf eine »Spaltung« des Denkens und Handelns hindeuten (letzteres entspricht dem Wortsinn des aus dem Griechischen hergeleiteten Begriffs, der in älteren Quellen als »Spaltungsirresein« rückübersetzt wurde). Störungen aus dem Formenkreis der S. äußern sich nach Bleuler u. a. in schwerwiegenden Beeinträchtigungen des Denkens einschließlich der Sprache, z. B. übertriebenes Symboldenken, Begriffskontaminationen, Zerfahrenheit, Konzentrationsstörungen *(primäre Symptome),* in Beziehungs- und Verfolgungsideen (→*Wahn*), vorwiegend akustischen →*Halluzinationen,* zeitweiligen Verstimmungen, Ängsten oder inadäquaten →*Affekten (sekundäre Symptome),* bei *akuten* Formen meist ohne nachfolgende (mit *geistiger Behinderung* bzw. *Demenz* vergleichbare) intellektuelle Beeinträchtigungen, bei chronischen gelegentlich mit Anzeichen herabgesetzter intellektueller Leistungsfähigkeit in umschriebenen Bereichen und affektiven Veränderungen *(schizophrener Defekt, Defizienz).* S. entwickelt sich oftmals in einem durch Schübe gekennzeichneten Verlauf (mit Remissionen in den Zwischenphasen), in dem Affektveränderungen, Veränderungen des Selbstgefühls und der Sichtweise bestimmter Umweltgegebenheiten immer deutlicher hervortreten. Akute Formen werden hinsichtlich der Wiederherstellung günstiger beurteilt als chronische, in Schüben verlaufende. Nach Kraepelin unterscheidet die klassische Psychiatrie die (ggf. bei demselben Patienten hintereinander auftretenden) Formen der (a) →*Hebephrenie,* (b) →*Katatonie* und (c) *paranoiden Schizophrenie.*

[2] DSM-IV: Klasse von Störungen, die (im Unterschied zu den Annahmen BLEULERS) keine Grund- oder Leitsymptome oder bestimmte deutliche Störungsbilder (z. B. bizarrer Wahn oder akustische Halluzinationen) aufweisen müssen, jedoch immer mit charakteristischen Beeinträchtigungen in mehreren der Bereiche inhaltliches bzw. formales Denken, Wahrnehmung, Affekt, Psychomotorik, Selbstgefühl (Ichbewußtsein), Wille und/oder Beziehung zur Umwelt einhergehen. Dabei tritt keines dieser Merkmale immer oder ausschließlich nur bei S. auf, was die Differentialdiagnose insbesondere im Hinblick auf affektive Störungen (schizoaffektive Störung) und Depression (Major Depression) außerordentlich erschwert. Hilfreich ist vor allem die Unterscheidung zwischen Positivsymptomatik (Übermaß oder Verzerrungen der normalen Funktionen, z. B. Wahn, Halluzinationen) und Negativsymptomatik (Verminderung oder Verlust der normalen Funktionen, z. B. Affektverflachung, Apathie, Affektlosigkeit, Anhedonie, Alogie, Aufmerksamkeitsbeeinträchtigungen). Entscheidend ist, daß zwei der folgenden Symptome (bei Unbehandelten) einen Monat lang durchgehend vorhanden sind: →*Wahn,* →*Halluzinationen, desorganisierte Sprache* (z. B. Entgleisungen, Zusammenhanglosigkeit) und/oder *Negativsymptomatik.*

Schizophrenie

Die Störung muß ferner insgesamt mindestens 6 Monate bestehen, einen Monat lang mit den genannten Symptomen, nachher mit *Negativsymptomatik* oder mit mindestens zwei der o. g. Symptome in abgeschwächter Form. Ferner muß die Abgrenzung von *schizoaktiven* und *affektiven Störungen* klar erkennbar und eine Verursachung durch Substanzen oder körperliche Veränderungen ausgeschlossen sein. Für die zusätzliche Diagnose einer →*autistischen* oder *schwerwiegenden (pervasiven)* →*Entwicklungsstörung* müssen Wahn und Halluzinationen im kritischen einmonatigen Bereich vorherrschen. Neben unterschiedlichen Verlaufsformen (z. B. akut vs. chronisch; mit oder ohne Remissionsepisoden usw.) erlauben die jeweils dominanten Symptome die Unterscheidung folgender Typen von S.: (a) *Desorganisierter Typ (disorganized type):* Sprach- und Verhaltensdesorganisation treten zusammen mit flachen oder unangemessenen Affekten auf; die Kriterien des Katatonen Typus werden nicht erfüllt; (b) *Katatoner Typ (catatonic type):* ausgeprägte psychomotorische Störungen zusammen mit mindestens zwei der folgenden Symptome: motorische Immobilität (ähnlich *Katalepsie* oder *Stupor),* exzessive motorische Aktivität, extremer Negativismus oder *Mutismus,* eigentümliche Bewegungen (Posieren, Stereotypien, Manierismen, Grimassen schneiden) und/oder Echolalie bzw. Echopraxie; (c) *Paranoider Typ (paranoid type):* ein oder mehrere Wahnsysteme, akustische Halluzinationen; (d) *Undifferenzierter Typ (indifferentiated type):* Es treten mindestens zwei Symptome aus den unter (a), (b) (c) genannten auf, so daß eine eindeutige Zuordnung zu anderen Typen nicht möglich ist; (d) *Residualer Typ (residual type):* Evidenz des Vorliegens einer Störung durch Negativsymptomatik und zwei oder mehrere Symptome in abgeschwächter Form, es fehlen dagegen momentaner Wahn, Halluzinationen, desorganisierte Sprache und katatones bzw. desorganisiertes Verhalten.
[3] (a) *Epidemiologie:* Von S. sind etwa 0,2 bis 2% der Bevölkerung betroffen; S. tritt bei Männern und Frauen gleich häufig auf, mit größter Gesamthäufigkeit zwischen 16 und Mitte 30 Jahren. (b) Die *Ursachen* der S. waren und sind bis heute Gegenstand kontroverser Debatten. Vermutet werden vererbte Dispositionen, somatische Faktoren wie z. B.

Autoimmunstörungen, Stoffwechsel- und Körperenzymstörungen oder hormonelle Störungen. Zu den diskutierten psychischen Faktoren zählen traumatische Einflüsse aus der frühen Kindheit, durch *Abwehrmechanismen* fehlregulierte Ichschwächen, soziale (nicht notwendigerweise schichtspezifische) Faktoren wie z. B. gestörte Familienbeziehungen oder Einflüsse des elterlichen Verhaltens durch sog. *»double-binding«,* d. h. mangelnde Übereinstimmung zwischen einzelnen Kommunikationsinhalten und Handlungsweisen der Erziehungspersonen (z. B. die freundliche Aufforderung zu kommen, gefolgt von Schimpfkanonaden oder körperlicher Züchtigung). Die prämorbide Persönlichkeit weist oftmals Züge von Mißtrauen, Introversion, Zurückhaltung, Exzentrizität, Impulsivität in gewisser Nähe zu paranoiden, schizoiden oder mit dem Borderline-Syndrom verwandten Charakteristika auf. Ein Vorherrschen der Positivsymptomatik erlaubt ein eher günstige, das Vorherrschen der Negativsymptomatik dagegen eine eher ungünstige Prognose für die Wiederherstellung durch Intervention. Die Prognosen sind ferner u. a. bei Frauen insgesamt günstiger als bei Männern; gute Anpassung vor der Erkrankung, akuter Beginn, höheres Alter bei Beginn, kurze Symptomdauer in der aktiven Phase, zwischen Episoden keine nachhaltigen Beeinträchtigungen, minimale Residualsymptome, Fehlen struktureller Hirnanomalien und anderer neurologischer Befunde und keine Schizophrenie in der Familie zählen zu den weiteren positiven prognostischen Faktoren. (c) *Therapie:* Akute psychotische Episoden werden in der Klinik behandelt, während spätere Rückfälle in der Regel mit Hilfe gezielter psychologischer Intervention und psychosozialer Maßnahmen im privaten Milieu, gestützt auf die verständnisvolle Hilfe von Angehörigen, ohne Klinikaufenthalt behandelt werden können. Während ursprünglich die S. vorwiegend medikamentös behandelt wurde (z. B. mit Phenotiazinen und Neuroleptika zur Dämpfung der Übererregbarkeit im akuten Zustand; durch Gaben von Trifluperazin, Butyrilperazin bei Gleichgültigkeitssymptomen und bei katatonen Formen; die meisten von ihnen mit erheblichen Nebenwirkungen verbunden), verweisen neuere Untersuchungen auf den Erfolg einer Kombination feindosierter medikamentöser Behandlungen

387

schizophreniforme Störung

mit psychosozialen Maßnahmen. Zu letzteren zählen die Schaffung eines möglichst entspannten, übersichtlichen und reizarmen Behandlungsmilieus mit konstanten Bezugspersonen, eindeutige Kommunikation mit dem Patienten und seinen Angehörigen über Behandlungsziele und Prognosen, Aufbau realistischer, positiver Zukunftserwartungen und systematisches Training sozialer Fertigkeiten. Eine von LAING und COOPER 1960 in den USA (Kingsley Hall) begründete Bewegung, die sog. *Antipsychiatrie (antipsychiatry),* geht von der These aus, S. sei eine Reaktion auf die Versuche der Gesellschaft und Familie, das Individuum zu beherrschen bzw. zu unterdrücken. Behandlungen Schizophrener seien daher weder möglich noch notwendig; man müsse ihnen nur die Gelegenheit geben, ihre »Reise durch den Wahnsinn« ungestört zu unternehmen.

LIT. BLEULER (1911); BÖKER, BRENNER (1986); GLATZEL (1975); HÄFNER, GATTAZ, JANZARIK (1987); REY, THURM (1990); SÜLLWOLD (1977); WATZL, COHEN (1991).

schizophreniforme Störung →*Psychotische Störung.*

Schizothymie *(schizothymia),* Adj. *schizothym (schizothymic). Klinische Psychologie, Psychiatrie:* Neigung zu Erlebnis- und Verhaltensweisen mit den Kennzeichen überspitzter Feinsinnigkeit, Versunkenheit in eigene Gedanken- und Ideengebäude und Abgrenzung der eigenen Erlebniswelt gegenüber Einflüssen von außen, wie man sie in ausgeprägterer und komplexerer Art bei Störungen aus dem Formenkreis der →*Schizophrenie* findet. Der Begriff wurde von KRETSCHMER geprägt, der S. mit dem *leptosomen* Habitus in Verbindung brachte. Gegensatz: →*Zyklothymie.*

schizotypische Persönlichkeitsstörung →*Persönlichkeitsstörung.*

Schlaf *(sleep).* Im circadianen Rhythmus (→*Biorhythmus)* periodisch wiederkehrender Zustand, der sich vom Wachsein durch relative motorische Ruhe, herabgesetzte sensorische Reaktivität sowie durch den Wegfall bewußter Erfahrungen im aktuellen Selbst- und Umweltbezug bei gleichzeitigem Auftreten von Traumerlebnissen unterscheidet. Träume zeigen an, daß der Bewußtseinszustand im S. nicht mit Bewußtlosigkeit gleichgesetzt werden kann. Die Weckbarkeit Schlafender durch

relevante Reize gemeinsam mit der relativ raschen Wiedererlangung der Reaktions- und Aktionsfähigkeit weisen darauf hin, daß S. keine generelle Desaktivierung bedeutet. S. wird daher auch als ein aktiver Erholungszustand des Vegetativums bezeichnet. Die Ergebnisse der physiologischen und psychophysiologischen *Schlafforschung (sleep research)* oder *Hypnologie (hypnology)* zeigen, daß im S. mehrere Male eine Phasenfolge charakteristischer Aktivierungsmuster auftritt. Anhand typischer, im Vergleich zum ruhigen Wachsein auftretender Aktivierungsveränderungen lassen sich mehrere *Schlafphasen* oder *-stadien (sleep phases, sleep stages)* unterscheiden. Die *NREM-Phasen (no rapid eye movements)* und die *REM-Phasen (rapid eye movements)* sind durch das Fehlen bzw. Vorherrschen rascher Augenbewegungen charakterisiert. Die *NREM-1* oder *Einschlafphase* zeigt sich in einer Abnahme von Alphawellen und dem Hervortreten sog. scharfer Vertexwellen im *EEG,* in gelegentlichen langsamen Augenbewegungen, schwachem bis mittlerem Muskeltonus, vereinzelt auftretenden nicht zielgerichteten Bewegungen, sog. *Bewegungsartefakten (movement artifacts)* bei erhaltenen Reflexen, und in mit Tagträumen vergleichbaren kurzen *hypnagogen Zuständen,* sog. *Mikroträumen (microdreams).* In der *NREM-2,* der ersten Schlafphase im engeren Sinn, treten im *EEG* spindelförmige sowie dichte feinschlägige Wellenkomplexe auf, dazwischen Beta- und vereinzelt langsamere Wellen; Augenbewegungen und Bewegungsartefakte fehlen, der Muskeltonus ist mittelstark, Reflexe sind erhalten. Mit der *NREM-3* setzt der sog. *Tiefschlaf* ein; in 20–50% der Zeit treten Deltawellen im EEG auf, Augenbewegungen und Bewegungsartefakte fehlen, der Muskeltonus bleibt im Mittelfeld, Reflexe sind erhalten; allerdings treten bei exterozeptiven Reflexen, die sich im Verlauf der Ontogenese ändern, gelegentlich anstelle der ontogenetisch späteren die frühen Formen auf (z. B. bei Fußsohlenberührung anstelle des *Plantar-Reflexes* der →*Babinski-Reflex).* In der *NREM-4,* der zweiten *Tiefschlafphase,* zeigen sich im EEG während 50–100% der Zeit Deltawellen mit auffällig großen Amplituden, keine oder nur vereinzelte Augenbewegungen, ein im Vergleich zu NREM-2 und NREM-3 eher niedriger Muskeltonus; Bewegungsartefakte fehlen, die

388

Schlafstörung

exterozeptiven Reflexe sind herabgesetzt, ontogenetisch frühe Reflexarten treten nun regelmäßig anstelle der späteren auf (Babinski- anstelle des Plantar-Reflexes). NREM-3 und NREM-4 werden wegen des Vorherrschens langsamer Wellen im EEG auch als *SWS (slow wave sleep)* bezeichnet. Das sog. *Schlafwandeln (somnambulism)*, eine relativ seltene *Schlafstörung*, setzt meistens bei NREM-3 oder NREM-4 ein; dies deutet auf die relativ hohe motorische Funktionsbereitschaft auch in den sog. Tiefschlafphasen hin. Die *REM-Phase* ist durch dichte Folgen rascher Augenbewegungen gekennzeichnet; im EEG zeigen sich im Betamuster Alpha- und Thetawellen sowie zackenförmige Wellen; der Muskeltonus sinkt gegen Null, gelegentlich treten Zuckungen auf, exterozeptive Reflexe bleiben aus. In der REM-Phase treten im Unterschied zu den NREM-Phasen Muster der zentralnervösen Aktivierung auf, die man auch im Wachzustand vorfindet; daher bezeichnet man die REM-Phase auch als *paradoxen Schlaf (paradoxical sleep)*. Während in den NREM-Phasen die Bereitschaft zu motorischen Reaktionen fortbesteht, kommt es in der REM-Phase zu einer Art Abkopplung bzw. Hemmung der Motorik, deren Konsequenzen auch Reflexe betreffen. *Traumerlebnisse* werden am häufigsten im Anschluß an REM-Phasen berichtet, nach NREM-Phasen dagegen äußerst selten; dafür treten in NREM-Phasen manchmal mit Gedankensplittern vergleichbare kurze Denkerlebnisse auf. Während des S. kommt es zu einer Reihe vegetativer Veränderungen (z. B. Verlangsamung der Herztätigkeit und Atmung, Sinken der Körpertemperatur). Die mittlere *Schlafdauer* des Menschen liegt bei ca. acht Stunden; sie weist inter- und intraindividuelle Variationen auf, ist bei älteren Menschen meistens etwas kürzer als bei jüngeren und kann für einige Zeit durch Schlafverkürzung an besondere Erfordernisse angepaßt werden. Während des ungestörten Nachtschlafs werden die o. g. Phasen in ungefähr neunzigminütigen Durchgängen bis zu fünfmal durchlaufen. Im ersten und zweiten Durchgang sind alle Phasen in der o. g. Reihenfolge vertreten, in den folgenden drei dagegen setzt auf die REM-Phase des vorangehenden Durchgangs – oftmals nach kurzem, sog. »abortivem« Erwachen – eine verkürzte Phasenfolge ein, die immer in REM ausklingt, in deren Verlauf aber die vorangehenden sog. Tiefschlaf-Phasen mit ihren charakteristischen langsamen Wellenmustern im EEG fortfallen, zunächst NREM-4, dann auch NREM-3. Untersuchungen des S. nach *Schlafentzug (sleep deprivation)* zeigen, daß insbesondere NREM-3- und NREM-4-, aber auch REM-Phasen in der Erholungsphase häufiger und länger auftreten als unter normalen Schlafbedingungen; der Erholungswert des S. ist offenbar von den Phasen mit langsamer EEG-Aktivität abhängig. Auslöser des Schlafbedürfnisses mit seinen charakteristischen subjektiven Anzeichen der Ermüdung sind neben der Kenntnis der Uhrzeit äußere (z. B. Einbruch der Dunkelheit) und innere *Zeitgeber* (z. B. die Abläufe neurohumoraler Regulationsprozesse im Rahmen des circadianen Rhythmus) sowie eine während des aktiven Wachseins oder Schlafentzugs zunehmende Konzentration von *Hypnotoxin* und anderen Peptiden in Blut, Liquor bzw. Gehirngewebe. Unter Bedingungen wie Schichtarbeit oder Wechsel in andere Zeitzonen paßt sich der Schlaf-Wachrhythmus den neuen Gegebenheiten nach relativ kurzer Übergangszeit an. Die Steuerung des S. erfolgt durch Signale aus den sog. S.-Zentren, einem komplexen Verbund von Stammhirn-, Zwischenhirn- und kortikalen Bereichen des Zentral-Nerven-Systems. Für die Auslösung des S. ist die Produktion von →*Melatonin* von entscheidender Bedeutung.

→*Aktivation,* →*Biorhythmus,* →*Elektroencephalogramm,* →*Melatonin,* →*Schlafstörung.*

LIT: AJOLORE u. a. (1995); CÔTÉ, OGILVIE (1994); DEMENT, KLEITMAN (1957); FAHRENBERG, MYRTEK (1996); FOULKES (1969); HOBSON (1990); KOELLA (1988); RECHTSCHAFFEN, KALES (1968); TART (1969).

Schlafphasen →*Schlaf.*

Schlafstörung *(sleep disorder).* Beeinträchtigungen des Schlafverhaltens bzw. während des Schlafes auftretende, von der Norm abweichende Ereignisse. DSM–IV bietet folgende, auf einer Vereinfachung des Diagnosesystems für S. von COLEMAN u. a. beruhende Klassifikation an. Alle Störungen sind neben zeitlichen Merkmalen an die zentralen Kriterien der Verursachung von Leidensdruck oder Beeinträchtigung im sozialen bzw. beruflichen Bereich gebunden.

[1] *Arten und Formen:* (A) *Primäre Schlafstörungen (Dyssomnien* und *Parasomnien)* zeich-

389

Schlafstörung

nen sich durch endogene Normabweichungen des Schlaf-Wach-Rhythmus aus, sofern diese nicht durch Drogen oder Medikamente verursacht sind. (a) *Dyssomnien (dyssomnias)* sind Abweichungen der Menge, Qualität und Tageszeit des Schlafs. *(a1) Primäre Insomnie (primary insomnia),* Syn.: *Agrypnie (agrypnia),* liegt vor, wenn Einschlaf- und Durchschlafschwierigkeiten ohne Vorliegen anderer Störungen oder Substanzeffekten mindestens einen Monat lang anhalten. *(a2) Primäre Hypersomnie (primary hypesomnia)* äußert sich in mindestens einmonatiger anhaltender exzessiver Schläfrigkeit; *(a3) Narkolepsie* in mindestens drei Monate anhaltenden unkontrollierbaren Schlafattacken, die zusammen mit mindestens zwei der folgenden Symptome auftreten: kurzzeitige beidseitige Verluste des Muskeltonus, begleitet von intensiver emotionaler Erregung; wiederkehrende Elemente des REM-Schlafs im Übergang von Schlaf und Wachheit, am Anfang oder Ende der Schlafperiode auftretende hypnagoge Halluzinationen oder Schlafparalysen; Ausschluß von Substanzeffekten oder sonstigen körperlichen Zustandsänderungen; (a4) *Atembezogene Schlafstörungen aus der Gruppe der Dyssomnien* liegen vor, wenn der Schlaf durch zentralnervös bedingten kurzzeitigen Atemstillstand *(obstruktives Schlaf-Apnoe-Syndrom)* oder *Hyperventilation* (heftiges, schnelles Atmen) wiederholt unterbrochen wird und dies zu exzessiver Schlaflosigkeit oder Insomnie führt. (a5) *Circadiane Rhythmusstöurngen (circadian rhythm sleep disorders),* früher auch als *Schlaf-Wach-Störungen (sleep wake schedule disorders)* bezeichnet, stellen sich in Form von wiederkehrenden Mustern von Schlafunterbrechungen ein, die zu exzessiver Schlaflosigkeit oder Insomnie führen können; sie beruhen meist auf mangelnder Übereinstimmung zwischen dem *circadianen Rhythmus* der Betroffenen mit den Umgebungsbedingungen (z. B. bei Jet-lag oder Schichtarbeit). (a6) *Nicht näher bezeichnete Dyssomnien* bilden die Restkategorie für Fälle, welche die o. g. spezifischen Kriterien nicht erfüllen. (b) *Parasomnie (parasomnia)* ist der Sammelname für Beeinträchtigungen des Schlafverhaltens, die im Zusammenhang mit spezifischen Schlafstufen oder im Übergang zwischen Schlaf und Wachheit auftreten. Zu ihnen zählen (b1) *Alptraumstörungen (nightmare disor-*

ders), d. h. durch Angstträume, die von Lebensgefahren, Sicherheits- oder Selbstwertbedrohungen handeln, bedingtes wiederholtes Erwachen; (b2) *Schlaf-Schreck Störungen,* d. h. nächtliches Aufschrecken *(pavor nocturnus)* im ersten Drittel der Schlafperiode, verbunden mit intensiven Erregungszuständen, Herzjagen, Atembeschleunigung und starkem Schwitzen, ohne sich nach dem Erwachen an einen erschreckenden Trauminhalt o. ä. erinnern zu können; (b3) *Schlafwandeln (somnambulism),* d. h. meist im ersten Drittel einer Schlafperiode wiederkehrende Episoden des Aufstehens und Herumlaufens mit starrem ausdruckslosen Gesicht; die Betroffenen sind unansprechbar und können nur sehr schwer aufgeweckt werden; nach dem Erwachen fehlt jede Erinnerung an die Episoden, ansonsten besteht volle Funktionsbereitschaft; die Kategorie (b4) *nicht näher bezeichnete P.* ist für Fälle mit unspezifischer Symptomatik vorgesehen. (B) *Schlafstörungen bezogen auf andere Psychische Störungen:* Hierzu zählen *(a) Insomnien,* d. h. mindestens einen Monat anhaltende, auffällige, beeinträchtigende Einschlaf- und Durchschlafstörungen, die in Verbindung mit anderen Störungen (Achsen 1 und 2 des DSM) auftreten und (b) *Hypersomnien,* d. h. beeinträchtigende Schläfrigkeit bzw. verlängertes Schlafverhalten, ebenfalls in Verbindung mit den o. g. Störungssymtomen. (a) und (b) werden jeweils mit dem Zusatz »bezogen auf andere Psychische Störungen« versehen. Eine Restkategorie umfaßt (c) andere Schlafstörungen mit indifferenter Symptomatik unter Ausschluß solcher, die auf Substanzwirkungen beruhen. (C) *Schlafstörungen durch körperlichen Zustand* liegen vor, wenn beeinträchtigende, klinisch auffällige Symptome vom Typus *Insomnie, Hypersomnie, Parasomnie* oder Mischungen aus ihnen als Folgen eines Körperzustands auftreten. (D) *Substanzinduzierte Schlafstörungen* zeigen sich während oder innerhalb eines Monats nach Substanz-Intoxikationen, Eintritt einer Substanzabhängigkeit oder Medikamenteinnahmen. Sie werden je nach überwiegendem Typus (s. o.) zusätzlich in bezug auf den Zeitpunkt ihres Einsetzens (unmittelbar nach Einnahme, während des Entzugs u. a.) differenziert.
[2] *Diagnose und Therapie:*
Insomnien, Hypersomnien, Angstträume und *Pavor nocturnus* sind oftmals Symptome an-

derer psychischer Störungen, insbesondere von →*Angststörungen* und →*Depressionen,* oder von organischen Störungen (z. B. Atemstörungen). Für die Beurteilung von S. und ihre Therapie ist daher eine umfassende Diagnostik erforderlich. Neben der medikamentösen Behandlung bewähren sich in vielen Fällen *Entspannungsverfahren (→Verhaltenstherapie),* bes. ein von Bootzin entwickeltes, auf Selbstinstruktion bauendes Verfahren der Stimulus- und Bettzeitkontrolle sowie Verfahren der kognitiven →*Verhaltensmodifikationen* sowie psychoanalytische Verfahren.
→*Psychotherapie.*
LIT. BOOTZIN (1980); BORBÉLY (1986); COLEMAN u. a. (1982); ROFFWARG (1979); SCHINDLER (1990); STRAUCH (1990 a; 1990 b; 1991).

Schlafzentrum *(sleep center).* Teil des Hypothalamus, bei dessen elektrischer Reizung oder entsprechendem chirurgischen Eingriff ein Versuchstier in Schlaf verfällt.

Schläge, elektrische →*Schock.*

Schleusen-Kontroll-Theorie →*Schmerz.*

Schließmuskel →*Sphinkter.*

Schlüsselreiz →*Auslöser.*

Schlußfolgern, schlußfolgerndes Denken *(reasoning, inference).*
[1] *Logik:* Zusammenfassende Bezeichnung für Denkoperationen, welche aus gegebenen Voraussetzungen (Prämissen) Folgerungen (Konklusionen) nach bestimmten Regeln (Syllogismus) herleiten *(syllogistic reasoning).* Als *Inferenz* werden Schlußfolgerungen bezeichnet, die aus bereits vollzogenen Schlußfolgerungen (Urteilen) hergeleitet sind. Die typische Form von Schlußfolgerungen sind Wenn-Dann-Sätze. *Statistische Inferenz* oder *Inferenzstatistik (statistical inference; inferential statistics)* nennt man die Gesamtheit von Verfahren, welche aus Kennwerten von Stichprobenerhebungen (z. B. Mittelwert, Standardabweichung) Parameterschätzungen herleiten, um auf deren Grundlage statistische Entscheidungsmodelle anzuwenden.
[2] In der *Denkpsychologie* allgemeine Bezeichnung für das Lösen von Problemen aufgrund eines erkannten oder vorher bekanntgegebenen Prinzips. Aufgaben des schlußfolgernden Denkens in *Intelligenztests* geben in Worten oder Symbolen eine Auswahl möglicher Lösungen vor, aus denen diejenige herauszufinden ist, welche dem vorher bekanntgegebenen Lösungsprinzip entspricht, oder sie bedienen sich eingekleideter Aufgaben, welche durch Anwendung eines Prinzips zu lösen sind *(reasoning test; verbal reasoning; algebraic reasoning; mathematical reasoning).*

Schmecken →*Geschmackssinn.*

Schmerz *(pain).* Komplexe Empfindung, die in der Regel durch Gewebeschädigungen (z. B. Entzündung, Verletzung) oder Gewebeveränderung (z. B. Druck, sehr intensive Sinnesreize, Gefäßkrämpfe) ausgelöst wird. Von *lokalisiertem* Sch. spricht man dann, wenn die Sch.-Empfindungen mit dem Ort des Sch.-Reizes übereinstimmen. Sch.-Empfindungen lassen sich darüber hinaus nach ihrer (subjektiven) Intensität und (subjektiven) Qualität differenzieren. In der Diagnostik des Sch. lassen sich innerhalb bestimmter Grenzen aus den qualitativen Hinweisen des Patienten Rückschlüsse auf die Art der schmerzauslösenden Veränderungen ziehen, so z. B. brennender Sch. bei Wunden, pochender Sch. bei Entzündungen, schneidender Sch. bei Krämpfen, ziehender Sch. bei rheumatischen Erkrankungen etc. Das *Schmerz-Erleben* korrespondiert jedoch weder hinsichtlich der Lokalisierungsmöglichkeiten noch hinsichtlich seiner Intensität und Qualität durchgängig mit der Sch.-Ursache. So kommt es z. B. bei der Blinddarmentzündung zu Schmerzirradiation in der gesamten vorderen und hinteren Unterleibsregion, beim sog. Cervikalsyndrom (Bandscheibenschaden) zu Kopfschmerzen, bei Neuralgien zu weitreichenden Irradiationen; die von Descartes eingeführte *Spezifitätshypothese* kann daher nicht allgemein gelten. Einen besonderen Fall repräsentieren sog. *Phantomschmerzen (phantom sensations, phantom limb sensations; phantom pain),* d. h. die Lokalisierung des Sch. oder anderer Empfindungen in einer nicht mehr vorhandenen, weil amputierten Gliedmaße; dies unterstreicht die Bedeutung psychosomatischer Betrachtungsweisen. Für die *psychologische Schmerz-Forschung* sind zwei weitere Faktoren maßgeblich: (a) Menschen unterscheiden sich erheblich hinsichtlich ihrer *Sch.-Anfälligkeit (pain proneness),* der *Sch.-Empfindlichkeit (pain sensitivity)* und dem Verhältnis zwischen Sch.-Ursache und den berichteten Sch.-Empfindungen. (b) Auf die starke Situationsbezogenheit verweist der Um-

Schmerzsinn

stand, daß Schmerzen ggf. vorübergehend nicht registriert werden, wenn eine Ablenkung nachhaltiger Art erfolgt oder wenn der Sch. mit anderen Vermeidungssituationen konkurriert. Hierzu gehört das berühmte Phänomen, im Wartezimmer des Zahnarztes »keine« Zahnschmerzen zu verspüren. Daher betrachtet der Psychologe Sch. unter mindestens drei verschiedenen Gesichtspunkten: (1) sensorische Faktoren, (2) affektiv-emotionale Faktoren und (3) kognitive Faktoren. Die kognitiven Faktoren spielen sowohl bei der Sch.-Beurteilung durch den Betroffenen als auch bei den psychosomatischen Schmerzursachen eine entscheidende Rolle. Für die Prinzipien der *Schmerz-Kontrolle* stehen bisher keine eindeutigen Erklärungen zur Verfügung. Aus psychophysiologischer Sicht hat die von MELZACK und WALL formulierte *Schleusen-Kontroll-Theorie (gate-control theory of pain)* den größten Erklärungswert. Es wird ein *Modulationsmechanismus* im Rückenmark angenommen, der aufgrund der afferenten Impulse und absteigender Erregung aus dem ZNS die Auslösung von Sch. kontrolliert (→*Schmerzsinn*). Die heute weitgehend interdisziplinäre Sch.-Forschung integriert die Ergebnisse der *Anästhesiologie, Pharmakologie* und der experimentellen psychophysiologischen Sch.-Analyse.

LIT. MELZACK (1973); MELZACK, WALL (1965); WEISENBERG (1977).

Schmerzsinn *(pain sense).* Die Gesamtheit aller in den verschiedenen Körperregionen vorhandenen freien Nervenendigungen, die man z.B. in der Haut als sog. *Schmerzpunkte* lokalisieren kann, sowie die Weiterleitung der Schmerzempfindungen auslösenden Erregungen einschl. ihrer zentralen Verarbeitung und die physiologischen Begleiterscheinungen der schmerzinduzierenden Erregungen. Im engeren Sinne ist diese Bezeichnung irreführend, denn (a) freie Nervenendigungen haben auch die Funktion von Rezeptoren unabhängig von Schmerz (z.B. Druck), (b) die Weiterleitung ist nach der synaptischen Verschaltung afferenter Impulse aus verschieden dicken Fasern (A-beta, A-delta und C) im Rückenmark nur hinsichtlich des spinothalamischen Traktes spezifisch, ansonsten weitgehend unspezifisch; (c) die physiologischen Begleiterscheinungen sind ebenfalls unspezifisch und entsprechen weitgehend denjenigen von Flucht- und Vermeidungsverhalten.

Schock *(shock).*

[1] (a) Globaler Kreislaufzusammenbruch, *Kollaps* (veraltet). Reaktion auf massive traumatische Noxen, z.B. schwere Verbrennungen, Verletzungen mit hohem Blutverlust, Embolien, Hirnblutungen, Verletzungen des Rückenmarks, drastische Über- oder Unterfunktionen des chemischen Körperhaushalts, z.B. Insulinschock bei Überschuß und Koma bei Insulinmangel (→*Diabetes*). Ausgelöste Reflexe bzw. *neurogene* Prozesse greifen über Vagus-Parasympathikus-Funktionen störend in das Gleichgewicht zwischen Herzleistung *(Herzzeitvolumen)* und Körperdurchblutung ein, so daß akute Versorgungsmängel in Gehirn, inneren Organen und peripheren Körpersystemen auftreten, die von Beeinträchtigungen des Wasser-, Zucker- und Mineralhaushalts gefolgt sind. Kennzeichend für einen Sch. sind neben vegetativen Symptomen (z.B. Herz- und Pulsjagen, Schweißausbrüche, Übelkeit, Inkontinenz) Bewußtseinsverlust oder -trübung, kurzzeitiges Aussetzen von lebenswichtigen Körperfunktionen (z.B. Atmung, Puls) sowie Orientierungs- und/oder Gedächtnisbeeinträchtigungen. (b) Auslöser eines *psychischen Sch. (emotional shock)* sind plötzlich eintretende, intensive, überwältigende, d.h. sich jeder Kontrolle entziehende Erlebnisse wie Naturkatastrophen, akut lebensoder existenzbedrohliche Ereignisse oder Wahrnehmungen, deren Inhalt tiefgehendes Entsetzen und Erschrecken auslöst. Das Erscheinungsbild des *psychischen Sch.* trägt ebenfalls die Merkmale einer drastischen vegetativen Gleichgewichtsstörung mit Symptomen wie Schweißausbrüche, Erbrechen, Bauchschmerzen, Durchfall, Atem-, Herz- und Kreislaufstörungen sowie Gedächtnis- und Bewußtseinbeeinträchtigungen. Der *psychische Sch.* ist intensiver und nachhaltiger als eine →*Schreckreaktion* und unterscheidet sich sowohl in seinen Ursachen als auch Wirkungen von →*Streß*-Reaktionen oder den Folgen eines psychischen →*Traumas*.

[2] Die *Schockphase* ist nach SELYE der erste Teil der Alarmreaktion in Abwehr von Stressoren . →*Allgemeines Adaptations-Syndrom*; →*Streß*.

[3] Unter *Schocktherapie (shock therapy)* versteht man jede kurative Verwendung von kör-

pereigenen oder körperfremden Substanzen (z. B. Amphetamin; Insulin) oder Prozeduren, um bei Patienten mit schweren *psychischen Störungen* Schockzustände auszulösen, von denen eine Heilwirkung erwartet wird. Die Entwicklung begann im 19. Jh. mit der Einführung unangekündigter Stürze in eiskaltes Wasser u. ä. und erreichte in den 30er-Jahren in Form der *Elektroschocktherapie* nach CERLETTI u. BINI ihren vorläufigen Höhepunkt. Heute *Elektro-Konvulsions-* oder *Elektro-Krampf-Therapie*, Abk. *EKT (electroconvulsive shock; ECS)* genannt, wurde dieses Verfahren vor allem bei schweren *Depressionen*, Störungen aus dem Formenkreis der *Schizophrenie*, bei *manischen Störungen* und schweren *Neurosen* angewandt. Dabei wird dem Patienten auf beiden oder einer Schläfenseite ein mehrere Sekunden dauernder Stromstoß von bis zu etwa 100 V und ca. 100–400 mA an mehreren aufeinanderfolgenden Tagen verabreicht, der einen sichtbaren epileptischen Anfall auslöst. Die Desynchronisation der hirnelektrischen Aktivität ist von krampfartigen Zuckungen begleitet und von einer sich anschließenden minutenlangen Bewußtlosigkeit gefolgt, was eine zeitweise Lahmlegung aller umweltbezogenen Gehirnfunktionen bedeutet. Neben den Verletzungsgefahren und anschließenden Muskelkrämpfen hat die wiederholte Anwendung der *EKT* Verwirrtheitszustände, verminderte Gedächtnisleistungen, Persönlichkeitsveränderungen und – trotz mangelnder Erinnerung an die Prozedur selbst – diffuse Angstzustände zur Folge, zumal die Methode ursprünglich ohne Narkose angewandt wurde. Heute ist die *EKT* durch *Psychopharmaka (Neuroleptika, Antidepressiva*) weitgehend abgelöst. Sie wird nur noch in abgewandelter Form bei Störungen verwendet, die auf Pharmaka oder Psychotherapie nicht ansprechen (z. B. *Schizophrenie* mit unbeherrschbaren *Erregungszuständen*, die zum Erschöpfungstod führen würden; sog. »*versteinerte« Depressionen*, die alte Menschen hilflos und unansprechbar machen sowie Fälle von *perniziöser Katatonie*, einer völligen Abkapselung und Erstarrung, die ohne Intervention tödlich endet). Die Patienten werden mit muskelentspannenden Medikamenten vorbehandelt, für die *EKT* narkotisiert und während und kurz nach der Behandlung künstlich beatmet, um Krampfschäden, Ver-

letzungen und Mangelerscheinungen vorzubeugen.
[4] Im engl.-amerik. Sprachgebrauch bezeichnet man mit *electric shock* niedervoltige *elektrische Schläge*, die im Aversionstraining und in Konditionierungsversuchen angewandt werden.
LIT.: BREGGIN (1980); OLTON (1973).
Schocktherapie →*Schock.*
schöpferisches Denken *(creativeness, creativity, creative imagination, creative thought).* Allgemeine Bezeichnung für das Auffinden neuer und origineller Problemlösungen bzw. Mittel des künstlerischen Ausdrucks durch eine *Synthese* von Erfahrung und Phantasie. Syn. *produktives Denken.*
schöpferische Synthese →*Synthese [2].*
Schreckreaktion, Schreckreflex *(startle response, startling response pattern, startle reflex).*
[1] Reaktion auf plötzlich auftretende intensive Reize (z. B. heftiger, unerwarteter Knall), unerwartet eintretende drastische Situationsänderungen (z. B. Anblick eines vor das Auto laufenden Kindes), manchmal auch auf unvermittelt auftauchende Erinnerungen oder Vorstellungen bedrohlichen oder blamablen Inhalts (z. B. einen wichtigen Termin versäumt zu haben, sich öffentlich übergeben zu müssen). Typische Kennzeichen der S. sind bei Tier und Mensch neben dem Zusammenzucken und einer sich manchmal unmittelbar anschließenden *Schreckstarre* verstärkte Lidschläge und eine Reihe autonomer Reaktionen. Das Gesamtbild stimmt mit den entwicklungsgeschichtlich verwandten Reaktionsmustern für →*Abwehr* und →*Furcht* (→*Notfalls-Reaktion)* weitgehend überein. Für eine Differenzierung eignet sich die →*Herzfrequenz.* Bei der S. setzt die Beschleunigung im Vergleich zu Abwehrreaktionen rascher ein und klingt – in Abhängigkeit von der Reizintensität – relativ schneller wieder ab (→*Habituation).* Traumatische Schreckerfahrungen können zu längerandauernden psychosomatischen Funktionsstörungen führen (z. B. Sprachstörungen; Lähmungen).
[2] Als *furchtverstärkte* S. oder *affekt-modulierten* Schreckreflex *(fear potentiated startle response; affect modulated startle reflex)* bezeichnet man den verstärkenden Effekt von Furcht auf die Intensität der S. Ist man furchtauslösenden Inhalten (Bildern) ausgesetzt,

Schrecksekunde

sind S.-Reaktionen (Lidschlagamplituden) auf plötzlich auftretende intensive Reize (lautes weißes Rauschen) ausgeprägter als während der Beschäftigung mit emotional neutralen oder positiv getönten Inhalten. Es wird angenommen, daß furchtauslösende Inhalte →*Wahrnehmungsabwehr* auslösen und damit wenig Verarbeitungskapazität beanspruchen, so daß die gesamte Kapazität in die S. »investiert« wird. Befaßt man sich dagegen mit etwas Freundlichem, wird keine Abwehr mobilisiert, die Verarbeitungskapazität ist voll beansprucht und die S. fällt dadurch entsprechend kleiner aus. Das beschriebene Verfahren wurde 1988 von VRANA u. a. eingeführt und bewährt sich seither u. a. in Untersuchungen des Grades der persönlichen Betroffenheit durch unterschiedliche Angstquellen.
LIT.: DAVIS (1996); HAMM u. a. (1997); VRANA u. a. (1988).

Schrecksekunde *(startle latency)*. Bezeichnung für die Zeit zwischen dem Auftreten erschreckender Ereignisse und der Einleitung abwehrender Gegenmaßnahmen bzw. der Wiederaufnahme angemessener Handlungen. Das Zeitintervall ist von der Art des auslösenden Ereignisses, der Verfügbarkeit von Abwehr- und Bewältigungsweisen und von interindividuellen Unterschieden der Erregbarkeit bzw. Schreckanfälligkeit mitbestimmt. In der Unfallforschung bzw. Rechtsprechung wird von einer mittleren Latenzzeit von 800 msec unter Schreckeinflüssen ausgegangen.

Schreibstörung →*Entwicklungsstörung.*

schulpsychologische Beratung →*Beratung.*

Schüttellähmung →*Paralyse.*

Schutzreaktion *(protective response, protective reaction).* Bewegungen bei Tier und Mensch, die der (reflektorischen bzw. instinktanalogen) Abwehr von schädigenden Reizen dienen (z. B. Lidschlußreflex und/oder die die Augen schützende Handbewegung bei grellem Licht bzw. bei Auftauchen eines auf die Hornhaut zielenden Gegenstandes).

Schwachsinn →*geistige Behinderung.*

Schwebung *(beat, beats).* Das regelmäßige Schwanken der Intensität eines Klangeindrucks, das entsteht, wenn zwei Töne mit einer geringfügigen Frequenzdifferenz (Tonhöhe) gleichzeitig auftreten. Das Phänomen der Schwebung geht auf die *Interferenz* der beiden Schallwellen zurück. Das Ausmaß der Schwebung hängt von dem Frequenzunterschied zwischen den beiden Tönen ab. Eine ähnliche Schwankung läßt sich erzielen, wenn man die beiden leicht unterschiedlichen Töne einzeln je einem Ohr darbietet (binaurale Schwebung). Der Schwebungston ist in seiner Höhe als zwischen den beiden Ausgangstönen gelegen wahrnehmbar. Treten Schwebungen häufig auf, so erhält der entsprechende Klang die Qualität des Ungenauen und der Härte, z. U. von *Differential-* und *Obertönen.*

Schwelle *(threshold).* Bezeichnung aus der Psychophysik für
[1] *absolute Schwelle (absolute threshold)* als den statistisch ermittelten Punkt auf dem Reizkontinuum, der erreicht werden muß, um eine eben merkliche Empfindung auszulösen, oder
[2] *Unterschiedsschwelle (differential threshold)* als jenen Unterschied auf dem Reizkontinuum, der eingehalten werden muß, um zwei eben merklich unterscheidbare Empfindungen hervorzurufen.
→*Psychophysik.*

science of science →*Philosophie.*

Scientific Management →*Taylorismus.*

SCL →*elektrodermale Aktivität.*

Score. Aus dem Englischen übernommene Bezeichnung für den zahlenmäßigen Ausdruck einer Leistung (auch Schulnote) in *Experiment* oder *Test* (Syn. *Maßzahl*). Setzt sich der S. aus mehreren Einzelleistungen zusammen, so wird er *zusammengesetzter (composite score)* oder – falls durch Summierung der Einzelleistungsmaße entstanden – *Summenscore (sum score)* genannt. Verlangt ein Test die Umwandlung eines Originalwertes in einen Standardwert, so unterscheidet man zwischen *Rohpunkten, Rohwert* oder *Ausgangsscore (crude, obtained, original, raw score)* und *abgeleitetem oder Standardscore (derived score, standard score)*, manchmal gewonnen über den Umweg einer Zwischentransformation (z. B. Rohpunkte umgewandelt in Wertpunkte, und diese nach Summierung in Standardscores).
Die einfachste Form der Herstellung von *Standardscores* besteht in der Umwandlung eines jeden Meßwertes *(score)* in ein Abweichungsmaß durch Bildung der Differenz zwischen Score und Mittelwert der Verteilung $(X - M)$ = x und der Division durch die *Standardabweichung.* Syn. *z-Score.*
→*Test;* →*Testkonstruktion.*

SCR →*elektrodermale Aktivität.*

S_D →*Triebreiz.*

S_d →*Triebreiz.*

Sedativa *(sedatives)*. Beruhigungsmittel mit einschläfernder und leistungsmindernder Wirkung, Vorläufer der Tranquilizer und mit diesen chemisch verwandt.

Seele *(mind; soul)*. Gr. *psyché*, lat. *anima*. Hauch, Bewegliches, Bewegendes.
[1] *Philosophie, Theologie:* Den Körper bewegende bzw. lenkende Kraft, der »Lebensgeist«, der mit dem Tod in die Ewigkeit zurückkehrt. Nach PLATON belebende Kraft, die Verstand *(logistikon)*, Mut und Willen *(thymos)* sowie Begierden *(epithymia)* bewegt (vgl. die im 19. Jh. eingeführte Einteilung der psychischen Funktionen in *Denken, Fühlen* und *Wollen*). Für ARISTOTELES ist S. die grundlegende *Entelechie,* die nur dem Menschen in dieser Form verliehene Kraft zur Selbstentwicklung und -vollendung aus der Vernunft heraus. Im Mittelalter entwickeln sich mystische Vorstellungen über die Läuterungen und Wanderungen der unsterblichen S., über ihre Heimkehr in ruhigere Gefilde nach einer Serie von Wiedergeburten *(Karma* in der ind. Philosophie), über die Beseelung der Natur und ihrer Elemente (PARACELSUS) oder des Universums (GIORDANO BRUNO; JOHANNES KEPLER).
[2] Erste Lösungsversuche des bis heute im Zeitalter der Hirnforschung aktuellen →*Leib-Seele-Problems* und vorläufige Antworten auf die Frage nach dem Ursprung des →*Bewußtseins* gehen auf DESCARTES zurück. Sein im 17. Jh. formulierter »psychosomatischer« Vorschlag: S. ist eine von Gott herrührende geistige Substanz mit der Eigenschaft der Unvergänglichkeit, die mit dem Körper auf Lebenszeit eine zusammengesetzte Einheit *(unio compositionis)* bildet und dafür sorgt, daß die »Lebensgeister« in der Zirbeldrüse geweckt und in die Blutbahn abgegeben werden. Von hier aus entwickelten sich zwei Grundauffassungen: (a) Die Vertreter einer *materialistischen* Grundposition, zu deren Vorläufern die Philosophen des erkenntnistheoretischen →*Empirismus* zählen, sehen in der S. (gleichgesetzt mit *Bewußtseins-* oder →*kognitiven Funktionen)* ein Produkt körperlicher Vorgänge (→*Emergenz;* →*Monismus;* →*Reduktionismus).* (b) Die Gegenposition orientiert sich an KANT. Körpervorgänge sind nichts als Erscheinungen, Seelisches dagegen ist etwas Immaterielles, das sich in den *Fähigkeiten* zur Wahrnehmung, zu Gefühls- und Begehrensäußerungen und zu Erkenntnissen mit den Mitteln des Verstandes, der Urteilskraft und der Vernunft äußert (→*Dualismus;* →*Parallelismus).*
[3] Offen bleibt die Frage, ob ein durch seine Metaphorik interessanter, ansonsten aber unoperationalisierbarer Begriff wie S. in der *Psychologie* verwendet werden sollte, nur weil er in der griechischen Fassung dem ganzen Fach den Namen gegeben hat. Im engl.-amerik. Sprachgebrauch hat sich »mind« (Bewußtsein, Verstand) gegenüber »soul« (Seele) klar durchgesetzt. Selbst der härtestgesottene Naturwissenschaftler unter den Psychologen – vorausgesetzt, sein »mind« verträgt einen »touch« existenzanalytischen Denkens – wird dennoch der VON USLARschen Formulierung »Seele ist die Wirklichkeit unseres leiblichen, zeitlichen und gemeinsamen Auf-der-Welt-Seins« mehr oder weniger verständnisvoll etwas abgewinnen können.
LIT. VON USLAR (1999).

Seelenblindheit →*Agnosie.*

Seelentaubheit →*Agnosie.*

Sehen *(vision, visual perception)*.
[1] Bezeichnung für auf elektromagnetische Wellen mit bestimmter Energie (Quanten, Photone) zurückgehende Empfindungen. Wir sehen »Licht« und nicht andere Formen der elektromagnetischen Energie, weil Stäbchen und Zapfen der Retina Pigmentgranula enthalten, die vorzugsweise Quanten (Photone) mit Wellenlängen zwischen 400 und 700 nm (Nanometer) absorbieren. Die Energie der Quanten wird in elektrische Reaktionen umgewandelt, die dann zum Gehirn weitergeleitet werden.
[2] Im weiteren Sinne das Beziehen von Information über die sichtbare Umwelt durch zentrale Verarbeitung der sensorischen Daten und ihrer Interpretation im Lichte von Erfahrungen und Bedeutungszusammenhängen. Der *Bereich des Sehens (visibility range)* ist abhängig von *Seh-* und *Blickfeld-*Größe, der *Helligkeit* und *Wellenkomposition* der Reize, dem Kontrast, dem *Adaptations-* und *Akkomodationszustand* des Auges, der Art und dem Umfang der *Augenbewegungen* und – schließlich – den Organismusbedingungen wie Aktivationszustand und Erfahrungen

Sehkortex

(Einstellungen, Selektivität der Wahrnehmung). Für das adaptierte skotopische System (Stäbchen) sind Lichtquellen bis 10^{-6} Millilambert Intensität ausmachbar, das *photopische System* (Zapfen) vermittelt Farbeindrücke und spricht auf Energien um 10 Millilambert gerade noch an. Der Helligkeitseindruck von Reizen ist für das skotopische System bei 500 nm, für das photopische bei 550 nm Wellenlänge maximal *(Purkinjesches Phänomen)*. →*Adaptation,* →*Auge,* →*Augenbewegung,* →*binokular,* →*Retina,* →*rezeptive Felder,* →*Wahrnehmen.*

Sehkortex →*Occipitallappen.*

Sehpurpur →*Rhodopsin.*

Sehstrang →*tractus opticus.*

Sekundärbewertung →*Bewertung.*

sekundäre Geschlechtsmerkmale *(secondary sex characteristics).* Anatomische, körperliche und psychische Merkmale, die die Geschlechter unterscheiden lassen, jedoch nichts mit der Fortpflanzung zu tun haben.

sekundäres Assoziationsgesetz →*Primat.*

Sekundärgruppe *(secondary group).* Bezeichnung für Gruppen, deren Mitglieder keine direkten und relativ überdauernden Kontakte und Gemeinsamkeiten, sondern nur eine oberflächliche Übereinstimmung in ihren Interessen aufweisen *(→Primärgruppe).*

Sekundärprozeß →*Prozeß, sekundärer.*

Selbst *(self; proprium).*
[1] Aus Philosophie bzw. philosophischer Anthropologie hergeleitete, in Psychoanalyse, geisteswissenschaftlich orientierter Persönlichkeitsforschung und Sozialpsychologie gebrauchte Bezeichnung für (a) den »Wesenskern« oder »Urgrund« des personalen Seins, der unabhängig von wechselnden Bewußtseinsinhalten und Situationsbezügen die tatsächlichen, möglichen und erstrebenswerten Beziehungen zwischen der Person mit andere Menschen und mit den Objekten der Umwelt im Lichte von Bewertungsmaßstäben und Leitbildern umfaßt (nach ALLPORT, JAMES, HARTMANN, HERDER, HORNEY, JAMES, u. JUNG), für (b) die Grundstruktur von Einschätzungen der eigenen Denk- und Handlungsweisen im Hinblick auf Eigenheiten des sozialen Bezugssystems (nach MEAD; NEWCOMB; PARSONS) bzw. für (c) relativ überdauernde Grundmuster individueller Erfahrungen über die Besonderheiten der Beziehungen eines Individuums zu seiner sozialen Umwelt (nach ROGERS).
[2] Der S.-Begriff tritt in unterschiedlichen Bedeutungszusammenhängen und Zusammensetzungen auf. (a) *Selbstbewußtsein* bedeutet umgangssprachlich Denken und Handeln aus der Gewißheit der Geltung eigener Wertmaßstäbe bzw. die aus dem allgemeinen *Selbstwertgefühl (self-esteem; self-regard; self-evaluation)* oder Selbstvertrauen *(self-assurance; self-confidence)* erwachsende, mehr oder weniger realistische Überzeugung, mit allen Schwierigkeiten aus eigener Kraft fertig zu werden. In der *Persönlichkeitsforschung* das Ausmaß, in dem man sich seiner momentanen Verfassung und Handlungen als Ausdruck der Individualität *(self-consciousness; self-conscious state)* bzw. in relativ überdauernder Weise der eigenen Persönlichkeit, der Individualität bewußt ist *(self-awareness);* (b) *Selbstkontrolle (self-control)* bezieht sich auf Prozesse, in deren Verlauf ein Individuum die Auftretenswahrscheinlichkeit bestimmter Emotionen oder Verhaltensweisen aus eigener Kraft oder mit Hilfe eines Therapeuten ändert bzw. bestimmten, bislang unterdrückten Erlebnis- und Verhaltensweisen durch *selbstverstärkende* Maßnahmen zum Durchbruch verhilft. Die Selbstverstärkung bezieht sich dabei auf Ansichten oder Einstellungen gegenüber Signalen (Reizen), Hinweisen, Personen, Objekten oder Situationen, von denen angenommen wird, sie seien für das eigene Verhalten bestimmend. →*Kontrolle; kognitive* →*Verhaltensmodifikation;* →*Psychotherapie.* (c) *Selbstkonzept* oder *Selbstbild (self concept; self image)* nennt man die globale »Theorie« eines Individuums über sich selbst, die als Maßstab oder Leitschnur des Verhaltens immer dann aktualisiert wird, wenn Situationen auftreten, die nach Bewältigung verlangen und unter ausgeprägter *Ichbeteiligung (ego-involvement)* erlebt werden. Der Erfassung des S.-K. dienen Aussagen (in der Regel Interview- oder Fragebogendaten), die sich auf sozial-emotionale Aspekte des Erlebens und Verhaltens in Auseinandersetzung mit anderen Personen, Aufgaben oder Problemen beziehen, mit denen man wiederholt konfrontiert wird. (d) *Selbstsicherheit, Selbstbehauptung (self assertiveness; self assertion)* oder *Soziale Kompetenz (social competence)* beschreibt die Fähigkeit, soziale Konflikte ohne beeinträch-

tigende Befangenheit oder Furcht bestehen zu können (dazu auch →*Abwehrmechanismus*). Ein sog. *Selbstsicherheitstraining (assertive training; →assertives Training)* besteht aus Programmen, die soziale Hemmungen systematisch abbauen sollen. (e) *Selbstwahrnehmung,* an das persönlichkeitspsychologische Konzept vom *Selbstbewußtsein* und philosophische Vorbilder über die Möglichkeit zur *Selbsterkenntnis* angelehnt, bedeutet in der BEMschen *Selbstwahrnehmungstheorie (selfperception theory),* daß der Mensch aus der *Selbstbeobachtung* seines Verhaltens auf seine inneren Zustände, Gefühle und Motive schließen kann (→*Erleben, Erlebnis*). (f) *Selbstverwirklichung, Selbstaktualisierung (self actualization)* gilt als Inbegriff des individuellen Autonomiestrebens, das durch die Tendenz zur bestmöglichen Umsetzung der eigenen Fähigkeiten und Fertigkeiten in Handlungen gekennzeichnet ist. Nach GOLDSTEIN besitzt der Mensch die angeborene Tendenz, seine Fähigkeiten und Fertigkeiten optimal zur Geltung zu bringen. MASLOW sieht S.-V. an der Spitze der Hierarchie von Motiven; sie kann dann erreicht werden, wenn biologische und soziale Grundbedürfnisse erfüllt sind; sie erfüllt sich nach dem Prinzip: »Der Mensch muß das sein, was er sein kann«. C. G. JUNG sieht darin die Aufhebung aller Widersprüche zwischen Bewußtem und Unbewußtem auf dem Weg der *Individuation,* der Erreichung des »Lebensziels« schlechthin. Für CARL ROGERS ist S. Ausdruck der allgemeinen Tendenz des Menschen, in seinem Denken und Handeln Autonomie anzustreben und gegen Einschränkungen anzukämpfen bzw. ihnen aus dem Weg zu gehen. (g) *Selbst-Wirksamkeit (self-efficacy)* äußert sich in Meinungen bzw. Überzeugungen über Art und Ausmaß der risikofreien Ausführbarkeit und des Erfolgs von Handlungsvorsätzen. Nach BANDURA ist jedes Handeln von Erwartungen über seine mögliche Wirkung und von Überlegungen getragen, inwieweit unter den gegebenen Situationsbedingungen einzelne Verhaltensweisen ohne Risiken ausgeführt werden können. Verfahren der kognitiven Verhaltensmodifikation gehen u. a. davon aus, daß Veränderungen von S.-W.-Überzeugungen für das Wohlergehen bedeutsamer sein können als Erwartungen bezüglich konkreter Handlungsergebnisse.

LIT. ALLPORT (1949), BANDURA (1971); BEM (1970); EWERT (1978); GOLDSTEIN (1995); MASLOW (1978); MUMMENDEY (1990); ROGERS (1973); THOMAE (1968b).

Selbständigkeits-Abhängigkeits-Balance →*Bindung.*

Selbstbeobachtung →*Eindrucksmethode,* →*Introspektion.*

Selbsterfahrungsgruppe →*Sensitivity-Training.*

Selbstreizung *(self-stimulation, autostimulation).* Versuchstechnik von OLDS und MILNER. Ratten wurden Elektroden in Stammhirnregionen eingepflanzt, die wie Belohnung wirkende angenehme Empfindungen vermitteln (Septalregion, mediales Vorderhirnbündel im limbischen System). Die Versuchstiere konnten mittels Hebelzug eine elektrische Reizung dieser Regionen auslösen. Diese operante Reaktion wird sehr schnell gelernt und extrem häufig ausgeführt. Auf diese Weise ist es gelungen, auf dem Umweg über ein Lernexperiment den Nachweis der Existenz solcher Hirnregionen zu führen, die mit der Vermittlung von Belohnungsempfindungen etwas zu tun haben.

LIT. OLDS, MILNER (1954).

selbstunsichere Persönlichkeitsstörung →*Persönlichkeitsstörung.*

Selektionsdruck →*Evolution.*

Semantik *(semantics).*

[1] Allgemeine Bezeichnung für die Lehre von den Zeichen *(signs)* und ihrer Bedeutung *(meaning)* einschließlich der sprachwissenschaftlichen »Wort-Bedeutungslehre« und der logischen Analyse von Zeichen und Bedeutung (in der symbolischen Logik oder Logistik).

[2] Bezeichnung für die spezielle Lehre der menschlichen Reaktionen auf Zeichen und Symbole *(general semantics; applied semantics).* Die Lehre von der Entwicklung und von den Veränderungen der Bedeutung von Zeichen (historische Bedeutungslehre oder historische Semantik) wird auch als *Semasiologie (semasiology)* bezeichnet. *Semiotik (semiology, semiotics)* ist jenes Teilgebiet der S., das der speziellen Analyse von Zeichensystemen dient.

semantische Generalisierung *(semantic generalization).* Bezeichnung für die Übertragung konditionierter Reaktionen auf Reize, die mit dem ursprünglichen konditionellen

semantische Negativierung

Reiz in einer semantischen Beziehung stehen. Während bei der *Reizgeneralisierung* Reizähnlichkeiten in bezug auf physikalische Reizparameter (z. B. Helligkeit, Größe) über die Reaktionswahrscheinlichkeit entscheiden, bei der *semantischen Konditionierung* über die engere Bedeutungsverwandtschaft von Begriffen generalisiert wird, geht die s. G. über diese Grenzen hinaus. RAZRAN konnte z. B. zeigen, daß nach der Herausbildung einer konditionierten Reaktion auf einen Geigenton sowohl auf das Bild einer Geige als auch auf das Wort Geige (in abgeschwächter Form) reagiert wird. *Semantisches Konditionieren* und *semantische Generalisierung* gelten als diagnostisches Hilfsmittel zur *Erfassung von Rückständen der Entwicklung* des *abstrakten Denkens,* Störungen aus dem Formenkreis der (sensorischen) *Aphasie* und des *Schwachsinns.*
→*Konditionierung, semantische.*
LIT. RAZRAN (1961).
semantische Negativierung →*ereignisbezogene Potentiale.*
semantische Pfadaktivierung →*Pfadaktivierung.*
semantisches Differential →*Polaritätsprofil.*
semantisches Netz →*Netzwerte.*
semantisches Priming →*Priming.*
Semasiologie →*Semantik.*
Semiotik →*Semantik.*
Sender *(transmitter).* Bezeichnung aus der Kommunikationsforschung für die Stelle des *Verschlüsselns (encoding)* einer *Nachricht,* die durch einen *Informationskanal (channel)* zum *Empfänger* gelangen soll, wo sie wiederum *entschlüsselt (decoding)* wird.
senile Demenz *(senile dementia).* Im Senium auftretende Störung der Intelligenz und des Denkens, bedingt durch degenerative Veränderungen des Gehirns.
→*Demenz.*
Senilität *(senility).* Bezeichnung für die mit dem Altern auftretenden Intelligenz- und Gedächtnisstörungen.
Sensibilität *(sensibility).*
[1] (a) Empfänglichkeit für Sinnesreize. (b) Die besondere Ansprechbarkeit in bezug auf Mitgegebenheiten und Hintergrundbedingungen (z. B. der Sinn für Humor).
[2] Gütekriterium von Verfahren zur Erfassung komplexer Merkmale (z. B. →*psychische Beanspruchung*). S. gibt an, in welchem

Ausprägungsbereich des Merkmals ein Test besonders gut differenziert.
Sensibilitätsstörung →*Agnosie.*
Sensitivitätsindex →*Webersches Gesetz.*
Sensitivity-Training *(sensitivity training),* Syn.: *T-Gruppe, Selbsterfahrungsgruppe (T-group, encounter group).* Gruppendynamisches Interventionsverfahren, in dessen aufeinanderfolgenden Einzelsitzungen die Gruppenmitglieder (in der Regel 10–15) ermuntert werden, ihre Gefühle, Einschätzungen und Einstellungen in bezug auf andere Teilnehmer spontan oder im Zusammenhang mit der Lösung vorgegebener Probleme zu äußern. Auf diese Weise sollen Erfahrungen vermittelt werden, wie andere auf einen und man selbst auf andere wirkt, um die soziale Sensitivität zu steigern. Gleichzeitig soll vermittelt werden, was Gruppen zusammenhält bzw. trennt, wie Gruppenmitglieder gemeinsame Interessen entwickeln und artikulieren oder im größeren Zusammenhang, z. B. einer Organisation, zusammenarbeiten. S. wird u. a. zur Unterstützung von Rehabilitationsmaßnahmen bei straffällig gewordenen Sozialdelinquenten, bei Drogenabhängigen, zur Unterstützung von therapeutischen Maßnahmen bei Störungen des Selbstwertgefühls oder sozialer Beziehungen sowie zur Förderung der Konsensfähigkeit in betrieblichen Organisationen herangezogen.
Senso(u)motorik *(sensori-motor activity).* Bezeichnung für die durch Reize hervorgerufene Gesamtaktivität in sensorischen und motorischen Teilsystemen des Nervensystems und Körpers einschließlich der resultierenden Muskelaktivität. Als *senso(u)-motorischen Kreisprozeß* bezeichnet man die Aktivation der Sprechmuskulatur des Kindes durch Gehöreindrücke, die über die Knochenleitung aufgrund der vom Kinde selbst hervorgebrachten Laute auftreten. *Sensomotorische Koordination* nennt man die Ausrichtung von Bewegungen an orientierenden Wahrnehmungshinweisen.
sensorisch *(sensory).* Bezeichnung für alle mit der Sinneswahrnehmung einschließlich der Nervenleitungen und Gehirnzentren zusammenhängenden Prozesse.
sensorische Aphasie →*Aphasie.*
sensorische Automatismen →*Automatismus.*
sensorische Deprivation →*Deprivation.*
sensorisch-tonische Feldtheorie *(sensory tonic field theory).* Von WERNER und WAPNER

Sexualität

aufgestellte Theorie zur Erklärung der *intermodalen Transferenz.* Hat jemand die Aufgabe, in einem verdunkelten Raum einen Leuchtstab in die Vertikale zu drehen und wirken gleichzeitig sensorische Reize (z. B. ein Ton, dargeboten über das linke Ohr) über einen anderen Sinneskanal ein, so wird die Vertikalität u. U. nicht erreicht, sondern der Stab erhält eine Neigung in die dem Reizeinfluß entgegengesetzte Richtung (im Beispiel: rechts). Wenn sich mehrere, über verschiedene Sinneskanäle einwirkende Ereignisse (Anblick des verdrehten Stabes; Ton; Rückmeldung über die Vertikalität der Körperlage aus dem Vestibulärorgan) gemeinsam auf die Wahrnehmungsleistung auswirken, so operiert das Sensorium offenbar wie ein dynamisches Feld, wobei die Resultante (das Wahrnehmungsurteil) von den aus verschiedenen Sinnesbereichen gemeldeten Veränderungen beeinflußt ist. Unter *intermodalem Transfer* oder *intermodaler Transferenz (intermodal transference)* versteht man die Ursache für die wechselseitige Beeinflussung des Wahrnehmungsurteiles aus Informationen, welche aus verschiedenen Sinneskanälen stammen.

LIT. WERNER, WAPNER (1952).

Sensorium. Ältere, allgemeinste Bezeichnung für die Gesamtheit aller sensorischen, d. h. Empfindungen vermittelnden Mechanismen in Sinnesorganen und Nervensystem.

Sensualismus *(sensualism).* Philosophische Doktrin, die nur solche Erkenntnisse zuläßt, die durch Sinneswahrnehmung zustande gekommen sind.
→*Empirismus.*

Sentiment. Alte Bezeichnung für die mit einem Objekt verbundenen individuellen affektiven Regungen, Vorlieben usw., im Unterschied zu *Sentimentalität* als Bezeichnung für eine gesteigerte Gefühlsansprechbarkeit.

Serotonin *(serotonine).* Als Mediator und Neurotransmitter wirksames biogenes Amin (5-Hydroxi-tryptamin), das im Zentralnervensystem (Hypothalamus), im Blut (Thrombozyten, Granulozyte) und in der Darmschleimhaut nachgewiesen ist und dessen Konzentration aus dem Vorkommen seiner Abbauprodukte im Harn erschlossen werden kann. S. ist u. a. bei der Vermittlung von Gefäßverengungen (Arteriolenkonstriktion) in Lunge und Nieren, von Gefäßerweiterungen (Arteriolendilatation)

in der Skelettmuskulatur sowie von Erregungs- und Hemmungsvorgängen der glatten Muskulatur des Herz-Kreislauf-Systems, des Magen-Darm-Trakts und der Bronchien beteiligt. Zusammenhänge zwischen S.-Überproduktion und →*Depression* sowie *Migräne* werden vermutet.

Sexualität *(sexuality).*
[1] Physiologische, motivational-emotionale und kulturelle Grundlagen des sexuellen Verhaltens und geschlechtlicher Beziehungen. Bei der Analyse des sexuellen Verhaltens und seiner Störungen *(→Sexualstörung)* werden berücksichtigt (a) Objekte sexuellen Interesses (z. B. hetero- oder homosexuelle Orientierungen), (b) Arten der Aktivitäten (z. B. Geschlechtsverkehr, Masturbation, Exhibitionismus); (c) Prozeßcharakteristika sexueller Einzelaktivitäten (z. B. Reaktionszyklus und Erregungsverläufe); (d) Umstände, Szenarien und Partner der Einzelhandlungen; (e) individuelle Variationen und Sexualpraktiken sowie (f) Bedürfnisintensität und (g) Grade der erlangten Befriedigung.
[2] *Physiologische Grundlagen:* (a) Die *Sexual-* oder *Geschlechtshormone (sex hormones)* gehören zu den *Steroidhormonen.* Sie bilden die körperchemischen Voraussetzungen für die Ausbildung von Geschlechtsmerkmalen, für die Ausübung sexueller Funktionen und für die Fortpflanzung. Weibliche Sexualhormone *(Östrogen; Progesteron)* werden in Eierstöcken *(Ovarien),* Uterus *(Placenta),* Nebennierenrinde und in den Hoden gebildet, männliche Sexualhormone *(Androgene; Testosteron)* entstehen in Hodenzellen, Nebennierenrinde und in den Eierstöcken. Die hormonellen Gegebenheiten verweisen auf eine prinzipielle →*Androgynie,* die durch prinzipielle *Bisexualität* in der Entwicklung sexueller Beziehungen ergänzt wird. (b) Die Synthese und Ausschüttung der Hormone und die hormonelle *Steuerung* der S. vollziehen sich in einem Regelkreis, der mit dem *Hypothalamus-Hypophysensystem* rückgekoppelt ist. Das in unmittelbarer Nähe der *Hypophyse* liegende *hypothalamische »Sexualzentrum«* empfängt Signale aus dem *limbischen System* und löst die Abgabe von Freisetzungs-Hormonen aus, welche die Produktion von Eizellen bzw. Sperma in den Keimdrüsen aktivieren und die Empfängnisbereitschaft fördern. (c) Der Vollzug von Sexualhandlungen ist von mindestens

399

Sexualstörung

zwei komplexen vegetativen Mechanismen gesteuert. Der eine bewirkt die dem Akt vorausgehende Erregungssteigerung, der andere die Aufrechterhaltung der Erregung während des Koitus bis zum Orgasmus. MASTERS u. JOHNSON (1967) nahmen einen dreiphasigen *Reaktionszyklus* an, der mit steigender sexueller Erregung beginnt, dann bis zum Orgasmus ein Plateau bildet und in der abschließenden Rückbildungsphase mehr oder weniger rasch sinkt.

[3] Als *Sexualtrieb* oder *-bedürfnis (sexual drive/instinct)*, Syn. *libido/nisus sexualis*, bezeichnet man die der Bereitschaft zu sexueller Erregung und sexuellem Verhalten zugrundeliegenden endogenen Faktoren. (a) Nach FREUD ist der Sexualtrieb bereits im Kindesalter (→*Entwicklung*) umfassender Ausdruck des Lustprinzips, das sich nicht auf sexuelle Handlungen beschränkt. Unerfüllte oder vereitelte Triebbefriedigung gilt als universelle Ursache für psychische Störungen (→*Neurose;* →*Sexualstörung*). (b) In der *Ethologie* ist der *S.-Trieb* die instinktbasierte Grundlage des Balz- oder Werbungs- und Kopulationsverhaltens *(mating behavior)*, das durch artspezifische →*Auslöser* (z.B. bestimmtes Aussehen, bestimmte Verhaltensweisen; →*Pheromone)* in Gang kommt. (c) Das Sexualverhalten des Menschen ist zwar ebenfalls zeichenabhängig, wird aber in nur sehr eingeschränktem Maß durch einen endogenen Rhythmus gesteuert, der die Reproduktionsbereitschaft und -fähigkeit auf bestimmte Paarungszeiten beschränkt und jede Partnersuche in den alleinigen Dienst der Triebentladung stellt. Die Suche nach einem Partner oder sexuell relevanter Gegenstände und Situationen kann durch Neugierde, Erlebnishunger, Symbole und Phantasien unabhängig von Hormonspiegel oder Enthaltsamkeitsdauer ausgelöst werden. Die S. des Menschen zeichnet sich darüber hinaus durch Beherrschbarkeit, Steuerbarkeit, durch Selektivität, Variabilität, durch Situationsabhängigkeit und Sublimierbarkeit aus. Es liegt aus diesen Gründen nahe, von einem *Sexualmotiv* zu sprechen, durch das die Empfänglichkeit für sexuelle Reize oder Denkinhalte gesteigert wird und dessen Umsetzung in sexuelles Verhalten – von der Partnersuche bis zu den Wegen der Erzielung von Lustgewinn – durch *soziales Lernen* geprägt sind. Der erwachsene Mensch verfügt über

kognitive →*Schemata* oder →*Skripten*, in denen *Erwartungen* und *Einstellungen* zusammen mit Gewohnheiten der Partnersuche und des sexuellen Verhaltens im Rahmen sozialer →*Normen* und →*Tabus* in abrufbarer Weise festgeschrieben sind.

[4] Aus *sozialpsychologischer Sicht* werden in der S.-Forschung Probleme der *Partnerwahl*, der Sicherheit und des Rückhalts durch Partnerschaft, der *Geschlechtsidentität (gender/sex identity)* und *Geschlechterrolle (gender/sex role)* sowie kulturgeprägte Einstellungen, Sitten und Gebräuche, Normen und Tabus angesprochen.

LIT. BRÄUTIGAM (1979); BUSSEY, BANDURA (1999); KOCKOTT (1988a; 1988b); MASTERS, JOHNSON (1968); SCHMIDT (1983).

Sexualstörung *(sexual disorder; sexual and gender identity disorders)*. Anhaltende, wiederkehrende Beeinträchtigungen des Sexualverhaltens und Störungen der Geschlechtsidentität, die Leiden verursachen. DSM-IV unterscheidet vier Klassen der S., *Sexuelle Dysfunktionen, Paraphilien, Störungen der Geschlechtsidentität* und *nicht näher bezeichnete sexuelle Störungen*. Unscharfe bzw. wertende Bezeichnungen (z.B. *Frigidität, Impotenz, Perversion*) werden heute weitgehend vermieden.

[1] *Psychosexuelle Dysfunktionen (psychosexual dysfunction:* Beeinträchtigungen des sexuellen Reaktionszyklus, die in den verschiedenen Phasen eines intendierten oder ausgeübten Geschlechtsverkehrs regelmäßig auftreten, die Erlangung sexueller Befriedigung bei beiden oder einem Partner behindern und damit die Partnerbeziehung belasten. Ausgeschlossen sind Funktionsbeeinträchtigungen, die auf andere diagnostizierte Störungen zurückzuführen sind. Die Beeinträchtigungen müssen anhaltend bzw. wiederkehrend auftreten und Leid bzw. Partnerschaftskonflikte nach sich ziehen, um als *Störungen* klassifiziert zu werden. Sie können lebenslang auftreten oder erworben sein, auf einen oder mehrere Partner und/oder auf bestimmte oder alle Situationen bezogen sein. P. D. werden in bezug auf die Phasen der Einleitung und des Vollzugs des Geschlechtsverkehrs klassifiziert. (a) *Störungen des sexuellen Verlangens (hypoactive sexual desire disorders)* äußern sich in Fortfall oder Minderung sexueller Phantasien oder *verminderter sexueller Appe-*

Sexualstörung

tenz *(Libidoverlust)* und in *Aversionsstörungen,* d. h. Abneigung gegen bzw. Vermeidung von sexuellen Kontakten. (b) *Sexuelle Erregungstörungen* zeigen sich bei Frauen als anhaltende oder wiederkehrende Unfähigkeit, sexuelle Erregung zu erlangen (z. B. durch Ausbleiben vaginaler Lubrifikation und Schwellreaktionen), bei Männern als *Erektionsdefizite,* welche die Einleitung oder Vollendung des Verkehrs verhindern. (c) *Orgasmusstörungen* nennt man Verzögerungen oder Ausbleiben des Orgasmus nach normaler einleitender Erregungsphase; dabei ist zu berücksichtigen, daß die individuelle Orgasmusfähigkeit je nach Partner, Alter und sexueller Erfahrung variiert. Anhaltende oder wiederkehrende Orgasmusstörungen bei Frauen werden auch als *Anorgasmie* bezeichnet, bei Männern als *gehemmter Orgasmus.* Auch der *vorzeitige Samenerguß (ejaculatio praecox),* eine unerwünschte Ejakulation bei minimaler sexueller Stimulation oder unmittelbar nach der Penetration, zählt zu den Orgasmusstörungen. (d) *Störungen mit sexuell bedingten Schmerzen* umfassen alle im Zusammenhang mit sexuellen Kontakten auftretenden genitalen Schmerzzustände, z. B. die sog. *Dyspareunie (dyspareunia),* d. h. anhaltende schmerzhafte Empfindungen (Brennen, Jukken) im Genitalbereich, sowie *Vaginismus (vaginism),* d. h. ungewollt eintretende spasmische Kontraktionen der äußeren Vaginawand-Muskulatur, die den Sexualverkehr behindern bzw. für beide Partner schmerzhaft macht. (e) *Sexuelle Dysfunktionen aufgrund eines körperlichen Zustands* sind Funktionsstörungen, denen ein klinisch (d. h. durch Körperuntersuchungen) nachgewiesener Defekt zugrundeliegt. (f) *Substanzinduzierte sexuelle Dysfunktionen* (eingeschlossen durch Medikation bedingte) zeigen sich in Beeinträchtigungen einzelner Phasen oder des gesamten Reaktionszyklus; sie können nur diagnostiziert werden, wenn die Verursachung durch Substanzgebrauch nachgewiesen ist. Die Restkategorie (g) *nicht näher bezeichneter sexueller Dysfunktionen* dient der Kennzeichnung nicht eindeutig bestimmbarer Dysfunktionen. In der Systematik des DSM nicht eigens erwähnt sind in der Entspannungsphase gelegentlich auftretende sog. *Nachorgastische* Verstimmungen, z. B. Gereiztheit, Unruhe, Schlafstörungen, Depri-

miertheit oder Mißempfindungen im Genitalbereich.

[2] *Paraphilie (paraphilia)* nennt man wiederkehrende, intensive sexuell erregende Phantasien, Verhaltenstendenzen oder Handlungen, die sich beziehen auf unbelebte Objekte, erfahrenes (→*Masochismus*) oder anderen zugefügtes Leid (→*Sadismus*), auf Partner, andere Personen oder Kinder. P. wird als Störung klassifiziert, wenn die Symptome mindestens 6 Monate fortbestehen und Leiden bzw. Beeinträchtigungen in privaten und beruflichen Lebensbereichen nach sich ziehen. Zu P. zählen: (a) *Exhibitionismus (exhibitionism),* die Enthüllung der Genitalien vor unvorbereiteten fremden Personen; (b) *Fetischismus (fetishism),* d. h. Besitz, Benutzung oder Berührung von Gegenständen, die ggf. von einer konkreten Person berühren (z. B. Wäschestück); (c) *Frotteurismus (frotteurism),* das Anfassen oder Streifen einer unfreiwilligen Person; (d) *Pädophilie (pedophilia),* d. h. Phantasien oder Aktivitäten einer älteren Person, die sich auf ein oder mehrere präpubertäre Kinder (13jährige oder jüngere) beziehen. Dabei kann es sich um *inzestiöse* Beziehungen, Anziehung zum männlichen, weiblichen oder beiden Geschlechtern unter Einschluß oder Ausschluß ansonsten normaler Beziehungen zu Erwachsenen handeln; (e) *sexueller Masochismus (sexual masochism)* →*Masochismus;* (f) *sexueller Sadismus (sexual sadism)* →*Sadismus;* (g) *Transvestitischer Fetischismus (transvestism; transvestitical fetishism; transvestitic fetishism),* d. h. gegengeschlechtliche Verkleidung (auf Überlappungen mit der sog. *Geschlechts-Dysphorie* aus der Gruppe [3] muß geachtet werden); (h) *Voyeurismus (voyeurism),* d. h. Beobachtungen einer arglosen Person beim Entkleiden, nackt oder während sexueller Handlungen. Eine Restkategorie ist für die Aufnahme (i) *nicht näher bezeichneter Paraphilien* vorgesehen, zu denen z. B. obszöne Telefonanrufe und *Nekrophilie* zählen.

[3] *Geschlechtsidentitätsstörungen (gender identity disorders)* zeigen sich in ausgeprägten, anhaltenden gegengeschlechtlichen Identifikationen, dem Verlangen nach bzw. Beharren auf der Zugehörigkeit zum anderen Geschlecht. Kennzeichnend ist das zugrundeliegende Unbehagen an der tatsächlichen Geschlechtszugehörigkeit und Geschlechterrolle. Aus inhaltlichen Gründen und da G. in jeder

401

s-Faktor

Altersgruppe auftreten können, werden sie nicht mehr wie früher den *Entwicklungsstörungen* zugeordnet. Wie in allen andere Fällen ist auch hier die Diagnose an das Vorhandensein eines ausgeprägten Leidensgefühls oder Beeinträchtigungen des Sozial- und Berufslebens gebunden.
[4] *Nicht näher bezeichnete sexuelle Störungen* (früher sog. *Atypische psychosexuelle Funktionsstörungen): In diese Kategorie fallen alle S., welche die Kriterien spezifischer Störungen nicht oder unvollständig erfüllen, z. B. Leidensdruck aufgrund des Gefühls, sexuell benutzt zu werden. →*Homosexualität* bzw. *homoerotische Neigungen* werden nur dann der Untergruppe *»anhaltende Leiden wegen sexueller Orientierung«* zugerechnet, wenn sie bei den Betroffenen ausgeprägten Leidensdruck verursachen.
[5] *Störungsursachen* und *Therapie:* Zur Erklärung der genannten Störungen werden zahlreiche Ursachenmuster herangezogen; es existiert eine entsprechende Vielfalt von Therapiemöglichkeiten. FREUD sah in den *Paraphilien* (zu denen im weiteren Sinne auch *Sodomie,* die Ausübung geschlechtlicher Beziehung mit Tieren, gerechnet werden kann) den Ausdruck einer gestörten, durch frühkindliche Erfahrungen oder soziale Tabus blockierten Sexualentwicklung, als deren Folgen psychoneurotische Konflikte auftreten, die sich in Ersatzhandlungen, Identitätsunsicherheiten (z. B. →*Homosexualität*) oder →*Neurosen* äußern. Die regelmäßige Anwendung antikonzeptioneller Praktiken wie *coitus reservatus* (Verhinderung des Samenergusses durch willkürliche Muskelkontraktion), *coitus interruptus* oder *coitus incompletus* (willkürliche Unterbrechung des Verkehrs unmittelbar vor dem Samenerguß) oder *ejaculatio retardata* (unwillentliche Verzögerungen des Samenergusses) zählen aus dieser Sicht zu den Ursachen neurotischer Störungen, gehören aber nicht zu den S. im engeren Sinn. FREUD empfahl insgesamt die *Psychoanalyse* als geeignete Therapie von S. sowohl aus der Gruppe der *Paraphilie* als auch aus der der *psychosexuellen Dysfunktionen.* Gründe für die zuletzt genannten Störungen sind (neben organischen Beeinträchtigungen oder Mißbildungen) *Alkoholismus, Drogen* (z. B. die Einnahme von Antidepressiva, Sedativa), die mit Appetenzverlust, Anorgasmie, Erektionsschwäche, *eja-*

culatio praecox oder Ejakulationsverlust einhergehen können, ferner *Angststörungen, affektive* und *psychotische Störungen,* die mit Libidoverlust verbunden sind, sowie durch Streit, Zärtlichkeitsverluste oder Kommunikationsschwierigkeiten bedingte Beziehungsstörungen. Heute werden bei *Paraphilien* und *Funktionsstörungen* sowohl psychoanalytische als auch einstellungsändernde Therapieformen angewandt. Sie umfassen u. a. *Sensitivitätstraining* der Partner, Diskussionsverfahren zur Klärung der Störungsursachen, Abbau von Versagensängsten und Konflikten durch Gesprächsführung.
LIT. FAHRNER, KOCKOTT (1990); REVENSTORF (1990; 1991).
s-Faktor *(s-factor),* **spezifischer Faktor** *(specific factor).* Bezeichnung für einen *Faktor,* der nur in bezug auf einen einzigen Test bzw. eine experimentelle Variable gefunden wurde. Manchmal auch Bezeichnung für einen Faktor, der nur für einige wenige Tests oder Variablen gilt. Besitzt der spezifische Faktor nur in bezug auf eine einzige Variable Aussagewert, so wird er auch als *»einzigartiger« Faktor (unique factor)* bezeichnet.
→*Faktorentheorie.*
Shadowing (Verschatten) →*Maskierung.*
sharpening. Aus dem Englischen übernommene Bezeichnung für das Hervorheben oder Akzentuieren von Unterschieden zwischen wahrgenommenen Gegenständen im Wahrnehmungsfeld.
Gegensatz: →*Leveling.*
sigma (σ).
[1] $^1/_{1000}$ Sekunde.
[2] Statistische Abkürzung für *Standardabweichung* (→*Abweichung*).
Sigmatismus *(sigmatism).* Lispelnde Aussprache von Zischlauten (c, s, z), die entweder auf Gewohnheiten oder auf Anomalien im Zahn- und Kieferbereich zurückgeht. Der S. gehört zu den häufigsten Sprechstörungen.
Signal *(signal).* Informationstheoretische und psycholinguistische Bezeichnung für ein durch die Verbindung mit einem Ereignis mit Bedeutung versehenes (kodiertes) *Zeichen.* Z. B. wird im Versuch zum *klassischen Konditionieren* ein konditioneller Reiz zum Signal für die Abfolge von unkonditionellem Reiz und konditionierter Reaktion.
→*Signalentdeckung.*

Signalentdeckung, Signalentdeckungs-Theorie, TSD, SDT *(signal detection; theory of signal detection, TSD, signal detection theory, SDT).*

[1] S. bezeichnet die Unterscheidung schwacher und/oder verrauschter Signalreize von irrelevanten Hintergrund- oder Störreizen (z. B. Fremd- oder Eigenrauschen). Die aus der Nachrichtentechnik hergeleitete S.-Theorie (TSD) beruht auf einem statistisch-mathematischen Modell, in das neben wahrscheinlichkeitstheoretischen auch spieltheoretische Überlegungen einfließen. Es wurde von TANNER u. a. (1956) und SWETS u. a. (1961) in die Wahrnehmungsforschung und Psychophysik eingeführt, um die Frage der klassischen Psychophysik nach den Beziehungen zwischen Reizintensität und Empfindungsstärke durch die Frage nach den Beziehungen zwischen Wahrnehmungsurteil und der *Reaktionsneigung (response bias)* zu ergänzen. Das Verfahren der TSD ermöglicht die Berechnung zweier mathematisch unabhängiger Kennwerte. Der erste betrifft die *Unterscheidungs-Sensitivität (discriminatory sensitivity)* des Beobachters unter den gegebenen Signalbzw. Reizintensitätsbedingungen; er wird mit d′ bezeichnet und stellt eine wahrscheinlichkeitstheoretische Parameterschätzung dar. Der sog. *Kriterienwert X_c (criterion value; cutoffpoint)* dagegen dient der Kennzeichnung des *Entscheidungsrisikos,* das der Beobachter seinen Wahrnehmungs-Urteilen in der gegebenen Situation zugrunde legt; der parametrische Kriterienwert wird mit β bezeichnet. Während d′ mit den physikalischen Reizeigenschaften, Darbietungsbedingungen und dem Aktivationszustand des Beobachters variiert, zeigt β die Abhängigkeit der abgegebenen Urteile von Erfahrungen oder Annahmen des Beobachters über die Auftretenswahrscheinlichkeit von Signalen bzw. Reizen, von Überlegungen über Nutzen *(values, gains)* und Kosten *(costs; losses)* und damit verbundenen Risiken. Mit d′ und X_c bzw. β kann man darstellen, wie ein Beobachter unter gegebenen Wahrnehmungs- und Situationsbedingungen seine Empfindungen interpretiert und in mehr oder weniger zutreffenden Wahrnehmungsurteilen nutzt. Damit wird die Lücke zwischen Empfindung und Wahrnehmungsurteil, welche in der klassischen Psychophysik durch eine Gleichsetzung geschlossen wurde, in Form der Beziehung zwischen zwei unabhängigen Maßen geschlossen.

[2] Im *S.-Versuch* werden dem Beobachter in der Regel kurzzeitig in zufallsgemischter Folge Reize knapp überschwelliger Intensität dargeboten. Er muß nach jeder Darbietung eines *Ereignisses (event)* entscheiden, ob der Signalton im Rauschen vorhanden war *(Signal+Rauschen; signal plus noise; SN)* oder ob es sich um Rauschen allein *(noise; N)* handelte. Dabei ergeben sich vier Möglichkeiten. Wurde SN dargeboten und der Beobachter reagiert mit »Signal vorhanden«, so handelt es sich um Treffer *(hits; H);* reagiert er bei SN mit »Signal nicht vorhanden«, so liegt eine Auslassung *(miss)* vor. Reagiert der Beobachter auf N allein mit »Signal vorhanden«, so handelt es sich um einen *falschen Alarm (false alarm; FA);* bei »Signal nicht vorhanden« liegt eine korrekte Zurückweisung *(correct rejection)* vor. Geht man von der Menge dargebotener SN und N aus, so ergänzen Treffer und Auslassungen bzw. falsche Alarme und korrekte Zurückweisungen einander jeweils auf 100%. Da die Berechnung der Kennwerte d′ und β an das Modell der Standardnormalverteilung gebunden ist, müssen große Urteilsmengen vorliegen. Die Auswertung entfällt auch dann, wenn die Trefferproportion p_H oder der Anteil falscher Alarme $p_{FA} < 0.1$ sind. d′ ist definiert als die in Standardeinheiten der Normalverteilung ausgedrückte Differenz zwischen den Mittelwerten der Urteilshäufigkeitsverteilung über SN und N auf dem Empfindungskontinuum, d. h.

$$d' = \frac{M_{(SN)} - M_{(N)}}{S_{diff}}$$

Abb. 1 zeigt die der TSD entsprechenden Verteilungsfunktionen eines Beobachters, der in 70% der Darbietungen von SN Treffer und in 20% der Darbietungen von N falsche Alarme erzielte. Die in z-Werte transformierten Flächenanteile unter den beiden Verteilungsfunktionen ergeben nach der Beziehung d′ = z $(p_H -0.5) - z\ (p_{FA} -0.5) = z\ (0.7 - 0.5) - z\ (0.2 - 0.5) = z\ (0.2) + z\ (0.3) = 0.52 + 0.84 = 1.36$. Bei der Berechnung müssen die Proportionsangaben, welche Flächenanteile repräsentieren, mit Hilfe der z-Tabelle in die Standardabweichungs-Maße z transformiert werden; deren Differenz ergibt d′, definiert in Standard-

403

Signalsystem

einheiten der Empfindungsskala. Die Reizintensitätsunterschiede zwischen SN und N waren für unseren Beobachter deutlich genug, um die o. g. Trefferzahl zu erreichen. Bei $d' = 0$ wären die Urteile rein zufällig ausgefallen, bei einem $d' > 2.88$ hätte eine nahezu optimale Unterscheidungs-Sensibilität vorgelegen. Die sog. ROC-Kurve *(receiver operating characteristics curve)* stellt die Beziehungen zwischen d', Treffern und falschen Alarmen in Form einer *Abgleichfunktion* dar (vgl. Abb. 2). Sind SN und N für den Beobachter nicht mehr unterscheidbar, so sind die Proportionen von Treffern und falschen Alarmen stets gleich groß, d. h. die Werte liegen auf der Diagonalen in Abb. 2. Bei $d' > 0$ erhöht sich die Wahrscheinlichkeit, mit vielen Treffern viele falsche Alarme und mit wenig Treffern wenig falsche Alarme einzuhandeln, im mittleren oder höheren Trefferbereich dagegen gut abzuschneiden. Letzteres gilt für die Ergebnisse des w. o. gegebenen Beispiels eines Beobachters mit 70% Treffern und 20% falschen Alarmen. Welchen Punkt auf der ROC-Kurve ein Beobachter erreicht, hängt von der Lage seines Urteilskriteriums b ab. Ist er übervorsichtig und reagiert nur dann, wenn er meint, SN genau erkannt zu haben, so wandert sein Entscheidungspunkt über den Durchschnitt unter SN (Abb. 1) nach außen rechts; dabei gehen aber mit den falschen Alarmen auch die Trefferzahlen zurück (vgl. Abb. 2). Nimmt er dagegen jedes Risiko in Kauf und verlagert seine Entscheidungsgrenze über den Mittelwert der N-Verteilung nach links außen (Abb. 1), so erhöht sich mit der Trefferwahrscheinlichkeit der Anteil falscher Alarme drastisch (oberer Teil der ROC-Kurve in Abb. 2). Die Lage des Kriterienwertes im Intervall d' ist durch die Ordinate bestimmt, welche die Flächen der Urteilsverteilungen (Abb. 1) den Proportionen von Treffern und falschen Alarmen entsprechend schneidet. Der parametrische Kennwert β errechnet sich aus dem Verhältnis der Ordinatenhöhe unter der SN- und der N-Verteilung; er liegt in unserem Beispiel, berechnet mit Hilfe der z-Funktion in bezug auf die Standardnormalverteilung, bei β = Ordinate $(z = 0.2)$/Ordinate $(z = 0.3) = 0.348/0.280 = 1.24$. Mit dieser Kriteriensetzung erreicht unser Beobachter sein relativ günstiges Ergebnis, das sich auf der ROC-Kurve (Abb. 2) in der Nähe des Kurvenscheitelpunktes lokalisieren läßt.

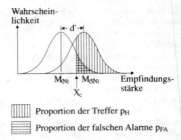

Abb. 1. Urteilsverteilungen des d'-Werts und der Lage des Kriterienwerts X_C (Beispiel im Text)

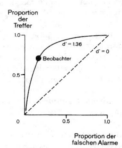

Abb. 2. Idealisierte ROC-Kurve (Beispiel im Text).

[3] Die TSD findet neben der *Psychophysik* in zahlreichen Forschungsgebieten ihre Anwendung. Mit ihrer Hilfe können z. B. Einflüsse von *Aufmerksamkeitsschwankungen* erfaßt werden und als nachlassende Sensitivität von Verlagerungen des Entscheidungsrisikos abgehoben werden. In der *Schmerzforschung* gelten TSD-Indikatoren als Hinweise auf die medikamentöse Beeinflussung der Empfänglichkeit gegenüber Schmerz in Abhebung von therapeutischen Maßnahmen, welche das Kriterium beeinflussen. Ähnliche Problemstellungen der *Psychopharmakologie* werden ebenfalls mit der TSD bearbeitet.

LIT. GREEN, SWETS (1966); TANNER u. a. (1956); SWETS u. a. (1961); VELDEN (1982).

Signalsystem *(signalling system, signal system)*. Von Pawlow eingeführte Bezeichnung für die Gesamtheit aller von einem Lebewesen erworbenen bzw. erlernten Verknüpfungen

Sinne

zwischen Umweltreizen (Signale) und angeborenen Reaktionen im Sinne des klassischen Konditionierens (→*Konditionierung, klassische*). Tiere haben nach Pawlow nur ein einziges, ihnen zukommendes Signalsystem *(single signalling system of animals)*, während der Mensch im Verlaufe der aktiven Auseinandersetzung mit einer sich stets ändernden Umwelt auch abstrakte Zeichen oder Symbole der Sprache stellvertretend für Gegenstände oder Ereignisse in Signalfunktion verwendet. Der Mensch verfügt daher über ein von PAWLOW sog. *zweites* oder *verbales Signalsystem (second-verbal-signalling system)*, das die Gesamtheit aller verbalen Signalbeziehungen zu Reaktionen bezeichnet. Als *erstes Signalsystem (first signalling system)* des Menschen bezeichnete Pawlow temporäre Verknüpfungen von Reflex-Reaktionen mit ursprünglich neutralen Umweltreizen; das *zweite Signalsystem* dagegen charakterisiert die habituell gewordenen Verknüpfungen und ihre symbolische Repräsentation durch begriffliches Denken und Sprache. Daraus erhellt, daß das zweite Signalsystem die Leistungen des ersten Signalsystems zu beeinflussen bzw. zu steuern vermag.

Signifikanz *(significance)*.
[1] →*Bedeutung*, Sinn, Signal- oder Sprachzeichenbedeutung.
[2] Statistische Bezeichnung für überzufällige Beziehungen oder Abweichungen von Populationsdaten, deren Parameter aus empirisch erhobenen Daten geschätzt werden. Der Signifikanzprüfung dienen sog. →*Prüfverteilungen*. Mit *Signifikanzniveau* bezeichnet man den vor einer statistischen Signifikanzprüfung (Signifikanztest) festgelegten Umfang des in Kauf genommenen *Fehlers erster Art;* die konventionellen Signifikanz-Grenzen liegen bei α = 1% oder 5%.

Simulation *(simulation)*.
[1] Bezeichnung für die willentliche Vortäuschung von Krankheitssymptomen.
[2] Die Nachbildung einer bestimmten Situation oder eines Arbeitsplatzes (z. B. das Cockpit eines Flugzeuges) zu Trainings- oder Untersuchungszwecken. Als Computer-S. Bezeichnung für die (vereinfachte) Nachbildung kognitiver Prozesse mit Hilfe eines an den Algorithmen tatsächlicher kognitiver Prozesse orientierten Programmes zum Zwecke der Veranschaulichung oder Modellerprobung mit

dem Ziel der Vorhersage. Derartige Computer-S. dienen u. a. der Weiterentwicklung von Programmen, mit deren Hilfe Probleme gelöst bzw. intelligentes Verhalten nachgebildet werden soll.
→*Intelligenz, künstliche.*
Simulationsspiel →*Spiel.*
simultan *(simultaneous)*. Gleichzeitig.
simultanes Konditionieren →*Konditionierung, klassische.*
Simultankontrast →*Farbige Schatten,* →*Kontrast.*
Sinistralität →*Händigkeit.*
Sinn *(sense; meaning)*.
[1] *Philosophie:* Einsicht in die Bedeutung, Ordnung, Herkunft und Zweckgerichtetheit eines Ereignisses oder Verhaltens im Wirklichkeits-, Vorstellungs- oder theoretischen Bezug. In Metaphysik und Theologie Bezeichnung für das hinter dem Wahrnehmbaren stehende Wesen von Dingen oder Ereignissen bzw. der auf einen bestimmten Endzustand gerichtete Plan einer Entwicklung (z. B. der Sinn der Schöpfung).
[2] *Semantik:* Von Frege eingeführte Bezeichnung für den Bereich zwischen der Bedeutung von Sprachzeichen und subjektiven Vorstellungen. So ist z. B. die (sachsinnhafte) Bedeutung der Bezeichnungen »Abendstern« und »Morgenstern« übereinstimmend auf denselben Gegenstand bezogen; derselbe Himmelskörper hat aber am Abend- und Morgenhimmel einen unterschiedlichen Sinn, an sich verschiedene Vorstellungen knüpfen können.
[3] *Psychologie:* Über das Erscheinungsbild oder eine Aussage und ihre gegenständliche Bedeutung hinausreichende Erfassung des Bedeutungszusammenhangs im Bezugssystem von *Situation* und *Selbstkonzept,* die als Sinnerfüllung mit den Merkmalen subjektiver oder intersubjektiver Evidenz erlebt wird. In der *Gestalttheorie* gleichbedeutend mit der Erfüllung von Prägnanztendenzen im Bereich der subjektiven (Wahrnehmungs- und Denk-) Erfahrung. In der Umgangssprache bedeutet die Umschreibung, jemand sei »von Sinnen«, daß sein Denken und Verhalten außer Kontrolle geraten ist, d. h. keinen von außen erkennbaren Bezug zu den Gegebenheiten und Erfordernissen der Umwelt besitzt.

Sinne *(senses)*. Zusammenfassende Bezeichnung für sensorische Funktionen, die den Rapport zur Umwelt und zu den Vorgängen

405

Sinnesdatum

im Körper gewährleisten. Die einzelnen Sinnesgebiete werden im Hinblick auf die Art und Reizempfänglichkeit der Rezeptoren, anatomische Merkmale der der Weiterleitung und Verarbeitung von Sinnesdaten dienenden peripheren und zentralnervösen Strukturen und der daraus resultierenden Sinnes-Empfindungen sowie ihrer Funktion im Gesamtzusammenhang der Orientierung voneinander unterschieden (→*Analysator*). Als *Fernsinne* gelten Sehen, Hören und Riechen. Die *Hautsinne* vermitteln Berührungs-, Druck-, Kälte- und Wärmeempfindungen sowie Schmerz. Sog. *propriozeptorische Körpersinne* dienen der Rückmeldung von Muskelspannungszuständen und Körperlage sowie der Registrierung von Bewegungsrichtung und -beschleunigung des Körpers. Als *viscerale Sinne* schließlich bezeichnet man diejenigen Systeme, welche über *Interoceptoren* (Rezeptoren im Nervenzellgewebe sowie in den Gefäßen) innersekretorische Veränderungen, Blutdruck und Bluttemperatur melden.

Sinnesdatum →*Empfindung.*

Sinnesgegebenheit →*Empfindung.*

Sinnesorgane *(sense organs).* Rezeptorenapparate und zu ihnen gehörende äußere und innere Gewebeteile (Auge, Ohr usw.).

Sinnesqualität *(sense quality).* Bezeichnung für die Eigenart der Empfindungen, die über quantitative Unterschiede hinaus erhalten bleibt, bezogen auf ein bestimmtes Sinnesgebiet. Syn. *Empfindungsqualität, Sinnesmodalität.*

sinnlose Silbe *(nonsense syllable, senseless syllable).* Bezeichnung für eine Buchstabenkombination, die aussprechbar ist, jedoch in der betreffenden Sprache möglichst keine Bedeutung bzw. keinen Anklang an eine sachsinnhafte Bedeutung erweckt. Man mißt den Grad der »Sinnlosigkeit« einer Silbe an der Anzahl der Assoziationen, die bei ihrem Anhören oder Lesen auftritt. Als sinnlos werden nur solche Silben bezeichnet, die keine oder nur ein Minimum an Assoziationen auslösen. Die sinnlosen Silben bestehen meist aus einer Konsonant-Vokal-Konsonant-Folge von der Art »jyf« und dienen seit EBBINGHAUS der Erforschung des »reinen Gedächtnisses« bzw. des Umfanges des *Behaltens* (→*Gedächtnis,* →*Gedächtnisumfang*).

SI-System; Système International d'Unités. Internationales *Einheitssystem* des naturwis-

senschaftlichen Messens, das auf den sieben Basiseinheiten Ampère (Stromstärke), Candela, (Helligkeit; →*Kerzenstärke*), Kelvin (Temperatur), Kilogramm (Gewicht), Meter (Länge), Mol (Stoffmenge) und Sekunde (Zeit) beruht. Einheitssysteme gehen auf einen Vorschlag des Mathematikers C. F. GAUSS aus dem Jahre 1832 zurück. Er empfahl die Erstellung eines Systems, das auf den Grundeinheiten Meter, Kilogramm, Sekunde *(MKS-System)* beruhen sollte, aus denen mittels Definitionsgleichungen weitere Größen abgeleitet werden könnten. Das darauf bauende Centimeter-Gramm-Sekunden-System *(CGS-System)*, das um 1870 in England konzipiert wurde, war das erste international gebräuchliche Einheitssystem, das noch heute neben dem SI-System und einigen spezifischen Systemen der Physik verwendet wird.

LIT. JERRARD, McNEILL (1994).

Situation.

[1] Bezeichnung für die raum-zeitlichen äußeren Bedingungen des Verhaltens (Syn. *Feld, Umwelt*).

[2] Bezeichnung für alle zu einem gegebenen Zeitpunkt wirksam werdenden inneren Repräsentationen von Außenwelteindrücken, von Erinnerungen, Gedanken und Erwartungen im Lichte subjektiver Auslegungsweisen und Zielorientierungen, bezogen auf den momentan bedeutsamen Erlebnis- oder Handlungszusammenhang (Syn. *Feld* im Sinne von Lewin).

Situationismus →*Persönlichkeit.*

Situationskreis-Modell *(situational circuit model).* Eine Erweiterung des *Funktionskreis-Modells* durch THURE VON UEXKÜLL. Es wird angenommen, daß der Mensch Programme der Bedeutungsverteilung und Bedeutungsverwertung besitzt, die er vor dem eigentlichen Handeln in der Auseinandersetzung mit Umweltproblemen in Gedanken durchspielt und dabei ihre Angemessenheit erprobt. Der Ansatz steht in großer Nähe zu der Bewertungstheorie des *Bewältigungsverhaltens* und wird, wie dieser, insbesondere im Zusammenhang der Auseinandersetzung mit belastenden Situationen *(Streß)* sowie in der Psychosomatik herangezogen.

LIT. UEXKÜLL (1979).

situationsspezifische Reaktionen →*Psychophysiologie.*

Situationsstereotypie *(situation stereotypy).* *Psychophysiologie:* LACEY'S Bezeichnung für die Annahme eines konstanten autonom-emotionalen Reaktionsmusters in bezug auf eine bestimmte Situation, das bei allen Individuen relativ gleichförmig ausfällt. Man findet solche Stereotypien dann, wenn man eine Gruppe von Individuen in verschiedenen z. B. belastenden Situationen untersucht und als Quelle der Varianz vorwiegend den Situationswechsel identifizieren kann, während die interindividuelle Varianz in ihrer Bedeutung zurücktritt. In der neueren Forschung wird meist davon ausgegangen, daß ein psychophysiologisches Reaktionsmuster, abgesehen von seiner Abhängigkeit in bezug auf den gegebenen funktionellen Zustand des Organismus (z. B. Aktivation) sowohl situations- als auch reaktionsspezifische Züge trägt *(→Reaktionsstereotypie)*.

Skala *(scale)*. Statistische Bezeichnung für das dem *Messen* zugrunde liegende Bezugssystem. Man kann grob zwischen topologischen und metrischen Skalen unterscheiden; zu den topologischen Skalen gehören alle Formen der sog. *Nominalskala*, d. h. Kategoriensysteme, mit deren Hilfe sich die betrachteten Fälle klassifizieren lassen (z. B. nach Augenfarbe, Geschlechtszugehörigkeit u. ä.). Eine Übergangsform von topologischen zu metrischen Skalen stellen die sog. *Ordinal-* oder *Rangskalen* dar. Hier werden Ereignisse oder Aspekte von Gegenständen durch die Verwendung von – eine Rangordnung ausdrückenden – Zahlen angeordnet (z. B. erhält der Größte in einer Gruppe den Rangplatz 1, der Zweitgrößte 2 usw.). Bei dieser Skalenart lassen sich monotone Transformationen durchführen, die zwar die bezeichnenden Größen ändern, jedoch nicht ihre Ordnung. Liegt dem Messen ein Kontinuum mit gleichgroßen Intervallen zugrunde, so bezeichnet man dies als *Intervallskala*. Es handelt sich um eine metrische Skalenart, der bestimmbare Größen durch Messung zugeordnet werden. Die Werte lassen sich im Sinne der Verteilungsart statistisch bearbeiten, was die Möglichkeiten der Parameterschätzung und linearen Transformation eröffnet. Die statistischen Kennzahlen Mittelwert, Standardabweichungen und damit zusammenhängende Inferenztechniken lassen sich hier anwenden. Die höchste Stufe der Skalen repräsentiert die sog. *Verhältnisskala,* die einen definierten Null- oder Ausgangspunkt besitzt (z. B. die Kelvinsche Temperaturskala mit dem absoluten Ausgangswert – 273,16 Grad). Die Mittel der statistischen Prüfung oder Inferenz sind weitgehend vom *Skalenniveau* bestimmt; das niedrigste Niveau repräsentiert die Nominalskala, das höchste die Intervall- und Verhältnisskala.

LIT. STEVENS (ed.; 1958).

Skalierung *(scaling)*.
[1] Das Erstellen einer Skala (z. B. Empfindungsskala der →*Psychophysik)* nach bestimmten Regeln aufgrund empirischer Daten.
[2] Syn. für das *Standardisieren* eines Tests zur Erstellung einer *Testskala* (z. B. Intelligenzskala).
[3] Syn. für Messen im Sinne der Anwendung von bereits erstellten Skalen zur Lokalisierung einzelner Objekte oder Ereignisse.
→*Multidimensionale Skalierung.*

LIT. GUILFORD (1954); SIXTL (1971); TORGERSON (1958); ZINNES (1969).

Skalierung, multidimensionale →*Multidimensionale Skalierung.*

Skalogramm →*Guttman-Skala.*

Skalogramm-Analyse →*Einstellungsskalen.*

Skelettmuskeln →*quergestreifte Muskeln.*

Sklera *(sclerotic)* oder **Lederhaut.** Äußere Haut des →*Auges.*
→*Hornhaut.*

Sklerose *(sclerosis)*. Verhärtung eines Organs oder Organteils infolge krankhafter Veränderungen, sog. Kollagenfibrillen, im ZNS durch Bildung von Glianarben.

Skotom *(scotoma)*. Durch Netzhautschädigungen oder Hirnverletzungen im Bereich der Sehrinde bedingte Ausfälle in umschriebenen Gesichtsfeldregionen, z. U. vom sog. *blinden Fleck* (blind spot) an der Stelle des Sehnervaustrits. *Skotopisches Sehen* bezeichnet das Wahrnehmen bei Dunkeladaptation (Stäbchensehen); *Skotophobie (scotophobia):* Angst vor Dunkelheit.

Skript *(script)*. In der Gedächtnisforschung die *symbolische Repräsentation* eines Handlungsablaufes, in die neue Einzelinformationen, welche Handlungen beschreiben, integriert werden. Bei der Erinnerung an Einzelinformationen können dadurch Fehler entstehen, daß sich der Betreffende von allgemeinen Erwartungen, die sich auf das Skript beziehen, leiten läßt.

LIT. ABELSON (1981).

social power

social power →*Macht, soziale.*

Sodomie *(sodomy).* Sexuelle Beziehungen zwischen Mensch und Tier.

software. Bezeichnung für die zu einem bestimmten Computersystem gehörenden Programme, die die Operationen des Systems steuern (und von ihm »verstanden« werden); auch Bezeichnung für die in ein Computersystem fest eingebauten Programme, z.B. die eingebaute logarithmische Funktion bei einem Tischrechner.

Solipsismus *(solipsism).* Philosophische, extrem idealistische Position, die nur die Erfahrung des Individuums als sichere Quelle des Erkennens zuläßt.

Somästhesie *(somaesthesia).* Bezeichnung für die Haut- und Tiefensensibilität; Inbegriff von Empfindungsqualitäten wie Berührung, Druck, Schmerz, Wärme–Kälte, Hitze, Kitzel, Jucken, Vibration; manchmal auch Hunger, Durst, Übelkeit u.ä.

somatisches System →*Nervensystem.*

Somatisierung *(somatization). Klinische Psychologie, Psychiatrie:* Von FREUD eingeführte Bezeichnung für die Umwandlung seelischer Konflikte in Organerkrankungen oder →*psychosomatische Störungen.* Stehen die körperlichen Beschwerden bzw. Ausdruckserscheinungen als symbolischer Ausdruck für die Art des zugrundeliegenden seelischen Konflikts, so bezeichnet man sie als *Konversionssymptome.*

Somatisierungssyndrom *(somatization syndrome).* Verhalten, das durch den fortlaufenden dramatisch dargebotenen Hinweis auf vielerlei körperliche Beschwerden gekennzeichnet ist, für die es jedoch keine körperlichen Ursachen gibt. →*Hypochondrie,* →*somatoforme Störung.*

somatoformes Schmerzsyndrom →*somatoforme Störung.*

somatoforme Störung *(somatoform disorder).* DSM-IV: Körpersysmptome, die eine körperliche Störungsursache nahelegen, aber weder durch organische Befunde erhärtet sein noch auf Substanzen (Drogen, Medikamente) oder diagnostizierbare andere Störungen zurückgehen. Im Gegensatz zu *vorgetäuschten Störungen* oder *Simulieren* können die Symptome nicht absichtlich herbeigeführt werden. Die Folgen sind Leiden bzw. Beeinträchtigungen sozialer, beruflicher oder anderer wichtiger Funktionsbereiche. Zu den s. S. zählen:

(a) *Somatisierungsstörung (somatization disorder),* eine polysymptomatische Störung, die in der Regel vor dem 30. Jahr beginnt und über Jahre fortdauert. Die häufigsten Symptomkombinationen umfassen Schmerzen, Magen-Darm-Beschwerden, Beeinträchtigungen im Sexualbereich und/oder sog. pseudoneurologische Symptome. S. umfaßt u.a. einige Formen der früher sog. →*Hysterie* und das *Briquetsche Syndrom;* (b) *Undifferenzierte somatoforme Störung (undifferentiated somatoform disorder),* gekennzeichnet durch unerklärbare, im Vergleich zur *Somatisierungsstörung* schwächere bzw. weniger komplexe Körperbeschwerden, die mindestens ein halbes Jahr bestehen. (c) Eine *Konversionsstörung (conversion disorder)* wird diagnostiziert, wenn unerklärbare Defizite der Willkürmotorik oder Wahrnehmung ohne neurologische oder organische Befunde vorliegen, z.B. Seh- oder Hörstörungen und Lähmungserscheinungen, die früher den sog. *hysterischen Neurosen vom Konversionstypus* zugerechnet wurden; (d) eine *Schmerzstörung (pain disorder),* früher *somatoformes* Schmerzsyndrom *(somatoform pain syndrome),* ist gegeben, wenn Einsetzen, Intensität, Verlauf und Dauer von Schmerzen psychisch bzw. pychosomatisch verursacht sind; (e) *Hypochondrie (hypochondriasis)* äußert sich in auf Angst vor schweren Krankheiten oder übertreibenden Fehlinterpretationen von körperlichen Symptomen beruhenden Überzeugungen, schwer krank zu sein; (f) die *Körperdysmorphe Störung (body diysmorphic disorder),* früher *dysmorphe Störung (dysmorphic disorder, dysmorphophobia),* liegt vor, wenn vorgestellte oder übertrieben ausgelegte Gebrechen oder Mängel des körperlichen Erscheinungsbildes vorrangige Beachtung finden.

Somatologie *(somatology).* Bezeichnung für die Lehre von der Konstitution und Physiologie des Körpers. Als *somatisch (somatic)* bezeichnet man alle Körpermerkmale und Zustände bzw. die Gesamtheit aller Körperzellen mit Ausnahme der Keimzellen. Somatische Krankheiten bezeichnen alle Organerkrankungen z.U. von den sog. Nervenkrankheiten.

Somnambulismus (Nacht- oder Schlafwandeln). Herumgehen oder andere Aktivitäten während des Schlafes; manchmal auch Bezeichnung für ein durch Hypnose induziertes

soziale Entwicklung

Stadium, das äußerlich gewisse Ähnlichkeiten mit S. zeigt.
→*Schlafstörung.*

somnolentes Koma →*Koma.*

Somnolenz *(somnolence).*
[1] Schläfrigkeit.
[2] Bewußtseinsstörung, ein schläfriger Zustand, der aber durch die Einwirkung äußerer Reize zeitweise aufgehoben werden kann.

Sonderpädagogik *(special education).* Früher: *Heilpädagogik.* Umsetzung pädagogischen, sozialpädagogischen, psychologischen und medizinischen Wissens in Maßnahmen der Erziehungshilfe, der schulischen und sozialen Förderung sowie der Therapie und Rehabilitation geistig oder körperlich Behinderter, Anpassungsschwieriger oder wegen Sprach-, Sprech-, Seh- oder Hörschwierigkeiten Lernbehinderter.

Sone →*Phon.*

Sonographie →*Tomographie.*

Soziabilität oder **Umgänglichkeit** *(sociability).* Aus dem Englischen stammende Bezeichnung für die individuell verschieden stark ausgeprägte Tendenz, sich an mitmenschlicher Gesellschaft zu erfreuen und Kontakte mit anderen leicht und gern herzustellen.

sozial *(social).*
[1] Allgemeine und umfassende Bezeichnung für alle Arten von Beziehungen, die zwei oder mehrere Individuen der gleichen Art in direkter oder indirekter Weise durch Interaktion verbinden, und für die daraus resultierenden Arten und Formen der Meinungs- und Verhaltensveränderungen. Auch für mit der Gesellschaft oder mit der umgebenden Kultur zusammenhängende Phänomene gebraucht, z. B. *soziale Institution.*
[2] Bezeichnung für *Einstellungen, Meinungen, Motivationen* u. ä., die sich auf das Zusammenleben in Gruppen beziehen oder ihren Ursprung im Zusammenleben bzw. in der umgebenden Gesellschaft oder Kultur haben; z. B. *soziale Normen, soziales Verhalten.*

Sozialanthropologie *(social anthropology).* Bezeichnung für die Auslegung sozialer Beziehungen, ihrer Entstehung im Rahmen von Traditionen und ihrer Auswirkungen auf das Zusammenleben in größeren Gemeinschaften im Rahmen der Geisteswissenschaften. Syn. Kulturanthropologie.

soziale Abhängigkeit →*Abhängigkeit.*

soziale Distanz *(social distance).*
[1] Allgemeine und umfassende Bezeichnung für vorhandene oder vorgestellte kulturelle Unterschiede (soziale Unterschiede) zwischen verschiedenen Gruppen oder »Klassen«.
[2] Bezeichnung für verschiedene Anzeichen eines angenommenen oder vorhandenen Unterschieds zwischen sozialen *Gruppen;* Anzeichen können sich auf Sitten und Gebräuche der »anderen« oder auf den Grad der Bereitschaft beziehen, ein Mitglied der anderen Gruppe in sozial definierter Nähe zu dulden bzw. in seiner Nachbarschaft leben zu wollen. Dabei wird angenommen, daß der Wunsch nach Entfernung einstellungsmäßiger Ablehnung, also großer sozialer Distanz, gleichkommt. Dies wird mit sog. *Bogardus-Skalen* gemessen *(social distance scale* oder *Bogardus scale of social distance).* Eine Reihe von Feststellungen wird dem Beurteiler vorgelegt; in den Feststellungen enthalten ist eine Rangreihe verschiedener Grade der Nähe, in der man sich einen bestimmten Mitmenschen als Angehörigen einer anderen Gruppe wünscht bzw. ihn duldet. Die Originalskala arbeitete mit sieben Stufen von Distanz bis Nähe: Von der globalen Ablehnung z. B. als Besucher im eigenen Land über Nachbarschaft und Klubmitgliedschaft bis zur Aufnahme in die eigene Familie.
LIT. BOGARDUS (1925).

soziale Dynamik *(social dynamics).* Bezeichnung für einen Teilaspekt der Soziologie und Sozialpsychologie, in dessen Rahmen Ursachen und Wirkungen *sozialer Veränderungen (social changes)* untersucht werden. Die rein formale Untersuchung bzw. Beschreibung der *Veränderungen (social evolution)* als soziale Entwicklung ist meist der Ausgangspunkt der Analyse. Die Analyse kann sich auf eine gesamte Kultur, auf Institutionen oder Einzelgruppen beziehen oder aber die Wechselwirkung miteinbegreifen, z. B. Veränderungen in der industriellen Gesellschaft.

soziale Entwicklung, soziale Reifung *(social growth).* Bezeichnung für einen Teilaspekt der →*Entwicklungspsychologie,* in dessen Rahmen den altersbedingten bzw. entwicklungsabhängigen Veränderungen jener *Eigenschaften,* die der sozialen Interaktion nützlich sind, besondere Aufmerksamkeit geschenkt wird. Den Zustand der *sozialen Reife (social maturity)* kennzeichnet das an Gruppen oder an der Gesellschaft orientierte Handeln.

409

soziale Erwünschtheit

soziale Erwünschtheit *(social desirability),* **Desirabilität.** Eine Tendenz, eigene Denk- oder Verhaltensweisen im Lichte ihrer Übereinstimmung mit vorgestellten oder tatsächlichen sozialen Normen zu beurteilen. Die soziale Erwünschtheit zählt u. a. zu jenen →*Reaktionseinstellungen,* die das Ergebnis von Einstellungsmessungen verfälschen können. Dabei werden die Feststellungen (items) einer Einstellungsskala nicht nach dem Grad des Zutreffens für die eigene Person beurteilt, sondern danach, ob das Zugeben einer dort angesprochenen Verhaltensweise mit den für sozial wünschenswert gehaltenen Denk- oder Verhaltensweisen anderer übereinstimmt oder nicht.
LIT. EDWARDS (1958).

soziale Imitation →*Imitation, soziale.*

soziale Interaktion *(social interaction).* Bezeichnung für die wechselseitige Beeinflussung von Individuen und Gruppen hinsichtlich ihrer Einstellungen und Handlungen durch Kommunikation *(symbolische Interaktion).* Als *Interaktionsanalyse* bezeichnet man ein von BALES erstelltes Bezugssystem zur Erfassung der Qualität und Intensität der Kommunikation in *Gruppen.*
→*Interaktion.*
LIT. BALES (1960).

soziale Klasse *(social class).* Allgemeine und umfassende Bezeichnung für das Ergebnis einer sozialen *Stratifizierung* oder *Stratifikation (stratification),* d. h. Klassifizierung von Individuen oder Gruppen nach den Gesichtspunkten des *sozialen Prestiges* (nach Bildungsgrad oder Position bzw. Status definiert) und/oder des *Besitzstandes* bzw. *Einkommens* und/oder des aktuellen oder potentiellen Einflusses auf andere im Sinne der →*social power* (→*sozioökonomisches Niveau).* Da die *Klassen* oder *Kategorien* je nach Betrachtungsaspekt variabel sind, läßt sich keine umfassende beschreibende Definition aufstellen.

soziale Kohäsion *(social cohesion).* Bezeichnung für den Zusammenhalt einer sozialen *Gruppe,* z. B. aus Gründen der Gemeinsamkeit zu erreichender Ziele u. ä.

soziale Mobilität *(social mobility).* Bezeichnung für die Veränderungen und das Ausmaß möglicher Veränderungen zwischen bestimmten sozialen Gruppen oder Klassen im Hinblick auf Verbesserungen oder Verschlechterungen im sozio-ökonomischen und

Bildungsstand, bezogen auf eine bestimmte Kultur (z. B. Feststellung der Tatsache, daß die Söhne von ungelernten Arbeitern zu x% aller Fälle gelernte Facharbeiter werden usw.). Syn. sozialer Aufstieg.

soziale Motive *(social motives).* Allgemeinste und umfassendste Bezeichnung für Beweggründe des Handelns, die durch Mitmenschen bzw. soziale Interaktion erzeugt und/oder von Mitmenschen in irgendeiner Art und Form zufriedengestellt werden können.

soziale Phobie →*Phobie.*

soziale Remission →*Remission.*

sozialer Status *(social status),* **soziale Position** →*Rolle.*

soziales Prestige →*Prestige.*

soziales System *(social system).* Allgemeine Bezeichnung für ein →*System* der Interaktion einer Mehrzahl von Individuen, wobei die Arten und Formen der Interaktion (Kommunikation) durch das System bzw. Kultursystem und die aus ihm erwachsenden Erwartungen in bezug auf das Verhalten mitbeeinflußt werden. PARSONS und SHILS prägten diesen Begriff.
LIT. PARSONS, SHILS (1951).

soziale Urteilstheorie →*Linsenmodell.*

soziale Veränderungen →*Soziale Dynamik.*

Sozialhygiene *(social hygiene).* Allgemeine Bezeichnung für alle Maßnahmen, die ein konfliktloses Zusammenleben verschiedener Gruppen oder Individuen gewährleisten bzw. sozial gefährdende Ereignisse, ihre Bedingungen und Auswirkungen (Verbreitung von Geschlechtskrankheiten durch Prostitution u. ä.) klären und Lösungen der daraus entstehenden Probleme suchen.

Sozialisation *(socialization, socialisation),* manchmal auch *Akkulturation, Enkulturation, Personalisation, Vergesellschaftung.* Allg. und umfassende Bezeichnung für den gesamten Prozeß, in dessen Verlauf ein Individuum durch passiven und aktiven Umgang mit anderen Menschen die ihm eigentümlichen sozial relevanten Erlebnis- und Verhaltensweisen erwirbt. In eingeengter, eher soziologischer Bedeutung der Prozeß des Erwerbens gesellschaftlicher bzw. kultureller *Normen.* Der Verlauf der S. ist charakterisiert durch zunächst asymmetrische und dann allmählich symmetrischer werdende Beziehungen zu anderen Menschen bzw. Gruppen. Er beginnt in der Abhängigkeit von mütterlicher und elterli-

cher Fürsorge und reicht bis in die Beziehungen zu Berufskollegen, begleitet also das menschliche Leben. In den Grenzen der dem Organismus zur Verfügung stehenden Möglichkeiten können Einflüsse der S. sowohl auf einzelne *Eigenschaften* (z. B. Abhängigkeit – Unabhängigkeit, Ängstlichkeit, Aggressivität, Intelligenz- und Sprachentwicklung). *Einstellungen, kognitive Stile,* als auch auf übergreifende Funktionen der Auseinandersetzung mit der Umwelt (z. B. Daseinstechniken, Erlebnis- und Verhaltensstile) aufgewiesen werden. Psychoanalytische Autoren schreiben der S. unter besonderer Berücksichtigung der frühkindlichen Entwicklung den Erwerb der Kontrollinstanz über Bedürfnis- und Triebregulation *(Über-Ich)* zu. Vom Geschehenstypus gesehen, vollzieht sich die S. durch implizite oder explizite Lernvorgänge (z. B. *Imitationslernen;* Lernen durch *Verstärkung*). Für das Ingangkommen und den Verlauf der S. sind sowohl Personen und Gruppen als auch Institutionen und Milieufaktoren ausschlaggebend (Familie, Mitschüler, Arbeitskollegen; Schul- und Bildungssystem; sozio-ökonomischer Status, Siedlungsgröße). Aus psychologischer Sicht läßt sich die Funktion der S. beschreiben als mehr oder weniger gelungene, realistische Einschätzung des eigenen Bezuges zur sozialen Umwelt, die im günstigen Fall dazu führt, vorwiegend solche Verhaltensweisen und Erlebnisformen zu entwickeln, die sowohl den eigenen Bedürfnissen und Wünschen als auch den Bedürfnissen und Wünschen der anderen Mitmenschen entsprechen.
LIT. FRÖHLICH, WELLEK (1972); GOSLIN (Hrsg.; 1969); ZIGLER, CHILD (1969).

Sozialmedizin *(social medicine).* Allgemeine Bezeichnung eines Teilgebietes der Medizin, das der Vorbeugung oder Vermeidung von Schäden aus sozialen Ursachen gewidmet ist (z. T. Syn. für *Psychohygiene, Sozialhygiene* u. ä.).

Sozialpsychologie *(social psychology).* Allgemeine und umfassende Bezeichnung für ein Teilgebiet der Psychologie, in dessen Rahmen Erkenntnisse der Entwicklungs-, Persönlichkeits- und Motivationsforschung und der Mitteln psychologisch-wissenschaftlicher Methoden auf die *soziale Interaktion* bzw. umgebende Kultur des Individuums bezogen werden bzw. dadurch eine erhellende Beschreibung und Erklärung erfahren. Im allgemein-

sten Sinne untersucht die S., wie sich individuelles Verhalten durch *soziale Interaktion entwickelt* und *modifiziert* und welche Rückwirkungen dies innerhalb und außerhalb des sozialen Feldes hat. Die wichtigsten Teilgebiete der sozialpsychologischen Forschung sind: (a) Arten und Formen der sozialen Anpassung (→*Sozialisation)* und Arten und Wege der *Internalisierung* (→*Sozialisation)* sozialer oder kultureller Normen. (b) Soziale *Einstellungen,* ihr *Erwerb* und ihre *Wirkweise,* sowie die Dynamik ihrer Veränderungen; die Erforschung der Entstehung und Wirkweise von *Vorurteilen* und *Stereotypien. (c) Soziale Interaktion,* die Wahrnehmung und Beurteilung des Mitmenschen *(social perception);* →*Kommunikation* und die *Rolle der* →*Sprache.* (d) *Gruppenfunktionen* und →*Gruppendynamik;* Fragen der *sozialen Kohäsion* und →*Konformität; Gruppenkonflikte.* (e) Die Beziehungen von *Gruppen* (kleinen und größeren Gemeinschaften; »Nationen«) untereinander; Fragen der politischen Sozialpsychologie. Je nach Problemgebiet dominieren die Einflüsse der →*Feldtheorie* und →*Gestaltpsychologie,* der →*Lerntheorien* (→*Konditionierung)* und der →*Psychoanalyse.* Die Begriffe der S. sind sehr stark mitgeprägt von der →*Soziologie* und anderen Nachbarwissenschaften *(Ethnologie, Kulturanthropologie).*
LIT. BORNEWASSER u. a. (1976); R. BROWN (1979); HARTLEY, HARTLEY (1958); HOFSTÄTTER (1966); IRLE (1975); KRECH u. a. (1962); LINDZEY (ed.; 1954); RAVEN, RUBIN (1976); SECORD, BACKMAN (1964); STROEBE, HEWSTONE, CODOL, STEPHENSON (Hrsg., [3]1997).

Soziobiologie *(sociobiology).* Biologische Forschungsrichtung, die alles tierische und menschliche Verhalten als durch *Evolution* und *Genstruktur* (DNA-Struktur) determiniert annimmt. Der soziobiologische Ansatz unterscheidet sich insofern von der Darwinschen Evolutionslehre, als dort von der Arterhaltung als quasi-soziales Phänomen ausgegangen wurde, Verhaltensweisen des gegenseitigen Beistehens (Altruismen) jedoch im engeren Sinne nicht erklärt werden konnten. Die Soziobiologie dagegen geht von der Annahme aus, daß es in den Genen selbst verankerte Programme der Verteidigung gebe, die den Träger jeweils ähnlicher Genstrukturen dazu ver-

Soziodrama

anlassen, seinem DNA-Artverwandten beizustehen. Da der Nachweis solcher Annahmen sich vorwiegend auf Insektenuntersuchungen (Ameisen) beschränkt, erklärt sich die Umstrittenheit dieses Ansatzes u. a. aus der mangelnden empirischen Untermauerung.
→*Darwinismus,* →*Evolution,* →*Gen.*
LIT. WILSON (1975).

Soziodrama →*Gruppentherapie.*

Soziogramm *(sociogram).* Bezeichnung für ein Standardverfahren der →*Soziometrie.* Die Erstellung des S. geschieht nach Anwendung des »soziometrischen Tests« von Moreno. Sämtliche Mitglieder einer Gruppe werden nach ihren gewünschten Beziehungen oder Interaktionshäufigkeiten untereinander befragt. Das Ergebnis wird graphisch so dargestellt, daß die Länge einer Strecke zwischen zwei Individuen die Distanz und ein Pfeil die Richtung der Wahl anzeigt. Das S. ermöglicht die Identifikation der Gruppenstruktur aus dem Schaubild und verweist auf zentrale Bezugspersonen (Führer) ebenso wie auf Außenseiter oder Cliquen. Bei größeren Gruppen sind *Matrixanalyse* oder *Indexanalyse* bessere Darstellungsmethoden.
LIT. MORENO (1953); PROCTOR, LOOMIS (1951).

Soziologie *(sociology).* Bezeichnung für die Wissenschaft von der Entwicklung und den Prinzipien der sozialen Ordnung *(social organization)* und den Eigentümlichkeiten und der Systematik von Gruppenarten und -formen im Kontext von Traditionen, kulturellen Gegebenheiten und sich wandelnden Arbeits- und Umgebungsbedingungen (z. B. Technisierung, Städtebau, Bevölkerungsdichte).
→*Sozialpsychologie.*

Soziometrie *(sociometry).* Bezeichnung für die Erfassung und Darstellung sozialer Beziehungen in einer Gruppe nach Kommunikationsart und -häufigkeit zum Zwecke der Analyse dynamischer Prozesse. Das *Soziogramm (sociogram)* ist das Ergebnis solcher Bemühungen.
LIT. BJERSTEDT (1956); MORENO (1953; 1960).

sozio-ökonomisches Niveau oder **Status** *(socio-economic level).* Allgemeine Bezeichnung für die durch Besitzstand bzw. *Wohlstand (wealth),* Berufskategorie und *Klassenzugehörigkeit* bestimmbare *soziale Position* einer Gruppe oder eines Individuums

(socioeconomic position). Testverfahren, die auf die oben definierten differenzierenden Merkmale nicht ansprechen bzw. davon weitgehend unabhängig sind, werden als *sozioökonomisch unabhängige (culture free tests, socio-economic free tests)* bezeichnet.
→*soziale Klasse.*

Soziopathie →*Psychopathie.*

Spannung, Anspannung *(strain, tension).*
[1] Engl. *strain:* Physikalische Bezeichnung für die durch Zug oder Druck (Streß) hervorgerufenen Veränderungen in einem System.
[2] Allgemeine Bezeichnung für Zustände extremer Aufmerksamkeitszuwendung (angespannte Aufmerksamkeit) bzw. Konzentration; auch für Muskelspannung; auch Syn. für »Druck« im Sinne von Streß auslösender Spannung.
[3] Der englische Begriff *»strain«* bedeutet auch Brut oder Zuchtreihe (z. B. alle Tiere, die durch Zucht gemeinsame Herkunft haben).
[4] Engl. *tension:* Ein der Spannung oder Anspannung bzw. erlebtem »Druck« (Konflikt u. ä.) entsprechender *Gefühlszustand,* als Störung des homöostatischen Prinzips (Gleichgewichts) bewertet und dem mit einer gesteigerten Aktivität zur Änderung der gegenwärtigen Situation begegnet wird. Gegenteil: Entspannung *(relaxation, tension release).*
→*Streß.*

Spasmus *(spasm).* Krampfartige Kontraktion von Muskeln oder Muskelgruppen, die sich der willentlichen Kontrolle entzieht.

Spearman-Brownsche Formel *(Spearman-Brown formula; Spearman-Brown prophecy formula).* Bezeichnung für eine in der *Testkonstruktion* übliche statistische Beziehung zwischen Anzahl der Items (Testaufgaben) und der *Reliabilität* eines *Tests.* Voraussetzung ist die bekannte Reliabilität des Verfahrens r_{tt} bei einer Aufgabenzahl von n.

$$r'_{tt} = \frac{\dfrac{n'}{n} \cdot r_{tt}}{1 + \left(\dfrac{n'}{n} - 1\right) r_{tt}}$$

r'_{tt} bezeichnet die voraussichtliche Reliabilität des Tests, wenn die Aufgabenzahl n' beträgt. Dabei kann n' größer oder kleiner als n sein.

Speichel *(saliva).* Flüssiges Sekret der *Speicheldrüsen (salivary glands),* das in die

Mundhöhle ausgeschüttet wird und der Aufweichung und Mundverdauung der Nahrung dient. Als *Speichelreflex (salivary reflex)* oder *Nahrungsreflex* bezeichnet man die auf bestimmte (Nahrungs-)Reize hin erfolgende Speicheldrüsentätigkeit. Der Speichelreflex diente PAWLOW als Ausgangspunkt seiner Lehre von den bedingten Reflexen bzw. Reaktionen (→*Konditionierung, klassische*).

Speiseröhre →*Ösophagus.*

Spektrum *(spectrum).* Physikalische Bezeichnung für das Band von sieben Farben (Spektralfarben), das bei Brechung reinen weißen Lichtes durch ein Prisma entsteht und dem Wellenlängen zwischen 400 und 760 mm entsprechen. Im übertragenen Sinn wird auch der Bereich hörbarer Schallereignisse zwischen 16 und rund 16 000 Hz (Schwingungen pro Sekunde) als akustisches oder auditives Spektrum bezeichnet.

Sperma *(sperm).* Samenflüssigkeit oder -fluß einschließlich der darin enthaltenen männlichen Keimzellen oder Spermatozoen *(spermatozoa).*

spezifische Phobie →*Phobie.*

spezifischer Faktor →*S-Faktor.*

spezifisches Abwehrsystem →*Immunsystem.*

Spezifitätshypothese →*Schmerz.*

Sphinkter oder **Schließmuskel** *(sphincter).* Ringförmiger Muskel, bei dessen Kontraktion Körperöffnungen geschlossen werden (z. B. Afterschließmuskel).

Sphygmomanometer. Vorrichtung zur Messung des arteriellen Blutdrucks *(blood pressure)* auf indirektem Wege; mit einem Manometer (Druckmesser) wird der auf eine Arterie (meist am Arm) mittels aufpumpbarer Manschette einwirkende Druck gemessen, der gerade ausreicht, um keinen wahrnehmbaren Pulsschlag (gemessen am Gelenk) mehr aufkommen zu lassen.

Sphygmograph. Vorrichtung zur Messung und graphischen Registrierung der Pulsschlagamplitude und -frequenz.

Spiegeltachistoskop →*Tachistoskop.*

Spiegelzeichen *(mirror drawing).* Bezeichnung für eine Versuchsanordnung (bzw. ein Prüfverfahren), bei dem die Versuchsperson eine Vorlage vom (seitenverkehrten) Spiegelbild her nachzeichnen muß. Diese Tätigkeit erfordert eine Umstellung der Hand-Augen-koordination.

Spiel *(game).*
[1] *S. des Kindes:* Geistige und/oder körperliche Tätigkeit, die keinem von außen erkennbaren Ziel oder Zweck dient und dem Spielenden mehr oder weniger lusterfüllter Selbstzweck ist. Bei Kindern in den ersten Lebensjahren ist S. hauptsächliche Aktivitätsform. Es wird als Ausdruck eines allgemeinen Tätigkeitsdranges gesehen und dient der Einübung wichtiger Funktionen (z. B. Geschicklichkeit, Fertigkeiten, sozialer Kontakt). Nach CHARLOTTE BÜHLER unterscheidet man (a) *Funktionsspiel, z. B.* Gegenstände berühren, Greifen, Sachen schieben oder werfen, Ein- und Ausräumen. Auftreten im ersten Lebensjahr. (b) *Fiktions- und Rollenspiel:* Kinder versetzen sich und Gegenstände in bestimmte Rollen und imitieren dabei Erwachsene und andere Kinder aus ihrer Erlebnissicht. Auftreten gegen Ende des zweiten Lebensjahres. (c) *Rezeptions- und Konstruktionsspiel:* Märchen anhören, Bilder betrachten; Bauen, Zeichnen, Material bearbeiten. Auftreten wie (b). (d) *Regelspiel:* Gruppen-, Gesellschafts- und sportliche Spiele nach festen Regeln, die eingehalten werden müssen. Auftreten ab ca. fünftem Lebensjahr.
[2] *S. des Erwachsenen:* Versuche, ohne Risiko die Grenzen der eigenen Möglichkeiten nach bestimmten Mustern zu erproben, und eine kultur- und gruppennorm-geprägte *Rolle* zu spielen (G. H. MEAD, E. BERNE).
[3] *Simulations-S. (simulation game):* Erforschung des Umgehens mit Informationen über eine bestimmte Situations- oder Verhaltensklasse durch relativ abstrakt gefaßte und nach Regeln bekanntgegebene und verwendbare Hinweise. Hauptsächliche Anwendung in der Analyse von Sozialisations- und Lernvorgängen im Sinne von spielerischem Problemlösen.
LIT. BERNE (1964); BOOCOCK, SCHILD (eds.; 1968); CHARLOTTE BÜHLER (1967); HUIZINGA (1949); PIAGET (1969); RÜSSEL (1953; 1959).

Spielleidenschaft →*Impulskontrolle.*

Spieltheorie *(theory of games).*
[1] Bezeichnung für die Analyse von Struktur und Funktion der Spiele von Kindern und Erwachsenen.
[2] Teilgebiet der Angewandten Mathematik, das aus der allgemeinen Wahrscheinlichkeits-

413

Spieltherapie

theorie hervorging. Die S. dient der Analyse von Situationen, in denen durch Kontrolle der Variablen und Einsetzen einer optimalen Spielstrategie Gewinn und Verlust durch Gleichgewichtslage zwischen Strategie und Risiko *(→Minimax-Prinzip)* definiert sind. Spiel ist hier Anwendung von strategischen Modellen, nicht die einzelne Partie und nicht das sog. Glücksspiel, dessen Ausgang vom Zufall beherrscht ist. Ersetzt man ein finites Spiel durch ein einfaches äquivalentes Modell, in dem es minimale Information über die Auswahl von Strategien der einzelnen Partner gibt, so ist dies die *Normalform* eines *strategischen Modells.* Die Gewinne, die für einzelne Strategien der Spieler ausbezahlt werden, nennt man *Payoff-Funktionen.* Ist das Produkt aller Payoff-Funktionen gleich Null, so besagt dies, daß ein Spieler oder eine Mannschaft nur dann gewinnt, wenn ein anderer oder die andere Mannschaft im gleichen Maße verliert. Ein solches Spiel heißt *Null-Summen-Spiel (zerosum game, finite normalized zero-sum game).* Grundlagen für die Anwendung der S. in *Sozial-, Politik-, Militär-* und *Wirtschaftswissenschaften* stammen von Neumann und Morgenstern. Spiele nach dem Muster der S. werden in der Psychologie zur Analyse von *Entscheidungs-* und *Lernprozessen* in Form sog. *Simulationsspiele* verwendet. Die Variablen eines Sachverhaltes (z. B. einer politischen Entscheidung) werden bekanntgegeben; jeder Spieler kann unter verschiedenen Strategien wählen (z. B. Auswahl aus verschieden gewichteten Maßnahmen der kommunalen Planung); er muß dabei Gewinn und Verlust kalkulieren, ohne die Strategien der anderen Parteien zu kennen. In der Pädagogischen Psychologie konnte gezeigt werden, daß komplizierte und sonst die Zuhörer langweilende Stoffe mit Hilfe der S. leichter vermittelt werden können.

LIT. BURGER (1959); COHEN (1964); NEUMANN, MORGENSTERN (1944); SHUBIK (Hrsg.; 1965).

Spieltherapie *(play therapy).* Relativ unsystematisches Verfahren zur Erfassung und Behandlung kindlicher Anpassungs- und Verhaltensschwierigkeiten. Die Kinder bekommen eine Auswahl von Spielsachen oder Spielen vorgelegt und spielen damit in Anwesenheit des beobachtenden Therapeuten; manchmal erfolgt die Beobachtung auch unwissent-

lich. Art und Durchführung des Spieles werden anschließend gedeutet. Man nimmt an, daß das Spiel in einer relativ entlasteten Situation kathartische (konfliktbereinigende) Wirkung hat und/oder daß Kinder im Spiel »verdrängte« Konflikte eher zur Darstellung bringen.

Der sog. *Sceno-Test* gibt standardisierte Bauelemente vor; die »Auswertung« besteht in einer psychoanalytischen Interpretation von Figuren- und Objektgebrauch.

LIT. STAABS (1964).

Spike *→Spitzenpotential.*

Spinalganglien oder **Intervertebralganglien** *(spinal ganglia).* Gruppen von Zellkörpern sensorischer Neuronen, die sich als kleine Fortsätze an den hinteren Wurzeln der Rückenmarksnerven zeigen. Die von diesen Zellen ausgehenden Fasern sind *→afferent.*

Spinalnerven oder **Rückenmarksnerven** *(spinal nerves).* Beim Menschen 31 paarige Nerven, die an verschiedenen Stellen des Rückenmarks austreten und afferente und efferente Fasern des autonomen und Zentralnervensystems (cerebro-spinalen Systems) enthalten.

Spinalreflex oder **Rückenmarksreflex** *(spinal reflex).* Bezeichnung für einen *Reflex,* dessen Leitungsbogen unterhalb der Medulla liegt.

Spiritismus *(spiritism).* Bezeichnung für den Glauben an ein Weiterleben der körperlosen Geister nach dem Tode und an die Möglichkeit, mit ihnen durch verschiedene Techniken Kontakt aufnehmen zu können (Tischklopfen, -rücken u. ä.). (Im Englischen manchmal auch *spiritualism.*)
→Parapsychologie.

Spiritualismus *(spiritualism).* Philosophische Bezeichnung einer metaphysischen Doktrin, der zufolge die Wirklichkeit bzw. die Grundlage der Wirklichkeit von immaterieller, d. h. geistiger Beschaffenheit ist und nur so verstanden werden kann. Gegenteil: *Materialismus.*

Spirometer. Vorrichtung zur Messung der Luftreserve in der Lunge.

Spironolacton *→Aldosteron.*

Spitzenpotential oder »**Spike**« *(spike).* Bezeichnung für das der gesteigerten Aktivität entsprechende Kurvenbild im *Elektroencephalogramm;* es zeichnet sich durch große, der rhythmischen *Wellenbewegung (waves)* überlagerte Amplituden aus. Syn. *Einzel-zacke.*

SPL →*elektrodermale Aktivität.*

split-brain. Bezeichnung für die Durchtrennung der Querverbindungen zwischen den Hirnhemisphären (Komissurektomie). Beobachtungen an split-brain-Patienten und -Versuchstieren ermöglichten es, die funktionale Asymmetrie der Großhirnhemisphären genau zu untersuchen.
→*Lateralität.*

spontan *(spontaneous).* Bezeichnung für eine ohne ersichtlichen Grund bzw. ohne auslösende Reizgrundlage erfolgende Aktivität oder Veränderung.

Spontan-EEG →*Elektroencephalogramm.*

Spontanfluktuation →*Spontanreaktion.*

spontane Erholung *(spontaneous recovery).* Bezeichnung für die Tatsache, daß eine *gelöschte* bzw. durch experimentell induzierte →*Hemmung* blockierte Reaktion, die für längere Zeit nicht ausgelöst bzw. aufgetreten war, bei Wiedereintreten in die mit der früheren Auslösung verbundene Situation bzw. Wiederauftreten des in seiner Wirksamkeit gehemmten Auslösereizes mit größerer Intensität auftritt, als dies beim letzten Löschversuch der Fall war. Rückfälle in bereits (z. B. durch Bestrafung) gelöschte oder blockierte Verhaltensweisen (sog. *Regressionen*) werden mit der spontanen Erholung erklärt.

spontane Remission →*Remission.*

Spontanrate *(operant level).* Die Häufigkeit des Auftretens bestimmter Verhaltensweisen in einer gegebenen Situation ohne sonstige Einwirkung, z. B. vor dem Einsetzen von Konditionierungstechniken.

Spontanreaktionen *(spontaneous responses).*
[1] Ohne äußeren oder inneren »Grund« unvermittelt auftretende Veränderungen des Verhaltens.
[2] In der *Psychophysiologie* und *Neurophysiologie,* gleichbedeutend mit *Spontanaktivitäten (spontaneous activities)* oder *Spontanfluktuationen (spontaneous fluctuations).* Bezeichnung für *autonome* Veränderungen (z. B. Atmung, Galvanische Hautreaktion, Herztätigkeit usw.), die ohne von außen erkennbare oder am Körperinneren lokalisierbare Reizgrundlagen einsetzen, jedoch reizspezifischen (phasischen und tonischen) Veränderungen ähnlich sind. Man darf annehmen, daß Spontanreaktionen, Spontanfluktuationen oder spontan auftretende Aktivationsprozesse sowohl mit dem allgemeinen Erregungszustand als auch mit Denk- und Vorstellungsprozessen (z. B. einer ängstlichen Erwartung) in Beziehung stehen. Autonome Spontanreaktionen werden u. a. zur Kennzeichnung der *Labilität* herangezogen.
[3] Als Spontan-EEG gleichbedeutend mit den nicht-ereignisbezogenen Vorgängen im Gehirnstrombild; auch *Hintergrund-EEG (→Elektroencephalogramm).*

Spontanremission →*Remission.*

Sportpsychologie *(sport psychology).* Teilgebiet der Angewandten Psychologie, in dessen Rahmen Probleme aus dem Handlungs- und Erlebnisfeld des Leistungs-, Breiten- und Freizeitsports mit den Methoden der wissenschaftlichen Psychologie behandelt werden. Besondere Schwerpunkte sind die Beziehungen zwischen Bewegung und Bewegungskontrolle in verschiedenen Sportarten, die Entwicklung und Überprüfung verschiedener Trainingsstrategien (einschl. der mentalen Übung), Beziehungen zwischen Trainings- und Wettkampfleistungen, der Einfluß motivationaler und emotionaler Faktoren auf Leistungen, Möglichkeiten der willentlichen Anstrengungsmobilisierung, der Einfluß von Gruppenmitgliedern und Publikum auf das Leistungsverhalten und seine Motivation, die Abstimmung des Schulsports auf körperliche und psychische Entwicklungsgegebenheiten, Sport als Freizeitgestaltung, als Rehabilitationsmaßnahme nach Erkrankungen bzw. Fragen der Gestaltung von Sportprogrammen für Versehrte usw. Die S. steht in enger Verbindung zu den Ergebnissen und Problemen der Entwicklungs-, Emotions-, Lern-, Gedächtnis-, Motivations-, Persönlichkeits-, Pädagogischen, Sozial- und ergonomischen Psychologie.
LIT.   EBERSPÄCHER (1982);   THOMAS (1982).

SPR →*elektrodermale Aktivität.*

Sprache *(language).* Allgemeine und umfassende Bezeichnung für Mittel der kommunikativen Kundgabe mit verbalen und nichtverbalen (z. B. Ausdruck) Zeichensystemen. Im engeren Sinne ein durch Konvention festgelegtes System von ausdruckshaltigen (expressiven) Zeichen, die das Individuum als Instrument begriffl. Analysen und Synthesen und als soziales Mittel der gegenseitigen Verständigung verwendet. Die Einheit der Sprache ist

Sprachpsychologie

ein »Satz« bzw. eine »Feststellung«. (Im dt. Sprachgebrauch bezieht sich Sprache meist nur auf die Lautsymbole einschließl. ihrer Bedeutung.) Die *Psychologie der Sprache (psycholinguistics)* beschäftigt sich mit dem Erwerb solcher Systeme, ihrer Funktion in der Kommunikation usw.
LIT. HERRMANN (1972); HÖRMANN (1967).

Sprachpsychologie →*Psycholinguistik,* →*Sprache.*

Sprachstörungen *(speech disorders; language disorders).* Zusammenfassende Bezeichnung für (a) sprechmotorische Beeinträchtigungen bei bestimmten Lauten, Silben, Worten oder Sätzen (Aphasie), (b) der Schreibmotorik (Agraphie), (c) der das Sprechen begleitenden Gestik (Amimie), (d) für Beeinträchtigungen des Verstehens bestimmter Laute, Silben, Worte oder Sätze (sensorische Aphasie), (e) des Lesens (Alexie) und (f) des Verstehens von Ausdrucksgesten (sensorische Amimie). Im weiteren Sinne gehören auch Stottern, Stammeln, Lispeln usw. zu den allgemeinen motorischen Sprachstörungen.

Sprechflüssigkeit →*Intelligenz.*

Spur *(trace).* Bezeichnung für physiologisch-neurale Veränderungen bzw. Erregungskonstellationen im Nervensystem, die sich (hypothetisch) nach einer jeden Nerventätigkeit (z. B. Erfahrung) ergeben und die Grundlage des *Erinnerns (→Gedächtnis)* in Form sog. →*Gedächtnisspuren* oder →*Engramme* sein sollen. Hull bezeichnet mit *perseverativer* oder *Perseverationsspur (perseverative trace)* das nach dem Aufhören der Neuronenaktivität kurzzeitig fortdauernde, allmählich abklingende Erregungsgeschehen.
→*Perseveration.*

Spuren-Konditionieren →*Konditionierung, klassische.*

S-R-Gesetz *(S-R law).* Bezeichnung für eine regelmäßige und wiederholbare Beziehung zwischen dem *Reiz*-(Stimulus-) und dem *Reaktions*(R)-ereignis. Formulierbar als

$$R = F(S)$$

Die Reaktion ist eine Funktion des Reizes S.
→*Gesetz,* →*Reaktion,* →*Reiz,* →*Variable.*

SRL →*elektrodermale Aktivität.*
SRR →*elektrodermale Aktivität.*
SSR →*Psychophysiologie.*

Stäbchen →*Auge.*

stabilisierte Netzhautbilder *(stabilized retina images).* Technik zur Untersuchung des Sehens unter Wegfall des Einflusses der Augenbewegung. Eine Bildschablone *(target)* wird mittels Haftschale am Augapfel so fixiert, daß ein scharfes Abbild auf der Retina entsteht. Nach einiger Zeit verschwinden Bild oder Teile des Bildes. Dabei halten sich Buchstaben und solche Bildteile, die mit einem anderen Berührung haben, Ecken und andere ausgezeichnete Eigenschaften länger als weniger prägnante.

Stabilität *(stability).*
[1] Allgemeine Bezeichnung für Unbeweglichkeit bzw. Unverändertheit eines Organismus bzw. des Verhaltens bei auftretenden Veränderungen der äußeren oder inneren (emotionalen) Bedingungen. Gegenteil von *Labilität.* Syn. *emotionale Stabilität (emotional stability).*
[2] Statistische Bezeichnung für die relative Gleichheit der Meßergebnisse, wenn sie zu verschiedenen Gelegenheiten erzielt wurden. Man bezeichnet einen Test oder ein Verfahren dann als stabil, wenn die Ergebnisse bei wiederholter Anwendung oder bei Anwendung eines Paralleltests zu hohen Übereinstimmungen führen. Die →*Korrelation* zwischen den verschiedenen Anwendungen bzw. zwischen Test und Paralleltest wird als *Stabilitätskoeffizient (stability coefficient)* bezeichnet.

Stammeln *(stammering)* oder **Paralalie.** Bezeichnung für unregelmäßig auftretende Lautverzerrungen (bes. S und R), manchmal auch gleichbedeutend mit Stottern.
→*Paralalie.*

Stammesentwicklung →*Phylogenese.*
Stammhirnpotentiale →*ereignisbezogene Potentiale.*
Standardabweichung →*Abweichung,* →*Standardfehler.*
Standardfehler *(standard error).* Allgemeine statistische Bezeichnung für das Maß oder eine Schätzung des Fehlers, in dessen Bereich eine *Statistik* als *Stichprobenmaß* von dem »wahren« Wert der *Population* (Parameter) durch Zufall bedingt abweichen darf. Dieser Fehler wird allgemein als *Standardabweichung* von Statistiken (z. B. Stichprobenmittelwerten) vom mittleren Wert der Statistiken (dem Mittelwert aller Mittelwerte oder Mittelwert der Population) definiert. Für seine

besten Schätzungen gibt es für jeden Fall spezielle Beziehungen. Als *Standardfehler von Schätzungen (standard error of estimates)* definiert man die *Standardabweichung* der Unterschiede einer Serie von Schätzwerten und dem »wahren« Wert.

Standardreiz *(standard stimulus).* Bezeichnung für einen Vergleichsreiz, in bezug auf den andere Reize hinsichtlich ihrer Abweichung beurteilt werden sollen *(→Psychophysik).*

Standardscore *→Score.*

Stanford-Binet-Test *(Stanford-Binet scale)* oder **Stanford-Revision.** Bezeichnung für die in Stanford besorgte Revision des Binetschen Tests zur Erfassung der kindlichen Intelligenz. Syn. *Terman-Merrill-Test.* Diese Neufassung stellt die für amerikanische Verhältnisse standardisierte Testform dar.

Stanine. Aus dem Englischen übernommene Bezeichnung für eine transformierte Standardskala, deren Einheiten jeweils $1/9$ der gesamten Variationsweite der normalverteilten Daten groß sind. Der Mittelwert der Verteilung liegt jeweils bei dem Skalenpunkt 5, die Streuung nimmt den Wert 2 an. Der Name kommt aus der Zusammenziehung des engl. *standard nine.*

Starrheit *→Rigidität.*

Starrsucht *→Katalepsie.*

statische Ataxie *→Ataxie.*

statischer Sinn, Gleichgewichtssinn *(static sense).* Durch die in den *Bogengängen* des Innenohres liegenden Rezeptoren vermittelte Lageempfindungen, die das aufrechte Gehen u. ä. auf Gleichgewichtskontrolle beruhende Handlungen ermöglichen.

Statistik *(statistics).* Teilgebiet der Angewandten Mathematik. Die *deskriptive Statistik* ermöglicht die ökonomische Darstellung von Forschungsergebnissen bzw. Daten auf rechnerischem und graphischem Weg. Der weitaus bedeutendere Teil der Statistik kann als *Forschungsstatistik* bezeichnet werden und ermöglicht durch Anwendung des *Wahrscheinlichkeitsmodells* die sog. *statistische Schlußfolgerung* (Inferenz) im Sinne der unvollständigen *Induktion;* z.B. das Prüfen des Zutreffens einer Hypothese innerhalb bestimmter wahrscheinlicher Gültigkeitsbereiche anhand von Stichprobenerhebungen.

→Hypothese, *→Induktion,* *→Inferenz,* *→Wahrscheinlichkeit.*

Statistik, parameterfreie *(nonparametric statistics).* Syn. *verteilungsfreie Prüfverfahren.* Verfahren der statistischen *→Inferenz,* die bei Datensätzen angewandt werden können, bei denen aus Gründen der Stichprobengröße oder des Verteilungstyps (Normalverteilung nicht nachweisbar oder nicht vorhanden) keine Parameterschätzungen vorgenommen und keine darauf bezogenen Prüfverteilungen angewandt werden können.
LIT. BORTZ, LIENERT, BOEHNKE (1990); SIEGEL (1956).

Statistik, parametrische *(parametric statistics).* Bezeichnung für statistische *Prüfverfahren,* die auf Schätzungen der Verteilungsparameter (z. B. Normalverteilung der Populationsdaten) beruhen.

statistische Entscheidungen *→Minimax-Prinzip.*

statistische Inferenz *→Inferenz.*

statistische Schlußfolgerung *→Inferenz.*

Statocyste. Urform des Gleichgewichtsorgans; ein mit Flüssigkeit gefülltes Bläschen, in dessen Inneren sich kleine Partikel, sog. *Statolithen* befinden, die bei Lageveränderungen entsprechende Rezeptorzellen berühren.

Statolithen *→sacculus.*

Status *(status).*
[1] Sozialpsychologische und soziologische Bezeichnung für zugeschriebene, durch andere verliehene oder durch eigene Leistung erworbene Wertschätzungen eines Individuums, die in der Regel einer Einstufung nach dem Rang oder dem Prestige gleichkommt. Da die Einschätzung durch andere von den tatsächlichen Gegebenheiten abweichen kann, bezeichnet man objektive Status-Merkmale auch als Positionsmerkmale.
[2] Als *sozio-ökonomischer Status* Inbegriff einer umfassenden, auf Erhebungen begründeten Beschreibung des Bildungsgrades, der Zugehörigkeit zu bestimmten beruflichen Gruppen und der wirtschaftlichen Verhältnisse (Einkommen, Besitzstand).
[3] Medizinische Bezeichnung für den Gesundheitszustand bzw. Krankheitszustand, der sich dem Merkmalskatalog der ärztlichen Diagnose orientiert.

Statusdiagnostik *(trait diagnostics).* Bezeichnung für diagnostische Ansätze der differentiellen Psychologie bzw. Persönlichkeitsforschung, die von relativ überdauernden *Eigenschaften (traits)* ausgehen. Der Ansatz der Sta-

417

tusdiagnostik wurde im Zusammenhang mit der Interaktionalismus-Diskussion (→*Persönlichkeitstheorien*) in Frage gestellt, so daß man z. Zt. Modelle der *Prozeß-Diagnostik (process diagnostics)* bevorzugt. Bei diesen Modellen wird das Erleben und Verhalten in Abhängigkeit von (a) Persönlichkeitseigenschaften und (b) der jeweiligen Einschätzung der Situation gesehen. Ein typisches Beispiel ist das von Spielberger aufgestellte Trait-State-Modell der Angst.

Steradian →*Kerzenstärke*.

Stereoskopie oder **stereoskopisches Sehen** *(stereoscopic vision)*. Binokulares Wahrnehmen von Tiefe und Entfernung; räumliches Sehen. Syn. Stereosis.

Stereotyp *(stereotype)*. Allgemeine Bezeichnung für relativ überdauernde und starre, festgelegte Sichtweisen bzw. ihnen zugrunde liegende Überzeugungen in bezug auf Klassen von Individuen, bestimmte Gruppen oder Dinge, die von vornherein festgelegt sind und nicht einer aktuellen Bewertung entstammen. Man kann sie auch als komplexe Formen des *Vorurteils* bezeichnen. Der entscheidende Unterschied liegt darin, daß Vorurteile meist als Einstellungen klassifiziert, Stereotypen jedoch als Überzeugungen eingestuft werden. Der Ausdruck wurde von dem amerikanischen Publizisten W. LIPPMAN in seiner Schrift ›Public opinion‹ von 1922 eingeführt und dort als Ergebnis der Tendenz bezeichnet, das Denken über andere Menschen oder Gruppen so ökonomisch wie nur möglich zu halten.

Im technischen Sinne unterscheidet man zwischen *Autostereotyp* (selbstbezogene stereotype Anschauung) und *Fremdstereotyp* (auf andere bezogene Anschauung).

Stereotypie *(stereotypy)*. Bezeichnung für immer wieder auftretende vokale oder motorische Verhaltensweisen, die ohne Bezug zu der jeweiligen Situation quasi automatisch produziert werden und sinnlos wirken. Bei extremer Ausprägung ist S. ein Symptom geistiger oder nervöser Störungen.

Sternberg-Paradigma →*Wiedererkennen*.

Steuerung →*Kontrolle*.

Stevenssches Gesetz; Stevenssche Exponentialfunktion; Stevensches Exponentialgesetz *(Stevens' power law; Stevens' power function)*. *Psychophysik*: Von S. S. STEVENS entwickelte Darstellung der Beziehungen zwischen *direkt* skalierten Zuwächsen der Empfindungsstärke (E) und der Reizintensität (I), die erforderlich ist, um einen eben merklichen Unterschied zu bemerken. In der Beziehung

$$E = k \cdot I^b$$

gibt der Exponent b die Art der Beschleunigung bzw. Steilheit an, die in Abhängigkeit von Reizart, Darbietungsweise und Kontext variiert; k ist eine Skalenkonstante. b = 1 bedeutet, daß E mit I monoton ansteigt, d.h. daß Reizwachs und Empfindungsstärke über das ganze Spektrum der Reizintensität hinweg proportional sind. Werte b < 1 weisen auf eine positive Beschleunigung der Beziehung mit wachsender Reizintensität hin; die Empfindlichkeit der Beobachter nimmt mit höherer Reizintensität rapide zu. Werte b > 1 bedeuten, daß es sich um eine negativ beschleunigte Beziehung handelt, d.h. die Empfindlichkeit der Beobachter ist im unteren Intensitätsbereich am größten und nimmt mit wachsender Reizintensität ab. Abb. 1 zeigt als Beispiele die mit b = 1.1 näherungsweise lineare

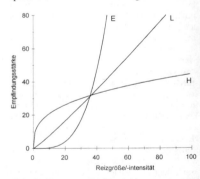

Abb 1. Stevenssche Beziehung zwischen E und I gemäß Exponentialfunktion bei b = 3.5 (E), 1.1 (L) und 0.33 (H)

Beziehung zwischen E und I bei Streckenlängenvergleichen (L), die mit b = 0.33 negativ beschleunigte Beziehung für Helligkeitsvergleiche (H) und die mit b = 3.5 positiv beschleunigte steil ansteigende Beziehung für Vergleiche der Stärke von elektrischen Schlägen (E). Das →*Fechnersche Gesetz*, in dem stets negativ beschleunigte Beziehungen postuliert werden, trifft nur bei Helligkeitsvergleichen zu, nicht aber bei L und E. Bei Logarithmierung der o.g. Gleichung erhält man

log E = b · log I + log k

was der Gleichung für eine Gerade entspricht, wobei b die Steilheit und k den Ausgangspunkt markiert. Die Beziehungen zwischen E und I werden bei dieser Darstellungsart (Abb. 2) als Geraden unterschiedlicher Steilheit abgebildet.

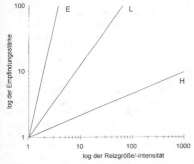

Abb. 2 Stevenssche Beziehung zwischen E und I gemäß logarithmierter Exponentialfunktion bei b = 3.5 (E), 1.1 (L) und 0.33 (H)

Abb. 1 und Abb. 2 zeigen, daß die Angabe von b genügt, um sich über die Art der Beziehung zwischen E und I ein Bild machen zu können. Die b-Werte für einzelne Sinnesbereiche und Reizarten sind als Tabellen erhältlich. Mit seiner Berechnungs - und Darstellungsart lieferte STEVENS einen international anerkannten Standard für die Gestaltung von Arbeitsplätzen, wenn es beispielsweise auf die genaue Beachtung von minimalen Intensitätsabweichungen bei Signalen oder Beschriftungen ankommt.
→*Fechnersches Gesetz;* →*Psychophysik.*
LIT. STEVENS (1961; 1975).

sthenisch *(sthenic).* Syn. für stark; Bezeichnung für heftige Gefühle bzw. starke nervöse Erregung. Gegenteil: *asthenisch.*

Stichprobe *(sample).*
Statistik: Teilmenge aus der *Population* aller möglichen Individuen, Dinge oder Ereignisse, die ein zu untersuchendes Merkmal aufweisen und als verkleinertes *repräsentatives* Modell der Population angesehen werden können.

Dies setzt voraus, daß bei der Prozedur der *Stichprobengewinnung* bzw. *-herstellung (sampling)* die Auswahl nach dem *Zufallsprinzip* erfolgt. Die Bezeichnungen »*repräsentative*« Stichprobe und »*Zufallsstichprobe*« *(representative sample, random sample)* sind in diesem Sinne Synonyma. Will man die Variation der einzelnen Untergruppen der Population in der Stichprobe repräsentativ erfassen, so bedient man sich meist einer Kombination von *Wahrscheinlichkeits-* und *systematischer Stichprobe (probability sample, probability sampling; systematic sample).*
Eine Wahrscheinlichkeitsstichprobe ist definiert als Herstellung einer S., in der jede beliebige Untergruppe (als Teilmenge der Population vom Umfang N) eine vorher bekannte Wahrscheinlichkeit hat, einen Stichprobenanteil zu bilden.
Die systematische Herstellung der Wahrscheinlichkeits-S. besteht darin, aus den Untergruppen die Fälle nach dem Zufallsprinzip auszuwählen, z.B. jedem Individuum eine Zahl zuzuordnen und jene in die Stichprobe zu wählen, die eine nach Zufallsfolgen ausgewählte Zahl aufweisen. Diese Art der Stichprobe wird allgemein als *stratifiziert (stratified sample)* bezeichnet, denn sie repräsentiert Untergruppen (Schichten) der Population (Gesamtbevölkerung) proportional.
Im Unterschied hierzu sind die sogenannten *Quotenstichproben (quota samples)* meist von mangelhafter Repräsentativität; wenn z.B. ein Meinungsforscher seinem Interviewer den Auftrag gibt, 12 Versuchspersonen so auszuwählen, daß jeweils sechs ein Einkommen über und sechs unter einem bestimmten Betrag monatlich aufweisen, so bleibt die engere Auswahl der Fälle ansonsten seiner Intuition überlassen, so daß von einer Zufallsauswahl nicht die Rede sein kann. Mangelnde Repräsentativität wird umfassend als *Stichprobenfehler* genannt.
Stichprobenfehler *(sample bias, sampling error).* Bezeichnung für Fehler, die durch die Auswahl einer die Population nicht repräsentierenden Stichprobe entstehen. Man ermittelt den S. durch die Abweichungen der Meßwerte von den Populationswerten oder deren Schätzungen.

Stichprobenverteilung *(sampling distribution). Statistik:* Die theoretische Verteilung von Stichprobenstatistiken (z.B. Mittelwerten oder

Stiel, Schenkel

»Treffern«), die aus Stichproben der Größe N stammen. Den Stichprobenstatistiken werden Wahrscheinlichkeitsdichten zugeordnet. Bei der Prüfung statistischer Hypothesen dienen Stichprobenverteilungen als Prüfverteilungen.
→*Hypothese*, →*Nullhypothese*, →*Population.*

Stiel, Schenkel *(peduncle).* Anatomische Bezeichnung für dicke Nervenleitungen im Gehirn (z. B. *Hirnschenkel, crus cerebri*).

Stilb →*Kerzenstärke.*

Stillingsche Farbtafeln *(Stilling tests).* Serie von Tafeln, auf denen sich Konfigurationen in verschiedenen Farbnuancen und auf verschiedenfarbigem Hintergrund befinden. Das Erkennen der Konfigurationen (Zahlen, Buchstaben) ist dabei relativ schwer und dem ganz oder teilweise Farbenblinden bei den entsprechenden Tafeln völlig unmöglich. Die Tafeln dienen der Feststellung der Farbenblindheit und der Sehschärfe in bezug auf Farben.
→*Farbentüchtigkeit.*

Stimmung *(mood, temper).*
[1] *Philosophische Anthropologie:* Qualität des Lebensgefühls, die anzeigt, wie einem ist bzw. wird, und über längere Zeit das Erleben wechselnder Einzelinhalte in gleicher Weise tönt, sie z. B. in einem eher heiteren oder traurigen Licht erscheinen läßt.
[2] *Psychologie:* Länger anhaltender gefühlsartiger Zustand, der auf die psychophysiologische Gesamtverfassung des Organismus zurückgeht und vor dessen Hintergrund einzelne Erlebnisinhalte eine über ihre unmittelbare Wirkung hinausreichende Gefühlstönung erfahren, z. B. Fröhlichkeit, Gereiztheit, Gleichmut, Traurigkeit. Im Unterschied zu (einfachen) *Gefühlen* (→*Emotion*) als abgehobenen Erlebnisqualitäten im Ereignisbezug gilt S. als den Erlebnishintergrund färbender, von äußeren Ereignissen weitgehend unabhängiger Zustand, der sich überdies im Hinblick auf seine Dauer deutlich von kurzfristigen →*Affekten* unterscheidet.
[3] DSM*:* Tiefgehende und anhaltende *Emotion,* die in hohem Grad Wahrnehmen, Denken und Erwartungen beeinflußt, z. B. Ärger, →*Angst,* Deprimiertheit (→*Depression*), Euphorie. Im einzelnen werden unterschieden (a) *dysphorische S.* (unangenehme S., z. B. Deprimiertheit, Ängstlichkeit, Reizbarkeit), (b) *gehobene S.* (gute Laune, glücklich, vergnügt), (c) *euphorische S.* (übertriebenes, ekstatisches

Wohlbefinden vom Typus »high«), (d) *euthyme S.* (ausgeglichene, normale S.-Lage ohne Anzeichen von Deprimiertheit oder Euphorie), (e) *expansive (überschwengliche) S.* (keine Zurückhaltung bei Gefühlsäußerungen, oft mit Selbstüberschätzung, gehobener oder euphorischer S. verbunden) und (f) *reizbare S.* (inneres Spannungsgefühl mit der Tendenz zu Verletzlichkeit oder Wut).
[4] Rasche, unmotiviert auftretende S.-Wechsel werden als *Stimmungsschwankung (mood swing)* bezeichnet; häufig bzw. chronisch auftretende unbeherrschbare S.-Schwankungen, ausgelöst durch geringfügige Anlässe, gelten als Hinweis auf *Stimmungslabilität.*
→*affektive Störung,* →*Labilität [1].*

stimulus →*Reiz.*

Stirnauge →*Zyklopenauge.*

Stirnlappen, Stirnhirn *(frontal lobe),* lat. lobus frontalis. Stirnseitig gelegener Teil der Großhirnhemisphären gegenüber der fissura centralis und oberhalb der Sylvischen Furche.

stochastische Prozesse. Allgemeine Bezeichnung für die Symbol- oder Ereignisfolge, für die Wahrscheinlichkeitsgesetze gelten. Die Anzahl der verschiedenen Symbole oder Ereignisse, die den Prozeß ausmachen, bestimmt dessen Komplexität. Bleiben die Gesetze im Verlauf des Prozesses konstant, so nennt man den Prozeß *ergodisch* oder mit *Ergodizität* behaftet.
Stochastische Prozesse werden in der →*Informationstheorie* und bei jeder Art von Analyse, bei der es auf die Beschreibung und Vorhersage von Ereignisfolgen ankommt (z. B. mathematisch-statistische Lerntheorien), als Einheiten gewählt.
LIT. ATTNEAVE (1965); COX, LEWIS (1966); LUCE u. a. (eds.; 1963–65).

Stoffwechsel →*Metabolismus.*

Störung, psychische Störung *(disorder, mental disorder).* Verhaltens- oder Erlebnis-Syndrom (Merkmalmuster), das verbunden ist mit aktuellen Beschwerden (z. B. Beklemmungszustände, Schmerzen), Behinderungen bzw. Einschränkungen in einem oder mehreren Funktionsbereichen (z. B. Wahrnehmen, Denken, Fühlen, Erinnern, Sprechen, Sichbewegen), mit dem deutlich erhöhten Risiko, zu sterben, Schmerzen oder Behinderungen zu erleiden oder mit dem Verlust der Möglichkeit, in Frieden mit sich selbst und anderen zu leben. Das Merkmalmuster (Syndrom) einer S.

muß überdies hinsichtlich seiner Nachhaltigkeit, Schwere und Komplexität über das mit Reaktionen auf einschneidende Lebensereignisse (z. B. Tod eines nahen Angehörigen) oder schwere Konflikte und Spannungen zu erwartende Maß hinausreichen und − unabhängig von der jeweiligen Ursache − auf eine in das Verhalten, in psychische und/oder biologische Vorgänge *eingreifende Dysfunktion (harmful dysfunction)* hindeuten (vgl. DSM-IV). Mit der Übernahme des *DSM* mit seinen diagnostisch-klassifikatorischen Sprachregelungen wurden die durch ätiologische Vorannahmen belasteten klassischen Begriffe wie *Neurose* oder *Psychose* durch Hinweise auf die dominanten Symptome (wie z. B. affektive, Persönlichkeits- oder somatoforme S.) für differentialdiagnostische Zwecke präzisiert. Der S.-Begriff ersetzt heute in Psychiatrie und Klinischer Psychologie die früher üblichen Bezeichnungen »psychische Krankheit« oder »Geisteskrankheit« (»mental insanity«, »mental disease«, »mental illness«). Er wurde gewählt, um die besondere Art von Beeinträchtigungen des Erlebens und Verhaltens und den ihnen zugrundeliegenden Dysfunktionen hervorzuheben, sie von genuin organischen Krankheiten abzuheben, eine Diskrimination der Betroffenen durch die Etikettierung »psychisch krank« zu vermeiden und deutlich zu machen, daß es sich um Beeinträchtigungen im Sinne eines »Durcheinanders«, einer »Unordnung« (disorder) handelt, die durch andere als chirurgische oder medikamentöse Interventionen möglicherweise wieder in Ordnung gebracht werden können. Ungelöst und bis heute Diskussionsgegenstand ist das Problem, wie mit größtmöglicher Exaktheit ein auf schwerwiegende Dysfunktionen hindeutendes »gestörtes« Erleben und Verhalten von »normalem« bzw. bloß leicht »abweichendem« Erleben und Verhalten unterschieden werden könne. Im *DSM* wird das Problem durch die Aufzählung derjenigen Symptome gelöst, die mindestens vorhanden sein müssen, um eine bestimmte Störungsart zu diagnostizieren. Dennoch bleibt offen, wie der »Normalbereich« definiert ist (z. B. als statistische Norm anhand biologischer und/oder psychologischer Kriterien, als Produkt einer auf Zeit gültigen Übereinkunft unter Experten oder als nicht weiter zu diskutierende »Selbstverständlichkeit«), von dem das beobachtete Erleben

und Verhalten abweichen muß, um als S. qualifiziert werden zu können.
LIT. CAPLAN u. a. (1981); FREEDMAN u. a. (1986); WAKEFIELD (1992).
Störungen, psychogene funktionale →*Hysterie.*
Stottern *(stuttering).* Bezeichnung für eine Sprechstörung, hervorgerufen durch klonische und/oder tonische Muskelkontraktionen während des Sprechens, so daß es zu Wiederholungen oder Blockierungen einzelner Laute und Silben kommt. S. gehört zu den neurotischen Symptomen bzw. psychischen Störungen.
Strabismus *(strabism).* Schielen. Abweichung der Augenachsen bei beidäugiger Fixierung eines Punktes.
Strafe *(punishment).* Ein auf eine Handlung folgendes unangenehmes bzw. schmerzhaftes Ereignis, in der Absicht verabreicht, das Wiederauftreten der Handlung zu unterbinden. Wirkung der S. →*Bestrafung.*
Strahlenkörper →*Auge.*
strategische Modelle →*Spieltheorie.*
stratifizierte Stichprobe →*Stichprobe.*
Strattonsches Experiment *(Stratton's experiment).* Bezeichnung für von STRATTON erstmalig vorgenommene Experimente mit sog. Umkehr- oder Verzerrungsbrillen (auch Strattonsche Brille). Die Versuchspersonen werden aufgefordert, sich in der mehr oder weniger auf dem Kopf stehenden Welt zu orientieren und ihre motorischen Tätigkeiten den neuen Gegebenheiten anzupassen, was nach längerer Gewöhnungszeit teilweise gelingt. Diese Experimente wurden von KOHLER systematisiert und gelten als Beleg für eine empiristische Auffassung von der Wahrnehmung.
Streifenhügel, Corpus striatum *(striate body).* Von Nervenfasern durchzogenes Hirnstammgebiet an der Basis der beiden Hemisphären des Gehirns. Diese Region einschließlich der in ihr liegenden Basalganglien regelt den Muskeltonus.
Streß *(stress).*
[1] (a) Aus dem Lat. *strictus* (eng) bzw. Altfranz. *estrece* (Enge, Bedrückung, Not) im 18. Jh. in die englischsprachige Physik übernommen, stand S. ursprünglich für durch Zug oder Druck hervorgerufene Spannungszustände in Festkörpern. Dem HOOKEschen Proportionalitätsgesetz zufolge führt eine *Belastung (strain; load)* zu unschädlichen Verformun-

Streß

gen, so lange diese mit der Materialelastizität vereinbar sind; ist die Grenze überschritten, entsteht eine *Beanspruchung (stress)*, die zum Zusammenbruch führen kann. (b) Der S.-Begriff wurde in metaphorischer Anlehnung an seine ursprüngliche Bedeutung von CANNON und SELYE in Biologie, Medizin und Psychologie eingeführt. Mit S. bezeichnet man seither Zustände der Beanspruchung, die aus Prozessen der ·Auseinandersetzung mit belastenden Bedingungen, den *Stressoren (stressors)* hervorgehen. Als *Stressoren* gelten alle Noxen, d. h. potentiell schädigende Umstände wie extreme Hitze, Kälte, Lärm, schwere Körperarbeit, Vergiftungen und Verletzungen, aber auch extreme psychische Belastungen wie schwere Konflikte, Lebensängste, Zukunftssorgen u. ä., die das innere Gleichgewicht stören und Neuanpassung *(Adaptation)*, wirkungsvolle Auseinandersetzung *(→Bewältigung; coping)* und/oder *→Abwehr* verlangen. Die durch körperliche Belastungen wachgerufenen Tendenzen zur Wiederherstellung des Gleichgewichts werden auf neuro-humorale Vorgänge, die auf subjektiv-emotionale Faktoren zurückgehenden dagegen auf Wechselwirkungen zwischen physiologischen und kognitiven Vorgängen bezogen. S. ist daher auch zusammenfassende Bezeichnung für eine strukturierte Serie von adaptiven psychophysiologischen Teilprozessen, die teils homöostatischer, teils kognitiver bzw. persönlichkeitsabhängiger Natur sind und dann auftreten, wenn intensiv wirkende, beanspruchende Ereignisse über längere Zeit und/oder wiederholt das innere Gleichgewicht stören. SELYEs Vorschlag, in den o. g. Fällen, aber auch bei Beanspruchung durch freudige Ereignisse von Streß, im ersten von *Distress*, im zweiten von *Eustress* zu reden, hat sich nicht durchgesetzt. In der arbeits- und sportwissenschaftlichen *Ergonomie* wird die aktuelle Beanspruchung (Streß) aus den Beziehungen zwischen Belastung (Arbeitserfordernisse) und dem zur Erreichung einer bestimmten Leistung und/oder Aufrechterhaltung eines bestimmten Leistungsniveaus erforderlichen Energieaufwand bestimmt *(→Arbeit; →psychische Beanspruchung)*.

[2] Theorien der *S.-Entstehung* und *S.-Wirkung*: (a) *Physiologisch-biochemische Ansätze*: Für CANNON entsteht S. mit der Wahrnehmung emotional erregender Reize (z. B.

Hinweise auf akute physische Bedrohung). Diese lösen einen adaptiven Prozeß der Wiederherstellung des inneren Gleichgewichts aus, der durch vermehrte Adrenalinausschüttung und deren Folgen charakterisiert ist (→ *Notfall-Reaktion)*. In Erweiterung dieses Ansatzes beschreibt SELYE einen komplexen, in Phasen ablaufenden Prozeß, der auf die Wiederherstellung des inneren Gleichgewichts gerichtet ist. Das →*Allgemeine Adaptations-Syndrom* repräsentiert nach SELYE die biochemische Universalantwort des Organismus auf jede Art von beanspruchender Belastung. Durch die Vermittlung der Hypothalamus-Hypophysen-Nebennierenmark- und Nebennierenrinden-Achse kommt es neben einer vermehrten Adrenalinproduktion mit Auswirkungen auf den Fett- und Zuckerhaushalt zur Ausschüttung von Kortikosteroiden (Kortisol) mit Einflüssen auf den Zucker-, Salz- und Wasserhaushalt, von Thyroxin (Schilddrüsenhormon) und damit verbundenen Veränderungen des Stoffwechsels und des Herz-Kreislauf-Systems. Die Belege stammen durchweg aus Tierversuchen mit drastischen physischen Stressoren (z. B. Vergiftungen, schwere Körperverletzungen, Hitze und Verbrennungen, extreme Kälte, extreme körperliche Anstrengung). Sie zeigen, daß eine disproportionale Mobilisierung körperlicher Abwehrmaßnahmen zu Erschöpfung der Abwehr, zu Krankheit und Tod führen können. Erste Anzeichen sind Schwellungen der Nebennieren, Geschwürbildungen im Magen-Darm-Bereich sowie Schrumpfungen der Lymphknoten und Thymusdrüse. Die Analyse des biochemischen Wirkmechanismus führte im Anschluß an SELYE zu wichtigen Erkenntnissen über die Pathogenese sog. *adaptiven* oder *S.-Krankheiten* (z. B. Herz-Kreislauf-Störungen, Störungen des Fett- und Zuckerhaushalts, Magen-Darm-Geschwüre). Untersuchungen aus der Arbeitsgruppe von MASON zeigen, daß die biochemischen Körperreaktionen keine uniforme Universalantwort des menschlichen Organismus auf alle Arten von Stressoren zu sein scheinen, sondern bei psychischem S. anders ausfallen als bei physischem S. Darüber hinaus bestehen erhebliche Zweifel daran, daß insbesondere bei psychischem S. die Intensität und Dauer der Stressoren unmittelbar und unvermittelt zu S.-Zuständen führt. (b) *Psychologische Ansätze*:

422

In der Psychologie bezeichnet man mit S. Organismuszustände, die aus der Interaktion eines Individuums mit seiner Umgebung resultieren, relativ extrem ausfallen, auf erlebte Bedrohung verweisen, die Integrität und das Wohlergehen der eigenen Person berühren und mit den zur Verfügung stehenden Bewältigungsstrategien tatsächlich oder vermeintlich nicht ausgeglichen werden können. Ausgangspunkt ist das Erkennen eines Ungleichgewichts zwischen Anforderungen und Bewältigungskapazität (MCGRATH). COFER nnd APPLEY beschreiben den Prozeß in Phasen, die eine gewisse Analogie zum SELYESCHEN *Adaptationssyndrom* aufweisen. In der *Initialphase (instigation threshold)*, die mit einem deutlichen Erregungsanstieg einhergeht, werden neue Bewältigungsversuche erprobt, da angeborene und erlernte Verhaltensweisen nicht zum Ziel führen. Führen die Versuche tatsächlich oder in der Vorstellung nicht weiter, ist die *Frustrationsschwelle (frustration threshold)* erreicht. Mit der aufkommenden Angst wachsen die Tendenzen zur Bewahrung der eigenen Person vor den möglichen oder vorgestellten Folgen eines Versagens. Die *S.-Schwelle (stress threshold)* ist erreicht, wenn Bewältigungsversuche zurücktreten und Selbstbewahrungstendenzen überhand nehmen. Die *Erschöpfungsschwelle (exhaustion threshold)* ist erreicht, wenn die erfahrene Erfolglosigkeit zur Abnahme oder Einstellung aller Aktivitäten führt und Erschöpfung, Hilflosigkeit und Hoffnungslosigkeit hervortreten. Für LAZARUS beginnt S. mit Antizipation (d. h. gedanklich-vorstellungsmäßigen Vorwegnahmen) von Gefährdung oder Bedrohung des →*Selbst* angesichts einer *ersten Bewertung* wahrgenommener Situationen *(primary appraisal)*. Ist Bedrohlichkeit gegeben, so vollzieht sich im Rahmen der sog. *sekundären Bewertung (secondary appraisal)* eine Auswahl möglicher *Bewältigungsstrategien (coping)*. Darauf folgt eine Neubewertung oder *Wiederbewertung (reappraisal)* der Situation im Hinblick auf die Konsequenzen des eigenen Tuns oder Lassens. Nach LAZARUS ergänzen die psychologischen Bewältigungsweisen das Repertoire physiologischer Adaptationsmechanismen, so daß z. B. eine neue Sichtweise das Erregungsniveau nachhaltig positiv oder negativ beeinflussen kann. Im Zentrum der Betrachtungsweise stehen kognitive und emotionale Prozesse im Zusammenhang mit dem Erleben einer Bedrohung. Zahlreiche Experimente belegen die steuernde Funktion kognitiver Faktoren bei der Entstehung und Abwehr emotionaler S.-Reaktionen. (c) *Life Stress (life stress).* In enger Anlehnung an das Konzept der emotionalen und psychosomatischen *Erschöpfung* eingeführte Bezeichnung für die subjektive Erfahrung negativer und positiver Ereignisse *(life events)*, die wegen ihrer einschneidenden Wirkung auf die Lebensumstände des Betroffenen Entscheidungen und Neuanpassungen erforderlich machen. Dazu gehören Tod und Krankheit in der Familie, Schwangerschaften und Geburten, berufliche Fehlschläge und Erfolge, Schwierigkeiten und Verbesserungen der Arbeitssituation, Scheidungen und Eheschließungen, finanzielle Engpässe oder Gewinne, negative und positive Auswirkungen eines Umzuges u. ä. Die einzelnen Ereignisse werden nach den Graden ihrer positiven oder negativen Wirkung und nach den Ausmaßen der persönlichen Betroffenheit mit Hilfe eines Systems der systematischen Selbsteinschätzung *(life experience survey, LES)* eingestuft. Negative Ereignisse, die Umorientierung und Neuanpassung verlangen, stehen in einer deutlichen Beziehung zu Herzerkrankungen, psychosomatischen Störungen, reaktiven Depressionen sowie zur negativen Einschätzung der eigenen beruflichen Leistungsfähigkeit, der Arbeitszufriedenheit *(job satisfaction)* und zu bestimmten Leistungsdefiziten unter erhöhter Beanspruchung. LIT. APPLEY, TRUMBULL (eds.; 1967); BARTENWERFER (1970); BAUM, SINGER (1987); FRÖHLICH (1978); HOLMES, RAHE (1967); LAUX (1983); LAZARUS (1966; 1991); LAZARUS, LAUNIER (1978); MCGRATH (ed.; 1970); SARASON u. a. (1978); SELYE (1976); VOSSEL, FRÖHLICH (1979).

Streuung →*Abweichung.*

Streuungsdiagramm *(scatter diagram).* Statistische Bezeichnung für die zweidimensionale graphische Darstellung der Daten aus Messungen von zwei Merkmalen an derselben Gruppe von Individuen. Korrelieren die beiden Messungen miteinander, so scharen sich die eingetragenen Werte um die Diagonale. Auf der einen Achse wird die Skala der Messung von X, auf der senkrecht darauf stehenden diejenige von Y aufgetragen. Da jeder

stroboskopisches Phänomen

Fall nach x und y gemessen wurde, kann ihm ein Punkt zugeordnet werden. Die Gesamtheit aller Punkte liefert das Schaubild im Sinne des Streuungsdiagramms.

stroboskopisches Phänomen, Stroboskopeffekt *(stroboscopic effect/motion/movement/ phenomenon)*. Aus dem Gr. *strobos*, Wirbel. Durch rasche Folgen von geringfügig veränderten Einzelbildern erzeugte →*Scheinbewegung*. Eine drehbare Trommel, an deren Innenseite Bilderfolgen angebracht werden können, die bei Betrachtung durch außen angebrachte Sehschlitze bei Rotation Bewegungseindrücke vom Typus »laufende Bilder« wie bei einem Film vermitteln, nennt man *Stroboskop (stroboscope)*. Das *Lichtblitz-S.* sendet Lichtblitze in rascher Folge aus. Schnell verlaufende periodische Vorgänge erscheinen je nach S.-Frequenz verlangsamt oder stillzustehen.

Stroop-Test →*Interferenz*.

Struktur *(structure)*. Allgemeine und umfassende Bezeichnung für den *Aufbau* und die *Organisation* eines aus Teilen des bestehenden Gefüges oder *Systems* mit dem zentralen Merkmal, ein in seiner Funktion oder Wirkung einheitliches *Ganzes (whole)* darzustellen.

[1] Unter einer *deskriptiven* Zielsetzung sind Strukturen durch die Lage ihrer Teile zueinander näher bestimmt. Das Ergebnis verweist durch generalisierende Abstraktion auf allgemeine Aufbaumerkmale, wie z. B. bei der Analyse architektonischer Strukturen, der Struktur von Kristallen, geologischer Formationen, anatomischer Strukturen oder von Zeichenstrukturen als Muster (→*Pattern*). Der deskriptive S.-Begriff steht in größter Nähe zu Gestaltmerkmalen im Sinne von figuralen Momenten des Erkennens und der Klassifikation von Umweltgegebenheiten in der Wahrnehmung.

[2] Als *Erklärungsprinzip* geht der S.-Begriff über seine deskriptive Bedeutung hinaus. Sowohl in den Natur- als auch in den Geisteswissenschaften bedeutet S., den Aufbau eines aus Teilen bestehenden Gefüges unter Berücksichtigung erkennbarer, erschlossener oder angenommener Kräfte, Prinzipien oder Ideen zu beschreiben, welche der allgemeinen Funktion und/oder Organisation des Ganzen und der miteinander in wechselseitiger Beziehung stehenden Teile zugrunde liegen. So orientieren sich die sog. *Strukturformeln (structural formulas)* der Chemie an dem Prinzip der Valenzen (z. B. H-O-H als Beziehung eines zweiwertigen mit einwertigen Elementen); die Beziehung zwischen Zahlengruppen oder -mengen ist durch Axiome geregelt; die *strukturelle Linguistik (structural linguistics)* erklärt Sprachfunktionen aus Informations- und Bedeutungs-Strukturen (z. B. Phoneme, Morpheme; grammatikalische, syntaktische und funktionale Einheiten); Soziologen und Sozialpsychologen sehen in sog. *sozialen Strukturen (social structures)* Beziehungen zwischen Individuen, die durch Gemeinsamkeiten der Aufgaben oder Ziele Merkmale der Kooperation, Kohäsion und Normengebundenheit angenommen haben (→*Gruppe*). Hier sind gelegentlich die Übergänge zu *Modell, System* und *Theorie* fließend. Der *philosophisch anthropologische* Strukturbegriff bestimmt die Funktion und Organisation des Ganzen und seiner Teile aus einer *teleologischen* Voraussetzung, d. h., ein Ziel oder Zweck bestimmt die Bedeutung, ohne sich aus diesem selbst direkt herleiten zu lassen *(transphänomenale S.)*. KANT sah in S. die »Lage und Verknüpfung von Teilen in einem sich nach einheitlichem Zweck bildenden Organismus«. Die Verwendung des S.-Begriffes in der Psychologie zeigt sowohl Anklänge an eine eher *funktionalistische* als auch an eine eher *teleologisch-transphänomenale* Bedeutung.

[3] PIAGET sieht in Strukturen generalisierbare Aspekte gleichartiger Handlungs- und Denkabläufe, welche das interne Organisation spezifischer Erkenntnistätigkeiten repräsentieren. Strukturen sind aus der Gleichartigkeit von Wahrnehmungs-, Denk- und Handlungssequenzen in einer Vielzahl von Situationen erschließbar und dürfen als Ergebnis koordiniert wirksam werdender →*Schemas* angesehen werden. Unter *kognitiven Strukturen (cognitive structures)* werden ganz allgemein aus dem Verhalten und Erleben erschlossene hypothetische Bezugssysteme verstanden, mit deren Hilfe Information bezogen, bewertet und eingeordnet, Wahrnehmen, Denken, Planen und Handeln generalisiert wird, neue Erfahrungen mit älteren verglichen werden können und unter gleichen Zielerwartungen auch gleichartig gehandelt werden kann (Syn. *Erwartung, Hypothese, Schema*).

[4] S. als Erklärungsprinzip für die Einheitlichkeit des Erlebens im Gegensatz zu der Position der sog. *Elementenpsychologie (→Elementarismus)* geht vor allem auf W. Dilthey zurück. S. repräsentiert eine Anordnung, nach der »im entwickelten Seelenleben psychische Tatsachen verschiedener Beschaffenheit regelmäßig durch innere erlebbare Beziehung miteinander verbunden sind«. Eine ähnliche Annahme traf bereits W. WUNDT in bezug auf die Einheit von Gefühlen in seinem *→Prinzip von der Einheit der Gemütslage.*

[5] In der *Ganzheitspsychologie* wird schließlich die Auffassung vertreten, hinter der *Erlebnisganzheit (wholistic experience)* mit den Merkmalen der Gefühlsbetontheit und Differenziertheit stünden sog. *Strukturganzheiten,* die von »transphänomenaler« Beschaffenheit sind und aus der Wechselwirkung vererbter und erworbener *Dispositionen* entstehen. Ihre Gesamtheit wird als *Persönlichkeitsstruktur* relativ überdauernder Art aufgefaßt; die Entwicklung von Strukturganzheiten folgt dem Prinzip zunehmender *Differenzierung* und *Integration.*

LIT. DILTHEY (1894); KRUEGER (1931); PIAGET (1973); SANDER (1962B); WELLEK (1953).

Strukturalismus *(structuralism).*
[1] Im Englischen verbreitete Bezeichnung für die Psychologie W. WUNDTS und im Gegensatz zum *Funktionalismus.* Geht ein Ansatz von gesetzesmäßigen Zusammenhängen zwischen Empfindungselementen oder Gefühlskomponenten aus, ohne dabei die funktionelle Bedeutung zu berücksichtigen oder wird der Aufbau des Nervensystems ohne diesen Funktionsbezug beschrieben, so bleiben in dieser Auffassung wesentliche Aspekte der biologisch-psychologischen Bedeutung ausgeklammert. W. JAMES, ein Zeitgenosse W. WUNDTS, gilt als Wegbereiter des introspektiven Funktionalismus, der sich gegen den S. wendet.
[2] Bezeichnung für eine Strömung in der neueren Linguistik, die von L. BLOOMFIELD in den USA ausging. Als wesentliches Kennzeichen gilt die Suche nach solchen phonetischen, morphologischen und syntaktischen Einheiten, welche Ähnlichkeiten bzw. Unterschiede definieren lassen.
[3] Bezeichnung für eine in Analogie zu [2] entwickelte Verfahrensweise, die von C. LÉVI-

STRAUSS in Frankreich in die Sozialwissenschaften eingeführt wurde. Um »unbewußte Infrastrukturen« des zwischenmenschlichen Verhaltens zu erfassen, werden verschiedene Phänomene (z. B. Sprachgebrauch, Gesellschafts- und Kunstformen) als abstrakte Beziehungen dargestellt und auf Gemeinsamkeiten untersucht, um ihre Grundstrukturen als allgemeine Grundlage des Zusammenlebens und universelle Gesetzmäßigkeiten der Gesellschaft herauszustellen.
[4] Als funktionaler S. *(functional structuralism)* Bezeichnung für die umfassende Interaktionstheorie von T. PARSONS, die allgemeine Beziehungsmuster des sozialen Geschehens herauszustellen sucht.

strukturell *(structural).* Den Aufbau, das Gefüge betreffend. Als strukturelle Betrachtungsweise bezeichnet man, z. U. von einer *differentiellen,* das Aufsuchen oder Ausgehen von dem Eigenschaftsgefüge der Persönlichkeit, dem individuellen Eigenschaftsgefüge.
→Eigenschaften.

Student-Test *→t-Test.*

Stufenfolge *→Entwicklungstheorien.*

Stupor *(stupor).* Zustand der organisch bedingten tiefen *Bewußtlosigkeit* unter Fortfall der Umweltsensibilität und des motorischen Reaktionsvermögens. Syn. Koma.

Anergischer S. (anergic stupor): Bewegungslosigkeit und Unansprechbarkeit ohne Anzeichen einer organisch bedingten Bewußtlosigkeit; gilt als Symptom der Demenz u. ä. Syn. akinetischer S. *(akinetic stupor).*

Depressiver S. (depressive stupor): Psychosebedingte Form der Unansprechbarkeit und Bewegungslosigkeit, insbes. Symptom von Erkrankungen aus dem Formenkreis der Schizophrenie. Syn. katatoner S. *(catatonic stupor).*

Emotionaler S., affektiver S. (emotional stupor; affective stupor): Mit intensiver Angstoder Niedergeschlagenheit zusammenhängende Zustände der Unansprechbarkeit und Bewegungslosigkeit. Syn. Mutismus.

Erschöpfungsstupor (exhaustive stupor): Koma-artiger Zustand aufgrund von Infektionsoder Vergiftungserkrankungen.

Subception. Von MCCLEARY und LAZARUS (1949) vorgeschlagene Bezeichnung für konditionierte physiologisch-emotionale Wirkungen von Reizen bei deren unterschwelligem Wiederauftreten. In einem vielzitierten und

subjective estimate methods

heftig umstrittenen Experiment wurden sinnlose Silben zunächst überschwellig dargeboten, die Hälfte als Ankündiger (CS) eines unangenehmen elektrischen Schlags, die übrigen ohne derartige Koppelung. Bei der nachfolgenden unterschwelligen, d. h. ein deutliches Erkennen ausschließenden Darbietung der mit unangenehmen Erwartungen verknüpften Silben traten ausgeprägtere Erregungsanzeichen *(EDA)* auf als bei unterschwelliger Darbietung der neutralen Silben. S. wird seither als Sonderfall von *unterschwelliger →Wahrnehmung* diskutiert und u. a. mit Prozessen der *intuitiven →Bewertung* in Verbindung gebracht.

subjective estimate methods *→Rating.*

Subjekt *(subject).*

[1] Der Gegenstand.

[2] Syn. für Ich, Selbst als Träger von Erlebnissen und Vorstellungen. Im Englischen ist S. Bezeichnung für Versuchsperson.

subjektiv *(subjective).* Dem wahrnehmenden Subjekt zugehörig.

subjektives Gesichtsfeld *→Gesichtsfeld.*

Sublimierung *(sublimation).* Psychoanalytische Bezeichnung für einen unbewußten Prozeß, in dessen Verlauf ein Sexualimpuls oder seine Energie in seiner Richtung so geändert wird, daß er zu einer nichtsexuellen Handlung führt, die sozial akzeptiert ist. Der Begriff wird auch als allgemeine Bezeichnung für die Umwandlung eines primitiveren Beweggrundes im Sinne höherer Ziele verwendet. *→Abwehrmechanismus.*

subliminale Reizung *→Subception.*

Substitut *(substitute).* Ersatz. Im Zusammenhang mit Reizen syn. für den konditionellen Reiz *(→Konditionierung).* In der Psychoanalyse Bezeichnung für ein Objekt *(Surrogat),* auf das sich aufgrund von *Verdrängung* oder *Verschiebung* von *emotionalen Besetzungen* die Triebenergie konzentriert, z. B. in Träumen: Ersatzobjekt (engl. *surrogate). Substituieren* bezeichnet den Vorgang des Ersetzens von Zeichen oder Symbolen durch andere (z. B. in der Mathematik X − M = x). Davon abgeleitet bezeichnet man als *Substitutions-Tests (substitution tests)* solche, bei denen z. B. Zahlen nach bestimmten vorher erlernten Regeln durch andere Symbole ersetzt werden müssen oder umgekehrt *(Zahlen-Symbol Tests,* engl. *digit symbol tests).*

Subtraktionsmethode *→Reaktionszeit.*

subtraktive Farbenmischung *→Farbenmischung.*

subvokales Sprechen *(subvocal speech; implicit speech; covert speech).* Bezeichnung für Lippen-, Zungen- und Kehlkopfbewegungen beim Denken, ohne daß ein lautes Sprechen oder Aussprechen erfolgt.

Suche nach neuen Eindrücken *(novelty seeking; sensation seeking),* **Eindruckssuche, Neuigkeitssuche.** Aktives Aufsuchen veränderter, neuartiger oder intensiver Reizquellen. Das engl. *sensation seeking* bezeichnet die auf eine Art »Abwechslungsbedürfnis« oder »Reizhunger« zurückgehende relativ überdauernde Neigung, durch das o. g. Verhalten Monotonie zu meiden und dabei ungewöhnliche Orientierungsweisen oder Handlungen relativ bedenkenlos an den Tag zu legen. In diesem Sinne steht *sensation seeking* in deutlicher Beziehung zu *Extraversion* und *→Impulsivität.*

LIT. ZUCKERMAN (1983).

Sucht *(addiction;* im übertragenen Sinn auch *passion, mania).*

[1] *Klinische Psychologie, Psychiatrie:* (a) im weiteren Sinn körperlich und/oder psychisch bedingter gewohnheitsmäßiger fortgesetzter Konsum von Drogen *(→Drogenabhängigkeit),* Medikamenten oder Genußmitteln *(→Alkoholismus),* heute meist unter dem Oberbegriff *→Abhängigkeit* zusammengefaßt. (b) Im engeren Sinn der gewohnheitsmäßige Konsum von Drogen oder Genußmitteln aufgrund eines körperlichen Bedürfnisses, das sich aus der fortgesetzten Einnahme entwickelt hat und mit den allgemeinen Kennzeichen zunehmender körperlicher *Toleranz (drug tolerance)* gegenüber der entsprechenden Substanz sowie *Entzugserscheinungen (withdrawal symptoms)* bei eingeschränktem Konsum einhergeht. Diese führen zum von Konsumsteigerungen beherrschten Fortbestehen der S. und zur Minderung der Chance, sie ohne Hilfe (Intervention) beherrschen zu können. Die Entstehung von S. bzw. Abhängigkeit verweist in der Regel auf Wechselwirkungen zwischen psychosozialen Faktoren bzw. psychischen Prozessen und Veränderungen bzw. Störungen des biochemischen Körperhaushalts.

[2] Hang zu zwanghaften Gewohnheiten, sich relativ situationsunabhängig in gleicher Weise auffällig zu verhalten, z. B. überkritisch (Kritik-S.), aggressiv-streitbar (Streit-S.) oder un-

passende Witze bzw. Possen machend (Witzel-S.). Verhaltensweisen dieser Art treten gelegentlich als Symptome von Störungen auf (*Demenz, Manie, Zwangsneurose*).

Suggestibilität *(suggestibility, susceptibility).* Allg. Bereitschaft eines Individuums, auf suggestive *Beeinflussung* anzusprechen. Die Bedingungen der S. sind weitgehend unklar bzw. noch nicht hinreichend erforscht; es darf jedoch angenommen werden, daß Beziehungen zu anderen Persönlichkeitsmerkmalen (z. B. Anschlußbedürfnis, Jasage-Tendenzen, Wunsch nach konformem Verhalten, autoritäre Einstellung) bestehen. Unwahrscheinlich dagegen ist die Annahme eines einheitlichen *S.-Syndroms* oder *S.-Faktors.* Eine besondere Schwierigkeit liegt darin, daß es bisher keine auf S. abzielenden Verfahren in genügend großer Zahl und mit den Merkmalen von *Tests* gibt. So erklärt sich die Tatsache, daß eine von Eysenck angenommene zwei- bzw. dreifaktorielle Struktur der S. nicht durchgängig nachgewiesen werden kann.

→*Beeinflussung,* →*Suggestion.*
LIT. STUKAT (1958).

Suggestion *(suggestion).*
[1] Prozeß verbaler Einflußnahme auf dem Wege der Kommunikation, in dessen Verlauf eine oder mehrere Personen Einstellungen, Urteile oder Verhaltensweisen im Sinne einer Anpassung verändern, ohne sich dieser Änderung bewußt zu sein bzw. ohne für vollzogene Änderungen eine rationale Begründung geben zu können. Als in der Sozialpsychologie häufig untersuchtes Phänomen gilt die sog. *Prestige-Suggestion,* in deren Verlauf Inhalte eher dann eine Wirkung i. o. Sinn zeitigen, wenn sie von einem Mitmenschen mit relativ hohem Status, Ansehen oder Prestige ausgehen oder mit einem solchen Mitmenschen in Verbindung gebracht werden. Diese häufige Umschreibung ist insofern nicht zutreffend, als sie das Geschehen ausschließlich auf verbale bzw. kommunikative →*Beeinflussung* bezieht und gleichzeitig den Fall der *Autosuggestion* ausklammert.
[2] Bezeichnung für jeden Anlaß oder Anreiz, dem die mögliche Wirkung zugeschrieben wird, relativ unkritische Erlebnisse oder Verhaltensweisen beim Betroffenen in ihm weitgehend unbewußter (d. h. unkontrollierter) Weise auszulösen. Die Wirkung der S., einem Sonderfall der *Beeinflussung,* wird in der Re-

gel beschrieben in Abhängigkeit vom *Aufforderungscharakter* des sie auslösenden Anlasses, von *Persönlichkeitsmerkmalen* des Betroffenen (allg. Bedürfnis oder Bereitschaft, sich anderen anzuschließen; Einbildungskraft bzw. Phantasieneigungen, Gehorsamkeitstendenzen, Jasage-Tendenzen usw.), von *Situationsmerkmalen* (z. B. Undurchsichtigkeit bzw. Mehrdeutigkeit) u. a. Kennzeichnendes Merkmal ist überdies z. U. von Situationen des äußeren oder inneren *Zwanges,* daß der Betroffene grundsätzlich die Möglichkeit hat, dem suggestiven Anreiz zu entsprechen oder nicht. In der experimentellen S.-forschung gelten neben den oben aufgeführten unabhängigen Variablen Inhalt der im suggestiven Reiz enthaltenen Botschaft, Darbietungsformen (verbal oder nicht-verbale Reize), der Darbietungsmodus und *Selbst-(Auto-)* bzw. *Fremd-(Hetero-)Suggestion* als wesentliche Kennzeichnungen.
[3] Als *Suggestionstherapie* allg. und umfassende Bezeichnung für Einflußnahmen auf psychische und physische Vorgänge durch die Vermittlung einstellungsverändernder suggestiver Botschaften. Die S. dient z. B. im Rahmen der *Psychotherapie* in Form von *Auto-* und *Hetero-S.* zur Unterstützung, etwa als Induzieren von Entspanntheitserlebnissen bei der sog. *Relaxationstherapie.* Das sog. *autogene Training* gehört ebenfalls in diesen Bereich.
→*Suggestibilität.*
LIT. GHEORGHIU (1972); SCHULTZ (1963).

Sukzessiv-Kontrast →*Kontrast.*

Summation, Summierung *(summation).*
[1] Mathematisch-statistische Bezeichnung für die Bildung einer Summe aus einzelnen Summanden, gekennzeichnet durch das Symbol

$$\sum_{i=1}^{N} X_i$$

wobei der griechische Buchstabe Groß-Sigma für Summe, die Indices den Bereich der zu summierenden Größen bezeichnen. Liegen N Messungen der Variablen X vor, so werden nach der oben aufgeführten Schreibung alle Meßergebnisse vom i = ersten bis zum i = N-ten summiert. i wird auch als *Laufindex* bezeichnet.
[2] Als *Reizsummation* oder *Reizsummierung (sensory summation)* oder *Reizsummeneffekt*

Super-ego

(sensory summation effect) Bezeichnung für den Intensitätsanstieg im sensorischen Bereich, wenn zwei oder mehrere Reize ein und denselben Rezeptor in schneller zeitlicher Folge oder enger räumlicher Nachbarschaft treffen. Nach der sog. *Reizsummenregel* müßte die *Reaktionsstärke* der Summe der Intensitäten der Einzelreize entsprechen; diese Regel (nach Seitz) ist jedoch weitgehend hypothetisch.

[3] Als *Reaktionssummation* oder *Reaktionssummierung (reaction summation)* Bezeichnung für den in der *Reizsummenregel* (vgl. [2]) angesprochenen Effekt, der darin besteht, daß *efferente Impulse,* die in rascher Folge (zeitlicher Nachbarschaft) motorische Effektorzellen erreichen (oder simultan aus verschiedenen *afferenten Bahnen* ankommen), die Reaktion verstärken.

Super-ego →*Überich.*

Superlernen, Superlearning, Lozanov-Methode *(superlearning, Lozanov's method).* Von LOZANOV eingeführte Prozeduren zur Optimierung der Aufnahmefähigkeit von Lernstoffen (insbes. Sprachenlernen), kreativer Wissensnutzung (z. B. in Gruppendiskussionen) und/oder körperlicher Fitness (z. B. im Zusammenhang mit sportlichen Tätigkeiten). Zwischen einzelnen Lern-, Übungs- oder Tätigkeitsschritten werden unter der Anleitung eines Trainers Atem-, Entspannungs-, musikunterstützte Bewegungsübungen, an meditative Techniken erinnernde Konzentrationsübungen ausgeführt und/oder aktivierende optische bzw. akustische Reize dargeboten. Alle Maßnahmen zielen darauf ab, ein optimales Aktivationsniveau einzurichten und Gefühle des Wohlbefindens und der Leistungsfähigkeit auf suggestiven und autosuggestiven Wegen zu vermitteln.

Suppressorfelder *(suppressor areas).* Bereiche des Kortex, bei deren Reizung andere Felder oder Gehirnpartien in ihrer elektrischen Aktivität gehemmt werden.

Suppressor-Zellen →*Immunsystem.*

Surrogat →*Substitut.*

Survey research. Aus dem Englischen übernommene Bezeichnung für das Untersuchen der Verteilung bestimmter *Einstellungen* oder *Meinungen* in der Bevölkerung durch repräsentative Umfrage (→*Stichprobe).*

Survey tests. Aus dem Englischen übernommene Bezeichnung für Testverfahren, die bei einer relativ großen Gruppe der Population eine Übersicht über die Verteilung gewisser Eigenschaften oder Meinungen verschaffen, z. B. das Erstellen der Bevölkerungsstatistik durch Erfassung sozio-ökonomischer und anderer Daten.

SWS →*Schlaf.*

SYL →*elektrodermale Aktivität.*

Symbiose *(symbiosis).* Bezeichnung für das Zusammenleben zweier Tiere verschiedener Art, wobei die beiden eine S. eingehenden Organismen einander biologisch nützen oder »unterstützen« (z. B. beim Krokodil und dem als Krokodilwächter bezeichneten Vogel; bei Ameisen und Blattläusen).

Symbol.

[1] Bezeichnung für eine Klasse von Zeichen *(signs)* sprachlicher oder nichtsprachlicher Art, deren Beziehung zum Bezeichneten *intentional* und/oder durch *Konvention* festgelegt ist. Intentional soll auf die bewußte und auf etwas bezogene Darstellung hinweisen; Konvention weist auf die Verständlichkeit von (sprachlichen) Symbolen hin.

[2] Psychoanalytische Bezeichnung für das Auftreten verdrängter Inhalte in *substituierten* Inhalten (z. B. Traum); die Substitution erfolgt ohne Beteiligung des Bewußtseins (unbewußt). Es wird angenommen, daß es sich um Inhalte handelt, die in symbolischer Form die Ichzensur umgehen. Syn. *Traum-Symbolik (symbolism).*

symbolisch →*Verhalten.*

symbolische Interaktion →*soziale Interaktion.*

symbolische Repräsentation →*Skript.*

SYMLOG. Bezeichnung für ein Verfahren zur systematischen Erfassung des Gruppenverhaltens und damit einhergehender Prozesse der gegenseitigen Einschätzung (Personenwahrnehmung) der Gruppenmitglieder untereinander.
LIT. BALES, COHEN (1982).

symmetrische Kontingenz →*Kontingenz.*

Sympathie *(sympathy).* Allgemeine und umfassende Bezeichnung für das »Mitfühlen« mit anderen bzw. Mitempfinden von Gefühlen und Emotionen eines oder mehrerer Mitmenschen *(Empathie, Einfühlung)* und daraus hergeleiteter Zuwendung bzw. positiver Einstellung.

Sympathikus *(sympathetic division of the nervous system, sympathetic nervous system).*

Bezeichnung für einen Teil des *autonomen* oder *vegetativen* →*Nervensystems*, der im wesentlichen aus den Ganglien neben der Wirbelsäule besteht und in Zuständen gesteigerter Aktivität wirksam wird. Der Gegenspieler ist der →*Parasympathikus.*
→*Acetylcholin.*

Symptom. Kennzeichen einer Krankheit bzw. abnormer Organfunktionen und abnormer Zustände in medizinischer und psychologischer Bedeutung; z. U. von *Syndrom (syndrome),* dem Komplex aller eine Krankheit oder Störung begleitenden Symptome.

Symptomverschiebung *(symptom substitution). Psychoanalyse:* Wird durch eine Behandlung nur das von außen erkennbare Symptom gelöscht, so können ersatzweise andere Symptome auftreten, wenn – so wird angenommen – nicht gleichzeitig die innere Ursache (z. B. *Abwehrmechanismen)* bereinigt wird. Eine der Vorkehrungen der *Verhaltenstherapie* besteht z. B. darin, die Hierarchie der Verstärkungsbedingungen zu erfassen, die zum Symptom geführt haben, um sukzessive Löschstrategien anzuwenden. Syn. *Symptomersatz, Ersatzsymptom.*

Synapse *(synapse, synapsis).* Verbindungsstelle einer axonalen Endigung (oder Axonkollateralendigungen) mit einer anderen Nervenzelle, einem Muskel- oder Drüsenzelle. S. zwischen Axon (oder Axonkollateralen) und Zellkörper einer anderen Zelle heißen *axosomatische,* zwischen Axon und Dendrit *axodendritische,* Axon und Skelettmuskelfaser *neuro-muskuläre Endplatte,* zwischen Axonen zweier Zellen *axoaxonische* Synapsen. An den S. vollzieht sich die Übertragung von *erregungs-* und *hemmungsvermittelnden* Impulsen. Bei Säugern (und auch beim Menschen) sind die S.-*Funktionen* komplizierte chemoelektrische Vorgänge. An der S. besitzen Axone oder Axonkollateralen verdickte *synaptische Endigungen* (Endknopf, *synaptic knob).* Darin sind kleinste bläschenförmige Gebilde, die *Transmittersubstanz* enthalten. Beim Ankommen des Impulses wird die Transmittersubstanz in den *synaptischen Spalt* zwischen synaptischer Endigung und *subsynaptischer Membran* der Empfängerzelle freigesetzt. Bei Erregungswirkung erfolgt daraufhin an der Membran lokale *Depolarisation,* bei Hemmungswirkung lokale *Hyperpolarisation.* Durch Ionenaus- und -eintritt entwickeln sich

im ersten Fall *exzitatorische postsynaptische Potentiale (excitatory postsynaptic potentials, EPSP),* im zweiten *inhibitorische postsynaptische Potentiale (inhibitory postsynaptic potentials, IPSP).* Sind EPSP oder IPSP über der Schwelle der Erregbarkeit der Empfängerzelle, so feuert diese mit ihrem *Aktionspotential.* Erregungs- oder Hemmungswirkung hängen ab (a) von der chemischen Beschaffenheit der Transmittersubstanz, (b) von der Stärke bzw. dem Ausbreitungsgrad von EPSP und IPSP und (c) im Falle des Empfanges zahlreicher Synapsen auf der subsynaptischen oder postsynaptischen Seite (z. B. bei motorischen Vorderhornzellen) von der örtlichen und zeitlichen algebraischen Summation von Erregungs- und Hemmungssignalen.
→*Aktionspotential,* →*Elektroencephalogramm,* →*Transmitter.*

Synästhesie *(synaesthesia, synaesthesis, synesthesia).* Bezeichnung für den Umstand, daß sich gleichzeitig mit dem Wahrnehmen von etwas (z. B. Töne hören) automatisch Vorstellungen aus einem anderen Sinnesgebiet einstellen, als dem Wahrnehmen entspricht (daß sich z. B. zu den Tönen bestimmte Farbvorstellungen entwickeln).

Synergie *(synergy).* Bezeichnung für das Zusammenwirken von Kräften in einer Richtung. Als synerge Muskeln werden solche bezeichnet, die in ihrem koordinierten Zusammenwirken eine Bewegung bestimmter Art bewirken.

Syntality. Englische Bezeichnung für die einer *Gruppe* eigenen Verhaltensweisen relativ überdauernder Art; der Ausdruck ist Inbegriff der Gruppeneigenschaften und -leistungsfähigkeit (nach R. B. CATTELL).

Syntax, syntaktisch *(syntax; syntactical). Linguistik:* Die zulässigen Kombinationen von Wörtern zur Bildung von »Konstituenten« bzw. Sätzen innerhalb einer Sprache.

Synthese *(synthesis).*
[1] Bezeichnung für die Herstellung einer Verknüpfung bzw. Verbindung von verschiedenartigen Daten oder von Empfindungen, Wahrnehmungsinhalten und Vorstellungen im *Denken* zu einer Einheit oder »Ganzheit« bei erhaltener Qualität der einzelnen Daten oder Gegebenheiten (der Begriff ist zu unterscheiden von dem der *Verschmelzung,* in der die einzelnen Gegebenheiten nicht mehr zu unterscheiden sind).
Gegenteil: →*Analyse (analysis).*

SYR

[2] W. WUNDT bezeichnet als *schöpferische Synthese* oder *Prinzip der schöpferischen Synthese (principle of creative resultants* oder *synthesis)* das Zusammenfügen von Empfindungselementen zu einer neuen, übersummenhaften Einheit durch einen produktiven Willensakt (z. B. bei der Raumwahrnehmung).

[3] Als Synthese oder Synthetisierung bezeichnet man in der Chemie die durch künstliche Zusammensetzung erreichte künstliche Herstellung von organischen oder anorganischen Substanzen.

SYR →*elektrodermale Aktivität.*

System *(system).*

[1] Aus dem Griechischen hergeleiteter grundlegender Ordnungsbegriff der Philosophie, Naturwissenschaften und Technik. S. bezieht sich auf die Gliederung und den Aufbau von natürlichen oder künstlichen Ganzheiten, die als Einheiten verstanden werden und deren Teile, die in Abhängigkeit voneinander und/ oder wechselseitigem Zusammenhang stehen, eine bestimmte Ordnung aufweisen. (a) Zu den sog. *deskriptiven S.* zählen *realistische S.* (z. B. Kopernikanisches S. der Planeten, Linnésches S. der Pflanzen und Organismen), *begründungstheoretische S.* (z. B. Darstellungen der logischen Zusammenhänge zwischen einzelnen Wissensgebieten, mathematisch-logische Aussage-S., S. zur Herleitung deduktiver Aussagen unter einem bestimmten Prinzip) und *hypothetische S.* (z. B. Modelle in den Erfahrungswissenschaften). (b) Als *naturwissenschaftlich-technisches S.* gilt jede Gesamtheit materieller Objekte, die in einem Zusammenhang miteinander stehen, wobei die wechselseitigen Beziehungen der Objekte gegenüber jenen mit der übrigen Umwelt überwiegen. In diese Klasse fallen auch Zusammenschlüsse technischer Vorrichtungen mit umschriebenen Einzelfunktionen zu übergeordneten Gesamtfunktionen (z. B. vernetzte Datenverarbeitungs-S.). (c) Die abstrakte Darstellung der Wechselwirkungsmerkmale und Regelungsstrukturen physikalisch-technischer, aber auch biologischer Systeme nennt man *kybernetisches S. (cybernetic system).* Man spricht von einem *dynamischen S. (dynamic system),* wenn das S. aus aktiven Bestandteilen besteht, die einander gegenseitig beeinflussen *(geschlossenes S., closed system)* und/oder von anderen S. oder Umgebungsbedingungen

beeinflußt werden *(offenes S., open system).* (d) Als *Regel-S. (control systems),* die Sonderfälle dynamischer, kybernetischer S. sind, gelten Funktionseinheiten, die aufgrund von Meßdaten und Leistungskennwerten Nachregelungen so vornehmen, daß ein konstanter Zustand aufrechterhalten bleibt (z. B. Fliehkraftregelung von Ventilen einer Dampfmaschine). Dazu zählen auch *physiologische S. (physiological systems),* die der Aufrechterhaltung gleichmäßiger Organismusbedingungen bei gleichzeitiger Anpassung an Umweltbelastungen nach dem Prinzip des Fließgleichgewichts dienen (z. B. die Regulation der Körpertemperatur, die Anpassung von Atem-, Herz- und Kreislauffunktionen an Beanspruchungen). Begriffe wie *soziales S. (social system)* oder (soziales) *Handlungs-S. (activity system)* werden analog gebraucht, um das geregelte Miteinander von Menschen unter beständigem Ausgleich der Interessen bzw. Anpassung an neue Umgebungsbedingungen und Aufgaben als offenes System darzustellen.

[2] *Allgemeine S.-Theorie (general systems theory)* nennt man zusammenfassend alle systematischen kybernetischen Ansätze, in deren Rahmen gekoppelte S. (z. B. Mensch und Umwelt) dargestellt und Rückschlüsse auf Zusammenhänge zwischen S.-Struktur und Funktionen (z. B. Verhalten) einzelner Unter-S. *(subsystem)* im Zusammenhang mit wechselnden Einflußgrößen untersucht werden können.

[3] *Mensch-Maschinen-S. (man-machine systems)* dienen der Beschreibung und Erklärung des funktionellen Zusammenwirkens von Mensch und Maschinen unter den Aspekten von Informationsaustausch und kontinuierlicher bzw. diskontinuierlicher (plötzlich auftretender vereinzelter) Regelungserfordernisse, z. B. direkte Steuerung einer Maschine durch Befehle, Start von maschinellen Prozessen durch Eingabe von Informationen, die in der Maschine programmierte Prozesse auslösen, durch kontinuierliche Überwachung automatisierter Maschinenprozesse und Eingreifen in Störungsfällen sowie durch Ergebniskontrolle. Produziert ein Mensch-Maschinen-S. Informationen, aufgrund deren Entscheidungen angebahnt oder getroffen werden, z. B. Flugüberwachung, Überwachung komplexer Produktionsanlagen, so spricht man von einem *Dialog-S. (interactive man-machine system).*

LIT. →Arbeits-, Betriebs- und Organisationspsychologie, →Sozialpsychologie, →Systemforschung.

Systematik.
[1] Bezeichnung für das Erstellen eines Systems.
[2] Syn. für offenes System *(Logik).*

systematische Stichprobe →*Stichprobe.*

systematischer interner Fehler →*Experiment.*

Systemforschung *(systems research).* Allgemeine und umfassende Bezeichnung für einen auf verschiedene Forschungsgebiete anwendbaren Ansatz, dessen analytische Einheiten nicht die Verknüpfungen von Variablen, sondern irreduzible Ganzheiten (z. B. Organismus, Kultur) sind, deren Interaktionsformen untersucht werden. Aus der Regeltechnik stammende und mathematische Formalisierungen sind hierbei inbegriffen, jedoch ist der Ansatz umfassender als der kybernetische. Die Systemforschung, die auf der *Allgemeinen Systemtheorie* beruht, klassifiziert Systeme durch Beschreibung der aus den Interaktionen erschlossenen Organisations- oder Struktureigenheiten. Daraus Gesetzmäßigkeiten des Verhaltens eines Systems abzuleiten, gilt als ihr erklärtes Ziel.

Die Systemforschung spielt in der Untersuchung betrieblicher Organisationsformen und auswirkungen unter Einbeziehung psychologischer Momente eine steigende Rolle.
→*System.*
LIT. BERTALANFFY (1968); BUCKLEY (ed.; 1968).

systemisch *(systemic).* Auf ein System bezogen, einem System zugehörig.

Systole. Zeitintervall, während dessen der Herzmuskel zusammengezogen (kontrahiert) ist. Als systolischen Blutdruck bezeichnet man den in den Arterien herrschenden Druck zur Zeit der Systole.
Gegenteil: →*Diastole.*

systolischer Druck →*Blutdruck.*

SZL →*elektrodermale Aktivität.*

SZR →*elektrodermale Aktivität.*

T

tabes dorsalis oder **lokomotorische Ataxie.** Durch eine meist syphilitisch bedingte degenerative Veränderung des hinteren Stranges des Rückenmarks hervorgerufene motorische Koordinationsstörung (»Schleuderbein«), die mit anderen Symptomen (Sehstörungen u. ä.) einhergehen kann.

Tabu *(taboo; tabu).* Von COOK in seinen Reiseberichten aus dem Polynesischen übernommene Bezeichnung für die, auf einem magischen Ritus gründende »Unberührbarkeit«, die sich in Verboten äußert, bestimmte Handlungen (z. B. Berühren eines Toten) auszuführen, bestimmte Kultstätten aufzusuchen, bestimmte Kleidungsstücke zu tragen oder bestimmte Worte bzw. Symbole zu gebrauchen. In der von FREUD geprägten, erweiterten Bedeutung bezeichnet T. ein Verbot von Handlungen, welche den moralischen Standards widersprechen (z. B. sexuelle Tabus; Inzestverbot). Als *soziale T. (social taboos)* gelten von Sanktionen bedrohte Handlungen, Gedanken oder Wünsche, die gegen Gruppennormen bzw. kulturelle Normen verstoßen.
LIT. COOK (1781); FREUD (1913).

Tachistoskop (tachistoscope). Bezeichnung für jedes Gerät, das die Darbietung visueller Reize unter kontrollierten Zeitbedingungen erlaubt. Vor der Einführung elektronisch gesteuerter Projektions- oder Einblickgeräte bediente man sich z. B. einer Miniaturbühne, deren Verschlußklappe sich elektromechanisch öffnet und schließt, wenn ein schwingendes Pendel die der Zeit entsprechend angebrachten Schleifkontakte berührt (sog. *Pendel-Tachistoskop).* Wird das Bild durch eine rotierende Scheibe mit einem variablen Öffnungsschlitz freigegeben, so nennt man dies ein *Episkotister-Tachistoskop.* Eine weitere Variante besteht in einem Projektor, dem ein Compurverschluß vorgeschaltet ist. Erst mit der Einführung von Elektronen-Tachistoskopen ist es möglich, Darbietungszeiten unterhalb der Schwelle des deutlichen Erkennens zu wählen, die Beleuchtungsintensität zu variieren und einen linearen Auf- und Abbau der Beleuchtungsquelle zu gewährleisten. Das sog. *Spie-*

geltachistoskop (mirror tachistoscope) besteht aus einem Guckkasten, in dem durch eine Spiegelvorrichtung zwei verschiedene Reize in elektronisch gesteuerten Zeitabständen und Darbietungszeiten auf dieselbe Fläche projiziert werden können; sie dienen der Untersuchung von Überlagerungs- und Verschmelzungsphänomenen.

Tachykardie →*Panikstörung.*

Tagessehen →*Duplizitätstheorie.*

Tagesreste *(day residues).* Die von FREUD und der Psychoanalyse gebrauchte Bezeichnung für erregende oder zur Besorgnis Anlaß gebende Erlebnis- und Erfahrungsinhalte, die während der einem Traum vorangehenden Tage auftraten und in *Trauminhalten* teilweise wiederkehren. Es wird angenommen, daß insbesondere mit *Konflikten* verbundene Erlebnisse und Erfahrungen im Traum weiterverarbeitet werden.

Tagträumen *(daydreaming).* Bezeichnung für eine Art der *Phantasietätigkeit,* in deren Verlauf ein Individuum sich ohne besondere Absicht und unter weitgehender Ausschaltung der Beachtung seiner unmittelbaren Umgebung angenehmen Vorstellungen hingibt, die sich auf Wünsche beziehen, die im tatsächlichen Leben nicht erfüllt werden können *(→autistisches Denken, →Phantasie).*

TAI →*Arbeitsanalyse, -beschreibung.*

taktil *(tactile, tactual).* Bezeichnung für mit Berührungsempfindungen verbundene Phänomene, bzw. den *Tastsinn* betreffende Reize.

taktile Agnosie →*Agnosie.*

Talbotsches Gesetz *(Talbot-law, Talbot-Plateau-law).* Bezeichnung für den gesetzmäßigen Zusammenhang zwischen Helligkeitsempfindung und unterschwelliger Beleuchtungsunterbrechung. Wird eine Fläche angeleuchtet und wird die Beleuchtung derart kurzzeitig unterbrochen, daß kein Eindruck des Flackerns entstehen kann, so tritt bei ansonsten konstanter Beleuchtungsintensität der Eindruck einer Abdunklung auf, deren Ausmaß proportional dem Verhältnis der Zeit der ununterbrochenen Beleuchtung zur gesamten Beobachtungszeit ist. Die empfundene Hellig-

keit zweier unmittelbar hintereinander dargebotener Reize ist ebenfalls proportional der
Zeit ihrer ununterbrochenen Darbietung.

Talent. Allgemeine Bezeichnung für eine
»natürliche« Begabung zur Ausübung bestimmter, z. B. künstlerischer Tätigkeiten.

Talgdrüse *(sebaceous gland).* Hautdrüsen, die
eine ölige Flüssigkeit ausschütten. Sie befinden sich, mit Ausnahme der Handflächen und
Fußsohlen, überall in der Haut.

Tapping-Test *(tapping test).* Aus dem Engl.
übernommene Bezeichnung für Verfahren zur
Feststellung der Geschwindigkeit und Genauigkeit einfacher Handbewegungen durch die
Registrierung des Antippens. Im einfachsten
Fall wird das Tempo von Berührungen einer
Kontaktunterlage mit einem Stift registriert.
Komplexere Verfahren geben auf einer Me-
tallunterlage bestimmte Figuren verschiedener
Größe und Dichte vor, welche hintereinander
so rasch wie möglich innerhalb der von der
Figur umschlossenen Fläche angetippt werden
sollen (sog. *tapping board).* Die Verfahren
dienen der Feststellung des persönlichen Tem-
pos bei sensomotorischen Koordinationslei-
stungen und werden in der Berufseignungs-
diagnostik angewandt.

TAT, Abk. für **Thematischer-Apperzeptions-Test** *(thematic apperception test).* Bezeichnung für ein von MURRAY entwickeltes
projektives Deuteverfahren, das aus in den
Einzelheiten nicht ganz deutlichen bildlichen
Darstellungen sozialer bzw. sozial relevanter
Situationen besteht (für Jugendliche und Erwachsene, Frauen und Männer verschiedene
Serien), die gedeutet werden sollen. Die Pro-
tokolle werden nach bestimmten Regeln ausgewertet und bieten u. a. aus dem Bezug zu
den abgebildeten Personen und Situationen die
Möglichkeit, etwas über Bewertungsmaßstäbe,
Motive und Gefühle des Deutenden zu erfahren. Der TAT gehört zu den sog. *projektiven
Tests,* d. h. zu einer Gruppe von Verfahren,
deren Zuverlässigkeit im Sinne der *Testtheorie*
zweifelhaft ist.

LIT. MURRAY (1943); REVERS (1958);
E. STERN (1952).

Taubheit *(deafness).*
[1] Die vollständige Unfähigkeit, Gehörseindrücke zu empfangen oder zu registrieren.
Dies kann auf Schädigungen des kortikalen
Gehörzentrums *(kortikale Taubheit),* auf Störungen der Nervenleitung (nervös bedingte

Taubheit) oder auf Schädigungen im Bereich
der Rezeptoren zurückgehen.
[2] T. im Sinne der *Schwerhörigkeit* bezeichnet die eingeschränkte Fähigkeit, Gehörseindrücke aus bestimmten Reizfrequenz-Berei-
chen zu empfangen oder zu registrieren. Eine
der häufigsten Formen ist die der *»Altersschwerhörigkeit«,* wo Reize des höheren Fre-
quenzbereichs nicht mehr registriert werden
können. Es handelt sich dabei um eine Sonderform der auf hohe Frequenzen beschränkten T.
bzw. Schwerhörigkeit *(high frequency deafness).*

Taubstummheit *(deaf muteness).* Bezeichnung für die Unfähigkeit des Sprachgebrauchs
bzw. Sprechens (Stummheit) aufgrund einer
angeborenen Taubheit, wodurch das Lernen
des Sprechens durch Imitation bzw. den *sensomotorischen Kreisprozeß* nicht möglich war.

Tau-(τ-)Effekt, auch **Tau-Phänomen** oder
Gelbsches Phänomen. Bezeichnung für die
beim Wahrnehmen räumlicher Intervalle erfolgende Angleichung an zeitliche Intervalle
im Sinne einer Täuschung. Werden Lichtreize
in gleichen räumlichen Intervallen, jedoch mit
verschieden langen Pausen dargeboten, so erscheinen dem Betrachter die durch eine kurze
Pause getrennten Lichtreize auch räumlich
näher aneinandergerückt als dies bei Darbietung mit längerer Pause der Fall ist.

Tau-(τ-)Koeffizient. Statistische Bezeichnung
für ein verteilungsfreies Korrelationsmaß
(auch *Kendallsches Tau).*

Tau-Phänomen →*Tau-(τ-)Effekt.*

**Täuschung, Sinnestäuschung, Wahrneh-
mungstäuschung, optische Täuschung** *(illusion, sensory illusion, perceptual illusion, optical illusion).* Mangelnde Übereinstimmung
zwischen objektiv-physikalischen Reizgegebenheiten und Empfindungen bzw. Wahrnehmungsurteilen bei der Einschätzung von Beschaffenheit, Bewegung, Intensität, Größe,
Raumlage und Richtung einer Reizvorlage
oder bestimmter Ausschnitte. T. können in
allen Sinnesbereichen auftreten und auf andere
Sinnesgebiete wirken (z. B. →*Größen-Ge-
wichts-Täuschung).* Einige Beispiele aus der
visuellen Wahrnehmung: a) Betrachtet man
ein Muster aus sehr nebeneinander liegenden
Linien oder konzentrischen Kreisen einige Sekunden lang, so glaubt man, eine flimmernde
diffuse Bewegtheit zu sehen. MCKAY führt
dies auf die *Redundanz* (mangelnde Differen-

Täuschung

ziertheit) der Reizvorlage zurück. b) Betrachtet man einen nach unten bewegten Streifen, der mit schwarzen und weißen Linien bedeckt ist, ohne der Bewegung mit dem Blick zu folgen, für ca. 10–30 sec, so glaubt man, nach Anhalten des Streifens eine Bewegung nach oben zu sehen, die fremdartig wirkt, denn auch der Stillstand des Streifens wird bemerkt *(Wasserfall-Effekt; waterfall effect)*. Hier handelt es sich um ein *Bewegungsnachbild (after effect)*. Ähnlich ist der Effekt einer bewegten *Spirale*. Während der Bewegung glaubt man – je nach Bewegungsrichtung – Schrumpfung oder Ausdehnung zu beobachten; nach dem Stillstand scheint sich die Spirale in der entgegengesetzten Richtung zu drehen. c) Das Wertheimersche *Phi-Phänomen* besteht in der Verschmelzung der durch hintereinander aufleuchtende, räumlich distante Lichtpunkte erzeugten Retina-Reize. Eine Hin- und Herbewegung wird beobachtet. Diese Art der T. wird als →*Scheinbewegung* klassifiziert. Ganz anders die Entstehung des sog. *autokinetischen Phänomens*. Fixiert man bei Dunkelheit einen leuchtenden festen Punkt, so scheint sich dieser mehr oder weniger deutlich zu bewegen. Offenbar wird dies u. a. durch *Augenbewegungen* verursacht, so daß während des Fixierens nicht immer die gleichen Netzhautstellen gereizt werden. d) Die sog. *geometrisch-optischen Täuschungen* nehmen den breitesten Raum ein. Abb. A_1 zeigt die sog. Müller-Lyersche Täuschung. Die von nach innen gerichteten schrägen Linien begrenzte Strecke erscheint kürzer. Als Erklärung dient die perspektivische Erfahrung des Wahrnehmenden. Abb. A_2 zeigt die Heringsche T. Kennzeichnend ist die scheinbare Gekrümmtheit, die durch das Liniengefüge hervorgerufen ist; als Erklärung dient ebenfalls die dreidimensionale Skalierung des zweidimensionalen Gebildes durch den Wahrnehmenden. Mit zunehmender Wahrnehmungserfahrung nimmt im Bereich der geometrisch-optischen T. der Grad der Täuschbarkeit ab. e) Sog. *unmögliche Figuren (impossible figures)* zeigen, wie die durch Überlagerung und/oder Schatten vorgetäuschte Dreidimensionalität der Abbildung (Abb. B) bei Betrachtung der an sich zweidimensionalen Vorlage einen Deutungskonflikt hervorruft.

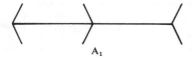

A_1

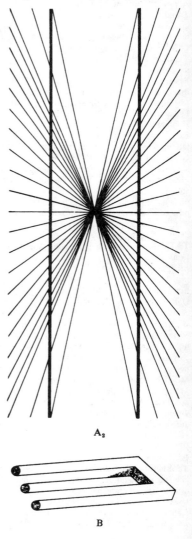

A_2

B

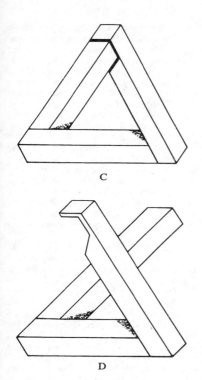

Läßt sich dagegen, wie nach GREGORY anhand der Penrose-Figur (Abb. C und D) gezeigt, ein dreidimensionales Gebilde denken, das eine Retinaabbildung wie das zweidimensionale, nur aus einer anderen Blickrichtung, aufweist, so löst sich der Deutungskonflikt, denn die dreidimensionale Skalierung des Reizobjektes erweist sich nunmehr als stimmig. f) Sog. *Kippfiguren* (z. B. der *Neckersche Würfel*) demonstrieren ebenfalls die Wirkweise der dreidimensionalen Skalierung zweidimensionaler Abbildungen. Neuere Untersuchungen haben gezeigt, daß besonders dann Deutungen der Dreidimensionalität erwartet werden, wenn die Abbildung viele Richtungswechsel an der Kontur und mangelnde Symmetrie zeigt.

LIT. AARONS (1964); GREGORY (1974); MICHOTTE u. a. (1966); RAUSCH (1966).

Taxonomie

Tautologie *(tautology)*. Bezeichnung für eine zusammengesetzte Aussage, deren Elemente jeweils dasselbe sagen, z. B. weißer Schimmel; eine *redundante* (überflüssige) Definition. In der Mathematik: Bezeichnung für erklärende Definitionen.

tautologische Definition →*Definition*.

Taxis (plur. *Taxien*).

[1] Biologisch-zoologische Bezeichnung für die Orientierung des Verhaltens bewegungsfähiger Organismen, die auf *Erbkoordination* bzw. *Instinkte* zurückgeführt wird. T. steht sowohl für den Vorgang der Bewegungsorientierung als auch für die Mechanismen, welche ihn steuern. Die einzelnen Taxien werden oftmals nach der Art des Orientierungsmerkmals klassifiziert (z. B. *Phototaxis* als Orientierung an Lichtintensität bzw. -reiz; *Chemotaxis* als Orientierung an chemischen Reizen u. ä.). Da es sich um eine »Richtwendung« durch Lokomotion (Fortbewegung und Richtungnehmen) handelt, werden einige Arten unter dem Sammelbegriff *Topotaxien* zusammengefaßt, eine weitere Gruppe wird nach A. KÜHN *Phobotaxien* (Schreckbewegungen) genannt.

[2] In der von N. TINBERGEN geprägten Auffassung bezeichnen Taxien nur die orientierende Einzelbewegung, die sog. »Richtwendungen« des Organismus, während die auf Erbkoordination beruhenden Instinktbewegungen oder -handlungen davon zu trennen sind. Diese Auffassung begründet sich auf Beobachtungen, die zeigen, daß »Richtwendung« und Instinktbewegung nicht gleichzeitig und miteinander verknüpft, sondern hintereinander auftreten. Z. B. wendet der beutefangende Frosch die Schnauzenspitze der Beute zu (Taxis), bevor er zuschnappt (Instinktbewegung, beruhend auf Erbkoordination). →*Tropismus*.

LIT. EIBL-EIBESFELDT (1967); KÜHN (1964); TINBERGEN (1964).

Taxonomie *(taxonomy)*.

[1] Herstellung einer Systematik durch Anwendung fester Regeln, ggf. eine hierarchische Ordnung (z. B. die Klassifikation der Lebewesenarten in Form eines Stammbaumes). In der *Pädagogischen Psychologie* Bezeichnung für ein hierarchisches System zur Beschreibung des Zusammenhanges zwischen Lernzielen und dem schrittweisen Aufbau ihrer Vermittlung bzw. ihres Effektes zum

Taylorismus

Zweck der Leistungskontrolle. Nach ähnlichen Gesichtspunkten verfährt die *Wirkungsforschung* innerhalb der Sozial- und Werbepsychologie.

[2] Als *numerische T. (numerical taxonomy)* gleichbedeutend mit *Clusteranalyse,* ein der Faktorenanalyse verwandtes Verfahren, aus Korrelationen bzw. Ähnlichkeitsinformationen zwischen Objekten und variablen Merkmalen Anhaltspunkte für die Bildung von Klassen verwandter Objekte zu gewinnen bzw. sie in eine hierarchische Ordnung zu bringen.

Taylorismus *(Taylorism, Taylor's system, scientific management).*
Von dem amerikanischen Maschinenbauingenieur F. W. TAYLOR 1911 unter dem Titel »*Scientific Management*« eingeführte Maßnahmen zur Rationalisierung von industriellen Fertigungsarbeiten und ihrer organisatorischen Rahmenbedingungen. Aufgabe des Managements sei es, die Produktion sorgfältig zu planen und zu koordinieren, für die technische Vervollkommnung von Werkzeugen, Geräten und des Materialtransports zu sorgen, die optimale Ausführung jedes Tätigkeitsschrittes einzelner Arbeiter aufgrund von Bewegungs- und Zeitstudien genau festzulegen, die Arbeitsziele klar und verständlich vorzugeben, eine angemessene Ausbildung zu gewährleisten und gute Leistungen besonders zu belohnen. Der T. stieß in der Folgezeit wegen seiner starken Bezogenheit auf die Produktionssteigerung bei der Massenfertigung durch Fließbandarbeit ohne Berücksichtigung der zufriedenheitsabhängigen sozialen Arbeitsbedingungen auf massive Kritik.
→*Arbeitspsychologie,* →*Arbeitszufriedenheit,* →*Hawthorne-Effekt.*
LIT. TAYLOR (1970).

TBS →*Arbeitsanalyse, -beschreibung.*

teilautonome Arbeitsgruppen →*Arbeitsstrukturierung.*

Teleceptor. Veraltete Bezeichnung für Rezeptoren der sog. Fernsinne.

Telekinese *(telekinesis).* Parapsychologische Bezeichnung für Dingbewegungen in Gegenwart eines Mediums, die auf okkulte Einflüsse zurückgeführt werden.

Telencephalon. Die kortikalen Großhirnhemisphären als letzte und höchste Entwicklung der Gehirnstruktur.

teleologisch (teleological). Auf ein Ziel, einen Endzweck gerichtet.

Telepathie *(telepathy).* Parapsychologische Bezeichnung für das Phänomen der Gedanken- und Gefühlsübertragung.

Temperament *(temperament, temper).* Allgemeine und umfassende Bezeichnung für die aus Bewegungs-, Stimmungs und Reaktionsqualität und -intensität erschlossene Antriebs- oder Stimmungsstruktur eines Individuums. Der Ausdruck wird auch zur Beschreibung vorherrschender »Grundstimmungen« wie manisch, depressiv u. ä. verwendet, wobei man sich unter T. das individuelle emotionale System vorstellen kann. Die Vorstellungen von den vier klassischen Temperamenten – Sanguiniker, Choleriker, Melancholiker und Phlegmatiker – zeigen wie auch moderne Temperamentslehren (z. B. KRETSCHMERS Typologie) den Versuch, körperliche Merkmale mit Temperamentseigenschaften zu verknüpfen.
LIT. GUILFORD (1964); KRETSCHMER (1965).

Tempo. Geschwindigkeit. *Persönliches Tempo (personal tempo)* ist die Bezeichnung für ein vom Individuum angemessen empfundenes Tempo, z. B. beim Klopfen mit dem Zeigefinger auf eine Unterlage. Das persönliche Tempo oder auch *psychomotorische Tempo* wird als ein Ausdruck des *Temperaments* bewertet.

temporal *(temporal).* Biologisch-anatomische Bezeichnung für die Schläfenregion des Schädels. Der Schläfenlappen *(temporal lobe; lobus temporalis)* liegt unterhalb der fissura cerebri lateralis und geht, nach hinten verlaufend, in den *Okzipitallappen* über. Gängige Abkürzung bei der Lokalisierung auf der Schädeloberfläche T.
→*Elektronencephalogramm.*

temporell *(temporal).* Zeitlich begrenzt.

Tendenz *(tendency).* Bezeichnung für eine Bewegungs- oder Denkrichtung in bezug auf ein bestimmtes Ziel. Als *angeborene Tendenz (native tendency)* Syn. für Instinkt. Als *erworbene T. (acquired tendency)* Syn. für Gewohnheit oder *Verhaltenstendenz (habit).*

Terman-Merrill-Test →*Stanford-Binet-Test.*

Terror-Management-Theorie *(terror management theory; TMT).* Sinngemäß: Theorie vom Umgang mit Angst vor Tod und Sterben. Erklärung der Wirkweise kulturell, phylo- und ontogenetisch geprägter →*Abwehrstrategien* gegen Ängste, die bei dem Gedanken an die eigene Vergänglichkeit oder in direkter Kon-

Testtheorie

frontation mit Sterblichkeits- und Todessymbolen mobilisiert werden. GREENBERG, PYSZCZYNSKI u. SOLOMON gehen in ihrem existenzphilosophisch, kulturanthropologisch und psychoanalytisch geprägten Ansatz davon aus, daß der Mensch im Verlauf seiner Entwicklungsgeschichte gelernt hat, die Angst vor Tod und Vergänglichkeit im Gefüge zweier Vorstellungsstrukturen zu verarbeiten: (a) *Kulturgeprägte Weltanschauungen* (*cultural world view*), die dem Leben Sinn, Ordnung und Dauerhaftigkeit zusprechen, und (b) Denk- und Verhaltensstandards, die auf Bewahrung des *Selbstwerts* (*self-esteem*) gerichtet sind und deren Einhaltung mit Vorstellungen der Überwindung von Tod und Vergänglichkeit verknüpft sind. Empirische und experimentelle Untersuchungen zeigen u. a., daß die Identifikation mit solchen Standards der Selbstbewahrung bei Konfrontation mit konkreten Hinweisen auf die eigene Vergänglichkeit (*mortality salience*) zu positiven Reaktionen allem und jedem gegenüber führt, bei dem man die gleichen Standards entdeckt oder vermutet, und zu negativen, sogar feindseligen Reaktionen, wenn die Übereinstimung fehlt bzw. zu fehlen scheint.
LIT. GREENBERG, PYSZCZYNSKI, SOLOMON (1986); OCHSMANN (1993); SOLOMON, GREENBERG, PYSZCZYNSKI (1991).

Test *(test).* Standardisiertes und auf die Erfüllung von Gütekriterien überprüftes wissenschaftliches Routineverfahren zur Untersuchung eines oder mehrerer empirisch abgrenzbarer individueller Merkmale mit dem Ziel einer quantitativen Aussage über deren Ausprägung. Je nach Merkmalsart und Zielsetzung unterscheidet man: (a) *Intelligenztests (intelligence tests, mental tests)* zur Messung der allgemeinen Intelligenz oder (b) Tests zur Ermittlung spezieller *Begabungen (ability, aptitude tests);* (c) *Leistungstests (performance tests)* zur Messung umschriebener motorischer, sensorischer oder intellektueller Leistungsbereiche und (d) *Persönlichkeitstests (personality tests)* zur Ermittlung des individuellen Ausprägungsgrades bestimmter →*Eigenschaften (traits)* bzw. *Eigenschaftskonstellationen* wie →*Faktoren (factors)* oder *Bündelungen (clusters)* zur Erstellung sog. Persönlichkeitsprofile auf dem Eigenschafts- oder Typenniveau, von →*Einstellungen (attitudes)* und von → *Interessen (interests).*

LIT. ANASTASI, URBINA (1997); BRIKKENKAMP (1997); HILTMANN (1967); LIENERT, RAATZ (1994).

Test, lehrzielorientierter *(criterion referenced test).* Pädagogische Psychologie: Routineverfahren zur Untersuchung der Frage, ob und wie gut ein →*Lehrziel* erreicht wurde. Z. U. von den Tests im engeren Sinne (dort ist der Bezugspunkt eine Populationsnorm als Mittelwert) orientieren sich diese Tests an einer Idealnorm, wie sie als Matrix der Kenntnisse, Fähigkeiten, Verhaltensweisen und Einstellungen in den Lehrzielen formuliert wurde. Eine wesentl. Voraussetzung ist die curriculare Validität *(→Validität, curriculare).*

Testanalyse →*Testkonstruktion.*

Testaufgaben *(test items).* Bezeichnung für Untertests einer →*Testbatterie* bzw. für die einzelnen Aufgaben eines Tests. Diese können verschiedener Art und Form sein. Man unterscheidet deshalb verschiedene *Testaufgabentypen,* und zwar je nach Art und Form des Materials und nach Art und Form der verlangten Reaktionen.
LIT. LIENERT, RAATZ (1994).

Testbatterie *(test battery).* Bezeichnung für eine Zusammenstellung von →*Testaufgaben* zum Zwecke der Untersuchung eines bestimmten Funktionsbereichs o. ä. bzw. der Messung eines komplexen Merkmals (z. B. Intelligenz).

testis, Hoden oder **Testikel.** Männliche Keimdrüsen.

Testkonstruktion. *(test analysis; test development).* Entwicklung eines Testverfahrens für ein bestimmtes Merkmal *(→Test).* Zu den wesentlichen Kennzeichen gehören Itemauswahl und →*Itemanalyse,* die Entwicklung standardisierter Instruktionen, die Überprüfung der Gütekriterien *Objektivität, Reliabilität* und *Validität* sowie die Herausgabe eines Testmanuals nach den geltenden Normen, die bei der Publikation psychologischer Tests eingehalten werden müssen.
LIT. ANASTASI, URBINA (1997); BRIKKENKAMP (1997); FISCHER (Hrsg.; 1972); LIENERT, RAATZ (1994); LORD, NOVICK (1974).

Testprofil →*Profil.*

Testtheorie *(test theory; theory of mental tests).* Statistisch-mathematisches System von Aussagen über die Abhängigkeit der Lösung von Testaufgaben von Eigenschaften der Auf-

437

Tetanus

gaben selbst (z. B. deren Schwierigkeitsgrad), von Eigenheiten der sie lösenden Personen (Fähigkeiten, Fertigkeiten) und von den Darbietungsbedingungen (Situation).

[1] Die *klassische Testtheorie* geht davon aus, daß sich ein erhaltener Testwert (Score) X aus einem »wahren« oder »unverfälschten« Anteil T und einer unsystematischen Fehlergröße E zusammensetzt, wobei

$$X = T + E$$

Aussagen über die *Reliabilität* und andere Eigenschaften eines Tests werden unter der Voraussetzung abgeleitet, daß der statistische Erwartungswert von E Null ist und daß T und E bei verschiedenen Messungen jeweils linear unabhängig sind. Fast alle z. Z. verwendeten objektiven Tests wurden nach den Vorschriften der klassischen T. standardisiert und überprüft.

[2] Die *probabilistische* oder *stochastische Testtheorie (latent trait theory)* geht dagegen davon aus, daß die Lösungswahrscheinlichkeit einer Testaufgabe eine logistische Funktion der individuellen Fähigkeiten einer Person und der Aufgabenschwierigkeit ist. Ist die Lösungswahrscheinlichkeit einer Aufgabe nur von den individuellen Fähigkeiten abhängig, so müssen die Verteilungen der Aufgabenlösungen voneinander stochastisch unabhängig sein, ebenso wie die Fähigkeit sich als aufgabenunabhängig erweisen muß. Die Güte eines Tests bestimmt sich hier einerseits aus der Konstanz des Fähigkeitswert-Verhältnisses zwischen je zwei Personen über die Aufgaben hinweg, andererseits aus der Konstanz des Aufgabenschwierigkeits-Verhältnisses zwischen je zwei Aufgaben über die untersuchten Personen hinweg. Für die Fähigkeitsparameter und Aufgabenschwierigkeits-Indices gibt es Schätzvorschriften, so daß von der Lösungswahrscheinlichkeit ausgegangen werden kann. LIT. AMELANG, ZIELINSKI (1997); CRONBACH (1984); FISCHER (1972); LIENERT (1967); LORD, NOVICK (1974).

Tetanus. Dauerkontraktion der Muskeln in den Extremitäten, Starrkrampf (Tetanie; engl. *tetany).*

Texturgradient →*Textur.*

T-Gruppe →*Sensitivity-Training.*

Thalamus oder **Thalamus opticus** *(optic thalamus).* Paarig angeordnetes Nervengewebe an der Stammhirnbasis, Schaltstelle zum

Großhirn für sensorische und motorische Impulse. →*Gehirn.*

Thanatopsychologie *(thanato-psychology; psychology of death).* Teilgebiet der Psychologie, das sich mit Einstellungen zu Krankheit, Sterben und Tod befaßt und seine Erkenntnisse in Hilfsmaßnahmen für schwerkranke und sterbende Menschen umsetzt. →*Terror-Management-Theorie.* LIT. OCHSMANN (1993); WITTKOWSKI (1978).

Thanatos. Psychoanalytische Bezeichnung für den →*Todestrieb. Thanatomanie:* Selbstmordtendenz. *Thanatophobie:* Furcht vor dem Sterben.

Thematischer-Apperzeptions-Test →*TAT.*

theoretische Verteilungen →*Verteilung.*

Theorie *(theory).* Geordnetes Aussagesystem, das der Erklärung (Explikation) von Beziehungsstrukturen zwischen (aufgewiesenen oder angenommenen) Regelhaftigkeiten bzw. Gesetzmäßigkeiten innerhalb eines umschriebenen (realen) Objekt- oder (idealen) Vorstellungsbereichs dient und/oder Vorhersagen *(Prognosen)* künftiger Ereignisse innerhalb der gleichen Klasse ermöglicht. Die Bedeutung von T., ihre Voraussetzungen und Gütekriterien variieren zwischen und innerhalb einzelner Wissenschaftsbereiche beträchtlich.

[1] *Reine T.:* in der antiken Philosophie galt *theoria* (aus dem Gr. *theorein,* geistiges Schauen) als Ergebnis von kontemplativen Betrachtungen, deren Ertrag, losgelöst von Sinneserfahrungen und unabhängig von ihrer Anwendbarkeit *(Praxis),* der »reinen Erkenntnis« um ihrer selbst willen, dem »Denken des Denkens« (ARISTOTELES) und/oder der gedanklichen Ordnung des vorhandenen Wissens dient. Geltungsanspruch und Anerkennung einer *reinen T.* sind weitgehend von ihrer logischen Schlüssigkeit, ihrer subjektiven Evidenz, dem rhetorischen Geschick des Vortrags und von der Abwesenheit konkurrierender Einsichten abhängig. In der Umgangssprache wird T., nicht selten etwas abschätzig, zur Kennzeichnung der Kluft zwischen individuellen, von der Erfahrung und Erprobung losgelösten Vorstellungen und ihren praktischen Anwendungsmöglichkeiten verwendet. Die in der Neuzeit geprägte Auffassung von T. als wegweisendes Instrument der menschlichen Erkenntnistätigkeit und erfahrungswissen-

Theorie

schaftlichen Forschung wurde vor allem durch die kritischen Schriften KANTs geprägt.

[2] *Wissenschaftliche T.:* System von formalen Aussagen, das eine möglichst umfassende und konsistente Erklärung aller Ereignisse und empirischen Daten innerhalb eines klar definierten, abgegrenzten Forschungsfeldes ermöglicht. Eine wissenschaftliche T. geht von der abstrakten und generalisierenden Darstellung von Sachverhalten und Beziehungen (*Gesetze*) aus, um diese (ggf. unter den leitenden Gesichtspunkten von *Prinzipien*) zu interpretieren. Auf diese Weise wird das vorhandene Wissen nicht nur für Erklärungen, sondern auch für Vorhersagen und/oder Prüfungen des Geltungsbereichs sowie für die Herleitung von weiterführenden *Hypothesen* aufbereitet. Den unterschiedlichen Grundlagen und Zielsetzungen der Einzelwissenschaften entsprechend unterscheidet man verschiedene Arten und Formen. (a) *Empirische T.:* System von Aussagen über Gesetzmäßigkeiten, die aus generalisierten Erfahrungsaussagen bzw. bestätigten *Hypothesen* hergeleitet sind. Eine empirische T. ist somit Ausdruck von nachgewiesenen Gesetzmäßigkeiten (z. B. funktionalen Beziehungen), aus denen sowohl *explikative* →*Konstrukte* als auch neue, differenziertere *Hypothesen* abgeleitet werden können (z. B. *Lerntheorien,* die aus Versuchen zur *Konditionierung* hervorgingen). (b) *Deduktive T., formale T.: System von Axiomen* (Aussagen, deren Geltung keiner weiteren Prüfung bedarf) und/oder *Postulaten* (Annahmen, die getroffen werden, um eine T. bilden bzw. ihre Aussagen prüfen zu können), das bei Einhaltung bestimmter *Verfahrensregeln* die Vorhersage noch nicht beobachteter Ereignisse bzw. Ergebnisse erlaubt (z. B. die allgemeine Relativitätstheorie von EINSTEIN, oder der von HULL stammende Versuch einer *hypothetiko-deduktiven* T. des →*Lernens*). (a) und (b) gelten als sog. *Objekttheorien.* (c) »Theorien mittlerer Reichweite«: Nach R. K. MERTON die im Wissenschaftsbetrieb häufig anzutreffenden vorläufigen, über einzelne zur gegenseitigen Verständigung aus relativ schlichten empirischen Regelhaftigkeiten hergeleitete »ad-hoc-Theorien« hinausreichende Aussagesysteme, die den momentan erreichten Wissenstand in einem umschriebenen Forschungsfeld zusammenfassen. (d) *Metatheorie:* Aussagesystem, das die Konstruktions-

und Strukturmerkmale der Theorie selbst erklärt.

[3] *Theorienbildung:* Jede T. geht von miteinander verknüpften Erscheinungen oder Ereignissen aus, die zum Zweck der Erklärung ihres Zusammenhangs zunächst in eine logisch oder empirisch begründete Ordnung gebracht werden müssen. Dem Ideal der *Erfahrungswissenschaften* entsprechend bilden die Beobachtungsdaten die Grundlage für verallgemeinernde *induktive* Schlüsse, die im Rahmen von *Axiomen* oder *Postulaten* vollzogen werden. Daraus werden auf *deduktivem* Weg *Theoreme* abgeleitet; darunter versteht man Allgemeinaussagen über *Regelhaftigkeiten* oder *Gesetzmäßigkeiten,* deren Inhalt überprüft bzw. grundsätzlich auf dem Weg über *Hypothesen* überprüfbar ist. In weiteren Erkundungsschritten wird der Geltungsbereich und die prognostische Qualität der einzelnen Theoreme überprüft. Damit verbunden ist die Forderung nach Offenheit eines theoretischen Systems, um im Bedarfsfall einzelne Theoreme gegen angemessenere austauschen zu können. Typische Beispiele bieten Beweisführungen in Mathematik und theoretischer Physik, d. h. in *Formalwissenschaften* mit eindeutiger Axiomatik und Symbolsprache. T. in Psychologie und anderen Erfahrungswissenschaften entsprechen aber kaum dieser Idealvorstellung. Zwar gelangt jede Erfahrungswissenschaft zum Aufweis von regelhaften Beziehungen zwischen dem Auftreten bestimmter Ereignisse und den Bedingungen, unter denen sie sich zeigen. Da es sich um Beobachtungsdaten handelt, die sich nicht automatisch in einen Systemzusammenhang fügen, kann man sie unter verschiedenen Gesichtspunkten ordnen und anschließend erklären. FREUD deutete beispielsweise in seiner einschlägigen T. →*Neurosen* mit ihren charakteristischen Symptomen als Ausdruck eines unbewältigten Konflikts zwischen Triebansprüchen und Über-Ich-Zensur. Für PAWLOW sind Neurosen die Folgen einer Störung der Erregungshemmungsbalance, ausgelöst durch Umweltreize mit unklarem Signalwert, für EYSENCK sind sie u. a. Ausdruck von Variationen der allgemeinen Erregbarkeit und einer individuellen Neigung zu einem eher raschen bzw. langsamen Auf- und Abbau von Hemmungen. Dies zeigt, daß der T.-Bildung *Prinzipien* (d. h. mehr oder weniger formalisierte und in ihrer Angemes-

439

Theorie der kognitiven Dissonanz

senheit mehr oder weniger überprüfbare Leitgesichtspunkte) zugrundeliegen, von denen angenommen wird, sie seien geeignet, Einzelerscheinungen und ihre Beziehungen untereinander (vorläufig) zu erklären. FREUD wählt die im Grunde unbewiesene Annahme der Ich-Regulation von Triebansprüchen, PAWLOW bezieht sich auf Ergebnisse von Konditionierungsexperimenten zur experimentell induzierten Neurose, und EYSENCK argumentiert unter Heranziehung lerntheoretischer und psychophysiologischer Prinzipien. Im ersten Fall trägt das Erklärungsprinzip kontemplativspekulative Züge, in den beiden anderen werden bewährte Prinzipien aus anderen Untersuchungsbereichen verwendet. Ein generelles Verbot, zusätzliche (begriffliche oder systembezogene) Erklärungsgesichtspunkte heranzuziehen, wäre wenig hilfreich, denn eine T. soll nicht zuletzt dazu dienen, den momentanen Wissensstand mit allen bestehenden Unsicherheiten festzuhalten, um daraus *theoriengeleitete* Schritte der Überprüfung und Präzisierung abzuleiten. Jede T. dient dem Anspruch der Erklärung und Vorhersage. Aber eine T. ist nur so lange gut, als nicht das Gegenteil bewiesen ist, sofern sich das Gegenteil überhaupt beweisen läßt, und sie ist so lange gut, als man sinnvolle Fragestellungen aus ihr ableiten kann.
LIT. HOLZKAMP (1964); Marx (1969); Marx, Hillix (1963).

Theorie der kognitiven Dissonanz →*kognitive Dissonanz.*

Theorie der Kulturepochen →*Kulturepochen, Theorie der.*

Theorie des sozialen Urteils →*Linsenmodell.*

Theorie von der cerebralen Dominanz →*cerebrale Dominanz.*

Therapie *(therapy, therapeutic treatment, treatment).* Bezeichnung für *Interventionen* zur Behandlung von somatischen bzw. psychischen und psychosomatischen Störungen, ihrer Ursachen und Symptome mit dem Ziel der Wiederherstellung von Gesundheit und Wohlergehen. Bei den verschiedenen Arten und Formen der T., die im Rahmen der Gesundheitsversorgung eingesetzt werden, handelt es sich um wissenschaftlich begründete und erprobte Verfahren; dem Ablauf therapeutischer Interventionen liegt – gestützt auf *Indikation, Anamnese* und *Diagnose* – ein auf den individuellen Fall abgestimmter *Behandlungsplan*

zugrunde. Die verschiedenen T.-arten und -formen lassen sich nach Art der eingesetzten Mittel und des zur Ausübung therapeutischer Tätigkeiten legitimierten Personenkreises in zwei Hauptgruppen unterteilen. (a) In den Bereich der *medizinischen T.* *(medical treatment)* fallen alle therapeutischen Maßnahmen, die direkt in den Körper, in Körperfunktionen und ihre neurophysiologischen Steuerungsmechanismen eingreifen, d. h. chirurgische, chemisch-medikamentöse *(Pharmako-T.),* physikalische und nuklearmedizinische Interventionen. Sie sind Ärzten bzw. Fachärzten vorbehalten. Unterstützende therapeutische Maßnahmen, wie z. B. die den Bewegungsapparat betreffende *Physio-T.,* werden durch nichtmedizinische Fachkräfte mit besonderer Qualifikation (Physiotherapeuten) unter ärztlicher Anleitung und Aufsicht vollzogen. (b) Unter den Oberbegriff *Psycho-T.* fallen alle Maßnahmen, die sich psychologischer Mittel bedienen, um Erleben und Verhalten im Zusammenhang mit psychischen bzw. psychosomatischen Störungen oder in Begleitung medizinischer Interventionen (z. B. Schmerzbehandlung) im Sinne der Wiedererlangung des Wohlbefindens zu modifizieren. Ein Überblick über die entsprechenden Verfahren wird unter →*Psychotherapie* geboten. Die Ausübung psychotherapeut. Tätigkeiten obliegt in der Regel Diplompsychologen oder Ärzten mit entsprechender Zusatzausbildung.
→*Klinische Psychologie,* →*Psychotherapie.*
LIT. GRAWE (1998).

Thermalgesie *(thermalgesia).* Hitzebedingte Schmerzen; auch Überempfindlichkeit gegenüber thermischen Reizen. Syn. Thermohyperästhesie *(thermohyperesthesia).*

Thermanästhesie *(thermanesthesia).* Hitzeunempfindlichkeit; Verlust der Unterscheidungsfähigkeit zwischen warm und kalt durch Verletzung oder Erkrankung des Nervensystems. Syn. Thermohypoästhesie *(thermohypoesthesia).*

Thermo-Neurose *(thermoneurosis).* Erhöhte Körpertemperatur; meist ein Symptom von Störungen aus dem Formenkreis der Hysterie.

Thermorezeptor. Wärmepunkt der Haut, Temperatursinn.

Thermotropismus, Thermotaxis. Orientierung an äußeren Wärmereizen.

Theta-Wellen *(theta-waves)* →*Elektroencephalogramm.*

440

Thigmotropismus, Thigmotaxis. Orientierung an Berührungsreizen (Tastsinn).

Thrombozyten →*Blut.*

Thurstone-Skala *(Thurstone scale).* Bezeichnung für *Einstellungs-Skalen,* die nach der Methode des *Paarvergleichs* oder der *gleicherscheinenden Intervalle* konstruiert wurden. →*Einstellung,* →*Einstellungsskalen.*

Thymeretika →*Antidepressiva.*

Thymoleptika →*Antidepressiva.*

Thyreoidea *(thyroid, thyroid gland)* oder **Schilddrüse.** Im Hals nackenwärts und beidseitig in Höhe des Kehlkopfes und des oberen Luftröhrenanteils gelegene endokrine Drüse, deren Hormone wesentlichen Einfluß auf den *Grundumsatz (→Metabolismus)* und auf das Wachstum ausüben. Das *Thyroxin,* auch synthetisch herstellbar, stellt den wichtigsten Bestandteil der produzierten Hormone dar. Die Tätigkeit der Schilddrüse wiederum wird durch das *thyreotrope Hormon* der Hypophyse kontrolliert. Wucherungen der Thyreoidea können schwere Störungen (z. B. Körpergewichtsveränderungen, Kreislaufschwankungen, Konzentrationsstörungen) verursachen. Angeborene Dauerdysfunktionen verhindern das Wachstum und können zu geistigen Behinderungen *(Kretinismus)* führen.

Thyreotropin →*Autoimmunkrankheiten.*

thyreotropes Hormon →*Thyreoidea.*

Thyroxin →*Thyreoidea.*

Tic *(tic).*
[1] In unregelmäßigen Abständen wiederholt auftretende unwillkürliche, von momentanen Ausdrucks- oder Willkürbewegungen unabhängige Aktivitäten eines Muskels (z. B. Stirnrunzeln, Zwinkern) oder einer Muskelgruppe (z. B. Mundwinkel herunterziehen, ruckartige seitliche Kopfbewegung, wie zum Gruß mit dem Kopf nicken, Kratzen), die unvermittelt einsetzen und keinem ersichtlichen Zweck dienen. T. treten häufig bei Kindern ab dem 5. Lebensjahr bis zum Pubertätsalter auf; sie sind bei Jungen häufiger als bei Mädchen und verschwinden oftmals ohne Behandlung wieder. T. sind in der Mehrzahl psychisch bedingt, seltener organisch, z. B. als *schmerzhafter Tic (tic douloureux)* bei Trigeminusneuralgien.
[2] Eine besondere, sehr selten auftretende Form des T. stellt das sog. *Tourette-Syndrom (Gilles de la Tourette syndrome, myopsia convulsiva)* dar. Es handelt sich um eine chroni-

sche, nur mit äußerster Willensanstrengung kurzzeitig beherrschbare Störung, die bereits im frühen Kindesalter mit zahlreichen ticartigen Bewegungsautomatismen einsetzt und später mit situationsunabhängigen und zweckfreien Sprachproduktionen einhergeht, z. B. dem wiederholten Ausstoßen sinnloser oder anstößiger Wörter. Syn.: *Brissaud-Syndrom, generalisierter Tic.*

Tiefenpsychologie *(depth psychology, deep psychology)*
[1] Zusammenfassende, heute nur noch selten gebrauchte Bezeichnung für die von FREUD, ADLER, JUNG u. a. vertretene Auffassung, daß dem Erleben und Verhalten in der Tiefe des Un- oder Unterbewußten ablaufende Prozesse der Triebregulation und Konfliktverarbeitung zugrundeliegen, die sich in Fehlleistungen und Träumen, in extremen Fällen in psychischen Störungen aus dem Formenkreis der *Neurosen* äußern und die durch auslegende Deutungen bzw. *Psychoanalyse* und verwandte Methoden aufgedeckt werden können.
[2] Gelegentlich werden unter T. auch zusammengefaßt (a) analytische und neoanalytische Auffassungen, die von den ursprünglichen Annahmen FREUDS abweichen, oder (b) Schichtenmodelle der Persönlichkeit, die davon ausgehen, den bewußten, kortikal repräsentierten Aspekten des Erlebens und Verhaltens lägen Impulse aus den phylogenetisch älteren, subkortikal repräsentierten Schichten der sog. »Tiefenperson« zugrunde, aus denen primäre Bedürfnisse oder Triebansprüche herrühren.

Tiefenwahrnehmung *(depth perception).* Allgemeine Bezeichnung für das Erfassen räumlicher Beziehungen und die Lokalisierung von Gegenständen in bezug auf ihre Entfernung (Syn. *Tiefenlokalisierung).* Die T. beruht auf der kortikalen Verrechnung der durch Fern- und Tastsinne vermittelten Informationen im Lichte bereits vorhandener Erfahrungen. Das *Tiefensehen* nimmt sowohl hinsichtlich der Kompliziertheit der Verrechnungsvorgänge als auch seiner Präzision eine Sonderstellung ein. Ihm liegen *primäre* und *sekundäre Tiefenhinweise (depth cues)* zugrunde. Primäre Tiefenhinweise stellen die in Anpassung an die Entfernung des betrachteten Gegenstandes erfolgenden Nachstellungen der Linsenkrümmung *(Akkommodation)* und Einstellungen der Sehachsen *(Konvergenz bei geringerer Ent-*

441

Tierpsychologie

fernung) sowie die Abweichungen der beiden Retinaabbildungen *(Disparation)* dar. Zu den sekundären Tiefenhinweisen zählen Raumperspektive, Stellung des Objektes im Vergleich zum Horizont, Gliederungs- und Überlagerungsverhältnisse, Schattenwürfe, Helligkeitsunterschiede, der Grad der Überlagerung mit atmosphärischem Dunst (Dunstperspektive) u. ä., deren Berücksichtigung und Nutzung i. U. zu den primären Tiefenhinweisen der Erfahrung entspringt. Nach E. und I. I. GIBSON erfolgt die Verrechnung von Tiefenhinweisen in Form von Gradienten; betrachtet man z. B. einen mit gleichgroßen Fliesen ausgelegten Platz, so ist der *Dichtegradient* (größere erscheinungsmäßige Dichte mit größerer Entfernung) eine wesentliche Hilfe bei der Lokalisierung. Als ontogenetisch früh wirksamer, wenn nicht sogar angeborener Mechanismus des Tiefensehens gilt nach E. GIBSON die Verrechnung von Informationen im Sinne der sog. →*Bewegungsparallaxe.* Das Tiefensehen wird durch die Erfahrung mit den im Raum wahrgenommenen Gegenständen (Dingkonstanz) und Kenntnisse über ihre Ausdehnung (Größenkonstanz) erleichtert.

Tierpsychologie *(animal psychology).* Allgemeine Bezeichnung für das Studium des Verhaltens der verschiedenen Tierarten. Die Hauptziele dieser Forschungsrichtung sind Vergleiche zwischen den verschiedenen Spezies hinsichtlich Intelligenz, Orientierung und sozialem Verhalten. Im deutschen Sprachgebrauch wird Tierpsychologie oft durch die Bezeichnung »Vergleichende Verhaltensforschung« oder »Vergleichende Verhaltens-Physiologie« ersetzt (z. B. im Ansatz von K. LORENZ).

Tigroidschollen →*Nisslsche Körperchen.*

Timbre *(timbre, clang tint).* Bezeichnung für die komplexe Qualität eines Schallereignisses bzw. Tones, z. B. die *Klangfarbe* einzelner Musikinstrumente, der menschlichen Stimme u. ä. Entscheidend für das T. ist die Beschaffenheit der *Obertöne.*
→*Klang.*

Tinnitus aurium →*Ohrgeräusche.*

Titchener-Täuschung →*Delbœufsche Täuschung.*

t-Koeffizient →*Rangkorrelation.*

T-Maße →*T-Skala.*

Todestrieb *(death instinct).* Syn. Destruktionstrieb; Thanatos. Von FREUD eingeführte Bezeichnung für den (unbewußten) Beweggrund von Erlebnis- und Verhaltensweisen, die sich in Haß, Abneigung oder Aggressivität gegenüber anderen bzw. in Selbsthaß oder Selbstzerstörung äußern. Freud ging von der Annahme aus, daß die beiden »Grundtriebe« der Lebenserhaltung, Eros (bzw. Lustprinzip) und Lebenszerstörung (Thanatos), im normalen Erleben und Verhalten bindend verkoppelt sind, so daß z. B. in jeder Zuwendung zu einem lustbesetzten Objekt auch eine gewisse Aggressivität erkennbar wird. Erst bei einer Verselbständigung des T. aufgrund psychischer Störungen bricht aggressives, auf die Vernichtung abzielendes Erleben oder Verhalten durch – und zwar in erster Linie gegenüber solchen Objekten, die vorher Zuwendung erfahren hatten. Der T. soll einer Art angeborenem Wissen über den zyklischen Ablauf von Geburt und Tod entspringen.

Token-Ökonomie *(token economy).*
[1] *Lern- bzw. Verstärkungstheorie:* Der Einsatz von Objekten mit bekanntem Tauschwert (z. B. Münzen, Spielmarken; Belobigung oder »Fleißkärtchen«) als generalisierter Verstärker, mit dessen Hilfe zu einem späteren Zeitpunkt primäre Verstärker erlangt oder aber ihm vergleichbare Wirkungen erzielt werden können. Diese Auffassung geht von Experimenten zur sekundären Verstärkung aus. So konnte z. B. in Schimpansenversuchen gezeigt werden, daß die Tiere Spielmarken dann wie primäre Verstärker ansehen und zu horten beginnen, wenn sie damit bei wiederaufkommendem Appetit aus einem Automaten Bananen ziehen können.
[2] Als T.-Ö. im engeren Sinne die Anwendung dieses Prinzips in Programmen der *Gruppentherapie.* Token sind hier von der Gruppe anerkannte, sekundäre Verstärkern mit allgemeiner Wirkung vergleichbare Belohnungen für ein verabredetes und wünschenswertes Verhalten. Die Anwendung von T.-Ö. in Programmen der sozialen Rehabilitation und Schulklassen ist eine wirksame Maßnahme zur Erzielung relativ überdauernder Verhaltensänderungen.

Tomographie *(tomography).* Hirnforschung, *Klinische Diagnostik, Neurologie, Neuropsychologie:*
[1] Bezeichnung für *bildgebende Verfahren (imaging methods),* die auf nichtinvasive Weise (d. h. ohne Eingriffe) eine schichtenweise

Tomographie

bzw. dreidimensionale Darstellung *(Tomogramm; tomogram)* von Gewebe- und Organstrukturen in vorgewählten Tiefenbereichen des Körpers ermöglichen. T. beruht auf der Erfassung von Wellen- bzw. Partikelmustern, die von den jeweiligen Strukturen und/oder in ihnen ablaufenden chemisch-physikalischen Prozessen herrühren. Ihre Kennung erfolgt entweder durch Abtaststrahlen (z. B. Röntgenstrahlen, Magnetwellen) oder durch Inhalation bzw. Infusion von kontrasterzeugenden *Markierungssubstanzen (tracer, trace marker).* Nach außen gelangende Wellen- bzw. Partikelmuster werden mit Hilfe von *Scannern (Abtaster; scanner)* empfangen, die aus verschiedenen Winkeln auf die Körperoberfläche gerichtet sind. Die empfangenen Signale werden in gewandelter bzw. integrierter Form einem Bildgeber oder Speichermedium zugeführt. Bei der *Computer-Tomographie, CT (computer tomography)* oder *CAT (computer assisted tomography)* erfolgen Scannersteuerung, Bildintegration, Bildkennung und Bildgabe mit Hilfe programmierbarer Computer. [2] *Methoden der Tomographie:* Die folgenden, unter (a), (b) und (c) beschriebenen Verfahren besitzen eine hohe Auflösungsfähigkeit und sind in der Klinischen Diagnostik und in der neurowissenschaftlichen Grundlagenforschung unentbehrlich. Ihnen ist gemeinsam, daß die untersuchte Person in einer tunnelartigen Kammer, umgeben von Scannern, liegen muß und dabei einer Reihe technisch bedingter Belastungen ausgesetzt wird. Das mit geringer Auflösung arbeitende Verfahren (d) ist dagegen belastungsfrei. (a) Die ersten Ansätze zur CT gehen auf das *Schichtröntgenverfahren (X-ray tomography)* zurück. Röntgenröhren rotieren in vorher festgelegten Ebenen und Winkeln um den unbewegten Körper, die Resultate der Durchleuchtungen (gefächerte dunkle Felder für dichte, gefächerte helle für weniger dichte Gewebeformationen) werden von auf der gegenüberliegenden Seite des Körpers befindlichen Scannern (Kameras) auf einem koordiniert gegenläufig bewegten Medium (Film, Magnetband) festgehalten. Das Simultanschichtverfahren liefert durch Computerbearbeitung dreidimensionale Darstellungen von Gewebeformationen in vorgewählten Tiefenbereichen, wie z. B. Ausschnitte des Skelett-, Knorpel- und Lungengewebes (z. B. Kavernen, Segmentbronchien);

nach Inhalation oder Infusion von Markierungssubstanzen können auch größere Gewebeformationen und Mißbildungen (z. B. Tumoren) im Gehirn oder Veränderungen im Gallen-, Magen-, Darm- und Urogenitaltrakt sichtbar gemacht werden. (b) Die *Positronen-Emissions-Tomographie, PET (positrone emission tomography)* oder *Positronen-CT,* gehört zusammen mit ihrem Vorläufer *SPECT (single photon emission computed tomography)* zu den neuesten Entwicklungen der T. Ihre Anwendung ist an radioaktive *Markierungssubstanzen* gebunden, bei Gehirnuntersuchungen handelt es sich dabei um kurzfristig aufbereitete Radioisotope (Radionuklide) mit einer Halbwertzeit von wenigen Minuten, die in biogene Moleküle des Gehirnstoffwechsels (z. B. Sauerstoff-, Kohlendioxyd- oder Glucosemoleküle) so eingebaut sind, daß ihre Inhalation oder Infiltration den normalen Stoffwechsel nicht beeinflußt. Die bei dem Zerfall der Markierungssubstanzen frei werdenden Positronen erzeugen bei ihrem Zusammenprall mit Elektronen Energie in Form von zwei, in entgegengesetzter Richtung austretenden schwachen Gammastrahlen, die von einem um den Kopf ringförmig angeordneten Scanner erfaßt, mittels Computer verrechnet und dem Bildgeber zugeleitet werden. Die Besonderheiten der PET liegen darin, umschriebene *Stoffwechselvorgänge* in verschiedenen Strukturen des Nerven- und Organgewebes darzu-·stellen, die beteiligten Strukturen mit hoher Auflösung und Lokalisierungsgenauigkeit aufzuzeichnen und – bedingt durch die kurze Bildentwicklungszeit (ca. 10 sec) – funktionale Veränderungen des Energieverbrauchs während der Ausführung sensorischer (Wahrnehmen) und/oder kognitiver Operationen (Denken, Gedächtnis) festzuhalten. Die PET-Technik bewährt sich bei der Darstellung von lokalisierten Blutversorgungs- und Stoffwechselprozessen bzw. Insuffizienzen im Gehirn und anderen Organen (z. B. Herz), bei der Darstellung der Rezeptordichte in den Neurotransmittersystemen des Gehirns (wichtig z. B. bei Differentialdiagnose der *Alzheimerschen Krankheit* und *neurovegetativer Störungen*) sowie in der Grundlagenforschung bei der Lokalisierung kortikaler und tieferer Hirnbereiche, die bestimmten sensorischen und kognitiven Funktionen zugrundeliegen. (c) Die *Kernspinresonanz-Tomographie, MRI (mag-*

443

Ton

netic resonance imaging), die nicht mit der →*Magnetfeld-Encephalographie (MEG)* zu verwechseln ist, ist ein technisch aufwendiges Verfahren, das ohne Markierungssubstanzen auskommt und sich wegen seiner hohen Auflösung und physikalischen Eigenschaften zur Darstellung von kleinsten Formationen im weichen Körpergewebe, insbesondere zur exakten Lokalisierung von minimalen Läsionen oder Gewebeveränderungen in Gehirn und Rückenmark eignet. Bei der MRI ist ein den Körper umgebendes außerordentlich starkes Magnetfeld erforderlich, das nur durch eine leistungsstarke Heliumkühlung des Magneten hergestellt werden kann. Die lokalisierte Wirkung des Magnetfelds besteht darin, z. B. Protonen körpereigener Wasserstoffatome den Magnetpolen entsprechend unter Beibehaltung ihrer Eigenschwingung auszurichten. Bei Auftreffen eines der Eigenschwingung entsprechenden kurzen Hochfrequenzimpulses von außen verlieren die Protonen kurzzeitig ihre Ausrichtung, erhalten einen *Drall (spin)* und senden mit der Rückkehr in die Ausrichtungslinie ein elektromagnetisches Radiosignal aus, das aufgezeichnet wird und mit Hilfe einer aufwendigen Computerverrechnung die Darstellung der Form und Struktur ihres Herkunftsorts aufgrund der dort herrschenden Protonen-Dichte ermöglicht. Die MRI bewährt sich insbesondere bei der Lokalisierung von kleineren Gewebeformationen (Tumoren) oder der für *multiple Sklerose* charakteristischen Läsionen in Gehirn bzw. Rückenmark. (d) Die *Sonographie,* Echo- oder *Ultrakurzwellen-Tomographie (sonography; echo tomography; ultrasound scan)* arbeitet ohne Markierungssubstanzen und Tunnel. Der Abtastung dienen in Schwingung versetzbare piezoelektrische Kristalle, die an den entsprechenden Stellen der Körperoberfläche angelegt werden und Ultraschallwellen in das Körperinnere senden, deren Echo von dem auch als Scanner funktionierenden Sender aufgefangen und einem Computer zur Herstellung der dreidimensionalen Abbildung zugeleitet wird. Das Verfahren eignet sich insbesondere für die Umrißdarstellung von größeren Gewebestrukturen im Körperinneren sowie für die Lage- und Organdarstellung von Foeten während der Schwangerschaft.
LIT. PFURTSCHELLER, LOPES DA SILVA (1988); SOCHUREK, MILLER (1987).

Ton *(tone, sinusoidal sound wave).* Gehörsempfindung, die auf einer (mittels Tongenerator hergestellten) Sinusschwingung beruht. Sinustöne sind periodisch und weisen daher nur eine einzige Frequenz auf. →*Klänge* dagegen beruhen auf Interferenz von Sinusbewegungen. Charakteristische Merkmale sind (a) *Tonhöhe* und (b) *Tonstärke.*
Tonhöhe *(pitch).* Von der an einem Ton (Sinuston) oder einem Klang bestimmenden Schwingungsfrequenz abhängiger Gehörseindruck, der auf Skalen zwischen hoch (große Frequenz) und tief (kleine Frequenz) lokalisiert werden kann. Die besondere Fähigkeit, ohne einen Vergleichston oder -klang Tonhöhen benennen zu können oder bei Nennung des Tonsymbols (Musiknote) einen Ton zu finden, nennt man *absolutes Gehör (absolute pitch).*
tonisch *(tonic).*
[1] Allgemeine Bezeichnung für Vorgänge oder Zustände, die mit Anspannung oder Spannung zu tun haben.
[2] Bezeichnung für den Aktivitätszustand eines autonomen oder zentralnervösen Teilsystems zum Zeitpunkt vor einer Reizeinwirkung oder zwischen mehreren Reizeinwirkungen nach Abklingen der *spezifischen Reaktionen* oder *ereignisbezogenen Potentiale.* Syn. *tonisches Niveau (tonic level).*
[3] Bezeichnung für die späte Komponente einer physiologischen Reaktion, die sich in langsamen Veränderungen oder in der Rückkehr zu einem *Ausgangswert* äußert.
[4] Im Zusammenhang mit der →*Orientierungsreaktion* neben der Bedeutung [3] auch als Syn. für die *generalisierte* Orientierungsreaktion verwendet.
→*phasisch.*
Tonotopie →*Hören.*
Tonskala, Tonleiter *(musical scale, tone scale).* Die Anordnung von Klängen (»Tönen«), geordnet nach ihrer *Höhe (pitch),* nach durch Konvention festgelegten Intervallen oder Stufen innerhalb der *Oktave (octave),* die als »natürlicher« Einteilungsgesichtspunkt angesehen wird, weil die der Oktave entsprechenden Töne von doppelter Frequenz einen Gleichklang eingehen. Bei der pythagoräischen und den diatonischen Dur- und Mollskalen wird die Oktave in sechs Töne unterteilt; bei der chromatischen und wohltemperierten Skala erfolgt eine Einteilung in zwölf

444

Töne. Eine weitere Unterscheidungsmöglichkeit liegt in der Position der *Halbtonschritte.* Die Notierung der Tonhöhen erfolgt heute durchweg in bezug auf die wohltemperierte Skala. Hier ist die Oktave in zwölf Halbtonschritte unterteilt, die (gleichgültig um welche Tonart es sich handelt) immer im gleichen Verhältnis zueinander und zum Grundton stehen, so daß man von einer Tonart leicht in eine andere transponieren kann.

Tönung, affektive →*affektiv.*

Tonus. Spannungszustand des lebenden Muskelgewebes, bzw. des gesamten Organgewebes.

Topologie *(topology)* →*Feldtheorie.*

Torpor. Bezeichnung für einen temporären Zustand der Erstarrung und Reaktionslosigkeit auf Reize im normalen Intensitätsbereich. Auch Bezeichnung für den entsprechenden überdauernden Zustand bei →geistiger Behinderung..

TOTE *(test operate test exit).* Kybernetische Bezeichnung für angenommene Einheiten der Verhaltenskontrolle nach Art eines Regelkreises der Anpassung an Umweltgegebenheiten im Lichte von Erwartungen. Verfolgt jemand einen Plan (Sollwert) und stellt fest, daß das Ziel noch nicht erreicht ist (Istwert), so liefert der Test wie in einem Servomechanismus den Antrieb zur Korrektur (Operation), um den Sollwert zu erreichen. Liefert der neuerliche Test Informationen über die Übereinstimmung zwischen Ist- und Sollwert, so wird gehandelt *(exit)*; ist dies noch nicht der Fall, so setzt ein neuer TOTE-Durchlauf ein.

Totem. Bezeichnung für einen Gegenstand oder die Darstellung eines Gegenstandes, der bei primitiven Völkern als Schutzsymbol verehrt wird (z. B. Totempfahl) und auf den Ursprung des betreffenden Stammes oder Volkes verweist. *Totemismus* ist die Bezeichnung für die Verehrung eines Totems, bzw. damit verbundener Sitten und Gebräuche.

totstellen *(death feigning; tonic immobility).* Bezeichnung für eine auf Spannung der Muskulatur (Tonus) beruhende Reglosigkeit, die sich bei verschiedenen Arten von Lebewesen dann einstellt, wenn bestimmte Situationen oder artspezifisch verschiedene Auslösereize gegeben sind. Meist handelt es sich dabei um Reaktionen auf »gefährdende Reize«. (In der Verhaltensforschung konnte z. B. durch Attrappenversuche gezeigt werden, daß es sich um sog. *Auslöseschemata,* um bestimmte Reizgestalten handelt, die den *Totstell-Reflex* auslösen.)

Tourette-Syndrom →*Tic.*

Toxikose *(toxicosis).* Durch Aufnahme externer Substanzen oder durch interne Körperprozesse (z. B. Autoimmunstörungen) verursachte Vergiftung. Einmalige Erfahrungen mit Vergiftungserscheinungen können zur relativ überdauernder *Aversion (→Appetenz)* gegen Substanzen mit bestimmtem Geruch und/oder Geschmack führen.
→*Garcia-Effekt.*

Tracking-Tests *(tracking tests).* Verfahren zur Überprüfung der Präzision von Folge- und Zielbewegungen. Typische Verfahren sind das sog. *Pursuitmeter* (ein sich mit verschiedener Umlaufgeschwindigkeit auf einem Plattenteller bewegender markierter Punkt muß mit einem Stift möglichst ohne Unterbrechung berührt werden; bzw. das Verfolgen eines sich in unberechenbarer Weise und Geschwindigkeit bewegenden Zielobjektes auf dem Bildschirm mit einem Stift oder Lichtimpuls. T.-T. dienen der Überprüfung der individuellen sensomotorischen Kontrolle bzw. Konzentration.

Tractus *(tract)* oder **Bündel, Faserstrang, Fasciculus.** Bündel oder Stränge von Nervenfasern im Nervensystem mit (allen Fasern) gemeinsamen Ausgangspunkt und Ende, wobei die einzelnen Fasern auch verschiedenen Funktionen zugehören können.

tractus opticus, Sehstrang *(optic tract).* Bezeichnung für den Teil der Sehbahn zwischen *Chiasma* und corpus geniculatum laterale (seitliche Kniehöcker). Vom Chiasma zieht der t. o. links und rechts nach seiner Ausfächerung in der sog. Sehnervstrahlung (radiatio) mit dem breitesten lateralen Anteil zu den corpora geniculata.

Tradeoff-Funktion →*Abgleichfunktion.*

Trägheit *(inertia).* Bezeichnung für eine Tendenz des Organismus, einen bestimmten Bewegungs- oder Ruhezustand beizubehalten. Im übertragenen Sinne ist T. der Oberbegriff für Phänomene wie →*Perseveration* oder *rigides Verhalten.* Aus zahlreichen faktorenanalytischen Untersuchungen ergeben sich Anhaltspunkte für eine Trägheitsfaktor als Persönlichkeitsmerkmal (z. B. bei CATTELL).

Trance. Bezeichnung für einen schlafähnlichen Zustand mit deutlich eingeschränkter Ansprechbarkeit Umweltreizen gegenüber,

445

Tranquilizer

Vorherrschen von ungesteuerter Motorik (Automatismen) und Mangel an Willkürbewegungen. Trancen gehören zu den Symptomen der Hysterie bzw. können durch *Hypnose* hervorgerufen werden. Religiöse Trancezustände werden meist als *Ekstase* bezeichnet.

Tranquilizer, Beruhigungsmittel *(tranquilizer)*. Bezeichnung für Psychopharmaka, die angst- und streßreduzierende Wirkung ausüben. Sie gehören chemisch hauptsächlich in die Gruppen der Glykole (z.B. Meprobamat) oder Benzodiazepine. Die Wirkungen gehen vom Thalamussystem aus. T. werden angewendet bei emotionaler Labilität und bei bestimmten Neurosen. T. mit antipsychotischer Wirkung werden *Neuroleptika (major tranquilizers)* genannt.

Transaktion *(transaction)*. Bezeichnung für *Interaktionen* mit Personen, Gegenständen oder Situationen, welche sich durch aktives Eingreifen bzw. Bewältigungsverhalten unter Einkalkulieren von Möglichkeiten und Risiken auszeichnen. Z.U. von Interaktionen setzen T. Eigendynamik voraus. Die von AMES und ITTELSON konzipierte *transaktionistische Wahrnehmungstheorie* geht von der Beobachtung aus, daß optische Raum- und Größentäuschungen dann korrigiert werden können, wenn man die Möglichkeit hat, sich durch aktive Exploration der »wahren« Verhältnisse Zusatzinformationen zu verschaffen. *Transaktionistische Theorien* in der *Sozialpsychologie* gehen besonders auf das *Rollenverhalten* u.a. Formen der *Handlung* im sozialen Feld ein.
LIT. PERVIN, LEWIS (1978).

Transfer, Übungsübertragung, Mitlerneffekt *(transfer, transfer of training)*. Allg. Bezeichnung für den Einfluß eines bereits erlernten Materials (Lernstoff 1) auf das Erlernen eines folgenden (Lernstoff 2). Ist der Einfluß förderlich, so heißt er *positiver T.*, ist er beeinträchtigend, nennt man ihn *negativen T.* Der negative T. ist eine Form der *proaktiven Hemmung*. Die Prüfung des T.-Effekts erfolgt im einfachsten Fall durch Vergleich der Lernleistungen in bezug auf Stoff 2 einer Versuchsgruppe – die erst Lernstoff 1 und dann 2 zu bewältigen hat – mit den Leistungen in der Kontrollgruppe, wo nur Lernstoff 2 geboten wird. Große Ähnlichkeit der Lernstoffe oder Elemente fördert den T. (*Theorie der identischen Elemente* nach Thorndike). Muß

dagegen auf ähnliche Lernstoff-Elemente mit verschiedenen Reaktionen geantwortet werden, so tritt negativer T. auf (OSGOOD). Besteht der (positive) Effekt darin, daß vorher gelernte Regeln oder Prinzipien erfolgreiche Wiederanwendung finden, so heißt dies auch *Lerneinstellung*. Der Effekt kann negativ sein, wenn es möglich ist, den nachfolgenden Stoff durch andere Regeln schneller und einfacher zu bewältigen (*Mechanisierungstendenzen, Rigidität*). Bei Lernen durch *Konditionierung* ist T. ein Sonderfall der *Reizgeneralisierung*.
LIT. FOPPA (1966).

Transferenz, intermodale →*sensorischtonische Feldtheorie*.

Transmitter, Neurotransmitter, Transmittersubstanzen *(transmitter)*. Im Organismus erzeugte chemische Stoffe, die im präsynaptischen Teil einer axonalen Endigung gespeichert werden. Im Falle ihrer durch einen ankommenden Erregungsimpuls bewirkten Ausschüttung in den synaptischen Spalt bewirken sie *Depolarisation* (Erregung) oder *Hyperpolarisation* (Hemmung) an den betroffenen Stellen der post- oder subsynaptischen Membran. Bei genügender Intensität entwickelt sich daraus ein →*Aktionspotential*. T.-Substanzen werden durch zugehörige Enzyme gespalten; der Spaltungssubstanz gehört ein Inaktivierungssystem zu. T. werden nach der Spaltung auf der präsynaptischen Seite wiederum resynthetisiert. Genau beschrieben ist die Wirkung des *Acetylcholin* mit Cholinesterase als Spaltsubstanz. Weitere wichtige T.-Funktionen erfüllen →*Noradrenalin* und *biogene Amine* (vorwiegend im ZNS).
→*Acetylcholin*, →*Aktionspotential*, →*Aktivation*, →*Nervensystem*, →*Synapse*.

Transparenz *(transparency)*. Bezeichnung für die Eigenschaft der Lichtdurchlässigkeit bzw. Durchsichtigkeit. Im übertragenen Sinne Bezeichnung für einen methodischen Fehler bei der Erstellung von *Fragebogen-Items*, deren Inhalt und Reihenfolge im Falle der T. das Ziel der Befragung durchscheinen lassen, so daß der Beantworter eine *Reaktionseinstellung* in bezug auf den Gegenstand der Befragung entwickeln kann.

Transposition *(transposition)*.
[1] Veränderung eines Reizmusters oder -ablaufs durch Umsetzung in einen andere Größen-, Intensitäts- oder Frequenzbereich bei

erhaltener Relationsstrukur zwischen den Komponenten, z. B. die vergrößerte oder verkleinerte Abbildung eines Musters, das aus einem größeren und einem kleineren Quadrat besteht, die Darbietung eines Reizpaares unter veränderten Beleuchtungsbedingungen, das aus einem hell- und einem dunkelgrauen Objekt besteht oder einer Ton- bzw. Klangfolge (Melodie) in einer vom Original abweichenden Dur- bzw. Molltonart. Syn.: *Transponieren, Umsetzen, Umstellen.*

[2] Die *T.-Hypothese (transposition hypothesis)* besagt, daß Menschen und höhere Tiere ihr Verhalten nicht nur vereinzelten (Signal-) Reizen orientieren, sondern auch an Reizbeziehungen. Übergeordnete Struktur- oder Gestaltmerkmale sind für das Erkennen und Wiedererkennen maßgeblich und Wissen wird auf transponierte Reizverhältnisse generalisierend übertragen. Dressiert man z. B. Tiere durch Futterverstärkung, hinter dem größeren von zwei Gegenständen nach Fressen zu suchen, so zeigen sie gezieltes Suchverhalten auch dann, wenn die Gegenstände bei erhaltener Größenrelation in einem anderen Maßstab erscheinen. Das *Transpositionsverhalten (transposition behavior)* wird von Lerntheoretikern als Sonderfall der Übungsübertragung *(Transfer)* behandelt. Von SPENCE stammt ein Modell, das die Grenzen der Übertragbarkeit aus dem Verhältnis der Ordinaten von *Generalisierungsgradienten* herleitet, die in bezug auf den (im o. g. Beispiel größeren) mit *Annäherung* bzw. (im Beispiel kleineren) mit Annäherungshemmung *(Vermeidung)* verknüpften Ausgangsreiz ermittelt werden können.

→*Gradient,* →*Reizgeneralisierung,* →*Transfer*
[3] *Affektiver oder Affekt-T.:* Syn. für *Affektverlagerung (displacement).*

Transsexualismus →*Geschlechtsidentität.*

Transvestitismus *(transvestism, transvestitism).* Tendenz zur Bevorzugung von Kleidung, Aufmachung und Verhaltensweisen, die für das andere Geschlecht typisch sind. Eine Form der gestörten →*Geschlechtsidentität,* früher als *Perversion* bezeichnet.

Traum *(dream).*
[1] Mehr oder weniger bizarre, konfuse, unzusammenhängende Erlebnisse, die in den REM-Phasen des →*Schlafs* auftreten und im Wachzustand meist nur sporadisch erinnert werden können. Als *lucides Träumen* bezeichnet man die im Traum erfahrene Gewißheit, sich in einem T. zu befinden; während dieser Zustände sind T.-Inhalte durch Interventionen modifizierbar. Wegen der mangelnden Koppelung an REM-Phasen sollten traumartige Phantasien (z. B. →*Tagträume*) nicht zu den T.-Aktivitäten gezählt werden.

[2] *Erklärungsansätze*: (a) T.-Inhalte gelten in der *Psychoanalyse* als Ausdruck verdrängter Triebregungen und damit zusammenhängender Phantasien, in der »Theorie der Tagesreste« als symbolische Verarbeitung von Problemen, die während des Tages ungelöst blieben. (b) Die *scanning-Hypothese* von DEMENT u. KLEITMAN (1957) besagt, daß die Augenbewegungen während der REM-Phase Ausdruck eines aktiven Abtastens visueller Traumbilder seien. In der neueren T.-Forschung wird im Gegensatz dazu angenommen, daß die REM vom Stammhirn gesteuert sind und daß T.-Inhalte vom Kortex zu den Augenbewegungen angelieferte kohärente Bilder seien. Die REM-Schlaf-Theorie von HOBSON geht von biochemischen Wechselwirkungen zwischen aminergen und cholinergen Prozessen aus und sieht T. als Folge einer Synthese, die kortikale Interpretationsprozesse aktiviert.

[3] *Methoden der Schlaf- und T.-Forschung:* Untersuchungen im *Schlaflabor* unter kontrollierten Laborbedingungen haben den Nachteil, daß sich die Beobachteten erst einmal an die neue Umgebung gewöhnen müssen, bevor Schlaf und T. sich wie im Alltag einstellen. In der neueren Schlaf- und T.-Forschung werden daher Methoden bevorzugt, die sich weitgehend in vertrauter Umgebung durch Aufzeichnung oder drahtlose Übertragung physiologischer Kennwerte anwenden lassen (*Polysomnographie*). Besonders bewährt haben sich das *Behavioral Response System* oder *Sleepscope* nach CÔTÉ und OGILVIE, das die Schlaftiefe daran mißt, ob akustische Reize ignoriert werden, und die *Nightcap-Methode* von AJOLORE u. a., die in der Heimaufzeichnung der für Schlafstadien charakteristischen Körper- und Augenbewegungen besteht.

LIT. AJOLORE u. a. (1995); CÔTÉ, OGILVIE (1994); DEMENT, KLEITMAN (1957); FAHRENBERG, MYRTEK (1996); HOBSON (1990).

Trauma.
[1] Medizinische Bezeichnung für Körperverletzungen und damit verbundene Schädigungen (z. B. Schädeltrauma, Unfallschock).

Traumaktivität

[2] In der Psychologie ist der Ausdruck Bezeichnung für emotionale Ursachen von psychischen Störungen (beispielsweise Geburtstrauma; Folgen der frühkindlichen Trennung von der Mutter und alle Arten seelischer Erschütterung durch tiefgreifende, schockartig wirkende Erfahrungen.). Syn. *seelisches Trauma.*

Traumaktivität →*REM,* →*Schlaf.*

traumatische Demenz →*Demenz.*

traumatische Neurose *(traumatic neurosis).* Allgemeine Bezeichnung für auf somatische und psychische Traumata zurückgehende Neurosen (vor allem *Angstneurosen* und Formen der *Hysterie*), deren Symptome oder Symptombildungen das traumatisierende Ereignis in direkter oder indirekter (symbolischer Weise) darstellen.

traumatische Psychose *(traumatic psychosis).* Psychotische Zustände (→*Psychose*), die auf Hirn- oder Kopfverletzungen zurückgehen.

Traumatophilie →*Münchhausen-Syndrom.*

Traumdeutung *(dream interpretation).* Bezeichnung für einen mehr oder weniger systematischen Versuch, durch *freies Assoziieren* verschiedene Traumerscheinungen oder Traumelemente zu erklären. Nach der Annahme der Psychoanalyse sind Traumart und -inhalt auseinanderzuhalten. Die Deutung bezieht sich vor allem auf die Art (das Thema), in der die Inhalte zusammengefaßt sind. Die Inhalte selbst stammen aus während des Schlafens empfangenen Sinneseindrücken und aus den →*Tagesresten.* Freud und seine Schüler nahmen an, daß sich *verdrängte Wünsche* mit diesen Inhalten vermengen.

Treffermethode *(right associates procedure, paired associates).* Bezeichnung für eine Methode der Gedächtnisprüfung (→*Gedächtnis*). Der aus Elementenpaaren bestehende Lernstoff (meist sinnlose Silben und Wörter) wird zunächst zur Einprägung einige Male vorgeführt. Sodann wird (meist in anderer Reihenfolge) jeweils nur das erste der beiden Elemente vorgelegt; die Versuchsperson soll daraufhin das dazugehörige zweite reproduzieren. Als Maß der Gedächtnisleistung gilt die Anzahl der richtig antizipierten Paarelemente analog zur →*Methode der behaltenen Glieder.* Die Treffermethode wird auch als eine der *Antizipationsmethoden* bezeichnet.

Tremor. Schnelles und mit geringer Amplitude einhergehendes spastisches Muskelzittern in umschriebenen Muskelregionen der Gliedmaßen bzw. des Körpers.

T. kann ein Anzeichen für Übermüdung (z. B. Augenlidzittern) oder für Schädigungen motorischer Gehirn- und Nervenpartien (Kleinhirn; Basalganglien) sein.

Trend.

[1] Aus dem Englischen übernommene Bezeichnung für den Richtungsverlauf oder die Tendenz einer Entwicklung oder eines Verhaltens; Syn. für Tendenz, z. B. aufsteigende Tendenz einer Wachstumskurve *(increasing trend)* oder der »Trend« eines Individuums, sich in bestimmten Situationen immer wieder in einer bestimmten Weise zu orientieren oder zu verhalten *(cognitive trend, behavior[-al] trend).*

[2] Statistische Kennzeichnung eines Verlaufs durch *Trendanalyse,* einer varianzanalytischen Technik (→*Varianzanalyse*), bzw. durch graphische Darstellung von solchen Verläufen (z. B. Darstellung der Vergessenskurve als einer mit »logarithmischem« Trend). Ist eine Funktion von der Art einer Linie z. B. ihr optimal entsprechend, so bezeichnet man dies als einen *linearen Trend.* Kurvenförmige Trends werden allgemein als *kurvilinear (curvilinear trends)* bezeichnet (→*Regression*). Darunter fallen *quadratische* (parabelförmige), *kubische* und Trends höherer Ordnung, deren Funktionsgleichung sich durch die Methode der kleinsten Quadrate näherungsweise bestimmen läßt.

LIT. FRÖHLICH, BECKER (1972); WINER (1962).

Trichromatische Theorie →*Farbensehen.*

Trieb *(drive).*

[1] Allgemeine und umfassende Bezeichnung für die dynamische, energetisierende Komponente zielgerichteter Verhaltensweisen, die den Organismus dazu »antreibt« oder »energetisiert«, ein →*Bedürfnis* zu befriedigen. Die entsprechenden (aus einem erlebten Drang oder einer Konstellierung von neuralen Handlungsimpulsen hypothetisch erschlossenen) Impulse werden je nach der Art des theoretischen Bezugssystems auch als »*Instinkt*«, *Motiv* bzw. *Motivation* bezeichnet. Einteilungsversuche basieren meist auf Annahmen über die Herkunft der Triebenergie (z. B. angeborene oder *primäre Triebe* bzw. erworbene oder

Tropismus

sekundäre Triebe) oder auf Beziehungen des betreffenden Triebes zu dem »Zweck« der resultierenden Handlungs- oder Verhaltensweise, einem Ziel im weiteren Sinne des Begriffs. So unterscheidet z. B. ROHRACHER (a) Erhaltungstriebe (z. B. Sexual-, Hunger-, Pflege-, Fluchttrieb), (b) Gesellschafts-(soziale) Triebe, (c) Genußtriebe und (d) Kulturtriebe. Sofern der Triebbegriff auf physiologisch definierte Bedürfnisse bezogen wird, müßten alle von (b) bis (d) genannten »Triebe« als *Eigenschaften* bzw. *Interessen* bezeichnet werden.

[2] In der *Verhaltensforschung* Bezeichnung für einen hypothetischen Zustand des Organismus, der sich (bei Tieren) in Veränderungen der Häufigkeit des Auftretens einer Klasse von Verhaltensweisen äußert. Von T. kann nur dann gesprochen werden, wenn die betreffenden Änderungen nicht auf Entwicklung (Reifung) und/oder Lernen und/oder Krankheit zurückgehen. Zu solchen Veränderungen des Verhaltens zählen vor allem die im Käfig gezeigten motorischen Aktivitäten des Versuchstieres u. ä. Die *Triebstärke* kann dabei auf verschiedene Weise beeinflußt werden: (a) durch *Deprivation* (z. B. Nahrungs- oder Wasserentzug) für eine bestimmte Zeit, so daß die Intensität von Hunger- oder Dursttrieb (bzw. das Bedürfnis nach Futter- oder Flüssigkeitsaufnahme) unter Kontrolle sind, (b) durch Veränderungen des Körperhaushalts (Hormon- oder Drogengaben), insbesondere der Blutzusammensetzung, und (c) durch Veränderungen der Umweltbedingungen (Einwirkung intensiver Reize, Änderungen der klimatischen Bedingungen u. ä.).

[3] In der Hullschen Theorie ist T. ein hypothetisches *Konstruktum* »D«. Es handelt sich um einen Organismuszustand, der alle momentan wirksamen Antriebsmomente umfaßt und daher das *allgemeine Triebniveau (drive level)* bildet. »D« hat die Eigenschaft, sich mit spezifischen Reizen oder Reaktionsgewohnheiten *(habits)* zu verknüpfen. *Triebreize (S$_d$)* verweisen auf den jeweils dominanten Antrieb, z. B. Magenknurren auf Hunger. »D« bestimmt in multiplikativer Verbindung mit der →*Gewohnheitsstärke* und anderen Komponenten *(Reizstärkedynamik* und *Ansporn)* das *Reaktionspotential* (SER), auch *exzitatorisches Potential (excitatory potential)* genannt. (Neben den hier ausgewählten Bedeutungen existieren zahlreiche andere, die jeweils an bestimmte Modellvorstellungen gebunden sind; praktisch empfiehlt es sich, wie bei vielen anderen hypothetischen Konstrukten oder Variablen auch, das jeweilige theoretische Bezugssystem aufzusuchen.)
LIT. FOPPA (1966); THOMAE (Hrsg.; 1965 a).

Triebentladung →*Übersprunghandlung.*

Triebniveau →*Trieb.*

Triebreduktion →*Verstärkung.*

Triebreiz *(drive stimulus),* Abk. S$_d$ oder S$_D$. Bezeichnung für einen inneren Reiz, ein Signal aus dem Körper, dessen Auftreten von einem Triebzustand abhängt und der als mehr oder weniger unmittelbarer Mitauslöser für eine bestimmte Handlung angesehen wird.

Triebstärke →*Trieb.*

Trisomie →*Chromosomenanomalie.*

Tritanopie *(tritanopia).* Bezeichnung für eine sehr selten auftretende Form der →*Farbblindheit* bzw. *Farbanomalie,* bei der es zu Verwechslungen von rötlich-blauen und grünlich-gelben Eindrücken kommt. Syn. →*Blau-Gelb-Blindheit.*

Troland →*Helligkeit.*

Troland-Einheit →*Photon.*

trophisch *(trophic).* Biologische-zoologische Bezeichnung für »die Ernährung betreffende« Vorgänge in Zellen oder im Gesamtorganismus. *Trophismus (trophism)* bezeichnet die Kontrolle der Ernährungsvorgänge. Als *Trophotropie* bezeichnet man die Ernährungsphase des Gewebes, d. h. die Ruhestellung im Schlaf-Wachzyklus, kontrolliert durch das vegetative Nervenzentrum (adj. trophotrop). Das aktive, Nahrung verbrauchende Stadium wird dagegen als *Ergotropie (ergotrop)* bezeichnet.

trophotrop →*ergotrop.*

Tropismus *(tropism).*

[1] Biologisch-zoologische Bezeichnung für in den Raum gerichtetes Wachstum von Pflanzen durch Orientierung der Wachstumsrichtung an bestimmten physikalischen Reizquellen, wobei die Reizquelle Ausgangspunkt der spezielleren Bezeichnungen wird (z. B. *Heliotropismus* als Wachstumstendenz zum Sonnenlicht hin).

[2] Im Unterschied zu dieser engeren Bedeutung wird der Tropismus-Begriff besonders in der anglo-amerikanischen Literatur im weiteren Sinne als allgemeine und umfassende Bezeichnung für die Orientierung von Zellen, Organen und Organismen verschiedener Entwicklungsstufen an physikalischen Reizen

449

Trunksucht

oder chemischen Substanzen verwendet und umfaßt somit auch die sog. *Taxien.* Die Reaktion besteht entweder in einem sich auf den betreffenden Reiz Hinbewegen bzw. Hinwenden *(positiver Tropismus)* oder einem Ab- bzw. Wegwenden oder -bewegen *(negativer Tropismus).* In diesem Sinne sind *Taxis* und *Tropismus* synonym gebraucht.
LIT. →*Taxis.*

Trunksucht →*Alkoholismus.*

TSH →*Autoimmunkrankheiten.*

T-Skala *(T-scale).* Statistische Bezeichnung für eine der gebräuchlichsten Skalen zum Vergleich normalverteilter Daten mit ursprünglich verschiedenen Mittelwerten und Streuungen. Um die T-Skala zu erstellen, werden Mittelwerte gleich 50 und die Standardabweichungen jeweils gleich 10 gesetzt. Es ergibt sich so (für eine Normalverteilung) eine der *Perzentilskala* entsprechende mit der Streuweite von 0 bis 100. Die einzelnen Maßzahlen werden nach der Transformation in T-Einheiten zu *T-Maßen* oder *T-scores.*

t-Test oder **Student Test.** Statistische Bezeichnung für eine Prüfverteilung (→*Inferenz,* →*Statistik),* deren Steilheit eine Funktion der Stichprobengröße ist. Sie dient der statistischen Prüfung von Mittelwertunterschieden.

tuba uterina →*Eileiter.*

Turner-Syndrom →*Chromosomenanomalie.*

Typologie oder **Typenlehre.** Allgemeine Bezeichnung für Ansätze, die versuchen, durch (meist polar angeordnete) »Typen« somatische und/oder psychische Eigenschaftskomplexe aufeinander zu beziehen. Als Ausgangspunkt dienen dabei jeweils verschiedene →*Eigenschaften,* z. B. »Wertgerichtetheiten« (SPRANGER), Körperbau- und Temperamentseigenschaften (Kretschmer), kognitive Stile (JAENSCH, G. S. KLEIN, WITKIN) u. ä. In der modernen Forschung sind die klassischen Typologien weitgehend durch den Bezug auf Faktoren oder Dimensionen ersetzt (z. B. bei EYSENCK, R. B. CATTELL und J. P. GUILFORD).
LIT. →*Persönlichkeit.*

Typus.
[1] Allgemeine Bezeichnung für eine Klasse von Ereignissen (Geschehenstypus), Gegenständen oder Individuen (Persönlichkeitstypus), die ein Merkmal oder eine Merkmalskonstellation gemeinsam haben bzw. auf solche Gemeinsamkeiten bezogen werden können (→*Idealtypus).* Auch Syn. für Klasse, Gattung, Art u. ä.
[2] In der *Persönlichkeitsforschung* wird T. als Bezeichnung verwendet für (a) »... eine durch einen bestimmten Merkmalskomplex charakterisierte Gruppe, wobei Einzelmerkmale in sehr verschiedenem Grade vorhanden sein können« (ROHRACHER, 1969, S. 14–15), oder (b) als Bezeichnung für einen Menschen, der alle Merkmale der Gruppe in ausgezeichneter und vollständiger Weise aufweist (z. B. »der« Ängstliche, »der« Deutsche, »der« Pykniker oder »der« Zyklothyme; →*Idealtypus,* →*Stereotyp).*
LIT. →*Persönlichkeit.*

Typus A-, Typus B-Verhalten *(type A-, type B-behavior).* Syn. Typus A-, Typus B-Persönlichkeit. In der psychosomatischen Medizin entwickeltes Beschreibungssystem zur Kennzeichnung von Verhaltensweisen, welche mit dem Risiko von Koronarerkrankungen und Herzinfarkt korrelieren (Typus A) oder nicht korrelieren (Typus B). Zum Verhalten des Typus A gehören beständige Unruhe, unrealistische Zeitvorstellungen und Zeitnot, überhöhte Ansprüche sich selbst und anderen gegenüber, ein Hang zur Selbstreflexion und Kontrolle, bei Erfolglosigkeit Verhaltensdesorganisation und Hilflosigkeitsgefühle, autonome Erregung und erhöhter Blutdruck. Typus B wird als das pure Gegenteil, als entspannt, sich im Leben leicht zurechtfindend, nicht am Wettbewerb orientiert, nicht zur Selbstreflexion neigend beschrieben. Für die Ermittlung des Ausprägungsgrades liegen standardisierte Fragebogeninstrumente vor.

T-Zellen →*Immunsystem.*

U

Überich, Über-Ich, Super-ego *(superego, super-ego).*
[1] Psychoanalytische allgemeine und umfassende Bezeichnung für jene Persönlichkeitsinstanz, die neben (oder »über«) *Es* und *Ich* angenommen wird und die Inbegriff aller moralisch-hemmenden Kräfte ist, die während der *Sozialisation* durch Erziehung entwickelt wurden. Es handelt sich dabei um Normen des Verhaltens, die sich aus dem Ich und seiner Auseinandersetzung mit den Es-Ansprüchen entwickeln und die auch als Inbegriff der »Verantwortung« bezeichnet werden können. Die unbewußte Kontrollfunktion des Ü. macht sich in Schuld- und Angstgefühlen bemerkbar, die dann auftreten, wenn primitiven Impulsen nachgegangen wird bzw. wenn das Ich als Kontroll- und Bewertungsinstanz einen relativ primitiven, den Normen widersprechenden Impuls (in Handeln und/oder Denken) sozusagen »durchläßt«.
[2] Allgemeine Bezeichnung für alle in der Persönlichkeitsstruktur durch →*Sozialisation* verankerten *moralischen* und *kulturellen* Standardnormen im Sinne T. PARSONS.

Überkompensation →*Kompensation.*

Überlernen *(over-learning).* Bezeichnung für den Prozeß oder das Ergebnis übertrieben ausgedehnten Übens, d. h. ein Üben, das über den Zeitpunkt fehlerloser Wiedergabe des Lernstoffes fortdauert. Ü. fördert einerseits die Automatisierung gelernter Verhaltensweisen, jedoch andererseits auch das Auftreten reaktiver Hemmungen.

Übersprunghandlung *(displacement activity, irrelevant activity, sparking-over activity).*
Bezeichnung (Tierpsychologie) für solche Bewegungen, die dem gerade ausgelösten Instinktverhalten nicht zugehören und den Eindruck des »irrelevanten Verhaltens« erwekken. Z. B. können kämpfende Hähne plötzlich am Boden picken, als seien sie hungrig (TINBERGEN). Man nimmt an, daß es zu solchen Ü. bei überstarker Erregung kommt, deren *Entladung* (im Sinne einer *Triebentladung, discharge*) aus situativen oder anderen Gründen nicht vollständig erfolgen kann. Die Ener-

gie »überspringt« dann auf andere, im Organismus festgelegte neuronale Erregungsmuster und lädt sie bis zu deren teilweiser Aktivierung auf. →*Instinkt.*
LIT. TINBERGEN (1964).

Übertragung *(transference).* Psychoanalytische Bezeichnung für die Verlagerung eines Affektbezuges (positiv oder negativ) von einem Ding oder Mitmenschen auf andere. Im engeren Sinne Bezeichnung für den Prozeß, in dessen Verlauf der Patient in der →*Psychotherapie* die einem Mitmenschen (meist Mutter oder Vater) gegenüber bestimmenden Gefühle oder Einstellungen auf den Analytiker überträgt und der mit einer *Ablösung* abschließt.
Übertragungswiderstand (transference resistance) ist – ebenfalls in der *Psychotherapie* – die Unterdrückung oder *Verdrängung* der entsprechenden Gefühle oder Einstellungen.
Die Behandlung der sog. *Übertragungsneurose,* d. h. der durch die Übertragungsvorgänge mobilisierten Konflikte des Patienten, stellt ein wesentliches Moment der psychoanalytischen Behandlungstechnik dar.
Gegenübertragung (countertransference) ist in der Psychotherapie die dem Psychoanalytiker eigene affektive Reaktion auf die Übertragungsreaktionen bzw. -»angebote« seines Patienten.
LIT. →*Psychoanalyse,* →*Psychotherapie* sowie HEIMANN (1957/58); LOCH (1965).

Übertragungsneurose →*Übertragung.*

Übertragungswiderstand →*Übertragung.*

Übung *(practice/practise).* Allgemeine und umfassende Bezeichnung für wiederholtes Vollziehen bestimmter Reaktionen oder Handlungen zum Zwecke des Erlernens. Als *massierte Übung (massed practice/practise)* wird das in kurzen – meist regelmäßigen – Intervallen erfolgte Üben bezeichnet. *Verteilte Übung (spaced practice/practise)* bezeichnet dagegen das Einführen größerer Intervalle zwischen den einzelnen Versuchsdurchgängen, die auch aus Teilhandlungen oder Teilen des zu erlernenden Stoffes bestehen können.

Übung, mentale

Übung, mentale; Übung, kognitive *(mental training; cognitive rehearsal).* Bezeichnung für Prozesse des Überdenkens von (motorischen) Übungserfahrungen bzw. Leistungen einschl. ihrer Konsequenzen, z.B. in Trainingspausen, mit dem Effekt einer anschließenden Leistungsverbesserung. Es wird angenommen, man gehe in seiner Vorstellung die gemachten Erfahrungen durch; die Lebhaftigkeit von Bewegungsvorstellungen im Zielbezug sei derart realistisch, daß sich Vorstellungs-Trainings-Effekt auf das physische Geschehen auswirkt. Insbes. in der *Sportpsychologie* konnte gezeigt werden, daß m.Ü. eine äußerst wirksame Ergänzung des physischen Trainings darstellt, denn sie bringt Lernfortschritte auch dann, wenn nach dem Training physische Ermüdung eingetreten ist. Besonders hilfreich sind sog. *Self-Monitoring-Verfahren*; der Trainer führt seinen Partnern auf dem Bildschirm ihre eigenen ggf. noch fehlerhaften Bewegungsweisen vor, macht Verbesserungsvorschläge oder zeigt Aufnahmen eines Spitzenkönners mit der Instruktion, sich in der Vorstellung Verbesserungen zurechtzulegen. M.Ü. steht in enger Beziehung zu den von TOLMAN ausgehenden kognitiven Lerntheorien.
→*Lernen*; →*Reminiszenz.*

Übung, negative *(negative practice/practise).* Absichtsvolle Wiederholung von (unerwünschten) Verhaltensweisen, durch die *reaktive Hemmungen* aufgebaut und Wiederauftreten eingedämmt werden können. Durch den Belohnungseffekt der Erfolge werden *konditionierte Hemmungen* der betreffenden Verhaltensweise aufgebaut. N.Ü. wird u.a. bei der Therapie von Tics und Sprachstörungen angewandt; im letzteren Fall werden z.B. Patienten veranlaßt, ihr Stottern so präzise und so oft wie möglich zu imitieren, sich ggf. sogar darüber lustig zu machen *(→paradoxe Intention).* Unterstützt wird die n.Ü. durch die Verwendung von Tonband- oder Videoaufzeichnungen.

UCR *(unconditioned reaction)* →*Konditionierung, klassische.*

UCS *(unconditioned stimulus)* →*Konditionierung, klassische.*

U-Kurve *(U-shaped curve).* Statistische Bezeichnung für eine U-förmige Verteilung von Daten oder Beziehungen; die Umkehrung einer *Normalverteilung.*

ultradianer Rhythmus →*Biorhythmus.*

Ultrakurzwellen-Tomographie →*Tomographie.*

Ultra-Kurzzeit-Gedächtnis →*Gedächtnis.*

Umfang des Gedächtnisses →*Gedächtnisumfang.*

Umgänglichkeit →*Soziabilität.*

Umklammerungsreaktion *(startling response, startling reflex).* Bezeichnung für die in der →*Schreckreaktion (startle response)* primäre Bewegung des Umklammerns bei kleinen Kindern.

Umweltbedingungen *(environmental factors).* Bezeichnung für die Gesamtheit aller von außen her auf den Organismus einwirkenden Bedingungen oder Faktoren.

Umweltforschung, psychologische *(ecological psychology),* auch *ökologische Psychologie.* Zusammenfassende Bezeichnung für Ansätze, die die Beziehung zwischen Verhalten und den Umfeld- und Umweltbedingungen zum Gegenstand haben. Diese relativ neue Forschungsrichtung wurde durch die *Feldtheorie* angeregt und orientiert sich am Vorbild biologischer Umweltforschung. Typische Fragen sind z.B. Beziehungen zwischen Siedlungsformen, Kommunikationsmöglichkeiten, Erleben und Verhalten.
LIT. BARKER (1968).

unabhängige Variable →*Variable.*

unbewußt *(unconscious).*
[1] Allgemeinste und umfassendste Bezeichnung für alle psychischen Vorgänge, die – aus welchen Gründen immer – selbst nicht vom erlebenden Individuum aufgefaßt bzw. wahrgenommen werden können, weil sie (a) z.B. als physiologische Prozesse (Ausschüttung eines Hormons) grundsätzlich nicht über Rezeptoren wahrnehmbar sind oder aber (b) wegen ihrer hypothetischen Beschaffenheit (z.B. determinierende Tendenzen, Einstellungen u.ä.) nicht zum phänomenalen Erlebnisbereich gehören können. In den Rahmen dieses universellen Begriffs fallen auch sog. *unterbewußte (subconscious)* Vorgänge, die wegen der ihnen eigenen geringen Intensität bzw. geringen bewußten Anteilnahme nicht ins Bewußtsein gelangen, aber nahe der (hypothetischen) Bewußtseinsschwelle liegen (→*Subception; subliminale Reizung).* Syn. *Mitbewußt, außerbewußt (extraconscious).*
[2] Psychoanalytische Bezeichnung für solche psychischen (nicht physiologischen!) Vorgän-

Urfarben

ge, die (z. B. im Falle der »*Verdrängung*«) nicht bewußt sind, jedoch in symbolischer oder sublimierter Form das Verhalten beeinflussen und stören können. Um diese hypothetischen Prozesse »bewußt« zu machen, werden die Techniken der *Psychoanalyse* bzw. *Traumdeutung* angewandt. Sog. *unbewußte Wünsche (unconscious wishes)* bezeichnen die (hypothetischen) Handlungsimpulse des →*Es* (auch Es-Ansprüche). Als »*das Unbewußte*« *(unconsciousness)* bezeichnet die psychoanalytische Richtung eine (hypothetische) Persönlichkeitsinstanz oder -region, in deren Rahmen dynamische, das bewußte Erleben mitbestimmende Prozesse ablaufen. Dazu gehören aus dem Bewußtsein *verdrängte* Handlungsimpulse oder -tendenzen *und* Ansprüche des Es, die wegen ihrer ursprünglichen (primitiven) Beschaffenheit nicht durch die Zensur des Ich gelangen. Syn. *Es.*
LIT. →*Psychoanalyse.*

unbewußte Schlüsse; Theorie der unbewußten Schlüsse *(unconscious inferences; theory of unconscious inferences).* Von HELMHOLTZ (1866) getroffene Annahme, der Wahrnehmung lägen neben Empfindungselementen ohne Bewußtseinsbeteiligung ablaufende schlußfolgernde Prozesse zugrunde, welche den Wahrnehmungsgegenstand als bedeutungsvolles und von anderen Empfindungen abgehobenes Ganzes erscheinen lassen.
→*Bewußtsein;* →*Informationsverarbeitung;* →*Prozesse, automatische;* →*Prozesse, kontrollierte.*

unerledigte Handlungen →*Zeigarnik-Effekt.*
ungesättigte Fettsäuren →*Fette.*
Ungewißheit *(uncertainty).*
[1] Bezeichnung für mangelhafte Vorhersehbarkeit und Vorhersagbarkeit von Ereignissen (→*Risiko*) bzw. des daraus resultierenden Erlebens des *Zweifelns*, der *Unsicherheit.*
→*Information.*
[2] Syn. für →*Entropie.*

unipolare Störung →*Affektive Störung,* →*Depression.*
unmittelbar *(immediate; direct).*
Allgemeine Kennzeichnung von Zuständen oder Vorgängen, die ohne Beteiligung vermittelnder Prozesse zustande kommen. *Unmittelbare Assoziationen (immediate associations)* sind Einfälle, die spontan auf ein Wort oder eine Vorstellung auftreten, *unmittelbares Behalten (immediate memory)* das kurz-

fristige Erinnern an soeben empfangene Eindrücke und *unmittelbare Erfahrung (immediate experience)* das unvermittelte, unreflektierte Innewerden ohne den Rekurs auf Vorwissen oder reflexive, schlußfolgernde Operationen.
unmögliche Figuren →*Täuschung.*
unselbständiges Kopieren →*matched-dependend behavior.*
unspezifisches Abwehrsystem →*Immunsystem.*
unterbewußt →*unbewußt.*
Unterdrückung *(suppression).*
[1] Bezeichnung für die vollständige *Löschung* einer Reaktion; im Unterschied zur *Hemmung,* die durch *spontane Erholung* u. ä. wieder aufgehoben werden kann. Erfolgt die U. durch Drogen, so bezeichnet man diese als *Suppressorien (suppressors).*
[2] Allgemeine psychoanalytische Bezeichnung für das *willkürliche* Unterdrücken bestimmter Handlungsimpulse bzw. Handlungsweisen; im Unterschied zu *Verdrängung,* die durch einen unbewußt wirksamen *Abwehrmechanismus* erfolgen soll.
Unterschiedsempfindlichkeit *(differential sensibility).* Bezeichnung für die individuelle Differenzierungsfähigkeit eines Beobachters in bezug auf Reize, die sich hinsichtlich ihrer Intensität, Größe, Form oder Farbe nur minimal voneinander unterscheiden. Die U. wird in der Regel als →*Unterschiedsschwelle* definiert.
→*Psychophysik.*
Unterschiedsschwelle *(differential threshold).* Bezeichnung für den kritischen Intensitäts- oder Größenunterschied zwischen zwei Reizen, der vorhanden sein muß, um von einem Beobachter bemerkt zu werden.
→*Psychophysik,* →*Schwelle.*
unterschwellige Wahrnehmung →*Wahrnehmung, unterschwellige.*
unwillkürlich *(involuntary).* Bezeichnung für eine Handlung bzw. Zuwendung der Aufmerksamkeit auf etwas, ohne daß dies willentlich (absichtlich), jedoch nicht notwendigerweise gegen den Willen des Handelnden, geschieht.
unwissentliche Beobachtung →*nichtreaktive Meßverfahren.*
Urethra. Harnröhre, Leitung von der Blase zur Ausscheidungsöffnung.
Urfarben →*Farbensehen.*

453

urogenital. Bezeichnung des Bereiches des Geschlechtsorgans und der Harnausscheidung.

Urteilsabgabe, absolute →*absolut.*

Urteilsbildung, klinische →*Linsenmodell.*

Uterus oder **Gebärmutter.** Sackartige Gewebestruktur im Körper weibl. Säugetiere und der Frau. Im U. vollzieht sich die Entwicklung des Embryo.

Utilitarismus *(utilitarianism)* oder **Utilismus.** Bezeichnung für eine philosophische Doktrin, die den Sinn von Handlungen oder von Werten in deren Nützlichkeit sieht (→*Pragmatismus*).

V

Vaginismus →*Sexualstörung.*
Vagus. Zehnter Gehirnnerv, wichtigster Anteil des vegetativen Nervensystems. Syn. *Nervus vagus.* →*Nervensystem,* →*Parasympathikus,* →*Sympathikus.*
Valenz →*Aufforderungscharakter.*
Validität, Gültigkeit *(validity).* Bezeichnung für den statistisch ermittelbaren Grad des Zusammenhangs zwischen einem Maß oder Test und einem für den betreffenden Sachverhalt relevanten äußeren Merkmal (Kriterium) oder dessen logischer Entsprechung (Faktoren, anderer Test u. ä.). Der *Validitäts-Koeffizient* ist allgemein definiert als der Grad, in dem die Meß- oder Testergebnisse einer bestimmten Stichprobe mit einem an derselben Stichprobe gemessenen Validitätskriterium korrelieren. Der Validitäts-Koeffizient wird mit r_{tc} oder r_{ct} bezeichnet.
LIT. →*Test,* →*Testkonstruktion.*
Validität, curriculare *(curricular validity).* In der Pädagogischen Psychologie Bezeichnung für die Feststellung der Tatsache, daß in einem Test oder einer Prüfung verwendete Items oder Fragen eine Teilmenge der Lehrziele repräsentieren. In der Regel vollzieht sich dies durch Expertenbeurteilung.
Validität, externe *(external validity).* Gütekriterium des psychologischen *Experiments* als Voraussetzung der *Generalisierbarkeit* in bezug auf (a) die abhängigen und unabhängigen Variablen, (b) die Stichprobe von Versuchspersonen und (c) die Situationsmerkmale. E.V. ist in den meisten Fällen nur teilweise gewährleistet; sie gehört im Gegensatz zur *internen Validität* nicht zu den unabdingbaren Gütekriterien.
→*Experiment,* →*Validität, interne.*
Validität, faktorielle *(factorial validity).* Bezeichnung für die Ermittlung der Validität eines Tests durch →*Faktorenanalyse.* Ein Test gilt dann als faktoriell valid, wenn er einen bereits bekannten Faktor oder eine bekannte Faktorenstruktur eines Merkmals wiedergibt oder mit dem/den betreffenden Faktor(en) hoch geladen erscheint.
LIT. →*Test,* →*Testkonstruktion.*

Validität, inhaltliche *(content validity).* Allgemeine Bezeichnung für alle Verfahren, die die →*Validität* eines Tests durch die inhaltliche Analyse der einzelnen Untertests oder Testaufgaben gewährleisten. Dabei gilt es zu unterscheiden, ob jede Aufgabe das zu messende, vorher festgelegte Merkmal trifft und ob die Gesamtheit aller Aufgaben ebenfalls diese Eigenschaft besitzt. Gehen in einzelne Aufgaben zusätzliche Momente mit ein, deren Messung nicht beabsichtigt ist, oder ist dies bei allen Aufgaben oder Untertests der Fall, so kann man den Test nicht als valid bezeichnen. Bezieht sich die Analyse der Aufgaben nur auf eine Inspektion ihres Inhalts von außen her, so hat der Test in bezug auf das zu messende Merkmal bloß *oberflächliche Validität (face validity).*
LIT. →*Test,* →*Testkonstruktion.*
Validität, interne *(internal validity).* Unabdingbares Gütekriterium des psychologischen Experiments, definiert als die Abwesenheit von systematischen Fehlern, welche die Gültigkeit der Beziehung zwischen unabhängigen und abhängigen Variablen beeinträchtigen. Zu den Fehlerquellen gehören z. B. Störungen während des Versuches, die sich auf verschiedene Versuchspersonen in den einzelnen Bedingungsgruppen aufgrund individueller Eigenschaften verschiedenartig auswirken sowie alle jene interindividuellen Unterschiede von Versuchspersonen in den einzelnen Gruppen, welche die Beziehungen zwischen unabhängigen und abhängigen Variablen beeinflussen, ohne kontrolliert oder durch planmäßige Einbeziehung systematisch untersucht werden zu können.
→*Experiment.*
Validität, ökologische →*Ökologie.*
Validitäts-Koeffizient →*Validität.*
Valins-Effekt →*Emotion.*
Variabilität *(variability).* Bezeichnung für die Eigenheit biologischer und psychischer Phänomene, kontinuierliche, periodische oder unregelmäßige Wandlungen hinsichtlich ihrer Art, Intensität und/oder Form zu zeigen. In der Statistik Syn. für *Streuung.*

Variable

Variable *(variable)*. Allgemeine und umfassende, aus der Mathematik stammende Bezeichnung für eine durch ein (abstraktes) Symbol bezeichnete *Quantität* (z.B. »x«), der im konkreten Fall des *Messens* Werte aus einer definierten Menge von Werten *veränderlicher Größe* entsprechen (z.B. $X_1, X_2 \ldots X_i$). In der psychologischen Forschung hat es sich eingebürgert, ein jedes begrifflich erfaßtes Element möglicherweise variabler Größe als V. zu bezeichnen, sofern es beobachtbar ist oder gemacht werden kann (z.B. durch ein Verfahren oder einen Test) und sofern das Ergebnis der Beobachtung im Sinne einer *Messung (→Skala)* ausfällt. Syn. *variables* oder *veränderliches Merkmal.*

Von der *Herkunft* her lassen sich routinemäßig drei *Klassen* von Variablen unterscheiden: *Reiz-, (S-, stimulus-variable), Organismus-, (O-, organic-, organismic-, personal-, personality-variable)* und *Reaktions- (R-, response-, reaction-variable) Variable* (letztere immer als sog. *abhängige Variable*).

Von ihren *Beziehungen* untereinander her lassen sich zwei oder drei Klassen unterscheiden: *Unabhängige (independent)* und *abhängige (dependent) Variable;* unabhängig bezieht sich auf die vom Experimentator hergestellten oder vorgefundenen Bedingungen, von denen ein Geschehen (eine Reaktion) als abhängig betrachtet wird, so daß z.B. die Reaktion als eine Funktion des Reizes gesehen werden kann. Als *intervenierende Variablen (intervening variables)* bezeichnet man dann schließlich solche, die sich mit ins Spiel setzen, jedoch hinsichtlich des Umfangs ihres Einflusses (noch) nicht kontrolliert werden konnten.

Von der *mathematisch-formalen Eigenheit* der Meßdaten bzw. lassen sich unterscheiden: *Kontinuierliche Variablen,* bei denen zwischen zwei Werten verschiedener Größe noch andere Größen auftreten können, und *diskrete Variablen,* bei denen die einzelnen Größen in unregelmäßigen Intervallen liegen.

→*Statistik.*

variable Intervalle →*Verstärkungsplan.*

Variante *(variation).*

[1] Biologische Bezeichnung für Organismusveränderungen eines Individuums oder einer Art von Lebewesen, hervorgerufen durch Umweltbedingungen, veränderte Erbbedingungen bzw. *Mutationen.*

[2] *Variation* bezeichnet im Deutschen allgemein die Tatsache der Variabilität bzw. das Vorhandensein von Veränderungen. Der englische Begriff *»variation«* ist gleichbedeutend mit *Streuung (deviation).*

→*Zufall.*

Variantenbildung →*Evolution.*

Varianz *(variance).* Statistische Bezeichnung für das Quadrat der Standardabweichung.

Varianzanalyse *(analysis of variance),* Abk. ANOVA. Statistische Bezeichnung für eine Vielzahl von Prüftechniken und Modellen, die durch Zerlegung der *Streuung* (Varianz) von *abhängigen Variablen* die Abhängigkeit der Varianzteile von den kontrollierten Bedingungsvarianten oder deren Kombinationen ermitteln und gegen den Zufall prüfen lassen. Die sog. einfache V. bezieht sich auf das Vorliegen von Daten aus voneinander unabhängigen Stichproben (abhängige Variable), die unter drei oder mehr Bedingungsvarianten (unabhängige Variablen) erhoben wurden. Grundvoraussetzungen für die Anwendung der parametrischen V. sind Intervallskalenniveau der erhobenen Messungen und Homogenität der Varianzen in den einzelnen Stichproben. Haben die verschiedenen Bedingungsvarianten überzufällige Effekte nach sich gezogen, so muß die Varianz der Mittelwertsunterschiede zwischen den Bedingungen größer sein als die Varianz innerhalb einer ansonsten homogenen Population. Als Kennwert (F) gilt daher das Verhältnis der aus den Mittelwertsunterschieden und aus der Gesamtvarianz über alle Versuchsbedingungen hinweg geschätzten Populationsvarianz. Derartige Varianzverhältnisse verteilen sich in Abhängigkeit von den jeweiligen *Freiheitsgraden* regelhaft und können daher in Form des sog. *F.-Wertes* (F = Schätzung der Varianz zwischen den Bedingungen: Schätzung der Varianz innerhalb der Population) in bezug auf die F-Verteilung geprüft werden. Komplexere Modelle der V. beziehen sich u.a. auf die Erfassung von *Wechselwirkungen* (Interaktionen) zwischen Bedingungskombinationen, auf die Überprüfung bedingungsabhängiger Variationen kovariierender Merkmale *(Kovarianz-Analyse)* und auf *wiederholte Messungen,* d.h. auf abhängige Stichprobendaten. Können die o.g. Grundvoraussetzungen für die Anwendung der V. nicht erfüllt werden, so stehen *parameterfreie* Verfahren zur Verfügung, deren Aussagekraft

456

allerdings gegenüber der V. im engeren Sinne eingeschränkt ist.
LIT. →*Statistik.*
Variation →*Abweichung.*
vasc(k)ulär *(vascular).* Die Blutgefäße betreffend.
vaso-. Syn. von *vasc(k)ulär.*
Vasodilatation. Gefäßerweiterung.
Vasokonstriktion *(vasoconstriction).* Gefäßverengung.
vasomotorisch *(vasomotoric).* Die Vasokonstriktion und -dilatation betreffende Vorgänge. Die Kontrolle wird durch die sog. vasomotorischen Nerven des *autonomen Nervensystems* besorgt.
Vasopressin →*Hypophyse.*
vegetativ. Mit Wachstum und Ernährung zusammenhängende Vorgänge.
vegetative Labilität →*Labilität.*
vegetatives Nervensystem →*Nervensystem,* →*Parasympathikus,* →*Sympathikus.*
vegetatives Teilsystem →*Nervensystem.*
vegetative Dystonie →*Dystonie.*
Veitstanz →*Chorea.*
Vektor *(vector).* Physikalisch-mathematische Bezeichnung für eine gerichtete oder die Richtung bestimmende Größe (Maß einer in eine Richtung wirkenden Kraft). *Vektorenpsychologie (vector psychology):* Syn. für *Feldtheorie.*
Ventrikel *(ventricle).* Kammern bzw. Höhlen in Herz und Gehirn. Das menschliche Gehirn weist vier V. auf, die mit Flüssigkeit (liquor cerebrospinalis; *cerebro-spinal fluid)* gefüllt sind.
veränderliches Merkmal →*Variable.*
Verarbeitungsnegativierung →*ereignisbezogene Potentiale.*
Verarbeitungsniveaus →*Gedächtnis.*
Verarmungswahn →*Wahn.*
verbal chaining →*Reizgeneralisierung.*
verborgenes Verhalten →*Verhalten.*
verbundene Messung, kombinierte oder **verknüpfte Messung** *(conjoint measurement).* Meßtheoretischer Ansatz zur Modellbildung über Beziehungen zwischen Kombinationen mehrerer unabhängiger Variablen (z. B. Testwerten) und der Ordnung der abhängigen Variablen (z. B. Eignungsbeurteilungen). Geht man z. B. von der Annahme aus, daß sich die Eignung additiv aus den einzelnen Testwerten zusammensetzt, so müßte die Datenmatrix, die den gemeinsamen Effekt der Testwerte abbil-

det, eine bestimmte Struktur aufweisen. Steigen z. B. die Eignungsurteile mit wachsenden Testwerten aus einem Test A an, so müßte dies auch für Test B gelten, der von A unabhängig ist. Dies ist eine der notwendigen Bedingungen, um nachzuweisen, daß die Eignung eine additive Funktion der unabhängigen Testwerte A und B ist. →*Messen.*
verdecktes Verhalten →*Verhalten.*
verdrängte Wünsche →*Traumdeutung.*
Verdrängung *(repression).* Allgemeine und umfassende psychoanalytische Bezeichnung für einen *Abwehrmechanismus,* dessen Funktion darin gesehen wird, übermächtige Triebansprüche und damit verbundene Handlungen, Einstellungen, Erlebnisinhalte und Vorstellungen ohne Hinterlassen von Erinnerungen aus dem Bereich des bewußten Erlebens (Bewußtsein) in das *Unbewußte* (→*unbewußt)* zu verlagern, so daß sie nicht mehr bewußt verfügbar sind. Als allgemeine Ursache des Einsetzens dieses Abwehrmechanismus nimmt man den umfassenden Konflikt zwischen *Lust-* und *Realitätsprinzip* an. Die in das Unbewußte verlagerten Ansprüche sind jedoch ohne Wissen des Betroffenen weiterhin Motor für sog. Ersatzhandlungen oder -vorstellungen (z. B. Fehlleistungen, Träume), aus deren Analyse der Psychoanalytiker die verdrängten Inhalte durch Deutung erschließt. V. wird auch als Ursache für neurotische Formen der Fehlanpassung und -handlung angenommen.
→*Abwehrmechanismen,* →*Gedächtnis.*
Verdauungtrakt *(alimentary canal).* Die Gesamtheit aller Organe, die mit Nahrung und deren Verarbeitung zu tun haben. Hierzu gehören Oesophagus, Magen und Eingeweide.
Vererbung *(heredity).* Biologische Bezeichnung für die Gesamtheit aller von den Eltern an die Nachkommen auf biologisch-direktem Wege vererbten körperlichen und geistig-intellektuellen Eigenschaften, die die Art der individuellen Auseinandersetzung mit der Umwelt bestimmen. Die in den *Chromosomen* enthaltenen *Gene* (und wahrscheinlich noch andere Strukturen) werden als Träger der vererbten Eigenschaften angenommen. Die exakte Erforschung vererbter Eigenschaften wird durch den Umstand erschwert, daß sämtliche Eigenschaften durch die Einwirkung der Umwelt neben der entwicklungsspezifischen Variation Veränderungen unterworfen sind, die sich weitgehend der Kontrolle entziehen. Da-

Verfestigung

her stehen *Phänotypus* (Erscheinungsbild) und *Genotypus* (dispositionelles Gefüge der Eigenschaften) in einem nicht deckungsgleichen Verhältnis zueinander. Klärungen über das Verhältnis von Vererbung und Umwelteinfluß bringt die *Zwillingsforschung.*

Verfestigung →*Entwicklungstheorien.*

Verfolgungsneurose →*Neurose.*

Verfolgungswahn →*Paranoia,* →*Psychose,* →*Wahn.*

Vergessen *(forgetting).* Die Tatsache, daß gelernte Inhalte bei dem Versuch des Wiedererinnerns nur fehlerhaft bzw. unvollständig reproduziert werden können. Die von EBBING-HAUS erstellte Vergessenskurve *(retention curve)* kann durch die *Ersparnismethode* erstellt werden; es zeigt sich, daß zwischen dem Umfang des behaltenen Stoffes und der Zeit zwischen Erlernen und Reproduzieren eine kurvenförmige Beziehung besteht, die – als Idealverlauf verstanden – im ersten Zeitabschnitt stark absinkt und dann allmählich asymptotisch wird. In den ersten Zeitabschnitten wird ein relativ großer Teil der gelernten Inhalte abgebaut, doch hält sich der verbleibende Rest über relativ lange Zeit ohne nennenswerte weitere Verluste. EBBINGHAUS vermutete eine bis heute umstrittene Beziehung von der Art, daß sich die Quotienten zwischen Behaltenem und Vergessenem umgekehrt wie die Logarithmen auf der Basis 10 der vergangenen Zeiten verhalten. Eine vollständige Erklärung für das Zustandekommen des Vergessens liegt bis heute noch nicht vor. Physiologische Veränderungen in den Gangliensystemen und *Hemmungsvorgänge* werden u. a. als Ursachen genannt. Außerdem gilt es als gesichert, daß der Grad der Sinnhaftigkeit und/oder die Einbettung des Lernstoffes in übergreifende Zusammenhänge neben vielem anderen das Behalten günstig beeinflussen.

In der Psychoanalyse wird darüber hinaus der Einfluß von Zensuren bzw. Abwehrmechanismen (z. B. Verdrängung) als Determinante des Vergessens angenommen. *Vergeßlichkeit* bezeichnet die allgemeine Eigenheit eines Individuums, leicht und schnell zu vergessen.

→*Gedächtnis.*

Vergleichende Psychologie *(comparative psychology).* Der Begriff ist oft gleichbedeutend mit *Tierpsychologie,* sofern diese sich der vergleichenden Methode bedient. Manchmal auch als umfassende Bezeichnung für eine der vergleichenden Methode verpflichtete *Entwicklungspsychologie* verwendet.

Verhalten *(behavior).*

[1] Allgemeine Bezeichnung für die Gesamtheit aller beobachtbaren, feststellbaren oder meßbaren Aktivitäten des lebenden Organismus, meist aufgefaßt als *Reaktion* auf bestimmte *Reize* oder *Reizkonstellationen,* mit denen der Organismus in *experimentellen* oder lebensweltlichen Situationen konfrontiert wird bzw. konfrontiert ist. Zu den Aktivitäten gehören neben Bewegungen (Veränderungen der Skelettmuskulatur) und als Handlung bezeichneten Bewegungsabläufen auch Veränderungen der Herztätigkeit, sekretorische bzw. innersekretorische Vorgänge, alle Arten chemischer oder chemisch bedingter Veränderungen überhaupt sowie elektrische (z. B. gehirnelektrische) Vorgänge u. ä. Der von WATSON begründete klassische Behaviorismus unterschied *offenes Verhalten (overt behavior)* und *verborgenes* oder *verdecktes Verhalten (covert behavior).* Das offene Verhalten bezeichnet alle direkt beobachtbaren Veränderungen, z. B. Bewegungen, das verborgene oder verdeckte bezieht sich auf solche (meist physiologischen) Veränderungen, die erst durch Einsetzen besonderer Techniken (z. B. Blutdruckmessungen) und in Abhängigkeit von bestimmten Reizkonstellationen beobachtbar werden.

[2] Die Bedeutung [1] bezieht sich auf alles »objektiv« Beobachtbare, während manchmal in den Begriff des Verhaltens auch geistige Tätigkeiten (z. B. Denkvorgänge) oder Vorgänge wie bewußtes *Erleben* einbezogen werden, z. B. im Verhaltensbegriff der *Phänomenologie,* wo ein Verhalten als ein Sich-verhalten-zu-etwas aufgefaßt wird *(Intentionalität,* →*Intentionalismus).*

[3] Verhalten im Sinne von Beobachtungseinheiten bzw. Klassen von Verhaltensweisen werden meist durch zusätzliche Bezeichnungen hervorgehoben. Z. B. *angeborene, erworbene* Verhaltensweisen, *emotionales, symbolisches, aufgabenspezifisches, unangepaßtes* u. ä. Verhalten sind solche Einheiten der Beobachtung oder Beschreibung, die der Klassifizierung dienen und besonders dann wertvolle Ordnungsgesichtspunkte darstellen, wenn ihnen *operationale* Definitionen oder eindeutig

zugeordnete Reaktionsarten und -formen entsprechen.

LIT. GRAUMANN (1965 b); N. E. MILLER u. a. (1960); WATSON (1914).

Verhalten, abergläubisches →*Aberglaube.*

Verhalten, agonistisches *(agonistic behavior).* Meist im Bereich der *Tierpsychologie* bzw. Tierbeobachtung verwendete zusammenfassende Bezeichnung für alle in kämpferischen Auseinandersetzungen gezeigten Verhaltensweisen wie Angriff, Befriedungsgesten (Unterwerfungsverhalten), Flucht- und Schreckreaktionen usw.

Verhalten, allochthones *(allochthonous behavior).* Bezeichnung für ein Verhalten (eine Reaktion), das nicht auf den ihm spezifischen Antrieb *(Instinkt, Trieb)* zurückgeht, sondern als Reaktion auf Umwelteinflüsse erfolgt, z. B. auf eine erfahrene *Frustration* u. ä. Gegensatz: →*Verhalten, autochthones.*

Verhalten, appetitives *(appetitive behavior).* Allgemeine Bezeichnung für eine Reaktion, die auf einen für das Tier relevanten Reiz (z. B. Futter beim hungrigen Tier) einsetzt und über Bewegungen (motorische Veränderungen des Verhaltens) und Wahrnehmung (Orientierung) zum konsummatorischen Handeln (Futteraufnahme) führt. Manchmal auch die Bezeichnung für eine ganze Reihe von instrumentellen Verhaltensweisen, die sich auf eine erwartete Bedürfnisbefriedigung beziehen, z. B. das Durchlaufen eines Labyrinths in der Erwartung, an dessen Ende das Bedürfnis nach Nahrung befriedigen zu können.

Verhalten, artspezifisches *(species-specific behavior).* Bezeichnung für solche Verhaltensweisen, die bei der Mehrzahl der einer bestimmten Art zugehörigen Lebewesen in relativ ähnlichen Situationen und in gleicher Form regelmäßig auftreten. Manchmal wird der Begriff nur zur Bezeichnung solcher Verhaltensweisen verwendet, die nicht durch Erfahrung oder Lernen geprägt sind bzw. durch Erfahrung und Lernen nicht modifiziert werden können, z. B. Instinktverhalten.

Verhalten, autochthones *(autochthonous behavior).* Bezeichnung für ein Verhalten (eine Reaktion), das durch den ihm jeweils spezifischen Antrieb (Instinkt, Trieb) von innen her ausgelöst wurde. Gegensatz: →*Verhalten, allochthones.*

Verhalten, deviantes →*Abweichung.*

Verhalten, einschmeichelndes →*Ingratiation.*

Verhalten, emotionales *(emotional behavior).* Bezeichnung für eine sehr weit gefaßte Klasse von Reaktionen, die – oft andere Reaktionen begleitend – in artspezifisch verschiedener Weise mehr oder weniger durchgängig, d. h. weniger oder mehr reizspezifisch auftreten. Man verwendet diese Bezeichnung aus Vorsichtsgründen oft nur dann, wenn mehrere der umschriebenen *emotionalen Reaktionen* gehäuft miteinander auftreten. So wird man das Verhalten einer Ratte erst dann als emotional charakterisieren, wenn sie neben gehäuft auftretendem Urinieren bzw. Darmentleeren noch andere Anzeichen der Erregung, z. B. Bewegungssturm, Zittern u. ä. zeigt. Syn. *affektives Verhalten.*

Verhalten, imitatives →*Imitation.*

Verhalten, neurotisches →*Neurose.*

Verhalten, operantes *(operant behavior, emitted behavior).* In einer Situation spontan auftretendes, nicht durch einen spezifischen Reiz ausgelöstes Verhalten, das durch Kontingenz mit nachfolgender Verstärkung konditioniert werden kann. Das von Thorndike beschriebene Versuchs-Irrtums-Verhalten fällt in diese Kategorie; systematische Erkenntnisse wurden von Skinner gewonnen. →*Lernen.*

Verhalten, rigides →*Rigidität,* →*Trägheit.*

Verhalten, spontanes *(spontaneous behavior).* Bezeichnung für Verhaltensweisen, die man nicht als Reaktionen im weiteren Sinne bezeichnen kann, da sie scheinbar ohne äußeren Reiz bzw. ohne spezifischen inneren Antrieb auftreten.

Verhalten, symbolisches *(symbolic behavior).*

[1] Syn. für *verbales Verhalten (*→*Verhalten, verbales)* oder *Denken.*

[2] Ein Verhalten, aus dem man gewisse Schlüsse auf Eigenheiten oder Zustände eines Individuums zieht (z. B. Ausdruckserscheinungen).

[3] Die Bezeichnung für die ein bestimmtes Verhalten *vermittelnde,* dem Beobachter nicht direkt zugängliche Ursache, z. B. eine Vorstellung, die bei einem Individuum stellvertretend für einen Reiz Anlaß für eine ganz bestimmte Verhaltensweise werden kann.

Verhalten, verbales *(verbal behavior).* Eine Verhaltensäußerung, die durch das Medium der Sprache oder durch Niederschrift erfolgt.

Verhalten, vermittelndes

Manchmal bezeichnet man damit auch die Reaktion auf Gesprochenes oder Geschriebenes.

Verhalten, vermittelndes *(mediating behavior)*. Verhaltensweisen, die in keinem direkten (d. h. einfachen und der S-R-Struktur entsprechendem, notwendigen) Zusammenhang mit dem zielgerichteten Handeln stehen, jedoch regelmäßig auftreten und offenbar der Aufrechterhaltung oder Unterstützung einer zielgerichteten Verhaltenstendenz dienen. Bei Guthrie z. B. die aus Kontiguität erwachsenden motorischen Stereotypien, bei Skinner die gelegentlich bei der *Verhaltensformung* beobachteten motorischen Verhaltensschritte in Richtung auf eine nicht durch eine vereinzelte Reaktion erreichbare Bedürfnisbefriedigung. Im weiteren Sinne auch die zwischen Situationswahrnehmung und *Bewältigungsverhalten* auftretenden Prozesse der *Bewertung*, Erfahrungsmobilisierung und *Aktivation*.

Verhalten, zielorientiertes *(goaldirected behavior, purposive behavior)*.

[1] Umfassende Bezeichnung für jedes Verhalten (Bewegung, Denken), das auf ein Ziel oder die Verwirklichung einer Zielvorstellung gerichtet ist.

[2] Bei Tolman wird damit ein Verhalten bezeichnet, das in wesentlichen Zügen durch die Zielerwartung motiviert ist. Seine Lehre wird daher im Englischen auch als *purposivism* bezeichnet. →*Lernen*.

[3] Manchmal ist der Begriff als allgemeine Bezeichnung für die Tatsache zu verstehen, daß sich ein Individuum um Umwege oder langes Zögern direkt dem »Ziel« seines Verhaltens nähert, z. B. ein Problem »zielstrebig« löst, eine Tätigkeit vollzieht, ohne sich ablenken zu lassen.

Verhaltensdifferential *(behavioral differential)*. Von Triandis entwickeltes Ratingsystem zur Erfassung der *Einstellung* gegenüber bestimmten sozialen Aktivitäten in bezug auf umschriebene Situationsklassen, Personengruppen und Handlungstendenzen.

Verhaltensformel *(behavioral equation)*. In Anlehnung an mathematische Gleichungen aufgestellte Formel, die jene Bedingungen zusammenfaßt, die nach Meinung des betreffenden Forschers für die Auslösung (Reiz) und Differenzierung (intervenierende Größen) des Verhaltens (Reaktion oder Reaktionstendenz) maßgeblich sind. In der Soziologie wurde ein solcher Versuch z. B. von VON WIESE unternommen. Das bekannteste Beispiel aus der Psychologie stammt von HULL. Für ihn ist die Intensität einer Reaktionstendenz im Lichte der Beziehung zwischen *Triebstärke* (D), *Gewohnheitsstärke* (sHr), *Anspornwirkung* (K) des Reizes, *Valenz* (V) des Reizes, dem *Hemmungspotential* (reaktive und konditionierte Hemmungskomponenten Ir + sIr) und der *Oszillation* (sOr) darstellbar, wobei noch einige zusätzliche Wirkmechanismen angenommen werden (z. B. partiell antizipatorische Zielreaktionen). Als Formel ergibt sich (in vereinfachter Schreibweise) für die momentan wirksame Reaktionstendenz (sEr) folgende Beziehung:

$$sEr = \{ (D \times H \times K \times V) - (Ir + sIr) \} - sOr.$$

Verhaltensformung *(shaping of behavior, behavior shaping)*. Bezeichnung für eine von Skinner systematisch untersuchte Lernmethode, in deren Verlauf bestimmte Reaktionen, die später Teil einer Handlung (Reaktionskette) sein sollen, nach ihrem ersten mehr oder weniger zufälligen Auftreten regelmäßig oder intermittierend verstärkt werden. Wird diese Technik Schritt für Schritt bis zur Ausformung der Handlung (Reaktionskette) vollzogen, so erweist sich diese als aus verstärkten Teilreaktionen zusammengesetzt und läuft quasi-automatisch ab. Skinner belegte dies durch seine Taubenversuche. Die hungrigen Tiere bewegten sich in ihren Käfigen. Sie wurden in regelmäßigen Zeitintervallen mit Futterkörnern versorgt. Das unmittelbar vor der Futtergabe zufällig ausgeführte Verhalten (→*operantes Verhalten*) wurde durch die nachfolgende Futtergabe verstärkt und beibehalten. Die Tiere verhielten sich also, als ob die Futtergabe z. B. die Folge eines graziösen Spreizens des Flügels oder einer Halsverrenkung wäre. Skinner nannte dies ein »abergläubisches Verhalten«, das als Modellfall für die Einleitung des »shaping«, aber auch für den Aberglauben gelten kann. Die Grundtechnik findet sich in der *Verhaltenstherapie* in abgewandelter Form. Das Prinzip der Zerlegung von komplexen Handlungen in verstärkbare Teilkomponenten ist Bestandteil des *Programmierten Unterrichts*.

Verhaltensforschung *(behavior research; ethology)*.

[1] Zusammenfassende Bezeichnung aller wissenschaftlichen Teilgebiete, die sich auf

Verhaltenstherapie

empirisch-experimentelle Weise mit dem Verhalten und dessen innerer Begründung und Erklärung, vorwiegend bei höheren Tieren und beim Menschen, beschäftigen.

[2] *Psychologie:* Früher auch Bezeichnung für solche Ansätze, die unter Ausklammerung nicht direkt beobachtbarer Vorgänge (z. B. des Erlebens und der Informationsverarbeitung) Erkenntnisse über das Verhalten zu gewinnen suchten, wie etwa im strengen *Behaviorismus* WATSONS.

[3] *Biologie, vergleichende Psychologie und Physiologie:* Jenes Teilgebiet der Verhaltenswissenschaften, das sich mit vorwiegend vergleichend-biologischen Methoden Fragen nach der Herkunft und dem Aufbau des Verhaltens im Sinne der *Evolutionstheorie* widmet. Als Teilgebiet der Zoologie unter dem Namen *Ethologie* oder *vergleichende Verhaltensphysiologie* von K. LORENZ u. a. begründete Forschungsrichtung, die morphologisch-physiologische und verhaltensübergreifende Steuerungsmechanismen für das Verhalten bei Tier und Mensch aus dem Vergleich nachzuweisen sucht.

→*Auslöser,* →*Instinkt,* →*Soziobiologie.*

Verhaltenshabituation →*Habituation.*

Verhaltensmedizin *(behavioral medicine).* Interdisziplinäres Forschungs- und Anwendungsfeld, das sich mit den Beziehungen zwischen Störungen (Krankheiten), Verhalten und Umwelt befaßt und in dessen Rahmen Prinzipien der verhaltenswissenschaftlichen Psychologie (z. B. Theorien der klassischen bzw. operanten Konditionierung, Biofeedback) im Hinblick auf Probleme der Organmedizin in Interventionsverfahren umgesetzt werden. Verhaltensmedizinisch fundierte Verfahren bewähren sich insbesondere zur Vermittlung streßbewältigender Einstellungen, bei Schmerz-, Kopfschmerz- (Migräne-)Patienten, Patienten mit Störungen des Herz-Kreislauf-Systems (kardiovaskuläre Störungen), Krebserkrankungen, Störungen des Magen-Darm-Trakts (gastro-intestinale Störungen), Diabetes, asthma bronchiale, urogenitalen Beschwerden, gynäkologischen Beschwerden, Rheuma, Hals-Nasen-Ohren-Beschwerden, Hauterkrankungen, Verbrennungen, neurologischen Störungen, Bruxismus und altersbedingten Funktionsveränderungen.

→*Psychotherapie,* →*Verhaltenstherapie.*

LIT. MILTNER, BIRBAUMER, GERBER (1986).

Verhaltensmodifikation *(behavior modification).*

[1] Von ULLMANN u. KRASNER eingeführte Bezeichnung für die Anwendung psychologischer Lerntechniken zur Veränderung abweichenden bzw. unerwünschten Verhaltens. Hierzu zählen z. B. *Desensitivierung,* Einstellungsveränderungen im Sinne von *Regellernen, operantes Konditionieren, Tokenstrategien* und *Verhaltensformung;* in diesem älteren und allg. Sinn nahezu gleichbedeutend mit *Verhaltenstherapie.*

[2] Im engeren Sinne Bezeichnung für eine Vielzahl von Behandlungstechniken, die im Anschluß an kognitive Emotions- und Streß-Theorien *(→Emotion,* →*Streß)* entwickelt wurden und als *kognitive V. (cognitive behavior modification)* oder *semantische V. (semantic behavior modification)* gelten. Störungen werden hier über Einschätzungs- und Bewertungsprozesse argumentativ und direkt angegangen, um den Klienten zur Neuinterpretation seiner Lebensprobleme zu veranlassen, ihn zu einer realistischen Neueinschätzung seiner Situation zu bewegen, seine Kontrollmöglichkeiten über die maßgeblichen Umweltbedingungen zu verbessern und damit zu einer Veränderung der Lage- und Selbsteinschätzung beizutragen. In vielen Fällen werden die Techniken der V. mit anderen therapeutischen Verfahren kombiniert.

→*Psychotherapie.*

LIT. ULLMANN, KRASNER (eds.; 1965); VAN QUEKELBERGHE (1979).

Verhaltensmuster *(behavior pattern).* Bezeichnung für eine Reihe von einzelnen Reaktionen, die gehäuft und in einer bestimmten zeitlichen Sequenz miteinander vorkommen, also in ihrem Miteinanderauftreten eine statistisch belegbare Regelmäßigkeit besitzen. Der Begriff wird besonders dort häufig verwendet, wo das Verhalten in relativ umfassenden Einheiten und nicht hinsichtlich isolierter Einzelreaktionen untersucht wird.

Verhaltensrepertoire *(behavioral repertory).* Die Gesamtheit aller Verhaltensweisen, die einer Art von Lebewesen oder aber einem bestimmten Individuum als charakteristisch zugeschrieben wird.

Verhaltenssystem →*System.*

Verhaltenstherapie, VT *(behavior therapy).* Von EYSENCK eingeführte Bezeichnung für die Gesamtheit aller therapeutischen Verfah-

461

Verhaltenstransposition

ren, die auf eine Veränderung des gegenwärtigen Verhaltens, nicht aber auf die Aufdeckung verdeckter »seelischer« Konflikte gerichtet sind (Gegensatz: *Psychoanalyse; Psychotherapie*). Die V. versteht sich als Anwendungsbereich der Lerntheorien, insbesondere des klassischen und operanten *Konditionierens.* Dabei werden die Störungen des Klienten als abhängige und die das Verhalten kontrollierenden »Reize« oder Ereignisse als unabhängige Variablen betrachtet. Der Angriffspunkt der V. ist die Modifikation oder Kontrolle der unabhängigen Variablen durch Neulernen, Umlernen oder Verlernen. Bestimmten Symptomen psychisch bedingter Störungen können dabei bestimmte Therapieverfahren zugeordnet werden. *Phobien* werden in der Regel durch *Desensibilisierung* nach dem Prinzip der *reziproken Hemmung* (WOLPE) behandelt; Bettnässer werden durch eine auf Feuchtigkeit reagierende Klingelanlage auf Vermeidung konditioniert; autistische Verhaltensweisen werden durch positive Verstärkung der zum ungestörten Verhaltensrepertoire gehörenden Verhaltenselemente abgebaut; Süchte und perverse Verhaltensweisen werden durch unmittelbare deftige Bestrafung blockiert, die mit den ersten Hinweisen auf das unwillkommene Verhalten mit voller Stärke einsetzt (*Aversionstherapie; aversion therapy);* Zwangshandlungen und Tics sprechen in aller Regel ebenfalls auf ihre Häufigkeit mindernde operante Bestrafung an; verschiedene Formen und Arten der Gehemmtheit werden durch Desensibilisierungsmaßnahmen bekämpft. Besonders bewährt haben sich verhaltenstherapeutische Maßnahmen in der Behandlung von Phobien, Angstzuständen und Störungen des offenen Verhaltens durch unbeherrschbare Affekte oder Handlungen. In der gegenwärtigen Praxis der Klinischen Psychologie spielen kombinierte Verfahren der Symptombekämpfung und Selbstkontrolle (→*Verhaltensmodifikation)* eine entscheidende Rolle.
LIT. →*Psychotherapie*, →*Klinische Psychologie.*

Verhaltenstransposition →*Transposition.*

Verhältnis *(ratio).* Mathematische Bezeichnung für die in Form eines *Quotienten* ausgedrückte Beziehung zwischen zwei Größenangaben vom Typus A:B (A/B).
→*Verhältnisskala*, →*Skala.*

Verifikation *(verification).* Die Bestätigung einer Annahme, Theorie oder Hypothese; auch das Herausfinden der »wahren« Beschaffenheit von etwas.

Verlangen *(appetite),* manchmal auch deutsch *Appetit,* Adj. *appetitiv.* Allgemeine Bezeichnung für intensive Wünsche nach etwas Bestimmtem, die entweder biologischen *Bedürfnissen* oder interessegeleiteten Vorstellungen entspringen.

Vermeidung →*Angst.*

Vermeidungsgradient *(avoidance gradient).* Bezeichnung für die mit zunehmender Nähe eines mit unangenehmen, schmerzhaften Erfahrungen verbundenen Umweltbereichs verstärkt auftretenden Flucht- oder Abwehrreaktionen. Stellt man Reaktionshäufigkeiten bzw. -intensitäten in Relation zur Entfernung bzw. Nähe des zu vermeidenden Bereichs dar, so ergibt sich ein im Vergleich zur Annäherung an positiv eingeschätzte Umweltbereiche steilerer Gradient.

Vermeidungstherapie →*Aversionstherapie.*

vermittelnde Variable *(mediating variable).* Bezeichnung für eine angenommene innere, im Verhalten selbst nicht erscheinende einflußnehmende Größe, die z.B. bewirkt, daß bei Auftreten eines Reizes über bestimmte vermittelnde »Assoziationen« eine ganz bestimmte Vorstellung auftaucht, wobei das vermittelnde Geschehen (auch für den sich selbst Beobachtenden) nicht wahrnehmbar ist. Manchmal wird von »unbewußter Vermittlung« gesprochen.

vermittelte Reizgeneralisierung →*Reizgeneralisierung.*

Vermittlungsprozesse, multiple →*Linsenmodell.*

Vermittlungstheorie *(mediation theory, theory of mediation).* Von OSGOOD aufgestellte Theorie zur Erklärung komplexer Reiz-Reaktionsverbindungen durch die Annahme vermittelnder Prozesse. Einem Reiz S entsprechen dabei zwei Klassen von inneren Prozessen. Zunächst damit verbundene, objektbezogene Assoziationen, sodann auch davon unabhängige, ggf. spontan auftretende Assoziationen; beide werden zusammenfassend mit s bezeichnet. Die dem Reiz entsprechenden Assoziationen bedingen eine innere Reaktionstendenz (r), die ggf. eine äußere Reaktion auslösen kann. S →s →r →R wäre die einfachste Darstellung dieses Sachverhaltes, wo-

Verstärkung

bei s →r den vermittelnden Prozeß im engeren Sinne repräsentiert. Mit Hilfe solcher Prozesse kann man z. B. individuelle Besonderheiten des *Denkens* und der *Sprache* erklären. Die Grundlage bilden sog. *verbale Kettenexperimente (verbal chaining)*. Bietet man Versuchspersonen verschiedene Paarassoziationen zum Lernen an, so haben diejenigen Elemente der zweiten Aufgabenreihe die größten Behaltenschancen, die mit jenen der ersten durch vermittelnde Assoziationen über den Sachsinn- oder Bedeutungszusammenhang verknüpft sind (z. B. Sonnenblume mit Schnitzel über die vermittelnden Assoziationen Pflanzenöl, Wohlgeschmack etc.).

Vermögenspsychologie →*Fähigkeit.*

Versagung →*Frustration.*

Verschatten →*Maskierung.*

Verschiebung *(displacement).* In der Psychoanalyse Bezeichnung für die Verlagerung der Affektbesetzung von einem Inhalt auf einen anderen, der mit dem ersten in keinem wirklichkeitsbezogenen Zusammenhang steht, z. B. im *Traum.*

Verschlüsseln →*Sender.*

Verschmelzung *(fusion).* Allgemeine Bezeichnung für das Zusammenfallen zweier oder mehrerer Reize zu einem einheitlichen, ganzheitlichen Sinneseindruck. Bei binauraler Verschmelzung fallen z. B. zwei Töne, die dem Ohren getrennt zugeleitet werden, zusammen; im Falle der binokularen Verschmelzung fallen die beiden Eindrücke auf der Retina zu einem einheitlichen »Bild« zusammen. Bei der Verschmelzung von Tönen kommt es zu einem einheitlichen Klang bzw. einer Vermischung. Kennzeichen der V. ist die Untrennbarkeit bzw. neue Qualität (Ganzheit) der einzelnen Reize, sobald sie unter Bedingungen dargeboten werden, die die Verschmelzung begünstigen.

→*Flimmerfusion.*

verstärkende Reize →*Verstärkung.*

Verstärkung, Bekräftigung *(reinforcement).* Allgemeine, umfassende Bezeichnung für Maßnahmen und innere Prozesse, in deren Gefolge umschriebene Reaktionen oder Verhaltensweisen im Zusammenhang mit bestimmten Situationsmerkmalen mit veränderter Intensität und/oder Häufigkeit gegenüber vorher auftreten. Bei der *klassischen Konditionierung* bekräftigt z. B. die Futtergabe die vorher gelernte Beziehung zwischen ihr und einem

(an sich neutralen) Reiz (Klingelzeichen), so daß sich die Menge des abgesonderten Speichels auf das Klingelzeichen von Mal zu Mal erhöht. Bei der *operanten Konditionierung* wirkt sich die Konsequenz eines bestimmten Verhaltens verstärkend auf dieses aus. Mit *positiver Verstärkung (positive reinforcement)* bezeichnet SKINNER das vermehrte Auftreten z. B. eines Hebeldruckes dann, wenn dieser im Tierversuch zur Futtergabe führt. *Negative Verstärkung (negative reinforcement)* liegt dagegen dann vor, wenn ein bestimmtes Verhalten deshalb vermehrt auftritt, weil es zur Vermeidung von Schmerz oder vergleichbaren, unangenehmen Einflüssen führt (z. B. Abschalten der Stromzufuhr zum Bodenrost durch Hebeldruck im Tierversuch). Als *Verstärker (reinforcer; reinforcing stimulus)* gelten Reize bzw. Ereignisse, die der Befriedigung eines Bedürfnisses dienen (z. B. Futtergaben bei Hunger; Fortfall einer Schmerzquelle im Tierversuch; beim Menschen auch alle Arten und Formen der Belohnung oder des Zuspruchs). Mit einem Verstärker verknüpfte Reize oder Objekte können die Rolle von *sekundären Verstärkern (secondary reinforcer)* übernehmen, deren Anblick oder Besitz einer ersatzweisen Bedürfnisbefriedigung gleichkommt. Schimpansen, die dressiert worden waren, mit Spielmarken aus einem Automaten Bananen zu ziehen, horteten z. B. Spielmarken, ohne sich deren gleich darauf zu bedienen.

Die *V.-Wirkung* wurde zunächst durch den Effekt der *Bedürfnis-, Spannungs-* oder *Triebreduktion (drive reduction, tension reduction)* erklärt (THORNDIKE; HULL). Da operante Konditionierung auch dann gelingt, wenn ein bestimmtes Verhalten (Hebeldruck) im Tierversuch über eingepflanzte Elektroden die Reizung des sog. Belohnungssystems, einem Teil des limbischen Systems, nach sich zieht, ist mit großer Wahrscheinlichkeit nicht die Bedürfnisbefriedigung allein, sondern vor allem der mit einer Belohnung vergleichbare angenehme, entspannte (emotionale) Zustand für die V.-Wirkung maßgeblich. Hinzu tritt die insbesondere bei Menschen ausgeprägte Rolle von *V.-Erwartungen* und *Kontrollüberzeugungen,* welche den wesentlichen Anteil kognitiver Prozesse am V.-Geschehen und seiner Wirkweise verdeutlichen.

→*Lernen.*

463

Verstärkung, partielle

Verstärkung, partielle *(partial reinforcement, intermittent reinforcement)*. Allg. Bezeichnung für die Tatsache, daß z. B. im Konditionierungsversuch nicht notwendigerweise jede Darbietung des konditionellen Reizes (CS) verstärkt zu werden braucht, um den Lerneffekt zu erzielen. Syn. *intermittierende Verstärkung.*
→*Verstärkungsplan.*

Verstärkung, primäre *(primary reinforcement)*. Bezeichnung für die Verwendung von solchen verstärkenden Reizen, auf die jedes Lebewesen der betreffenden Art ohne vorangegangenes Lernen anspricht, z. B. Futtergabe bei hungrigen Tieren.

Verstärkung, sekundäre *(secondary reinforcement)*, auch **konditionierte Verstärkung** *(conditioned reinforcement)*. Bezeichnung für die Verwendung solcher verstärkenden Reize, deren Bedeutung als Verstärker durch vorangegangenes Lernen erworben wurde. Wird z. B. einem Versuchstier gemeinsam mit der Futtergabe ein neutraler Reiz dargeboten, so kann dieser wie die Futtergabe selbst wirken, sofern *Konditionierung* vorliegt.

Verstärkung, stellvertretende *(vicarious reinforcement)* →*Beobachtungslernen,* →*Imitation, soziale.*

Verstärkungsdienst →*Gradient.*

Verstärkungseffekt, partieller *(partial reinforcement effect)*. Die Tatsache, daß intermittierende Verstärkung größeren →*Löschwiderstand* zur Folge hat als regelmäßige Verstärkung. Syn. →*Humphreys Effekt, Humphreys Paradoxon.*

Verstärkungserwartung →*Belohnungserwartung.*

Verstärkungsgradient, Bekräftigungsgradient *(reinforcement gradient, gradient of reinforcement)*. Bezeichnung für den Verlauf von Leistungsmaßen unter Berücksichtigung des Zeitintervalls zwischen Handlung und Verstärkung. Dabei wird u. a. beobachtet, daß der Gradient im Falle von Belohnungshinweisen bzw. *partiell antizipatorischen* →*Zielreaktionen* auch dann entsprechend steil ausfällt, wenn die Zeitintervalle innerhalb eines kritischen Bereiches relativ groß ausfallen.
→*Gradient.*

Verstärkungsplan *(schedule of reinforcement, reinforcement schedule, reward schedule)*. Bezeichnung für die vor einem Verstärkungsexperiment festgelegten Beziehungen zwischen Reaktionshäufigkeit, Zeitablauf und Verstärkungsgabe. Von SKINNER stammt die grundsätzliche Unterscheidung zwischen *regelmäßiger. kontinuierlicher (continuous reinforcement)* und *intermittierender, partieller Verstärkung (intermittent reinforcement; partial reinforcement)*. Im ersten Fall wird jedes (vom Versuchsleiter gewünschte) Verhalten unmittelbar nach seinem Auftreten regelmäßig verstärkt. Der Lernerfolg tritt zwar relativ rasch ein; aber die Verhaltenshäufigkeit sinkt, sobald die Verstärkung fortfällt, d. h. *Löschung* tritt rasch ein. Wesentlich löschresistenter sind dagegen Verhaltensweisen, die auf Grund der Erfahrung eingeprägt wurden, daß es nur manchmal zu einer Verstärkung kommt. Im Bereich der *intermittierenden, unregelmäßigen* oder *partiellen Verstärkungsstrategie* lassen sich zwei Fälle unterscheiden. Bei der *Reaktionsquotenverstärkung* muß dieselbe Tätigkeit wiederholt ausgeführt werden, um Verstärkung zu erlangen. Bei der *Zeitintervall-* oder *Intervallverstärkung (fixed interval periodic reinforcement)* dagegen muß eine bestimmte Zeit seit der letzten Verstärkung abgelaufen sein, um · durch die gelernte instrumentelle Verhaltensweise einen Erfolg zu erzielen. In beiden Fällen zeigt sich eine im Vergleich zur regelmäßigen Verstärkung wesentlich erhöhte Löschresistenz und Verhaltensbeschleunigung. Wird die Anzahl erforderlicher Tätigkeitsausführungen bis zur Verstärkung variabel gestaltet *(variable Reaktionsquotenverstärkung)*, so treten dichte Folgen von Versuchen auf, vergleichbar mit dem Verhalten am Flippertisch. Wird das Zeitintervall variiert *(variable Intervallverstärkung; variable-interval aperiodic reinforcement)*, so treten überaus regelmäßige Verhaltensfolgen auf, die sich in den Grenzen des Temperaments und der verfügbaren Kraftreserven halten; daher wird diese zuletztgenannte Technik zur Bestimmung von *Ausgangswerten* für die Leistungsfähigkeit im Tierversuch herangezogen.

Verstärkungsverzögerung *(delayed reinforcement, delay of reinforcement)*. Erfolgt die Verstärkung einer Reaktion (z. B. einer operanten Verhaltensweise) nicht in enger Kontingenz mit ihrem Auftreten, so ergeben sich Veränderungen der Reaktionshäufigkeit. Das Abklingen der Verstärkungswirkung muß dabei nicht notwendigerweise zu einem Abfall der Reaktionshäufigkeit führen. Als Belege dienen intermittierende Verstärkungsstrategien, latentes Lernen und die Beobachtungen zur partiell antizipatorischen *Zielreaktion*. Die Tatsache, daß ein Versuchstier längere Zeit warten muß, bis es Verstärkung erhält (z. B. Zurückhalten des Tieres von der Nahrungsaufnahme), wird auch als *Reaktionsverzögerung (delayed response)* bezeichnet. Art und Umfang solcher Verzögerungseffekte sind von der Entwicklungsstufe des betreffenden Lebewesens (phylo- und ontogenetisch) abhängig.

Die Versuchstechnik der Reaktionsverzögerung liefert wichtige Aufschlüsse über die Wirkweise von *Erwartungen* und *Einstellungen*.

Verstimmung →*Affektive Störung.*

Versuch *(trial).* Bezeichnung für einen einzelnen Versuch zur Lösung eines Problems bzw. für einen *Versuchsdurchgang* in einer Serie von Versuchsdurchgängen. Das englische Wort *trial* bezeichnet oftmals auch die in einem Versuchsdurchgang gezeigte *Leistung (performance).*

→*Lernen durch Versuch und Irrtum.*

Versuch-Irrtums-Lernen →*Lernen durch Versuch und Irrtum.*

Versuchsleiter-Effekt *(experimenter effect).* Beeinflussung des Ergebnisses einer experimentellen Untersuchung durch äußere Merkmale des Versuchsleiters (z. B. Alter, Geschlechtszugehörigkeit, Kleidung, Status usw.).

→*Experiment.*

Versuchsleiter-Erwartungseffekt
(experimenter bias). Vom Beobachter oder Experimentator unwissentlich ausgeübte Beeinflussung des zu beobachtenden Versuchsperson(-en), Versuchstiere, sich im Sinne seiner Erwartungen über den Ausgang von Beobachtung oder Experiment zu verhalten bzw. die Beobachtungen entsprechend den Erwartungen auszulegen. Der Effekt ist hinsichtlich seines Auftretens und seiner Stärke u. a. abhängig von (a) der Art und Häufigkeit verbaler oder nichtverbaler Interaktion zwischen Beobachter und Beobachteten, (b) der Objektivität von Datengewinnung und Auswertung, (c) der Art und Form der Instruktion und (d) dem Vorwissen des Versuchsleiters über Eigenschaften der Versuchspersonen bzw. (e) der Wirkung der Behandlung.

Der Vermeidung von *Versuchsleiter-* und *Versuchsleiter-Erwartungseffekten* dienen u. a. *Blind-* und *Doppelblindversuche.*

→*Experiment,* →*Pygmalion-Effekt.*

LIT. ROSENTHAL (1966; 1970); TIMAEUS (1974).

verteilte Übung →*Übung,* →*Verteilung* [2].

Verteilung *(distribution).*

[1] In der Statistik übliche Bezeichnung für die graphische oder tabellenförmige Wiedergabe der Häufigkeiten von Meßwerten einer Vielzahl von Messungen in bezug auf eine Skala. Man unterscheidet *empirische* und *theoretische (Erwartungs-)Verteilungen* von sog. *Prüfverteilungen.* Die Analyse der Verteilung führt oft zur *Skalierung* von Leistungsdaten zum Zwecke der Erstellung einer Standardskala (im Sinne einer Test- bzw. Normwert-Skala).

[2] Bezeichnung für die »Verteilung« der Darbietung eines Lernstoffes. *Verteilte Übung* liegt dann vor, wenn der Lernstoff abschnittweise innerhalb bestimmter Zeitintervalle, unterbrochen von regelmäßigen oder unregelmäßigen Pausen, dargeboten und geübt wird. Das Gegenteil wird als »massierte Übung« bezeichnet.

verteilungsfreie Prüfverfahren →*Statistik, parameterfreie.*

Vertex →*Elektroencephalogramm.*

Vertrauter des Versuchsleiters, konföderierte Versuchsperson *(confederate, stooge).* Bezeichnung für eine durch den Versuchsleiter instruierte Versuchsperson, sich in Gegenwart einer anderen Versuchsperson oder innerhalb einer Gruppe in ganz bestimmter Weise zu verhalten.

verzögertes Verhalten; Reaktionsverzögerung *(delayed behavior; delayed reaction; delayed response).* Allgemeine Bezeichnung für die Ausführung von Reaktionen oder Handlungen erst einige Zeit nach der Darbietung auslösender Reize oder Hinweise. Handelt es sich dabei um Reflexe oder Instinkthandlungen, so ist die Verzögerung ein Hinweis auf Entwicklungsrückstände oder -hemmungen. Reaktionsverzögerungen im engeren Sinne gehen auf Lernerfahrungen zurück. Wendet man z. B. intermittierende *Verstärkungspläne* an, so zeigt sich unmittelbar nach der letzten Verstärkung eine deutliche Reaktionsverzögerung, gefolgt von dichter werdenden Reaktionsfolgen, je näher das Ziel der

465

Vierhügelplatte

nächsten Verstärkung zu rücken scheint. *Konditioniertes verzögertes Verhalten* tritt z. B. dann auf, wenn ein Tier erst dann mit einer gelernten Verhaltensweise Futter erhält, wenn ein zusätzliches Signal erscheint. Obwohl das Instrument zur Erlangung von Futter (z. B. ein Hebel) deutlich zu sehen ist, wird die entscheidende Tätigkeit nach mehreren Erfahrungen so lange verzögert, bis das Freigabesignal aufleuchtet. An Katzen wurde gezeigt, daß sie instrumentelles Verhalten auch dann längere Zeit aussetzen können, wenn sie vorher gelernt haben, daß es nur nach Ablauf eines bestimmten, gleichbleibenden Zeitintervalls auf eine bestimmte Tätigkeit hin Futter gibt. Je höher die Tierart, desto längere Verzögerungen werden in Kauf genommen. Die genannten Techniken werden im Engl. *deferred reaction experiment, delayed response experiment* oder *delayed reward experiment* genannt.

Vierhügelplatte →*Quadrigemina.*

vigiles Koma →*Koma.*

Vigilanz *(vigilance).* Wachheit, Wachsamkeit.
[1] Zustand erhöhter Reaktionsbereitschaft durch →*Aktivierung.* Syn. *neurale Vigilanz (neural vigilance).*
[2] Syn. für →*Aufmerksamkeit.*
[3] *Vigilanzabfall (vigilance decrement)*: Nach ca. 35–45 Min. Beobachtungsdauer bei monotonen Überwachungstätigkeiten unter unveränderten Rahmenbedingungen (z. B. Radarbeobachtung) auftretender Leistungsabfall. Vermutlich handelt es sich hierbei nicht um einen Beanspruchungs- oder Ermüdungseffekt, sondern um eine monotoniebedingte generalisierte →*Habituation.* Für diese Interpretation spricht die Aufhebung des Leistungsabfalls nach kurzer Pause.
LIT. MACKWORTH (1970); VOSSEL, FRÖHLICH (1982).

visceral *(visceral).*
[1] Aus dem lat. viscus, -era stammende Bezeichnung für Organstrukturen und Funktionen des Eingeweidebereiches, d. h. der Bauchhöhle (abdominale viscera). Gelegentlich auch Bezeichnung der Gesamtheit aller Organe und Organfunktionen innerhalb des Schädel-, Brust-, Bauch- und Beckenbereiches.
[2] Im Zusammenhang mit *Emotionen* Kennzeichnung von Veränderungen der *autonomen* Vorgänge im Eingeweidebereich, d. h. für die Veränderungen in der neuralen Kontrolle und

der glatten Muskulatur, die auf Einflüsse des *vegetativen Nervensystems* zurückgehen. Gelegentlich in dieser Bedeutung als nähere Kennzeichnung von *Emotionstheorien* herangezogen, die in Veränderungen des visceralen Geschehens primäre Quellen von Gefühlszuständen sehen (z. B. JAMES und LANGES »viscerale Emotionstheorie«). →*Emotion.*
[3] *Viscerale Gefühle (visceral sensations; visceral feelings):* Bezeichnung für Empfindungen, die in inneren Organen lokalisiert werden (z. B. Magen- und Bauchschmerzen; Spannungs- und Völlegefühle aus dem Magen-Darm-Trakt).
[4] *Viscerales Gehirn (visceral brain):* Syn. für Teilbereiche des *limbischen Systems,* dem sog. *limbischen Lappen* (ursprünglich Riechhirnregion).
[5] *Viscero-kardialer Reflex (viscero-cardiac reflex):* Veränderungen der Herztätigkeit bei Reizung der Eingeweideorgane.
[6] *Viscero-sensorischer Reflex (viscero-sensory reflex):* Viscerale Empfindungen (z. B. Schmerz), die bei Druck oder Berührung äußerer Körperbereiche auftreten; gelegentlich auch für die deutlichen Eingeweideempfindungen, die z. B. auftreten, wenn ein Stück Kreide kreischend auf der Tafel bewegt wird oder bei Berührung bestimmter Textilien.

Visibilität *(visibility).*
[1] Sicht bzw. Sichtverhältnisse (z. B. atmosphärische Verhältnisse und/oder Beleuchtungsbedingungen), die das Erkennen von Objekten beeinflussen.
[2] Grad der Sichtbarkeit eines Reizes oder Objekts, definiert durch Helligkeits- bzw. Helligkeitskontrast-Werte, die in bezug auf die Wellenlänge des vom Reiz ausgehenden Lichts gegeben sein müssen, um visuelle Empfindungen bzw. Erkennen zu ermöglichen. Der *Visibilitätskoeffizient (visibility coefficient)* ist durch das Verhältnis zwischen der Helligkeit eines visuellen Reizes definierter Wellenlänge (meist Spektralfarben) zur Helligkeit eines Standardreizes der Wellenlänge von 554 Millimikron bei maximaler V. bestimmt. *Visibilitätskurve (visibility curve)* nennt man die graphische Darstellung der Beziehungen zwischen Wellenlängenbereichen des Lichts und für die V. jeweils erforderliche Helligkeit.

Viskosität *(viscosity).* *Wörtl.:* Dick- oder Zähflüssigkeit. Adj. viskös *(viscous).* In älteren typologischen Ansätzen galten mit Ausdauer und Gleichmäßigkeit geäußerte, schwerfällig und unflexibel wirkende Verhaltensweisen als Kennzeichen des sog. *viskösen Temperaments.* KRETSCHMER ordnete diese Verhaltensweisen dem *athletischen* Körperbautypus zu.

visuell *(visual).* Das Sehen (visuelles *Wahrnehmen*) betreffend.

visuelle Agnosie →*Agnosie.*

visuelle Maskierung →*Maskierung.*

Vitalismus →*Pluralismus.*

Vitalität *(vitality).* (a) Biologie: Durch Vererbung und Umweltbedingungen beeinflußte Lebens- bzw. Überlebenstüchtigkeit eines Organismus oder einer Species, die sich in rascher und flexibler Anpassung an variable Umgebungsbedingungen, in der Resistenz gegen Krankheiten, in körperlicher und mentaler Leistungsfähigkeit sowie in den Fortpflanzungsergebnissen äußert. (b) Medizin: Körperliche Ausdauer, Spannkraft und Leistungsfähigkeit, bestimmt durch den Energieumsatz. *Vigor* bezeichnet die eingesetzte Energiekapazität, *Vitalkapazität* das Verhältnis zwischen dem bei tiefem Einatmen aufgenommenen Luftvolumen und ausgeatmeter Luft. (c) Anthropologische Philosophie, Charakterkunde: Aus Interessenvielfalt, Kraft, Energie und Lebhaftigkeit körperlicher und geistiger Leistungen erschlossenes Zustandsbild, dem ein positiv-bejahendes »Lebensgefühl« zugrundeliegt.

VK →*Kerzenstärke.*

VM →*Mapping.*

volatile Substanzen →*Geruchssinn.*

Völkerpsychologie *(ethnological psychology; ethnopsychology).* Von W. WUNDT eingeführte Bezeichnung für vergleichende Untersuchungen der Gewohnheiten, Mythen, Sprachen und Kulturwerte bei verschiedenen Völkern. Dieser Forschungszweig wird heute →*kulturvergleichende Psychologie (cross-cultural psychology)* genannt.

Voreingenommenheit *(prejudice; cognitive bias).*
[1] Gleichbedeutend mit *Vorurteil,* d. h. einer *Einstellung,* die dazu führt, Gegenstände unabhängig von ihren objektiven Merkmalen aus einer bestimmten grundsätzlichen Position heraus zu beurteilen.
[2] Als *Voreingenommenheits-Fehler (error of bias)* eine im Engl. übliche Bezeichnung für Verfälschungstendenzen bei der Interpretation empirischer Befunde aufgrund der Bevorzugung einer bestimmten theoretischen Sichtweise oder Wertorientierung (z. B. ein bestimmtes »Menschenbild«). Einen Sonderfall stellen sog. *implizite Persönlichkeitstheorien* bei der Beurteilung von Mitmenschen dar.

Vorstellung *(image, idea).*
[1] Im Bewußtsein auftretendes, in der Regel absichtsvoll herbeigerufenes, mehr oder weniger vollständiges »Bild« eines früher wahrgenommenen, jedoch momentan nicht wahrnehmbaren Umweltgegenstandes oder Ereignisses. V. unterscheiden sich von Gedanken, Begriffen und Ideen durch ihre Abhängigkeit von sinnlichen Erfahrungen. *Erinnerungs-V.* werden als Abruf *mentaler Repräsentationen (mental representations)* der vorher gemachten Erfahrungen angesehen, dessen Ergebnis den subjektiven Eindruck hinterläßt, die zugrundeliegenden Sinneserfahrungen seien einigermaßen genau reproduziert, sozusagen wieder erschaffen worden. Tatsächlich unterliegen V., wie alle Gedächtnisphänomene, -vereinfachenden, persönlich Bedeutsames hervorhebenden bzw. umdeutenden und/oder mehr oder weniger ausschmückenden ergänzenden Einflüssen (→*Gedächtnis*).
[2] Im weiteren Sinn gilt als V. jeder als zusammenhängendes Ganzes erlebte Bewußtseinsinhalt, der – unabhängig vom dem wirklich Vorhandenen – auf einen bestimmten Gegenstands-, Ereignis- oder Situationsbereich gerichtet ist (z. B. sich eine V. davon machen, was der bevorstehende Anblick eines bislang unbekannten Einzelgegenstandes bringen, wie ein bevorstehendes Einzelereignis aussehen oder wie eine zu erwartende Situation im einzelnen aussehen mag). Derartige vorgreifende *antizipierende V.* bauen auf Erfahrungselementen aus der Vergangenheit (*Vergangenheits-V.,* →*Wissen*) auf und ergänzen diese mit den Mitteln des schlußfolgernden →*Denkens* bzw. der →*Phantasie.*

vorstellungsgeleitete Prozesse →*Informationsverarbeitung.*

Vorstellungskraft →*Phantasie.*

Vorurteil, manchmal auch **Voreingenommenheit** *(prejudice).* Allgemeine Bezeichnung für negativ oder positiv getönte emotionale *Einstellungen (attitudes)* gegenüber bestimmten Handlungen, Gegenstandsklassen, Lehrmeinungen oder Mitmenschen, die sich weniger auf Erfahrungen (Informationen) als

Voyeur

auf Generalisierungen stützen und relativ überdauernder Natur sind.

In der *Sozialpsychologie* bezeichnet V. eine negativ getönte, feindliche Einstellung gegenüber Gruppen oder einzelnen Mitmenschen, die sich als stereotype Überzeugung äußert oder auf solche zurückführbar ist. Es wird dabei angenommen, daß Vorurteile weniger auf Umweltaufschluß (Wahrnehmung, Information durch andere) als auf persönlichkeitsspezifische Prozesse (z. B. Verarbeitung der erfahrenen Erziehung u. ä.) zurückgehen. In den Untersuchungen zur Entstehung und Wirkweise von Vorurteilen geht es meist um V. gegenüber Minderheiten (z. B. Antisemitismus, Ethnozentrismus). ALLPORT betont den besonderen Umstand, daß es sich um fehlerhafte und gleichzeitig festgefügte (unflexible) Verallgemeinerungen handelt. Zur *Messung der Vorurteile* werden meist Einstellungsskalen (Fragebögen, Listen und Feststellungen) verwendet. Die umfassenderen Erhebungen beziehen biographische Daten und Erlebnisaussagen mit ein.

LIT. ADORNO u. a. (1950); ALLPORT (1954); HARDING u. a. (1954).

Voyeur. Bezeichnung für einen Menschen, der beim Anblick sexueller Reize, mit der Sexualität zusammenhängender Gegenstände oder eines sexuellen Aktes sexuelle Befriedigung erfährt.

Voyeurismus →*Sexualstörung.*

Vp. Abk. f. Versuchsperson, Plur. Vpn.

VT →*Verhaltenstherapie.*

W

Wachheit →*Vigilanz.*

Wachstum →*Entwicklung.*

Wachstumskurve *(growth curve).*
[1] Graphische Darstellung der natürlichen Entwicklung des körperlichen Wachstums als zeitlichen Verlauf, bezogen auf Körpergröße und andere anthropometr. Einheiten, gemessen bei Individuen oder definierten Gruppen. [2] Im übertragenen Sinne jede Darstellung der Entwicklung von Fähigkeiten, Fertigkeiten oder Eigenschaften als zeitlichen Verlauf (z. B. »Wachstumskurve der Intelligenz« als Darstellung des individuellen oder gruppenspezifischen Verlaufes der Intelligenzentwicklung über einen definierten Zeitraum).

Wahl, Wahlhandlung *(choice).* Der Begriff bezeichnet eine Phase des willentlichen Handelns, dem das *Auswählen* und *Entscheiden* zwischen zwei oder mehreren Möglichkeiten vorangeht. Die Wahl erfolgt manchmal nach einer gewissen Zeit des *Überlegens.*

Wahlreaktion (choice reaction) setzt ein Experiment voraus, in dessen Verlauf die Versuchsperson durch *Instruktion* oder *Übung* erfahren hat, auf mehr oder weniger unterschiedliche Reize jeweils mit verschiedenen Reaktionen oder Handlungen zu antworten. Wahlreaktionen dienen in vielen Lernexperimenten dazu, das Ausmaß der differenzierten Wahrnehmung mehr oder weniger ähnlicher Reize zu prüfen bzw. an der Ähnlichkeit oder Identität der entsprechenden Reaktionen zu kontrollieren, in welchem Ausmaß und innerhalb welcher Grenzen der Reizähnlichkeit *Generalisierungen* auftreten.

Wahlpunkt (choice point) bezeichnet jene Stelle in einem T-förmigen Labyrinth, an der sich das Versuchstier für ein Weiterlaufen nach links oder rechts »entscheidet«. Oftmals dient die Zeit des Verweilens im Bereich des Wahlpunktes als Kriterium für die Schwierigkeit der Wahl bzw. für die Schwierigkeit der Entscheidung.

Wahn *(delusion).*
[1] Fehlüberzeugung, die auf falschen Folgerungen aus den Gegebenheiten der äußeren Realität beruht und aufrechterhalten und ver-

teidigt wird, obwohl nahezu jeder andere Angehörige derselben Kultur, Subkultur oder Ethnie anders darüber denkt bzw. vom Gegenteil ausgeht und dafür unwiderlegbare Beweise vorlegen kann. W. unterscheidet sich von *Halluzination* durch seine Losgelöstheit von sensorischen Eindrücken, von *Überwertigkeitsideen* und durch das starre Festhalten an der wahnhaften Überzeugung. DSM-IV (Glossar) unterscheidet vom Inhalt her folgende Arten und Formen von W.: (a) *Beziehungs-W. (delusion of reference)* als Überzeugung, daß Ereignisse, Objekte oder Personen der unmittelbaren Umgebung eine bestimmte ungewöhnliche Bedeutung besitzen, die negativ (z. B. Herabsetzung) oder positiv (z. B. Grandiosität) getönt sein kann. (b) *W., kontrolliert zu werden (delusion of being controlled),* früher auch *W. der Beeinflussung* und *des Gemachten,* d. h. Überzeugungen, Impulse, Gedanken oder Handlungen gingen von anderen aus, seien der eigenen Kontrolle entzogen; (c) *Bizarrer W. (bizarre delusion)* bezieht sich auf Phänomene oder Ereignisse, die in der betreffenden Kultur nicht vorkommen bzw. unglaubwürdig sind. (d) *Liebeswahn (erotomanic delusion),* die Überzeugung, man werde von einer (höhergestellten) Person geliebt, (e) *Wahnhafte Eifersucht (delusional jealousy; delusion of jealousy),* die Überzeugung von der Untreue des Sexualpartners, (f) *Größen-W. (grandiose Delusion; delusion of gradeur),* Überzeugungen hinsichtlich des Selbstwerts, eigener Kraft, Macht, Kenntnisse, Identität und Beziehungen zu berühmten Personen oder Gott. (g) *Somatischer* oder *körperbezogener W. (delusion somatic type)* ist bezogen auf das eigene Aussehen, Körperfunktionen oder -zustände (z. B. ein verfaultes Gehirn besitzen; eine Greisin, die sich schwanger wähnt); ältere Bezeichnung auch *hypochondrischer W.;* (h) *Verfolgungs-W. (delusion of persecution),* die Überzeugtheit, man selbst oder jemand, den man gut kennt, sei das Opfer von Angriff, Betrug oder Verfolgung, (i) *W. der Gedankenübertragung (thought broadcasting),* d. h. die Überzeugung, eigene Gedanken würden laut

469

Wahnidee

nach außen getragen, so daß sie jeder hören kann, (j) *W. der Gedankeneinfügung,* die Überzeugung, Gedanken wären von außen dem Hirn eingefügt worden, (k) Stimmungskongruenter W. *(mood congruent delusion),* d. h., W.-Inhalte passen zu Themen einer manischen oder depressiven Stimmung und (1) *Stimmungsinkongruenter W. (mood incongruent delusion),* d. h., Wahninhalte stimmen mit der momentanen manischen oder depressiven Stimmung nicht überein. Neben diesen im DSM aufgeführten W.-Arten werden in der Literatur noch erwähnt: *Nihilisitsicher W. (nihilistic delusion, delusion of negation)* als Überzeugtheit, daß man selbst, Teile seiner selbst, daß andere oder die ganze Welt nicht existieren, *systematisierter W.* als Symptom der →*Paranoia* sowie Verarmungs-W. *(delusion of impoverishment) als* Überzeugung, über keine materiellen Güter zu verfügen.
[2] Als *Wahnhafte Störungen (delusional disorders)* gelten im DSM mindestens vier Wochen anhaltende falsche Überzeugungen unterschiedliche Typs, sofern diese nicht Kriterien (A) der →*Schizophrenie* erfüllen, affektive Episoden kürzer als W.-Episoden sind und körperliche Ursachen bzw. durch Substanzen herbeigeführte Veränderungen ausgeschlossen werden können. Wahnhafte Störungen können sein vom (a) erotomanischen, (b) grandiosen, (c) Eifersuchts-, (d) Verfolgungs-, (e) somatischen, (f) oder gemischten Typus (Beschreibungen s. o.). Wahnhafte Störungen kommen sehr selten vor (ca. 0,03% der Bevölkerung), bei Frauen und Männern etwa gleich häufig; Ausnahme ist der bei Männern häufigere Eigenschaftswahn. Häufiger betroffen sind Personen mit einem niedrigen sozioökonomischen Status. Dem Auftreten gehen oftmals Hördefizite oder einschneidende Lebensereignisse voraus. Wahnhafte Störungen sind häufig mit depressiven Episoden, Zwangsstörungen, körperdysmorphen Störungen sowie paranoiden, schizoiden oder vermeidenden Persönlichkeitsstörungen assoziiert.

Wahnidee →*Idee.*

Wahrnehmen, Wahrnehmung *(perception).* Gesamtheit aller Prozesse, die sensorischen Informationen aus Umwelt und eigenem Körper Zusammenhang und Bedeutung verleihen, zu ihrer bewußten Erfassung *(awareness),* Auffassung bzw. Erfassung *(apperception)*

beitragen und es ermöglichen, einen *Wahrnehmungsgegenstand (percept; object of perception/perceiving)* zu lokalisieren, ihn zu erkennen, von anderen zu unterscheiden, ihn sich einzuprägen und auf ihn offen (motorisch, sprachlich) oder verdeckt (d. h. durch im Körper ablaufende Vorgänge) zu reagieren. Die Analyse von W.-Prozessen umfaßt physikalische Merkmale des Reizobjekts *(stimulus object),* die physiologischen bzw. neuronalen Prozesse der Verarbeitung und Modulation reizspezifischer Erregung und die kognitiven und die sozial-emotionalen Prozesse der →*Informationsverarbeitung.*
→*Geruchssinn;* →*Geschmackssinn;* →*Hautsinne;* →*Hören;* →*Sehen;* →*Sinne.*
LIT. CARTERETTE, FRIEDMAN (eds.; 1973 ff.); GOLDSTEIN (1996); METZGER (Hrsg.; 1967).

Wahrnehmung, soziale *(social perception).* Um 1950 von J. BRUNER, G. S. KLEIN u. a. begründete Richtung innerhalb der experimentellen *Kognitionspsychologie.* Es wurde gezeigt, daß und in welchem Umfang persönliche Bedürfnisse, Motive, Erwartungen, Stimmungslagen und/oder soziale Situationen die Beurteilung und Einschätzung von Personen oder Objekten sowie Erinnerungen beeinflussen. Dies gilt auch für die Einschätzung von Größe, Gewicht oder der Bewegungsweise relativ neutraler Reize. Hauptkennzeichen sind *Selektion, Fixierung, Akzentuierung* und *Assimilierung.*
LIT. GRAUMANN (1967).

Wahrnehmung, unterschwellige *(subliminal perception; implicit perception; perception without awareness; precognitive processing).* Beeinflussung des Erlebens und Verhaltens durch die nicht bewußt werdende präkognitive Verarbeitung von Aspekten oder Fragmenten der denotativen und konnotativen Reizinformation. Bereits 1884 stellten PIERCE u. JASTROW bei Schwellenuntersuchungen fest, daß es neben der in der →*Psychophysik* üblichen »objektiven« auch eine »subjektive« Reizschwelle zu geben scheint, deren Überschreitung es uns erlaubt, auch auf feinste Reizunterschiede angemessen zu reagieren, obwohl diese unbemerkt bleiben, so daß sich die Betroffenen nicht erklären können, wie bzw. wodurch es eigentlich zu angemessenen Reaktionen kam. Ausgangspunkt der bis heute andauernden Debatte waren Berichte eines Werbeteams, das behauptete, mit einer unter-

470

schwelligen, d. h. hier einer unbemerkt bleibenden kurzzeitigen Einblendung des Wortes *popcorn* in einen neutralen Film Steigerungen der Nachfrage nach diesem Produkt erzielt zu haben, ohne daß die Filmzuschauer bemerkt zu haben schienen, worauf ihr Appetit zurückging. In den 50er Jahren befaßte man sich auch in Laborexperimenten mit diesem und verwandten Phänomenen *(intuitive →Bewertung; →Subception; →Wahrnehmungsabwehr)*. Inzwischen liegen zwar sowohl kognitionspsychologische als auch neurowissenschaftliche und aus der klinischen Praxis herrührende Vermutungen darüber vor, wie man Dinge meistern kann, ohne zu wissen, warum und wie, und wie man etwas wissen kann, ohne zu wissen, was man im einzelnen weiß oder woher das Wissen kommt. Eine wissenschaftlich unanfechtbare einheitliche Erklärung der Phänomene steht aber bis heute aus.
LIT. ARNOLD (1960); BORNSTEIN, PITTMAN (Hrsg.; 1992); DIXON (1971; 1981), LAZARUS (1956); LAZARUS, MCCLEARY (1951); MCGINNIES (1949), SCHACTER (1987).
Wahrnehmungsabwehr *(perceptual defence/defense)*. Von MCGINNIES (1949) in Anlehnung an FREUDS Theorie von den *→Abwehrmechanismen* eingeführte Annahme einer vorbewußten Zensur sensorischer Daten, die zu einer Blockierung bzw. Dämpfung solcher Informationsdetails führt, die emotional besetzte unangenehme, angst- bzw. konfliktauslösende Nachrichten enthalten oder entsprechende Ereignisse ankündigen. Den Versuchspersonen wurden neutrale und Tabuwörter (Schimpfwörter) tachistoskopisch mit wachsenden Expositionszeiten bis zum deutlichen Erkennen (Aussprechen des Wortes) dargeboten. Aufgezeichnet wurden neben den erforderlichen Darbietungszeiten Daten zur Hautleitfähigkeit *(SCR; →EDA)*, letztere als Indikator für emotionale Erregung. Die Schwellen für Tabuwörter lagen höher als bei neutralen, und vor dem deutlichen Erkennen (Aussprechen) der Tabuwörter war die Hautleitfähigkeit wesentlich stärker erhöht als vor dem Aussprechen neutraler, was als Anzeichen für die *Aktivierung* von Abwehr gedeutet wurde. Da Wahrnehmungsverzögerungen u. a auch mit der Seltenheit des Gebrauchs von Tabuwörtern zu tun haben und/oder als Ausdruck der Befangenheit gedeutet werden könnten, ein Schimpfwort öffentlich auszusprechen, sind diese Befunde nach wie vor, wie viele andere zur *→unterschwelligen Wahrnehmung,* heftig umstritten.
LIT. DIXON (1971; 1981); MCGINNIES (1949).
Wahrnehmungsfeld *→Feld.*
Wahrnehmungsgeschwindigkeit *→Intelligenz.*
Wahrnehmungsriff, Wahrnehmungsklippe *(visual cliff).* Bezeichnung für eine von ELEONOR GIBSON und Mitarbeitern entwickelte Versuchsanordnung zur Untersuchung der Bedingungen für das Erkennen und Nutzen visueller Tiefenhinweise bei Tier und Mensch. Auf einem tischartigen Gestell befindet sich in der Mitte ein leicht erhöhter Laufsteg aus solidem Material. Auf der einen Seite (in der Abb. rechts) befindet sich ein Schachbrettmuster, das direkt unterhalb der abdeckenden Glasplatte angebracht ist; auf der anderen Seite (in der Abb. links) dagegen befindet sich das Muster weit unterhalb der

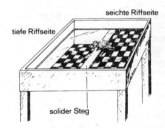

Wahrnehmungsriff nach E. J. GIBSON

abdeckenden Glasplatte. Tiere mit einer ausgeprägten visuellen Orientierung, z. B. Katzen, vermeiden unmittelbar mit der Erlangung des Sehvermögens den linken, von der Glasplatte abgedeckten tieferen Teil des Riffs. Nachtlebende Tiere mit starker taktiler und Geruchsorientierung dagegen laufen eher auch auf die mit Glas bedeckte tiefere Seite des Riffs (in der Abb. links), denn sie prüfen die Solidität der Unterlage mit Pfoten und Tasthaaren auf der Schnauze. Säuglinge zeigen, wenn man sie über die tiefere Seite des Riffs hält, in der Regel Anzeichen gesteigerter Erregung. Kinder im Krabbelalter vermeiden mit hoher Wahrscheinlichkeit das Überqueren des tief erscheinenden Bereiches. Für GIBSON und ihre Mitarbeiter ist die Verarbeitung von Tiefenhinweisen bei visuell orientierten Tieren

wahrscheinlicher Fehler

und beim Menschen eine in der Entwicklung früh auftretende, vielleicht sogar angeborene Funktion zum Schutz vor der Gefahr eines Sturzes. Der Erklärung dient die Annahme von der kombinierten Wirkweise der →*Bewegungsparallaxe,* der *Dichte* der Felder und der *Disparation.*
LIT. WALK, GIBSON (1961).
wahrscheinlicher Fehler *(probable error).* Statistische Bezeichnung für ein Variabilitätsmaß von Maßzahlverteilungen bzw. *Stichprobenfehlern.* Kennt man die *Standardabweichung* einer Normalverteilung (auch Standardfehler genannt), so kann man durch Multiplikation mit 0.6745 den Bereich um den Mittelwert definieren, in dem 50% aller Fälle liegen bzw. außerhalb dessen die extremen 50% der Fälle liegen. Innerhalb dieses Bereiches von

$$\mu \pm 0.6745 \cdot \sigma$$

können Meßfehler als Abweichungen vom Mittelwert mit 50% Wahrscheinlichkeit auftreten (oder mit ebenso großer Wahrscheinlichkeit nicht auftreten). Der Betrag von 0.6745 ergibt sich aus der *z-Wert-Tabelle* in bezug auf die Normalverteilung.
Wahrscheinlichkeit *(probability).*
[1] Mathematische Bezeichnung für die Voraussage eines Ereignisses aus dem Verhältnis von günstigen und möglichen Fällen. Z.B. ist die Wahrscheinlichkeit, mit einer unpräparierten Münze Kopf (oder Adler) zu werfen, definiert aus dem Verhältnis 1 : 2 = 0.5. Für komplexere Aussagen dienen die Kalküle der *Kombinatorik.*
→*Zufall.*
[2] Statistische Bezeichnung für die (auf Wahrscheinlichkeitsmodellen basierende) Aussage über den Grad der Bestätigung *(confirmation)* einer Hypothese, definiert über die W., mit der die Nullhypothese in der Population auf Grund der vorliegenden Stichprobendaten noch eintreffen kann.
[3] *Wahrscheinlichkeit, subjektive (subjective probability):* Bezeichnung für die von einer Versuchsperson geäußerte W. hinsichtlich ihrer Erfolgschancen bei bestimmten Leistungen, z.B. als Index für Risikoverhalten.
LIT. FELLER (1957); STILSON (1966).
Wahrscheinlichkeitslernen *(probability learning, probabilistic learning).* Ein Lernen, das an unterschiedlichen Verstärkungswahr-

scheinlichkeiten für alternative Reaktionsmöglichkeiten orientiert ist. Das W. wird im Tierexperiment analog dem Diskriminationslernen untersucht; in humanpsychologischen Experimenten lassen sich Rückschlüsse auf das subjektive Verarbeiten von Verstärkungswahrscheinlichkeiten im Zusammenhang mit motivationalen Prozessen (z.B. Risikoverhalten) untersuchen.
Wahrscheinlichkeitslernen, multiples →*Linsenmodell.*
Wahrscheinlichkeitsstichprobe →*Stichprobe.*
Warming-up-Effekt, Aufwärmen, Warmwerden. Aus dem Engl. übernommene Bezeichnung für die Tatsache, daß (a) der Lerngewinn bei einer zweiten oder späteren Lernaufgabe (z.B. Liste sinnfreier Silben) größer ist als bei der ersten und daß (b) ein ähnlicher Gewinn beobachtet werden kann, wenn nach einer relativ kurzen spezifischen Übungszeit vor Einsetzen intensiverer Übungsserien eine neutrale und für das Übungsziel irrelevante Tätigkeit in der Übungssituation (z.B. gleicher Raum) ausgeführt wird.
Zu (a) vgl. auch →*Lerneinstellung.*
Wasserfall-Effekt →*Täuschung.*
WEB →*Diabetes.*
Webersches Gesetz *(Weber's law).* »In observando discrimine rerum inter se comparatarum, non differentiam rerum, sed rationem differentiae ad magnitudinem rerum inter se comparatarum, percipimus.« (Beobachtet man die Unterschiede zwischen zwei unterscheidbaren Größen, so erfassen wir das Verhältnis der beiden verglichenen Größen und nicht den Unterschied selbst.) ERNST HEINRICH WEBER (1834) nahm an, daß der Unterschied zwischen Standardreiz und Vergleichsreiz (Δ S) dann bemerkt werde, wenn sich die Beziehung zwischen Reizdifferenz und Standardreiz um eine für das betreffende Sinnesgebiet charakteristische konstante Proportion verändert. Δ S/S = k_W ist die WEBERsche Konstante; das Gesetz lautet Δ S = S · k_W. Die kritische Reizdifferenz entspricht stets dem k-ten Vielfachen des Standardreizes. Legt man z.B. ein Gewicht von 20 g auf die Hand und bemerkt einen Unterschied dann, wenn 0,4 g hinzugefügt oder abgezogen werden (k_W = 0,02), müssen dies bei einem Ausgangsgewicht von 200 g nach der Beziehung 200 g · k_W ganze 4 g sein usw. Die Beziehung 1/ k_W stellt nach WEBER

den *Sensitivitätsindex (sensitivity index)* für das entsprechende Sinnesgebiet dar. Für elektrische Schläge ($k_W = 0,013$; $1/k_W = 76,92$) sind wir besonders, für Helligkeitsunterschiede ($k_W = 0,079$; $1/k_W = 12,66$) dagegen weit weniger empfindlich. Das W. G. gilt, wie sich später herausstellte, nur für mittlere Reizintensitäten.
→*Fechnersches Gesetz;* →*Psychophysik.*
Wechselwirkung →*Interaktion.*
Wechsler-Bellevue-Skala *(Wechsler-Bellevue scale).* Bezeichnung für den von D. Wechsler eingeführten *Intelligenztest.* Im Deutschen wird das Verfahren *Hamburg-Wechsler-Test* für Erwachsene *(HAWIE)* genannt; ihm entspricht der *Hamburg-Wechsler-Test* für Kinder *(HAWIK)* zur Untersuchung der kindlichen Intelligenz. Die entsprechenden amerikanischen Verfahren heißen *Wechsler Adult Intelligence Scale (WAIS)* und *Wechsler Intelligence Scale for Children (WISC).*
→*Test,* →*Intelligenz.*
LIT. WECHSLER (1949; 1955; 1956; 1958); WECHSLER u. a. (1964).
Weckamine →*Amphetamine.*
Wedensky-Effekt. Bezeichnung für eine am *Nerven-Muskelpräparat* nachgewiesene Reaktionshemmung. Reizt man einen aus dem Organismus entfernten Muskel über den zugehörigen Nerv durch eine Folge von Reizen innerhalb eines kritischen Intervallbereiches, so wird jeder Reiz durch eine Muskelzuckung beantwortet; unterschreitet man den kritischen Intervallbereich, so erfolgt nur eine einzige Zuckung und anschließend Entspannung des Muskels.
Weight Watchers →*Eßstörungen.*
»weißes« Blutbild →*Blutbild.*
weißes Rauschen →*Rauschen.*
Weiterbildung →*Ausbildung.*
Werbepsychologie *(advertising).* Bezeichnung für ein Teilgebiet der Angewandten Psychologie und Marktpsychologie, in dessen Rahmen die Wirksamkeit von Werbemaßnahmen einschließlich der Produktaufmachung (z. B. Verpackung) untersucht wird.
LIT. SPIEGEL (1958).
Wernickesche Aphasie →*Aphasie.*
Wernickesches Zentrum *(Wernicke area, Wernicke center).* Bei Rechtshändern der Bereich zwischen der ersten und zweiten Windung des linken Temporallappens, der von Wernicke als Gehörs- und Sprachassoziations-

zentrum identifiziert wurde. →*Brocasches Zentrum,* →*Brocasche Windung.*
Wert *(value).*
[1] Aus der philosophischen Ethik stammende Bezeichnung für die einem Individuum oder einer Gruppe eigene mehr oder weniger explizite und explizierbare Auffassung von den erstrebens- oder wünschenswerten Handlungen oder Einstellungen in bezug auf Mitmenschen oder Dinge oder Ziele des Verhaltens allgemeinerer (normativer) Art (im Sinne von gut und schlecht). Der Erwerb dieser Auffassung von den Werten als Bezugssystem des Verhaltens ist – so wird angenommen – an Vorgänge analog der *Sozialisation* bzw. an den bewertenden Umgang *(Transaktion)* mit den Normen und Sachverhalten der Umwelt gebunden.
Als *Wertorientierung (value orientation)* wird allgemein das Bezogensein von Handeln und Denken auf Werte (s. o.) bezeichnet. (Wegen des deutlichen Bezuges bzw. naheliegenden Anklanges an wertethische Überlegungen wird der Wert-Begriff recht selten in der Psychologie gebraucht; Syn. *Einstellung, soziale Normen; Sozialisation* für den Erwerb des Wert-Bezugssystems.)
[2] Syn. für das einem Bedürfnis, einer Einstellung oder einem Wunsch entsprechende Handlungsziel (besser Ziel oder Zielobjekt).
[3] Bezeichnung für das zahlenmäßige Resultat des Messens.
LIT. GRAUMANN (1965 a); KLUCKHOHN u. a. (1965).
Wert, absoluter →*absolut.*
Wertsystem oder **Wertesystem** *(value system).* Allgemeine und umfassende Bezeichnung für die bei einem Individuum oder einer (kulturellen) Gruppe vorherrschenden Werte bzw. die Auswahl von »objektiven« Werten, die ein Individuum oder eine Gruppe vorherrschend akzeptiert. Die daraus resultierenden *Einstellungen* oder manchmal *Wertorientierungen* oder *Werthaltungen* genannt. In der *geisteswissenschaftlichen Psychologie* E. SPRANGERs werden sechs ausgezeichnete *Wertbereiche* in idealtypischer Setzung vorausgesetzt und in einer Art *Werttypologie* zusammengefaßt. Es sind dies: »Das« Theoretische, Ökonomische, Politische, Soziale, Religiöse und Ästhetische.
LIT. →*Wert* sowie SPRANGER (1966); VERNON, ALLPORT (1931).

Widerstand

Widerstand *(resistance).*
[1] Physikalische Bezeichnung für die Wirkung eines Körpers einer entgegengesetzten Kraft gegenüber bzw. für den Verlust elektrischen Stromes beim Durchgang durch einen Körper (Leiter); letzteres wird in Ohm gemessen.
[2] Bezeichnung für eine Empfindungsqualität, die dann auftritt, wenn bewegte Körperteile auf eine Gegenkraft bzw. gegen feste Körper stoßen.
[3] Allgemeine Bezeichnung für die Tendenz einer Person, Anordnungen, Vorschläge oder empfohlene Handlungen anderer zu verweigern.
[4] In der Psychoanalyse allgemeine Bezeichnung für die Weigerung einer Person, unbewußte Inhalte oder Motive offenzulegen und/oder als eigene verdeckte Motive des Erlebens und Verhaltens anzuerkennen. So können z.B. bereits etablierte *Abwehrmechanismen* nur gegen den Widerstand abgebaut werden, da die Entstehung dieser Mechanismen einem Motivverzicht gleichkommt. Während im Falle bewußten Widerstandes die Annahme gilt, die Information werde vom Patienten aus Gründen der Furcht, Scham oder des drohenden Kontaktverlustes mit dem Therapeuten unterdrückt, bezieht sich der unbewußte Widerstand auf die Begründung an sich bewußter Motive.
Wiederbewertung →*Bewertung.*
Wiedererkennen *(recognition, recognize).*
[1] Die evidente Erfahrung, etwas bereits früher kennengelernt zu haben.
[2] Die *Methode des W. (recognition procedure/method)* ist ein Verfahren der Gedächtnisprüfung, bei dem in einem größeren Reizangebot Elemente identifiziert werden sollen, die man bereits kennt. Die Beobachter müssen entweder nach Darbietung jedes einzelnen Reizes, der aus einer Zufallsmischung vorher dargebotener und neuer Reize entnommen wurde, auf die Frage nach der Bekanntheit mit Ja oder Nein antworten oder sie müssen aus einer größeren Zahl von Reizen bereits bekannte aussortieren. Im sog. *Sternberg-Paradigma (Sternberg paradigm)* werden zunächst 4–6 Reize eingeprägt. Bei der anschließenden Einzeldarbietung von bekannten und neu hinzugefügten Reizen muß so rasch und präzise wie möglich entschieden werden, ob schon bekannt oder nicht. Mnemotische,

d. h. mnemotechnische Hilfen *(→Mneme)* erleichtern den Rekurs auf komplexe Inhalte (z.B. einen Redetext) durch Anbindung an leicht wiedererkennbare (d.h. diskriminierbare) Umgebungsmerkmale.
Wiederholungszwang *(repetition compulsion).* Bezeichnung für immer wieder auftretende Handlungen ohne äußeren oder dem Betreffenden bewußten Grund (z. B. Waschzwang). In psychoanalytischer Deutung ein Anzeichen für einen unbewußten Konflikt oder Furcht.
Wildersches Gesetz →*Ausgangswertgesetz.*
Wille →*Wollen.*
Willenshandlungen →*Wollen.*
Willkürmuskeln →*quergestreifte Muskeln.*
Windung, Gyrus *(convolution)* ist die Bezeichnung für jede Falten- und Windungsbildung im Kortex.
Winterschlaf *(hibernation).* Bezeichnung für einen Zustand der Starre und Veränderung des Grundumsatzes, der bei manchen Tierarten während des Winters auftritt. Die Umgebungstemperatur ist dabei der *Zeitgeber* für den Beginn bzw. das Ende des W.
→*Biorhythmus.*
Wirkungsgrad →*Effizienz.*
Wirksamkeitsmotivation →*Kompetenz.*
Wissen *(knowledge).*
[1] Auf objektiven und/oder subjektiven Gründen beruhende Überzeugungen vom tatsächlichen Bestehen von konkreten Gegebenheiten (z.B. Gegenstände, Vorgänge, Sachverhalte) oder ideellen Gegenständen (z.B. Logik, Mathematik, Ethik, Religion) sowie von deren Bedeutung, Funktion und Zusammenhängen. W. kann auf eigene Erfahrung im engeren (z.B. eigene Wahrnehmung) und weiteren Sinn bauen (z.B. Lektüre von Berichten, Dokumenten), auf Kommunikation (Mitteilungen), kritischer Reflexion, auf →*Denken* (Urteilen, Schlußfolgern), auf Erinnerungen bzw. bereits bestehenden Einsichten in oder Ansichten über die »Natur« der Gegebenheiten und ihre Zusammenhänge (→*Gedächtnis*).
[2] Die *Wissenspsychologie,* ein integratives Teilgebiet der Kognitionspsychologie, geht von den Ergebnissen der Denk- und Gedächtnisforschung aus. In ihrem Rahmen werden Probleme der Kodierung und strukturierten Repräsentation sprachlich-symbolischer Informationen im Langzeitgedächtnis, ihres Abrufs und ihrer Nutzung bei der Beantwortung von

Wort

Fragen oder bei der Lösung von Problemen behandelt. Es wird dabei angenommen, die Wissensrepräsentation erfolge in Form von →*Netzwerken,* deren Knoten Propositionen, Argumente, Relationen und (emotionale) Bewertungen darstellen. Als größere Wissenseinheiten gelten sog. *Schemata (→Schema),* die konkretes und abstraktes W. in sich vereinen. Schemata für Ereignisabläufe werden →*Skripte* genannt. Subjektive Wissensgefüge über komplexe Sachverhalte gelten als *mentales Modell (mental model),* in dem *deklaratives W.* oder *Was-W. (declarative knowledge; know-what)* und *prozedurales W.* oder *Wie-Wissen (procedural knowledge; know-how),* das W. über Verfahrens- oder Handlungsregeln zusammengefaßt sind. Der Abruf von W. wird als Prozeß der *automatischen* bzw. *kontrollierten Aktivierung* der genannten Wissensstrukturen angesehen.

LIT. →*Gedächtnis,* →*Denken.*

Wohlbefinden (*wellbeing; subjective wellbeing; SWB*). Angenehmer Zustand der Ausgeglichenheit, Gesundheit und Zufriedenheit. Der Begriff wurde von W. WILSON aufgrund sozialwissenschaftlicher Untersuchungen als Titel für die Eigenschafts- und Bedingungsstruktur gewählt, die von den Befragten mit W. (»*reported happiness*«) in Verbindung gebracht wurde. Das Ergebnis hat große Ähnlichkeit mit dem in Werbung und »Wellness-Bewegung« herausgestellten *Stereotyp.* Es ist von strahlenden, jungen, gesunden, gebildeten und intelligenten Frauen und Männern die Rede, die gut verdienen, ihrem Beruf mit hoher Arbeitsmoral nachgehen, extravertiert, optimistisch, sorgenfrei, verheiratet und religiös sind, ein hohes Selbstwertgefühl besitzen und ihre Ansprüche und Erwartungen aus Gründen der Risikovermeidung nicht allzu hoch schrauben (vgl. die Theorie der →*Leistungsmotivation*). Neuere Untersuchungen ergänzen das Bild durch Hinweise auf genetische Faktoren, die Fähigkeit, mit den unangenehmen Dingen des Lebens relativ »cool« umgehen zu können (→*Bewältigung*), auf partnerschaftlich-vertrauenswürdige soziale Lebensbedingungen und auf freie Disponierbarkeit über »Ressourcen«, um sich jederzeit persönliche Wünsche erfüllen zu können.

LIT.: DIENER u. a. (1999); WILSON (1967).

Wollen (*volition*). Allgemeine und umfassende, klassische Bezeichnung für die bewußte Entscheidung eines Individuums für eine bestimmte Richtung des Handelns (Gegenteil von impulsiven Handlungen, unüberlegtem Handeln). *Willenshandlungen (voluntary activities)* sind gekennzeichnet durch ihre *Gerichtetheit* auf ein bestimmtes Ziel (Intentionalität) und den vorausgehenden *Entscheidungsprozeß. Wollen* wird oftmals synonym verwendet mit der *Motivation* für ein bestimmtes Handeln. Als *Wille* bezeichnet man (philosophisch) die dem bewußten Handeln zugrunde liegende »Fähigkeit«, sich bewußt aufgrund von Beweggründen (Motiven) für einen bestimmten Handlungsweg oder eine bestimmte Handlungsart zu entscheiden.

LIT. THOMAE (Hrsg.; 1965 a).

Wort (*word*). *Linguistik.*

[1] Kleinste selbständige Spracheinheit mit den Merkmalen eigener (a) *Lautform* (Folgen von nicht bedeutungstragenden ein- oder mehrsilbigen →*Phonemen,* die durch Sprechpausen und -akzente voneinander getrennt sind), eigener (b) *grammatikalischer Struktur* (→*Grammatik*; →*Syntax*) und eigenständiger (c) *Bedeutung* (→*Morphem*;→*Semantik; Semasiologie*). Als Einheiten des *Wortschatzes* sieht man in *Worten* oder »*Lexemen*« Bestandteile eines persönlichen →*Lexikons,* das die Grundelemente von *Inhalts-* und *Funktionsworten* enthält (→*Begriff*).

[2] Bei der Analyse der *W.-Bedeutung* bzw. des *W.-Verständnisses (word processing)* kann man von mehreren unterschiedlichen Gesichtspunkten ausgehen. (a) *Sprachverhalten:* Worte treten an die Stelle von Reizen (Gegenstände, Ereignisse); sie lösen durch die damit verbundenen Vorstellungen und →*semantische Generalisierung* erneut die entsprechenden Reaktionen aus. (b) *Merkmale:* Der Zugang zur Bedeutung ist durch den Aufweis beteiligter semantischer Grundeinheiten gegeben, z.B. durch Anwendung des →*Polaritätsprofils* oder andere Verfahren der systematischen Abfragen. (c) *Prototyp:* Die W.-Bedeutung ergibt sich anhand exakter und logischer Definitionskriterien; bei der Anwendung auf ausschließlich →*abstrakt* gebrauchte Begriffe verweist die P.-Technik naturgemäß auf deren Unschärfe in bezug auf konkrete Fälle. (d) *Lexikon:* Worte sind als Bestandteile eines »inneren« Lexikons niedergelegt, und zwar zum einen hinsichtlich

475

Wortassoziation

ihrer orthographischen und phonetischen Oberflächeneigenschaften, zum anderen in ihren Beziehungen zu *semantischen Kategorien* und *Schemata,* die *Tiefeneigenschaften* der Bedeutung darstellen (→*Gedächtnis*).

Wortassoziation, Wortassoziations-Test *(word association; word association test).* Allgemeine Bezeichnung für die Tatsache, daß bei Nennung eines Wortes aufgrund des Sprachgebrauchs damit verbundene sprachliche Reaktionen geweckt werden. Der von C.G. JUNG eingeführte W.-Test, auch *Assoziationsversuch* genannt, wird angewandt, um aus der Art der produzierten Einfälle bzw. ihrer Geschwindigkeit oder Verzögerung Rückschlüsse auf Problembereiche und emotionale Blockierungen zu ziehen. Die Verbindung einzelner Worte zu sog. *Wortassoziations-Ketten (word chains; verbal chaining)* gilt in der Sprach- und Lernpsychologie als entscheidende Voraussetzung für die Wirkweise, den Sprachgebrauch erleichternde, innere Vermittlungsprozesse.
→*Pfadaktivierung.*

Wortblindheit →*Alexie.*

Wörterbuch – Gedächtnis →*Lexikon.*

Wortfeld *(word cluster; word field).* Sprachwissenschaftliche Bezeichnung für Wörter, die (a) aus einem bestimmten Wortstamm hergeleitet sind oder (b) eine durch ihre Bedeutungsgemeinsamkeiten definierte Klasse bilden, die sich aus dem Sprachgebrauch und/ oder mit Hilfe korrelationsstatist. Analysen der Einschätzung von Bedeutungszusammenhängen durch eine größere Zahl von Befragten erschließen läßt.

Wortflüssigkeit *(word fluency; speech fluency).* Aus Satz-, Wort- oder Silbenergänzungsaufgaben erschlossenes Kennzeichen der verbalen *Intelligenz* bzw. der Fähigkeit zur Ausführung divergenter bzw. konvergenter Denkoperationen.
→*Denken,* →*Intelligenz.*

Worthäufigkeit, Worthäufigkeitslisten *(word frequency; word frequency lists).* Bezeichnung für die Häufigkeit des Vorkommens bestimmter Worte, ermittelt anhand von Quellenstichproben (z.B. Bücher, Zeitschriften, Reden). Die W. korreliert mit der Geschwindigkeit des W.-Wiedererkennens, mit den Schwellenwerten bei tachistoskopischer Wortdarbietung, mit der Verweildauer des Blickes beim Lesen und mit der Geschwindigkeit bzw. Häufigkeit des Aussprechens.

Worttaubheit →*Agnosie.*

Wunsch *(wish).* Bezeichnung für die Vorstellung (Wunschvorstellung, Wunschtraum) eines begehrten Gegenstandes mit dem starken erlebten Drang nach dessen Erlangung. In der Psychoanalyse Freuds Syn. für jedes Begehren, für Motivation sowie für unbewußte Wünsche. Als *Wunschdenken (wishful thinking)* bezeichnet man eine Art des Phantasierens (→*Phantasie),* in dessen Rahmen Wünsche überwiegen und nicht wünschenswerte Sachverhalte weitgehend zurücktreten. *Wunscherfüllung (wish fulfilment)* bezeichnet in der Psychoanalyse eine jede Spannungsminderung, die durch *Vorstellungen* von dem Wunsche entsprechenden Inhalten erreicht wird (z.B. im Wunschdenken oder in Träumen).

Wünsche, verdrängte →*Traumdeutung.*

Würzburger Schule *(Würzburg school).* Bezeichnung für eine Forschergruppe um O. KÜLPE, die sich mit der Erforschung von Denk- und Willensphänomenen beschäftigte.

Wut *(rage).* Bezeichnung für einen von starken motorischen und vegetativen Reaktionen begleiteten Affektzustand, der zu den instinkt- oder triebabhängigen Kampf- und/oder Abwehrreaktionen gezählt wird.

Y

Yerkes-Dodson-Gesetz *(Yerkes-Dodson law).* Zwischen dem durch externe oder interne Einflüsse bestimmten allgemeinen Erregungs-Niveau (→*Aktivation*) und der Leistung besteht eine umgekehrt U-förmige Beziehung; die Leistungsfähigkeit ist daher bei einem mittleren Erregungs-Niveau optimal. YERKES und DODSON demonstrierten diese Gesetzmäßigkeit durch die Abhängigkeit der Lerngeschwindigkeit von der Reizstärke im Tierversuch. BROADHURST zeigte in Experimenten mit Ratten, daß das Unterscheidungslernen bei schwierigen Aufgaben unter schwachem Antrieb, bei leichten dagegen unter starkem Antrieb besser ausfällt. Die Übertragung dieses Gesetzes auf das menschliche (Lern- und Wahrnehmungs-)Verhalten stößt auf erhebliche Schwierigkeiten, denn zwischen *Aufgabenschwierigkeit, Erregungs-Niveau* und *Leistung* herrschen von vielerlei *vermittelnden Prozessen* abhängige *Beziehungen.* So ist z. B. das Erregungs-Niveau auch von Bewertungs-Vorgängen abhängig, wobei eine schwierigere Aufgabe mehr erregen kann als eine leichte.

Man kann daher annehmen, daß das optimale Erregungs-Niveau bei schwierigen Aufgaben beim Menschen zumindest auf dem gleichen, wenn nicht auf einem höheren Niveau liegt als bei leichten.

LIT. BROADHURST (1959); M. W. EYSENCK (1982); KAHNEMAN (1973); YERKES, DODSON (1908).

Z

Zahlennachsprechen *(digit-span test)*. Bezeichnung für eine Gruppe von Verfahren zur Messung des menschlichen *Gedächtnisses (memory span)* nach der *Methode der behaltenen Glieder*. Es wird geprüft, wie viele Zahlen eine Versuchsperson nach einmaligem Vorsagen oder Vorzeigen richtig in der angegebenen oder umgekehrten Reihenfolge reproduzieren kann.

Zapfen *(cones)*. Elemente der Rezeptorenschicht in der Retina (Netzhaut) des *Auges*, die das Sehen von Farben vermitteln. Zu unterscheiden von den *Stäbchen (→Auge)*.

Zeichen *(sign)*. Informationstheoretische und psycholinguistische Bezeichnung für eine Gruppe ähnlicher, jedoch eindeutig identifizierbarer, also unterscheidbarer, für ein Kodieren (Bezeichnen nach Regeln) verwendeter Reize (z. B. Buchstaben, Zahlen, Ziffern). Z. u. von →*Signal*.

Zeichengestalten →*kognitive Landkarte*.

Zeigarnik-Effekt *(Zeigarnik phenomenon, Zeigarnik effect)*. Bezeichnung für einen inzwischen weitgehend relativierten experimentellen Befund Zeigarniks, demzufolge Aufgaben, die nicht beendet werden konnten, besser gemerkt (bzw. häufiger wiedergenannt) werden als Aufgaben, die vollendet worden sind. Syn. *unerledigte Handlungen (unfinished tasks, unfinished business)*.
→*Bedürfnis*.
LIT. ZEIGARNIK (1927).

Zeiterleben *(psychological time)*. Bezeichnung für die subjektive Zeitschätzung aufgrund der *Dauer* oder der Anzahl der während eines Zeitraumes gemachten Erfahrungen.
LIT. FRAISSE (1963).

Zeitgeber. Von ASCHOFF (1984) eingeführte, auch im Engl. gebräuchliche Bezeichnung für Signale, die den biologischen Rhythmus auf einen circa 24-stündigen Tag-Nacht-Ablauf, den *circadianen Rhythmus*, einstellen. Der prominenteste Z. ist das Tageslicht. →*Biorhythmus*; →*Schlaf*.

Zeitkonstante, τ *(time constant)*. *Physik, Psychophysiologie:* Verändert sich ein Vorgang in der Zeit und fällt dabei eine Größe G vom Ausgangswert G_0 exponentiell ab, so kann der Abfall durch die Beziehung $G = G_0 \cdot e^{-t/\tau}$ dargestellt werden, wobei e = 2.718218 (Basis des natürlichen Logarithmus), t die Zeit und τ die Zeitkonstante in Sekunden bezeichnen. Bei Anwendung von Signalverstärkern zur Darstellung →*ereignisbezogener Potentiale* des EEG ist τ die Zeit, die der Verstärker (Kondensator) benötigt, um nach der Entladung auf den e-ten Teil der Ausgangsspannung zurückzukehren. Die Abbildungsqualität von Wechselspannungsverstärkern (AC) ist von τ abhängig, jene von Gleichspannungsverstärkern (DC) dagegen nicht.

Zeitperspektive *(time perspective)*. Bezeichnung für die Gesamtspanne des Zeiterlebens bzw. zeitlichen Bezuges in Vergangenheit und Zukunft, die von Situation, Reife und Art des Persönlichkeitssystems abhängig ist.
→*Perspektive*.

Zeitreihe *(time series)*. Eine Z. ist definiert als eine geordnete Menge von Beobachtungswerten $X_1, X_2 \ldots X_n$, die zu bestimmten, meist in regelmäßigen Abständen aufeinanderfolgenden Zeitpunkten $t_1, t_2 \ldots t_n$ erhoben wurden, um die zeitabhängigen Veränderungen eines Merkmals zu erfassen. Die Ergebnisse lassen sich durch Glättung als *Trend* darstellen. Der innere Zusammenhang von Z.-Trends läßt sich u. a. mit Hilfe der →*Autokorrelation* oder *Reihenkorrelation* darstellen.

Zeitreihen-Analyse *(time series analysis)*. Zusammenfassende Bezeichnung für statistische Verfahren zur Darstellung und Prüfung der zeitabhängigen Veränderungen von Merkmalen und Merkmalsgruppen. Zu ihnen zählen *Trendanalyse*, *Auto-* und *Kreuzkorrelation* und die verschiedenen Arten und Formen der *Pfadanalyse*.
LIT. GLASS u. a. (1975); HODAPP (1984); REVENSTORF (1979).

Zeitsinnapparat *(time-sense apparatus)*. Vorrichtung zur Untersuchung der Genauigkeit von Reaktionen auf kontrollierbare Folgen von optischen und akustischen Reizen. Die Standardausführung besteht aus einer rotierenden Scheibe, auf der Kontakte angebracht sind. Bei Berührung der Kontakte durch einen Schleifer werden die entsprechenden Reize gegeben; die Registrierung der Reaktionszeiten erfolgt automatisch.

Zelle *(cell).* Strukturelle und funktionelle Einheit von Organismen (Pflanzen und Tieren). Z. besitzen eine dünne Membran, in ihrem Inneren befindet sich Protoplasma *(Zellplasma, Zytoplasma; cytoplasm)* und ein zentraler Kern *(nucleus),* im Protoplasma eingeschlossen sog. Organellen verschiedener Art und Funktion und nicht lebende Substanzen. Man kann Zellen nach Art und Funktion, Größe, Form, Vereinzelung oder Gruppierung, Differenzierungsgrad, Lebensdauer und Lebenszyklus unterscheiden. Zwar sind Zellen Einheiten, jedoch keinesfalls die letzten und kleinsten analysierbaren Bestandteile des lebendigen Organismus. Kern und Proto- bzw. Zytoplasma weisen ihrerseits wieder Komponenten auf, die den Feinaufbau der Z. charakterisieren. Die *Plasmamembran (plasma membrane)* ist widerstandsfähig und elastisch, ihre Dicke beträgt mindestens 0.015 Mikron. Sie ist selektiv durchlässig und kontrolliert daher die Aufnahme und Abgabe bestimmter Moleküle. Pflanzenzellen produzieren eine Zelluloseschicht; manche tierische Zellen produzieren z.B. Knochensubstanz u.ä. aus dem *Zytoplasma.* Dieses stellt sich als Kolloidmasse dar, bei den meisten Zellen ist es in feinste filmartige Doppelmembranen (das *endoplasmatische Reticulum)* gegliedert, an deren Außenseiten RNS-Körnchen haften, die der Proteinsynthese des Zellhaushalts dienen. Im Zytoplasma finden sich einige Feinstrukturen, die unter den Titeln *Organellen (organelles)* bzw. *Zelleinschlüsse (inclusions)* zusammengefaßt sind. Zu den *Organellen* zählen: (a) die nur während der Zellteilung sichtbare sog. *Zentrosphäre (centrosphere)* mit ihren Ausstrahlungen, (b) *Mitochondrien (mitochondria):* runde bis stäbchenförmige Gebilde in größerer Zahl, sie sind Träger oxydativer Enzyme für den Energiehaushalt des Protoplasmas, (c) *Golgi-Apparat,* ein um das Zentrosom liegendes Kanalsystem mit sekretorischen Funktionen, und (d) *Protoplasma-Fibrillen (protoplasmic fibrils)* bzw. bei Pflanzen *Chloroplasten* (Chlorophyllerzeugung aus Sonnenlicht). Zu den *Zelleinschlüssen* zählen Vakuolen, kristallinische Partikel, Glykogene, Fette, Pigmente und Fremdkörperchen. Der *Zellkern (nucleus)* ist die deutlichste Struktur innerhalb der Z. Die meisten Zellen besitzen einen, manche zwei und mehr Kerne. Seine Form variiert zwischen rund bis eiförmig und länglich bis aufgefächert (z.B. bestimmte Leukozyten). In seinem Inneren befindet sich das im Vergleich zum Zytoplasma dickere Nucleoplasma, die umhüllende Kernmembran ist dicker als die Zellmembran. Das Zellkernplasma besitzt Spezialisierungen: das *Chromatin,* eine Gerüststruktur, die aus diffus angeordneten *Chromosomen* besteht und eingefärbt werden kann; während der Zellteilung verändert sich das Chromatin und bildet die kürzeren, dicken Doppelstrukturen der Chromosomen. Im Kern befinden sich ferner ein bis mehrere *Nucleoli,* die während der *Zellteilung* verschwinden.

Zellkern →*Neuron.*

Zellkörper →*Neuron.*

Zellplasma →*Protoplasma,* →*Zelle.*

Zellteilung *(cell division).* Omnis cellula e cellula: jede Zelle geht aus einer Zelle hervor (Virchow). Man unterscheidet: (a) *Direkte Teilung* oder *Amitose (amitosis):* Vorwiegend bei Pflanzen und Bakterien auftretende direkte Durchtrennung von Protoplasma und Zellkern, die durch eine Zwischenwand eingeleitet wird. (b) *Indirekte Teilung* oder *Mitose (mitosis),* z.B. die Teilungen des befruchteten Eies, in mehreren Phasen (Ruhephase, Prophase, Metaphase, Anaphase und Telophase) ablaufender Prozeß mit Übertragung des gesamten identischen Chromosomensatzes auf die Tochterzelle. (c) *Reduktive Teilung oder Meiose (meiosis);* z.B. die Teilung von Ei- und Samenzellen, wobei der Chromosomensatz auf die Hälfte reduziert wird.

Zellverband *(cell assembly).* Bezeichnung für die von HEBB getroffene Annahme, daß Gruppen kortikaler Neuronen, die miteinander verbunden sind, nach Durchlaufen von Übung (Lernen) auch funktional eine engere Bindung eingehen, also im Gefüge der übrigen Neuronen einen Verband bilden. Z. entsprechen sozusagen Gedächtnisspuren. HEBB nimmt weiter an, daß sich mehrere Zellverbände zu einer *Phasensequenz (phase sequence)* zusammenfügen, was komplexeren Eindrücken entspricht.

Zellweger-Syndrom →*Fette.*

Zensur *(unconscious).* Ein von FREUD geprägter Begriff, der anschaulich ausdrücken

zentrale Tendenz

soll, daß ein *endopsychisches* Agens selektiver Art angenommen wird, das in der Art einer Barriere das Bewußtwerden verdrängter Impulse, Gedächtnis- und Vorstellungsinhalte verhindert (Ichzensur).

zentrale Tendenz *(central tendency)*.

[1] In der deskriptiven Statistik ist zentrale Tendenz eine Bezeichnung für den Gipfel bzw. die dem Gipfel einer Verteilung entsprechenden Maßzahlen (→*Median*, →*Modus*); *Maße der zentralen Tendenz.*

[2] Bei der Anwendung von *Ratingskalen* ist zentrale Tendenz die Bezeichnung für die Tatsache, daß Urteile – abgegeben in bezug auf eine Qualität oder Eigenschaft im Verhalten eines Individuums – gehäuft auf die Skalenmitte entfallen. Die durchgängige Bevorzugung der Skalenmitte schlägt sich in einem Mangel an Differenziertheit der Urteile eines Raters nieder und wird als *Fehler der zentralen Tendenz* bezeichnet.

Zentralisation *(centralization)*. Bezeichnung für die mit der →*Differenzierung [1]* einhergehende Tendenz, zentrale und den Einzelfunktionen übergeordnete Instanzen steuernder und integrierender Funktion herauszubilden bzw. (in neurologischer Sichtweise) zu aktivieren. Syn. *Zentralisierung.* →*Entwicklung;* →*Entwicklungstheorien.*

Zentral-Nerven-System (ZNS) →*Gehirn,* →*Nervensystem.*

zentrifugal →*efferent.*

zentripetal →*afferent.*

Zentrosphäre →*Zelle.*

Zerfall *(deterioration)*. Allgemeine Bezeichnung für jede Art fortschreitender Veränderungen der Funktionen oder der Persönlichkeit, die sich in einer Abschwächung bzw. einer allmählichen Desintegration äußern. Manchmal auch Syn. für *Abbauerscheinungen,* die als Begleiterscheinungen krankhafter Prozesse oder des Alterns auftreten.

→*Abbau-Index.*

Zerfall-Index →*Abbau-Index.*

Zeugenaussage, Zeugentüchtigkeit →*Aussage.*

Ziel *(goal)*.

[1] Bezeichnung für einen räumlichen oder gegenständlichen Bezugspunkt des Verhaltens, der aus der Bewegungsrichtung des Organismus erschlossen werden kann, wobei das Verhalten in der Zielerreichung (z. B. dem konsummatorischen Akt) endet.

[2] Allg. Bezeichnung für einen Reiz, der die in den konsummator. Akt übergehende Verhaltenskette auslöst.

[3] Allgemeine Bezeichnung für ein vorgestelltes erstrebenswertes Endresultat einer Tätigkeit. →*Motiv.*

Zielerwartung →*determinierende Tendenzen,* →*Verhalten, zielorientiertes.*

Zielgradient *(goal gradient)*. Bezeichnung für das Anwachsen der Reaktionsgeschwindigkeit und -stärke bei Annäherung an das *Ziel.* Bei Labyrinthversuchen wird als Maß des Zielgradienten meist das Absinken der Fehlerzahl und Entscheidungszeit von Wahlpunkt zu Wahlpunkt gewählt.

Zielreaktion *(goal reaction)*.

[1] Allg. Bezeichnung für die Endhandlung einer Verhaltenskette, die durch Zielerreichung (und Bedürfnisbefriedigung) gekennzeichnet ist. Im Tierversuch z. B. die Konsumation des Futters durch ein hungriges Versuchstier in der Zielbox eines Labyrinthes.

[2] Als *partiell antizipatorische* oder *antizipierende Zielreaktion (fractional antedating goal response,* r_G) in HULLS System Bezeichnung für eine hypothetische Zielreaktionsspur, die nach vorangegangener Erfahrung bereits zu Beginn einer Handlung oder Verhaltenssequenz auftritt und eine Art Voraussicht des Zieles bewirkt. Dies geschieht, indem sog. *fraktionierte Zielreize* (s_G) als Spuren reaktiviert und zur Veranlassung weiterer Reaktionen der Verhaltenssequenz werden, wodurch der Organismus in größere Zielnähe gelangt oder zu gelangen meint. Typisches Beispiel für r_G ist die latente Kaubewegung, die ihrerseits propriozeptiv zurückgemeldet und dann zum latenten Zielreiz s_G werden kann. Partiell antizipatorische Z. haben darüber hinaus die Eigenschaft, auf dem Weg zum Ziel zu *sekundären Verstärkern* zu werden, weil sie im Falle der konkreten Zielerreichung mit diesem in Verbindung standen. Daraus erklärt Hull die große Bereitschaft von r_G, über s_G neue S-R-Verbindungen einzugehen. Der Begriff von der partiell antizipatorischen Z. hat in HULLS System hohen Erklärungswert für *latentes Lernen, partielle Verstärkung* und den sog. →*Verstärkungsgradienten.*

Zirbeldrüse →*Epiphyse.*

Zirkeldefinition →*Definition.*

480

zirkuläres Irresein *(circular psychosis).* Veraltete Bezeichnung für *manisch-depressive Störungen.*

Zöllnersche Täuschung *(Zöllner illusion).* Bezeichnung für eine optische Täuschung, die dann entsteht, wenn man zwei senkrechte parallele Linien durchstrichelt; und zwar wird die eine, linke, z. B. mit von links oben nach rechts unten laufenden kurzen parallelen Querstrichen versehen, die andere mit von links unten nach rechts oben verlaufenden. Die beiden Linien scheinen nicht mehr parallel, sondern nach unten hin auseinanderzulaufen.

z-Score →*Score.*

Zuckerkrankheit; Zuckerharnruhr →*Diabetes.*

Zufall *(randomness),* **zufällig** *(at random; random).* Bezeichnung für Ereignisse, die durch die hergestellten Bedingungen oder die Prozedur der Auswahl dem Zufall entsprechend eintreffen, also gleiche Wahrscheinlichkeit des Auftretens in einer großen Ereignismenge haben. So wird eine Stichprobe dann als *Zufallsstichprobe (random sample)* bezeichnet, wenn bei der Auswahl der Fälle jeder andere Einfluß (z. B. eine bereits bestehende Ordnung) außer dem des Zufalls ausgeschaltet wird, so daß jedes Mitglied der *Population* die gleiche Chance hat, auch Mitglied der *Stichprobe* zu werden.

zufällige Intervalle →*Verstärkungsplan.*

Zufallsaktivität oder **-bewegung** *(random activity, random movement).* Bezeichnung für Bewegungen, die ohne auslösenden Reiz, ohne ersichtliche Begründung, ohne Instinkt- oder Gewohnheitsbezug und unwillentlich erfolgen. Vertritt man den Standpunkt, daß es keine rein zufälligen Bewegungen oder Handlungen gibt, sondern nur durch Umweltreize, innere Reize (Instinkt, Gewohnheit) u. ä. determinierte, so bezeichnet *Zufallsaktivität* eine Handlung oder Bewegung, die durch den Beobachter nicht auf eine von ihm erkannte Ursache bezogen werden kann.

Zufallsfehler →*Fehler.*

Zukunftsperspektive →*Perspektive.*

Zungenbein *(hyoid bone).* Ein Knochengebilde zwischen Zungenwurzel und Kehlkopf, an dem die Zungenmuskel (zur Bewegung der Zunge) ansetzen.

Zurechnungsfähigkeit *(responsibility, soundness of mind).* Bezeichnung aus der juristischen Fachsprache für die Schuldfähigkeit. Verminderte Zurechnungsfähigkeit liegt nach den verschiedenen europäischen Strafgesetzbüchern meist dann vor, wenn ein bestimmtes Lebensalter noch nicht erreicht ist, Krankheit oder →*Geistige Behinderung* vorliegen, zum Zeitpunkt der Tat außergewöhnlich heftige Affekte den Realitätsbezug und die Handlungssteuerung beeinträchtigten, so daß ein Mangel an Einsicht in die vollbrachte Tat nachgewiesen werden kann.
→*Forensische Psychologie.*

zusammengesetzter (Summen-)Score →*Score.*

zusammengesetzte Vorstellungen →*Vorstellung.*

Zustand, affektiver →*affektiv.*

Zwangsgedanken →*Zwangsneurose.*

Zwangshandlung →*Zwangsneurose.*

Zwangsneurose, Zwangsstörung *(obsessive compulsive neurosis, obsessive compulsive disorder).*

[1] Als *Zwangsneurose* bezeichnete FREUD psychoneurotische Störungen, die durch zwanghaft wiederkehrende Gedanken und Vorstellungen (gelegentlich vermischt mit Verfolgungsideen), durch Zwangsimpulse sowie durch Zwangshandlungen charakterisiert sind. In extremen Fällen können Zwangsgedanken und -handlungen das Erleben und Verhalten bis zur Arbeitsunfähigkeit beeinträchtigen. Die Abgrenzung der Z. von anderen Neuroseformen begründete FREUD durch die ätiologische Annahme, Zwänge seien Ausdruck eines unbewußten unzulänglichen Kompromisses zwischen Triebimpulsen, ihrer Zensur, der Forderung nach Sühne und der Suche nach Ersatzbefriedigung. Für die Aufdeckung der ambivalenten Ausgangssituation als Ursache für die »anankastischen« Konsequenzen wird die *Psychoanalyse* empfohlen. Aus lerntheoretischer Sicht sind Zwangsgedanken und -handlungen die Folgen ihrer operanten Konditionierung durch ihre Verknüpfung mit dem Abklingen einer (in der Regel durch Angstsignale) ausgelösten heftigen Erregung. Dies führt zu der Empfehlung, Zwänge durch →*Verhaltenstherapie* sowie durch Maßnahmen der Erregungsbeherrschung (→*Desensitivierung*) zu bekämpfen.

[2] *Zwangsstörungen:* Im DSM werden Z. den →*Angststörungen* zugeordnet. Charakteri-

481

Zwei-Aspekte-Lehre

stisch sind *Zwangsgedanken,* die Angst und Leiden verursachen und *Zwangshandlungen (compulsions),* die zur Vermeidung bzw. Minderung der Angst beitragen. Z. äußern sich in dem inneren, subjektiven Drang, gegen den inneren Widerstand und wider bessere Einsicht bestimmte Dinge immer wieder zu denken oder zu tun. Zwangsgedanken *(obsessions)* kreisen jenseits der Realität um bestimmte Ideen, Impulse oder Vorstellungen (z. B. einen geliebten Angehörigen zu töten, sich als religiöser Mensch in Gotteslästerungen zu ergehen, sich beständig die Hände zu waschen, um eine Infektion vorzubeugen, an allem zweifeln zu müssen). Als *Zwangshandlungen (compulsions)* gelten jene Verhaltensweisen, die bei Auftauchen von Zwangsgedanken immer wieder stereotyp ausgeführt werden. Zwangshandlungen wirken übertrieben und stehen in keinem realistischen Bezug zu den Denkinhalten. Sie dienen dazu, das Unbehagen an den eigenen Gedanken zu bereinigen oder das Gedachte und seine Folgen unwirksam zu machen. Zu den häufigsten Zwangshandlungen gehören Waschzwänge, Zählen, Kontrollieren und Berühren. Diagnostische Kriterien einer Z. sind u. a.: Vorhandensein von wiederkehrenden Zwangsgedanken oder Zwangshandlungen, deren Übertriebenheit und Wirklichkeitsferne irgendwann bemerkt wird, leiden unter dem Zeitaufwand bei Zwangshandlungen, Beeinträchtigungen normaler täglicher Routinen, der sozialen Beziehungen und der Berufstätigkeit. Z. ist häufig mit *major-depressiven Störungen* und anderen *Angststörungen,* mit *Eß-* und *zwanghaften Persönlichkeitsstörungen* und *Tourette-Störung* assoziiert, tritt bei etwa 2,5% der Bevölkerung irgendwann im Lauf des Lebens auf und kommt mit einem gehäuften Beginn im 20.–30. Lebensjahr bei Frauen und Männern etwa gleich häufig vor. LIT. REINECKER (1980).

Zwei-Aspekte-Lehre *(double aspect theory).* Philosophisch-metaphysische Anschauung, Geist und Körper, seelische und körperliche Prozesse seien zwei Aspekte derselben Entität. →*Dualismus;* →*Monismus;* →*Parallelismus;* →*Leib-Seele-Problem.*

Zwei-Faktoren-Theorie des Lernens *(two factor theory of learning).*
[1] PAWLOWS Annahme, daß menschliches Lernen auf der kombinierten Wirkung eines

ersten *(biologischen)* mit einem *zweiten* (sprachsymbolischen) *Signalsytem* beruht.
[2] MOWRERS Erklärung für den Erwerb eines relativ überdauernden *Vermeidungsverhaltens.* Durch *klassisches Konditionieren* werden mit aversiven Reizen auftretende Situationsmerkmale zu Warnsignalen, die emotionale Erregung auslösen, und *instrumentelles Lernen/operante Konditionierung* vermittelt aufgrund der abklingenden Furcht bei Ankunft in einer sicheren Umgebung die Verstärkung des erfolgreichen Fluchtverhaltens. Ist die Flucht behindert, werden, wie Tierversuche zeigen, andere Fluchtwege gesucht und bei Erfolg in das Verhaltensrepertoire aufgenommen. Die Suche nach neuen Fluchtmöglichkeiten und deren Beibehalten bei Erfolg belegen die Rolle der Angst als gelernte Form des Antriebs *(Triebtheorie der* →*Angst).*

Zweifaktoren-Theorien →*Faktorentheorie.*
Zweifaktoren-Theorie der Intelligenz →*Intelligenz.*
Zwei-Komponenten-Theorie →*Hunger.*
Zwerchfell →*Diaphragma.*
z-Wert *(z value).* Statistische Bezeichnung für den Standardabweichungswert einer Maßzahl in der Normalverteilung, errechnet nach

$$z = \frac{X - \mu}{\sigma}$$

μ ist der Populations-Mittelwert bzw. dessen Schätzung, X eine Maßzahl, σ die geschätzte Standardabweichung der Normalverteilung. Jedem z-Wert entsprechen bei der Normalverteilung bestimmte Flächenproportionen. →*Normalverteilung.*

z' (auch **Z** oder **Z'**)**-Wert** *(z'value).* Statistische Bezeichnung für einen transformierten Produkt-Moment-Korrelations-Koeffizienten. Die Transformation dient dem Zweck, einen Korrelationskoeffizienten auf einen normalverteilten Parameter beziehen zu können; die z'-Verteilung ist eine *Normalverteilung.*

Zwilling *(twin).* Eines von zwei gleichzeitig in derselben Gebärmutter heranreifenden und zum annähernd gleichen Zeitpunkt geborenen menschlichen Lebewesen bzw. Säugetieren. Entstammt das *Zwillingspaar* zwei verschiedenen, zum gleichen Zeitpunkt befruchteten Keimzellen, so bezeichnet man es als *zweieiige Zwillinge,* Abk. ZZ, *(fraternal twins, dizygotic twins, two-egg twins); eineiige Zwil-*

482

linge, Abk. EZ *(identical twins, monovular twins, monozygotic twins, one-egg twins)* entstammen dagegen einer einzigen befruchteten Keimzelle, die sich geteilt hat. Wegen der Gleichheit der Erbanlagen sind eineiige Z. immer gleichgeschlechtlich. Eindeutiges Kennzeichen für eineiige Z. ist die bei der Geburt feststellbare Herkunft beider Lebewesen aus einem einzigen *Zottenhautsack (chorionic sac);* man nennt sie daher im Englischen auch *»monochorionic twins«.*

Die *Zwillingsforschung (twin research)* beschäftigt sich mit Untersuchungen über die Vererbung von bestimmten psychischen und somatischen Eigenschaften durch den systemat. Vergleich des Verhaltens von ZZ und EZ in gleichartigen Situationen. ZZ weisen dabei nicht mehr Ähnlichkeiten auf als Geschwister *(sibs, sibling);* EZ dagegen ähneln einander bes. hinsichtlich bestimmter Antriebsmomente und der Motorik.

LIT. GOTTSCHALDT (1961); VANDENBERG (1966); ZAZZO (1960).

Zwittrigkeit →*Androgynie.*

Zwölffingerdarm →*Duodenum.*

Zygote. Bezeichnung für die aus der Vereinigung von zwei *Gameten* gebildete Zelle.

zyklische Definition →*Definition.*

zykloid *(cycloid).* Bezeichnung für einen *Persönlichkeitstypus,* der in seinem Verhalten zykl. Folgen von man. und depressiven Zuständen zeigt.

Zyklopenauge, Stirnauge *(Cyclopean eye).* Eine Hilfsvorstellung, um die Koordination der Leistung beider Augen (Augenbewegung, räumliche Wahrnehmung) zu erklären. Dabei wird von der Vorstellung ausgegangen, daß es eine zentrale Kombination der beiden Sehfelder gibt, deren Resultat in ein einziges einheitliches Feld zusammenfällt.

Zyklothymie *(cyclothymia);* Adj. *zyklothym (cyclothymic).*

[1] Neigung zu Stimmungsschwankungen von der Art »himmelhoch jauchzend – zu Tode betrübt«, von Kretschmer in seiner Körperbautypologie mit dem *pyknischen* Habitus in Verbindung gebracht.

[2] Abwechselndes Auftreten freudig-erregter *(manischer)* und niedergeschlagener *(depressiver)* Stimmungslagen im Sinne einer →*manisch-depressiven Störung.*

[3] Zyklothyme Störungen *(cyclothymia)* gehört lt. DSM in die Klasse der bipolaren →*affektiven Störungen,* in deren Vorgeschichte neben mehreren (hypo-)manischen Episoden ebenso viele Perioden mit depressiver Symptomatik aufgetreten sind.

Zytokine *(cytokines).* Von zahlreichen Zellarten produzierte bzw. abgesonderte Substanzen, die als interzelluläre Mediatoren u. a. zur *Aktivierung* von Zellen beitragen. Zu den Z. gehören z. B. die zellulären Wachstumsfaktoren *Lymphokine, Interleukine* und *Interferone.*

Zytoplasma →*Zelle.*

Anhang

Englisch-deutsches Stichwortverzeichnis und Verweisregister

Das Stichwortverzeichnis und Verweisregister geht von den im Text abgehandelten englischen Fachausdrücken aus (links), denen die entsprechenden deutschen Stichwörter gegenüberstehen (rechts). Wird ein englischer Begriff noch unter weiteren Stichwörtern behandelt, so folgen diese dem Hauptstichwort (durch ein Semikolon getrennt).

Entspricht dem englischen Begriff kein eigenes, seiner Übersetzung oder Übertragung ins Deutsche entsprechendes Stichwort, so ist die Übersetzung in Klammern angegeben und rechts die Stichwörter, in denen er mitabgehandelt wird.

Englischer Fachausdruck *(Übersetzung)*	*Stichwort im Wörterbuch*
abasia	Abasie
aberration (Abweichung; Abirrung; Brechung)	Aberration
ability	Fähigkeit
ability test (Fähigkeitstest)	Eignungstest
ability to learn	Lernfähigkeit
Abney's effect	Abney-Effekt; Bezold-Brücke-Effekt
Abney's phenomenon	Abney-Effekt; Bezold-Brücke-Phänomen
abnormal	abnorm; Klinische Psychologie
abnormal personality (abnorme Persönlichkeit)	abnorm
abnormal psychology (Klinische Psychologie)	abnorm
abreaction	Abreaktion
absentmindedness	Geistesabwesenheit
absolute	absolut
absolute pitch (absolutes Gehör)	absolut; Tonhöhe
absolute refractory period (absolute Refraktärzeit)	Refraktärzeit
absolute threshold (absolute Schwelle; Reizschwelle)	Schwelle; Psychophysik
abstraction	Abstraktion
abulia	Abulie
acceleration	Akzeleration
accidental errors	akzidentielle Fehler
accommodation	Akkommodation
accommodation mechanism (Akkommodationsmechanismus)	Akkommodation
acculturation	Akkulturation
accuracy (Genauigkeit)	Reliabilität
acethylcholine	Ac(z)etylcholin
achievement	Leistung
achievement age (Leistungsalter)	Leistung
achievement quotient (Leistungsquotient)	Leistung; AQ
achievement tests (Leistungstests)	Leistung
achromasia	Achromasie

485

Englisch-deutsches Stichwortverzeichnis und Verweisregister

achromate	Achromat(e)
achromatic	achromatisch
achromatopsia	Achromatopsie
acinetic mutism (akinetischer Mutismus)	Mutismus
acoustics	Akustik
acquiescence (Zustimmungstendenz)	Reaktionseinstellung
acquired	erworben
acquired immune deficiency syndrome; acquired immunodeficiency syndrome (erworbenes Immundefekt-Syndrom)	AIDS
acquired tendency (erworbene Tendenz; Eigenschaft)	Tendenz
act	Akt
acting out (Ausagieren)	Abwehrmechanismen
action	Handlung
action currents	Aktionsströme
action orientation	Handlungsorientierung
action pattern (Handlungsmuster)	Schema
action potential	Aktionspotential
action research	Handlungsforschung
action scheme (Handlungsschema)	Schema
action theory	Handlungstheorie
activation	Aktivation
activity	Aktivität; Polaritätsprofil
activity quotient	Aktionsquotient
activity system (Aktivitätssystem; System der Aktivitätssteuerung)	System
act psychology (Aktpsychologie)	Intentionalismus
actual neurosis	Aktualneurose; Neurose
acuity	Schärfe
acuity of color/colour vision	Farbentüchtigkeit
adaptation (Anpassung)	Adaptation
adaptation diseases (adaptive, anpassungsbedingte Erkrankungen)	Notfall-Reaktion
adaptation level	Adaptationsniveau
adaptation of receptors	Rezeptoradaptation
addiction	Sucht
Addison disease	Addison-Krankheit
additive color/colour mixing (additive Farbmischung)	Farbenmischung
additive factor model (Modell der additiven Faktoren)	Reaktionszeit
adjustment	Anpassung, soziale
adjustment method (Herstellungsmethode)	Psychophysik
adolescence (Adoleszenz)	Entwicklungsabschnitte; Adoleszenz
adolescent insanity	Hebephrenie
adrenal cortex (Nebennierenrinde)	Nebennieren; Kortex
adrenal glands (Nebennierendrüsen)	Nebennieren
adrenaline	Adrenalin
adrenal medulla (Nebennierenmark)	Nebennieren
adrenocorticotropic hormon	adrenocorticotropes Hormon
advanced training (Fortbildung)	Ausbildung
advertising (Werbung)	Werbepsychologie

486

Englisch-deutsches Stichwortverzeichnis und Verweisregister

A-effect	Aubertsches Phänomen
aerial perspective (atmosphärische Perspektive; Dunstperspektive)	Perspektive
aesthetical psychology (ästhetische Psychologie)	Kunstpsychologie
affect	Affekt
affectation	Manieriertheit
affection	Affekt
affective accumulation	Affektstau
affective block	Affektsperre
affective discharge (Gefühlsausbruch)	Affektstau
affective inhibition	Hemmung, affektive
affective rigidity (Affektlahmheit)	Anhedonie
affective stupor (affektbedingter Stupor)	Stupor
affective syndrome	Affektsyndrom
affectivity	Affektivität
affect modulated startle reflex (affektmodulierter Schreckreflex)	Schreckreaktion
aftereffect	Nachwirkung; Täuschung
afterimage	Nachbild
aftersensation	Nachempfindung
age	Alter
ageusia	Ageusie
ageusis	Ageusie
aggression	Aggression
aggressiveness (Aggressivität)	Aggression
agitated depression (agitierte Depression)	Agitiertheit
agitation	Agitiertheit
agnosia	Agnosie
agonistic behavior	Verhalten, agonistisches
agoraphobia (Agoraphobie)	Agoraphobie; Phobie
agrammatism	Agrammatismus
agraphia	Agraphie
agrypnia (Agrypnie)	Schlafstörung
aha-experience	Aha-Erlebnis
akinesis	Akinese
akinetic stupor (akinetischer Stupor)	Stupor
alalia	Alalie
albedo rate (Albedoverhältnis)	Albedo
alcohol abuse (Alkoholmißbrauch)	Alkoholismus
alcohol dependence (Alkoholabhängigkeit)	Alkoholismus
alcoholics anonymous (Anonyme Alkoholiker)	Alkoholismus
alcoholism	Alkoholismus
aldosterone	Aldosteron
alertness (Lebhaftigkeit; Wachheit)	Elektroencephalogramm
alexia	Alexie
alexithymia	Alexithymie
algedonic	alghedonisch
algesia	Algesie
algolagnia	Algolagnie
algophobia	Algophobie
algorithm	Algorithmus

487

Englisch-deutsches Stichwortverzeichnis und Verweisregister

alienation	Entfremdung
alimentary canal	Verdauungstrakt
allele	Allele
allergic reactions (Allergien)	Immunsystem
allergies (Allergien)	Immunsystem
allergy	Allergie
allochthonous behavior	Verhalten, allochthones
allocation of resources	Ressourcenzuweisung; Aufmerksamkeit
all-or-none-reaction	Alles-oder-nichts-Reaktion
all-or-none-response	Alles-oder-nichts-Reaktion
alogia	Alogie
alpha blocking (Alphablockierung)	Elektroencephalogramm
alpha coefficient	Alpha-Koeffizient; Konsistenzkoeffizient
alpha index (Alpha-Index)	Elektroencephalogramm
alpha motion/movement/phenomenon (Alpha-Phänomen)	Scheinbewegung
alpha rhythm (Alpha-Rhythmus)	Elektroencephalogramm
alpha-waves (Alpha-Wellen)	Elektroencephalogramm
altered states of consciousness (Zustandsveränderungen des Bewußtseins)	Bewußtsein
altruism (Selbstlosigkeit; Hilfsbereitschaft)	Altruismus
altruistic motivation	Hilfeleistungs-Motiv
Alzheimer's disease	Alzheimersche Krankheit
ambidextrality (Beidhändigkeit)	Händigkeit
ambiguous	mehrdeutig
ambiguous figures (mehrdeutige Figuren; Kippfiguren)	mehrdeutig
ambiguous perspective (mehrdeutige Perspektive)	mehrdeutig
amentia	geistige Behinderung
amimia	Amimie
amines (Amine)	biogene Amine
amitosis (Amitose)	Zellteilung
amnesia	Amnesie
amphetamines (Weckamine; Amphetamine)	Amphetamine; Drogenabhängigkeit
amusia	Amusie
anabolism (Stoffwechsel-Aufbau-Prozesse; Anabolismus)	Metabolismus
anabolistic adaptation (Stoffwechsel-Aufbau-Anpassung)	Adaptation
anaesthesia	Anästhesie
anal eroticism	Analerotik
analgesia	Analgesie
analogies test	Analogientest
analogy	Analogie
analyser	Analysator
analysis	Analyse
analysis of discriminance	Diskriminanzanalyse
analysis of discrimination	Diskriminanzanalyse
analysis of variance	Varianzanalyse
analytic psychology	Analytische Psychologie; komplexe Psychologie
analytical psychology	Analytische Psychologie

488

Englisch-deutsches Stichwortverzeichnis und Verweisregister

analyzer	Analysator
anamnesis	Anamnese
anancastia	Anankasmus
anancastic (anankastisch)	Anankasmus
anarthria	Anarthrie
anchor stimulus	Ankerreiz
anergic stupor (anergischer Stupor)	Stupor
anesthesia	Anästhesie
angiogenesis (Blutgefäßentwicklung)	Angiogenese
anhedonism (Affektverflachung)	Anhedonie
animal magnetism (animalischer Magnetismus)	Magnetismus
animal psychology	Tierpsychologie
animism	Animismus
anoegenetic	anoetisch
anoetic	anoetisch
anomaloscope (Anomaloskop; Farbenmischapparat)	Farbentüchtigkeit
anomaly	Anomalie
anomia	Anomie
anopia	Anopie
anopsia	Anopsie
anorexia	Anorexie
anorexia nervosa (Anorexie)	Eßstörungen
anorgasmy (Anorgasmie)	Sexualstörung
antabuse (Disulfiram)	Antabus
antagonistic	antagonistisch
antagonistic colors/colours (Gegenfarben)	Farbensehen
antedating reaction	antizipatorische Reaktion
anterior lobe of hypophysis (vorderer Hypophysenlappen)	Hypophyse
anthropoids	Anthropoiden
anthropology	Anthropologie
anthropomorphism	Anthropomorphismus
antibiotics	Antibiotika
antibodies (Antikörper)	Immunsystem
anticipation	Antizipation
anticipation error (Antizipationsfehler)	antizipatorische Reaktion
anticipatory goal reaction (antizipatorische Zielreaktion)	antizipatorische Reaktion
anticipatory reaction	antizipatorische Reaktion
anticipatory response	antizipatorische Reaktion
antidepressants	Antidepressiva
antigenes (Antigene)	Immunsystem
antipsychiatry (Antipsychiatrie)	Schizophrenie
antisemitism (Antisemitismus)	autoritäre Persönlichkeit
antisocial personality disorder (antisoziale Persönlichkeitsstörung)	Persönlichkeitsstörung
anvil (Amboß)	Ohr
anxiety	Angst
anxiety attacks (Angstanfälle)	Angstneurose
anxiety coping	Angstbewältigung
anxiety disorder	Angststörung

489

Englisch-deutsches Stichwortverzeichnis und Verweisregister

anxiety disorders of childhood and adolescence (Angststörungen in Kindheit und Adoleszenz) — Entwicklungsstörungen

anxiety hierarchy — Angsthierarchie

anxiety management training (Angstbewältigungstraining) — Angstbewältigung; Bewältigung

anxiety neurosis — Angstneurose

apathy — Apathie

aphasia — Aphasie

aphrasia — Aphrasie

aphrodisia — Aphrodisie

aphrodisiacs — Aphrodisiaca

apoplectiform attack (apoplektiformer Anfall) — Anfall

apoplexy (Schlaganfall) — Apoplexie

apparent motion/movement — Scheinbewegung

apparent size — Scheingröße

appeasement behavior — Befriedungsverhalten

appetence — Appetenz

appetite — Appetit; Hunger; Verlangen

appetitive behavior (Appetenzverhalten) — Appetenz

applied psychology — Angewandte Psychologie

applied semantics (angewandte Semantik) — Semantik

appraisal (auch: Einschätzung) — Bewertung

apprehension — Auffassung

apprehension span (Auffassungsbereich) — Bewußtseinsumfang; Auffassung

approach — Annäherung

approach-approach conflict (Annäherungs-Annäherungs-Konflikt) — Konflikt

approach-avoidance conflict (Annäherungs-Vermeidungs-Konflikt) — Konflikt

approach gradient (Annäherungsgradient) — Annäherung

apraxia — Apraxie

apriorism (Apriorismus) — Empirismus

aptitude — Eignung

aptitude test — Eignungstest

arachnoids — Arachnoides

archetype — Archetypus

army-Alpha-Tests — Alpha-Tests

arousal — Erregung [2]

arousal level (Erregungsniveau) — Erregung

articulatory-phonological pad (artikulatorisch-phonologischer Notizblock) — Arbeitsgedächtnis

artifact — Artefakt

artificial intelligence (künstliche Intelligenz) — Intelligenz, künstliche

art psychology — Kunstpsychologie

ascending reticular activating system (Aufsteigendes retikuläres Aktivations-System, ARAS) — ARAS; Aktivation; Gehirn

asomatognosia — Asomatognosie

asphyxia — Asphyxie

aspiration level — Anspruchsniveau

assay; assaying (chem. Scheideverfahren) — Assay

assertive training — Assertives Training

490

Englisch-deutsches Stichwortverzeichnis und Verweisregister

asservative training	Selbstsicherheitstraining
assessment center	Assessment Center
assimilation	Assimilation
assimilation-contrast theory	Assimilations-Kontrast-Theorie
assimilatory schemes (assimilatorische Schemas; Schemata)	Schema
association areas (Assoziationsfelder)	Gehirn
association centers (Assoziationszentren)	Gehirn
association fibres (Assoziationsfasern)	Assoziation
association fields (Assoziationsfelder)	Assoziation
associationism	Assoziationismus
associative conditioning	Konditionierung, assoziative
astasia	Astasie
astasia-abasia	Astasie
asthenia	Asthenie
asthenic (asthenisch)	Asthenie
asymmetry	Asymmetrie
asymptotic effect (Mittelpositionseffekt)	Positionseffekt
atavism	Atavismus
ataxia	Ataxie
athletic	athletisch
atmospheric perspective (Dunstperspektive)	Perspektive
atomism	Atomismus
atonicity	Atonie
atony	Atonie
at random (zufällig)	Zufall
atrophy	Atrophie
attachment	Besetzung; Bindung
attachment behavior (Bindungs-Verhalten)	Bindung
attack	Anfall
attention	Aufmerksamkeit
attention control (Aufmerksamkeitsregelung; Aufmerksamkeitssteuerung)	Aufmerksamkeit
attention fluctuations	Aufmerksamkeitsschwankungen
attention shift (Aufmerksamkeitswechsel)	Aufmerksamkeit
attention span	Aufmerksamkeitsumfang
attenuated alpha rhythm (gedämpfter Alpha-Rhythmus; Alpha-Blockierung)	Elektroencephalogramm
attenuation theory (Dämpfungstheorie)	Aufmerksamkeit
attitude	Einstellung
attitude change	Einstellungsänderung
attitude measurement (Einstellungsmessung)	Einstellungs-Skalen
attitude scales	Einstellungs-Skalen
attribute	Merkmal
attribution (Eigenschafts- oder Ursachenzuschreibung)	Attribuierung
atypical impulse disorder (atypische Störung der Impulskontrolle)	Impulskontrolle
atypical psychosis (atypische Psychose)	psychotische Störung
Aubert-effect	Aubertsches Phänomen
Aubert-Foerster-effect (Aubert-Foerstersches Phänomen)	Aubertsches Phänomen

491

Englisch-deutsches Stichwortverzeichnis und Verweisregister

Aubert-Foerster-phenomenon (Aubert-Foersterches Phänomen)	Aubertsches Phänomen
Aubert's phenomenon	Aubertsches Phänomen
audibility range (Hörbereich)	Hören
audiometrics (Audiometrie)	Hören
auditive	auditiv
auditive agnosia (auditive Agnosie; Seelentaubheit)	Agnosie
auditory acuity (Gehörtüchtigkeit)	Hören
auditory loss (Schwerhörigkeit)	Hören
auditory masking (auditive Maskierung)	Maskierung
auditory system (auditives System; Gehör)	Hören
auricle (Ohrmuschel)	Ohr
authoritarianism (autoritäre Einstellung; Obrigkeitsgläubigkeit)	autoritäre Persönlichkeit
authoritarian personality	autoritäre Persönlichkeit
authority	Autorität; Gewalt; Herrschaft
autism (Autismus)	autistisches Denken
autistic disorder (autistische Störung)	Autismus
autistic fantasies (autistisches Phantasieren)	Abwehrmechanismen
autistic thinking	autistisches Denken
autochthonous	autochthon
autochthonous behavior	Verhalten, autochthones
autocorrelation	Autokorrelation
autocorrelation coefficient (Autokorrelations-Koeffizient)	Autokorrelation
auto-eroticism	Autoerotik
autoimmune deficiencies	Autoimmunkrankheiten; Immunsytem
autoimmunization	Autoimmunisierung
autokinesis	Autokinese
autokinetic effect/illusion/motion/phenomenon	Autokinese
automatic processes (automatische Prozesse; mechanisierte Prozesse)	Prozesse, automatische
automatism	Automatismus
autonomic	autonom
autonomic division (autonomer Teil des Nervensystems)	Nervensystem
autonomic lability (autonome Labilität)	Labilität
autonomic lability scores (Maße der autonomen Labilität)	Psychophysiologie
autonomic nervous system (autonomes oder vegetatives Nervensystem)	Nervensystem
autopagnosia (Sensibilitätsstörung)	Agnosie
auto-stimulation	Selbstreizung
auto-suggestion	Autosuggestion
avalanche conduction	Lawinenreaktion
average	Durchschnitt
average error	mittlerer Fehler
aversion (Aversion, Abneigung)	Appetenz
aversion therapy (Aversionstherapie)	Verhaltenstherapie
aversive behavior (aversives Verhalten)	Appetenz
aversive stimulus	Reiz, aversiver
aversive therapy	Aversionstherapie

Englisch-deutsches Stichwortverzeichnis und Verweisregister

avoidance	Vermeidung
avoidance-avoidance conflict (Vermeidungs-Vermeidungs-Konflikt)	Konflikt
avoidance gradient (Vermeidungsgradient)	Vermeidung
avoidant personality disorder (selbstunsichere Persönlichkeitsstörung)	Persönlichkeitsstörung
awareness	Bewußtheit
axial gradient	Axialgradient
axon	Axon
background stimuli (Hintergrundreize; Referenzreize)	Adaptationsniveau
backward conditioning (rückwirkende Konditionierung)	Konditionierung, klassische
backward masking (rückwirkende Maskierung)	Maskierung; Metakontrast
bar diagram	Säulendarstellung
baroreceptor hypothesis (Hypothese der Gefäß-Druckrezeptoren)	Barorezeptoren-Hypothese
Barrat impulsivity scale (Barrat-Impulsivitäts-Skala)	Impulsivität
basal ganglia	Basalganglien
Basedow's disease	Basedowsche Krankheit
baseline (Ausgangswert)	Ausgangswertgesetz; Ausgangsdaten
basic metabolic rate (Grundumsatz des Stoffwechsels)	Metabolismus
Bayesian statistics	Bayessche Statistik
Bayesian strategy	Bayessche Strategie
Bayesian theorem (Bayes'sches Theorem)	Bayessche Statistik
Bayes strategy	Bayessche Strategie
Bayes theorem (Bayes'sches Theorem)	Bayessche Statistik
beat	Schwebung
beats per minute (Schläge pro Minute)	Herzschlagfrequenz
behavior	Verhalten
behavioral control (Verhaltenskontrolle)	Kontrolle
behavioral differential	Verhaltensdifferential
behavioral equation	Verhaltensformel
behavioral habituation (Verhaltens-Habituation)	Habituation
behavioral inhibition system (Verhaltens-Hemmungs-System)	Angst
behavioral medicine	Verhaltensmedizin
behavioral pharmacology	Psychopharmakologie
behavioral repertory	Verhaltensrepertoire
behavior(al) trend (Verhaltensverlauf)	Trend
behaviorism	Behaviorismus
behavior modification	Verhaltensmodifikation
behavior pattern	Verhaltensmuster
behavior research	Verhaltensforschung
behavior shaping	Verhaltensformung
behavior system (Verhaltenssystem)	System
behavior therapy	Verhaltenstherapie
Benham disk (Benhamsche Scheibe)	Flimmerfarben

493

Englisch-deutsches Stichwortverzeichnis und Verweisregister

Benham's top (Benhamsche Scheibe)	Flimmerfarben
beta motion/movement/phenomenon (Beta-Phänomen)	Scheinbewegung
beta rhythm (Beta-Rhythmus)	Elektroencephalogramm
beta-waves (Beta-Wellen)	Elektroencephalogramm
Bezold-Abney phenomenon	Abney-Effekt; Bezold-Brücke-Phänomen
Bezold-Brücke effect/phenomenon	Bezold-Brücke-Phänomen
Bezold-Brücke hue shift	Abney-Effekt; Bezold-Brücke-Phänomen
Bidwell's ghost (Bidwellsches Phänomen)	Purkinjesches Nachbild
binary numbers	Binärziffern
Binet-Simon scale	Binet-Simon-Test
Binet-Simon test	Binet-Simon-Test
binge eating (Bulimarexie)	Eßstörungen
binocular (beidäugig)	binokular
binocular perspective (Perspektive bei beidäugigem Sehen)	Perspektive
binocular rivalry (rivalisierende Netzhautbilder)	binokulare Rivalität
binocular vision (beidäugiges Sehen)	binokular
binomial distribution	Binomialverteilung
biogenesis	Biogenese
biological psychology	Psychobiologie; Biologische Psychologie
biology	Biologie
biometrics	Biometrie
biometry	Biometrie
bionomics (Biologie des sozialen Verhaltens)	biosozial
biopsychology (Biopsychologie)	Biologische Psychologie
bio-rhythm	Biorhythmus
biosocial	biosozial
biotype	Biotypus
bipolar disorder (bipolare Störung)	Affektive Störung; Depression; manisch-depressive Störung
bipolar recording (bipolare Ableitung)	Elektroencephalogramm
bipolar sexuality	bisexuell
birth trauma	Geburtstrauma
biserial	biseriell
bisexuality	bisexuell
bizarre delusion (bizarrer Wahn)	Wahn
black propaganda (indirekte Beeinflussung; Suggestion)	Propaganda
blind analysis	Blindversuch
blind seeing (Blindsehen)	Bewußtsein
blind spot	Blinder Fleck
Bloch's law	Blochsches Gesetz
block design test	Mosaik-Test
blocking of response	Reaktionsblockierung
blood	Blut
blood groups	Blutgruppen
blood pressure	Blutdruck
blood pressure control (Blutdruckregelung)	Blutdruck
blood pressure monitoring (Blutdruckmessung)	Blutdruck
blood typing (Blutgruppenbestimmung)	Blutgruppen

494

Englisch-deutsches Stichwortverzeichnis und Verweisregister

blue-yellow-blindness	Blau-Gelb-Blindheit
blunted affect (Lustlosigkeit; Stumpfheit)	Anhedonie
B-lymphozytes (B-Lymphozyten)	Immunsystem
body (Körper; Leib)	Dualismus
body image	Körperschema
body schema	Körperschema
Bogardus scale	Bogardus-Skala; Einstellungsskalen
Bogardus scale of social distance (Bogardus- sche Skala der sozialen Distanz)	soziale Distanz
bone conduction	Knochenleitung
boomerang-effect (Bumerang-Effekt)	Assimilations-Kontrast-Theorie
borderline intellectual functioning (Grenzbe- reich der intellektuellen Leistungsfähig- keit)	Schwachsinn
borderline personality disorder (Borderline- Persönlichkeits-Störung)	Persönlichkeitsstörung
borderline syndrome	Borderline-Syndrom
bovine spongiform encephalopathy (Rinder- wahn)	Jakob-Creutzfeldt-Erkrankung
bow motion (Beugebewegung; Ausweichbe- wegung)	Scheinbewegung
brain	Gehirn
brain basement	Basalhirn
brainstem (Hirnstamm)	Gehirn
brainstem potentials (Hirnstammpotentiale)	ereignisbezogene Potentiale
brain washing (Gehirnwäsche)	Deprivation
branched program (verzweigtes Programm)	programmierter Unterricht
branching (Programm-Verzweigung)	programmierter Unterricht
bread exchange (Weißbroteinheit)	Diabetes
brief reactive psychosis (kurze reaktive Psy- chose)	psychotische Störung
brightness	Helligkeit
brightness adaptation (Helligkeitsadaptation)	Adaptation
Briquet syndrome	Briquetsches Syndrom
Broca's aphasia (Brocasche Aphasie)	Aphasie
Broca's convolution	Brocasche Windung
Brodmann areas	Brodmannsche Areale
bruxism	Bruxismus
bruxomania (Bruxomanie)	Bruxismus
BSE	Jakob-Creutzfeldt-Erkrankung
B-type	B-Typus
bulimia (Bulimie)	Eßstörungen
bulimia nervosa (Bulimia nervosa; Bulimare- xie)	Eßstörungen
bulimorexia (Bulimarexie)	Eßstörungen
bullying (drangsalierende Schlägereien)	Aggression
Bunsen-Rosco law	Bunsen-Roscosches Gesetz
Cairns stupor (akinetischer Mutismus)	Mutismus
calcarine fissure	Fissura calcarina
calibration	Kalibrierung
canal	Kanal
canalization	Kanalisation

495

Englisch-deutsches Stichwortverzeichnis und Verweisregister

candle power	Kerzenstärke
cannabis (Haschisch)	Drogenabhängigkeit
capacity resources model of attention (Kapazitätsressourcen-Modell der Aufmerksamkeit)	Aufmerksamkeit
cardio-somatic coupling	cardio-somatische Koppelung
cardio-vascular activity (Herz-Kreislauf-Aktivität)	kardiovas(c)kuläre Aktivität
card sorting	Bilderordnen
Carpenter effect	Carpenter-Effekt
case history	Fallgeschichte
caste system	Kastensystem
castration anxiety (Kastrationsangst)	Kastration
catabolism (Katabolismus; Abbauprozesse des Stoffwechsels)	Metabolismus
catalepsy	Katalepsie
catamnesis	Katamnese
cataplexy	Kataplexie
catathymia	Katathymie
catatonia; catatony	Katatonie
catatonic behavior (katatones Verhalten)	Katatonie
catatonic stupor (katatoner Stupor)	Stupor; Katatonie
catatonic type (katatoner Typ)	Schizophrenie
catecholamines	Katecholamine
categorial judgment (Kategorienurteil)	Kategorie
categorial perception (Wahrnehmungskategorien)	Kategorie
category	Kategorie
cathexis	Besetzung
caudate nucleus	Nucleus caudatus
causal attribution (Ursachenzuschreibung; Kausalattribuierung)	Attribuierung
causality	Kausalität
causal nexus (Kausalbeziehung; -zusammenhang)	Kausalität
ceiling effect	Deckeneffekt
cell	Zelle
cell assembly	Zellverband; Phasenfolge, Theorie der ...
cell division	Zellteilung
censorship	Zensur
centile rank	Centil-Rang
central executer (zentrales Management)	Arbeitsgedächtnis
central fissure (Zentralfurche)	Gehirn
central nervous system (CNS) (Zentral-Nerven-System; ZNS)	Nervensystem
central tendency	zentrale Tendenz
centralization	Zentralisation
centrosphere (Zentrosphäre der Zelle)	Zelle
cephalic index	Schädelindex
cerebral blood flow (Gehirndurchblutung; CBF)	cerebrale Durchblutung
cerebral cortex (Hirnrinde)	Gehirn
cerebral dominance (cerebrale Dominanz)	Lateralität

Englisch-deutsches Stichwortverzeichnis und Verweisregister

cerebral lateralization (Lateralisierung des Gehirns)	Lateralität
cerebro-spinal fluid (cerebro-spinaler Liquor)	Ventrikel
cerebrum	Großhirn
chain reflex	Kettenreflex
chance error (Zufallsfehler)	Fehler
chance test (freies Assoziieren)	Assoziation
change agent (Berater der Organisationsentwicklung)	Organisationsentwicklung
change of attitude	Einstellungsänderung
channel (Kanal)	Sender
channel capacity	Kanalkapazität
character	Charakter
characterology	Charakterkunde
Charcot's disease (Charcotsche Krankheit)	multiple Sklerose
Charpentier's law	Charpentiersches Gesetz
chemical receptors	Chemorezeptoren
chemical remedies	Chemotherapeutika
chemical senses (chemische Sinne; Geruch; Geschmack)	Chemorezeptoren
chemical therapeutics	Chemotherapeutika
chemotropism	Chemotropismus
child guidance	Beratung; child guidance
child psychology	Kindespsychologie
chirospasm	Chirospasmus
chi square	Chi-Quadrat
chlorpromacine (Chlorpromazine)	Neuroleptika
choice	Wahl
choice point (Wahl- oder Entscheidungspunkt)	Wahl
choice reaction (Wahlreaktion; Auswahlreaktion)	Wahl
choice reaction time (Wahlreaktionszeit)	Reaktionszeit
choleric	cholerisch
cholesterin; cholesterol	Cholesterin
cholinergic	cholinerg
chorda tympani nerve	Chorda tympani
chorionic sac (Zottenhautsack)	Zwilling
choroid (Aderhaut des Auges)	Chorioidea
chromatic aberration (Farbanomalie)	Aberration
chromatic space (Farbenraum)	CIE-Farbenraum
chromosome aberration	Chromosomenaberration
chromosome abnormality	Chromosomenanomalie
chromosomes	Chromosomen
chronological age (Lebensalter)	Alter
chronoscope (Chronoskop; Hippsches Chronoskop)	Reaktionszeit
CIE chromatic space	CIE-Farbenraum
ciliary body (Ciliarkörper)	C(Z)iliarmuskel
ciliary muscle	C(Z)iliarmuskel
circadian rhythm (circadianer Rhythmus)	Biorhythmus
circadian periodicity (cicadianperiodik)	Biorhythmus
circular definition (Zirkeldefinition)	Definition
circular psychosis	zirkuläres Irresein

497

Englisch-deutsches Stichwortverzeichnis und Verweisregister

circumstantial stories — konfabulieren

CJD — Jakob-Creutzfeldt-Erkrankung

clang — Klang

clang tint (Klangfarbe) — Timbre

Clarke's column — Clarkesche Säule

classical conditioning — Konditionierung, klassische

class interval — Klassen-Intervall

class system — Klassensystem

client-centered therapy — Gesprächstherapie

clinical — klinisch

clinical diagnostics (klinische Diagnostik) — Klinische Psychologie

clinical psychology — Klinische Psychologie

clinical psychophysiology (Klinische Psychophysiologie; Psychosomatik) — Psychophysiologie; Psychosomatik

Cloquet's canal (Cloquetscher Kanal) — Auge

closed-mindedness (Engstirnigkeit; Unaufgeschlossenheit; Unbelehrbarkeit) — Dogmatismus

closed system (geschlossenes System) — System

closure — Geschlossenheit

cluster (Gruppe; Schwarm; Bündel) — Cluster-Analyse; Pattern

cluster analysis — Cluster-Analyse

coach (Trainer) — Personalentwicklung

coaching (Führungstraining) — Personalentwicklung

cocaine (Kokain) — Drogenabhängigkeit

coding — Kodierung

coding key (Kodierungsschlüssel; Verschlüsselung) — Kodierung

coefficient of consistency (Konsistenzkoeffizient) — Konsistenz

coercive power (ausgeübter Zwang) — Macht, soziale

cognition (Erkennen, Erkenntnis, Erkanntes) — Kognition

cognitive — kognitiv

cognitive behavior modification (kognitive Verhaltensänderung) — Verhaltensmodifikation

cognitive bias (Auffassungs- oder Denkfehler aufgrund eines Vorurteils) — Voreingenommenheit

cognitive complexity — kognitive Komplexität

cognitive control (kognitive Kontrolle) — Kontrolle; kognitiver Stil

cognitive dissonance — kognitive Dissonanz

cognitive elements — kognitive Elemente

cognitive impulsivity (kognitive Impulsivität) — Impulsivität

cognitive learning theories — kognitive Lerntheorien; Lernen

cognitive map — kognitive Landkarte

cognitive masking — kognitive Maskierung

cognitive neuroscience (Kognitive Neurowissenschaft) — Neurowissenschaften

cognitive pattern (kognitives Muster) — Schema

cognitive processes — kognitive Prozesse

cognitive psychology — Kognitive Psychologie

cognitive rehearsal (mentale Übung, mentales Training) — Übung, mentale

cognitive schemes (kognitives Schema) — Schema

498

Englisch-deutsches Stichwortverzeichnis und Verweisregister

cognitive science (Kognitions-Wissenschaft)	Kognition
cognitive structures (kognitive Strukturen)	Struktur
cognitive style	kognitiver Stil
cognitive therapy	kognitive Therapie
cognitive trend (Richtung des Erkennens oder Denkens)	Trend
coherence	Kohärenz
coherence criterion	Kohärenzkriterium
coherence factors	Kohärenzfaktoren
cohesiveness	Kohäsion
cohort	Kohorte
collaterals (Kollateralen; Querverbindungen im Nervensystem)	Gehirn
collective memory	Gedächtnis, kollektives
collective unconscious	kollektives Unbewußtes
color/colour acuity	Farbentüchtigkeit
color/colour aftereffect (Farbnachbild; -nachwirkung)	Nachbild
color/colour blindness	Farbenblindheit
color/colour brightness, brillance (Farbhelligkeit)	Farbensehen
color/colour circle	Farbenkreis
color/colour coding model (Farbenkodierungsmodell)	Farbensehen
color/colour film (diffuses farbiges Licht)	Farbensehen
color/colour mixing	Farbenmischung
color/colour perception/vision	Farbensehen
color/colour pyramid	Farbenpyramide
color/colour solid (Farben-Kegel)	Farbenpyramide
colored/coloured shadows	farbige Schatten
coma	Koma
coma somnolentium (somnolentes Koma)	Koma
coma-vigil (vigiles Koma; vigilantes Koma)	Koma
combination test	Ergänzungstest
commissure	Kommissur
communality	Kommunalität
communication	Kommunikation
community	Gemeinschaft
comorbidity	Komorbidität
comparative psychology	Vergleichende Psychologie
compensation	Kompensation
competence	Kompetenz
complementary colours	Komplementärfarben
complete blood count	Blutbild
complete learning method	Erlernungsmethode
completion test	Ergänzungstest
complex	Komplex
complexion	Komplexion
complex psychology	Komplexe Psychologie
complex quality	Komplexqualität
compliance (Einwilligung)	Compliance
complication	Komplikation
complication experiment	Komplikationsexperiment

499

Englisch-deutsches Stichwortverzeichnis und Verweisregister

composite images (zusammengesetzte Vorstellungen)
Vorstellung

composite score (zusammengesetzter Score)
Score

compulsion (Zwangshandlung)
Zwangsneurose

compulsive personality disorder (zwanghafte Persönlichkeitsstörung)
Persönlichkeitsstörung

compulsive reaction (Zwangsreaktion; Zwangsneurose)
Neurose

computed mode (berechneter Modus; Modalwert)
Modus

computer assisted tomography (Computer-Tomographie)
Tomographie

computer tomography (Computer-Tomographie)
Tomographie

conation (Begehren; Willensantrieb)
Konation

conative (willentlich)
konativ

concept (auch: Vorstellung)
Begriff; Konstrukt

concept formation
Begriffsbildung; Konzeption

conception
Begriffsbildung; Konzeption

conceptually-driven (vorstellungsgeleiteter Prozeß)
Informationsverarbeitung

concussion of the brain (Gehirnerschütterung)
commotio cerebri

conditional stimulus (CS) (konditionierter, konditioneller Reiz)
Konditionierung, klassische

conditioned emotional response (konditionierte emotionale Reaktion)
Emotion

conditioned inhibition
Hemmung, konditionierte

conditioned reaction (CR) (konditionierte Reaktion)
Konditionierung, klassische

conditioned reactive inhibition
Hemmung, konditionierte reaktive

conditioned reinforcement
konditionierte Verstärkung

conditioned relaxation (konditionierte Entspannung)
Entspannung

conditioned response (CR) (konditionierte Reaktion)
Konditionierung, klassische

conditioned stimulus (CS) (konditionierter, konditioneller Reiz)
Konditionierung, klassische

conditioned suppression
konditionierte Unterdrückung

conditioning
Konditionierung

conditioning typus Pawlow (Pawlowsche Konditionierung)
Konditionierung, klassische

cones
Zapfen

confabulation
konfabulieren

confederate
Vertrauter des Versuchsleiters

configuration
Gestalt; Konfiguration

configuration frequency analysis
Konfigurations-Frequenz-Analyse

confirmation (Bestätigung)
Wahrscheinlichkeit

conflict
Konflikt

conformity
Konformität

confounding of independent variable (Konfundierung unabhängiger Variablen)
Konfundierung

congenital (angeboren)
kongenital

conjoint measurement
verbundene Messung

500

Englisch-deutsches Stichwortverzeichnis und Verweisregister

conjunctiva	Bindehaut; Auge
connective inhibition	Hemmung, konnektive
connotation (Bedeutung; über den Begriffs-inhalt hinausreichende Nebenbedeutung)	Konnotation
conotion	Affekt
conscience	Gewissen
conscious attitude	Bewußtseinslage
conscious effort (bewußte Anstrengung)	Bewußtsein
consciousness	Bewußtsein
consistency	Konsistenz
consistency coefficient (Konsistenzkoeffi-zient)	Konsistenz
consistency index (Konsistenzindex)	Konsistenz
consistency theories (Konsistenz- oder Kon-sonanztheorien)	Konsistenz
consistent mapping (Übereinstimmungserfah-rung)	Mapping
consolidation processes (Einprägungspro-zesse)	Gedächtnis
constancy	Konstanz
constancy hypothesis	Konstanzannahme
constant error (konstanter Fehler)	Fehler
constant method (Konstanzmethode)	Psychophysik
constant stimulus method (Konstanzmethode)	Psychophysik
constitution	Konstitution
constrictor (Schließmuskel; Beuger)	Konstriktor
construct	Begriff; Konstrukt
construct validity	Konstruktvalidität
consumer psychology (Psychologie des Ver-brauchers, Konsumenten)	Marktforschung
consummatory act (konsumatorische Hand-lung)	Akt
contact sensation	Berührungsempfindung
content analysis (Inhaltsanalyse)	Content-Analyse
content validity	Validität, inhaltliche
contiguity (auch: Kontingenz)	Kontiguität
contiguity theory	Kontiguitätstheorie
contingency	Kontingenz
contingency coefficient (Kontingenz-Koef-fizient)	Kontingenz
contingency management	Kontingenz-Management
contingent negative variation (kontingente ne-gative Variation)	CNV; EEG
continuous reinforcement (regelmäßige, konti-nuierliche Verstärkung)	Verstärkungsplan
contraction	Kontraktion
contracture	Kontraktion
contrast	Kontrast
control	Kontrolle
control analysis	Kontroll-Analyse
control belief (Kontrollüberzeugung)	Kontrolle
control expectancy (Kontrollerwartung)	Kontrolle
control group (Kontrollgruppe)	Kontrolle

501

Englisch-deutsches Stichwortverzeichnis und Verweisregister

controlled processes (kontrollierte Prozesse; bewußt gesteuerte Prozesse)	Prozesse, kontrollierte
control motivation (Kontrollmotivation)	Kontrolle
control system (Kontrollsystem)	System
convention	Konvention
convergence	Konvergenz; Multitrait-Multimethod-Validierung
convergent thinking	konvergentes Denken
conversion (Umwandlung; Verwandlung)	Konversion
conversion disorder (Konversionsstörung)	somatoforme Störung
convulsion	Konvulsion
convolution	Windung; Gyrus
coordination	Koordination
coping	Bewältigung
coping behavior (Bewältigungsverhalten)	Bewältigung
coping with anxiety	Angstbewältigung
cornea	Hornhaut
corneal reflex	Lidschluß-Reflex
corollaries	Folgesätze
corpora quadrigemina (Vierhügelplatte)	Quadrigemina
correct rejection (korrekte Zurückweisung)	Signalentdeckung
correlation	Korrelation
correlation ratio (Korrelationsverhältnis)	Korrelation
corresponding points in the retina	korrespondierende Netzhautstellen; Horopter
cortex	Kortex; Gehirn
cortical grey	Höhlengrau; ereignisbezogene Potentiale
cortical potentials (Kortikale Potentiale)	Sättigung, kortikale
cortical satiation	Kortikoide
corticoids	Kortikoide
corticosteroides (Kortikosteroide)	Adaptationssyndrom, allgemeines; Streß
corticotropin releasing factor (Kortikotropin-Freisetzungsfaktor)	Motorik, Nervensystem, Pyramidenbahn
corticospinal tract (kortikospinale Bahn)	Co-twin-Methode
co-twin control	Beratung
counseling	Gegenkonditionierung
counterconditioning	Adaptationssyndrom, allgemeines
countershock phase (Gegenschock-Phase)	Gegenübertragung; Übertragung
countertransference	Kovarianz
covariance	Abwehrmechanismen
covert aggression (passive Aggression)	Verhalten
covert behavior (verdecktes, inneres Verhalten, Erleben)	
covert speech	subvokales Sprechen
cranial nerves (Schädelnerven)	Gehirn
creationism (Kreationismus)	Evolution
creative imagination (kreative Vorstellungen; Denken)	schöpferisches Denken; Kreativität
creativeness	schöpferisches Denken
creative thinking (schöpferisches, produktives Denken)	Denken
creative thought	schöpferisches Denken; Kreativität
creativity	schöpferisches Denken; Kreativität
credibility	Glaubwürdigkeit

Englisch-deutsches Stichwortverzeichnis und Verweisregister

credibility assessment (Glaubwürdigkeits-Begutachtung) — Glaubwürdigkeit
cretinism — Kretinismus
Creutzfeldt-Jakob disease — Jakob-Creutzfeldt-Erkrankung
criterion referenced test — Test, lehrzielorientierter
criterion value (Kriterienwert) — Signalentdeckung
cross-cultural psychology (kulturvergleichende Psychologie) — kulturvergleichende Psychologie; Kultur
cross-out tests — Durchstreich-Tests
cross-sectional study (Querschnittstudie) — Längsschnittstudie
cross validation — Kreuzvalidierung
crowd — Masse
crucial experiment (experimentum crucis) — Entscheidungsexperiment; Experiment
crude mode (grober, geschätzter Modus; Modalwert) — Modus
crude score (Rohscore) — Score
cruelty — Grausamkeit
cue — Hinweis-Reiz
cue-utilization (Hinweis-Nutzung) — Hinweis-Reiz
cultural parallelism (Kulturparallelismus) — Parallelismus
cultural pattern (Kulturgefüge) — Kultur
cultural psychology — Kulturpsychologie
cultural relativism — Kulturrelativismus
cultural science psychology — geisteswissenschaftliche Psychologie
cultural system (Kultursystem) — Kultur
cultural world view (kulturgeprägte Weltanschauung) — Terror-Management-Theorie
culture — Kultur
culture epoch theory — Kulturepochen, Theorie der . . .
culture free tests (kulturunabhängige Tests) — sozio-ökonomisches Niveau
cumulative frequency — Häufigkeit, kumulierte
cumulative scale — Guttman-Skala
curiosity — Neugierde
curricular validity — Validität, curriculare
curve of forgetting (Vergessenskurve) — Vergessen
curvilinear regression (kurvilineare Regression) — Regression
curvilinear trends (kurvilineare Trends) — Trend
Cushing syndrome — Cushing-Syndrom
cutaneous pupillary response — Haut-Pupillen-Reflex
cutaneous secretory reflex — Hautsekretions-Reflex
cutaneous senses — Hautsinne
cutoff-point (Kriterienwert) — Signalentdeckung
cybernetics — Kybernetik
cybernetic system (kybernetisches System) — System
cycloid — zykloid
Cyclopean eye — Zyklopenauge
cyclothymia (zyklothyme Störung) — Zyklothymie; Affektive Störung; manisch-depressive Störung
cyclothymic (zyklothym) — Zyklothymie

damping — Dämpfung
dark adaptation — Dunkeladaptation; Adaptation

Englisch-deutsches Stichwortverzeichnis und Verweisregister

darkness adaptation	Dunkeladaptation; Adaptation
data	Daten
data-driven (auf sensorische Daten bezogener Prozeß)	Informationsverarbeitung
data language (Datensprache)	Daten
data processing (Datenverarbeitung)	Informationsverarbeitung
daydreaming	Tagträumen
day residues	Tagesreste
deaf muteness	Taubstummheit
deafness	Taubheit
death feigning	totstellen
death instinct	Todestrieb
debility (Debilität)	Debilität; Schwachsinn
decerebration	Dezerebration
decibel	Dezibel
decision	Entscheidung
decisional control (Entscheidungskontrolle)	Kontrolle
decision theory (Entscheidungstheorie)	Entscheidung
declarative knowledge (deklaratives Wissen)	Wissen
decoding (Entschlüsseln)	Sender
dedifferentiation (Dedifferenzierung; Aufhebung der Differenzierung)	Regression
deep psychology	Tiefenpsychologie
deep unconsciousness (tiefe Bewußtlosigkeit)	Bewußtlosigkeit
defect	
defect delinquency (störungsbedingte Delinquenz)	Defekt
defective delinquent (störungsbedingter Delinquent)	Defekt
defense	Abwehr
defense mechanisms	Abwehrmechanismen
defense reaction (Abwehrreaktion)	Abwehr
defense reflex (Defensiv-Reflex)	Abwehr
defense strategies (Abwehrstrategien)	Abwehrmechanismen
deferred reaction experiment (verzögertes Reaktionsexperiment)	verzögertes Verhalten
deficiency (auch: Mangelzustand; Defizienz)	Defekt
definition	Definition
deformity (Deformiertheit; Mißgestaltetheit)	Defekt
degradation law	Degradationsgesetz
degrees of freedom	Freiheitsgrade
Deiter's cells	Deitersche Zellen
delayed behavior	verzögertes Verhalten
delayed conditioning (verzögertes Konditionieren; Spurenkonditionieren)	Konditionierung, klassische
delayed reaction (Reaktionsverzögerung)	verzögertes Verhalten
delayed reinforcement	Verstärkungsverzögerung
delayed response (Reaktionsverzögerung)	verzögertes Verhalten; Verstärkungsverzögerung
delayed reward experiment (Verstärkungsverzögerungs-Experiment)	verzögertes Verhalten
delay of reinforcement	Verstärkungsverzögerung
Delbœuf disk	Delbœufsche Scheibe

504

Englisch-deutsches Stichwortverzeichnis und Verweisregister

Delbœuf's illusion	Delbœufsche Täuschung
Delbœuf's law (Delbœufsches Gesetz)	Degradationsgesetz
deliberation (Überlegung)	Entscheidung
delirium (Delirium)	Delir
delta motion/movement/phenomenon (Delta-Phänomen)	Scheinbewegung
delta rhythm (Deltarhythmus)	Elektroencephalogramm
delta waves (Deltawellen)	Elektroencephalogramm
delusion	Wahn
delusional idea (Wahnidee)	Idee
delusional (paranoid) disorder (wahnhafte [paranoide] Störung)	Wahn
delusional distortion (wahnhafte Verzerrung)	Abwehrmechanismus
delusion erotomanic type (Liebeswahn)	Wahn
delusion of grandeur (Größenwahn)	Paranoia; Wahn
delusion of impoverishment (Verarmungswahn)	Wahn
delusion of jealousy (Eifersuchtswahn)	Wahn
delusion of negation (nihilistischer Wahn)	Wahn
delusion of persecution (Verfolgungswahn)	Paranoia; Wahn
delusion of reference (Beziehungswahn)	Wahn
delusion somatic type (körperbezogener Wahn)	Wahn
dementia	Demenz
dementia alcoholica (Alkohol-Demenz)	Demenz
dementia apoplectica (apoplektische Demenz)	Demenz
dementia arising in presenium (präsenile Demenz)	Demenz
dementia arising in senium (senile Demenz)	Demenz
dementia arteriosclerotica (arteriosklerotische Demenz)	Demenz
dementia paralytica (paralytische Demenz)	Demenz
dementia paranoides (paranoide Demenz)	Demenz
dementia senilis (senile Demenz)	Demenz
dementia traumatica (traumatische Demenz)	Demenz
dendate nucleus	Nucleus dendatus
dendrite	Dendrit; Neuron
denial (Verleugnung)	Abwehrmechanismen
denotation (Bezeichnung; sachsinnhafte Bedeutung)	Denotation
denotative meaning (sachsinnhafte Bedeutung)	Denotation
deoxyribonucleic acid (Desoxyribonukleinsäure)	DNA
dependency	Abhängigkeit
dependent personality disorder (dependente Persönlichkeitsstörung)	Persönlichkeitsstörung
dependent variable (abhängige Variable)	Variable
depersonalization	Depersonalisation
depersonalization neurosis (Depersonalisations-Neurose)	Neurose
depiction	Abbildung
depolarisation	Depolarisation

505

Englisch-deutsches Stichwortverzeichnis und Verweisregister

depolarization	Depolarisation
depravation	Depravation
depreciation (Abwertung)	Abwehrmechanismen
depression	Depression
depressive	depressiv
depressive neurosis (neurotische Depression; depressive Neurose)	Neurose; Depression
depressive stupor (depressiver Stupor)	Stupor
depressive syndrome (depressives Syndrom)	Depression
depressor nerve (Depressornerv)	Depressor
deprivation	Deprivation
depth cues (Tiefenhinweise)	Tiefenwahrnehmung
depth perception	Tiefenwahrnehmung
depth psychology	Tiefenpsychologie
derived score (abgeleiteter Score)	Score
description	Beschreibung
desensitization	Desensitivierung
desire	Begehren
desoxyribonucleic acid (Desoxyribonuklein-säure; DNA)	Nukleinsäuren
detachment	Ablösung
detection negativity (Entdeckungsnegativierung)	ereignisbezogene Potentiale
detection of deception (Detektion von Verfälschungstendenzen)	Glaubwürdigkeit
detectors	Detektoren
deterioration	Abbau; Zerfall
deterioration index	Abbau-Index
determinant	Determinante
determination	Determination
determiner	Determinante
determining tendencies	determinierende Tendenzen
determinism	Determinismus
deuteranopia	Deuteranopie
development	Entwicklung
developmental age (Entwicklungsalter)	Alter
developmental disorders	Entwicklungsstörungen
developmental psychology	Entwicklungspsychologie
developmental sequence	Entwicklungsreihe
development stages	Entwicklungsphasen
developmental theories	Entwicklungstheorien
deviant behavior (abweichendes Verhalten)	Abweichung
deviation	Abweichung
dexterality (Rechtshändigkeit)	Händigkeit
dexterity (auch: Geschicklichkeit)	Gewandtheit
dextrality (Rechtshändigkeit)	Händigkeit
dextrasinistrality (Umlernen von Links- auf Rechtshändigkeit)	Händigkeit
diacopic fit (Apnoe-Anfall)	Anfall
diagnosis	Diagnose
diagnostic and statistical manual of mental disorders (diagnostisch-statist. Verzeichnis psych. Störungen)	DSM

506

Englisch-deutsches Stichwortverzeichnis und Verweisregister

diagnostics (Diagnostik)	Diagnose
diagnosticity	Diagnostizität
diagram (Diagramm; schematische Darstellung)	Schema
dichotic listening	dichotisches Hören
dichotomy	Dichotomie
dictionary (Wörterbuch; Wortbedeutungsgedächtnis)	Lexikon
diencephalo-autonomic attack (vegetativer Anfall)	Anfall
difference limen (Grenzwert)	Psychophysik
differential inhibition	Hemmung, differenzierende
differential psychology	Differentielle Psychologie
differential sensibility	Unterschiedsempfindlichkeit
differential threshold	Unterschiedsschwelle; Schwelle
differentiation	Differenzierung
diffuse	diffus
digit-span test (Zahlen-Gedächtnis-Test)	Zahlennachsprechen
digit symbol tests (Zahlensymboltest)	Substitut
diopter	Dioptrie
dioptre	Dioptrie
dipole	Dipol
dipole tracing (Dipol-Bestimmungs-Methode)	Dipol
dipsomania (periodische Trunksucht)	Dipsomanie; Alkoholismus
direct	unmittelbar
direct contact group	Gruppe mit direktem Kontakt
directedness	Gerichtetheit
direction	Richtung
directional fractionization (Fraktionierung der Aktivierungsrichtung)	Psychophysiologie
disappearing differences method	Methode der »verschwindenden« Unterschiede
disarranged sentence test	Satzordnen
discharge	Entladung; Übersprunghandlung
discourse	Diskurs
discrete	diskret
discrimination	Diskrimination
discriminative stimulus	Reiz, differenzierender
discriminatory reaction time (Signal-Unterscheidungs-Reaktionszeit)	Reaktionszeit
discriminatory sensitivity (Unterscheidungs-Sensitivität; Unterschiedsempfindlichkeit)	Signalentdeckung
disinhibition	Enthemmung
disintegration	Desintegration
disorder	Störung
disorder of gender identity (Störung der Geschlechtsidentität)	Geschlechtsidentität
disorder of impulse control (Störung der Impulskontrolle)	Impulskontrolle
disorganization	Desorganisation
disorganized hyperactivity (Handlungszerfall; desorganisierte, ungesteuerte Hyperaktivität)	Psychose

507

Englisch-deutsches Stichwortverzeichnis und Verweisregister

disorganized type (desorganisierter Typus)	Schizophrenie
disorientation (Orientierungsstörung)	Desorientiertheit
disparity	Disparation
displacement (Verschiebung)	Verschiebung; Transposition; Abwehrmechanismen
displacement activity	Übersprunghandlung
displacement of affect	Affekt; Affektverschiebung
display (Bildschirm; Projektionsfläche)	Biofeedback
display behavior	Imponiergehabe
dispositions (Anlagen)	Disposition
dispositions of the mind (Auffassungsweisen)	Einstellung
disruptive behavior disorders (expansive Entwicklungsstörungen)	Entwicklungsstörungen
dissociation	Dissoziation
dissociative defense (Dissoziation)	Abwehrmechanismen
dissociative disorder (dissoziative Störung; hysterische Neurose; dissoziativer Typ)	dissoziative Störung
dissociative type (hysterische Neurose; dissoziativer Typ)	dissoziative Störung
dissonance	Dissonanz
disthymia (disthyme Störung; depressive Neurose)	Affektive Störung; Depression
distribution	Verteilung
disturbances (Störungen)	Klinische Psychologie
divergent thinking	divergentes Denken
divided attention (verteilte Aufmerksamkeit)	Aufmerksamkeit
dizygotic twins (zweieiige Zwillinge)	Zwilling
dogmatism	Dogmatismus
dominance	Dominanz; Herrschaft
dopamine	Dopamin
double aspect theory	Zwei-Aspekte-Lehre
double-binding (Doppeldeutigkeit)	Schizophrenie
Down's syndrome (Downsches Syndrom)	Mongolismus
dream	Traum
dream interpretation	Traumdeutung
drive	Antrieb; Trieb
drive condition (Triebbedingung)	Bedürfnis
drive level (Triebniveau; D)	Trieb
drive reduction (Triebreduktion)	Verstärkung
drive stimulus	Triebreiz; Reiz
drug	Droge
drug abuse (Drogenmißbrauch)	Drogenabhängigkeit
drug addiction (Drogensucht; Drogenabhängigkeit)	Sucht
drug dependence	Drogenabhängigkeit
drugs research (Drogenforschung)	Pharmakopsychologie
drug tolerance (Drogentoleranz)	Sucht; Drogenabhängigkeit
dualism	Dualismus
Dubois formula (Duboissche Formel)	Duboissches Gesetz
Dubois law	Duboissches Gesetz
duct	Kanal
ductless glands (Drüsen ohne Abflußkanal)	Drüsen
duplexity/duplicity theory	Duplizitätstheorie

Englisch-deutsches Stichwortverzeichnis und Verweisregister

dynamic forces (dynamische Feldkräfte) — Feldtheorie
dynamic psychology — dynamische Psychologie
dynamic system (dynamisches System; Feld) — System
dyslalia — Dyslalie
dyslexia — Dyslexie; Legasthenie
dyslogia — Dyslogie
dysmorphic disorder (dysmorphe Störung) — somatoforme Störung
dysmorphophobia (dysmorphe Störung) — somatoforme Störung
dyspareunia (Dispareunie) — Sexualstörung
dysphasia — Dysphasie
dysphoria — Dysphorie
dysplastic — dysplastisch
dysrhythmia — Dysrhythmie
dyssomnias (Dyssomnien) — Schlafstörung
dysthymia — Dysthymie; Depression
dysthymic personality (dysthymische Persönlichkeit) — Dysthymie
dystonia — Dystonie
dystrophia — Dystrophie
dystrophy — Dystrophie

ear — Ohr
ear noises — Ohrgeräusche
early childhood (frühe Kindheit) — Entwicklungsabschnitte
early infantile autism (frühkindlicher Autismus) — Kannersches Syndrom
eating disorders — Eßstörungen
eccrine sweat glands (kleine Hautschweißdrüsen) — elektrodermale Aktivität
echo tomography (Sonographie) — Tomographie
ecological psychology — Umweltforschung, psychologische
ecological validity (ökologische Validität) — Linsenmodell
ecology — Ökologie
ectomorphic — ektomorph
educational guidance (Erziehungshilfe; -beratung) — Beratung
educational objective — Lehrziel
educational psychology — Pädagogische Psychologie
E-effect — E-Phänomen
effectance motivation (Effektanzmotiv) — Kompetenz
effective excitatory potential — Reaktionspotential
effective habit strength — Gewohnheitsstärke
effector — Effektor
efficiency (Wirkungsgrad) — Effizienz; Arbeit
effort (Anstrengung) — Aufmerksamkeit
ego — Ich
egocentric — egozentrisch
ego control (Ichkontrolle) — Kontrolle
ego defenses — Abwehrmechanismen
ego-involvement (Ichbeteiligung) — Ego-involvement; Selbst
egoism — Egoismus; Altruismus
eidetic — Eidetiker
electric shock (Elektroschock; elektrischer Schlag) — Schock

Englisch-deutsches Stichwortverzeichnis und Verweisregister

electrocardiogram	EKG, Elektrokardiogramm
electro-convulsive shock (elektro-konvulsiver Schock, ECS)	Schock
electrodermal activity (hautelektrische Aktivität)	elektrodermale Aktivität
electrodermal lability (elektrodermale Labilität)	Labilität
electrodermal stability (elektrodermale Stabilität)	Labilität
electroencephalogram	Elektroencephalogramm
electromyogram	EMG, Elektromyogramm
electro-oculogram	EOG, Elektrookulogramm
electroretinogram	ERG, Elektroretinogramm
elementarism	Elementarismus
elimination disorders (Störungen der Ausscheidung)	Entwicklungsstörungen
embedded figures (eingebettete Figuren)	Gottschaldtsche Figuren
embeddedness (Eingebettetheit)	Gottschaldtsche Figuren
emergency reaction	Notfall-Reaktion; Angst
emergent process	Emergenz
emergentism (Emergenzlehre)	Emergenz
emitted behavior	Verhalten, operantes
Emmert law	Emmertsches Gesetz
emotion	Emotion
emotional arousal (emotionale Erregung)	Erregung
emotional behavior	Verhalten, emotionales
emotional bias (emotionale Fehlhandlung)	emotional
emotional exhaustion (emotionale Erschöpfung)	Erschöpfungsdepression
emotional expression (emotionaler Ausdruck)	Emotion
emotional impression (Gefühls-Eindruck)	Emotion
emotional intelligence	emotionale Intelligenz
emotional management (Training zum Umgang mit Emotionen)	emotionale Intelligenz
emotional responses (emotionale Reaktionen)	Emotion
emotional shock (psychischer Schock)	Schock
emotional stability (emotionale Stabilität)	Stabilität
emotional stupor (emotionsbedingter Stupor)	Stupor
emotionality (emotionale Erregung)	Angst
empathy	Einfühlung
empirical	empirisch
empirism, empiricism	Empirismus
encephalomyelitis disseminate	multiple Sklerose
encoding (verschlüsseln)	Sender
encoding specifity (Enkodierungsspezifität)	Entwicklungsstörungen
encopresis (Einkoten)	Gedächtnis
encounter group (Selbsterfahrungsgruppe)	Sensitivity-Training
endocrine glands	endokrine Drüsen
endogenic	endogen
endogenous	endogen
endogenous depression (endogene Depression)	Depression
endogenous potentials (endogene Potentiale)	endogene Potentiale; ereignisbezogene Potentiale

510

Englisch-deutsches Stichwortverzeichnis und Verweisregister

endogenous psychosis (endogene Psychose) — Psychose
endokrinoimmunology — Endokrinoimmunologie
endomorphic — endomorph
endorphines — Endorphine
endosomatic methods (endosomatische Methoden) — elektrodermale Aktivität
engineering psychology (Arbeitspsychologie; Industriepsychologie; Ingenieurpsychologie) — Arbeits-, Betriebs- und Organisationspsychologie
engram (Engramm, Gedächtnisspur) — Engramm; Gedächtnis
enkephalines (Enkephaline) — Endorphine
enuresis (Bettnässen) — Entwicklungsstörungen
environmental factors — Umweltbedingungen
epidemiology — Epidemiologie
epilepsy — Epilepsie
epileptic attack; epileptic seizure (epileptischer Anfall) — Anfall
epileptic fit (epileptischer Herdanfall) — Anfall
epinephrine (Epinephrin) — Adrenalin
epiphysis — Epiphyse
epiphysis cerebri — Epiphyse
episcotister — Episkotister
episodic memory (Langzeitgedächtnis für Einzelheiten) — Gedächtnis
epistemology (Erkenntnislehre; Erkenntnistheorie) — Epistemologie
epsilon motion/movement/phenomenon (Epsilon-Phänomen) — Scheinbewegung
equal appearing intervals — gleicherscheinende Intervalle
equal loudness contour — Isophon-Kurve
equivalent groups — gleichwertige Gruppen
ergonomics — Ergonomie
ergotropic — ergotrop
erogenous zones — erogene Zonen
erotic — erotisch
erotogenic zones — erogene Zonen
erotomania (Liebeswahn) — Wahn
error — Fehler
error of bias (Voreingenommenheits-Fehler) — Voreingenommenheit
escape behavior — Fluchtverhalten
esophagus — Ösophagus
essential faty acids (essentielle Fettsäuren) — Fette
estimated mode (geschätzter Modus; Modalwert) — Modus
estrangement — Entfremdung
ethics — Ethik
ethnocentrism — Ethnozentrismus; autoritäre Persönlichkeit
ethnological psychology — Völkerpsychologie
ethnology — Ethnologie
ethnopsychology (Ethno- oder Völkerpsychologie) — Ethnologie; Völkerpsychologie
ethology — Ethologie; Verhaltensforschung
etiology (Krankheitsursachen-Forschung; Krankengeschichte) — Ätiologie

Englisch-deutsches Stichwortverzeichnis und Verweisregister

euphoria	Euphorie
Eustachian tube	Eustachische Röhre
evaluation (Bewertung; Beurteilung; Einschätzung)	Bewertung; Evaluation; Polaritätsprofil
evaluation apprehension	Beurteilungserwartung
event (Ereignis, Erlebnis)	Erleben
event-correlated potentials (ereigniskorrelierte Potentiale)	ereignisbezogene Potentiale
event-related potentials	ereignisbezogene Potentiale
evidence (Bekundung; Tatsachenbehauptung)	Aussage
evoked field (evoziertes Magnetfeld)	Magnetfeld-Encephalographie
evoked magnetic field (evoziertes Magnetfeld)	Magnetfeld-Encephalographie
evoked potentials	evozierte Potentiale
evoked responses (evozierte Reaktionen)	evozierte Potentiale
evolution	Evolution
evolutionism	Evolutionismus
exchange theory	Austauschtheorie
excitability	Erregbarkeit
excitable cells (erregbare Zellen)	Erregbarkeit
excitation	Erregung
excitatory pattern (Erregungsmuster; Erregungskonstellation)	Pattern
excitatory postsynaptic potentials (postsynaptisches Erregungspotential)	Synapse
excitatory potential	Reaktionspotential; Trieb
excited depression (agitierte Depression)	Agitiertheit
excitement (Aufgeregtheit, Angeregtheit)	Erregung
excitement phase	Erregungsphase
excitement-quiescence (Erregung-Beruhigung)	Erregung
exhaustion	Erschöpfung
exhaustion depression	Erschöpfungsdepression
exhaustion psychosis (Erschöpfungspsychose)	Erschöpfung
exhaustion threshold (Erschöpfungsschwelle)	Streß
exhaustive stupor (Erschöpfungsstupor)	Stupor
exhibitionism (Exhibitionismus)	Exhibitionismus; Sexualstörung
existential psychology	Existenzpsychologie
Exner's disk	Exnersche Scheibe
exogenous	exogen
exogenous potentials (exogene Potentiale)	ereignisbezogene Potentiale
exogenous psychosis (exogene Psychose)	Psychose
exophthalmic goitre	Basedowsche Krankheit
exosomatic methods (exosomatische Methoden)	elektrodermale Aktivität
expectancy	Erwartung
expectation	Erwartung
expected value (Erwartungswert)	Erwartung, statistische
experience (auch: Erleben)	Erfahrung
experiment	Experiment
experimental aesthetics (experimentelle Ästhetik)	Kunstpsychologie
experimental design (Versuchsaufbau)	Experiment

Englisch-deutsches Stichwortverzeichnis und Verweisregister

experimental group (Experimentiergruppe)	Kontrolle
experimental investigation	Experiment
experimental neurosis (experimentelle Neurose)	Neurose
experimenter (Experimentator; Versuchsleiter)	E.
experimenter bias	Versuchsleiter-Erwartungseffekt
experimenter effect	Versuchsleiter-Effekt
experiments with drugs	Pharmakopsychologie
expert power (Gewichtigkeit des Expertentums)	Macht, soziale
expert system	Expertensystem
exploration	Exploration
exploratory behavior (exploratives Verhalten)	Exploration
exploratory drive (Explorationstrieb)	Neugierde
explosive disorder (explosive Störung)	Impulskontrolle
expression	Ausdruck
external auditory meatus (äußerer Gehörgang)	Ohr
external control (äußere Kontrolle)	Kontrolle
external inhibition	Hemmung, äußere
external validity	Validität, externe; Experiment
exteroceptive reflexes (Reflex auf Außenreize)	Reflex
extinction	Löschung
extraconscious (außerbewußt)	unbewußt
extrasensory perception	außersinnliche Wahrnehmung
extraversion	Extraversion
extravert (extravertiert)	Extraversion
extrinsic	extrinsisch
extrinsical	extrinsisch
eye	Auge
eye blink reflex	Lidschluß-Reflex
eye-head movement system (Auge-Kopf-Bewegungs-System)	Bewegungssehen
eye movements	Augenbewegungen
facet analysis	Facettenanalyse
face-to-face group	Gruppe mit direktem Kontakt
face validity	Validität, inhaltliche
facilitation	Bahnung
factor	Faktor
factor axes	Faktorenachsen
factorial designs (faktorieller Versuchsaufbau)	Faktor
factorial validity	Validität, faktorielle
factor loading	Faktorenladung
factor theory	Faktorentheorie
faint; fainting (synkopaler, vasomotorischer Anfall)	Anfall
Fallopian tube (tuba uterina)	Eileiter
false alarm (falscher Alarm)	Signalentdeckung
family constellation	Familienkonstellation
fancy	Einbildung; Phantasie
fantasm (Phantasma)	Phantasie

Englisch-deutsches Stichwortverzeichnis und Verweisregister

fantasy	Einbildung; Einbildungskraft; Phantasie
Farnsworth-Panel-D-15-Test	Farbentüchtigkeit
fascism (Faschismus)	autoritäre Persönlichkeit
fast potentials (schnelle Potentiale)	ereignisbezogene Potentiale
fatigue	Ermüdung
fat metabolism (Fettstoffwechsel)	Fette
fats	Fette
faty tissue (Fettgewebe)	Fette
fear	Furcht
fear potentiated startle response (furcht-verstärkte Schreckreaktion)	Schreckreaktion
Fechner-Benham phenomenon (Fechner-Benhamsches Phänomen)	Flimmerfarben
Fechner's law	Fechnersches Gesetz
Fechner's paradox	Fechnersches Paradoxon
feeblemindedness	Schwachsinn; Idiotie
feed back (Rückkoppelung; Rückkoppelungswirkung)	Reafferenzprinzip
feed back system (Rückkoppelungssystem)	Regelkreis
feeling (Gefühl)	Emotion
female homosexuality (weibliche Homosexualität)	Homosexualität
fetishism (Fetischismus)	Sexualstörung
fibril	Fibrille
field	Feld
field experiment	Feldexperiment
field of consciousness (Bewußtseinsfeld)	Bewußtsein
field research (Feldforschung)	Feldstudie
field study	Feldstudie
field theory	Feldtheorie
fight or flight reaction	Notfall-Reaktion
figural after-effect	figurale Nachwirkung; Scheinbewegung
figure-ground	Figur-Grund
filter theory	Filtertheorie
filter theory of attention (Filtertheorie der Aufmerksamkeit)	Aufmerksamkeit
final common cabel (gemeinsamer Endkanal)	Analysator
finger agnosia (taktile Agnosie)	Agnosie
finite normalized zero-sum game (endliches normalisiertes Null-Summen-Spiel)	Spieltheorie
first kind of conditioning	Konditionierung erster Art
first order factor	Faktor erster Ordnung
first signalling system (erstes Signalsystem)	Signalsystem
fissures (Furchen)	Gehirn
fit (Herdanfall)	Anfall
fixation	Fixierung
fixation of affect	Affekt; Affektfixierung
fixed idea (fixe Idee)	Idee
fixed interval periodic reinforcement (intermittierende Verstärkung mit festen Intervallen)	Verstärkungsplan
flashbulb memory (Blitzlicht-Gedächtnis)	Gedächtnis
flexibility	Flexibilität

Englisch-deutsches Stichwortverzeichnis und Verweisregister

flicker colours	Flimmerfarben
flicker disk (Flimmerscheibe)	Flimmerfusion
flicker fusion	Flimmerfusion
flicker fusion frequency (Flimmerfusionsfrequenz; CFF)	Flimmerfusion
flight behavior	Fluchtverhalten
flight of idea (Ideenflucht)	Idee
flooding	Flooding
flowery (blumig)	Geruchssinn
flow pattern (Fließmuster)	Bewegungssehen
fluctuation (Schwankung)	Fluktuation
fluctuations of attention	Aufmerksamkeitsschwankungen
fluency	Flüssigkeit
focal stimuli (fokale, der Beurteilung zugrundeliegende Reize)	Adaptationsniveau
focus	Brennpunkt
focus of attention (Aufmerksamkeitsfokus)	Brennpunkt
forced compliance (erzwungene Einwilligung)	Compliance
forebrain (Vorderhirn; Großhirn)	Gehirn
forensic psychology	Forensische Psychologie
forewarned reaction time paradigm (Reaktionszeitversuch mit Vorwarnung; vorgewarnter Reaktionszeitversuch)	Reaktionszeit
forgetting	Vergessen
form	Gestalt
formal definition (formale Definition)	Definition
formants	Formanten
formicatio (Hautkrabbeln)	Halluzination
form qualities	Gestaltqualitäten
fouldings (Großhirnfaltungen)	Gehirn
Fourier analysis	Fourier-Analyse
fractional antedating goal response (partiell antizipatorische Zielreaktion)	Zielreaktion
frame of reference	Bezugssystem
framework	Bezugssystem
fraternal twins (eineiige Zwillinge)	Zwilling
F ratio	F-Wert
free association	Assoziieren, freies
free associations (freie Assoziationen)	Assoziation
free floating anxiety (freiflottierende Angst)	Angst; Angstneurose
free recall (Methode des freien Erinnerns)	Erinnern; Gedächtnis
frequency	Frequenz
frequency distribution	Häufigkeitsverteilung
Freudian slip	Fehlleistung
frigidity	Frigidität
frontal association area (frontale Assoziationsfelder)	Gehirn
frontal lobe	Stirnlappen; Gehirn
frotteurism (Frotteurismus)	Sexualstörung
fruity (fruchtig)	Geruchssinn
frustration threshold (Frustrationsschwelle)	Streß
Fullerton-Cattell-law	Fullerton-Cattellsches Gesetz
function	Funktion

515

Englisch-deutsches Stichwortverzeichnis und Verweisregister

functional circuit model	Funktionskreis-Modell
functional disorders (Funktionsstörungen)	Neurose
functionalism	Funktionalismus
functional psychology (funktionalistische Psychologie)	Funktionalismus
functional structuralism (funktioneller Strukturalismus)	Strukturalismus
functional synaptic units (synaptische Funktionseinheiten)	Elektroencephalogramm
further vocational education (Weiterbildung)	Ausbildung
fusion	Verschmelzung
Galton bar	Galtonscher Balken
Galton whistle	Galtonsche Pfeife
galvanic skin response	galvanische Hautreaktion; elektrodermale Aktivität
game	Spiel
gamma-amino-butyric-acid (Gamma-Amino-Buttersäure)	GABA
gamma motion/movement/phenomenon	Gamma-Phänomen; Scheinbewegung
Ganser syndrome	Gansersches Syndrom
gate-control theory of pain (Schwellenkontroll-Theorie des Schmerzes)	Schmerz
gating (Pforten- oder Toreffekt)	Engramm
gender identity	Geschlechtsidentität
gender identity disorder (Geschlechtsidentitätsstörung)	Sexualstörung
gender identity disorders of childhood and adolescence (Störungen der Geschlechtsidentität im Kindesalter und in der Adoleszenz)	Entwicklungsstörungen; Geschlechtsidentität
gender/sex identity (Geschlechtsidentität)	Sexualität
gene	Gen
general ability (Grund-, Primärfähigkeit)	Fähigkeit; G-Faktor
general adaptation syndrome	Adaptationssyndrom, allgemeines; Streß
general alarm reaction (allgemeine Alarmreaktion)	Adaptationssyndrom, allgemeines; Streß
general factor	G-Faktor
generalization	Generalisierung
generalization gradient (Generalisierungsgradient)	Reizgeneralisierung
generalized anxiety disorder	Angststörung, generalisierte
generalized assimilation (generalisierte Assimilation)	Assimilation
general mental energy (allgemeine geistige Energie; Kraft)	Intelligenz
general psychology	Allgemeine Psychologie
general semantics (allgemeine Bedeutungslehre)	Semantik
general system theory (Allgemeine System-Theorie)	System
generative transformational grammar (generative Transformationsgrammatik)	Grammatik

516

Englisch-deutsches Stichwortverzeichnis und Verweisregister

genetic	genetisch
genetics	Genetik
geniculate bodies	Corpora geniculata
genital character (genitale Fixierung)	genitale Phase
genital level	genitale Phase
genital phase	genitale Phase
genital primacy (Genitalprimat)	genitale Phase
genome	Genom
geometrical illusion	geometrische Täuschung
germ	Keim
gestalt	Gestalt
gestaltism (»Gestaltismus«)	Gestaltpsychologie
gestalt laws	Gestaltgesetze
gestalt theory (Gestalttheorie)	Gestaltpsychologie
gestalt psychology	Gestaltpsychologie
Gestalt therapy	Gestalttherapie
gesture	Gestik
g-factor	G-Faktor
gigantism (Riesenwuchs)	Gigantismus
Gilles de la Tourette syndrome (Tourette-Syndrom)	Tic
glands	Drüsen
glandulae	Drüsen
glandular response	Drüsenreaktion
glia	Glia
glucose	Glukose
glucose tolerance test (Glucosetoleranztest)	Diabetes
glycogen	Glykogen
goal	Ziel
goaldirected behavior	Verhalten, zielorientiertes
goal gradient	Zielgradient
goal reaction	Zielreaktion
Golgi apparatus	Golgi-Apparat
Golgi receptor	Golgi-Apparat
Golgi-Mazzoni corpuscles	Golgi-Mazzonische Körperchen
gradient of effect (Effektgradient)	Gradient
gradient of generalization (Generalisierungsgradient)	Gradient
gradient of reinforcement	Verstärkungsgradient
gradient of reinforcement (Verstärkungsgradient)	Gradient
gradient of texture (Texturgradient)	Gradient
graduation method (Abstufungs-, Gradierungsmethode)	Hemmung, reziproke
grandeur delusions	Größenwahn
grand mal (großer epileptischer Anfall)	Anfall
graph	Graph
graphology	Graphologie
graphometry	Graphometrie
grasping reflex	Greifreflex
Graves' disease (Gravesche Krankheit)	Basedowsche Krankheit
greco-latin square design	griechisch-lateinisches Quadrat
gregariousness (Geselligkeitsbedürfnis)	Herdeninstinkt

517

Englisch-deutsches Stichwortverzeichnis und Verweisregister

grey matter (Graue Substanz)	Gehirn
group	Gruppe
group absolutism	Gruppenabsolutismus
group behavior	Gruppenverhalten
group consciousness	Gruppenbewußtsein
group decision	Gruppenentscheidung
group dynamics	Gruppendynamik
group factor	Gruppen-Faktor
group mind (Gruppengeist)	Gruppenbewußtsein
group structure	Gruppenstruktur
group test	Gruppentest
group therapy	Gruppentherapie
growth (Wachstum)	Entwicklung; Entwicklungspsychologie
growth curve	Wachstumskurve
guidance	Beratung
guided affective imaginary	Katathymes Bilderleben
gustation; gustatory perception	Geschmackssinn
Guttman scale	Guttman-Skala
gyrus (Hirnwindung)	Gyrus
Haab's pupillary reflex	Haabscher Pupillenreflex
habit	Gewohnheit
habit family (Gewohnheitsfamilie)	Gewohnheitshierarchie
habit family hierarchy (hierarchische Gewohnheitsfamilie)	Gewohnheitshierarchie
habit formation (Gewohnheitsbildung)	Gewohnheit
habit interference (Gewohnheitsinterferenz; -konflikt)	Gewohnheit
habits (Verhaltens-Gewohnheiten)	Bedürfnis
habit strength	Gewohnheitsstärke
habituation (auch: Gewöhnung)	Habituation
habituation of the orienting response (Habituation der Orientierungsreaktion)	Habituation
habituation rate (Habituationsgeschwindigkeit, -verlauf)	Habituation
haemodynamometry (Blutdruckmessung)	Blutdruck
haemogram (Hämogramm)	Blutbild
hair cell	Haarzelle
hair follicle	Haarfollikel
hallucination	Halluzination
hallucinogenes (Halluzinogene)	Drogenabhängigkeit
hammer (Hammer)	Ohr
handedness	Händigkeit; Lateralität
handicap (Beeinträchtigung)	Behinderung
haptic	haptisch
harmful dysfunction (schwerwiegende Dysfunktion)	Störung
haunted swing illusion (Schaukeltäuschung)	Hexenschaukel
Hawthorne effect	Hawthorne-Effekt
health psychology	Gesundheitspsychologie
hearing	Hören
hearing theories (Theorien des Hörens)	Hören
heart anxiety syndrome (Herzangst-Syndrom)	Anfall

518

Englisch-deutsches Stichwortverzeichnis und Verweisregister

heart rate (Herzrate)	Herzschlagfrequenz
hebephrenia (Hebephrenie; Jugendirresein)	Schizophrenie; Hebephrenie
hedonic	hedonistisch
hedonistic	hedonistisch
helping behavior (Hilfeleistungs-Verhalten)	Hilfeleistungs-Motiv
helplessness	Hilflosigkeit
hemispheric differentiation	Hemisphärendifferenzierung; Lateralität
hemispheric dominance	Hemisphärendominanz; Lateralität
Herbartianism	Herbartsche Psychologie
Herbartian psychology	Herbartsche Psychologie
heredity	Vererbung
Hering's greys	Heringsche Grauskala
Hering's illusion	Heringsche Täuschung
Hering's window	Heringsches Fenster
hermaphrodite (Hermaphroditismus; Zwittrigkeit)	Androgynie
heterogeneous	heterogen
heterozygotic (zweieiig; aus verschiedenen, befruchteten Eizellen stammende Zwillinge)	heterozygotisch
heuristics	Heuristik
Heymans' law of inhibition	Heymanssches Hemmungsgesetz
hibernation	Winterschlaf
Hick-Hyman law	Hick-Hymansches Gesetz
hierarchy of habits	Gewohnheitshierarchie
high frequency deafness (Taubheit für Töne aus dem oberen Frequenzbereich; Altersschwerhörigkeit	Presbyakusis
higher level skill (höhere Fertigkeiten)	Geschicklichkeit
higher nervous activity	höhere Nerventätigkeit
highly unsaturated faty acids (mehrfach ungesättigte Fettsäuren)	Fette
histrionic personality disorder (histrionische Persönlichkeitsstörung)	Persönlichkeitsstörung
hit (Treffer)	Signalentdeckung
holistic psychology	Ganzheitspsychologie
homeostatic adaptation (homöostatische Adaptation)	Adaptation
homeostasis	Homöostase
homo-eroticism (Homoerotik)	Homosexualität
homogeneous	homogen
homogeneous field	Ganzfeld
homologous	Homolog
homologous organs	homologe Organe
homosexuality	Homosexualität
homosexual neurosis (neurosebedingte Homosexualität)	Homosexualität
homozygotic (eineiig)	homozygotisch
hope	Hoffnung
horde	Horde
hormic	hormisch
hormone	Hormon
hospitalism	Hospitalismus

519

Englisch-deutsches Stichwortverzeichnis und Verweisregister

hostile paranoid behavior (aggressives paranoides Verhalten)	Psychose
Hoyt formula	Hoytsche Formel
hue perception/vision	Farbensehen
hues (Farbtöne)	Farbensehen
hue vision	Farbensehen
human engineering (Ingenieurpsychologie)	human engineering
human factors engineering (Ergonomie; Ingenieurpsychologie)	Arbeits-, Betriebs- und Organisationspsychologie
human immunodeficiency virus (HIV)	AIDS
human resources management	Personalentwicklung
humanistic psychology (humanistische Psychologie)	Psychotherapie
Humphrey's effect (auch: Humphreysches Paradoxon)	Humphreys Effekt
hunger	Hunger
hyoid bone	Zungenbein
hypermedia	Hypertext
hypermnesia	Hypermnesie
hypersomnia (Hypersomnie)	Schlafstörung
hypertension	Hypertonie
hypertext	Hypertext
hyperthymia	Hyperthymie
hyperthyroidism (Überfunktion der Schilddrüse)	Hyperthyreoidismus
hypertrophy	Hypertrophie
hypnology (Schlafforschung)	Schlaf
hypnosis	Hypnose
hypnotic susceptibility (Hypnotisierbarkeit)	Hypnose
hypochondria	Hypochondrie
hypochondriac (Hypochonder)	Hypochondrie
hypochondriacal neurosis (hypochondrische Neurose)	Neurose
hypomania	Hypomanie
hypophysis	Hypophyse
hypostatization	Hypostasierung
hypothesis	Hypothese
hypothesis theory	Hypothesentheorie
hypothetical constructs (hypothetische Begriffe, Konstrukte)	Konstrukt
hypothetical process variable	Prozeßvariable, hypothetische
hypothetical state variable	hypothetische Zustandsvariable
hypothyroidism (Unterfunktion der Schilddrüse)	Hypothyreoidismus
hysteria	Hysterie
hysterical neurosis (hysterische Neurose)	dissoziative Störung
id	Es
IDDM (Abk. insulinabhängiger Diabetes mellitus)	Diabetes
idea	Idee; Vorstellung
ideachase (Ideenflucht)	Idee
ideal	Ideal

Englisch-deutsches Stichwortverzeichnis und Verweisregister

idealism	Idealismus
idealization (Idealisierung)	Abwehrmechanismen
ideation	Ideation
ideational agnosia (visuelle Agnosie; Seelenblindheit)	Agnosie
identical twins (eineiige Zwillinge)	Zwilling
identification	Identifikation; Abwehrmechanismen
identificatory learning (Lernen durch Identifikation)	Imitation, soziale
identity	Identität
ideology	Ideologie
ideomotor	Ideomotorik
ideomotoric actions (ideomotorische Handlungen)	Ideomotorik
idiocy; idiotism (Idiotie)	Idiotie; Schwachsinn
idiographic	idiographisch
idiolalia	Idiolalie
idiopathic	idiopathisch
idiosyncrasy	Idiosynkrasie
illuminance	Helligkeit
illusion	Täuschung
image	Vorstellung
imagination	Einbildung; Phantasie
imaginative power	Einbildungskraft
imaginery	Einbildung
imaging methods (bildgebende Verfahren)	Tomographie
imbecility (Imbezillität)	Imbezillität; Schwachsinn
imitative learning (Lernen durch Imitation)	Imitation, soziale
immanent	immanent
immediate	unmittelbar
immediate associations (unmittelbare Assoziationen)	unmittelbar
immediate experience (unmittelbare Erfahrung, Erleben)	unmittelbar
immediate memory (unmittelbares Behalten)	unmittelbar
immediate retention	Gedächtnisbild, unmittelbares
immune deficiencies	Immundefekte
immunity	Immunität
immune system	Immunsystem
immunoassay (Immunassay)	Assay
immunoglobulins	Immunglobuline; Immunsystem
impairment (Beeinträchtigung; Störung)	Behinderung
impedance	Impedanz
impedance cardiography	Impedanzkardiographie
imperative stimulus (imperativer Reiz)	Reaktionszeit
implicit	implicite
implicit memory	implizites Gedächtnis; Gedächtnis
implicit perception (implicite Wahrnehmung)	Wahrnehmung, unterschwellige
implicit personality theory	implizierte Persönlichkeitstheorie
implicit speech	subvokales Sprechen
implosion	Implosion
implosion therapy (Implosionstherapie)	Implosion
impossible figures (unmögliche Figuren)	Täuschung

Englisch-deutsches Stichwortverzeichnis und Verweisregister

impotence	Impotenz
impression method	Eindrucksmethode
imprinting	Prägung
impulse	Impuls; Antrieb
impulse control	Impulskontrolle
impulsive action	impulsive Handlung
impulsive activity	impulsive Handlung
impulsive behavior (impulsives Verhalten)	impulsive Handlung
impulsiveness	Impulsivität
impulsivity	Impulsivität
inattention (Unaufmerksamkeit)	Aufmerksamkeit
incentive	Ansporn
incest	Inzest
incest barrier (Inzestbarriere)	Inzest
incidence	Inzidenz
incidental learning	Lernen, inzidentelles
inclusions (Organellen; Zelleinschlüsse)	Zelle
incommensurable	inkommensurabel
incompatible	inkompatibel
incontinence; incontinency	Inkontinenz
incontinence of faces (Stuhl-Inkontinenz)	Inkontinenz
increasing trend (wachsende, steigende Tendenz)	Trend
incubation time	Inkubationszeit
independent variable (unabhängige Variable)	Variable
index of consistency (Konsistenzindex)	Konsistenz
indication	Indikation
indifferentiated type (indifferenzierter Typ)	Schizophrenie
indirect vision	indirektes Sehen
individual psychology	Individualpsychologie
individual therapy	Individualtherapie
induced movement	induzierte Bewegung
induced needs (induzierte Bedürfnisse)	Bedürfnis
induced psychotic disorder (induzierte psychotische Störung)	psychotische Störung
induction	Induktion
industrial psychology (Industriepsychologie)	Arbeits-, Betriebs- und Organisationspsychologie
industrial psychotechnics (industrielle Psychotechnik)	Psychotechnik
inertia (auch: Schwäche, Kraft-, Antriebslosigkeit)	Trägheit
infancy (Kindheit)	Entwicklungsabschnitte
infantile dementia (dementia infantilis)	Hellersches Syndrom
infantilism	Infantilismus
inference (Schlußfolgerung)	Schlußfolgern; Inferenz
inferential statistics (inferentielle Statistik)	Inferenz
inferiority complex	Minderwertigkeitskomplex
inferiority feeling (Minderwertigkeitsgefühl)	Minderwertigkeitskomplex
influence	Beeinflussung
informal group	informelle Gruppe
information control (Informationskontrolle)	Kontrolle
information processing	Informationsverarbeitung

Englisch-deutsches Stichwortverzeichnis und Verweisregister

ingratiation (Einschmeichelung)	Ingratiation
inhalatory drugs (Inhalantien)	Drogenabhängigkeit
inherent (inhärent)	intrinsisch
inhibition	Hemmung
inhibitory potential	Hemmungspotential
inhibitory postsynaptic potentials (postsynaptisches Hemmungspotential)	Synapse
initiator (Anreger, Urheber, Sender)	Kommunikation
ink-blot test (Tintenklecks-Test)	Rorschach-Test
inner secretion	innere Sekretion
inner speech (auch: subvokales Sprechen)	inneres Sprechen
innovation	Innovation
insensibility (Unempfindlichkeit gegenüber Reizen)	Bewußtlosigkeit
insight	Einsicht
insightful learning	Lernen durch Einsicht
insulin dependent diabetes mellitus (insulinabhängiger Diabetes mellitus)	Diabetes
insomnia (Insomnie)	Schlafstörung
instigation threshold (Anreiz-Schwelle; Auslösewert)	Streß
instinct	Instinkt
instinctive acts (Instinktverhalten; Instinkthandlungen)	Instinkt
instruction	Instruktion
instruction, vocational (Berufsausbildung)	Ausbildung
instructional objective	Lehrziel
instructional psychology (Psychologie des Lehrens; Unterrichtspsychologie)	Instruktion
instructional validity	Lehrzielvalidität
instrumental conditioning	Konditionierung, instrumentelle
instrumental coping (instrumentelle Bewältigung)	Bewältigung
insula	Insula oder Reilsche Insel
insulin	Insulin
intake (Einnahme, Einlaß)	Intake-rejection-Hypothese
intake-rejection hypothesis	Intake-rejection-Hypothese
integration	Integration
intellect	Intellekt
intellectualization (Intellektualisierung)	Abwehrmechanismen
intelligence	Intelligenz
intelligence quotient	Intelligenzquotient
intelligence structure	Intelligenz-Struktur
intelligence tests	Intelligenz-Tests
intentionalism	Intentionalismus
intentionism	Intentionalismus
interaction	Interaktion
interactionism	Interaktion(al)ismus; Persönlichkeit
interactionistic personality theory (interaktionalistische Persönlichkeits-Theorie)	Persönlichkeit
interaction principle (Interaktionsprinzip)	Interaktion
interactive man-machine system (Dialog-System)	System

Englisch-deutsches Stichwortverzeichnis und Verweisregister

interdependency	Interdependenz
interest	Interesse
interference	Interferenz
interhemispheric interaction (interhemisphärische Wechselwirkung)	Lateralität
interhemispheric transference (interhemisphärische Übertragung)	Lateralität
intermission	Intermittenz
intermittence	Intermittenz
intermittent explosive disorder (intermittierende explosive Störung)	Impulskontrolle
intermittent reinforcement (intermittierende Verstärkung)	Verstärkungsplan; Verstärkung, partielle
intermodale interaction (intermodale Interaktion)	intermodale Interferenz
intermodale interference	intermodale Interferenz
intermodal transference (intermodale Übertragung)	sensorisch-tonische Feldtheorie
internal consistency (innere Konsistenz)	Konsistenz
internal control (innere Kontrolle)	Kontrolle
internal inhibition (Internalisierung)	Hemmung, innere
internal secretion	innere Sekretion
internal senses	innere Sinne
internal speech (auch: subvokales Sprechen)	inneres Sprechen
internal validity (interne Validität)	Validität, interne; Experiment
internal vs. external control of reinforcement	interne vs. externe Verstärkungskontrolle
international classification of diseases (Internationales Klassifikationssystem der Erkrankungen)	ICD
international 10-20 system (Internationales 10-20-System)	Elektroencephalogramm
interoception	Interoception
interpersonal impulsivity (soziale Impulsivität)	Impulsivität
inter response time (Zeit zwischen zwei Reaktionen)	IRT
inter stimulus intervall (Zeit zwischen zwei Reizdarbietungen)	ISI
inter trial intervall (Zeit zwischen zwei Versuchsdurchgängen)	ITI
interval	Intervall
intervening variables (intervenierende Variablen)	Variable
intervention	Intervention
intolerance of ambiguity (Mehrdeutigkeits-Intoleranz)	mehrdeutig
intrinsic	intrinsisch
intrinsical	intrinsisch
introjection (Introjektion)	Abwehrmechanismen
introspection	Introspektion
introversion	Introversion; Extraversion
introvert (introvertiert)	Introversion; Extraversion
intuition	Intuition

524

Englisch-deutsches Stichwortverzeichnis und Verweisregister

intuitive appraisal (intuitive Bewertung) — Bewertung

invasive — invasiv

invasive blood pressure monitoring (invasive/direkte Blutdruckmessung) — Blutdruckmessung

inventory — Fragebogen

investigatory reflex (Untersuchungsreflex) — Orientierungsreaktion

involuntary — unwillkürlich

irradiation of inhibition — Hemmungsirradiation

irradiation theory of learning — Irradiationstheorie

irrelevant activity — Übersprunghandlung

irreversibility (Irreversibilität) — Reversibilität

irreversible (irreversibel) — Reversibilität

island of Reil — Insula oder Reilsche Insel

Isihara's color/colour plates (Isihara Farbtafeln) — Farbentüchtigkeit

isolated intermittent disorder (isolierte explosive Störung) — Impulskontrolle

isolation (Isolierung) — Abwehrmechanismen

isomorphic relationship (isomorphe, formgleiche Beziehung) — Isomorphie

isomorphism (Isomorphismus; Gleichförmigkeit) — Isomorphie

isomorphism hypothesis — Isomorphieprinzip

isomorphism principle — Isomorphieprinzip

isomorphy — Isomorphie

isophonic contour — Isophon-Kurve

item (Testaufgabe) — Item

item analysis — Itemanalyse

Jacksonian fit (epileptischer Herdanfall) — Anfall

Jackson's law — Jacksonsches Gesetz

James-Lange theory of emotion — James-Langesche Gefühlstheorie; Emotion

J-curve — J-Kurve

job (Arbeitsaufgabe) — Arbeit

job analysis — Berufsbild; Arbeitsanalyse

job description — Arbeitsanalyse

job dissatisfaction (Arbeitsunzufriedenheit) — Arbeitszufriedenheit

job-enlargement (Arbeitserweiterung) — Arbeitsstrukturierung

job-enrichment (Arbeitsaufgaben-Bereicherung) — Arbeitsstrukturierung

job rotation (rotierender Arbeitswechsel) — Arbeitsstrukturierung

job satisfaction — Streß; Arbeitszufriedenheit

job tension (Arbeitsbelastung) — Arbeit

Jordan curve — Jordan-Kurve

Jost's law — Jostsche Regeln

just noticeable difference — eben merklicher Unterschied; Psychophysik

Kanner's early autism — Kannersches Syndrom

Kanner's syndrome — Kannersches Syndrom

katatonia — Katatonie

Kelvin scale of temperature — Kelvin-Skala

key stimulus — Auslöser

kinaesthesis — Kinästhesie

Englisch-deutsches Stichwortverzeichnis und Verweisregister

kinaesthetic — kinästhetisch
kinesthesis — Kinästhesie
kinesthetic — kinästhetisch
kleptomania (Kleptomanie) — Impulskontrolle; Manie
knee jerk (Kniesehnen-Reflex) — Patellarreflex
know-how (Wie-Wissen; prozedurales Wissen) — Wissen
knowledge — Wissen
knowledge seeking (Wissensdurst) — Neugierde
know-what (Was-Wissen; deklaratives Wissen) — Wissen
Korsakow syndrome — Korsakowsches Syndrom
Krause endbulbs — Krausesche Endkolben
Krause endings — Krausesche Endkolben
Kuder-Richardson-coefficients of equivalence — Kuder-Richardson-Formeln
Kuder-Richardson formulas — Kuder-Richardson-Formeln
kurtosis — Kurtosis

lability — Labilität
labyrinth — Labyrinth
lalling — Lallen
lalopathy — Lalopathie
lalophobia — Lalophobie
Lambert's law — Lambertsches Gesetz
lamellated corpuscles — Pacinische Körperchen
language — Sprache
language disorders — Sprachstörungen
larvate depression (larvierte, maskierte Depression) — Depression
late childhood (späte Kindheit) — Entwicklungsabschnitte
latency — Latenz
latency period (Latenzphase) — Latenzperiode
latency phase — Latenzperiode
latent hereditary characteristics — latentes Merkmal
latent learning — Lernen, latentes
latent trait — latente Eigenschaft
latent trait theory (Theorie der latenten Eigenschaften) — Testtheorie
lateral fissure (Seitenfurchen) — Gehirn
lateral inhibition — Hemmung, laterale
laterality — Lateralität
lateralization (Lateralisierung; laterale Differenzierung) — Lateralität
latitude of acceptance (Annahmebereich) — Assimilations-Kontrast-Theorie; Bereich des Akzeptierens
latitude of indifference (Indifferenzbereich) — Assimilations-Kontrast-Theorie
latitude of noncommitment (Ablehnungsbereich; Indifferenzbereich) — Assimilations-Kontrast-Theorie; Bereich der Indifferenz
latitude of rejection (Ablehnungsbereich) — Assimilations-Kontrast-Theorie
law — Gesetz
law of analogy — Analogiegesetz
law of closure (Gesetz der Geschlossenheit) — Gestaltgesetze

526

Englisch-deutsches Stichwortverzeichnis und Verweisregister

law of common fate (Gesetz des gemeinsamen Schicksals)	Gestaltgesetze
law of comparative judgment (Gesetz der Vergleichsurteile)	Psychophysik
law of continuity (Gesetz der guten Fortsetzung)	Gestaltgesetze
law of effect	Effektgesetz
law of good continuation (Gesetz der guten Fortsetzung)	Gestaltgesetze
law of initial value	Ausgangswertgesetz
law of orthogeny	orthogenetisches Gesetz
law of primacy (Gesetz des ersten Eindrucks)	Primat
law of proximity (Gesetz der Nähe)	Gestaltgesetze
law of similarity (Gesetz der Ähnlichkeit)	Gestaltgesetze
law of specific sense energies	Gesetz der spezifischen Sinnesenergien
leader	Führer
leadership	Führung
leadership effectiveness	Führungseffektivität
learned helplessness (gelernte, erworbene Hilflosigkeit)	Hilflosigkeit
learned hypertension (gelernte Hypertonie; gelernter Bluthochdruck)	Hypertonie
learning	Lernen
learning ability	Lernfähigkeit
learning by insight	Lernen durch Einsicht
learning by trial and error	Lernen durch Versuch und Irrtum
learning criterion	Lernkriterium
learning curve	Lernkurve
learning effect	Lernerfolg
learning machines (Lernmaschinen)	Lernen, programmiertes
learning method (Lernmethode)	Gedächtnis
learning set	Lerneinstellung; Einstellung
learning theories (Lerntheorien)	Lernen
least squares method	Methode der kleinsten Quadrate
left, right brain functions (Funktionen der linken, rechten Hirnhemisphäre)	Hemisphärendifferenzierung
legasthenia	Legasthenie
lens model	Linsenmodell
leptine	Leptin
leptokurtic (enge, steile Verteilungsfunktion)	Kurtosis
leptosomic; leptosomal	leptosom
lesbianism (weibliche Homosexualität)	Homosexualität
lesion (Verletzung; Durchtrennung)	Läsion
lethargy	Lethargie
leveling (Nivellierungstendenz)	kognitiver Stil
level of aspiration	Anspruchsniveau
levels of development	Entwicklungsabschnitte
levels of processing (Verarbeitungsniveaus)	Gedächtnis
lexical memory (lexikalisches Gedächtnis)	Lexikon
liaison-brain (Verbindungsgehirn)	Bewußtsein
lie detection (Lügendetektion)	Glaubwürdigkeit
life events (Lebensereignisse)	Streß

527

Englisch-deutsches Stichwortverzeichnis und Verweisregister

life experience survey (Fragebogen einschneidender Lebensereignisse) — Streß
life space (Lebensraum) — Lebensraum; Feldtheorie
life span (Lebensspanne) — Alternsforschung
life stress (Alltags-Streß) — Streß
lightness (Beleuchtungsstärke) — Helligkeit
likelihood function — Likelihood-Funktion
likelihood ratio — Likelihood-Funktion
Likert-attitude scale — Likert-Skala
Likert procedure — Likert-Skala
Likert-type scale — Likert-Skala
limbic system — limbisches System; Gehirn
linear programs (lineare Programme) — programmierter Unterricht
lip key — Lippenschlüssel
lipometabolism (Fettstoffwechsel) — Fette
lisping (Lispeln) — Paralalie
lithium — Lithium
lithium therapy (Lithiumtherapie) — Lithium
little brain (Kleinhirn) — Cerebellum
lobar atrophy (Picksche Atrophie) — Picksche Krankheit
lobe (Großhirnlappen) — Lappen; Gehirn
lobectomy — Lobektomie
lobotomy — Lobotomie
localization — Lokalisation
localized amnesia (partielle Amnesie) — Amnesie
locus of control (Kontroll-Lokalisierung; Kontrollort) — Kontrolle
logogen — Logogen
logorrhea (Wortsalat) — Logorrhöe
logotherapy — Logotherapie
longitudinal fissure (Zentralfurche) — Gehirn
longitudinal study — Längsschnittstudie
long term memory (Langzeitgedächtnis) — Gedächtnis
loss of consciousness — Bewußtlosigkeit
Lozanov's method (Lozanov-Methode) — Superlernen
lucid dreaming (luzides Träumen) — Traum
luminance — Helligkeit
luminosity (Leuchtdichte) — Helligkeit

macro-micro correspondence (Makro-Mikro-Korrespondenz) — Entwicklungstheorien
magic thinking (magisches Denken) — Denken, magisches
magico-phenomenalistic thinking (magisch-phänomenalistisches Denken) — Denken, magisches
magnetic resonance imaging (Kernspinresonanz-Tomographie) — Tomographie
magnetoencephalography — Magnetfeld-Encephalographie
maintenance specialist (sozial-emotionaler Führer) — Führer
major depression (Major Depression) — Affektive Störung; Depression
major tranquilizer — Neuroleptika; Tranquilizer
male homosexuality (männliche Homosexualität) — Homosexualität

528

Englisch-deutsches Stichwortverzeichnis und Verweisregister

mamillary bodies	Corpora mamillaria
mania	Manie
maniac	manisch
maniacal	manisch
maniac-depressive disorder	manisch-depressive Störung
mania of persecution (Verfolgungswahn)	Wahn
manic	manisch
man-machine system (Mensch-Maschinen-System)	System
mannerism	Manieriertheit
mapping	Abbildung
mapping (Erfahrungsrepräsentation)	Mapping
map out (abbilden)	Abbildung
marathon encounter	Marathon-Encounter
marathon group	Marathon-Encounter
Marey tambour	Mareyscher Tambour
marketing	Marktforschung
masking	Maskierung; figurale Nachwirkung
massed practise (massierte Übung)	Übung
mass media	Massenmedien
Masson disk	Massonsche Scheibe
matched groups	gleichwertige Gruppen
mathematical psychology	Mathematische Psychologie
mating behavior	Paarungsverhalten, Sexualität
matrix	Matrix
matter (Materie)	Dualismus
maturation	Reifung; Entwicklung; Entwicklungspsychologie
maturity	Reife; Entwicklungsabschnitte
maximum likelihood method	Maximum-Likelihood-Methode
maze	Labyrinth
McCollough-effect	McCollough-Effekt
me	Ich
mean (auch: Durchschnittswert)	Mittelwert
mean deviation (mittlere, durchschnittliche Abweichung)	Abweichung
mean deviation method (Methode des mittleren Fehlers; Herstellungsmethode)	Psychophysik
mean gradations (mittlere graduelle Abstufung)	gleicherscheinende Intervalle
meaning	Bedeutung; Semantik; Sinn
mean variation (mittlere Variation)	Abweichung
measurement	messen
medial plane	Mediansagittale
mediated association	Assoziation, vermittelte
mediated stimulus generalization (vermittelte Reizgeneralisierung)	Reizgeneralisierung
mediating behavior	Verhalten, vermittelndes
mediating variable	vermittelnde Variable; Mediatorvariable
mediation theory	Vermittlungstheorie
mediator variable	Mediatorvariable
medical psychology	Medizinische Psychologie
medical treatment (medizinische Behandlung)	Therapie

529

Englisch-deutsches Stichwortverzeichnis und Verweisregister

medulla spinalis	Rückenmark
megalomania	Megalomanie
Meiosis (Meiose)	Zellteilung
Meissner corpuscles	Meissnersche Tastkörperchen
melancholic type (melancholischer Typus)	Affektive Störung; Depression
membrane	Membran
memory after-image	Gedächtnisbild, unmittelbares
memory drum (Gedächtnisapparat; Gedächtnistrommel)	Gedächtnis
memory/memory research	Gedächtnis
memory probe technique (Gedächtnis-Probe-Technik)	Probe-Technik
memory search (Gedächtnis-Absuche)	Absuche
memory span (Merkfähigkeit)	Gedächtnisumfang; Intelligenz
memory trace (Gedächtnisspur)	Engramm; Gedächtnis; Mneme
Mendelian laws	Mendelsche Regeln
Mendel's laws	Mendelsche Regeln
Menière's disease	Menièresche Krankheit
menopause	Menopause
mental (psychisch; geistig; intellektuell)	psychisch
mental age (Intelligenzalter)	Alter
mental attitude	Bewußtseinslage
mental content (Denkinhalt, Bewußtseinsinhalt)	mental
mental cues (innere Hinweise)	Einstellung
mental deficiency	geistige Behinderung; Schwachsinn
mental disease (psychische Krankheit; Geisteskrankheit)	Störung
mental disorder (psychische Störung)	mental; Störung
mental handicap	geistige Behinderung; Schwachsinn
mental health (psychische Gesundheit; Wohlergehen)	mental; Psychohygiene
mental hygiene	Psychohygiene; mental
mental illness (psychische Krankheit; Geisteskrankheit)	Störung
mental insanity (psychische Krankheit; Geisteskrankheit)	Störung
mental representations (mentale Repräsentationen)	Vorstellung; Wissen
mentalism	Mentalismus
mental model (mentales Modell)	Wissen
mental phenomena (psychische Phänomene)	psychisch
mental profile (Intelligenzprofil)	Profil
mental resources (mentale Ressourcen)	psychische Beanspruchung
mental retardation	geistige Behinderung; Schwachsinn
mental rotation	mentale Rotation
mental set	Bewußtseinslage; Einstellung
mental test (Intelligenztest)	mental
mental tests (Intelligenztests)	Test
mental training (auch: mentales Training, Übung)	Übung, kognitive
mental work (Denk-, Intelligenztätigkeit)	mental
mental work-load (mentale Beanspruchung)	psychische Beanspruchung

530

Englisch-deutsches Stichwortverzeichnis und Verweisregister

Merkel corpuscles	Merkelsche Tastzellen
Merkel's law	Merkelsches Gesetz
message (Nachricht)	Kommunikation
metabolism	Metabolismus
metacognition (Metakognition)	Gedächtnis
metacontrast	Maskierung; Metakontrast
meta language	Metasprache
metamemory (Metagedächtnis)	Gedächtnis
metamorphosis	Metamorphose
method of average error (Methode des mittleren Fehlers; Herstellungsmethode)	Psychophysik
method of constant stimuli (Konstanzmethode)	Psychophysik
method of equal-appearing intervals (Methode der gleicherscheinenden Intervalle)	Psychophysik
method of limits	Grenzmethode; Psychophysik
method of maximum likelihood	Maximum-likelihood-Methode
method of paired comparison (Methode des Paarvergleichs)	Psychophysik
method of savings (Ersparnismethode)	Gedächtnis
micro-dreams (Mikroträume)	Schlaf
microgenesis (Mikrogenese)	Aktualgenese
micron	Mikron
midbrain (Zwischenhirn)	Gehirn
mid childhood (mittlere Kindheit)	Entwicklungsabschnitte
migraine	Migräne
mild mental retardation (leichte geistige Behinderung)	geistige Behinderung
mimetic response	Mimikry
mimicry	Mimikry
miming	Mimik
mind	Bewußtsein; Geist; Seele; Verstand
mind-body problem	Leib-Seele-Problem
minimax principle	Minimax-Prinzip
minimax risk strategy	Minimax-Strategie
minimax theorem	Minimax-Prinzip
minority group (Minderheiten)	Minoritätsgruppe
mirror drawing	Spiegelzeichnen
mirror tachistoscope (Spiegeltachistoskop)	Tachistoskop
miss (Auslassung)	Signalentdeckung
mitosis (Mitose)	Zellteilung
mnemic	mnemisch
mnemonics (Mnemonik; Mnemotechnik)	Mneme
mnemotechnics	Mnemotechnik
modality	Modalität
mode	Modus
model	Modell
moderate mental retardation (mittlere geistige Behinderung)	geistige Behinderung
moderating variable	Moderatorvariable
moderator variable	Moderatorvariable
modes of conceiving (Auffassungs-Modalitäten)	Einstellung

531

Englisch-deutsches Stichwortverzeichnis und Verweisregister

modulator	Modulator
molecular	molekular
molecular genetics	Molekulargenetik
momentary effective excitatory potential (im Augenblick wirksames Reaktionspotential)	Reaktionspotential
monaural hearing (einohriges Hören)	monaurales Hören
mongolism	Mongolismus
monism	Monismus
monoamine oxidase	Monoaminoxidase
monoamine oxidase inhibitors (M. o.-Hemmer)	Monoaminoxidase
monochorionic twins (eineiige Zwillinge)	Zwilling
monochromatic	monochromatisch
monochromatic vision	Monochromatismus
monochromatism	Monochromatismus
monoideism	Monoideismus
monomania (Monomanie)	Monoideismus; Manie
monopolar recording (einpolige Ableitung)	Elektroencephalogramm
monotony	Monotonie
monovular twins (eineiige Zwillinge)	Zwilling
monozygotic twins (eineiige Zwillinge)	Zwilling
mood	Stimmung
mood disorder	Affektive Störung
mood swing (Stimmungsschwankung)	Stimmung
moon illusion	Mondtäuschung
moral	Moral
morpheme	Morphem
morphine	Morphin
morphology	Morphologie
mortality salience (deutlicher Hinweis auf die eigene Vergänglichkeit)	Terror-Management-Theorie
motion aftereffect (Bewegungsnachbild; -nachwirkung)	Nachbild
motion perception	Bewegungssehen
motivation	Motivation
motive	Motiv
motor area	motorische Region
motor aphasia (motorische Aphasie)	Aphasie
motor behavior	Motorik
motor impulsivity (motorische Impulsivität)	Impulsivität
motor sensations	motorische Empfindungen
motor set (motorische Einstellung)	Einstellung
movement artifacts (Bewegungsartefakte)	Schlaf
movement parallax	Bewegungsparallaxe
movement perception	Bewegungssehen
movement-produced stimulus	Reiz, somästhetischer
Müller-Lyer-Illusion	Müller-Lyersche Täuschung
multi channel recorder (Mehrkanal-Registriergerät)	Kymograph
multidimensional scaling	multidimensionale Skalierung
multifactorial analysis	multifaktorielle Methoden
multifactorial methods	multifaktorielle Methoden
multifactorial statistics	multifaktorielle Methoden

Englisch-deutsches Stichwortverzeichnis und Verweisregister

multiple choice	Mehrfachwahl
multiple choice reaction time (Mehrfachwahl-Reaktionszeit)	Reaktionszeit
multiple choice tests (Mehrfachwahl-Tests)	Gedächtnis
multiple correlation	multiple Korrelation
multiple-cue probability learning (Mehrfach-Hinweis-Wahrscheinlichkeitslernen)	Linsenmodell
multiple factor theory (Mehrfaktoren-Theorie)	Faktorentheorie
multiple personality disorder (multiple Persönlichkeitsstörung)	dissoziative Störung
multiple probability learning (Mehrfach-Hinweis-Wahrscheinlichkeitslernen)	Linsenmodell
multiple regression (multiple Regression)	Regression
multiple sclerosis	multiple Sklerose
multitrait-multimethod validation	Multitrait-Multimethod-Validierung
multivariate analysis (multivariate Analyse)	multivariate Methoden
multivariate methods	multivariate Methoden
multivariate statistics (multivariate Statistik)	multivariate Methoden
muscle	Muskel
musical scale	Tonskala
mutation	Mutation
mutism	Mutismus
myasthenia	Myasthenie
myelin sheath (Myelinscheide)	Neuron
myopsia convulsiva (Tourette-Syndrom)	Tic
myxedema	Myxödem
Nagel's color/colour plates (Nagel-Farbtäfelchen)	Farbentüchtigkeit
narcissism	Narzißmus
narcissistic personality disorder (narzißtische Persönlichkeitsstörung)	Persönlichkeitsstörung
narco analysis	Narkoanalyse
narrative structure (Erzählstruktur)	Diskurs
native tendency (angeborene Tendenz; Neigung)	Tendenz
nativism (Nativismus)	Empirismus
natural killer cells (natürliche Killerzellen)	Immunsystem
natural laws (Naturgesetze)	Gesetz
natural selection (natürliche Auswahl)	Darwinismus
nature (Natur; vererbte Eigenschaften; Wesensart)	Charakter; Empirismus
need	Bedürfnis
need affiliation (Gesellungs-Bedürfnis)	Bedürfnis
need for achievement	Leistungsmotivation; Bedürfnis
need power (Macht-Bedürfnis)	Bedürfnis
need states (Bedürfnis-Zustände)	Bedürfnis
negation (Verneinung; Verleugnung)	Abwehrmechanismen
negative afterimage (negatives Nachbild)	Nachbild
negative practice	Übung, negative
negative recency effect (negativer Rezenz-Effekt)	Positionseffekt

533

Englisch-deutsches Stichwortverzeichnis und Verweisregister

negative reinforcement (negative Verstärkung)	Verstärkung
neglect syndrome	Neglect
neoanalysis	Neoanalyse
neolalia	Neologismus
neologism	Neologismus
nerve	Nerv
nerve cell	Neuron
nerve fibre (Nervenfaser)	Nerv; Neuron
nervous	neural
nervous anorexia (Anorexia nervosa)	Eßstörungen
nervous arc	Leitungsbogen, nervöser
nervous conduction	Nervenleitung
nervous fibre (Nervenfaser)	Neuron
nervous system	Nervensystem
network (semantisches Netzwerk, Netz)	Netzwerk
network model (Netzwerk-Modell)	Netzwerk
neural	neural
neural arc	Leitungsbogen, nervöser neural
neural conduction	Nervenleitung
neural pattern (Nervenstruktur)	Pattern
neurasthenia	Neurasthenie
neurilemma	Neuron
neuroganglion	Neuron
neuroglia	Glia
neurohypophysis	Hypophyse
neuroleptic drugs	Neuroleptika
neuroleptics	Neuroleptika
neurology	Neurologie
neuron (Nervenzelle)	Neuron
neuropathy (Nervenleiden, -schwäche)	Neurose
neurophysiology	Neurophysiologie
neuropsychology	Neuropsychologie
neurosciences	Neurowissenschaften
neurosis	Neurose
neurotic depersonalization (neurotische Depersonalisation)	Neurose
neurotic depression (neurotische Depression; depressive Neurose)	Depression
neuroticism	Neurotizismus
NIDDM (Abk. nichtinsulinabhängiger Diabetes mellitus)	Diabetes
night blindness	Nachtblindheit
nightmares (Angstträume)	Schlafstörung
nihilistic delusion (nihilistischer Wahn)	Wahn
Nissl bodies	Nisslsche Körperchen
Nissl granules	Nisslsche Körperchen
noetic (noetisch; auf das Erkennen bezogen)	Noesis
noise	Geräusch; Lärm; Rauschen
nominalism	Nominalismus
nomological network (begrifflich-logisches Bezugssystem)	Bezugssystem; Nomologie
nomology	Nomologie

534

Englisch-deutsches Stichwortverzeichnis und Verweisregister

nomothetic	nomothetisch
nomothetical	nomothetisch
non conditioned reaction (unkonditionierte Reaktion)	Konditionierung, klassische
non conditioned response (unkonditionierte Reaktion)	Konditionierung, klassische
nondirective therapy	Gesprächstherapie; Nichtdirektive Therapie
non insulindependent diabetes mellitus (nicht-insulinabhängiger Diabetes mellitus)	Diabetes
noninvasive blood pressure monitoring (non-invasive/indirekte Blutdruckmessung)	Blutdruck
nonparametric statistics	Statistik, parameterfreie
non-reactive measures	nicht-reaktive Meßverfahren
nonsense syllable	sinnlose Silbe
noradrenaline	Noradrenalin
no rapid eye movements (NREM-Phasen)	Schlaf
norepinephrine (Norepinephrin)	Noradrenalin
normal distribution curve	Normalverteilung
nosology	Nosologie
notion (Bezeichnung; Ausdruck)	Begriff
not otherwise classified speech disorders (nicht andernorts klassifizierte Sprechstörungen)	Entwicklungsstörungen
novelty detectors (Neuheits-Detektoren)	Orientierungsreaktion
novelty seeking	Suche nach neuen Eindrücken
n^{th} order conditioning (Konditionierung n-ter Ordnung)	Konditionierung, klassische
nucleic acids	Nukleinsäuren
null hypothesis	Nullhypothese
numerical taxonomy (Clusteranalyse)	Taxonomie
nurture (Entwicklung und Verhalten beein-flussende Umweltfaktoren)	Empirismus
nymphomania	Nymphomanie
nystagm	Nystagmus
nystagmatic shift (Nystagmus-Sprung)	Nystagmus
obesity (Adipositas; Fettsucht)	Eßstörungen; Fette
object	Gegenstand
object cathexis (Objektbesetzung)	Besetzung
objective psychology	Objektive Psychologie
objectivity	Objektivität
object of perceiving (Wahrnehmungsgegen-stand)	Wahrnehmen
object of perception (Wahrnehmungsgegen-stand)	Wahrnehmen
oblique	schiefwinklig
observation	Beobachtung
observational learning	Beobachtungslernen; Imitation, soziale
obsession (Zwangsgedanke)	Zwangsneurose
obsessive compulsive disorder (Zwangsstö-rung)	Zwangsneurose
obsessive compulsive neurosis	Zwangsneurose
obsessive reaction (zwanghaft-besessene Re-aktion)	Neurose

535

Englisch-deutsches Stichwortverzeichnis und Verweisregister

obtained score (Rohscore)	Score
occipital	okzipital
occipital lobe	Occipitallappen; Gehirn
occupational action (Arbeitshandlung)	Arbeit
occupational therapy	Beschäftigungstherapie
octave (Oktave)	Tonskala
oddball experiment	Oddball-Aufgabe
oddball task	Oddball-Aufgabe
odor/odour (Geruch)	Geruchssinn
Oedipus complex	Ödipus-Komplex
off-effect	Aus-Reaktion
off-receptors (Aus-Rezeptoren)	Aus-Reaktion
old age (Greisenalter; Senium)	Entwicklungsabschnitte
olfaction; olfactory perception	Geruchssinn
olfactory bulbs (Riechkolben)	Riechhirn; Gehirn
oligophrenia (Oligophrenie)	Oligophrenie; Schwachsinn
one-egg twins (eineiige Zwillinge)	Zwilling
on-effect	An-Reaktion
one-trial learning (Lernen auf Grund einer einzigen Erfahrung)	Lernen nach einem Versuchsdurchgang
one-way screen	Einweg-Scheibe
on-off-effect	An-Aus-Reaktion
on-off-receptors (An-Aus-Rezeptoren)	An-Aus-Reaktion
on-receptors (An-Rezeptoren)	An-Reaktion
ontogenesis	Ontogenese
ontogeny	Ontogenese
ontology	Ontologie
open systems (offene Systeme)	System
operant behavior	Verhalten, operantes
operant conditioning	Konditionierung, operante
operant level	Spontanrate
operational	operativ
operational activity (Arbeitshandlung)	Arbeit
operational definition	operationale Definition
operationalism	Operationalismus
operationism	Operationismus
operative	operativ
operative cognitive task representation	Operatives Abbildungssystem
opiates (Opiate)	Drogenabhängigkeit
opinion research	Meinungsforschung
opponent colors/colours (Gegenfarben)	Farbensehen
opponent process	Gegenprozeß
opponent process theory (Opponententheorie; Gegenprozeß-Theorie)	Farbensehen; Gegenprozeß
optical illusion (optische Täuschung)	Täuschung
optical nerve (nervus opticus)	Auge
optic chiasma (Sehnervkreuzung)	Chiasma
optic thalamus	Thalamus
optic tract (Sehstrang; Sehnerv)	tractus opticus
oral stage	orale Phase
organelles (Organellen)	Zelle
organic brain syndrome (organisches Hirnsyndrom)	organisch bedingte psychische Störung

536

Englisch-deutsches Stichwortverzeichnis und Verweisregister

organic mental disorder	organisch bedingte psychische Störung
organic mental syndrome (organisch bedingtes psychisches Syndrom)	organisch bedingte psychische Störung
organic psychosis (organische Psychose)	organisch bedingte psychische Störung
organic sensation	Organempfindung
organic-variable (organismische, körperliche Variable)	Variable
organism	Organismus
organismic-variable (organismische, körperliche Variable)	Variable
organization (Organisation, Gliederung, Ordnung)	Gestaltpsychologie; Instinkt; Arbeits-, Betriebs- und Organisationspsychologie
organization of work (Arbeitsorganisation)	Arbeitsstrukturierung
organizational culture (Organisationskultur)	Arbeits-, Betriebs- und Organisationspsychologie
organizational development	Organisationsentwicklung
organizational psychology (Organisationspsychologie)	Arbeits-, Betriebs- und Organisationspsychologie
organ of Corti	Cortisches Organ
orientation	Orientierung
orienting reflex	Orientierungsreaktion
orienting response	Orientierungsreaktion
original score (Rohscore)	Score
oscillation	Oszillation
oscillograph	Oszillograph
ossicles (Gehörknöchelchen im Mittelohr)	Ohr
over-compensation (Überkompensation)	Abwehrmechanismen
over-learning	Überlernen
overt behavior (offenes, von außen beobachtbares Verhalten)	Verhalten
overtone	Oberton
Pacini corpuscles	Pacinische Körperchen
pain	Schmerz
pain proneness (Schmerzanfälligkeit, -neigung)	Schmerz
pain sense	Schmerzsinn
pain sensitivity (Schmerzempfindlichkeit)	Schmerz
pair associate learning (Paar-Assoziationslernen)	Gedächtnis; Lernen, serielles
pair comparison method (Methode des Paarvergleichs)	Psychophysik
paired associates	Paarassoziation; Treffermethode
paired comparison	Paarvergleich
palliative coping (Bewältigung durch Beschönigung)	Bewältigung
palliative coping techniques (Beschönigungstechniken)	Bewältigung
palmar sweat index	palmarer Schweißdrüsen-Index
Panum area (Panumsches Areal)	Panumscher Empfindungskreis
palsy (Schüttellähmung)	Paralyse
panic	Panik
panic attacks (Angstanfälle)	Angstneurose

Englisch-deutsches Stichwortverzeichnis und Verweisregister

panic disorder	Panikstörung
panic reaction (Panikreaktion)	Panik
Panum phenomenon	Panumsches Phänomen
paradoxical cold	paradoxe Kälteempfindung
paradoxical coolth	paradoxe Kälteempfindung
paradoxical intention	paradoxe Intention
paradoxical sleep (paradoxer Schlaf)	Schlaf
paradoxical warmth	paradoxe Wärmeempfindung
paralalia	Paralalie
paralexia	Paralexie
parallax	Parallaxe
parallelism	Parallelismus
paralogia	Paralogie
paralogism	Paralogismus
paralysis (Lähmung)	Paralyse
paralytical attack (paralytischer Anfall)	Anfall
parameter	Parameter
parametric (parametrisch)	Parameter
parametric statistics	Statistik, parametrische; Parameter
parametric tests (parametrische Tests)	Parameter
paramnesia	Paramnesie
paranoia	Paranoia
paranoid; paranoidal	paranoid
paranoid personality disorder (paranoide Persönlichkeitsstörung)	Persönlichkeitsstörung
paranoid processes (paranoide Züge; paranoide Prozesse)	Psychose
paranoid schizophrenia	paranoide Schizophrenie
paranoid type (paranoider Typ)	Schizophrenie
paranoid type of schizophrenia	paranoide Schizophrenie
paraphasia	Paraphasie
paraphilia (Paraphilie)	Sexualstörung
paraphonia	Paraphonie
paraphrenia (Paraphrenie)	paranoide Schizophrenie
parapsychology	Parapsychologie
parasomnia (Parasomnie)	REM; Schlafstörung
parasympathetic division of the nervous system	Parasympathikus
parasympathetic system (parasympathisches, Parasympathikus-System)	Nervensystem
parataxis	Parataxie
parathyroid (Nebenschilddrüse)	Parathyreoidea
paresis	Parese
paresthesia	Parästhesie
parietal	parietal
parietal bone (Scheitelbein)	parietal
parietal lobe (Scheitellappen)	Gehirn; parietal
Parkinsonism (Parkinsonsche Krankheit)	Paralyse
Parkinson's disease (Parkinsonsche Krankheit)	Paralyse; Parkinsonsche Krankheit
parorexia	Parorexie
parotid gland	Parotis
parsimony principle (Einfachheitsprinzip)	Parsimonieprinzip
partial correlation	partielle Korrelation

538

Englisch-deutsches Stichwortverzeichnis und Verweisregister

partial reinforcement	Verstärkung, partielle; Verstärkungsplan
partial reinforcement effect	Verstärkungseffekt, partieller; Humphreys Effekt
partile	Partil
passion	Leidenschaft; Sucht
passive aggression (passive Aggression)	Abwehrmechanismen
passive-aggressive personality disorder (passiv-aggressive Persönlichkeitsstörung)	Persönlichkeitsstörung
patellar reflex (Kniesehnen-Reflex)	Patellarreflex
path activation	Pfadaktivierung
path analysis	Pfadanalyse
path coefficient (Pfadkoeffizient)	Pfadanalyse
path diagrams (Pfaddiagramm)	Pfadanalyse
pathognomy	Pathognomik
pathological	pathologisch
pathological gambling (Spielleidenschaft)	Impulskontrolle
pathology	Pathologie
pattern (Muster)	Feldtheorie; Gestalt; Reaktionsstereotypie; Schema; Pattern
pattern induced flicker colors/colours (musterinduzierte Flimmerfarben)	Flimmerfarben
patterning (Musterbildung; als Muster auftretend)	Instinkt
Pawlowian conditioning (Pawlowsches Konditionieren)	Konditionierung, klassische
peck order	Hackordnung
peck right dominance order	Hackordnung
pederasty	Päderastie
pedophilia (Pädophilie)	Sexualstörung
peduncle	Stiel
percentile	Perzentil
percentile curve (Perzentilkurve)	Perzentil
percept (Perceptum; umschriebener Wahrnehmungseindruck, -gegenstand oder -inhalt)	Wahrnehmen
percept genesis (Entstehung von Wahrnehmungseindrücken)	Aktualgenese
perception	Wahrnehmen
perception of motion	Bewegungssehen
perception of movement	Bewegungssehen
perception without awareness	Wahrnehmung, unterschwellige
perceptual defence	Wahrnehmungsabwehr
perceptual defense	Wahrnehmungsabwehr
perceptual illusion (Wahrnehmungstäuschung)	Täuschung
perceptual-motor learning	perzeptiv-motorisches Lernen
percpetual speed (Wahrnehmungsgeschwindigkeit)	Intelligenz
performance	Leistung
performance tests (Leistungstests)	Test
period of excitement	Erregungsphase
peripheral	peripher
peripheral vascular activity	periphere Durchblutung
peristalsis	Peristaltik
perseverative trace (Perseverationsspur)	Spur

539

Englisch-deutsches Stichwortverzeichnis und Verweisregister

person	Person; Persönlichkeit
personal equation	persönliche Gleichung
personal identity	Identität
personalism	Personalismus
personalistic psychology	Personalismus
personality	Persönlichkeit
personality disorder	Persönlichkeitsstörung
personality identity	Identität
personality system (Persönlichkeits-Eigenschaften-System)	Persönlichkeit
personality tests (Persönlichkeitstests)	Test
personality theory (Persönlichkeitstheorie)	Persönlichkeit
personality traits (Persönlichkeitseigenschaft)	Eigenschaften
personality types	Persönlichkeitstypen
personality-variable (Persönlichkeitsvariable)	Variable
personal tempo (persönliches Tempo)	Tempo
personal-variable (Persönlichkeitsvariable)	Variable
personification (auch: Personifizierung)	Personifikation
personnel development	Personalentwicklung
perspective	Perspektive
persuasibility (Beeinflußbarkeit; Überzeugbarkeit)	Persuasion
pervasive developmental disorders (tiefgreifende Entwicklungsstörung)	Autismus
perversion	Perversion
perversions (Perversionen)	Sexualstörung
perverted appetite (Pica; Pikazismus)	Eßstörungen
phagozytosis (Phagozytose)	Immunsystem
phallic stage	phallic symbol (phallisches Symbol)
phallische Phase	phallische Phase
phantasm (Phantasma)	Phantasie
phantasmagoria (Phantasma)	Phantasie
phantom limb	Phantomglied
phantom limb sensations (Phantomschmerzempfindungen)	Schmerz
phantom pain (Phantomschmerzempfindung; Phantomschmerz)	Schmerz; Phantomglied
phantom sensations (Phantomschmerzempfindung)	Schmerz
pharmacological psychology (Pharmakopsychologie)	Psychopharmakologie
pharmacopsychology (Pharmakopsychologie)	Pharmakopsychologie
phase	Phase
phase sequence (Phasensequenz, -folge)	Zellverband
phase sequence theory	Phasenfolge, Theorie der . . .
phasic	phasisch
phencyclidine (PCP)	Drogenabhängigkeit
phenomenalism	Phänomenalismus
phenomenal pattern	Erscheinung
phenomenological psychology	phänomenologische Psychologie
phenomenology	Phänomenologie
phenomotives	Phänomotiv

Englisch-deutsches Stichwortverzeichnis und Verweisregister

phenotype	Phänotypus
phi-gamma function	Phi-Gamma-Funktion
philosophy	Philosophie
phi phenomenon	Phi-Phänomen; Scheinbewegung
phobia	Phobie
phoneme	Phonem
phonetics	Phonetik
photisms	Photismen
photochemical	photochemisch
photochromatic interval	photochromatisches Intervall
photometric units (photometrische Maßeinheiten)	Helligkeit
photometry	Photometer
photoreceptor	Photorezeptor
phrenology	Phrenologie
pH value	pH-Wert
phyletic adaptation (entwicklungsbedingte, phyletische Adaptation)	Adaptation
phylogenesis	Phylogenese
phylogenetic adaptation (Adaptation im Entwicklungsverlauf)	Adaptation
phylogenetic principle	phylogenetisches Prinzip
phylogeny	Phylogenese
physiognomy	Physiognomie
physiological psychology	physiologische Psychologie
physiology	Physiologie
pica (Pica, Picazismus)	Eßstörungen
Pick's disease	Picksche Krankheit
pineal body	Epiphyse
pineal gland	Epiphyse
Piper's law	Pipersches Gesetz
pitch	Tonhöhe; Intervall
pituitary gland	Hypophyse
plasma membrane (Plasmamembran)	Membran; Zelle
plasticity	Plastizität
platykurtic (flacher Verteilungsverlauf)	Kurtosis
play therapy	Spieltherapie
pleasure	Lust
pleasure principle	Lustprinzip; Realitätsprinzip
pluralism	Pluralismus
Poggendorff illusion	Poggendorffsche Täuschung
point of reference	Bezugspunkt
Poisson distribution	Poisson-Verteilung
polarity	Polarität
political-economic conservatism (politisch-ökonomischer Konservativismus)	autoritäre Persönlichkeit
polyphagia (Polyphagie)	Eßstörungen
pons Varolii	Brücke
positive afterimage (positives Nachbild)	Verstärkung
positive reinforcement (positive Verstärkung)	Nachbild
positivism	Positivismus
positrone emission tomography (Positronen-Emissions-Tomographie)	Tomographie

541

Englisch-deutsches Stichwortverzeichnis und Verweisregister

post decisional conflict (Konflikt nach einer Entscheidung) — kognitive Dissonanz

posterior lobe of hypophysis (hinterer Hypophysenlappen) — Hypophyse

postganglionary — postganglionär

postimperative negative variation (postimperative negative Variation) — PINV

post-traumatic stress disorder — posttraumatische Belastungsstörung

postulate — Postulat

posture (Körperhaltung, -stellung) — Haltung

potency (Stärke; Durchsetzungsvermögen) — Polaritätsprofil; Fähigkeit

potential of hydrogen value — pH-Wert

power (Gewalt; Macht; Stärke) — Gewalt

power law (Exponentialgesetz) — Stevenssches Gesetz

power of imagination — Einbildungskraft

practice — Übung

pragmatism — Pragmatismus

precognitive processing (präkognitive Verarbeitung) — Wahrnehmung, unterschwellige

predisposition — Prädisposition

preganglionary — präganglionär

prejudice — Vorurteil; Voreingenommenheit

preliterate peoples (Völker ohne Schriftsprache) — primitiv

premorbid personality (Primärpersönlichkeit) — prämorbide Persönlichkeit

preparatory attention (vorbereitende Aufmerksamkeit; Bereitschaft) — Aufmerksamkeit

preparatory response — Reaktion, vorbereitende

preparatory set (Bereitschaftshaltung) — Einstellung

presbyacusis (Altersschwerhörigkeit) — Hören

present (gegenwärtig; Gegenwart) — Präsenzzeit, psychische

pressure — Druck

pressure group (druckausübende Gruppe; Machtgruppe) — Druck

prevalence — Prävalenz

prevention — Prävention

primacy — Primat

primacy effect (Primat-Effekt) — Gedächtnis; Positionseffekt

primal process — Prozeß, primärer

primary — primär

primary abilities (Primär- oder Grundfähigkeiten) — Fähigkeit

primary appraisal (primäre Bewertung) — Streß

primary colors/colours (Primärfarben) — Farbensehen

primary degenerative dementia (primär degenerative Demenz) — Demenz

primary group — Primärgruppe

primary memory image — Gedächtnisbild, unmittelbares

primary mental abilities (primäre intellektuelle Fähigkeiten) — Fähigkeit

primary process — Prozeß, primärer

primary reinforcement — Verstärkung, primäre

primate — Primat

prime (aktivierender Reiz) — Prime

542

Englisch-deutsches Stichwortverzeichnis und Verweisregister

priming (differentielle Aktivierung von Reaktionstendenzen durch Reize) — Priming

priming stimulus (aktivierender Reiz) — Prime

primitive — primitiv

principle — Prinzip

principle of creative resultants (Prinzip der schöpferischen Synthese) — Synthese

principle of isomorphism — Isomorphieprinzip

principle of minimal need deviation — Prinzip der geringsten Bedürfnisabweichung

principle of parsimony (Einfachheitsprinzip) — Parsimonieprinzip

principle of unity in feeling states — Prinzip von der Einheit der Gemütslage

privileged encoding (Enkodierungspriorität) — Gedächtnis

proactive inhibition — Hemmung, proaktive

probabilism — Probabilismus

probabilistic cue learning (probabilistisches Hinweis-Lernen) — Probabillismus, probabilistische Psychologie

probabilistic hypothesis (Wahrscheinlichkeits-Hypothese) — Probabilismus, probabilistische Psychologie

probabilistic learning — Wahrscheinlichkeitslernen

probabilistic psychology — Probabilistische Psychologie

probability — Wahrscheinlichkeit

probability learning — Wahrscheinlichkeitslernen

probability sample (Wahrscheinlichkeits-Stichprobe) — Stichprobe

probability sampling (Wahrscheinlichkeits-Stichprobe) — Stichprobe

probable error — wahrscheinlicher Fehler

probe reaction time (Reaktionszeit-Probe-Technik) — Probe-Technik

probe technique/task — Probe-Technik

problem box — Problemkäfig

problem solver (Problemlöser) — Intelligenz, künstliche

problem solving — Problemlösen

procedural knowledge (prozedurales Wissen) — Wissen

process — Prozeß

process diagnostics (Prozeßdiagnostik) — Statusdiagnostik

processing negativity (Verarbeitungsnegativierung) — ereignisbezogene Potentiale

prodromale symptom (prodromales Symptom) — Prodrom

prodrome — Prodrom

product moments (Produkt-Momente) — Moment

product moment correlation — Produkt-Moment-Korrelation

profile — Profil

profound mental retardation (schwerste geistige Behinderung) — geistige Behinderung

prognosis — Prognose

programmed instruction — programmierter Unterricht

programmed learning (programmiertes Lernen) — Lernen, programmiertes

progressive paralysis (progressive Paralyse) — Paralyse

projection (Projektion) — Projektion; Abwehrmechanismen

projection areas — Projektionsfelder; Projektionszentrum

projection center — Projektionszentrum

Englisch-deutsches Stichwortverzeichnis und Verweisregister

projection fibres	Projektionsfasern
projective techniques	projektive Tests
projective tests	projektive Tests
prompting method (Methode der Hilfen)	Gedächtnis
prophylaxis	Prophylaxe
proposition	Proposition
propositional representation (propositionale Wissensrepräsentation)	Proposition
proprioceptive reflexes (Sehnen-, Muskelreflexe)	proprioceptor
Propriozeptor; Reflex	Propriozeptor propulsiv
proprium (Selbst-, Ich-Gefühl der Einheit)	Ich
propulsive	Propulsive
prosopagnosia	Prosopagnosie
prospective	prospektiv
protective reaction	Schutzreaktion
protective response	Schutzreaktion
protoplasm	Protoplasma
protoplasmic fibrils (Protoplasmafibrillen)	Zelle
pseudo-conditioning	Pseudokonditionierung
pseudo dementia (Pseudo-Demenz)	Demenz
pseudoisochromatic plates/tables (pseudoisochromatische Farbtafeln)	Farbentüchtigkeit
pseudoscope	Pseudoskop
psychasthenia	Psychasthenie
psychiatry	Psychiatrie
psychic	psychisch
psychical	psychisch
psychical defense; psychological defense (psychische Abwehr)	Abwehr
psychoanalysis	Psychoanalyse
psychobiology	Psychobiologie
psychoendokrinology	Psychoendokrinologie
psycho-energizer	Antidepressiva
psychogalvanic reflex	psychogalvanischer Reflex
psychogalvanic response (psychogalvanische Reaktion)	psychogalvanischer Reflex; elektrodermale Aktivität
psychogenetic attack; psychogenetic hysteric attack (psychogener Anfall)	Anfall
psychogenetic drugs (Halluzinogene)	Drogenabhängigkeit
psychogenic (psychogen)	psychisch
psychogenic amnesia (psychogene Amnesie)	dissoziative Störung
psychogenic fugue (psychogene Fugue)	dissoziative Störung
psychoimmunology	Psychoimmunologie
psychokinesis	Psychokinese
psycholinguistics (Sprachpsychologie)	Psycholinguistik; Sprache
psychological	psychisch
psychological aesthetics	Kunstpsychologie
psychological disorders (psychische Störungen)	Klinische Psychologie
psychological ergonomics (Arbeitspsychologie)	Arbeits-, Betriebs- und Organisationspsychologie
psychological field (psychisches Feld)	Feldtheorie
psychological gerontology	Alternsforschung

544

Englisch-deutsches Stichwortverzeichnis und Verweisregister

psychological intervention (psychologische Intervention)
Intervention

psychological load (psychische Belastung)
psychische Beanspruchung

psychological profile (Eigenschafts-, Leistungsprofil)
Profil

psychological reactance
Reaktanz, psychologische

psychological refractory period (psychologische Refraktärzeit)
Refraktärzeit

psychological stress (psychische Beanspruchung)
Streß; psychische Beanspruchung

psychological time
Zeiterleben

psychologism
Psychologismus

psychology of aging
Alternsforschung

psychology of culture
Kulturpsychologie

psychology of cognition (Kognitionspsychologie)
Kognition

psychology of death (Sterbepsychologie; Todespsychologie)
Thanatopsychologie

psychology of musics (Musikpsychologie)
Kunstpsychologie

psychology of religion
Religionspsychologie

psychology of the arts
Kunstpsychologie

psycholytic drugs (Halluzinogene)
Drogenabhängigkeit

psychometric (psychometrisch)
Psychometrie

psychometry
Psychometrie

psychomotor
psychomotorisch

psychomotor agitation (psychomotorische Erregung)
Agitiertheit

psychomotor excitation (psychomotorische Erregung)
Agitiertheit

psychomotor tests
psychomotorische Tests

psycho-neural parallelism (psycho-neuraler Parallelismus)
Parallelismus

psychoneuroimmunology
Psychoneuroimmunologie

psychoneurosis (Psychoneurose, z. U. von Organneurose)
Neurose

psychoneurotic depression (neurotische Depression; depressive Neurose)
Depression

psychopathic personality (abnorme Persönlichkeit)
abnorm

psychopathology
Psychopathologie

psychopathy
Psychopathie

psychopharmaca
Psychopharmaka

psychopharmacology
Psychopharmakologie

psycho-physical parallelism (psychophysischer Parallelismus)
Parallelismus

psychophysics
Psychophysik

psychophysiology
Psychophysiologie

psychosexual dysfunctions (psychosexuelle Dysfunktionen; Funktionsstörung)
Sexualstörung

psychosis
Psychose; Neurose

psychosomatic disease (psychosomatische Krankheit)
psychosomatische Störung

psychosomatic disorder
psychosomatische Störung

Englisch-deutsches Stichwortverzeichnis und Verweisregister

psychosomatic medicine (psychosomatische Medizin)	Psychosomatik
psychosomatics	Psychosomatik
psychosurgery	Psychochirurgie
psychotechnics	Psychotechnik
psychotechnology	Psychotechnik
psychotherapy	Psychotherapie
psychotic	psychotisch
psychotic depression (psychotische Depression)	Psychose
psychotic diseases (psychotische Erkrankungen, Störungen)	Psychose
psychotic disorder	Psychose; psychotische Störung
psychotic distortion (psychotische Verzerrung)	Abwehrmechanismus
psychoticism	Psychotizismus
psychotropic drugs (psychotrope Substanzen)	Psychopharmaka
psychotropic substances	psychotrope Substanzen
puberty	Pubertät
puerilism	Puerilismus
puerility	Puerilismus
Pulfrich effect	Pulfrich-Effekt
Pulfrich phenomenon	Pulfrich-Effekt
pulse	Puls
pulse transition time (Pulstransitzeit)	Puls
pulse volume amplitude (Pulsvolumen-Amplitude)	Puls
pulse wave velocity (Pulswellengeschwindigkeit)	Puls
punishment	Bestrafung; Strafe
pupillary reflex (Pupillenreflex)	Pupille
pupillary size (Pupillengröße)	Pupille
pupillometrics (Pupillometrie)	Pupille
pupil of the eye	Pupille
purging-gorging syndrome (Bulimarexie)	Eßstörungen
Purkinje after-image	Purkinjesches Nachbild
Purkinje cells	Purkinjesche Zellen
Purkinje effect	Purkinjesches Phänomen
purposive behavior	Verhalten, zielorientiertes
purposivism	Verhalten, zielorientiertes
pursuit rotor	Pursuitmeter
putrid (faulig, modrig)	Geruchssinn
pycnic, pyknik	pyknisch
Pygmalion-effect	Pygmalion-Effekt
pyramidal tract	Pyramidenbahn
pyromania (Pyromanie)	Pyromanie; Impulskontrolle; Manie
pyrophobia	Pyrophobie
Q technique	Q-Technik
quality	Qualität
quality circles	Qualitäts-Zirkel
quantification	Quantifizierung

Englisch-deutsches Stichwortverzeichnis und Verweisregister

quantity	Quantität
quartile	Quartil
quartile deviation (Quartilabweichung; mittlerer Quartilabstand)	Abweichung; Quartil
quasi-experimental design	quasi-experimenteller Versuchsplan
quasi measurement	Quasimessung
quasi needs (Quasibedürfnisse)	Bedürfnis
questionary	Fragebogen
questionnaire	Fragebogen
quota	Quote
quota samples (Quotenstichprobe)	Stichprobe
race	Rasse
racial discrimination (Rassendiskriminierung)	Diskrimination
rage	Wut
random	Zufall
random activity	Zufallsaktivität
random error (Zufallsfehler)	Fehler
randomization	randomisieren
randomize	randomisieren
random movement	Zufallsaktivität
randomness	Zufall
random sample (Zufallsstichprobe)	Zufall; Stichprobe
rank	Rang
rank order correlation	Rangkorrelation
Ranschburg inhibition	Ranschburgsche Hemmung
Ranviers nodes (Ranviersche Einschnürungen)	Neuron
rapid eye movement (rasche Augenbewegungen während des Schlafes)	REM; Schlaf
ratee (Beurteilter)	Rating
rater (Beurteiler)	Rating
ratio	Verhältnis
rational behavior (rationales Verhalten)	rational
rationale (wiss. Erklärung; Grundlage)	rational
rationale of a test (Grundlagen eines Tests)	Abwehrmechanismen
rationalisation (Rationalisierung)	rational
rationalism (Rationalismus)	Empirismus; Rationalismus
rationalization	Rationalisierung; Abwehrmechanismen
raw score (Rohscore)	Score
reactance	Reaktanz, psychologische
reaction	Reaktion; Abwehrmechanismen
reaction formation (Reaktionsbildung)	Reaktionsbildung; Abwehrmechanismen
reaction generalization	Reaktionsgeneralisierung
reaction stereotypy	Reaktionsstereotypie
reaction summation (Reaktionssummation)	Summation
reaction time	Reaktionszeit
reaction-variable (Reaktionsvariable)	Variable
reactive depression (reaktive Depression)	Depression
reactive effect	reaktiver Effekt
reactive inhibition	Hemmung, reaktive
reactivity effect	reaktiver Effekt

Englisch-deutsches Stichwortverzeichnis und Verweisregister

readiness potential	Bereitschaftspotential
reafference principle	Reafferenzprinzip
realism	Realismus
reality	Realität
reality principle	Realitätsprinzip
re-appraisal (Wiederbewertung)	Bewertung
reasoning (schlußfolgerndes Denken; induktives bzw. deduktives Denken)	Schlußfolgern; Intelligenz
reasoning tests (Tests für schlußfolgerndes Denken)	Schlußfolgern
rebound phenomenon (Rückstoß-Phänomen)	Rebound-Phänomen; Adaptation; Gegenprozeß
recall	Erinnern; Gedächtnis; Gedächtnisbild, kollektives
recapitulation theory (Rekapitulations-Theorie)	phylogenetisches Prinzip
receiver operating characteristics curve (Beobachter- oder Empfängerleistungs-Kurve, ROC-Kurve)	Signalentdeckung
recency effect (Rezenz-Effekt)	Gedächtnis; Positionseffekt
receptive fields	rezeptive Felder
receptor	Rezeptor
receptor adaptation	Rezeptoradaptation
recipient (Nachrichten-Empfänger)	Kommunikation
reciprocal inhibition	Hemmung, reziproke
reciprocal innervation (reziproke Innervation)	Hemmung, reziproke
recognition	Wiedererkennen; Gedächtnis
recognition procedure/method (Methode des Wiedererkennens)	Wiedererkennen; Gedächtnis
recognitive assimilation (assimilatorisches Wiedererkennen)	Assimilation
recognize	Wiedererkennen
recovery time (Erholungszeit)	elektrodermale Aktivität
rectal (Stuhl-Inkontinenz)	Inkontinenz
redirection activity	Ersatzhandlung
redundancy	Redundanz
reference electrode (Referenzelektrode)	Elektroencephalogramm
reference group	Bezugsgruppe; Gruppe
referent power (zugeschriebene, zugewiesene Macht)	Macht, soziale
refined mode (korrigierter Modus, Modalwert)	Modus
reflection	Reflexion
reflex	Reflex
reflex arc (Reflexbogen)	Reflex
reflex center (Reflexzentrum)	Reflex
reflex(i)ology	Reflexologie
reflexive appraisal (reflexive Bewertung)	Bewertung
reflexivity (Reflexivität)	Impulsivität
refractory period	Refraktärzeit
regression (Regression)	Abwehrmechanismen
regression lines (Regressionsgerade)	Regression
rehabilitation	Rehabilitation
reinforcement	Verstärkung

548

Englisch-deutsches Stichwortverzeichnis und Verweisregister

reinforcement gradient	Verstärkungsgradient
reinforcement schedule	Verstärkungsplan
reinforcer (Verstärker; verstärkender Reiz)	Konditionierung, operante; Verstärkung
reinforcing stimulus (Verstärker; verstärkender Reiz)	Verstärkung
Reissner's membrane	Reissnersche Membran
rejection (Informations-Zurückweisung)	Intake-rejection-Hypothese
relative refractory period (relative Refraktärzeit)	Refraktärzeit
relaxation (Entspannung)	Spannung; Entspannung
relaxation techniques (Entspannungstechniken)	Entspannung
relaxation therapy (Entspannungs-Therapie)	Entspannung
releaser	Auslöser; Emotion
reliability (auch: Zuverlässigkeit)	Reliabilität
reliability coefficient (Reliabilitätskoeffizient)	Reliabilität
remember	Erinnern
remembering	Erinnern
reminiscence	Reminiszenz
remission	Remission
remittent (remittierend)	Remission
REM-parasomnia (REM-Parasomnie)	REM; Schlafstörung
Renshaw inhibition	Hemmung, Renshawsche
repetition compulsion	Wiederholungszwang
reported happiness (berichtete Zufriedenheit)	Wohlbefinden
representative sample (repräsentative Stichprobe)	Stichprobe
repression (Verdrängung)	Verdrängung; Abwehrmechanismen; kognitiver Stil
reproductive assimilation (reproduktive Assimilation)	Assimilation
reproductive inhibition	Hemmung, reproduktive
reproductive thinking (reproduktives Denken)	Denken
residual stimuli (Restreize, aus der Erfahrung stammende Beurteilungsmaßstäbe)	Adaptationsniveau
residual type (residualer Typ)	Schizophrenie
resinous (harzig)	Geruchssinn
resistance	Widerstand
resistance to extinction	Lösch(ungs)widerstand
resonance (Resonanz)	Schall
resonance theory	Resonanztheorie
response (Antwort; Response)	Reaktion
response bias (Reaktionsneigung)	Signalentdeckung
response blocking	Reaktionsblockierung
response differentiation (Reaktionsdifferenzierung)	Differenzierung
response generalization	Reaktionsgeneralisierung
response set	Reaktionseinstellung; Einstellung
response variable (Reaktionsvariable)	Variable
responsibility	Zurechnungsfähigkeit
restitution (Wiederherstellung)	Restitution
Restorff effect	Restorff-Effekt
retained members method	Methode der behaltenen Glieder; Gedächtnis

549

Englisch-deutsches Stichwortverzeichnis und Verweisregister

retention (Behalten)	Gedächtnis
retention curve (Vergessenskurve)	Gedächtnis; Vergessen
retention method (Behaltens-Methode)	Gedächtnis
reticular formation	Retikularsystem; Gehirn
retina (Netzhaut)	Retina
retinal illuminance (retinale Illuminanz)	Helligkeit
retinal movement image system (Retina-Bewegungsabbild-System)	Bewegungssehen
retrieval (Rückführung)	Gedächtnis
retrieval processes (Rückführprozesse)	Gedächtnis
retroactive inhibition	Hemmung, retroaktive
retrospection	Retrospektion
retrospective control (retrospektive Kontrolle)	Kontrolle
reverberation; reverberation processes	Reverberation; Emotion
reversibility	Reversibilität
reversible (reversibel)	Reversibilität
reward	Belohnung
reward expectancy	Belohnungserwartung
reward schedule (Belohnungsplan)	Verstärkungsplan
rhythm	Rhythmus
ribonucleic acids (RNA) (Ribonucleinsäure)	Nukleinsäuren
Ribot's law	Ribotsches Gesetz
Ricco's law	Riccosches Gesetz
right associates procedure	Treffermethode; Gedächtnis
right or wrong cases method	Konstanzmethode; Psychophysik
rigidity	Rigidität
risk	Risiko
risk taking behavior (Risikoverhalten)	Risiko
risky shift	Risikoschub
role	Rolle
role construct repertory test (Rollenbegriffs-Repertoire-Test)	kognitive Komplexität
rotary pursuit	Pursuitmeter
rotation	Rotation
rotation of factor axes	Rotation der Faktorenachsen
rote learning (mechanisches serielles Lernen)	Lernen, serielles
R-R-law	R-R-Gesetz
Rubin's goblet figure	Rubinscher Becher
rumination; rumination disorder (Rumination; Ruminationsstörung)	Eßstörungen
saccule	Sacculus
sadism	Sadismus
sagittal axis (Sagittalachse)	Sagittale
sagittal plane (Sagittalebene)	Mediansagittale; Sagittale
saliva	Speichel
salivary glands (Speicheldrüsen)	Speichel
salivary reflex (Speichelreflex; Mundspeichelreflex)	Speichel
salpinx	Eileiter
sample	Stichprobe
sample bias	Stichprobenfehler

Englisch-deutsches Stichwortverzeichnis und Verweisregister

sampling (Ziehen von Stichproben) — Stichprobe
sampling distribution — Stichprobenverteilung
sampling error — Stichprobenfehler
satiation — Sättigung
satiation effect (Sättigungseffekt, -wirkung) — Sättigung
satiation hypothesis (Sättigungshypothese) — Sättigung, kortikale
satiety (Sattheit) — Sättigung
saturation (Farbsättigung) — Farbensehen; Sättigung
saving method — Ersparnismethode; Gedächtnis
scale — Skala
scaling — Skalierung
scalogram (Skalogramm) — Guttman-Skala
scalogram analysis (Skalogrammanalyse) — Guttman-Skala
scanner (Abtaster) — Tomographie
scanning (abtasten; skandieren) — Augenbewegung; binokular
scatter diagram — Streuungsdiagramm
schedule of reinforcement — Verstärkungsplan
scheme — Schema
schizoaffective disorder (schizoaffektive Störung) — psychotische Störung
schizoid personality — schizoide Persönlichkeit
schizoid personality disorder (schizoide Persönlichkeitsstörung) — Persönlichkeitsstörung
schizophrenia — Schizophrenie
schizophrenic disorder (schizophrene Störung) — Schizophrenie
schizophrenic disorganization (Persönlichkeitszerfall; schizophrene Störung) — Psychose
schizophreniform disorder (schizophreniforme Störung) — psychotische Störung
schizothymia — Schizothymie
schizothymic (schizothym) — Schizothymie
schizotypical personality disorder (schizotypische Persönlichkeitsstörung) — Persönlichkeitsstörung
Schlemm's canal (Schlemmscher Kanal) — Auge
Schwann sheath (Schwannsche Scheide) — Neuron
science of science (wissenschaftliche Erkenntnistheorie) — Philosophie; Positivismus
scientific management (wissenschaftlich begründetes Management) — Taylorismus
sclerosis (Verhärtung) — Sklerose
scorching (brenzlig; verbrannt) — Geruchssinn
scotoma — Skotom
scotophobia (Skotophobie) — Skotom
script (symbolische Handlungsrepräsentation) — Skript
search — Absuche
sebaceous gland — Talgdrüse
secondary appraisal (sekundäre Bewertung) — Bewertung; Streß
secondary group — Sekundärgruppe
secondary process — Prozeß, sekundärer
secondary reinforcement — Verstärkung, sekundäre
secondary reinforcer (sekundärer Verstärker) — Verstärkung
secondary sex characteristics — sekundäre Geschlechtsmerkmale
second kind of conditioning — Konditionierung zweiter Art

Englisch-deutsches Stichwortverzeichnis und Verweisregister

second order conditioning (Konditionierung zweiter Ordnung)	Konditionierung, klassische
second order factor	Faktor zweiter Ordnung
second-verbal-signalling system (zweites Sprach-Signal-System)	Signalsystem
sedatives	Sedativa
seizure	Anfall
selective mutism (selektiver Mutismus)	Mutismus
self	Selbst
self actualization (Selbstverwirklichung)	Selbst
self-assurance (Selbstsicherheit)	Selbst
self-awareness (Selbsteinschätzung)	Selbst
self-concept (Selbstkonzept)	Selbst
self-confidence (Selbstsicherheit; Selbstvertrauen)	Selbst
self-consciousness (Selbstbewußtsein, Identitätsbewußtsein)	Selbst
self-conscious mind (Selbstbewußtsein)	Bewußtsein
self-control (Selbstkontrolle; Selbststeuerung)	Kontrolle; Selbst
self-efficacy (Selbst-Wirksamkeit)	Selbst; Kontrolle
self-esteem (Selbstwertgefühl)	Selbst
self-evaluation (Selbsteinschätzung, Selbstbeurteilung)	Selbst
self-image (Selbstbild)	Selbst
self-monitoring (Selbstkorrektur)	Übung, mentale
self-perception (Selbstansicht, Selbstwahrnehmung)	Selbst
self-perception theory (Theorie der Selbstwahrnehmung)	Selbst
self-regard (Selbstanschauung; Selbstwertgefühl)	Selbst
self-rating (Selbstbeurteilung)	Rating
self-stimulation	Selbstreizung
semantic behavior modification (semantische Verhaltensmodifikation)	Verhaltensmodifikation
semantic conditioning	Konditionierung, semantische
semantic differential (semantisches Differential)	Polaritätsprofil
semantic generalization	semantische Generalisierung
semantic knots (semantische Knoten, Verknüpfungen)	Netzwerk
semantic memory (Langzeitgedächtnis für Bedeutungszusammenhänge)	Gedächtnis
semantic negativity (semantische Negativierung; sprachbezogene Negativierung)	ereignisbezogene Potentiale
semantic network (semantisches Netzwerk, Netz)	Netzwerk
semantics	Semantik
semasiology (Semasiologie)	Semantik
semeiology (Semeiologie)	Semantik
semi-autonomous work groups (teilautonome Arbeitsgruppe)	Arbeitsstrukturierung
semi-circular canals	Bogengänge

Englisch-deutsches Stichwortverzeichnis und Verweisregister

semi-interquartile range (mittlerer Quartilabstand)	Abweichung; Quartil
semiotics (Semiotik)	Semantik
senile dementia (senile Demenz)	senile Demenz; Demenz
senility	Senilität
sensation	Empfindung
sensationalism (Empfindungslehre)	Assoziationismus
sensation seeking	Suche nach neuen Eindrücken
sense	Sinn
sense data (Sinnesdaten; Sinnesempfindungen)	Daten
sense datum (Sinnesdatum; Sinnesgegebenheit; Sinnesempfindung)	Daten; Empfindung
senseless syllable	sinnlose Silbe
sense modality	Modalität
sense of equilibrium	Gleichgewichtssinn
sense of smell	Geruchssinn
sense of taste	Geschmackssinn
sense organs	Sinnesorgane
sense quality	Sinnesqualität
senses	Sinne
senses of direction	Richtungssinne
sensibility (auch: Empfänglichkeit; Empfindlichkeit)	Sensibilität
sensitivity (auch: Empfänglichkeit; Empfindlichkeit)	Sensibilität
sensitivity index (Sensitivitätsindex)	Webersches Gesetz
sensitivity training	Sensitivity-Training
sensitization (Informationsempfänglichkeit)	kognitiver Stil
sensori-motor activity	Senso(u)motorik
sensory	sensorisch
sensory adaptation (sensorische Adaptation)	Adaptation
sensory aphasia (sensorische, Wernickesche Aphasie)	Aphasie
sensory arousal (sensorische Erregung)	Erregung
sensory automatism (sensorischer Verarbeitungs-Automatismus)	Automatismus
sensory buffer (sensorischer Puffer oder Speicher)	Aufmerksamkeit
sensory data (Sinnesdaten; Sinnesempfindungen)	Daten
sensory deprivation (sensorische Deprivation; reizarme Umgebung)	Deprivation
sensory illusion (Sinnestäuschung)	Täuschung
sensory motor adaptation (sensorisch-motorische Adaptation)	Adaptation
sensory motor schemes (sensumotorische Schemata)	Schema
sensory pattern (Empfindungs-Muster)	Pattern
sensory present	Präsenzzeit, psychische
sensory set (sensorische Einstellung)	Einstellung
sensory stimulation (sensorische Erregung)	Impulsivität
sensory stores (sensorische Speicher)	Gedächtnis
sensory summation (Reizsummation)	Summation

Englisch-deutsches Stichwortverzeichnis und Verweisregister

sensory summation effect (Reizsummations-Effekt) — Summation

sensory tonic field theory — sensorisch-tonische Feldtheorie

sensualism (Sensualismus) — Empirismus

separation of powers (Gewaltenteilung) — Gewalt

sequential learning (Reihenfolge-Lernen) — Lernen, serielles

serial anticipation method (serielle Antizipationsmethode) — Gedächtnis

serial correlation coefficient (Reihenkorrelations-Koeffizient) — Autokorrelation

serial learning (serielles Lernen) — Lernen, serielles

serial position effect — Positionseffekt; Gedächtnis

serial recall (Methode des seriellen Erinnerns) — Erinnern

serotonine — Serotonin

servo mechanism (Servomechanismus; Feedbacksystem) — Regelkreis

set — Einstellung

severe mental retardation (schwere geistige Behinderung) — geistige Behinderung

sex/gender identity (Geschlechtsidentität) — Sexualität

sex roles (Geschlechterrollen) — Sexualität

sexual activity (sexuelles Verhalten) — Brunst

sexual disorder — Sexualstörung

sexual drive/instinct (Sexualtrieb; -bedürfnis) — Sexualität

sexuality — Sexualität

sexual masochism (sexueller Masochismus) — Sexualstörung

sexual sadism (sexueller Sadismus) — Sexualstörung

s-factor — s-Faktor

shadowing (Verschattung) — Maskierung

sham-rage (Scheinwut-Anfälle) — Emotion

shaping — Verhaltensformung

shaping of behavior — Verhaltensformung

sharpening (Akzentuierung) — kognitiver Stil

sharpness — Schärfe

shock (auch: elektrischer Schlag) — Schock

shock phase (Schockphase) — Adaptationssyndrom; Streß

shock-therapy (Elektroschock-Therapie) — Schock

short term memory (Kurzzeitgedächtnis) — Gedächtnis

sibling (Nachkommenschaft; zweieiige Zwillinge) — Zwilling

sibs (Blutsverwandte) — Zwilling

sigmatism — Sigmatismus

sign — Zeichen

signal — Signal

signal detection — Signalentdeckung

signal detection theory (Signalentdeckungs-Theorie) — Signalentdeckung

signalling system — Signalsystem

signal system — Signalsystem

sign-gestalt (Zeichengestalt; Hinweismuster) — Gestaltpsychologie, kognitive Landkarte

significance — Bedeutung; Signifikanz

signification — Bedeutung

signs (Zeichen) — Erwartung; Semantik; Symbol

554

Englisch-deutsches Stichwortverzeichnis und Verweisregister

sign stimulus (Zeichenreiz)	Reiz
simple phobia (einfache Phobie)	Phobie
simple structure	Einfachstruktur
simulation	Simulation
simulation game (Simulationsspiel)	Spiel
simultaneous	simultan
simultaneous conditioning (Simultan-Konditionierung)	Konditionierung, klassische
single photon emission computed tomography (SPECT)	Tomographie
single signalling system of animals (einziges Signalsystem bei Tieren)	Signalsystem
sinistrality (Linkshändigkeit)	Händigkeit
sinusoidal sound wave (sinusförmige Schallwelle)	Ton
situational circuit model	Situationskreis-Modell
situationism (Situationismus; Situationstheorie)	Persönlichkeit
situation stereotyp	Situationsstereotypie
size-weight illusion	Größen-Gewichts-Täuschung
skill (auch: Fertigkeit, praktische Begabung)	Geschicklichkeit
skin admittance level (Scheinleitwert-Niveau)	elektrodermale Aktivität
skin admittance response (Scheinleitwert-Reaktion)	elektrodermale Aktivität
skin conductance (Hautleitfähigkeit)	elektrodermale Aktivität
skin conductance level (Hautleitfähigkeits-Niveau)	elektrodermale Aktivität
skin conductance response (Hautleitfähigkeits-Reaktion)	elektrodermale Aktivität
skin impedance level (Hautimpedanz-Niveau)	elektrodermale Aktivität
skin impedance response (Hautimpedanz-Reaktion)	elektrodermale Aktivität
skin potential level (Hautpotential-Niveau)	elektrodermale Aktivität
skin potential response (Hautpotential-Reaktion)	elektrodermale Aktivität
skin potentials (Hautpotentiale)	elektrodermale Aktivität
skin resistance (Hautwiderstand)	elektrodermale Aktivität
skin resistance level (Hautwiderstands-Niveau)	elektrodermale Aktivität
skin resistance response (Hautwiderstands-Reaktion)	elektrodermale Aktivität
sleep	Schlaf
sleep center	Schlafzentrum
sleep deprivation (Schlafentzug)	Schlaf
sleep disorder	Schlafstörung
sleep phases (Schlafphasen)	Schlaf
sleep research (Schlafforschung)	Schlaf
sleep stages (Schlafphasen)	Schlaf
slip of the pen (Verschreiben)	Fehlleistung
slip of tongue (Versprechen)	Fehlleistung
slow potentials (langsame Potentiale)	ereignisbezogene Potentiale
slow wave sleep (SWS)	Schlaf
smoothed curve	geglättete Kurve

555

Englisch-deutsches Stichwortverzeichnis und Verweisregister

smooth muscles	glatte Muskulatur; Muskel
sociability	Soziabilität
social	sozial
social activity (soziales Handeln)	Aktivität
social adaptation	Anpassung, soziale
social adjustment	Anpassung, soziale
social anthropology	Sozialanthropologie
social changes (soziale Veränderungen)	soziale Dynamik
social class	soziale Klasse
social cohesion (auch: sozialer Zusammenhalt)	soziale Kohäsion
social contingency (soziale Kontingenz; Übereinstimmung der Meinungen)	Kontingenz
social dependency (soziale Abhängigkeit)	Abhängigkeit
social desirability	soziale Erwünschtheit; Reaktionseinstellung
social distance	soziale Distanz
social distance scale (soziale Distanz-Skala; Bogardus-Skala)	soziale Distanz
social dynamics	soziale Dynamik
social evolution (soziale Entwicklung)	soziale Dynamik
social facilitation	Aktivierung, soziale
social growth (soziales Wachstum)	soziale Entwicklung
social hygiene	Sozialhygiene
social influence (soziale Beeinflussung)	social interaction
social power	soziale Interaktion
socialization	Sozialisation
social judgment theory (Theorie der sozialen Beurteilung; Urteilstheorie)	Linsenmodell
social maturity (soziale Reife)	soziale Entwicklung
social medicine	Sozialmedizin
social mobility	soziale Mobilität
social motives	soziale Motive
social norm	Norm, soziale
social organization (soziales Gebilde)	Soziologie
social perception	Wahrnehmung, soziale; Sozialpsychologie
social phobia (soziale Phobie)	Phobie
social power (soziale Macht)	Macht; soziale Interaktion
social pressure (sozialer Druck)	Macht, soziale
social psychology	Sozialpsychologie
social remission (soziale Remission)	Remission
social specialist (sozial-emotionaler Führungsstil)	Führer
social standard	Norm, soziale
social status	sozialer Status
social structures (soziale Gebilde, Strukturen)	Struktur
social system	soziales System; System
social taboos (soziale Tabus; tabuisiertes Verhalten)	Tabu
society	Gesellschaft
sociobiology	Soziobiologie
socio-economic free tests (Kultur- und vom ökonomischen Status unabhängige Tests)	sozio-ökonomisches Niveau
socio-economic level	sozio-ökonomisches Niveau

556

Englisch-deutsches Stichwortverzeichnis und Verweisregister

socio-economic position	sozio-ökonomisches Niveau
sociogram	Soziogramm; Soziometrie
sociology	Soziologie
sociometry	Soziometrie
sodomia (Sodomie)	Sexualstörung
sodomy	Sodomie
Soldier's heart (Herzangst-Syndrom)	Anfall
solipsism	Solipsismus
somaesthesia	Somästhesie
somatic (somatisch; körperlich)	Somatologie
somatic system (somatisches System)	Nervensystem
somatization (Somatisierung)	Somatisierung; Abwehrmechanismen
somatization syndrome	Somatisierungssyndrom
somatoform disorder	somatoforme Störung
somatoform pain syndrome (somatoformes Schmerzsyndrom)	somatoforme Störung
somatology	Somatologie
somnambulism (Schlafwandeln)	Schlaf; Schlafstörung
somnolent coma (somnolentes Koma)	Koma
sonography (Sonographie)	Tomographie
sound (Klang; Klangeindruck)	Schall
soundness of mind	Zurechnungsfähigkeit
source traits (Grund-, Wurzeleigenschaften)	Eigenschaften
spaced practise (verteilte Übung)	Übung
space orientation	Raumorientierung
space perception	Raumwahrnehmung
spacial orientation (räumliche Orientierung; räumliches Denken)	Intelligenz
sparking-over activity	Übersprunghandlung
spasm	Spasmus
Spearman-Brown formula	Spearman-Brownsche Formel
Spearman-Brown prophecy formula	Spearman-Brownsche Formel
special ability (spezielle Fähigkeiten)	Fähigkeit
special education	Sonderpädagogik
species-specific behavior	Verhalten, artspezifisches
species specificity (Artspezifität)	Instinkt
specific developmental disorders (umschriebene Entwicklungsstörungen)	Entwicklungsstörungen
specific factor (spezifischer Faktor)	s-Faktor
specious present	Präsenzzeit, psychische
spectral colors/colours (Spektralfarben)	Farbensehen
spectrum	Spektrum
speech disorders (Sprechstörungen)	Sprachstörungen
speech fluency (Sprechflüssigkeit)	Wortflüssigkeit
sperm	Sperma
spermatozoa (Spermatozoen)	Sperma
sphincter (Schließmuskel)	Sphinkter
spicy (würzig)	Geruchssinn
spike	Spitzenpotential; Elektroencephalogramm
spin (Drall)	Tomographie
spinal canal (Rückenmarkkanal)	Rückenmark
spinal column (Wirbelsäule)	Rückenmark

Englisch-deutsches Stichwortverzeichnis und Verweisregister

spinal cord	Rückenmark; Gehirn
spinal ganglia	Spinalganglien
spinal nerves	Spinalnerven
spinal pathways (Rückenmarksleitungen)	Gehirn
spinal reflex	Spinalreflex
spiritism	Spiritismus
spiritualism	Spiritualismus
split-brain (Interhemisphären-Verbindungs-Trennung)	split-brain
split-half reliability (Halbierungs-Reliabilität)	Reliabilität
splitting (Spaltung)	Abwehrmechanismen
spontaneous	spontan
spontaneous activities	Spontanreaktionen
spontaneous behavior	Verhalten, spontanes
spontaneous fluctuations (Spontanfluktuationen)	Spontanreaktionen
spontaneous recovery	spontane Erholung
spontaneous remission (spontane Remission)	Remission
spontaneous responses	Spontanreaktionen
sport psychology	Sportpsychologie
S-R-law (Reiz-Reaktions-Gesetz)	S-R-Gesetz
stability (Stabilität)	Stabilität; Labilität
stability coefficient (Stabilitätskoeffizient)	Stabilität
stabilized retina images	stabilisierte Netzhautbilder
stage	Phase
stage of exhaustion (Erschöpfungsphase)	Adaptationssyndrom, allgemeines; Streß
stage of resistance (Widerstandsphase)	Adaptationssyndrom, allg.; Streß
stammering	Stammeln
standard deviation (Standardabweichung, -fehler)	Abweichung
standard error	Standardfehler
standard error of estimates (Standardfehler von Schätzwerten)	Standardfehler
standard score (Standard-Score)	Score
standard stimulus	Standardreiz
Stanford-Binet-scale	Stanford-Binet-Test
startle latency	Schrecksekunde
startle reflex (Schreck-Reflex)	Schreckreaktion
startle response	Schreckreaktion
startling reflex (Umklammerungs-Reflex)	Umklammerungsreaktion
startling response	Umklammerungsreaktion
startling response pattern	Schreckreaktion
state anxiety (Zustandsangst, Angstzustand)	Angst
statement	Aussage
statements (Feststellungen)	Fragebogen
state orientation (Lageorientierung)	Handlungsorientierung
state-trait-anxiety inventory (Test zur Messung der Zustandsangst- bzw. Angstneigung; STAI)	Angst
static sense (Lagesinn)	statischer Sinn
statistical inference (statistische Inferenz)	Inferenz
statistics	Statistik
status	Status

Englisch-deutsches Stichwortverzeichnis und Verweisregister

stereocorticoids — Kortikoide
stereoscopic vision (räumliches Sehen; Tiefensehen) — Stereoskopie; Tiefenwahrnehmung
stereotype — Stereotyp
stereotypy — Stereotypie
Sternberg paradigm (Sternberg-Paradigma) — Wiedererkennen
Stevens' power function (Stevenssche Exponentialfunktion) — Stevenssches Gesetz
Stevens' power law (Stevenssches Exponentialgesetz) — Stevenssches Gesetz
sthenisch — sthenic
Stilling's color/colour plates (Stillingsche Farbtafeln) — Farbentüchtigkeit
stimulus — Reiz
stimulus attitude — Reiz-Einstellung
stimulus error — Reizfehler
stimulus generalization — Reizgeneralisierung
stimulus object (Reizobjekt) — Wahrnehmen
stimulus-response psychology — Reiz-Reaktions-Psychologie
stimulus-response theory (Reiz-Reaktions-Theorie) — Reiz-Reaktions-Psychologie
stimulus threshold (Reizschwelle) — Psychophysik
stimulus trace — Reizspur
stimulus variable (Reizvariable) — Variable
stirrup (Steigbügel) — Ohr
stooge — Vertrauter des Versuchsleiters
strabism — Strabismus
strain (Belastung; Spannung; Druck) — psychische Beanspruchung; Streß
stratification (soziale Klassenbildung; Schichtung) — soziale Klasse
stratified sample (auf Klassen bezogene Stichprobe) — Stichprobe
Stratton's experiment — Strattonsches Experiment
stream of consciousness (Bewußtseinsstrom) — Bewußtsein
stress — Streß
stressor (Stressor; streßauslösender Reiz oder Umstand) — Streß
stress threshold (Streß-Schwelle) — Streß
striate body — Streifenhügel
striate muscles — quergestreifte Muskeln
striped muscles — quergestreifte Muskeln; Muskel
stroboscope (Stroboskop) — stroboskopisches Phänomen
stroboscopic effect/motion/movement/phenomenon — stroboskopisches Phänomen
strong automatizers (zu starker Automatisierung neigend) — Interferenz
structural — strukturell
structural formulas (Strukturformeln) — Struktur
structural linguistics (strukturelle Linguistik) — Struktur
structuralism — Strukturalismus
structuralization of work — Arbeitsstrukturierung
structure — Struktur; Gestalt; Pattern
structure of intelligence — Intelligenz-Struktur

Englisch-deutsches Stichwortverzeichnis und Verweisregister

stupor (Bewußtlosigkeit) — Stupor

stuttering — Stottern

subception (unterschwellige Bedeutungserfassung) — Wahrnehmung, unterschwellige

subconscious — unbewußt

subject (Versuchsperson; Beobachter; Proband) — Subjekt

subjective — subjektiv

subjective estimate methods (Methoden der subjektiven Einschätzung) — Rating

subjective probability (subjektive Wahrscheinlichkeit) — Wahrscheinlichkeit

subjective visual field (subjektives Gesichtsfeld) — Gesichtsfeld

subjective wellbeing (subjektives Wohlbefinden) — Wohlbefinden

sublimation (Sublimierung) — Sublimierung; Abwehrmechanismen

subliminal learning (unterschwelliges Lernen) — Lernen, subliminales

subliminal perception (unterschwellige Wahrnehmung) — Wahrnehmung, unterschwellige

subliminal stimulus — Reiz, unterschwelliger

substance abuse (Drogenmißbrauch) — Drogenabhängigkeit

substance dependence — Drogenabhängigkeit

substance use disorders (Störungen durch psychotrope Substanzen) — Drogenabhängigkeit

substitute — Substitut

substitution tests (Substitutions-Tests) — Substitut

substractive color/colour mixing (subtraktive Farbmischung) — Farbenmischung

subsystem (Untersystem) — System

subvocal speech — subvokales Sprechen

success — Erfolg

sucking (saugen) — Saugreflex

suckling (saugen) — Saugreflex

suggestibility — Suggestibilität

suggestion — Suggestion

summation — Summation

sum score (Summenscore) — Score

superego — Überich

superlearning — Superlernen

superstition — Aberglaube

superstitious behavior (abergläubisches Verhalten) — Aberglaube

suppression (Unterdrückung) — Unterdrückung; Abwehrmechanismen

suppressor areas — Suppressorfelder

suppressors (Unterdrücker) — Unterdrückung

suprarenal capsules (Nebennierendrüsen) — Nebennieren

surface color/colour (Gegenstands-, Objektfarbe) — Farbensehen

surface traits (Oberflächen-Eigenschaften) — Eigenschaften

surrogate (Ersatz) — Substitut

susceptibility — Suggestibilität

sustained attention (Daueraufmerksamkeit) — Aufmerksamkeit

560

Englisch-deutsches Stichwortverzeichnis und Verweisregister

SWB (Abk. für subjective wellbeing)	Wohlbefinden
syllogistic reasoning (streng logische Argumentation)	Schlußfolgern
symbiosis	Symbiose
symbolic behavior	Verhalten, symbolisches
symbolism	Symbol
sympathetic division of the nervous system	Sympathikus
sympathetic nervous system	Sympathikus
sympathetic system	Sympathikus; Nervensystem
sympathetic trunc	Grenzstrang
sympathicotonic seizure (Herzangst-Syndrom)	Anfall
sympathy	Sympathie
symptomatology (Symptomatologie)	Semantik
symptom lists (Symptomlisten)	Psychose
symptom substitution	Symptomverschiebung
synapse	Synapse
synapsis	Synapse
synaptic knob (Synapsenendkolben)	Synapse
synaesthesia	Synästhesie
synaesthesis	Synästhesie
synesthesia	Synästhesie
syndrome (Syndrom)	Symptom
syndrome of Alice in wonderland (Alice-im-Wunderland-Syndrom)	Depersonalisation
synergy	Synergie
syntax/syntactical (Syntax; syntaktisch)	Syntax
synthesis	Synthese
system	System
systematic desensitization	Desensitivierung
systematic sample (systematische Stichprobe)	Stichprobe
systems research	Systemforschung
taboo	Tabu
tachistoscope	Tachistoskop
tactile	taktil
tactile agnosia (taktile Agnosie; Sensibilitätsstörung)	Agnosie
tactual	taktil
Talbot-law	Talbotsches Gesetz
Talbot-plateau-law	Talbotsches Gesetz
tapping board (Tapping-Brett)	Tapping-Test
tapping test	Tapping-Test
target (Zielreiz; Reizvorlage)	stabilisierte Netzhautbilder
task (Aufgabe; Arbeitsaufgabe)	Aufgabe; Arbeit
task ability (aufgabengerechte Führung)	Führer
task analysis (Aufgabenanalyse)	Aufgabe
task demands (Aufgabenerfordernisse)	Aufgabe
task environment (Aufgabensituation)	Aufgabe
task orientation (Aufgabenbezug)	Führer
taste bud	Geschmacksknospe
tautology	Tautologie
taxonomy	Taxonomie
Taylorism	Taylorismus

561

Englisch-deutsches Stichwortverzeichnis und Verweisregister

Taylor's system	Taylorismus
T-cells (T-Zellen)	Immunsystem
teaching machines (Lehrmaschinen)	programmierter Unterricht
telekinesis	Telekinese
teleological	teleologisch
telepathy	Telepathie
temper	Stimmung; Temperament
temporal (schläfenseitig)	temporal
temporal (zeitlich; zeitweilig; vorübergehend)	temporell
temporal lobe (Schläfenlappen)	temporal; Gehirn
temporal perspective (Zeitperspektive)	Perspektive
tension	Spannung
tendency	Tendenz
tension reduction (Spannungslinderung; Spannungsabnahme)	Verstärkung
tension release (Spannungslinderung; Spannungsabnahme)	Spannung
term (Term; Terminus)	Begriff
terror management theory	Terror-Management-Theorie
test analysis (Testanalyse)	Testkonstruktion
test battery	Testbatterie
test development (Testentwicklung)	Testkonstruktion
testimony (Bekundung; Bezeugung)	Aussage
test items	Testaufgaben
test operate test exit (Test-Verarbeitungs-Test-Endhandlungs-Einheit)	TOTE
test-retest reliability (Test-Wiederholungs-Reliabilität)	Reliabilität
test theory	Testtheorie
tetany	Tetanus
T-group (T-Gruppe)	Sensitivity-Training
thalamic-hypothalamic theory of emotion (Thalamus-Hypothalamus-Theorie der Emotion)	Emotion
thalamic potentials (thalamische Potentiale)	ereignisbezogene Potentiale
thanato-psychology (Sterbepsychologie; Todespsychologie)	Thanatopsychologie
thematic apperception test	TAT
theories of consistency (Konsistenz- oder Konsonanztheorie)	Konsistenz
theories of development	Entwicklungstheorien
theories of learning (Lerntheorie)	Lernen
theories of personality (Persönlichkeitstheorien)	Persönlichkeit
theory	Theorie
theory of apparent distance (Theorie der scheinbaren Entfernung)	Mondtäuschung
theory of apparent size (Theorie der scheinbaren Größe)	Mondtäuschung
theory of cognitive dissonance (Theorie der kognitiven Dissonanz)	kognitive Dissonanz
theory of functional dominants	Dominantentheorie

Englisch-deutsches Stichwortverzeichnis und Verweisregister

theory of games	Spieltheorie
theory of mediation	Vermittlungstheorie
theory of mental tests	Testtheorie
theory of objects	Gegenstandstheorie
theory of signal detection (Signalentdeckungstheorie)	Signalentdeckung
theory of social judgment (Theorie der sozialen Urteile)	Linsenmodell
theory of unconscious inferences (Theorie der unbewußten Schlüsse)	unbewußte Schlüsse
therapeutic dialogue (therapeutisches Gespräch)	Gesprächstheorie
therapeutic treatment (therapeutische Behandlung)	Therapie
therapy	Therapie
thermalgesia	Thermalgesie
thermanesthesia (Temperaturunempfindlichkeit)	Thermanästhesie
thermohypoesthesia (Thermohypoästhesie; Temperaturunempfindlichkeit)	Thermanästhesie
thermoneurosis (Erhöhung der Körpertemperatur auf Grund neurotischer Störung)	Thermo-Neurose
theta-rhythm (Thetarhythmus)	Elektroencephalogramm
theta-waves (Thetawellen)	Elektroencephalogramm
thinking	Denken
thought (Idee; Gedanke)	Idee; Denken
thought pattern (Denkschemata)	Schema
threshold	Schwelle
Thurstone scale	Thurstone-Skala
thyroid (Schilddrüse)	Thyreoidea
thyroid gland (Schilddrüse)	Thyreoidea
thyroidea stimulating hormone (Thyreotropin; TSH)	Autoimmunkrankheiten
tic	Tic
tic douloureux (schmerzhafter Tic)	Tic
timbre	Klang; Timbre
time constant	Zeitkonstante
time perspective	Zeitperspektive; Perspektive
time-sense apparatus	Zeitsinnapparat
time series	Zeitreihe
time series analysis	Zeitreihen-Analyse
tinnitus aurium	Ohrgeräusche
Titchener's illusion (Titchener-Täuschung)	Delbœufsche Täuschung
token economy	Token-Ökonomie
tomogram (Tomogramm)	Tomographie
tomography	Tomographie
tone	Ton
tone scale	Tonskala
tonic	tonisch
tonic immobility	totstellen
tonic level (tonisches Niveau)	tonisch
tonotopics (Tonotopie)	Hören
topology	Feldtheorie

563

Englisch-deutsches Stichwortverzeichnis und Verweisregister

toxicosis	Toxikose
trace	Spur
trace conditioning (Spurenkonditionierung)	Konditionierung, klassische
tracer; trace marker (Markierungssubstanzen)	Tomographie
tracking tests (Folgebewegungs-Tests)	Tracking-Tests
tract	Tractus
tradeoff function	Abgleichfunktion
training (Berufsausbildung; Übung)	Ausbildung
trait anxiety (Angstneigung; Ängstlichkeit)	Angst
trait diagnostics (Eigenschafts-Diagnostik)	Statusdiagnostik
traits (auch: Neigung)	Eigenschaften; Statusdiagnostik
trait theories (Eigenschaftstheorien)	Persönlichkeit
tranquilizer	Tranquilizer
transaction	Transaktion
transfer (Übertragung)	Transfer
transfer of training (Übungsübertragung)	Transfer
transference	Übertragung
transference resistance (Übertragungswiderstand)	Übertragung
transmitter	Transmitter; biogene Amine; Sender
transparency	Transparenz
transposition behavior	Transposition
transposition hypothesis (Transpositionshypothese)	Transposition
transsexualism (Transsexualismus)	Geschlechtsidentität
transvestism (Transvestitismus)	Transvestitismus; Sexualstörung
transvestitical fetishism (transvestitischer Fetischismus)	Sexualstörung
transvestitism	Transvestitismus
traumatic neurosis	traumatische Neurose
traumatic psychosis	traumatische Psychose
traumatophilia (Traumatophilie)	Münchhausen-Syndrom
treatment (Behandlung; Heilbehandlung)	Therapie
trial (Versuchsdurchgang)	Versuch
trial and error learning	Lernen durch Versuch und Irrtum
tri-chromatic/tri-receptor theory (Dreikomponententheorie; trichromatische Theorie)	Farbensehen
tritanopia	Tritanopie
trophic	trophisch
trophism (Trophismus)	trophisch
tropism	Tropismus
trophotropic (trophotrop)	ergotrop
true score (echter, fehlerfreier Score)	Fehler
T-scale	T-Skala
Turner's syndrom (Turnersches Syndrom)	Chromosomenanomalie
twin	Zwilling
twin research (Zwillingsforschung)	Zwilling
two factor theory of learning	Zwei-Faktoren-Theorie des Lernens
two-egg twins (zweieiige Zwillinge)	Zwilling
tympanic membrane (Trommelfell)	Ohr
type A-behavior (Typus A-Verhalten)	Typus A-, Typus B-Verhalten
type B-behavior (Typus B-Verhalten)	Typus A-, Typus B-Verhalten

Englisch-deutsches Stichwortverzeichnis und Verweisregister

ultradian rhythm (ultradianer Rhythmus) — Biorhythmus
ultra-short-term memory (Ultra-Kurzzeit-Ge-dächtnis) — Gedächtnis
ultrasound scan (Sonographie) — Tomographie
unbiased estimators (fehlerfreie Schätzwerte) — Erwartung, statistische
uncertainty — Ungewißheit; Risiko
unconditioned reaction (UCR) (unkonditio-nierte Reaktion) — Konditionierung, klassische
unconditioned response (UCR) (unkonditio-nierte Reaktion) — Konditionierung, klassische
unconditioned stimulus (UCS) (unkonditio-nierter Reiz) — Konditionierung, klassische
unconscious — unbewußt
unconscious inferences — unbewußte Schlüsse
unconsciousness (Unbewußtheit) — Bewußtlosigkeit; unbewußt
unconscious wishes (unbewußte Wünsche) — unbewußt
undo; undoing (Ungeschehenmachen) — Abwehrmechanismen
unfinished business (unvollendete Aufgabe) — Zeigarnik-Effekt
unfinished tasks (unvollendete Aufgabe) — Zeigarnik-Effekt
unilateral neglect (lateralisierter Neglect) — Neglect
unipolar disorder (monopolare Störung; uni-polare Störung) — Affektive Störung; Depression
unique factor (spezifischer Faktor) — S-Faktor
unspecified delusion (unbestimmter Wahn) — Wahn
unit traits (Einheits-Eigenschaften) — Fähigkeit
unliterate peoples (Kulturen ohne schriftlichen Nachlaß) — primitiv
unsaturated faty acids (ungesättigte Fettsäu-ren) — Fette
uranism (männliche Homosexualität) — Homosexualität
urge — Drang
urinary incontinence (Harn-Inkontinenz) — Inkontinenz
U-shaped curve — U-Kurve
utilitarianism — Utilitarismus
utilitarian power (Machtgebrauch) — Macht, soziale

vaginism (Vaginismus) — Sexualstörung
valence (auch: Valenz) — Aufforderungscharakter
validity — Validität
valuative qualities (Bewertungsqualität der Adaptation) — Adaptation
value — Wert
value orientation (Wertorientierung) — Wert
values and costs (Nutzen und Kosten) — Austauschtheorie
value system — Wertsystem; Einstellung
variability — Variabilität
variable — Variable
variable intertrial interval (variables Intervall zwischen Versuchsdurchgängen) — Reaktionszeit
variable-interval aperiodic reinforcement (Verstärkungsplan mit variablen unregel-mäßigen Intervallen) — Verstärkungsplan
variance — Varianz

565

Englisch-deutsches Stichwortverzeichnis und Verweisregister

variation	Variante
varied mapping (Vertauschungserfahrung)	Mapping
vascular	vasc(k)ulär
vasoconstriction (Gefäßverengung)	Vasokonstriktion
vasomotoric	vasomotorisch
vasomotoric attack (vasomotorischer Anfall)	Anfall
vector	Vektor
vector psychology (vektorielle Psychologie; Feldtheorie)	Vektor
vegetative lability (vegetative Labilität)	Labilität
ventricle	Ventrikel
verbal behavior (verbales Verhalten)	Verhalten, verbales
verbal chaining (Wort-Assoziations-Kettenbildung)	Wortassoziation
verbal comprehension (Begriffsverständnis; sprachliches Denken)	Intelligenz
verbal conditioning	Konditionierung, verbale
verbal fluency (Denk-, Sprechflüssigkeit)	Intelligenz
verification	Verifikation
vicarious learning	Beobachtungslernen
vicarious reinforcement	Verstärkung, stellvertretende
vigilance (Daueraufmerksamkeit; Wachheit)	Aufmerksamkeit; Vigilanz
vigilance decrement (Vigilanzabfall)	Vigilanz
violence	Gewalt
visceral	visceral
visceral brain (vegetatives Nervensystem)	visceral
visceral division (vegetatives Nervensystem)	Nervensystem
visceral feelings (Körpergefühle)	visceral
visceral sensations (Körpererregungs-Empfindungen)	visceral
visceral theory of emotion (viscerale Emotionstheorie)	Emotion
viscero-cardiac reflex (viscero-cardialer Reflex)	visceral
viscero-sensory reflex (viscero-sensorischer Reflex)	visceral
viscosity (Zähflüssigkeit); viscous (zähflüssig)	Viskosität
visibility	Visibilität
visibility coefficient (Visibilitäts-Koeffizient)	Visibilität
visibility curve (Visibilitätskurve)	Visibilität
visibility range (Visibilitätsbereich)	Sehen
vision	Sehen
visual	visuell
visual cliff (Wahrnehmungsklippe, -riff)	Wahrnehmungsriff
visual field	Gesichtsfeld; Brennpunkt
visual masking	Maskierung
visual perception (visuelle Wahrnehmung)	Sehen
visual purple (Sehpurpur)	Rhodopsin
visual search (Absuche des Wahrnehmungsfeldes)	Absuche
visuo-spatial scratch pad (visuell räumlicher Notizblock)	Arbeitsgedächtnis
vitalism (Vitalismus)	Pluralismus

566

Englisch-deutsches Stichwortverzeichnis und Verweisregister

vitality	Vitalität
vitreus (Glaskörper)	Auge
vocal cords (Stimmbänder)	Larynx
vocational guidance (Berufsberatung)	Beratung
vocational instruction (Berufsausbildung)	Ausbildung
voice key	Lippenschlüssel; Reaktionszeit
volition	Wollen
voluntary activities (Willenshandlungen)	Wollen
voluntary movement (Willkürbewegungen)	Motorik
voracious appetite (Bulimie)	Eßstörungen
volontary movement (Willkürbewegung)	Motorik
voyeurism (Voyeurismus)	Sexualstörung
waking-up response (Weckreaktion)	Orientierungsreaktion
warning stimulus (Warn- oder Ankündigungs-reiz)	Reaktionszeit
waterfall effect (Wasserfall-Effekt; Hering-sche Täuschung)	Täuschung
Weber's law	Webersches Gesetz
Wechsler-Bellevue scale	Wechsler-Bellevue-Skala
weighted measure (gerichtete Maße)	Gewichtung
weighted score (gerichteter Score)	Gewichtung
weighting	Gewichtung
wellbeing	Wohlbefinden
Wernicke area	Wernickesches Zentrum
Wernicke center	Wernickesches Zentrum
»what-is-it?« reflex (»Was-ist-das?«-Reflex)	Orientierungsreaktion
white matter (Nervensubstanz des Gehirns)	Gehirn
white noise (weißes Rauschen)	Rauschen
white propaganda (direkte, offene Beeinflus-sung)	Propaganda
whole (Ganzes)	Struktur
wholistic experience (ganzheitliches Erleben)	Struktur
Wilder's law (Wildersches Gesetz)	Ausgangswertgesetz
wish	Wunsch
wish fulfilment (Wunscherfüllung)	Wunsch
wishful thinking (Wunschdenken)	Wunsch
withdrawal symptoms (Entzugserscheinungen)	Sucht; Drogenabhängigkeit
witness psychology (Aussage-; Zeugenpsy-chologie)	Aussage
word	Wort
word association	Wortassoziation
word association test (Wort-Assoziations-Test)	Wortassoziation
word chains (Wort-Assoziations-Ketten)	Wortassoziation
word cluster	Wortfeld
word field	Wortfeld
word fluency	Wortflüssigkeit
word frequency	Worthäufigkeit
word frequency lists (Worthäufigkeits-Tabel-len)	Worthäufigkeit
word processing (Wortverarbeitung; -ver-ständnis)	Wort

567

Englisch-deutsches Stichwortverzeichnis und Verweisregister

work	Arbeit
work curve	Arbeitskurve
working climate; working condition (Betriebs-, Organisationsklima)	Arbeits-, Betriebs- und Organisationspsychologie
working memory	Arbeitsgedächtnis; Gedächtnis
working structures	Arbeitsstrukturierung
work layout analysis (Arbeitsplatzanalyse)	Arbeitsanalyse
workoholics (Arbeitsbesessenheit)	Manie
worry (besorgte Betroffenheit)	Angst
Würzburg school	Würzburger Schule
X-ray tomography (Schichtröntgenverfahren)	Tomographie
Yerkes-Dodson-law	Yerkes-Dodson-Gesetz
youth	Jugendalter
Zeigarnik effect/phenomenon	Zeigarnik-Effekt
Zellweger's syndrom (Zellweger-Syndrom)	Fette
zero-sum game (Nullsummenspiel)	Spieltheorie
Zöllner illusion	Zöllnersche Täuschung
z-value	z-Wert
z'-value	z'-Wert

Bibliographie

Die Reihenfolge der Autorennamen ist alphabetisch. Die Umlaute ä, ö, ü und die wie Umlaute gesprochenen Doppelbuchstaben ae, oe, ue werden wie die einfachen Buchstaben a, o, u eingeordnet.

Aarons, L. (1964). Visual apparent movement research. *Perceptual and Motor Skills,* 18, 239–274

Abelson, R. P. (1981). The psychological status of the script concept. *American Psychologist, 36,* 715–729

Ach, N. (1905). *Über die Willenstätigkeit und das Denken.* Göttingen: Vandenhoeck & Ruprecht

Ader, R., Felten, D.L., Cohen, N. (eds., 1991). Psychoneuroimmunology. San Diego: Academic Press

Adler, I. (1961). *Thinking machines.* New York: John Day Company

Adorno, T. W., Frenkel-Brunswik, Else, Levinson, D. J., and Sanford, R. N. (1950). *The authoritarian personality.* New York: Harper

Agosta, W. C. (1994). *Dialog der Düfte: Chemische Kommunikation.* Heidelberg: Spektrum Akademischer Verlag.

Ahrens, H. J. (1974). *Multidimensionale Skalierung.* Weinheim: Beltz

Ahrens, S., Deffner, G. (1985). Alexithymie – Ergebnisse und Methodik eines Forschungsbereiches der Psychosomatik. *Psychotherapie, Medizinische Psychologie und Psychosomatik, 35,* 147–159

Ajolore, O., Stickgold, R., Rittenhouse, C. D., Hobson, J. A. (1995). Nightcap: Laboratory and home-based evaluation of a portable sleep monitor. *Psychophysiology, 32,* 92–98

Alexander, F. (1951; [3]1977). *Psychosomatische Medizin.* Berlin: de Gruyter

Allport, G. W. (1935). Attitudes. In C. Murchison (ed.), *Handbook of Social Psychology.* Worcester, Mass.: Clark University Press

Allport, G. W. (1949). *Personality.* New York: Addison-Wesley

Allport, G. W. (1954). *The nature of prejudice.* Cambridge, Mass.: Addison-Wesley

Allport, G. W. ([3]1960). *Persönlichkeit.* Meisenheim: Hain

AMDP ([4]1981). *Das AMDP-System. Manual zur Dokumentation psychiatrischer Befunde.* Arbeitsgemeinschaft für Methodik und Dokumentation in der Psychiatrie AMDP. Berlin: Freie Universität

Amelang, M., Zielinski, W. ([2]1997). *Psychologische Diagnostik und Intervention.* Berlin: Springer

American Psychiatric Association ([3]1980). *Diagnostic and statistical manual of mental disorders.* Washington, D.C.: APA-Press

American Psychiatric Association ([4]1995). *Diagnostic and Statistical Manual of mental disorders. Washington, D.C.: APA-Press*

Anastasi, A. (1964). *Fields of applied psychology.* New York: McGraw-Hill

Anastasi, A. ([3]1965). *Differential psychology.* New York: McGraw-Hill

Anastasi, A., Urbina, S. ([7]1997). *Psychological testing.* Upper Saddle River, NJ: Prentice Hall

Anderson, J. R. (1990). *Kognitive Psychologie.* Heidelberg: Spektrum Akademischer Verlag

Anderson, J. R., Bower, G. H. (1973). *Human associative memory.* Washington, D.C.: Hemisphere/McGraw-Hill

Anderson, N. H. (1975). On the role of context effects in psychophysical judgments. *Psychological Review, 82,* 462–482

Angst, J. (1966). *Zur Ätiologie und Nosologie depressiver Psychosen. Eine genetische, soziologische und klinische Studie.* Berlin: Springer

Angst, J. (ed.; 1983). *The origin of depression. Current concepts and approaches.* Berlin: Springer

Appley, M. H. (ed.; 1971). *Adaptation-level theory.* New York: Academic Press

Bibliographie

Appley, M. H., Trumbull, R. (eds.; 1967). *Psychological stress.* New York: Appleton-Century-Crofts

Arnold, M. B. (1960; ²1962). *Emotion and personality* (2 Bde.). Irvington, Ohio: Columbia University Press

Aschoff, J. (1984). Circadian timing. In J. J. Gibson, L. Allan (eds.). *Timing and time perception.* Annals of the New York Academy of Sciences, Vol. 423. New York: N.Y.A.S.-Press

Atkinson, J. W. (1966). *An introduction to motivation.* Princeton, N.J.: van Norstrand

Atkinson, J. W. (1975 ff.). *Einführung in die Motivationsforschung* (3 Bde.). Stuttgart: Klett

Attneave, F. (1965). *Informationstheorie in der Psychologie.* Bern: Huber

Aubert, H. (1861). Eine scheinbar bedeutende Drehung von Objekten bei Neigung des Kopfes nach rechts oder links. *Virchows Archiv der pathologischen Anatomie, 20,* 381–393

Averill, J. R. (1973). Personal control over aversive stimuli and its relationship to stress. *Psychological Bulletin, 80,* 286–303

Ayer, A. J. (1963). *The concept of a person.* London: Macmillan

Baddeley, A. D. (1997). *Human memory: Theory and practice* (revised). Exter: Psychology Press

Baddeley, A. D., Hitch, G. (1974). Working memory. In G. H. Bower (ed.), *The psychology of learning and motivation: Advances in research and theory.* Vol. 8. New York: Academic Press

Baldwin, A. L. (1974). *Theorien primärer Sozialisationsprozesse: Heinz Werners Theorie der kindlichen Entwicklung* (2 Bde.). Weinheim: Beltz

Bales, R. F. (1950). *Interaction process analysis.* Cambridge, Mass.: Addison-Wesley

Bales, R. F. (²1960). A theoretical framework for interaction analysis. In D. Cartwright, A. Zander (eds.), *Group dynamics.* Evanston, Ill.: Row Peterson

Bales, R. F., Cohen, S. P. (1982). *SYMLOG: Ein System für die mehrstufige Beobachtung von Gruppen.* Stuttgart: Klett

Balint, P. (Hrsg.; 1963). *Lehrbuch der Physiologie.* Budapest: Ungarische Akademie der Wissenschaften

Baltes, P. B., Schaie, K. W. (eds.; 1973). *Life-span developmental psychology: Personality and socialisation.* New York: Academic Press

Bandura, A. (²1971). *Principles of behavior modification.* New York: Holt, Rinehart and Winston

Bandura, A. (1976). *Lernen am Modell.* Stuttgart: Klett

Bandura, A. (1977). Self-efficacy: Toward a unifying theory of behavioral change. *Psychological Review, 84,* 151–215

Bandura, A. (1979). *Sozial-kognitive Lerntheorien.* Stuttgart: Klett-Cotta

Bandura, A., Walters, R. A. (1963). *Social learning and personality development.* New York: Holt

Barber, T. X. (1969). *Hypnosis: a scientific approach.* New York: van Nostrand-Reinhold

Barker, R. G. (1968). *Ecological Psychology.* Stanford: Stanford University Press

Barlow, D. H. (1988). *Anxiety and its disorders. The nature and treatment of anxiety and panic.* New York: Guilford Press

Barrat, E. S., Patton, J. H. (1983). Impulsivity: Cognitive, behavioral and psychophysiological correlates. In M. Zuckerman (ed.). *Biological bases of sensation seeking, impulsivity, and anxiety.* Hillsdale, N. J.: Erlbaum

Barry, R. H. (1984). Preliminary processes in OR-elicitation. *Acta Psychologica, 55,* 109–142

Barry, R. H. (1990). The orienting response. Stimulus factors and response measures. *Pavlovian Journal of Biological Science, 25,* 94–103

Bartenwerfer, H. (1970). Psychische Beanspruchung und Ermüdung. In H. Mayer, B. Herwig (Hrsg.), *Handbuch der Psychologie,* Bd. 9. Göttingen: Hogrefe

Barth, A. R. (1992). *Burnout bei Lehrern. Theoretische Aspekte und Ergebnisse einer Untersuchung.* Göttingen: Hogrefe

Bastine, R., Fiedler, P. A., Grawe, K., Schmidtchen, S., Sommer, G. (Hrsg.; 1982). *Grundbegriffe der Psychotherapie.* Weinheim: Edition Psychologie

Bibliographie

Battegay, R. (1982). *Die Hungerkrankheiten. Unersättlichkeit als krankhaftes Phänomen*. Bern: Huber

Baum, A., Singer, J. E. (1987). *Handbook of psychology and health*. Vol. V. *Stress*. Hillsdale, N. J.: Erlbaum

Baumann, U. (Hrsg.; 1981). *Indikation zur Psychotherapie*. München: Urban & Schwarzenberg

Baumann, U., Perrez, M. (Hrsg.; 1990). *Klinische Psychologie*. Bd. 1. *Grundlagen, Diagnostik, Ätiologie*. Bern: Huber

Baumann, U., Stieglitz, R.-D. (1983). *Testmanual zum AMDP-System. Empirische Studien zur Psychopathologie*. Berlin: Springer

Beaumont, J. G. (1987). *Einführung in die Neuropsychologie*. München/Weinheim: Psychologie Verlags Union

Bechterew, W. (1913). *Objektive Psychologie oder Psychoreflexologie* (3 Bde.). Leipzig: Quelle & Meyer

Beck, G. (1930). Neue Beiträge zur Zwei-Komponenten-Theorie des Hungers. *Zeitschrift für Psychologie, 118*, 283–349

Beck, S. J., Molish, H. B. (1967). *The Rorschach test*. New York: McGraw-Hill

Beck, W. u. Fröhlich, W. D. (1992). *Musik machen – Musik verstehen*. Mainz: B. Schott's Söhne

Becker-Carus, C. (1983). *Motivationale Grundlagen der Nahrungs- und Flüssigkeitsaufnahme*. In H. Thomae (Hrsg.). Theorien und Formen der Psychologie der Motive. Serie Motivation (Bd. 2). Encyclopaedie der Psychologie. Göttingen: Hogrefe

Beckmann, D. (1984). *Grundlagen der Medizinischen Psychologie. Ein Lehrbuch*. Göttingen: Vandenhoeck & Ruprecht

Bem, D. J. (1970). *Beliefs, attitudes, and human affairs*. Belmont, Cal.: Brooks-Cole

Bem, D. J. & Honorton, C. (1994). Does Psi exist? Replicable evidence for an anomalous process of information transfer. *Psychological Bulletin, 115*, 4–18

Bender, A. (Hrsg.; 1957). *Zeitschrift für Parapsychologie und die Grenzgebiete der Psychologie*, Bd. 1 ff.

Benesch, H., Dorsch, F. (Hrsg.; 1971). *Berufsaufgaben und Praxis des Psychologen*. München: Reinhardt

Benesch, H. (1981). *Wörterbuch zur Klinischen Psychologie*. München: Deutscher Taschenbuch Verlag

Benkert, O., Hippius, H. (1980). *Psychiatrische Pharmakotherapie*. Berlin: Springer

Berelson, B. (1954; [2]1971). *Content analysis in communication research*. New York: Hafner

Berg, I. A. (ed.; 1967). *Response set in personality assessment*. Chicago: Aldine

Berkowitz, L. (1962). *Aggression*. Weinheim: Beltz

Berlyne, P. E. (1960). *Conflict, arousal, and curiosity*. New York: McGraw-Hill

Berne, E. (1964). *Games people play*. New York: Grove Press

Bertalanffy, L. von (1968). *General system theory*. New York: Braziller

Biehler, R. F. (1976). *Child development: An introduction*. Boston: Harvard University Press

Biermann, G. (Hrsg.; 1968). *Handbuch der Kinderpsychotherapie* (2 Bde.). München: Reinhardt

Binswanger, L. ([2]1962). *Grundformen und Erkenntnis menschlichen Daseins*. Zürich: Niehaus

Birbaumer, N. (Hrsg.; 1977). *Psychophysiologie der Angst*. München: Urban & Schwarzenberg

Birbaumer, N., Schmidt, R. F. ([3]1996). *Biologische Psychologie*. Berlin: Springer

Birren, J. E. (ed.; 1959). *Handbook of aging and the individual*. Chicago: University of Chicago Press

Birren, J. E., Schaie, K. W. ([3]1990). *Handbook of the psychology of aging*. New York: Van Nostrand Reinhold

Bischof, N. A. (1975). A system approach toward the functional connections of fear and attachment. *Child development, 46*, 801–817

Bjerstedt, A. (1956). *Interpretation of sociometric choice status*. Lund: Gleerup

Blashfield, R. K. (1984). *The classification of psychopathology*. New York: Plenum Press

Bleuler, E. (1911). *Dementia praecox oder die Gruppe der Schizophrenien*. Leipzig: Deutike

Bleuler, E. ([10]1966). *Lehrbuch der Psychiatrie*. Berlin: Springer

Bibliographie

Bloom, B. S. u. a. (Hrsg.; 1972). *Taxonomie von Lernzielen im kognitiven Bereich.* Weinheim: Beltz

Blöschl, L. (1981). *Verhaltenstherapie bei depressiven Reaktionen.* Bern: Huber

Bogardus, E. S. (1925). Measuring social distance. *Journal of Applied Sociology,* 43–51

Bohm, E. ([3]1967). *Lehrbuch der Psychodiagnostik.* Bern: Huber

Böker, W., Brenner, H. D. (Hrsg.; 1986). *Bewältigung der Schizophrenie.* Bern: Huber

Bolles, R. C. (1975). *Learning Theory.* New York: Holt, Rinehart and Winston

Boocock, S. S., Schild, E. O. (eds.; 1968). *Simulation games in learning.* Beverly Hills, Cal.: Sage

Bootzin, R. R. (1980). *Verhaltenstherapeutische Behandlung von Schlafstörungen.* München: Pfeiffer

Borbély, A. (1986). Schlafmittel und Schlaf. Übersicht und therapeutische Richtlinien. *Therapeutische Umschau, 43,* 509–519

Boring, E. (1953). History of introspection. *Psychological Bulletin, 50,* 169–189

Boring, E. G. (1929; [2]1957). *A history of experimental psychology.* New York: Appleton

Bornewasser, M., Hesse, F. W., Mielke, R., Schmidt, H. F. (1976). *Einführung in die Sozialpsychologie.* Heidelberg: Quelle und Meyer

Bornstein, R. F., Pittman, T. S. (Hrsg.; 1992). *Perception without awareness. Cognitive, clinical, and social perspectives.* New York: The Guilford Press

Bortz, J., Lienert, G. A., Boehnke, K. (1990). *Verteilungsfreie Prüfverfahren in der Biostatistik.* Berlin: Springer

Boesch, E. E. (1980). *Kultur und Handlung: Einführung in die Kulturpsychologie.* Bern: Huber

Bower, G. H., Hilgard, E. R. ([5]1981). *Theories of learning.* Englewood Cliffs, N.J.: Prentice Hall

Bowers, K. S. (1973). Situationism in psychology. *Psychological Review, 80,* 307–336

Bowlby, J. (1969). *Bindung.* München: Kindler

Bowlby, J. (1973). *Attachment and loss.* Vol. 2. *Separation, anxiety and anger.* London: Hogarth Press

Bräutigam, W. (1979). *Sexualmedizin im Grundriß.* Stuttgart: Enke

Bredenkamp, J. (1969). Experiment und Feldexperiment. In C. F. Graumann (Hrsg.), *Handbuch der Psychologie.* Bd. 7, 1. *Sozialpsychologie.* Göttingen: Hogrefe

Bredenkamp, J., Wippich, W. (1977). *Lern- und Gedächtnispsychologie* (2 Bde.). Stuttgart: Kohlhammer

Breggin, P. R. (1980). *Elektroschock ist keine Therapie.* München: Urban & Schwarzenberg

Brengelmann, J. C. ([2]1968). Persönlichkeit. In R. Meili, H. Rohracher (Hrsg.), *Lehrbuch der experimentellen Psychologie.* Bern: Huber

Brenner, C. (1967; [7]1973). *Grundzüge der Psychoanalyse.* Frankfurt/M.: Fischer

Breznitz, S. (1983). *Denial of stress.* New York: International Universities Press

Brewin, C. R. (1988). *Cognitive foundations of clinical psychology.* Hove/London: Erlbaum

Brickenkamp, R. (Hrsg.; [2]1990). *Handbuch psychologischer und pädagogischer Tests.* Göttingen: Hogrefe

Bridgeman, B. (1988). *The biology of behavior and mind.* New York: Wiley

Bridgman, P. W. (1927; [3]1954). *The logic of modern physics.* New York: Macmillan

Broadbent, D. E. (1958). *Perception and communication.* London: Pergamon

Broadbent, D. E. (1971). *Decision and stress.* London: Academic Press

Broadbent, D. E. ([2]1979). Human performance in noise. In C. M. Harris (ed.), *Handbook of noise control.* New York: McGraw-Hill

Broadhurst, P. L. (1959). The interaction of task difficulty and motivation: The Yerkes-Dodson law revisited. *Acta Psychologica, 16,* 32–59

Brown, C. C. (1967). *Methods in Psychophysiology.* Baltimore: Williams & Wilkins

Brown, J. W., Jaffe, J. (1975). Hypotheses on cerebral dominance. *Neuropsychologica, 13,* 107–110

Brown, R. ([2]1979). *Social Psychology.* New York: Macmillan

Bruggemann, A. (1974). Zur Unterscheidung verschiedener Formen von Arbeitszufriedenheit, Arbeit und Leistung. *Zeitschrift für Arbeitswissenschaften, 28,* 281–284

Bibliographie

Bruggemann, A. (1976). Zur empirischen Untersuchung verschiedener Formen der Arbeitszufriedenheit. *Zeitschrift für Arbeitswissenschaften, 30,* 71–74

Bruggemann, A., Groskurth, P., Ulich, E. (1975). *Arbeitszufriedenheit.* Bern: Huber

Bruner, J. S. (1951). Personality dynamics and the process of perceiving. In R. R. Blake, G. Ramsey (eds.), *Perception: an approach to personality.* New York: Ronald

Bruner, J. S., Goodnow, J. J., Austin, G. A. (1956). *A study of thinking.* New York: Wiley

Brunswik, E. (1934). *Wahrnehmung und Gegenstandswelt.* Leipzig, Wien: Deuticke

Brunswik, E. ([2]1956). *Perception and the representative design of psychological experiments.* Berkeley, Cal.: University of California Press

Buchka, M. & Hackenberg, J. (1987). *Das Burnout-Syndrom bei Mitarbeitern in der Behindertenhilfe. Ursachen-Formen-Hilfen.* Dortmund: Verlag Modernes Lernen

Buck, R. (1976). *Human motivation and emotion.* New York: Wiley

Buckley, W. (ed.; 1968). *Modern systems research for the behavioral scientist.* Chicago: Aldine

Bugelski, B. R. (1956). *The psychology of learning.* New York: Holt

Bühler, Ch. (1933). *Der menschliche Lebenslauf als psychologisches Problem.* Leipzig: Hirzel

Bühler, Ch. ([6]1967). *Kindheit und Jugend.* Göttingen: Hogrefe

Bühler, K. (1907). Tatsachen und Probleme zu einer Psychologie der Denkvorgänge I: Über Gedanken. *Archiv für Psychologie, 9,* 297–365

Bühler, K. (1933; [2]1968). *Ausdruckstheorie.* Stuttgart: Fischer

Bühler, K. (1934; [2]1965). *Sprachtheorie.* Stuttgart: Fischer

Bühringer, G. (1990). Mißbrauch und Abhängigkeit von illegalen Drogen und Medikamenten. In H. Reinecker (Hrsg.), *Lehrbuch der klinischen Psychologie. Modelle psychischer Störungen.* Göttingen: Hogrefe

Bunge, M. (1984). *Das Leib-Seele-Problem: Ein psychobiologischer Versuch.* Tübingen: Mohr

Bünning, E. (1977). *Die physiologische Uhr: Circadiane Rhythmik und Biochronometrie.* Berlin: Springer

Burger, E. (1959). *Einführung in die Theorie der Spiele.* Berlin: de Gruyter

Burrows, G. D., Roth, M., Noyes, R. (eds.; 1990). *The neurobiology of anxiety. Handbook of anxiety.* Vol. 3. Amsterdam: Elsevier

Burt, C. L. (1940). *The factors of the mind.* London: University Press

Burt, C. L. (1970). The genetics of intelligence. In B. W. Dockrell (ed.), *On intelligence.* London: Methuen

Bussey, K., Bandura, A. (1999). Social cognitive theory of gender development and differentiation. *Psychological Review, 106,* 676–713

Byham, W. C. (1970). Assessment centers for spotting future managers. *Harvard Business Review, 48,* 150–164

Byrne, D. (1964). Repression-sensitization as a dimension of personality. In B. A. Maher (ed.), *Progresses in experimental personality research.* New York: Academic Press

Cacioppo, J. T., Tassinary, L. G. (Hrg.) (1990). *Principles of psychophysiology: Physical, social, and inferential elements.* Cambridge: Cambridge University Press

Callaway, E., Tueting, P., Koslow, S. H. (1978). *Eventrelated brain potentials in man.* New York: Academic Press

Campbell, D. T., Stanley, J. C. (1963; [7]1971). Experimental and quasi-experimental design. In N. L. Gage (ed.), *Handbook of research on teaching.* Chicago: Rand McNally (1971: 7. Aufl. des Sonderdrucks in Buchform)

Campbell, D. T., Fiske, D. W. (1959). Convergent and discriminant validation by the multitrait-multimethod matrix. *Psychological Bulletin, 56,* 81–105

Campbell, N. R. (1928). *An account of the principles of measurement and calculation.* London: Longmans, Green & Comp.

Campenhausen, Chr. von ([2]1993). *Die Sinne des Menschen.* Stuttgart: Thieme

Caplan, A. L., Engelhardt, H. T. Jr., McCartney, J. J. (eds.; 1981). *Concepts of health and disease. Interdisciplinary perspectives.* Reading, MA: Addison-Wesley

Bibliographie

Carlson, N. R. (^{5}1994). *Physiology of behavior.* Boston: Allyn & Bacon

Carnap, R., Reichenbach, H. (1930). ›*Erkenntnis*‹. Wien: Springer

Carnap, R., Stegmüller, W. (1959). *Induktive Logik und Wahrscheinlichkeit.* Wien: Springer

Carpenter, B. N. (1992). *Personal coping: Theory, research, and application.* Westport, Conn.: Praeger

Carterette, E. C., Friedman, M. P. (eds.; 1973–1980). *Handbook of perception* (10 Vols.). New York: Academic Press

Cartwright, D., Zander, A. (eds.; ^{2}1960). *Group dynamics.* New York: Harper & Row

Cattell, R. B. (1950). *Personality: a systematic, theoretical, and factual study.* New York: Mc-Graw-Hill

Cattell, R. B. (1952). *Factor analysis.* New York: Harper

Cattell, R. B. (1957). *Personality and motivation: structure and measurement.* New York: Harrap

Cattell, R. B. (1973). *Die empirische Erforschung der Persönlichkeit.* Weinheim: Beltz

Chalmers, N., Crawley, R., Rose, S. P. R. (eds.; ^{2}1972). *The biological bases of behaviour.* London: Oxford University Press

Chomsky, N. (1969). *Aspekte der Syntax-Theorie.* Frankfurt: Suhrkamp

Chown, S. (1959). Rigidity – a flexible concept. *Psychological Bulletin, 56,* 195–223

Christie, R., Jahoda, M. (eds.; 1954). *Studies on the scope and method of »The authoritarian personality«.* Glencoe, Ill.: Free Press

CIPS (1981; 2. Aufl.). *Collegium Internationale Pychiatriae Scalorum: Internationale Skalen für Psychiatrie.* Weinheim: Beltz

Cofer, C. N., Appley, M. H. (1964). *Motivation: Theory and research.* New York: Wiley

Cofer, C. N. (1975). *Motivation und Emotion.* München: Juventa

Cofer, C. N. (ed.; 1975). *The structure of human memory.* San Francisco: Freeman

Cohen, D. J., Donnellan, A. M., Paul, R. (eds.; 1987). *Handbook of autism and persuasive developmental disorders.* New York: Wiley

Cohen, J. (1964). *Behavior in uncertainty.* New York: Basic Books

Cohen, J., Hansel, R. (1954). *Theory of game.* London: Penguin Books

Coleman, R. M. u. a. (1982). Sleep-wake disorders based on a polysomnographic diagnosis. A national cooperative study. *Journal of the American Medical Association, 247,* 997–1003

Coles, M. G. H., Donchin, E., Porges, S. W. (Hrsg.; 1986). *Psychophysiology: Systems, processes, and applications.* New York: Guilford

Comte, A. (1830; dt. 1933). *Cours de la philosophie positive.* Leipzig: Körner

Conway, M. A. (1995). *Flashbulb memories.* Hove (UK): Lawrence Erlbaum Associates

Cook, J. (1781). *Journal of Captain Cook's last voyage to the pacific* (Vol. II). Hartford: Allen

Coombs, H., Dawes, R. M., Tversky, A. (eds.; 1970). *Mathematical Psychology.* Englewood Cliffs: Prentice Hall

Corcoran, D. W. J. (1971). *Pattern recognition.* London: Penguin Books

Côté, K. A., Ogilvie, R. D. (1994). Identifying sleep and wakefulness: A comparison of behavioral and polysomnographic methods. *Journal of Psychophysiology, 8,* 305–313

Cox, D. R., Lewis, P. A. W. (1966). *The statistical analysis of series of events.* London: Methuen

Craik, F. I. M., Lockhart, R. S. (1972). Levels of processing: A framework for memory research. *Journal of verbal learning and verbal behavior, 11,* 671–684

Cramer, P. (1991). *The development of defense mechanisms. Theory, research and assessment.* New York: Springer

Crawford, H. J., Gruzelier, J. H. (1992). A midstream view of the neurophysiology of hypnosis: Recent research and future directions. In E. Fromm, M. R. Nash (Hrsg.), *Contemporary Hypnosis Research* (227–266). London: Guilford

Creutzfeld, O. D. (1983). *Cortex cerebri.* Berlin: Springer

Cronbach, L. (^{2}1965, ^{3}1970, ^{4}1984). *Essentials of psychological testing.* New York: Harper & Row

Crow, L. D., Crow, A. (1956). *Understanding behavior.* New York: Knopf

›Culture‹ (1952). A critical review of concepts and definitions. *Papers of the Peabody museum of American archeology and ethnology,* Whole 47

Bibliographie

Damasio, A. (1994). *Descartes Irrtum: Fühlen, Denken und das menschliche Gehirn.* München: List

Davis, M. (1996). Fear-potentiated startle in the study of animal and human emotion. In R. D. Kavenaugh, B. Zimmerberg, S. Fein (Hrsg.). *Emotion: Interdisciplinary perspectives* (61–89). Mahwah, N. J.: Lawrence Erlbaum Associates

Davison, G. C., Neale, J. M. (^{4}1996). *Klinische Psychologie. Ein Lehrbuch.* München/Weinheim: Psychologie Verlags Union

Dawes, R. M. (1977). *Grundlagen der Einstellungsmessung.* Weinheim: Beltz

Degkwitz, R., Helmchen, H., Kockott, G., Mombour, W. (Hrsg.; 1980). *Diagnoseschlüssel und Glossar psychiatrischer Krankheiten* (Deutsche Ausgabe der internationalen Klassifikation der Krankheiten der WHO, ICD, 9. Revision). Berlin: Springer

de la Motte-Haber, H. (1985). *Handbuch der Musikpsychologie.* Laaber: Laaber

Dement, W., Kleitman, N. (1957). The relation of eye movement during sleep to dream activity: An objective method for the study of dreaming. *Journal of Experimental Psychology, 53,* 339–346

Deutsch, J. A. (1955). A theory of shape recognition. *British Journal of Psychology, 46,* 30–37

Diener, E., Suh, E. M., Lucas, R. E., Smith, H. L. (1999). Subjective Well-Being: Three decades of progress. *Psychological Bulletin, 125,* 276–302

Dilling, H., Mombour, W., Schmidt, M. H. (1991). *Internationale Klassifikation psychischer Störungen, ICD-10.* Bern: Huber

Dilthey, W. (1894; ^{2}1964). Ideen über eine beschreibende und zergliedernde Psychologie. In *W. Diltheys Gesammelten Schriften,* Bd. 5. Göttingen: Vandenhoeck & Ruprecht

Dixon, N. (1971). *Subliminal perception: The nature of a controversy.* Maidenhead: McGraw-Hill

Dixon, N. (1981). *Preconscious processing.* New York: Wiley

Dollard, J., Miller, N. E. (1950). *Personality and psychotherapy.* New York: McGraw-Hill

Donchin, E. (ed.; 1984). *Cognitive psychophysiology.* Hillsdale, N.J.: Erlbaum

Donders, F. C. (1868; engl. 1969). Die Schnelligkeit psychischer Prozesse. (On the speed of mental processes) *Acta Psychologica, 30,* 412–431

Dörner, D. (1974). *Die kognitive Organisation beim Problemlösen.* Bern: Huber

Dorsch, F. (1963). *Geschichte und Probleme der Angewandten Psychologie.* Bern: Huber

DSM III-R (1989). *Diagnostisches und statistisches Manual psychischer Störungen* (übersetzt nach der Revision der 3. Auflage des *Diagnostic and statistical manual of mental disorders* der American Psychiatric Association, 1987). Weinheim: Beltz

DSM-IV (1996). *Diagnostisches und statistisches Manual psychischer Störungen* (übersetzt nach der 4. Auflage des *Diagnostic and statistical manual of mental disorders* der American Psychiatric Association, 1995). Göttingen: Hogrefe

Duffy, E. (1962). *Activation and behavior.* New York: Wiley

Dührssen, A. (1958; ^{5}1974). *Heimkinder und Pflegekinder in ihrer Entwicklung.* Göttingen: Vandenhoeck & Ruprecht

Duncan Luce, R. (1986). *Response times: Their role in inferring elementary mental organization.* New York: Oxford University Press

Duncker, K. (1935). *Zur Psychologie des produktiven Denkens.* Berlin: Springer

Dunette, M. D. (ed.; 1976). *Handbook of industrial and organizational psychology.* Chicago: Addison Wesley

Dworkin, B. (1988). Hypertension as a learned response: The baroreceptor reinforcement. In T. Elbert, W. Langosch, A. Steptoe, D. Vaitl (Hrsg.), *Behavioral medicine in cardiovascular disorders* (17–47). Chichester, MA: Wiley

Eberspächer, H. (1982). *Sportpsychologie: Grundlagen, Methoden, Analysen.* Reinbek: Rowohlt

Edwards, A. L. (1954; ^{2}1960). Experimental design in psychological research. In G. Lindzey (ed.), *Handbook of social psychology* (2 Vols.). New York: Holt, Rinehart & Winston

Bibliographie

Edwards, A. L. (²1957). *Techniques of attitude scale construction.* New York: Appleton-Century-Crofts

Edwards, A. L. (1957). *The social desirability variable in personality assessment and research.* New York: Dryden

Edwards, A. L. (1968). *Experimental design in psychological research.* New York: Holt, Rinehart and Winston

Ehlers, A., Margraf, J. (1990). Agoraphobien und Panikanfälle. In H. Reinecker (Hrsg.), *Lehrbuch der klinischen Psychologie. Modelle psychischer Störungen.* Göttingen: Hogrefe

Ehrenfels, Chr. von (1890). *Über Gestaltqualitäten.* Vierteljahresschrift für wissenschaftliche Philosophie, Bd. 14

Eibl-Eibesfeldt, I. (1967; ²1969). *Grundriß der Vergleichenden Verhaltensforschung.* München: Piper

Eichmann, K., Mayer, I. (1985). *Kursbuch Psychotherapie.* München/Frankfurt/M.: Weixler

Ekman, G. (²1968). Psychophysik und psychologische Meßmethoden. In R. Meili, H. Rohracher (Hrsg.), *Lehrbuch der experimentellen Psychologie.* Bern: Huber

Ekman, P. (1988). *Gesichtsausdruck und Gefühl.* Paderborn: Junfermann

Eliasberg, W. (1926). Richtungen und Entwicklungstendenzen in der Arbeitswissenschaft. *Archiv für Sozialwissenschaft und Sozialpolitik, 55,* 66–101 und 687–732

Elithorn, A., Banerji, R. (eds.; 1984). *Artifical and human intelligence.* Amsterdam: North-Holland

Ellis, A., Grieger, R. (Hrsg.; 1979). *Praxis der Rational-Emotiven Therapie.* München: Urban & Schwarzenberg

Ellis, W. D. (1938; ²1950). *A source book of gestalt psychology.* New York: Humanities Press

Elul, M. R. (1972). The genesis of EEG. *International Review of Neurobiology, 15,* 227–272

Endler, N. S., Magnusson, D. (eds.; 1975). *Interactional psychology and personality.* Washington, D.C.: Hemisphere/Wiley

Erdelyi, M. H. (1974). A new look at the New Look: Perceptual defense and vigilance. *Psychological Review, 81,* 1–25

Erikson, E. H. (⁵1974). *Kindheit und Gesellschaft.* Stuttgart: Klett

Estes, W. K. (ed.; 1975–1977). *Handbook of learning and cognitive processes.* 5 Vols. Hillsdale, N.J.: Erlbaum

Ewert, O., (1978). Selbstkonzepte und Erklärung von Verhalten. In R. Oerter (Hrsg.), *Entwicklung als lebenslanger Prozeß.* Hamburg: Hoffmann & Campe

Ewert, O. (1983 a). *Psychologie des Jugendalters.* Stuttgart: Kohlhammer

Ewert, O. (1983 b). Gefühle und Stimmungen. In H. Thomae (Hrsg.), *Enzyklopädie der Psychologie, Serie Motivation und Emotion.* Bd. 1. Göttingen: Hogrefe

Eyferth, K. (1966). Die chemischen Sinne des Menschen. In W. Metzger (Hrsg.), *Handbuch der Psychologie. Bd. I, 1. Wahrnehmung und Bewußtsein.* Göttingen: Hogrefe

Eysenck, H. J. (1952). *The scientific study of personality.* London: Routledge

Eysenck, H. J. (1953). Fragebogen als Meßmittel der Persönlichkeit. *Zeitschrift für experimentelle und angewandte Psychologie, 3,* 291–335

Eysenck, H. J. (1957; ²1964). *The dynamics of anxiety and hysteria.* London: Routledge & Kegan

Eysenck, H. J. (1959). *Behaviour therapy and the neuroses.* Oxford: Pergamon Press

Eysenck, H. J. (ed.; ²1961). *Handbook of abnormal psychology.* New York: Basic Books

Eysenck, H. J. (1963). *Experiments with drugs.* Oxford: Pergamon Press

Eysenck, H. J. (²1970). *The biological basis of personality.* Springfield: Thomas

Eysenck, H. J. (1980). *Intelligenz.* Berlin: Springer

Eysenck, H. J. (ed.; 1981). *A model for personality.* Berlin: Springer

Eysenck, H. J., Rachmann, S. (1970). *Neurosen: Ursachen und Heilmethoden.* Berlin: VEB Deutscher Verlag der Wissenschaften

Eysenck, M. W. (1982). *Attention and arousal: Cognition and performance.* Berlin: Springer

Eysenck, M. W. (1984). *A Handbook of Cognitive Psychology.* Hillsdale, N. J.: Erlbaum

Bibliographie

Eysenck, M. W. (Hrsg.; 1990). *The Blackwell dictionary of cognitive psychology.* Oxford: Oxford University Press

Eysenck, S. B. G., Eysenck, H. J. (1977). The place of impulsiveness in a dimensional system of personality description. *British Journal of Social and Clinical Psychology, 16,* 57–68

Fahrenberg, J. (1967). *Psychophysiologische Persönlichkeitsforschung.* Göttingen: Hogrefe

Fahrenberg, J. (1979). Psychophysiologie. In: K. P. Kisker u. a. (Hrsg.). *Psychiatrie der Gegenwart. Bd. I, 1.* Berlin: Springer

Fahrenberg, J., Walschburger, P., Foerster, F., Myrtek, M., Müller, W. (1979). *Psychophysiologische Aktivierungsforschung.* München: Minerva

Fahrenberg, J., Myrtek, M. (1996). *Ambulatory assessment: Computerassisted psychological and psychophysiological methods in monitoring and field studies.* Göttingen: Hogrefe

Fahrner, E.-M., Kockott, G. (1990). Funktionelle Sexualstörungen. In H. Reinecker (Hrsg.), *Lehrbuch der Klinischen Psychologie. Modelle psychischer Störungen.* Göttingen: Hogrefe

Fechner, G. Th. ([2]1907). *Elemente der Psychophysik.* Leipzig: Breitkopf und Härtel

Feger, H., Sorembe, V. (1983). Konflikt und Entscheidung. In H. Thomae (Hrsg.). *Theorien und Formen der Motivation. Encyclopaedie der Psychologie C IV Bd. 1* (536–712). Göttingen: Hogrefe

Feller, W. ([2]1957). *An introduction to probability theory and its application,* Vol. I

Ferstl, R. (1990). Störungen durch psychotrope Substanzen. Klassifikation und Diagnostik. In U. Baumann, M. Perrez (Hrsg.), *Klinische Psychologie.* Bd. 1. Bern: Huber

Ferstl, R., Bühringer, G. (1991). Störungen durch psychotrope Substanzen. Intervention. In M. Perrez, U. Baumann (Hrsg.), *Klinische Psychologie.* Bd. 2. Bern: Huber

Festinger, L. ([2]1962). *A theory of cognitive dissonance.* Stanford: Stanford University Press

Festinger, L. (1978). *Theorie der kognitiven Dissonanz.* Bern: Huber

Festinger, L., Allyn, M. R., White, C. W. (1971). The perception of color with achromatic stimulation. *Vision Research, 11,* 591–612

Feuerlein, W. (1984). *Alkoholismus – Mißbrauch und Abhängigkeit.* Stuttgart: Thieme

Feuerlein, W. (Hrsg.; 1986). *Theorie der Sucht.* Heidelberg: Springer

Fiedler, F. E. (1967). *A theory of leadership effectiveness.* New York: McGraw-Hill

Fischer, E. P. (1993). *Der Einzelne und sein Genom.* Bottighofen; Libelle Verlag

Fischer, G. (Hrsg.; [2]1972). *Psychologische Testtheorie.* Bern: Huber

Fischer, L., Lück, H. E. (1972). Entwicklung einer Skala zur Messung von Arbeitszufriedenheit (SAZ). *Psychologie und Praxis, 16,* 64–76

Fisher, R. J. (1990). *The social psychology of intergroup and international conflict resolution.* Berlin: Springer

Flammer, A. ([2]1996). *Entwicklungstheorien.* Bern: Huber

Flanagan, J. C. (1954). The critical incident technique. *Psychological Bulletin, 51,* 327–358

Floru, R. (1969). *Psihofiziologia attentiei.* Bukarest: Editura stintifica

Foa, E. B., Foa, O. G. (1976). Resource theory of social exchange. In J. Thibaut u. a. (eds.), *Contemporary topics in social psychology.* Morristown: Educational University Press.

Foppa, K. ([2]1966). *Lernen, Gedächtnis, Verhalten.* Köln: Kiepenheuer und Witsch

Foulkes, D. (1969). *Die Psychologie des Schlafes.* Frankfurt/M.: Fischer

Fraisse, P. ([2]1967). *La psychologie du temps.* Paris: Presses Universitaires de France

Frank, H. G. (Hrsg.; 1963). *Lehrmaschinen in kybernetischer und pädagogischer Sicht.* Stuttgart/München: Klett/Oldenburg

Frank, K. L. (1948). *Projective methods.* London: Methuen

Frankenhaeuser, M. (1981). Psychobiological aspects of Life Stress. In S. Levine, H. Ursin (eds.), *Coping and health.* New York: Plenum Press

Frankl, V. E. (1951). *Logos und Existenz.* Wien: Amandus

Frankl, V. E. (1959). *Das Menschenbild in der Seelenheilkunde.* Stuttgart: Hippokrates-Verlag

Frankl, V. E. (1979). *Der Mensch vor der Frage nach dem Sinn. Eine Auswahl aus dem Gesamtwerk.* München: Piper

Bibliographie

Frankl, V. E., Gebsattel, E. von, Schultz, J. H. (Hrsg.; 1959–61). *Handbuch der Neurosenlehre und Psychotherapie* (5 Bde.). München: Urban & Schwarzenberg

Franks, C. M. (ed.; 1969). *Behavior therapy. Appraisal and status.* New York: McGraw-Hill

Freedman, A. M., Brotman, R., Silverman, I., Hutson, D. (eds.; 1986). *Issues in psychiatric classification. Science, practice and social policy.* New York: Human Sciences Press

Frei, F., Ulich, E. (Hrsg.; 1981). *Vorschläge zur psychologischen Arbeitsanalyse.* Bern: Huber

Freud, A. (1936; [8]1973). *Das Ich und die Abwehrmechanismen.* München: Kindler

Freud, S. ([2]1946 ff.). *Gesammelte Werke* (18 Bde.). London/Frankfurt/M.: Imago/Fischer

Freud, S. (1913). *Totem und Tabu.* Leipzig: Keller

Freudenberger, H. J. (1974). Staff-Burn-out. *Journal of Social Issues, 30* (1), 159–165

Frieling, E. (1975). *Psychologische Arbeitsanalyse.* Stuttgart: Kohlhammer

Frieling, E., Hamburger, W., Facaroaru, C., Wöcherl, H., Bürholtt, E. (1984). *Entwicklung eines theoriegeleiteten standardisierten verhaltenswissenschaftlichen Verfahrens zur Tätigkeitsanalyse (TAI).* München: Hda Bericht HA 029

Frijda, N. H. (1986). *The emotions.* Cambridge: Cambridge University Press

Fröhlich, W. D. (1972). Sozialisation und kognitive Stile. In C. F. Graumann (Hrsg.), *Handbuch der Psychologie. Bd. 7, 2. Sozialpsychologie.* Göttingen: Hogrefe

Fröhlich, W. D. (1978). Stress, anxiety, and the control of attention in humans: some psychophysiological implications. In C. D. Spielberger, I. G. Sarason (eds.), *Stress and anxiety (Vol. V).* Washington, D.C.: Hemisphere/Wiley

Fröhlich, W. D. (1982). *Angst: Gefahrensignale und ihre psychologische Bedeutung.* München: Deutscher Taschenbuch Verlag

Fröhlich, W. D. (1983). Perspektiven der Angstforschung. In H. Thomae (Hrsg.), *Enzyklopädie der Psychologie, Serie Motivation und Emotion, Bd. 2.* Göttingen: Hogrefe

Fröhlich, W. D., Floru, R., Glanzmann, P. u. a. (1980). The temporal development of early and late CNV in a simple discrimination paradigm. In H. H. Kornhuber, L. Deecke (eds.), *Motivation, motor, and sensory processes of the brain.* Amsterdam: Elsevier

Fröhlich, W. D., Koszyk, K. (1971). *Die Macht der Signale. Information, Kommunikation und Gesellschaft.* Reinbek: Rowohlt

Fröhlich, W. D., Smith, G., Draguns, J., Hentschel, U. (1984). *Psychological processes in perception and personality.* New York/Washington, D.C.: Hemisphere/Wiley

Fröhlich, W. D., Wellek, S. (1972). Der begrifflich-theoretische Hintergrund der Sozialisationsforschung. In H. Thomae (Hrsg.), *Handbuch der Psychologie, Bd. 7, 2. Sozialpsychologie.* Göttingen: Hogrefe

Fröhlich, W. D. (1983). Möglichkeiten und Grenzen einer Psychophysiologie kognitiver Prozesse. In G. Lüer (Hrsg.). *Bericht über den 33. Kongreß der D. G.f. P. Bd. 2* (699–704). Göttingen: Hogrefe

Fromm, E. (1955). *The sane society.* New York: Rinehart

Fruchter, B. (1954). *Introduction to factor analysis.* New York: Van Nostrand

Fry, E. (1963). *Teaching machines and programmed instruction.* New York: McGraw-Hill

Galanter, E. (1962). Contemporary psychophysics. In R. Brown, E. Galanter, E. Hess, G. Mandler (eds.), *New directions in psychology.* New York: Holt

Galin, D. (1974). Implications for psychiatry of left and right cerebral specialization. *Archives of General Psychiatry, 31,* 572–583

Galparin, P. J. ([7]1967). Die Entwicklung der Untersuchungen über die Bildung geistiger Operationen. In H. Hiebsch, F. Klix, M. Vorwerg (Hrsg.), *Ergebnisse der sowjetischen Psychologie.* Berlin: Akademie Verlag

Ganong, W. F. (1971). *Medizinische Physiologie.* Berlin: Springer

Garcia, J. & Koelling, R. A. (1966). The relation of cue to consequence in avoidance learning. *Psychonomic Science, 4,* 123–124

Gardner, R. W. (1964). The development of cognitive structures. In C. Scheerer (ed.), *Cognition.* New York: Harper & Row

Bibliographie

Gardner, R. W., Holzman, P. S., Klein, G. S., Linton, H. B., Spence, D. P. (1959). *Cognitive control: A study of individual consistencies in cognitive behavior. Psychological Issues Vol. 1, No. 4. Monograph 4.* New York: International Universities Press

Garfield, S. L., Bergin, A. E. (eds.; 1986). *Handbook of psychotherapy and behavior change.* New York: Wiley

Gazzaniga, M. S. (1970). *The bisected brain.* New York: Appleton-Century-Crofts

Gazzaniga, M. S. (1974). Cerebral dominance viewed as a decision system. In: S. J. Dimond, J. G. Beaumont (eds.). *Hemisphere functions in the human brain.* London: Elek Science

Gazzaniga, M. S. (ed.; 1984). *Handbook of cognitive neuroscience.* New York: Plenum Press

Gazzaniga, M. S., Blakemore, C. (eds.; 1975). *Handbook of psychobiology.* New York: Academic Press

Gebert, D., Rosenstiel, L. von (⁴1996). *Organisationspsychologie. Person und Organisation.* Stuttgart: Kohlhammer

Geen, R. G. (1990). *Human aggression.* New York: Milton Kaynes Open University Press

Gehlen, A. (⁷1962). *Der Mensch.* Frankfurt/M.: Athenäum

Gemelli, A. (1928). Über das Entstehen von Gestalten. *Archiv für die gesamte Psychologie, 65,* 205–268

Gerber, W. D. (1986). *Verhaltensmedizin der Migräne.* Weinheim: Edition Medizin

Gheorghiu, V. A. (1972). Betrachtungen über Suggestion und Suggestibilität. *Scientia, 3,* 1–29

Gheorghiu, V. A. (1973). *Hypnose und Gedächtnis.* München: Goldmann

Gibson, J. J. (1941). A critical review of the concept of set in contemporary experimental psychology. *Psychological Bulletin, 38,* 781–817

Giese, F. (1927). Methoden der Wirtschaftspsychologie. In E. Abderhalden (Hrsg.), *Handbuch der biologischen Arbeitsmethoden.* Bd. 2. Berlin: Urban & Schwarzenberg

Gilhooly, K. J. (ed.; 1989). *Human and machine problem solving.* New York: Plenum Press

Glanzmann, P., Fröhlich, W. D. (1984). Anxiety stress, and the Contingent Negative Variation (CNV) reconsidered. In R. Karrer, J. Cohen, P. Tueting (eds.), *Brain and information. Event-related potentials.* Vol. 425. New York: New York Academy of Science Annals

Glanzmann, P., Fröhlich, W. D. (1986). Anxiety and covert changes of attention control. In U. Hentschel, G. Smith, J. Draguns (eds.), *The roots of perception. Individual differences in information processing within and beyond awareness.* Amsterdam: North-Holland

Glaser, E. M., Ruchkin, D. S. (1976). *Principles of neurobiological signal analysis.* New York: Academic Press

Glaser, W. R., Dolt, M. (1977). A functional model to localize the conflict underlying the Stroop-phenomenon. *Psychological Research, 39,* 287–310

Glasl, F. (1990). *Konfliktmanagement.* Bern: Huber

Glass, D. C., Singer, J. E. (1972). *Urban stress. Experiments on noise and social stressors.* New York: Academic Press

Glass, G. V., Wilson, V. L., Gottman, J. M. (1975). *Design and analysis of timeseries experiments.* Boulder, Col.: University of Colorado Press

Glatzel, J. (1975). *Antipsychiatrie. Psychiatrie in der Kritik.* Stuttgart: UTB

Glatzel, J. (1978). *Allgemeine Psychopathologie.* Stuttgart: Enke

Glatzel, J. (1981). *Spezielle Psychopathologie.* Stuttgart: Enke

Goldstein, K. (1995). *The organism: A holistic approach to Biology derived from data in man.* New York: Zone Books

Goleman, D. (1996). *Emotionale Intelligenz.* München: Hanser

Goslin, D. A. (ed.; 1969). *Handbook of socialization: theory and research.* Chicago: Rand-McNally

Gottschaldt, K. (1961). Das Problem der Phänogenetik der Persönlichkeit. In Ph. Lersch, H. Thomae (Hrsg.), *Handbuch der Psychologie. Bd. IV. Persönlichkeitsforschung.* Göttingen: Hogrefe

Gouldner, A. W. (1950). *Studies in leadership.* New York: Harper

Bibliographie

Goulet, L. R., Baltes, P. B. (eds.; 1970). *Life-span developmental psychology: research and theory.* New York: Academic Press

Graham, C. H. (ed.; 1965). *Vision and visual perception.* New York: Wiley

Graumann, C. F. (1959). Aktualgenese. *Zeitschrift für experimentelle und angewandte Psychologie, 6,* 410–449

Graumann, C. F. (1960). *Grundlagen einer Phänomenologie und Psychologie der Perspektivität.* Berlin: de Gruyter

Graumann, C. F. (1960). Eigenschaften als Problem der Persönlichkeitsforschung. In Ph. Lersch, H. Thomae (Hrsg.), *Handbuch der Psychologie. Bd. IV. Persönlichkeitsforschung.* Göttingen: Hogrefe

Graumann, C. F. (1965 a). Die Dynamik von Interessen, Wertungen und Einstellungen. In H. Thomae (Hrsg.), *Handbuch der Psychologie. Bd. II. Motivation.* Göttingen: Hogrefe

Graumann, C. F. (1965 b). Subjektiver Behaviorismus. *Archiv für die gesamte Psychologie, 117,* 240–251

Graumann, C. F. (Hrsg.; 1965). *Denken.* Köln: Kiepenheuer & Witsch

Graumann, C. F. (²1974). Nichtsinnliche Bedingungen des Wahrnehmens. In W. Metzger (Hrsg.), *Handbuch der Psychologie. Bd. I, 1. Wahrnehmung und Bewußtsein.* Göttingen: Hogrefe

Graumann, C. F. (1968). *Motivation.* Wiesbaden: Akademische Verlagsgesellschaft

Graumann, C. F. (²1974). Bewußtsein und Bewußtheit. In W. Metzger (Hrsg.), *Handbuch der Psychologie. Bd. 1.1. Wahrnehmung und Bewußtsein.* Göttingen: Hogrefe

Grawe, K. (1998). *Psychologische Therapie.* Göttingen: Hogrefe

Gray, J. A. (1982). *The neuropsychology of anxiety: An inquiry into the function of the septohippocampal system.* New York: Oxford University Press

Green, D. M., Swets, J. A. (1966). *Signal detection theory and psychophysics.* New York: Wiley

Greenberg, J., Pyszczynski, T., Solomon, S. (1986). The causes and consequences of the need for self esteem: A terror management theory. In R. F. Baumeister (Hrsg.). *Public self and private self* (189–212). New York: Springer

Greenfield, N. S., Sternbach, R. A. (eds.; 1972). *Handbook of psychophysiology.* New York: Holt, Winston and Rinehart

Gregory, R. L. (1972). *Auge und Gehirn.* München: Kindler

Gregory, R. L. (1974). *Concepts and mechanisms of perception.* London: Duckworth

Greif, S., Holling, H., Nicholson, N. (Hrsg.; 1989). *Arbeits- und Organisationspsychologie. Internationales Handbuch in Schlüsselbegriffen.* München/Weinheim: Psychologie Verlags Union

Greuel, L., Fabian, T., Stadler, M. (Hrsg.; 1997). *Psychologie der Zeugenaussage.* Weinheim: Psychologie Verlags Union

Grossman, S. P. (1967). *A textbook of physiological psychology.* New York: Wiley

Gruhle, H. W. u. a. (Hrsg.; 1960 f.). *Psychiatrie der Gegenwart* (3 Bde.). Berlin, Göttingen, Heidelberg: Springer

Guilford, J. P. (²1954). *Psychometric methods.* New York: McGraw-Hill

Guilford, J. P. (1964). *Persönlichkeit.* Weinheim: Beltz

Guilford, J. P. (1967). *The nature of human intelligence.* New York: McGraw-Hill

Gurwitsch, A. (1974). *Das Bewußtseinsfeld.* Berlin: De Gruyter

Guthrie, E. R. (1952). *The psychology of learning.* New York: Harper and Row

Gutkin, T. B., Wise, S. L. (eds.; 1991). *The computer and the decision-making process.* Hillsdale, N. J.: Erlbaum

Guttmann, G. (1972). *Einführung in die Neuropsychologie.* Bern: Huber

Hacker, W. (1998). *Allgemeine Arbeitspsychologie: Psychische Regulation von Arbeitstätigkeiten.* Bern: Huber

Hackman, J. R., Oldham, G. R. (1974). *The job diagnostic survay.* New Haven, CO: Wiley

Häfner, H., Gattaz, W. F., Janzarik, W. (eds.; 1987). *Search for the causes of schizophrenia.* Berlin: Springer

Bibliographie

Häfner, H., Weyerer, S. (1990). Epidemiologie. In U. Baumann, M. Perrez (Hrsg.), *Klinische Psychologie*. Bd. I. Bern: Huber

Hagfors, C. (1962). Beiträge zur Meßtheorie der hautgalvanischen Reaktion. *Psychologische Beiträge, 7,* 517–538

Hamm, A. O., Cuthbert, B. N., Globisch, J., Vaitl, D. (1997). Fear and the startle reflex: Blink modulation and autonomic response patterns in animal and mutilation fearful subjects. *Psychophysiology, 34,* 97–107

Hammond, K. R. (ed.; 1966). *The psychology of Egon Brunswik.* New York: Holt, Rinehart & Winston

Hammond, K. R., Stewart, T. R., Brehmer, B., Steinmann, D. O. (1975). Social judgment theory. In M. Kaplan, S. Schwartz (eds.), *Human judgment and decision processes.* New York: Academic Press

Harding, J., Kutner, B., Prochansky, H., Chein, I. (1954). Prejudice and ethic relations. In G. Lindzey (ed.), *Handbook of social psychology.* Vol. II. Cambridge, Mass.: Addison-Wesley

Harlow, H. F. (1949). The formation of learning sets. *Psychological Review, 56,* 51–65

Harman, H. H. (1960). *Modern factor analysis.* Chicago: University of Chicago Press

Hartley, E. L., Hartley, R. E. (1958). *Die Grundlagen der Sozialpsychologie.* Berlin: Rembrandt

Hautzinger, M. (1991). Perspektiven für ein psychologisches Konzept der Depression. In C. Mundt, P. Fiedler, H. Lang, A. Kraus (Hrsg.), *Depressionskonzepte heute* (pp. 236–248). Berlin: Springer

Hautzinger, M., DeJong-Meyer, R. (1990). Depressionen. In H. Reinecker (Hrsg.), *Lehrbuch der klinischen Psychologie. Modelle psychischer Störungen.* Göttingen: Hogrefe

Hautzinger, M., Greif, S. (1981). *Kognitionspsychologie der Depression.* Stuttgart: Kohlhammer

Hays, W. L. (⁴1969). *Statistics for psychologists.* New York: Holt, Rinehart & Winston

Hebb, D. O. (1949). *Organization of behavior.* New York: Wiley

Hebb, D. O., Thompson, W. R. (1954). The social significance of animal studies. In G. Lindzey (ed.), *Handbook of social psychology.* Bd. I. Cambridge, Mass.: Addison-Wesley

Heckhausen, H. (1963). *Hoffnung und Furcht in der Leistungsmotivation.* Meisenheim: Hain

Heckhausen, H. (1965). Leistungsmotivation. In H. Thomae (Hrsg.), *Handbuch der Psychologie.* Bd. II. Motivation. Göttingen: Hogrefe

Heckhausen, H. (²1989). *Motivation und Handeln.* Berlin: Springer

Heimann, P. (1957/58). Die Dynamik der Übertragungsinterpretation. *Psyche, 11,* 401–415

Heise, D. R. (1975). *Causal analysis.* New York: Wiley

Heiss, R. (1956; ²1964). *Allgemeine Tiefenpsychologie.* Bern: Huber

Heiss, R. (Hrsg.; 1966; ³1971). *Handbuch der Psychologie. Bd. VI. Psychologische Diagnostik.* Göttingen: Hogrefe

Helm, J. (1980). *Gesprächspsychotherapie.* Darmstadt: Steinkopff

Helmchen, H. u. a. (1973). *Diagnoseschlüssel und Glossar psychiatrischer Krankheiten: Internationale Klassifikation der WHO.* Berlin: Springer

Helson, H. (1964). *Adaptation level theory: An experimental and systematic approach to behavior.* New York: Harper

Henning, A. (²1928). *Der Geruch.* Wien: Springer

Hentschel, U., Smith, G., Ehlers, W., Draguns, J. G. (eds., 1993). *The concept of defense mechanisms in contemporary psychology: Theoretical, research, and clinical perspectives.* New York: Springer

Hentschel, U., Smith, G. (1980). *Experimentelle Persönlichkeitsforschung.* Wiesbaden: Akademische Verlagsgesellschaft

Herbart, J. F. (²1819; Nachdr. 1965). *Lehrbuch der Psychologie.* Amsterdam: Bonses

Herbig, M. (1976). *Praxis lehrzielorientierter Tests.* Düsseldorf: Schwann

Herrmann, T. (1969; ²1972). *Lehrbuch der empirischen Persönlichkeitsforschung.* Göttingen: Hogrefe

Herrmann, T. (1972). *Sprache. Einführung in die Psychologie, Bd. V.* Frankfurt/M./Bern: Akademische Verlagsgesellschaft/Huber

Bibliographie

Herrmann, T. (1973). *Persönlichkeitsmerkmale: Bestimmung und Verwendung in der psychologischen Wissenschaft.* Stuttgart: Kohlhammer

Herrmann, T., Lantermann, E.-D. (Hrsg.; 1985). *Persönlichkeitspsychologie: Ein Handbuch in Schlüsselbegriffen.* München: Urban & Schwarzenberg

Herzog, W., Deter, H.-C., Vandereycken, W. (eds.; 1992). *The course of eating disorders. Longterm follow-up studies of Anorexia and Bulimia nervosa.* Berlin: Springer

Hetherington, E. M., Park, R. D. (²1986). *Child psychology.* New York: McGraw-Hill

Hick, W. E. (1952). On the rate of gain of information. *Quarterly Journal of Experimental Psychology, 4,* 11–26

Hilgard, E. R. (1965). *Hypnotic susceptibility.* New York: Harcourt, Bruce and World

Hilgard, E. R. (1965). Hypnosis. *Annual Review of Psychology, 16,* 157–180

Hilgard, E. R., Bower, G. H. (³1966). *Theories of learning.* New York: Appleton

Hillyard, S. A., Kutas, M. (1983). Electrophysiology of cognitive processing. *Annual Review of Psychology, 34,* 33–61

Hiltmann, H. (²1967). *Kompendium der psychodiagnostischen Tests.* Bern: Huber

Hinde, R. A. (1970). Behavioral habituation. In G. Horn, R. A. Hinde (eds.), *Short term changes in neural activity and behavior.* London: Cambridge University Press

Hingtgen, J. N., Hellhammer, D., Huppmann, G. (eds.; 1987). *Advanced methods in psychobiology.* Toronto: Hogrefe

Hobson, J. A. (1990. *Schlaf: Gehirnaktivität im Ruhezustand.* Heidelberg: Spektrum

Hodapp, V. (1984). *Analyse linearer Kausalmodelle.* Bern: Huber

Hofer, M. A. (1981). *The roots of human behavior.* San Francisco: Freeman

Hoff, H., Ringel, E. (1964). *Aktuelle Probleme der psychosomatischen Medizin.* Berlin: Springer

Hofstätter, P. R. (1951). *Die Psychologie der öffentlichen Meinung.* Wien: J. Springer

Hofstätter, P. R. (1957 a). *Gruppendynamik.* Reinbek: Rowohlt

Hofstätter, P. R. (1957 b). *Psychologie.* Frankfurt/M.: Fischer

Hofstätter, P. R. (⁹1966). *Einführung in die Sozialpsychologie.* Stuttgart: Kröner

Holmes, T. H., Rahe, R. H. (1967). The social readjustment scale. *Journal of Psychosomatic Research, 11,* 213–218

Holst, E. von (1961). *Moderne Instinktforschung.* München: Piper

Holst, E. von, Mittelstaedt, H. (1950). Das Reafferenzprinzip. *Die Naturwissenschaft, 37,* 464–476

Holzkamp, K. (1964). *Theorie und Experiment in der Psychologie.* Berlin: de Gruyter

Homans, G. C. (1960). *Theorie der sozialen Gruppe.* Köln/Opladen: Westdeutscher Verlag

Hoppe, F. (1930). Erfolg und Mißerfolg. *Psychologische Forschung, 14,* 1–62

Hörmann, H. (1960). *Konflikt und Entscheidung.* Göttingen: Hogrefe

Hörmann, H. (1964). *Aussagemöglichkeiten psychologischer Diagnostik.* Göttingen: Hogrefe

Hörmann, H. (1967). *Psychologie der Sprache.* Berlin, Heidelberg: Springer

Hörmann, H., Osterkamp, U. (1966). Über den Einfluß von kontinuierlichem Lärm auf die Organisation von Gedächtnisinhalten. *Zeitschrift für Experimentelle und Angewandte Psychologie, 13,* 31–38

Hornstein, W., Bastine, R., Junker, H., Wulf, Ch. (1977). *Beratung in der Erziehung* (2 Bde.). Frankfurt/M.: Fischer

Horst, P. (1963). *Matrix algebra for social scientists.* New York: Holt, Rinehart & Winston

Hovland, C. I. (1954). *The effects of mass media of communication.* New Haven, Conn.: Yale University Press

Hoyos, C. (1978). Problematik der Stressoren in der Arbeitswelt. In IfaA. (Hrsg.), *Stress in der Arbeitswelt.* Köln: IfaA-Verlag

Hoyos, C., Kroeber-Riel, W., Rosenstiel, L. von, Strümpel, B. (Hrsg.; 1980). *Grundbegriffe der Wirtschaftspsychologie.* München: Urban & Schwarzenberg

Hubel, D. H., Wiesel, T. N. (1962). Receptive fields, binocular interaction, and functional architecture in the cat's visual cortex. *Journal of Physiology, 160,* 106–154

Bibliographie

Hubel, D. H., Wiesel, T. N. (1968). Receptive fields and functional architecture of monkey striate cortex. *Journal of Physiology, 195,* 215–243

Hugdahl, K. (1995). *Psychophysiology: The mind-body perspective.* Cambridge, MA: Harvard

Huizinga, J. (²1949). *Homo ludens.* Reinbek: Rowohlt

Hull, C. L. (1943). *Principles of behavior.* New York: Appleton

Humphrey, G. (1933). *The nature of learning.* New York: Harcourt

Humphrey, G. (1951). *Thinking: an introduction to its experimental psychology.* London: Methuen.

Humphrey, G. (1963). *Thinking.* New York: Wiley

Huppmann, G., Wilker, F.-W. (1988). *Medizinische Psychologie, Medizinische Soziologie.* München: Urban & Schwarzenberg

Hurvich, L. M. (1981). *Color vision.* Sunderland, MA.: Sinauer Associates

Hurvich, L. M., Jameson, D. (1957). An opponent-process theory of color vision. *Psychological Review, 64,* 384–404

Hyman, R. (1953). Stimulus information as a determinant of reaction time. *Journal of Experimental Psychology, 45,* 423–432

Imai, M. (1991). *Kaizen: Der Schlüssel zum Erfolg der Japaner im Wettbewerb.* München: Langen-Müller

Immelmann, K. (1982). *Wörterbuch der Verhaltensforschung.* Berlin: Paul Parey Verlag

Insko, Ch. A. (1967). *Theories of attitude change.* New York: Appleton-Century-Crofts

Irion, F. C. (1950). *Public opinion and propaganda.* New York: Crowell

Irle, M. (1975). *Lehrbuch der Sozialpsychologie.* Göttingen: Hogrefe

Iversen, L. L., Iversen, S. O., Snyder, S. H. (eds.; 1984). *Handbook of psychopharmacology. Vol. 18. Drugs, neurotransmitters, and behavior.* New York: Plenum Press

Izard, C. E. (1977). *Human emotions.* New York: Plenum Press

Jäger, A. O. (1967). *Dimensionen der Intelligenz.* Göttingen: Hogrefe

Jäger, R. S. (Hrsg.; ²1995). *Psychologische Diagnostik. Ein Lehrbuch.* Weinheim: Psychologie Verlags Union

Jaeger, S., Staeuble, S. (1981). Die Psychotechnik und ihre gesellschaftlichen Entwicklungsbedingungen. In F. Stoll (Hrsg.), *Die Psychologie des 20. Jahrhunderts,* Bd. 12, *Anwendungen im Berufsleben.* Zürich: Kindler

James, W. (1888). What is emotion? *Mind, 9,* 188–204

James, W. (1890). *The principles of psychology* (2 Vols.). New York: Holt

Jameson, D., Hurvich, L. M. (1971). *Visual psychophysics.* New York: Springer

Jamieson, J., Howk, S. (1992). The law of initial values. A four factor theory. *International Journal of Psychophysiology, 12,* 53–61

Janeway, Ch. A. & Travers, P. (1995). *Immunologie.* Heidelberg: Spektrum

Janis, I. L. (ed.; 1981). *Counseling on personal decisions: Theory and field research in helping relationships.* New Haven, Conn.: Yale University Press

Janke, W. (1981 a). Probleme pharmakopsychologischer Forschung. In E. R. Rey (Hrsg.), *Klinische Psychologie.* Stuttgart: Fischer

Janke, W. (ed.; 1981 b). *Response variability to psychotropic drugs.* Oxford: Pergamon Press

Janke, W. u. Debus, G. (1978). *Die Eigenschaftswörterliste (EWL).* Göttingen: Hogrefe

Janke, W., Netter, P. (Hrsg.; 1986). *Angst und Psychopharmaka.* Stuttgart: Kohlhammer

Jaensch, E. R. (1926). *Grundzüge einer Physiologie und Klinik der psychophysischen Persönlichkeit.* Berlin: Springer

Jasper, H. H. (1958). The ten-twenty electrode system of the International Federation. *Electroencephalography and clinical neurophysiology 10,* 371–375

Jaspers, K. (²1956). *Existenzphilosophie.* Berlin: de Gruyter

Jaspers, K. (⁶1965). *Allgemeine Psychopathologie.* Berlin: Springer

Jerison, H. J. (1973). *Evolution of the brain and intelligence.* New York: Academic Press

Bibliographie

Jerrard, H. G., McNeill, D. B. (1994). *Wörterbuch wissenschaftlicher Einheiten.* Wiesbaden: Quelle & Meyer/UTB für Wissenschaft 1818

Jeserich, W. (1981). *Mitarbeiter auswählen und fördern. Assessment-Center-Verfahren.* München: Hanser

Jin, P. (1992). Toward a reconceptualization of the law of initial value. *Psychological Bulletin, 111,* 176–184

Jones, E. E. (²1966). *Ingratiation: a social psychological analysis.* New York: Appleton-Century-Crofts

Jones, G. E. (1994). Perception of visceral sensations: A review of recent findings, methodologies, and future directions. In J. R. Jennings, P. K. Ackles & M. G. H. Coles (eds.), *Advances in Psychophysiology Vol. V* (55–191). London/Bristol, PE: Jessica Kingsley Publishers

Jones, M. C. (1924). Elimination of children's fear. *Journal of Experimental Psychology, 7,* 382–390

Jost, A. (1897). *Die Assoziationsfestigkeit in ihrer Abhängigkeit von der Verteilung der Wiederholungen.* Hamburg: Voss

Julien, R. M. (³1981). *A primer of drug action.* San Francisco: Freeman

Jung, C. G. (1934). *Wirklichkeit der Seele.* Zürich: Rascher

Jung, C. G. (⁹1960). *Psychologische Typen.* Zürich: Rascher

Kafka, G. (1949). *Was sind Rassen?* München: Federmann

Kagan, J., Kogan, N. (1970). Individual variation in cognitive processes. In P. H. Mussen (ed.), *Carmichael's Manual of Child Psychology* (Vol. 1). New York: Wiley

Kagan, J., Rosman, B., Day, D., Albert, J., Phillips, W. (1964). Information processing in the child: Significance of analytic and reflective attitudes. *Psychological Monographs, 78,* No. 578

Kahneman, D. (1973). *Attention and effort.* Englewood Cliffs, N.J.: Prentice Hall

Kainz, F. (1941–57). *Psychologie der Sprache.* 5 Bde. Stuttgart: Enke

Kainz, F. (1964). Das Denken und die Sprache. In R. Bergius (Hrsg.), *Handbuch der Psychologie. Bd. I, 2. Lernen und Denken.* Göttingen: Hogrefe

Kaiser, J., Barker, R., Haenschel, C., Baldeweg, T., Gruzelier, J. H. (1997). Hypnosis and event-related potential correlates of error processing in a Stroop-type paradigm: A test of the frontal hypothesis. *Psychophysiology, 27,* 215–222

Kalat, J. W. (²1984). *Biological Psychology.* Belmont, Cal.: Wadsworth

Kaminski, G. (1970). *Handlungstheorie und Verhaltensmodifikation.* Stuttgart: Klett

Kammer, D., Hautzinger, M. (1988). *Kognitive Depressionsforschung.* Bern: Huber

Kanfer, F. H., Hagerman, S. (1981). The role of self-regulation. In L. P. Rehm (ed.), *Behavior therapy for depression. Present status and future directions.* New York: Academic Press

Kaplan, H. I., Sadock, B. J. (eds.; ⁵1989). *Comprehensive textbook of psychiatry.* 2 Vols. Baltimore: Williams & Wilkins

Karsten, A. (1928). Psychische Sättigung. *Psycholog. Forschung, 10,* 142–254

Katkin, E. S. (1975). Electrodermal lability. In I. G. Sarason, C. D. Spielberger (eds.), *Stress and anxiety. Vol. II.* Washington D.C.: Hemisphere/Wiley

Katz, D. (1960). The functional approach to the study of attitudes. *Public Opinion Quarterly, 24,* 163–204

Katz, J., Melzack, R. (1990). Pain »memories« in phantom limbs. Review and clinical observation. *Pain, 43,* 319–336

Kaufman, L., Kaufman J. (2000). The moon illusion. *Proceedings of the National Academy of Sciences. 97,* 500–505.

Keidel, W. D. (1975). *Physiologie des Gehörs: Akustische Informationsverarbeitung.* Stuttgart: Thieme

Keller, R. (1981). *Immunologie und Immunpathologie. Eine Einführung.* Stuttgart: Thieme

Kelly, G. A. (1955). *A theory of personality: The psychology of personal constructs* (2 Vols.). New York: Norton

Kendall, M. G. (³1962). *Rank correlation methods.* London: Griffin

Bibliographie

Kernberg, O. (1981). Zur Theorie der psychoanalytischen Psychotherapie. *Psyche, 8,* 673–704

Kielholz, P. (1971). *Diagnose und Therapie der Depression für Praktiker.* München: Lehmann

Kielholz, P. (Hrsg.; 1972). *Depressive Zustände.* Bern: Huber

Kimble, G. A. (²1961). *Hilgard and Marquis' conditioning and learning.* New York: Appleton-Century-Crofts

Kimmel, H. D., Olst, E. H. van, Orlebeke, J. F. (eds.; 1979). *The orienting reflex in humans.* Hillsdale, N. J.: Erlbaum

Kinsbourne, M. (ed.; 1978). *Asymmetrical function of the brain.* Cambridge: Cambridge University Press

Kintsch, W. (1982). *Gedächtnis und Kognition.* Berlin: Springer

Kirchhoff, R. (Hrsg.; 1965; ²1972). *Handbuch der Psychologie. Bd. V. Ausdruckspsychologie.* Göttingen: Hogrefe

Klages, L. (¹¹1952). *Grundlagen der Charakterkunde.* Bonn: Bouvier

Klapper, J. T. (⁷1965). *The effects of mass communication.* New York: Free Press

Klatzky, R. L. (³1983). *Human memory: Structures and processes.* San Francisco: Freeman

Klein, G. S. (1970). *Perception, motives, and personality.* New York: Knopf

Klein, J. (1991). *Immunologie.* Weinheim: VCH

Kleinbeck, U., Rutenfranz, J. (Hrsg.; 1987). *Arbeitspsychologie.* Göttingen: Hogrefe

Klicpera, C., Gasteiger-Klicpera, B. (1995). *Psychologie der Lese- und Schreibschwierigkeiten.* Weinheim: Psychologie Verlags Union

Klineberg, O. (1936). *Race differences.* New York: Harper & Row

Kling, J. W., Riggs, L. A. (eds.; ³1971). *Woodworth and Schlosberg's Experimental Psychology.* New York: Holt

Klix, F. (³1976). *Information und Verhalten.* Bern: Huber

Klix, F. (1980). *Das Erwachen des Denkens.* Berlin: Deutscher Verlag der Wissenschaften

Klopfer, B., Kelly, D. M. (²1946). *The Rorschach technique.* New York: World Book Company

Kluckhohn, C. u. a. (³1965). Values and value-orientation in the theory of action. In T. Parsons, A. Shils (eds.), *Toward a general theory of action.* Cambridge: Harvard University Press

Klug, J. (1983). *Psychiatrische Diagnosen.* Weinheim: Beltz

Kluwe, R. H. (1990). Gedächtnis und Wissen. In H. Spada (Hrsg.). *Allgemeine Psychologie* (115–187). Bern: Huber

Koch, S. (ed.; 1959 f.). *Psychology: A study of a science* (6 Vols.). New York: McGraw-Hill

Kockott, G. (1988 a). *Männliche Sexualität.* Stuttgart: Thieme

Kockott, G. (1988 b). *Weibliche Sexualität.* Stuttgart: Thieme

Koffka, K. (1935; ³1950). *Principles of gestalt psychology.* London: Harcourt

Koffka, K. (1935). *Principles of gestalt psychology.* London: Harcourt

Köhler, Th., Niepoth, L. (1991). Psychosomatische Störungen. Intervention. In M. Perrez, U. Baumann (Hrsg.), *Klinische Psychologie, Bd. 2, Intervention.* Bern: Huber

Köhler, Th., Vögele, C., Weber, D. (1989). Die Zahl aktiver Schweißdrüsen (PSI) als psychophysiologischer Parameter. *Zeitschrift für experimentelle und angewandte Psychologie, 36,* 89–100

Köhler, W. (1921). *Intelligenzprüfungen an Menschenaffen.* Berlin: Springer

Köhler, W. (1940). *Dynamics in psychology.* New York: Liveright

Köhler, W. (1947). *Gestalt psychology.* New York: Liveright

Köhler, W. (1959). *Dynamische Zusammenhänge in der Psychologie.* Bern: Huber

Köhler, W., Held, R. (1949). The cortical correlate of pattern vision. *Science, 110,* 23–31

Köhler, W., Wallach, H. (1944). Figural after-effects: An investigation of visual processes. *Proceedings of the American Philosophical Society, 88,* 269–357

Köhler, W. (1959). *Dynamische Zusammenhänge in der Psychologie.* Bern: Huber

Köhler, W. (1971). *Die Aufgabe der Gestaltpsychologie.* Berlin: de Gruyter

Köhnken, G. (1990). *Glaubwürdigkeit: Untersuchungen zu einem psychologischen Konstrukt.* Weinheim: Psychologie Verlags Union

Kolb, B., Wishaw, I. (1985). *Fundamentals of human neuropsychology.* New York: Freeman

Bibliographie

Koella, W. P. (1988). *Die Physiologie des Schlafes. Eine Einführung.* Stuttgart: Fischer

König, R. (Hrsg.; [4]1969). *Praktische Sozialforschung. Bd. I. Das Interview.* Köln: Kiepenheuer & Witsch

König, R. (Hrsg.; [5]1967). *Praktische Sozialforschung. Bd. II. Beobachtung und Experiment in der Sozialforschung.* Köln: Kiepenheuer & Witsch

Kornblum, S., Requin, J. (eds.; 1984). *Preparatory states and processes.* Hillsdale, N.J.: Erlbaum

Kornhuber, H. H., Deecke, L. (1965). Hirnpotentialänderungen bei Willkürbewegungen und passiven Bewegungen des Menschen: Bereitschaftspotentiale und reafferente Potentiale. *Pfluegers Archiv, 284,* 1–17

Kossak, H.-C. (1993). *Lehrbuch Hypnose.* Weinheim: Psychologie Verlags Union

Kraft, V. (1960). *Erkenntnislehre.* Wien: J. Springer

Kragh, U., Smith, G. (1970). *Percept-genetic analysis.* Lund: Gleerup

Krämer, S., DeJong, R. (Hrsg.; 1980). *Therapiemanual für ein verhaltenstherapeutisches Stufenprogramm zur stationären Behandlung von Drogenabhängigen.* München: Röttger

Kraepelin, E. (1896). *Lehrbuch der Psychiatrie.* Leipzig: Barth

Krathwohl, D. R., Bloom, B. S., Masia, B. B. (Hrsg.; 1975). *Taxonomie von Lernzielen im affektiven Bereich.* Weinheim: Beltz

Krech, D., Crutchfield, R. S. (1948). *Theory and problems of social psychology.* New York: McGraw-Hill

Krech, D., Crutchfield, R. S., Ballachey, E. L. (1962). *Individual in society.* New York: McGraw-Hill

Kreitler, H., Kreitler, S. (1980). *Psychologie der Kunst.* Stuttgart: Kohlhammer

Kretschmer, E. ([25]1965). *Körperbau und Charakter.* Berlin: Springer

Kroh, O. (1951). Entwicklung. *Lexikon der Pädagogik.* Bern: Huber

Krohn, W., Küppers, G. (Hrsg.; 1992). *Emergenz: Die Entstehung von Ordnung, Organisation und Bedeutung.* Frankfurt: Kramer

Krohne, H. W. (1977). Persönlichkeitstheorie. In Th. Herrmann u. a. (Hrsg.), *Handbuch psychologischer Grundbegriffe.* München: Kösel

Krohne, H. W. (1996). *Angst und Angstbewältigung.* Stuttgart: Kohlhammer

Krohne, H. W., Laux, L. (eds.; 1982). *Achievement, stress and anxiety.* Washington, D.C.: Hemisphere/McGraw-Hill

Kropiunigg, U. (1987). *Psyche und Immunsystem. Psychoneuroimmunologische Untersuchungen.* Wien: Springer

Krueger, F. (1926 a). *Komplexqualitäten, Gestalten und Gefühle.* München: Beck

Krueger, F. (1926 b). *Über psychische Ganzheit.* Leipzig: Fischer

Krueger, F. ([2]1931). *Der Strukturbegriff in der Psychologie.* Leipzig: Fischer

Kruskal, J. B. (1964). Nonmetric multidimensional scaling: a numerical method. *Psychometrika, 29,* 1–27

Kryspin-Exner, I. (1990). Alkoholismus. In H. Reinecker (Hrsg.), *Lehrbuch der Klinischen Psychologie. Modelle psychischer Störungen.* Göttingen: Hogrefe

Kuhl, J., Beckmann, J. (ed.; 1985). *Action control. From cognition to behavior.* Berlin: Springer

Kühn, A. ([15]1964). *Grundriß der allgemeinen Zoologie.* Stuttgart: Thieme

Kühn, A. ([4]1965). *Grundriß der Vererbungslehre.* Heidelberg: Quelle & Meyer

Kusch, M., Petermann, F. (1990). *Entwicklung autistischer Störungen.* Bern: Huber

Lacey, B. C., Lacey, J. I. (1974). Studies in heart rate and other bodily processes in sensorimotor behavior. In P. A. Obrist, H. H. Black, J. Brener, L. V. DiCara (eds.), *Cardiovascular psychophysiology.* Chicago: Aldine

Lacey, J. I. (1967). Somatic response patterning and stress. In M. H. Appley, R. Trumbull (eds.), *Psychological stress: Issues and research.* New York: Appleton-Century Crofts

Lacey, J. I., Lacey, B. C. (1958). The relationship of resting autonomic activity to motor impulsivity. *Research in Nervous and Mental Disease, 36,* 144–209

Landmann, M. (1955). *Philosophische Anthropologie.* Berlin: de Gruyter

Bibliographie

Lange, C. G. (1887). *Über Gemütsbewegungen.* Leipzig: Thomas

Langen, D. ([2]1971). *Psychotherapie.* Stuttgart: Thieme

Larbig, W., Miltner, W. (1993). Hirnelektrische Grundlagen der Hypnose. In D. Revenstorf (Hrsg.). *Klinische Hypnose* (115–121). Berlin: Springer

Laessle, R. G. (1990). Eßstörungen. In H. Reinecker (Hrsg.), *Lehrbuch der Klinischen Psychologie. Modelle psychischer Störungen.* Göttingen: Hogrefe

Laswell, H. D., Kaplan, A. (1950). *Power and society.* New Haven: Yale University Press

Laux, L. (1983). Psychologische Streßkonzeptionen. In H. Thomae (Hrsg.), *Enzyklopädie der Psychologie. Theorien und Formen der Motivation.* Bd. 1. Göttingen: Hogrefe

Laux, L., Glanzmann, P., Schaffner, P., Spielberger, Ch. D. (1981). *Das State-Trait-Anxiety-Inventar (STAI).* Weinheim: Beltz

Lazarus, R. S., McCleary, R. A. (1951). Autonomic discrimination without awareness. *Psychological Review, 58,* 113–122

Lazarus, R. S. (1956). Subception: Fact or artifact? *Psychological Review, 63,* 343–347

Lazarus, R. S. (1961). *Adjustment and personality.* New York: McGraw-Hill

Lazarus, R. S. (1966). *Psychological stress and the coping process.* New York: McGraw-Hill

Lazarus, R. S. (1969; [3]1976). *Patterns of adjustment and human effectiveness.* New York: McGraw-Hill

Lazarus, R. S. (1991). *Emotion and adaptation.* New York: Oxford University Press

Lazarus, R. S., Averill, J. R. (1972). Emotion and cognition: With special reference to anxiety. In Ch. D. Spielberger (ed.), *Anxiety. Current trends in theory and research* (Vol. 2, Chap. 7). New York: Academic Press

Lazarus, R. S., Launier, R. (1978). Stress-related transactions between person and environment. In L. A. Pervin, M. Lewis (eds.), *Perspectives in interactional psychology.* New York: Plenum

LeDoux, J. E., Hirst, W. (1986). *Mind and brain. Dialogues in cognitive neuroscience.* Cambridge: Cambridge University Press

LeDoux, J. (1998). *Das Netz der Gefühle: Wie Emotionen entstehen.* München: Hanser

Lefcourt, H. M. (1966). Internal versus external control of reinforcement. A review. *Psychological Bulletin, 65,* 206–220

Lefcourt, H. M. ([2]1982). *Locus of control.* Hillsdale, N. J.: Erlbaum

Lehmann, D., Callaway, E. (eds.; 1976). *Human evoked potentials. Applications and problems.* New York: Plenum

Lehr, U. ([8]1996). *Psychologie des Alterns.* Heidelberg: Quelle & Meyer

Lehr, U., Thomae, H. (1965). *Konflikt, seelische Belastung und Lebensalter.* Köln: Westdeutscher Verlag

Lenk, H. (Hrsg.; 1980; 1981). *Handlungstheorie interdisziplinär.* 3 Bde. München: Fink

Leontjew, A. N. (1964). *Probleme der Entwicklung des Psychischen.* Berlin: VEB Volk und Wissen

Leplow, B., Ferstl, R. (1990). Psychophysiologische Störungen. In H. Reinecker (Hrsg.), *Lehrbuch der Klinischen Psychologie. Modelle psychischer Störungen.* Göttingen: Hogrefe

Lersch, Ph. ([5]1962). *Aufbau der Person.* München: Barth

Lersch, Ph., Sander, F., Thomae, H., Wilde, K. (Hrsg.; 1958 f.). *Handbuch der Psychologie* (12 Bde.). Göttingen: Hogrefe

Lersch. Ph., Thomae, H. (Hrsg.; 1961; [4]1968). *Handbuch der Psychologie. Bd. IV. Persönlichkeitsforschung.* Göttingen: Hogrefe

Levitt, R. A. (1975). *Psychopharmacology: A biological approach.* Washington, D.C.: Hemisphere/Wiley

Lewin, K. (1954). Behavior and development as a function of the total situation. In L. Carmichael (ed.), *Manual of child psychology.* New York: Wiley

Lewin, K. (1963). *Feldtheorie in den Sozialwissenschaften.* Bern: Huber

Lewin, K. (1969). *Grundzüge der topologischen Psychologie.* Bern: Huber

Lewin, K. (1982). *Werkausgabe. Bde. 4, 6.* Bern/Stuttgart: Huber/Klett-Cotta

Leymann, H. (1993). *Mobbing.* Hamburg: Rowohlt

587

Bibliographie

Lickey, M. E., Gordon, B. (1983). *Drugs for mental illness.* New York: Freeman

Liebert, R. M., Morris, L. W. (1967). Cognitive and emotional components of text anxiety. A distinction and some initial data. *Psychological Reports, 20,* 975–978

Lienert, G. A. (1959). Prinzip und Methode der multiplen Faktorenanalyse demonstriert an einem Beispiel. *Biometrische Zeitschrift, 1,* 112–138

Lienert, G. A., Raatz, U. (^{5}1994). *Testaufbau und Testanalyse.* Weinheim: Psychologie Verlags Union

Lindsay, P. H., Norman, D. A. (1981). *Einführung in die Psychologie: Informationsaufnahme und -verarbeitung beim Menschen.* Berlin: Springer

Lindsley, D. B. (1960). Attention, consciousness, sleep and wakefulness. In J. Field u. a. (eds.), *Neurophysiology. Vol. 3.* Washington D.C.: American Physiological society

Lindsley, D. B., Wicke, J. D. (1974). The electroencephalogram: autonomus electrical activity in man and animals. In R. F. Thompson, M. M. Patterson (eds.), *Bioelectric Recording Techniques* (B). New York: Academic Press

Lindzey, G., Aronson, E. (eds.; 1954). *Handbook of social psychology.* 2 Bde. (Neuaufl. in 5 Bänden ab 1968). Reading, Mass.: Addison-Wesley

Linschoten, J. (1961). *Auf dem Wege zu einer phänomenologischen Psychologie.* Berlin: de Gruyter

Linton, M. (1936). *The study of man.* New York: Appleton

Lipton, M. A., Dimascio, A., Killam, K. F. (eds.; 1978). *Psychopharmacology: A generation of progress.* New York: Raven Press

Loch, W. (1965). Übertragung – Gegenübertragung. *Psyche, 19,* 1–23

Loch, W. (1986). *Perspektiven der Psychoanalyse.* Stuttgart: Hirzel

Loftus, E. F. (1979). *Eyewitness testimony.* Cambridge: Harvard University Press

Logue, A. W. (1995). *Die Psychologie des Essens und Trinkens.* Heidelberg: Spektrum Akademischer Verlag

Lomow, B. F. (1964). *Ingenieurpsychologie.* Berlin: VEB Deutscher Verlag der Wissenschaften

Lord, F. M., Novick, M. R. (^{2}1974). *Statistical theories of mental test scores.* Reading, Mass.: Addison-Wesley

Lorenz, K. (1943). Die angeborenen Formen möglicher Erfahrung. *Zeitschrift für Tierpsychologie, 5,* 235–409

Lorenz, K. (1965). *Über tierisches und menschliches Verhalten* (2 Bde.). Stuttgart: Klett

Lorenz, K. (1974). *Das sogenannte Böse.* München: Deutscher Taschenbuch Verlag

Lorr, M., Klett, C. J., Cave, R. (1967). Higher level psychotic syndromes. *Journal of abnormal Psychology, 72,* 74–77

Lorr, M., Klett, C. J., McNair, D. M. (1963). *Syndromes of psychosis.* New York: Macmillan

Luce, R. D., Bush, R. R., Galanter, E. (eds.; 1963–65). *Handbook of mathematical psychology* (3 Vols.). New York: Wiley

Luchins, A. S., Luchins, E. H. (1959). *Rigidity of behavior.* Eugene, Oregon: University of Oregon Books

Luchins, A. S., Luchins, E. H. (1970). *Wertheimer's seminars revisited. Problem solving and thinking.* Albany, N. Y.: State University of New York

Lück, H. E. (1969). *Soziale Aktivierung.* Köln: Wirtschafts- und sozialwissenschaftliche Fakultät, Diss.

Lückert, H. R. (Übers.; 1957). *Der Stanford-Intelligenz-Test.* Göttingen: Hogrefe

Lumsdaine, A. A., Glaser, R. (eds.; 1960). *Teaching machines and programmed learning.* Washington: Dept. of Audio-Visual Instruction, National Education Association

Lykken, D. T., Venables, P. H. (1971). Direct measurement of skin conductance: A proposal for standardization. *Psychophysiology, 8,* 656–672

Lykken, D. T. (^{2}1998). *A tremor in the blood: Uses and abuses of the lie detector.* New York: Plenum Press

Lynn, R. (1966). *Attention, arousal, and the orientation reaction.* Oxford: Pergamon Press

Bibliographie

Maccoby, L., Masters, B. (1970). Attachment and dependency. In P. Mussen (ed.), *Carmichaels Manual of Child Psychology, Vol. 2.* New York: Wiley

MacCorquodale, K. and Meehl, P. E. (1948). On a distinction between hypothetical constructs and intervening variables. *Psychological Review, 55,* 95–107

Mackworth, J. F. (1969). *Vigilance and habituation.* Harmondsworth: Penguin Books

Mackworth, J. F. (1970). *Vigilance and attention: A signal detection approach.* Harmondsworth: Penguin Books

MacMahon, B., Pugh, T. F. (1970). *Epidemiology. Principles and methods.* Boston: Little, Brown & Company

Malhotra, M. K. (1966). Figurale Nachwirkungen. *Psychologische Forschungen, 30,* 1–104

Malmo, R. B. (1959). Activation: A neuropsychological dimension. *Psychological Review, 66,* 367–386

Mandl, H., Spada, H. (1988). *Wissenspsychologie.* München/Weinheim: Psychologie Verlags Union

Mandler, J. M., Mandler, G. (1964). *Thinking.* New York: Wiley

Mannheim, K. ([3]1952). *Ideologie und Utopie.* Frankfurt/M.: Schulte-Blumke

Marcuse, H. (1955). *Eros and civilisation.* Boston: Beacon Press

Margraf, J., Schneider, S. ([2]1990). *Panik. Angstanfälle und ihre Behandlung.* Berlin: Springer

Mark, V. H., Ervin, F. R. (1970). *Violence and the brain.* New York: Harper & Row

Marks, I. M. (1987). *Fears, phobias, and rituals.* New York: Oxford University Press

Marsella, A. J., Tharp, G., Ciderowski, T. J. (eds.; 1979). *Perspectives in cross-cultural psychology.* New York: Academic Press

Martinez, J. L., Jensen, R. B., Messing, R. B., Righter, H., McGaugh, M. (eds.; 1981). *Endogenous peptides, learning, and memory processes.* New York: Academic Press

Marx, M. H. (1969). *Theories in contemporary psychology.* London: Macmillan

Marx, M. H., Hillix, W. (1963). *Systems and theories in psychology.* New York: McGraw-Hill

Maslow, A. H. (1978). *Motivation und Persönlichkeit.* Olten: Walter-Verlag A. G.

Masters, W. H., Johnson, V. E. (1967). *Die sexuelle Reaktion.* Frankfurt: S. Fischer

Maximilian, V. A. (1980). *Functional changes in the cortex during mental activation.* Malmö: Gleerup

Mayer, A., Herwig, B. (Hrsg.; 1961). *Handbuch der Psychologie. Bd. 9. Betriebspsychologie.* Göttingen: Hogrefe

Mayer, R.E. (1979). *Denken und Problemlösen. Eine Einführung in menschliches Denken und Lernen.* Berlin: Springer

Mayo, E. (1960). *Human problems of an industrial civilization.* New York: Viking Press

McCallum, W. C., Krott, J. R. (1973). Event related slow potentials of the brain. *Electroencephalography and clinical neurophysiology, Supplement, Vol. 33*

McClelland, D. (1956). Personality. In L. McCary (ed.), *Psychology of personality.* New York: Logos Press

McClelland, D. C., Atkinson, J. W., Clark, R. W., Lowell, E. L. (1953). *The achievement motive.* New York: Appleton-Century-Crofts

McCormick, E. J., Jeanneret, P. R., Mecham, R. (1972). A study of job characteristics and job dimensions as based on the position analysis questionnaire (PAQ). *Journal of Applied Psychology, 56,* 347–368

McCormick, E. J., Sanders, M. S. ([5]1982). *Human factors in engineering and design.* New York: McGraw-Hill

McDougall, W. ([21]1928). *Grundlagen einer Sozialpsychologie.* Jena: Fischer

McGinnies, E. (1949). Emotionality and perceptual defence. *Psychological Review, 56,* 244–251

McGrath, J. E. (ed.; 1970). *Social and psychological factors in stress.* New York: Holt

McGuire, W. J. (1968). The nature of attitudes and attitude change. In G. Lindzey, E. Aronson (eds.), *The Handbook of Social Psychology.* Vol. 2. Reading, Mass.: Addison-Wesley

McNicol, D. (1972). *A primer of signal detection theory.* London: Allen & Un-win

McQuail, D. ([3]1994). *Mass Communication Theory.* London: Lowrey & Fleure

Bibliographie

Meichenbaum, D. H. (1985). *Stress inoculation training.* New York: Pergamon Press

Meili, R. (1968). Denken. In R. Meili, H. Rohracher (Hrsg.), *Lehrbuch der experimentellen Psychologie.* Bern: Huber

Meili, R., Rohracher, H. (Hrsg.; ²1968). *Lehrbuch der experimentellen Psychologie.* Bern: Huber

Meldman, M. J. (1970). *Diseases of attention and perception.* Oxford: Pergamon

Melzack, R. (1973). *The puzzle of pain.* Harmondsworth: Penguin Books

Melzack, R. (1978). *Das Rätsel des Schmerzes.* Stuttgart: Hippokrates

Melzack, R. (1989). Phantom limbs, the self and the brain. *Canadian Psychology, 30,* 1–16

Melzack, R., Wall, P. D. (1965). Pain mechanisms: a new theory. *Science, 150,* 971–989

Memon, A., Vrij, A., Bull, R. (1998). *Psychology and law.* London: McGraw-Hill

Messick, S. (1982). *Cognitive styles in educational practice.* Princeton, N.J.: Educational Testing Service

Metzger, W. (1952). Das Experiment in der Psychologie. *Studium Generale, 5,* 142–163

Metzger, W. (²1953). *Gesetze des Sehens.* Frankfurt: Kramer

Metzger, W. (Hrsg.; 1966). *Handbuch der Psychologie. Bd. I, 1. Wahrnehmung und Bewußtsein.* Göttingen: Hogrefe

Metzger, W. (1975). *Psychologie.* Darmstadt: Steinkopff

Meyer, V., Chesser, E. (1971). *Verhaltenstherapie in der klinischen Psychologie.* Stuttgart: Thieme

Meyer-Eppler, W. (1959). *Grundlagen und Anwendungen der Informationstheorie.* Berlin: Springer

Meyers, E. D. (ed.; 1971). *Methods in Psychobiology.* New York: Academic Press

Michotte, A. u. a. (1966). Die amodalen Ergänzungen von Wahrnehmungsstrukturen. In W. Metzger (Hrsg.), *Handbuch der Psychologie. Bd. I, 1.* Göttingen: Hogrefe

Milgram, S. (1963). A behavioral study of obedience. *Journal of abnormal and social psychology, 67,* 371–378

Miller, G. A. (1954; ²1968). Psycholinguists. In G. Lindzey (ed.), *Handbook of social psychology. Vol. II.* London: Addison-Wesley

Miller, G. A. (1956). The magical number seven, plus or minus two: Some limits on our capacity for processing information. *Psychological Review, 63,* 81–97

Miller, N. E., Dollard, J. (1941). *Social learning and imitation.* New Haven: Yale University Press

Miller, N. E., Galanter, E., Pribram, K. H. (1960). *Plans and the structure of behavior.* New York: Holt

Miller, P. (1993). *Theorien der Entwicklungspsychologie.* Heidelberg: Spektrum akademischer Verlag

Miller, W. E., Heather, N. (1986). *Treating addictive behaviors. Processes of change.* New York: Plenum

Miltner, W. (1986). Psychoimmunologie. In W. Miltner, N. Birbaumer, W.-D. Gerber (Hrsg.), *Verhaltensmedizin.* Berlin: Springer

Miltner, W., Birbaumer, N., Gerber, W. D. (Hrsg.; 1986). *Verhaltensmedizin.* Berlin: Springer

Mischel, W. (1973). Toward a cognitive social learning reconceptualization of personality. *Psychological Review, 80,* 252–283

Mittenecker, E. (1953). Perseveration und Persönlichkeit, I und II. *Zeitschrift für experimentelle und angewandte Psychologie, 1,* 5–21

Mittenecker, E. (1964). Subjektive Tests zur Messung der Persönlichkeit. In R. Heiss (Hrsg.), *Handbuch der Psychologie. Bd. VI. Psychologische Diagnostik.* Göttingen: Hogrefe

Moreno, J. L. (³1953). *Who shall survive? Foundations of sociometry, group psychotherapy, and sociodrama* New York: Beacon

Moreno, J. L. (1954). *Die Grundlagen der Soziometrie.* Köln: Westdeutscher Verlag

Moreno, J. L. (1959). *Gruppenpsychotherapie und Psychodrama.* Stuttgart: Thieme

Moreno, J. L. (ed.; 1960). *The sociometry reader.* Glencoe: Free Press

Bibliographie

Morton, J. A. (1969). Interaction of information in word recognition. *Psychological Review, 76,* 165–178

Morton, J. A. (1970). A functional model of memory. In D. A. Norman (ed.), *Models of human memory.* New York: Academic Press

Moscovitch, M. (1979). Information processing. In M. S. Gazzaniga (ed.), *Handbook of Neurobiology. Vol. 3. Neuropsychology.* New York: Plenum Press

Mühlmann, W. (1948). *Geschichte der Anthropologie.* Bonn: Schmidt

Müller, G. E. (1916). Über das Aubertsche Phänomen. *Zeitschrift für Sinnesphysiologie, 49,* 109–244

Mummendey, A. (1983). Aggressives Verhalten. In H. Thomae (Hrsg.). *Enzyklopaedie der Psychologie. Psychologie der Motive. Serie IV Bd. 2* (321–439). Göttingen: Hogrefe

Mummendey, H. D. (1990). *Psychologie der Selbstdarstellung.* Göttingen: Hogrefe

Mundt, C., Fiedler, P., Lang, H. u. Kraus, A. (Hrg., 1991). *Depressionskonzepte heute.* Berlin: Springer

Münsterberg, H. (1914). *Grundzüge der Psychotechnik.* Leipzig: Barth

Murphy, G. (²1961). *Human potentialities.* New York: Basic Books

Murphy, G., Kovach, J. K. (³1972). *Historical introduction to modern psychology.* New York: Harcourt

Murray, H. A. (1943). *T.A.T.* Cambridge: Harvard University Press

Murrell, K. F. H. (1971). *Ergonomie: Grundlagen und Praxis der Gestaltung optimaler Arbeitsverhältnisse.* Düsseldorf: Econ

Mussen, P. H., Huston, A. C., Conger, J. J., Kagan, J. (⁵1996). *Lehrbuch der Kinderpsychologie.* Bd. 1 u. 2. Stuttgart: Kohlhammer

Mussen, P. (ed.; ⁴1983). *Handbook of Child Psychology.* New York: Wiley

Näätänen, R., Michie, P. T. (1976). Different variants of endogenous negative brain potentials in performance situations. A review and classification. In D. Lehmann, E. Callaway (eds.), *Human evoked potentials: Applications and problems.* New York: Plenum

Navon, D., Gopher, D. (1979). On the economy of the human processing-system. *Psychological Review, 86,* 214–255

Neisser, U. (1974). *Kognitive Psychologie.* Stuttgart: Klett

Neisser, U. (1982). *Memory observed: Remembering in natural contexts.* San Francisco: Freeman

Neubauer, R. (1980). Die Assessment-Center-Technik. Ein verhaltensorientierter Ansatz zur Führungskräfteauswahl. In R. Neubauer, L. von Rosenstiel (Hrsg.), *Handbuch der Angewandten Psychologie.* München: Verlag für Moderne Industrie

Neuberger, O. (1980). Arbeitszufriedenheit als Einstellung zur Arbeitssituation. In C. Hoyos, W. Kroeber-Riel, L. von Rosenstiel, B. Strümpel (Hrsg.), *Grundbegriffe der Wirtschaftspsychologie.* München: Urban & Schwarzenberg

Neuberger, O. (1994). *Mobbing.* München: Hampp Verlag

Neuberger, O., Allerbeck, M. (1978). *Messung und Analyse von Arbeitszufriedenheit.* Stuttgart: Kohlhammer

Neumann, J. von, Morgenstern, O. (1944). *Theory of games and economic behavior.* Princeton: Princeton University Press

Niedermeyer, E., Lopez da Silva, F. (eds.; 1982). *Electroencephalography.* Baltimore: Urban & Schwarzenberg

Norman, D. A. (1973). *Aufmerksamkeit und Gedächtnis.* Weinheim: Beltz

Obrist, P. A. (ed.; 1981). *Cardiovascular psychophysiology.* New York: Plenum

Ochsmann, R. (1993). *Angst vor Tod und Sterben.* Göttingen: Hogrefe

Öhman, A. (1979). The orienting response, attention, and learning. An information-processing perspective. In H. D. Kimmel u. a. (eds.), *The orienting reflex in humans.* Hillsdale, N. J.: Erlbaum

Bibliographie

Olds, J., Milner, P. (1954). Positive reinforcement produced by electrical stimulation of septal area and other regions of the rat brain. *Journal of Comparative and Physiological Psychology, 47,* 419–427

O'Leary, A. (1990). Stress, emotion, and human immune functions. *Psychological Bulletin, 108,* 363–382

Olton, D. S. (1973). Shock motivated avoidance and the analysis of behavior. *Psychological Bulletin, 79,* 243–251

Orlebeke, J. F., Mulder, G., van Doornen, L. J. P. (eds.; 1985). *Psychophysiology of cardiovascular control.* New York: Plenum

Oerter, R. (^{3}1968; ^{18}1980). *Moderne Entwicklungspsychologie.* Donauwörth: Auer

Oerter, R. (Hrsg.; 1978). *Entwicklung als lebenslanger Prozeß.* Hamburg: Hoffmann & Campe

Oerter, R., Montada, L. (^{3}1995). *Entwicklungspsychologie.* München: Urban & Schwarzenberg

Orth, B. (1974). *Einführung in die Theorie des Messens.* Stuttgart: Kohlhammer

Osgood, Ch. (1960). *Method and theory in experimental psychology.* London: Oxford University Press

Osgood, C. E., Sebeck, Th. A. (^{2}1965). *Psycholinguistics.* Bloomington: Indiana

Osgood, C. E., Suci, G. J., Tannenbaum, G. H. (1957). *The measurement of meaning.* Urbana: University of Illinois Press

Osnabrügge, G., Stahlberg, D., Frey, D. (1985). Die Theorie der kogniszierten Kontrolle. In D. Frey, M. Irle (Hrsg.), *Theorien der Sozialpsychologie,* Bd. III. Bern: Huber

Osofsky, J. D. (^{2}1987). *Handbook of infant development.* New York: Wiley

Overall, J. E., Hollister, L. E., Pichot, P. (1967). Major psychiatric disorders. *Archives of general Psychiatry, 16,* 146–151

Overall, J. E., Klett, C. J. (1970). *Applied multivariate analysis.* New York: McGraw-Hill

Pachella, R. (1974). The use of reaction time measures in information processing research. In B. H. Kantowitz (ed.), *Human information processing.* Hillsdale, N. J.: Erlbaum

Parasuraman, R., Davis, D. R. (eds.; 1984). *Varieties of attention.* Orlando, Fla.: Academic Press

Parkin, A. J. (1996). *Gedächtnis: Ein einführendes Lehrbuch.* Weinheim: Psychologie Verlags Union

Parsons, T. (^{3}1959; ^{5}1970). *The social system.* London: Routledge

Parsons, T., Shils, E. A. (1951). *Toward a general theory of action.* Cambridge: Harvard University Press

Patry, J. L. (1981). *Feldforschung.* Bern: Huber

Patterson, M. M. (ed.; 1974). *Bioelectric Recording Techniques (B).* New York: Academic Press

Pawlik, K. (1968). *Dimensionen des Verhaltens.* Bern: Huber

Pawlik, K. (Hrsg.; 1982). *Multivariate Persönlichkeitsforschung.* Bern: Huber

Pawlow, I. P. (^{2}1956). *Sämtliche Werke.* Berlin: Zeller

Paykel, E. S. (1982). *Handbook of affective disorders.* New York: Guilford

Perrez, M., Baumann, U. (Hrsg.; 1991). *Klinische Psychologie.* Bd. 2. *Intervention.* Bern: Huber

Pervin, L. A., Lewis, M. (eds.; 1978). *Perspectives in interactional psychology.* New York: Plenum

Petermann, F. (Hrsg.; 1981). *Einstellungsmessung-Einstellungsforschung.* Göttingen: Hogrefe

Peters, U. H. (Hrsg.; 1983). *Psychiatrie.* Bd. 1 und Bd. 2. Weinheim: Beltz

Peterson, C., Seligman, M. E. P. (1984). Causal explanation as a risk factor for depression. Theory and evidence. *Psychological Review, 91,* 347–374

Petzold, M. (1985). Kognitive Stile: Definitionen, Klassifikationen und Relevanz eines psychologischen Konstrukts aus wissenschaftshistorischer Sicht. *Psychologie, Erziehung, Unterricht, 32,* 161–177

Pfanzagl, J. (^{2}1971). *Theory of measurement.* Würzburg, Wien: Physika-Verlag

Pfurtscheller, G., Lopes da Silva, F. H. (eds.; 1988). *Functional brain imaging.* Toronto: Huber

Phillips, L. D. (1973). *Bayesian statistics for social scientists.* London: Nelson

Piaget, J. (1947). *Psychologie der Intelligenz.* Stuttgart: Klett

Bibliographie

Piaget, J. (^{2}1966). *Die Entwicklung der Intelligenz.* Zürich: Rascher

Piaget, J. (1969). *Nachahmung, Spiel und Traum.* Stuttgart: Klett

Piaget, J. (1973). *Die Entwicklung des Erkennens.* 3 Bde. Stuttgart: Klett

Piaget, J. (1976). *Die Äquilibration kognitiver Strukturen.* Stuttgart Klett-Cotta

Piaget, J. (1977). *Die Psychologie des Kindes.* Frankfurt/M.: Fischer

Pierce, J. R. (1985). *Klang: Musik mit den Ohren der Physik.* Heidelberg: Spektrum Verlag

Plutchik, R. (1980). *Emotion: A psychoevolutionary synthesis.* New York: Harper and Row

Poeck, K. (^{2}1989). *Klinische Neuropsychologie.* Stuttgart: Thieme

Pongratz, L. J., Wewetzer, K.-H. (Hrsg.; 1977/78). *Handbuch der Psychologie. Bd. 8, 1 und Bd. 8, 2. Klinische Psychologie.* Göttingen: Hogrefe

Pope, K. S., Singer, J. L. (eds.; 1978). *The stream of consciousness: Scientific investigations into the flow of human experience.* New York: Plenum

Popper, K. R., Eccles, J. C. (1977). *The self and its brain.* Berlin: Springer

Posner, M. I. (1978). *Chronometric explorations of the mind.* Hillsdale, N. J.: Erlbaum

Posner, M. I., Snyder, C. R. R. (1975 a). Facilitation and inhibition in the processing of signals. In P. M. A. Rabbitt, S. Dornic (eds.), *Attention and performance* (Vol. 5). London: Academic Press

Posner, M. I., Snyder, C. R. R. (1975 b). Attention and cognitive control. In R. L. Solso (ed.), *Information processing and cognition.* Hillsdale, N. J.: Erlbaum

Praag, H. M. van (1979). *Psychotropic drugs: A guide for the practitioner.* New York: Brunner/Mazel

Pratt, C. C. (1961). Aesthetics. *Annual Review of Psychology, 12,* 71–92

Preuss, H. G. (Hrsg.; 1966). *Analytische Gruppenpsychotherapie.* München: Urban & Schwarzenberg

Pribram, K. H. (1971). *Languages of the brain.* Englewood Cliffs, N. J.: Prentice Hall

Pribram, K. H., McGuinness, D. (1975). Arousal, activation, and effort in the control of attention. *Psychological Review, 82,* 116–149

Prinz, W. (1983). *Wahrnehmung und Tätigkeitssteuerung.* Berlin: Springer

Probst, E. (^{5}1960). *Der Binet-Simon-Test.* Basel: Karger

Proctor, C. H., Loomis, C. P. (1951). Analysis of sociometric data. In M. Jahoda, M. Deutsch, S. W. Cook (eds.), *Research methods in social relations.* Bd. 2. Chicago: Addison-Wesley

Puppe, F. (1988). *Einführung in Expertensysteme.* Berlin: Springer

Quekelberghe, R. van (1979). *Moderne kognitive Therapien.* München: Urban & Schwarzenberg

Rachman, S., Teasdale, J. (1969). *Aversion therapy and behaviour disorders. An analysis.* Coral Gables, Flo.: University of Miami Press

Rapaport, D. (^{2}1961). *Zur Struktur der psychoanalytischen Theorie.* Stuttgart: Klett

Rauch, S. (1964). *Biochemie des Hörorgans.* Stuttgart: Thieme

Rausch, E. (1966). Probleme der Metrik. In W. Metzger (Hrsg.), *Handbuch der Psychologie. Bd. I, 1.* Göttingen: Hogrefe

Raven, B. H., Rubin, J. Z. (1976). *Social Psychology: People in groups.* New York: Wiley

Ray, W. J. (1990). The electrocortical system. In J. T. Cacioppo, L. G. Tassinary (Hrsg.). *Principles of psychophysiology: Physical, social, and inferential elements* (385–412). Cambridge: Cambridge University Press

Razran, G. (1961). The observable unconscious and the inferable conscious in current Soviet psychophysiology. *Psychological Review, 68,* 81–147

Rechtschaffen, A. u. Kales, E. (eds., 1968). *A manual of standardized terminology, techniques and scoring system for sleep stages of human subjects.* Washington, D. C.: Public Health Services

Reese, H. W., Overton, W. F. (1979). Modelle und Theorien der Entwicklung. In P. B. Baltes (Hrsg.), *Entwicklungspsychologie der Lebensspanne.* Stuttgart: Klett-Cotta

Bibliographie

Regan, D. (1972). *Evoked potentials in psychology, sensory physiology, and clinical medicine.* New York: Academic Press

Reichel, G., Bolt, H. M., Hettinger, T., Selenka, F., Ulmer, H. V., Ulmer, W. T. (Hrsg.; 1985). *Grundlagen der Arbeitsmedizin.* Stuttgart: Kohlhammer

Reimer, Chr., Eckert, J., Hautzinger, M., Wilke, E. (1996). *Psychotherapie: Ein Lehrbuch für Ärzte und Psychologen.* Berlin: Springer

Reinecker, H. (Hrsg.; 1980). *Bestrafung: Experimente und Theorien.* Salzburg: Otto Müller

Reinecker, H. (1987). *Grundlagen der Verhaltenstherapie.* München: Urban & Schwarzenberg

Reinecker, H. (1990 a). Soziale und spezifische Phobien. In H. Reinecker (Hrsg.), *Lehrbuch der Klinischen Psychologie. Modelle psychischer Störungen.* Göttingen: Hogrefe

Reinecker, H. (1990 b). Zwangshandlungen und Zwangsgedanken. In H.Reinecker (Hrsg.), *Lehrbuch der Klinischen Psychologie. Modelle psychischer Störungen.* Göttingen: Hogrefe

Reinecker, H. (Hrsg.; [2]1998). *Lehrbuch der Klinischen Psychologie. Modelle psychischer Störungen.* Göttingen: Hogrefe

Reinecker-Hecht, C., Baumann, U. (1990). Klinisch-psychologische Diagnostik. Allgemeine Gesichtspunkte. In U. Baumann, M. Perrez (Hrsg.), *Klinische Psychologie,* Bd. 1. Bern: Huber

Restle, F. (1961). *Psychology of judgment and choice.* New York: Wiley

Restle, R. (1962). The selection of strategies in cue learning. *Psychological Review, 69,* 329–343

Restle, F. (1975). Assimilation produced by contrast. In N. S. Castellan, F. Restle (eds.), *Cognitive theory (Vol. 3).* Hillsdale, N. J.: Erlbaum

Revenstorf, D. (1979). *Zeitreihenanalysen für klinische Daten.* Weinheim: Beltz

Revenstorf, D. (1990). Sexual- und Beziehungsstörungen. Klassifikation und Diagnostik. In U. Baumann, M. Perrez (Hrsg.), *Klinische Psychologie,* Bd. 1. Bern: Huber

Revenstorf, D. (1991). Sexual- und Beziehungsstörungen. Intervention. In M. Perrez, U. Baumann (Hrsg.), *Klinische Psychologie,* Bd. 2. Bern: Huber

Revers, W. J. (1958; [4]1979). *Der thematische Apperzeptions-Test (T.A.T.).* Bern: Huber

Rey, E.-R., Thurm, I. (1990). Schizophrenien. In H. Reinecker (Hrsg.), *Lehrbuch der Klinischen Psychologie. Modelle psychischer Störungen.* Göttingen: Hogrefe

Rhine, J. B., Pratt, J. G. (1962). *Parapsychologie.* Bern: Francke

Ribot, T. (1886). *Psychologie de l'attention.* Paris: F. Alcan

Riedel, I. (1983). *Farben – in Religion, Gesellschaft, Kunst und Psychotherapie.* Stuttgart: Kreuz

Riegel, K. F., Meacham, J. A. (eds.; 1976). *The developing individual in a changing world.* Paris/DenHaag: Mouton

Rockstroh, B., Elbert, T., Canavan, A., Lutzenberger, W., Birbaumer, N. (1989). *Slow cortical potentials and behaviour.* Baltimore: Urban & Schwarzenberg

Roffwarg, H. P. (ed.; 1979). ASDC: Diagnostic classification of sleep and arousal disorders. *Sleep, 2,* 1–137

Rogers, C. R. (1951). *Client-centered therapy.* Boston: Mifflin

Rogers, C. R. (1972). *Die nicht-direktive Beratung.* München: Kindler

Rogers, C. R. (1973). *Die klientenzentrierte Gesprächspsychotherapie.* München: Kindler

Rogers, E. M. (1985). Methodology of Meta-Research. In H. H. Greenbaum, S. A. Hellweg, J. W. Walter (eds.), *Organizational communication* (13–45). Beverly Hills, Cal: Sage

Rohracher, H. ([4]1967). *Die Arbeitsweise des Gehirns und die psychischen Vorgänge.* Berlin: Springer

Rohracher, H. ([12]1969). *Kleine Charakterkunde.* Wien: Urban & Schwarzenberg

Rohracher, H. (1971). *Einführung in die Psychologie.* Wien: Urban & Schwarzenberg

Rokeach, M. (1960). *The open and the closed mind.* New York: Free Press

Rokeach, M. (1968). *Beliefs, attitudes, and values.* San Francisco: Jossy-Bass

Rorschach, H. (1948). *Psychodiagnostik.* Bern: Huber

Rosenberg, M. J., Hovland, C. I. (1960). *Attitude organization and change.* New Haven: Yale University Press

Rosenstiel, L. von (1975). Arbeitsleistung und Arbeitszufriedenheit. *Zeitschrift für Arbeitswissenschaften, 29,* 72–78

Bibliographie

Rosenstiel, L. von (1993). Kommunikation und Führung in Arbeitsgruppen. In H. Schuler (Hrg.), *Organisationspsychologie*. Bern: Huber

Rosenthal, R. (1966). *Experimenter effects in behavioral research*. New York: Appleton-Century-Crofts

Rosenthal, R. (1970). The social psychology of the social scientist. In E. R. Tufte (ed.), *The quantitative analysis of social problems*. Reading, Mass.: Addison-Wesley

Rosenthal, R., Jacobson, L. (1971). *Pygmalion im Unterricht*. Weinheim: Beltz

Rösler, F. (1982). *Hirnelektrische Korrelate kognitiver Prozesse*. Berlin: Springer

Roth, E. (Hrsg.; 1989). *Organisationspsychologie*. Göttingen: Hogrefe

Rothacker, E. (1948). *Probleme der Kulturanthropologie*. Bonn: Bouvier H. Grundmann

Rotter, J. B. (1966). Generalized expectancies for internal versus external control of reinforcement. *Psychological Monographs, 80*. (Whole No. 609)

Rotter, J. B. (1975). Some problems and misconceptions related to the construct of internal versus external control of reinforcement. *Journal of Consulting and Clinical Psychology, 43,* 56–67

Rotter, J. B., Chance, J. E., Phares, F. J. (1972). *Application of a social learning theory of personality*. New York: Holt, Rinehart & Winston

Royce, J. R., Carran, A. B., Aftanas, M., Lehman, R. S., Blumenthal, A. (1966). The autokinetic phenomenon: A critical review. *Psychological Bulletin, 65,* 243–260

Rugg, M. D., Coles, M. G. H. (Hrsg.; 1995). *Electrophysiology of the mind: Event-related brain potentials and cognition*. Oxford: Oxford University Press

Runkel, P. J., McGrath, J. (^{2}1972). *Research on human behavior*. New York: Holt, Rinehart & Winston

Rushton, J. P. (1995). *Race, evolution and behavior: A life history perspective*. New Brunswick, NJ: Transaction

Rüssel, A. (1953). *Das Kinderspiel*. München: Beck

Rüssel, A. (1959). Spiel und Arbeit in der menschlichen Entwicklung. In H. Thomae (Hrsg.), *Handbuch der Psychologie. Bd. III*. Göttingen: Hogrefe

Rutenfranz, J., Knauth, P. (1982). *Schichtarbeit und Nachtarbeit*. München: Bayerisches Staatsministerium für Arbeit und Sozialordnung

Sander, F. (^{2}1962 a). Experimentelle Ergebnisse der Gestaltpsychologie. In F. Sander, H. Volkelt (Hrsg.), *Ganzheitspsychologie*. München: Beck

Sander, F. (^{2}1962 b). Funktionale Struktur, Erlebnisganzheit und Gestalt. In F. Sander, H. Volkelt (Hrsg.), *Ganzheitspsychologie*. München: Beck

Sander, F., Volkelt, H. (Hrsg.; ^{2}1962). *Ganzheitspsychologie*. München: Beck

Sanders, A. F. (1971). *Psychologie der Informationsverarbeitung*. Bern: Huber

Sarason, I. G. (1984). Stress, anxiety, and cognitive interference. Reactions to tests. *Journal of Personality and Social Psychology, 46,* 929–938

Sarason, I. G., Johnson, J. H., Siegel, J. M. (1978). Assessing the impact of life changes: Development of the Life Experience Survey. *Journal of Consulting and Clinical Psychology, 46,* 932–946

Sarbin, T. R. (1954; ^{2}1968). Role Theory. In G. Lindzey (ed.), *Handbook of social psychology*. Vol. I. London: Addison-Wesley

Sarris, V. (^{2}1975). *Wahrnehmung und Urteil: Bezugssystemeffekte in der Psychophysik*. Göttingen: Hogrefe

Schachter, S., Singer, J. E. (1962). Cognitive, social, and physiological determinants of emotional state. *Psychological Review, 69,* 379–399

Schachter, S. (1970). *Emotion, obesity, and crime*. New York: McGraw-Hill

Schacter, D. L. (1987). Implicit memory: History and current status. *Journal of Experimental Psychology: Learning, Memory, and Cognition, 13,* 501–518

Schandry, R. (1996). *Psychophysiologie: Körperliche Indikatoren psychischen Geschehens*. Weinheim: Beltz, Psychologie Verlags Union

Bibliographie

Schedlowsky, M. (1995). *Stress, Hormone und zelluläre Immunfunktionen: Ein Beitrag zur Psychoneuroimmunologie.* Heidelberg: Spektrum.

Schelkopf, A. (Hrsg.; 1968). *Möglichkeiten moderner Psychotherapie. Bd. I.* Göttingen: Hogrefe

Schenk, M. (1987). *Wirkungsforschung.* Stuttgart: Klett

Schick, A. (1979). *Schallwirkung aus psychologischer Sicht.* Suttgart: Klett

Schindler, L. (1990). Schlafstörungen. In H. Reinecker (Hrsg.), *Lehrbuch der Klinischen Psychologie. Modelle psychischer Störungen.* Göttingen: Hogrefe

Schmidt, G. (1983). Motivationale Grundlagen sexuellen Verhaltens. In H. Thomae (Hrsg.). *Psychologie der Motive. Encyclopaedie der Psychologie Serie C IV. Bd. 2* (70–97). Göttingen: Hogrefe

Schmidt, H. D. (1965). *Die Beurteilung des menschlichen Verhaltens durch Rating-Skalen.* Bonn: Phil. Diss.

Schmidt, H. D. (1966). Über die Zuverlässigkeit von Verhaltensbeurteilungen durch Rating-Skalen. *Archiv für die gesamte Psychologie, 118,* 47–72

Schmidt, L. (1988). *Alkoholkrankheit und Alkoholmißbrauch.* Stuttgart: Kohlhammer

Schmidt, R. F., Thews, G. (Hrsg.; [27]1997). *Einführung in die Physiologie des Menschen,* begründet von H. Rein und M. Schneider. Berlin: Springer

Schmidtke, H. (Hrsg.; 1973). *Ergonomie 1. Grundlagen menschlicher Arbeit und Leistung.* München: Hanser

Schmidtke, H. (Hrsg.; 1974). *Ergonomie 2. Gestaltung von Arbeitsplatz und Arbeitsumwelt.* München: Hanser

Schmidtke, H. (Hrsg.; [2]1981). *Lehrbuch der Ergonomie.* München: Hanser

Schneider, K. ([8]1967). *Klinische Psychopathologie.* Stuttgart: Enke

Schneider, W., Shiffrin, R. M. (1977). Controlled and automatic human information processing. 1. Detection, search, and attention. *Psychological Review, 84,* 1–66

Schroder, H. M., Driver, M. J., Streufert, S. (1967). *Human information processing.* New York: Holt, Rinehart & Winston

Schroder, H. M., Suedfeld, P. (eds.; 1971). *Personality theory and information processing.* New York: Ronald

Schuler, H. (Hrg., 1993). *Organisationspsychologie.* Bern: Huber

Schuler, H. u. Funke, U. (1993). Diagnose beruflicher Eignung und Leistung: In H. Schuler (Hrsg.), *Organisationspsychologie.* Bern: Huber

Schultz, J. H. ([8]1963). *Die seelische Krankenbehandlung.* Stuttgart: Fischer

Schultz, J. H. ([11]1964; [16]1979). *Das autogene Training.* Stuttgart: Thieme

Schulz, T., Muthig, K.-P., Koeppler, K. (1981). *Theorie, Experiment und Versuchsplanung in der Psychologie.* Stuttgart: Kohlhammer

Secord, P. F., Backman, C. W. (1964; [2]1974). *Social psychology.* New York: McGraw-Hill

Seelen, W. von, Shaw, G., Leinhos, U. M. (eds.; 1988). *Organization of neural networks. Structures and models.* Weinheim: VCH

Selg, H., Bauer, W. (1971). *Forschungsmethoden der Psychologie.* Stuttgart: Kohlhammer

Selg, H. ([4]1975). *Einführung in die experimentelle Psychologie.* Stuttgart: Kohlhammer

Selg, H., Mees, U., Berg, D. (1988). *Psychologie der Aggressivität.* Göttingen: Hogrefe

Seligman, M. E. P. (1975). *Helplessness: On depression, development, and death.* San Francisco: Freeman

Selye, H. (1958). *Stress beherrscht unser Leben.* Düsseldorf: Econ

Selye, H. ([2]1976). *The stress of life.* New York: McGraw-Hill

Semon, R. ([5]1920). *Die Mneme als erhaltendes Prinzip im Wechsel des organischen Geschehens.* Leipzig: Engelmann

Shannon, C. E. and Weaver, W. (1949). *The mathematical theory of communication.* Urbana: University of Illinois Press

Shapiro, S. C., Eckroth, D., Valassi, G. A. (eds.; 1987). *Encyclopedia of artificial intelligence.* Vol. I. New York: Wiley

Bibliographie

Shepard, R. N., Cooper, L. A. (1982). *Mental images and their transformation.* Cambridge, MA: MIT Press

Shepard, R. N., Metzler, J. (1971). Mental rotation of three-dimensional objects. *Science, 171,* 701–703

Shepard, R. N., Romney, A. K., Nerlove, S. B. (eds.; 1972). *Multidimensional scaling* (2 Vols.). New York: Seminar Press

Sherif, M., Cantril, H. (1947). *The psychology of ego involvement, social attitudes and identifications.* New York: Wiley

Shiffrin, R. M., Schneider, W. (1977). Controlled and automatic human information processing. 2. Perceptional learning, automatic attending and a general theory. *Psychological Review, 84,* 127–190

Shubik, M. (Hrsg.; 1965). *Spieltheorie und Sozialwissenschaften.* Frankfurt/M.: Fischer

Siddle, D. (ed.; 1983). *Orienting and habituation: Perspectives in human research.* New York: Wiley

Siegel, S. (1956). *Non-parametric statistics for the behavioral sciences.* New York: McGraw-Hill

Silbernagl, S., Despopoulos, A. (⁴1991). *dtv-Atlas zur Physiologie.* München: Deutscher Taschenbuch Verlag

Sintschenko, W. P., Munipow, W. M., Smolja, G. L. (1976). *Ergonomische Grundlagen der Arbeitsorganisation.* Berlin: Akademie-Verlag

Sixtl, F. (²1971). *Meßmethoden der Psychologie.* Weinheim: Beltz

Sjöbäck, H. (1973). *The psychoanalytic theory of defense processes.* Lund: Gleerup

Skinner, C. B. (1946). *Educational Psychology.* New York: Prentice Hall

Slavson, S. R. (1956). *Einführung in die Gruppentherapie.* Göttingen: Verlag für medizinische Psychologie

Smith. M. (1967). Theories of psychological refractory period. *Psychological Bulletin, 19,* 352–359

Sochurek, H., Miller, P. (1987). Medicine's new vision. *National Geographic, 171 (1),* 2–40

Sokolow, E. N. (1963). *Perception and the conditioned reflex.* Oxford: Pergamon Press

Sokolow, E. N. (1966). Orienting reflex as information regulator. In A. Leontyev, A. Luriya, A. Smirnov (eds.), *Psychological research in the U.S.S.R. Vol. I.* Moskau: Progress Publishers

Sokolow, E. N. (1967). Die reflektorischen Grundlagen der Wahrnehmung. In H. Hiebsch, F. Klix, M. Vorwerg (Hrsg.), *Ergebnisse der sowjetischen Psychologie.* Berlin: Akademie-Verlag

Sokolow, E. N. (1975). The neuronal mechanisms of the orienting reflex. In E. N. Sokolow, O. S. Vinogradova (eds.), *Neuronal mechanisms of the orienting reflex.* New York: Wiley

Sokolow, E. N., Vinogradova, O. S. (eds.; 1975). *Neuronal mechanisms of the orienting reflex.* New York: Wiley

Solomon, S., Greenberg, J., Pyszczynski, T. (1991). A terror management theory of social behavior: The psychological function of self-esteem and cultural worldviews. In M. P. Zanna (Hrsg.). *Advances in experimental social psychology 24,* 91–159 San Diego, CA: Academic Press

Spearman, Ch. (1927). *The abilities of man.* New York: Macmillan

Sperry, R. W. (1966). Brain bisection and consciousness. In J. Eccles (ed.), *Brain and conscious experience.* New York: Springer

Sperry, R. W. (1969). A modified concept of consciousness. *Psychological Review, 76,* 532–536

Sperry, R. W. (1974). Lateral specialization in the surgically separated hemispheres. In F. O. Schmitt, F. G. Worden (eds.), *The neuroscience third study program.* Cambridge, Mass.: MIT Press

Spiegel, B. (1958). *Werbepsycholog. Untersuchungsmethoden.* Berlin: Duncker

Spiegel, B. (1961). *Die Struktur der Meinungsverteilung im sozialen Feld.* Bern: Huber

Spielberger, Ch. D. (ed.; 1966). *Anxiety and behavior.* New York: Academic Press

Spielberger, Ch. D. (ed.; 1972). *Anxiety: Current trends in theory and research* (2 Vols.). New York: Academic Press

Bibliographie

Spitz, R. (1957). *Nein und Ja. Die Ursprünge der menschlichen Kommunikation*. Stuttgart: Klett

Spitz, R. ([2]1960). *Die Entstehung der ersten Objektbeziehungen*. Stuttgart: Klett

Spitz, R. (1965). *The first year of life. A psychoanalytic study of normal and deviant development of objectrelations*. New York: International University Press

Spranger, E. ([9]1966). *Lebensformen*. Tübingen: Niemeyer

Springer, S. P., Deutsch, G. ([2]1985). *Left brain, right brain*. New York: Freeman

Squire, L. R. (1987). *Memory and Brain*. New York: Oxford University Press

Staabs, G. von (1964; [5]1978). *Der Sceno-Test*. Bern: Huber

Steinbuch, K. ([3]1965). *Automat und Mensch*. Berlin: Springer

Steller, M., Volbert, R. (Hrsg.; 1997). *Psychologie im Strafverfahren*. Bern: Huber

Stern, E. (1952). *Experimentelle Persönlichkeitsanalyse nach dem Murray-Test*. Zürich: Rascher

Stern, R. M., Ray, W. J., Davis, C. M. (1980). *Psychophysiological recording*. New York: Oxford University Press

Stern, W. ([3]1921). *Die differentielle Psychologie in ihren methodischen Grundlagen*. Leipzig: Barth

Stern, W. ([2]1923). *Person und Sache*. Leipzig: Barth

Stern, W. ([4]1928). *Intelligenz der Kinder und Jugendlichen und die Methoden ihrer Untersuchung*. Leipzig: Quelle und Meyer

Stern, W. (1935). *Allgemeine Psychologie auf personalistischer Grundlage*. Den Haag: Nijhoff

Sternberg, S. (1969). The discovery of processing stages: Extensions of Donder's method. *Acta Psychologica, 30,* 276–315

Sternberg, S. (1975). Memory scanning: New findings and current controversies. *Quarterly Journal of Experimental Psychology, 27,* 1–32

Stevens, S. S. (1935). The operational basis of psychology. *American Journal of Psychology, 47,* 323–330

Stevens, S. S. (ed.; [2]1958). *Handbook of experimental psychology*. New York: Wiley

Stevens, S. S. (1961). The psychophysics of sensory functions. In W. A. Rosenblith (ed.), *Sensory communication*. Cambridge, Mass.: MIT Press

Stevens, S. S. (1972). *Psychophysics and social scaling*. Morristown. N. Y.: General Learning Press

Stevens, S. S. (1975). *Psychophysics: Introduction to its perceptual, neural and social prospects*. New York: Wiley

Stevens, S. S., Warshofsky, F. (1970). *Schall und Gehör*. Reinbek: Rowohlt

Stilson, D. W. (1966). *Probability and statistics in psychological research and theory*. San Francisco: Holden-Day

Strauch, I. (1990 a). Schlaf. Klassifikation und Diagnostik. In U. Baumann, M. Perrez (Hrsg.), *Klinische Psychologie, Bd. 1*. Bern: Huber

Strauch, I. (1990 b). Schlaf. Ätiologie, Bedingungsanalyse. In U. Baumann, M. Perrez (Hrsg.), *Klinische Psychologie, Bd. 1*. Bern: Huber

Strauch, I. (1991). Schlaf. Intervention. In M. Perrez, U. Baumann (Hrsg.), *Klinische Psychologie, Bd. 2*. Bern: Huber

Strian, F. (Hrsg.; 1983). *Angst. Grundlagen und Klinik*. Berlin: Springer

Strian, F., Ploog, D. (1988). Anxiety related to central nervous system dysfunction. In R. Noyes, M. Roth, G. D. Burrows (eds.), *Classification, etiological factors and associated disturbances. Handbook of anxiety*, Vol. 2. Amsterdam: Elsevier

Stroebe, W., Hewstone, M., Codol, J.-P., Stephenson, G. M. (Hrsg.; [3]1997). *Sozialpsychologie. Eine Einführung*. Berlin: Springer

Stukat, K. G. (1958). *Suggestibility – a factorial and experimental analysis*. Stockholm: Almquist & Wiksell

Süllwold, L. (1977). *Symptome schizophrener Erkrankungen: Uncharakteristische Basisstörungen*. Berlin: Springer

Sutarman, L., Thomson, M. L. (1952). A new technique for enumerating active sweat glands in man. *Journal of Physiology, 117,* 51–52

Bibliographie

Sutherland, N. S. (1969). Outlines of a theory of visual pattern recognition in animals and man. In R. M. Gilbert, N. S. Sutherland (eds.), *Animal discrimination learning.* London: Academic Press

Swets, J. A., Tanner, W. P., Birdsall, T. G. (1961). Decision processes in perception. *Psychological Review, 68,* 301–340

Swets, J. A. (1977). Signal detection theory applied to vigilance. In R. R. Mackie (ed.), *Vigilance, theory, operational performance, and physiological correlates.* New York: Plenum

Tanner, W. P., Swets J. A., Green, D. M. (1956). *Some general properties of the hearing mechanism.* T.R. 30. Electronic Defense Group. Ann Arbor: University of Michigan

Tart, Ch. T. (ed.; 1969). *Altered states of consciousness.* New York: Wiley

Tausch, R. (1960). *Das psychotherapeutische Gespräch.* Göttingen: Hogrefe

Tausch, R. (1960; ⁸1981). *Gesprächstherapie.* Göttingen: Hogrefe

Taylor, F. W. (1970). *Die Grundsätze der wissenschaftlichen Betriebsführung.* Weinheim: Beltz (von W. Volpert und R. Vahrenkamp herausgegebene deutsche Bearbeitung von F. W. Taylor, 1911, Basic concepts of scientific management)

Taylor, G. R. (1979). *The natural history of the mind.* New York: Dutton

Taylor, S. E. (1986). *Health Psychology.* New York: Random House

Tecce, J. C. (1972). Contingent negative variation (CNV) and psychological processes in man. *Psychological Bulletin, 77,* 73–108

Thibaut, J. W., Kelley, H. H. (1959). *The social psychology of groups.* New York: Wiley

Thomae, H. (³1960 a; ¹³1980). *Beobachtungen und Beurteilungen von Kindern und Jugendlichen.* Basel: Karger

Thomae, H. (1960 b). *Der Mensch in der Entscheidung.* München: Barth

Thomae, H. (Hrsg.; 1959). *Handbuch der Psychologie. Bd. 3. Entwicklungspsychologie.* Göttingen: Hogrefe

Thomae, H. (Hrsg.; 1965 a). *Handbuch der Psychologie. Bd. 2. Motivation.* Göttingen: Hogrefe

Thomae, H. (Hrsg.; 1965 b). *Die Motivation des menschlichen Handelns.* Köln: Kiepenheuer und Witsch

Thomae, H. (1951; ³1968 a). *Persönlichkeit. Eine dynamische Interpretation.* Bonn: Bouvier H. Grundmann

Thomae, H. (1968 b). *Das Individuum und seine Welt.* Göttingen: Hogrefe

Thomae, H. (1974). *Konflikt, Entscheidung, Verantwortung.* Stuttgart: Kohlhammer

Thomae, H. (Hrsg.; 1983). *Encyclopaedie der Psychologie. Serie Motivationsforschung (2 Bde.).* Göttingen: Hogrefe

Thomae, H., Feger, H. (1969). *Hauptströmungen der neueren Psychologie. Bd. 7. Einführung in die Psychologie.* Frankfurt/M./Bern: Akademische Verlagsgesellschaft/Huber

Thomä, H., Kächele, H. (1985). *Lehrbuch der psychoanalytischen Therapie. Bd. 1. Grundlagen.* Berlin: Springer

Thomä, H., Kächele, H. (1988). *Lehrbuch der psychoanalytischen Therapie. Bd. 2. Praxis.* Berlin: Springer

Thomas, A. (Hrsg.; 1982). *Sportpsychologie. Ein Handbuch in Schlüsselbegriffen.* München: Urban & Schwarzenberg

Thompson, R. F., Hicks, L. H., Shvyrkov, V. B. (eds.; 1981). *Neural mechanisms of goal-directed behavior and learning.* New York: Academic Press

Thompson, R. F., Spencer, W. A. (1966). Habituation: A model phenomenon for the study of neuronal substrates of behavior. *Psychological Review, 173,* 16–43

Thompson, S. C. (1991). Will it hurt less if I can control it? A complex answer to a simple question. *Psychological Bulletin, 90,* 89–101

Thorndike, E. L. (1932). *The fundamentals of learning.* New York: AMS Press

Thorndike, E. L. u. a. (1927). *Measurement of intelligence.* New York: Teacher's College, Columbia University Press

Thorpe, W. H. (1956). *Learning and instinct in animals.* Cambridge: Harvard University Press

Bibliographie

Thouless, R. H. (1961). *An introduction to the psychology of religion.* Cambridge: Harvard University Press

Thrall, R. M., Coombs, C. H., Davis, R. L. (eds.; 1957). *Decision processes.* New York: Wiley

Thurstone, L. L. (1924). *The nature of intelligence.* New York: Harcourt, Brace & Comp.

Thurstone, L. L. (1927). A law of comparative judgment. *Psychological Review, 34,* 273–286

Thurstone, L. L. (1938). *Primary mental abilities.* Chicago: University of Chicago Press

Thurstone, L. L. (1947). *Multiple factor analysis.* Chicago: University of Chicago Press

Timaeus, E. (1974). *Experiment und Psychologie.* Göttingen: Hogrefe

Timsith-Berthier, M., Delaunoy, J., Koninckx, N., Rousseau, J. C. (1973). Slow potential changes in psychiatry. I. Contingent negative variation. *Electroencephalography and Clinical Neurophysiology, 35,* 355–361

Tinbergen, N. (³1964; ⁵1972). *Instinktlehre.* Berlin: Parey

Tölle, R. (¹¹1996). *Psychiatrie.* Berlin: Springer

Tolman, E. C. (²1949). *Purpose behavior in animals and men.* New York: Century-Crofts

Tolman, E. C. (1951). *Collected papers.* New York: Academic Press

Toman, W. (²1968). *Kleine Einführung in die Psychologie.* Darmstadt: Wissenschaftliche Buchgesellschaft

Torgerson, W. S. (1958). *Theory and methods of scaling.* New York: Wiley

Torgerson, W. S. (1965). Multidimensional scaling of similarity. *Psychometrika, 30,* 379–393

Trautner, H. M. (²1991). *Lehrbuch der Entwicklungspsychologie. Bd. I.* Göttingen: Hogrefe

Traxel, W. (²1968). Gefühl und Gefühlsausdruck. In R. Meili, H. Rohracher (Hrsg.), *Lehrbuch der experimentellen Psychologie.* Bern: Huber

Triandis, H. C. (1975). *Einstellungen und Einstellungsänderungen.* Weinheim: Beltz

Triandis, H. C. u. a. (eds.; 1980). *Handbook of cross-cultural psychology* (6 Vols.). Boston: Allyn and Bason

Tulving, E. (1972). Episodic and semantic memory. In E. Tulving, W. Donaldson (Hrsg.). *The organization of memory* (382–404). New York: Academic Press

Tulving, E. (1989). Memory, performance, knowledge and experience. *European Journal of Cognitive Psychology, 1,* 3–26

Tulving, E., Thomson, D. M. (1973). Encoding specificity and retrieval processes in episodic memory. *Psychological Review, 80,*353–373

Turpin, G. (1986). Effects of stimulus intensity on autonomic responding. The problem of differentiating orienting and defense reflexes. *Psychophysiology, 23,* 1–14

Turpin, G. (ed.; 1989). *Handbook of clinical Psychophysiology.* Chichester: Wiley

Tversky, A., Kahneman, D. (1974). Judgment under uncertainty: Heuristics and biases. *Science, 185,* 1124–1131

Uleman, J. S., Bargh, J. A. (eds.; 1989). *Unintended thought.* New York: Guilford Press

Ulich, E. (1981). Subjektive Tätigkeitsanalyse als Voraussetzung autonomieorientierter Arbeitsgestaltung. In F. Frei, E. Ulich (Hrsg.), *Vorschläge zur psychologischen Arbeitsanalyse.* Bern: Huber

Ulich, E., Baitsch, C. (1987). Arbeitsstrukturierung. In U. Kleinbeck, J. Rutenfranz (Hrsg.), *Arbeitspsychologie.* Göttingen: Hogrefe

Ullmann, L. P., Krasner, L. (eds.; 1965). *Case studies in behavior modification.* New York: Holt, Rinehart & Winston

Undeutsch, U. (Hrsg.; 1967). *Handbuch der Psychologie. Bd. 11. Forensische Psychologie.* Göttingen: Hogrefe

Uslar, D. von (1999). *Was ist Seele?* Würzburg: Könighausen und Neumann

Uexküll, T. von (1963). *Grundfragen der psychosomatischen Medizin.* Reinbek: Rowohlt

Uexküll, T. von (Hrsg.; 1979). *Lehrbuch der psychosomatischen Medizin.* München: Urban & Schwarzenberg

Uexküll, T. von (Hrsg.; ³1986). *Psychosomatische Medizin.* Berlin: Springer

Uznadze, D. N., Prangisvili, A. S. (1976). *Einstellungspsychologie.* Berlin: VEB Volk und Wissen

Bibliographie

Vaitl, D. (1995). Interozeption: Ein neues interdisziplinäres Forschungsfeld. *Psychologische Rundschau, 46,* 171–185

Valenstein, E. S. (1973). *Brain control.* New York: Wiley

Valins, S. (1966). Cognitive effects of false heart-rate feedback. *Journal of Personality and Social Psychology, 4,* 400–408

Vandenberg, S. G. (1966). Contributions of twin research to psychology. *Psychological Bulletin, 66,* 327–352

van Praag, H. M. →Praag, H. M. van.

van Quekelberghe, R. →Quekelberghe, R. van

Vaughn, H. G. (1973). The analysis of scalp-recorded brain potentials. In R. F. Thompson, M. M. Patterson (eds.), *Bioelectric Recording Techniques. Vol. 3.* New York: Academic Press

Venables, P. H., Christie, M. J. (eds.; 1975). *Research in psychophysiology.* London: Wiley

Venables, P. H., Christie, M. J. (1980). Electrodermal activity. In I. Martin, P. H. Venables (eds.), *Techniques in psychophysiology.* Chichester: Wiley

Velden, M. (1982). *Signalentdeckungstheorie in der Psychologie.* Stuttgart: Kohlhammer

Verleger, R. (1988). Event-related potentials and memory. A critique of the context updating hypothesis and an alternative interpretation of P3. *Behavioral and Brain Sciences, 11,* 343–427

Vernon, P. E., Allport, G. W. (1931). A test of personal values. *Journal of abnormal and social psychology, 26,* 231–248

Vogel, H. (1966). Die Rorschach-Technik von B. Klopfer. In R. Heiss (Hrsg.). *Handbuch der Psychologie. Bd. 6. Psychologische Diagnostik.* Göttingen: Hogrefe

Volpert, W., Oesterreich, R., Gablenz-Kolakovic, S., Krogoll, T., Resch, M. (1983). *Verfahren zur Ermittlung von Regulationsanforderungen in der Arbeitstätigkeit (VERA).* Köln: TÜV Rheinland

Voss, H. G., Keller, H. (Hrsg., 1981). *Neugierforschung.* Weinheim: Beltz

Vossel, G. (1990). *Elektrodermale Labilität. Ein Beitrag zur differentiellen Psychophysiologie.* Göttingen: Hogrefe

Vossel, G., Fröhlich, W. D. (1979). Life stress, job tension, and subjective reports of task performance effectiveness: a cross-lagged correlational analysis. In I. G. Sarason, C. D. Spielberger (eds.), *Stress and anxiety. Vol. 6.* Washington D. C.: Hemisphere/Wiley

Vossel, G., Fröhlich, W. D. (1982). Habituationsgeschwindigkeit und ihre psychophysiologische Bedeutung für die Vorhersage des Vigilanzabfalles bei Dauerbeobachtung. *Wehrpsychologische Untersuchungen, 17 (1),* 135–171

Vossel, G., Zimmer, H. (1988). Scoring criteria for electrodermal habituation. *Psychophysiology, 25 (6),* 712–717

Vossel, G., Zimmer, H. (1998): *Psychophysiologie.* Stuttgart: Kohlhammer

Vrana, S. R., Spence, E. L., Lang, P. J. (1988). The starle probe response: A new measure of emotion. *Journal of Abnormal Psychology, 97,* 487–491

Wakefield, J. C. (1992). Disorder as harmful dysfunction. A conceptual critique of DSM-III-R's definition of mental disorder. *Psychological Review, 99,* 232–247

Walk, R. D., Gibson, E. J. (1961). A comparative and analytical study of visual depth perception. *Psychological Monographs, 75,* 15, Whole 519

Walsh, K. (^{2}1987). *Neuropsychology. A clinical approach.* Edinburgh: Churchill Livingstone

Walter, W. G., Cooper, R., Aldridge, V. J., McCallum, W. C., Winter, A. L. (1964). Contingent negative variation: an electric sign of sensorimotor association and expectancy. *Nature 203,* 380–384

Watson, J. B. (1914). *Behavior, an introduction to comparative psychology.* New York: Holt & Comp.

Watzl, H., Cohen, R. (1991). Schizophrene Störungen. Intervention. In M. Perrez, U. Baumann (Hrsg.), *Klinische Psychologie,* Bd. 2. Bern: Huber

Watzlawik, B., Weakland, J. H., Fisch, R. (1974). *Lösungen.* Bern: Huber

Webb, W. B. (1962). *The profession of psychology.* New York: Academic Press

Bibliographie

Weber, M. (1904). Die »Objektivität« sozialwissenschaftlicher und sozialpolitischer Erkenntnis. Gesammelte Aufsätze zur Wissenschaftslehre. *Archiv für Sozialwissenschaft und Sozialpolitik, 19*, 22–87

Wechsler, D. (1949). *Wechsler intelligence scale for children.*

Wechsler, D. (1955). *WAIS manual.* New York: Psychological Corporation

Wechsler, D. (1956). *Hamburg-Wechsler Intelligenz Test für Kinder (HAWIK).* Deutsche Bearbeitung von H. Priester. Bern: Huber

Wechsler, D. ([4]1958). *The measurement of adult intelligence.* Baltimore: Williams & Wilkins Comp.

Wechsler, D., Hardesty, A., Lauber, L. ([3]1964). *Die Messung der Intelligenz Erwachsener.* Bern: Huber

Weil, J. L. (1974). *A neurophysiological model of emotional and intentional behavior.* Springfield: Thomas

Weiner, B. (1972). *Theories of motivation:* Chicago: Rand-McNally

Weiner, B. (1974). *Achievement motivation and attribution theory.* Morristown, N. J.: General Learning Press

Weiner, B. (1975). *Wirkung von Erfolg und Mißerfolg auf die Leistung.* Bern: Huber

Weinert, A. B. ([4]1998). *Organisationspsychologie.* Ein Lehrbuch. Weinheim: Psychologie Verlags Union

Weinert, F. (1965). Hunger und Durst. In H. Thomae (Hrsg.). *Handbuch der Psychologie. Bd. 2. Motivation.* Göttingen: Hogrefe

Weinert, F. (Hrsg.; 1967). *Pädagogische Psychologie.* Köln: Kiepenheuer & Witsch

Weisenberg, M. (1977). Pain and pain control. *Psychological Bulletin, 84,* 1008–1044

Weiss, W. (1970). The effects of mass media of communication. In G. Lindzey, E. Aronson (eds.), *Handbook of Social Psychology. Vol. 5.* London: Addison & Wesley

Weitbrecht, H. J. ([3]1968; [4]1979). *Psychiatrie im Grundriß.* Berlin: Springer

Welford, A. T. (1958). *Aging and human skill.* London: Oxford University Press

Wellek, A. ([2]1963). *Das Problem des seelischen Seins.* Meisenheim: Hain

Wellek, A. (1955). *Ganzheits-Psychologie und Strukturtheorie.* Bern: Francke

Wellek, A. (1958). Die ganzheitspsychologischen Aspekte der Musikästhetik. *Bericht über den Internationalen Musikwissenschaftlichen Kongreß Wien 1956.* Graz: Böhlau

Wellek, A. ([3]1966). *Die Polarität im Aufbau des Charakters.* Bern: Francke

Wender, K. (1971). Die Metrik der multidimensionalen Skalierung als Funktion der Urteilsschwierigkeit. *Zeitschrift für experimentelle und angewandte Psychologie, 18,* 166–188

Werner, H. (1940). *Comparative psychology and mental development.* New York: Harper

Werner, H. ([4]1959). *Einführung in die Entwicklungspsychologie.* München: Barth

Werner, H., Wapner, S. (1952). Toward a general theory of perception. *Psychological Review, 59,* 324–338

Werth, R. (1983). *Bewußtsein: Psychologische, neurobiologische und wissenschaftstheoretische Aspekte.* Berlin: Springer

Wertheimer, M. (1912). Experimentelle Studien über das Sehen von Bewegungen. *Zeitschrift für Psychologie 61,* 161–265.

Wertheimer, M. (1923). Untersuchungen zur Lehre von der Gestalt II. *Psychologische Forschung 4,* 301–350

Wertheimer, M. (1957). *Produktives Denken.* Frankfurt: Kramer

Wewetzer, K. (1972). *Intelligenz und Intelligenzmessung.* Darmstadt: Wissenschaftliche Buchgesellschaft

Whyte, W. F. (1943). *Street corner society.* Chicago: University of Chicago Press

Wickens, C. D. ([2]1992). *Engineering psychology and human performance.* Columbus: C. E. Merill/Bell Howell

Wilder, J. (1967). *Stimulus and response. The law of initial value.* Bristol: Wright

Wilson, E. (1975). *Sociobiology: The new synthesis.* Cambridge: Harvard University Press

Wilson, W. (1967). Correlates of avowed happiness. *Psychological Bulletin, 67,* 294–306

Bibliographie

Winer, B. J. (1962). *Statistical principles in experimental design.* New York: McGraw-Hill

Wippich, W. (1984; 1985). *Lehrbuch der angewandten Gedächtnispsychologie Bd. 1 u. 2.* Stuttgart: Kohlhammer

Witkin, H. A., Dyk, R. B., Faterson, H. F., Goodenough, D. R., Karp, S. A. (1962). *Psychological differentiation: Studies of development.* New York: Wiley

Wittkowski, J. (1978). *Tod und Sterben; Ergebnisse der Thanatopsychologie.* Heidelberg: Quelle und Meyer

Wölfflin, H. (1958). *The sense of form in art.* New York: Chelsea Publishing Company

Wolman, B. B. (ed.; 1965). *Handbook of clinical psychology.* New York: McGraw-Hill

Wolpe, J. (1952). Experimental neuroses as learned behavior. *British Journal of Psychology, 43,* 243–268

Wolpe, J. (1958). *Psychotherapy by reciprocal inhibition.* Stanford: Stanford University Press

Wolpe, J. (1974). *Praxis der Verhaltenstherapie.* Bern: Huber

Wundt, W. (1900 f.). *Völkerpsychologie. 10 Bde.* Leipzig: Engelmann

Wundt, W. ([6]1911). *Grundzüge der physiologischen Psychologie* (3 Bde.). Leipzig: Engelmann

Wyss, D. ([2]1966; [5]1977). *Die tiefenpsychologischen Schulen von den Anfängen bis zur Gegenwart.* Göttingen: Vandenhoeck & Ruprecht

Yee, A. H., Fairchild, H. H., Weizmann, F., Wyatt, G. E. (1993). Addressing psychology's problems with race. *American Psychologist, 48,* 1132–1140

Yerkes, R. M., Dodson, J. D. (1908). The relation of strength of stimulus to rapidity of habit-formation. *Journal of Comparative Neurology and Psychology, 18,* 459–482

Young, P. T. (1973). Feeling and emotion. In B. B. Wolman (ed.), *Handbook of General Psychology.* Englewood Cliffs, N. J.: Prentice-Hall

Zazzo, R. (1960). *Les jumeaux: Le couple et la personnalité.* 2 Vols. Paris: Presses Universitaires de France

Zeigarnik, B. (1927). Über das Behalten von erledigten und unerledigten Handlungen. *Psychologische Forschung, 9,* 1–85

Zeiler, M. D., Harzem, P. (eds.; 1983). *Biological factors in learning.* Chichester: Wiley

Zerssen, D. von, Möller, H. J. (Hrsg.; 1988). *Affektive Störungen.* Berlin: Springer

Zigler, E. F. and Child, I. L. (1969). Socialization. In G. Lindzey, E. Aronson (eds.), *Handbook of social psychology. Vol. 3.* London: Addison-Wesley

Zink, K. J. (Hrsg.; 1986). *Quality Circles. Fallbeispiele, Erfahrungen, Perspektiven.* München: Hanser

Zink, K. J., Schick, G. (1984). *Quality Circles.* München: Hanser

Zinnes, Y. L. (1969). Scaling. *Annual Review of Psychology, 20,* 447–478

Zuckerman, M. (1983). A biological theory of sensation seeking. In M. Zuckerman (ed.), *Biological bases of sensation seeking, impulsivity, and anxiety.* Hillsdale, N. J.: Erlbaum

Zwicker, E., Feldkeller, R. (1967). *Das Ohr als Nachrichtenempfänger.* Stuttgart: Hirzel

Erich Fromm im dtv

»Vielleicht zählt er für künftige Interpreten dereinst zu den Wortführern jener Kraft, die durch ihre mutigen Ideen dazu beitragen können, daß wir toleranter und hilfsbereiter, bedürfnisloser und friedfertiger werden.«
Ivo Frenzel

Arbeiter und Angestellte am Vorabend des Dritten Reiches
dtv 4409

Die Seele des Menschen
dtv 35005

Das Christusdogma und andere Essays
Die wichtigsten religionskritischen Schriften
dtv 35007

Psychoanalyse und Ethik
Bausteine zu einer humanistischen Charakterologie
dtv 35011

Über den Ungehorsam
dtv 35012

Die Furcht vor der Freiheit
dtv 35024

Über die Liebe zum Leben
Rundfunksendungen von Erich Fromm
dtv 35036

Es geht um den Menschen
Tatsachen und Fiktionen in der Politik
dtv 35057

Liebe, Sexualität und Matriarchat
Beiträge zur Geschlechterfrage
dtv 35071

Sigmund Freud
Seine Persönlichkeit und seine Wirkung
dtv 35096

Die Kunst des Liebens
dtv 36102

Haben oder Sein
Die seelischen Grundlagen einer neuen Gesellschaft
dtv 36103

Erich Fromm Gesamtausgabe in zwölf Bänden
Herausgegeben von Rainer Funk
dtv 59043

dtv

Naturwissenschaft im dtv

John D. Barrow
**Warum die Welt
mathematisch ist**
dtv 30570

William H. Calvin
**Der Strom, der bergauf
fließt**
Eine Reise durch die
Chaos-Theorie
dtv 36077
**Wie der Schamane den
Mond stahl**
Auf der Suche nach dem
Wissen der Steinzeit
dtv 33022

Antonio R. Damasio
Descartes' Irrtum
Fühlen, Denken und das
menschliche Gehirn
dtv 33029

Paul Davies
John Gribbin
**Auf dem Weg zur
Weltformel**
Superstrings, Chaos,
Komplexität
dtv 30506

David Deutsch
**Die Physik der
Welterkenntnis**
Auf dem Weg zum
universellen Verstehen
dtv 33051

Hoimar von Ditfurth
**Im Anfang war der
Wasserstoff**
dtv 33015

Hans Jörg Fahr
**Zeit und kosmische
Ordnung**
Die unendliche Geschichte
von Werden und Wieder-
kehr · dtv 33013

Robert Gilmore
**Die geheimnisvollen
Visionen des Herrn S.**
Ein physikalisches Mär-
chen nach Charles Dickens
dtv 33049

Karl Grammer
Signale der Liebe
Die biologischen Gesetze
der Partnerschaft
dtv 33026

Jean Guitton, Grichka
und Igor Bogdanov
Gott und die Wissenschaft
Auf dem Weg zum
Meta-Realismus
dtv 33027

Lawrence M. Krauss
**»Nehmen wir an, die Kuh
ist eine Kugel…«**
Nur keine Angst vor
Physik · dtv 33024

Biologie im dtv

William H. Calvin
**Der Strom, der
bergauf fließt**
Eine Reise durch
die Evolution
dtv 36077

Adolf Faller
**Der Körper des
Menschen**
Einführung in Bau
und Funktion
dtv 32518

Karl Grammer
Signale der Liebe
Die biologischen Gesetze
der Partnerschaft
dtv 33026

Stephen Hart
Von der Sprache der Tiere
Vorwort von
Frans de Waal
dtv 33012

François Jacob
**Die Maus, die Fliege und
der Mensch**
Über die moderne
Genforschung
dtv 33053

Konrad Lorenz
**Er redete mit dem Vieh,
den Vögeln und den
Fischen**
dtv 20225

Josef H. Reichholf
**Das Rätsel der
Menschwerdung**
Die Entstehung des
Menschen im Wechselspiel
der Natur
dtv 33006

Jeanne Rubner
**Was Frauen und Männer
so im Kopf haben**
dtv 33031
Vom Wissen und Fühlen
Einführung in die
Erforschung des Gehirns
dtv 33042

Gertrud Scherf
Wörterbuch Biologie
dtv 32500

Nancy M. Tanner
**Der Anteil der Frau an
der Entstehung des
Menschen**
Eine neue Theorie zur
Evolution
dtv 30591

Günter Vogel
Hartmut Angermann
dtv-Atlas Biologie
Tafeln und Texte
In drei Bänden
dtv 3221/dtv 3222/dtv 3223
Kassettenausgabe
dtv 5937